# BORSIG

## LOKOMOTIVEN FÜR DIE WELT

EISENBAHN-KURIER VERLAG

# Inhaltsverzeichnis




Eisenbahn-Kurier Verlag – Postfach 5560 – D-7800 Freiburg

ISBN 3-88255-111-9

Der Tabellenteil dieses Buches wurde von Dietrich Kutschik unter Bearbeitung von Hansjürgen Wenzel erstellt.

Bildauswahl, Text, Gestaltung und Einband: Matthias Koch

# Vorwort

Als August Borsig im Jahr 1837 in Berlin seine Maschinenbauanstalt und Eisengießerei eröffnete, ahnte er wohl selbst nicht, daß daraus einmal eine der größten Lokomotivfabriken der Welt werden sollte.

Nach Aufnahme des Dampfmaschinenbaus erkannte der schlesische Maschinenbauingenieur bald die Schwächen der in jener Zeit gebräuchlichen englischen und amerikanischen Lokomotiven und schuf eine eigene Konstruktion mit verbessertem Steuerungs- und Achssystem. Am 24. Juli 1841 absolvierte mit Fabriknummer 1 die Lokomotive BORSIG erfolgreiche Probefahrten auf der Berlin-Anhalter Eisenbahn. Mit der ersten brauchbaren Lokomotive aus einer preußischen Werkstatt begann der Siegeszug des Borsigschen Lokomotivbaus. 1853 wurde bereits die vierhundertste Lokomotive fertiggestellt, und mit drei 1B-Lokomotiven für die Warschau-Wiener Eisenbahn begannen im November gleichen Jahres die erfolgreichen Lieferungen an ausländische Bahnverwaltungen.

Bis 1945 haben über 16000 Lokomotiven die Werkshallen in Berlin-Moabit und Hennigsdorf verlassen. Ganz im Sinne August Borsigs sind darunter richtungsweisende und bemerkenswerte Konstruktionen, von denen nur einige genannt werden sollen: 1911 mit der Sulzer-Thermo-Versuchslok die erste Diesellokomotive für die KPEV, 1914 einige 2'B-Lokomotiven für England als einzige Lokomotivlieferung des Kontinents an das Mutterland der Eisenbahn, 1920 die für die Preußische Staatsbahn entwickelte Dreizylinder-Personenzuglokomotive der Gattung P 10, 1922 die Güterzugtenderlokomotive der Gattung T 20; 1926 mit 01 001 die erste Einheits-Schnellzuglokomotive für die Deutsche Reichsbahn und 1935 die Stromlinienlokomotiven der Baureihe 05 sowie die schwerste deutsche Tenderlokomotive für die schlesische Sandbahn.

Neben einer Reihe elektrischer Lokomotiven und Sonderbauarten wie feuerlose, Druckluft- und Kranlokomotiven entstand eine große Zahl von Dampflokomotiven für Klein-, Werk- und Feldbahnen.

Vielfalt und Vielzahl des Borsigschen Lokomotivbaus sollen mit diesem Buch dokumentiert und gewürdigt werden.

Die ›Anleitung zur Behandlung meiner leichten Lokomotiven‹ vermittelt einen Einblick in die Arbeitswelt des Jahres 1908 und läßt die Mühen, die das Lokomotivpersonal mit dem Dampfbetrieb hatte, nur erahnen. Zwei Konstruktionszeichnungen spannen den Bogen über das gesamte Lokomotivbauprogramm, das von der kleinsten Feldbahnmaschine mit 10 PS bis zur Schnellzuglokomotive mit 200 km/h Höchstgeschwindigkeit reichte.

Im Bildteil werden die Lokomotiven, nach Bauarten und Ländern geordnet, vor allem auf Werksaufnahmen vorgestellt, zahlreiche Fotografien zeigen die Maschinen aber auch im Betriebsdienst, teilweise bis in die jüngste Zeit.

Das Lieferverzeichnis umfaßt sämtliche Lokomotiven, Ersatzkessel und Tender, die zwischen 1841 und 1954 in den Auslieferungsbüchern der Firmen August Borsig, Borsig-Lokomotivwerke und VEB Lokomotivbau-Elektrotechnische Werke ›Hans Beimler‹ eingetragen wurden. Dabei werden auch die seit 1920 erfolgten AEG-Lieferungen wiedergegeben.

# Chronologie

1804 Johann Carl Friedrich August Borsig, der spätere Gründer der Maschinenbauanstalt und Eisengießerei A. Borsig, wird am 23. Juni 1804 in Breslau als zweites Kind des Zimmerpoliers Johann Georg Borsig und dessen Frau Susanna Catharina geboren. Nach Abschluß der Schulausbildung besucht er - neben einer Lehre als Zimmermann - die Breslauer Kunst-und Bauhandwerksschule und fertigt dort bereits Konstruktionszeichnungen für Bauwerke an.

1825 Nach Weiterbildung im Königlichen Gewerbeinstitut in Berlin seit 1823 beginnt August Borsig im September 1825 eine maschinenbautechnische Praxis in der Maschinenbauanstalt von Franz Anton Egells, der späteren ›Neuen Berliner Eisengießerei‹ in der Chausseestraße. Bereits nach einem Jahr wird Borsig fest als Werkmeister (›Faktor‹) angestellt. Der auf acht Jahre terminierte Arbeitsvertrag weist 300 Taler Jahresgehalt und eine Gewinnbeteiligung auf.

1829 Schon im Frühjahr 1823 hatte Borsig die Pfarrerstochter Louise Praschl geheiratet. Am 7. März 1829 bringt sie den einzigen Sohn Albert Julius August Borsig zur Welt.

1836 Nach erfolgreicher Tätigkeit bei Egells erhält Borsig im Oktober 1836 die Genehmigung zum Betreiben einer eigenen Eisengießerei; mit Erteilung des ›Bürgerbriefes‹ am 20. Dezember 1836 ist er nun grundbesitzender ›Fabrik-Unternehmer‹ der ›Königlichen Preußischen Haupt- und Residenzstadt Berlin‹. Im November erwirbt er ein 19000 Quadratmeter großes Gelände an der Thorstraße, unmittelbar neben der Neuen Berliner Eisengießerei.

1837 Schon vor Fertigstellung der Fabrikanlagen wird ein Großauftrag zur Lieferung von 117000 Schrauben für die Berlin–Potsdamer Eisenbahn angenommen. Mit dem ersten Guß aus eigenen Öfen beginnt am 22. Juli 1837 offiziell die Geschichte der ›Firma August Borsig, Eisengießerei und Maschinenfabrik‹. In den ersten Jahren ist das Lieferprogramm recht gemischt, es umfaßt sowohl eiserne Schienenstühle für die Berlin-Potsdamer Eisenbahn als auch kunstgewerbliche Gegenstände wie gußeiserne Bilderrahmen, Federschalen, Kandelaber etc.

1839 Nach dem Bau eines Kesselgebäudes wird die Lieferung von Dampfmaschinen und Kesselanlagen aufgenommen. Erster bedeutender Staatsauftrag ist die Konstruktion und der Bau der technischen Anlagen für das Pumpwerk Sanssouci; das gartenbauliche Großprojekt aus Fontänen und Bewässerungsanlagen hat bis dahin als technisch unausführbar gegolten.

Erste Berührungen mit dem Lokomotivbau ergeben sich durch Reparaturaufträge von Lokomotiven der Berlin-Potsdamer Eisenbahn.

1841 Die Erfahrungen aus dieser Arbeit nutzt Borsig zur Konstruktion einer eigenen Lokomotive. Die bei der Berlin-Potsdamer Eisenbahn eingesetzten Lokomotiven AMERIKA und PRUSSIA sind in der amerikanischen Lokomotivfabrik von W. Norris in Philadelphia entstanden. Diese Maschinen weisen gegenüber den bisher dominierenden englischen Konstruktionen einige Vorteile auf; so hat man das bisherige System der Innenzylinder verlassen und das Triebwerk nach außen verlegt, wodurch die störanfälligen Kropfachsen entfallen sind. Zudem erlaubt die Verwendung eines Drehgestelles – statt bisher einer starren Laufachse – eine großzügigere Konzipierung der Lok. Borsig übernimmt die Grundform der Norris-Lokomotive und verbessert sie zunächst dadurch, daß er die Dampfleistung durch Vergrößerung der Heizfläche erhöht. Die dadurch erforderliche Laufachse führt zu einer spürbaren Verbesserung der Laufeigenschaften. Am 24. Juni 1841 wird die Lokomotive BORSIG unter der Fabriknummer 1 fertiggestellt, ihre erste Fahrt absolviert sie im Juli erfolgreich auf der Strecke der Berlin-Anhaltischen Eisenbahngesellschaft. Darauf folgen weitere Bestellungen.

1844 Nachdem bei einer Wettfahrt 1843 eine Lokomotive von Borsig eine englische Konkurrentin besiegt hat, setzt sich der neue Borsigsche Lokomotivtyp durch. Die BEUTH wird bereits als vierundzwanzigste Lokomotive auf der ›Allgemeinen Ausstellung Deutscher Gewerbeerzeugnisse‹ in Berlin präsentiert. Die 1A1-Lokomotive ist durch Verbesserung der Masseverteilung und Vergrößerung von Radstand, Raddurchmesser und Heizfläche wesentlich leistungsfähiger als ihre Vorgänger. Die Jury der Gewerbeausstellung prämiert diese Konstruktion mit einer Goldenen Medaille.

1846 Als erstes Jubiläum im Lokomotivbau wird am 20. September 1846 die Lieferung der einhundertsten Borsig-Lokomotive gefeiert. Die DIOSCUREN geht bei der Berlin-Hamburger Eisenbahn in Betrieb.

1847 In diesem Jahr stellt die Lokomotivbauabteilung, mittlerweile der gewinnbringendste Produktionszweig der Firma, 67 Lokomotiven her. Um den Preisvorteil gegenüber englischen Produkten halten und die zunehmende Nachfrage befriedigen zu können, stellt Borsig die Fabrik in der Chausseestraße auf Massenproduktion um. Zur Einsparung von Transportkosten für Walzbleche und Schmiedeeisen beginnt der Bau eines eigenen Walzwerkes in Moabit, das 1849 fertiggestellt wird.

Als zweihundertste Lokomotive wird am 13. Oktober die BOREAS an die Stargard-Posener Eisenbahn ausgeliefert.

1854 Nachdem Borsig die Wirtschaftskrise von 1848 bis 1852 unbeschadet überstanden hat, kann am 25. März 1854 unter Anwesenheit des preußischen Handelsministers das Jubiläum anläßlich der Fertigstellung der fünfhundertsten Lokomotive begangen werden. Die Monopolstellung Borsigs führt dazu, daß von 68 Lokomotiven, die in diesem Jahr an preußische Bahngesellschaften geliefert werden, 67 aus Borsigschen Fabriken stammen.

Im Jahr zuvor waren die ersten Maschinen an ausländische Bahngesellschaften verschickt worden.

Auf dem Höhepunkt seiner Unternehmerkarriere stirbt August Borsig am 6. Juli 1854 in Berlin. Sohn Albert übernimmt die Firma.

1858 Während der Hochkonjunktur entstehen auf neuerworbenem Gelände Bürogebäude, Montagehallen, Wasserbehälter, Tenderwerkstatt, Lackiererei und ein Hebewerk für Lokomotiven.

Am 21. August 1858 wird als tausendste Lokomotive die BORUSSIA an die Cöln-Mindener Eisenbahn ausgeliefert.

1867 Auf der Pariser Weltausstellung erhält die 1B n2-Personenzuglokomotive KÖNIG WILHELM für die Cöln-Mindener Eisenbahn eine Goldene Medaille; es ist die zweitausendste Borsig-Lokomotive.

1868 Im Jahr darauf wird ein Teil der Produktion von Moabit nach Schlesien verlegt. Bereits seit 1862 wird in der Grube ›Hedwigwunsch‹ bei Biskupitz in Oberschlesien Steinkohle gefördert; 1865 nimmt eine Hochofenanlage in Borsigwerk O/S ihren Betrieb auf.

1872 Der erste Siemens-Martin Ofen in Deutschland wird aufgestellt. Im oberschlesischen Hüttenwerk arbeiten 2500 Menschen.

Borsig ist nun der größte Lokomotivlieferant Europas. Im folgenden Jahr wird die 1B n2-Lokomotive DREITAUSEND an die Berlin-Hamburger Eisenbahn geliefert.

1878 Am 10. April 1878 stirbt Albert Borsig, erst 49 Jahre alt. Da die drei Söhne Arnold, Ernst und Conrad noch minderjährig sind, übernimmt ein Nachlaßkuratorium die Verwaltung der Borsigschen Werke; es besteht aus Justizrat Riem und den Direktoren Beu und Braetsch.

1880 Als erste Schmalspurlokomotiven werden am 19. August 1880 zwei C n2-Güterzuglokomotiven mit 1067 mm Spurweite an die Jaroslawl-Wologda Eisenbahn ausgeführt.

1883 Mit Fabriknummer 4000 verläßt eine C n2-Tenderlokomotive für die Königlich Preußische Eisenbahn-Verwaltung das Werksgelände.

1886 Am 1. Juli 1886 gibt das Kuratorium, das sich in erster Linie um die Sicherung des Vermögens der minderjährigen Söhne kümmert, die Schließung der Fabrik in der Chausseestraße und Einstellung des Lokomotivbaues bekannt.

Aufgrund des Drängens mehrerer Bahnverwaltungen wird die Fehlentscheidung rückgängig gemacht und der Lokomotivbau in beschränktem Umfang im Werk Moabit weitergeführt. Die Jahresproduktion erreicht mit 17 Lokomotiven im Jahr 1887 ihren Tiefstand.

1888 Unter den Fabriknummern 4244 bis 4247 werden vier 1B n2v-Schnellzuglokomotiven an die Holländische Eisenbahn geliefert; dies sind die ersten Verbundlokomotiven, die bei Borsig gebaut werden.

1894 Am 23. April 1894 übernehmen Arnold August Paul Borsig und Ernst August Albert Borsig die Leitung der Firma. Arnold hat Berg- und Hüttenwesen in Bonn, Berlin und Freiberg studiert, Ernst ist gelernter Kaufmann.

1885 Als erste schmalspurige Werklokomotive (500 mm Spurweite) wird ILSE an die Ilse Bergbau Actien-Gesellschaft abgeliefert. 1896 wird sie der Fachwelt auf der Gewerbeausstellung Berlin vorgestellt. Hunderte von Werk- und Feldbahnlokomotiven werden in den nächsten Jahrzehnten folgen.

1897 Bei einem Unglück in der ›Hedwigwunsch-Grube‹ stirbt Arnold Borsig bei Rettungsarbeiten. Ernst und Conrad leiten nun gemeinsam die Berliner Werke, das oberschlesische Borsigwerk wird von Generaldirektor Märklin weitergeführt.

Bereits 1896 war mit den Bauarbeiten für eine neue Produktionsstätte in Tegel begonnen worden. Da die Jahresproduktion an Lokomotiven seit 1893 kontinuierlich steigt, ist eine Neuorganisation des Lokomotivbaues unerläßlich. In Tegel werden nun die Werkstätten so angelegt, daß das Werkstück von den den Hafenanlagen am nächsten gelegenen Werkstätten das Werk von West nach Ost durchläuft, ohne daß zu große Transportwege nötig werden. Die auf dem Wasserweg angelieferten Rohstoffe werden mittels umfangreicher Krananlagen und Laufbahnen entladen und über Schmalspurverbindungen zu den einzelnen Fabrikabteilungen transportiert.

Im Herbst 1898 wird die Produktion von Lokomotiven, Dampfmaschinen, Dampfkesseln, Kompressoren und Pumpen sowie Anlagen für die chemische Industrie aufgenommen. Das Eingangstor mit den beiden für den späthistorischen Industriebau typischen Türmen wird zum neuen Wahrzeichen der Firma.

1900 Auf der Pariser Weltausstellung wird die unter Fabriknummer 4800 gebaute 2'B n2-Schnellzuglokomotive Berlin 74 der KPEV vorgestellt. Sie ist die erste Heißdampflokomotive von Borsig mit Rauchkammerüberhitzer der Bauart Schmidt.

Ein Jahr später wird die fünftausendste Lokomotive geliefert, eine Schnellzuglokomotive der Gattung S 3 für die Königliche Eisenbahn-Direktion Stettin der KPEV.

Die Brüder Ernst und Conrad Borsig erhalten den Titel des Kommerzienrates.

1904 Am 23. Juni 1904 wird die 100-Jahrfeier zum Geburtstag von August Borsig begangen.

1906 Mit Fabriknummer 6000 verläßt am 7. November 1906 die C1'/b n4-Zahnradlokomotive 9003 der Gattung T 24 für die KED Saarbrücken das Tegeler Werk.

Mittlerweile hat Borsig auch die Herstellung von Sonderbauarten aufgenommen; so werden auf der Internationalen Ausstellung in Mailand unter anderem eine feuerlose B n2-Lokomotive und eine B1 n2-Kranlokomotive der Öffentlichkeit vorgestellt.

1909 Am 31. Januar 1909 erhält die Familie Borsig durch Kaiser Wilhelm II. den preußischen Adelstitel.

Im Juni wird als siebentausendste Lokomotive eine Vierzylinder-Verbund-Schnellzuglokomotive an die Paris-Lyon-Mittelmeer-Bahn (PLM) ausgeliefert.

1910 Neben einer Personenzuglokomotive der Gattung T 10 für die KPEV und einer B n2t-Abraumlokomotive stellt Borsig auf der Weltausstellung in Brüssel 1910 eine 1'D n2-Lokomotive für Brasilien mit 1000 mm Spurweite aus.

Neben fast allen europäischen Ländern gehören in dieser Zeit Eisenbahngesellschaften in Süd- und Mittelamerika, Indien und Japan zu den besten Kunden.

1911 Die erste in Europa in Zusammenarbeit mit der Schweizer Maschinen- und Lokomotivfabrik Gebr. Sulzer entworfene Großdiesellokomotive wird fertiggestellt. Die 2B2-Personenzuglokomotive wird von einem V-förmigen Zweizylindermotor mit einer Leistung von 1000 PS angetrieben. Der direkte Antrieb über Kurbelwelle und Kropfachse bewährt sich aber ebensowenig wie die Inbetriebnahme der Lokomotive mittels Druckluft, sodaß es nie zu einem Einsatz im Plandienst kommen wird.

Am 9. November 1911 wird die achttausendste Lokomotive, eine Zahnradlokomotive der Gattung T 26, der KPEV übergeben. Zwischen 1905 und 1921 wird diese bewährte Konstruktion in 32 Exemplaren gebaut.

1914 Eine Borsig-Lieferung wird zum Politikum: Vom 13. bis 22. Mai treffen zehn 2B h2-Lokomotiven für die South Eastern & Chatham Railway in London ein. Allein Borsig kann auf dem Kontinent die dringend benötigten Maschinen liefern, einen Teilauftrag hat die englische Firma Beyer, Peacock & Co. übernommen. Das einmalige Vordringen des deutschen Lokomotivbaues in das Mutterland der Eisenbahn wird Gegenstand einer parlamentarischen Anfrage im britischen Unterhaus.

Während des Weltkrieges ist Borsig an der Lieferung von 600 mm-Lokomotiven für die Deutsche Heeresfeldbahn beteiligt, Erfahrungen konnten bereits beim Bau von C n2t + C n2t-Zwillingslokomotiven im Jahr 1900 für die deutsche und 1905 für die japanische Heeresfeldbahn gesammelt werden. Zwischen 1914 und 1918 werden 259 D 2t-›Brigadelokomotiven‹ sowie zahlreiche vierachsige Tender gebaut.

1918 Mit Fabriknummer 10000 wird am 12. Oktober 1918 die 1'E h2-Güterzuglokomotive Münster 5566 der Gattung G 12 an die KPEV ausgeliefert.

Bereits vier Jahre später ist die elftausendste Maschine, die erste Dreizylinder-Personenzuglokomotive der Gattung P 10, fertiggestellt. Diese noch von der Preußischen Staatsbahn in Auftrag gegebene Lokomotive der späteren Reichsbahn-Baureihe 39 hat Borsig für den schweren Personen- und Schnellzugverkehr in den Mittelgebirgen entwickelt.

1926 Die seit 1. April 1920 bestehende Deutsche Reichsbahn-Gesellschaft ist bestrebt, die Vielfalt der Länderbauarten zugunsten neuer, einheitlicher Lokomotivtypen einzuschränken. Als erste Schnellzuglokomotive, die nach dem neuen Einheitsbauprogramm entwickelt wurde, kann am 10. Januar 1926 die 2'C1' h2-Lokomotive 01 008 mit der Fabriknummer 12000 an die Deutsche Reichsbahn-Gesellschaft übergeben werden.

1928 Nach Beendigung des Lokomotivbaus bei Vulcan in Stettin wird das Kontingent von Borsig übernommen.

1930 Im Februar 1930 beginnt die Auslieferung von 110 Lokomotiven für die neugegründete Jugoslawische Staatsbahn. Gemeinsam mit der Berliner Maschinenbau AG (früher Schwartzkopff) sind, unter Leitung des Borsig-Ingenieurs Meister, drei weitgehend vereinheitlichte Baureihen entstanden; es werden 40 2'C1' h2-Schnellzug-, 30 1'D1' h2-Personenzug- und 40 1'E h3-Güterzuglokomotiven gebaut, die teilweise bis Ende der siebziger Jahre in Betrieb sein werden.

Am 7. Juli 1930 erfolgt die Übergabe der Schnellzuglokomotive 03 001.

1931 Nachdem der Lokomotivbau bei der Firma A. Borsig bereits am 1. Januar 1930 aufgrund von Liquiditätsschwierigkeiten eingestellt worden ist, wird das Lokomotivbaukontingent an die Allgemeine Elektricitäts-Gesellschaft (AEG) verkauft. Unter der Firmenbezeichnung ›Borsig-Lokomotivwerke‹ wird der Lokomotivbau in Hennigsdorf, wo AEG seit 1920 in der Lokomotivproduktion tätig ist, weitergeführt.

Am 1. August 1931 wird als vierzehntausendste Lokomotive eine 1'C h2-Personenzuglokomotive an die Ägyptische Staatsbahn versandt.

Die Firma A.Borsig GmbH erlischt im Dezember 1931; nach Neugründung und Fusion wird der Maschinenbau später von der ›Rheinmetall-Borsig AG‹ weitergeführt.

1933 Am 6. Januar 1933 verstirbt Ernst von Borsig.

1934 Um auch im Schienenverkehr höhere Geschwindigkeiten und damit größeren Komfort zu erreichen, beginnen bei den Borsig-Lokomotivwerken Versuche an Modellen mit Stromlinienverkleidung im Windkanal.

Als Versuchslokomotive zur praktischen Erprobung wird am 19. März 1934 die 03 154 mit Teilverkleidung der Deutschen Reichsbahn übergeben.

1935 Nach erfolgreichen Versuchen konstruiert Borsig eine Schnellfahrbauart mit Stromlinienverkleidung, die zunächst für Versuchsfahrten mit Reisezugwagen konzipiert ist, die Baureihe 05.

Im Frühjahr 1935 werden die beiden 2'C2' h3-Maschinen 05 001 und 002 abgeliefert. Die rote Stromlinienverkleidung umschließt den Kessel mit allen Aufbauten und Leitungen sowie das komplette Fahrwerk, wartungsbedürftige Triebwerksteile und verschiedene Kesselarmaturen sowie Pumpen, Anstellhähne usw. sind durch Rolläden bzw. Klappen zugänglich. 05 002 wird im folgenden Jahr mit 200,4 km/h auf einem Teilstück der Strecke Hamburg – Berlin den Geschwindigkeits-Weltrekord für Dampflokomotiven aufstellen.

1936 Bereits seit 1913 macht sich Borsig auch mit der Lieferung schwerer Tenderlokomotiven einen Namen. Nach drei 1'E h2-Tenderlokomotiven für die Sandbahn der Ballestrem- und Borsigschen Steinkohlenwerke in Peiskretscham/Oberschlesien im Jahr 1913 waren in den zwanziger Jahren zur Ablösung des Zahnradbetriebes auf der Halberstadt-Blankenburger Eisenbahn vier schwere fünffach gekuppelte Tenderlokomotiven (Achsfolge 1'E1') der ›Tierklasse‹ gebaut worden.

Für die Deutsche Reichsbahn lieferte Borsig in dieser Zeit 23 Lokomotiven der Baureihe 95.

Ihren Höhepunkt findet die Entwicklung schwerster Hochleistungs-Tenderlokomotiven in Lokomotive Nr. 8 der Preußischen Bergwerks-und Hütten A.G., Hindenburg O/S. Mit einer Dienstmasse von 139,4 Tonnen ist dies die schwerste deutsche Tenderlokomotive; am 21. Dezember 1936 wird sie von der Sandbahn übernommen.

1937 Da sich die beiden Hochgeschwindigkeits-Lokomotiven der Baureihe 05 gut bewähren, wird ein drittes Exemplar in Auftrag gegeben. Zu Versuchszwecken erhält die Maschine einen vorn liegenden Führerstand und Kohlenstaubfeuerung.

1941 Unter der Fabriknummer 15000 wird die Stromlinienlokomotive 03 1020 feierlich an die Reichsbahn abgeliefert.

Bereits 1939 waren mit 03 1001 und 1002 die ersten beiden Exemplare dieser leichten Dreizylinder-Schnellzuglokomotive gebaut worden. Die Stromschale ist bei den 60 Maschinen dieser Baureihe teilweise mit ausgesparter Triebwerksschürze ausgeführt.

1942 Mit der 1'E h2-Güterzuglokomotive 52 001, Fabriknr. 15446, beginnen auch die Borsig-Lokomotivwerke mit der Lieferung der Kriegslokomotive, einer einfach zu produzierenden und zu unterhaltenden Variante der Baureihe 50.

1943 Aufgrund der Kriegsereignisse – die Werksanlagen in Hennigsdorf werden bei Luftangriffen schwer getroffen – kann der Lokomotivbau nicht weitergeführt werden.

Die zugeteilten Lokomotivbauquoten werden von BMAG, Henschel, Schichau und Wiener Lokomotivfabrik übernommen. Lediglich zwei Kriegslokomotiven können bis Januar 1944 noch fertiggestellt werden.

1945 In beschränktem Umfang werden noch Reichsbahn-Lokomotiven repariert.

Im März wird unter großen Schwierigkeiten 05 003 auf Steinkohlen-Feuerung zurückgebaut und die Verkleidung einschließlich vorn liegendem Führerstand entfernt: Zum letzten Mal erhält eine Maschine ein Fabrikschild, auf dem der Name ›BORSIG‹ steht.

Im Frühjahr 1945 verstirbt Conrad von Borsig auf Gut Prillwitz in Pommern.

1948 Die erste Lokomotive für die Deutsche Reichsbahn nach dem Krieg kommt wieder aus Hennigsdorf. Güterzuglokomotive 44 1234 wird vom Nachfolgebetrieb der Borsig-Lokomotivwerke, dem VEB Lokomotivbau-Elektrotechnische Werke, am 13. Dezember 1948 ausgeliefert.

1954 Nach Herstellung von 40 Lokomotiven endet mit Personenzugtenderlokomotive 65 1002 der Lokomotivbau. Fabriknummer 16352 ist die letzte Eintragung im Borsig-Auslieferungsbuch.

# A. BORSIG
## BERLIN-TEGEL

# ANLEITUNG
## zur Behandlung meiner leichten Lokomotiven

# I. Allgemeine Bemerkungen.

1. Jede Lokomotive sollte in der Zeit, da sie nicht arbeitet, vor allen äußeren Einflüssen geschützt sein; auch ist es zur Instandhaltung einer Lokomotive notwendig, dieselbe derart zu placieren, daß sie jederzeit von allen Seiten untersucht werden kann. Zu diesem Zweck ist ein Lokomotivschuppen erforderlich, der etwa 4 m länger und $3^1/_2$ m breiter ist als die Lokomotive. Dieser Schuppen soll eine kleine Werkbank mit Schraubstock, sowie eine Feldschmiede besitzen, ferner einen verschließbaren Kasten, in welchem sich die Reserveteile, Werkzeuge, Dichtungsmaterialien usw. befinden. Die Lokomotive soll über einer ausgemauerten, oder mit starken Blechen ausgeschlagenen Löschgrube aufgestellt werden können, die mindestens $2^1/_2$ m lang und 1,2 m tief sein muß. Im Winter ist vor allem dafür zu sorgen, daß das Maschinenhaus derartig gebaut ist, daß die Temperatur in demselben nicht unter 0° sinkt.

2. Im **Maschinenhause** muß in erster Linie Ordnung und Reinlichkeit herrschen.

Die Maschine selbst ist stets **sauber** und die blanken Teile blank zu halten, da auf diese Weise etwaige Mängel rechtzeitig bemerkt werden können.

Beim Putzen ist jedoch nur an solchen Stellen Schmirgelpapier und dergleichen zu verwenden, wo die Gefahr nicht vorliegt, daß Schmirgelkörnchen in ein Schmierloch fallen können; im allgemeinen ist zu empfehlen, und wenn dauernd beachtet, auch ausreichend, mit eingefettetem Putzlappen die blanken Teile abzureiben und scharfe Putzmittel ganz zu vermeiden.

3. Alle zur Maschine gehörigen Werkzeuge, Schlüssel usw. müssen vorhanden sein und an einem passenden, leicht zugänglichen Orte in guter Ordnung verwahrt werden, damit sie rasch zur Hand sind.

Alle Materialien, die zur Bedienung und Instandhaltung erforderlich sind, wie Asbestpappe, Talkumschnur für Stopfbüchsenpackung, Dichtungsringe, Gummiplatten, Hanf, Schmieröl für Lager und Zylinder, sowie einige Schrauben, Unterlagscheiben, Muttern, Splinte und dergleichen sind stets vorrätig zu halten. Die Ölkannen sind sehr sauber zu halten und auch im Innern gut zu reinigen.

Zum Schmieren werden **ausschließlich Mineralöle** empfohlen, und nicht tierische oder pflanzliche Öle, deren Anwendung für die Schmierung von Kolben und Schiebern überhaupt nicht angängig ist.

4. Der Lokomotivführer muß nüchtern und gewissenhaft sein und stets mit Aufmerksamkeit den Zustand seiner Lokomotive überwachen. Er muß in Augenblicken der Gefahr **mit Ruhe** seine Anordnungen treffen.

Mängel und auffallende Erscheinungen, deren Ursachen ihm nicht klar sind, muß er zu ergründen suchen und unter Umständen den Besitzer davon sofort in Kenntnis setzen.

Im allgemeinen soll der Führer bemüht sein, sich in die Konstruktion der ihm anvertrauten Lokomotive zu vertiefen, sich den Zweck und die Wirkungsweise aller Einzelteile klar zu machen, damit er imstande ist, kleine Reparaturen und Instandhaltungsarbeiten mit richtigem Verständnis auszuführen.

Preuß. Schnellzug-Lokomotive von 1200 PS. Leistung und Baulokomotive von 10 PS. Leistung.

Feuerlose Lokomotive mit Güterzug.

# II. Vor dem Dienste.

## A. Das Anheizen.

§ 1. **Vor dem Anzünden** des Feuers muß der **Regulator geschlossen**, die **Steuerung** in die **Mittelstellung** gebracht und die Bremse fest angezogen werden.

§ 2. Die **Vorratsbehälter** für **Wasser** müssen **gefüllt** sein.

§ 3. Die **Funkenfänger** müssen sorgfältig gereinigt sein und ebenso muß die Rauchkammer frei von Asche, der Rost frei von Schlacken sein. Der Schieber im Funkenfänger kann bis zum Beginn der Dampfentwicklung herausgezogen werden, um während des Anheizens freien Durchzug der Gase zu erhalten.

§ 4. Die Rauchkammertür muß fest geschlossen und die Aschkastenklappe geöffnet sein. Die Feuertür darf nicht klaffen.

§ 5. Der Führer hat sich davon zu überzeugen, daß sich im Kessel genügend Wasser befindet; dieses muß mindestens **bis zum unteren Probierhahn** reichen.

§ 6. Die Zylinderhähne müssen geöffnet sein.

§ 7. Nachdem obige Vorschriften befolgt sind, erfolgt das Anzünden des Feuers in folgender Weise: da Kohle ein schwer zu entzündender Brennstoff ist, wird zunächst über dem Rost eine Schicht dünner Reiser ausgebreitet, darüber stärkere Holzscheite gelegt, und dann folgt erst eine Lage Kohlen von mittelgroßen und kleineren Stücken. Das Anzünden geschieht am besten von unten durch die Rostspalten mit Resten von gebrauchter Putzwolle oder Heede, am besten mit Schmiere oder Terpentinöl getränkt.

§ 8. Nachdem die Kohlen angebrannt sind und die Flamme zum Durchbruch gekommen, kann die Feuertür **etwas** geöffnet werden. Die mäßig eintretende Luft, welche mit geringer Geschwindigkeit durch die Feuerkiste streicht, erhitzt sich in der Flamme, zieht heiß durch die Siederöhren und trägt zur Erwärmung des Wassers bei.

§ 9. Sobald der Dampf eine Spannung von $^1/_2$ bis $^3/_4$ Atm. erreicht hat, kann er zur Anfachung des Feuers benutzt werden vermittelst des Bläserventils, das sich am Armaturständer befindet. Es strömt nach Öffnen dieses Ventils ein Dampfstrahl durch den Schornstein, welcher die Gase aus der Rauchkammer mit fortreißt und so das lebhaftere Nachströmen der Luft befördert.

§ 10. Sobald dieses Bläserventil in Tätigkeit tritt, ist die **Feuertür zu schließen.**

## B. Das Fertigmachen zum Dienste.

§ 11. Vor Beginn des täglichen Fahrdienstes und während der Dampfentwicklung hat der Führer die Lokomotive in allen ihren Teilen sorgfältig zu untersuchen. Sämtliche Lager sind gut zu ölen, die Schmiergefäße zu füllen und nachzusehen, ob die Dochte in den Ölkanälen richtig eingesetzt und ob die Ölkanäle frei sind, weil sonst die Lager bald heiß laufen. Wenn die Dochte verschleimt sind, sind dieselben zu erneuern; die Dochte selbst sollen stets aus groben, aber reinen Wollfäden bestehen.

Kranlokomotive in Tätigkeit.

Feuerlose Lokomotive im Borsigwerk.

## III. Der Dienst.

§ 12. Sobald die nötige Spannung im Kessel vorhanden ist, kann der Dienst beginnen. Beim Anfahren ist zunächst mit der **Pfeife ein Zeichen** zu geben, worauf nach einer kleinen Pause die Ingangsetzung der Maschine dadurch erfolgt, daß der **Regulator geöffnet** wird.

§ 13. Dieses Öffnen des Regulators darf in keinem Falle ruckweise, plötzlich, sondern soll ganz **allmählich erfolgen.**

§ 14. Die immer noch offenen Zylinderhähne (siehe § 6) können nach einigen Umdrehungen der Räder geschlossen werden, da nunmehr alles Niederschlagwasser aus den Zylindern entfernt ist. Es ist jedoch **unbedingt nötig,** dieselben von Zeit zu Zeit wieder zu öffnen, um das sich ansammelnde Niederschlagwasser zu entfernen, da man sonst Gefahr läuft, daß Wasserschläge eintreten, die leicht zur Zertrümmerung des Zylinderdeckels und des Kreuzkopfes führen können.

§ 15. Stets ist beim Aufgeben der Kohlen darauf zu achten, daß sie nicht zu nahe vor die Rohrwand geworfen werden; auch dürfen sie nicht höher als bis zur untersten Rohrreihe reichen. Frische Lagen müssen hinten unter der Feuertür sowie in den hinteren Ecken und dann auf beiden Seiten aufgetragen werden, damit dieses frische Material sich an dem eine intensive Hitze entwickelnden Brennmaterial genügend anwärmen kann, um schließlich selbst zur Entzündung zu kommen.

**Eine gute stückreiche Kohle ist die billigste im Betriebe.**

§ 16. Es kann nicht ausbleiben, daß bei dem Reinigen des Rostes kalte Luft in die Feuerkiste eintritt, die schädlich wirkt und erfahrungsgemäß das Rinnen der Siederöhren herbeiführen kann. **Man hat unter allen Umständen das gleichzeitige Speisen des Kessels zu unterlassen.**

§ 17. Es ist durchaus schädlich, ohne oder bei geringem Feuer in der Feuerkiste den letzten Rest von Dampf zum Speisen des Kessels oder den Bläser zum Anfachen des letzten Restes Feuer zu benutzen, es stellt sich dann leicht ein **Rinnen der Siederöhren** ein.

§ 18. **Die Rauchkammertür** zu öffnen, ist, wenn nicht die Gefahr eines zu hohen Dampfdruckes es nötig macht, nicht zu empfehlen; in jedem Falle tritt eine plötzliche und deshalb namentlich für das Dichthalten der Siederöhren schädliche Abkühlung ein.

§ 19. Sehr stark leckende Siederöhren schließt man mit den zur Ausrüstung gehörenden **Siederohrpfropfen** vorn in der Rauchkammer und in der Feuerkiste. Man wird dies jedoch nur dann anwenden, wenn es sich um wenige Rohre handelt und die Maschine notgedrungen nicht außer Betrieb gesetzt werden kann.

§ 20. Kommt es vor, daß ein Siederohr aufplatzt, so ist dies fast ausnahmslos darauf zurückzuführen, daß es sehr verrostet oder mit Kesselstein stark versetzt war. Auch hier pfropft man das Rohr vorn und hinten zu und wechselt es später aus.

§ 21. Während der Fahrt ist stets auf den **Wasserstand zu achten** und dafür zu sorgen, daß immer genügend Wasser im Kessel ist und der Wasserspiegel im Wasserstandsglase sichtbar bleibt. **Das Nachspeisen hat stets zu geschehen, bevor der Wasserstand die niedrigste Marke (N W) erreicht hat.**

§ 22. Sinkt das Wasser unter die unterste Marke, so daß es im Glase nicht mehr zu sehen ist, so muß das **Feuer sofort herausgezogen werden,** da zu befürchten ist, daß die Feuerbuchsdecke nicht mehr mit Wasser bedeckt ist, wodurch die **Gefahr einer Kesselexplosion** sehr nahe rückt.

§ 23. Ist andererseits durch achtloses Einspeisen der Wasserstand so gestiegen, daß eventuell der Wasserspiegel nicht mehr im Glase zu sehen ist, dann muß der Kessel unbedingt auf den richtigen Wasserstand abgelassen werden; hierbei soll die Maschine, wenn möglich, still stehen. Bei schmutzigem und schlechtem Speisewasser ist der Kessel öfter abzublasen, so daß das Wasser um mehrere Zentimeter fällt; vor dem Abblasen muß dann natürlich so viel eingespeist werden, daß nach dem Abblasen noch der richtige Wasserstand verbleibt.

§ 24. Am **Manometer** ist das **Steigen** und **Fallen** des **Dampfdruckes** zu beachten. Es liegt im **Interesse eines ökonomischen Betriebes,** den Dampfdruck immer möglichst in der **Höhe der höchsten zulässigen Atmosphärenzahl** zu erhalten, da auf der Grundlage dieses höchsten Betriebsdruckes die anderen Abmessungen der Lokomotive ermittelt sind, und nur so eine günstige Ausnutzung der Lokomotive erwartet werden kann.

---

§ 25. Jedoch darf der Dampfdruck **nie über die gesetzlich** festgelegte und am Zifferblatt durch einen roten Strich bezeichnete **Marke** steigen.

§ 26. Blasen die Sicherheitsventile ab, ohne daß der Zeiger auf oder über dem „roten Strich“ steht, dann ist das Manometer nicht in Ordnung. Dieses kann vorkommen, wenn z. B. **bei strenger Kälte** in dem Wassersack, welcher sich in dem Verbindungsrohr zwischen Manometer und Manometerhahn befindet, sich Eis gebildet hat. Um dies zu untersuchen, **schließt** man den Manometerhahn, schraubt das Manometer ab und sieht nach, ob Dampf durch das Rohr **strömt,** wenn man den Hahn langsam wieder öffnet. Kommt kein Dampf, so muß das Rohr sorgfältig wieder aufgetaut werden. Gegen das Einfrieren des Rohres schützt man sich am besten durch Einwickeln desselben mit schmalem Filz- und Tuchstreifen.

§ 27. Kann die Ursache, warum das Manometer unrichtig zeigt, nicht gefunden werden, dann ist dasselbe zur Reparatur einzusenden, da der weitere Gebrauch eines solchen Manometers **unzulässig** ist.

§ 28. **Ganz besonders streng untersagt** ist dem Führer das Nachspannen der **Sicherheitsventilfeder,** wie es namentlich beim Befahren von Steigungen, wenn die Lokomotive mit dem gesetzlichen Dampfdruck nicht mehr auskommt, öfter der Fall ist. Solche Manipulationen müssen **streng bestraft werden,** da sie die Gefahr einer Kesselexplosion und ihrer unheilvollen Folgen herbeiführen.

§ 29. **Von größter Wichtigkeit** für einen regelrechten Dienst ist die regelmäßige Erneuerung des verdampften Wassers. Die Zuführung desselben erfolgt im allgemeinen durch Dampfstrahlpumpen oder Injekteure. Die Bedingungen für das richtige Arbeiten der Injekteure sind:

1. Die Dichtungsscheiben der Rohre müssen größere lichte Weiten haben als die Rohre, damit der Rohrquerschnitt nicht vermindert wird, und
2. alle Rohrleitungen, insbesondere die Saugleitungen, müssen **durchaus dicht** sein.

§ 30. Das Anstellen der Injekteure erfolgt, indem man zunächst den Griff des Dampfventils am Armaturständer hebt und dann langsam die Spindel des Injektors zurückdreht, bis Wasser aus dem Überlaufrohr abfließt und dann weiter, bis der Injektor speist; darauf ist solange an dem Hebel des Saughahnes am Injektor zu regulieren, bis kein Wasser mehr abläuft.

§ 31. Der Injektor **versagt,** wenn das Speisewasser zu heiß oder der Injektor selbst derartig stark erhitzt ist, daß er keine Luftverdünnung im Gehäuse mehr erzeugt; in diesem Falle genügt es, den Injektorkörper durch Begießen mit kaltem Wasser zu kühlen und wieder neu anzustellen. Läßt der Injektor beim Ansaugen kein Wasser aus dem Ablaßrohr fallen, dann ist das Saugrohr undicht oder der Saugkorb am Ende desselben verstopft.

§ 32. Das Versagen des Injektors erfolgt auch, wenn das am Kessel angebrachte Speiseventil nicht schließt und das heiße Kesselwasser auf den Injektor zurückwirkt. In diesem Falle muß das Speiseventil revidiert, eventuell der daran befindliche Ventilkegel nachgeschliffen werden.

§ 33. Hebt der Injektor jedoch das Wasser und der volle Strahl kommt aus dem Überlaufrohr, ohne in den Kessel zu gelangen, so sind folgende Ursachen anzunehmen:

1. der Ventilkegel im Speiseventil sitzt fest, gewöhnlich infolge von Schmutz oder Kesselstein, und es wird dadurch das freie Spiel des Kegels behindert, oder
2. die Düsen in dem Injektorgehäuse sind verunreinigt, sei es durch Fäden, Holzstückchen, Pflanzenteile oder auch durch Ansatz von Kesselstein, oder aber es ist möglich, daß die Dampfdüse dem Gehäuse gegenüber nicht ordentlich abgedichtet ist.

§ 34. Zur Untersuchung sind die Düsen herauszunehmen und durch eine dünne, aber sehr feste, gefirnißte Papierlage abzudichten, indem man das Druckventil am vorderen Ende sowie den Einsatz am hinteren Ende abschraubt. Die Reinigung bzw. Abdichtung kann dann in den nunmehr freigelegten Düsen bequem erfolgen, eventuell können die Düsen auch mit Dampf ausgeblasen werden. Man achte streng darauf, daß in der **Entfernung der Düsen** untereinander nicht die geringste Veränderung eintritt, da sonst die Injekteure sofort versagen.

§ 35. Von Zeit zu Zeit sind die **Lager zu befühlen,** ob sie nicht etwa warm gelaufen sind. Sind warme Lager vorhanden, so empfiehlt es sich, zunächst die Keilsteine zu lösen und in die Fuge zwischen die Lagerschalen etwas **Schwefelblüte,** die der Führer stets auf der Maschine haben soll, zu streuen oder dem Schmieröl solche zuzusetzen und tüchtig zu ölen. Auch ist hin und wieder nachzusehen, ob sich vielleicht Schrauben oder Muttern gelöst haben.

§ 36. Ist die **Dampferzeugung** bei offenen Aschfallklappen nicht **genügend,** so kann dies einmal seinen Grund darin haben, daß das Feuer nicht richtig angelegt ist, oder daß die Kohle stückarm oder schlecht ist, oder daß namentlich nach längerer Fahrzeit die Roste verschlackt und die Siederöhren verstopft sind, andererseits auch daran liegen, daß die Exhaustoröffnung zu groß ist und dadurch kein genügend kräftiger Zug zur Anfachung des Feuers entsteht. Man kann in einem solchen Falle die Mündung verengen, indem man in die

Öffnung einen Blechring einsetzt. Wenn man dieses jedoch übertreibt, kann es auch hierbei infolge des übermäßig starken Zuges zu dem lästigen Siederohrlecken kommen.

§ 37. Die Handhabung der Zylinderschmiergefäße siehe unter § 52 „Beschreibung verschiedener Apparate für die Schmierung von Schieber und Zylindern".

60 PS. Lokomotive für Bauunternehmungen

## IV. Nach dem Dienst.

§ 38. Nach dem Dienst, wenn die Lokomotive in den Schuppen kommt, darf der **hochgespannte Dampf im Kessel nicht plötzlich abgelassen** werden; die Maschine soll vielmehr langsam erkalten, da der Kessel durch die sonst zu schnelle Abkühlung leicht in den Nähten undicht wird und die Siederöhren rinnen.

§ 39. Wird zur Verminderung des Dampfdruckes der Injektor in Tätigkeit gesetzt, so darf **während der Zeit das Feuer nicht gelöscht werden.**

§ 40. Um zu verhindern, daß sich Niederschlagwasser in den Zylindern sammelt, sind die Zylinderhähne zu öffnen, die Zylinderschmierhähne sind, um Rostbildung zu verhüten, sofort mit frischem Öl zu füllen.

§ 41. Nach Erkalten der Maschine sind die Siederohre mit der Rohrstange von Ruß zu reinigen, ebenso die Rauchkammer, der Funkenfänger und das Blasrohr. Die Ansammlung von Koksteilchen in der Rauchkammer muß strengstens vermieden werden, da dieselben sich während der Fahrt, namentlich wenn das Bläserventil geöffnet ist, leicht entzünden, die Rauchkammer zum Erglühen bringen und das Eisenblech dann leicht durchbrennt.

§ 42. **Der Kessel** muß mindestens alle 14 Tage **gereinigt** werden, und zwar durch Auskratzen des Kesselsteins zwischen den Feuerbuchswänden, sowie durch Spritzen durch die Putzluken und Schlammbolzenlöcher. Die Feuerkiste ist nicht nur auszustäuben, sondern es ist auch der an den inneren Seiten fest anhaftende Graphit zu entfernen, welcher ein schlechter Wärmeleiter ist. Die Roststäbe, welche nicht allzu verbrannt und angefressen sein dürfen, müssen in eine Entfernung voneinander gelegt werden, welche der Qualität und dem Stückgehalte der Kohle entsprechen.

§ 43. Von großer Wichtigkeit ist das häufige **Reinigen der Wasserkasten**, damit der sich ansammelnde Schlamm nicht in die Saugrohre des Injektors gelangt. Bei dieser Gelegenheit revidiere man stets die Saugköpfe oder Saugsiebe der Injektorsaugrohre und reinige die Sieblöcher von den anhaftenden Unreinigkeiten.

§ 44. Nach Beendigung des Fahrdienstes sind sämtliche Lager genau zu prüfen, ob sie sich in ordnungsmäßigem Zustande befinden. Die Lagerschalen der Trieb- und Kuppelzapfen müssen dieselben gut umschließen, ohne zu klemmen; es ist stets darauf achtzugeben, daß weder in dem Lager noch auf dem Zapfen Riefen oder rauhe Stellen vorhanden sind, die durch das Heißlaufen der Lager infolge mangelhafter Schmierung oder durch Eindringen von Staub und Schmutz in die Lager entstehen. Derartig beschädigte Zapfen und Lager müssen mit einer Schlichtfeile wieder völlig glatt gemacht werden, wobei wohl zu beachten ist, daß Feilspäne usw. vor dem Zusammenpassen der Lager sorgfältig zu entfernen sind.

§ 45. Im dauernden Betriebe nutzen sich die reibenden Teile allmählich ab, so daß sie im Betriebe klopfen oder schlagen.

Zur Beseitigung dieser Schläge, welche von sehr **nachteiligem** Einflusse auf die Maschine sind, müssen die Stellkeile und Schrauben vorsichtig **angezogen** werden. Schlagen die Lager trotzdem noch, so sind sie an der Stoßfläche nachzufeilen.

§ 46. Die Stopfbüchsen sind gleichmäßig nachzuziehen, wie überhaupt besonders bei neuen Maschinen sämtliche Dichtungsschrauben öfter nachgezogen werden müssen. Versäumt man dies, so kann es vorkommen, daß die Dichtungsstellen stets rinnen und nicht mehr in Ordnung gebracht werden können.

Befinden sich mehrere Schrauben an einer Fläche, wie beim Zylinder- und Schieberkastendeckel, so hat das Anziehen derselben **gleichmäßig leicht** zu erfolgen, anstatt die Schrauben gleich fest anzupressen. Dieselben müssen **der Reihe nach** leicht angezogen werden, und zwar so oft, bis die Dichtungsfläche dicht ist, andernfalls werden die Deckel gesprengt oder die Bolzen abgerissen; bei Kupferdichtungen genügt ein **sanftes Anziehen** der Schrauben, um die verlangte Dichtigkeit zu erzielen.

§ 47. **Der Regulator soll stets dicht sein.** Aus dem Kessel mitgerissene Unreinigkeiten, die sich auf die Dichtungsflächen legen, machen den Regulator undicht und riefig. Man schabe die Flächen sorgfältig nach, bis sie wieder sauber decken. Vor allen Dingen ist dafür zu sorgen, namentlich bei neuen Lokomotiven, daß der Regulatorschieber **gut geschmiert** wird.

§ 48. Sind aus besonderen Gründen die **Achsgabelverbindungen** herausgenommen worden und nicht sorgfältig eingesetzt, so kann es sehr bald vorkommen, daß die Achsausschnitte oben an den Ecken einbrechen.

§ 49. **Die Arbeitsflächen der Dampfschieber** müssen derart aufgepaßt sein, daß kein Dampf zwischen Schieber und Schieberspiegel des Dampfzylinders treten kann; man hat darauf zu achten, daß die Arbeitsflächen stets glatt bleiben und nicht riefig werden, da sonst die Lokomotive zuviel Dampf verliert und der Schieber infolge der starken Abnutzung bald erneuert werden muß. Die Schieber sind in der Fabrik **genau reguliert** und es werden zum Zwecke des leichten Wiederauffindens der richtigen Stellung der Schieber auf der **Schieberstange sowohl wie auf deren Verlängerung** je ein Körner eingeschlagen, deren Abstand voneinander **genau 80 mm** beträgt. — Eine Verstellung der Schieber merkt man übrigens gleich während der Fahrt an dem ungleichmäßigen Auspuff des Dampfes aus dem Schornstein.

§ 50. Sind einige Tage ohne Betrieb **bei starker Kälte** in Aussicht, dann ist es sehr zweckmäßig, das Feuer im Kessel schwach zu unterhalten, damit keine Teile einfrieren können. Besonders die Zylinder und die Rohrleitungen sind bei starker Kälte sehr gefährdet, da dieselben unfehlbar platzen, wenn etwa in denselben befindliches Wasser gefriert.

§ 51. Bei größerer Kälte darf die Lokomotive über Nacht nicht mit gefülltem Kessel im Freien stehen bleiben. Ist kein geschlossener Raum vorhanden, in welchem man die Lokomotive unterbringen kann, so lasse man den Kessel und Tender **auslaufen.** Dies darf aber erst dann geschehen, wenn nur noch **sehr wenig Dampfdruck** vorhanden ist, damit sich der Kessel nicht zu rasch abkühlt. Feuertür und Aschkastenklappe sind dabei zu schließen.

§ 52. Ein wichtiger Apparat ist auch der Zylinder-Schmierapparat, von dessen guter Funktion und Instandhaltung die Lebensdauer der Dampfzylinder sehr abhängt.

Im allgemeinen verwende ich bei den kleineren Typen Schmiergefäße nach beistehender Skizze. Dieser Apparat dient zur fortwährenden Schmierung des Zylinders und der Schieberflächen. Er arbeitet durch tropfenweise Ölzuführung zu den reibenden Flächen beim Gang der Maschine.

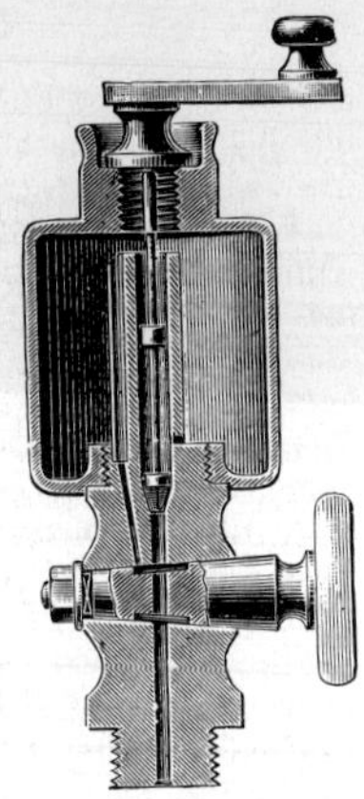

Die Behandlung des Apparates ist folgende:

Nachdem der Hahn durch horizontale Stellung des Griffes geschlossen ist, wird die Handkurbel losgeschraubt, die im Innern sich befindliche, verstellbare Ventilspindel rechts zugedreht und der Apparat mit Öl gefüllt. Die Ventilspindel wird hierauf etwa eine ganze Umdrehung links aufgedreht, welches in den meisten Fällen genügen wird, daß der Apparat das Quantum Öl von 250 g, welches er enthält, stetig tropfweise den gleitenden Flächen zuführt. Ist die Spindel eingestellt, so wird die Kurbel geschlossen und der Hahn geöffnet. Um sich davon zu überzeugen, ob der Apparat ordnungsmäßig funktioniert, untersucht man am ersten Tage öfter bei geschlossenem Hahn den jeweiligen Ölstand. Nimmt dieser zu schnell ab, so schraubt man die Spindel wieder etwas zu, nimmt er zu wenig ab, oder bleibt er stehen, so ist die Spindel noch etwas links aufzudrehen. Ist der Apparat einmal richtig eingestellt, so bedarf es keiner Regulierung mehr. Tritt nun dennoch nach dem ersten Regulieren der Umstand ein, daß der Apparat voll bleibt, so ist dies nur möglich, wenn die Ventilspindel verstopft ist. In diesem Falle ist der Inhalt des Apparates entweder ganz oder zum Teil Kondensationswasser, weil der Apparat bei verstopfter Spindel durch Kondensationswasser wirkt, welches das Öl hebt und durch das kleine Druckrohr nach den reibenden Flächen abführt.

Macht man also diese Beobachtung, daß sich der Apparat trotz eingestellter Spindel nicht leert, so schraube man, **unter Druck bei geschlossenem Hahn,** die Ventilspindel heraus, reinige den Apparat, indem man die Kurbel schließt und den Hahn eine kurze Zeit öffnet, damit der Inhalt ablaufen kann. Darauf schließe man den Hahn, nehme die Kurbel ab und lasse dann den Dampf durch den Apparat blasen. Ist der Apparat rein, so kann die Spindel wieder wie oben bemerkt eingestellt werden.

Bei den größeren Lokomotiven oder auf speziellen Wunsch rüste ich auch die Lokomotiven mit Zentralölern aus, welche im Führerhause angebracht sind und mit sichtbarer Tropfenbildung arbeiten. Meist verwende ich in diesen Fällen den durch untenstehende Beschreibung und Skizze erläuterten Apparat der „Vacuum Oil Company".

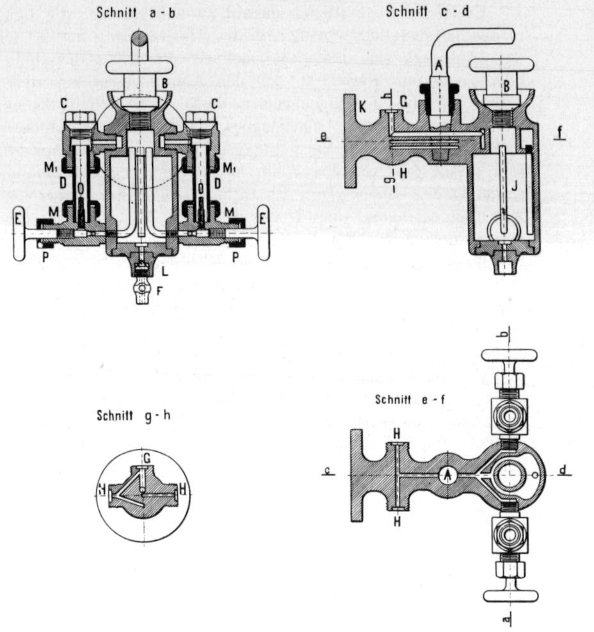


BESCHREIBUNG.

*A.* Dreiwegehahn zum Einlassen des Dampfes in den Lubricator und Auslassen des Öles aus dem Ölbehälter *J* in das zum Schieberkasten der Maschine geleitete Ölabflußrohr. *A* ist beim Füllen des Lubricators durch $^1/_4$-Umdrehung nach rechts zu schließen, gleichfalls im Falle Zerspringens der Tropfenschaugläser *D*. Soll der Lubricator in Tätigkeit treten, ist dieser Hahn ganz weit zu öffnen; dieses geschieht dadurch, daß man *A* wieder in die obenstehende Lage, bis über die Mitte des Stöpsels *B*, nach links dreht.

*B.* Stöpsel, der abgeschraubt werden muß, wenn der Lubricator gefüllt werden soll. Dieses darf jedoch nicht eher geschehen, bevor Hahn *A* geschlossen worden, also von der Mitte des Stöpsels *B* um $^1/_4$-Umdrehung nach rechts bewegt ist.

*C.* Schraubenmuttern, die im Falle Zerspringens der Tropfenschaugläser herausgenommen werden müssen, um Schaugläser *D* zu ersetzen, wobei die Dichtungsmuttern *M* und $M^1$ soweit zu lösen sind, bis man *D* nach oben herausnehmen kann.

*D.* Tropfenschaugläser.

*E.* Regulierbare Ventile zum Auslassen der Öltropfen.

*F.* Kondenswasser-Ablaßhahn. Ist nach vollkommenem Verbrauch des Öles so lange zu lockern, bis Wasser abfließt. Vorher muß Hahn *A* geschlossen werden.

*G.* Dampfeinlaßstutzen.

*H.* Öl-Ausflußstutzen.

*J.* Ölbehälter, welcher nach vollkommenem Verbrauch resp. Abfluß des Öles mit Kondenswasser gefüllt ist.

*K.* Flansche zur Befestigung des Lubricators.

*L.* Ersetzbares Verschraubungsstück für Kondenswasser-Ablaßhahn.

*M.* Dichtungsmuttern für Tropfenschaugläser *D*.

$M^1$. Dichtungsmuttern für Tropfenschaugläser *D*.

*O.* Düsen, aus welchen die Öltropfen dringen und ihren Weg durch die mit Wasser gefüllten Schaugläser durch den Lubricator zum Schieberkasten der Maschine nehmen.

*P.* Dichtungsmuttern, im Falle Öl oder Wasser an den Tropfenregulierungsventilen *E* herausdringt.

FÜLLUNG.

Man sehe zuerst nach, ob Hahn *A* geschlossen ist, öffne Ablaßhahn *F*, um alles Wasser aus dem Ölbehälter *J* herauszulassen; schraube dann Ablaßhahn *F* wieder zu und entferne Stöpsel *B*, fülle den Ölbehälter ganz voll Öl und setze *B* fest wieder auf.

## Inbetriebsetzung.

Man öffne Hahn *A* wie oben beschrieben, um den Dampf in den Kondensator, der innerhalb des Lubricators liegt, einströmen zu lassen. Sobald nun die Schaugläser *D* mit kondensiertem Wasser gefüllt sind, öffne man langsam die Tropfenregulierungsventile *E*, bis 1 bis 2 Tropfen Öl pro Minute (je nach Bedarf) in die Schaugläser hinaufsteigen.

Anmerkung. — Bei Frostwetter ist alles Wasser und Öl aus dem Ölbehälter *J* abzulassen, und der Ablaßhahn *F* ein wenig zu lockern, ehe die Lokomotive abgestellt wird.

Dieser Apparat wird in 2 Ausführungen hergestellt, und zwar mit einem Anschluß nur für die Schieberkästen der Lokomotive oder mit 2 Anschlüssen für Schieberkästen und Zylinder; letztere empfehlen sich bei Lokomotiven von etwa 150 PS. aufwärts.

Häufig werden seitens der Behörden außer der Dampfpfeife noch besondere Signalvorrichtungen vorgeschrieben, die entweder eine laut tönende Handglocke sein können oder ein Dampfläutewerk, — nach dem Erfinder dieses Apparates Latowskisches Läutewerk genannt. Die folgende Abbildung gibt die Einrichtung dieses Läutewerkes wieder. In den Raum *D* strömt durch die **kleine** Öffnung *f* ununterbrochen Dampf ein, welcher durch die **große,** durch ein Hubventil

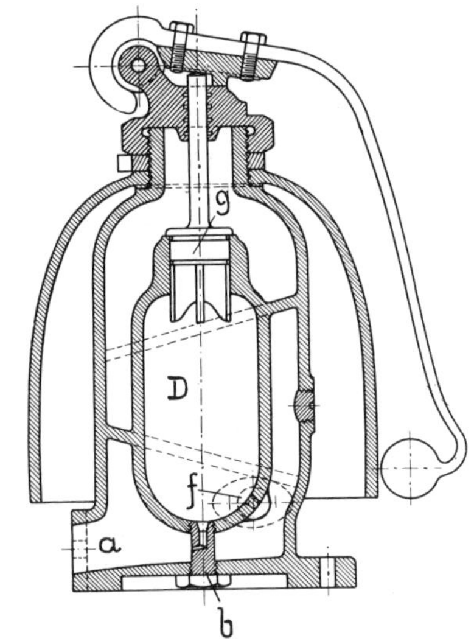


geschlossene Öffnung bei Eröffnen derselben **schneller** entweicht. Die plötzliche Druckentlastung läßt das Hubventil wieder zufallen, usw. Die Öffnung *a* läßt den durch *g* entwichenen Dampf aus der Glocke ausströmen, und zwar durch ein an *a* angeschlossenes Rohr zwischen die Rahmen, damit der entweichende Dampf dem Führer die Aussicht nicht stört. Die Dampfkammer *D* hat zur Abführung des etwa sich bildenden oder mitgerissenen Wassers am Boden eine kleine seitliche, in die Ausströmung mündende Durchbohrung.

Das Läutewerk schlägt vollkommen gleichmäßig.

**Es ist im wesentlichen darauf zu achten,** daß die Lokomotivmannschaft möglichst wenig von der Schallwirkung berührt wird und das Läutewerk sich höher befindet als die Dampfsperrstelle (Hahn oder Ventil) am Kessel, so daß das Abtropfwasser aus dem Läutewerke während der Signalpausen durch jene sich entleeren kann. Und ferner, daß der Läutehammer in senkrecht gerichteter Ebene schwingt. Es hat das Einströmungs-, ebenso wie das Ausströmungsrohr **mindestens** dieselbe Weite zu erhalten, wie die Ein- und Ausströmung des Läutewerkes. Es ist, namentlich bei einiger Länge des Ausströmungsrohres, die Weite desselben sogar etwas größer zu wählen und auch dafür zu sorgen, daß etwaige Ausdehnungen und Erschütterungen der Rohre auf die Dichtungsstellen derselben keinen Einfluß üben können. Das Einströmungsrohr ist dafür mit einem *S* und sind die Biegungen beider derart auszuführen, daß das Niederschlagwasser frei abfließen kann. Das Dampfzuleitungsrohr ist durch ein Ventil oder einen Hahn, von gleich weitem Durchgange, mit dem Dampfraume des Stehkessels (Feuerbüchse) zu verbinden. Der Hahnkegel und das Hahngehäuse sind seitlich zu durchbohren, damit das Läutewerk und das Dampfzuleitungsröhrchen in der geschlossenen Hahnstellung sich stets entwässere. (Nach der Art, wie von Latowski geliefert.) Es ist darauf zu achten, daß weder durch das Dichtungsmaterial, noch bei den Biegungsstellen des Zuleitungsröhrchens Querschnittsverengungen stattfinden. Das Läutewerk wird bei den Dampfproben genau gerichtet und in vollkommen betriebsfertigem Zustande geliefert. Das Abnehmen der Glocke für das Anbringen des Ein- und Ausströmungsrohres ist, damit dieser vollkommenste Zustand bestehen bleibe, zu vermeiden. Bei bestehender Luftkälte ist das Zuleitungsrohr durch Umhüllung vor Abkühlung zu schützen und, damit das Signal sofort anspreche, die Dampfsperrung vorher ein wenig und so weit zu öffnen, daß die Dampfkammer des Werkes sich erwärmt. Die außenliegenden Reibungsflächen sind zu schmieren, also die des Gelenkes und die Berührungsstelle des Ventilstempels mit der Klappe.

## Bedingungen für den guten Gang des Dampfläutewerkes.

Gutes **Spiel** des Klöppels im Gelenk. Desgleichen des Ventils. Richtige **Öffnung** (Ausheben) des **Ventilkolbens** über dem Sitze. Richtiger **Abstand** des **Hammers** von der Glocke. Freisein der **Bohrung** im Boden des Gehäuses für die Entwässerung. Freisein des Gehäuseinnern und des Ventils von **Unreinigkeit (vergl. Zusatzanleitung). Anziehen** der Schrauben und der Glockenringe im warmen Zustande.

## Unterhaltung. Proben.

Beim Auswechseln des **Gelenkbolzens** ist darauf zu achten, daß die Bolzenmitte rechtwinklig zu der Ventilaxe gerichtet bleibt, sowie bei anderweiten Ergänzungen oder Nachhilfen, daß der **Läutewerkshammer** von der Glockenfläche den richtigen **Abstand** hat und die **Öffnung** des **Ventilkolbens** (dessen Ausheben) genau entsprechend ist. Ist der **Abstand** des **Hammers** nicht richtig, so macht sich das durch die Art des Anschlagens bemerklich, welches vollkommen regelmäßig sein soll. Es darf kein Schlag schwächer sein, oder ausbleiben. Der Abstand des Hammers, welcher 2 bis 4 mm betragen wird und **möglichst groß** gemacht werden soll, muß durch **Erproben** gefunden und durch **Nachrichten** mittels einiger vorsichtiger Hammerschläge richtig gestellt werden. Bleiben einzelne Schläge aus, so ist der **Hammerabstand** zu **groß.** Zu **klein** ist derselbe, wenn bei dem Abheben des Hammers und dessen Freifallenlassen ein klirrendes wiederholtes Anschlagen stattfindet. Die **Öffnung** oder das **Ausheben** des **Kolbenteiles** über dem Sitze, welches so **klein als möglich** gemacht werden soll, ist zu **gering,** wenn bei der Erprobung der Hammer nicht gehörig stark anschlägt, sondern in aufgehobener Stellung schwingt und erst bei Verminderung der Dampfspannung zu schwachem Anschlagen kommt. Es muß dann, wenn nicht der Hammer, nach Lösen der Befestigungsschrauben desselben mit dem Ventil, etwas nach rückwärts **verschoben** werden kann, so viel an der **Anschlagsfläche** der **Feder** abgefeilt werden, bis dieser Übelstand behoben ist.

Ein genaues Maß für das Ausheben kann nicht angegeben werden, da dasselbe durch mehrere Bedingungen bestimmt ist.

Man soll sich bei den Proben mit Dampf **nicht** durch einen **Nebenumstand täuschen** lassen, denn wenn der Dampf **Wasser mitführt,** so ist die **Wirkung** des Läutewerkes, die Kraft des Anschlages sowohl als auch die Gangart, ganz **unregelmäßig.** Es soll daher das Dampfläutewerk bei der Probe durch einige Minuten fortgesetztes Einbzw. Durchströmen von Dampf gänzlich **angewärmt** und das Vorhandensein von Wasser im wirkenden Dampfe vermieden sein. Es ist überdies zu untersuchen, ob die **Bohrung** im Boden des Gehäuses gänzlich **frei** und **rein** ist, zweckdessen die Reinigungsschraube *b* zu entfernen und mittels Durchstoßen eines Drahtes jene zu reinigen (vergl. Zusatzanleitung).

Auch können **Unreinigkeiten,** Rost, ein zu fester oder verrosteter Bolzen usw., das Spielen **unregelmäßig** machen. Schließlich sind die Schrauben und Glockenringe im **warmen Zustande nachzuziehen,** aber nicht zu überanstrengen.

---

Waldbahnlokomotive von 50 PS. Leistung.

# V. Einige kleinere Reparaturen.

1. **Kessel.** Da Lokomotivkessel nur von innen gefeuert werden und nicht wie bei stationären Anlagen oft auch außen, so ist die natürliche Folge davon, daß die Kesselteile im Innern des Kessels sich strecken, während der Außenkessel, der verhältnismäßig kalt bleibt, dieser Bewegung nicht in dem Maße folgt. Durch diese ungleiche

*Fig. A*

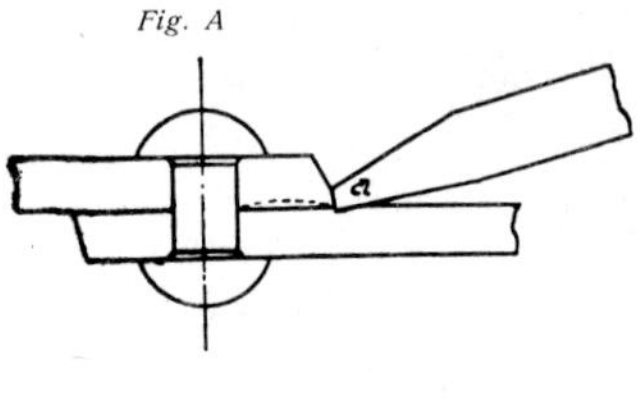


*Fig. B*

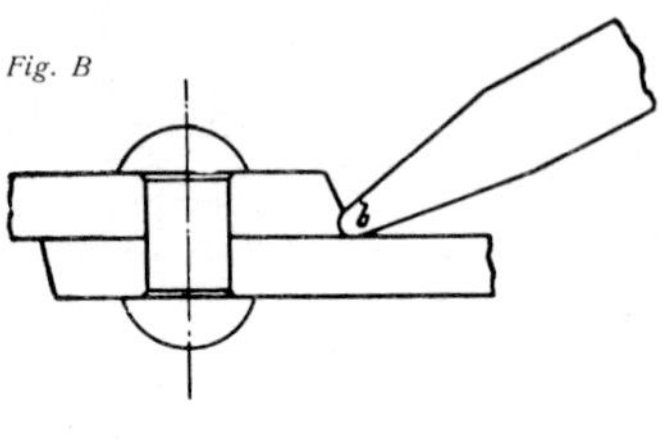


Ausdehnung nun kommt es vor, daß besonders **bei neuen Kesseln** Nähte, Niete und Schrauben undicht werden.

Um diese Undichtheiten zu beseitigen, **lasse man den Druck im Kessel ab** und **verstemme** die betreffenden Stellen. Das Verstemmen erfolgt mit einem Meißel, dessen Schneide, wie Fig. *B* andeutet, rundlich abgestumpft ist. Durchaus **fehlerhaft** ist es, zugeschärfte Verstemmer, wie sie Fig. *A* darstellt, zu verwenden, welche leicht zu Beschädigungen der Kesselbleche Anlaß geben. Wie die Skizze zeigt, schlägt sich die scharfe Kante des Meißels in das Blech ein und hebt die abzudichtende Kante ab, wie die punktierte Linie andeutet. Durch einen Verstemmer mit runder Kante wird dieses vermieden und leicht eine dichte Kante erhalten. Wenn die Stemmkante des Bleches nicht glatt sein sollte, so ist dieselbe vor dem Verstemmen mit einem scharfen Meißel zu ebnen und abzuschrägen.

2. **Wiederherstellung unbrauchbar gewordener Lager.** Sämtliche Achslager, und gewöhnlich auch die Treib-, Kuppel- und Exzenterstangenlager meiner Tenderlokomotiven bestehen aus Rotguß mit Weißmetalleinlagen, wie Fig. *C* zeigt. Sobald die Lager so stark ausgelaufen sind, daß sie durch Nachpassen der Stoßflächen nicht mehr

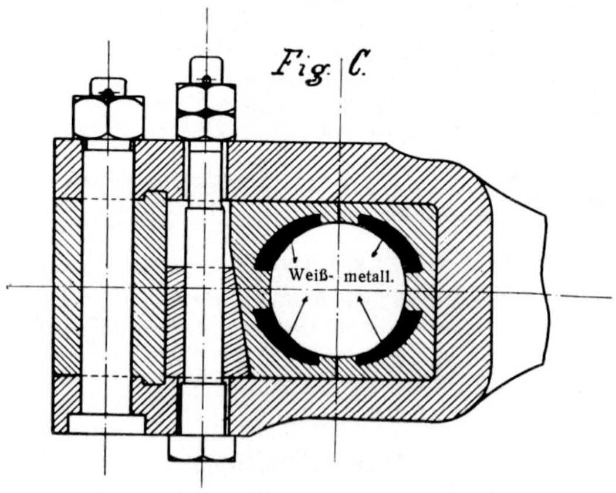


brauchbar gemacht werden können, können dieselben nach folgender Anleitung leicht selbst neu ausgegossen werden, wodurch in vielen Fällen dem Besitzer die Unannehmlichkeit erspart wird, bis zum Eintreffen neuer Lager aus der Fabrik die Maschine außer Dienst stellen zu müssen.

Damit das Weißmetall sich mit den Rotgußflächen innig verbindet, müssen vorher die auszugießenden Lagerschalen durch Abbrennen von aller Fettigkeit befreit werden; darauf werden die betreffenden Haftflächen auf gewöhnliche Weise verzinnt. Ein der Stärke des Achsschenkels oder Zapfens entsprechend gebogenes Blech von $1^1/_2$ bis 2 mm Stärke wird gegen das Lager gelegt und mit dem Lager durch Lehm derart zusammengedrückt, daß zwischen Lagerschale und Eisenblech Hohlräume entstehen, welche dem herzustellenden Weißmetallspiegel entsprechen. Das Weißmetall wird nunmehr in einem entsprechend großen Gießlöffel erhitzt, bis darauf gelegte Papierschnitzel oder Holzspäne **kohlen, aber nicht brennen,** da andernfalls eine Überhitzung des Weißmetalls stattfindet, welche dasselbe verdirbt.

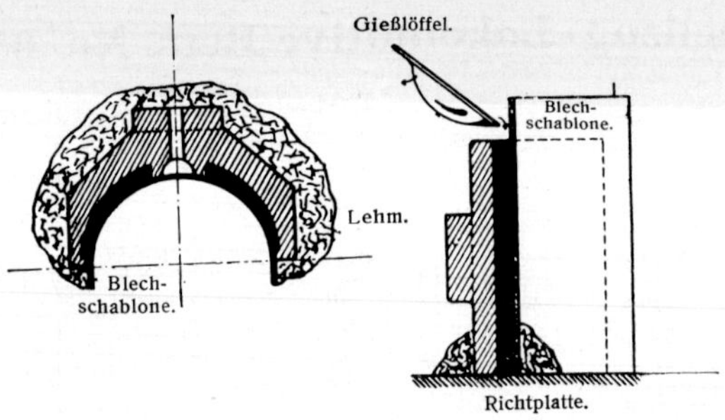


Das auszugießende Lager muß vor dem Eingießen des Metalls handwarm vorgewärmt werden und ist, wie die Skizze andeutet, senkrecht auf eine Richtplatte zu stellen. Die gegen das Lager angedrückte Blechschablone lasse man ungefähr 4 cm über das Lager hinausragen, wie die Figur zeigt. Man achte streng darauf, daß die mit Lehm verschmierten Fugen, welche das Herausfließen des flüssigen Weißmetalls verhindern sollen, **nicht naß** sind, weil sonst das Metall durch die plötzliche und starke Dampfentwicklung herausspritzt und zu Verletzungen Anlaß gibt.

Vorratsraum fertiger kleiner Lokomotiven.

## VI. Schlußbemerkung.

Die vorstehend aufgeführten Vorschriften und Ratschläge sind das Resultat langjähriger Erfahrungen und die genaue und strenge Befolgung derselben sichert im Verein mit sorgfältiger und gediegener Ausführung, **für die der Ruf meiner Firma Bürge ist,** eine lange Lebensdauer und vorzügliche Leistungsfähigkeit der Lokomotive, die zu erhalten in der Hand des Besitzers selbst liegt, einmal, indem er für strenge Beachtung obiger Vorschriften sorgt und andererseits, indem er nicht am unrechten Platze — dazu zählen der Heizer, Schmier- und Brennmaterial — Ersparnisse zu machen versucht, die sehr bald in das Gegenteil umschlagen müssen.

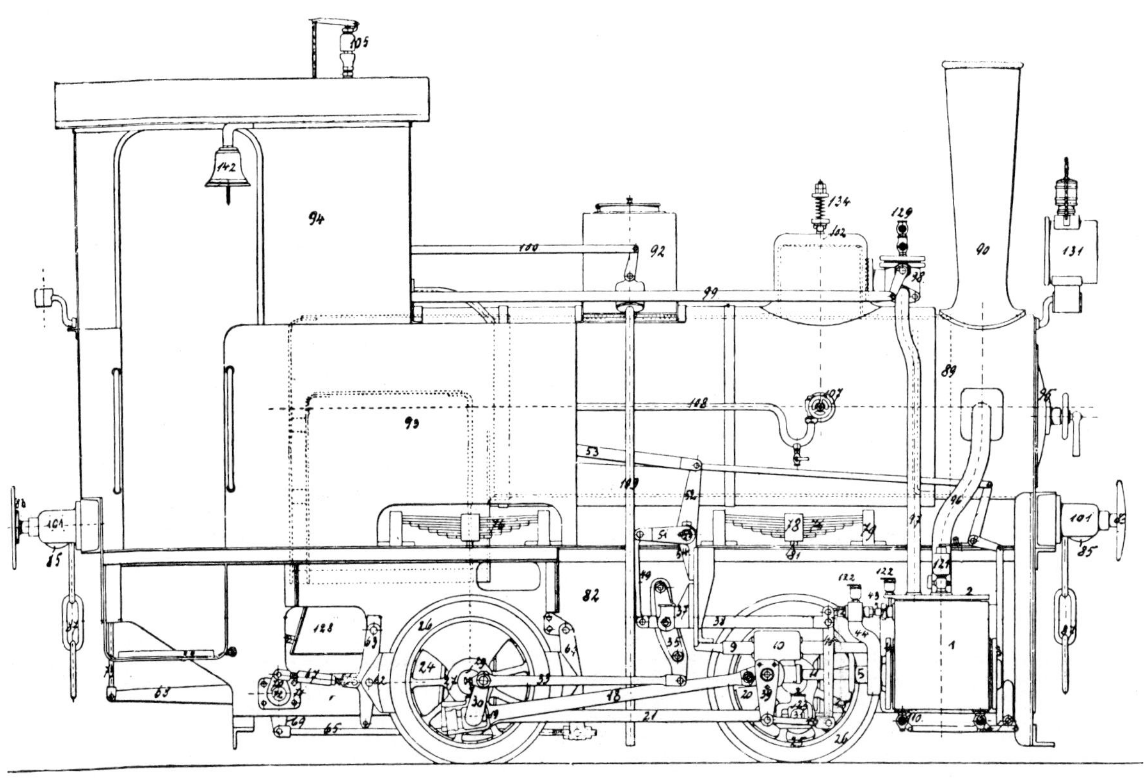

## 2'C2'-h3-Schnellzug-Lokomotive Betr. Nr. 05 003 r

Entwurf und Ausführung: Bors

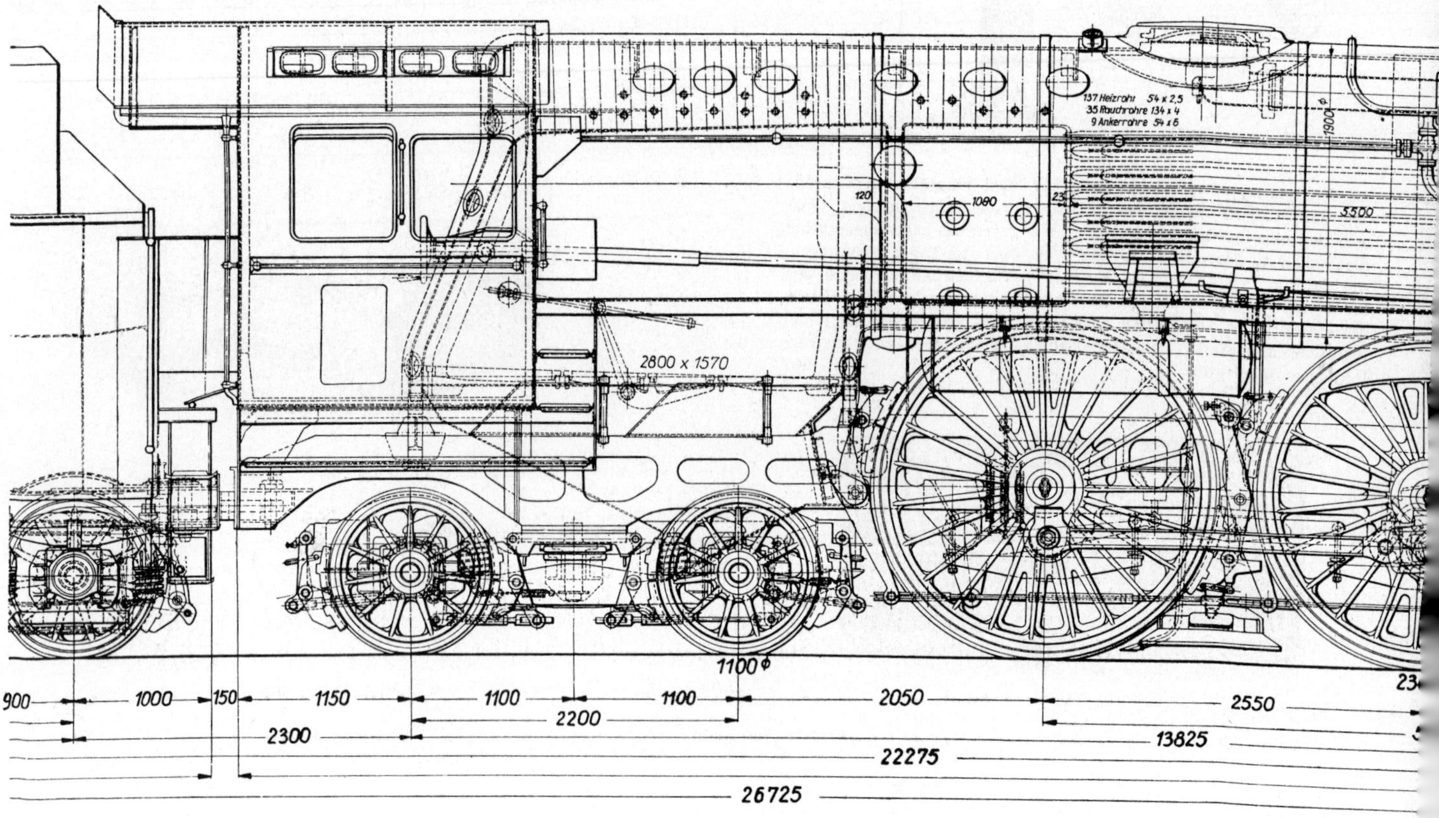


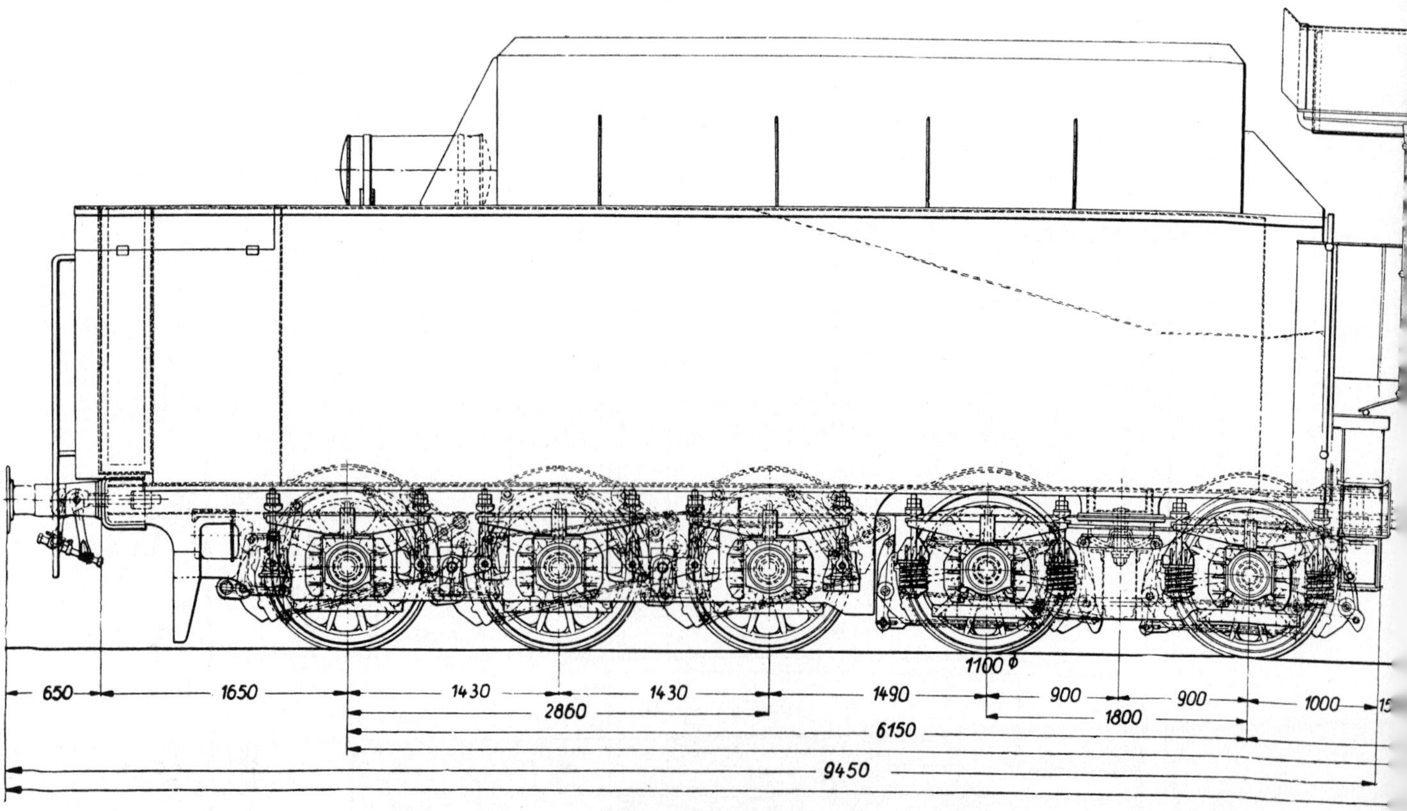

**hsigem 38,5 $m^3$-Tender der Deutschen Reichsbahn**

otiv-Werke G. m. b. H. 1945

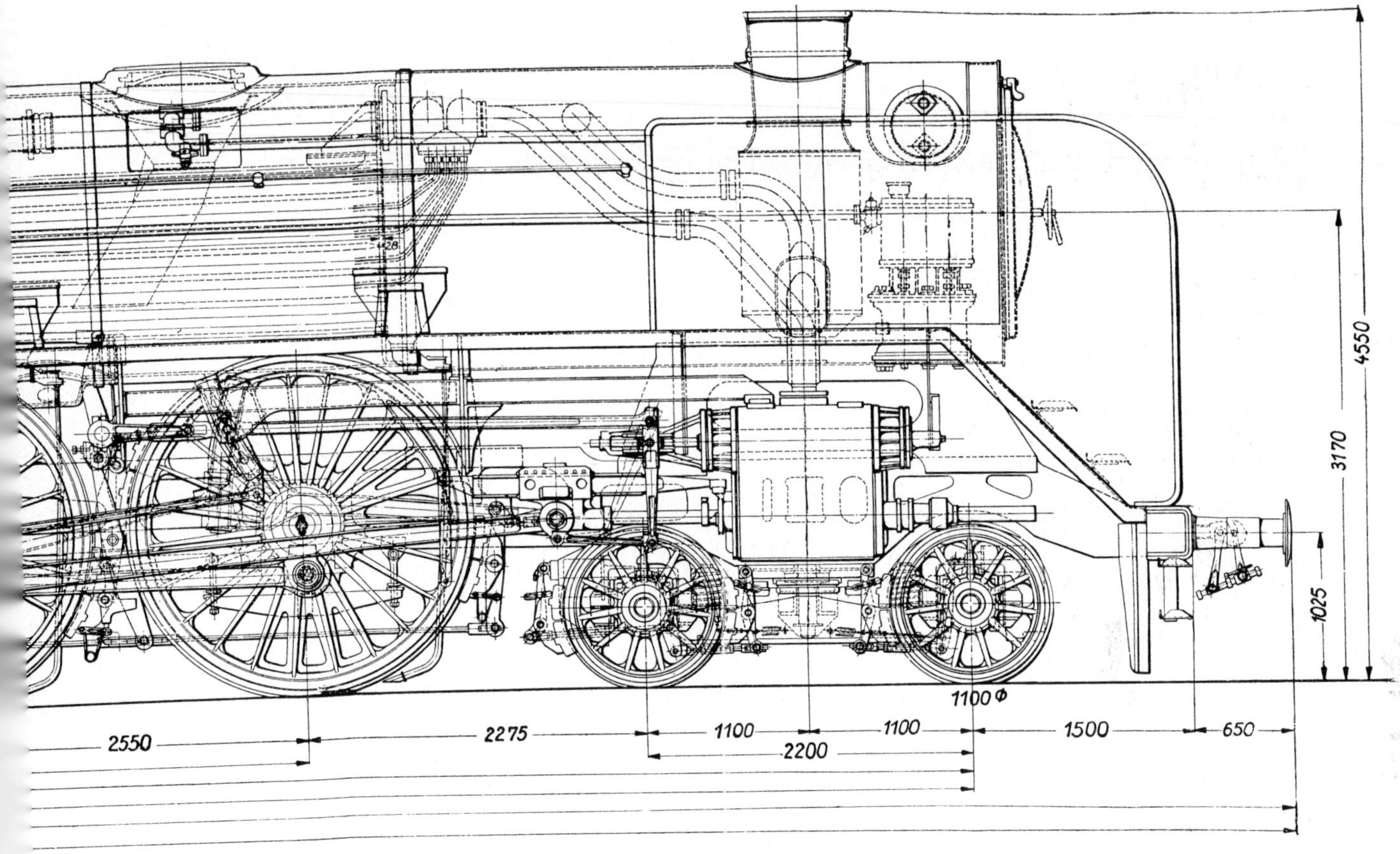


**Hauptabmessungen**

Lokomotive

| | | | |
|---|---|---|---|
| Zylinderdurchmesser | 3× 450 mm | Verdampfungsheizfläche | 227,95 $m^2$ |
| Kolbenhub | 660 mm | Überhitzerheizfläche | 81,90 $m^2$ |
| Treibraddurchmesser | 2 300 mm | Gesamtheizfläche | 309,85 $m^2$ |
| Laufraddurchmesser | 1 100 mm | Leergewicht | 114,0 t |
| Dampfdruck | 20 kg/$cm^2$ | Dienstgewicht | 124,0 t |
| Rostfläche | 4,4 $m^2$ | Reibungsgewicht | 56,0 t |
| Heizfläche der Feuerbüchse | 22,66 $m^2$ | Größte Geschwindigkeit | 175 km/h |
| Heizfläche der Rohre | 205,29 $m^2$ | | |

Tender

| | |
|---|---|
| Wasservorrat | 38,5 $m^3$ |
| Kohlenvorrat | 12 t |
| Leergewicht | 40,5 t |
| Dienstgewicht | 91,0 t |

# Bildteil

# I. Geschichte

Eingangstor des Werkes in Tegel mit einer S 3

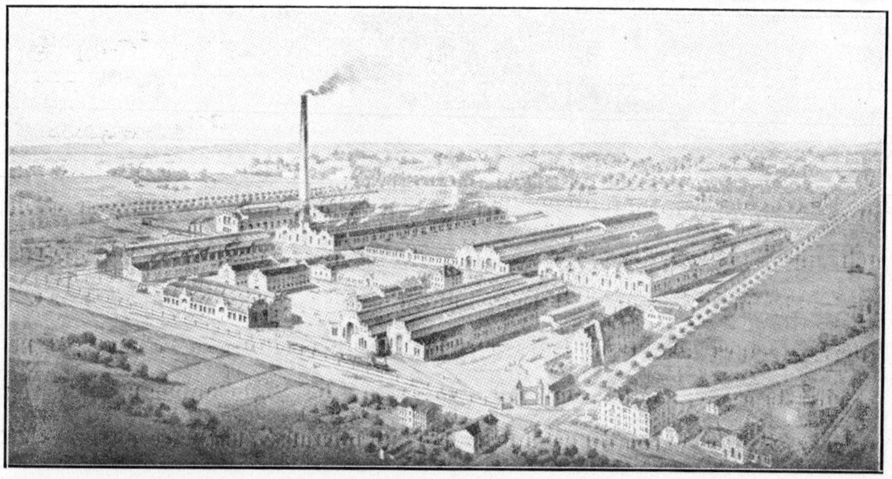

Lokomotivbauanstalt in Tegel

August Borsig (1804-1854)

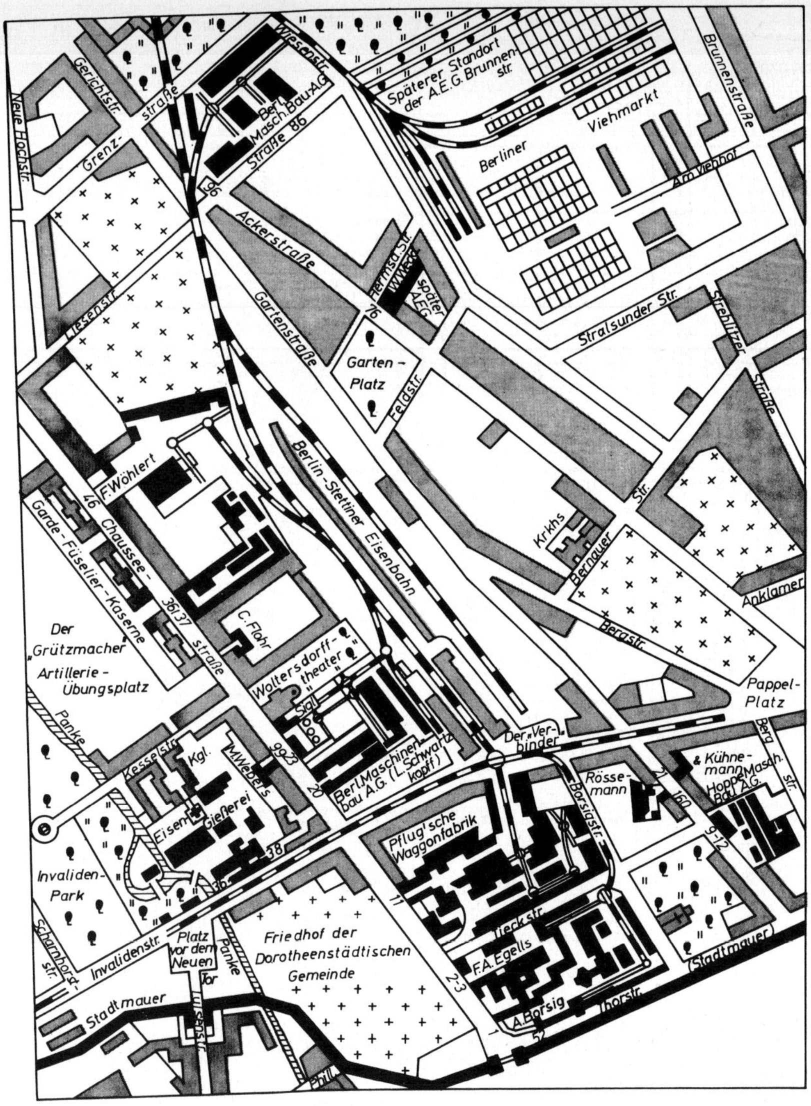


Lageplan der Maschinenbaubetriebe vor dem Oranienburger Tor um 1850

Werkshof um die Jahrhundertwende

Lageplan des neuen Werkes in Tegel

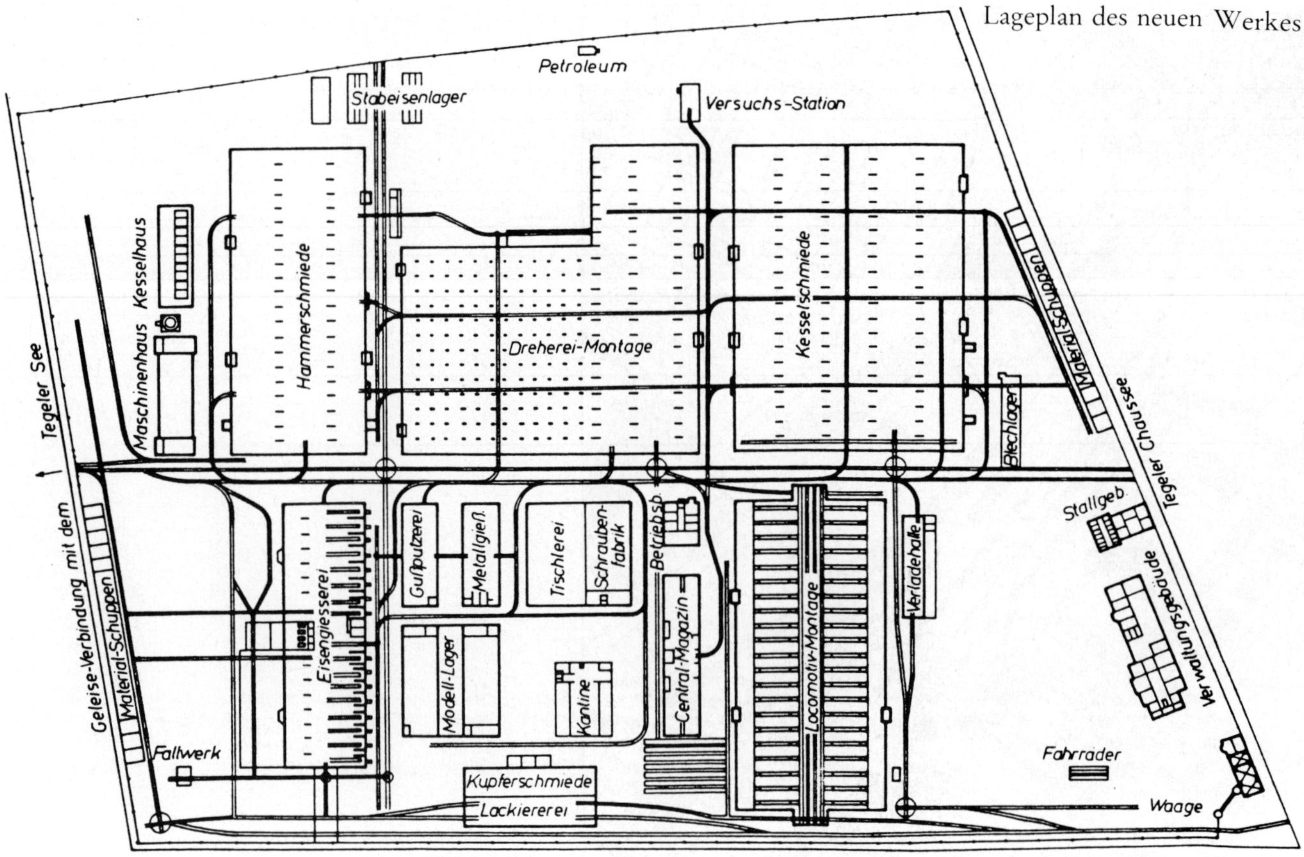


Montagehalle um 1900

Schweißen eines Bodenringes

Nieten des Stehkessels an der hydraulischen Presse

Einziehen der Rohre

Druckprobe eines fertigen Kessels

Vorzeichnen einer Treibstange auf der Reißplatte

Bearbeiten von Treibstangen

Bohren einer Rahmenplatte

Anbau eines Zylinders an den Rahmen

Aufsetzen des Kessels mit Rahmen auf die Räder

Lokomotive auf der Schiebebühne, fertig zur Probefahrt

Borsig 1/1841 2'A1 n2 Berlin-Anhalter Eisenbahn BORSIG

Borsig 1000/1858
1A1 n2
Cöln-Mindener Eisenbahn
BORUSSIA

Borsig 5000/1902 2'B n2v Preußische Staatsbahn S3

Borsig 8000/1911
C1'/b n4t
Preußische Staatsbahn T26

Borsig 11000/1922
1'D1'h3
Preußische Staatsbahn P10

Borsig 12000/1926 2'C1'h2 Deutsche Reichsbahn-Gesellschaft BR 01 (01 008)

Borsig 15000/1941 2'C1'h3 Deutsche Reichsbahn-Gesellschaft BR 03.10 (03 1020)

# II. Deutsche Schnellzug- und Personenzugdampflokomotiven

Borsig 1940/1866 Magdeburg-Halberstädter Eisenbahn HERWARTH Personenzug im Bahnhof Thale/Harz, 1879

Borsig 2121/1867 Magdeburg-Halberstädter Eisenbahn ROON im Bahnhof Halberstadt, 1879

Borsig 24/1844 Berlin-Anhalter Eisenbahn BEUTH

Borsig 988/1858
Leipzig-Dresdener Eisenbahn
ZÜRICH
später Sächs. Staatseisenbahn
BOEHLEN

Borsig 1721/1865
Lübeck-Büchener Eisenbahn
GREIF

Borsig 1748/1865
Thüringische Eisenbahn
GOTHA

Borsig 1792/1865
Thüringische Eisenbahn
CASSEL

Borsig 1789/1865
Bergisch-Märkische Eisenbahn
HAVEL

Borsig 1862/1866
Berlin-Anhalter Eisenbahn
ROSSLAU

Borsig 2384/1869
Rheinische Eisenbahn
RAUCH

Borsig 2871/1872 Cöln-Mindener Eisenbahn MAAS

Borsig 3035/1873 Berlin-Potsdam-Magdeburger Eisenbahn MOLDAU

Borsig 3642/1878 Magdeburg-Halberstädter Eisenbahn ILLER

Borsig 3008/1873 Berlin-Potsdam-Magdeburger Eisenbahn SEEVE; ursprünglich von Berlin-Hamburger Eisenbahn bestellt

Borsig 3031/1873
Berlin-Potsdam-Magdeburger
Eisenbahn
LEITHA

Borsig 3066/1873 Berlin-Anhalter Eisenbahn BLOENSDORF

Borsig 3197/1874 Bergisch-Märkische Eisenbahn 679, nach Umbau Preußische Staatsbahn S 1 Erfurt 213

Borsig 4706/1899
Königliche Militäreisenbahn 12

Borsig 4651/1898
Preußische Staatsbahn P4

Borsig 4800/1900
Preußische Staatsbahn S4

Borsig 7670/1911
Preußische Staatsbahn P8

AEG 2311/1922 Deutsche Reichsbahn-Gesellschaft P8 Erfurt 3097, später 38 3650; im April 1972 – vier Monate vor der Ausmusterung – wartet die nun als 038 650–8 bezeichnete Maschine mit Eilzug 1946 im Bahnhof Freudenstadt auf Ausfahrt

Borsig 11993/1926 Deutsche Reichsbahn-Gesellschaft 01 001

Borsig 12251/1930 Deutsche Reichsbahn-Gesellschaft 03 001

Borsig 11814/1927 Deutsche Reichsbahn-Gesellschaft 39 254 in Stuttgart Hbf 1963

BLW 14434/1932
Deutsche Reichsbahn-Gesellschaft 24 069
Mitteldruck-Versuchslokomotive mit Heißdampf-Verbundtriebwerk

BLW 14474/1934 Deutsche Reichsbahn-Gesellschaft 03 154 Stromlinienversuchslokomotive mit Teilverkleidung

BLW 14474/1934 Deutsche Reichsbahn-Gesellschaft 03 154 mit verkleidetem Triebwerk, Bauzustand 1935

BLW 14553/1935 Deutsche Reichsbahn-Gesellschaft 05 002

BLW 14553/1935 Deutsche Reichsbahn-Gesellschaft 05 002 Zustand nach Umbau durch Krauss-Maffei 1951

BLW 14555/1935 Deutsche Reichsbahn-Gesellschaft 05 003 mit vornliegendem Führerstand und Kohlenstaubfeuerung

Borsig 11996/1926 Deutsche Reichsbahn-Gesellschaft 01 004 durchfährt mit D 4 Berlin-Köln im Jahre 1929 Wuppertal-Elberfeld

AEG 3938/1928 Deutsche Reichsbahn-Gesellschaft 01 069, später 01 2069–1, mit D 673 nach Dresden am 6. September 1976 beim Berliner Ostkreuz; die Lokomotive war bis Herbst 1980 im Einsatz

BLW 14634/1936 Deutsche Reichsbahn-Gesellschaft 03 268 und BLW 14418/1932 Deutsche Reichsbahn-Gesellschaft 03 074 im Heimat-Bahnbetriebswerk Köln-Deutzerfeld, April 1965

BLW 14675/1937 Deutsche Reichsbahn-Gesellschaft 03 283 mit Eilzug Frankfurt/Main – Bremen in Paderborn Hbf am 1. September 1967

Borsig 14397/1931 Deutsche Reichsbahn-Gesellschaft 03 016 mit F 164 Loreley-Express bei Trechtingshausen, 18. März 1958

BLW 14446/1933 Deutsche Reichsbahn-Gesellschaft 03 095, hier als 03 2095–2 im Februar 1978 auf der Strecke Dresden – Görlitz

BLW 14921/1940 Deutsche Reichsbahn-Gesellschaft 03 1010; bereits nach kurzer Zeit wurde ein Teil der Stromlinienverkleidung im Bereich des Triebwerkes wieder demontiert.
Unten präsentiert sich die Maschine 43 Jahre später als Traditionslokomotive im Bahnhof Nordhausen

BLW 14923/1940 Deutsche Reichsbahn-Gesellschaft 03 1012 vor D 65 am 9. September 1959 nahe Wuppertal-Langerfeld

BLW 14922/1940 Deutsche Reichsbahn-Gesellschaft 03 1011 in Wuppertal, Juli 1963

Borsig 11792/1924 Deutsche Reichsbahn-Gesellschaft 39 109

Borsig 10999/1922 Deutsche Reichsbahn-Gesellschaft 39 001; nach der Rekonstruktion 1958 wurde die Lokomotive als 22 010 bezeichnet, hier zwei Jahre darauf in Dresden Hbf

# III. Deutsche Güterzug-dampflokomotiven

Borsig 1276/1861 Cöln-Mindener Eisenbahn HOCHDAHL

Borsig 1117/1860 Rhein-Nahe Eisenbahn BINGERBRÜCK

Borsig 1770/1865
Werra-Eisenbahn
ISAR

Borsig 1758/1865
Berlin-Hamburger Eisenbahn
PLUTO

Borsig 2180/1868
Niederschlesisch-Märkische
Eisenbahn 282

Borsig 2337/1868
Thüringische Eisenbahn
OCKER

Borsig 3662/1878
Magdeburg-Halberstädter Eisenbahn
NEUSTADT

Borsig 4379/1892 Preußische Staatsbahn G 4.2 Hannover 1256

Borsig 5412/1904 Preußische Staatsbahn G 5.3 Stettin 4035, später Deutsche Reichsbahn-Gesellschaft 54 638, Aufnahme 1932

Borsig 5021/1901 Preußische Staatsbahn G 5.4 Halle 1283, später Deutsche Reichsbahn-Gesellschaft 54 813, mit P 1065 im Bahnhof Heide/Holstein

Borsig 7537/1910 Preußische Staatsbahn G 9 Stettin 5002, später Osthannoversche Eisenbahn 55 170

Borsig 11381/1922 Preußische Staatsbahn Halle 5953, hier als 573104 der Deutschen Reichsbahn-Gesellschaft mit Güterzug in Wuppertal-Vohwinkel, 10. August 1953

Borsig 8447/1912 Preußische Staatsbahn G 10 Frankfurt 5430, später 57 1200 der Deutschen Reichsbahn-Gesellschaft, im März 1961 im Bahnbetriebswerk Cochem

Borsig 11262/1922 Preußische Staatsbahn G 10 Halle 5607 wurde als 057 559–7 bei der Deutschen Bundesbahn bis 1970 eingesetzt; am 25. März 1967 war sie mit einem Sonderzug im Raum Wuppertal unterwegs

Borsig 11072/1921 Preußische Staatsbahn G 10 Halle 5557, später Deutsche Reichsbahn-Gesellschaft 57 2509, in Hagen Hbf 1965

Borsig 10211/1918 Preußische Staatsbahn G 12 Essen 5557 und 10267/1918 demonstrieren als 58 1042–9 und 58 1107–0 ihre Leistungsfähigkeit nach mehr als einem halben Jahrhundert Betriebszeit, Wiesenburg 4. Oktober 1974

AEG 2781/1924 Deutsche Reichsbahn-Gesellschaft 56 2902 mit durchbohrten Gegengewichten zur Erhöhung der Geschwindigkeit

Borsig 10761/1921
Preußische Staatsbahn G 10
mit Rauchgasvorwärmer

Borsig 10248/1918
Preußische Staatsbahn G 12

BLW 15126/1941 Deutsche Reichsbahn-Gesellschaft 44 670 in Altenhudem, 1. Mai 1951

LEW 16314/1949 Deutsche Reichsbahn 44 1235 gehörte zu den wenigen Lokomotiven, die nach dem Krieg noch unter Borsig-Fabriknummer gebaut wurden; nach Umbau auf Ölfeuerung wurde sie als 44 0235–0 bezeichnet, hier bei Angermünde im Mai 1980

BLW 15108/1941 Deutsche Reichsbahn-Gesellschaft 44652 war am 7. Juni 1957 mit einem Güterzug im Raum Bebra unterwegs

BLW 15184/1942 Deutsche Reichsbahn-Gesellschaft 44 1135 passiert im März 1973 das Stellwerk Fbn in Essen Dellwig Ost; zwei Jahre später war die Lok bereits ausgemustert

BLW 14825/1939 Deutsche Reichsbahn-Gesellschaft 41 246 am 3. Mai 1951 mit Personenzug 1247 bei Kirchhundem

BLW 14824/1939 Deutsche Reichsbahn-Gesellschaft 41 245 wurde nach Umbau auf Ölhauptfeuerung in 042 245–1 umnummeriert; Durchfahrt Marsberg, 26. Oktober 1975

BLW 14775/1939 Deutsche Reichsbahn-Gesellschaft 41 055 als Rekolokomotive 41 1055–7 im Saaletal nahe Orlamünde, Mai 1984

BLW 14795/1939 Deutsche Reichsbahn-Gesellschaft 41 074; neben Güsten gehörte Oebisfelde zu den letzten Bahnbetriebswerken der Deutschen Reichsbahn, bei denen diese bewährte Baureihe zum Einsatz kam; Gardelegen im September 1976

BLW 14834/1939 Deutsche Reichsbahn-Gesellschaft 41 255 mit D 197 im Bahnhof Bebra, 12. August 1965

BLW 14791/1939 Deutsche Reichsbahn-Gesellschaft 41 069 im Bahnbetriebswerk Osnabrück Rbf am 31. August 1967

BLW 15167/1942 Deutsche Reichsbahn-Gesellschaft 44 1118

BLW 14782/1939 Deutsche Reichsbahn-Gesellschaft 41 060

BLW 15194/1942 Deutsche Reichsbahn-Gesellschaft 50 2200

BLW 15249/1943 Deutsche Reichsbahn-Gesellschaft 44 1263 ÜK mit Wannentender

BLW 15446/1942
Deutsche Reichsbahn-Gesellschaft 52 001
in einer Werbeanzeige der Borsig Lokomotiv-Werke GmbH

BLW 15621/1944 Deutsche Reichsbahn-Gesellschaft 52 524

BLW 14867/1940 Deutsche Reichsbahn-Gesellschaft 50 136 am 13. April 1954 in Köln West

BLW 14874/1940 Deutsche Reichsbahn-Gesellschaft 50 143 auf dem Anschlußgleis Köln-Stadthafen im Mai 1973; die Lokomotive wurde am 11. Juni 1976 ausgemustert und gehörte damit zu den letzten Vertretern der Baureihe 50 bei der DB

BLW 14932/1941 Deutsche Reichsbahn-Gesellschaft 50 525 an der Bekohlungsanlage des Bw Lehrte, 1. August 1974

BLW 14951/1940 Deutsche Reichsbahn-Gesellschaft 50 503 mit einem Sonderzug bei Schwetzingen am 9. Mai 1954

# IV. Deutsche Tenderlokomotiven

A. BORSIG
TEGEL

²/₂ GEK.

TENDER-LOKOMOTIVE.

*Gebaut für*

***Friedeberg = Alt-Lippehne.***

| | | | | | |
|---|---|---|---|---|---|
| Cylinder-Durchmesser | 300 mm | Dampfdruck | 12 Atm. | Leergewicht | 16800 kg |
| Kolbenhub | 500 mm | Heizfläche | 44,45 qm | Dienstgewicht | 22000 kg |
| Räder-Durchmesser | 1100 mm | Rostfläche | 0,94 qm | Adhäsionsgewicht | 22000 kg |
| Fester Radstand | 2000 mm | Zugkraft | 3000 kg | Inhalt des Wasserkastens | 2,7 cbm |
| Totaler Radstand | 2000 mm | | | Inhalt des Kohlenraumes | 1 cbm |

Normale Spur.

Borsig 1790/1865 Rheinische Eisenbahn SPHINX

Borsig 2396/1869 Rheinische Eisenbahn KIEL

Borsig 2718/1871
Cöln-Mindener Eisenbahn
DIEDENHOFEN

Borsig 3841/1882
Berlin-Hamburger Eisenbahn
MOABIT

Borsig 4355/1882
Königliche Militäreisenbahn 9
(wie pr. T4)

Borsig 4433/1893
Preußische Staatsbahn T9.1
Köln 7272
später DRG 90 010

Borsig 4739/1899
Preußische Staatsbahn T9.2
Altona 7232
später DRG 91 078

134
Borsig 4466/1894
Preußische Staatsbahn T3
Berlin 1903

Borsig 5425/1904
Preußische Staatsbahn T 11
Berlin 2164

Borsig 6123/1907
Preußische Staatsbahn T 12
Elberfeld 7715
später DRG 74 521

Borsig 11066/1921
Preußische Staatsbahn T 12
Berlin 8750
hier als 74 1296 mit Heißdampfregler

Borsig 6941/1909 Preußische Staatsbahn T10 Mainz 7401, später DRG 76001; im Jahre 1941 von der Osthannoverschen Eisenbahn als 76091 übernommen

Borsig 6943/1909 Preußische Staatsbahn T10 Mainz 7403, später Deutsche Reichsbahn-Gesellschaft 76003; nach kurzer Zeit bei der DB wurde auch diese Lokomotive von der Osthannoverschen Eisenbahn übernommen und war dort als 76093 bis 1964 im Einsatz

Lokparade im Bahnbetriebswerk Hanau 1949. Von elf Dampflokomotiven stammen vier aus dem Hause Borsig: 74 460 (5848/1906), 74 462 (5965/1906), 74 662 (7030/1909) und 55 3719 (9429/1916)

Borsig 5991/1906 (Preußische Staatsbahn T 12 Breslau 7710) war als DRG 74 487 am 28. Mai 1933 mit Personenzug 860 im Ruhrtal eingesetzt

Die schweren Tenderlokomotiven der Gattung T20 stammten alle aus dem Hause Borsig. Nach dem Krieg wurden die bei der Deutschen Bundesbahn verbliebenen Maschinen vorwiegend auf der Spessartrampe Laufach – Heigenbrücken eingesetzt. Am 25. September 1949 warteten 95 002 (Borsig 11106/1923), 95 007 (11111/1923) und 95 006 (11110/1923) in Laufach auf ihre nächsten Einsätze im Schubdienst

Borsig 11106/1923
Deutsche Reichsbahn-Gesellschaft 77 002, später in 95 002 umgezeichnet

Borsig 11105/1923
Deutsche Reichsbahn-Gesellschaft 95 001 mit Vorwärmer

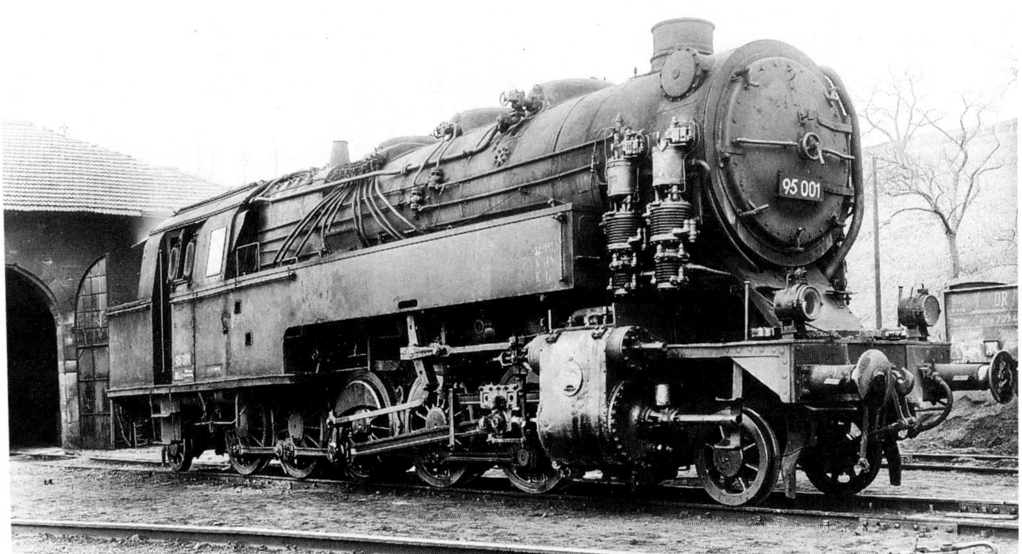

Borsig 11650/1923 Deutsche Reichsbahn-Gesellschaft 95013 am 19. Juni 1931. Deutlich sichtbar ist die Vorrichtung zum Abkuppeln der Schublok während der Fahrt vom Führerstand aus

Borsig 11653/1923 Deutsche Reichsbahn-Gesellschaft 95 016 bei Ausfahrt Hüttengrund im Februar 1979; die Lokomotive wurde 1982 auf Kohlefeuerung zurückgebaut und war zuletzt Heizlok im Bw Kamenz

Borsig 11114/1923 Deutsche Reichsbahn-Gesellschaft 95 010 wurde 1967 auf Ölhauptfeuerung umgebaut und als 95 0010–9 bis 1980 eingesetzt

Borsig 11961/1928 Deutsche Reichsbahn-Gesellschaft 64 005

Borsig 11962/1928 Deutsche Reichsbahn-Gesellschaft 64 006 im Bahnbetriebswerk Aalen, 24. Juli 1967

Borsig 12080/1928 Deutsche Reichsbahn-Gesellschaft 64 194 mit Personenzug 2011 bei einem Zwischenhalt im Bahnhof Lobberich, Mai 1953;
zwölf Jahre später hat es die Maschine nach Süden verschlagen, die Aufnahme entstand im Bahnhof Horb am 18. Oktober 1965; drei Jahre darauf erfolgte die Ausmusterung

BLW 14581/1936 Deutsche Reichsbahn-Gesellschaft 71 003

BLW 14582/1936 Deutsche Reichsbahn-Gesellschaft 71 004 verläßt Kaiserslautern Hbf am 1. November 1952 mit S 789

BLW 14428/1932 Deutsche Reichsbahn-Gesellschaft 86 057 durcheilt im Juni 1935 das Elstertal

BLW 14421/1932 Deutsche Reichsbahn-Gesellschaft 86 049 im Einsatz bei der Deutschen Reichsbahn als 86 1049–5 im Jahre 1970

# V. Deutsche Privat- und Kleinbahndampflokomotiven

Borsig 4474/1895 Localbahn Müllheim – Badenweiler 1
Spurweite 1000 mm

Borsig 4761/1899 Vering & Wächter für Kleinbahn Möckmühl – Dörzbach 3, später 26; Spurweite 750 mm

Borsig 4429/1892
Rhein – Ettenheim – Münsterer Eisenbahn 3
Spurweite
1000 mm

Borsig 4798/1900
Vering & Wächter für Gera – Meuselwitz – Wuitzer Eisenbahn 2
Spurweite 1000 mm

Borsig 5247/1903
Kleinbahn AG Tangermünde – Lüderitz 2
Spurweite 750 mm

Borsig 4686/1898
Altdamm – Colberger Eisenbahn 17
Spurweite 1435 mm

Borsig 4765/1900
Vering & Wächter für Dessau – Wörlitzer Eisenbahn 4
Spurweite 1435 mm

Borsig 4873/1900
Kgl. Württembergische Staatseisenbahn Ts 3 Nr. 9 für Nagold – Altensteig
Spurweite 1000 mm

Borsig 5182/1903 Spremberger Stadtbahn 7, Spurweite 1000 mm

Borsig 5104/1902 Vering & Wächter für Dampfstraßenbahn Diedenhofen – Mondorf 2, Spurweite 1000 mm

Borsig 5325/1904 Vering & Wächter für Mosbach – Mudau 2. Nach Übernahme der Bahn durch die Deutsche Reichsbahn-Gesellschaft wurde die Lok in 99 7202 umgezeichnet; die Aufnahme vom Oktober 1962 zeigt sie mit P 3091 in Langenelz auf der Fahrt nach Mosbach. Ebenso wie ihre drei Schwesterloks konnte die Maschine vor der Verschrottung bewahrt werden
Unten 99 7203 beim Rangieren in Mosbach/Baden am 5. August 1963; die Lokomotiven waren zuletzt beim Bahnbetriebswerk Heidelberg beheimatet

99 7201 (Borsig 5324/1904) mit einer für diese Bahn typischen Zuggarnitur auf dem Bahnhofvorplatz in Mosbach, 12. Juni 1952; unter anderem war es diese Streckenführung, die der Schmalspurbahn zwanzig Jahre später zum Verhängnis wurde
Unten 99 7203 mit P 3082 in Langenelz am 23. April 1963

Borsig 5324/1904
Vering & Wächter für Mosbach – Mudau 1
später Deutsche Reichsbahn-Gesellschaft 99 7201
Spurweite 1000 mm

Borsig 5895/1906
Cloppenburger Kreisbahn 4
CLOPPENBURG
Spurweite 750 mm

Borsig 5648/1905
Stendal – Tangermünder Eisenbahn 4
HOHENZOLLERN
Spurweite 1000 mm

Borsig 6176/1906
Billwärder Industriebahn 1
Spurweite 1435 mm

Borsig 6210/1907
Vering & Wächter für Vorwohle
– Emmertaler Eisenbahn 6
Spurweite 1435 mm

Borsig 6281/1907
Jarotschiner Kreisbahn 4
Spurweite 600 mm

Borsig 4891/1902 Westfälische Landeseisenbahn 62 am 23. August 1950 in Lippstadt

Borsig 8107/1911 Vering & Wächter für Voldagsen – Duingen – Delligsen 6, hier als DEBG 32 auf der Nebenbahn Achern – Ottenhöfen am 4. April 1933

Borsig 6806/1908 Kleinbahn Winsen – Evendorf 4 als 89152 bei der Osthannoverschen Eisenbahn in Winsen Süd, Mai 1958

Auch Lok 4 der Kleinbahn Wittingen – Oebisfelde (Borsig 7080/1909) wurde später von der OHE als 89 157 übernommen; im September 1959 stand die Ausmusterung kurz bevor

Borsig 6885/1908
Herforder Kleinbahn 7
HEEPEN
Spurweite 1000 mm

Borsig 6921/1909
auf der Fahrt durch Hagenbeck's Tierpark

Borsig 6921/1909
Carl Hagenbeck, Tierpark
Stellingen bei Hamburg
DRACHE
Spurweite 600 mm

Borsig 6685/1908
Kreisbahn Leer – Aurich – Wittmund 9
ESENS
Spurweite 1000 mm

Borsig 7369/1909
Kleinbahn Celle – Soltau 28
später Osthannoversche Eisenbahn 89 134
Spurweite 1435 mm

Borsig 7561/1910
Allgemeine Deutsche Kleinbahn Gesellschaft für Nassauische Kleinbahn 9
Spurweite 1000 mm

Borsig 11029/1921 Deutsche Eisenbahn-Betriebsgesellschaft für Voldagsen – Dellingen 8, hier nach Umzeichnung in 44 am 4. April 1938 in Duingen

Borsig 11382/1922 Nordhausen – Wernigeroder Eisenbahn 51 am 2. Juli 1932 im Bahnhof Brocken. Die Malletlok wurde 1949 von der Deutschen Reichsbahn übernommen und blieb als 99 6011 auf ihrer Stammstrecke im Harz noch bis 1966 im Einsatz

Borsig 11758/1924 Kreis Altenaer Eisenbahn 20, Aufnahme vom 10. September 1935, dreißig Jahre stand diese Lokomotive noch im Einsatz; Spurweite 1000 mm

Borsig 11831/1924 Nordhausen-Wernigeroder Eisenbahn-Gesellschaft 52; Spurweite 100 mm

Borsig 8460/1913
Kleinbahn Lüneburg – Soltau 2
später OHE 89 137

Borsig 10816/1920
Bleckeder Kleinbahn 9
Spurweite 1435 mm

Vierzig Jahre später wurde die Lokomotive als 89 147 der Osthannoverschen Eisenbahnen ausgemustert

AEG 3142/1925
Mecklenburgische Friedrich-Wilhelm-Eisenbahn 32
Spurweite 1435 mm

AEG 3151/1926
Osthavelländische Kreisbahn 12
Spurweite 1435 mm

AEG 3877/1927
Kreis Oldenburger Eisenbahn 10
Spurweite 1435 mm

BLW 14683/1938
Brandenburgische Städtebahn 52
nach Übernahme durch die Deutsche Reichsbahn 93 6477
Spurweite 1435 mm

BLW 14701/1938
Westfälische Landeseisenbahn 34
Spurweite 1435 mm

BLW 14666/1937
Westfälische Landeseisenbahn 121
Spurweite 1435 mm

BLW 14700/1937
Westfälische Landeseisenbahn 33, links die ebenfalls von Borsig stammende 123 (BLW 15055/1942), die im September 1967 bereits abgestellt war

BLW 14667/1937 Westfälische Landeseisenbahn 122 am 3. September 1966 mit einem Sonderzug bei Wamel; fünf Jahre später wurde die Lokomotive ausgemustert

# VI. Elektrische Lokomotiven

Borsig 8786/1914 SSW 1006 Spandauer Hafenbahn, später Deutsche Reichsbahn-Gesellschaft E 170 01

Borsig 11982/1928 SSW 2501
Deutsche Reichsbahn-Gesell-
schaft E16101

Borsig/SSW um 1930
Elektrische Abraumlokomoti-
ve für Tagebaubetrieb
Spurweite 900mm

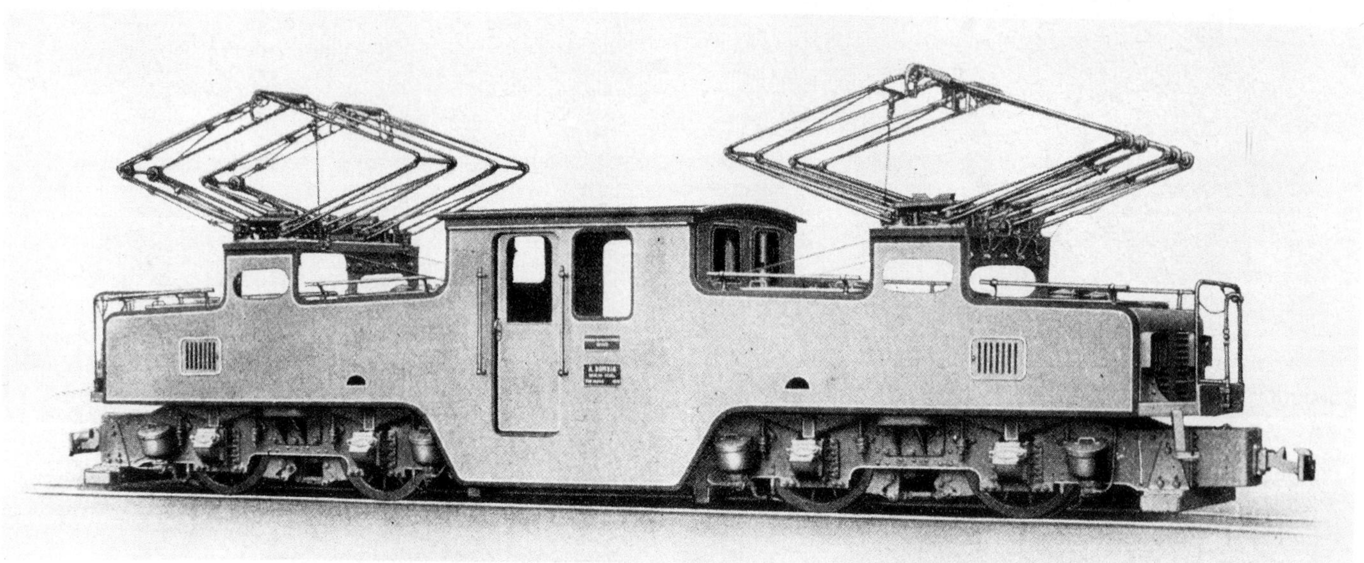

Borsig 11982/1928
SSW 2501 Deutsche Reichs-
bahn-Gesellschaft E 17001
nach Umbau

# VII. Straßenbahn-lokomotiven

## A. Borsig · Berlin · Tegel

### VI. Strassenbahn-Lokomotiven

20 erste Auszeichnungen ⁂ Über 5300 Lokomotiven gebaut ⁂ Gegründet 1837

⁂ ⁂ ⁂ Berg- und Hüttenwerk: Borsigwerk-O/Schl. ⁂ ⁂ ⁂ 8000 Arbeiter ⁂ ⁂ ⁂

Borsig 6689/1908
Strassburger Straßenbahn-Gesellschaft 52
später unter gleicher Nummer bei der Mittelbadischen Eisenbahngesellschaft
Spurweite 1000 mm

Borsig 6793/1908
Uetersener Eisenbahn 1
Spurweite 1435mm

Borsig 6880/1908
Stadt Akkermann (Rußland) 2
Spurweite 1000 mm

Borsig 7087/1909 Societa Nazionale di Ferrovie e Tramvie, Roma (Italien) 11, Spurweite 1435 mm

Borsig 6896/1910 Societa Tramvie Vicentine, Vicenza (Italien) 19 ARZIGNANO, Spurweite 1435 mm

Borsig 7388/1910 Lokalbahn Commission Altona für Altona – Ottensen 3, Spurweite 1000 mm

Borsig 7383/1910 Societa Anonima dei Tramways a vapore Interprovinciale, Milano (Italien) 72 OMBRIANO, Spurweite 1435 mm

# VIII. Zahnrad-lokomotiven

Borsig 10781/1922 1'D1'/bh4t Deutsche Reichsbahn-Gesellschaft 97 401

Borsig 6000/1906
Preußische Staatsbahn T26 Saarbrükken 9003 mit Bauzug im Bahnhof Rennsteig 1902

Borsig 11869/1925
Braunkohlewerke Leonhard AG
kombinierte Adhäsions- und Zahnradlokomotive
Spurweite 1000 mm

Borsig 10781/1922
1'D1'/bh4t
Preußische Staatsbahn T28 Erfurt 9101

# IX. Kranlokomotiven

Borsig 5479/1905 Gebr. Stumm GmbH, Neunkirchen/Saar, Kranlokomotive mit abgenommener Rückwand

Kran-Werklokomotive von Borsig
für den Einsatz im eigenen Werk Berlin-Tegel
Spurweite 1435 mm

Borsig 6183/1909
Karl Krause Papiermaschinenfabrik, Leipzig
feuerlose Lokomotive mit Handkran 2 t Hubmasse und 5 m Ausladung

Borsig 5479/1905
Gebr. Stumm GmbH, Neunkirchen/Saar 33
mit Dampfkran für 3 t Hubmasse und 5 m Ausladung
Spurweite 1435 mm

Borsig 5386/1904
Ferrocarril Puerto Sastre (Paraguay) 1
MARIA OTILLA
Kranlokomotive mit Handkran
Spurweite 750 mm

Borsig 7379/1910
Südmandschurische Eisenbahn, Dairen 3
Spurweite 1435 mm

Borsig 7472/1910
Französische Staatsbahn (ETAT)
Spurweite 1435 mm

# X. Dampfspeicher-lokomotiven

Feuerlose Lokomotive von Borsig aus Lieferserie 6949/1909 bis 6954/1912 für Aktieselskabet Sydvaranger, Spurweite 1435 mm

Borsig 5572/1905
Graf Henkel von Donnersmarck, Beuthen O/S
Spurweite 785 mm

Borsig 5639/1905
Gewerkschaft Großherzog von Sachsen, Kaliwerke Weimar
Spurweite 1000 mm

Borsig 6001/1906
Jaworznoer Steinkohlenwerke, Jaworzno (Österreich)
Spurweite 785 mm

Borsig 6056/1906
Vereinigte Königs- und Laurahütte O/S
schwere Ausführung
Spurweite 1435 mm

Borsig 7399/1911
Rat der Stadt Dresden für Wasserwerke
Hosterwitz
Spurweite 600 mm

Borsig 10896/1921
Leonard Söhne, Crossen/Mulde
Spurweite 1435 mm

# XI. Heeresfeldbahn-lokomotiven

Borsig 10357/1918 Eisenbahnersatzpark – Heeresfeldbahn 2294, nach 62 Jahren noch immer im Einsatz bei der Zuckerfabrik Lesmierz (Polen), die Aufnahme entstand am 10. Oktober 1980 in der Nähe von Mlynow; Spurweite 600 mm

Borsig 5748 + 5749/1905
Japanische Heeresverwaltung
A156 + B156 + Tender78
Spurweite 600 mm

Vierachsiger Tender von Borsig für die Deutschen Heeres-Feldbahnen
Spurweite 600 mm

Borsig 6303/1907
Deutsche Heeres-Feldbahnen, Versuchsanstalt der Verkehrstruppen Schöneberg 224
Spurweite 600 mm

Borsig 6303/1907 Deutsche Heeres-Feldbahnen, Versuchsanstalt der Verkehrstruppen Schöneberg 224, Spurweite 600 mm, auf einer zeitgenössischen Postkarte

Borsig 8472/1912 Gräflich Armin'sche Waldeisenbahn Muskau DIANA, später DR 99 3312, heute Denkmal in Oberoderwitz

# XII. Werkbahn-lokomotiven

## A. Borsig, Berlin-Tegel

Gegründet 1837 — 14000 Arbeiter
Fondé en 1837 — 14000 ouvriers

Founded 1837 — 14000 workmen
Fondata 1837 — 14000 operai

*Type 46*

*Code: Zenkeries*

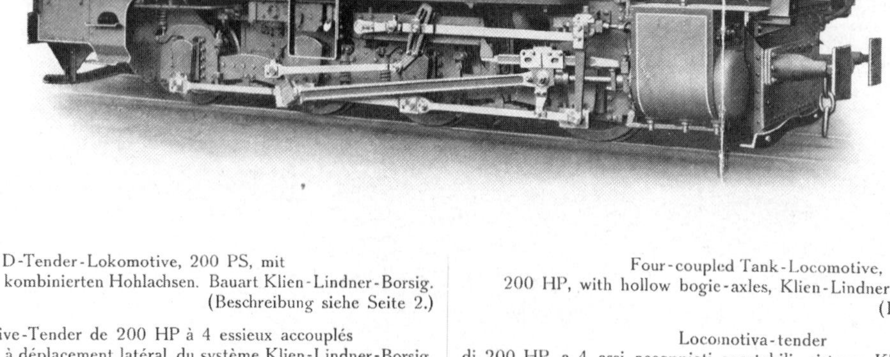

D-Tender-Lokomotive, 200 PS, mit kurvenbeweglichen kombinierten Hohlachsen. Bauart Klien-Lindner-Borsig. (Beschreibung siehe Seite 2.)

Locomotive-Tender de 200 HP à 4 essieux accouplés avec essieux évidés à déplacement latéral, du système Klien-Lindner-Borsig. (Description, voir page 2.)

Four-coupled Tank-Locomotive, 200 HP, with hollow bogie-axles, Klien-Lindner-Borsig system. (Description page 2.)

Locomotiva-tender di 200 HP, a 4 assi accoppiati spostabili, sistema Klien-Lindner-Borsig. (Descrizione a pag. 2.)

Borsig 7841/1910 R. Bernatzki, Danzig, später als MARTHA bei Zuckerfabrik Pelplin (Polen); aufgenommen mit Bereisungswagen der Zuckerfabrik im November 1973, Spurweite 750 mm

Borsig 4614/1897 Borsigwerk, Borsigwerk O/S Spurweite 785 mm

Borsig 5149/1903
Ilse Bergbau AG
ELSE
Spurweite 1435 mm

Borsig 5183/1903
Gräflich Schaffgot'sche Generaldirektion,
Beuthen
Spurweite 1435

Borsig 5249/1903
Kaliwerke Friedrichshall AG, Berlin
Spurweite 1435 mm

Borsig 6290/1907
Kgl. Berginspektion Rüdersdorf
ausgerüstet für den Verschub von Normal- und Schmalspurfahrzeugen
Spurweite 1435 mm

Borsig 8458/1912
Rütgerswerke AG, Berlin
Spurweite 600 mm

Borsig 11983/1925
Wilhelmsburger Industriebahn 24
Spurweite 1435 mm

# XIII. Abraum-, Bau- und Vorratslokomotiven

Borsig 5204/1903 Vorratslokomotive
Typ 1
Bergwerks AG La Houve, 10 PS,
Spurweite 490 mm

Borsig 5161/1903 Vorratslokomotive
Typ 4
Arthur Koppel AG für Rußland, 30 PS
Spurweite 600 mm

Borsig 5153/1903 Vorratslokomotive
Typ 2
E. Gieldzinsky, Wien, 20 PS
Spurweite 600 mm

Borsig 5170/1903 Vorratslokomotive
Typ 18
Philip Holzmann AG
Spurweite 900 mm

Borsig 5460/1904 Vorratslokomotive Typ 55 für Gräflich Schaffgot'sche Generaldirektion, Beuthen O/S, für Gotthardtschacht, 80 PS, Spurweite 600 mm

Borsig 5631/1905
Vorratslokomotive Typ 24
Städtische Gasanstalt Leipzig
50 PS, Spurweite 1435 mm

Borsig 6934/1908
Abraumlokomotive Typ 21
Niederlausitzer Kohlenwerke
Spurweite 900 mm

Borsig 7608/1910
La Societe Anonyme de Commentry
Fourchamboult u Decazeville, Averon
(Frankreich)
Stollenlokomotive, 40 PS
Spurweite 660 mm

Borsig 7551/1910
Bismarckhütte O/S 8
Stollenlokomotive, 60 PS
Spurweite 785 mm; nach 1945
Hütte Florian, Swietochlowitz
(Polen) und dort bis 1970 in
Betrieb

Borsig 7679/1910
Vorratslokomotive Typ 57
Decauville Aine, Paris,
für Italien,
10 PS
Spurweite 600 mm

Borsig um 1910
Bn2t-Lokomotive mit Außenrahmen
Spurweite 600 mm

Borsig 7430/1910
Vorratslokomotive Typ 65a
Chemins de fer Argentins,
Buenos Aires
Spurweite 1000 mm

Borsig 7164/1909
Vorratslokomotive Typ 60
Klessen & Böttcher, Wachow/Havelland
Spurweite 600 mm

Borsig 11247/1923
Abraum-Lokomotive für Anhaltische Kohlenwerke, Halle/Saale
Spurweite 900 mm

# XIV. Schwere Tenderlokomotiven

Borsig 10353/1919 Halberstadt – Blankenburger Eisenbahn MAMMUT am 13. Juni 1932

BLW 14588/1935 Sandbahngesellschaft des Grafen von Ballestrem, Peiskretscham O/S 6, später PMP-Pw Tkz 208

Borsig 10910/1921
Halberstadt – Blankenburger Eisenbahn
ELCH
später DRG 95 6679
Spurweite 1435 mm

BLW 14699/1937 Sandbahngesellschaft des Grafen von Ballestrem, Peiskretscham O/S 8

Borsig 10353/1919 Halberstadt – Blankenburger Eisenbahn MAMMUT, später Deutsche Reichsbahn 99 6676; heute im Verkehrsmuseum Dresden

BLW 14699/1937 Sandbahngesellschaft des Grafen von Ballestrem, Peiskretscham O/S 8, hier vor typischem, aus Spezialwagen gebildeten Sandbahnzug

# XV. Druckluftlokomotiven

Stolz posiert ein Arbeiter vor einer Druckluftlokomotive für den Kölner Bergwerksverein Neu Essen um 1911, Spurweite 500-600 mm

orsig 7885/1911 Entreprise du Tunnel du Mont d'Or, Vallorbe (Schweiz); C-Verbund-Druckluftlokomotive für den Tunnelbau, purweite 1000mm

Borsig 7901/1911 Entreprise du Tunnel du Mont d'Or, Vallorbe (Schweiz); B-Druckluftlokomotive, Spurweite 1000mm

Borsig 8002/1912 Gewerkschaft Auguste-Viktoria, Hüls; Druckluftlokomotive, Spurweite 600mm

Borsig 11320/1922
Gewerkschaft Auguste-Viktoria, Hüls
B-Druckluft-Zubringelokomotive für den Einsatz Untertage
Spurweite 600 mm

Borsig 11850/1925
Italienische Staatsbahn
B-Druckluftlokomotive für Appenninen-Tunnelbau
Spurweite 750 mm

Borsig 11904/1925
Italienische Staatsbahn, Bologna
D-Druckluftlokomotive für Appeninnen-Tunnelbau
Spurweite 750 mm

# XVI. Dampftriebwagen

Borsig 3796/1881 Hoyaer Eisenbahn, Triebgestell für 3achsigen Dampftriebwagen R1, Spurweite 1435 mm

Borsig 3796/1881 Hoyaer Eisenbahn R 1; das Dampftriebgestell wurde damals als „Dampfbogie“ bezeichnet

Borsig 5633/1906 Portugisische Staatsbahn, Triebgestell für Dampftriebwagen CFS 201, Spurweite 1676 mm

Borsig 6791/1908
Uetersener Eisenbahn 2
während Borsig das Triebgestell des Dampftriebwagens herstellte, war die Hannoversche Waggonbau AG für den Wagen zuständig, Spurweite 1435 mm

Borsig 6198/1907 Italienische Staatsbahn 624, 1925 wurde der Dampftriebwagen umgebaut in Bn2t 808.202, Spurweite 1435 mm

Borsig 6904/1909 Antivarbahn Bar – Virpazar (Montenegro) CETINJE, Spurweite 750 mm

Borsig 5633/1906 Portugisische Staatsbahn CFS 201, Wagenbau durch Düsseldorfer Eisenbahnbedarf, Spurweite 1676 mm

# XVII. Lokomotiven für Europa

## Dänemark

Borsig 10912/1921 2'Ch3-Personenzuglokomotive R 955 der Dänischen Staatsbahn, Spurweite 1435 mm

Borsig 3853/1882 2'B n2-Personenzuglokomotive A 132 der Dänischen Staatsbahn, Spurweite 1435 mm

Borsig 4524/1896 1'B1'n2t-Personenzuglokomotive Dänische Staatsbahn 305, Spurweite 1435 mm

Borsig 5108/1903 C n2-Personenzuglokomotive 16 der Aalborg-Hadsund-Jernbane, Spurweite 1435 mm

Borsig 6293/1907
1'C n2-Personenzuglokomotive 20 der Nordjyllans-Forende Privatbaner
Spurweite 1435 mm

Borsig 5570/1905
1'B1' n2-Tenderlokomotive 4 der Hillerod-Frederiksvaerk-Jernbaner
Spurweite 1435 mm

Borsig 11716/1924 1'C2' h2-Personenzugtenderlokomotive S.722 der Dänischen Staatsbahn, Spurweite 1435 mm

# Frankreich

Borsig 5031/1901
Charmaux-Minen-Gesellschaft
(Frankreich) 425
Spurweite 1435 mm

Borsig 6423/1907
2'C n4v-Schnellzuglokomotive
der Französischen Westbahn
2772
später SNCF 3-230 C 571

2'C n4v-Schnellzuglokomotive
Paris – Lyon – Méditerranée
3415
wie Borsig 6614/1908

# Griechenland

Borsig 9007/1914 1'D h2-Güterzuglokomotive Chemins de Fer Athen-Pirée-Peloponaise, Athen 712, später Griechische Staatsbahn E7.721; Aufnahme in Pirgos, August 1972

# Italien

Borsig 3757/1881 2'B n2-Schnellzuglokomotive 499 der Strade ferrate Romane (Römische Eisenbahn)
Spurweite 1435 mm

Borsig 4928/1901
Cn2-Güterzuglokomotive
3665 der Strade ferrate Meridionali (Italienische Südbahn)
ausgemustert 1930

Borsig 4986/1902 C2'n4v-Schnellzuglokomotive RA 5007 der Strade ferrate Meridionali (Italienische Südbahn), Spurweite 1435 mm

Borsig 7232/1909
Bn2t
Ernesto Besenzanica, Fermo
für Ferrovia Adriatico-Appennino (FAA)
Spurweite 950 mm

Borsig 7903/1911
B'B n4vt
Societa Nazionale di Ferrovie e Tramvie (SNFT) 24 für Brescia – Iseo-Edolo
Spurweite 1435 mm

1'C2' h2t-Personenzugtenderlokomotive 290–03 der Mailänder Nordbahn (FNM) von Borsig um 1930 (nicht im Auslieferungsbuch verzeichnet), Spurweite 1435 mm

Borsig 11938/1926
D n2t-Tenderlokomotive MCL 351 der Societa Italiana per la Strade Ferrate de Mediteranea für Calabro – Lucane
Spurweite 950 mm

# Jugoslawien

Borsig 6653/1908
En2-Güterzuglokomotive
der Königlich Serbischen
Staatsbahn 21
später JZ 134–001

Borsig 8494/1913
(1'C)'Cn4vt
Serbische Staatsbahn 504
Spurweite 760 mm

Borsig 12154/1930
1'Eh3-Güterzuglokomotive
der Serbischen Staatsbahn
905, später JZ 30005
Spurweite 1435 mm

BMAG 9607/1930
2'C1'h2-Schnellzuglokomotive 389.301 der Serbischen Staatsbahn; eine der drei 1928–1930 entwickelten Einheitstypen, die in Zusammenarbeit von BMAG und Borsig gebaut wurden, später JZ Baureihe 05

Borsig 11361/1922 1'C h2-Güterzuglokomotive Serbische Staatsbahn 6034, später JZ 20-034; nach 48 Jahren wirkt das Fabrikschild schon leicht abgenutzt, Aufnahme in Kraljevo 1970

Die einst für die Serbische Staatsbahn (SHS) gebauten Güterzuglokomotiven der späteren JZ-Baureihe 20 standen Mitte der achtziger Jahre noch immer im Einsatz. Oben JZ 20–010 (Borsig 11337/1922) am 31. Juli 1967 in Osijek mit dem Schnellzug nach Split, JZ 20–009 (11336/1922) unten mit einem Güterzug bei Koprivnica, September 1973

Borsig 12207/1930 1'D1'h2-Personenzuglokomotive der Serbischen Staatsbahn 486–318, später JZ 06 018. Von Oberingenieur A. Meister entwickelt, dem geistigen Urheber der deutschen Einheitslokomotiven, lieferte Borsig dreißig Exemplare dieser universell einsetzbaren Baureihe. Bis zum Ende ihrer Dienstzeit 1975 versahen sie den hochwertigen Reisezugverkehr zwischen Spielfeld-Straß (ÖBB) und Maribor (JZ). Die Aufnahme zeigt den „Beograd-Express" im Juli 1969 beim Lokwechsel im Bahnhof Spielfeld-Straß.
Unten 06–006 (Borsig 12995/1930) mit Güterzug im gleichen Bahnhof

Borsig 12196/1930 und 12206/1930, ursprünglich Serbische Staatsbahnen 486-307 und 486-317, als JZ 06-007 und 06-017 in ihrem Heimat-Bahnbetriebswerk Maribor am 27. Dezember 1973
Unten JZ 06–009 (Borsig 12198/1930) in Zidani Most am 16. August 1967; während der deutschen Besetzung Jugoslawiens war die Lokomotive als 39409 in den Bestand der Deutsche Reichsbahn eingereiht worden

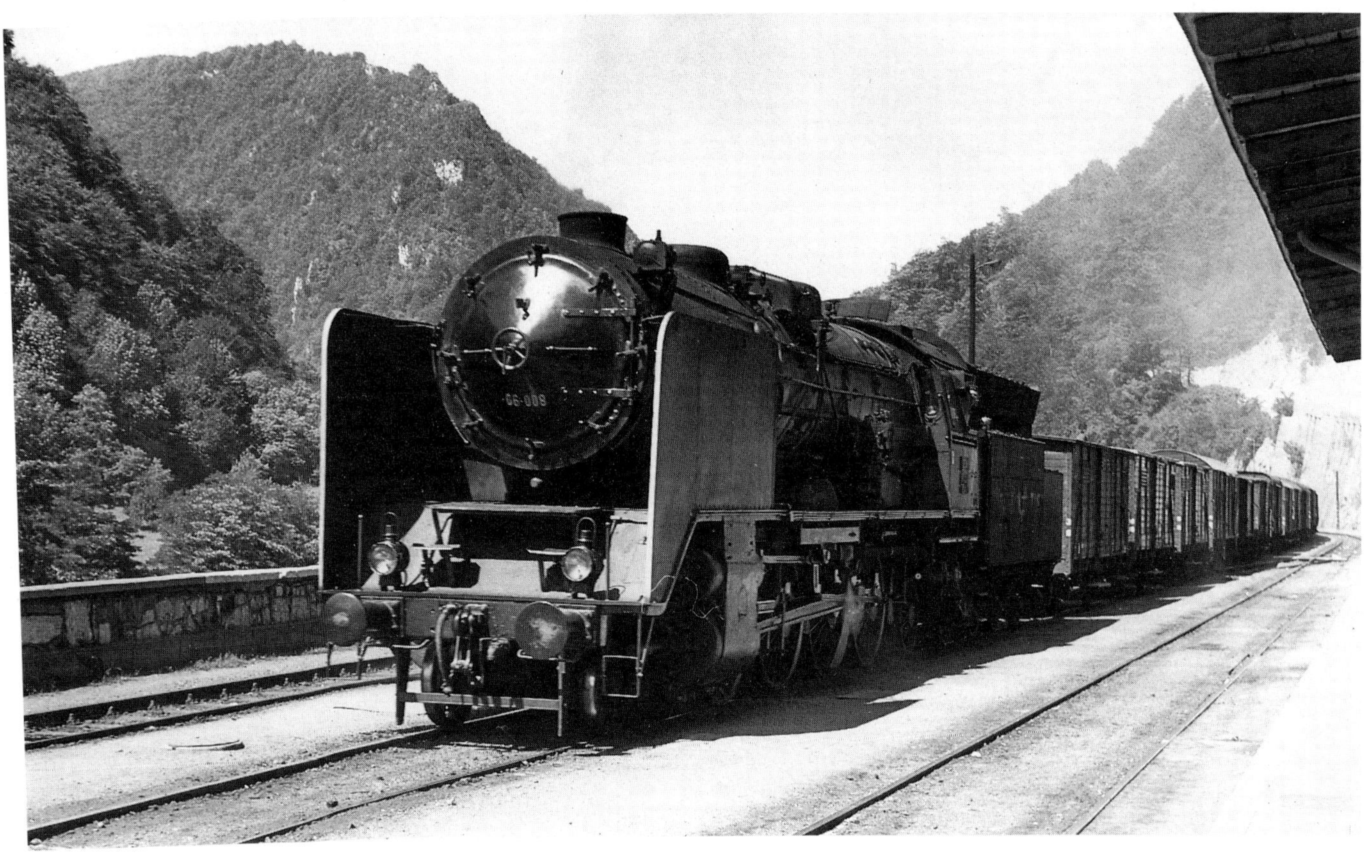

Borsig 12185/1930 Serbische Staatsbahn 583–936 als JZ 30–036 in Spielfeld-Straß im Juli 1967. Die Lokomotiven der späteren Baureihe 30 wurden ebenfalls von Borsig in Anlehnung an Baugrundsätze der Deutsche Reichsbahn-Gesellschaft konstruiert und in 40 Exemplaren ausgeliefert. Unten JZ 30–003 (Borsig 12152/1930) am 18. August 1967 in Ljubljana

Die Baureihe 30 fand hauptsächlich im Süden Jugoslawiens Verwendung, wie hier JZ 30-031 (Borsig 12180/1930) auf der Donau-Treidelbahn am „Eisernen Tor“ bei Sip im April 1966.
Unten ein Blick auf JZ 30-013 (Borsig 12162/1930) im Bahnbetriebswerk Zajecar, 7. Juli 1970

# Niederlande

Borsig 1852/1866
1B n2-Schnellzuglokomotive der
Holländischen Eisenbahn 22
HOLLAND
Spurweite 1435 mm

Borsig 2641/1870
1B n2-Schnellzuglokomotive der
Holländischen Eisenbahn 38
AFRIKA
Spurweite 1435 mm

Borsig 3943/1883 1'B n2-Schnellzuglokomotive 132 QUELLINUS, Spurweite 1435 mm

# Norwegen

Borsig 7392/1909 B n2t-Tenderlokomotive Donnersmarckhütte Zabrze O/S für Erzgrube Salanger (Norwegen) 2, Spurweite 1000 mm

Borsig 7400/1910 1'D h2-Güterzuglokomotive 96 für Norsk Hoved Jernbane, Spurweite 1435 mm

# Portugal

Borsig 5359/1904
2'C n4v-Personenzuglokomotive der
Portugiesischen Staatsbahn 51
hier als spätere CP 238 im Depot Entroncamento hinterstellt
Spurweite 1676 mm

Borsig 5240/1904 2'C n4v-Personenzuglokomotive der Portugiesischen Staatsbahn 83, später CP 223, Spurweite 1672 mm

Borsig 6449/1908 Portugiesische Staatsbahn (CP) E 121 mit Personenzug nahe Sta. Comba Dao im September 1972. Borsig lieferte diese 2'C n2-Tenderlokomotiven in einer Serie von vier Exemplaren im Jahre 1908 an die Linhas do Vale de Vouga. Unten CP E 124 (Borsig 6452/1908) am 23. Juli 1971 im Bahnhof Sernada

CP E 123 (Borsig 6451/1908) rangiert im Bahnhof Sta. Comba Dao am 2. September 1972. Anfang der siebziger Jahre befanden sich die Lokomotiven auf dem Meterspurnetz der CP noch in regem Einsatz, wie auch das Untersuchungsdatum an der Führerhauswand beweist.
Auf dem Bild unten E 123 beim Ergänzen der Vorräte im Depot Viseu, im Hintergrund wartet E 97, eine 1'C-Maschine von Decauville, Juli 1974

# Rußland

Borsig 1350/1862
1B n2-Schnellzuglokomotive
B 120 für die Petersburg-
Warschauer Eisenbahn
Spurweite 1524 mm

Borsig 2026/1867
D n2-Güterzuglokomotive
für Moskau – Orel D 14,
später Moskau – Kursk
Spurweite 1524 mm

Borsig 4540/1897 C'C n4v-Güterzuglokomotive Mb 46 für die Jaroslawl – Wologda – Archangelsker Eisenbahn, Spurweite 1067 mm

Borsig 6879/1908
Bn2t-Straßenbahnlokomotive
mit verdecktem Triebwerk
für Stadt Akkermann 1
Spurweite 1000 mm

Borsig 5556/1905
Cn2t
für Soc. Minière Franco-Russe, Dombrowa
Spurweite 600 mm

Borsig 4994/1902
Vorratslokomotive Typ 62 für Schmalspurbahn Petrikau – Sulejew 1
Spurweite 750 mm
ausgemustert im Jahre 1947

Borsig 6845/1908
C1'n2t
Huszko, Lozinsky & Co. Kiew
Spurweite 750mm

Borsig 6798/1908
Dn2-Tenderlokomotive
für Sosnowitzer Kohlenwerke 2
Spurweite 1435mm

AEG 2263/1922
Eh2-Güterzuglokomotive für Sowjetische
Staatsbahn Eg5000
Spurweite 1524mm

# Schweden

Borsig 5468/1904
2'C n2-Personenzuglokomotive
SKABERSJÖ
Malmö – Ystad Jarnvägs A.G.
Spurweite 1435 mm

# Spanien

Borsig 5019/1901
1'B1' n2t
La Compania de los Ferrocarriles Economicas de Asturias, Oriedo 11; die Lokomotive wurde später in Achsfolge 1'C1' umgebaut und 1951 ausgemustert

Borsig 5014/1901
C'C n4v-Tenderlokomotive für die Central de Aaragon 41
Spurweite 1676 mm

Borsig 5033/1901
1'Cn2t
Sociedad Minera de Villaodrid, Bilbao
VILLAODRID
Spurweite 1000 mm

Borsig lieferte in den Jahren 1901 und 1903 eine Serie von vier Meterspurlokomotiven dieser Bauart an die spanische Bergbauindustrie; oben eine Maschine aus dieser Lieferung als 21 bei der Kleinbahn Ponferrada – Villablino im August 1974

Borsig 5036/1903
C1'n2-Tenderlokomotive für Compania de la Sierra Minera, Bilbao
OJASNEGROS
Spurweite 1000 mm

Borsig 5638/1905
B n2t
San Miguel Copper Mines, Huelva
Spurweite 600 mm

Borsig 6022/1906 C1'h2t San Miguel Copper Mines, Huelva 7 SOTILLOS; die Lokomotive wurde 1968 an eine englische Museumsbahn abgegeben, Spurweite 600 mm

Borsig 6657/1908
C1'n2t
Compania Minera de Sierra Mineva, Bilbao
SETILES
Spurweite 1000 mm

# XVIII. Lokomotiven für Asien

## China

Borsig 7997/1913 C1'n2t Schantung-Eisenbahn Gesellschaft 18, Spurweite 1435 mm

# Indien

Borsig 511/1903
Cn2i-Güterzuglokomotive der East-Indian Railway 1091
Spurweite 1676 mm

Borsig 5148/1903
Bn2-Tenderlokomotive für Compagnie Francaise de Tramways Indo-China (CFTJ) 12
Spurweite 1000 mm

AEG 3933/1927 1'D1'h2t-Güterzuglokomotive der Jodhpur Railway 096,
Spurweite 1000 mm

# Indochina

Borsig 8083/1911
1'Cn2t
Compagnie Tonkinoise de Tramways
(CTVR) 9
Spurweite 600 mm

Borsig 8456/1912
Cn2t
über Decauville an Saigon – Mytho 1
BIEN HOA
Spurweite 1000 mm

Borsig 11848/1930
1'Dh2t Güterzuglokomotive für Cie. d. V.F. des Loc. Ninh et du Centre Indochinois 300
Spurweite 1000 mm

# Indonesien

Borsig 5171/1903
B1'n2-Tenderlokomotive
Niederländisch-Indische Industrie, Rotterdam für PG Tersana Baru (Java) NT 12
Spurweite 700 mm

Borsig 8272/1912
Dn2-Tenderlokomotive mit Außenrahmen
Nederland'sche Industrie s'Gravenhage DJATIE, später PG Merian GARUDA
Spurweite 700 mm

Borsig 5480/1904
B'B n4v-Tenderlokomotive
Niederländisch-Indische Industrie, Rotterdam für Java
Spurweite 700 mm

Borsig 8265/1912 (1'C)'C n4v-Tenderlokomotive der Staatsbahnen auf Java 312, Spurweite 1067 mm

Borsig 13951/1930
1'C1'h2t
Niederländisches Kolonial Ministerium, Gravenhage für Staats-Spoorwegen Java 1792
Spurweite 1067 mm

# Japan

Borsig 8041/1911 2'C h2-Schnellzuglokomotive 8856 für die Japanische Staatsbahn, Spurweite 1067 mm

# Vorderasien

Borsig 6682/1908 B'B'n4v Société de chemins de fer Ottoman de Jaffa ü Jerusalem 7 DEIR-a-BAN, Spurweite 1000 mm

Tenderaufschrift an TCDD 34 009
(Borsig 8383/1912)

Borsig 8175/1911 1'C(1)h2-Personenzuglokomotive für die Chemin de fer Ottoman d'Anatolie, Spurweite 1435 mm, ursprünglich mit Tragachse zwischen der 2. und 3. Kuppelachse zur Verminderung der Achsfahrmasse; hier nach Entfernung der Tragachse als TCDD 34 009

Borsig um 1913 Eh2-Güterzuglokomotive, ursprünglich Preußische Staatsbahn G 10, kam 1917 zur Türkischen Militärbahn und später als 55022 zur TCDD; Aufnahme in Usak 1974

Borsig 5892/1906 1Cn2t-Personenzuglokomotive der Chemins de fer Ottoman d'Anatolien, Constantinopel, hier als TCDD 3403 im August 1974 in Adapazari

# XIX. Lokomotiven für Lateinamerika

## Argentinien

Borsig 5577/1905 Cn2-Tenderlokomotive für die Hafenbahn Buenos Aires, Spurweite 1676 mm

Borsig 5447/1904 C'Cn4v-Güterzuglokomotive Central-Norte-Eisenbahn 166, Spurweite 1000 mm

Borsig 5888/1905 Cn2-Lokomotive mit Holzfeuerung für Soc. An. El Quebracho, Spurweite 600 mm

Borsig 7824/1910
B n2t-Straßenbahnlokomotive für Buenos Aires
Spurweite 1435 mm

unten:
Borsig 7866/1911
D n2-Lokomotive mit vierachsigem Schlepptender für Holzfeuerung, Comp. La Forestal, Buenos Aires
Spurweite 600 mm

ganz unten:
Borsig 7804/1911
1'D1' n2-Güterzuglokomotive F.C. Central Norte, Buenos Aires FCCN 705
Spurweite 1000 mm

# Bolivien

Borsig 11846/1925 1'D1h2-Güterzuglokomotive Bolivianische Staatsbahn für Ferrocarril Villazon – Atocha 3, Spurweite 1000 mm

Borsig 11955/1927 1'Dh2-Güterzuglokomotive Bolivianische Staatsbahn für Ferrocarril Villazon – Atocha 7 MANONA SOZA, Spurweite 1000 mm

# Brasilien

Borsig 5864/1905
C1'n2-Tenderlokomotive mit Außenrahmen, Lion & Co., Hamburg für Brasilien
Spurweite 600 mm

Borsig 6269/1907 1'D n2-Güterzuglokomotive Cie Auxiliaire de Chemins de Fer au Bresil, Brüssel für Rio Grande do Sul 301, Spurweite 1000 mm

Borsig 8340/1912 2'B n2-Personenzuglokomotive Companhia Paulista de Estrados de Ferro, Sao Paulo 1, Spurweite 1600 mm

AEG 2918/1925 1'D1' h2-Güterzuglokomotive Brasilianische Zentralbahn 801, Spurweite 1676 mm

# Chile

Borsig 11862/1925 1'D1'h2-Güterzuglokomotive Ferrocarrilles de Arica la Paz, Chile/Bolivien 40, Spurweite 1000 mm

Borsig um 1912
Cn2t
Vorratslokomotive Typ 65 (Zemelwater)
für Chile
Spurweite 1000 mm

Borsig um 1902
Bn2t
Vorratslokomotive Typ 51 für Chile
Spurweite 900 mm

# Ekuador

Borsig 7845/1911
1Bn2
Gildemeister, Bremen für Casagrande
Zuckerplantagen AG (Peru)
Spurweite 1067 mm

Borsig 11872/1925
1'Dn2-Güterzuglokomotive
Ferrocarril Puerto Bolivar Loja v Cuenca
1 (Ecuador)
Spurweite 750 mm

Borsig 11921/1926 2'Cn2-Personenzuglokomotive
Ferrocarril Quito – Esmeraldas 1 (Ecuador)
Spurweite 1000 mm

# Kolumbien

Borsig 7763/1910
1'Ch2
Ed. Victor Sperling, Leipzig
für Ferrocarril Antioquia –
Cordoba 17 (Columbien)
Spurweite 914 mm

Borsig 7764/1910
Bn2
Ed. Victor Sperling, Leipzig
für Ferrocarril de Antioquia –
Cordoba 19 (Columbien)
Spurweite 914 mm

Borsig 8612/1913
1'Dn2
Ed. Victor Sperling, Leipzig
für Ferrocarril de Antioquia,
Medellin 28 (Columbien)
Spurweite 914 mm

# XX. Lokomotiven für Afrika

Borsig 7114/1909 Bn2t Deutsche Kolonial Eisenbahn-Bau- und Betriebsgesellschaft, Berlin für Togo Eisenbahn T.E.13, eingesetzt an der Landungsbrücke Lome, Spurweite 1000mm

Borsig 7155/1909
1'D n2-Personenzugtenderlokomotive für Ostafrikanische Eisenbahn-Gesellschaft, Berlin
OEG 51
später Tankanyika Railways
GT-class 29
Spurweite 1000 mm

Borsig 7762/1910 Cn2t Decauville Aine, Paris für Société MiniÅre Franco-Africaine, Oran SMFA 4 (Algerien), Spurweite 1055 mm

Borsig 7687/1911 D n2-Güterzuglokomotive Deutsche Kolonial Eisenbahn-Bau- und Betriebsgesellschaft, Berlin für Kameruner Mittellandbahn 107, Spurweite 1000 mm

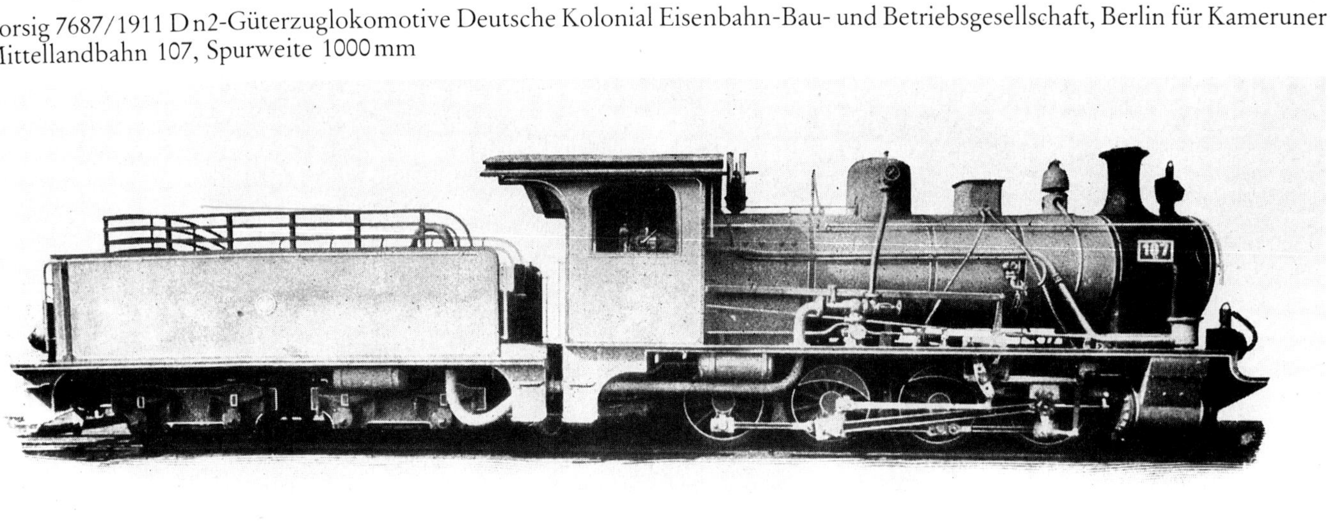

Borsig 1'C h2-Personenzuglokomotive für Ägyptische Staatsbahn, Cairo aus Lieferung 13983–14002/1931 Spurweite 1435 mm

BLW 14643/1937 2'D1'h2-Güterzuglokomotive South African Railway and Harbours, Johannesburg class 19 C 2526, Spurweite 1067 mm

BLW 14761/1939 2'D1'h2-Güterzuglokomotive South African Railway and Harbours, Johannesburg class 19 D 2710, Spurweite 1067 mm

# XXI. Abschied von Borsig

LEW 16351/1954 Die letzten unter Borsig-Fabriknummer gebauten Lokomotiven waren die beiden ersten der für die Deutsche Reichsbahn der DDR entwickelten Baureihe 65.10. 65 1001 wurde kurz nach ihrer Fertigstellung auf der Leipziger Messe vorgestellt

# XXII. Borsig-Lokomotiven heute

BLW 14921/1940 Deutsche Reichsbahn-Gesellschaft 03 1010 wurde nach ihrem Ausscheiden aus dem Plandienst wieder auf Kohlefeuerung umgebaut und wird als betriebsfähige Traditionslokomotive auch in Zukunft von der Leistungsfähigkeit des Schnellzug-Lokomotivbaues bei Borsig zeugen

Borsig 5424/1904 Preußische Staatsbahn T11 Berlin 7560; die Lokomotive kam 1945 als Oki 128 zur PKP und wurde nach längerer Abstellzeit im Jahre 1985 restauriert

Borsig 12250/1930 Vereinigte hinterpommersche Kleinbahnen für Regenwalder Kleinbahn 5c; nach Einsatz auf den Meterspurstrecken in Pommern, zuletzt als PKP Tyn6–3631, und Ausmusterung im Jahre 1977 wurde die 1'C1'h2t-Lokomotive nach Belgien und kürzlich weiter in die Bundesrepublik verkauft; nach ihrer Aufarbeitung wird sie auf der Selfkantbahn zum Einsatz kommen

Borsig 5528/1904 Vering & Wächter für Zell – Oberharmersbach 2, später DEBG 30; für den Museumsbetrieb auf der Kandertalbahn wurde die Lok 1969 von der EUROVAPOR erworben. Bei der Wiedereröffnung des Betriebes am 1. Mai 1986 kam auch die Borsig-Maschine zu neuen Ehren

BLW 14714/1938 Sandbahngesellschaft des Grafen von Ballestrem, Peiskretscham 9; als letzte Vertreterin der für die schlesische Sandbahn gebauten schwersten deutschen Tenderlokomotiven konnte die PMP-PW Tkz 211, wie sie zuletzt bezeichnet wurde, vor der Verschrottung bewahrt werden; sie steht heute im Eisenbahnmuseum in Warschau

Borsig 8836/1914 Deutsche Feldbahn, Eisenbahnbrigade Berlin, Feldbahndepot Klausdorf 312; 1919 wurde die Brigadelokomotive von der Waldeisenbahn Muskau übernommen und dort bis 1978 eingesetzt, zuletzt als 99 3313 der Deutschen Reichsbahn. Als Nr. 8 der Dampfbahn Rhein-Main wird sie eine der letzten betriebsfähigen Dampflokomotiven sein, die an den Namen BORSIG erinnern werden

# Verzeichnis der Bildurheber

| | |
|---|---|
| Slg. Becker | 113 |
| H. Brinker | 42 u. |
| W. Bügel | 62 m. |
| J. Glöckner | 79 u. |
| Kindermann | 71 u., 90 o.+u., 95 o.+u. |
| M. Koch | 182 o. |
| D. Krakowski | 181 o. |
| Pekny | 115 o. |
| K. Prömper | 181 u. |
| J. Schmidt | 44 u., 45 u., 55 o.+u., 57 u., 58 u., 59 u., 60 o.+u., 64 u., 65 o., 75 o.+u., 180 |
| H. Schmitt | 53 u. |
| W. Schumacher | 147 o., 154 u., 159 o. |
| H. Stemmler | 43 o.+u., 54 o.+u., 61 o.+u., 77 u., 80, 85 u., 98 o., 140 o., 144, 145 o.+u., 146 o.+u., 147 u., 148 o.+u., 149 u., 150 o., 153 o.+u., 154 o., 166 o.+u., 167 o.+u. |
| A. Susicki | 117 o., 182 u. |
| G. Thoenes | 76 u. |
| D. Wolpert | 183 |

Alle hier nicht aufgeführten Bilder entstammen den Sammlungen Bellingrodt, Hohmann und Lawrenz.

# Lokomotivlisten

Die Lokomotivlieferliste besteht aus sieben Spalten, die im einzelnen folgendes enthalten:

1. Spalte:
Fabriknummer der Lokomotive

2. Spalte:
Bauart der Lokomotiven nach der UIC-Bezeichnung mit Zusatzbezeichnungen:
- Dampfart (h = Heißdampf; n = Naßdampf)
- Anzahl der Zylinder (i = Innenzylinder)
- Art der Dampfdehnung (v = Verbundwirkung, einfache Dampfdehnung wird nicht besonders gekennzeichnet)
- Die nicht im Hauptrahmen festgeführten Achsen werden mit einem hochgestellten Beistrich bezeichnet.
- Nach der Art der Unterbringung der Vorräte an Wasser und Kohle unterscheidet man Tenderlokomotiven mit „t". Schlepptenderlokomotiven werden nicht zusätzlich gekennzeichnet.
- Dampflokomotiven mit beweglichen Triebwerken treten bei Borsig nur als Malletlokomotiven auf und werden nicht besonders gekennzeichnet.
- Zahnradlokomotiven werden unterschieden nach reinen Zahnradlokomotiven und kombinierten Zahnrad- und Reibungslokomotiven.
  Bei reinen Zahnradlokomotiven werden die nichtangetriebenen Tragachsen mit Ziffern und die Zahnräder mit kleinen Buchstaben bezeichnet und durch Schrägstrich getrennt geschrieben.
  Bei kombinierten Zahnrad- und Reibungslokomotiven wird das Reibungstriebwerk nach UIC bezeichnet. Das Zahnradtriebwerk wird durch einen Schrägstrich getrennt mit kleinen Buchstaben dargestellt. Die Anzahl der Zylinder wird wie bei Reibungslokomotiven angegeben, jedoch wenn kein Verbundbetrieb vorliegt, sind bei Vier-Zylinder-Lokomotiven je 2 Zylinder für das Reibungstriebwerk und für das Zahnradtriebwerk vorhanden. Man spricht dabei von getrennten Triebwerken.

3. Spalte:
Gattung bzw. Verwendungszweck:

| | |
|---|---|
| S | Schnellzuglokomotive |
| P | Personenzuglokomotive |
| G | Güterzuglokomotive |
| P/G | Universallokomotive für Personenzug- und Güterzugdienst |
| L | Lokalbahnlokomotive |
| WL | Werklokomotive |
| StL | Straßenbahnlokomotiven mit verdecktem Triebwerk |
| KrL | Kranlokomotive |
| ZL | Zahnradlokomotive |
| FL | Feuerlose Lokomotive |
| KrFL | Feuerlose Kranlokomotive |
| AL | Abraumlokomotive |
| DT | Dampftriebwagen |
| EL | Elektrische Lokomotive |
| ELZ | Elektrische Zahnradlokomotive |
| ELA | Elektrische Abraumlokomotive |
| SVL | Dieselschnellzuglokomotive |
| VL | Lokomotive mit Verbrennungsmotor als Antrieb |
| Drl | Druckluftlokomotive |

4. Spalte:
Auslieferungsdatum/Baujahr

5. Spalte:
Spurweite

6. Spalte:
Besteller bzw. Empfänger/Verbleib; im einzelnen kann folgendes ausgewiesen werden:
- Name oder Betriebsnummer der Lokomotive
- Umbauten, Ersatzkessel
- Veränderung der Eigentümer
- Veränderung der Betriebsnummer
- Verbleib der deutschen Lokomotiven nach 1918 und 1945
- EDV-Umzeichnung der Lokomotiven bei der DB ab 1. 1. 1968 und bei der DR ab 1. 7. 1970.

7. Spalte:
Ausmusterungen

**Abkürzungsverzeichnis**

| | |
|---|---|
| ADKG | Allgemeine Deutsche Kleinbahn-Gesellschaft, Berlin |
| AG | Aktien-Gesellschaft |
| AGBB | Aktien-Gesellschaft für Bahnbau und Betrieb, Frankfurt (Main) |
| AHT | Aahus-Hammel-Thorso-Bahn (Dänemark) |
| A.K. | Artur Koppel |
| Alt | Königliche Eisenbahndirektion Altona der Preußischen Staatsbahn ab 1884 |
| AO | Nebenbahn Achtern–Ottenhöfen |
| ATE | Aussig-Teplitzer Eisenbahn-Gesellschaft |
| AW | Ausbesserungswerk |
| B | Belgische Staatsbahn |
| Ba | Balta-Eisenbahn (Rußland) |
| Bbg | Königliche Eisenbahndirektion Bromberg der Preußischen Staatsbahn ab 1880 |
| BDK | Berliner Dampfstraßenbahn-Konsortium |
| BDZ | Bulgarische Staatsbahn |
| BE | Bentheimer Eisenbahn |
| BEHALA | Berliner Hafen- und Lagerhaus-Betrieb |
| BG | Kleinbahn Beuel–Großenbusch |
| BGE | Bergedorf-Geesthachter Eisenbahn |
| BH | Buxtehude-Harsefelder Eisenbahn G.m.b.H. |
| BHE | Berlin-Hamburger Eisenbahn |
| BKrsb | Bielefelder Kreisbahn |
| BKW | Braunkohlenwerk |
| Bln | Königliche Eisenbahndirektion Berlin der Preußischen Staatsbahn ab 1880 |
| BMAG | Berliner Maschinenbau AG, vormals L. Schwartzkopff |
| BME | Bergisch-Märkische Eisenbahn |
| BPME | Berlin-Potsdam-Magdeburger Eisenbahn |
| BPRE | Baltische Pskow-Rigaer Eisenbahn |

| | |
|---|---|
| Bsl | Königliche Eisenbahndirektion Breslau der Preußischen Staatsbahn ab 1884 |
| BStB | Brandenburgische Städtebahn |
| BStE | Berlin-Stettiner Eisenbahn |
| BStE A | Berlin-Stettiner Eisenbahn (Netz A) Stammbahn |
| BStE B | Berlin-Stettiner Eisenbahn (Netz B) Hinterpommersche Eisenbahn Stargard–Köslin |
| BStE C | Berlin-Stettiner Eisenbahn (Netz C) Vorpommersche Eisenbahn |
| BStE D | Berlin-Stettiner Eisenbahn (Netz D) Hinterpommersche Eisenbahn Köslin–Danzig |
| Bth | Eisenbahn Bremen–Thedinghausen |
| BuLE | Butzbach-Licher Eisenbahn |
| CCBA | Comp. Générale de Chemins de fer dans la Province de Buenos Aires |
| Cdf – CF | Eisenbahn (Chemin de fer) |
| CFL | Luxemburgische Staatsbahn |
| CFTI | Compagnie Francaise de Tramways Indo-China, Paris |
| CFOA | Chemin de fer Ottoman d. Anatolien, Konstantinopel |
| CFR | Rumänische Staatsbahn |
| CFS | Syrische Staatsbahn |
| CGE | Cottbus-Großenhainer Eisenbahn |
| Cln | Königliche Eisenbahndirektion Cöln der Preußischen Staatsbahn 1895 als Nachfolgedirektion der KED Cöln linksrheinisch |
| CME | Cöln-Mindener Eisenbahn |
| Cölrh | Königliche Eisenbahndirektion Cöln linksrheinisch der Preußischen Staatsbahn von 1881 bis 1895 |
| Cörrh | Königliche Eisenbahndirektion Cöln rechtsrheinisch der Preußischen Staatsbahn von 1881 bis 1895 |
| CP | Portugisische Staatsbahn |
| CSD | Tschechisch-Slowakische Staatsbahn |
| Csl | Königliche Eisenbahndirektion Cassel der Preußischen Staatsbahn ab 1895 |
| CW | Celle-Wittinger Eisenbahn |
| DB | Deutsche Bundesbahn ab 1945 |
| DEBG | Deutsche Eisenbahn-Betriebsgesellschaft, Berlin |
| DGEG | Deutsche Gesellschaft für Eisenbahngeschichte E.V., Karlsruhe (BRD) |
| DOKP | Eisenbahndirektionen der Polnischen Staatsbahn (PKP) |
| DR | Deutsche Reichsbahn ab 1945 |
| Dre/Dsd | Reichsbahndirektion Dresden |
| DRG | Deutsche Reichsbahn-Gesellschaft (gilt von 1920 bis 1945) |
| DSB | Dänische Staatsbahn |
| Dsp | Dampfspender |
| Dzg | Königliche Eisenbahndirektion Danzig der Preußischen Staatsbahn von 1895 bis 1918 |
| eA | elektrische Ausrüstung von . . . |
| Eb | Eisenbahn |
| Efd | Königliche Eisenbahndirektion Elberfeld der Preußischen Staatsbahn ab 1880 |
| EFE | Eberswalde-Finowfurter Eisenbahn |
| EK | Ersatzkessel |
| ELE | Eutin-Lübecker Eisenbahn |
| ENFE | Brasilianische Staatsbahn |
| EPG | Eisenbahn Emden–Pewsun–Greetsiel |
| Erf | Königliche Eisenbahndirektion Erfurt der Preußischen Staatsbahn ab 1882 |
| Esn | Königliche Eisenbahndirektion Essen der Preußischen Staatsbahn ab 1895 als Nachfolgedirektion der KED Cöln rechtsrheinisch |
| Est (F) | Französische Ostbahn |
| ETAT | Französische Staatsbahn |
| Fa | Firma |
| FCA del Norte | Argentinische Centrale Nordbahn |
| FCCN | Ferrocarril Centrale Norte, Südabteilung |
| FCTA | Argentinische Andenbahn |
| FCTC | Chilenische Andenbahn |
| FEW | Forschungs- und Entwicklungswerk der DR, Blankenburg (Harz) |
| Fft | Königliche Eisenbahndirektion Frankfurt (Main) der Preußischen Staatsbahn ab 1880 |
| FKE | Frankfurt-Königsteiner Eisenbahn |
| Frankf.-Bebra | Frankfurt-Bebraer Eisenbahn |
| FS | Italienische Staatsbahn |
| Gebr. | Gebrüder |
| GES | Gesellschaft zur Erhaltung von Schienenfahrzeugen eV. |
| G.m.b.H. | Gesellschaft mit beschränkter Haftung |
| GMWE | Gera-Meuselwitz-Wuitzer Eisenbahn |
| Han | Königliche Eisenbahndirektion Hannover der Preußischen Staatsbahn ab 1880 |
| Han.Stb. | Hannoversche Staatsbahn |
| HBE | Halberstadt-Blankenburger Eisenbahn |
| HdSJ | Härnösand-Solleftea Järnväg (Schweden) |
| HDZ | Kroatische Staatsbahnen (1941–1945) |
| He | Henschel & Sohn, Kassel |
| HFKB | Hersfelder Kreisbahn |
| HHE | Halle-Hettstedter Eisenbahn |
| HK | Herforder Kleinbahn |
| Hl | Königliche Eisenbahndirektion Halle (Saale) der Preußischen Staatsbahn ab 1895 |
| HLB | Hessische Ludwigsbahn |
| HSM | Holländische Eisenbahn |
| Hzl | Heizlokomotive |
| HzLB | Hohenzollernsche Landesbahn |
| Hano | Hannoversche Maschinenbau-Actien-Gesellschaft |
| IR | Indische Staatsbahn |
| IRR | Irakische Staatsbahn |
| ITF | Industriebahn Tegel–Friedrichsfelde |
| JDZ | Jugoslawische Staatsbahn bis 1941 |
| JO | Nebenbahn Jagstfeld–Ohrnberg |
| JZ | Jugoslawische Staatsbahn ab 1952 |
| Kat | Königliche Eisenbahndirektion Kattowitz der Preußischen Staatsbahn ab 1895; 1922 als Rbd Oppeln weitergeführt |
| KAW | Kraftwagenausbesserungswerk |
| KB | Kleinbahn Kaldenkirchen-Brüggen |
| Kbg | Königliche Eisenbahndirektion Königsberg der Preußischen Staatsbahn ab 1895 |
| KDL | Kriegsdampflokomotive |
| KED | Königliche Eisenbahndirektion der Preußischen Staatsbahn |
| KFNB | Kaiser-Ferdinands-Nordbahn (Österreich-Ungarn) |
| Kgl | Königliche |
| kkStB | kaiserlich und königliche österreichische Staatsbahnen |
| KME | Königliche Militäreisenbahn |
| KMS | Nebenbahn Krozingen–Münstertal–Sulzburg |
| KMT | Königs Wusterhausen-Mittenwalde-Töpchiner Eisenbahn |
| KNJ | Krylbo-Norbergs Järnväg |
| KO | Königliche Ostbahn (Direktion seit 1849 in Bromberg) |
| KPEV | Königlich Preußische Eisenbahn-Verwaltung |
| kukHB | kaiserlich und königliche Heeresbahn (Österreich-Ungarn) |
| KWK | Steinkohlengrube (polnisch) |

| | |
|---|---|
| LBE | Lübeck-Büchener Eisenbahn |
| LDE | Leipzig-Dresdner Eisenbahn |
| LEB | Local-Eisenbahn-Betriebsgesellschaft |
| Lett.Stb | Lettische Staatsbahn |
| Lit.Stb | Litauische Staatsbahn |
| LOWA | Lokomotiv- und Waggonbau nach 1945 |
| MAV | Ungarische Staatsbahn |
| MEG | Mittelbadische Eisenbahnen |
| MFFE | Mecklenburgische Friedrich-Franz-Eisenbahn |
| Mgd | Königliche Eisenbahndirektion Magdeburg der Preußischen Staatsbahn ab 1880 |
| MJA | Moskau–Jaroslawl–Archangelsk |
| Midi | Französische Südbahn |
| MKW | Moskau–Kiew–Woronesh |
| MLE | Magdeburg-Leipziger Eisenbahn |
| Mn | Raw Meiningen |
| MPSB | Mecklenburg-Pommersche Schmalspurbahn |
| Mst | Königliche Eisenbahndirektion Münster der Preußischen Staatsbahn ab 1895 |
| MWR | Moskau–Windau–Rybinsk |
| Mz | Königlich Preußische und Großherzoglich Hessische Eisenbahndirektion Mainz ab 1897 |
| NB | Neiße-Brieger Eisenbahn |
| NH | Nebenbahn Neckarbischofsheim–Hüffenhardt |
| NII | Niederländisch Indische Industrie |
| N/L | Niederlausitz |
| NK | Neubaukessel |
| NLEA | Niedersächsisches Landeskleinbahnamt Hannover |
| NMEb | (Rixdorf-)Neukölln-Mittenwalder Eisenbahn |
| NN | Nebenbahn Nürtingen–Neuffen |
| Nord (F) | Französische Nordbahn |
| NS | Niederländische Staatsbahn |
| NSB | Norwegische Staatsbahn |
| NWE | Nordhausen-Wernigeroder Eisenbahn |
| ÖBB | Österreichische Bundesbahn für alle Staatsbahn ab 1918 |
| OEG | Ostafrikanische Eisenbahn-Gesellschaft |
| OHE | Osthannoversche Eisenbahnen |
| OKH | Oberkommando des Heeres 1939–1945 |
| O/L | Oberlausitz |
| Opp | Reichsbahndirektion Oppeln als Nachfolger der Reichsbahndirektion Kattowitz 1922 |
| OrEG | Oberrheinische Eisenbahn-Gesellschaft |
| O/S | Oberschlesien |
| OSE | Oberschlesische Eisenbahn |
| OSJB | Ostjallandske Jernbane (Dänemark) |
| Ost | Eisenbahndirektion der Preußischen Staatsbahn mit Sitz in Frankfurt/Osten/(Oder) als Nachfolgedirektion für die KED Bromberg und Posen 1919 |
| PE | Prignitzer Eisenbahn |
| PG | Pabrik Gulah (Zuckerfabrik indonesisch) |
| PH | Luxemburgische Prinz-Heinrich-Bahn |
| PKP | Polnische Staatsbahn |
| PLB | Pommersche Landesbahnen |
| PLM (F) | Französische Paris-Lyon-Mittelmeer-Bahn |
| PMB–PW | Sandbahnen in Oberschlesien (Volksrepublik Polen) |
| PNKA | Indonesische Staatsbahn |
| PO (F) | Französische Paris-Orleans-Bahn |
| Psn | Königliche Eisenbahndirektion Posen der Preußischen Staatsbahn ab 1895 |
| RA | Rete Adriatica (Netz der Italienischen Staatsbahn) |
| Rbd | Reichsbahndirektion |
| Reko | Rekonstruktion |
| RENFE | Spanische Eisenbahn |
| RhE | Rheinische Eisenbahn |
| RK | Rekokessel |
| RO | Riga–Orlowskoje |
| RZA | Reichsbahn-Zentralamt |
| SAAR | Eisenbahnen des Saarlandes unter französischer Verwaltung von 1920 bis 1935 |
| SäStb | Sächsische Staatsbahn |
| Sbr | Königliche Eisenbahndirektion St. Johann Saarbrücken der Preußischen Staatsbahn ab 1895 |
| Schi | F. Schichau, Maschinen und Lokomotivfabrik, Elbing |
| Schw | bis 1870 Louis Schwartzkopff, Eisengießerei und Maschinenfabrik in Berlin |
| SEK | Griechische Staatsbahn |
| SFM | Italienische Südbahn |
| SFR | Römische Eisenbahn |
| SHS | Eisenbahnen des Königreiches der Serben, Kroaten und Slowenen |
| SJ | Schwedische Staatsbahn |
| SKGLB | Salzkammergut-Lokalbahn |
| SLV | Schiffstreidelbahn, Sip (Jugoslawien) |
| SNCF | Französische Staatsbahn ab 1938 |
| SNFT | Soc. Nazionale di Ferrorie e Tramvie S.A., Roma |
| sp | später |
| SSW | Siemens-Schuckert-Werke |
| SSSR | Union der Sozialistischen Sowjetrepubliken |
| Stb | Staatsbahn |
| St.Krsb | Stolper Kreisbahn |
| Stn | Königliche Eisenbahndirektion Stettin der Preußischen Staatsbahn ab 1895 |
| StPW | St. Petersburg–Warschau |
| SV | Societa Veneta (Italien) |
| SWEG | Südwestdeutsche Eisenbahn |
| SZ | Serbische Staatsbahn 1941–1945 |
| SZD | Sowjetische Eisenbahnen |
| TCDD | Türkische Staatsbahn |
| ThE | Thüringische Eisenbahn |
| Tri | Eisenbahndirektion Trier der Preußischen Staatsbahn/Deutsche Reichsbahn als Nachfolgedirektion für die KED Saarbrücken ab 1920 |
| TUR | Transformatoren- und Röntgenwerk, Dresden |
| TWE | Teutoburger Wald-Eisenbahn-Gesellschaft |
| U | Umbau |
| UeE | Uetersener Eisenbahn |
| UVR | Ungarische Volksrepublik |
| VDD | Kleinbahn Voldagsen–Duingen–Delligsen |
| VEE | Vorwohle-Emmerthaler Eisenbahn |
| VÖEST | Vereinigte Österreichische Eisen- und Stahlwerke AG, Linz |
| VRP | Volksrepublik Polen |
| V&W | Vering & Waechter, Berlin |
| VVB | Vereinigung Volkseigener Betriebe |
| WAL | Kreisbahn Wittmund–Aurich–Leer |
| WB | Warschau-Bromberger Eisenbahn |
| WE | Westfälische Eisenbahn |
| WEG | Westdeutsche Eisenbahn-Gesellschaft |
| WEM | Waldeisenbahn Muskau |
| WKD | Warschauer Vorortbahn |
| WL | Werklokomotive |
| WOe | Kleinbahn Wittingen–Oebisfelde |
| WÜEG | Württembergische Eisenbahn-Gesellschaft |
| WüStb | Württembergische Staatsbahn |
| WW/WWE | Warschau-Wiener Eisenbahn |
| WZTE | Wilstedt-Zeven-Tostedter Eisenbahn |
| ZB | Zillertalbahn (Österreich) |
| ZKL | Forstbahnen der Volksrepublik Polen |

| Fabriknummer | Bauart | Gattung | Auslieferungsdatum | Spurweite | Empfänger/Verbleib | Ausmusterung |
|---|---|---|---|---|---|---|
| 1 | 2'A1 n2 | – | 41 | 1435 | Berlin-Anhalter Eisenbahn/BORSIG | 1851 |
| 2 | 1A1 n2 | – | 42 | 1435 | Berlin-Anhalter Eisenbahn/BERLIN | 1853 |
| 3 | 1A1 n2 | | 42 | 1435 | Berlin-Stettiner Eisenbahn/BAER | 1853 |
| 4 | 1A1 n2 | | 42 | 1435 | Berlin-Anhalter Eisenbahn/PFEIL | 1851 |
| 5 | 2'A1 n2 | – | 42 | 1435 | Oberschlesische Eisenbahn/OELS | 1858 |
| 6 | 2'A1 n2 | | 42 | 1435 | Oberschlesische Eisenbahn/LÖWEN | 1858 |
| 7 | 2'A1 n2 | | 42 | 1435 | Oberschlesische Eisenbahn/OPPELN | 1858 |
| 8 | 2'A1 n2 | | 42 | 1435 | Berlin-Stettiner Eisenbahn/BERLIN | 1858 |
| 9 | 2'A1 n2 | | 42 | 1435 | Berlin-Stettiner Eisenbahn/ADLER | 1851 |
| 10 | 1A1 n2 | | 45 | 1435 | Berlin-Hamburger Eisenbahn | 1851 |
| 11 | 2'A1 n2 | | 43 | 1435 | Berlin-Stettiner Eisenbahn/BOREAS | + |
| 12 | 1A1 n2 | | 46 | 1435 | Berlin-Hamburger Eisenbahn/PONNI | 1853 |
| 13 | 1A1 n2 | | 44 | 1435 | Niederschlesische Zweigbahn/BORSIG/18.07.1850 WE ALME | 1860 |
| 14 | 1A1 n2 | | 43 | 1435 | Berlin-Anhalter Eisenbahn/BLITZ | 1865 |
| 15 | 1A1 n2 | | 43 | 1435 | Berlin-Anhalter Eisenbahn/FAUST | 1854 |
| 16 | 1A1 n2 | | 43 | 1435 | Berlin-Anhalter Eisenbahn/GREIF | 1859 |
| 17 | 1A1 n2 | | 43 | 1435 | Magdeburg-Halberstädter Eisenbahn/HERZYNIA | 1858 |
| 18 | 1A1 n2 | | 43 | 1435 | Magdeburg-Halberstädter Eisenbahn/HALBERSTADT | 1862 |
| 19 | 1A1 n2 | | 43 | 1435 | Berlin-Stettiner Eisenbahn/HERCULES/1858 BStE 23 | 1866 |
| 20 | 1A1 n2 | | 43 | 1435 | Berlin-Stettiner Eisenbahn/MERKUR/1858 BStE 23 | 1860 |
| 21 | 1A1 n2 | | 43 | 1435 | Berlin-Stettiner Eisenbahn/VULCAN/1858 BStE 24 | 1860 |
| 22 | 1A1 n2 | | 43 | 1435 | Oberschlesische Eisenbahn/BORUSSIA 8 | 1862 |
| 23 | 1A1 n2 | | 43 | 1435 | Berlin-Stettiner Eisenbahn/ANGERMÜNDE/1858 BStE 25 | 1858 |
| 24 | 1A1 n2 | | 44 | 1435 | Berlin-Anhalter Eisenbahn/BEUTH | 1861 |
| 25 | 1A1 n2 | | 44 | 1435 | Berlin-Anhalter Eisenbahn/VORWÄRTS | 1864 |
| 26 | 1A1 n2 | | 44 | 1435 | Berlin-Anhalter Eisenbahn/GERMANIA | 1867 |
| 27 | 1A1 n2 | | 44 | 1435 | Oberschlesische Eisenbahn/MYSLOWITZ 12 | 1864 |
| 28 | 1A1 n2 | | 44 | 1435 | Niederschlesisch-Märkische Eisenbahn/4 | 1860 |
| 29 | 1A1 n2 | | 44 | 1435 | Niederschlesisch-Märkische Eisenbahn/5 | 1866 |
| 30 | 1A1 n2 | | 44 | 1435 | Niederschlesisch-Märkische Eisenbahn/6 | 1866 |
| 31 | 1A1 n2 | | 23.02.45 | 1435 | Berlin-Stettiner Eisenbahn/PROMETHEUS/1858 BStE 26 | 1866 |
| 32 | 1A1 n2 | | 24.02.45 | 1435 | Berlin-Stettiner Eisenbahn/ATLAS/1858 BStE 27 | 1862 |
| 33 | 1A1 n2 | | 45 | 1435 | Oberschlesische Eisenbahn/13 | 1862 |
| 34 | 1A1 n2 | | 45 | 1435 | Oberschlesische Eisenbahn/14 | 1860 |
| 35 | 1A1 n2 | | 45 | 1435 | Oberschlesische Eisenbahn/15 | 1860 |
| 36 | 1A1 n2 | | 45 | 1435 | Oberschlesische Eisenbahn/16 | 1860 |
| 37 | 1A1 n2 | | 45 | 1435 | Oberschlesische Eisenbahn/17 | 1860 |
| 38 | 1A1 n2 | | 45 | 1435 | Wilhelmsbahn/RATIBOR 4 | 1860 |
| 39 | 1A1 n2 | | 45 | 1435 | Niederschlesisch-Märkische Eisenbahn/11 | 1867 |
| 40 | 1A1 n2 | | 45 | 1435 | Niederschlesisch-Märkische Eisenbahn/12 | 1867 |
| 41 | 1A1 n2 | | 45 | 1435 | Wilhelmsbahn/VICTOR | 1869 |
| 42 | 1A1 n2 | | 45 | 1435 | Wilhelmsbahn/FELIX | 1863 |
| 43 | 1A1 n2 | | 45 | 1435 | Wilhelmsbahn/PROTECTOR | 1863 |
| 44 | 1A1 n2 | | 45 | 1435 | Cöln-Mindener Eisenbahn/RHEIN | 1863 |
| 45 | 1A1 n2 | | 45 | 1435 | Cöln-Mindener Eisenbahn/WESER | 1871 |
| 46 | 1A1 n2 | | 45 | 1435 | Cöln-Mindener Eisenbahn/LIPPE | 1873 |
| 47 | 1A1 n2 | | 45 | 1435 | Cöln-Mindener Eisenbahn/EMS | 1871 |
| 48 | 1B n2 | | 45 | 1435 | Berlin-Stettiner Eisenbahn/AJAX/1858 BStE 20 | 1873 |
| 49 | 1B n2 | | 45 | 1435 | Berlin-Stettiner Eisenbahn/SPHINX/1858 BStE 19 | 1864 |
| 50 | 1A1 n2 | | 45 | 1435 | Niederschlesisch-Märkische Eisenbahn/13 | 1864 |
| 51 | 1A1 n2 | | 45 | 1435 | Niederschlesisch-Märkische Eisenbahn/14 | 1868 |
| 52 | 1A1 n2 | | 45 | 1435 | Hannoversche Staatsbahn/12/1867 U 1 B n2, EK/1868 WE 140/1880 KPEV Han 840/1883 Cörrh 709 | + |
| 53 | 1A1 n2 | | 45 | 1435 | Hannoversche Staatsbahn/13/1867 U 1 B n2, EK/1868 WE 141/1880 KPEV Han 841/1883 Cörrh 710 | 1888 |
| 54 | 1A1 n2 | | 45 | 1435 | Niederschlesisch-Märkische Eisenbahn/15 | 1891 |
| 55 | 1A1 n2 | | 02.02.46 | 1435 | Niederschlesisch-Märkische Eisenbahn/16 | 1868 |
| 56 | 1A1 n2 | | 45 | 1435 | Oberschlesische Eisenbahn/18 | 1864 |
| 57 | 1A1 n2 | | 45 | 1435 | Oberschlesische Eisenbahn/23 | 1864 |
| 58 | 1A1 n2 | | 45 | 1435 | Niederschlesisch-Märkische Eisenbahn/17 | 1869 |
| 59 | 1A1 n2 | | 45 | 1435 | Niederschlesisch-Märkische Eisenbahn/18 | 1870 |
| 60 | 1A1 n2 | | 19.03.46 | 1435 | Wilhelmsbahn/COSEL 5 | 1867 |
| 61 | 1A1 n2 | | 20.03.46 | 1435 | Wilhelmsbahn/ODERBERG 6 | 1864 |
| 62 | 1A1 n2 | | 10.03.46 | 1435 | Berlin-Potsdamer Eisenbahn/MERKUR repariert/ab 07.08.46 BPME/1862 U in C n2/1881 KPEV Mgd 912 | 1881 |
| 63 | 1A1 n2 | | 11.03.46 | 1435 | Berlin-Potsdamer Eisenbahn/ADLER repariert/ab 07.08.46 BPME/1861 U in C n2/1881 KPEV Mgd 911/1883 Mgd 1901 | 1883 |
| 64 | 1A1 n2 | | 03.02.46 | 1435 | Niederschlesisch-Märkische Eisenbahn/19 | 1871 |
| 65 | 1A1 n2 | | 45 | 1435 | Berlin-Hamburger Eisenbahn/VORWÄRTS | 1862 |
| 66 | 1A1 n2 | | 46 | 1435 | Berlin-Potsdam-Magdeburger Eisenbahn/BRESLAU | 1867 |
| 67 | 1A1 n2 | | 46 | 1435 | Berlin-Potsdam-Magdeburger Eisenbahn/STETTIN | 1867 |

| Fabriknummer | Bauart | Gattung | Auslieferungsdatum | Spurweite | Empfänger/Verbleib | Ausmusterung |
|---|---|---|---|---|---|---|
| 68 | 1A1 n2 | | 46 | 1435 | Berlin-Potsdam-Magdeburger Eisenbahn/LEIPZIG | 1864 |
| 69 | 1A1 n2 | | 46 | 1435 | Berlin-Potsdam-Magdeburger Eisenbahn/BERLIN | 1867 |
| 70 | 1A1 n2 | | 46 | 1435 | Berlin-Potsdam-Magdeburger Eisenbahn/POTSDAM | 1867 |
| 71 | 1A1 n2 | | 18.03.46 | 1435 | Berlin-Potsdam-Magdeburger Eisenbahn/FRANKFURT | 1869 |
| 72 | 1A1 n2 | | 26.03.46 | 1435 | Berlin-Potsdam-Magdeburger Eisenbahn/KÖNIGSBERG | 1867 |
| 73 | 1A1 n2 | | 24.03.46 | 1435 | Berlin-Potsdam-Magdeburger Eisenbahn/DRESDEN | 1867 |
| 74 | 1A1 n2 | | 46 | 1435 | Niederschlesisch-Märkische Eisenbahn/20 | 1868 |
| 75 | 1A1 n2 | | 14.04.46 | 1435 | Berlin-Hamburger Eisenbahn/ALEXANDRIA | 1864 |
| 76 | 1A1 n2 | | 08.06.46 | 1435 | Krakau-Oberschlesische Eisenbahn/KRAKOW I | 1864 |
| 77 | 1A1 n2 | | 09.05.46 | 1435 | Berlin-Stettiner Eisenbahn/NEUSTADT/1858 BStE 28 | 1862 |
| 78 | 1A1 n2 | | 09.05.46 | 1435 | Berlin-Stettiner Eisenbahn/STARGARD/1858 BStE 29 | 1860 |
| 79 | 1A1 n2 | | 28.05.46 | 1435 | Krakau-Oberschlesische Eisenbahn/OSWIECIM II | 1869 |
| 80 | 1A1 n2 | | 02.06.46 | 1435 | Krakau-Oberschlesische Eisenbahn/LEMBERG III | 1864 |
| 81 | 1A1 n2 | | 28.07.46 | 1435 | Berlin-Hamburger Eisenbahn/ATALANTE | 1863 |
| 82 | 1A1 n2 | | 27.07.46 | 1435 | Berlin-Hamburger Eisenbahn/CERBERUS | 1864 |
| 83 | 1A1 n2 | | 30.06.46 | 1435 | Berlin-Hamburger Eisenbahn/GERMANIA/1865 U in Bn2/1884 KPEV Alt 501 | 1886 |
| 84 | 1B n2 | | 03.07.46 | 1435 | Berlin-Potsdam-Magdeburger Eisenbahn/LONDON/1867 EK/1881 KPEV Mgd 915/1883 Mgd 522 | 1885 |
| 85 | 1B n2 | | 13.06.46 | 1435 | Niederschlesisch-Märkische Eisenbahn/21 | 1866 |
| 86 | 1B n2 | | 12.06.46 | 1435 | Niederschlesisch-Märkische Eisenbahn/22 | |
| 87 | 1A1 n2 | | 01.05.46 | 1435 | Thüringische Eisenbahn/THÜRINGEN | 1864 |
| 88 | 1A1 n2 | | 26.05.46 | 1435 | Thüringische Eisenbahn/DER 6.te JUNI | 1866 |
| 89 | 1A1 n2 | | 28.05.46 | 1435 | Thüringische Eisenbahn/MERSEBURG | 1866 |
| 90 | 1B n2 | | 27.05.46 | 1435 | Krakau-Oberschlesische Eisenbahn/PODGORZE V | 1863 |
| 91 | 1B n2 | | 29.05.46 | 1435 | Krakau-Oberschlesische Eisenbahn/RZESZOW VI | 1863 |
| 92 | 1A1 n2 | | 25.07.46 | 1435 | Berlin-Hamburger Eisenbahn/HARMONIA | 1859 |
| 93 | 1A1 n2 | | 11.08.46 | 1435 | Berlin-Hamburger Eisenbahn/SIROCCO | 1864 |
| 94 | 1A1 n2 | | 22.08.46 | 1435 | Krakau-Oberschlesische Eisenbahn/TARNOW IV | 1869 |
| 95 | 1A1 n2 | | 12.09.46 | 1435 | Neiße-Brieger Eisenbahn/25/1855 NB 101/1857 NB 1 | 1868 |
| 96 | 1A1 n2 | | 14.09.46 | 1435 | Neiße-Brieger Eisenbahn/26/1855 NB 102/1857 NB 2 | 1867 |
| 97 | 1A1 n2 | | 17.09.46 | 1435 | Neiße-Brieger Eisenbahn/27/1855 NB 103/1857 NB 3 | 1860 |
| 98 | 1A1 n2 | | 29.09.46 | 1435 | Neiße-Brieger Eisenbahn/28/1855 NB 104/1857 NB 4 | 1867 |
| 99 | 1A1 n2 | | 31.08.46 | 1435 | Berlin-Hamburger Eisenbahn/PEGASUS | 1863 |
| 100 | 1A1 n2 | | 19.08.46 | 1435 | Berlin-Hamburger Eisenbahn/DIOSCUREN | 1864 |
| 101 | 1A1 n2 | | 02.09.46 | 1435 | Berlin-Hamburger Eisenbahn/BOREAS | 1864 |
| 102 | 1A1 n2 | | 19.09.46 | 1435 | Berlin-Hamburger Eisenbahn/SIRIUS | 1864 |
| 103 | 1A1 n2 | | 20.09.46 | 1435 | Berlin-Hamburger Eisenbahn/AUGUSTUS/1862 U Bn2/1869 U Bn2t/1884 KPEV Alt 1431 | 1890 |
| 104 | 1A1 n2 | | 01.10.46 | 1435 | Berlin-Hamburger Eisenbahn/FORTUNA | 1870 |
| 105 | 1A1 n2 | | 07.10.46 | 1435 | Berlin-Hamburger Eisenbahn/PLUTO | 1864 |
| 106 | 1A1 n2 | | 27.10.46 | 1435 | Hannoversche Staatsbahn/21/1864/68 U 1'Bn2 | 1882 |
| 107 | 1A1 n2 | | 29.10.46 | 1435 | Hannoversche Staatsbahn/22/1864/68 U 1'Bn2 | |
| 108 | 1A1 n2 | | 02.11.46 | 1435 | Hannoversche Staatsbahn/23/1864/68 U 1'Bn2 | |
| 109 | 1A1 n2 | | 31.10.46 | 1435 | Hannoversche Staatsbahn/24/1864/68 U 1'Bn2 | 1882 |
| 110 | 1A1 n2 | | 14.11.46 | 1435 | Thüringische Eisenbahn/HALLE | 1865 |
| 111 | 1A1 n2 | | 12.11.46 | 1435 | Thüringische Eisenbahn/GOTHA | 1865 |
| 112 | 1A1 n2 | | 23.12.46 | 1435 | Berlin-Hamburger Eisenbahn/VANDALIA | 1871 |
| 113 | 1A1 n2 | | 24.12.46 | 1435 | Berlin-Hamburger Eisenbahn/HELIOS/1864 U Bn2/1869 U B1'n2t/1884 KPEV Alt 1432 | 1889 |
| 114 | 1A1 n2 | | 21.01.47 | 1435 | Berlin-Hamburger Eisenbahn/GAZELLE | 1863 |
| 115 | 1B n2 | | 23.10.46 | 1435 | Berlin-Potsdam-Magdeburger Eisenbahn/HAMBURG/1867 EK/1881 KPEV Mgd 916/1883 Mgd 523 | 1885 |
| 116 | 1B n2 | | 04.12.46 | 1435 | Berlin-Hamburger Eisenbahn/AMAZONE/1862 EK/1884 KPEV Alt 506 | 1887 |
| 117 | 1B n2 | | 12.12.46 | 1435 | Niederschlesisch-Märkische Eisenbahn/39 | |
| 118 | 1B n2 | | 10.12.46 | 1435 | Niederschlesisch-Märkische Eisenbahn/40 | |
| 119 | 1B n2 | | 07.12.46 | 1435 | Niederschlesisch-Märkische Eisenbahn/41 | |
| 120 | 1B n2 | | 11.12.46 | 1435 | Niederschlesisch-Märkische Eisenbahn/42 | |
| 121 | 1B n2 | | 19.12.46 | 1435 | Berlin-Hamburger Eisenbahn/PROMETHEUS/1866 EK/1884 KPEV Alt 504 | 1893 |
| 122 | 1B n2 | | 18.12.46 | 1435 | Berlin-Hamburger Eisenbahn/COSMOS/1861 EK U Bn2/1884 KPEV Alt 502 | 1887 |
| 123 | 1B n2 | | 05.02.47 | 1435 | Berlin-Hamburger Eisenbahn/DANEBROG/1862 EK U Bn2/1884 KPEV Alt 503 | 1884 |
| 124 | 1B n2 | | 13.02.47 | 1435 | Berlin-Hamburger Eisenbahn/SALAMANDA | 1867 |
| 125 | 1A1 n2 | | 19.01.47 | 1435 | Mecklenburgische Eisenbahn/ROSTOCK/U 1A1 n2t | 1871 |
| 126 | 1A1 n2 | | 15.01.47 | 1435 | Mecklenburgische Eisenbahn/WISMAR/U 1A1 n2t | 1871 |
| 127 | 1A1 n2 | | 13.01.47 | 1435 | Mecklenburgische Eisenbahn/GÜSTROW/U 1A1 n2t | 1871 |
| 128 | 1A1 n2 | | 16.01.47 | 1435 | Thüringische Eisenbahn/EISENACH | 1865 |
| 129 | 1A1 n2 | | 23.02.47 | 1435 | Thüringische Eisenbahn/ERFURT | 1864 |
| 130 | 1A1 n2 | | 13.01.47 | 1435 | Berlin-Stettiner Eisenbahn/EXPRESS/1858 BStE 30 | 1862 |
| 131 | 1A1 n2 | | 18.01.47 | 1435 | Berlin-Stettiner Eisenbahn/PRESTO/1858 BStE 31 | 1862 |
| 132 | 1B n2 | | 12.02.47 | 1435 | Berlin-Hamburger Eisenbahn/LUCIFER/1867 EK/1884 KPEV Alt 505 | 1890 |
| 133 | 1A1 n2 | | 13.04.47 | 1435 | Berlin-Potsdam-Magdeburger Eisenbahn/HANNOVER/1862 EK | 1866 |
| 134 | 1A1 n2 | | 10.04.47 | 1435 | Berlin-Potsdam-Magdeburger Eisenbahn/BRAUNSCHWEIG/1862 EK | 1877 |

| Fabriknummer | Bauart | Gattung | Auslieferungsdatum | Spurweite | Empfänger/Verbleib | Ausmusterung |
|---|---|---|---|---|---|---|
| 135 | 1A1 n2 | | 24.06.47 | 1435 | Cöln-Mindener Eisenbahn/PORTA | 1881 |
| 136 | 1A1 n2 | | 09.07.47 | 1435 | Cöln-Mindener Eisenbahn/OBERHAUSEN | 1881 |
| 137 | 1A1 n2 | | 10.07.47 | 1435 | Cöln-Mindener Eisenbahn/MARK | 1881 |
| 138 | 1A1 n2 | | 29.06.47 | 1435 | Cöln-Mindener Eisenbahn/BERG | 1881 |
| 139 | 1A1 n2 | | 19.03.47 | 1435 | Niederschlesisch-Märkische Eisenbahn/58 | 1871 |
| 140 | 1A1 n2 | | 19.03.47 | 1435 | Niederschlesisch-Märkische Eisenbahn/59 | 1869 |
| 141 | 1A1 n2 | | 26.03.47 | 1435 | Niederschlesisch-Märkische Eisenbahn/60 | 1869 |
| 142 | 1A1 n2 | | 21.04.47 | 1435 | Magdeburg-Leipziger Eisenbahn/THÜRINGEN | 1863 |
| 143 | 1B n2 | | 27.04.47 | 1435 | Magdeburg-Leipziger Eisenbahn/HANNOVER | 1863 |
| 144 | 1B n2 | | 25.02.47 | 1435 | Thüringische Eisenbahn/WERRA | 1876 |
| 145 | 1B n2 | | 12.05.47 | 1435 | Stargard-Posener Eisenbahn/MARS/1860 NB VII/1865 NB 7 | 1870 |
| 146 | 1B n2 | | 14.05.47 | 1435 | Berlin-Anhalter Eisenbahn für Jüterbog-Riesa/CARL | 1867 |
| 147 | 1B n2 | | 20.05.47 | 1435 | Berlin-Anhalter Eisenbahn für Jüterbog-Riesa/CRONSTEIN | 1867 |
| 148 | 1B n2 | | 03.06.47 | 1435 | Berlin-Anhalter Eisenbahn für Jüterbog-Riesa/DRESDEN | 1867 |
| 149 | 1B n2 | | 22.05.47 | 1435 | Sächsisch-Bayerische Eisenbahn/CAMEL/1855 U 1 B n2t PUCK/1868 verkauft | |
| 150 | 1B n2 | | 26.05.47 | 1435 | Sächsisch-Bayerische Eisenbahn/DROMEDAR/1855 U 1 B n2t TROLL/1868 verkauft | |
| 151 | 1B n2 | | 12.06.47 | 1435 | Leipzig-Dresdener Eisenbahn/WURZEN | 1874 |
| 152 | 1B n2 | | 18.06.47 | 1435 | Leipzig-Dresdener Eisenbahn/OSCHATZ | 1873 |
| 153 | 1B n2 | | 30.08.47 | 1435 | Cöln-Mindener Eisenbahn/FRIEDRICH KÖNIG | 1875 |
| 154 | 1B n2 | | 30.08.47 | 1435 | Cöln-Mindener Eisenbahn/WESTFALEN | 1870 |
| 155 | 1B n2 | | 27.08.47 | 1435 | Oberschlesische Eisenbahn/29/1859 U 1 B n2t | 1864 |
| 156 | 1B n2 | | 13.09.47 | 1435 | Niederschlesisch-Märkische Eisenbahn/65 | 1883 |
| 157 | 1B n2 | | 08.09.47 | 1435 | Niederschlesisch-Märkische Eisenbahn/66 | vor 1883 |
| 158 | 1B n2 | | 15.09.47 | 1435 | Hannoversche Staatsbahn/41 | vor 1868 |
| 159 | 1B n2 | | 20.09.47 | 1435 | Hannoversche Staatsbahn/42 | vor 1868 |
| 160 | 1A1 n2 | | 28.05.47 | 1435 | Stargard-Posener Eisenbahn/VORWÄRTS | vor 1862 |
| 161 | 1A1 n2 | | 17.07.47 | 1435 | Stargard-Posener Eisenbahn/POLONIA | 1861 |
| 162 | 1A1 n2 | | 05.07.47 | 1435 | Stargard-Posener Eisenbahn/ODER | 1862 |
| 163 | 1A1 n2 | | 10.07.47 | 1435 | Stargard-Posener Eisenbahn/ANDREAS | 1862 |
| 164 | 1A1 n2 | | 05.05.48 | 1435 | Münster-Hammer Eisenbahn/WITTEKIND/1855 WE WESTFALEN 28 | 1869 |
| 165 | 1A1 n2 | | 13.11.47 | 1435 | Münster-Hammer Eisenbahn/MÜNSTER/1855 WE HANNOVER 26 | 1866 |
| 166 | 1A1 n2 | | 09.08.47 | 1435 | Berlin-Potsdam-Magdeburger Eisenbahn/WOLFENBÜTTEL | 1878 |
| 167 | 1A1 n2 | | 04.08.47 | 1435 | Berlin-Potsdam-Magdeburger Eisenbahn/HALBERSTADT | 1866 |
| 168 | 1A1 n2 | | 27.07.47 | 1435 | Stargard-Posener Eisenbahn/DIRIGENT | 1862 |
| 169 | 1A1 n2 | | 28.07.47 | 1435 | Stargard-Posener Eisenbahn/NETZE | 1865 |
| 170 | 1A1 n2 | | 02.08.47 | 1435 | Magdeburg-Leipziger Eisenbahn/HAMBURG | 1862 |
| 171 | 1A1 n2 | | 05.08.47 | 1435 | Magdeburg-Leipziger Eisenbahn/DRESDEN | 1863 |
| 172 | 1B n2 | | 21.09.47 | 1435 | Oberschlesische Eisenbahn/30/1859 U 1 B n2t | 1869 |
| 173 | 1B n2 | | 25.10.47 | 1435 | Thüringische Eisenbahn/RHEIN/1865 EK BORSIG/1872 ThE 1 | 1881 |
| 174 | 1B n2 | | 19.10.47 | 1435 | Thüringische Eisenbahn/ELBE/1868 EK BORSIG/1872 ThE 2/1882 KPEV Erf 500 | 1885 |
| 175 | 1B n2 | | 26.10.47 | 1435 | Magdeburg-Halberstädter Eisenbahn/FRANCKE/1850 BPME MINDEN | 1867 |
| 176 | 1B n2 | | 28.10.47 | 1435 | Hannoversche Staatsbahn/44 | vor 1868 |
| 177 | 1B n2 | | 01.11.47 | 1435 | Hannoversche Staatsbahn/45 | vor 1868 |
| 178 | 1B n2 | | 12.11.47 | 1435 | Oberschlesische Eisenbahn/31/1859 U 1 B n2t | |
| 179 | 1A1 n2 | | 30.05.48 | 1435 | Niederschlesisch-Märkische Eisenbahn (bestellt von Thüringischer Eb)/67 | |
| 180 | 1A1 n2 | | 30.05.48 | 1435 | Niederschlesisch-Märkische Eisenbahn (bestellt von Thüringischer Eb)/68 | |
| 181 | 1A1 n2 | | 20.05.48 | 1435 | Niederschlesisch-Märkische Eisenbahn (bestellt von Thüringischer Eb)/69 | |
| 182 | 1B n2 | | 12.11.47 | 1435 | Hannoversche Staatsbahn/46 | vor 1868 |
| 183 | 1B n2 | | 12.11.47 | 1435 | Hannoversche Staatsbahn/47 | vor 1868 |
| 184 | 1B n2 | | 27.11.47 | 1435 | Magdeburg-Halberstädter Eisenbahn/OSCHERSLEBEN/1850 BPME OSCHERSLEBEN | 1867 |
| 185 | 1B n2 | | 21.12.47 | 1435 | Stargard-Posener Eisenbahn/JUPITER/1860 NB VIII/1865 NB 3 | 1865 |
| 186 | 1A1 n2 | | 15.10.47 | 1435 | Stargard-Posener Eisenbahn/DRAGE | 1862 |
| 187 | 1A1 n2 | | 18.10.47 | 1435 | Stargard-Posener Eisenbahn/WARTHE | 1861 |
| 188 | 1A1 n2 | | 15.11.47 | 1435 | Münster-Hammer Eisenbahn/HAMM/1855 WE WITTEN 27 | 1865 |
| 189 | 1A1 n2 | | 18.05.47 | 1435 | Niederschlesisch-Märkische Eisenbahn (bestellt von Thüringischer Eb)/70 | |
| 190 | 1B n2 | | 04.01.48 | 1435 | Berlin-Hamburger Eisenbahn/BORUSSIA/1863 EK/1884 KPEV Alt 507 | 1894 |
| 191 | 1B n2 | | 05.01.48 | 1435 | Berlin-Hamburger Eisenbahn/KUNOWSKI/1862 EK/1884 KPEV Alt 508/ 1885 U in 1'B n2t Alt 1459 | |
| 192 | 1B n2 | | 29.04.48 | 1435 | Thüringische Eisenbahn/FULDA/1872 ThE 3 | 1879 |
| 193 | 1B n2 | | 28.04.48 | 1435 | Thüringische Eisenbahn/WESER/1869 EK Borsig/1872 ThE 4/1886 KPEV Erf 501 | 1888 |
| 194 | 1B n2 | | 29.12.47 | 1435 | Oberschlesische Eisenbahn/32 | 1864 |
| 195 | 1B n2 | | 28.01.48 | 1435 | Oberschlesische Eisenbahn/33/1860 U 1 B n2t | 1866 |
| 196 | 1B n2 | | 22.12.47 | 1435 | Berlin-Stettiner Eisenbahn/ELEPHANT/09.10.52 U BORSIG/1858 BStE 21 | 1864 |
| 197 | 1B n2 | | 05.02.48 | 1435 | Oberschlesische Eisenbahn/34/1859 U 1 B n2t | 1867 |
| 198 | 1B n2 | | 03.03.48 | 1435 | Stargard-Posener Eisenbahn/VULCAN | 1867 |
| 199 | 1B n2 | | 08.03.48 | 1435 | Stargard-Posener Eisenbahn/HERCULES | 1863 |
| 200 | 1A1 n2 | | 13.10.48 | 1435 | Stargard-Posener Eisenbahn/BOREAS | 1870 |
| 201 | 1A1 n2 | | 28.02.48 | 1435 | Magdeburg-Leipziger Eisenbahn/UNION 1/EK 1863 | 1872 |
| 202 | 1A1 n2 | | 05.05.48 | 1435 | Münster-Hammer Eisenbahn/HERMANN/1855 WE 29 | 1865 |

| Fabriknummer | Bauart | Gattung | Auslieferungsdatum | Spurweite | Empfänger/Verbleib | Ausmusterung |
|---|---|---|---|---|---|---|
| 203 | 1A1 n2 | | 21.02.48 | 1435 | Magdeburg-Leipziger Eisenbahn/HARTUNG 2/EK 1863 | 1872 |
| 204 | 1A1 n2 | | 02.06.48 | 1435 | Stargard-Posener Eisenbahn/BORUSSIA | 1863 |
| 205 | 1A1 n2 | | 03.06.48 | 1435 | Stargard-Posener Eisenbahn/POMMERANIA (Unfall 1854 in Filehne) | 1854 |
| 206 | 1A1 n2 | | 28.10.48 | 1435 | Mecklenburgische Eisenbahn/BERLIN 7/U 1 B n2/1870 MFFE 43 | 1894 |
| 207 | 1A1 n2 | | 27.10.48 | 1435 | Mecklenburgische Eisenbahn/SCHWERIN 6/1873 verkauft an Fa. Gebr. Schweitzer/1873 BPME „SCHWERIN" als Arbeitszuglokomotive | 1875 |
| 208 | 1B n2 | | 07.04.48 | 1435 | Sächsisch-Bayerische Eisenbahn/STRAUSS 18 | 1879 |
| 209 | 1B n2 | | 29.03.48 | 1435 | Sächsisch-Bayerische Eisenbahn/GIRAFFE 19 | 1878 |
| 210 | 1B n2 | | 25.04.48 | 1435 | Sächsisch-Bayerische Eisenbahn/NASHORN 20 | 1878 |
| 211 | 1B n2 | | 18.04.48 | 1435 | Sächsisch-Bayerische Eisenbahn/PANTHER 21 | 1883 |
| 212 | 1B n2 | | 06.07.48 | 1435 | Breslau-Schweidnitz-Freiburger Eisenbahn/REICHENBACH | 1869 |
| 213 | 1B n2 | | 27.07.48 | 1435 | Oberschlesische Eisenbahn/36/1862 U 1 B n2t | 1888 |
| 214 | 1B n2 | | 21.07.48 | 1435 | Oberschlesische Eisenbahn/35/1861 U 1 B n2t | |
| 215 | 1B n2 | | 49 | 1435 | Krakau-Oberschlesische Eisenbahn/PRZEMYSL VII | 1865 |
| 216 | 1B n2 | | 26.07.49 | 1435 | Krakau-Oberschlesische Eisenbahn/DNIESTR VIII | 1869 |
| 217 | Dampframme | | 24.04.51 | - | Nieder Oderbruch Melioration | |
| 218 | 1A1 n2 | | 21.08.48 | 1435 | Stargard-Posener Eisenbahn/GERMANIA | 1865 |
| 219 | 1A1 n2 | | 26.08.48 | 1435 | Stargard-Posener Eisenbahn/BRESLAU | 1865 |
| 220 | 1A1 n2 | | 06.07.48 | 1435 | Mecklenburgische Eisenbahn/HAMBURG 5/1873 verkauft an Fa. Gebr. Schweitzer | 1876 |
| 221 | 1A1 n2 | | 03.10.48 | 1435 | Leipzig-Dresdener Eisenbahn/ELBE | 1868 |
| 222 | 1A1 n2 | | 11.10.48 | 1435 | Leipzig-Dresdener Eisenbahn/BERLIN | 1868 |
| 223 | 1B n2 | | 14.11.48 | 1435 | Oberschlesische Eisenbahn/37/1880 OSE 240 | |
| 224 | 1B n2 | | 30.11.48 | 1435 | Oberschlesische Eisenbahn/38 | 1873 |
| 225 | 1B n2 | | 22.07.48 | 1435 | Cöln-Mindener Eisenbahn/BERLIN | 1865 |
| 226 | 1B n2 | | 01.08.48 | 1435 | Cöln-Mindener Eisenbahn/PREUSSEN | 1882 |
| 227 | 1B n2 | | 09.08.48 | 1435 | Cöln-Mindener Eisenbahn/BRAUNSCHWEIG | 1883 |
| 228 | 1A1 n2 | | 11.10.48 | 1435 | Stargard-Posener Eisenbahn/BLITZ | 1868 |
| 229 | 1A1 n2 | | 04.09.48 | 1435 | Berlin-Anhalter Eisenbahn/HERZBERG 29 | 1877 |
| 230 | 1A1 n2 | | 12.09.48 | 1435 | Berlin-Anhalter Eisenbahn/RIESA 30 | 1878 |
| 231 | 1A1 n2 | | 19.09.48 | 1435 | Berlin-Anhalter Eisenbahn/SAXONIA 31 | 1878 |
| 232 | 1A1 n2 | | 25.10.48 | 1435 | Stargard-Posener Eisenbahn/ADLER | 1867 |
| 233 | 1B n2 | | 30.11.48 | 1435 | Cöln-Mindener Eisenbahn/KÖNIGSBERG | 1875 |
| 234 | 1B n2 | | 07.12.48 | 1435 | Cöln-Mindener Eisenbahn/LEIPZIG | 1871 |
| 235 | 1B n2 | | 23.11.48 | 1435 | Cöln-Mindener Eisenbahn/MAGDEBURG | 1871 |
| 236 | 1A1 n2 | | 29.11.48 | 1435 | Stargard-Posener Eisenbahn/PFEIL | 1867 |
| 237 | 1A1 n2 | | 22.05.49 | 1435 | Magdeburg-Wittenbergesche Eisenbahn/6 | 1876 |
| 238 | 1A1 n2 | | 07.05.49 | 1435 | Magdeburg-Wittenbergesche Eisenbahn/7 | 1876 |
| 239 | 1A1 n2 | | 08.05.49 | 1435 | Magdeburg-Wittenbergesche Eisenbahn/8 | 1870 |
| 240 | 1B n2 | | 05.01.49 | 1435 | Thüringische Eisenbahn/ILM/1872 ThE 5/1886 KPEV Erf 502 | 1888 |
| 241 | 1B n2 | | 03.01.49 | 1435 | Thüringische Eisenbahn/MAIN/1872 ThE 6/1886 KPEV Erf 503 | 1893 |
| 242 | 1B n2 | | 06.03.49 | 1435 | Berlin-Hamburger Eisenbahn/BORSIG/1863 EK Borsig/1884 KPEV Alt 509 | 1894 |
| 243 | 1B n2 | | 27.02.49 | 1435 | Berlin-Hamburger Eisenbahn/COMET | 1873 |
| 244 | 1B n2 | | 23.05.49 | 1435 | Magdeburg-Wittenbergesche Eisenbahn/11 | 1876 |
| 245 | 1A1 n2 | | 04.04.50 | 1435 | Anhalt-Bernburger Eisenbahn/BERNBURG | |
| 246 | 1A1 n2 | | 16.10.49 | 1435 | Mecklenburgische Eisenbahn/LUDWIGSLUST 14/verkauft an Fa. Gebr. Schweitzer | 1876 |
| 247 | 1A1 n2 | | 04.09.49 | 1435 | Mecklenburgische Eisenbahn/BÜTZOW 8/18...U 1 B n2/1870 MFFE 44/ 1895 MFFE 2 | 1897 |
| 248 | 1A1 n2 | | 09.02.49 | 1435 | Leipzig-Dresdener Eisenbahn/MULDE | 1868 |
| 249 | 1A1 n2 | | 15.03.49 | 1435 | Leipzig-Dresdener Eisenbahn/MEISSEN | 1868 |
| 250 | 1A1 n2 | | 12.03.49 | 1435 | Leipzig-Dresdener Eisenbahn/HAYN | 1868 |
| 251 | 1A1 n2 | | 24.08.49 | 1435 | Mecklenburgische Eisenbahn/SCHWAAN 9/1870 MFFE 45/1895 MFFE 3 | 1898 |
| 252 | 1A1 n2 | | 01.09.49 | 1435 | Mecklenburgische Eisenbahn/WARNOW 11/18...U 1 B n2/1870 MFFE 7/ 1895 MFFE 6 | 1901 |
| 253 | 1A1 n2 | | 17.08.49 | 1435 | Mecklenburgische Eisenbahn/NEBEL 10/1870 MFFE 46 | 1890 |
| 254 | 1A1 n2 | | 29.09.49 | 1435 | Mecklenburgische Eisenbahn/STRELITZ 15/18...U 1 B n2/1870 MFFE 49/ 1895 MFFE 7 | 1903 |
| 255 | 1A1 n2 | | 15.09.49 | 1435 | Mecklenburgische Eisenbahn/MAGDEBURG 12/18...U 1 B n2/1870 MFFE 48 | 1894 |
| 256 | 1A1 n2 | | 18.09.49 | 1435 | Mecklenburgische Eisenbahn/MECKLENBURG 13 | 1878 |
| 257 | 1B n2 | | 30.07.49 | 1435 | Magdeburg-Halberstädter Eisenbahn/BORUSSIA | 1869 |
| 258 | 1B n2 | | 11.08.49 | 1435 | Magdeburg-Wittenbergesche Eisenbahn/12 | 1877 |
| 259 | 1B n2 | | 09.08.49 | 1435 | Magdeburg-Wittenbergesche Eisenbahn/13 | 1880 |
| 260 | 1A1 n2 | | 21.08.49 | 1435 | Magdeburg-Wittenbergesche Eisenbahn/ 9 | 1870 |
| 261 | 1A1 n2 | | 01.09.49 | 1435 | Magdeburg-Wittenbergesche Eisenbahn/10 | 1876 |
| 262 | 1A1 n2 | | 30.12.49 | 1435 | Berlin-Anhalter Eisenbahn/RELLSTAB 34 | 1870 |
| 263 | 1A1 n2 | | 23.03.50 | 1435 | Anhalt-Bernburger Eisenbahn/COETHEN | 1876 |
| 264 | 1B n2 | | 23.08.49 | 1435 | Magdeburg-Wittenbergesche Eisenbahn/14 | 1876 |
| 265 | 1B n2 | | 13.10.49 | 1435 | Berlin-Anhalter Eisenbahn/GELPKE 32 | 1864 |
| 266 | 1B n2 | | 09.10.49 | 1435 | Berlin-Anhalter Eisenbahn/NOTTEBOHM 33 | 1868 |
| 267 | 1B n2 | | 31.10.49 | 1435 | Magdeburg-Wittenbergesche Eisenbahn/15 | 1877 |
| 268 | 1B n2 | | 15.12.49 | 1435 | Magdeburg-Halberstädter Eisenbahn/TEUTONIA | 1878 |
| 269 | 1B n2 | | 14.12.49 | 1435 | Berlin-Hamburger Eisenbahn/DONNER/1864 EK Borsig | 1884 |

| Fabriknummer | Bauart | Gattung | Auslieferungsdatum | Spurweite | Empfänger/Verbleib | Ausmusterung |
|---|---|---|---|---|---|---|
| 270 | 1A1 n2 | | 28.01.51 | 1435 | Westfälische Eisenbahn/DIEMEL 12 | 1870 |
| 271 | 1A1 n2 | | 29.05.50 | 1435 | Lübeck-Büchener Eisenbahn/FALKE/1869 EK Borsig | 1883 |
| 272 | 1A1 n2 | | 12.09.50 | 1435 | Westfälische Eisenbahn/LIPPSTADT 8 | 1869 |
| 273 | 1A1 n2 | | 31.08.50 | 1435 | Westfälische Eisenbahn/PADERBORN 5 | 1865 |
| 274 | 1A1 n2 | | 30.08.50 | 1435 | Westfälische Eisenbahn/HAMM 6 | 1877 |
| 275 | 1A1 n2 | | 13.09.50 | 1435 | Westfälische Eisenbahn/SOEST 7 | 1877 |
| 276 | 1B n2 | | 27.02.50 | 1435 | Bergisch-Märkische Eisenbahn/HASPE 14 | 1867 |
| 277 | 1B n2 | | 10.02.50 | 1435 | Bergisch-Märkische Eisenbahn/HAGEN 12 | 1871 |
| 278 | 1B n2 | | 05.02.50 | 1435 | Bergisch-Märkische Eisenbahn/SCHWELM 11 | 1867 |
| 279 | 1B n2 | | 01.03.50 | 1435 | Bergisch-Märkische Eisenbahn/WITTEN 13 | 1867 |
| 280 | 1B n2 | | 08.04.50 | 1435 | Berlin-Hamburger Eisenbahn/BLITZ/1865 EK Borsig/1882 U 1 B n2t/ 1884 KPEV Alt 1433 | 1890 |
| 281 | 1B n2 | | 06.04.50 | 1435 | Magdeburg-Halberstädter Eisenbahn/CÖLN | 1878 |
| 282 | 1B n2 | | 07.05.50 | 1435 | Magdeburg-Halberstädter Eisenbahn/SCHARNHORST | 1869 |
| 283 | 1B n2 | | 06.05.50 | 1435 | Magdeburg-Halberstädter Eisenbahn/BLÜCHER | 1876 |
| 284 | 1B n2 | | 05.12.50 | 1435 | Mecklenburgische Eisenbahn/HERCULES 16/1870 MFFE 50/1895 MFFE 8 | 1896 |
| 285 | 1B n2 | | 21.09.50 | 1435 | Westfälische Eisenbahn/CÖLN/1870 Han Stb 710/1881 KPEV Cörrh 711/ 1890 Cörrh 591 | vor 1895 |
| 286 | 1B n2 | | 23.09.50 | 1435 | Westfälische Eisenbahn/MINDEN/1870 Han Stb 711/1881 KPEV Cörrh 715 | 1889 |
| 287 | 1B n2 | | 14.10.50 | 1435 | Oberschlesische Eisenbahn/39 | 1871 |
| 288 | 1B n2 | | 18.10.50 | 1435 | Oberschlesische Eisenbahn/40 | 1875 |
| 289 | 1B n2 | | 16.11.50 | 1435 | Oberschlesische Eisenbahn/41 | 1876 |
| 290 | 1B n2 | | 15.11.50 | 1435 | Oberschlesische Eisenbahn/42 | 1876 |
| 291 | 1B n2 | | 01.08.50 | 1435 | Cöln-Mindener Eisenbahn/LIPPSTADT/1883 KPEV Cörrh 500 | 1888 |
| 292 | 1B n2 | | 16.08.50 | 1435 | Cöln-Mindener Eisenbahn/SOEST/1883 KPEV Cörrh 501/1895 Efd 501/ 1896 Clr 590 | |
| 293 | 1B n2 | | 30.07.50 | 1435 | Cöln-Mindener Eisenbahn/CREFELD/1883 KPEV Cörrh 502 | 1894 |
| 294 | 1B n2 | | 15.08.50 | 1435 | Cöln-Mindener Eisenbahn/AACHEN/1883 KPEV Cörrh 503 | 1893 |
| 295 | 1A1 n2 | | 01.11.50 | 1435 | Königliche Ostbahn/KÜDOW 2/1871 an ein Bauunternehmen verkauft/1873 eingesetzt auf der Umleitungsstrecke Burg-Magdeburg der BPME | - |
| 296 | 1A1 n2 | | 02.11.50 | 1435 | Königliche Ostbahn/DRAGE 1 | |
| 297 | 1A1 n2 | | 10.04.51 | 1435 | Königliche Ostbahn/NETZE 3 | |
| 298 | 1B n2 | | 29.11.50 | 1435 | Berlin-Hamburger Eisenbahn/VULCAN | 1871 |
| 299 | 1B n2 | | 30.11.50 | 1435 | Berlin-Hamburger Eisenbahn/PHÖNIX/1884 KPEV Alt 510 | 1886 |
| 300 | 1B n2 | | 27.12.50 | 1435 | Mecklenburgische Eisenbahn/DREIHUNDERT | 1872 |
| 301 | 1B n2 | | 21.01.51 | 1435 | Berlin-Hamburger Eisenbahn/HERCULES | 1871 |
| 302 | 1B n2 | | 07.02.51 | 1435 | Berlin-Hamburger Eisenbahn/MERCUR | 1883 |
| 303 | 1B n2 | G | 10.05.51 | 1435 | Königliche Ostbahn/KREUZ 51/1873 KO 301 | 1885 |
| 304 | 1A1 n2 | | 20.04.51 | 1435 | Königliche Ostbahn/LOBSONKA 4 | 1871 |
| 305 | 1A1 n2 | | 02.05.51 | 1435 | Königliche Ostbahn/BROMBERGER CANAL 5/1871 an Baufirma verkauft/1873 eingesetzt auf der Umleitungsstrecke Burg-Magdeburg der BPME | |
| 306 | 1A1 n2 | | 30.04.51 | 1435 | Königliche Ostbahn/BRAHE 6/1871 an Baufirma verkauft/1873 eingesetzt auf der Umleitungsstrecke Burg-Magdeburg der BPME | |
| 307 | 1A1 n2 | | 26.05.51 | 1435 | Königliche Ostbahn/WEICHSEL 7 | 1871 |
| 308 | 1A1 n2 | | 27.05.51 | 1435 | Königliche Ostbahn/SCHWARZWASSER 8 | 1872 |
| 309 | 1A1 n2 | | 30.05.51 | 1435 | Königliche Ostbahn/MONTAU 9 | 1872 |
| 310 | 1A1 n2 | | 11.08.51 | 1435 | Lübeck-Büchener Eisenbahn/PFEIL 3 | 1875 |
| 311 | 1B n2 | | 11.03.51 | 1435 | Berlin-Anhalter Eisenbahn/DANNENBERGER 35 | 1877 |
| 312 | 1B n2 | | 17.03.51 | 1435 | Cöln-Mindener Eisenbahn/ELBERFELD/1883 KPEV Cörrh 504 | 1896 |
| 313 | 1B n2 | | 14.04.51 | 1435 | Cöln-Mindener Eisenbahn/BARMEN | 1883 |
| 314 | 1B n2 | | 15.05.51 | 1435 | Cöln-Mindener Eisenbahn/DRESDEN/1883 KPEV Cörrh 505 | 1894 |
| 315 | 1B n2 | | 23.05.51 | 1435 | Cöln-Mindener Eisenbahn/HAGEN/1883 KPEV Cörrh 506 | 1893 |
| 316 | 1B n2 | | 01.05.51 | 1435 | Westfälische Eisenbahn/MÜNSTER 13/1870 Han. Stb 713/1881 KPEV Cörrh 716 | 1890 |
| 317 | 1B n2 | | 18.04.51 | 1435 | Westfälische Eisenbahn/CASSEL 14/1870 Han. Stb 714/1881 KPEV Cörrh 712 | 1888 |
| 318 | 1B n2 | | 28.05.51 | 1435 | Berlin-Anhalter Eisenbahn/v.d. HEYDT 36 | 1877 |
| 319 | 1A1 n2 | | 28.05.51 | 1435 | Magdeburg-Leipziger Eisenbahn/HALBERSTADT | 1866 |
| 320 | 1A1 n2 | | 24.06.51 | 1435 | Magdeburg-Leipziger Eisenbahn/BRAUNSCHWEIG | 1866 |
| 321 | 1B n2 | G | 24.06.51 | 1435 | Königliche Ostbahn/FILEHNE 52/1873 KO 302/1880 KPEV Bbg 302 | 1885 |
| 322 | 1B n2 | G | 12.06.51 | 1435 | Königliche Ostbahn/SCHÖNLANKE 53/1873 KO 303/1880 KPEV Bbg 303 | 1885 |
| 323 | 1B n2 | G | 18.07.51 | 1435 | Königliche Ostbahn/SCHNEIDEMÜHL 54/1873 KO 304/1880 KPEV Bbg 304/ 1885 Bbg 478 | |
| 324 | 1B n2 | G | 18.07.51 | 1435 | Königliche Ostbahn/MIASTECZKO 55/1873 KO 305/1880 KPEV Bbg 305 | 1881 |
| 325 | 1B n2 | G | 16.07.51 | 1435 | Königliche Ostbahn/OSIEK 56/1873 KO 306/1880 KPEV Bbg 306 | |
| 326 | 1B n2 | G | 28.07.51 | 1435 | Königliche Ostbahn/BIASLOSLIEWE 57/1873 KO 307/1880 KPEV Bbg 307 | |
| 327 | 1B n2 | G | 19.09.51 | 1435 | Königliche Ostbahn/NAKEL 58/1873 KO 308 | vor 1880 |
| 328 | 1B n2 | G | 20.09.51 | 1435 | Königliche Ostbahn/BROMBERG 59/1873 KO 309 | vor 1880 |
| 329 | 1A1 n2 | S | 22.08.51 | 1435 | Cöln-Mindener Eisenbahn/BONN | 1883 |
| 330 | 1A1 n2 | | 27.09.51 | 1435 | Cöln-Mindener Eisenbahn/STETTIN/1883 KPEV Cörrh 1 | 1894 |
| 331 | 1A1 n2 | P | 27.09.51 | 1435 | Lübeck-Büchener Eisenbahn/BLITZ 4 | 1875 |
| 332 | 1B n2 | G | 02.09.51 | 1435 | Niederschlesisch-Märkische Eisenbahn/SIRIUS 76 | |
| 333 | 1B n2 | G | 06.09.51 | 1435 | Niederschlesisch-Märkische Eisenbahn/ARCTURUS 77/1883 KPEV Bln 500 | 1884 |

| Fabriknummer | Bauart | Gattung | Auslieferungsdatum | Spurweite | Empfänger/Verbleib | Ausmusterung |
|---|---|---|---|---|---|---|
| 334 | 1B n2 | G | 25.09.51 | 1435 | Niederschlesisch-Märkische Eisenbahn/ORION 78/1883 KPEV Bln 501 | 1885 |
| 335 | 1B n2 | G | 25.09.51 | 1435 | Lübeck-Büchener Eisenbahn/ELBE 5 | 1883 |
| 336 | 1B n2 | G | 26.09.51 | 1435 | Lübeck-Büchener Eisenbahn/TRAVE 6 | 1875 |
| 337 | 1A1 n2 | | 29.10.51 | 1435 | Magdeburg-Leipziger Eisenbahn/BREMEN | 1867 |
| 338 | 1A1 n2 | | 31.10.51 | 1435 | Magdeburg-Leipziger Eisenbahn/CÖLN | 1866 |
| 339 | 1B n2 | | 08.12.51 | 1435 | Magdeburg-Halberstädter Eisenbahn/BEHRENS | 1876 |
| 340 | 1B n2 | | 06.12.51 | 1435 | Magdeburg-Halberstädter Eisenbahn/OSCHERSLEBEN | 1869 |
| 341 | 1A1 n2 | | 20.12.51 | 1435 | Berlin-Stettiner Eisenbahn/PASSOW/1858 BStE 33 | 1869 |
| 342 | 1A1 n2 | | 19.12.51 | 1435 | Berlin-Stettiner Eisenbahn/STETTIN/1858 BStE 32 | 1864 |
| 343 | 1A1 n2 | | 02.02.52 | 1435 | Berlin-Stettiner Eisenbahn/ADLER/1858 BStE 34 | 1869 |
| 344 | 1A1 n2 | | 03.02.52 | 1435 | Berlin-Stettiner Eisenbahn/ODER/1858 BStE 35 | 1869 |
| 345 | 1B n2 | G | 20.11.51 | 1435 | Berlin-Hamburger Eisenbahn/ATLAS/1865 EK Borsig/1882 U 1 B n2t/1884 KPEV Alt 1434 | 1889 |
| 346 | 1B n2 | G | 22.11.51 | 1435 | Berlin-Hamburger Eisenbahn/PRAG | 1882 |
| 347 | 1B n2 | G | 05.02.52 | 1435 | Münster-Hammer Eisenbahn/5/1855 WE EMDEN 30/1880 KPEV Han 730 | 1880 |
| 348 | 1A1 n2 | S | 19.03.52 | 1435 | Cöln-Mindener Eisenbahn/WESEL/1883 KPEV Cörrh 2 | 1888 |
| 349 | 1A1 n2 | S | 20.03.52 | 1435 | Cöln-Mindener Eisenbahn/EMDEN/1883 KPEV Cörrh 3 | 1888 |
| 350 | 1B n2 | G | 26.02.52 | 1435 | Cöln-Mindener Eisenbahn/ARNHEIM/1883 KPEV Cörrh 507 | 1884 |
| 351 | 1B n2 | G | 27.02.52 | 1435 | Cöln-Mindener Eisenbahn/YSSEL/1883 KPEV Cörrh 508 | 1883 |
| 352 | 1B n2 | | 29.06.52 | 1435 | Breslau-Schweidnitz-Freiburger Eisenbahn/WALDENBURG | 1870 |
| 353 | 1B n2 | | 30.06.52 | 1435 | Breslau-Schweidnitz-Freiburger Eisenbahn/WRANGEL | 1882 |
| 354 | 1A1 n2 | | 23.04.52 | 1435 | Stargard-Posener Eisenbahn/STARGARD | 1872 |
| 355 | 1A1 n2 | | 23.04.52 | 1435 | Stargard-Posener Eisenbahn/POSEN | 1874 |
| 356 | 1B n2 | | 08.05.52 | 1435 | Stargard-Posener Eisenbahn/WRONKE/1885 KPEV Bsl 502 | 1888 |
| 357 | 1B n2 | | 08.05.52 | 1435 | Stargard-Posener Eisenbahn/WOLDENBERG/1885 KPEV Bsl 503 | 1891 |
| 358 | 1B n2 | | 28.04.52 | 1435 | Berlin-Anhalter Eisenbahn/BODE 37/1882 KPEV Erf 512 | 1892 |
| 359 | 1B n2 | G | 24.05.52 | 1435 | Leipzig-Dresdener Eisenbahn/KOMET/1876 SäStb 613 | 1881 |
| 360 | 1B n2 | G | 24.05.52 | 1435 | Leipzig-Dresdener Eisenbahn/BLITZ/1876 SäStb 614 | 1881 |
| 361 | 1B n2 | G | 03.09.52 | 1435 | Leipzig-Dresdener Eisenbahn/FAUST/1876 SäStb 615 | 1882 |
| 362 | 1B n2 | G | 04.09.52 | 1435 | Leipzig-Dresdener Eisenbahn/WINDSBRAUT/1876 SäStb 616 | 1876 |
| 363 | 1A1 n2 | S | 07.06.52 | 1435 | Cöln-Mindener Eisenbahn/ELBE/1883 KPEV Cörrh 4 | 1891 |
| 364 | 1A1 n2 | S | 05.06.52 | 1435 | Cöln-Mindener Eisenbahn/HAVEL | 1882 |
| 365 | 1B n2 | G | 15.07.52 | 1435 | Königliche Ostbahn/KOTOMIERS 60/1873 KO 310 | vor 1880 |
| 366 | 1B n2 | G | 16.07.52 | 1435 | Königliche Ostbahn/TERESPOL 61/1873 KO 311/1880 KPEV Bbg 311 | 1881 |
| 367 | 1B n2 | G | 24.07.52 | 1435 | Königliche Ostbahn/LASKOWITZ 62/1873 KO 312/1880 KPEV Bbg 312 | 1884 |
| 368 | 1B n2 | G | 28.10.52 | 1435 | Königliche Ostbahn/WARLUBIEN 63/1873 KO 313/1880 KPEV Bbg 313 | 1885 |
| 369 | 1B n2 | G | 25.08.52 | 1435 | Königliche Ostbahn/CZERWINEK 64/1873 KO 314/1880 KPEV Bbg 314 | |
| 370 | 1B n2 | G | 26.08.52 | 1435 | Königliche Ostbahn/PELPLIN 65/1873 KO 315/1880 KPEV Bbg 315 | |
| 371 | 1B n2 | G | 07.10.52 | 1435 | Königliche Ostbahn/DIRSCHAU 66/1873 KO 316/1880 KPEV Bbg 316 | 1885 |
| 372 | 1B n2 | G | 08.10.52 | 1435 | Königliche Ostbahn/HOHENSTEIN 67/1873 KO 317/1880 KPEV Bbg 317 | |
| 373 | 1B n2 | | 30.10.52 | 1435 | Westfälische Eisenbahn/DORTMUND 15 | vor 1880 |
| 374 | 1B n2 | | 29.10.52 | 1435 | Westfälische Eisenbahn/WUPPER 16/1880 KPEV Han 716 | 1880 |
| 375 | 1B n2 | | 20.11.52 | 1435 | Cöln-Mindener Eisenbahn/LÜBECK/1883 KPEV Cörrh 509 | 1883 |
| 376 | 1B n2 | | 22.11.52 | 1435 | Cöln-Mindener Eisenbahn/OSNABRÜCK/1883 KPEV Cörrh 510 | 1892 |
| 377 | 1A1 n2 | S | 21.06.52 | 1435 | Königliche Ostbahn/TIEGE 16/1873 KO 1/1880 KPEV Bbg 1 | 1883 |
| 378 | 1A1 n2 | S | 21.06.52 | 1435 | Königliche Ostbahn/NOGAT 17/1873 KO 2/1880 KPEV Bbg 2 | 1883 |
| 379 | 1A1 n2 | S | 08.07.52 | 1435 | Königliche Ostbahn/FISCHAU 18/1873 KO 3/1880 KPEV Bbg 3 | 1883 |
| 380 | 1A1 n2 | S | 09.07.52 | 1435 | Königliche Ostbahn/DRAUSEN 19/1873 KO 4/1880 KPEV Bbg 4 | 1883 |
| 381 | 1B n2 | | 06.08.52 | 1435 | Aachen-Düsseldorf-Ruhrorter Eisenbahn/AACHEN 6/1866 BME BAAL 238 | 1877 |
| 382 | 1B n2 | | 07.08.52 | 1435 | Aachen-Düsseldorf-Ruhrorter Eisenbahn/LIMMICH 12/1866 BME LIMMICH 244 | 1877 |
| 383 | 1B n2 | | 13.08.52 | 1435 | Aachen-Düsseldorf-Ruhrorter Eisenbahn/KOHLSCHEIDT 8/1866 BME KOHLSCHEIDT 240 | 1877 |
| 384 | 1B n2 | | 14.08.52 | 1435 | Aachen-Düsseldorf-Ruhrorter Eisenbahn/BURTSCHEIDT 7/1866 BME BURTSCHEIDT 239 | 1877 |
| 385 | 1B n2 | | 30.09.52 | 1435 | Aachen-Düsseldorf-Ruhrorter Eisenbahn/GEILENKIRCHEN 10/1866 BME GEILENKIRCHEN 242 | 1874 |
| 386 | 1B n2 | | 25.09.52 | 1435 | Aachen-Düsseldorf-Ruhrorter Eisenbahn/RANDERATH 11/1866 BME RANDERATH 243/1883 KPEV Cörrh 507 | |
| 387 | 1B n2 | | 28.09.52 | 1435 | Aachen-Düsseldorf-Ruhrorter Eisenbahn/HERZOGENRATH 9/1866 BME HERZOGENRATH 241 | 1877 |
| 388 | 1B n2 | | 23.09.52 | 1435 | Sächsisch-Bayerische Eisenbahn/VAMPIR 39/SäStb 39 | 1885 |
| 389 | 1B n2 | | 22.09.52 | 1435 | Sächsisch-Bayerische Eisenbahn/DELPHIN 38/SäStb 38 | 1886 |
| 390 | 1B n2 | | 24.09.52 | 1435 | Sächsisch-Bayerische Eisenbahn/GAZELLE 40/SäStb 40 | 1885 |
| 391 | 1B n2 | | 05.07.52 | 1435 | Oberschlesische Eisenbahn/43 | 1872 |
| 392 | 1B n2 | | 06.07.52 | 1435 | Oberschlesische Eisenbahn/44 | 1876 |
| 393 | 1B n2 | | 01.09.52 | 1435 | Saarbrücker Eisenbahn/I | vor 1881 |
| 394 | 1B n2 | | 31.08.52 | 1435 | Saarbrücker Eisenbahn/II/1881 KPEV Cölrh 504 | |
| 395 | 1B n2 | | 06.09.52 | 1435 | Saarbrücker Eisenbahn/III/1881 KPEV Cölrh 505 | |
| 396 | 1B n2 | | 11.09.52 | 1435 | Saarbrücker Eisenbahn/IV/ | vor 1881 |
| 397 | 1B n2 | | 10.09.52 | 1435 | Saarbrücker Eisenbahn/V/1881 KPEV Cölrh 506 | |
| 398 | 1B n2 | | 01.11.52 | 1435 | Oberschlesische Eisenbahn/45 | 1877 |

| Fa-brik-num-mer | Bauart | Gat-tung | Aus-liefe-rungs-datum | Spur-weite | Empfänger/Verbleib | Aus-muste-rung |
|---|---|---|---|---|---|---|
| 399 | 1B n2 | | 02.11.52 | 1435 | Oberschlesische Eisenbahn/46/1880 OSE 241 | 1881 |
| 400 | 1B n2 | | 06.11.52 | 1435 | Wilhelmsbahn/SCHWARZ 8 | 1876 |
| 401 | 1B n2 | | 05.11.52 | 1435 | Wilhelmsbahn/WOLLENHAUPT 7 | 1871 |
| 402 | 1B n2 | G | 26.11.52 | 1435 | Oberschlesische Eisenbahn/47 | 1875 |
| 403 | 1B n2 | G | 27.11.52 | 1435 | Oberschlesische Eisenbahn/48 | 1876 |
| 404 | 1B n2 | G | 10.12.52 | 1435 | Oberschlesische Eisenbahn/49 | 1874 |
| 405 | 1B n2 | G | 12.12.52 | 1435 | Oberschlesische Eisenbahn/50 | 1876 |
| 406 | 1B n2 | | 14.12.52 | 1435 | Wilhelmsbahn/PREUSSEN 9 | 1873 |
| 407 | 1B n2 | | 16.12.52 | 1435 | Wilhelmsbahn/OESTERREICH 10 | 1882 |
| 408 | 1B n2 | | 20.12.52 | 1435 | Oberschlesische Eisenbahn/51/1880 OSE 242 | 1883 |
| 409 | 1B n2 | | 21.12.52 | 1435 | Oberschlesische Eisenbahn/52/1880 OSE 243 | 1880 |
| 410 | 1B n2i | P | 09.12.52 | 1435 | Magdeburg-Leipziger Eisenbahn/RHEIN 3 | 1872 |
| 411 | 1B n2i | P | 15.12.52 | 1435 | Magdeburg-Leipziger Eisenbahn/WESER 4/1871 EK Vulkan MLE 61/1881 KPEV Mgd 163 | 1883 |
| 412 | 1B n2 | | 30.12.52 | 1435 | Berlin-Stettiner Eisenbahn/CASTOR/1858 BStE 1 | 1870 |
| 413 | 1B n2 | | 29.12.52 | 1435 | Berlin-Stettiner Eisenbahn/POLLUX/1858 BStE 2 | 1864 |
| 414 | 1B n2 | | 15.11.52 | 1435 | Königliche Ostbahn/PRAUST 68/1873 KO 318/1880 KPEV Bbg 318 | 1876 |
| 415 | 1B n2 | | 16.11.52 | 1435 | Königliche Ostbahn/DANZIG 69/1873 KO 319/1880 KPEV Bbg 319 | vor 1889 |
| 416 | 1B n2 | | 29.11.52 | 1435 | Königliche Ostbahn/MARIENBURG 70/1873 KO 320/1880 KPEV Bbg 320/ 1889 Bbg 501 | 1890 |
| 417 | 1B n2 | | 30.11.52 | 1435 | Königliche Ostbahn/ALTFELDE 71/1873 KO 321/1880 KPEV Bbg 321 | vor 1889 |
| 418 | 1B n2 | | 23.12.52 | 1435 | Berlin-Hamburger Eisenbahn/WIEN/1870 EK Borsig/1884 KPEV Alt 511 | 1895 |
| 419 | 1B n2 | | 22.12.52 | 1435 | Berlin-Hamburger Eisenbahn/MARS/1870 EK Borsig/1884 KPEV Alt 512 | 1895 |
| 420 | 1B n2 | | 01.02.53 | 1435 | Berlin-Stettiner Eisenbahn/BERLIN/1858 BStE 3 | 1870 |
| 421 | 1B n2 | | 01.02.53 | 1435 | Berlin-Stettiner Eisenbahn/BÄR/1858 BStE 4 | 1867 |
| 422 | 1B n2 | S | 05.02.53 | 1435 | Oberschlesische Eisenbahn/55/1880 OSE 19 | 1885 |
| 423 | 1B n2 | S | 04.02.53 | 1435 | Oberschlesische Eisenbahn/56/1880 OSE 20 | 1884 |
| 424 | 1B n2 | G | 25.02.53 | 1435 | Oberschlesische Eisenbahn/53 | 1875 |
| 425 | 1B n2 | G | 27.02.53 | 1435 | Oberschlesische Eisenbahn/54 | 1875 |
| 426 | 1B n2 | | 10.03.53 | 1435 | Berlin-Stettiner Eisenbahn/POMMERANIA/1858 BStE 6 | 1871 |
| 427 | 1B n2 | | 11.03.53 | 1435 | Berlin-Stettiner Eisenbahn/BOREAS/1858 BStE 7/1871 BWE 5/BWE 7 | vor 1888 |
| 428 | 1A1 n2 | | 26.02.53 | 1435 | Westfälische Eisenbahn/EMS/1880 KPEV Han 717 | 1880 |
| 429 | 1A1 n2 | | 23.02.53 | 1435 | Westfälische Eisenbahn/ELBERFELD/1880 KPEV Han 718/1881 Cörrh 591 | 1882 |
| 430 | 1B n2i | P | 15.04.53 | 1435 | Stargard-Posener Eisenbahn/Königliche Ostbahn/PREUSSEN 36/bestellt als Probelokomotive durch den Minister für öffentliche Arbeit von der Heydt | 1871 |
| 431 | 1B n2i | P | 19.03.53 | 1435 | Magdeburg-Leipziger Eisenbahn/ELBE 5/1881 KPEV Mgd 165 | 1872 |
| 432 | 1B n2i | P | 22.03.53 | 1435 | Magdeburg-Leipziger Eisenbahn/MAIN 6/1874 EK Borsig MLE „AMSTERDAM 63" | 1885 |
| 433 | 1B n2i | P | 04.04.53 | 1435 | Magdeburg-Leipziger Eisenbahn/NECKAR 7 | 1873 |
| 434 | 1B n2i | P | 04.05.53 | 1435 | Magdeburg-Leipziger Eisenbahn/CÖTHEN 8/verkauft an Bauunternehmen Rutschmann | 1873 |
| 435 | 1B n2i | P | 07.05.53 | 1435 | Magdeburg-Leipziger Eisenbahn/HALLE 9/1872 EK Borsig MLE 62/1881 KPEV Mgd 164 | 1885 |
| 436 | 1B n2i | P | 03.05.53 | 1435 | Magdeburg-Leipziger Eisenbahn/LÜBECK 10 | 1875 |
| 437 | 1B n2 | | 08.04.53 | 1435 | Magdeburg-Wittenbergesche Eisenbahn/16/1881 KPEV Mgd 747 | 1882 |
| 438 | 1B n2 | | 09.04.53 | 1435 | Magdeburg-Wittenbergesche Eisenbahn/17/1881 KPEV Mgd 748/(1883 Mgd 500) | 1883 |
| 439 | 1A1 n2 | | 30.04.53 | 1435 | Königliche Ostbahn/DREWENZ 28/1873 KO 13/1880 KPEV Bbg 13 | 1889 |
| 440 | 1A1 n2 | | 06.05.53 | 1435 | Königliche Ostbahn/DEIME 29/1873 KO 14/1880 KPEV Bbg 14 | |
| 441 | 1A1 n2 | | 02.05.53 | 1435 | Königliche Ostbahn/ALLE 30/1873 KO 15/1880 KPEV Bbg 15 | 1884 |
| 442 | 1A1 n2 | | 21.04.53 | 1435 | Berlin-Anhalter Eisenbahn/BENDA 38 | 1881 |
| 443 | 1A1 n2 | | 12.05.53 | 1435 | Berlin-Anhalter Eisenbahn/ALEXIS 39 | 1882 |
| 444 | 1A1 n2 | | 13.05.53 | 1435 | Berlin-Anhalter Eisenbahn/HAGEN 40/1882 KPEV Erf 19 | 1884 |
| 445 | 1A1 n2 | | 28.05.53 | 1435 | Aachen-Düsseldorf-Ruhrorter Eisenbahn/WICKRATH 14/1866 BME 246 ERFT | vor 1883 |
| 446 | 1A1 n2 | | 26.05.53 | 1435 | Aachen-Düsseldorf-Ruhrorter Eisenbahn/ERKELENZ 13/1866 BME 245 WAAL | 1882 |
| 447 | 1A1 n2 | | 30.05.53 | 1435 | Aachen-Düsseldorf-Ruhrorter Eisenbahn/DÜSSELDORF 16/1866 BME 248 SAAR | 1874 |
| 448 | 1A1 n2 | | 01.06.53 | 1435 | Aachen-Düsseldorf-Ruhrorter Eisenbahn/NEUSS 15/1866 BME 247 NEERS | vor 1883 |
| 449 | 1B n2 | | 19.05.53 | 1435 | Mecklenburgische Eisenbahn/OBOTRIT 18/1870 MFFE 51 | 1893 |
| 450 | 1B n2 | | 18.05.53 | 1435 | Mecklenburgische Eisenbahn/SWANTEWITT 19/1870 MFFE 52 | 1893 |
| 451 | 1B n2 | | 27.06.53 | 1435 | Thüringische Eisenbahn/ODER/1871 EK Borsig/1872 ThE 7/1886 KPEV Erf 504 | |
| 452 | 1B n2 | | 30.06.53 | 1435 | Thüringische Eisenbahn/DONAU/1872 ThE 8 | 1877 |
| 453 | 1B n2 | | 30.07.53 | 1435 | Chemnitz-Riesaer Eisenbahn/WALDHEIM/1869 SäStb 73 | 1891 |
| 454 | 1B n2 | | 31.08.53 | 1435 | Aachen-Maastrichter Eisenbahn/PREUSSEN 7/1867 Grand Central Belge 34 | |
| 455 | 1B n2 | | 30.08.53 | 1435 | Aachen-Maastrichter Eisenbahn/RHEINLAND 8/1867 Grand Central Belge 35 | |
| 456 | 1B n2 | G | 19.07.53 | 1435 | Berlin-Hamburger Eisenbahn/HEKLA/1870 EK Borsig/1884 KPEV Alt 513 | 1889 |
| 457 | 1B n2 | G | 02.07.53 | 1435 | Berlin-Hamburger Eisenbahn/VESUV/1870 EK Borsig/1884 KPEV Alt 514 | 1897 |
| 458 | 1B n2 | G | 04.07.53 | 1435 | Berlin-Hamburger Eisenbahn/AETNA/1870 EK Borsig/1884 KPEV Alt 515 | 1887 |
| 459 | 1B n2 | G | 20.07.53 | 1435 | Berlin-Hamburger Eisenbahn/GEYSER/1870 EK Borsig/1884 KPEV Alt 516 | 1887 |

| Fabriknummer | Bauart | Gattung | Auslieferungsdatum | Spurweite | Empfänger/Verbleib | Ausmusterung |
|---|---|---|---|---|---|---|
| 460 | 1B n2 | | 29.07.53 | 1435 | Breslau-Schweidnitz-Freiburger Eisenbahn/13 | 1870 |
| 461 | 1B n2 | | 13.07.53 | 1435 | Breslau-Schweidnitz-Freiburger Eisenbahn/HOCHWALD | 1870 |
| 462 | 1B n2 | | 15.07.53 | 1435 | Breslau-Schweidnitz-Freiburger Eisenbahn/EULE/1871 BWE | 187 |
| 463 | 1B n2 | G | 18.08.53 | 1435 | Niederschlesisch-Märkische Eisenbahn/79/1883 KPEV Bln 508 | 1886 |
| 464 | 1B n2 | G | 19.08.53 | 1435 | Niederschlesisch-Märkische Eisenbahn/80/1883 KPEV Bln 510 | 1884 |
| 465 | 1B n2 | G | 12.08.53 | 1435 | Niederschlesisch-Märkische Eisenbahn/81/1883 KPEV Bln 502 | 1884 |
| 466 | 1B n2 | G | 13.08.53 | 1435 | Niederschlesisch-Märkische Eisenbahn/82 | vor 1883 |
| 467 | 1B n2 | G | 23.08.53 | 1435 | Niederschlesisch-Märkische Eisenbahn/83/1883 KPEV Bln 503 | 1886 |
| 468 | 1B n2 | G | 24.08.53 | 1435 | Niederschlesisch-Märkische Eisenbahn/84/1883 KPEV Bln 504 | 1883 |
| 469 | 1B n2 | G | 01.09.53 | 1435 | Niederschlesisch-Märkische Eisenbahn/85/1883 KPEV Bln 509 | 1885 |
| 470 | 1B n2 | G | 02.09.53 | 1435 | Niederschlesisch-Märkische Eisenbahn/86 | 1882 |
| 471 | 1B n2 | G | 05.09.53 | 1435 | Niederschlesisch-Märkische Eisenbahn/87 | vor 1883 |
| 472 | 1B n2 | | 04.10.53 | 1435 | Oberschlesische Eisenbahn/58 | 1877 |
| 473 | 1B n2 | | 03.10.53 | 1435 | Oberschlesische Eisenbahn/57/1880 OSE 21 | 1882 |
| 474 | 1B n2 | | 07.10.53 | 1435 | Oberschlesische Eisenbahn/60 | |
| 475 | 1B n2 | | 06.10.53 | 1435 | Oberschlesische Eisenbahn/59/1880 OSE 22 | 1879 |
| 476 | 1A1 n2 | S | 27.09.53 | 1435 | Berlin-Hamburger Eisenbahn/ARIEL/1872 EK BMAG/1884 KPEV Alt 10 | |
| 477 | 1A1 n2 | S | 28.09.53 | 1435 | Berlin-Hamburger Eisenbahn/FREIA/1875 EK Borsig/1884 KPEV Alt 11 | |
| 478 | 1A1 n2 | S | 14.10.53 | 1435 | Berlin-Hamburger Eisenbahn/THOR/1872 EK BMAG/1884 KPEV Alt 12 | |
| 479 | 1A1 n2 | S | 15.10.53 | 1435 | Berlin-Hamburger Eisenbahn/PUCK/1878 EK Borsig/1884 KPEV Alt 13 | |
| 480 | 1B n2 | G | 13.10.53 | 1435 | Oberschlesische Eisenbahn/61/1880 OSE 244 | 1884 |
| 481 | 1B n2 | G | 20.10.53 | 1435 | Oberschlesische Eisenbahn/62 | 1876 |
| 482 | 1B n2 | G | 21.10.53 | 1435 | Oberschlesische Eisenbahn/63 | 1876 |
| 483 | 1B n2 | G | 12.10.53 | 1435 | Oberschlesische Eisenbahn/64/1880 OSE 245 | 1883 |
| 484 | 1B n2 | G | 29.10.53 | 1435 | Oberschlesische Eisenbahn/65/1880 OSE 246/1885 KPEV Bsl 505 | 1888 |
| 485 | 1B n2 | G | 28.10.53 | 1435 | Oberschlesische Eisenbahn/66 | 1878 |
| 486 | 1B n2 | G | 18.11.53 | 1435 | Oberschlesische Eisenbahn/67/1880 OSE 247 | 1884 |
| 487 | 1B n2 | G | 19.11.53 | 1435 | Oberschlesische Eisenbahn/68 | 1878 |
| 488 | 1A1 n2 | S | 25.11.53 | 1435 | Cöln-Mindener Eisenbahn/JÜLICH/1883 KPEV Han 1 | 1889 |
| 489 | 1A1 n2 | S | 24.11.53 | 1435 | Cöln-Mindener Eisenbahn/CLEVE/1883 KPEV Cörrh 5/1895 Mst 5 | |
| 490 | 1B n2 | G | 23.11.53 | 1435 | Cöln-Mindener Eisenbahn/BRESLAU/1883 KPEV Cörrh 511 | 1891 |
| 491 | 1B n2 | G | 21.11.53 | 1435 | Cöln-Mindener Eisenbahn/DANZIG/1883 KPEV Cörrh 512/1895 Efd 512/ 1896 Kln 592 | |
| 492 | 1B n2i | | 12.11.53 | 1435 | Warschau-Wiener Eisenbahn/WW 3/WW 44 | |
| 493 | 1B n2i | | 11.11.53 | 1435 | Warschau-Wiener Eisenbahn/WW 2/WW 45 | |
| 494 | 1B n2i | | 10.11.53 | 1435 | Warschau-Wiener Eisenbahn/WW1/WWE 46 | |
| 495 | 1A1 n2 | S | 02.12.53 | 1435 | Berlin-Anhalter Eisenbahn/LEIPZIG 41/1882 KPEV Erf 20 | 1884 |
| 496 | 1A1 n2 | | 03.12.53 | 1435 | Berlin-Anhalter Eisenbahn/DESSAU 42 | 1881 |
| 497 | 1B n2 | G | 30.12.53 | 1435 | Berlin-Anhalter Eisenbahn/BERLIN 43/1882 KPEV Erf 513 | 1883 |
| 498 | 1B n2 | | 03.02.54 | 1435 | Neisse-Brieger Eisenbahn/5/1857 NB 105/1865 NB 5/1880 OSE 48 | vor 1884 |
| 499 | 1A1 n2 | | 07.02.54 | 1435 | Cöln-Mindener Eisenbahn/POTSDAM | 1883 |
| 500 | 1A1 n2 | | 25.03.54 | 1435 | Cöln-Mindener Eisenbahn/BORSIG/1883 KPEV Cörrh 8 | 1893 |
| 501 | 1B n2 | G | 23.12.53 | 1435 | Niederschlesisch-Märkische Eisenbahn/88 | 1881 |
| 502 | 1B n2 | G | 22.12.53 | 1435 | Niederschlesisch-Märkische Eisenbahn/89 | |
| 503 | 1B n2 | G | 24.12.53 | 1435 | Niederschlesisch-Märkische Eisenbahn/90/1883 KPEV Bln 505 | 1884 |
| 504 | 1B n2i | | 28.12.53 | 1435 | Berlin-Stettiner Eisenbahn/GREIF/1858 BStE 7 | 1867 |
| 505 | 1B n2i | | 29.12.53 | 1435 | Berlin-Stettiner Eisenbahn/GERMANIA/1858 BStE 8 | 1867 |
| 506 | 1B n2i | | 31.12.53 | 1435 | Berlin-Stettiner Eisenbahn/BLÜCHER/1858 BStE 9 | 1869 |
| 507 | 1B n2 | G | 30.01.54 | 1435 | Cöln-Mindener Eisenbahn/SOLINGEN/1867 EK/1883 KPEV Cörrh 513 | 1885 |
| 508 | 1B n2 | G | 31.01.54 | 1435 | Cöln-Mindener Eisenbahn/BENRATH/1862 EK/1883 KPEV Cörrh 514 | 1886 |
| 509 | 1B n2 | G | 01.03.54 | 1435 | Cöln-Mindener Eisenbahn/HERNE/1883 KPEV Cörrh 515 | 1896 |
| 510 | 1B n2 | G | 28.02.54 | 1435 | Cöln-Mindener Eisenbahn/STERKRADE/1870 EK/1883 KPEV Han 508 | 1883 |
| 511 | 1B n2 | | 17.02.54 | 1435 | Saarbrücker Eisenbahn/BLIES IX/1880 KPEV Cölrh 102 | |
| 512 | 1B n2 | | 18.02.54 | 1435 | Saarbrücker Eisenbahn/SAAR X/1880 KPEV Cölrh 103 | |
| 513 | 1A1 n2 | S | 10.03.54 | 1435 | Cöln-Mindener Eisenbahn/HALBERSTADT/1883 KPEV Cörrh 6 | 1894 |
| 514 | 1A1 n2 | S | 11.03.54 | 1435 | Cöln-Mindener Eisenbahn/EMMERICH/1883 KPEV Cörrh 7/1895 Mst 7 | |
| 515 | 1A1 n2 | | 22.04.54 | 1435 | Mecklenburgische Eisenbahn/OSTSEE 20 | 1872 |
| 516 | 2A n2 | S | 08.07.54 | 1435 | Rheinische Eisenbahn/CRAMPTON 12/Crampton-Lokomotiven | 1872 |
| 517 | 2A n2 | S | 09.07.54 | 1435 | Rheinische Eisenbahn/HUMBOLDT 13/Crampton-Lokomotiven | 1877 |
| 518 | 2A n2 | S | 14.07.54 | 1435 | Rheinische Eisenbahn/ARAGO 14/Crampton-Lokomotiven | 1872 |
| 519 | 2A n2 | S | 12.07.54 | 1435 | Rheinische Eisenbahn/BEUTH 15/Crampton-Lokomotiven | 1872 |
| 520 | 1B n2 | G | 18.04.54 | 1435 | Berlin-Potsdam-Magdeburger Eisenbahn/AMSTERDAM/1881 KPEV Mgd 902 | 1882 |
| 521 | 1B n2 | G | 19.04.54 | 1435 | Berlin-Potsdam-Magdeburger Eisenbahn/ROTTERDAM/1881 KPEV Mgd 901/1883 Mgd 501 | 1884 |
| 522 | 1B n2 | G | 28.04.54 | 1435 | Berlin-Potsdam-Magdeburger Eisenbahn/BRÜSSEL/1881 KPEV Mgd 903/ 1883 Mgd 502 | 1883 |
| 523 | 1B n2 | G | 29.04.54 | 1435 | Berlin-Potsdam-Magdeburger Eisenbahn/ANTWERPEN/1881 KPEV Mgd 904/1883 Mgd 503 | 1884 |
| 524 | 1B n2 | G | 11.10.54 | 1435 | Oberschlesische Eisenbahn(für LDE am 20.05.54 ausgeliefert)/77 | 1874 |
| 525 | 1B n2 | G | 09.11.54 | 1435 | Oberschlesische Eisenbahn (für LDE am 09.05.54 ausgeliefert)/79 | 1875 |
| 526 | 1B n2 | G | 10.11.54 | 1435 | Oberschlesische Eisenbahn (für LDE am 08.05.54 ausgeliefert)/80 | 1877 |

| Fabriknummer | Bauart | Gattung | Auslieferungsdatum | Spurweite | Empfänger/Verbleib | Ausmusterung |
|---|---|---|---|---|---|---|
| 527 | 1B n2 | G | 12.11.54 | 1435 | Oberschlesische Eisenbahn (für LDE am 22.05.54 ausgeliefert)/78 | 18 |
| 528 | 1B n2 | G | 23.05.54 | 1435 | Oberschlesische Eisenbahn/69 | 18 |
| 529 | 1B n2 | G | 08.06.54 | 1435 | Oberschlesische Eisenbahn/71 | 18 |
| 530 | 1B n2 | G | 26.05.54 | 1435 | Oberschlesische Eisenbahn/70/1880 OSE 250 | 18 |
| 531 | 1B n2 | G | 07.06.54 | 1435 | Oberschlesische Eisenbahn/72 | 188 |
| 532 | 1B n2 | G | 24.07.54 | 1435 | Oberschlesische Eisenbahn/73/1880 OSE 251 | 188 |
| 533 | 1B n2 | G | 23.07.54 | 1435 | Oberschlesische Eisenbahn/74/1880 OSE 252 | 188 |
| 534 | 1B n2 | G | 26.07.54 | 1435 | Oberschlesische Eisenbahn/75/1880 OSE 253 | 188 |
| 535 | 1B n2 | G | 27.07.54 | 1435 | Oberschlesische Eisenbahn/76/1880 OSE 254 | 188 |
| 536 | 1B n2 | G | 13.07.54 | 1435 | Niederschlesisch-Märkische Eisenbahn/91/1883 KPEV Bln 511 | 188 |
| 537 | 1B n2 | G | 17.07.54 | 1435 | Niederschlesisch-Märkische Eisenbahn/92/1883 KPEV Bln 506 | 188 |
| 538 | 1B n2 | G | 15.07.54 | 1435 | Niederschlesisch-Märkische Eisenbahn/93/1883 KPEV Bln 507 | 188 |
| 539 | 1B n2 | G | 08.08.54 | 1435 | Berlin-Stettiner Eisenbahn/PALLAS/1858 BStE 10 | 186 |
| 540 | 1B n2 | | 09.08.54 | 1435 | Berlin-Stettiner Eisenbahn/MERCATOR/1858 BStE 12 | 187 |
| 541 | 1B n2 | | 07.08.54 | 1435 | Berlin-Stettiner Eisenbahn/TITAN/1858 BStE 11 | 186 |
| 542 | 1B n2 | G | 15.08.54 | 1435 | Cöln-Mindener Eisenbahn/BRÜSSEL/1867 EK/1883 KPEV Cörrh 516 | 188 |
| 543 | 1B n2 | G | 11.08.54 | 1435 | Cöln-Mindener Eisenbahn/ANTWERPEN/1868 EK/1883 KPEV Cörrh 517 | 188 |
| 544 | B n2t | Gt | 25.09.54 | 1435 | Cöln-Mindener Eisenbahn/HOMBERG/1883 KPEV Cörrh 1400 | |
| 545 | 1B n2 | | 13.09.54 | 1435 | Stargard-Posener Eisenbahn/SAMTER | |
| 546 | 1B n2 | | 14.09.54 | 1435 | Stargard-Posener Eisenbahn/ARNSWALDE | 187 |
| 547 | 1A1 n2 | | 22.08.54 | 1435 | Niederschlesisch-Märkische Eisenbahn/94 | 188 |
| 548 | 1A1 n2 | | 23.08.54 | 1435 | Niederschlesisch-Märkische Eisenbahn/95 | |
| 549 | 1A1 n2 | | 24.08.54 | 1435 | Niederschlesisch-Märkische Eisenbahn/96 | |
| 550 | 1A1 n2 | | 09.09.54 | 1435 | Niederschlesisch-Märkische Eisenbahn/97/1883 Bln 1 | 188 |
| 551 | 1A1 n2 | | 07.09.54 | 1435 | Niederschlesisch-Märkische Eisenbahn/98/1883 Bln 2 | 188 |
| 552 | 1A1 n2 | | 08.09.54 | 1435 | Niederschlesisch-Märkische Eisenbahn/99/ | 188 |
| 553 | 2A n2 | S | 30.10.54 | 1435 | Sjaellandske Jernbaneselskab (Dänemark)/SKIRNER 10/Crampton-Lokomotiven | 188 |
| 554 | 2A n2 | S | 31.10.54 | 1435 | Sjaellandske Jernbaneselskab (Dänemark)/WIDOR 11/Crampton-Lokomotiven | 188 |
| 555 | 2A n2 | S | 18.11.54 | 1435 | Sjaellandske Jernbaneselskab (Dänemark)/THOR 6/Crampton-Lokomotiven | 187 |
| 556 | 2A n2 | S | 17.11.54 | 1435 | Sjaellandske Jernbaneselskab (Dänemark)/NJORD 7/Crampton-Lokomotiven | 188 |
| 557 | 2A n2 | S | 17.01.55 | 1435 | Sjaellandske Jernbaneselskab (Dänemark)/BALDUR 8/Crampton-Lokomotiven | 187 |
| 558 | 2A n2 | S | 16.01.55 | 1435 | Sjaellandske Jernbaneselskab (Dänemark)/FENRIS 9/Crampton-Lokomotiven | 187 |
| 559 | C n2t | Gt | 23.12.54 | 1435 | Rheinische Eisenbahn/BORSIG 10/1882 KPEV Cölrh 1700 | 189 |
| 560 | 1A1 n2 | | 22.09.54 | 1435 | Leipzig-Dresdener Eisenbahn/BREMEN/1875 U B 1'n2/1876 SäStb SCHÖNBERG 627 | 187 |
| 561 | 1A1 n2 | | 21.09.54 | 1435 | Leipzig-Dresdener Eisenbahn/KÖLN/1873 U B 1'n2/1876 SäStb STOLLEN 632 | 188 |
| 562 | 1A1 n2 | | 29.09.54 | 1435 | Leipzig-Dresdener Eisenbahn/WIEN/1874 U B 1'n2/1876 SäStb ERZ 633 | 188 |
| 563 | 1A1 n2 | | 28.09.54 | 1435 | Leipzig-Dresdener Eisenbahn/HAMBURG/1875 U B 1'n2/1876 SäStb LEDER 634 | 188 |
| 564 | 1B n2 | | 09.12.54 | 1435 | Warschau-Wiener Eisenbahn/WW 7/WW 47 | |
| 565 | 1B n2 | | 08.12.54 | 1435 | Warschau-Wiener Eisenbahn/WW 6/WW 48 | |
| 566 | 1A1 n2 | | 14.10.54 | 1435 | Königliche Ostbahn/ELBE 38/1873 KO 21 | 1884 |
| 567 | 1A1 n2 | | 13.10.54 | 1435 | Königliche Ostbahn/RHEIN 40/1873 KO 23 | vor 1881 |
| 568 | 1A1 n2 | | 15.11.54 | 1435 | Königliche Ostbahn/NORDSEE 37/1873 KO 20 | 1881 |
| 569 | 1A1 n2 | | 14.11.54 | 1435 | Königliche Ostbahn/WESER 39/1873 KO 22 | vor 1881 |
| 570 | 1A1 n2 | | 07.12.54 | 1435 | Königliche Ostbahn/DONAU 41/1873 KO 27 | vor 1881 |
| 571 | 1B n2 | | 06.12.54 | 1435 | Königliche Ostbahn/JAHDE 42/1873 KO 28 | 1881 |
| 572 | 1B n2 | | 13.11.54 | 1435 | Cöln-Mindener Eisenbahn/LÖHNE/1865 EK 1883 KPEV Cörrh 518 | 1889 |
| 573 | 1B n2 | | 11.11.54 | 1435 | Cöln-Mindener Eisenbahn/UTRECHT/1868 EK/1881 Han 509 | 1889 |
| 574 | 1B n2 | | 24.11.54 | 1435 | Cöln-Mindener Eisenbahn/AMSTERDAM/1883 KPEV Cörrh 519 | 1894 |
| 575 | 1B n2 | | 25.11.54 | 1435 | Cöln-Mindener Eisenbahn/ROTTERDAM/1865 EK/1883 KPEV Cörrh 520 | 1886 |
| | A1 n2t | | 27.11.54 | 1435 | Berlin-Hamburger Eisenbahn (Draisine)/wahrscheinlicher Umbau einer Dr. Kufahl-Lokomotive | 188 |
| 576 | 1A1 n2 | | 16.12.54 | 1435 | Oberschlesische Eisenbahn/25 | 1879 |
| 577 | 1A1 n2 | | 20.12.54 | 1435 | Oberschlesische Eisenbahn/28 | 1880 |
| 578 | 1A1 n2 | | 22.12.54 | 1435 | Oberschlesische Eisenbahn/27/1880 OSE 2 | 1882 |
| 579 | 1A1 n2 | | 15.12.54 | 1435 | Oberschlesische Eisenbahn/26/1880 OSE 1 | 1881 |
| 580 | B n2t | | 31.12.54 | 1435 | Cöln-Mindener Eisenbahn/MENGEDE/1883 KPEV Cörrh 1401 | 1885 |
| 581 | 1B n2 | | 21.12.54 | 1435 | Cöln-Mindener Eisenbahn/SIEG/1883 KPEV Cörrh 522 | 1887 |
| 582 | 1B n2 | | 28.12.54 | 1435 | Cöln-Mindener Eisenbahn/LAHN/1883 KPEV Cörrh 523 | 1890 |
| 583 | 1B n2 | | 29.12.54 | 1435 | Cöln-Mindener Eisenbahn/MOSEL/1883 KPEV Cörrh 524 | 1892 |
| 584 | 1B n2 | | 29.12.54 | 1435 | Cöln-Mindener Eisenbahn/MAIN/1883 KPEV Cörrh 525 | 1889 |
| 585 | 1B n2 | | 30.12.54 | 1435 | Cöln-Mindener Eisenbahn/NECKAR/1883 KPEV Cörrh 526 | 1892 |
| 586 | 1B n2 | | 20.01.55 | 1435 | Cöln-Mindener Eisenbahn/BRANDENBURG/1883 KPEV Cörrh 527 | |
| 587 | 1B n2 | | 13.02.55 | 1435 | Westfälische Eisenbahn/FRANKFURT 24/1880 KPEV Han 724/1883 Cörrh 717 | |
| 588 | 1B n2 | | 12.02.55 | 1435 | Westfälische Eisenbahn/HALLE 25/1880 KPEV Han 725 | |
| 589 | 1B n2 | | 06.03.55 | 1435 | Berlin-Anhalter Eisenbahn/CÖTHEN 44 | 1882 |
| 590 | 1B n2 | | 07.03.55 | 1435 | Berlin-Anhalter Eisenbahn/BORSIG 45/1882 KPEV Erf 514 | 1892 |
| 591 | 1B n2 | | 27.02.55 | 1435 | Berlin-Hamburger Eisenbahn/ELBE | 1877 |
| 592 | 1B n2 | | 26.02.55 | 1435 | Berlin-Hamburger Eisenbahn/DONAU | 1885 |
| 593 | 1B n2 | | 21.03.55 | 1435 | Wilhelmbahn/XIII | 1879 |
| 594 | 1B n2 | | 22.03.55 | 1435 | Wilhelmbahn/XIV/1880 OSE 255 | 1882 |

| - ik- m- er | Bauart | Gattung | Ausliefe-rungs-datum | Spurweite | Empfänger/Verbleib | Ausmusterung |
|---|---|---|---|---|---|---|
| 5 | 1A1 n2 | | 29.03.55 | 1435 | Berlin-Hamburger Eisenbahn/HERTHA | 1884 |
| 6 | 1A1 n2 | | 28.03.55 | 1435 | Berlin-Hamburger Eisenbahn/WODAN/1875 EK Borsig/1883 KPEV Alt 14 | 1893 |
| 7 | 1A1 n2 | P | 20.04.55 | 1435 | BME für Dortmund-Soest/WERRA 25 | |
| 8 | 1A1 n2 | P | 18.04.55 | 1435 | BME für Dortmund-Soest/HOERDE 23 | vor 1880 |
| 9 | 1A1 n2 | P | 19.04.55 | 1435 | BME für Dortmund-Soest/UNNA 24 | 1881 |
| 0 | 1A1 n2 | | 03.04.55 | 1435 | Pariser Weltausstellung 1855 - Oberschlesische Eisenbahn/PARIS 100 | vor 1880 |
| 1 | 1B n2 | G | 25.05.55 | 1435 | BME für Dortmund-Soest/MÜNSTER 19/1882 KPEV Efd 500 | 1884 |
| 2 | 1B n2 | G | 26.05.55 | 1435 | BME für Dortmund-Soest/BOCHUM 20 | vor 1880 |
| 3 | 1B n2 | G | 31.05.55 | 1435 | BME für Dortmund-Soest/SIEGEN 21/1882 KPEV Efd 501 | 1892 |
| 4 | 1B n2 | G | 30.05.55 | 1435 | BME für Dortmund-Soest/CASSEL 22 | vor 1880 |
| 5 | 1B n2 | | 14.05.55 | 1435 | Thüringische Eisenbahn/MÜNSTER/1872 ThE 35/1874 EK Vulkan/1877 ThE 290/1886 KPEV Erf 138 | 1899 |
| 06 | 1B n2 | | 15.05.55 | 1435 | Thüringische Eisenbahn/DRESDEN/1872 ThE 36/1877 ThE 201/1886 KPEV Erf 100 | 1885 |
| 07 | 1B n2 | | 18.05.55 | 1435 | Thüringische Eisenbahn/HAGEN/1872 ThE 37 | 1879 |
| 08 | 1B n2 | | 19.05.55 | 1435 | Thüringische Eisenbahn/AACHEN/1872 ThE 38 | 1881 |
| 09 | 1B n2 | | 23.05.55 | 1435 | Berlin-Stettiner Eisenbahn/AMAZONE 14/1873 BStE A 101/1883 KPEV Bln 518 | 1887 |
| 10 | 1B n2 | | 25.06.55 | 1435 | Berlin-Stettiner Eisenbahn/CERBERUS 13 | 1873 |
| 11 | 1B n2 | | 26.06.55 | 1435 | Berlin-Stettiner Eisenbahn/FORTUNA 16/1873 BStE A 102 | 1876 |
| 12 | 1B n2 | | 27.06.55 | 1435 | Berlin-Stettiner Eisenbahn/LUCIFER 15/1873 BStE A 103/1883 KPEV Bln 519 | 1884 |
| 13 | 1B n2 | | 20.06.55 | 1435 | Breslau-Schweidnitz-Freiburger Eisenbahn/16 | 1884 |
| 14 | 1B n2 | | 21.06.55 | 1435 | Breslau-Schweidnitz-Freiburger Eisenbahn/17/1883 KPEV Bsl 509 | 1885 |
| 15 | 1B n2 | | 11.07.55 | 1435 | Berlin-Hamburger Eisenbahn/CONRAD/1868 EK Schw./1884 KPEV Alt 517 | 1895 |
| 16 | 1B n2 | | 10.07.55 | 1435 | Berlin-Hamburger Eisenbahn/HERMANN/1869 EK Schw./1884 KPEV Alt 518 | 1890 |
| 17 | 1B n2 | | 21.07.55 | 1435 | Oberschlesische Eisenbahn für Breslau-Posen/81 | 1879 |
| 618 | 1B n2 | | 20.07.55 | 1435 | Oberschlesische Eisenbahn für Breslau-Posen/82 | 1876 |
| 619 | 1B n2 | | 20.08.55 | 1435 | Oberschlesische Eisenbahn für Breslau-Posen/83 | 1877 |
| 620 | 1B n2 | | 18.08.55 | 1435 | Oberschlesische Eisenbahn für Breslau-Posen/84/1880 OSE 256 | 1881 |
| 621 | 1B n2 | | 27.07.55 | 1435 | Bonn-Cölner Eisenbahn/PHÖNIX IX/1857 RhE 79 | 1880 |
| 622 | 1B n2 | | 28.07.55 | 1435 | Bonn-Cölner Eisenbahn/PLUTO X/1857 RhE 80 | 1880 |
| 623 | 1A1 n2 | S | 31.07.55 | 1435 | Cöln-Mindener Eisenbahn/WETZLAR/1883 KPEV Cörrh 10 | 1893 |
| 624 | 1A1 n2 | S | 01.08.55 | 1435 | Cöln-Mindener Eisenbahn/GIESSEN/1883 KPEV Cörrh 9 | 1889 |
| 625 | 1A1 n2 | S | 29.08.55 | 1435 | Cöln-Mindener Eisenbahn/STOLZENFELS/1883 KPEV Cörrh 11/1895 Mst 11 | |
| 626 | 1A1 n2 | S | 28.08.55 | 1435 | Cöln-Mindener Eisenbahn/RHEINLAND/1883 KPEV Cörrh 12 | 1892 |
| 627 | B n2t | | 29.09.55 | 1435 | Cöln-Mindener Eisenbahn/DILL/1883 KPEV Cörrh 1402 | 1888 |
| 628 | B n2t | | 26.09.55 | 1435 | Cöln-Mindener Eisenbahn/HELLER/1883 KPEV Cörrh 1403 | 1887 |
| 629 | 1B n2 | | 11.08.55 | 1435 | Sächsisch-Bayerische Eisenbahn/LEIPZIG 44 | 1891 |
| 630 | 1B n2 | | 13.08.55 | 1435 | Sächsisch-Bayerische Eisenbahn/ZWICKAU 45 | 1891 |
| 631 | 1B n2 | | 10.08.55 | 1435 | Sächsisch-Bayerische Eisenbahn/HOF 46 | 1888 |
| 632 | 1B n2 | | 17.09.55 | 1435 | Cöln-Mindener Eisenbahn/DINSLAKEN/1881 KPEV Han 510 | |
| 633 | 1B n2 | | 18.09.55 | 1435 | Cöln-Mindener Eisenbahn/BRACKWEDE/an Wilhelmsbahn/16 an Wilhelmsbahn ausgeliefert im Austausch mit Fa.-Nr. 693 | 1880 |
| 634 | 1B n2 | | 19.09.55 | 1435 | Cöln-Mindener Eisenbahn/TRIER/1883 KPEV Cörrh 529 | 1889 |
| 635 | 1B n2 | | 20.09.55 | 1435 | Cöln-Mindener Eisenbahn/COBLENZ/1883 KPEV Cörrh 530 | 1888 |
| 636 | 1B n2 | | 05.09.55 | 1435 | Aachen-Düsseldorf-Ruhrorter Eisenbahn/RUHR 28/1866 BME 260 BOISHEIM | 1883 |
| 637 | 1B n2 | | 04.09.55 | 1435 | Aachen-Düsseldorf-Ruhrorter Eisenbahn/MAAS 29/1866 BME 261 MEIDERICH/1883 KPEV Cörrh 508 | 1891 |
| 638 | 1B n2 | | 26.10.55 | 1435 | Cöln-Mindener Eisenbahn/DILLENBURG/1883 KPEV Cörrh 531 | 1891 |
| 639 | 1B n2 | | 30.10.55 | 1435 | Cöln-Mindener Eisenbahn/WESTERWALD/1883 KPEV Han 511 | 1891 |
| 640 | 1B n2 | | 07.09.55 | 1435 | Oberschlesische Eisenbahn für Breslau-Posen/85 | 1874 |
| 641 | 1B n2 | | 08.09.55 | 1435 | Oberschlesische Eisenbahn für Breslau-Posen/86/1880 OSE 257 | 1884 |
| 642 | 1A1 n2 | | 05.10.55 | 1435 | Cöln-Mindener Eisenbahn/BRÜHL/1883 KPEV Cörrh 14/1895 Mst 14 | |
| 643 | 1A1 n2 | | 06.10.55 | 1435 | Cöln-Mindener Eisenbahn/BENSBERG/1883 KPEV Cörrh 15 | 1891 |
| 644 | 1B n2 | | 29.11.55 | 1435 | Niederschlesisch-Märkische Eisenbahn/102/1883 KPEV Bln 514 | 1883 |
| 645 | 1B n2 | | 28.11.55 | 1435 | Niederschlesisch-Märkische Eisenbahn/103/1883 KPEV Bln 517 | |
| 646 | 1B n2 | G | 05.12.55 | 1435 | Niederschlesisch-Märkische Eisenbahn/104/1883 KPEV Bln 515 | 1884 |
| 647 | 1B n2 | G | 04.12.55 | 1435 | Niederschlesisch-Märkische Eisenbahn/105/1883 KPEV Bln 516 | 1884 |
| 648 | 1A1 n2 | | 24.10.55 | 1435 | Niederschlesisch-Märkische Eisenbahn/100 | 1881 |
| 649 | 1A1 n2 | | 25.10.55 | 1435 | Niederschlesisch-Märkische Eisenbahn/101 | |
| 650 | 1B n2 | | 13.10.55 | 1435 | Stargard-Posener Eisenbahn/DÖLITZ | 1881 |
| 651 | 1B n2 | | 12.10.55 | 1435 | Stargard-Posener Eisenbahn/STETTIN | 1883 |
| 652 | B n2 | | 31.10.55 | 1435 | Cöln-Mindener Eisenbahn/ALTENBERG/1883 KPEV Cörrh 521/1895 Mst 521 | |
| 653 | 1B n2 | | 09.11.55 | 1435 | Berlin-Hamburger Eisenbahn/ODER/1869 EK Schw | 1878 |
| 654 | 1B n2 | | 10.11.55 | 1435 | Berlin-Hamburger Eisenbahn/RHEIN/1870 EK Borsig/1884 KPEV Alt 519 | 1888 |
| 655 | 1B n2 | | 29.10.55 | 1435 | Oberschlesische Eisenbahn/87/1880 OSE 258 | 1884 |
| 656 | 1B n2 | | 27.10.55 | 1435 | Oberschlesische Eisenbahn/88 | 1878 |
| 657 | 1B n2 | | 13.11.55 | 1435 | BME für Dortmund-Soest/RITTERSHAUSEN/1882 KPEV Efd 502 | 1888 |
| 658 | 1B n2 | | 15.11.55 | 1435 | BME für Dortmund-Soest/APLERBECK/1883 KPEV Cörrh 607 | 1883 |
| 659 | 1B n2 | | 21.11.55 | 1435 | BME für Dortmund-Soest/CÖLN/1882 KPEV Efd 503 | 1886 |
| 660 | 1B n2 | | 30.11.55 | 1435 | BME für Dortmund-Soest/LÜNEN | vor 1880 |
| 661 | B n2t | | 22.12.55 | 1435 | Cöln-Mindener Eisenbahn/BETZDORF/1881 KPEV Cörrh 1404 | 1894 |

| Fabriknummer | Bauart | Gattung | Auslieferungsdatum | Spurweite | Empfänger/Verbleib | Ausmusterung |
|---|---|---|---|---|---|---|
| 662 | B n2t | | 21.12.55 | 1435 | Cöln-Mindener Eisenbahn/HERBORN/1881 KPEV Cörrh 1405 | |
| 663 | B n2t | | 20.12.55 | 1435 | Cöln-Mindener Eisenbahn/ISERLOHN/1881 KPEV Cörrh 1406 | 1894 |
| 664 | 1B n2 | | 12.12.55 | 1435 | Berlin-Potsdam-Magdeburger Eisenbahn/BREMEN/1881 KPEV Mgd 905/ 1883 Mgd 504 | |
| 665 | 1B n2 | | 11.12.55 | 1435 | Berlin-Potsdam-Magdeburger Eisenbahn/HARBURG/1881 KPEV Mgd 906/ 1883 Mgd 505 | 1884 |
| 666 | 1B n2 | | 18.12.55 | 1435 | Berlin-Potsdam-Magdeburger Eisenbahn/CASSEL/1881 KPEV Mgd 907 | 1882 |
| 667 | 1B n2 | | 19.12.55 | 1435 | Berlin-Potsdam-Magdeburger Eisenbahn/PARIS/1881 KPEV Mgd 908/ 1883 Mgd 506 | 1883 |
| 668 | B1 n2 | | 27.12.55 | 1435 | Königliche Ostbahn/SCHLOBITTEN 75/1873 KO 325/1880 KPEV Bbg 325 | 1888 |
| 669 | B1 n2 | | 29.12.55 | 1435 | Königliche Ostbahn/MÜLHAUSEN 76/1873 KO 326/1880 KPEV Bbg 326/ 1889 Bbg 502 | 1891 |
| 670 | B1 n2 | | 14.01.56 | 1435 | Königliche Ostbahn/BRAUNSBERG 77/1873 KO 327/1880 KPEV Bbg 327 | 1887 |
| 671 | B1 n2 | | 12.01.56 | 1435 | Königliche Ostbahn/HEILIGENBEIL 78/1873 KO 328 | vor 1880 |
| 672 | B1 n2 | | 05.02.56 | 1435 | Königliche Ostbahn/WOLLITNICK 79/1873 KO 329/1880 KPEV Bbg 329/ 1889 Bbg 504 | 1891 |
| 673 | B1 n2 | | 04.02.56 | 1435 | Königliche Ostbahn/LUDWIGSORT 80/1873 KO 330/1880 KPEV Bbg 330 | 1886 |
| 674 | B1 n2 | | 08.02.56 | 1435 | Königliche Ostbahn/KOBBELBUDE 81/1873 KO 331/1880 KPEV Bbg 331/ 1889 Bbg 505 | 1891 |
| 675 | B1 n2 | | 09.02.56 | 1435 | Königliche Ostbahn/KÖNIGSBERG 82/1873 KO 332/1880 KPEV Bbg 332/ 1889 Bbg 506 | 1891 |
| 676 | 1A1 n2 | | 14.02.56 | 1435 | Königliche Ostbahn/FRISCHES HAFF 44/1873 KO 24 | 1881 |
| 677 | 1A1 n2 | | 13.02.56 | 1435 | Königliche Ostbahn/KURISCHES HAFF 45/1873 KO 25 | vor 1881 |
| 678 | 1B n2 | S | 01.03.56 | 1435 | Thüringische Eisenbahn/DÜSSELDORF/1872 ThE 39/1875 EK Vulcan/1877 ThE 290/1886 KPEV Erf 138 | 1892 |
| 679 | 1B n2 | S | 29.03.56 | 1435 | Thüringische Eisenbahn/PADERBORN/1872 ThE 40/1877 ThE 202/1886 KPEV Erf 101 | 1886 |
| 680 | 1B n2 | S | 06.03.56 | 1435 | Thüringische Eisenbahn/DORTMUND/1872 ThE 41 | 1877 |
| 681 | 1B n2 | S | 07.03.56 | 1435 | Thüringische Eisenbahn/ELBERFELD/1872 ThE 42/1874 EK Borsig 1877/ ThE 291/1886 KPEV 139 | 1890 |
| 682 | 1B n2 | | 17.03.56 | 1435 | Wilhelmsbahn/17 | 1880 |
| 683 | 1B n2 | | 18.03.56 | 1435 | Wilhelmsbahn/18 | 1880 |
| 684 | 1B n2 | G | 15.03.56 | 1435 | Berlin-Anhalter Eisenbahn/HALLE 46/1882 KPEV Erf 515 | 1894 |
| 685 | 1B n2 | G | 14.03.56 | 1435 | Berlin-Anhalter Eisenbahn/SEVERIN 47/1882 KPEV Erf 516 | 1886 |
| 686 | 1B n2 | G | 27.03.56 | 1435 | Warschau-Wiener Eisenbahn/WW 49 | |
| 687 | 1B n2 | G | 27.03.56 | 1435 | Warschau-Wiener Eisenbahn/WW 50 | |
| 688 | 1B n2 | G | 28.03.56 | 1435 | Warschau-Wiener Eisenbahn/WW 51 | |
| 689 | 1B n2 | G | 02.04.56 | 1435 | Warschau-Wiener Eisenbahn/WW 52 | |
| 690 | 1B n2 | G | 09.04.56 | 1435 | Wilhelmsbahn/19 | 1879 |
| 691 | 1B n2 | G | 10.04.56 | 1435 | Wilhelmsbahn/20/1880 OSE 259/1885 KPEV Bsl 510 | 1885 |
| 692 | 1B n2 | G | 17.04.56 | 1435 | Wilhelmsbahn 21/1880 OSE 260 | 1881 |
| 693 | 1B n2 | G | 18.04.56 | 1435 | Cöln-Mindener Eisenbahn/BRACKWEDE/1883 Cörrh 528 | 1889 |
| 694 | 1B n2 | G | 12.04.56 | 1435 | Westfälische Eisenbahn/LEER 33/1880 KPEV Han 733/1883 Cörrh 594 | nach 1892 |
| 695 | 1B n2 | G | 11.04.56 | 1435 | Westfälische Eisenbahn/DOLLART 34/1880 KPEV Han 734 | |
| 696 | 1A1 n2 | S | 26.04.56 | 1435 | Cöln-Crefelder Eisenbahn/CÖLN-CREFELD/1859 RhE 36/1881 KPEV Cölrh 1 | 1887 |
| 697 | 1A1 n2 | S | 25.04.56 | 1435 | Cöln-Crefelder Eisenbahn/ENGERICH/1859 RhE 37/1881 KPEV Cölrh 2 | 1891 |
| 698 | 1B n2 | G | 30.04.56 | 1435 | Aachen-Düsseldorf-Ruhrorter Eisenbahn/TROMPET 30/1866 BME 262/ 1883 KPEV Cölrh 509 | 1891 |
| 699 | 1B n2 | G | 30.04.56 | 1435 | Aachen-Düsseldorf-Ruhrorter Eisenbahn/APRATH 31/1866 BME 263 ANRATH/1883 KPEV Cölrh 510 | |
| 700 | 1B n2 | G | 09.05.56 | 1435 | Westfälische Eisenbahn/AACHEN 36/1880 KPEV Han 736 | |
| 701 | 1B n2 | G | 05.05.56 | 1435 | Westfälische Eisenbahn/LEIPZIG 35/1880 KPEV Han 735/1883 Cörrh 595 | 1886 |
| 702 | 1A1 n2 | S | 08.05.56 | 1435 | Cöln-Crefelder Eisenbahn/WORRINGEN/1859 RhE 38/1881 KPEV Cölrh 3 | 1889 |
| 703 | 1A1 n2 | S | 07.05.56 | 1435 | Cöln-Crefelder Eisenbahn/DORMAGEN/1859 RhE 39/1881 KPEV Cölrh 4 | 1891 |
| 704 | 1B n2 | G | 17.05.56 | 1435 | Cöln-Crefelder Eisenbahn/HORREM/1859 RhE 81/1881 KPEV Cölrh 513 | 1886 |
| 705 | 1B n2 | G | 19.05.56 | 1435 | Cöln-Crefelder Eisenbahn/NORFF/1859 RhE 82/1881 KPEV Cölrh 514 | 1886 |
| 706 | 1B n2 | G | 20.05.56 | 1435 | Cöln-Crefelder Eisenbahn/OSTERRATH/1859 RhE 83/1881 KPEV Cölrh 515 | 1885 |
| 707 | 1A1 n2 | S | 02.06.56 | 1435 | Oberschlesische Eisenbahn/92/1880 OSE 4 | 1884 |
| 708 | 1A1 n2 | S | 03.06.56 | 1435 | Oberschlesische Eisenbahn/93/1880 OSE 5 | 1883 |
| 709 | 1A1 n2 | S | 04.06.56 | 1435 | Oberschlesische Eisenbahn/94/1880 OSE 6 | 1883 |
| 710 | 1B n2 | G | 05.06.56 | 1435 | Westfälische Eisenbahn/IBBENBRÜCK 31/1880 KPEV Han 731/1883 Cörrh 593 | 1884 |
| 711 | 1B n2 | G | 06.06.56 | 1435 | Westfälische Eisenbahn/OSNABRÜCK 32/1880 KPEV Han 732 | |
| 712 | 1B n2 | G | 13.06.56 | 1435 | BME für Dortmund-Soest/RHEIN 30/1883 KPEV Cörrh 511 | vor 1895 |
| 713 | 1B n2 | G | 14.06.56 | 1435 | BME für Dortmund-Soest/DÜSSELDORF 31/1883 KPEV Efd 504/1890 Cörrh 507/1895 Efd 507/1896 Cln 591 | |
| 714 | 1B n2 | G | 18.07.56 | 1435 | BME für Dortmund-Soest/MÜHLHEIM 32 | vor 1880 |
| 715 | 1B n2 | G | 17.07.56 | 1435 | BME für Dortmund-Soest/DUISBURG 33 | vor 1880 |
| 716 | 1A1 n2 | S | 26.05.56 | 1435 | Wilhelmsbahn/22/1880 OSE 12 | 1881 |
| 717 | 1A1 n2 | S | 27.05.56 | 1435 | Wilhelmsbahn/23/1880 OSE 13 | 1884 |
| 718 | 1A1 n2 | S | 20.06.56 | 1435 | Oberschlesische Eisenbahn/95/1880 OSE 7 | 1884 |

| Fabriknummer | Bauart | Gattung | Auslieferungsdatum | Spurweite | Empfänger/Verbleib | Ausmusterung |
|---|---|---|---|---|---|---|
| 719 | 1A1 n2 | S | 19.06.56 | 1435 | Oberschlesische Eisenbahn/96/1880 OSE 8 | 1883 |
| 720 | 1A1 n2 | S | 21.06.56 | 1435 | Oberschlesische Eisenbahn/97/1880 OSE 9 | 1883 |
| 721 | 1A1 n2 | S | 26.06.56 | 1435 | Oberschlesische Eisenbahn/98/1880 OSE 10 | 1883 |
| 722 | 1A1 n2 | | 25.06.56 | 1435 | Oberschlesische Eisenbahn/99/1880 OSE 11 | 1884 |
| 723 | C n2t | | 17.08.56 | 1435 | Saarbrücker Eisenbahn/11/1865 U in C n2/1881 KPEV Cölrh 800/1895 Sbr 800 | |
| 724 | C n2t | | 18.08.56 | 1435 | Saarbrücker Eisenbahn/12/1865 U in C n2/1881 KPEV Cölrh 801 | |
| 725 | 1B n2 | | 07.07.56 | 1435 | Oberschlesische Eisenbahn/89 | 1879 |
| 726 | 1B n2 | | 08.07.56 | 1435 | Oberschlesische Eisenbahn/90/1880 OSE 261 | 1886 |
| 727 | 1B n2 | | 27.06.56 | 1435 | Breslau-Schweidnitz-Freiburger Eisenbahn/18/1883 KPEV Bsl 519 | |
| 728 | 1B n2 | | 28.06.56 | 1435 | Breslau-Schweidnitz-Freiburger Eisenbahn/19/1883 KPEV Bsl 520 | 1888 |
| 729 | 1A1 n2 | P | 09.08.56 | 1435 | BME für Dortmund-Soest/BERG 1" | 1876 |
| 730 | 1A1 n2 | P | 09.08.56 | 1435 | BME für Dortmund-Soest/MARK 2" | |
| 731 | 1B n2 | | 14.08.56 | 1435 | Aachen-Maastrichter Eisenbahn/VALKENBURG/1867 Grand Central Belge 36 | 1898 |
| 732 | 1B n2 | | 14.08.56 | 1435 | Aachen-Maastrichter Eisenbahn/BURTSCHEID/1867 Grand Central Belge 37 | 1898 |
| 733 | 1B n2 | | 25.07.56 | 1435 | Cöln-Mindener Eisenbahn/LEER/1871 EK/1883 KPEV Cörrh 532 | 1890 |
| 734 | 1B n2 | | 26.07.56 | 1435 | Cöln-Mindener Eisenbahn/ODER/1881 KPEV Han 512 | |
| 735 | 1B n2 | | 30.07.56 | 1435 | Cöln-Mindener Eisenbahn/WEICHSEL/1883 KPEV Cörrh 533 | |
| 736 | 1B n2 | | 31.07.56 | 1435 | Cöln-Mindener Eisenbahn/PADERBORN/1883 KPEV Cörrh 534 | 1894 |
| 737 | 1A1 n2 | S | 06.09.56 | 1435 | Berlin-Anhalter Eisenbahn/v.d. RECK/1882 KPEV Erf 21 | 1884 |
| 738 | 1A1 n2 | S | 05.09.56 | 1435 | Berlin-Anhalter Eisenbahn/WITTENBERG/1882 KPEV Erf 22 | 1889 |
| 739 | 1A1 n2 | S | 10.09.56 | 1435 | Berlin-Anhalter Eisenbahn/JÜTERBOG/1882 KPEV Erf 23 | 1884 |
| 740 | 1A1 n2 | S | 09.09.56 | 1435 | Berlin-Anhalter Eisenbahn/LUCKENWALDE | 1882 |
| 741 | 1B n2 | | 18.09.56 | 1435 | Leipzig-Dresdener Eisenbahn/HARBURG/1876 SäStb 617 | 1877 |
| 742 | 1B n2 | | 18.09.56 | 1435 | Leipzig-Dresdener Eisenbahn/FRANKFURT/1876 SäStb 618 KÖTZSCHENBRODA | 1887 |
| 743 | 1A1 n2 | | 25.08.56 | 1435 | Cöln-Mindener Eisenbahn/DIRSCHAU 85/1881 KPEV Han 2 | |
| 744 | 1A1 n2 | | 25.08.56 | 1435 | Cöln-Mindener Eisenbahn/BASEL 86 | 1883 |
| 745 | 1B n2 | | 27.08.56 | 1435 | Cöln-Mindener Eisenbahn/DÜREN 87/1883 KPEV Cörrh 535 | 1896 |
| 746 | 1B n2 | | 05.09.56 | 1435 | Cöln-Mindener Eisenbahn/WITTEN 88/1883 KPEV Cörrh 536 | 1894 |
| 747 | 1A1 n2 | | 09.10.56 | 1435 | Cöln-Mindener Eisenbahn/CARLSRUHE 89/1881 KPEV Han 4 | 1890 |
| 748 | 1A1 n2 | | 09.10.56 | 1435 | Cöln-Mindener Eisenbahn/STUTTGART 90 | 1883 |
| 749 | 1B n2 | | 25.09.56 | 1435 | Mecklenburgische Eisenbahn/RADEGAST 53/1870 MFFE KIEL | 1891 |
| 750 | 1B n2 | | 29.09.56 | 1435 | Breslau-Schweidnitz-Freiburger Eisenbahn/20/1883 KPEV Bsl 521 | |
| 751 | 1B n2 | | 30.09.56 | 1435 | Breslau-Schweidnitz-Freiburger Eisenbahn/21/1883 KPEV Bsl 522 | |
| 752 | 1B n2 | | 29.09.56 | 11435 | Breslau-Schweidnitz-Freiburger Eisenbahn/22/1883 KPEV Bsl 523 | |
| 753 | 1A1 n2 | S | 06.10.56 | 1435 | Cöln-Mindener Eisenbahn/MAINZ 91/1881 KPEV Hn 3 | |
| 754 | 1A1 n2 | S | 06.10.56 | 1435 | Cöln-Mindener Eisenbahn/MANNHEIM 92/1881 KPEV Cörrh 15 | 1886 |
| 755 | 1B n2 | | 22.10.56 | 1435 | Magdeburg-Leipziger Eisenbahn/HOF 17 | 1881 |
| 756 | 1B n2 | | 18.10.56 | 1435 | Magdeburg-Leipziger Eisenbahn/MÜNCHEN 18 | 1877 |
| 757 | 1B n2 | | 23.10.56 | 1435 | Magdeburg-Leipziger Eisenbahn/PRAG 19 | 1879 |
| 758 | 1B n2 | | 18.10.56 | 1435 | Magdeburg-Leipziger Eisenbahn/HARBURG 20 | 1875 |
| 759 | 1B n2 | | 22.09.56 | 1435 | Niederschlesisch-Märkische Eisenbahn/106/1883 KPEV Bln 520 | |
| 760 | 1B n2 | | 23.09.56 | 1435 | Niederschlesisch-Märkische Eisenbahn/107/1883 KPEV Bln 521 | 1884 |
| 761 | 1B n2 | | 30.10.56 | 1435 | Bergisch-Märkische Eisenbahn/EMDEN 34/1856 WE DÜSSELDORF 37 1880 KPEV Han 737 | |
| 762 | 1B n2 | | 30.11.56 | 1435 | Bergisch-Märkische Eisenbahn/LEIPZIG 35/1856 WE ERFURT 38/ 1880 KPEV Han 738/1883 Han 503 | 1883 |
| 763 | 1B n2 | | 03.11.56 | 1435 | Bergisch-Märkische Eisenbahn/ESSEN 36 | 1881 |
| 764 | 1B n2 | | 03.11.56 | 1435 | Bergisch-Märkische Eisenbahn/LIMBURG 37 | 1881 |
| 765 | 1B n2 | | 07.11.56 | 1435 | Bergisch-Märkische Eisenbahn/ALTENA 38 | 1881 |
| 766 | 1B n2 | | 08.11.56 | 1435 | Prinz Wilhelm Eisenbahn/GEWAN 8/1863 BME 123/1883 KPEV Cölrh 512 | |
| 767 | 1B n2 | | 17.11.56 | 1435 | Niederschlesisch-Märkische Eisenbahn/108/1883 KPEV Bln 522 | 1884 |
| 768 | 1B n2 | | 17.11.56 | 1435 | Niederschlesisch-Märkische Eisenbahn/109/1883 KPEV Bln 523 | 1883 |
| 769 | 1B n2 | | 20.11.56 | 1435 | Niederschlesisch-Märkische Eisenbahn/110/1883 KPEV Bln 528 | 1885 |
| 770 | 1B n2 | | 21.11.56 | 1435 | Niederschlesisch-Märkische Eisenbahn/111/1883 KPEV Bln 524 | 1884 |
| 771 | 1B n2 | | 29.11.56 | 1435 | Thüringische Eisenbahn/PARTHA/1872 ThE 9 | 1877 |
| 772 | 1B n2 | | 29.11.56 | 1435 | Thüringische Eisenbahn/WUPPER/1872 ThE 10 | 1877 |
| 773 | 1B n2 | | 22.11.56 | 1435 | Oberschlesische Eisenbahn/91/1880 OSE 262/1885 Bsl 512 | |
| 774 | 1B n2 | | 22.11.56 | 1435 | Oberschlesische Eisenbahn/106/1880 OSE 263 | 1881 |
| 775 | 1B n2 | | 08.12.56 | 1435 | Thüringische Eisenbahn/RUHR/1872 ThE 11/1876 U 1 Bn2t EK He 829/ 1882 KPEV Erf 1400 | |
| 776 | 1B n2 | | 08.12.56 | 1435 | Thüringische Eisenbahn/SIEG/1872 ThE 12 | 1874 |
| 777 | 1B n2 | | 19.12.56 | 1435 | Magdeburg-Halberstädter Eisenbahn/QUEDLINBURG | 1876 |
| 778 | 1B n2 | | 19.12.56 | 1435 | Magdeburg-Halberstädter Eisenbahn/POTSDAM | 1878 |
| 779 | 1A1 n2 | S | 24.12.56 | 1435 | Stargard-Posener Eisenbahn/POMMERN | 1878 |
| 780 | 1A1 n2 | S | 24.12.56 | 1435 | Stargard-Posener Eisenbahn/SCHLESIEN | 1873 |
| 781 | 1A1 n2 | S | 29.12.56 | 1435 | Rheinische Eisenbahn/DRACHENFELS 20 | 1882 |
| 782 | 1A1 n2 | S | 29.12.56 | 1435 | Rheinische Eisenbahn/LANDSKRON 21 | 1882 |
| 783 | 1A1 n2 | S | 08.01.57 | 1435 | Rheinische Eisenbahn/LORELEY 22 | 1882 |
| 784 | 1A1 n2 | S | 08.01.57 | 1435 | Rheinische Eisenbahn/ROLAND 23 | 1882 |
| 785 | 1B n2 | | 05.01.57 | 1435 | Niederschlesisch-Märkische Eisenbahn/112/1883 KPEV Bln 525 | 1884 |
| 786 | 1B n2 | | 05.01.57 | 1435 | Niederschlesisch-Märkische Eisenbahn/113 | 1882 |

| Fabriknummer | Bauart | Gattung | Auslieferungsdatum | Spurweite | Empfänger/Verbleib | Ausmusterung |
|---|---|---|---|---|---|---|
| 787 | 1B n2 | | 31.12.56 | 1435 | Niederschlesisch-Märkische Eisenbahn/114/1883 KPEV Bln 526 | 1883 |
| 788 | 1B n2 | | 31.12.56 | 1435 | Niederschlesisch-Märkische Eisenbahn/115/1883 KPEV Bln 527 | 1885 |
| 789 | 1A1 n2 | S | 25.02.57 | 1435 | Niederschlesisch-Märkische Eisenbahn/116 | |
| 790 | 1A1 n2 | S | 26.02.57 | 1435 | Niederschlesisch-Märkische Eisenbahn/117 | 1882 |
| 791 | B1 n2 | G | 17.02.57 | 1435 | Rheinische Eisenbahn/RHEINECK 24/1882 KPEV Cörrh 615 | 1886 |
| 792 | B1 n2 | G | 18.02.57 | 1435 | Rheinische Eisenbahn/RHEINSTEIN 25/1882 KPEV Cörrh 616 | 1883 |
| 793 | B1 n2t | | 30.03.57 | 1435 | Cöln-Mindener Eisenbahn/BURBACH | 1880 |
| 794 | B1 n2t | | 28.03.57 | 1435 | Cöln-Mindener Eisenbahn/KIRCHEN/1883 KPEV Cörrh 1537 | 1883 |
| 795 | B1 n2t | | 27.03.57 | 1435 | Cöln-Mindener Eisenbahn/HERDORF/1883 KPEV Cörrh 1538 | 1883 |
| 796 | B1 n2t | | 03.04.57 | 1435 | Stargard-Posener Eisenbahn/MADUE | 1880 |
| 797 | B1 n2t | | 04.04.57 | 1435 | Stargard-Posener Eisenbahn/PLÖNE | 1884 |
| 798 | 1A1 n2 | P | 02.04.57 | 1435 | Stargard-Posener Eisenbahn/IHNA/1885 KPEV Bsl 3 | 1885 |
| 799 | 1A1 n2 | P | 16.04.57 | 1435 | Stargard-Posener Eisenbahn/RANDOW | 1883 |
| 800 | 1A1 n2 | P | 15.04.57 | 1435 | Stargard-Posener Eisenbahn/ÜCKER/1885 KPEV Bsl 4 | 1885 |
| 801 | 1B n2 | | 21.04.57 | 1435 | Magdeburg-Halberstädter Eisenbahn/BUCKAU | 1876 |
| 802 | 1B n2 | | 20.04.57 | 1435 | Magdeburg-Halberstädter Eisenbahn/THALE | 1877 |
| 803 | 1B n2 | G | 23.03.57 | 1435 | Oberschlesische Eisenbahn/107/1880 OSE 264/1885 KPEV Bsl 514 | 1887 |
| 804 | 1B n2 | G | 21.03.57 | 1435 | Oberschlesische Eisenbahn/108/1880 OSE 265/1885 KPEV Bsl 515 | 1885 |
| 805 | 1B n2 | G | 20.03.57 | 1435 | Oberschlesische Eisenbahn/109/1880 OSE 266/1885 KPEV Bsl 516 | 1886 |
| 806 | 1A1 n2 | | 16.03.57 | 1435 | Aachen-Maastrichter Eisenbahn/BILSEN 13/1867 Grand Central Belge 13 | |
| 807 | 1A1 n2 | | 14.03.57 | 1435 | Aachen-Maastrichter Eisenbahn/KERKRADE 14/1867 Grand Central Belge 14 | |
| 808 | 1A1 n2 | | 13.03.57 | 1435 | Aachen-Maastrichter Eisenbahn/LANACKEN 15/1867 Grand Central Belge 15 | |
| 809 | 1B n2 | | 08.04.57 | 1435 | Oberschlesische Eisenbahn/114/1880 OSE 267/1985 KPEV Bsl 517 | 1888 |
| 810 | 1B n2 | | 09.04.57 | 1435 | Oberschlesische Eisenbahn/115/1880 OSE 268 | 1883 |
| 811 | 1B n2 | P | 27.04.57 | 1435 | Magdeburg-Leipziger Eisenbahn/ROTTERDAM 21 | 1879 |
| 812 | 1B n2 | P | 30.04.57 | 1435 | Magdeburg-Leipziger Eisenbahn/WIEN 22 | 1877 |
| 813 | 1B n2 | P | 28.04.57 | 1435 | Magdeburg-Leipziger Eisenbahn/AMSTERDAM 23 | 1874 |
| 814 | 1B n2 | P | 01.05.57 | 1435 | Magdeburg-Leipziger Eisenbahn/LONDON 24 | 1881 |
| 815 | 1B n2 | | 12.05.57 | 1435 | Kaiser-Ferdinand-Nordbahn/203/1873 KFNB VI 171 | 1874 |
| 816 | 1B n2 | | 08.05.57 | 1435 | Kaiser-Ferdinand-Nordbahn/204 | 1872 |
| 817 | 1B n2 | | 09.05.57 | 1435 | Kaiser-Ferdinand-Nordbahn/205 | 1872 |
| 818 | 1B n2 | | 11.05.57 | 1435 | Kaiser-Ferdinand-Nordbahn/206/1873 KFNB VI 172 | 1876 |
| 819 | 1B n2 | | 14.05.57 | 1435 | Kaiser-Ferdinand-Nordbahn/207/1873 KFNB VI 173 | 1874 |
| 820 | 1B n2 | | 13.05.57 | 1435 | Kaiser-Ferdinand-Nordbahn/208/1873 KFNB VI 174 | 1877 |
| 821 | 1B n2 | | 15.05.57 | 1435 | Leipzig-Dresdener Eisenbahn/BRAUNSCHWEIG/1876 SäStb 619 ELSTERWERDA | 1882 |
| 822 | 1B n2 | | 16.05.57 | 1435 | Leipzig-Dresdener Eisenbahn/HANNOVER/1876 SäStb 620 GRÖDITZ | 1878 |
| 823 | 1B n2 | | 18.05.57 | 1435 | Lübeck-Büchener Eisenbahn/HANSA 7 | 1883 |
| 824 | 1B n2 | G | 25.05.57 | 1435 | Oberschlesische Eisenbahn/110/1880 OSE 269 | 1883 |
| 825 | 1B n2 | G | 26.05.57 | 1435 | Oberschlesische Eisenbahn/111/1880 OSE 270/1885 KPEV Bsl 518 | 1888 |
| 826 | 1B n2 | G | 23.05.57 | 1435 | Oberschlesische Eisenbahn/112/1880 OSE 271/1885 KPEV Bbg 464 | |
| 827 | 1B n2 | G | 23.05.57 | 1435 | Oberschlesische Eisenbahn/113/1880 OSE 272/1885 KPEV Bbg 467 | |
| 828 | 1B n2 | | 25.06.57 | 1435 | Kaiser-Ferdinand-Nordbahn/209/1873 KFNB VI 175 | 1874 |
| 829 | 1B n2 | | 27.06.57 | 1435 | Kaiser-Ferdinand-Nordbahn/210/1873 KFNB VI 176 | 1877 |
| 830 | 1B n2 | | 25.06.57 | 1435 | Kaiser-Ferdinand-Nordbahn/211/1873 KFNB VI 177 | 1877 |
| 831 | 1B n2 | | 27.06.57 | 1435 | Kaiser-Ferdinand-Nordbahn/212/1873 KFNB VI 178 | 1873 |
| 832 | 1B n2 | | 30.06.57 | 1435 | Kaiser-Ferdinand-Nordbahn/213/1873 KFNB VI 179 | 1877 |
| 833 | 1B n2 | | 30.06.57 | 1435 | Kaiser-Ferdinand-Nordbahn/214/1873 KFNB VI 180 | 1876 |
| 834 | 1B n2 | | 05.06.57 | 1435 | Magdeburg-Leipziger Eisenbahn/ELSTER 25/1874 U 1 B n2t/1881 KPEV Mgd 809/1883 KPEV Mgd 1408 | 1895 |
| 835 | 1B n2 | | 06.06.57 | 1435 | Magdeburg-Leipziger Eisenbahn/UNSTRUT 26/1874 U 1 B n2t/1881 KPEV Mgd 810/1883 KPEV Mgd 1410 | 1894 |
| 836 | 1B n2 | | 08.06.57 | 1435 | Magdeburg-Leipziger-Eisenbahn/BODE 27/1873 U 1 B n2t/1881 KPEV Mgd 812/1883 KPEV Mgd 1411 | 1897 |
| 837 | 1A1 n2 | P | 12.06.57 | 1435 | Bergisch-Märkische Eisenbahn/HELLWEG 42/1883 KPEV Cörrh 5 | 1886 |
| 838 | 1A1 n2 | P | 13.06.57 | 1435 | Bergisch-Märkische Eisenbahn/ARNSBERG 41/1883 KPEV Cörrh 6 | 1888 |
| 839 | 1B n2 | G | 18.06.57 | 1435 | Bergisch-Märkische Eisenbahn/EMDEN 34"/1883 KPEV Efd 505/1886 Cörrh 726 | 1886 |
| 840 | 1B n2 | G | 17.06.57 | 1435 | Bergisch-Märkische Eisenbahn/LEIPZIG 35" | 1880 |
| 841 | 1B n2 | G | 22.06.57 | 1435 | Bergisch-Märkische Eisenbahn/MILSPE 39 | 1880 |
| 842 | 1B n2 | G | 22.06.57 | 1435 | Bergisch-Märkische Eisenbahn/BAROP 40 | 1880 |
| 843 | C n2t | Gt | 27.10.57 | 1435 | BME für Dortmund-Soest/ERKRATH 43 | 1874 |
| 844 | C n2t | Gt | 28.10.57 | 1435 | BME für Dortmund-Soest/HOCHDAHL 44 | 1874 |
| 845 | B1 n2 | G | 16.07.57 | 1435 | Stargard-Posener Eisenbahn/AUGUSTWALDE/1885 KPEV Bsl 529 | 1885 |
| 846 | B1 n2 | G | 16.07.57 | 1435 | Stargard-Posener Eisenbahn/ROKIETNICE | 1881 |
| 847 | B1 n2 | G | 18.07.57 | 1435 | Stargard-Posener Eisenbahn/VESUV/1885 KPEV Bsl 530 | |
| 848 | B1 n2 | G | 18.07.57 | 1435 | Stargard-Posener Eisenbahn/HECLA/11.10.1857 KO LEBUS 90/1873 KO 340/1880 KPEV Bbg 340 | 1887 |
| 849 | B1 n2 | G | 20.07.57 | 1435 | Stargard-Posener Eisenbahn/AETNA/1885 KPEV Bsl 531 | 1886 |
| 850 | B1 n2 | G | 20.07.57 | 1435 | Stargard-Posener Eisenbahn/GEYSER/20.09.1857 KO FRANKFURT 91/1873 KO 341/1880 KPEV Bbg 341 | 1883 |
| 851 | 1B n2 | S | 12.08.57 | 1435 | Thüringische Eisenbahn/ZEITZ/1872 ThE 43/1877 ThE 203 | 1882 |
| 852 | 1B n2 | S | 13.08.57 | 1435 | Thüringische Eisenbahn/GERA/1872 ThE 44 | 1878 |

| Fabriknummer | Bauart | Gattung | Auslieferungsdatum | Spurweite | Empfänger/Verbleib | Ausmusterung |
|---|---|---|---|---|---|---|
| 853 | 1A1 n2 | P | 28.07.57 | 1435 | Berlin-Hamburger Eisenbahn/DRESDEN/1877 EK Borsig/1884 KPEV Alt 15 | 1891 |
| 854 | 1A1 n2 | P | 28.07.57 | 1435 | Berlin-Hamburger Eisenbahn/HAVEL | 1877 |
| 855 | 1A1 n2 | P | 30.07.57 | 1435 | Berlin-Hamburger Eisenbahn/LEIPZIG/1877 EK Borsig/1884 KPEV Alt 16 | 1894 |
| 856 | 1A1 n2 | P | 30.07.57 | 1435 | Berlin-Hamburger Eisenbahn/ROSTOCK/1877 EK Borsig/1884 KPEV Alt 17 | 1889 |
| 857 | 1B n2 | S | 15.08.57 | 1435 | Thüringische Eisenbahn/SAALECK/1872 ThE 45 | 1875 |
| 858 | 1B n2 | S | 17.08.57 | 1435 | Thüringische Eisenbahn/DREI GLEICHEN/1872 ThE 46 | 1876 |
| 859 | 1B n2 | S | 18.08.57 | 1435 | Thüringische Eisenbahn/RUDELSBURG/1872 ThE 47 | 1877 |
| 860 | 1B n2 | S | 19.08.57 | 1435 | Thüringische Eisenbahn/SCHÖNBURG/1872 ThE 48/1875 EK/1877 ThE 292/ 1886 KPEV Erf 140 | 1892 |
| 861 | 1A1 n2 | S | 31.08.57 | 1435 | Berlin-Anhalter Eisenbahn/v. PLÖTZ 52/1882 KPEV Erf 24 | 1884 |
| 862 | 1A1 n2 | S | 31.08.57 | 1435 | Berlin-Anhalter Eisenbahn/ELBE 53/1882 KPEV Erf 25 | 1885 |
| 863 | 1A1 n2 | S | 01.09.57 | 1435 | Berlin-Anhalter Eisenbahn/MULDE 54/1882 KPEV Erf 26 | 1889 |
| 864 | 1B n2 | G | 04.09.57 | 1435 | Berlin-Anhalter Eisenbahn/BITTERFELD 55/1882 KPEV Erf 517 | 1886 |
| 865 | B1 n2 | G | 14.09.57 | 1435 | Königliche Ostbahn[1]/DRIESEN 83/1873 KO 333/1880 KPEV Bbg 333 | |
| 866 | B1 n2 | G | 14.09.57 | 1435 | Königliche Ostbahn[1]/FRIEDEBERG 84/1873 KO 334/1880 KPEV Bbg 334 | 1887 |
| 867 | B1 n2 | G | 26.09.57 | 1435 | Königliche Ostbahn[1]/ZANTOCH 85/1873 KO 335/1880 KPEV Bbg 335 | |
| 868 | B1 n2 | G | 19.08.57 | 1435 | Königliche Ostbahn[1]/LANDSBERG 86/1873 KO 336/1880 KPEV Bbg 336/ 1889 Bbg 507 | 1890 |
| 869 | B1 n2 | G | 19.09.57 | 1435 | Königliche Ostbahn[1]/VIETZ 87/1873 KO 337/1880 KPEV Bbg 337 | 1888 |
| 870 | B1 n2 | G | 23.09.57 | 1435 | Königliche Ostbahn[1]/CÜSTRIN 88/1873 KO 338/1880 KPEV Bbg 338 | 1884 |
| 871 | B1 n2 | G | 23.09.57 | 1435 | Königliche Ostbahn[1]/PODELZIG 89/1873 KO 339/1880 KPEV Bbg 339/ 1889 Bbg 508 | nach 1892 |
| 872 | 1B n2 | | 07.09.57 | 1435 | Breslau-Schweidnitz-Freiburger Eisenbahn/23/1883 KPEV Bln 651 | 1885 |
| 873 | 1B n2 | | 08.09.57 | 1435 | Breslau-Schweidnitz-Freiburger Eisenbahn/24/1883 KPEV Bln 652 | 1885 |
| 874 | 1B n2 | | 29.09.57 | 1435 | Oberschlesische Eisenbahn/116/1880 OSE 273/1885 KPEV Bbg 465 | 1886 |
| 875 | 1B n2 | | 29.09.57 | 1435 | Oberschlesische Eisenbahn/117/1880 OSE 274/1885 KPEV Bsl 524 | 1883 |
| 876 | 1B n2 | | 26.09.57 | 1435 | Niederschlesische Zweigbahn/POSEN/1885 KPEV Bsl 527 | 1885 |
| 877 | 1B n2 | | 26.09.57 | 1435 | Niederschlesische Zweigbahn/SCHLESIEN | 1882 |
| 878 | 1A1 n2 | S | 05.10.57 | 1435 | Königliche Ostbahn[1]/NEISSE 104/1873 KO 5/1880 KPEV Bbg 5 | 1883 |
| 879 | 1A1 n2 | S | 05.10.57 | 1435 | Königliche Ostbahn[1]/BOBER 105/1873 KO 6/1880 KPEV Bbg 6 | 1884 |
| 880 | 1A1 n2 | S | 09.10.57 | 1435 | Königliche Ostbahn[1]/MOSEL 106/1873 KO 7/1880 KPEV Bbg 7 | 1887 |
| 881 | 1A1 n2 | S | 09.10.57 | 1435 | Königliche Ostbahn[1]/ODER 107/1873 KO 8/1880 KPEV Bbg 8 | 1884 |
| 882 | 1A1 n2 | S | 12.10.57 | 1435 | Königliche Ostbahn[1]/NECKAR 108/1873 KO 9/1880 KPEV Bbg 9 | 1885 |
| 883 | 1A1 n2 | P | 14.10.57 | 1435 | Königliche Ostbahn[1]/HAVEL 48/1873 KO 31/1880 KPEV Bbg 31 | 1888 |
| 884 | 1A1 n2 | P | 17.10.57 | 1435 | Königliche Ostbahn[1]/SPREE 49/1873 KO 32/1880 KPEV Bbg 32 | |
| 885 | 1A1 n2 | P | 13.10.57 | 1435 | Königliche Ostbahn[1]/MAIN 50/1873 KO 33/1880 KPEV Bbg 33 | 1890 |
| 886 | 1A1 n2 | P | 17.10.57 | 1435 | Königliche Ostbahn[1]/FINOW CANAL 101/1873 KO 34 | 1888 |
| 887 | 1A1 n2 | | 10.11.57 | 1435 | Niederschlesisch-Märkische Eisenbahn/118/1883 KPEV Bln 3 | 1883 |
| 888 | 1A1 n2 | | 12.11.57 | 1435 | Niederschlesisch-Märkische Eisenbahn/119/1883 KPEV Bln 4 | 1884 |
| 889 | 1A1 n2 | | 11.11.57 | 1435 | Niederschlesisch-Märkische Eisenbahn/120/1883 KPEV Bln 5 | 1883 |
| 890 | 1A1 n2 | | 31.10.57 | 1435 | Leipzig-Dresdener Eisenbahn/AMSTERDAM/1876 SäStb 544 | 1891 |
| 891 | 1A1 n2 | | 30.10.57 | 1435 | Leipzig-Dresdener Eisenbahn/STETTIN/1876 SäStb 545 SIEGMAR | 1885 |
| 892 | 1A1 n2 | | 30.10.57 | 1435 | Leipzig-Dresdener Eisenbahn/TRIEST/1876 SäStb 546 | 1887 |
| 893 | 1A1 n2 | P | 21.10.57 | 1435 | Königliche Ostbahn[1]/KATZBACH 102/1873 KO 35/1880 KPEV Bbg 35 | 1888 |
| 894 | 1A1 n2 | P | 21.10.57 | 1435 | Königliche Ostbahn[1]/DAHME 103/1873 KO 36/1880 KPEV Bbg 36 | 1885 |
| 895 | 1B n2 | | 06.11.57 | 1435 | Königliche Ostbahn[1]/TAMSEL 92/1873 KO 342/1880 KPEV Bbg 342/ 1889 Bbg 509 | |
| 896 | 1B n2 | | 24.12.57 | 1435 | Saarbrücker Eisenbahn/14/1881 KPEV Cölrh 104 | |
| 897 | C n2t | Gt | 03.03.58 | 1435 | Saarbrücker Eisenbahn/15/1865 U in C n2/1881 KPEV Cölrh 802/1895 Sbr 802 | |
| 898 | 1B n2 | | 02.12.57 | 1435 | Rechte Oderufer-Eisenbahn/5/1884 KPEV Bsl 542/auch als Oppeln-Tarnowitzer Eisenbahn bezeichnet | vor 1895 |
| 899 | 1B n2 | | 21.11.57 | 1435 | Rechte Oderufer-Eisenbahn/6/1884 KPEV Bsl 543 | 1888 |
| 900 | 1A1 n2 | P | 19.12.57 | 1435 | Cöln-Mindener Eisenbahn/Moabit/1877 umgebaut zur 1B n2 in der Central-Werkstatt der CME, Dortmund Umbau-Nr. 5/1883 KPEV Cörrh 192 | 1889 |
| 901 | 1B n2 | G | 24.11.57 | 1435 | Cöln-Mindener Eisenbahn/MÜNCHEN/1883 KPEV Cörrh 537 | 1888 |
| 902 | 1B n2 | G | 25.11.57 | 1435 | Cöln-Mindener Eisenbahn/NÜRNBERG/1883 KPEV Cörrh 538 | 1892 |
| 903 | 1B n2 | G | 01.12.57 | 1435 | Cöln-Mindener Eisenbahn/HAAG/1883 KPEV Cörrh 539 | 1892 |
| 904 | 1B n2 | G | 27.11.57 | 1435 | Cöln-Mindener Eisenbahn/EMPEL/1881 KPEV Han 513 | 1893 |
| 905 | 1B n2 | G | 05.12.57 | 1435 | Rechte Oderufer Eisenbahn/7/1884 KPEV Bsl 544 | 1888 |
| 906 | 1B n2 | | 05.12.57 | 1435 | Rechte-Oderufer Eisenbahn/8/1884 KPEV Bsl 545 | 1890 |
| 907 | 1B n2 | | 14.11.57 | 1435 | Berlin-Anhalter Eisenbahn/SCHMÜCKERT 56/1882 KPEV Erf 518 | 1888 |
| 908 | 1B n2 | | 13.11.57 | 1435 | Berlin-Anhalter Eisenbahn/BORUSSIA 57/1882 KPEV Erf 519 | 1890 |
| 909 | 1B n2 | | 26.11.57 | 1435 | Cöln-Mindener Eisenbahn/HÖRDE/1881 KPEV Han 514 | 1889 |
| 910 | 1A1 n2 | P | 17.12.57 | 1435 | Cöln-Mindener Eisenbahn/EITORF/1878 umgebaut zur 1B n2 in der Central-Werkstatt der CME, Dortmund Umbau-Nr. 6/1883 KPEV Cörrh 193 | 1890 |
| 911 | 1A1 n2 | P | 16.12.57 | 1435 | Cöln-Mindener Eisenbahn/ELTEN/1878 umgebaut zur 1B n2 in der Central-Werkstatt der CME, Dortmund Umbau-Nr. 7/1883 KPEV Cörrh 194 | 1889 |
| 912 | 1B n2 | | 08.12.57 | 1435 | Breslau-Schweidnitz-Freiburger Eisenbahn/25/1883 KPEV Bln 653 | 1885 |
| 913 | 1B n2 | | 10.12.57 | 1435 | Breslau-Schweidnitz-Freiburger Eisenbahn/26/1883 KPEV Bln 654 | 1887 |

[1] für die Strecke Kreuz – Cüstrin – Frankfurt

| Fabriknummer | Bauart | Gattung | Auslieferungsdatum | Spurweite | Empfänger/Verbleib | Ausmusterung |
|---|---|---|---|---|---|---|
| 914 | 1B n2 | | 09.12.57 | 1435 | Breslau-Schweidnitz-Freiburger Eisenbahn/27/1883 KPEV Bln 655 | 1886 |
| 915 | 1B n2 | S | 28.12.57 | 1435 | Niederschlesische Zweigbahn/VICTORIA/1885 KPEV Bsl 528 | 1888 |
| 916 | 1B n2 | S | 29.12.57 | 1435 | Niederschlesische Zweigbahn/HOHENZOLLERN/1859 BHE MAIN/1884 KPEV Alt 520 | 1886 |
| 917 | 1B n2 | | 23.12.57 | 1435 | Cöln-Mindener Eisenbahn/HARZBURG/1881 KPEV Han 515 | |
| 918 | 1B n2 | | 23.12.57 | 1435 | Cöln-Mindener Eisenbahn/JAHDE/1883 KPEV Cörrh 542 | 1891 |
| 919 | 1B n2 | | 20.12.57 | 1435 | Cöln-Mindener Eisenbahn/RÜGEN/1883 KPEV Cörrh 540 | 1894 |
| 920 | 1B n2 | | 22.12.57 | 1435 | Cöln-Mindener Eisenbahn/KIEL/1883 KPEV Cörrh 541/1895 Mst 541 | |
| 921 | 1B n2 | G | 22.01.58 | 1435 | Thüringische Eisenbahn/REUTLINGEN/1872 ThE 13 | 1879 |
| 922 | 1B n2 | G | 26.01.58 | 1435 | Thüringische Eisenbahn/ALTENBURG/1872 ThE 14/1876 U 1 B n2t, EK He/ 1877 ThE 52/1882 KPEV Erf 1401 | 1896 |
| 923 | 1B n2 | G | 26.01.58 | 1435 | Thüringische Eisenbahn/BRESLAU/1872 ThE 15 | 1880 |
| 924 | 1B n2 | G | 23.01.58 | 1435 | Thüringische Eisenbahn/CÖLN/1872 ThE 16 | 1879 |
| 925 | B1 n2 | G | 12.02.58 | 1435 | Rheinische Eisenbahn/SAAR 26/1882 KPEV Cörrh 617 | 1894 |
| 926 | B1 n2 | G | 11.02.58 | 1435 | Rheinische Eisenbahn/GLÜCKAUF 27/1882 KPEV Cörrh 620 | 1894 |
| 927 | B1 n2 | G | 18.02.58 | 1435 | Rheinische Eisenbahn/PFALZ 28/1882 KPEV Cörrh 618 | 1895 |
| 928 | B1 n2 | G | 19.02.58 | 1435 | Rheinische Eisenbahn/MAIFELD 29/1882 KPEV Cörrh 619 | 1895 |
| 929 | 1B n2 | G | 02.02.58 | 1435 | Westfälische Eisenbahn/TEUTONIA 39/1880 KPEV Han 739 | vor 1883 |
| 930 | 1B n2 | | 03.02.58 | 1435 | Westfälische Eisenbahn/WEIMAR 40/1880 KPEV Han 740/1883 Han 504 | |
| 931 | 1B n2 | | 26.02.58 | 1435 | Aussig-Teplitzer Eisenbahn/TÜRMITZ 1/1870 KOMOTAU/1880 Reko ATE 1/ 1918 CSD 220.101 | 02.06.1933 |
| 932 | 1B n2 | | 25.02.58 | 1435 | Aussig-Teplitzer Eisenbahn/KARBITZ 2 | 1879 |
| 933 | 1B n2 | | 05.03.58 | 1435 | Aussig-Teplitzer Eisenbahn/SCHÖNFELD 3/1880 Reko ATE 2/1918 CSD 220.102 | 29.04.1933 |
| 934 | 1B n2 | | 06.03.58 | 1435 | Aussig-Teplitzer Eisenbahn/MARIASCHEIN 4/1870 Kesselzerknall | 1870 |
| 935 | 1A1 n2 | P | 09.03.58 | 1435 | Niederschlesisch-Märkische Eisenbahn/121/1883 KPEV Bln 6 | 1885 |
| 936 | 1A1 n2 | P | 10.03.58 | 1435 | Niederschlesisch-Märkische Eisenbahn/122/1883 KPEV Bln 7 | 1883 |
| 937 | 1A1 n2 | P | 08.03.58 | 1435 | Niederschlesisch-Märkische Eisenbahn/123/1883 KPEV Bln 8 | 1883 |
| 938 | 1A1 n2 | S | 15.03.58 | 1435 | Oberschlesische Eisenbahn/101/1880 OSE 14 | 1882 |
| 939 | 1A1 n2 | S | 16.03.58 | 1435 | Oberschlesische Eisenbahn/102/1880 OSE 15 | 1883 |
| 940 | 1A1 n2 | S | 17.03.58 | 1435 | Oberschlesische Eisenbahn/103/ | 1874 |
| 941 | 1A1 n2 | S | 17.03.58 | 1435 | Oberschlesische Eisenbahn/104/1880 OSE 16 | 1884 |
| 942 | 1B n2 | | 23.03.58 | 1435 | Berlin-Anhalter Eisenbahn/SPREE 58/1882 KPEV Erf 520 | 1885 |
| 943 | 1A1 n2 | | 29.03.58 | 1435 | Niederschlesisch-Märkische Eisenbahn/124/1883 KPEV Bln 9 | 1884 |
| 944 | 1A1 n2 | | 27.03.58 | 1435 | Niederschlesisch-Märkische Eisenbahn/125/1883 KPEV Bln 10 | 1885 |
| 945 | 1A1 n2 | | 27.03.58 | 1435 | Niederschlesisch-Märkische Eisenbahn/126/1883 KPEV Bln 11 | 1885 |
| 946 | 1B n2 | | 23.03.58 | 1435 | Oberschlesische Eisenbahn/105/1880 OSE 275 | 1883 |
| 947 | 1B n2 | | 22.03.58 | 1435 | Oberschlesische Eisenbahn/118/1880 OSE 276/1885 KPEV Bsl 526 | 1888 |
| 948 | B1 n2 | | 31.03.58 | 1435 | Stargard-Posener Eisenbahn/HECLA | 1884 |
| 949 | B1 n2 | | 31.03.58 | 1435 | Stargard-Posener Eisenbahn/GEYSER/1885 KPEV Bsl 532 | 1889 |
| 950 | 1A1 n2 | S | 12.04.58 | 1435 | Leipzig-Dresdener Eisenbahn/RHEIN/1876 SäStb 549 RONNEBURG | 1885 |
| 951 | 1A1 n2 | S | 13.04.58 | 1435 | Leipzig-Dresdener Eisenbahn/WESER/1876 SäStb 548 | 1890 |
| 952 | 1A1 n2 | S | 15.04.58 | 1435 | Leipzig-Dresdener Eisenbahn/BORSIG/1876 SäStb 547 | 1885 |
| 953 | 1A1 n2 | S | 16.04.58 | 1435 | Leipzig-Dresdener Eisenbahn/DONAU/1876 SäStb 550 SCHMÖLLN | 1890 |
| 954 | 1A1 n2 | P | 24.04.58 | 1435 | Berlin-Hamburger Eisenbahn/SPREE/1884 KPEV Alt 18 | 1887 |
| 955 | 1A1 n2 | P | 24.04.58 | 1435 | Berlin-Hamburger Eisenbahn/KIEL/1884 KPEV Alt 19 | 1887 |
| 956 | 1A1 n2 | | 03.05.58 | 1435 | Warschau-Wiener Eisenbahn/WW 5 | |
| 957 | 1A1 n2 | | 04.05.58 | 1435 | Warschau-Wiener Eisenbahn/WW 7 | |
| 958 | 1B n2 | | 30.03.58 | 1435 | Leipzig-Dresdener Eisenbahn/BASEL/1876 SäStb 621 | 1885 |
| 959 | 1B n2 | | 30.03.58 | 1435 | Leipzig-Dresdener Eisenbahn/DRESDEN/1876 SäStb 622 RÖDERAU | 1885 |
| 960 | 1A1 n2 | S | 26.04.58 | 1435 | Berlin-Anhalter Eisenbahn/DELITZSCH 59 | 1882 |
| 961 | 1A1 n2 | S | 27.04.58 | 1435 | Berlin-Anhalter Eisenbahn/SAALE 60/1882 KPEV Erf 1 | 1890 |
| 962 | 1A1 n2 | P | 12.05.58 | 1435 | Rhein-Nahe-Eisenbahn/BLIES/1883 KPEV Cörrh 10 | 1889 |
| 963 | 1A1 n2 | P | 11.05.58 | 1435 | Rhein-Nahe-Eisenbahn/RHEIN | 1880 |
| 964 | 1A1 n2 | P | 10.05.58 | 1435 | Rhein-Nahe-Eisenbahn/NAHE/1883 KPEV Cörrh 11 | 1891 |
| 965 | 1B n2 | | 19.05.58 | 1435 | Rhein-Nahe-Eisenbahn/SAAR/1869 MONZINGEN/1883 KPEV Cölrh 520 | 1887 |
| 966 | 1B n2 | | 19.05.58 | 1435 | Rhein-Nahe-Eisenbahn/LAHN/1883 KPEV Cölrh 521 | 1887 |
| 967 | 1A1 n2 | | 28.05.58 | 1435 | Berlin-Potsdam-Magdeburger Eisenbahn/ODER/1881 KPEV Mgd 3 | 1885 |
| 968 | 1A1 n2 | | 26.05.58 | 1435 | Berlin-Potsdam-Magdeburger Eisenbahn/ELBE/1881 KPEV Mgd 4 | 1886 |
| 969 | 1A1 n2 | | 05.06.58 | 1435 | Berlin-Potsdam-Magdeburger Eisenbahn/RHEIN/1881 KPEV Mgd 5 | 1888 |
| 970 | 1B n2 | P | 22.06.58 | 1435 | Werra-Eisenbahn/CORBURG[1] | 1882 |
| 971 | 1B n2 | P | 21.06.58 | 1435 | Werra-Eisenbahn/MARKSUHL[1] | 1886 |
| 972 | 1B n2 | P | 24.06.58 | 1435 | Werra-Eisenbahn/SALZUNGEN[1] | 1895 |
| 973 | C n2 | G | 09.07.58 | 1435 | Werra-EisenbahnLANDSBERG[1] | 1886 |
| 974 | C n2 | G | 10.07.58 | 1435 | Werra-Eisenbahn/MAIN[1] | 1895 |
| 975 | 1A1 n2 | S | 05.06.58 | 1435 | Berlin-Potsdam-Magdeburger Eisenbahn/WESER/1881 KPEV Mgd 6 | 1882 |
| 976 | 1A1 n2 | S | 09.06.58 | 1435 | Berlin-Potsdam-Magdeburger Eisenbahn/DONAU/1881 KPEV Mgd 7 | 1885 |
| 977 | 1A1 n2 | S | 08.06.58 | 1435 | Berlin-Potsdam-Magdeburger Eisenbahn/WEICHSEL/1881 KPEV Mgd 8 | 1881 |
| 978 | 1A1 n2 | P | 28.07.58 | 1435 | Rheinische Eisenbahn/ADLER 40 | vor 1882 |

[1] Die Zuordnung der Namen zu den Lokomotiven ist bei der Werra-Eisenbahn nicht eindeutig nachweisbar

| Fabriknummer | Bauart | Gattung | Auslieferungsdatum | Spurweite | Empfänger/Verbleib | Ausmusterung |
|---|---|---|---|---|---|---|
| 979 | 1A1 n2 | P | 26.06.58 | 1435 | Rheinische Eisenbahn/WINDSBRAUT 41/1882 KPEV Cölrh 13 | 1891 |
| 980 | 1A1 n2 | P | 28.06.58 | 1435 | Rheinische Eisenbahn/BLÜCHER 42/1882 KPEV Cölrh 14 | 1883 |
| 981 | 1A1 n2 | P | 27.07.58 | 1435 | Rheinische Eisenbahn/BLITZ 43/1882 KPEV Cölrh 12 | 1883 |
| 982 | 1B n2 | S | 14.07.58 | 1435 | Thüringische Eisenbahn/CARLSRUHE/1872 ThE 17 | 1881 |
| 983 | 1B n2 | S | 15.07.58 | 1435 | Thüringische Eisenbahn/STUTTGART/1872 ThE 18 | 1881 |
| 984 | 1B n2 | S | 22.07.58 | 1435 | Thüringische Eisenbahn/SPREE/1872 ThE 49 | 1875 |
| 985 | 1B n2 | S | 21.07.58 | 1435 | Thüringische Eisenbahn/NECKAR/1872 ThE 50 | 1877 |
| 986 | 1A1 n2 | S | 24.07.58 | 1435 | Leipzig-Dresdener Eisenbahn/GÖRLITZ/1876 SäStb 552 | 1883 |
| 987 | 1A1 n2 | S | 23.07.58 | 1435 | Leipzig-Dresdener Eisenbahn/MÜNCHEN/1876 SäStb 551/STEIN/1892 SäStb 1 | 1899 |
| 988 | 1A1 n2 | S | 31.07.58 | 1435 | Leipzig-Dresdener Eisenbahn/ZÜRICH/1876 SäStb 553 BÖHLEN/1892 SäStb 2 | 1900 |
| 989 | 1A1 n2 | S | 30.07.58 | 1435 | Leipzig-Dresdener Eisenbahn/POSEN/1876 SäStb 554/1892 SäStb 3 | 1895 |
| 990 | 1A1 n2 | S | 29.07.58 | 1435 | Leipzig-Dresdener Eisenbahn/LINDAU/1876 SäStb 555 | 1891 |
| 991 | 1B n2 | P | 26.07.58 | 1435 | Magdeburg-Wittenbergesche Eisenbahn/18 | 1879 |
| 992 | 1B n2 | P | 04.08.58 | 1435 | Werra-Eisenbahn/EISFELD[1] | vor 1895 |
| 993 | 1B n2 | P | 05.08.58 | 1435 | Werra-Eisenbahn/MEININGEN[1] | 1881 |
| 994 | 1B n2 | P | 06.08.58 | 1435 | Werra-Eisenbahn/THEMAR[1] | vor 1895 |
| 995 | C n2 | G | 19.08.58 | 1435 | Werra-Eisenbahn/HÖRSEL[1] | 1881 |
| 996 | C n2 | G | 20.08.58 | 1435 | Werra-Eisenbahn/WERRA[1] | vor 1895 |
| 997 | 1A1 n2 | P | 17.08.58 | 1435 | Berlin-Anhalter Eisenbahn/ASKANIA 61/1882 KPEV Erf 2 | 1886 |
| 998 | 1A1 n2 | P | 16.08.58 | 1435 | Berlin-Anhalter Eisenbahn/PFEIL 62/1882 KPEV Erf 3 | 1886 |
| 999 | 1B n2 | G | 18.08.58 | 1435 | Neiße-Brieger Eisenbahn/6/1880 OSE 249 | vor 1884 |
| 1000 | 1A1 n2 | S | 21.08.58 | 1435 | Cöln-Mindener Eisenbahn/BORUSSIA/1883 KPEV Cörrh 16 | 1883 |
| 1001 | 1B n2 | P | 06.09.58 | 1435 | Werra-Eisenbahn/LICHTENFELS[1] | 1881 |
| 1002 | 1B n2 | P | 06.09.58 | 1435 | Werra-Eisenbahn/SONNEBERG[1] | vor 1895 |
| 1003 | 1B n2 | P | 09.09.58 | 1435 | Werra-Eisenbahn/NEUSTADT[1] | 1882 |
| 1004 | 1B n2 | P | 09.09.58 | 1435 | Werra-Eisenbahn/HOF[1] | 1879 |
| 1005 | 1B n2 | P | 15.09.58 | 1435 | Werra-Eisenbahn/HILDBURGHAUSEN[1] | 1880 |
| 1006 | 1B n2 | P | 15.09.58 | 1435 | Werra-Eisenbahn/BAMBERG | 1895 |
| 1007 | 1B n2 | | 30.09.58 | 1435 | Niederschlesisch-Märkische Eisenbahn/133 | 1881 |
| 1008 | 1B n2 | | 24.09.58 | 1435 | Niederschlesisch-Märkische Eisenbahn/134/1883 KPEV Bln 535 | 1885 |
| 1009 | 1B n2 | | 29.09.58 | 1435 | Niederschlesisch-Märkische Eisenbahn/135/1883 KPEV Bln 536 | 1885 |
| 1010 | 1B n2 | | 25.09.58 | 1435 | Niederschlesisch-Märkische Eisenbahn/136 | 1883 |
| 1011 | 1A1 n2 | P | 07.10.58 | 1435 | Warschau-Wiener Eisenbahn/WW 63 | |
| 1012 | 1A1 n2 | P | 07.10.58 | 1435 | Warschau-Wiener Eisenbahn/WW 64 | |
| 1013 | 1A1 n2 | P | 07.10.58 | 1435 | Warschau-Wiener Eisenbahn/WW 65 | |
| 1014 | C n2 | | 30.10.58 | 1435 | Werra-Eisenbahn/ITZ[1] | vor 1895 |
| 1015 | C n2 | | 26.10.58 | 1435 | Werra-Eisenbahn/ALTENSTEIN[1] | 1881 |
| 1016 | C n2 | | 30.11.58 | 1435 | Werra-Eisenbahn/KALLENBERG[1] | 1881 |
| 1017 | C n2 | | 26.10.58 | 1435 | Werra-Eisenbahn/LIEBENSTEIN[1] | vor 1895 |
| 1018 | B1 n2 | G | 11.11.58 | 1435 | Berlin-Stettiner Eisenbahn/LUNA 53/1873 BStE B 103/1887 KPEV Bbg 324 | vor 1906 |
| 1019 | B1 n2 | G | 05.11.58 | 1435 | Berlin-Stettiner Eisenbahn/COMET 52/1873 BStE B 102/1887 KPEV Bbg 323 | 1906 |
| 1020 | B1 n2 | G | 30.10.58 | 1435 | Berlin-Stettiner Eisenbahn/ASTRÄA 51/1873 BStE B 101 | 1876 |
| 1021 | 1A1 n2 | P | 15.10.58 | 1435 | Berlin-Hamburger Eisenbahn/ALTONA/1884 KPEV Alt 20 | 1887 |
| 1022 | 1A1 n2 | P | 14.10.58 | 1435 | Berlin-Hamburger Eisenbahn/WITTENBERGE/1875 EK Borsig/1884 KPEV Alt 21 | 1895 |
| 1023 | 1B n2 | G | 20.11.58 | 1435 | Cöln-Mindener Eisenbahn/PRAG/1881 KPEV Han 516 | 1891 |
| 1024 | 1B n2 | G | 29.11.58 | 1435 | Cöln-Mindener Eisenbahn/TRIEST/1883 KPEV Cörrh 543 | 1899 |
| 1025 | 1B n2 | G | 29.11.58 | 1435 | Cöln-Mindener Eisenbahn/AGGER/1883 KPEV Cörrh 544 | 1899 |
| 1026 | 1A1 n2 | S | 07.12.58 | 1435 | Berlin-Anhalter Eisenbahn/RÖDERAU 63/1882 KPEV Erf 4 | 1889 |
| 1027 | 1A1 n2 | S | 06.12.58 | 1435 | Berlin-Anhalter Eisenbahn/COMET 64/1882 KPEV Erf 5 | 1890 |
| 1028 | 1A1 n2 | S | 23.12.58 | 1435 | Berlin-Anhalter Eisenbahn/BLITZ 65/1882 KPEV Erf 6 | 1896 |
| 1029 | 1A1 n2 | S | 22.12.58 | 1435 | Berlin-Anhalter Eisenbahn/CENTAUR 66/1882 KPEV Erf 7 | 1885 |
| 1030 | 1A1 n2 | S | 22.12.58 | 1435 | Berlin-Anhalter Eisenbahn/PEGASUS 67/1882 KPEV Erf 8 | 1891 |
| 1031 | 1B n2 | , | 16.11.58 | 1435 | Niederschlesisch-Märkische Eisenbahn/139/1883 KPEV Bln 537 | 1885 |
| 1032 | 1B n2 | | 18.11.58 | 1435 | Niederschlesisch-Märkische Eisenbahn/140/1883 KPEV Bln 538 | 1884 |
| 1033 | 1B n2 | | 22.11.58 | 1435 | Niederschlesisch-Märkische Eisenbahn/137/1883 KPEV Bln 539 | 1883 |
| 1034 | 1B n2 | | 20.11.58 | 1435 | Niederschlesisch-Märkische Eisenbahn/138/1883 KPEV Bln 540 | 1883 |
| 1035 | 1A1 n2 | P | 16.12.58 | 1435 | BME für Dortmund-Soest/LENNE 58 | vor 1880 |
| 1036 | 1A1 n2 | P | 16.12.58 | 1435 | BME für Dortmund-Soest/HUNDEM 59 | 1882 |
| 1037 | 1A1 n2 | P | 15.12.58 | 1435 | BME für Dortmund-Soest/SIEG 60 | 1882 |
| 1038 | 1B n2 | | 10.01.59 | 1435 | Leipzig-Dresdener Eisenbahn/ODER/1876 SäStb 623 | 1887 |
| 1039 | 1B n2 | | 15.01.59 | 1435 | Leipzig-Dresdener Eisenbahn/MAIN/1876 SäStb 624 OEDERAN | 1886 |
| 1040 | 1B n2 | | 15.01.59 | 1435 | Leipzig-Dresdener Eisenbahn/NECKAR/1876 SäStb 625 | 1885 |
| 1041 | 1B n2 | | 10.01.59 | 1435 | Leipzig-Dresdener Eisenbahn/SAALE/1876 SäStb 626 HAINICHEN | 1886 |
| 1042 | B1 n2 | G | 15.02.59 | 1435 | Berlin-Stettiner Eisenbahn/SATURN 54/1873 BStE B 104/1887 KPEV Bgb 325 | |
| 1043 | B1 n2t | G | 13.04.59 | 1435 | Cöln-Mindener Eisenbahn/OSTENDE/1883 KPEV Cörrh 1539 | 1896 |
| 1044 | B1 n2t | G | 13.04.59 | 1435 | Cöln-Mindener Eisenbahn/GENT/1883 KPEV Cörrh 1540 | 1886 |
| 1045 | B1 n2t | G | 13.04.59 | 1435 | Cöln-Mindener Eisenbahn/MECHELN/1883 KPEV Cörrh 1541 | 1894 |
| 1046 | 1B n2 | G | 18.02.59 | 1435 | Mecklenburgische Eisenbahn/NICLOT/1870 MFFE 54/1895 MFFE 301 | nach 1895 |

[1] Die Zuordnung der Namen zu den Lokomotiven ist bei der Werra-Eisenbahn nicht eindeutig nachweisbar

| Fabriknummer | Bauart | Gattung | Auslieferungsdatum | Spurweite | Empfänger/Verbleib | Ausmusterung |
|---|---|---|---|---|---|---|
| 1047 | 1A1 n2 | P | 18.02.59 | 1435 | Berlin-Stettiner Eisenbahn/JUNO 55/1873 BStE B 1 | 1879 |
| 1048 | 1A1 n2 | P | 18.02.59 | 1435 | Berlin-Stettiner Eisenbahn/PEGASUS 56/1873 BStE B 2/1880 KPEV Bbg 83/ 1887 Bbg 28 | 1898 |
| 1049 | 1A1 n2 | P | 28.02.59 | 1435 | Berlin-Stettiner Eisenbahn/VESTA 57/1873 BStE B 3/1880 KPEV Bbg 84/ 1887 Bbg 29 | 1898 |
| 1050 | 1A1 n2 | P | 21.02.59 | 1435 | Berlin-Stettiner Eisenbahn/CERES 58/1873 BStE B 4/1880 KPEV Bbg 85/ 1887 Bbg 30 | 1898 |
| 1051 | 1A1 n2 | P | 28.02.59 | 1435 | Berlin-Stettiner Eisenbahn/PSYCHE 59/1873 BStE B 5 | vor 1880 |
| 1052 | C n2 | G | 07.03.59 | 1435 | Aussig-Teplitzer Eisenbahn/TEPLITZ/ATE 26/1923 CSD 302.101 | 193 |
| 1053 | 1A1 n2 | P | 14.03.59 | 1435 | Rheinische Eisenbahn/GERMANIA 45/1882 KPEV Cörrh 28 | 1883 |
| 1054 | 1A1 n2 | P | 14.03.59 | 1435 | Rheinische Eisenbahn/BORUSSIA 46/1882 KPEV Cörrh 29 | 1883 |
| 1055 | 1A1 n2 | P | 18.03.59 | 1435 | Rheinische Eisenbahn/VICTORIA 44/1882 KPEV Cölrh 15 | 1890 |
| 1056 | 1A1 n2 | P | 18.03.59 | 1435 | Rheinische Eisenbahn/STOLZENFELS 47/1882 KPEV Cörrh 30 | 1884 |
| 1057 | 1A1 n2 | P | 29.03.59 | 1435 | Berlin-Stettiner Eisenbahn/POMONA 60/1873 BStE B 6 | vor 1887 |
| 1058 | 1A1 n2 | P | 29.03.59 | 1435 | Berlin-Stettiner Eisenbahn/ARIADNE 61/1873 BStE B 7 | vor 1887 |
| 1059 | 1A1 n2 | P | 29.03.59 | 1435 | Berlin-Stettiner Eisenbahn/FLORA 62/1873 BStE B 8 | vor 1887 |
| 1060 | C n2 | P | 16.05.59 | 1435 | Werra-Eisenbahn/ROSENAU | 1886 |
| 1061 | C n2 | P | 16.05.59 | 1435 | Werra-Eisenbahn/WARTBURG | 1879 |
| 1062 | 1B n2 | P | 30.04.59 | 1435 | Werra-Eisenbahn/HANNOVER | vor 1895 |
| 1063 | 1B n2 | P | 30.04.59 | 1435 | Werra-Eisenbahn/HARBURG | vor 1895 |
| 1064 | 1A1 n2 | S | 18.04.59 | 1435 | Berlin-Stettiner Eisenbahn/VICTORIA 63/1873 BStE B 9 | vor 1887 |
| 1065 | 1A1 n2 | S | 18.04.59 | 1435 | Berlin-Stettiner Eisenbahn/HELIOS 64/1873 BStE B 10 | 1879 |
| 1066 | 1A1 n2 | S | 18.04.59 | 1435 | Berlin-Stettiner Eisenbahn/VENUS 65/1873 BStE B 11 | vor 1887 |
| 1067 | 1B n2 | P | 24.05.59 | 1435 | Magdeburg-Wittenbergesche Eisenbahn/19 | 1877 |
| 1068 | 1B n2 | P | 24.05.59 | 1435 | Magdeburg-Wittenbergesche Eisenbahn/20 | 1877 |
| 1069 | 1B n2 | G | 14.06.59 | 1435 | Breslau-Schweidnitz-Freiburger Eisenbahn/28/1883 KPEV Bln 656 | 1885 |
| 1070 | 1B n2 | G | 14.06.59 | 1435 | Breslau-Schweidnitz-Freiburger Eisenbahn/29/1883 KPEV Bln 657 | 1885 |
| 1071 | 1B n2 | G | 14.06.59 | 1435 | Breslau-Schweidnitz-Freiburger Eisenbahn/30/1883 KPEV Bln 658 | 1885 |
| 1072 | 1A1 n2 | P | 18.06.59 | 1435 | Niederschlesische Zweigbahn/HOHENZOLLERN/1862 MHE/1881 KPEV Mgd 1 | 1883 |
| 1073 | 1B n2 | P | 28.06.59 | 1435 | Berlin-Hamburger Eisenbahn/WESER/1884 KPEV Alt 521 | 1895 |
| 1074 | B1 n2t | Gt | 07.07.59 | 1435 | Cöln-Mindener Eisenbahn/BINGEN/1883 KPEV Cörrh 1542 | 1896 |
| 1075 | B1 n2t | Gt | 07.07.59 | 1435 | Cöln-Mindener Eisenbahn/BADEN/1883 KPEV Cörrh 1543 | 1884 |
| 1076 | B1 n2t | Gt | 07.07.59 | 1435 | Cöln-Mindener Eisenbahn/HENNEF/1883 KPEV Cörrh 1544 | 1896 |
| 1077 | 1B n2 | G | 14.12.59 | 1435 | Rhein-Nahe Eisenbahn/KIRN/1883 KPEV Cölrh 534 | |
| 1078 | 1B n2 | G | 14.12.59 | 1435 | Rhein-Nahe Eisenbahn/CREUZNACH/1883 KPEV Cölrh 535 | 1889 |
| 1079 | 1B n2 | P | 25.11.59 | 1435 | Rhein-Nahe Eisenbahn/OBERSTEIN/1883 KPEV Cölrh 105 | 1890 |
| 1080 | 1B n2 | P | 25.11.59 | 1435 | Rhein-Nahe Eisenbahn/ST.WENDEL/1883 KPEV Cölrh 106 | |
| 1081 | 1B n2 | G | 14.07.59 | 1435 | Oberschlesische Eisenbahn/119/1880 OSE 277 | 1883 |
| 1082 | 1B n2 | G | 14.07.59 | 1435 | Oberschlesische Eisenbahn/120/1880 OSE 278/1885 KPEV Bbg 466 | |
| 1083 | 1B n2 | G | 14.07.59 | 1435 | Oberschlesische Eisenbahn/121/1880 OSE 279 | 1884 |
| 1084 | 1B n2 | G | 23.07.59 | 1435 | Oberschlesische Eisenbahn/122/1880 OSE 280 | 1882 |
| 1085 | 1B n2 | G | 23.07.59 | 1435 | Oberschlesische Eisenbahn/123/1880 OSE 281 | 1883 |
| 1086 | 1B n2 | G | 23.07.59 | 1435 | Oberschlesische Eisenbahn/124/1880 OSE 282/1885 KPEV Bbg 468 | |
| 1087 | 1B n2 | G | 01.03.60 | 1435 | Rhein-Nahe Eisenbahn/CRONWEILER/1883 KPEV Cölrh 536 | 1889 |
| 1088 | 1B n2 | G | 01.03.60 | 1435 | Rhein-Nahe Eisenbahn/STAUDERNHEIM/1883 KPEV Cölrh 537 | 1890 |
| 1089 | B1 n2 | G | 19.09.59 | 1435 | Rheinische Eisenbahn/SCHÖNBURG 30/1882 KPEV Cörrh 621 | vor 1890 |
| 1090 | B1 n2 | G | 19.09.59 | 1435 | Rheinische Eisenbahn/SONNECK 31/1882 KPEV Cörrh 622 | vor 1890 |
| 1091 | 1B n2 | P | 22.09.59 | 1435 | Westfälische Eisenbahn/LIPPSPRINGE 45/1880 KPEV Han 745 | vor 1883 |
| 1092 | 1B n2 | P | 22.09.59 | 1435 | Westfälische Eisenbahn/DRIBURG 46/1880 KPEV Han 746 | vor 1893 |
| 1093 | 1B n2 | G | 29.09.59 | 1435 | Berlin-Hamburger Eisenbahn/WEICHSEL/1872 EK Borsig/1884 KPEV Alt 522 | 1900 |
| 1094 | 1B n2 | G | 29.09.59 | 1435 | Berlin-Hamburger Eisenbahn/ALSTER/1870 EK BMAG/1884 KPEV Alt 523 | 1896 |
| 1095 | 1B n2 | G | 15.08.59 | 1435 | Saarbrücker Eisenbahn/33/1883 KPEV Cölrh 532 | nach 1892 |
| 1096 | 1B n2 | G | 15.08.59 | 1435 | Saarbrücker Eisenbahn/34/1883 KPEV Cölrh 533 | nach 1892 |
| 1097 | 1B n2 | G | 26.08.59 | 1435 | Westfälische Eisenbahn/SAALE 41/1880 KPEV Han 741/1883 Cörrh 596 | 1891 |
| 1098 | 1B n2 | G | 26.08.59 | 1435 | Westfälische Eisenbahn/ELBE 42/1880 KPEV Han 742/1883 Cörrh 597 | 1885 |
| 1099 | 1B n2 | G | 29.08.59 | 1435 | Westfälische Eisenbahn/ODER 43/1880 KPEV Han 743/1883 Cörrh 598 | nach 1892 |
| 1100 | 1B n2 | G | 29.08.59 | 1435 | Westfälische Eisenbahn/WERRA 44/1880 KPEV Han 744/1883 Cörrh 599 | 1889 |
| 1101 | 1A1 n2 | S | 13.10.59 | 1435 | Königliche Ostbahn[1]/RUHR 109/1873 KO 10/1880 KPEV Bbg 10 | 1886 |
| 1102 | 1A1 n2 | S | 13.10.59 | 1435 | Königliche Ostbahn[1]/AAR 110/1873 KO 11/1880 KPEV Bbg 11 | 1887 |
| 1103 | 1A1 n2 | S | 13.10.59 | 1435 | Königliche Ostbahn[1]/WERRA 111/1873 KO 12/1880 KPEV Bbg 12 | 1889 |
| 1104 | B1 n2 | G | 05.11.59 | 1435 | Königliche Ostbahn[1]/WEHLAU 95/1873 KO 345/1880 KPEV Bbg 345/ 1889 Bbg 510 | 1890 |
| 1105 | B1 n2 | G | 05.11.59 | 1435 | Königliche Ostbahn[1]/NORKITTEN 96/1873 KO 346/1880 KPEV Bbg 346/ 1889 Bbg 511 | 1890 |
| 1106 | B1 n2 | G | 05.11.59 | 1435 | Königliche Ostbahn[1]/INSTERBURG 97/1873 KO 347/1880 KPEV Bbg 347 | 1886 |
| 1107 | B1 n2 | G | 16.11.59 | 1435 | Königliche Ostbahn[1]/JUDSCHEN 98/1873 KO 348/1880 KPEV Bbg 348 | nach 1892 |
| 1108 | B1 n2 | G | 16.11.59 | 1435 | Königliche Ostbahn[1]/GUMBINNEN 99/1873 KO 349/1880 KPEV Bbg 349 | nach 1892 |
| 1109 | B1 n2 | G | 21.11.59 | 1435 | Königliche Ostbahn[1]/TRAKEHNER 100/1873 KO 350/1880 KPEV Bbg 350 | vor 1892 |

[1] für die Strecke Königsberg - Eydtkuhnen

| Fabriknummer | Bauart | Gattung | Auslieferungsdatum | Spurweite | Empfänger/Verbleib | Ausmusterung |
|---|---|---|---|---|---|---|
| 1110 | B1 n2 | G | 21.11.59 | 1435 | Königliche Ostbahn[1]/STALLUPONEN 151/1873 KO 351/1880 KPEV Bbg 351 | vor 1892 |
| 1111 | 1B n2 | G | 13.12.59 | 1435 | Cöln-Mindener Eisenbahn/PARIS/1883 KPEV Cörrh 545 | 1894 |
| 1112 | 1B n2 | G | 13.12.59 | 1435 | Cöln-Mindener Eisenbahn/WISSEN/1883 KPEV Cörrh 546/1895 Mst 546 | nach 1895 |
| 1113 | 1B n2 | G | 17.12.59 | 1435 | Cöln-Mindener Eisenbahn/BLANKENBERG/1883 KPEV Cörrh 547 | nach 1892 |
| 1114 | 1B n2 | G | 17.12.59 | 1435 | Cöln-Mindener Eisenbahn/WINDECK/1883 KPEV Cörrh 548 | nach 1892 |
| 1115 | 1A1 n2 | P | 28.12.59 | 1435 | Mecklenburgische Eisenbahn/HERTHA 1870 MFFE 55 | 1894 |
| 1116 | 1A1 n2 | P | 28.12.59 | 1435 | Mecklenburgische Eisenbahn/FREYA/1870 MFFE 56/1895 MFFE 4 | 1899 |
| 1117 | 1B n2 | G | 24.02.60 | 1435 | Rhein-Nahe Eisenbahn/BINGERBRÜCK/1883 KPEV Cölrh 538 | 1887 |
| 1118 | 1B n2 | G | 24.02.60 | 1435 | Rhein-Nahe Eisenbahn/HEIMBACH/1883 KPEV Cölrh 539 | |
| 1119 | 1B n2 | G | 01.03.60 | 1435 | Rhein-Nahe Eisenbahn/MÜNSTER/1883 KPEV Cölrh 540 | 1887 |
| 1120 | 1B n2 | P | 09.03.60 | 1435 | Rhein-Nahe Eisenbahn/SOBERNHEIM/1883 KPEV Cölrh 107 | |
| 1121 | 1B n2 | P | 09.03.60 | 1435 | Rhein-Nahe Eisenbahn/TÜRKISMÜHLE/1883 KPEV Cölrh 108 | |
| 1122 | 1B n2 | P | 09.03.60 | 1435 | Rhein-Nahe Eisenbahn/FISCHBACH/1883 KPEV Cölrh 109 | 1890 |
| 1123 | 1A1 n2 | P | 06.02.60 | 1435 | Berlin-Stettiner Eisenbahn/IRIS 69/1873 BStE B 12 | vor 1887 |
| 1124 | 1A1 n2 | P | 06.02.60 | 1435 | Berlin-Stettiner Eisenbahn/URANIA 70/1873 BStE B 13 | vor 1887 |
| 1125 | 1A1 n2 | P | 09.02.60 | 1435 | Berlin-Stettiner Eisenbahn/ATLANTE 71/1873 BStE B 14 | vor 1887 |
| 1126 | 1A1 n2 | P | 09.02.60 | 1435 | Berlin-Stettiner Eisenbahn/EUROPA 72/1873 BStE B 15 | vor 1887 |
| 1127 | B1 n2 | G | 26.04.60 | 1435 | Königliche Ostbahn[1]/EYDTKUHNEN 152/1873 KO 352/1889 KPEV Bln 675/ 1895 Hl 675 | |
| 1128 | B1 n2 | G | 26.04.60 | 1435 | Königliche Ostbahn[1]/LINDENAU 153/1873 KO 353/1869 KPEV Bln 676 | 1894 |
| 1129 | B1 n2 | G | 26.04.60 | 1435 | Königliche Ostbahn[1]/SEEPOTHEN 154/1873 KO 354/1889 KPEV Bln 677 | 1891 |
| 1130 | B1 n2 | G | 30.04.60 | 1435 | Königliche Ostbahn[1]/TIEDMANSDORF 155/1873 KO 355/1889 KPEV Bln 678 | 1892 |
| 1131 | B1 n2 | G | 30.04.60 | 1435 | Königliche Ostbahn[1]/DÜRINGSHOF 156/1873 KO 356/1889 KPEV Bln 679 | 1893 |
| 1132 | 1B n2 | P | 21.05.60 | 1435 | Berlin-Stettiner Eisenbahn/ANGERMÜNDE 5/BStE 25"/1873 BStE A 1 | 1880 |
| 1133 | 1B n2 | P | 21.05.60 | 1435 | Berlin-Stettiner Eisenbahn/MERCUR 6/BStE 22"/1873 BStE A 2/1883 KPEV Bln 100 | 1889 |
| 1134 | 1B n2 | P | 05.06.60 | 1435 | Berlin-Stettiner Eisenbahn/HERCULES 7/BStE 23" /1873 BStE A 3/1883 KPEV Bln 101 | 1889 |
| 1135 | 1B n2 | P | 05.06.60 | 1435 | Berlin-Stettiner Eisenbahn/STARGARD 8/BStE 29"/1873 BStE A 4 | 1878 |
| 1136 | 1A1 n2 | S | 30.06.60 | 1435 | Berlin-Anhalter Eisenbahn/DER MAJOR 68/1882 KPEV Erf 9 | 1892 |
| 1137 | 1A1 n2 | S | 04.07.60 | 1435 | Berlin-Anhalter Eisenbahn/VON KOENEN 69/1882 KPEV Erf 10 | 1887 |
| 1138 | 1A1 n2 | S | 05.07.60 | 1435 | Berlin-Anhalter Eisenbahn/STURM 70/1882 KPEV Erf 11/1895 Hl 11 | |
| 1139 | 1B n2 | G | 10.10.60 | 1435 | Berlin-Anhalter Eisenbahn/VICTORIA 71/1882 KPEV Erf 521 | 1894 |
| 1140 | 1B n2 | G | 19.11.60 | 1435 | Magdeburg-Leipziger Eisenbahn/WERRA 32/1881 KPEV Mgd 749/1883 Mgd 507 | 1888 |
| 1141 | 1B n2 | G | 19.11.60 | 1435 | Magdeburg-Leipziger Eisenbahn/MOLDAU 33/1881 KPEV Mgd 750/1883 Mgd 508 | 1883 |
| 1142 | 1A1 n2 | P | 24.08.60 | 1435 | Cöln-Mindener Eisenbahn/AHR/1880 umgebaut zur 1B n2 in der Central-Werkstatt der CME, Dortmund Umbau-Nr. 12/1883 KPEV Cörrh 196 | 1889 |
| 1143 | 1A1 n2 | P | 24.08.60 | 1435 | Cöln-Mindener Eisenbahn/SAAR/1883 umgebaut zur 1B n2t in der Central-Werkstatt der CME, Dortmund Umbau-Nr. 24/1883 KPEV Cörrh 1529/ Mst 1608 | |
| 1144 | 1A1 n2 | P | 24.08.60 | 1435 | Cöln-Mindener Eisenbahn/NASSAU/1879 umgebaut zur 1B n2 in der Central-Werkstatt der CME, Dortmund Umbau-Nr. 11/1883 KPEV Cörrh 195 | 1889 |
| 1145 | 1B n2 | S | 14.07.60 | 1435 | Thüringische Eisenbahn/KÖSTRITZ/1872 ThE 51/1877 ThE 204 | 1881 |
| 1146 | 1B n2 | S | 14.07.60 | 1435 | Thüringische Eisenbahn/CROSSEN/1872 ThE 52/1877 ThE 205 | 1881 |
| 1147 | 1B n2 | S | 25.07.60 | 1435 | Thüringische Eisenbahn/DÜRRENBERG/1872 ThE 53/1877 ThE 206 | 1887 |
| 1148 | 1B n2 | S | 25.07.60 | 1435 | Thüringische Eisenbahn/CORBETHA/1872 ThE 54/1877 ThE 207/1882 KPEV Erf 102 | 1884 |
| 1149 | B1 n2t | Gt | 29.09.60 | 1435 | Cöln-Mindener Eisenbahn/TROISDORFF/1883 KPEV Cörrh 1545 | 1896 |
| 1150 | B1 n2t | Gt | 29.09.60 | 1435 | Cöln-Mindener Eisenbahn/HEIGER/1881 KPEV Han 1522/1883 Cörrh 1561 | |
| 1151 | B1 n2t | Gt | 29.09.60 | 1435 | Cöln-Mindener Eisenbahn/SCHLADEN/1883 KPEV Cörrh 1546 | 1885 |
| 1152 | 1A1 n2 | P | 21.05.60 | 1435 | Rheinische Eisenbahn/HOHENZOLLERN 50/1882 KPEV | 1883 |
| 1153 | 1A1 n2 | P | 21.05.60 | 1435 | Rheinische Eisenbahn/FREIHERR VOM STEIN 49 | 1882 |
| 1154 | 1A1 n2 | P | 02.06.60 | 1435 | Rheinische Eisenbahn/YORK 51 | 1883 |
| 1155 | 1A1 n2 | P | 02.06.60 | 1435 | Rheinische Eisenbahn/ARNDT 48 | 1883 |
| 1156 | 1B n2 | G | 12.06.60 | 1435 | Rheinische Eisenbahn/SCHWEIZ 86/1882 KPEV Cölrh 547 | vor 1893 |
| 1157 | 1B n2 | G | 12.06.60 | 1435 | Rheinische Eisenbahn/BELGIEN 87/1882 KPEV Cölrh 548 | vor 1893 |
| 1158 | 1B n2 | G | 19.06.60 | 1435 | Rheinische Eisenbahn/CENTAUR 84/1882 KPEV Cölrh 545 | vor 1893 |
| 1159 | 1B n2 | G | 19.06.60 | 1435 | Rheinische Eisenbahn/CYCLOP 85/1882 KPEV Cölrh 546 | 1890 |
| 1160 | 1B n2 | G | 17.07.60 | 1435 | Rhein-Nahe Eisenbahn/OTTWEILER/1883 KPEV Cölrh 541 | |
| 1161 | 1B n2 | G | 17.07.60 | 1435 | Rhein-Nahe Eisenbahn/BIRKENFELD/1883 KPEV Cölrh 542 | 1889 |
| 1162 | 1B n2 | G | 04.08.60 | 1435 | BME für Dortmund-Soest/LETHMATHE 61/1882 KPEV Efd 506 | 1886 |
| 1163 | 1B n2 | G | 04.08.60 | 1435 | BME für Dortmund-Soest/HERDECKE 62 | 1881 |
| 1164 | 1B n2 | G | 04.08.60 | 1435 | BME für Dortmund-Soest/LÜDENSCHEID 63 | vor 1880 |
| 1165 | 1B n2 | G | 04.08.60 | 1435 | BME für Dortmund-Soest/OLPE 64 | 1880 |
| 1166 | 1B n2 | S | 06.09.60 | 1435 | Rhein-Nahe Eisenbahn/FRAUENBURG/1883 KPEV Cölrh 110 | 1888 |
| 1167 | 1B n2 | S | 06.09.60 | 1435 | Rhein-Nahe Eisenbahn/DHAUN/1883 KPEV Cölrh 111 | 1890 |
| 1168 | 1B n2 | S | 06.09.60 | 1435 | Rhein-Nahe Eisenbahn/EBERNBURG/1883 KPEV Cölrh 112 | 1888 |
| 1169 | 1B n2 | S | 05.09.60 | 1435 | Aachen-Düsseldorf-Ruhrorter Eisenbahn/PREUSSEN 32/1866 BME 264 | vor 1883 |

[1] für die Strecke Königsberg - Eydtkuhnen

| Fabriknummer | Bauart | Gattung | Auslieferungsdatum | Spurweite | Empfänger/Verbleib | Ausmusterung |
|---|---|---|---|---|---|---|
| 1170 | 1B n2 | S | 05.09.60 | 1435 | Aachen-Düsseldorf-Ruhrorter Eisenbahn/DEUTSCHLAND 33/1866 BME 265/ 1883 KPEV Cölrh 549 | 1888 |
| 1171 | 1B n2 | G | 04.10.60 | 1435 | Berlin-Hamburger Eisenbahn/HANSA/1877 EK BMAG/1884 KPEV Alt 524 | 1886 |
| 1172 | 1A1 n2 | P | 06.10.60 | 1435 | Berlin-Hamburger Eisenbahn/HAMBURG/1884 KPEV Alt 22 | 1887 |
| 1173 | 1B n2 | | 11.10.60 | 1435 | Breslau-Schweidnitz-Freiburger Eisenbahn/31/1883 KPEV Bln 659 | 1885 |
| 1174 | 1B n2 | | 11.10.60 | 1435 | Breslau-Schweidnitz-Freiburger Eisenbahn/32/1883 KPEV Bln 660 | 1886 |
| 1175 | 1B n2 | | 11.10.60 | 1435 | Breslau-Schweidnitz-Freiburger Eisenbahn/33/1883 KPEV Bln 661 | 1886 |
| 1176 | 1B n2 | G | 29.10.60 | 1435 | Cöln-Mindener Eisenbahn/BINGEN/1883 KPEV Cörrh 549 | 1893 |
| 1177 | 1B n2 | G | 29.10.60 | 1435 | Cöln-Mindener Eisenbahn/ZÜRICH/1883 KPEV Cörrh 550 | 1885 |
| 1178 | 1B n2 | G | 29.10.60 | 1435 | Cöln-Mindener Eisenbahn/KEHL/1881 KPEV Han 517 | 1888 |
| 1179 | 1B n2 | G | 08.11.60 | 1435 | Cöln-Mindener Eisenbahn/LANGENFELD/1883 KPEV Cörrh 551 | 1896 |
| 1180 | 1B n2 | G | 08.11.60 | 1435 | Cöln-Mindener Eisenbahn/KÜPPERSTEG/1883 KPEV Cörrh 552/1895 Mst 552 | |
| 1181 | 1B n2 | G | 08.11.60 | 1435 | Cöln-Mindener Eisenbahn/ERFURT/1883 KPEV Cörrh 553 | 1893 |
| 1182 | 1A1 n2 | P | 06.12.60 | 1435 | Cöln-Mindener Eisenbahn/BERN/1883 umgebaut zur 1B n2t in der Central-Werkstatt der CME, Dortmund Umbau-Nr. 22/KPEV Cörrh 1530 | 1901 |
| 1183 | 1A1 n2 | P | 06.12.60 | 1435 | Cöln-Mindener Eisenbahn/FREIBURG/1883 umgebaut zur 1B n2t in der Central-Werkstatt der CME, Dortmund Umbau-Nr. 21 KPEV Cörrh 1531 | 1901 |
| 1184 | 1A1 n2 | P | 06.12.60 | 1435 | Cöln-Mindener Eisenbahn/STRASSBURG/1883 umgebaut zur 1B n2t in der Central-Werkstatt der CME, Dortmund Umbau-Nr. 23 KPEV Cörrh 1532/ Efd 1532/1896 Cln 1406 | |
| 1185 | B1 n2 | Gt | 19.12.60 | 1435 | Cöln-Mindener Eisenbahn/LIMBURG/1883 KPEV Cörrh 1547 | 1896 |
| 1186 | 1B n2 | G | 15.01.61 | 1435 | Berlin-Hamburger Eisenbahn/WARSCHAU/1884 KPEV Alt 525 | 1889 |
| 1187 | 1A1 n2 | P | 17.01.61 | 1435 | Berlin-Hamburger Eisenbahn/UNDINE/1884 KPEV Alt 23 | 1888 |
| 1188 | 1B n2 | G | 13.12.60 | 1435 | Rheinische Eisenbahn/CARL DER GROSSE 88/1882 KPEV Cölrh 550 | vor 1893 |
| 1189 | 1B n2 | G | 13.12.60 | 1435 | Rheinische Eisenbahn/BARBAROSSA 89/1882 KPEV Cölrh 551 | vor 1893 |
| 1190 | 1A1 n2 | P | 21.12.60 | 1435 | Rheinische Eisenbahn/SCHILLER 52/1882 KPEV Cölrh 18 | 1887 |
| 1191 | 1A1 n2 | P | 21.12.60 | 1435 | Rheinische Eisenbahn/GÖTHE 53/1882 KPEV Cörrh 32 | 1884 |
| 1192 | 1A1 n2 | P | 29.12.60 | 1435 | Rheinische Eisenbahn/OVERSTOLZ 54/1882 KPEV Cörrh 33 | 1887 |
| 1193 | 1A1 n2 | P | 29.12.60 | 1435 | Rheinische Eisenbahn/GREIN 55/1882 KPEV Cölrh 19 | 1891 |
| 1194 | 1A1 n2 | P | 01.02.61 | 1435 | Niederschlesisch-Märkische Eisenbahn/143 | 1882 |
| 1195 | 1A1 n2 | P | 01.02.61 | 1435 | Niederschlesisch-Märkische Eisenbahn/144 | vor 1883 |
| 1196 | 1A1 n2 | P | 12.02.61 | 1435 | Niederschlesisch-Märkische Eisenbahn/145/1883 KPEV Bln 12 | 1884 |
| 1197 | 1A1 n2 | P | 12.02.61 | 1435 | Niederschlesisch-Märkische Eisenbahn/146/1883 KPEV Bln 13 | 1883 |
| 1198 | 1A1 n2 | S | 16.03.61 | 1435 | Berlin-Anhalter Eisenbahn/ELSTER 72/1882 KPEV Erf 12/1895 Hl 12 | |
| 1199 | 1A1 n2 | S | 19.03.61 | 1435 | Berlin-Anhalter Eisenbahn/BAVARIA 73/1882 KPEV Erf 13 | 1894 |
| 1200 | 1A1 n2 | S | 22.03.61 | 1435 | Berlin-Anhalter Eisenbahn/THÜRINGIA 74/1882 KPEV Erf 14 | 1892 |
| 1201 | 1A1 n2 | S | 26.03.61 | 1435 | Berlin-Anhalter Eisenbahn/SCHILLER 75/1882 KPEV Erf 15/1895 Hl 15 | |
| 1202 | 1A1 n2 | S | 28.03.61 | 1435 | Berlin-Anhalter Eisenbahn/GOETHE 76/1882 KPEV Erf 16 | 1894 |
| 1203 | B1 n2t | Gt | 19.02.61 | 1435 | Cöln-Mindener Eisenbahn/HALLE/1883 KPEV Cörrh 1548/...Mst 1548 | |
| 1204 | B1 n2t | Gt | 19.02.61 | 1435 | Cöln-Mindener Eisenbahn/LÜTTIG/1883 KPEV Cörrh 1549 | 1898 |
| 1205 | B1 n2t | Gt | 25.02.61 | 1435 | Cöln-Mindener Eisenbahn/BROCKEN/1883 KPEV Cörrh 1550 | 1898 |
| 1206 | B1 n2t | Gt | 25.02.61 | 1435 | Cöln-Mindener Eisenbahn/ALTONA/1881 KPEV Han 1523/1883 Cörrh 1568 | 1895 |
| 1207 | 1A1 n2 | P | 08.03.61 | 1435 | Cöln-Mindener Eisenbahn/DOVER/1878 umgebaut zur 1B n2t in der Central-Werkstatt der CME, Dortmund Umbau-Nr. 10/1883 KPEV Cörrh 1522 | |
| 1208 | 1A1 n2 | P | 08.03.61 | 1435 | Cöln-Mindener Eisenbahn/CALAIS/1883 KPEV Cörrh 17/1884 umgebaut zur 1B n2t in der Central-Werkstatt der CME, Dortmund Umbau-Nr. 25 Cörrh 1495/...Mst 1609 | |
| 1209 | 1A1 n2 | P | 14.03.61 | 1435 | Cöln-Mindener Eisenbahn/LONDON/1878 umgebaut zur 1B n2t in der Central-Werkstatt der CME, Dortmund Umbau-Nr. 9/1883 KPEV Cörrh 1523/ Mst 1604 | |
| 1210 | 1A1 n2 | P | 14.03.61 | 1435 | Cöln-Mindener Eisenbahn/DRACHENFELS/1881 umgebaut zur 1B n2t in der Central-Werkstatt der CME, Dortmund Umbau-Nr. 18/1883 KPEV Cörrh 1525/...Mst 1606 | |
| 1211 | 1B n2 | G | 18.04.61 | 1435 | Bergisch-Märkische Eisenbahn/BERLIN/1882 KPEV Efd 507 | 1886 |
| 1212 | 1B n2 | G | 18.04.61 | 1435 | Bergisch-Märkische Eisenbahn/DRESDEN/1882 KPEV Efd 508/1886 Cörrh 727 | 1888 |
| 1213 | 1B n2 | G | 23.04.61 | 1435 | Bergisch-Märkische Eisenbahn/MAGDEBURG/1883 KPEV Cörrh 608 | 1890 |
| 1214 | 1B n2 | G | 23.04.61 | 1435 | Bergisch-Märkische Eisenbahn/ERFURT/1882 KPEV Efd 509/1886 Cörrh 728 | 1888 |
| 1215 | 1B n2 | G | 29.04.61 | 1435 | Bergisch-Märkische Eisenbahn/WEIMAR/1883 KPEV Cölrh 552 | 1894 |
| 1216 | 1B n2 | G | 29.04.61 | 1435 | Bergisch-Märkische Eisenbahn/GOTHA/1883 KPEV Cörrh 609 | 1884 |
| 1217 | 1B n2 | G | 11.05.61 | 1435 | Bergisch-Märkische Eisenbahn/HALLE/1883 KPEV Cölrh 553 | 1894 |
| 1218 | 1B n2 | G | 11.05.61 | 1435 | Bergisch-Märkische Eisenbahn/FRANKFURT | 1878 |
| 1219 | 1B n2 | G | 11.05.61 | 1435 | Bergisch-Märkische Eisenbahn/GIESSEN | vor 1880 |
| 1220 | 1B n2 | G | 15.05.61 | 11435 | Bergisch-Märkische Eisenbahn/OBERHAUSEN | vor 1880 |
| 1221 | 1B n2 | G | 27.05.61 | 1135 | Bergisch-Märkische Eisenbahn/MAIN/1882 KPEV Efd 513 | 1883 |
| 1222 | 1B n2 | G | 27.05.61 | 1435 | Bergisch-Märkische Eisenbahn/MOSEL | 1881 |
| 1223 | 1B n2 | G | 01.06.61 | 1435 | Bergisch-Märkische Eisenbahn/LAHN/1883 KPEV Cölrh 554 | |
| 1224 | 1B n2 | G | 01.06.61 | 1435 | Bergisch-Märkische Eisenbahn/WESER/1883 KPEV Cörrh 611 | 1887 |
| 1225 | 1B n2 | G | 08.06.61 | 1435 | Bergisch-Märkische Eisenbahn/ELBE | vor 1880 |
| 1226 | 1B n2 | G | 08.06.61 | 1435 | Bergisch-Märkische Eisenbahn/EMSCHER | vor 1880 |
| 1227 | 1B n2 | G | 15.06.61 | 1435 | Bergisch-Märkische Eisenbahn/BIGGE/1883 KPEV Cörrh 612 | 1890 |
| 1228 | 1B n2 | P | 15.06.61 | 1435 | Bergisch-Märkische Eisenbahn/ROHRBACH 92/1882 KPEV Efd 514 | 1886 |

| Fabriknummer | Bauart | Gattung | Auslieferungsdatum | Spurweite | Empfänger/Verbleib | Ausmusterung |
|---|---|---|---|---|---|---|
| 1229 | 1B n2 | P | 26.06.61 | 1829 | St. Petersburg-Zarskoje Selo (Rußland) | |
| 1230 | 1B n2 | P | 26.06.61 | 1829 | St. Petersburg-Zarskoje Selo (Rußland) | |
| 1231 | 1B n2 | G | 26.06.61 | 1435 | Cöln-Mindener Eisenbahn/GODESBERG/1883 KPEV Cörrh 554 | 1893 |
| 1232 | 1B n2 | G | 26.06.61 | 1435 | Cöln-Mindener Eisenbahn/WIESBADEN/1883 KPEV Cörrh 555/1895 Mst 555 | nach 1895 |
| 1233 | 1B n2 | G | 26.06.61 | 1435 | Cöln-Mindener Eisenbahn/BIBERICH/1883 KPEV Cörrh 556/1895 Efd 556/ 1896 Cln 554 | nach 1896 |
| 1234 | 1B n2 | G | 05.07.61 | 1435 | Cöln-Mindener Eisenbahn/DONAU/1883 KPEV Cörrh 557 | nach 1896 |
| 1235 | 1B n2 | G | 05.07.61 | 1435 | Cöln-Mindener Eisenbahn/CASSEL/1883 KPEV Cörrh 558 | 1888 |
| 1236 | 1B n2 | G | 05.07.61 | 1435 | Cöln-Mindener Eisenbahn/MARBURG/1883 KPEV Cörrh 559 | 1885 |
| 1237 | 1B n2 | G | 10.08.61 | 1435 | Bergisch-Märkische Eisenbahn/STEELE 75/1882 KPEV Efd 510 | 1886 |
| 1238 | 1B n2 | G | 10.08.61 | 1435 | Bergisch-Märkische Eisenbahn/SOLINGEN 76/1882 KPEV Efd 511/1886 Cörrh 729 | 1886 |
| 1239 | 1B n2 | G | 16.08.61 | 1435 | Bergisch-Märkische Eisenbahn/LENNEP 77 | 1877 |
| 1240 | 1B n2 | G | 16.08.61 | 1435 | Bergisch-Märkische Eisenbahn/WERDOHL 78 | 1882 |
| 1241 | 1B n2 | G | 16.08.61 | 1435 | Bergisch-Märkische Eisenbahn/PLETTENBERG 79 | 1878 |
| 1242 | 1B n2 | G | 24.08.61 | 1435 | Bergisch-Märkische Eisenbahn/GREVENBRÜCK 80 | 1877 |
| 1243 | 1B n2 | G | 24.08.61 | 1435 | Bergisch-Märkische Eisenbahn/CREUZTHAL 81/1882 KPEV Efd 512 | 1883 |
| 1244 | 1B n2 | G | 24.08.61 | 1435 | Bergisch-Märkische Eisenbahn/GEISWEID 82 | vor 1880 |
| 1245 | 1B n2 | G | 30.08.61 | 1435 | Bergisch-Märkische Eisenbahn/MÜSEN 83 | 1881 |
| 1246 | 1B n2 | G | 15.10.61 | 1435 | Bergisch-Märkische Eisenbahn/NACHRODT 84/1883 KPEV Cörrh 610 | |
| 1247 | 1B n2 | G | 18.07.61 | 1435 | Cöln-Mindener Eisenbahn/WEIMAR/1883 KPEV Cörrh 560/1895 Mst 560 | |
| 1248 | 1B n2 | G | 18.07.61 | 1435 | Cöln-Mindener Eisenbahn/COBURG/1883 KPEV Cörrh 561 | 1889 |
| 1249 | 1B n2 | G | 18.07.61 | 1435 | Cöln-Mindener Eisenbahn/GOTHA/1883 KPEV Cörrh 562 | 1884 |
| 1250 | 1B n2 | G | 24.07.61 | 1435 | Cöln-Mindener Eisenbahn/EISENACH/1883 KPEV Cörrh 563 | 1891 |
| 1251 | 1B n2 | G | 24.07.61 | 1435 | Cöln-Mindener Eisenbahn/WARTBURG/1883 KPEV Cörrh 564 | 1897 |
| 1252 | 1B n2 | G | 24.07.61 | 1435 | Cöln-Mindener Eisenbahn/CALCUM/1883 KPEV Cörrh 565 | 1898 |
| 1253 | 1B n2 | G | 31.07.61 | 1435 | Cöln-Mindener Eisenbahn/SCHWELM/1881 KPEV Han 518 | 1891 |
| 1254 | 1B n2 | G | 31.07.61 | 1435 | Cöln-Mindener Eisenbahn/HASPE/1875 EK/1883 KPEV Cörrh 566 | 1895 |
| 1255 | 1B n2 | G | 05.08.61 | 1435 | Cöln-Mindener Eisenbahn/HANSA/1881 KPEV Han 519/200. Borsiglokomotive der CME | 1886 |
| 1256 | 1B n2 | G | 05.08.61 | 1435 | Cöln-Mindener Eisenbahn/WARSCHAU/1883 KPEV Cörrh 567 | 1886 |
| 1257 | 1A1 n2 | P | 09.07.61 | 1435 | Rheinische Eisenbahn/RICHARTZ 57/1882 KPEV Cörrh 35 | 1886 |
| 1258 | 1A1 n2 | P | 09.07.61 | 1435 | Rheinische Eisenbahn/WALLRAF 56/1882 KPEV Cörrh 34 | 1886 |
| 1259 | 1B n2 | G | 09.09.61 | 1435 | Magdeburg-Leipziger Eisenbahn/SPREE 34/1881 KPEV Mgd 751 | 1882 |
| 1260 | 1B n2 | G | 09.09.61 | 1435 | Magdeburg-Leipziger Eisenbahn/FULDA 35/1881 KPEV Mgd 752/1883 Mgd 509 | 1884 |
| 1261 | 1B n2 | G | 09.09.61 | 1435 | Magdeburg-Leipziger Eisenbahn/MULDE 36/1881 KPEV Mgd 753/1883 Mgd 510 | 1882 |
| 1262 | 1A1 n2 | P | 17.09.61 | 1435 | Cöln-Mindener Eisenbahn/LUZERN/1881 umgebaut zur 1B n2t in der Central-Werkstatt der CME, Dortmund Umbau-Nr. 19/1883 KPEV Cörrh 1526 | |
| 1263 | 1A1 n2 | P | 17.09.61 | 1435 | Cöln-Mindener Eisenbahn/THUN/1881 umgebaut zur 1B n2t in der Central-Werkstatt der CME, Dortmund Umbau-Nr. 17/1883 KPEV Cörrh 1527 | |
| 1264 | 1A1 n2 | P | 17.09.61 | 1435 | Cöln-Mindener Eisenbahn/GENF/1881 umgebaut zur 1B n2t in der Central-Werkstatt der CME, Dortmund Umbau-Nr. 20/1883 KPEV Cörrh 1528 | |
| 1265 | 1A1 n2 | P | 25.09.61 | 1435 | Cöln-Mindener Eisenbahn/TURIN/1883 KPEV Cörrh 18/1884 umgebaut zur 1B n2t in der Central-Werkstatt der CME, Dortmund Umbau-Nr. 26 Cörrh 1496/ Mst 1610 | |
| 1266 | 1A1 n2 | P | 25.09.61 | 1435 | Cöln-Mindener Eisenbahn/STOLBERG/1878 umgebaut zur 1B n2t in der Central-Werkstatt der CME, Dortmund Umbau-Nr. 8/1883 KPEV Cörrh 1524/ Mst 1605 | |
| 1267 | 1A1 n2 | P | 25.09.61 | 1435 | Cöln-Mindener Eisenbahn/POSEN/1883 KPEV Cörrh 19/1884 umgebaut zur 1B n2t in der Central-Werkstatt der CME, Dortmund Umbau-Nr. 27 Cörrh 1497/ Mst 1611 | |
| 1268 | 1B n2 | G | 28.09.61 | 1435 | Rheinische Eisenbahn/VULCAN 90/1882 KPEV Cölrh 555 | 1893 |
| 1269 | 1B n2 | G | 28.09.61 | 1435 | Rheinische Eisenbahn/ATLAS 91/1882 KPEV Cölrh 556 | 1894 |
| 1270 | 1A1 n2 | P | 09.10.61 | 1435 | Warschau-Bromberger Eisenbahn/WB 101 | |
| 1271 | 1A1 n2 | P | 09.10.61 | 1435 | Warschau-Bromberger Eisenbahn/WB 102 | |
| 1272 | 1A1 n2 | P | 17.10.61 | 1435 | Warschau-Bromberger Eisenbahn/WB 103 | |
| 1273 | 1A1 n2 | P | 17.10.61 | 1435 | Warschau-Bromberger Eisenbahn/WB 104 | |
| 1274 | 1B n2 | G | 05.12.61 | 1435 | Warschau-Bromberger Eisenbahn/WB 109 | |
| 1275 | 1B n2 | G | 05.12.61 | 1435 | Warschau-Bromberger Eisenbahn/WB 110 | |
| 1276 | B1 n2 | Gt | 01.11.61 | 1435 | Cöln-Mindener Eisenbahn/HOCHDAHL/1881 KPEV Han 1524 | nach 1892 |
| 1277 | B1 n2 | Gt | 01.11.61 | 1435 | Cöln-Mindener Eisenbahn/NEUSS/1881 KPEV Han 1525 | nach 1892 |
| 1278 | B1 n2 | Gt | 07.11.61 | 1435 | Cöln-Mindener Eisenbahn/GLADBACH/1881 KPEV Han 1526 | nach 1892 |
| 1279 | 1B n2 | G | 23.10.61 | 1435 | Breslau-Schweidnitz-Freiburger Eisenbahn/34/1883 KPEV Bln 662 | 1886 |
| 1280 | 1B n2 | G | 23.10.61 | 1435 | Breslau-Schweidnitz-Freiburger Eisenbahn/35/1883 KPEV Bln 663 | 1885 |
| 1281 | 1B n2 | G | 14.11.61 | 1435 | Rheinische Eisenbahn/ACHILLES 92/1882 KPEV Cölrh 557 | 1893 |
| 1282 | 1B n2 | G | 14.11.61 | 1435 | Rheinische Eisenbahn/HECTOR 93/1882 KPEV Cölrh 558 | 1894 |
| 1283 | 1A1 n2 | P | 23.12.61 | 1435 | Berlin-Hamburger Eisenbahn/CASTOR/1884 KPEV Alt 24 | 1888 |
| 1284 | 1A1 n2 | P | 23.12.61 | 1435 | Berlin-Hamburger Eisenbahn/POLLUX/1884 KPEV Alt 25 | 1887 |
| 1285 | 1B n2 | G | 09.01.62 | 1435 | Berlin-Hamburger Eisenbahn/BRESLAU/1884 KPEV Alt 526 | 1889 |
| 1286 | 1B n2 | G | 09.01.62 | 1435 | Berlin-Hamburger Eisenbahn/HALLE/1884 KPEV Alt 527 | 1892 |
| 1287 | 1B n2 | P | 17.04.62 | 1435 | Saarbrücker Eisenbahn/38/1880 KPEV Cölrh 113/1895 Sbr 113 | nach 1895 |

| Fabriknummer | Bauart | Gattung | Auslieferungsdatum | Spurweite | Empfänger/Verbleib | Ausmusterung |
|---|---|---|---|---|---|---|
| 1288 | 1B n2 | G | 06.02.62 | 1435 | Saarbrücker Eisenbahn/35/1880 KPEV Cölrh 559/1895 Sbr 559 | nach 1895 |
| 1289 | 1B n2 | G | 06.02.62 | 1435 | Saarbrücker Eisenbahn/36/1880 KPEV Cölrh 560/1895 Sbr 560 | nach 1895 |
| 1290 | 1B n2 | G | 17.04.62 | 1435 | Saarbrücker Eisenbahn/37/1880 KPEV Cölrh 561 | 1886 |
| 1291 | 1B n2 | G | 15.05.62 | 1524 | Moskau-Jaroslawl/G 1/1898 Moskau - Jaroslawl - Archangelsk/BP 3 | |
| 1292 | 1B n2 | G | 15.05.62 | 1524 | Moskau-Jaroslawl/G 2/1898 Moskau - Jaroslawl - Archangelsk/BP 4 | |
| 1293 | 1B n2 | G | 28.05.62 | 1524 | Moskau-Jaroslawl/G 3/1898 Moskau - Jaroslawl - Archangelsk/BP 5 | |
| 1294 | 1B n2 | G | 28.05.62 | 1524 | Moskau-Jaroslawl/G 4/1898 Moskau - Jaroslawl - Archangelsk/BP 6 | |
| 1295 | 1B n2 | G | 25.06.61 | 1524 | Moskau-Jaroslawl/G 5/1898 Moskau - Jaroslawl - Archangelsk/BP 7 | |
| 1296 | 1B n2 | G | 25.06.61 | 1524 | Moskau-Jaroslawl/G 6/1898 Moskau - Jaroslawl - Archangelsk/BP 8 | |
| 1297 | 1B n2 | G | 19.07.61 | 1524 | Moskau-Jaroslawl/G 7/1898 Moskau - Jaroslawl - Archangelsk/BP 9 | |
| 1298 | 1B n2 | G | 19.07.61 | 1524 | Moskau-Jaroslawl/G 8/1898 Moskau - Jaroslawl - Archangelsk/BP 10 | |
| 1299 | 1A1 n2 | G | 10.12.61 | 1435 | Rheinische Eisenbahn/RUBENS 59/1882 KPEV Cölrh 22 | 1888 |
| 1300 | 1A1 n2 | G | 10.12.61 | 1435 | Rheinische Eisenbahn/BEETHOVEN 58/1882 KPEV Cörrh 36 | 1885 |
| 1301 | 1B n2 | G | 03.01.62 | 1524 | Petersburg-Warschauer Eisenbahn/B 71 später Große Russische Eisenbahn | |
| 1302 | 1B n2 | G | 03.01.62 | 1524 | Petersburg-Warschauer Eisenbahn/B 72 später Große Russische Eisenbahn | |
| 1303 | 1B n2 | G | 13.01.62 | 1524 | Petersburg-Warschauer Eisenbahn/B 73 später Große Russische Eisenbahn | |
| 1304 | 1B n2 | G | 13.01.62 | 1524 | Petersburg-Warschauer Eisenbahn/B 74 später Große Russische Eisenbahn | |
| 1305 | 1B n2 | G | 21.01.62 | 1524 | Petersburg-Warschauer Eisenbahn/B 75 später Große Russische Eisenbahn | |
| 1306 | 1B n2 | G | 21.01.62 | 1524 | Petersburg-Warschauer Eisenbahn/B 76 später Große Russische Eisenbahn | |
| 1307 | 1B n2 | G | 29.01.62 | 1524 | Petersburg-Warschauer Eisenbahn/B 77 später Große Russische Eisenbahn | |
| 1308 | 1B n2 | G | 29.01.62 | 1524 | Petersburg-Warschauer Eisenbahn/B 78 später Große Russische Eisenbahn | |
| 1309 | 1B n2 | G | 06.02.62 | 1524 | Petersburg-Warschauer Eisenbahn/B 79 später Große Russische Eisenbahn | |
| 1310 | 1B n2 | G | 06.02.62 | 1524 | Petersburg-Warschauer Eisenbahn/B 80 später Große Russische Eisenbahn | |
| 1311 | 1B n2 | G | 10.02.62 | 1524 | Petersburg-Warschauer Eisenbahn/B 81 später Große Russische Eisenbahn | |
| 1312 | 1B n2 | G | 10.02.62 | 1524 | Petersburg-Warschauer Eisenbahn/B 82 später Große Russische Eisenbahn | |
| 1313 | 1B n2 | G | 18.02.62 | 1524 | Petersburg-Warschauer Eisenbahn/B 83 später Große Russische Eisenbahn | |
| 1314 | 1B n2 | G | 18.02.62 | 1524 | Petersburg-Warschauer Eisenbahn/B 84 später Große Russische Eisenbahn | |
| 1315 | 1B n2 | G | 01.03.62 | 1524 | Petersburg-Warschauer Eisenbahn/B 85 später Große Russische Eisenbahn | |
| 1316 | 1B n2 | G | 01.03.62 | 1524 | Petersburg-Warschauer Eisenbahn/B 86 später Große Russische Eisenbahn | |
| 1317 | 1B n2 | G | 04.03.62 | 1524 | Petersburg-Warschauer Eisenbahn/B 87 später Große Russische Eisenbahn | |
| 1318 | 1B n2 | G | 04.03.62 | 1524 | Petersburg-Warschauer Eisenbahn/B 88 später Große Russische Eisenbahn | |
| 1319 | 1B n2 | G | 08.03.62 | 1524 | Petersburg-Warschauer Eisenbahn/B 89 später Große Russische Eisenbahn | |
| 1320 | 1B n2 | G | 08.03.62 | 1524 | Petersburg-Warschauer Eisenbahn/B 90 später Große Russische Eisenbahn | |
| 1321 | 1B n2 | G | 20.03.62 | 1524 | Petersburg-Warschauer Eisenbahn/B 91 später Große Russische Eisenbahn | |
| 1322 | 1B n2 | G | 20.03.62 | 1524 | Petersburg-Warschauer Eisenbahn/B 92 später Große Russische Eisenbahn | |
| 1323 | 1B n2 | G | 22.03.62 | 1524 | Petersburg-Warschauer Eisenbahn/B 93 später Große Russische Eisenbahn | |
| 1324 | 1B n2 | G | 22.03.62 | 1524 | Petersburg-Warschauer Eisenbahn/B 94 später Große Russische Eisenbahn | |
| 1325 | 1B n2 | G | 24.03.62 | 1524 | Petersburg-Warschauer Eisenbahn/B 95 später Große Russische Eisenbahn | |
| 1326 | 1B n2 | G | 24.03.62 | 1524 | Petersburg-Warschauer Eisenbahn/B 96 später Große Russische Eisenbahn | |
| 1327 | 1B n2 | G | 04.04.62 | 1524 | Petersburg-Warschauer Eisenbahn/B 97 später Große Russische Eisenbahn | |
| 1328 | 1B n2 | G | 04.04.62 | 1524 | Petersburg-Warschauer Eisenbahn/B 98 später Große Russische Eisenbahn | |
| 1329 | 1B n2 | G | 05.04.62 | 1524 | Petersburg-Warschauer Eisenbahn/B 99 später Große Russische Eisenbahn | |
| 1330 | 1B n2 | G | 05.04.62 | 1524 | Petersburg-Warschauer Eisenbahn/B 100 später Große Russische Eisenbahn | |
| 1331 | 1B n2 | G | 07.04.62 | 1524 | Petersburg-Warschauer Eisenbahn/B 101 später Große Russische Eisenbahn | |
| 1332 | 1B n2 | G | 07.04.62 | 1524 | Petersburg-Warschauer Eisenbahn/B 102 später Große Russische Eisenbahn | |
| 1333 | 1B n2 | G | 19.04.62 | 1524 | Petersburg-Warschauer Eisenbahn/B 103 später Große Russische Eisenbahn | |
| 1334 | 1B n2 | G | 19.04.62 | 1524 | Petersburg-Warschauer Eisenbahn/B 104 später Große Russische Eisenbahn | |
| 1335 | 1B n2 | G | 22.04.62 | 1524 | Petersburg-Warschauer Eisenbahn/B 105 später Große Russische Eisenbahn | |
| 1336 | 1B n2 | G | 22.04.62 | 1524 | Petersburg-Warschauer Eisenbahn/B 106 später Große Russische Eisenbahn | |
| 1337 | 1B n2 | G | 10.05.62 | 1524 | Petersburg-Warschauer Eisenbahn/B 107 später Große Russische Eisenbahn | |
| 1338 | 1B n2 | G | 10.05.62 | 1524 | Petersburg-Warschauer Eisenbahn/B 108 später Große Russische Eisenbahn | |
| 1339 | 1B n2 | G | 27.05.62 | 1524 | Petersburg-Warschauer Eisenbahn/B 109 später Große Russische Eisenbahn | |
| 1340 | 1B n2 | G | 27.05.62 | 1524 | Petersburg-Warschauer Eisenbahn/B 110 später Große Russische Eisenbahn | |
| 1341 | 1B n2 | G | 06.06.62 | 1524 | Petersburg-Warschauer Eisenbahn/B 111 später Große Russische Eisenbahn | |
| 1342 | 1B n2 | G | 06.06.62 | 1524 | Petersburg-Warschauer Eisenbahn/B 112 später Große Russische Eisenbahn | |
| 1343 | 1B n2 | G | 13.06.62 | 1524 | Petersburg-Warschauer Eisenbahn/B 113 später Große Russische Eisenbahn | |
| 1344 | 1B n2 | G | 13.06.62 | 1524 | Petersburg-Warschauer Eisenbahn/B 114 später Große Russische Eisenbahn | |
| 1345 | 1B n2 | G | 21.06.62 | 1524 | Petersburg-Warschauer Eisenbahn/B 115 später Große Russische Eisenbahn | |
| 1346 | 1B n2 | G | 21.06.62 | 1524 | Petersburg-Warschauer Eisenbahn/B 116 später Große Russische Eisenbahn | |
| 1347 | 1B n2 | G | 27.06.62 | 1524 | Petersburg-Warschauer Eisenbahn/B 117 später Große Russische Eisenbahn | |
| 1348 | 1B n2 | G | 27.06.62 | 1524 | Petersburg-Warschauer Eisenbahn/B 118 später Große Russische Eisenbahn | |
| 1349 | 1B n2 | G | 04.07.62 | 1524 | Petersburg-Warschauer Eisenbahn/B 119 später Große Russische Eisenbahn | |
| 1350 | 1B n2 | G | 04.07.62 | 1524 | Petersburg-Warschauer Eisenbahn/B 120 später Große Russische Eisenbahn | |
| 1351 | 1B n2 | G | 10.07.62 | 1524 | Petersburg-Warschauer Eisenbahn/B 121 später Große Russische Eisenbahn | |
| 1352 | 1B n2 | G | 10.07.62 | 1524 | Petersburg-Warschauer Eisenbahn/B 122 später Große Russische Eisenbahn | |
| 1353 | 1B n2 | G | 17.07.62 | 1524 | Petersburg-Warschauer Eisenbahn/B 123 später Große Russische Eisenbahn | |
| 1354 | 1B n2 | G | 17.07.62 | 1524 | Petersburg-Warschauer Eisenbahn/B 124 später Große Russische Eisenbahn | |
| 1355 | 1B n2 | G | 26.07.62 | 1524 | Petersburg-Warschauer Eisenbahn/B 125 später Große Russische Eisenbahn | |
| 1356 | 1B n2 | G | 26.07.62 | 1524 | Petersburg-Warschauer Eisenbahn/B 126 später Große Russische Eisenbahn | |
| 1357 | 1B n2 | G | 05.08.62 | 1524 | Petersburg-Warschauer Eisenbahn/B 127 später Große Russische Eisenbahn | |
| 1358 | 1B n2 | G | 05.08.62 | 1524 | Petersburg-Warschauer Eisenbahn/B 128 später Große Russische Eisenbahn | |

| Fabriknummer | Bauart | Gattung | Auslieferungsdatum | Spurweite | Empfänger/Verbleib | Ausmusterung |
|---|---|---|---|---|---|---|
| 1359 | 1B n2 | G | 11.08.62 | 1524 | Petersburg-Warschauer Eisenbahn/B 129 später Große Russische Eisenbahn | |
| 1360 | 1B n2 | G | 11.08.62 | 1524 | Petersburg-Warschauer Eisenbahn/B 130 später Große Russische Eisenbahn | |
| 1361 | 1B n2 | G | 14.03.62 | 1435 | Londoner Weltausstellung/BERLIN/19.02.63 CME/LORELEY/1883 KPEV Cörrh 377 | 1890 |
| 1362 | 1B n2 | G | 26.04.62 | 1435 | Magdeburg-Halberstädter Eisenbahn/ROSSTRAPPE/1881 KPEV 756/1883 Mgd 513 | 1886 |
| 1363 | 1B n2 | G | 26.04.62 | 1435 | Magdeburg-Halberstädter Eisenbahn/FALKENSTEIN/1881 KPEV 757 | 1881 |
| 1364 | 1B n2 | G | 29.04.62 | 1435 | Rhein-Nahe Eisenbahn/HUNDSRÜCK/1883 KPEV Cölrh 562 | |
| 1365 | 1B n2 | G | 29.04.62 | 1435 | Rhein-Nahe Eisenbahn/IDAR/1883 KPEV Cölrh 563 | 1887 |
| 1366 | 1B n2 | G | 22.05.62 | 1435 | Bergisch-Märkische Eisenbahn/HAMM 93/1882 KPEV Efd 515 | 1887 |
| 1367 | 1B n2 | G | 22.05.62 | 1435 | Bergisch-Märkische Eisenbahn/REMSCHEID 94 | 1880 |
| 1368 | 1B n2 | G | 28.06.62 | 1435 | Magdeburg-Halberstädter Eisenbahn/YORK/1881 KPEV Mgd 758 | 1881 |
| 1369 | 1B n2 | G | 28.06.62 | 1435 | Magdeburg-Halberstädter Eisenbahn/GNEISENAU/1881 KPEV Mgd 788/ 1883 Mgd 543 | 1902 |
| 1370 | 1B n2 | P | 30.05.62 | 1435 | Rhein-Nahe Eisenbahn/NECKAR/1883 KPEV Cölrh 114 | |
| 1371 | 1B n2 | P | 30.05.62 | 1435 | Rhein-Nahe Eisenbahn/GLAN/1883 KPEV Cölrh 115 | |
| 1372 | 1B n2 | P | 30.05.62 | 1435 | Rhein-Nahe Eisenbahn/MAIN/1883 KPEV Cölrh 116 | 1891 |
| 1373 | 1A1 n2 | S | 02.06.62 | 1435 | Cöln-Mindener Eisenbahn/GEORG HEUSER/1881 KPEV Han 5 | 1886 |
| 1374 | 1A1 n2 | S | 02.06.62 | 1435 | Cöln-Mindener Eisenbahn/MAILAND/1883 KPEV Cörrh 20 | |
| 1375 | 1B n2 | G | 12.08.62 | 1435 | Bergisch-Märkische Eisenbahn/HANNOVER 95/1882 KPEV Efd 516 | 1883 |
| 1376 | 1B n2 | G | 12.08.62 | 1435 | Bergisch-Märkische Eisenbahn/BREMEN 96 | 1882 |
| 1377 | 1B n2 | G | 20.08.62 | 1435 | Bergisch-Märkische Eisenbahn/HAMBURG 97/1882 KPEV Efd 517 | 1886 |
| 1378 | 1B n2 | G | 20.08.62 | 1435 | Bergisch-Märkische Eisenbahn/RUHRORT 98 | 1882 |
| 1379 | 1B n2 | G | 11.08.62 | 1435 | Magdeburg-Halberstädter Eisenbahn/SCHWERIN/1881 KPEV Mgd 759/1883 Mgd 514 | 1885 |
| 1380 | 1B n2 | G | 11.08.62 | 1435 | Magdeburg-Halberstädter Eisenbahn/SEYDLITZ/1881 KPEV Mgd 789/1883 Mgd 544 | 1900 |
| 1381 | 1B n2 | G | 24.07.62 | 1435 | Oberschlesische Eisenbahn/126/1880 OSE 151/1885 KPEV Bbg 456 | |
| 1382 | 1B n2 | G | 24.07.62 | 1435 | Oberschlesische Eisenbahn/127/1880 OSE 152/1885 KPEV Bbg 457 | |
| 1383 | 1B n2 | G | 23.08.62 | 1435 | Thüringische Eisenbahn/HÖRSEL/1872 ThE 19 | 1878 |
| 1384 | 1B n2 | G | 23.08.62 | 1435 | Thüringische Eisenbahn/NESSE/1872 ThE 20/1876 U 1 B n2t; EK He 828/ ThE 53/1882 KPEV Erf 1402 | nach 1896 |
| 1385 | 1B n2 | G | 27.08.62 | 1435 | Bergisch-Märkische Eisenbahn/BUCKE 99/1882 KPEV Efd 518 | 1887 |
| 1386 | 1B n2 | G | 27.08.62 | 1435 | Bergisch-Märkische Eisenbahn/GRÜNE 100 | vor 1880 |
| 1387 | 1B n2 | G | 30.08.62 | 1435 | Bergisch-Märkische Eisenbahn/BRAUNSCHWEIG 101 | 1882 |
| 1388 | 1B n2 | G | 30.08.62 | 1435 | Bergisch-Märkische Eisenbahn/KABEL 102/1882 KPEV Efd 519/1886 Cörrh 730 | |
| 1389 | 1B n2 | G | 11.09.62 | 1435 | Saarbrücker Eisenbahn/39/1881 KPEV Cölrh 564 | 1889 |
| 1390 | 1B n2 | G | 11.09.62 | 1435 | Saarbrücker Eisenbahn/40/1881 KPEV Cölrh 565 | nach 1892 |
| 1391 | 1B n2 | G | 11.09.62 | 1435 | Saarbrücker Eisenbahn/41/1881 KPEV Cölrh 566 | 1888 |
| 1392 | 1B n2 | G | 13.09.62 | 1435 | Cöln-Mindener Eisenbahn/NEUWIED/1883 KPEV Cörrh 568 | 1897 |
| 1393 | 1B n2 | G | 13.09.62 | 1435 | Cöln-Mindener Eisenbahn/WORMS/1883 KPEV Cörrh 569/1895 Mst 569 | |
| 1394 | 1B n2 | G | 13.09.62 | 1435 | Cöln-Mindener Eisenbahn/HEIDELBERG/1881 KPEV Han 520 | |
| 1395 | 1B n2 | G | 29.09.62 | 1435 | Cöln-Mindener Eisenbahn/OLTEN/1883 KPEV Cörrh 570 | 1891 |
| 1396 | 1B n2 | G | 29.09.62 | 1435 | Cöln-Mindener Eisenbahn/GENUA/1883 KPEV Cörrh 571 | |
| 1397 | 1B n2 | G | 29.09.62 | 1435 | Cöln-Mindener Eisenbahn/BURG/1883 KPEV Cörrh 572 | 1890 |
| 1398 | 1A1 n2 | P | 11.10.62 | 1435 | Warschau-Bromberger Eisenbahn/WB 105 | |
| 1399 | 1A1 n2 | P | 11.10.62 | 1435 | Warschau-Bromberger Eisenbahn/WB 106 | |
| 1400 | 1A1 n2 | P | 18.10.62 | 1435 | Warschau-Bromberger Eisenbahn/WB 107 | |
| 1401 | 1A1 n2 | P | 18.10.62 | 1435 | Warschau-Bromberger Eisenbahn/WB 108 | |
| 1402 | 1A1 n2 | P | 02.12.62 | 1435 | Rheinische Eisenbahn/KÖNIG WILHELM 61/1882 KPEV Cölrh 23 | 1891 |
| 1403 | 1A1 n2 | P | 02.12.62 | 1435 | Rheinische Eisenbahn/KÖNIGIN AUGUSTE 60/1882 KPEV Cölrh 24 | vor 1895 |
| 1404 | 1B n2 | G | 18.09.62 | 1435 | Saarbrücker Eisenbahn/42/1881 KPEV Cölrh 567 | 1890 |
| 1405 | 1B n2 | G | 18.09.62 | 1435 | Saarbrücker Eisenbahn/43/1881 KPEV Cölrh 568 | 1886 |
| 1406 | 1B n2 | G | 24.09.62 | 1435 | Saarbrücker Eisenbahn/44/1881 KPEV Cölrh 569 | |
| 1407 | 1B n2 | G | 24.09.62 | 1435 | Saarbrücker Eisenbahn/45/1881 KPEV Cölrh 570 | 1888 |
| 1408 | 1B n2 | G | 10.09.62 | 1435 | Warschau-Bromberger Eisenbahn/WB 111 | |
| 1409 | 1B n2 | G | 10.09.62 | 1435 | Warschau-Bromberger Eisenbahn/WB 112 | |
| 1410 | 1B n2 | G | 25.09.62 | 1435 | Warschau-Bromberger Eisenbahn/WB 113/1895 Lodzer Fabrikbahn B 113 | |
| 1411 | 1B n2 | G | 25.09.62 | 1435 | Warschau-Bromberger Eisenbahn/WB 114 | |
| 1412 | 1B n2 | G | 01.10.62 | 1435 | Warschau-Bromberger Eisenbahn/WB 115 | |
| 1413 | 1B n2 | G | 01.10.62 | 1435 | Warschau-Bromberger Eisenbahn/WB 116 | |
| 1414 | 1B n2 | G | 08.10.62 | 1435 | Warschau-Bromberger Eisenbahn/WB 117 | |
| 1415 | 1B n2 | G | 08.10.62 | 1435 | Warschau-Bromberger Eisenbahn/WB 118 | |
| 1416 | 1B n2 | G | 15.10.62 | 1435 | Saarbrücker Eisenbahn/46/1881 KPEV Cölrh 571 | 1890 |
| 1417 | 1B n2 | G | 15.10.62 | 1435 | Saarbrücker Eisenbahn/47/1881 KPEV Cölrh 572 | 1887 |
| 1418 | 1B n2 | G | 29.11.62 | 1435 | Rheinische Eisenbahn/HOLLAND 94/1882 KPEV Cölrh 573 | 1893 |
| 1419 | 1B n2 | G | 29.11.62 | 1435 | Rheinische Eisenbahn/WAAL 95/1882 KPEV Cölrh 574 | 1893 |
| 1420 | 1B n2 | G | 29.11.62 | 1435 | Rheinische Eisenbahn/KRAFT 96/1882 KPEV Cörrh 623 | 1885 |
| 1421 | 1B n2 | G | 16.12.62 | 1435 | Magdeburg-Leipziger Eisenbahn/MOSEL 37/1881 KPEV Mgd 754/1883 Mgd 511 | 1888 |
| 1422 | 1B n2 | G | 16.12.62 | 1435 | Magdeburg-Leipziger Eisenbahn/PARTHE 38/1881 KPEV Mgd 755/1883 Mgd 512 | 1883 |

| Fabriknummer | Bauart | Gattung 1 | Auslieferungsdatum | Spurweite | Empfänger/Verbleib | Ausmusterung |
|---|---|---|---|---|---|---|
| 1423 | 1B n2 | G | 27.11.62 | 1435 | Berlin-Stettiner Eisenbahn/PROMETHEUS 26"/1873 BStE A 104/1883 KPEV Bln 547 | 1883 |
| 1424 | 1B n2 | G | 27.11.62 | 1435 | Berlin-Stettiner Eisenbahn/ATLAS 27"/1873 BStE A 105/1883 KPEV Bln 548/ 1890 Bbg 636 | |
| 1425 | 1A1 n2 | P | 12.11.62 | 1435 | Berlin-Stettiner Eisenbahn/UECKER 105/1873 BStE C 5/1883 KPEV Bln 24 | 1887 |
| 1426 | 1A1 n2 | P | 12.11.62 | 1435 | Berlin-Stettiner Eisenbahn/RANDOW 106/1873 BStE C 6/1883 KPEV Bln 25 | 1883 |
| 1427 | 1A1 n2 | P | 12.11.62 | 1435 | Berlin-Stettiner Eisenbahn/PEENE 107/1873 BStE C 7/1883 KPEV Bln 26 | 1883 |
| 1428 | 1A1 n2 | P | 17.11.62 | 1435 | Berlin-Stettiner Eisenbahn/ZÜSSOW 108/1873 BStE C 8/1883 KPEV Bln 27 | 1885 |
| 1429 | 1A1 n2 | P | 17.11.62 | 1435 | Berlin-Stettiner Eisenbahn/MILZOW 109/1873 BStE C 9/1883 KPEV Bln 28 | 1884 |
| 1430 | 1A1 n2 | P | 18.11.62 | 1435 | Berlin-Stettiner Eisenbahn/JATZENICK 110/1873 BStE C 10/1883 KPEV Bln 29 | 1884 |
| 1431 | 1B n2 | P | 06.12.62 | 1435 | Berlin-Stettiner Eisenbahn/EXPRESS 30"/1873 BStE A 5 | 1880 |
| 1432 | 1B n2 | P | 06.12.62 | 1435 | Berlin-Stettiner Eisenbahn/VULCAN 24"/1873 BStE A 6 | 1881 |
| 1433 | 1B n2 | P | 03.12.62 | 1435 | Berlin-Stettiner Eisenbahn/PRESTO 31"/1873 BStE A 7 | 1878 |
| 1434 | 1B n2 | P | 03.12.62 | 1435 | Berlin-Stettiner Eisenbahn/NEUSTADT 28"/1873 BStE A 8/1883 KPEV Bln 102 | 1886 |
| 1435 | 1B n2 | G | 11.12.62 | 1435 | Cöln-Mindener Eisenbahn/GENTHIN/1881 KPEV Han 521 | 1889 |
| 1436 | 1B n2 | G | 11.12.62 | 1435 | Cöln-Mindener Eisenbahn/PETERSBURG/1883 KPEV Cörrh 573 | 1890 |
| 1437 | 1B n2 | G | 11.12.62 | 1435 | Cöln-Mindener Eisenbahn/MOSKAU/1883 KPEV Cörrh 574 | 1884 |
| 1438 | 1B n2 | G | 17.12.62 | 1435 | Cöln-Mindener Eisenbahn/MANCHESTER/1883 KPEV Cörrh 575 | 1894 |
| 1439 | 1B n2 | G | 17.12.62 | 1435 | Cöln-Mindener Eisenbahn/DUBLIN/1883 KPEV Cörrh 576/1895 Efd 576/ 1896 Cln 595 | |
| 1440 | 1B n2 | G | 17.12.62 | 1435 | Cöln-Mindener Eisenbahn/EDINBURG/1881 KPEV Han 522 | 1891 |
| 1441 | 1B n2 | G | 24.12.62 | 1435 | Berlin-Anhalter Eisenbahn/FORTUNA 77/1882 KPEV Erf 17/1895 Hl 17 | |
| 1442 | 1B n2 | G | 24.12.62 | 1435 | Berlin-Anhalter Eisenbahn/WALLWITZHAFEN 78/1882 KPEV Erf 18 | 1894 |
| 1443 | 1B n2 | P | 22.12.62 | 1435 | Thüringische Eisenbahn/PLEISSE/1872 ThE 21/1878 U 1 B n2t; EK He 831; ThE 54/1882 KPEV Erf 1403 | vor 1896 |
| 1444 | 1B n2 | P | 22.12.62 | 1435 | Thüringische Eisenbahn/MULDE/1872 ThE 22 | 1878 |
| 1445 | 1B n2 | P | 17.01.63 | 1435 | Thüringische Eisenbahn/REINHARDSBRUNN/1872 ThE 55/1877 ThE 208/ 1882 KPEV Erf 103 | 1885 |
| 1446 | 1B n2 | P | 17.01.63 | 1435 | Thüringische Eisenbahn/WILHELMSTHAL/1872 ThE 56/1877 ThE 209/ 1882 KPEV Erf 104 | 1884 |
| 1447 | 1B n2 | G | 30.12.62 | 1435 | Breslau-Schweidnitz-Freiburger Eisenbahn/36/1885 KPEV Bln 664 | nach 1892 |
| 1448 | 1B n2 | G | 30.12.62 | 1435 | Breslau-Schweidnitz-Freiburger Eisenbahn/37/1885 KPEV Bln 665 | 1886 |
| 1449 | 1B n2 | G | 31.12.62 | 1435 | Breslau-Schweidnitz-Freiburger Eisenbahn/38/1885 KPEV Bln 666 | nach 1892 |
| 1450 | 1B n2 | G | 31.12.62 | 1435 | Breslau-Schweidnitz-Freiburger Eisenbahn/14/1885 KPEV Bln 668 | 1888 |
| 1451 | 1B n2 | G | 20.01.63 | 1435 | Berlin-Hamburger Eisenbahn/VORWÄRTS/1871 EK Borsig/1884 KPEV Alt 528 | 1898 |
| 1452 | 1B n2 | G | 20.01.63 | 1435 | Berlin-Hamburger Eisenbahn/HANNOVER/1884 KPEV Alt 529 | 1890 |
| 1453 | 1B n2 | G | 30.01.63 | 1435 | Berlin-Hamburger Eisenbahn/GAZELLE/1884 KPEV Alt 526 | 1887 |
| 1454 | 1B n2 | G | 30.01.63 | 1435 | Berlin-Hamburger Eisenbahn/HERO/1884 KPEV Alt 527 | 1891 |
| 1455 | 1B n2 | G | 02.02.63 | 1435 | Aachen-Düsseldorf-Ruhrorter Eisenbahn/EUROPA/1866 BME 266 | vor 1882 |
| 1456 | 1B n2 | G | 02.02.63 | 1435 | Aachen-Düsseldorf-Ruhrorter Eisenbahn/VENLO 35/1866 BME 267/ LINDERN/1883 KPEV Cölrh 579 | 1884 |
| 1457 | 1B n2 | G | 03.02.63 | 1435 | Niederschlesische Zweigbahn/HOHENZOLLERN | 1884 |
| 1458 | 1A1 n2 | P | 25.02.63 | 1435 | Berlin-Stettiner Eisenbahn/DUCHEROW 111/1873 BStE C 11/1883 KPEV Bln 30 | 1888 |
| 1459 | 1A1 n2 | P | 25.02.63 | 1435 | Berlin-Stettiner Eisenbahn/LÖCKNITZ 112/1873 BStE C 12/1883 KPEV Bln 31 | 1889 |
| 1460 | 1A1 n2 | P | 25.02.63 | 1435 | Berlin-Stettiner Eisenbahn/GRAMBOW 113/1873 BStE C 13/ | vor 1887 |
| 1461 | 1B n2 | G | 18.02.63 | 1435 | Berlin-Stettiner Eisenbahn/ZAROW 124/1873 BStE C 101/1883 KPEV Bln 557 | |
| 1462 | 1B n2 | G | 18.02.63 | 1435 | Berlin-Stettiner Eisenbahn/RYCK 122/1873 BStE C 102/1883 KPEV Bln 558 | 1890 |
| 1463 | 1B n2 | G | 18.02.63 | 1435 | Berlin-Stettiner Eisenbahn/OSTSEE 125/1873 BStE C 103/1883 KPEV Bln 559 | 1888 |
| 1464 | 1A1 n2 | P | 03.03.63 | 1435 | Rheinische Eisenbahn/FÜRSTENBERG 62/1882 KPEV Cörrh 37 | 1884 |
| 1465 | 1A1 n2 | P | 03.03.63 | 1435 | Rheinische Eisenbahn/AGRIPPINA 63/1882 KPEV Cörrh 38 | 1887 |
| 1466 | 1A1 n2 | P | 04.03.63 | 1435 | Rheinische Eisenbahn/SCHWANENBURG 64/1882 KPEV Cölrh 25 | 1892 |
| 1467 | 1A1 n2 | P | 04.03.63 | 1435 | Rheinische Eisenbahn/NIERS 65/1882 KPEV Cölrh 26 | vor 1895 |
| 1468 | 1B n2 | G | 10.03.63 | 1435 | Cöln-Mindener Eisenbahn/BROHL/1883 KPEV Cörrh 578 | |
| 1469 | 1B n2 | G | 10.03.63 | 1435 | Cöln-Mindener Eisenbahn/ROLANDSECK/1883 Cörrh 579 | |
| 1470 | 1B n2 | G | 13.03.63 | 1435 | Cöln-Mindener Eisenbahn/LAIBACH/1883 KPEV Cörrh 580 | 1893 |
| 1471 | 1B n2 | G | 13.03.63 | 1435 | Cöln-Mindener Eisenbahn/GLOGNITZ/1883 KPEV Cörrh 581 | 1885 |
| 1472 | 1B n2 | G | 20.03.63 | 1435 | Cöln-Mindener Eisenbahn/GOTTHARDT/1883 KPEV Cörrh 582/1895 Mst 582 | |
| 1473 | 1B n2 | G | 20.03.63 | 1435 | Cöln-Mindener Eisenbahn/LINZ/1883 KPEV Cörrh 583/1895 Mst 583 | |
| 1474 | 1B n2 | G | 24.03.63 | 1435 | Cöln-Mindener Eisenbahn/RIGI/1883 KPEV Cörrh 584 | 1898 |
| 1475 | 1B n2 | G | 24.03.63 | 1435 | Cöln-Mindener Eisenbahn/STEPHENSON/1883 KPEV Cörrh 585 | 1890 |
| 1476 | 1B n2 | P | 02.04.63 | 1435 | Magdeburg-Leipziger Eisenbahn/39/1881 KPEV Mgd 101 | 1884 |
| 1477 | 1B n2 | P | 02.04.63 | 1435 | Magdeburg-Leipziger Eisenbahn/40/1881 KPEV Mgd 102 | 1886 |
| 1478 | 1B n2 | P | 04.04.63 | 1435 | Magdeburg-Leipziger Eisenbahn/41/1878 EK/1881 KPEV Mgd 117 | 1886 |
| 1479 | 1B n2 | P | 04.04.63 | 1435 | Magdeburg-Leipziger Eisenbahn/42/1881 KPEV Mgd 103 | 1886 |
| 1480 | 1B n2 | G | 15.04.63 | 1435 | Niederschlesisch-Märkische Eisenbahn/153/1883 KPEV Bln 549 | 1887 |
| 1481 | 1B n2 | G | 15.04.63 | 1435 | Niederschlesisch-Märkische Eisenbahn/154/1883 KPEV Bln 550 | 1888 |
| 1482 | 1B n2 | G | 22.04.63 | 1435 | Niederschlesisch-Märkische Eisenbahn/155/1883 KPEV Bln 551 | 1885 |
| 1483 | 1B n2 | G | 22.04.63 | 1435 | Niederschlesisch-Märkische Eisenbahn/156/1883 KPEV Bln 552 | 1887 |
| 1484 | 1B n2 | G | 01.05.63 | 1435 | Berlin-Potsdam-Magdeburger Eisenbahn/CÖLN/1881 KPEV Mgd 760/1883 Mgd 515 | 1883 |

| Fabriknummer | Bauart | Gattung | Auslieferungsdatum | Spurweite | Empfänger/Verbleib | Ausmusterung |
|---|---|---|---|---|---|---|
| 1485 | 1B n2 | G | 01.05.63 | 1435 | Berlin-Potsdam-Magdeburger Eisenbahn/COBLENZ/1881 KPEV Mgd 761/ 1883 Mgd 516 | 1883 |
| 1486 | 1B n2 | G | 05.05.63 | 1435 | Berlin-Potsdam-Magdeburger Eisenbahn/ELBERFELD/1881 KPEV Mgd 762/ 1883 Mgd 517 | 1883 |
| 1487 | 1B n2 | G | 05.05.63 | 1435 | Berlin-Potsdam-Magdeburger Eisenbahn/DORTMUND/1881 KPEV Mgd 763/ 1883 Mgd 518 | 1884 |
| 1488 | 1B n2 | P | 16.05.63 | 1524 | Moskau-Jaroslawl/G 9/Moskau - Jaroslawl - Archangelsk/BP 11 | |
| 1489 | 1B n2 | P | 16.05.63 | 1524 | Moskau-Jaroslawl/G 10/Moskau - Jaroslawl - Archangelsk/BP 12 | |
| 1490 | 1B n2 | G | 24.04.63 | 1435 | Niederschlesisch-Märkische Eisenbahn/157/1883 KPEV Bln 553 | 1885 |
| 1491 | 1B n2 | G | 24.04.63 | 1435 | Niederschlesisch-Märkische Eisenbahn/158/1883 KPEV Bln 554 | 1885 |
| 1492 | 1A1 n2 | P | 18.05.63 | 1435 | Rheinische Eisenbahn/SEYDLITZ 66/1882 KPEV Cörrh 39 | 1888 |
| 1493 | 1A1 n2 | P | 18.05.63 | 1435 | Rheinische Eisenbahn/ERFT 67/1882 KPEV Cörrh 40 | 1888 |
| 1494 | 1A1 n2 | P | 13.06.63 | 1435 | Berlin-Anhalter Eisenbahn/BLOCH 79/1882 KPEV Erf 27 | vor 1891 |
| 1495 | 1A1 n2 | P | 13.06.63 | 1435 | Berlin-Anhalter Eisenbahn/COURIER II 80/1882 KPEV Erf 28 | 1892 |
| 1496 | 1B n2 | G | 20.05.63 | 1435 | Rheinische Eisenbahn/EIFEL 97/1882 KPEV Cörrh 624 | 1890 |
| 1497 | 1B n2 | G | 20.05.63 | 1435 | Rheinische Eisenbahn/MAAS 98/1882 KPEV Cörrh 625 | 1892 |
| 1498 | 1A1 n2 | S | 09.06.63 | 1435 | Niederschlesisch-Märkische Eisenbahn/165/1883 KPEV Bln 20 | 1885 |
| 1499 | 1A1 n2 | S | 09.06.63 | 1435 | Niederschlesisch-Märkische Eisenbahn/166/1883 KPEV Bln 21 | 1888 |
| 1500 | 1A1 n2 | S | 10.11.63 | 1435 | Cöln-Mindener Eisenbahn/CÖLN-MINDEN/1883 Cörrh 24/1895 Mst 24 | |
| 1501 | 1A1 n2 | S | 21.05.63 | 1435 | Berlin-Potsdam-Magdeburger Eisenbahn/HAVEL/1881 KPEV Mgd 9 | 1890 |
| 1502 | 1A1 n2 | S | 21.05.63 | 1435 | Berlin-Potsdam-Magdeburger Eisenbahn/SPREE/1881 KPEV Mgd 10 | 1885 |
| 1503 | 1A1 n2 | S | 10.06.63 | 1435 | Berlin-Potsdam-Magdeburger Eisenbahn/WARTHE/1881 KPEV Mgd 11 | 1887 |
| 1504 | 1A1 n2 | S | 10.06.63 | 1435 | Berlin-Potsdam-Magdeburger Eisenbahn/SAALE/1881 KPEV Mgd 12 | 1886 |
| 1505 | 1A1 n2 | S | 20.06.63 | 1435 | Berlin-Potsdam-Magdeburger Eisenbahn/MAIN/1881 KPEV Mgd 13 | 1889 |
| 1506 | 1A1 n2 | S | 20.06.63 | 1435 | Berlin-Potsdam-Magdeburger Eisenbahn/NECKAR/1881 KPEV Mgd 14 | 1889 |
| 1507 | 1B n2 | G | 29.06.63 | 1435 | Niederschlesisch-Märkische Eisenbahn/159/1883 KPEV Bln 555 | 1886 |
| 1508 | 1B n2 | G | 29.06.63 | 1435 | Niederschlesisch-Märkische Eisenbahn/160/1883 KPEV Bln 556 | 1886 |
| 1509 | B1 n2t | Gt | 01.09.63 | 1435 | Bergisch-Märkische Eisenbahn/SCHWERTE 103/1883 KPEV Cölrh 1403 | nach 1892 |
| 1510 | B1 n2t | Gt | 01.09.63 | 1435 | Bergisch-Märkische Eisenbahn/HOHENSYBURG 104/1883 KPEV Cölrh 1404 | nach 1892 |
| 1511 | B1 n2t | Gt | 01.09.63 | 1435 | Bergisch-Märkische Eisenbahn/LANGENDREEN 105/1883 KPEV Cölrh 1405 | nach 1892 |
| 1512 | 1B n2 | Gt | 08.07.63 | 1524 | Petersburg-Peterhof (Rußland)/MARIE/15.05.69 Baltische Eisenbahn (Rußland) | |
| 1513 | 1B n2 | Gt | 08.07.63 | 1524 | Petersburg-Peterhof (Rußland)/HELENE/15.05.69 Baltische Eisenbahn (Rußland) | |
| 1514 | 1B n2 | G | 03.11.63 | 1435 | Westfälische Eisenbahn/EGGE 50/1880 KPEV Han 750/1883 Cörrh 600 | 1891 |
| 1515 | 1B n2 | G | 03.11.63 | 1435 | Westfälische Eisenbahn/SOLLING 51/1880 KPEV Han 751/1883 Cörrh 601 | 1894 |
| 1516 | 1B n2 | G | 03.11.63 | 1435 | Westfälische Eisenbahn/FELDROM 52/1880 KPEV Han 752/1883 Cörrh 602 | 1898 |
| 1517 | 1B n2 | P | 24.07.63 | 1435 | Magdeburg-Wittenbergesche Eisenbahn/21 | 1878 |
| 1518 | 1B n2 | G | 07.08.63 | 1435 | Bergisch-Märkische Eisenbahn/HOLZWIKEDE 106/1883 KPEV Cölrh 580 | |
| 1519 | 1B n2 | G | 07.08.63 | 1435 | Bergisch-Märkische Eisenbahn/STYRUM 107 | vor 1880 |
| 1520 | 1B n2 | G | 11.08.63 | 1435 | Bergisch-Märkische Eisenbahn/ARNHEIM 108/1882 KPEV Efd 520 | 1886 |
| 1521 | 1B n2 | G | 11.08.63 | 1435 | Bergisch-Märkische Eisenbahn/EMMERICH 109/1883 KPEV Cölrh 581 | |
| 1522 | 1B n2 | G | 17.08.63 | 1435 | Bergisch-Märkische Eisenbahn/CLEVE 110/1883 KPEV Cölrh 582 | |
| 1523 | 1B n2 | G | 17.08.63 | 1435 | Bergisch-Märkische Eisenbahn/WESER 111 | vor 1880 |
| 1524 | 1B n2 | G | 23.08.63 | 1524 | Odessa-Parkany (Rußland)/ODESSA 1/Odessa-Balta 1/Südwestbahn Klasse A 1 | |
| 1525 | 1B n2 | G | 23.08.63 | 1524 | Odessa-Parkany (Rußland)/ODESSA 2/Odessa-Balta 2/Südwestbahn Klasse A 2 | |
| 1526 | 1B n2 | G | 25.09.63 | 1435 | Bergisch-Märkische Eisenbahn/ODER 112 | 1881 |
| 1527 | 1B n2 | G | 25.09.63 | 1435 | Bergisch-Märkische Eisenbahn/WERRA 113/1882 KPEV Efd 106 | |
| 1528 | 1B n2 | G | 25.09.63 | 1435 | Bergisch-Märkische Eisenbahn/FULDA 114 | 1880 |
| 1529 | 1B n2 | G | 30.09.63 | 1435 | Bergisch-Märkische Eisenbahn/SAALE 115/1882 KPEV Efd 107 | 1884 |
| 1530 | 1B n2 | G | 30.09.63 | 1435 | Bergisch-Märkische Eisenbahn/EDER 116/1882 KPEV Efd 108 | 1886 |
| 1531 | 1B n2 | G | 30.09.63 | 1435 | Bergisch-Märkische Eisenbahn/MAAS 117 | 1882 |
| 1532 | 1B n2 | G | 23.09.63 | 1435 | Thüringische Eisenbahn/WEICHSEL/1872 ThE 23 | vor 1882 |
| 1533 | 1B n2 | G | 23.09.63 | 1435 | Thüringische Eisenbahn/HAVEL/1872 ThE 24 | 1881 |
| 1534 | 1B n2 | G | 29.09.63 | 1435 | Thüringische Eisenbahn/MOSEL/1872 ThE 25/1877 EK Hoh/1882 KPEV Erf 505 | 1890 |
| 1535 | 1B n2 | G | 29.09.63 | 1435 | Thüringische Eisenbahn/LEINE/1872 ThE 26 | 1878 |
| 1536 | 1A1 n2 | S | 22.10.63 | 1435 | Cöln-Mindener Eisenbahn/DORTMUND/1883 KPEV Cörrh 21 | 1890 |
| 1537 | 1A1 n2 | S | 22.10.63 | 1435 | Cöln-Mindener Eisenbahn/HAMM/1883 KPEV Cörrh 22 | 1887 |
| 1538 | 1A1 n2 | S | 22.10.63 | 1435 | Cöln-Mindener Eisenbahn/AHLEN/1883 KPEV Cörrh 23 | 1891 |
| 1539 | 1B n2 | S | 14.11.63 | 1435 | Thüringische Eisenbahn/JENA/1872 ThE 57/1877 ThE 210 | vor 1882 |
| 1540 | 1B n2 | S | 14.11.63 | 1435 | Thüringische Eisenbahn/HAMBURG/1872 ThE 58/1877 ThE 211/1882 KPEV Erf 105 | 1883 |
| 1541 | 1B n2 | P/G | 17.08.63 | 1524 | Odessa-Parkany (Rußland)/ODESSA 3/Odessa-Balta 3/Südwestbahn Klasse A 3 | |
| 1542 | 1B n2 | P/G | 17.08.63 | 1524 | Odessa-Parkany (Rußland)/ODESSA 4/Odessa-Balta 4/Südwestbahn Klasse A 4 | |
| 1543 | 1B n2 | G | 28.10.63 | 1435 | Thüringische Eisenbahn/AHR/1872 ThE 27 | 1879 |
| 1544 | 1B n2 | G | 28.10.63 | 1435 | Thüringische Eisenbahn/EMS/1872 ThE 28/1879 EK Borsig/1882 KPEV Erf 506 | 1886 |
| 1545 | 1B n2 | P | 12.11.63 | 1435 | Berlin-Stettiner Eisenbahn/BLITZ 38/1873 BStE A 9/1883 KPEV Bln 112 | 1885 |
| 1546 | 1B n2 | P | 12.11.63 | 1435 | Berlin-Stettiner Eisenbahn/PFEIL 39/1873 BStE A 10/1883 KPEV Bln 113 | 1887 |
| 1547 | B 1 n2t | Gt | 08.12.63 | 1435 | Rheinische Eisenbahn/BÄR 109/1882 KPEV Cölrh 1406 | 1894 |
| 1548 | B1 n2t | Gt | 08.12.63 | 1435 | Rheinische Eisenbahn/LÖWE 110/1882 KPEV Cölrh 1407 | 1893 |
| 1549 | B1 n2t | Gt | 15.12.63 | 1435 | Rheinische Eisenbahn/AETNA 111/1882 KPEV Cölrh 1408 | 1892 |
| 1550 | B1 n2t | Gt | 15.12.63 | 1435 | Rheinische Eisenbahn/VESUV 112/1882 KPEV Cölrh 1409 | 1893 |

| Fabriknummer | Bauart | Gattung | Auslieferungsdatum | Spurweite | Empfänger/Verbleib | Ausmusterung |
|---|---|---|---|---|---|---|
| 1551 | B1 n2t | Gt | 19.12.63 | 1435 | Rheinische Eisenbahn/HERMANN 113/1882 KPEV Cölrh 1410 | 1893 |
| 1552 | B1 n2t | Gt | 19.12.63 | 1435 | Rheinische Eisenbahn/WITTEKIND 114/1882 KPEV Cölrh 1411 | 1892 |
| 1553 | 1B n2 | G | 01.12.63 | 1435 | Oberschlesische Eisenbahn/134/1880 OSE 165/1885 KPEV Bbg 458 | |
| 1554 | 1B n2 | G | 01.12.63 | 1435 | Oberschlesische Eisenbahn/135/1880 OSE 166/1885 KPEV Bbg 459 | |
| 1555 | 1B n2 | G | 04.12.63 | 1435 | Oberschlesische Eisenbahn/136/1880 OSE 167/1885 KPEV Bbg 460 | |
| 1556 | 1B n2 | G | 04.12.63 | 1435 | Oberschlesische Eisenbahn/137/1880 OSE 168/1885 KPEV Bbg 461 | |
| 1557 | 1B n2 | G | 11.12.63 | 1435 | Stargard-Posener Eisenbahn/KREUZ/1885 KPEV Bsl 546 | |
| 1558 | 1B n2 | G | 11.12.63 | 1435 | Stargard-Posener Eisenbahn/MIALA/1885 KPEV Bsl 547 | 1886 |
| 1559 | 1B n2 | G | 22.12.63 | 1435 | Oberschlesische Eisenbahn/138/1880 OSE 169/1885 KPEV Bbg 462 | |
| 1560 | 1B n2 | G | 22.12.63 | 1435 | Oberschlesische Eisenbahn/139/1880 OSE 170/1885 KPEV Bbg 463 | |
| 1561 | 1A1 n2 | S | 15.12.63 | 1435 | Cöln-Mindener Eisenbahn/UNNA/1883 KPEV Cörrh 25 | 1893 |
| 1562 | 1A1 n2 | P | 08.01.64 | 1435 | Königliche Ostbahn/WARTHE 120/1873 KO 60/1880 KPEV Bbg 60 | nach 1892 |
| 1563 | 1A1 n2 | P | 08.01.64 | 1435 | Königliche Ostbahn/AUXINNE 121/1873 KO 61/1880 KPEV Bbg 61 | 1892 |
| 1564 | 1A1 n2 | P | 08.01.64 | 1435 | Königliche Ostbahn/UNSTRUT 122/1873 KO 62/1880 KPEV Bbg 62 | 1892 |
| 1565 | 1A1 n2 | P | 14.01.64 | 1435 | Königliche Ostbahn/SALZACH 130/1873 KO 70/1880 KPEV Bbg 70 | 1892 |
| 1566 | 1A1 n2 | P | 14.01.64 | 1435 | Königliche Ostbahn/PEGNITZ 131/1873 KO 71/1880 KPEV Bbg 71 | 1890 |
| 1567 | 1A1 n2 | P | 02.02.64 | 1435 | Königliche Ostbahn/MULDE 123/1873 KO 63/1880 KPEV Bbg 63 | nach 1892 |
| 1568 | 1A1 n2 | P | 30.01.64 | 1435 | Königliche Ostbahn/ELSTER 124/1873 KO 64/1880 KPEV Bbg 64 | 1892 |
| 1569 | 1A1 n2 | P | 02.02.64 | 1435 | Königliche Ostbahn/MOLDAU 127/1873 KO 67/1880 KPEV Bbg 67 | 1892 |
| 1570 | 1A1 n2 | P | 02.02.64 | 1435 | Königliche Ostbahn/ISCHL 128/1873 KO 68/1880 KPEV Bbg 68 | nach 1892 |
| 1571 | 1A1 n2 | P | 30.01.64 | 1435 | Königliche Ostbahn/TRAUN 129/1873 KO 69/1880 KPEV Bbg 69 | nach 1892 |
| 1572 | 1B n2 | G | 03.02.64 | 1435 | Berlin-Stettiner Eisenbahn/CENTAUR 126/1873 BStE C 104/1883 KPEV Bln 572 | |
| 1573 | 1B n2 | G | 04.02.64 | 1435 | Berlin-Stettiner Eisenbahn/CYKLOP 125/1873 BStE C 105/1883 KPEV Bln 573 | |
| 1574 | 1B n2 | G | 05.02.64 | 1435 | Berlin-Stettiner Eisenbahn/GOLIATH 127/1873 BStE C 106/1883 KPEV Bln 574 | 1890 |
| 1575 | 1B n2 | G | 12.02.64 | 1435 | Berlin-Stettiner Eisenbahn/PANTHER 129/1873 BStE C 107/1883 KPEV Bln 575 | 1891 |
| 1576 | 1B n2 | G | 11.02.64 | 1435 | Berlin-Stettiner Eisenbahn/BARBAROSSA 130/1873 BStE C 109/1883 KPEV Bln 577 | |
| 1577 | 1B n2 | G | 12.02.64 | 1435 | Berlin-Stettiner Eisenbahn/GERMANIA 128/1873 BStE C 108/1883 KPEV Bln 576 | 1890 |
| 1578 | 1A1 n2 | P | 31.03.64 | 1435 | Lübeck-Büchener Eisenbahn/ADLER 8 | 1892 |
| 1579 | B1 n2 | G | 31.03.64 | 1435 | Lübeck-Büchener Eisenbahn/HAMBURG 9/1886 EK | 1901 |
| 1580 | 1B n2 | G | 17.02.64 | 1435 | Magdeburg-Halberstädter Eisenbahn/WERNIGERODE/1881 KPEV Mgd 769 | 1882 |
| 1581 | 1B n2 | G | 17.02.64 | 1435 | Magdeburg-Halberstädter Eisenbahn/WEGELEBEN/1881 KPEV Mgd 770/ 1883 Mgd 525 | 1884 |
| 1582 | 1B n2 | G | 22.02.64 | 1435 | Magdeburg-Halberstädter Eisenbahn/EISLEBEN/1881 KPEV Mgd 790/1883 Mgd 545 | 1891 |
| 1583 | 1B n2 | G | 22.02.64 | 1435 | Magdeburg-Halberstädter Eisenbahn/ASCHERSLEBEN/1881 KPEV Mgd 771/ 1883 Mgd 526 | 1883 |
| 1584 | 1A1 n2 | P | 11.03.64 | 1435 | Königliche Ostbahn/ENS 132/1873 KO 73/1880 KPEV Bbg 72 | nach 1892 |
| 1585 | 1A1 n2 | P | 11.03.64 | 1435 | Königliche Ostbahn/DRAU 133/1873 KO 73/1880 KPEV Bbg 73 | nach 1892 |
| 1586 | 1A1 n2 | P | 11.03.64 | 1435 | Königliche Ostbahn/SPIRDING 134/1873 KO 74/1880 KPEV Bbg 74 | nach 1892 |
| 1587 | 1A1 n2 | P | 19.03.64 | 1435 | Königliche Ostbahn/LEINE 125/1873 KO 65/1880 KPEV Bbg 65 | nach 1892 |
| 1588 | 1A1 n2 | P | 19.03.64 | 1435 | Königliche Ostbahn/LECH 126/1873 KO 66/1880 KPEV Bbg 66 | nach 1892 |
| 1589 | 1B n2 | S | 01.03.64 | 1435 | Thüringische Eisenbahn/BREMEN/1873 ThE 59/1877 ThE 212/1882 KPEV Erf 106 | 1884 |
| 1590 | 1B n2 | S | 01.03.64 | 1435 | Thüringische Eisenbahn/LÜBECK/1873 ThE 60/1877 ThE 213/1882 KPEV Erf 107 | 1883 |
| 1591 | 1A1 n2 | P | 18.04.64 | 1435 | Berlin-Hamburger Eisenbahn/ATALANTE/1884 KPEV Alt 28 | 1889 |
| 1592 | 1A1 n2 | P | 18.04.64 | 1435 | Berlin-Hamburger Eisenbahn/CERES/1884 KPEV Alt 29 | 1891 |
| 1593 | 1A1 n2 | P | 29.04.64 | 1435 | Berlin-Hamburger Eisenbahn/SIRIUS/1884 KPEV Alt 30 | 1893 |
| 1594 | 1A1 n2 | P | 30.04.64 | 1435 | Berlin-Hamburger Eisenbahn/JUNO/1884 KPEV Alt 31 | 1893 |
| 1595 | B1 n2t | Gt | 31.05.64 | 1435 | Nederlandsche Indische Spoorweg Maatschappij (Niederlande) | |
| 1596 | B1 n2t | Gt | 31.05.64 | 1435 | Nederlandsche Indische Spoorweg Maatschappij (Niederlande) | |
| 1597 | 1B n2 | G | 21.04.64 | 1435 | Niederschlesisch-Märkische Eisenbahn/169/1883 KPEV Bln 560 | vor 1895 |
| 1598 | 1A1 n2 | S | 13.05.64 | 1435 | Cöln-Mindener Eisenbahn/Duisburg/1881 KPEV Han 6 | 1891 |
| 1599 | 1A1 n2 | S | 13.05.64 | 1435 | Cöln-Mindener Eisenbahn/Gütersloh/1881 KPEV Han 7 | 1890 |
| 1600 | 1A1 n2 | S | 27.05.64 | 1435 | Cöln-Mindener Eisenbahn/Essen/1881 KPEV Han 8 | 1890 |
| 1601 | 1B n2 | G | 21.04.64 | 1435 | Niederschlesisch-Märkische Eisenbahn/170/1883 KPEV Bln 561 | vor 1895 |
| 1602 | 1B n2 | G | 29.04.64 | 1435 | Niederschlesisch-Märkische Eisenbahn/171/1883 KPEV Bln 562 | 1886 |
| 1603 | 1B n2 | G | 30.04.64 | 1435 | Niederschlesisch-Märkische Eisenbahn/172/1883 KPEV Bln 563 | vor 1895 |
| 1604 | 1B n2 | P | 13.06.64 | 1435 | Niederschlesisch-Märkische Eisenbahn/173/1883 KPEV Bln 22 | 1887 |
| 1605 | 1B n2 | P | 13.06.64 | 1435 | Niederschlesisch-Märkische Eisenbahn/174/1883 KPEV Bln 23 | 1886 |
| 1606 | 1B n2 | P/G | 28.04.64 | 1524 | Odessa-Parkany (Rußland)[1]/MANNHEIM 5/Odessa-Balta 5 | |
| 1607 | 1B n2 | P/G | 28.04.64 | 1524 | Odessa-Parkany (Rußland)[1]/ELSASS 6/Odessa-Balta 6 | |
| 1608 | 1B n2 | P/G | 28.04.64 | 1524 | Odessa-Parkany (Rußland)[1]/DNESTER 7/Odessa-Balta 7 | |
| 1609 | 1B n2 | P/G | 18.05.64 | 1524 | Odessa-Parkany (Rußland)[1]/DNEPER 8/Odessa-Balta 8 | |
| 1610 | 1B n2 | P/G | 31.05.64 | 1524 | Odessa-Parkany (Rußland)[1]/KODIMA 9/Odessa-Balta 9 | |

[1] später Südwestbahn Klasse A 5 - 12

| Fabriknummer | Bauart | Gattung | Auslieferungsdatum | Spurweite | Empfänger/Verbleib | Ausmusterung |
|---|---|---|---|---|---|---|
| 1611 | 1B n2 | P/G | 31.05.64 | 1524 | Odessa-Parkany (Rußland)1)/BUG 10/Odessa-Balta 10 | |
| 1612 | 1B n2 | P/G | 31.05.64 | 1524 | Odessa-Parkany (Rußland)1)/INGUL 11/Odessa-Balta 11 | |
| 1613 | 1B n2 | P/G | 31.05.64 | 1524 | Odessa-Parkany (Rußland)1)/INGULOZ 12/Odessa-Balta 12 | |
| 1614 | 1B n2 | G | 30.06.64 | 1435 | Niederschlesisch-Märkische Eisenbahn/173/1883 KPEV Bln 564 | vor 1895 |
| 1615 | 1B n2 | G | 27.06.64 | 1435 | Niederschlesisch-Märkische Eisenbahn/174/1883 KPEV Bln 565 | 1888 |
| 1616 | 1B n2 | G | 27.06.64 | 1435 | Niederschlesisch-Märkische Eisenbahn/175/1883 KPEV Bln 566 | 1886 |
| 1617 | 1B n2 | G | 30.06.64 | 1435 | Niederschlesisch-Märkische Eisenbahn/176/1883 KPEV Bln 567 | 1888 |
| 1618 | 1B n2 | P/G | 20.07.64 | 1524 | Odessa-Parkany (Rußland)3)/BENDER 13/Odessa-Balta 13 | |
| 1619 | 1B n2 | P/G | 20.07.64 | 1524 | Odessa-Parkany (Rußland)3)/BALTA 14/Odessa-Balta 14 | |
| 1620 | 1B n2 | P/G | 20.07.64 | 1524 | Odessa-Parkany (Rußland)3)/KISCHENEFF 15/Odessa-Balta 15 | |
| 1621 | 1B n2 | P/G | 20.07.64 | 1524 | Odessa-Parkany (Rußland)3)/OLIVIOPOL 16/Odessa-Balta 16 | |
| 1622 | B1 n2t | P/G | 20.06.64 | 1524 | Odessa-Parkany (Rußland)2)/TSCHERNOWICZ 25/Odessa-Balta 25 | |
| 1623 | B1 n2t | Gt | 20.06.64 | 1524 | Odessa-Parkany (Rußland)2)/NOWOSELIG/26/Odessa-Balta 26 | |
| 1624 | B1 n2t | Gt | 05.07.64 | 1524 | Odessa-Parkany (Rußland)2)/BIELZI 27/Odessa-Balta 27 | |
| 1625 | B1 n2t | Gt | 05.07.64 | 1524 | Odessa-Parkany (Rußland)2)/ORGEJEFF 28/Odessa-Balta 28 | |
| 1626 | 1B n2 | G | 12.07.64 | 1435 | Niederschlesisch-Märkische Eisenbahn/177/1883 KPEV Bln 568 | |
| 1627 | 1B n2 | G | 12.07.64 | 1435 | Niederschlesisch-Märkische Eisenbahn/178/1883 KPEV Bln 569 | 1887 |
| 1628 | 1B n2 | G | 23.07.64 | 1524 | Odessa-Parkany (Rußland)3)/ROSTOFF 17/Odessa-Balta 17 | |
| 1629 | 1B n2 | G | 23.07.64 | 1524 | Odessa-Parkany (Rußland)3)/ELISAWETGRAI 18/Odessa-Balta 18 | |
| 1630 | 1B n2 | G | 27.08.64 | 1524 | Odessa-Parkany (Rußland)3)/KREMENTSCHUG 19/Odessa-Balta 19 | |
| 1631 | 1B n2 | G | 27.08.64 | 1524 | Odessa-Parkany (Rußland)3)/POLTOWA 20/Odessa-Balta 20 | |
| 1632 | 1B n2 | G | 12.09.64 | 1524 | Odessa-Parkany (Rußland)3)/HARKOW 21/Odessa-Balta 21 | |
| 1633 | 1B n2 | G | 12.09.64 | 1524 | Odessa-Parkany (Rußland)3)/BACHMUT 22/Odessa-Balta 22 | |
| 1634 | 1B n2 | G | 12.09.64 | 1524 | Odessa-Parkany (Rußland)3)/MARIAPOL 23/Odessa-Balta 23 | |
| 1635 | 1B n2 | G | 12.09.64 | 1524 | Odessa-Parkany (Rußland)3)/TAGANROG 24/Odessa-Balta 24 | |
| 1636 | B1 n2 | G | 02.08.64 | 1435 | Lübeck-Büchener Eisenbahn/LÜBECK 10 | 1892 |
| 1637 | B1 n2 | G | 02.08.64 | 1435 | Lübeck-Büchener Eisenbahn/HOLSTEIN 11 | 1901 |
| 1638 | 1A1 n2 | P | 16.08.64 | 1435 | Lübeck-Büchener Eisenbahn/VORWÄRTS 12 | 1892 |
| 1639 | 1A1 n2 | P | 16.08.64 | 1435 | Lübeck-Büchener Eisenbahn/GEMSE 13 | 1892 |
| 1640 | 1A1 n2 | P | 23.08.64 | 1435 | Lübeck-Büchener Eisenbahn/MÖWE 14 | 1890 |
| 1641 | 1A1 n2 | P | 23.08.64 | 1435 | Lübeck-Büchener Eisenbahn/SCHWALBE 15 | 1897 |
| 1642 | 1B n2 | P | 04.10.64 | 1435 | Niederschlesisch-Märkische Eisenbahn/181/1883 KPEV Bln 119 | 1889 |
| 1643 | 1B n2 | P | 04.10.64 | 1435 | Niederschlesisch-Märkische Eisenbahn/182/1883 KPEV Bln 120 | 1889 |
| 1644 | 1B n2 | P | 05.10.64 | 1435 | Niederschlesisch-Märkische Eisenbahn/183/1883 KPEV Bln 121 | 1887 |
| 1645 | B1 n2 | G | 29.07.64 | 1435 | Berlin-Hamburger Eisenbahn/EIDER/1884 KPEV Alt 619 | 1891 |
| 1646 | B1 n2 | G | 29.07.64 | 1435 | Berlin-Hamburger Eisenbahn/SCHLEY/1884 KPEV Alt 620 | 1891 |
| 1647 | 1A1 n2 | S | 29.08.64 | 1435 | Magdeburg-Halberstädter Eisenbahn/WITTENBERG/1881 KPEV Mgd 2 | |
| 1648 | 1A1 n2 | S | 29.08.64 | 1435 | Magdeburg-Halberstädter Eisenbahn/HAMBURG | |
| 1649 | 1B n2 | G | 30.08.64 | 1435 | Cöln-Mindener Eisenbahn/DEUTZ/1883 KPEV Cörrh 586 | 1890 |
| 1650 | 1B n2 | G | 30.08.64 | 1435 | Cöln-Mindener Eisenbahn/MÜLHEIM/1883 KPEV Cörrh 587 | 1894 |
| 1651 | 1B n2 | G | 30.08.64 | 1435 | Cöln-Mindener Eisenbahn/WESER/1883 KPEV Han 523 | 1889 |
| 1652 | 1B n2 | G | 12.09.64 | 1435 | Niederschlesisch-Märkische Eisenbahn/179/1883 KPEV Bln 570 | 1887 |
| 1653 | 1B n2 | G | 12.09.64 | 1435 | Niederschlesisch-Märkische Eisenbahn/180/1883 KPEV Bln 571 | 1886 |
| 1654 | 1B n2 | P | 15.10.64 | 1435 | Niederschlesisch-Märkische Eisenbahn/184/1883 KPEV Bln 122 | 1888 |
| 1655 | 1B n2 | P | 15.10.64 | 1435 | Niederschlesisch-Märkische Eisenbahn/185/1883 KPEV Bln 123 | 1887 |
| 1656 | 1B n2 | P | 15.10.64 | 1435 | Niederschlesisch-Märkische Eisenbahn/186/1883 KPEV Bln 124 | 1888 |
| 1657 | 1B n2 | G | 22.09.64 | 1435 | Berlin-Potsdam-Magdeburger Eisenbahn/GENTHIN/1881 KPEV Mgd 764/ 1883 Mgd 519 | 1889 |
| 1658 | 1B n2 | G | 22.09.64 | 1435 | Berlin-Potsdam-Magdeburger Eisenbahn/BURG/1881 KPEV Mgd 765/ 1883 Mgd 520 | 1884 |
| 1659 | 1B n2 | G | 03.10.64 | 1435 | Berlin-Potsdam-Magdeburger Eisenbahn/BRANDENBURG/1881 KPEV Mgd 766/1883 Mgd 521 | 1883 |
| 1660 | 1B n2 | G | 03.10.64 | 1435 | Berlin-Potsdam-Magdeburger Eisenbahn/MAGDEBURG/1881 KPEV Mgd 767 | |
| 1661 | 1B n2 | G | 04.11.64 | 1435 | Tilsit-Insterburger Eisenbahn/1/1879 EK Schi 266/79/1884 KPEV Bbg 450 | |
| 1662 | 1B n2 | G | 04.11.64 | 1435 | Tilsit-Insterburger Eisenbahn/2 | 1884 |
| 1663 | 1B n2 | G | 04.11.64 | 1435 | Tilsit-Insterburger Eisenbahn/3/1879 EK Schi 259/79/1884 KPEV Bbg 451 | |
| 1664 | 1B n2 | G | 04.11.64 | 1435 | Tilsit-Insterburger Eisenbahn/4 | 1884 |
| 1665 | 1B n2 | G | 04.11.64 | 1435 | Tilsit-Insterburger Eisenbahn/5/1880 EK Schi 280/80/1884 KPEV Bbg 452 | |
| 1666 | 1A1 n2 | S | 18.10.64 | 1435 | Berlin-Potsdam-Magdeburger Eisenbahn/EMS/1881 KPEV Mgd 15 | |
| 1667 | 1A1 n2 | S | 18.10.64 | 1435 | Berlin-Potsdam-Magdeburger Eisenbahn/RUHR/1881 KPEV Mgd 16 | |
| 1668 | 1A1 n2 | S | 22.10.64 | 1435 | Berlin-Potsdam-Magdeburger Eisenbahn/LIPPE/1881 KPEV Mgd 174) | |
| 1669 | 1A1 n2 | S | 25.10.64 | 1435 | Berlin-Potsdam-Magdeburger Eisenbahn/MOSEL/1881 KPEV Mgd 184) | |
| 1670 | 1A1 n2 | S | 25.10.64 | 1435 | Berlin-Potsdam-Magdeburger Eisenbahn/SAAR/1881 KPEV Mgd 194) | |
| 1671 | 1A1 n2 | S | 22.10.64 | 1435 | Berlin-Potsdam-Magdeburger Eisenbahn/LAHN/1881 KPEV Mgd 204) | |

1) später Südwestbahn Klasse A 5 - 12
2) später Südwestbahn Klasse TB 25 - 28
3) später Südwestbahn Klasse A 13 - 24
4) ohne Tender geliefert

| Fabriknummer | Bauart | Gattung | Auslieferungsdatum | Spurweite | Empfänger/Verbleib | Ausmusterung |
|---|---|---|---|---|---|---|
| 1672 | 1B n2 | G | 15.11.64 | 1435 | Magdeburg-Halberstädter Eisenbahn/SALZWEDEL/1881 KPEV Mgd 772/ 1883 Mgd 527 | 1890 |
| 1673 | 1B n2 | G | 15.11.64 | 1435 | Magdeburg-Halberstädter Eisenbahn/STENDAL/1881 KPEV Mgd 791/1883 Mgd 546 | 1886 |
| 1674 | 1B n2 | G | 29.11.64 | 1435 | Magdeburg-Halberstädter Eisenbahn/STASSFURT/1881 KPEV Mgd 773/1883 Mgd 528 | 1884 |
| 1675 | 1B n2 | G | 29.11.64 | 1435 | Magdeburg-Halberstädter Eisenbahn/WIPPER/1881 KPEV Mgd 768/1883 Mgd 524 | 1888 |
| 1676 | 1B n2 | G | 26.11.64 | 1435 | Magdeburg-Wittenbergesche Eisenbahn/22/1881 KPEV Mgd 774/1883 Mgd 529 | 1886 |
| 1677 | 1B n2 | G | 26.11.64 | 1435 | Magdeburg-Wittenbergesche Eisenbahn/23/1881 KPEV Mgd 775/1883 Mgd 530 | 1883 |
| 1678 | 1B n2 | G | 26.11.64 | 1435 | Magdeburg-Wittenbergesche Eisenbahn/24/1881 KPEV Mgd 776/1883 Mgd 531 | |
| 1679 | 1B n2 | G | 03.12.64 | 1435 | Magdeburg-Wittenbergesche Eisenbahn/25/1881 KPEV Mgd 777/1883 Mgd 532 | 1883 |
| 1680 | 1B n2 | G | 03.12.64 | 1435 | Magdeburg-Wittenbergesche Eisenbahn/26/1881 KPEV Mgd 778/1883 Mgd 533 | 1891 |
| 1681 | 1B n2 | G | 22.12.64 | 1435 | Ostpreußische Südbahn/STROUSBERG 1 | 1897 |
| 1682 | 1B n2 | G | 22.12.64 | 1435 | Ostpreußische Südbahn/VON SALTZWEDEL 2 | 1895 |
| 1683 | 1B n2 | G | 22.12.64 | 1435 | Ostpreußische Südbahn/JOHNSTON 3 | 1899 |
| 1684 | 1B n2 | S | 17.12.64 | 1435 | Berlin-Stettiner Eisenbahn/HERTHA 41/1873 BStE A 17 | 1879 |
| 1685 | 1B n2 | S | 17.12.64 | 1435 | Berlin-Stettiner Eisenbahn/ORION 42/1873 BStE A 18 | vor 1883 |
| 1686 | 1B n2 | S | 22.12.64 | 1435 | Berlin-Stettiner Eisenbahn/COSMOS 43/1873 BStE A 19/1883 KPEV Bln 125 | 1886 |
| 1687 | 1B n2 | S | 22.12.64 | 1435 | Berlin-Stettiner Eisenbahn/GAZELLE 44/1873 BStE A 20/1883 KPEV Bln 126 | 1886 |
| 1688 | 1A1 n2 | P | 21.12.64 | 1435 | Ostpreußische Südbahn/PÖTSCHENDORF 4 | 1891 |
| 1689 | 1A1 n2 | P | 21.12.64 | 1435 | Ostpreußische Südbahn/ODESSA 5 | 1890 |
| 1690 | 1A1 n2 | P | 23.12.64 | 1435 | Berlin-Hamburger Eisenbahn/DÜPPEL/1884 KPEV Alt 32 | 1901 |
| 1691 | 1A1 n2 | P | 23.12.64 | 1435 | Berlin-Hamburger Eisenbahn/ALSEN/1884 KPEV Alt 33 | 1898 |
| 1692 | C n2 | G | 23.07.65 | 1435 | Niederschlesisch-Märkische Eisenbahn/191/1883 KPEV Bln 800 (Gebirgslokomotive) | 1886 |
| 1693 | B1 n2t | Gt | 18.01.65 | 1435 | Cöln-Mindener Eisenbahn/FÜRTH/1883 KPEV Cörrh 1551 | 1894 |
| 1694 | B1 n2t | Gt | 18.01.65 | 1435 | Cöln-Mindener Eisenbahn/CAUB/1883 KPEV Cörrh 1552 | 1889 |
| 1695 | B1 n2t | Gt | 23.01.65 | 1435 | Cöln-Mindener Eisenbahn/KOLBERG/1883 KPEV Cörrh 1553 | 1889 |
| 1696 | B1 n2t | Gt | 23.01.65 | 1435 | Cöln-Mindener Eisenbahn/STARGARD/1883 KPEV Cörrh 1554/1895 Mst 1554 | |
| 1697 | 1A1 n2 | P | 28.12.64 | 1435 | Rheinische Eisenbahn/SCHARNHORST 70/1882 KPEV Cörrh 42 | 1888 |
| 1698 | 1A1 n2 | P | 28.12.64 | 1435 | Rheinische Eisenbahn/GNEISENAU 71 | 1882 |
| 1699 | 1A1 n2 | P | 30.12.64 | 1435 | Rheinische Eisenbahn/SCHWERIN 72/1882 KPEV Cölrh 28 | 1890 |
| 1700 | 1A1 n2 | P | 30.12.64 | 1435 | Rheinische Eisenbahn/DAVID HANSEMANN 73/1882 KPEV Corrh 41 | 1887 |
| 1701 | 1B n2 | G | 28.01.65 | 1435 | Magdeburg-Halberstädter Eisenbahn/SAALE/1881 KPEV Mgd 779/1883 Mgd 534 | 1886 |
| 1702 | 1B n2 | G | 28.01.65 | 1435 | Magdeburg-Halberstädter Eisenbahn/DESSAU/1881 KPEV Mgd 792/1883 Mgd 547 | 1893 |
| 1703 | 1B n2 | G | 31.01.65 | 1435 | Magdeburg-Halberstädter Eisenbahn/ZERBST/1881 KPEV Mgd 793/1883 Mgd 548 | 1894 |
| 1704 | 1B n2 | G | 31.01.65 | 1435 | Magdeburg-Halberstädter Eisenbahn/LEIPZIG/1881 KPEV Mgd 794/1883 Mgd 549 | |
| 1705 | 1A1 n2 | S | 18.02.65 | 1435 | Leipzig-Dresdener Eisenbahn/ELSTER/1876 SäStb 556 BREITINGEN/1891 Sästb 4 | 1893 |
| 1706 | 1A1 n2 | S | 18.02.65 | 1435 | Leipzig-Dresdener Eisenbahn/PLEISSE/1876 SäStb 557 MOSEL/1891 SäStb 5 | 1899 |
| 1707 | 1B n2 | S | 24.02.65 | 1435 | Werra-Eisenbahn/CASSEL ohne Tender geliefert | |
| 1708 | 1B n2 | S | 24.02.65 | 1435 | Werra-Eisenbahn/WÜRZBURG ohne Tender geliefert | |
| 1709 | B1 n2 | Gt | 10.04.65 | 1435 | Berlin-Anhalter Eisenbahn/GELPKE" 81/1882 KPEV Erf 522 | 1894 |
| 1710 | B1 n2 | Gt | 10.04.65 | 1435 | Berlin-Anhalter Eisenbahn/GERMANIA" 82/1882 KPEV Erf 523 | 1891 |
| 1711 | B1 n2 | Gt | 21.04.65 | 1435 | Berlin-Anhalter Eisenbahn/ZERBST 83/1882 KPEV Erf 524/1895 Bln 524 | 1896 |
| 1712 | B1 n2 | Gt | 21.04.65 | 1435 | Berlin-Anhalter Eisenbahn/MERKUR 84/1882 KPEV Erf 525/1895 Hl 525 | |
| 1713 | 1B n2 | P | 23.03.65 | 1435 | Halle-Casseler Eisenbahn/EISLEBEN 1/1878 Frankf.-Bebra 7/1878 KPEV Fft 148/1895 Hl 131/1899 Csl 276 | |
| 1714 | 1B n2 | P | 23.03.65 | 1435 | Halle-Casseler Eisenbahn/NORDHAUSEN 2/1878 Frankf.-Bebra 8/1878 KPEV Fft 149/1895 Hl 132/1899 Csl 277/1904 Csl 280 | 1904 |
| 1715 | 1B n2 | P | 28.03.65 | 1435 | Halle-Casseler Eisenbahn/SANGERHAUSEN 3/1878 Frankf.-Bebra 9/1878 KPEV Fft 150 | |
| 1716 | 1B n2 | P | 28.03.65 | 1435 | Halle-Casseler Eisenbahn/BLEICHERODE 4/1878 Frankf.-Bebra 10/1878 KPEV Fft 151 | 1891 |
| 1717 | 1B n2 | P | 29.03.65 | 1435 | Halle-Casseler Eisenbahn/WALLHAUSEN 5/1878 Frankf.-Bebra 11/1878 KPEV Fft 152/1895 Hl 133/1899 Csl 278 | |
| 1718 | 1B n2 | P | 29.03.65 | 1435 | Halle-Casseler Eisenbahn/ROSSLA 6/1878 Frankf.-Bebra 12/1878 KPEV Fft 153/1895 Hl 134/1899 Csl 279 | |
| 1719 | 1A1 n2 | P | 28.02.65 | 1435 | Berlin-Hamburger Eisenbahn/BOREAS"/1884 KPEV Alt 34/1906 Alt 1501/ bis 1909 Heizlokomotive | 1909 |
| 1720 | 1A1 n2 | P | 28.02.65 | 1435 | Berlin-Hamburger Eisenbahn/SIROCCO"/1884 KPEV Alt 35 | 1891 |
| 1721 | 1A1 n2 | P | 03.04.65 | 1435 | Lübeck-Büchener Eisenbahn/GREIF 16/1893 EK | 1896 |
| 1722 | 1B n2 | G | 13.02.65 | 1435 | Cöln-Mindener Eisenbahn/DÜPPEL/1883 KPEV Cörrh 588 | 1890 |
| 1723 | 1B n2 | G | 13.02.65 | 1435 | Cöln-Mindener Eisenbahn/ALSEN/1883 KPEV Cörrh 589 | |
| 1724 | 1B n2 | G | 17.02.65 | 1435 | Cöln-Mindener Eisenbahn/SALZBURG/1883 KPEV Cörrh 590 | |
| 1725 | 1B n2 | G | 17.02.65 | 1435 | Cöln-Mindener Eisenbahn/THORN/1881 KPEV Han 524 | |
| 1726 | 1A1 n2 | P | 23.03.65 | 1435 | Glückstadt-Elmshorn/ELBE | 1881 |
| 1727 | C n2 | G | 22.05.65 | 1435 | Halle-Casseler Eisenbahn/CYCLOP 7/1878 Frankf.-Bebra 301/1882 KPEV Fft 800/1895 Hl 800 | nach 1895 |
| 1728 | C n2 | G | 22.05.65 | 1435 | Halle-Casseler Eisenbahn/CENTAUR 8/1878 Frankf.-Bebra 302/1882 KPEV Fft 801/1895 Hl 801 | nach 1895 |

| Fabriknummer | Bauart | Gattung | Auslieferungsdatum | Spurweite | Empfänger/Verbleib | Ausmusterung |
|---|---|---|---|---|---|---|
| 1729 | C n2 | G | 22.05.65 | 1435 | Halle-Casseler Eisenbahn/HERCULES 9/1873 MLE 77/1881 KPEV Mgd 501/ 1883 Mgd 800 | 1887 |
| 1730 | C n2 | G | 29.05.65 | 1435 | Halle-Casseler Eisenbahn/PLUTO 10/1878 Frankf.-Bebra 303/1882 KPEV Fft 802/1895 Hl 802 | nach 1895 |
| 1731 | C n2 | G | 29.05.65 | 1435 | Halle-Casseler Eisenbahn/CASTOR 11/1878 Frankf.-Bebra 304/1882 KPEV Fft 803/1895 Hl 803 | nach 1895 |
| 1732 | C n2 | G | 29.05.65 | 1435 | Halle-Casseler Eisenbahn/POLLUX 12/1873 MLE 78/1881 KPEV Mgd 502/ 1883 Mgd 801 | 1893 |
| 1733 | 1B n2 | P | 29.04.65 | 1435 | Sächsisch-Westliche Staatsbahn/KEMPTEN 11/1892 SäStb 17 | 1902 |
| 1734 | 1B n2 | P | 01.05.65 | 1435 | Sächsisch-Westliche Staatsbahn/DONAU 15/1892 SäStb 19 | 1904 |
| 1735 | 1B n2 | P | 29.04.65 | 1435 | Sächsisch-Westliche Staatsbahn/STRAUBING 12/1892 SäStb 18 | 1894 |
| 1736 | 1B n2 | P | 01.05.65 | 1435 | Sächsisch-Westliche Staatsbahn/ASCHAFFENBURG 22/1892 SäStb 22 | 1895 |
| 1737 | 1B n2 | P | 09.05.65 | 1435 | Sächsisch-Westliche Staatsbahn/TRIENT 145/1892 SäStb 20 | 1904 |
| 1738 | 1B n2 | P | 09.05.65 | 1435 | Sächsisch-Westliche Staatsbahn/BOZEN 146/1892 SäStb 21 | 1904 |
| 1739 | 1B n2 | P | 13.05.65 | 1435 | Sächsisch-Westliche Staatsbahn/ZÜRICH 147/1892 SäStb 23 | 1895 |
| 1740 | 1B n2 | P | 13.05.65 | 1435 | Sächsisch-Westliche Staatsbahn/CHUR 148/1892 SäStb 24 | 1902 |
| 1741 | 1B n2 | P | 13.05.65 | 1435 | Sächsisch-Westliche Staatsbahn/MAILAND 149/1892 SäStb 25 | 1905 |
| 1742 | 1B n2 | G | 27.05.65 | 1435 | Magdeburg-Halberstädter Eisenbahn/GÜSTEN/1881 KPEV Mgd 795 | 1893 |
| 1743 | 1B n2 | G | 27.05.65 | 1435 | Magdeburg-Halberstädter Eisenbahn/BALLENSTEDT/1881 KPEV Mgd 796 | 1894 |
| 1744 | 1B n2 | G | 31.05.65 | 1435 | Magdeburg-Halberstädter Eisenbahn/MAGDEBURG/1881 KPEV Mgd 797 | 1893 |
| 1745 | 1B n2 | G | 31.05.65 | 1435 | Magdeburg-Halberstädter Eisenbahn/LEOPOLD FRIEDRICH/1881 KPEV Mgd 788 | 1893 |
| 1746 | 1B n2 | G | 15.06.65 | 1435 | Thüringische Eisenbahn/THÜRINGEN/1872 ThE 29/1882 KPEV Erf 507 | 1883 |
| 1747 | 1B n2 | G | 15.06.65 | 1435 | Thüringische Eisenbahn/ERFURT/1872 ThE 30/1882 KPEV Erf 508 | 1883 |
| 1748 | 1B n2 | S | 30.06.65 | 1435 | Thüringische Eisenbahn/GOTHA/1872 ThE 61/1877 ThE 214/1882 KPEV Erf 108 | 1888 |
| 1749 | 1B n2 | S | 30.06.65 | 1435 | Thüringische Eisenbahn/EISENACH/1872 ThE 62/1877 ThE 215/1882 KPEV Erf 109 | 1885 |
| 1750 | 1A1 n2 | P | 19.06.65 | 1435 | Rheinische Eisenbahn/FALKE 301/1882 KPEV Cölrh 29 | 1888 |
| 1751 | 1A1 n2 | P | 19.06.65 | 1435 | Rheinische Eisenbahn/PFEIL 302/1882 KPEV Cölrh 30 | 1887 |
| 1752 | 1A1 n2 | P | 23.06.65 | 1435 | Rheinische Eisenbahn/MERCUR 303/1882 KPEV Cörrh 43 | 1883 |
| 1753 | 1A1 n2 | P | 23.06.65 | 1435 | Rheinische Eisenbahn/COURIER 304/1882 KPEV Cölrh 31 | vor 1895 |
| 1754 | 1A1 n2 | P | 07.07.65 | 1435 | Berlin-Hamburger Eisenbahn/LÜBECK/1884 KPEV Alt 36 | 1889 |
| 1755 | 1A1 n2 | P | 07.07.65 | 1435 | Berlin-Hamburger Eisenbahn/TRIEST/1884 KPEV Alt 37 | 1891 |
| 1756 | 1A1 n2 | P | 11.07.65 | 1435 | Berlin-Hamburger Eisenbahn/NICLOT/1884 KPEV Alt 38 | 1887 |
| 1757 | 1A1 n2 | P | 11.07.65 | 1435 | Berlin-Hamburger Eisenbahn/DIOSCUREN/1884 KPEV Alt 39 | 1889 |
| 1758 | B1 n2 | G | 21.07.65 | 1435 | Berlin-Hamburger Eisenbahn/PLUTO/1884 KPEV Alt 605 | 1888 |
| 1759 | B1 n2 | G | 21.07.65 | 1435 | Berlin-Hamburger Eisenbahn/CERBERUS/1884 KPEV Alt 606 | 1888 |
| 1760 | 1B n2 | G | 01.08.65 | 1435 | Cöln-Mindener Eisenbahn/RAVENSBERG/1881 KPEV Han 529 | 1892 |
| 1761 | 1B n2 | G | 01.08.65 | 1435 | Cöln-Mindener Eisenbahn/RUHR/1881 KPEV Han 530 | 1889 |
| 1762 | 1B n2 | G | 01.08.65 | 1435 | Cöln-Mindener Eisenbahn/MINDEN/1881 KPEV Han 531 | 1893 |
| 1763 | 1B n2 | G | 08.08.65 | 1435 | Cöln-Mindener Eisenbahn/SAARBRÜCKEN/1881 KPEV Han 532 | 1903 |
| 1764 | 1B n2 | G | 08.08.65 | 1435 | Cöln-Mindener Eisenbahn/REGENSBURG/1881 KPEV Han 533 | 1888 |
| 1765 | 1B n2 | G | 08.08.65 | 1435 | Cöln-Mindener Eisenbahn/DERBY/1881 KPEV Han 534 | 1894 |
| 1766 | 1B n2 | G | 16.08.65 | 1435 | Cöln-Mindener Eisenbahn/SHEFFIELD/1881 KPEV Han 535 | 1900 |
| 1767 | 1B n2 | G | 16.08.65 | 1435 | Cöln-Mindener Eisenbahn/LIVERPOOL/1881 KPEV Han 536 | 1894 |
| 1768 | 1B n2 | G | 16.08.65 | 1435 | Cöln-Mindener Eisenbahn/GLASGOW/1881 KPEV Han 537 | 1891 |
| 1769 | 1B n2 | | 17.06.65 | 1524 | Petersburg-Petershof (Rußland)/NADESCHDA | |
| 1770 | C n2 | G | 15.09.65 | 1435 | Werra-Eisenbahn/ISAR | vor 1895 |
| 1771 | C n2 | G | 15.09.65 | 1435 | Werra-Eisenbahn/SAALE | vor 1895 |
| 1772 | C n2 | G | 26.09.65 | 1435 | Cöln-Mindener Eisenbahn/SIMPLON/1883 KPEV Cörrh 800 | 1891 |
| 1773 | C n2 | G | 26.09.65 | 1435 | Cöln-Mindener Eisenbahn/SPLUEGEN/1883 KPEV Cörrh 801 | 1893 |
| 1774 | C n2 | G | 26.09.65 | 1435 | Cöln-Mindener Eisenbahn/TAUNUS/1883 KPEV Cörrh 802 | 1891 |
| 1775 | C n2 | G | 02.09.65 | 1435 | Cöln-Mindener Eisenbahn/HARZ/1883 KPEV Cörrh 803 | 1891 |
| 1776 | C n2 | G | 02.09.65 | 1435 | Cöln-Mindener Eisenbahn/STASSFURT/1883 KPEV Cörrh 804 | 1893 |
| 1777 | C n2 | G | 02.09.65 | 1435 | Cöln-Mindener Eisenbahn/GMÜNDEN/1883 KPEV Cörrh 805 | 1893 |
| 1778 | C n2 | G | 06.09.65 | 1435 | Magdeburg-Leipziger Eisenbahn/HELME 43/1881 KPEV Mgd 503/1883 Mgd 802/ 1895 Hl 828 | 1895 |
| 1779 | C n2 | G | 06.09.65 | 1435 | Magdeburg-Leipziger Eisenbahn/WIPPER 44/1881 KPEV Mgd 504/1883 Mgd 803 | 1892 |
| 1780 | C n2 | G | 08.09.65 | 1435 | Magdeburg-Leipziger Eisenbahn/LEINE 45/1881 KPEV Mgd 505/1883 Mgd 804/ 1895 Hl 829 | 1900 |
| 1781 | C n2 | G | 08.09.65 | 1435 | Magdeburg-Leipziger Eisenbahn/ZORGE 46/1881 KPEV Mgd 506/1883 Mgd 805/ 1895 Hl 830 | 1897 |
| 1782 | 1B n2 | G | 23.09.65 | 1435 | Aachen-Maastrichter Eisenbahn/ANTWERPEN 18/1867 Grand Central Belge 16 | |
| 1783 | 1B n2 | G | 23.09.65 | 1435 | Westfälische Eisenbahn/GESECKE 56/1880 KPEV Han 756/1883 Cörrh 603 | 1887 |
| 1784 | 1B n2 | G | 28.09.65 | 1435 | Rheinische Eisenbahn/RUHR 201/1882 KPEV Cölrh 585 | 1893 |
| 1785 | 1B n2 | G | 28.09.65 | 1435 | Rheinische Eisenbahn/SIEG 202/1882 KPEV Cörrh 626 | 1893 |
| 1786 | 1B n2 | G | 28.09.65 | 1435 | Rheinische Eisenbahn/EMS 203/1882 KPEV Cörrh 627 | 1892 |
| 1787 | 1B n2 | G | 02.10.65 | 1435 | Rheinische Eisenbahn/SCHLEY 204/1882 KPEV Cölrh 586 | 1894 |
| 1788 | 1B n2 | G | 02.10.65 | 1435 | Rheinische Eisenbahn/LAHNECK 205/1882 KPEV Cörrh 628 | 1888 |
| 1789 | 1B n2 | G | 02.10.65 | 1435 | Rheinische Eisenbahn/ASTERSTEIN 206/1882 KPEV Cörrh 629 | 1890 |
| 1790 | B1 n2t | Gt | 06.10.65 | 1435 | Rheinische Eisenbahn/SPHINX 117/1882 KPEV Cölrh 1412 | 1893 |
| 1791 | B1 n2t | Gt | 06.10.65 | 1435 | Rheinische Eisenbahn/CERBERUS 118/1882 KPEV Cölrh 1413 | 1894 |

| Fabriknummer | Bauart | Gattung | Auslieferungsdatum | Spurweite | Empfänger/Verbleib | Ausmusterung |
|---|---|---|---|---|---|---|
| 1792 | 1B n2 | P | 26.10.65 | 1435 | Thüringische Eisenbahn/CASSEL/1872 ThE 65/1877 ThE 265/1882 KPEV Erf 113 | 1890 |
| 1793 | 1B n2 | P | 26.10.65 | 1435 | Thüringische Eisenbahn/NAUMBURG/1872 ThE 66/1877 ThE 266/1882 KPEV Erf 114/1881 EK He 1162/81 | 1901 |
| 1794 | 1B n2 | P | 26.10.65 | 1435 | Thüringische Eisenbahn/SULZA/1872 ThE 67/1877 ThE 267/1882 KPEV Erf 115 | 1887 |
| 1795 | 1B n2 | S | 18.10.65 | 1435 | Bergisch-Märkische Eisenbahn/DIEMEL 54" | 1881 |
| 1796 | 1B n2 | S | 18.10.65 | 1435 | Bergisch-Märkische Eisenbahn/LIPPE 55"/1882 KPEV Efd 104 | 1886 |
| 1797 | 1B n2 | S | 21.10.65 | 1435 | Bergisch-Märkische Eisenbahn/DONAU 155/1882 KPEV Efd 109 | |
| 1798 | 1B n2 | S | 21.10.65 | 1435 | Bergisch-Märkische Eisenbahn/HAVEL 56"/1882 KPEV Efd 105 | 1886 |
| 1799 | 1B n2 | G | 11.11.65 | 1435 | Bergisch-Märkische Eisenbahn/BRILON 144 | vor 1880 |
| 1800 | 1B n2 | G | 18.11.65 | 1435 | Bergisch-Märkische Eisenbahn/BRUSSEL 145/ 1882 KPEV Efd 531 | 1889 |
| 1801 | 1B n2 | G | 11.11.65 | 1435 | Bergisch-Märkische Eisenbahn/HÖXTER 146/1883 KPEV Cörrh 613 | 1894 |
| 1802 | 1B n2 | G | 15.11.65 | 1435 | Bergisch-Märkische Eisenbahn/HEMER 147/1883 KPEV Cölrh 587 | 1895 |
| 1803 | 1B n2 | G | 15.11.65 | 1435 | Bergisch-Märkische Eisenbahn/HARPEN 148 | 1881 |
| 1804 | 1B n2 | G | 18.11.65 | 1435 | Bergisch-Märkische Eisenbahn/LÜTTRINGHAUSEN 149/1882 KPEV Efd 532 | 1885 |
| 1805 | 1B n2 | G | 21.11.65 | 1435 | Bergisch-Märkische Eisenbahn/LÜTTICH 150/1883 KPEV Cörrh 614 | 1894 |
| 1806 | 1B n2 | G | 21.11.65 | 1435 | Bergisch-Märkische Eisenbahn/MAASTRICHT 151/Cölrh 588 | 1899 |
| 1807 | 1B n2 | G | 24.11.65 | 1435 | Bergisch-Märkische Eisenbahn/MENDEN 152 | vor 1880 |
| 1808 | 1B n2 | G | 24.11.65 | 1435 | Bergisch-Märkische Eisenbahn/PARIS 153/1882 KPEV Efd 533/1886 Cörrh 730 | 1888 |
| 1809 | 1B n2 | G | 24.11.65 | 1435 | Bergisch-Märkische Eisenbahn/WIEN 154/1883 KPEV Cölrh 589 | 1886 |
| 1810 | 1A1 n2 | S | 28.10.65 | 1435 | Leipzig-Dresdener Eisenbahn/MAINZ/1876 SäStb 558 FÄHRBRÜCKE | 1890 |
| 1811 | 1A1 n2 | S | 28.10.65 | 1435 | Leipzig-Dresdener Eisenbahn/GUSTAF HARKORT/1876 SäStb 559/1892 SäStb 6 | 1902 |
| 1812 | 1A1 n2 | S | 01.11.65 | 1435 | Leipzig-Dresdener Eisenbahn/ELBERFELD/1876 SäStb 560 | 1889 |
| 1813 | 1A1 n2 | S | 01.11.65 | 1435 | Leipzig-Dresdener Eisenbahn/WEIMAR/1876 SäStb 561/1892 SäStb 7 | 1897 |
| 1814 | 1B n2 | G | 19.12.65 | 1435 | Cöln-Mindener Eisenbahn/FLORENZ/1881 KPEV Han 538 | |
| 1815 | 1B n2 | G | 19.12.65 | 1435 | Cöln-Mindener Eisenbahn/NEAPEL/1881 KPEV Han 539 | |
| 1816 | 1B n2 | S | 18.12.65 | 1435 | Niederschlesische Zweigbahn/Dr. BAIL/1885 KPEV Bsl 106 | |
| 1817 | 1B n2 | S | 18.12.65 | 1435 | Niederschlesische Zweigbahn/BOBER/1885 KPEV Bsl 107 | |
| 1818 | B1 n2t | Gt | 02.12.65 | 1435 | Rheinische Eisenbahn/LUCIFER 119/1882 KPEV Cölrh 1414 | 1892 |
| 1819 | B1 n2t | Gt | 02.12.65 | 1435 | Rheinische Eisenbahn/HYDRA 120/1882 KPEV Cölrh 1415 | 1893 |
| 1820 | B1 n2t | Gt | 02.12.65 | 1435 | Rheinische Eisenbahn/GREIF 121/1882 KPEV Cölrh 1416 | 1895 |
| 1821 | B1 n2t | Gt | 07.12.65 | 1435 | Rheinische Eisenbahn/AJAX 122/1882 KPEV Cölrh 1417 | 1895 |
| 1822 | B1 n2t | Gt | 07.12.65 | 1435 | Rheinische Eisenbahn/CASTOR 123/1882 KPEV Cölrh 1418 | 1890 |
| 1823 | B1 n2t | Gt | 07.12.65 | 1435 | Rheinische Eisenbahn/POLLUX 124/1882 KPEV Cölrh 1419 | vor 1895 |
| 1824 | 1B n2 | G | 04.08.66 | 1435 | Berlin-Görlitzer Eisenbahn/RICHTSTEIG 1/1883 KPEV Bln 594 | |
| 1825 | 1B n2 | G | 10.07.66 | 1435 | Berlin-Görlitzer Eisenbahn/SCHWEDLER 2/1883 KPEV Bln 595 | 1890 |
| 1826 | 1B n2 | G | 04.07.66 | 1435 | Berlin-Görlitzer Eisenbahn/STROUSBERG 3/1883 KPEV Bln 596 | |
| 1827 | 1B n2 | G | 07.08.66 | 1435 | Berlin-Görlitzer Eisenbahn/JOHNSTON 4/1883 KPEV Bln 597 | |
| 1828 | 1B n2 | G | 10.07.66 | 1435 | Berlin-Görlitzer Eisenbahn/ALVENSLEBEN 5/1883 KPEV Bln 598 | 1890 |
| 1829 | 1B n2 | G | 07.08.66 | 1435 | Berlin-Görlitzer Eisenbahn/CHAPMANN 6/1883 KPEV Bln 599 | |
| 1830 | 1B n2 | G | 22.12.65 | 1435 | Rheinische Eisenbahn/KÖNIGSTUHL 208/1882 KPEV Cölrh 590 | 1895 |
| 1831 | 1B n2 | G | 22.12.65 | 1435 | Rheinische Eisenbahn/HAMMERSTEIN 207/1882 KPEV Cörrh 630 | 1891 |
| 1832 | 1B n2 | G | 27.12.65 | 1435 | Rheinische Eisenbahn/FRIEDRICH DER GROSSE 209/1882 KPEV Cölrh 591 | 1893 |
| 1833 | 1B n2 | G | 22.12.65 | 1435 | Rheinische Eisenbahn/COLUMBUS 210/1882 KPEV Cölrh 592 | 1891 |
| 1834 | 1B n2 | G | 27.12.65 | 1435 | Rheinische Eisenbahn/JAMES WATT 211/1882 KPEV Cörrh 631 | 1881 |
| 1835 | 1B n2 | G | 27.12.65 | 1435 | Rheinische Eisenbahn/STEPHENSON 212/1882 KPEV Cölrh 593 | 1892 |
| 1836 | 1A1 n2 | P | 19.10.66 | 1435 | Berlin-Görlitzer Eisenbahn/BRUCE 7/1883 KPEV Bln 32 | 1888 |
| 1837 | 1A1 n2 | P | 09.10.66 | 1435 | Berlin-Görlitzer Eisenbahn/SCHMIDT 8/1883 KPEV Bln 33 | 1890 |
| 1838 | 1A1 n2 | P | 19.10.66 | 1435 | Berlin-Görlitzer Eisenbahn/MANGLES 9/1883 KPEV Bln 34 | 1890 |
| 1839 | 1A1 n2 | P | 09.10.66 | 1435 | Berlin-Görlitzer Eisenbahn/WESTPHAL 10/1883 KPEV Bln 35 | 1888 |
| 1840 | 1A1 n2 | P | 06.10.66 | 1435 | Berlin-Görlitzer Eisenbahn/VICTOR 11/1883 KPEV Bln 36 | 1890 |
| 1841 | 1A1 n2 | P | 06.10.66 | 1435 | Berlin-Görlitzer Eisenbahn/BRAY 12/1883 KPEV Bln 37 | 1888 |
| 1842 | B1 n2t | Gt | 19.12.65 | 1435 | Magdeburg-Halberstädter Eisenbahn/HERCULES/1881 KPEV Mgd 801/1883 Mgd 1400 | 1887 |
| 1843 | B1 n2t | Gt | 18.12.65 | 1435 | Magdeburg-Halberstädter Eisenbahn/MERCUR/1881 KPEV Mgd 802/1883 Mgd 1401 | 1885 |
| 1844 | B1 n2t | Gt | 18.12.65 | 1435 | Magdeburg-Halberstädter Eisenbahn/JUPITER/1881 KPEV Mgd 803/1883 Mgd 1402 | 1887 |
| 1845 | B1 n2t | Gt | 19.12.65 | 1435 | Magdeburg-Halberstädter Eisenbahn/VULCAN/1881 KPEV Mgd 804/1883 Mgd 1403 | 1893 |
| 1846 | 1B n2 | S | 30.01.66 | 1435 | Holländische Eisenbahn/GRONINGEN 16 | 1908 |
| 1847 | 1B n2 | S | 30.01.66 | 1435 | Holländische Eisenbahn/FRIESLAND 17 | 1902 |
| 1848 | 1B n2 | S | 01.02.66 | 1435 | Holländische Eisenbahn/DRENTHE 18 | 1902 |
| 1849 | 1B n2 | S | 01.02.66 | 1435 | Holländische Eisenbahn/OVERYISSEL 19 | 1906 |
| 1850 | 1B n2 | S | 06.02.66 | 1435 | Holländische Eisenbahn/GELDERLAND 20 | 1903 |
| 1851 | 1B n2 | S | 06.02.66 | 1435 | Holländische Eisenbahn/UTRECHT 21 | 1909 |
| 1852 | 1B n2 | S | 10.02.66 | 1435 | Holländische Eisenbahn/HOLLAND 22 | 1912 |
| 1853 | 1B n2 | S | 10.02.66 | 1435 | Holländische Eisenbahn/ZEELAND 23 | 1914 |
| 1854 | 1B n2 | S | 13.02.66 | 1435 | Holländische Eisenbahn/BRABANT 24 | 1908 |
| 1855 | 1B n2 | S | 13.02.66 | 1435 | Holländische Eisenbahn/LIMBURG 25 | 1908 |

| Fabriknummer | Bauart | Gattung | Auslieferungsdatum | Spurweite | Empfänger/Verbleib | Ausmusterung |
|---|---|---|---|---|---|---|
| 1856 | B1 n2 | G | 03.03.66 | 1435 | Oberschlesische Eisenbahn/153/1885 KPEV Bsl 564 | |
| 1857 | B1 n2 | G | 03.03.66 | 1435 | Oberschlesische Eisenbahn/154/1885 KPEV Bsl 565 | |
| 1858 | B1 n2 | G | 03.03.66 | 1435 | Oberschlesische Eisenbahn/155/1885 KPEV Bsl 566 | |
| 1859 | 1B n2 | P | 24.03.66 | 1435 | Berlin-Anhalter Eisenbahn/VULCAN 85/1882 KPEV Erf 185/1895 Hl 185 | |
| 1860 | 1B n2 | P | 24.03.66 | 1435 | Berlin-Anhalter Eisenbahn/GREIF 86/1882 KPEV Erf 186 | 1894 |
| 1861 | 1B n2 | P | 26.03.66 | 1435 | Berlin-Anhalter Eisenbahn/LINDAU 87/1882 KPEV Erf 187 | 1894 |
| 1862 | 1B n2 | P | 26.03.66 | 1435 | Berlin-Anhalter Eisenbahn/ROSSLAU 88/1882 KPEV Erf 188/1895 Hl 188 | |
| 1863 | 1B n2 | P | 14.04.66 | 1435 | Oberschlesische Eisenbahn/159/1880 OSE 36/1885 KPEV Bbg 78 | |
| 1864 | 1B n2 | P | 12.04.66 | 1435 | Oberschlesische Eisenbahn/160/1880 OSE 37/1885 KPEV Bbg 79 | |
| 1865 | 1B n2 | P | 12.04.66 | 1435 | Oberschlesische Eisenbahn/161/1880 OSE 38/1885 KPEV Bbg 483 | 1888 |
| 1866 | 1B n2 | P | 14.04.66 | 1435 | Oberschlesische Eisenbahn/162/1880 OSE 39/1885 KPEV Bbg 484 | |
| 1867 | 1A1 n2 | P | 29.12.65 | 1435 | Rheinische Eisenbahn/TELEGRAPH 305/1882 KPEV Cölrh 32 | 1883 |
| 1868 | 1A1 n2 | P | 29.12.65 | 1435 | Rheinische Eisenbahn/PEGASUS 306/1882 KPEV Cörrh 44 | 1887 |
| 1869 | 1A1 n2 | P | 30.12.65 | 1435 | Rheinische Eisenbahn/MINERVA 307/1882 KPEV Cölrh 33 | 1891 |
| 1870 | 1A1 n2 | P | 30.12.65 | 1435 | Rheinische Eisenbahn/CERES 308/1882 KPEV Cölrh 34 | 1890 |
| 1871 | C n2 | G | 15.03.66 | 1435 | Halle-Casseler Eisenbahn/SIRIUS 19/1873 MLE 76/1881 KPEV Mgd 507/1883 Mgd 806/1895 Hl 700 | 1895 |
| 1872 | C n2 | G | 15.03.66 | 1435 | Halle-Casseler Eisenbahn/ATLAS 20/1878 Frankf.-Bebra 305/1882 KPEV Fft 804/1895 Hl 804 | |
| 1873 | C n2 | G | 15.03.66 | 1435 | Halle-Casseler Eisenbahn/FORTUNA 21/1878 Frankf.-Bebra 306/1882 KPEV Fft 805/1895 Hl 805 | |
| 1874 | C n2 | G | 17.03.66 | 1435 | Halle-Casseler Eisenbahn/VULKAN 22/1873 MLE 79/1881 KPEV Mgd 508/1883 Mgd 807 | 1888 |
| 1875 | C n2 | G | 17.03.66 | 1435 | Halle-Casseler Eisenbahn/COMET 23/1878 Frankf.-Bebra 307/1882 KPEV Fft 806/1895 Hl 806 | |
| 1876 | C n2 | G | 29.03.66 | 1435 | Halle-Casseler Eisenbahn/GIGANT 24/1878 Frankf.-Bebra 308/1882 KPEV Fft 807/1895 Hl 807 | |
| 1877 | C n2 | G | 29.03.66 | 1435 | Halle-Casseler Eisenbahn/MEDUSA 25/1867 MLE 47/1881 KPEV Mgd 509/1883 Mgd 808 | 1891 |
| 1878 | C n2 | G | 29.03.66 | 1435 | Halle-Casseler Eisenbahn/MERCUR 26/1867 MLE 48/1881 KPEV Mgd 510/1883 Mgd 809 | 1886 |
| 1879 | C n2 | G | 31.03.66 | 1435 | Halle-Casseler Eisenbahn/CERBERUS 27/1867 MLE 49/1881 KPEV Mgd 511/1883 Mgd 810 | 1890 |
| 1880 | C n2 | G | 31.03.66 | 1435 | Halle-Casseler Eisenbahn/LUCIFER 28/1878 Frankf.-Bebra 309/1882 KPEV Fft 808/1895 Hl 808 | |
| 1881 | 1B n2 | G | 02.06.66 | 1829 | Petersburg-Zarskoe Selo (Rußland) | |
| 1882 | 1A1 n2 | P | 15.02.66 | 1435 | Rheinische Eisenbahn/COMET 309/1882 KPEV Cörrh 45 | 1885 |
| 1883 | 1A1 n2 | P | 15.02.66 | 1435 | Rheinische Eisenbahn/NORDSTERN 310/1882 KPEV Cölrh 35 | 1891 |
| 1884 | 1A1 n2 | P | 17.02.66 | 1435 | Rheinische Eisenbahn/SIRIUS 311/1882 KPEV Cölrh 36 | 1891 |
| 1885 | 1A1 n2 | P | 17.02.66 | 1435 | Rheinische Eisenbahn/St. GOTTHARD 312/1882 KPEV Cölrh 37 | vor 1895 |
| 1886 | C n2 | G | 11.05.66 | 1435 | Saarbrücker Eisenbahn/52/1881 KPEV Cölrh 803/1895 Sbr 803 | nach 1895 |
| 1887 | C n2 | G | 11.05.66 | 1435 | Saarbrücker Eisenbahn/53/1881 KPEV Cölrh 804 | nach 1892 |
| 1888 | C n2 | G | 16.05.66 | 1435 | Saarbrücker Eisenbahn/54/1881 KPEV Cölrh 805 | 1891 |
| 1889 | C n2 | G | 16.05.66 | 1435 | Saarbrücker Eisenbahn/55/1881 KPEV Cölrh 806 | nach 1892 |
| 1890 | C n2 | G | 19.05.66 | 1435 | Saarbrücker Eisenbahn/56/1881 KPEV Cölrh 807/1895 Sbr 807 | nach 1895 |
| 1891 | C n2 | G | 19.05.66 | 1435 | Saarbrücker Eisenbahn/57/1881 KPEV Cölrh 808/1895 Sbr 808 | nach 1895 |
| 1892 | 1B n2 | G | 08.06.66 | 1435 | Cöln-Mindener Eisenbahn/HEISTERBACH/1881 KPEV Han 540 | 1892 |
| 1893 | 1B n2 | G | 08.06.66 | 1435 | Cöln-Mindener Eisenbahn/OELBERG/1881 KPEV Han 541 | 1888 |
| 1894 | 1B n2 | G | 08.06.66 | 1435 | Cöln-Mindener Eisenbahn/WINTERBERG/1881 KPEV Han 542 | nach 1892 |
| 1895 | 1B n2 | G | 08.06.66 | 1435 | Cöln-Mindener Eisenbahn/ALBIS/1881 KPEV Han 543 | nach 1892 |
| 1896 | B1 n2 | G | 06.06.66 | 1435 | Berlin-Hamburger Eisenbahn/MOSCAU/1884 KPEV Alt 621 | 1892 |
| 1897 | B1 n2 | G | 06.06.66 | 1435 | Berlin-Hamburger Eisenbahn/NEWA/1884 KPEV Alt 622 | 1892 |
| 1898 | B1 n2 | G | 09.06.66 | 1435 | Berlin-Hamburger Eisenbahn/CHEMNITZ/1884 KPEV Alt 623 | 1899 |
| 1899 | B1 n2 | G | 09.06.66 | 1435 | Berlin-Hamburger Eisenbahn/ADLER/1884 KPEV Alt 607 | 1895 |
| 1900 | 1B n2 | P | 16.07.66 | 1435 | Halle-Casseler Eisenbahn/TEUTSCHENTHAL 13/1878 Frankf.-Bebra 13/1882 KPEV Fft 154 | nach 1892 |
| 1901 | 1B n2 | P | 04.07.66 | 1435 | Halle-Casseler Eisenbahn/OBERRÖBLINGEN 14/1878 Frankf.-Bebra 14/1882 KPEV Fft 155 | nach 1892 |
| 1902 | 1B n2 | P | 04.07.66 | 1435 | Halle-Casseler Eisenbahn/HERINGEN 15/1878 Frankf.-Bebra 15/1882 KPEV Fft 156/1895 Hl 130/1899 Csl 275 | nach 1899 |
| 1903 | 1B n2 | P | 16.07.66 | 1435 | Halle-Casseler Eisenbahn/LEINEFELDE 16/1878 Frankf.-Bebra 16/1882 KPEV Fft 157/1895 Hl 135 | nach 1892 |
| 1904 | 1B n2 | P | 21.07.66 | 1435 | Halle-Casseler Eisenbahn/HEILIGENSTADT 17/1878 Frankf.-Bebra 17/1882 KPEV Fft 158 | nach 1892 |
| 1905 | 1B n2 | P | 21.07.66 | 1435 | Halle-Casseler Eisenbahn/RIESTEDT 18/1878 Frankf.-Bebra 18/1882 KPEV Fft 159 | nach 1892 |
| 1906 | C n2 | G | 24.07.66 | 1524 | Rjäsan-Koslow (Rußland)/T 201 | |
| 1907 | C n2 | G | 24.07.66 | 1524 | Rjäsan-Koslow (Rußland)/T 202 | |
| 1908 | C n2 | G | 27.07.66 | 1524 | Rjäsan-Koslow (Rußland)/T 203 | |
| 1909 | C n2 | G | 27.07.66 | 1524 | Rjäsan-Koslow (Rußland)/T 204 | |
| 1910 | C n2 | G | 11.05.66 | 1524 | Rjäsan-Koslow (Rußland)/T 205 | |

| Fabriknummer | Bauart | Gattung | Auslieferungsdatum | Spurweite | Empfänger/Verbleib | Ausmusterung |
|---|---|---|---|---|---|---|
| 1911 | C n2 | G | 11.05.66 | 1524 | Rjäsan-Koslow (Rußland)/T 206 | |
| 1912 | C n2 | G | 30.04.66 | 1524 | Rjäsan-Koslow (Rußland)/T 207 | |
| 1913 | C n2 | G | 30.04.66 | 1524 | Rjäsan-Koslow (Rußland)/T 208 | |
| 1914 | C n2 | G | 13.06.66 | 1524 | Rjäsan-Koslow (Rußland)/T 209 | |
| 1915 | C n2 | G | 15.06.66 | 1524 | Rjäsan-Koslow (Rußland)/T 210 | |
| 1916 | C n2 | G | 13.06.66 | 1524 | Rjäsan-Koslow (Rußland)/T 211 | |
| 1917 | C n2 | G | 15.06.66 | 1524 | Rjäsan-Koslow (Rußland)/T 212 | |
| 1918 | C n2 | G | 20.06.66 | 1524 | Rjäsan-Koslow (Rußland)/T 213 | |
| 1919 | C n2 | G | 30.06.66 | 1524 | Rjäsan-Koslow (Rußland)/T 214 | |
| 1920 | C n2 | G | 20.06.66 | 1524 | Rjäsan-Koslow (Rußland)/T 215 | |
| 1921 | C n2 | G | 30.06.66 | 1524 | Rjäsan-Koslow (Rußland)/T 216 | |
| 1922 | C n2 | G | 18.07.66 | 1524 | Rjäsan-Koslow (Rußland)/T 217 | |
| 1923 | C n2 | G | 18.07.66 | 1524 | Rjäsan-Koslow (Rußland)/T 218 | |
| 1924 | C n2 | G | 31.07.66 | 1524 | Rjäsan-Koslow (Rußland)/T 219 | |
| 1925 | C n2 | G | 31.07.66 | 1524 | Rjäsan-Koslow (Rußland)/T 220 | |
| 1926 | C n2 | G | 31.07.66 | 1524 | Rjäsan-Koslow (Rußland)/T 221 | |
| 1927 | 1B n2 | G | 01.08.66 | 1524 | Petersburg-Peterhof Eisenbahn (Rußland)/PETERHOF | |
| 1928 | 1B n2 | P | 14.08.66 | 1435 | Niederschlesisch-Märkische Eisenbahn/219/1883 KPEV Bln 129 | |
| 1929 | 1B n2 | P | 14.08.66 | 1435 | Niederschlesisch-Märkische Eisenbahn/220/1883 KPEV Bln 130 | 1888 |
| 1930 | 1B n2 | P | 14.08.66 | 1435 | Niederschlesisch-Märkische Eisenbahn/221/1883 KPEV Bln 131 | 1889 |
| 1931 | 1B n2 | P | 14.08.66 | 1435 | Niederschlesisch-Märkische Eisenbahn/222/1883 KPEV Bln 132 | 1888 |
| 1932 | 1A1 n2 | P | 03.08.66 | 1435 | Cöln-Mindener Eisenbahn/DÜSSELDORF/1883 KPEV Cörrh 26/1885 U 1B n2t/Cörrh 1498 | nach 1892 |
| 1933 | 1A n2 | P | 03.08.66 | 1435 | Cöln-Mindener Eisenbahn/TEUTOBURG/1883 KPEV Cörrh 27/1885 U 1B n2t/Cörrh 1499 | nach 1892 |
| 1934 | 1B n2 | P | 30.08.66 | 1435 | Lübeck-Büchener Eisenbahn/St. PETERSBURG 17 | 1888 |
| 1935 | 1B n2 | P | 30.08.66 | 1435 | Lübeck-Büchener Eisenbahn/RIGA 18 | 1891 |
| 1936 | 1B n2 | P | 31.08.66 | 1435 | Lübeck-Büchener Eisenbahn/STOCKHOLM 19 | 1891 |
| 1937 | 1B n2 | P | 31.08.66 | 1435 | Lübeck-Büchener Eisenbahn/KOPENHAGEN 20 | 1891 |
| 1938 | 1B n2 | P | 11.09.66 | 1435 | Magdeburg-Halberstädter Eisenbahn/KRONPRINZ/1881 KPEV Mgd 113/ 1883 Mgd 113 | 1888 |
| 1939 | 1B n2 | P | 11.09.66 | 1435 | Magdeburg-Halberstädter Eisenbahn/FRIEDRICH CARL/1881 KPEV Mgd 108/ 1883 Mgd 108 | 1889 |
| 1940 | 1B n2 | P | 11.09.66 | 1435 | Magdeburg-Halberstädter Eisenbahn/HERWARTH/1881 KPEV Mgd 114/ 1883 Mgd 114 | 1889 |
| 1941 | 1B n2 | P | 24.09.66 | 1435 | Magdeburg-Halberstädter Eisenbahn/STEINMETZ/1881 KPEV Mgd 109/ 1883 Mgd 109 | 1887 |
| 1942 | 1B n2 | P | 24.09.66 | 1435 | Magdeburg-Halberstädter Eisenbahn/MOLTKE/1881 KPEV Mgd 115/ 1883 Mgd 115 | 1888 |
| 1943 | 1B n2 | P | 24.09.66 | 1435 | Magdeburg-Halberstädter Eisenbahn/VOGEL v. FALKENSTEIN/1881 KPEV Mgd 116/1883 Mgd 116 | 1887 |
| 1944 | 1B n2 | P | 21.08.66 | 1524 | Rjäsan-Koslow (Rußland)/K. TSCHEFKIN D 101 | |
| 1945 | 1B n2 | P | 21.08.66 | 1524 | Rjäsan-Koslow (Rußland)/M. REUTERN D 102 | |
| 1946 | 1B n2 | P | 21.08.66 | 1524 | Rjäsan-Koslow (Rußland)/P. MELNIKOFF D 103 | |
| 1947 | 1B n2 | P | 27.08.66 | 1524 | Rjäsan-Koslow (Rußland)/E. GERSTFELD D 104 | |
| 1948 | 1B n2 | P | 27.08.66 | 1524 | Rjäsan-Koslow (Rußland)/BARON A. DELWIG D 105 | |
| 1949 | 1B n2 | P | 27.08.66 | 1524 | Rjäsan-Koslow (Rußland)/P. JASYKOFF D 106 | |
| 1950 | 1B n2 | P | 17.09.66 | 1524 | Rjäsan-Koslow (Rußland)/D. SUEFF | |
| 1951 | 1B n2 | P | 17.09.66 | 1524 | Rjäsan-Koslow (Rußland)/K. THAL | |
| 1952 | 1B n2 | P | 17.09.66 | 1524 | Rjäsan-Koslow (Rußland)/A. KOLLI | |
| 1953 | 1B n2 | P | 19.09.66 | 1524 | Rjäsan-Koslow (Rußland)/L. BORCHARDT | |
| 1954 | 1B n2 | P | 19.09.66 | 1524 | Rjäsan-Koslow (Rußland)/K. von MEEK | |
| 1955 | 1B n2 | P | 19.09.66 | 1524 | Rjäsan-Koslow (Rußland)/P. von DERWIS | |
| 1956 | 1B n2 | G | 06.10.66 | 1435 | Westfälische Eisenbahn/ALME 62/1880 KPEV Han 762/1883 Cörrh 604 | 1890 |
| 1957 | 1B n2 | G | 06.10.66 | 1435 | Westfälische Eisenbahn/SAAR 63/1880 KPEV Han 763/1883 Cörrh 605 | nach 1892 |
| 1958 | 1B n2 | G | 06.10.66 | 1435 | Westfälische Eisenbahn/MOSEL 64/1880 KPEV Han 764/1883 Cörrh 606 | 1891 |
| 1959 | 1B n2 | G | 06.11.66 | 1435 | Magdeburg-Halberstädter Eisenbahn/KÖNIGGRÄTZ/1881 KPEV Mgd 781/ 1883 Mgd 536 | 1882 |
| 1960 | 1B n2 | G | 06.11.66 | 1435 | Magdeburg-Halberstädter Eisenbahn/TRAUTENAU/1881 KPEV Mgd 798/ 1883 Mgd 553 | 1891 |
| 1961 | 1B n2 | G | 06.11.66 | 1435 | Magdeburg-Halberstädter Eisenbahn/GITSCHIN/1881 KPEV Mgd 782/1883 Mgd 537 | 1898 |
| 1962 | 1B n2 | G | 19.11.66 | 1435 | Magdeburg-Halberstädter Eisenbahn/SKADITZ/1881 KPEV Mgd 799/1883 Mgd 554 | 1892 |
| 1963 | 1B n2 | G | 19.11.66 | 1435 | Magdeburg-Halberstädter Eisenbahn/PODOL/1881 KPEV Mgd 800/1883 Mgd 555 | 1890 |
| 1964 | 1B n2 | G | 19.11.66 | 1435 | Magdeburg-Halberstädter Eisenbahn/BLUMENAU/1881 KPEV Mgd 783/1883 Mgd 538 | 1889 |
| 1965 | 1B n2 | S | 15.10.66 | 1435 | Bergisch-Märkische Eisenbahn/AGGER 156/1882 KPEV Efd 110 | 1885 |
| 1966 | 1B n2 | S | 15.10.66 | 1435 | Bergisch-Märkische Eisenbahn/DHUN 157/1882 KPEV Efd 111 | 1883 |
| 1967 | 1B n2 | S | 15.10.66 | 1435 | Bergisch-Märkische Eisenbahn/ELSTER 158/1882 KPEV Efd 112 | 1889 |
| 1968 | 1B n2 | S | 17.10.66 | 1435 | Bergisch-Märkische Eisenbahn/ITTNER 159/1882 KPEV Efd 113 | 1886 |
| 1969 | 1B n2 | S | 17.10.66 | 1435 | Bergisch-Märkische Eisenbahn/MÖHNE 160/1882 KPEV Efd 114 | |

| Fabriknummer | Bauart | Gattung | Auslieferungsdatum | Spurweite | Empfänger/Verbleib | Ausmusterung |
|---|---|---|---|---|---|---|
| 1970 | 1B n2 | G | 01.08.66 | 1524 | Petersburg-Peterhof Eisenbahn (Rußland)/ORANIENBAUM | |
| 1971 | D n2 | G | 03.12.66 | 1524 | Moskau-Orel (Rußland)/D 1 | |
| 1972 | D n2 | G | 03.12.66 | 1524 | Moskau-Orel (Rußland)/D 2 | |
| 1973 | D n2 | G | 03.12.66 | 1524 | Moskau-Orel (Rußland)/D 3 | |
| 1974 | D n2 | G | 10.12.66 | 1524 | Moskau-Orel (Rußland)/D 4 | |
| 1975 | D n2 | G | 10.12.66 | 1524 | Moskau-Orel (Rußland)/D 5 | |
| 1976 | D n2 | G | 10.12.66 | 1524 | Moskau-Orel (Rußland)/D 6 | |
| 1977 | 1B n2 | G | 18.01.67 | 1435 | Ostpreußische Südbahn/SIMON 6 | 1892 |
| 1978 | 1B n2 | G | 18.01.67 | 1435 | Ostpreußische Südbahn/BÖHM 7 | um 1898 |
| 1979 | 1B n2 | G | 23.03.67 | 1435 | Ostpreußische Südbahn/QUEISS 8 | 1898 |
| 1980 | 1B n2 | G | 23.03.67 | 1435 | Ostpreußische Südbahn/LEHNDORFF 9 | 1894 |
| 1981 | C n2 | G | 13.11.66 | 1435 | Rheinische Eisenbahn/RHEIN 213/1881 KPEV Cörrh 879/1895 Esn 879 | 1903 |
| 1982 | C n2 | G | 13.11.66 | 1435 | Rheinische Eisenbahn/WESER 214/1881 KPEV Cörrh 880/1895 Esn 880/ 1906 Esn 3051 | 1908 |
| 1983 | C n2 | G | 15.11.66 | 1435 | Rheinische Eisenbahn/ELBE 215/1881 KPEV Cörrh 881/1895 Esn 881 | 1903 |
| 1984 | C n2 | G | 15.11.66 | 1435 | Rheinische Eisenbahn/ODER 216/1881 KPEV Cölrh 812 | 1893 |
| 1895 | C n2 | G | 28.11.66 | 1435 | Rheinische Eisenbahn/WEICHSEL 217/1881 KPEV Cölrh 813/1890 Cörrh 615/ 1895 Esn 615 | 1899 |
| 1896 | C n2 | G | 28.11.66 | 1435 | Rheinische Eisenbahn/EIDER 218/1881 KPEV Cölrh 814 | 1891 |
| 1897 | C n2 | G | 28.11.66 | 1435 | Rheinische Eisenbahn/JUPITER 219/1881 KPEV Cölrh 815 | 1894 |
| 1988 | C n2 | G | 06.12.66 | 1435 | Rheinische Eisenbahn/MARS 220/1881 KPEV Cölrh 816 | 1894 |
| 1989 | C n2 | G | 06.12.66 | 1435 | Rheinische Eisenbahn/HERCULES 221/1881 KPEV Cörrh 882/1895 Esn 882/ 1906 Esn 3052 | |
| 1990 | C n2 | G | 06.12.66 | 1435 | Rheinische Eisenbahn/URANUS 222/1881 KPEV Cörrh 883/1895 Esn 883/ 1906 Esn 3053 | |
| 1991 | 1B n2 | P | 21.12.66 | 1524 | Moskau-Orel (Rußland)/G 1 | |
| 1992 | 1B n2 | P | 21.12.66 | 1524 | Moskau-Orel (Rußland)/G 2 | |
| 1993 | 1B n2 | P | 21.12.66 | 1524 | Moskau-Orel (Rußland)/G 3 | |
| 1994 | 1B n2 | P | 28.12.66 | 1524 | Moskau-Orel (Rußland)/G 4 | |
| 1995 | 1B n2 | P | 28.12.66 | 1524 | Moskau-Orel (Rußland)/G 5 | |
| 1996 | 1B n2 | P | 28.12.66 | 1524 | Moskau-Orel (Rußland)/G 6 | |
| 1997 | 1B n2 | P | 16.01.67 | 1524 | Moskau-Orel (Rußland)/G 7 | |
| 1998 | 1B n2 | P | 16.01.67 | 1524 | Moskau-Orel (Rußland)/G 8 | |
| 1999 | 1B n2 | P | 16.01.67 | 1524 | Moskau-Orel (Rußland)/G 9 | |
| 2000 | 1B n2 | P | 02.03.67 | 1435 | Cöln-Mindener Eisenbahn/KÖNIG WILHELM/1883 Cörrh 103 | |
| 2001 | B1 n2 | G | 03.01.67 | 1435 | Berlin-Anhalter Eisenbahn/GROSSBEEREN 89/1882 KPEV Erf 526/1895 Bln 526 | |
| 2002 | B1 n2 | G | 03.01.67 | 1435 | Berlin-Anhalter Eisenbahn/RHEIN 90/1882 KPEV Erf 527/1895 Hl 527 | nach 1895 |
| 2003 | B1 n2 | G | 07.01.67 | 1435 | Berlin-Anhalter Eisenbahn/MAIN 91/1882 KPEV Erf 528/1895 Hl 528 | nach 1895 |
| 2004 | B1 n2 | G | 07.01.67 | 1435 | Berlin-Anhalter Eisenbahn/ODER 92/1882 KPEV Erf 529/1895 Hl 529 | nach 1895 |
| 2005 | B1 n2 | G | 17.01.67 | 1435 | Berlin-Anhalter Eisenbahn/CHLUM 93/1882 KPEV Erf 530/1895 Hl 530 | nach 1895 |
| 2006 | B1 n2 | G | 17.01.67 | 1435 | Berlin-Anhalter Eisenbahn/NACHOD 94/1882 KPEV Erf 531/1895 Hl 531 | nach 1895 |
| 2007 | B1 n2 | G | 25.01.67 | 1435 | Berlin-Anhalter Eisenbahn/GITSCHIN 95/1882 KPEV Erf 532/1895 Hl 532 | nach 1895 |
| 2008 | B1 n2 | G | 25.01.67 | 1435 | Berlin-Anhalter Eisenbahn/SADOWA 96/1882 KPEV Erf 533/1895 Hl 533 | nach 1895 |
| 2009 | 1B n2 | P | 30.01.67 | 1435 | Bergisch-Märkische Eisenbahn/AAR 225/1882 KPEV Efd 115 | 1884 |
| 2010 | 1B n2 | P | 30.01.67 | 1435 | Bergisch-Märkische Eisenbahn/EIDER 226/1882 KPEV Efd 116 | |
| 2011 | 1B n2 | P | 01.02.67 | 1435 | Bergisch-Märkische Eisenbahn/ETSCH 227/1882 KPEV Efd 117 | 1882 |
| 2012 | 1B n2 | P | 01.02.67 | 1435 | Bergisch-Märkische Eisenbahn/MOLDAU 228/1882 KPEV Efd 118 | |
| 2013 | 1B n2 | P | 11.02.67 | 1435 | Bergisch-Märkische Eisenbahn/WEICHSEL 229/1882 KPEV Efd 119 | |
| 2014 | 1B n2 | P | 11.02.67 | 1435 | Bergisch-Märkische Eisenbahn/WARTHE 230/1882 KPEV Efd 120 | |
| 2015 | 1B n2 | P | 11.02.67 | 1435 | Bergisch-Märkische Eisenbahn/SPREE 231/1882 KPEV Efd 121 | 1889 |
| 2016 | 1B n2 | P | 19.02.67 | 1435 | Bergisch-Märkische Eisenbahn/NETZE 232/1882 KPEV Efd 122 | 1891 |
| 2017 | 1B n2 | P | 19.02.67 | 1435 | Bergisch-Märkische Eisenbahn/NECKAR 233/1882 KPEV Efd 123 | |
| 2018 | 1B n2 | P | 19.02.67 | 1435 | Bergisch-Märkische Eisenbahn/MINCIO 234/1882 KPEV Efd 124 | |
| 2019 | D n2 | G | 18.03.67 | 1524 | Moskau-Orel (Rußland)/D 7/später Moskau-Kursk | |
| 2020 | D n2 | G | 18.03.67 | 1524 | Moskau-Orel (Rußland)/D 8/später Moskau-Kursk | |
| 2021 | D n2 | G | 18.03.67 | 1524 | Moskau-Orel (Rußland)/D 9/später Moskau-Kursk | |
| 2022 | D n2 | G | 22.03.67 | 1524 | Moskau-Orel (Rußland)/D 10/später Moskau-Kursk | |
| 2023 | D n2 | G | 22.03.67 | 1524 | Moskau-Orel (Rußland)/D 11/später Moskau-Kursk | |
| 2024 | D n2 | G | 22.03.67 | 1524 | Moskau-Orel (Rußland)/D 12/später Moskau-Kursk | |
| 2025 | D n2 | G | 01.04.67 | 1524 | Moskau-Orel (Rußland)/D 13/später Moskau-Kursk | |
| 2026 | D n2 | G | 01.04.67 | 1524 | Moskau-Orel (Rußland)/D 14/später Moskau-Kursk | |
| 2027 | B n2t | Gt | 01.04.67 | 1524 | Moskau-Orel (Rußland)/D 15/später Moskau-Kursk | |
| 2028 | B n2t | Gt | 16.05.67 | 1435 | Rheinische Eisenbahn/ELEPHANT 125/1881 KPEV Cölrh 1423 | 1894 |
| 2029 | B n2t | Gt | 16.05.67 | 1435 | Rheinische Eisenbahn/ORION 126/1881 KPEV Cölrh 1424 | um 1894 |
| 2030 | B n2t | Gt | 18.05.67 | 1435 | Rheinische Eisenbahn/NEPTUN 127/1881 KPEV Cörrh 1407 | 1893 |
| 2031 | 1B n2 | P | 18.05.67 | 1435 | Rheinische Eisenbahn/BERTHOLD SCHWARZ 128/1881 KPEV Cölrh 1425 | 1891 |
| 2032 | 1B n2 | P | 06.04.67 | 1524 | Moskau-Orel (Rußland)/G 10[1] | |
| 2033 | 1B n2 | P | 06.04.67 | 1524 | Moskau-Orel (Rußland)/G 11[1] | |
| 2034 | 1B n2 | P | 06.04.67 | 1524 | Moskau-Orel (Rußland)/G 12[1] | |

[1] später Moskau-Kursk gl. Nr./1912 Russ Stb als D-Klasse

| Fabriknummer | Bauart | Gattung | Auslieferungsdatum | Spurweite | Empfänger/Verbleib | Ausmusterung |
|---|---|---|---|---|---|---|
| 2035 | 1B n2 | P | 17.04.67 | 1524 | Moskau-Orel (Rußland)/G 13[1] | |
| 2036 | 1B n2 | P | 17.04.67 | 1524 | Moskau-Orel (Rußland)/G 14[1] | |
| 2037 | 1B n2 | P | 17.04.67 | 1524 | Moskau-Orel (Rußland)/G 15[1] | |
| 2038 | 1B n2 | P | 03.05.67 | 1524 | Moskau-Orel (Rußland)/G 16[1] | |
| 2039 | 1B n2 | P | 03.05.67 | 1524 | Moskau-Orel (Rußland)/G 17[1] | |
| 2040 | 1B n2 | P | 03.05.67 | 1524 | Moskau-Orel (Rußland)/G 18[1] | |
| 2041 | 1B n2 | P | 16.05.67 | 1524 | Moskau-Orel (Rußland)/G 19[1] | |
| 2042 | 1B n2 | P | 16.05.67 | 1524 | Moskau-Orel (Rußland)/G 20[1] | |
| 2043 | 1B n2 | P | 12.04.67 | 1435 | Rheinische Eisenbahn/HERTHA 313/1882 KPEV Cölrh 117 | 1893 |
| 2044 | 1B n2 | P | 12.04.67 | 1435 | Rheinische Eisenbahn/FORTUNA 314/1882 KPEV Cölrh 118 | 1895 |
| 2045 | 1B n2 | P | 12.04.67 | 1435 | Rheinische Eisenbahn/SCALITZ 315/1882 KPEV Cölrh 119 | 1895 |
| 2046 | 1B n2 | P | 23.04.67 | 1435 | Rheinische Eisenbahn/GITSCHIN 316/1882 KPEV Cölrh 120 | 1896 |
| 2047 | 1B n2 | P | 23.04.67 | 1435 | Rheinische Eisenbahn/KÖNIGGRÄTZ 318/1882 KPEV Cölrh 121 | vor 1893 |
| 2048 | 1B n2 | P | 23.04.67 | 1435 | Rheinische Eisenbahn/MÜNCHENGRÄTZ 317/1882 KPEV Cölrh 122 | vor 1895 |
| 2049 | 1B n2t | Pt | 11.05.67 | 1435 | Thüringische Eisenbahn/ARNSTADT/1872 ThE 55/1882 KPEV Erf 1404 | |
| 2050 | 1B n2t | Pt | 11.05.67 | 1435 | Thüringische Eisenbahn/DIETENDORF/1872 ThE 56 1882 KPEV Erf 1405 | |
| 2051 | 1B n2 | P | 21.05.67 | 1435 | Magdeburg-Leipziger Eisenbahn/MAGDEBURG 50/1878 EK/1881 KPEV Mgd 118 | 1890 |
| 2052 | 1B n2 | P | 21.05.67 | 1435 | Magdeburg-Leipziger Eisenbahn/BERLIN 51/1880 EK/1881 KPEV Mgd 119 | 1889 |
| 2053 | 1B n2 | P | 21.05.67 | 1435 | Magdeburg-Leipziger Eisenbahn/BREMEN 52/1880 EK/1881 KPEV Mgd 120 | 1886 |
| 2054 | 1B n2 | P | 01.06.67 | 1435 | Thüringische Eisenbahn/MARKRANSTÄDT/1872 ThE 68/1877 ThE 268/1882 KPEV Erf 116/1881 EK He 1163/81 | 18.05.1901 |
| 2055 | 1B n2 | P | 06.06.67 | 1435 | Thüringische Eisenbahn/KÖTZSCHAU/1872 ThE 69/1877 ThE 269/1882 KPEV Erf 117 | 1886 |
| 2056 | 1B n2 | P | 01.06.67 | 1435 | Thüringische Eisenbahn/DER 6. JUNI 1846/1872 ThE 70/1877 ThE 270/1882 KPEV Erf 118 | 16.01.1897 |
| 2057 | 1B n2 | P | 06.06.67 | 1435 | Thüringische Eisenbahn/TEUCHERN/1872 ThE 71/1877 ThE 271/1882 KPEV Erf 119 | 1891 |
| 2058 | 1B n2 | P | 01.06.67 | 1435 | Berlin-Anhalter Eisenbahn/ADLER 97/1882 KPEV Erf 189 | 1894 |
| 2059 | 1B n2 | P | 01.06.67 | 1435 | Berlin-Anhalter Eisenbahn/CARL 98/1882 KPEV Erf 190 | 1892 |
| 2060 | 1B n2 | P | 04.06.67 | 1435 | Berlin-Anhalter Eisenbahn/DRESDEN 99/1882 KPEV Erf 191 | 1888 |
| 2061 | 1B n2 | P | 04.06.67 | 1435 | Berlin-Anhalter Eisenbahn/DENNEWITZ 100/1882 KPEV Erf 192 | 1892 |
| 2062 | B n2t | Gt | 29.06.67 | 1435 | Friedrich Krupp, Essen/KRUPP V | |
| 2063 | B n2t | Gt | 29.06.67 | 1435 | Friedrich Krupp, Essen/KRUPP VI | |
| 2064 | 1A1 n2 | S | 19.06.67 | 1435 | Berlin-Potsdam-Magdeburger Eisenbahn/WERRA/1881 KPEV Mgd 21 | 1892 |
| 2065 | 1A1 n2 | S | 19.06.67 | 1435 | Berlin-Potsdam-Magdeburger Eisenbahn/FULDA/1881 KPEV Mgd 22 | 1892 |
| 2066 | 1A1 n2 | S | 07.06.67 | 1435 | Berlin-Potsdam-Magdeburger Eisenbahn/NAHE/1881 KPEV Mgd 23 | 1892 |
| 2067 | 1A1 n2 | S | 07.06.67 | 1435 | Berlin-Potsdam-Magdeburger Eisenbahn/LEINE/1881 KPEV Mgd 24 | 1892 |
| 2068 | 1A1 n2 | S | 08.06.67 | 1435 | Berlin-Potsdam-Magdeburger Eisenbahn/ILSE/1881 KPEV Mgd 25 | 1891 |
| 2069 | 1A1 n2 | S | 08.06.67 | 1435 | Berlin-Potsdam-Magdeburger Eisenbahn/MAAS/1881 KPEV Mgd 26 | 1891 |
| 2070 | C n2 | G | 14.06.67 | 1524 | Moskau-Orel (Rußland)/E 1 | |
| 2071 | C n2 | G | 14.06.67 | 1524 | Moskau-Orel (Rußland)/E 2 | |
| 2072 | C n2 | G | 15.06.67 | 1524 | Moskau-Orel (Rußland)/E 3/Mittelasiatische Eisenbahn E 551 | vor 1905 |
| 2073 | C n2 | G | 15.06.67 | 1524 | Moskau-Orel (Rußland)/E 4/Mittelasiatische Eisenbahn E 552 | |
| 2074 | C n2 | G | 17.06.67 | 1524 | Moskau-Orel (Rußland)/E 5 | |
| 2075 | C n2 | G | 17.06.67 | 1524 | Moskau-Orel (Rußland)/E 6 | |
| 2076 | C n2 | G | 29.06.67 | 1524 | Moskau-Orel (Rußland)/E 7 | |
| 2077 | C n2 | G | 29.06.67 | 1524 | Moskau-Orel (Rußland)/E 8 | |
| 2078 | C n2 | G | 13.07.67 | 1524 | Moskau-Orel (Rußland)/E 9 | |
| 2079 | C n2 | G | 13.07.67 | 1524 | Moskau-Orel (Rußland)/E 10/Mittelasiatische Eisenbahn E 553 | |
| 2080 | C n2 | G | 15.07.67 | 1524 | Moskau-Orel (Rußland)/E 11/Mittelasiatische Eisenbahn E 554 | |
| 2081 | C n2 | G | 15.07.67 | 1524 | Moskau-Orel (Rußland)/E 12/Mittelasiatische Eisenbahn E 555 | vor 1905 |
| 2082 | C n2 | G | 31.07.67 | 1524 | Moskau-Orel (Rußland)/E 13 | |
| 2083 | C n2 | G | 31.07.67 | 1524 | Moskau-Orel (Rußland)/E 14 | |
| 2084 | C n2 | G | 05.08.67 | 1524 | Moskau-Orel (Rußland)/E 15/Mittelasiatische Eisenbahn E 556 | vor 1905 |
| 2085 | C n2 | G | 05.08.67 | 1524 | Moskau-Orel (Rußland)/E 16 | |
| 2086 | C n2 | G | 10.07.67 | 1435 | Bergisch-Märkische Eisenbahn/HOLZMINDEN 205/1883 KPEV Cörrh 820 | |
| 2087 | C n2 | G | 10.07.67 | 1435 | Bergisch-Märkische Eisenbahn/HARBURG 206/1882 KPEV Efd 855 | 1900 |
| 2088 | C n2 | G | 10.07.67 | 1435 | Bergisch-Märkische Eisenbahn/HEIDELBERG 207/1882 KPEV Efd 856 | 1893 |
| 2089 | C n2 | G | 10.07.67 | 1435 | Bergisch-Märkische Eisenbahn/HALBERSTADT 208/1882 KPEV Efd 857 | 1905 |
| 2090 | C n2 | G | 27.07.67 | 1435 | Bergisch-Märkische Eisenbahn/JERXHEIM 209/1883 KPEV Cörrh 821 | 1896 |
| 2091 | C n2 | G | 27.07.67 | 1435 | Bergisch-Märkische Eisenbahn/KIEL 210/1883 KPEV Cörrh 822 | |
| 2092 | C n2 | G | 29.07.67 | 1435 | Bergisch-Märkische Eisenbahn/KÖNIGSBERG 211/1882 KPEV Efd 858 | 1890 |
| 2093 | C n2 | G | 29.07.67 | 1435 | Bergisch-Märkische Eisenbahn/KREIENSEN 212/1882 KPEV Efd 859 | 1899 |
| 2094 | C n2 | G | 17.08.67 | 1435 | Bergisch-Märkische Eisenbahn/LIEGNITZ 213/1882 KPEV Efd 860 | 1888 |
| 2095 | C n2 | G | 17.08.67 | 1435 | Bergisch-Märkische Eisenbahn/LONDON 214/1882 KPEV Efd 861 | 1887 |
| 2096 | C n2 | G | 17.08.67 | 1435 | Bergisch-Märkische Eisenbahn/MANNHEIM 215/1882 KPEV Efd 862 | 1889 |
| 2097 | C n2 | G | 20.08.67 | 1435 | Bergisch-Märkische Eisenbahn/MERSEBURG 216/1882 KPEV Efd 863/1895 Esn 863 | |
| 2098 | C n2 | G | 20.08.67 | 1435 | Bergisch-Märkische Eisenbahn/MÜNCHEN 217/1882 KPEV Efd 864 | 1895 |
| 2099 | C n2 | G | 20.08.67 | 1435 | Bergisch-Märkische Eisenbahn/NÜRNBERG 218/1882 KPEV Efd 865 | 1894 |

1) später Moskau-Kursk gl. Nr./1912 Russ. Stb als D-Klasse

| Fa-brik-num-mer | Bauart | Gat-tung | Aus-liefe-rungs-datum | Spur-weite | Empfänger/Verbleib | Aus-muste-rung |
|---|---|---|---|---|---|---|
| 2100 | C n2 | G | 12.08.67 | 1435 | Bergisch-Märkische Eisenbahn/PRAG 219/1882 KPEV Efd 866 | 1890 |
| 2101 | C n2 | G | 12.08.67 | 1435 | Bergisch-Märkische Eisenbahn/REICHENBERG 220/1882 KPEV Efd 867/1895 Esn 867 | |
| 2102 | C n2 | G | 12.08.67 | 1435 | Bergisch-Märkische Eisenbahn/RENDSBURG 221/1882 KPEV Efd 868 | 1894 |
| 2103 | C n2 | G | 24.08.67 | 1435 | Bergisch-Märkische Eisenbahn/ROTTERDAM 222/1882 KPEV Efd 869 | 1895 |
| 2104 | C n2 | G | 24.08.67 | 1435 | Bergisch-Märkische Eisenbahn/SCHLESWIG 223/1882 KPEV Efd 870 | 1889 |
| 2105 | C n2 | G | 24.08.67 | 1435 | Bergisch-Märkische Eisenbahn/ULM 224/1882 KPEV Efd 871 | 1895 |
| 2106 | 1B n2 | G | 24.09.67 | 1435 | Cöln-Mindener Eisenbahn/CARL WINDSCHEID/1883 KPEV Cörrh 101 | 1890 |
| 2107 | 1B n2 | G | 24.09.67 | 1435 | Cöln-Mindener Eisenbahn/ADOLPH SARTORIUS/1883 KPEV Cörrh 102 | 1890 |
| 2108 | C n2 | G | 07.09.67 | 1435 | Saarbrücker Eisenbahn/58/1881 KPEV Cölrh 823/1895 Sbr 823 | |
| 2109 | C n2 | G | 07.09.67 | 1435 | Saarbrücker Eisenbahn/59/1881 KPEV Cölrh 824 | 1890 |
| 2110 | C n2 | G | 07.09.67 | 1435 | Saarbrücker Eisenbahn/60/1881 KPEV Cölrh 825/1895 Sbr 825 | |
| 2111 | C n2 | G | 14.09.67 | 1524 | Kursk-Kiew (Rußland)/B 100/Moskau - Kiew - Woronesch BN 200 | |
| 2112 | C n2 | G | 14.09.67 | 1524 | Kursk-Kiew (Rußland)/B 101/Moskau - Kiew - Woronesch BN 201 | |
| 2113 | 1B n2 | G | 16.09.67 | 1435 | Berlin-Potsdam-Magdeburger Eisenbahn/KÖNIGSBERG/1881 KPEV Mgd 784/1883 Mgd 539 | 1886 |
| 2114 | 1B n2 | G | 16.09.67 | 1435 | Berlin-Potsdam-Magdeburger Eisenbahn/BRESLAU/1881 KPEV Mgd 785/1883 Mgd 540 | 1885 |
| 2115 | 1B n2 | G | 17.09.67 | 1435 | Berlin-Potsdam-Magdeburger Eisenbahn/BERLIN/1881 KPEV Mgd 786/1883 Mgd 541 | 1885 |
| 2116 | 1B n2 | G | 17.09.67 | 1435 | Berlin-Potsdam-Magdeburger Eisenbahn/STETTIN/1881 KPEV Mgd 787/1883 Mgd 542 | 1886 |
| 2117 | C n2 | G | 01.10.67 | 1435 | Halle-Casseler Eisenbahn/MARS 25/1827 FB 26/1878 FB 310/1880 KPEV Fft 809/1895 HL 809 | |
| 2118 | C n2 | G | 01.10.67 | 1435 | Halle-Casseler Eisenbahn/CERES 26/1827 FB 27/1878 FB 311/1880 KPEV Fft 810/1895 HL 810 | |
| 2119 | C n2 | G | 01.10.67 | 1435 | Halle-Casseler Eisenbahn/JUNO 27/1827 FB 28/1878 FB 312/1880 KPEV Fft 811/1895 HL 811 | |
| 2120 | 1B n2 | P | 08.10.67 | 1435 | Magdeburg-Halberstädter Eisenbahn/BISMARCK/1881 KPEV Mgd 110 | 1883 |
| 2121 | 1B n2 | P | 08.10.67 | 1435 | Magdeburg-Halberstädter Eisenbahn/ROON/1881 KPEV Mgd 111 | 1882 |
| 2122 | 1B n2 | P | 08.10.67 | 1435 | Magdeburg-Halberstädter Eisenbahn/ITZENPLITZ/1881 KPEV Mgd 112 | 1885 |
| 2123 | 1B n2 | P | 22.10.67 | 1435 | Niederschlesische Zweigbahn/ODER/1885 KPEV Bsl 108/1890 Umbau | |
| 2124 | 1B n2 | G | 04.10.67 | 1435 | Ostpreußische Südbahn/ANDERSCH 10 | zw. 1898 - 1902 |
| 2125 | 1B n2 | G | 04.10.67 | 1435 | Ostpreußische Südbahn/ROMBERG 11 | 1894 |
| 2126 | 1B n2 | G | 04.10.67 | 1435 | Ostpreußische Südbahn/SIMPSON 12 | zw. 1898 - 1902 |
| 2127 | 1B n2 | G | 04.10.67 | 1435 | Ostpreußische Südbahn/GUBER 13 | 1893 |
| 2128 | 1B n2 | G | 04.10.67 | 1435 | Ostpreußische Südbahn/ZEINE 14 | 1895 |
| 2129 | B1 n2 | G | 21.10.67 | 1435 | Berlin-Hamburger Eisenbahn/CYCLOP/1884 KPEV Alt 624 | 1898 |
| 2130 | B1 n2 | G | 21.10.67 | 1435 | Berlin-Hamburger Eisenbahn/SATURN/1884 KPEV Alt 625 | 1895 |
| 2131 | B1 n2 | G | 26.10.67 | 1435 | Berlin-Hamburger Eisenbahn/BREMEN/1884 KPEV Alt 626 | 1902 |
| 2132 | B1 n2 | G | 26.10.67 | 1435 | Berlin-Hamburger Eisenbahn/SALAMANDA/1884 KPEV Alt 608 | 1904 |
| 2133 | 1A1 n2 | P | 29.10.67 | 1435 | Berlin-Hamburger Eisenbahn/AJAX/1884 KPEV Alt 40 | 1890 |
| 2134 | 1A1 n2 | P | 29.10.67 | 1435 | Berlin-Hamburger Eisenbahn/PEGASUS/1884 KPEV Alt 41 | 1892 |
| 2135 | 1A1 n2 | P | 31.10.67 | 1435 | Berlin-Hamburger Eisenbahn/ZEUS/1884 KPEV Alt 42 | 1892 |
| 2136 | 1A1 n2 | P | 31.10.67 | 1435 | Berlin-Hamburger Eisenbahn/HECTOR/1884 KPEV Alt 43 | 1893 |
| 2137 | 1B n2 | G | 21.10.67 | 1524 | Petersburg-Peterhof (Rußland)/ALEXANDER/Ba 42/1895 BPRE Ba 57 | nach 1895 |
| 2138 | 1B n2 | P | 06.11.67 | 1435 | Rheinische Eisenbahn/HANSA 319/1882 KPEV Cölrh 123 | 1895 |
| 2139 | 1B n2 | P | 06.11.67 | 1435 | Rheinische Eisenbahn/VORWÄRTS 320/1882 KPEV Cölrh 124 | 1894 |
| 2140 | 1B n2 | P | 06.11.67 | 1435 | Rheinische Eisenbahn/SADOWA 321/1882 KPEV Cölrh 125 | 1895 |
| 2141 | 1B n2 | P | 06.11.67 | 1435 | Rheinische Eisenbahn/GAZELLE 322/1882 KPEV Cölrh 126 | 1895 |
| 2142 | C n2 | G | 14.11.67 | 1435 | Rheinische Eisenbahn/DEUTSCHLAND 223/1882 KPEV Cölrh 826 | 1894 |
| 2143 | C n2 | G | 14.10.67 | 1435 | Rheinische Eisenbahn/RHEINLAND 224/1882 KPEV Cölrh 827 | 1895 |
| 2144 | C n2 | G | 15.10.67 | 1435 | Rheinische Eisenbahn/WESTFALEN 225/1882 KPEV Cörrh 884/1895 Esn 884 | 1903 |
| 2145 | C n2 | G | 15.10.67 | 1435 | Rheinische Eisenbahn/NASSAU 226/1882 KPEV Cölrh 828 | 1895 |
| 2146 | C n2 | G | 23.11.67 | 1435 | Rheinische Eisenbahn/HESSEN 227/1882 KPEV Cölrh 829 | 1891 |
| 2147 | C n2 | G | 21.11.67 | 1435 | Rheinische Eisenbahn/HANNOVER 228/1882 KPEV Cörrh 885/1895 Esn 885 | 1905 |
| 2148 | C n2 | G | 23.11.67 | 1435 | Rheinische Eisenbahn/SACHSEN 229/1882 KPEV Cörrh 886/1895 Esn 886 | 1900 |
| 2149 | C n2 | G | 21.11.67 | 1435 | Rheinische Eisenbahn/BRANDENBURG 230/1882 KPEV Cölrh 830 | 1892 |
| 2150 | C n2 | G | 29.11.67 | 1435 | Rheinische Eisenbahn/POMMERN 231/1882 KPEV Cörrh 887/1895 Esn 887 | 1904 |
| 2151 | C n2 | G | 29.11.67 | 1435 | Rheinische Eisenbahn/PREUSSEN 232/1882 KPEV Cörrh 888/1895 Esn 888 | 1902 |
| 2152 | C n2 | G | 29.11.67 | 1435 | Rheinische Eisenbahn/SCHLESIEN 233/1882 KPEV Cörrh 889/1895 Esn 889 | 1900 |
| 2153 | C n2 | G | 07.12.67 | 1435 | Rheinische Eisenbahn/POSEN 234/1882 KPEV Cölrh 831 | 1894 |
| 2154 | C n2 | G | 07.12.67 | 1435 | Rheinische Eisenbahn/BERLIN 235/1882 KPEV Cölrh 832 | 1893 |
| 2155 | C n2 | G | 05.12.67 | 1435 | Rheinische Eisenbahn/FRANKFURT 236/1882 KPEV Cörrh 890/1895 Esn 890/1906 Esn 3054 | 1908 |
| 2156 | C n2 | G | 05.12.67 | 1435 | Rheinische Eisenbahn/LIPPE 237/1882 KPEV Cölrh 833/1895 Cln 833 | 1901 |
| 2157 | C n2 | G | 11.12.67 | 1435 | Rheinische Eisenbahn/WUPPER 238/1882 KPEV Cölrh 834 | 1894 |
| 2158 | C n2 | G | 11.12.67 | 1435 | Rheinische Eisenbahn/EMSCHER 239/1882 KPEV Cörrh 891/1895 Esn 891 | 1904 |
| 2159 | C n2 | G | 11.12.67 | 1435 | Rheinische Eisenbahn/WOLKENBURG 240/1882 KPEV Cörrh 892/1895 Esn 892 | 1901 |
| 2160 | 1B n2 | P | 27.12.67 | 1435 | Niederschlesisch-Märkische Eisenbahn/240/1883 KPEV Bln 143 | |
| 2161 | 1B n2 | P | 27.12.67 | 1435 | Niederschlesisch-Märkische Eisenbahn/241/1883 KPEV Bln 144 | 1891 |

| Fabriknummer | Bauart | Gattung | Auslieferungsdatum | Spurweite | Empfänger/Verbleib | Ausmusterung |
|---|---|---|---|---|---|---|
| 2162 | B n2 | G | 15.01.68 | 1435 | Rheinische Eisenbahn/LOEWENBURG 241/1882 KPEV Cörrh 633 | 1894 |
| 2163 | B n2 | G | 15.01.68 | 1435 | Rheinische Eisenbahn/OELBRUCK 242/1882 KPEV Cörrh 632 | 1893 |
| 2164 | B n2 | G | 16.01.68 | 1435 | Rheinische Eisenbahn/HOCHACHT 243/1882 KPEV Cörrh 634 | 1888 |
| 2165 | B n2 | G | 16.01.68 | 1435 | Rheinische Eisenbahn/KELBERG 244/1882 KPEV Cörrh 639 | 1891 |
| 2166 | 1B n2 | G | 15.01.68 | 1435 | Glückstadt-Elsmhorner Eisenbahn/DITHMARSCHEN | 1881 |
| 2167 | 1B n2 | S | 10.02.68 | 1435 | Berlin-Anhalter Eisenbahn/MAGDEBURG 101/1882 KPEV Erf 193 | 1891 |
| 2168 | 1B n2 | S | 10.02.68 | 1435 | Berlin-Anhalter Eisenbahn/TREBBIN 102/1882 KPEV Erf 194 | 1892 |
| 2169 | 1B n2 | S | 11.02.68 | 1435 | Berlin-Anhalter Eisenbahn/FALKENBERG 103/1882 KPEV Erf 195 | 1892 |
| 2170 | 1B n2 | S | 11.02.68 | 1435 | Berlin-Anhalter Eisenbahn/HAVEL 104/1882 KPEV Erf 196/1895 Hl 196 | |
| 2171 | 1B n2 | S | 17.02.68 | 1435 | Berlin-Anhalter Eisenbahn/WESER 105/1882 KPEV Erf 197/1895 Hl 197 | |
| 2172 | 1B n2 | S | 17.02.68 | 1435 | Berlin-Anhalter Eisenbahn/VORWÄRTS 106/1882 KPEV Erf 198/1895 Hl 198 | |
| 2173 | 1B n2 | S | 17.02.68 | 1435 | Berlin-Anhalter Eisenbahn/GAZELLE 107/1882 KPEV Erf 199/1895 Hl 199 | |
| 2174 | 1B n2 | P | 29.02.68 | 1435 | Thüringische Eisenbahn/MAGDEBURG/1872 ThE 72/1877 ThE 272/1882 KPEV Erf 120 | 1888 |
| 2175 | 1B n2 | P | 29.02.68 | 1435 | Thüringische Eisenbahn/MERSEBURG/1872 ThE 73/1877 ThE 273/1882 KPEV Erf 121 | 1889 |
| 2176 | 1B n2 | P | 03.03.68 | 1435 | Thüringische Eisenbahn/WARTBURG/1872 ThE 74/1877 ThE 274/1882 KPEV Erf 122 | 1891 |
| 2177 | 1B n2 | P | 03.03.68 | 1435 | Thüringische Eisenbahn/HERLESHAUSEN/1872 ThE 75/1877 ThE 275/1882 KPEV Erf 123 | 1891 |
| 2178 | 1B n2 | S | 13.03.68 | 1435 | Thüringische Eisenbahn/WEISSENFELS/1872 ThE 63/1877 ThE 216/1882 KPEV Erf 110 | 1891 |
| 2179 | 1B n2 | S | 13.03.68 | 1435 | Thüringische Eisenbahn/HAARHAUSEN/1872 ThE 64/1877 ThE 217/1882 KPEV Erf 111 | 1884 |
| 2180 | B1 n2t | | 20.04.68 | 1435 | Niederschlesisch-Märkische Eisenbahn/282/1883 KPEV Bln 1412 | vor 1892 |
| 2181 | B1 n2t | | 20.04.68 | 1435 | Niederschlesisch-Märkische Eisenbahn/283/1883 KPEV Bln 1413 | 1890 |
| 2182 | B1 n2t | | 20.04.68 | 1435 | Niederschlesisch-Märkische Eisenbahn/284/1883 KPEV Bln 1414 | vor 1894 |
| 2183 | B1 n2t | | 20.04.68 | 1435 | Niederschlesisch-Märkische Eisenbahn/285/1883 KPEV Bln 1415 | vor 1894 |
| 2184 | C n2 | G | 27.01.68 | 1524 | Kursk-Kiew (Rußland)/B 102/MKW BN 202 | |
| 2185 | C n2 | G | 27.01.68 | 1524 | Kursk-Kiew (Rußland)/B 103/MKW BN 203 | |
| 2186 | 1B n2 | P | 30.03.68 | 1435 | Niederschlesisch-Märkische Eisenbahn/250/1883 KPEV Bln 153 | 1890 |
| 2187 | 1B n2 | P | 31.03.68 | 1435 | Niederschlesisch-Märkische Eisenbahn/251/1883 KPEV Bln 154 | 1891 |
| 2188 | 1B n2 | P | 31.03.68 | 1435 | Niederschlesisch-Märkische Eisenbahn/252/1883 KPEV Bln 155 | 1891 |
| 2189 | 1B n2 | P | 30.03.68 | 1435 | Niederschlesisch-Märkische Eisenbahn/253/1883 KPEV Bln 156 | 1890 |
| 2190 | 1B n2 | P | 21.04.68 | 1435 | Niederschlesisch-Märkische Eisenbahn/254/1883 KPEV Bln 157 | |
| 2191 | 1B n2 | P | 21.04.68 | 1435 | Niederschlesisch-Märkische Eisenbahn/255/1883 KPEV Bln 158 | 1891 |
| 2192 | 1B n2 | P | 23.04.68 | 1435 | Niederschlesisch-Märkische Eisenbahn/256/1883 KPEV Bln 159 | |
| 2193 | 1B n2 | P | 23.04.68 | 1435 | Niederschlesisch-Märkische Eisenbahn/257/1883 KPEV Bln 160 | |
| 2194 | 1B n2 | P | 01.05.68 | 1435 | Niederschlesisch-Märkische Eisenbahn/258/1883 KPEV Bln 161 | 1888 |
| 2195 | 1B n2 | P | 02.05.68 | 1435 | Niederschlesisch-Märkische Eisenbahn/259/1883 KPEV Bln 162 | |
| 2196 | 1B n2 | P | 02.05.68 | 1435 | Niederschlesisch-Märkische Eisenbahn/260/1883 KPEV Bln 163 | 1890 |
| 2197 | 1B n2 | P | 01.05.68 | 1435 | Niederschlesisch-Märkische Eisenbahn/261/1883 KPEV Bln 164 | 1890 |
| 2198 | C n2 | G | 25.03.68 | 1524 | Rjäsan-Koslow (Rußland)/222/Rjäsan-Uralsk T 222 | |
| 2199 | C n2 | G | 25.03.68 | 1524 | Rjäsan-Koslow (Rußland)/223/Rjäsan-Uralsk T 223 | |
| 2200 | C n2 | G | 18.05.68 | 1524 | Kursk-Kiew (Rußland)/B 104/MKW BN 204 | |
| 2201 | C n2 | G | 13.05.68 | 1435 | Saarbrücker Eisenbahn/67/1881 KPEV Cölrh 885/1895 Sbr 835 | |
| 2202 | C n2 | G | 13.05.68 | 1435 | Saarbrücker Eisenbahn/68/1881 KPEV Cölrh 836 | 1894 |
| 2203 | C n2 | G | 13.05.68 | 1435 | Saarbrücker Eisenbahn/69/1881 KPEV Cölrh 837 | 1894 |
| 2204 | C n2 | G | 28.05.68 | 1435 | Saarbrücker Eisenbahn/70/1881 KPEV Cölrh 838 | 1894 |
| 2205 | C n2 | G | 28.05.68 | 1435 | Saarbrücker Eisenbahn/71/1881 KPEV Cölrh 839 | 1894 |
| 2206 | C n2 | G | 28.05.68 | 1435 | Saarbrücker Eisenbahn/72/1881 KPEV Cölrh 840/1895 Sbr 840 | |
| 2207 | 1B n2 | G | 18.06.68 | 1435 | Nassauische Eisenbahn/SCHIERSTEIN 39/1880 KPEV Fft 518/1892 Cörrh 606 | |
| 2208 | 1B n2 | G | 18.06.68 | 1435 | Nassauische Eisenbahn/KESTERT 40/1880 KPEV Fft 519/1892 Cörrh 607 | |
| 2209 | 1B n2 | G | 18.06.68 | 1435 | Nassauische Eisenbahn/OSTERSPAI 41/1880 KPEV Fft 520/1892 Cörrh 608 | |
| 2210 | 1B n2 | G | 23.06.68 | 1435 | Nassauische Eisenbahn/LOEHNBERG 42/1880 KPEV Fft 521 | |
| 2211 | 1B n2 | G | 23.06.68 | 1435 | Nassauische Eisenbahn/STOCKHAUSEN 43/1880 KPEV Fft 522 | |
| 2212 | 1B n2 | G | 23.06.68 | 1435 | Nassauische Eisenbahn/ALBSHAUSEN 44/1880 KPEV Fft 523 | |
| 2213 | 1B n2 | P | 06.06.68 | 1435 | Cöln-Mindener Eisenbahn/DEUTSCHLAND/1883 KPEV Cörrh 104 | 1889 |
| 2214 | 1B n2 | P | 06.06.68 | 1435 | Cöln-Mindener Eisenbahn/WIEDENBRÜCK/1883 KPEV Cörrh 105/1895 Cln 105 | |
| 2215 | 1B n2 | P | 06.06.68 | 1435 | Cöln-Mindener Eisenbahn/CAMEN/1883 KPEV Cörrh 106/1895 Cln 106 | |
| 2216 | C n2 | G | 18.05.68 | 1524 | Kursk-Kiew (Rußland)/B 105/MKW BN 205 | |
| 2217 | C n2 | G | 18.05.68 | 1524 | Kursk-Kiew (Rußland)/B 106/MKW BN 206 | |
| 2218 | C n2 | G | 18.06.68 | 1524 | Kursk-Kiew (Rußland)/B 107/MKW BN 207 | |
| 2219 | C n2 | G | 18.06.68 | 1524 | Kursk-Kiew (Rußland)/B 108/MKW BN 208 | |
| 2220 | C n2 | G | 09.07.68 | 1524 | Kursk-Kiew (Rußland)/B 109/MKW BN 209 | |
| 2221 | C n2 | G | 09.07.68 | 1524 | Kursk-Kiew (Rußland)/B 110/MKW BN 210 | |
| 2222 | C n2 | G | 09.07.68 | 1524 | Kursk-Kiew (Rußland)/B 111/MKW BN 211 | |
| 2223 | C n2 | G | 25.07.68 | 1524 | Kursk-Kiew (Rußland)/B 112/MKW BN 212 | |
| 2224 | C n2 | G | 25.07.68 | 1524 | Kursk-Kiew (Rußland)/B 113/MKW BN 213 | |
| 2225 | C n2 | G | 25.07.68 | 1524 | Kursk-Kiew (Rußland)/B 114/MKW BN 214 | |
| 2226 | 1B n2 | P | 25.04.68 | 1435 | Berlin-Görlitzer Eisenbahn/25/1883 KPEV Bln 167 | |

| Fabriknummer | Bauart | Gattung | Auslieferungsdatum | Spurweite | Empfänger/Verbleib | Ausmusterung |
|---|---|---|---|---|---|---|
| 2227 | 1B n2 | P | 25.04.68 | 1435 | Berlin-Görlitzer Eisenbahn/26/1883 KPEV Bln 168 | 1890 |
| 2228 | 1B n2 | P | 06.07.68 | 1524 | Riga-Mitau (Rußland)/LIVLAND 1/RO 1/BPRE Ba 49 | |
| 2229 | 1B n2 | P | 06.07.68 | 1524 | Riga-Mitau (Rußland)/KURLAND 2/RO 2/BPRE Ba 50 | |
| 2230 | 1B n2 | P | 12.08.68 | 1524 | Riga-Mitau (Rußland)/RIGA 3/RO 3/BPRE Ba 51 | |
| 2231 | 1B n2 | P | 12.08.68 | 1524 | Riga-Mitau (Rußland)/MITAU 4/RO 4/BPRE Ba 52 | |
| 2232 | 1B n2 | P | 12.08.68 | 1524 | Riga-Mitau (Rußland)/OLAI 5/RO 5/BPRE Ba 53 | |
| 2233 | 1B n2 | P | 27.08.68 | 1524 | Riga-Mitau (Rußland)/THORENSBERG 6/RO 6/BPRE Ba 54 | |
| 2234 | 1B n2 | P | 27.08.68 | 1524 | Riga-Mitau (Rußland)/DÜNA 7/RO 7/BPRE Ba 55 | |
| 2235 | 1B n2 | P | 27.08.68 | 1524 | Riga-Mitau (Rußland)/AA 8/RO 8/BPRE Ba 56 | |
| 2236 | 1B n2 | G | 20.07.68 | 1435 | Warschau-Bromberger Eisenbahn/119 | |
| 2237 | 1B n2 | G | 20.07.68 | 1435 | Warschau-Bromberger Eisenbahn/120 | |
| 2238 | 1A1 n2 | P | 23.07.68 | 1435 | Warschau-Bromberger Eisenbahn/99 | |
| 2239 | 1A1 n2 | P | 23.07.68 | 1435 | Warschau-Bromberger Eisenbahn/100 | |
| 2240 | C n2 | G | 27.06.68 | 1435 | Rhein-Nahe Eisenbahn/DEUTSCHLAND/1883 KPEV Cölrh 842 | 1894 |
| 2241 | C n2 | G | 27.06.68 | 1435 | Rhein-Nahe Eisenbahn/ROTHENFELS/1883 KPEV Cölrh 843 | 1890 |
| 2242 | C n2 | G | 27.06.68 | 1435 | Rhein-Nahe Eisenbahn/RHEINGRAFENSTEIN/1883 KPEV Cölrh 844 | 1891 |
| 2243 | C n2 | G | 30.06.68 | 1435 | Rhein-Nahe Eisenbahn/KYBURG/1883 KPEV Cölrh 845 | 1891 |
| 2244 | C n2 | G | 30.06.68 | 1435 | Saarbrücker Eisenbahn/73/1881 KPEV Cölrh 841/1895 Sbr 841 | |
| 2245 | C n2 | G | 30.07.68 | 1435 | Berlin-Potsdam-Magdeburger Eisenbahn/DÜSSELDORF/1881 KPEV Mgd 512/ 1883 Mgd 811 | 1889 |
| 2246 | C n2 | G | 30.07.68 | 1435 | Berlin-Potsdam-Magdeburger Eisenbahn/HAGEN/1881 KPEV Mgd 513/1883 Mgd 812 | 1893 |
| 2247 | C n2 | G | 30.07.68 | 1435 | Berlin-Potsdam-Magdeburger Eisenbahn/SOEST/1881 KPEV Mgd 514/1883 Mgd 813 | 1889 |
| 2248 | C n2 | G | 04.08.68 | 1435 | Berlin-Potsdam-Magdeburger Eisenbahn/PADERBORN/1881 KPEV Mgd 515/ 1883 Mgd 814 | 1895 |
| 2249 | C n2 | G | 04.08.68 | 1435 | Berlin-Potsdam-Magdeburger Eisenbahn/HÖXTER/1881 KPEV Mgd 516/ 1883 Mgd 815 | 1896 |
| 2250 | C n2 | G | 04.08.68 | 1435 | Berlin-Potsdam-Magdeburger Eisenbahn/HOLZMINDEN/1881 KPEV Mgd 517/ 1883 Mgd 816 | 1892 |
| 2251 | C n2 | G | 15.08.68 | 1524 | Rjäsan-Koslow (Rußland)/224/Rjäsan-Uralsk T 224 | |
| 2252 | C n2 | G | 15.08.68 | 1524 | Rjäsan-Koslow (Rußland)/225/Rjäsan-Uralsk T 225 | |
| 2253 | C n2 | G | 31.08.68 | 1524 | Kursk-Kiew (Rußland)/B 115/MKW BN 215 | |
| 2254 | C n2 | G | 31.08.68 | 1524 | Kursk-Kiew (Rußland)/B 116/MKW BN 216 | |
| 2255 | C n2 | G | 31.08.68 | 1524 | Kursk-Kiew (Rußland)/B 117/MKW BN 217 | |
| 2256 | C n2 | G | 24.09.68 | 1524 | Kursk-Kiew (Rußland)/B 118/MKW BN 218 | |
| 2257 | C n2 | G | 14.09.68 | 1524 | Kursk-Kiew (Rußland)/B 119/MKW BN 219 | |
| 2258 | C n2 | G | 14.09.68 | 1524 | Kursk-Kiew (Rußland)/B 120/MKW BN 220 | |
| 2259 | C n2 | G | 24.09.68 | 1524 | Kursk-Kiew (Rußland)/B 121/MKW BN 221 | |
| 2260 | C n2 | G | 24.09.68 | 1524 | Kursk-Kiew (Rußland)/B 122/MKW BN 222 | |
| 2261 | C n2 | G | 06.10.68 | 1524 | Kursk-Kiew (Rußland)/B 123/MKW BN 223 | |
| 2262 | C n2 | G | 06.10.68 | 1524 | Kursk-Kiew (Rußland)/B 124/MKW BN 224 | |
| 2263 | C n2 | G | 06.10.68 | 1524 | Kursk-Kiew (Rußland)/B 125/MKW BN 225 | |
| 2264 | C n2 | G | 27.10.68 | 1524 | Kursk-Kiew (Rußland)/B 126/MKW BN 226 | |
| 2265 | C n2 | G | 27.10.68 | 1524 | Kursk-Kiew (Rußland)/B 127/MKW BN 227 | |
| 2266 | C n2 | G | 27.10.68 | 1524 | Kursk-Kiew (Rußland)/B 128/MKW BN 228 | |
| 2267 | C n2 | G | 14.11.68 | 1524 | Kursk-Kiew (Rußland)/B 129/MKW BN 229 | |
| 2268 | C n2 | G | 14.11.68 | 1524 | Kursk-Kiew (Rußland)/B 130/MKW BN 230 | |
| 2269 | C n2 | G | 14.11.68 | 1524 | Kursk-Kiew (Rußland)/B 131/MKW BN 231 | |
| 2270 | C n2 | G2 | 10.10.68 | 1435 | Hannoversche Staatsbahn/271/1883 KPEV Han 843/1895 Han 743/1906 Han 3054 | |
| 2271 | C n2 | G2 | 16.10.68 | 1435 | Hannoversche Staatsbahn/272/1883 KPEV Han 844 | |
| 2272 | C n2 | G2 | 16.10.68 | 1435 | Hannoversche Staatsbahn/273/1883 KPEV Han 845/1895 Han 745/1906 Han 3055 | |
| 2273 | C n2 | G2 | 26.10.68 | 1435 | Hannoversche Staatsbahn/274/1883 KPEV Han 846 | |
| 2274 | C n2 | G2 | 26.10.68 | 1435 | Hannoversche Staatsbahn/275/1883 KPEV Han 847 | |
| 2275 | C n2 | G2 | 29.10.68 | 1435 | Hannoversche Staatsbahn/276/1883 KPEV Han 848 | |
| 2276 | C n2 | G2 | 29.10.68 | 1435 | Hannoversche Staatsbahn/277/1883 KPEV Han 849 | |
| 2277 | C n2 | G | 05.11.68 | 1435 | Thüringische Eisenbahn/SAALE/1872 ThE 97/1882 KPEV Erf 800 | |
| 2278 | C n2 | G | 05.11.68 | 1435 | Thüringische Eisenbahn/APFELSTEDT/1872 ThE 98/1882 KPEV Erf 801 | |
| 2279 | C n2 | G | 05.11.68 | 1435 | Thüringische Eisenbahn/SCHWARZA/1872 ThE 99/1882 KPEV Erf 802 | |
| 2280 | 1B n2 | S | 25.08.68 | 1435 | Bergisch-Märkische Eisenbahn/UNSTRUT 278/1882 KPEV Efd 130 | |
| 2281 | 1B n2 | S | 25.08.68 | 1435 | Bergisch-Märkische Eisenbahn/MULDE 279/1882 KPEV Efd 131 | 1885 |
| 2282 | 1B n2 | S | 25.08.68 | 1435 | Bergisch-Märkische Eisenbahn/JAHDE 280/1882 KPEV Efd 132 | 1887 |
| 2283 | 1B n2 | S | 02.09.68 | 1435 | Bergisch-Märkische Eisenbahn/ALLER 281/1882 KPEV Efd 133 | 1889 |
| 2284 | 1B n2 | S | 02.09.68 | 1435 | Bergisch-Märkische Eisenbahn/DRAU 282/1882 KPEV Efd 134 | |
| 2285 | 1B n2 | S | 02.09.68 | 1435 | Bergisch-Märkische Eisenbahn/HOPPKE 283/1882 KPEV Efd 135 | 1888 |
| 2286 | 1B n2 | S | 16.09.68 | 1435 | Bergisch-Märkische Eisenbahn/ALME 284/1882 KPEV Efd 136 | |
| 2287 | 1B n2 | S | 16.09.68 | 1435 | Bergisch-Märkische Eisenbahn/SESECKE 285/1882 KPEV Efd 137 | 1885 |
| 2288 | 1B n2 | S | 18.09.68 | 1435 | Bergisch-Märkische Eisenbahn/BISTRITZ 286/1882 KPEV Efd 138 | 1891 |
| 2289 | 1B n2 | S | 18.09.68 | 1435 | Bergisch-Märkische Eisenbahn/TAUBER 287/1882 KPEV Efd 139 | 1891 |
| 2290 | 1B n2 | G | 14.12.68 | 1435 | Niederschlesisch-Märkische Eisenbahn/272/1883 KPEV Bln 827 | |
| 2291 | 1B n2 | G | 14.12.68 | 1435 | Niederschlesisch-Märkische Eisenbahn/273/1883 KPEV Bln 828 | 1891 |

| Fabriknummer | Bauart | Gattung | Auslieferungsdatum | Spurweite | Empfänger/Verbleib | Ausmusterung |
|---|---|---|---|---|---|---|
| 2292 | 1B n2 | G | 14.12.68 | 1435 | Niederschlesisch-Märkische Eisenbahn/274/1883 KPEV Bln 829 | |
| 2293 | 1B n2 | G | 15.12.68 | 1435 | Niederschlesisch-Märkische Eisenbahn/275/1883 KPEV Bln 830 | |
| 2294 | 1B n2 | G | 15.12.68 | 1435 | Niederschlesisch-Märkische Eisenbahn/276/1883 KPEV Bln 831 | |
| 2295 | 1B n2 | G | 21.12.68 | 1435 | Niederschlesisch-Märkische Eisenbahn/277/1883 KPEV Bln 832 | |
| 2296 | 1B n2 | G | 21.12.68 | 1435 | Niederschlesisch-Märkische Eisenbahn/278/1883 KPEV Bln 833 | 1891 |
| 2297 | 1B n2 | G | 21.12.68 | 1435 | Niederschlesisch-Märkische Eisenbahn/279/1883 KPEV Bln 834 | |
| 2298 | 1B n2 | G | 15.02.69 | 1435 | Niederschlesisch-Märkische Eisenbahn/280/1883 KPEV Bln 835 | |
| 2299 | 1B n2 | G | 15.02.69 | 1435 | Niederschlesisch-Märkische Eisenbahn/281/1883 KPEV Bln 836 | |
| 2300 | B1 n2 | G | 20.11.68 | 1435 | Warschau-Wiener Eisenbahn/22 | |
| 2301 | B1 n2 | G | 20.11.68 | 1435 | Warschau-Wiener Eisenbahn/23 | |
| 2302 | B1 n2 | G | 20.11.68 | 1435 | Warschau-Wiener Eisenbahn/24 | |
| 2303 | B1 n2 | G | 25.11.68 | 1435 | Warschau-Wiener Eisenbahn/25 | |
| 2304 | B1 n2 | G | 25.11.68 | 1435 | Warschau-Wiener Eisenbahn/26 | |
| 2305 | B1 n2 | G | 25.11.68 | 1435 | Warschau-Wiener Eisenbahn/27 | |
| 2306 | B1 n2 | G | 05.02.69 | 1435 | Berlin-Anhalter Eisenbahn/MORITZ MEYER 108/1882 KPEV Erf 534/ 1895 HL 534 | |
| 2307 | B1 n2 | G | 05.02.69 | 1435 | Berlin-Anhalter Eisenbahn/LICHTERFELDE 109/1882 KPEV Erf 535/1895 HL 535 | |
| 2308 | B1 n2 | G | 05.02.69 | 1435 | Berlin-Anhalter Eisenbahn/COSTENOBLE 110/1882 KPEV Erf 536/1895 HL 536 | |
| 2309 | B n2 | G | 15.01.69 | 1435 | Rheinische Eisenbahn/AHRENSFELS 249/1882 KPEV Cörrh 635 | 1888 |
| 2310 | B n2 | G | 15.01.69 | 1435 | Rheinische Eisenbahn/OELBERG 250/1882 KPEV Cörrh 636 | 1890 |
| 2311 | B n2 | G | 16.01.69 | 1435 | Rheinische Eisenbahn/PETERSBERG 251/1882 KPEV Cörrh 637 | 1890 |
| 2312 | B n2 | G | 16.01.69 | 1435 | Rheinische Eisenbahn/TAUNUS 252/1882 KPEV Cörrh 638 | 1891 |
| 2313 | C n2 | G | 29.12.68 | 1435 | Magdeburg-Halberstädter Eisenbahn/GROSS BEHNITZ/1881 KPEV Mgd 518/ 1883 Mgd 817 | 1895 |
| 2314 | C n2 | G | 29.12.68 | 1435 | Magdeburg-Halberstädter Eisenbahn/WOLMIRSTEDT/1881 KPEV Mgd 519/ 1883 Mgd 818 | 1896 |
| 2315 | C n2 | G | 31.12.68 | 1435 | Magdeburg-Halberstädter Eisenbahn/TANGERHÜTTE/1881 KPEV Mgd 520/ 1883 Mgd 819 | 1890 |
| 2316 | C n2 | G | 31.12.68 | 1435 | Magdeburg-Halberstädter Eisenbahn/OSTERBURG/1881 KPEV Mgd 521/ 1883 Mgd 820/1899 Han 1043 | vor 1906 |
| 2317 | C n2 | G | 08.01.69 | 1435 | Magdeburg-Halberstädter Eisenbahn/SEEHAUSEN/1881 KPEV Mgd 522/ 1883 Mgd 821/1899 Han 1044 | vor 1906 |
| 2318 | C n2 | G | 08.01.69 | 1435 | Magdeburg-Halberstädter Eisenbahn/SPANDAU/1881 KPEV Mgd 523/1883 Mgd 822/1900 Mgd 917 | 1901 |
| 2319 | C n2 | G | 11.01.69 | 1435 | Magdeburg-Halberstädter Eisenbahn/RATHENOW/1881 KPEV Mgd 524/ 1883 Mgd 823 | 1893 |
| 2320 | C n2 | G | 11.01.69 | 1435 | Magdeburg-Halberstädter Eisenbahn/SCHÖNHAUSEN/1881 KPEV Mgd 525/ 1883 Mgd 824 | 1898 |
| 2321 | 1B n2 | P | 02.12.68 | 1524 | Kursk-Kiew (Rußland)/A 1/MKW AN 10 | |
| 2322 | 1B n2 | P | 02.12.68 | 1524 | Kursk-Kiew (Rußland)/A 2/MKW AN 11 | |
| 2323 | 1B n2 | P | 02.12.68 | 1524 | Kursk-Kiew (Rußland)/A 3/MKW AN 12 | |
| 2324 | 1B n2 | P | 02.12.68 | 1524 | Kursk-Kiew (Rußland)/A 4/MKW AN 13 | |
| 2325 | 1B n2 | P | 19.12.68 | 1524 | Kursk-Kiew (Rußland)/A 5/MKW AN 14 | |
| 2326 | 1B n2 | P | 19.12.68 | 1524 | Kursk-Kiew (Rußland)/A 6/MKW AN 15 | |
| 2327 | 1B n2 | P | 19.12.68 | 1524 | Kursk-Kiew (Rußland)/A 7/MKW AN 16 | |
| 2328 | 1B n2 | P | 19.12.68 | 1524 | Kursk-Kiew (Rußland)/A 8/MKW AN 17 | |
| 2329 | 1B n2 | P | 11.02.69 | 1524 | Kursk-Kiew (Rußland)/A 9/MKW AN 18 | |
| 2330 | 1B n2 | P | 11.02.69 | 1524 | Kursk-Kiew (Rußland)/A 10/MKW AN 19 | |
| 2331 | 1B n2 | P | 11.02.69 | 1524 | Kursk-Kiew (Rußland)/A 11/MKW AN 20 | |
| 2332 | 1B n2 | P | 11.02.69 | 1524 | Kursk-Kiew (Rußland)/A 12/MKW AN 21 | |
| 2333 | 1B n2 | P | 27.02.69 | 1524 | Kursk-Kiew (Rußland)/A 13/MKW AN 22 | |
| 2334 | 1B n2 | P | 27.02.69 | 1524 | Kursk-Kiew (Rußland)/A 14/MKW AN 23 | |
| 2335 | 1B n2 | P | 27.02.69 | 1524 | Kursk-Kiew (Rußland)/A 15/MKW AN 24 | |
| 2336 | 1B n2 | P | 27.02.69 | 1524 | Kursk-Kiew (Rußland)/A 16/MKW AN 25 | |
| 2337 | C n2 | P | 09.11.68 | 1435 | Thüringische Eisenbahn/OKER/1872 ThE 100/1882 KPEV Erf 803/1887 EK Hano 4107 | |
| 2338 | C n2 | P | 09.11.68 | 1435 | Thüringische Eisenbahn/ALLER/1872 ThE 101/1882 KPEV Erf 804 | 1889 |
| 2339 | C n2 | G | 06.01.69 | 1524 | Rjäsan-Koslow (Rußland)/226/Rjäsan-Uralsk T 226 | |
| 2340 | C n2 | G | 06.01.69 | 1524 | Rjäsan-Koslow (Rußland)/227/Rjäsan-Uralsk T 227 | |
| 2341 | C n2 | G | 06.01.69 | 1524 | Rjäsan-Koslow (Rußland)/228/Rjäsan-Uralsk T 228 | |
| 2342 | C n2 | G | 06.01.69 | 1524 | Rjäsan-Koslow (Rußland)/229/Rjäsan-Uralsk T 229 | |
| 2343 | C n2 | G | 05.03.69 | 1524 | Riga-Dünaburg (Rußland)/MELNIKOW/RO /Privilanskaya | |
| 2344 | C n2 | G | 05.03.69 | 1524 | Riga-Dünaburg (Rußland)/REUTERN/RO /Privilanskaya | |
| 2345 | C n2 | G | 16.03.69 | 1524 | Riga-Dünaburg (Rußland)/BARON DELWIG/RO /Privilanskaya | |
| 2346 | C n2 | G | 16.03.69 | 1524 | Riga-Dünaburg (Rußland)/ST.PETERSBURG/RO /Privilanskaya | |
| 2347 | C n2 | G | 16.03.69 | 1524 | Riga-Dünaburg (Rußland)/MOSCAU/RO /Privilanskaya | |
| 2348 | 1B n2 | P | 27.03.69 | 1435 | Hannoversche Staatsbahn/283/1883 KPEV Han 146 | |
| 2349 | 1B n2 | P | 27.03.69 | 1435 | Hannoversche Staatsbahn/284/1883 KPEV Han 147 | 1891 |
| 2350 | 1B n2 | P | 01.04.69 | 1435 | Hannoversche Staatsbahn/285/1883 KPEV Han 148/1906 Han 1617 | 1907 |

| Fabriknummer | Bauart | Gattung | Auslieferungsdatum | Spurweite | Empfänger/Verbleib | Ausmusterung |
|---|---|---|---|---|---|---|
| 2351 | 1B n2 | P | 01.04.69 | 1435 | Hannoversche Staatsbahn/286/1883 KPEV Han 149 | 1891 |
| 2352 | 1B n2 | P | 12.04.69 | 1435 | Hannoversche Staatsbahn/287/1883 KPEV Han 150/1890 Umbau | |
| 2353 | 1B n2 | P | 12.04.69 | 1435 | Hannoversche Staatsbahn/288/1883 KPEV Han 151 | |
| 2354 | 1B n2 | P | 12.04.69 | 1435 | Hannoversche Staatsbahn/289/1883 KPEV Han 152/1891 Umbau | |
| 2355 | 1B n2 | P | 15.04.69 | 1435 | Hannoversche Staatsbahn/290/1883 KPEV Han 153 | |
| 2356 | 1B n2 | P | 15.04.69 | 1435 | Hannoversche Staatsbahn/291/1883 KPEV Han 154 | |
| 2357 | 1B n2 | P | 02.04.69 | 1524 | Kursk-Kiew (Rußland)/A 17/MKW AN 26 | |
| 2358 | 1B n2 | P | 02.04.69 | 1524 | Kursk-Kiew (Rußland)/A 18/MKW AN 27 | |
| 2359 | 1B n2 | P | 02.04.69 | 1524 | Kursk-Kiew (Rußland)/A 19/MKW AN 28 | |
| 2360 | 1B n2 | P | 06.04.69 | 1524 | Kursk-Kiew (Rußland)/A 20/MKW AN 29 | |
| 2361 | 1B n2 | P | 06.04.69 | 1524 | Kursk-Kiew (Rußland)/A 21/MKW AN 30 | |
| 2362 | C n2 | G | 22.04.69 | 1524 | Kursk-Kiew (Rußland)/B 132 MKW BN 232 | |
| 2363 | C n2 | G | 22.04.69 | 1524 | Kursk-Kiew (Rußland)/B 133 MKW BN 233 | |
| 2364 | C n2 | G | 22.04.69 | 1524 | Kursk-Kiew (Rußland)/B 134 MKW BN 234 | |
| 2365 | C n2 | G | 26.04.69 | 1524 | Kursk-Kiew (Rußland)/B 135 MKW BN 235 | |
| 2366 | C n2 | G | 26.04.69 | 1524 | Kursk-Kiew (Rußland)/B 136 MKW BN 236 | |
| 2367 | C n2 | G | 26.04.69 | 1524 | Kursk-Kiew (Rußland)/B 137 MKW BN 237 | |
| 2368 | C n2 | G | 12.05.69 | 1524 | Kursk-Kiew (Rußland)/B 138 MKW BN 238 | |
| 2369 | C n2 | G | 12.05.69 | 1524 | Kursk-Kiew (Rußland)/B 139 MKW BN 239 | |
| 2370 | C n2 | G | 12.05.69 | 1524 | Kursk-Kiew (Rußland)/B 140/MKW BN 240 | |
| 2371 | C n2 | G | 19.05.69 | 1524 | Kursk-Kiew (Rußland)/B 141/MKW BN 241 | |
| 2372 | C n2 | G | 19.05.69 | 1524 | Kursk-Kiew (Rußland)/B 142/MKW BN 242 | |
| 2373 | 1B n2 | P | 05.05.69 | 1435 | Rheinische Eisenbahn/STURM 323/1882 KPEV Cölrh 127 | 1892 |
| 2374 | 1B n2 | P | 05.05.69 | 1435 | Rheinische Eisenbahn/METEOR 324/1882 KPEV Cölrh 128 | 1895 |
| 2375 | 1B n2 | P | 05.05.69 | 1435 | Rheinische Eisenbahn/ARGUS 325/1882 KPEV Cölrh 129 | 1895 |
| 2376 | 1B n2 | P | 05.05.69 | 1435 | Rheinische Eisenbahn/JUNO 326/1882 KPEV Cölrh 130 | 1893 |
| 2377 | 1B n2 | P | 13.05.69 | 1435 | Rheinische Eisenbahn/SCHWAN 327/1882 KPEV Cölrh 131 | 1890 |
| 2378 | 1B n2 | P | 13.05.69 | 1435 | Rheinische Eisenbahn/FREJJA 328/1882 KPEV Cölrh 132 | vor 1893 |
| 2379 | 1B n2 | P | 18.05.69 | 1435 | Rheinische Eisenbahn/CONCORDIA 329/1882 KPEV Cölrh 133 | 1891 |
| 2380 | 1B n2 | P | 18.05.69 | 1435 | Rheinische Eisenbahn/TITANIA 330/1882 KPEV Cölrh 134/1895 Cln 134 | 1898 |
| 2381 | 1B n2 | P | 31.05.69 | 1435 | Rheinische Eisenbahn/KRONPRINZ 331/1882 KPEV Cölrh 135 | 1893 |
| 2382 | 1B n2 | P | 25.05.69 | 1435 | Rheinische Eisenbahn/SCHINKEL 332/1882 KPEV Cölrh 136 | 1893 |
| 2383 | 1B n2 | P | 25.05.69 | 1435 | Rheinische Eisenbahn/CORNELIUS 333/1882 KPEV Cölrh 137 | 1893 |
| 2384 | 1B n2 | P | 31.05.69 | 1435 | Rheinische Eisenbahn/RAUCH 334/1882 KPEV Cölrh 138 | 1891 |
| 2385 | 1B n2 | P | 04.06.69 | 1435 | Rheinische Eisenbahn/FRANCONIA 335/1882 KPEV Cölrh 139 | 1893 |
| 2386 | 1B n2 | P | 04.06.69 | 1435 | Rheinische Eisenbahn/HELVETIA 336/1882 KPEV Cölrh 140 | 1889 |
| 2387 | 1B n2 | P | 05.06.69 | 1435 | Rheinische Eisenbahn/TEUTONIA 337/1882 KPEV Cölrh 141 | 1892 |
| 2388 | 1B n2 | P | 05.06.69 | 1435 | Rheinische Eisenbahn/ALLEMANIA 338/1882 KPEV Cölrh 142 | 1893 |
| 2389 | 1B n2 | P | 14.06.69 | 1435 | Magdeburg-Halberstädter Eisenbahn/RHEIN/1881 KPEV Mgd 126/1906 Mgd 1501 | 1906 |
| 2390 | 1B n2 | P | 14.06.69 | 1435 | Magdeburg-Halberstädter Eisenbahn/WESER/1881 KPEV Mgd 127 | 1895 |
| 2391 | 1B n2 | S | 18.06.69 | 1435 | Magdeburg-Halberstädter Eisenbahn/ELBE/1881 KPEV Mgd 131 | 1891 |
| 2392 | 1B n2 | S | 18.06.69 | 1435 | Magdeburg-Halberstädter Eisenbahn/ODER/1881 KPEV Mgd 132 | 1896 |
| 2393 | C n2 | G | 21.06.69 | 1524 | Rybinsk-Bologoi (Rußland)/B 11/1897 MWR Bp 200 | |
| 2394 | C n2 | G | 21.06.69 | 1524 | Rybinsk-Bologoi (Rußland)/ B 12/1897 MWR Bp 201 | |
| 2395 | B n2t | | 13.09.69 | 1435 | Rheinische Eisenbahn/FROMME 129/1882 KPEV Cölrh 1430 | 1893 |
| 2396 | B n2t | | 13.09.69 | 1435 | Rheinische Eisenbahn/KIEL 130/1882 KPEV Cörrh 1408 | 1893 |
| 2397 | 1B n2 | P | 28.06.69 | 1524 | Moskau-Jaroslawl (Rußland)/11/1898 MJA Bp 13 | |
| 2398 | 1B n2 | P | 28.06.69 | 1524 | Moskau-Jaroslawl (Rußland)/12/1898 MJA Bp 14 | |
| 2399 | 1B n2 | P | 29.06.69 | 1524 | Moskau-Jaroslawl (Rußland)/13/1898 MJA Bp 15 | |
| 2400 | 1B n2 | P | 14.07.69 | 1524 | Moskau-Jaroslawl (Rußland)/14/1898 MJA Bp 16 | |
| 2401 | 1B n2 | P | 29.06.69 | 1524 | Moskau-Jaroslawl (Rußland)/15/1898 MJA Bp 17 | |
| 2402 | C n2t | | 28.08.69 | 1435 | Niederländisch-Indische Eisenbahn/NISM 14 | |
| 2403 | C n2t | | 28.08.69 | 1435 | Niederländisch-Indische Eisenbahn/NISM 15 | |
| 2404 | C n2 | G | 16.08.69 | 1435 | Niederschlesisch-Märkische Eisenbahn/291/1883 KPEV Bln 837 | |
| 2405 | C n2 | G | 16.08.69 | 1435 | Niederschlesisch-Märkische Eisenbahn/292/1883 KPEV Bln 838 | |
| 2406 | C n2 | G | 16.08.69 | 1435 | Niederschlesisch-Märkische Eisenbahn/293/1883 KPEV Bln 839 | 1891 |
| 2407 | C n2 | G | 21.08.69 | 1435 | Niederschlesisch-Märkische Eisenbahn/294/1883 KPEV Bln 840 | |
| 2408 | C n2 | G | 21.08.69 | 1435 | Niederschlesisch-Märkische Eisenbahn/295/1883 KPEV Bln 841 | |
| 2409 | C n2 | G | 21.08.69 | 1435 | Niederschlesisch-Märkische Eisenbahn/296/1883 KPEV Bln 842 | |
| 2410 | C n2 | G | 14.07.69 | 1524 | Moskau-Jaroslawl (Rußland)/16/1898 MJA 204 | |
| 2411 | C n2 | G | 07.07.69 | 1524 | Moskau-Jaroslawl (Rußland)/17/1898 MJA Bt 205 | |
| 2412 | C n2 | G | 07.07.69 | 1524 | Moskau-Jaroslawl (Rußland)/18/1898 MJA Bt 206 | |
| 2413 | C n2 | G | 24.07.69 | 1524 | Moskau-Jaroslawl (Rußland)/19/1898 MJA Bt 207 | |
| 2414 | C n2 | G | 24.07.69 | 1524 | Moskau-Jaroslawl (Rußland)/20/1898 MJA Bt 208 | |
| 2415 | C n2 | G | 24.07.69 | 1524 | Moskau-Jaroslawl (Rußland)/21/1898 MJA Bt 209 | |
| 2416 | C n2 | G | 14.08.69 | 1524 | Moskau-Jaroslawl (Rußland)/22/1898 MJA Bt 210 | |
| 2417 | C n2 | G | 14.08.69 | 1524 | Moskau-Jaroslawl (Rußland)/23/1898 MJA Bt 211 | |
| 2418 | C n2 | G | 25.08.69 | 1524 | Moskau-Jaroslawl (Rußland)/24/1898 MJA Bt 212 | |
| 2419 | C n2 | G | 25.08.69 | 1524 | Moskau-Jaroslawl (Rußland)/25/1898 MJA Bt 213 | |
| 2420 | C n2 | G | 25.08.69 | 1524 | Moskau-Jaroslawl (Rußland)/26/1898 MJA Bt 214 | |
| 2421 | C n2 | G | 30.08.69 | 1524 | Moskau-Jaroslawl (Rußland)/27/1898 MJA Bt 215 | |

| Fabriknummer | Bauart | Gattung | Auslieferungsdatum | Spurweite | Empfänger/Verbleib | Ausmusterung |
|---|---|---|---|---|---|---|
| 2422 | C n2 | G | 30.08.69 | 1524 | Moskau-Jaroslawl (Rußland)/28/1898 MJA Bt 216 | |
| 2423 | B1 n2t | | 14.10.69 | 1435 | Cöln-Mindener Eisenbahn/REES/1883 KPEV Cörrh 1555 | 1890 |
| 2424 | B1 n2t | | 14.10.69 | 1435 | Cöln-Mindener Eisenbahn/VLOTHO/1883 KPEV Cörrh 1556 | |
| 2425 | B1 n2t | | 14.10.69 | 1435 | Cöln-Mindener Eisenbahn/EMSCHER/1883 KPEV Cörrh 1557 | 1890 |
| 2426 | B1 n2t | | 20.10.69 | 1435 | Cöln-Mindener Eisenbahn/ARNSBERG/1883 KPEV Cörrh 1558 | 1889 |
| 2427 | B1 n2t | | 20.10.69 | 1435 | Cöln-Mindener Eisenbahn/REHME/1883 KPEV Cörrh 1559 | |
| 2428 | B1 n2t | | 20.10.69 | 1435 | Cöln-Mindener Eisenbahn/WIEN/1883 KPEV Cörrh 1560 | |
| 2429 | C n2 | G | 26.10.69 | 1435 | Cöln-Mindener Eisenbahn/MALAJA/1883 KPEV Cörrh 806 | 1891 |
| 2430 | C n2 | G | 26.10.69 | 1435 | Cöln-Mindener Eisenbahn/FURKA/1883 KPEV Cörrh 807 | 1890 |
| 2431 | C n2 | G | 26.10.69 | 1435 | Cöln-Mindener Eisenbahn/WATZMANN/1883 KPEV Cörrh 808/1895 Cln 800 | 1903 |
| 2432 | B n2 | G | 07.10.69 | 1435 | Rheinische Eisenbahn/JOHANNISBERG 253/1882 KPEV Cörrh 640 | 1895 |
| 2433 | B n2 | G | 07.10.69 | 1435 | Rheinische Eisenbahn/PORTA NIGRA 254/1882 KPEV Cörrh 641 | 1888 |
| 2434 | C n2 | G | 30.10.69 | 1435 | Magdeburg-Halberstädter Eisenbahn/GARDELEGEN/1881 KPEV Mgd 526/ 1883 Mgd 825 | 1900 |
| 2435 | C n2 | G | 30.10.69 | 1435 | Magdeburg-Halberstädter Eisenbahn/UELZEN/1881 KPEV Mgd 527/1883 Mgd 826 | 1896 |
| 2436 | C n2 | G | 01.11.69 | 1435 | Magdeburg-Halberstädter Eisenbahn/SANDERSLEBEN/1881 KPEV Mgd 528/ 1883 Mgd 827/1900 Mgd 911 | 1902 |
| 2437 | C n2 | G | 01.11.69 | 1435 | Magdeburg-Halberstädter Eisenbahn/CLAUSTHAL/1881 KPEV Mgd 529/1883 Mgd 828/1900 Mgd 912 | 1901 |
| 2438 | C n2 | G | 09.09.69 | 1524 | Moskau-Jaroslawl (Rußland)/29/1898 MJA Bt 217 | |
| 2439 | C n2 | G | 09.09.69 | 1524 | Moskau-Jaroslawl (Rußland)/30/1898 MJA Bt 218 | |
| 2440 | C n2 | G | 21.09.69 | 1524 | Moskau-Jaroslawl (Rußland)/31/1898 MJA Bt 219 | |
| 2441 | C n2 | G | 21.09.69 | 1524 | Moskau-Jaroslawl (Rußland)/32/1898 MJA Bt 220 | |
| 2442 | C n2 | G | 21.09.69 | 1524 | Moskau-Jaroslawl (Rußland)/33/1898 MJA Bt 221 | |
| 2443 | C n2 | G | 05.10.69 | 1524 | Moskau-Jaroslawl (Rußland)/34/1898 MJA Bt 222 | |
| 2444 | C n2 | G | 05.10.69 | 1524 | Moskau-Jaroslawl (Rußland)/35/1898 MJA Bt 223 | |
| 2445 | C n2 | G | 05.10.69 | 1524 | Moskau-Jaroslawl (Rußland)/36/1898 MJA Bt 224 | |
| 2446 | C n2 | G | 07.10.69 | 1524 | Moskau-Jaroslawl (Rußland)/37/1898 MJA Bt 225 | |
| 2447 | C n2 | G | 07.10.69 | 1524 | Moskau-Jaroslawl (Rußland)/38/1898 MJA Bt 226 | |
| 2448 | C n2 | G | 19.10.69 | 1524 | Moskau-Jaroslawl (Rußland)/39/1898 MJA Bt 227 | |
| 2449 | C n2 | G | 19.10.69 | 1524 | Moskau-Jaroslawl (Rußland)/40/1898 MJA Bt 228 | |
| 2450 | C n2 | G | 19.10.69 | 1524 | Moskau-Jaroslawl (Rußland)/41/1898 MJA Bt 229 | |
| 2451 | C n2 | G | 08.09.69 | 1524 | Rybinsk-Bologoi (Rußland)/B 13/1897 MWR Bp 202 | |
| 2452 | C n2 | G | 08.09.69 | 1524 | Rybinsk-Bologoi (Rußland)/B 14/1897 MWR Bp 203 | |
| 2453 | C n2 | G | 24.09.69 | 1524 | Rybinsk-Bologoi (Rußland)/B 15/1897 MWR Bp 204 | |
| 2454 | C n2 | G | 24.09.69 | 1524 | Rybinsk-Bologoi (Rußland)/B 16/1897 MWR Bp 205 | |
| 2455 | C n2 | G | 24.09.69 | 1524 | Rybinsk-Bologoi (Rußland)/B 17/1897 MWR Bp 206 | |
| 2456 | C n2 | G | 12.11.69 | 1524 | Tybinsk-Bologoi (Rußland)/B 18/1897 MWR Bp 207 | |
| 2457 | C n2 | G | 12.11.69 | 1524 | Rybinsk-Bologoi (Rußland)/B 19/1897 MWR Bp 208 | |
| 2458 | C n2 | G | 31.12.69 | 1524 | Rybinsk-Bologoi (Rußland)/B 20/1897 MWR Bp 209 | |
| 2459 | C n2 | G | 31.12.69 | 1524 | Rybinsk-Bologoi (Rußland)/B 21/1897 MWR Bp 210 | |
| 2460 | C n2 | G | 31.12.69 | 1524 | Rybinsk-Bologoi (Rußland)/B 22/1897 MWR Bp 211 | |
| 2461 | C n2 | G | 12.01.70 | 1524 | Rybinsk-Bologoi (Rußland)/B 23/1897 MWR Bp 212 | |
| 2462 | C n2 | G | 12.01.70 | 1524 | Rybinsk-Bologoi (Rußland)/B 24/1897 MWR Bp 213 | |
| 2463 | C n2 | G | 12.01.70 | 1524 | Rybinsk-Bologoi (Rußland)/B 25/1897 MWR Bp 214 | |
| 2464 | C n2 | G | 18.12.69 | 1524 | Rybinsk-Bologoi (Rußland)/B 26/1897 MWR Bp 215 | |
| 2465 | C n2 | G | 18.12.69 | 1524 | Rybinsk-Bologoi (Rußland)/B 27/1897 MWR Bp 216 | |
| 2466 | 1B n2 | P | 27.11.69 | 1435 | Magdeburg-Halberstädter Eisenbahn/HAVEL/1881 KPEV Mgd 128 | 1885 |
| 2467 | 1B n2 | P | 27.11.69 | 1435 | Magdeburg-Halberstädter Eisenbahn/SPREE/1881 KPEV Mgd 129 | 1901 |
| 2468 | 1B n2 | P | 27.11.69 | 1435 | Magdeburg-Halberstädter Eisenbahn/ALLER/1881 KPEV Mgd 130/1906 Mgd 1502 | |
| 2469 | 1B n2 | P | 17.12.69 | 1435 | Magdeburg-Halberstädter Eisenbahn/WEICHSEL/1881 KPEV Mgd 133 | 1889 |
| 2470 | 1A1 n2 | P | 31.12.69 | 1435 | Berlin-Hamburger Eisenbahn/APOLLO/1884 KPEV Alt 44 | 1888 |
| 2471 | 1A1 n2 | P | 31.12.69 | 1435 | Berlin-Hamburger Eisenbahn/MINERVA/1884 KPEV Alt 45 | 1893 |
| 2472 | 1A1 n2 | P | 23.12.69 | 1435 | Berlin-Hamburger Eisenbahn/IRIS/1884 KPEV Alt 46 | 1889 |
| 2473 | 1A1 n2 | P | 23.12.69 | 1435 | Berlin-Hamburger Eisenbahn/LUNA/1884 KPEV Alt 47 | 1895 |
| 2474 | 1A1 n2 | P | 23.12.69 | 1435 | Berlin-Hamburger Eisenbahn/VESTA/1884 KPEV Alt 48 | 1893 |
| 2475 | C n2 | G | 04.02.70 | 1435 | Breslau-Schweidnitz-Freiburger Eisenbahn/46/1885 KPEV Bbg 1111 | 1885 |
| 2476 | C n2 | G | 04.02.70 | 1435 | Breslau-Schweidnitz-Freiburger Eisenbahn/47/1885 KPEV Bbg 1112 | 1885 |
| 2477 | C n2 | G | 05.02.70 | 1435 | Breslau-Schweidnitz-Freiburger Eisenbahn/48/1885 KPEV Bbg 1113 | 1885 |
| 2478 | C n2 | G | 05.02.70 | 1435 | Breslau-Schweidnitz-Freiburger Eisenbahn/49/1885 KPEV Bbg 1114 | 1885 |
| 2479 | C n2 | G | 10.11.69 | 1524 | Moskau-Kursk (Rußland)/S 1/1897 Moskau-Nidschegorsk 1 | |
| 2480 | C n2 | G | 10.11.69 | 1524 | Moskau-Kursk-(Rußland)/S 2/1897 Moskau-Nidschegorsk 2 | |
| 2481 | C n2 | G | 10.11.69 | 1524 | Moskau-Kursk (Rußland)/S 3/1897 Moskau-Nidschegorsk 3 | |
| 2482 | C n2 | G | 23.11.69 | 1524 | Moskau-Kursk (Rußland)/S 4/1897 Moskau-Nidschegorsk 4 | |
| 2483 | C n2 | G | 23.11.69 | 1524 | Moskau-Kursk (Rußland)/S 5/1897 Moskau-Nidschegorsk 5 | |
| 2484 | C n2 | G | 23.11.69 | 1524 | Moskau-Kursk (Rußland)/S 6/1897 Moskau-Nidschegorsk 6 | |
| 2485 | C n2 | G | 12.11.69 | 1524 | Moskau-Kursk (Rußland)/S 7/1897 Moskau-Nidschegorsk 7 | |
| 2486 | C n2 | G | 25.11.69 | 1524 | Moskau-Kursk (Rußland)/S 8/1897 Moskau-Nidschegorsk 8 | |
| 2487 | C n2 | G | 25.11.69 | 1524 | Moskau-Kursk (Rußland)/S 9/1897 Moskau-Nidschegorsk 9 | |
| 2488 | C n2 | G | 25.11.69 | 1524 | Moskau-Kursk (Rußland)/S 10/1897 Moskau-Nidschegorsk 10 | |

| Fabriknummer | Bauart | Gattung | Auslieferungsdatum | Spurweite | Empfänger/Verbleib | Ausmusterung |
|---|---|---|---|---|---|---|
| 2489 | C n2 | G | 04.12.69 | 1524 | Moskau-Kursk (Rußland)/S 11/1897 Moskau-Nidschegorsk 11 | |
| 2490 | C n2 | G | 04.12.69 | 1524 | Moskau-Kursk (Rußland)/S 12/1897 Moskau-Nidschegorsk 12 | |
| 2491 | C n2 | G | 04.12.69 | 1524 | Moskau-Kursk (Rußland)/S 13/1897 Moskau-Nidschegorsk 13 | |
| 2492 | C n2 | G | 07.12.69 | 1524 | Moskau-Kursk (Rußland)/S 14/1897 Moskau-Nidschegorsk 14 | |
| 2493 | C n2 | G | 07.12.69 | 1524 | Moskau-Kursk (Rußland)/S 15/1897 Moskau-Nidschegorsk 15 | |
| 2494 | C n2 | G | 07.12.69 | 1524 | Moskau-Kursk (Rußland)/S 16/1897 Moskau-Nidschegorsk 16 | |
| 2495 | C n2 | G | 15.12.69 | 1524 | Moskau-Kursk (Rußland)/S 17/1897 Moskau-Nidschegorsk 17 | |
| 2496 | C n2 | G | 15.12.69 | 1524 | Moskau-Kursk (Rußland)/S 18/1897 Moskau-Nidschegorsk 18 | |
| 2497 | C n2 | G | 15.12.69 | 1524 | Moskau-Kursk (Rußland)/S 19/1897 Moskau-Nidschegorsk 19 | |
| 2498 | C n2 | G | 18.12.69 | 1524 | Moskau-Kursk (Rußland)/S 20/1897 Moskau-Nidschegorsk 20 | |
| 2499 | C n2 | G | 29.12.69 | 1524 | Moskau-Kursk (Rußland)/S 21/1897 Moskau-Nidschegorsk 21 | |
| 2500 | C n2 | G | 29.12.69 | 1524 | Moskau-Kursk (Rußland)/S 22/1897 Moskau-Nidschegorsk 22 | |
| 2501 | C n2 | G | 29.12.69 | 1524 | Moskau-Kursk (Rußland)/S 23/1897 Moskau-Nidschegorsk 23 | |
| 2502 | 1B n2 | S | 19.03.70 | 1435 | Berlin-Potsdam-Magdeburger Eisenbahn/NETZE/1881 KPEV Mgd 138 | nach 1892 |
| 2503 | 1B n2 | S | 19.03.70 | 1435 | Berlin-Potsdam-Magdeburger Eisenbahn/BRAHE/1881 KPEV Mgd 139 | nach 1892 |
| 2504 | 1B n2 | S | 24.03.70 | 1435 | Berlin-Potsdam-Magdeburger Eisenbahn/SELKE/1881 KPEV Mgd 140 | nach 1892 |
| 2505 | 1B n2 | S | 24.03.70 | 1435 | Berlin-Potsdam-Magdeburger Eisenbahn/OKER/1881 KPEV Mgd 141 | nach 1892 |
| 2506 | C n2 | G | 22.01.70 | 1524 | Rybinsk-Bologoi (Rußland)/B 28/1897 MWR Bp 217 | |
| 2507 | C n2 | G | 22.01.70 | 1524 | Rybinsk-Bologoi (Rußland)/B 29/1897 MWR Bp 218 | |
| 2508 | C n2 | G | 22.01.70 | 1524 | Rybinsk-Bologoi (Rußland)/B 30/1897 MWR Bp 219 | |
| 2509 | C n2 | G | 07.02.70 | 1524 | Rybinsk-Bologoi (Rußland)/B 31/1897 MWR Bp 220 | |
| 2510 | C n2 | G | 07.02.70 | 1524 | Rybinsk-Bologoi (Rußland)/B 32/1897 MWR Bp 221 | |
| 2511 | C n2 | G | 07.02.70 | 1524 | Rybinsk-Bologoi (Rußland)/B 33/1897 MWR Bp 222 | |
| 2512 | C n2 | G | 14.02.70 | 1524 | Rybinsk-Bologoi (Rußland)/B 34/1897 MWR Bp 223 | |
| 2513 | C n2 | G | 14.02.70 | 1524 | Rybinsk-Bologoi (Rußland)/B 35/1897 MWR Bp 224 | |
| 2514 | C n2 | G | 14.02.70 | 1524 | Rybinsk-Bologoi (Rußland)/B 36/1897 MWR Bp 225 | |
| 2515 | C n2 | G | 23.02.70 | 1524 | Rybinsk-Bologoi (Rußland)/B 37/1897 MWR Bp 226 | |
| 2516 | C n2 | G | 23.02.70 | 1524 | Rybinsk-Bologoi (Rußland)/B 38/1897 MWR Bp 227 | |
| 2517 | C n2 | G | 23.02.70 | 1524 | Rybinsk-Bologoi (Rußland)/B 39/1897 MWR Bp 228 | |
| 2518 | C n2 | G | 28.02.70 | 1524 | Rybinsk-Bologoi (Rußland)/B 40/1897 MWR Bp 229 | |
| 2519 | C n2 | G | 28.02.70 | 1524 | Rybinsk-Bologoi (Rußland)/B 41/1897 MWR Bp 230 | |
| 2520 | C n2 | G | 28.02.70 | 1524 | Rybinsk-Bologoi (Rußland)/B 42/1897 MWR Bp 231 | |
| 2521 | C n2 | G | 14.03.70 | 1524 | Rybinsk-Bologoi (Rußland)/B 43/1897 MWR Bp 232 | |
| 2522 | C n2 | G | 14.03.70 | 1524 | Rybinsk-Bologoi (Rußland)/B 44/1897 MWR Bp 233 | |
| 2523 | C n2 | G | 14.03.70 | 1524 | Rybinsk-Bologoi (Rußland)/B 45/1897 MWR Bp 234 | |
| 2524 | C n2 | G | 19.03.70 | 1524 | Rybinsk-Bologoi (Rußland)/B 46/1897 MWR Bp 235 | |
| 2525 | C n2 | G | 19.03.70 | 1524 | Rybinsk-Bologoi (Rußland)/B 47/1897 MWR Bp 236 | |
| 2526 | C n2 | G | 19.03.70 | 1524 | Rybinsk-Bologoi (Rußland)/B 48/1897 MWR Bp 237 | |
| 2527 | C n2 | G | 26.03.70 | 1524 | Rybinsk-Bologoi (Rußland)/B 49/1897 MWR Bp 238 | |
| 2528 | C n2 | G | 26.03.70 | 1524 | Rybinsk-Bologoi (Rußland)/B 50/1897 MWR Bp 239 | |
| 2529 | B n2 | G | 07.03.70 | 1435 | Rheinische Eisenbahn/YSSEL 263/1882 KPEV Cörrh 642 | 1890 |
| 2530 | B n2 | G | 07.03.70 | 1435 | Rheinische Eisenbahn/LENNE 264/1882 KPEV Cörrh 643 | 1892 |
| 2531 | B n2 | G | 09.03.70 | 1435 | Rheinische Eisenbahn/SAALE 265/1882 KPEV Cörrh 644 | 1891 |
| 2532 | B n2 | G | 09.03.70 | 1435 | Rheinische Eisenbahn/HAVEL 266/1882 KPEV Cörrh 645 | 1893 |
| 2533 | B1 n2 | G | 02.04.70 | 1435 | Berlin-Hamburger Eisenbahn/NEPTUN/1884 KPEV Alt 627/1889 EK Bo 1088/ 1906 Alt 3002 | 1909 |
| 2534 | B1 n2 | G | 02.04.70 | 1435 | Berlin-Hamburger Eisenbahn/DIANA/1884 KPEV Alt 628 | 1897 |
| 2535 | B1 n2 | G | 02.04.70 | 1435 | Berlin-Hamburger Eisenbahn/TITAN/1884 KPEV Alt 629 | 1891 |
| 2536 | 1B n2 | S | 19.04.70 | 1435 | Berlin-Potsdam-Magdeburger Eisenbahn/EHLE/1881 KPEV Mgd 142 | 1905 |
| 2537 | 1B n2 | S | 19.04.70 | 1435 | Berlin-Potsdam-Magdeburger Eisenbahn/ALLER/1881 KPEV Mgd 143 | 1904 |
| 2538 | 1B n2 | S | 20.04.70 | 1435 | Berlin-Potsdam-Magdeburger Eisenbahn/MULDE/1881 KPEV Mgd 144 | 1904 |
| 2539 | 1B n2 | S | 20.04.70 | 1435 | Berlin-Potsdam-Magdeburger Eisenbahn/WUPPER/1881 KPEV Mgd 145 | 1904 |
| 2540 | C n2 | G | 19.04.70 | 1524 | Riga-Dünaburg (Rußland)/46/RO B 106/Privilanskaya Bt 196 | 1896 |
| 2541 | C n2 | G | 19.04.70 | 1524 | Riga-Dünaburg (Rußland)/47/RO B 107/Privilanskaya Bt 197 | bis 1899 |
| 2542 | C n2 | G | 19.04.70 | 1524 | Riga-Dünaburg (Rußland)/48/RO B 108/Privilanskaya Bt 198 | bis 1899 |
| 2543 | C n2 | G | 30.04.70 | 1524 | Riga-Dünaburg (Rußland)/49/RO B 109/Privilanskaya Bt 199 | bis 1899 |
| 2544 | C n2 | G | 30.04.70 | 1524 | Riga-Dünaburg (Rußland)/50/RO B 110/Privilanskaya Bt 200 | bis 1899 |
| 2545 | C n2 | G | 30.04.70 | 1524 | Riga-Dünaburg (Rußland)/51/RO B 111/Privilanskaya Bt 201 | bis 1899 |
| 2546 | C n2 | G | 12.05.70 | 1524 | Riga-Dünaburg((Rußland)/52/RO B 112/Privilanskaya Bt 202 | bis 1899 |
| 2547 | C n2 | G | 12.05.70 | 1524 | Riga-Dünaburg (Rußland)/53/RO B 113/Privilanskaya Bt 203 | bis 1899 |
| 2548 | C n2 | G | 12.05.70 | 1524 | Riga-Dünaburg (Rußland)/54/RO B 114/Privilanskaya Bt 204 | bis 1899 |
| 2549 | C n2 | G | 12.05.70 | 1524 | Riga-Dünaburg (Rußland)/55/RO B 115/Privilanskaya Bt 205 | 1896 |
| 2550 | 1B n2 | S | 21.05.70 | 1435 | Bergisch-Märkische Eisenbahn/HÜBENER 354/1882 KPEV Efd 140 | |
| 2551 | 1B n2 | S | 21.05.70 | 1435 | Bergisch-Märkische Eisenbahn/OSTERMANN 355/1882 KPEV Efd 141 | 1883 |
| 2552 | 1B n2 | S | 21.05.70 | 1435 | Bergisch-Märkische Eisenbahn/H.WEISHAUPT/356/1882 KPEV Efd 142 | |
| 2553 | 1B n2 | S | 28.05.70 | 1435 | Bergisch-Märkische Eisenbahn/BODE 357/1882 KPEV Efd 143/1890 Cörrh 267/1895 Mst 106 | |
| 2554 | 1B n2 | S | 28.05.70 | 1435 | Bergisch-Märkische Eisenbahn/ILM 358/1882 KPEV Efd 144/1890 Cörrh 268 | |
| 2555 | 1B n2 | S | 28.05.70 | 1435 | Bergisch-Märkische Eisenbahn/MUR 359/1882 KPEV Efd 145/1890 Cörrh 269 | |
| 2556 | 1B n2 | S | 14.05.70 | 1435 | Bergisch-Märkische Eisenbahn/NOGAT 360/1882 KPEV Efd 146/1890 Cörrh 270/1895 Mst 107 | |

| Fabriknummer | Bauart | Gattung | Auslieferungsdatum | Spurweite | Empfänger/Verbleib | Ausmusterung |
|---|---|---|---|---|---|---|
| 2557 | 1B n2 | S | 14.05.70 | 1435 | Bergisch-Märkische Eisenbahn/PREGEL 361/1882 KPEV Efd 147/1890 Cörrh 271 | |
| 2558 | 1B n2 | S | 18.05.70 | 1435 | Bergisch-Märkische Eisenbahn/PRUTH 362/1882 KPEV Efd 148 | 1881 |
| 2559 | 1B n2 | S | 18.05.70 | 1435 | Bergisch-Märkische Eisenbahn/PO 363/1882 KPEV Efd 149 | 1885 |
| 2560 | 1B n2 | S | 30.05.70 | 1435 | Bergisch-Märkische Eisenbahn/REGA 364/1882 KPEV Efd 150 | |
| 2561 | 1B n2 | S | 30.05.70 | 1435 | Bergisch-Märkische Eisenbahn/SCHWARZA 365/1882 KPEV Efd 151/1890 Cörrh 272 | |
| 2562 | 1B n2 | S | 02.06.70 | 1435 | Bergisch-Märkische Eisenbahn/VECHTE 366/1882 KPEV Efd 152/1890 Cörrh 273 | |
| 2563 | 1B n2 | S | 02.06.70 | 1435 | Bergisch-Märkische Eisenbahn/WAAG 367/1882 KPEV Efd 153/1890 Cörrh 274 | |
| 2564 | B n2t | WL | 27.12.70 | 1435 | Friedrich Krupp, Essen/FRIEDRICH KRUPP VI | |
| 2565 | B n2t | WL | 27.12.70 | 1435 | Friedrich Krupp, Essen/FRIEDRICH KRUPP VII | |
| 2566 | 1B n2 | S | 12.10.70 | 1524 | Moskau-Jaroslawl (Rußland)/42/1898 MJA B 1 | |
| 2567 | 1B n2 | S | 12.10.70 | 1524 | Moskau-Jaroslawl (Rußland)/43/1898 MJA B 2 | |
| 2568 | 1B n2 | P | 06.07.70 | 1435 | Magdeburg-Halberstädter Eisenbahn/SELKE/1881 KPEV Mgd 146 | 1905 |
| 2569 | 1B n2 | P | 06.07.70 | 1435 | Magdeburg-Halberstädter Eisenbahn/ILSE/1881 KPEV Mgd 147/1906 Mgd 1503 | 1906 |
| 2570 | 1B n2 | P | 06.07.70 | 1435 | Magdeburg-Halberstädter Eisenbahn/BODE/1881 KPEV Mgd 148 | 1900 |
| 2571 | 1B n2 | P | 13.07.70 | 1435 | Magdeburg-Halberstädter Eisenbahn/ECKER/1881 KPEV Mgd 149 | 1903 |
| 2572 | 1B n2 | P | 13.07.70 | 1435 | Magdeburg-Halberstädter Eisenbahn/INNERSTE/1881 KPEV Mgd 150/1906 Mgd 1504 | 1906 |
| 2573 | 1B n2 | P | 13.07.70 | 1435 | Magdeburg-Halberstädter Eisenbahn/MAIN/1881 KPEV Mgd 151 | 1902 |
| 2574 | 1B n2 | P | 26.07.70 | 1435 | Magdeburg-Halberstädter Eisenbahn/DONAU/1881 KPEV Mgd 152 | 1905 |
| 2575 | 1B n2 | P | 26.07.70 | 1435 | Magdeburg-Halberstädter Eisenbahn/MOLDAU/1881 KPEV Mgd 153 | 1899 |
| 2576 | 1B n2 | P | 23.07.70 | 1435 | Magdeburg-Halberstädter Eisenbahn/UNSTRUT/1881 KPEV Mgd 154 | 1895 |
| 2577 | 1B n2 | P | 23.07.70 | 1435 | Magdeburg-Halberstädter Eisenbahn/EHLE/1881 KPEV Mgd 155 | 1905 |
| 2578 | 1B n2 | P | 23.07.70 | 1435 | Magdeburg-Halberstädter Eisenbahn/ALAND/1881 KPEV Mgd 156 | 1895 |
| 2579 | C n2 | G | 12.08.70 | 1524 | Grjase-Tsarizine (Rußland)/G 25/1893 Südostbahn Sh 219 | |
| 2580 | C n2 | G | 12.08.70 | 1524 | Grjase-Tsarizine (Rußland)/G 26/1893 Südostbahn Sh 220 | |
| 2581 | C n2 | G | 15.08.70 | 1524 | Grjase-Tsarizine (Rußland)/G 27/1893 Südostbahn Sh 221 | |
| 2582 | C n2 | G | 15.08.70 | 1524 | Grjase-Tsarizine (Rußland)/G 28/1893 Südostbahn Sh 222 | |
| 2583 | C n2 | G | 09.06.70 | 1524 | Rybinsk-Bologoi (Rußland)/B 51/1897 MWR Bp 240 | |
| 2584 | C n2 | G | 09.06.70 | 1524 | Rybinsk-Bologoi (Rußland)/B 52/1897 MWR Bp 241 | |
| 2585 | C n2 | G | 09.06.70 | 1524 | Rybinsk-Bologoi (Rußland)/B 53/1897 MWR Bp 242 | |
| 2586 | C n2 | G | 16.06.70 | 1524 | Rybinsk-Bologoi (Rußland)/B 54/1897 MWR Bp 243 | |
| 2587 | C n2 | G | 16.06.70 | 1524 | Rybinsk-Bologoi (Rußland)/B 55/1897 MWR Bp 244 | |
| 2588 | C n2 | G | 17.08.70 | 1524 | Grjase-Tsarizine (Rußland)/G 29/1893 Südostbahn Sh 223 | |
| 2589 | C n2 | G | 17.08.70 | 1524 | Grjase-Tsarizine (Rußland)/G 30/1893 Südostbahn Sh 224 | |
| 2590 | C n2 | G | 27.08.70 | 1524 | Grjase-Tsarizine (Rußland)/G 31/1893 Südostbahn Sh 225 | |
| 2591 | C n2 | G | 27.08.70 | 1524 | Grjase-Tsarizine (Rußland)/G 32/1893 Südostbahn Sh 226 | |
| 2592 | C n2 | G | 02.09.70 | 1524 | Grjase-Tsarizine (Rußland)/G 33/1893 Südostbahn Sh 227 | |
| 2593 | C n2 | G | 02.09.70 | 1524 | Grjase-Tsarizine (Rußland)/G 34/1893 Südostbahn Sh 228 | |
| 2594 | B n2t | WL | 06.05.71 | 1435 | Friedrich Krupp, Essen/FRIEDRICH KRUPP IX | |
| 2595 | 1B n2 | P | 17.09.70 | 1435 | Rheinische Eisenbahn/MOZART 339/1882 KPEV Cölrh 148/1895 Cln 148 | 1897 |
| 2596 | 1B n2 | P | 17.09.70 | 1435 | Rheinische Eisenbahn/KEPPLER 340/1882 KPEV Cölrh 149/1895 Cln 149 | 1900 |
| 2597 | 1B n2 | P | 17.09.70 | 1435 | Rheinische Eisenbahn/COPERNICUS 341/1882 KPEV Cölrh 150/1895 Cln 150 | 1900 |
| 2598 | 1B n2 | P | 23.09.70 | 1435 | Rheinische Eisenbahn/BERZELIUS 342/1882 KPEV Cölrh 151/1895 Cln 151 | 1900 |
| 2599 | 1B n2 | P | 23.09.70 | 1435 | Rheinische Eisenbahn/LEOPOLD VON BUCH 343/1882 KPEV Cölrh 152/1895 Cln 152 | 1900 |
| 2600 | 1B n2 | P | 23.09.70 | 1435 | Rheinische Eisenbahn/IMANUEL KANT 344/1882 KPEV Cölrh 153/1895 Cln 153 | 1898 |
| 2601 | C n2 | G | 26.08.70 | 1524 | Rjäsan-Koslow (Rußland)/238/Rjäsan-Uralsk T 238 | |
| 2602 | C n2 | G | 26.08.70 | 1524 | Rjäsan-Koslow (Rußland)/239/Rjäsan-Uralsk T 239 | |
| 2603 | C n2 | G | 10.09.70 | 1524 | Rjäsan-Koslow (Rußland)/240/Rjäsan-Uralsk T 240 | |
| 2604 | C n2 | G | 10.09.70 | 1524 | Rjäsan-Koslow (Rußland)/241/Rjäsan-Uralsk T 241 | |
| 2605 | C n2 | G | 10.09.70 | 1524 | Rjäsan-Koslow (Rußland)/242/Rjäsan-Uralsk T 242 | |
| 2606 | C n2 | G | 17.09.70 | 1524 | Rjäsan-Koslow (Rußland)/243/Rjäsan-Uralsk T 243 | |
| 2607 | C n2 | G | 17.09.70 | 1524 | Rjäsan-Koslow (Rußland)/244/Rjäsan-Uralsk T 244 | |
| 2608 | C n2 | G | 17.09.70 | 1524 | Rjäsan-Koslow (Rußland)/245/Rjäsan-Uralsk T 245 | |
| 2609 | 1B n2 | S | 05.11.70 | 1435 | Magdeburg-Halberstädter Eisenbahn/WERRA/1881 KPEV Mgd 157 | 1895 |
| 2610 | 1B n2 | S | 05.11.70 | 1435 | Magdeburg-Halberstädter Eisenbahn/FULDA/1881 KPEV Mgd 158 | 1892 |
| 2611 | 1B n2 | S | 05.11.70 | 1435 | Magdeburg-Halberstädter Eisenbahn/MOSEL/1881 KPEV Mgd 159 | 1894 |
| 2612 | 1B n2 | S | 08.11.70 | 1435 | Magdeburg-Halberstädter Eisenbahn/MAAS/1881 KPEV Mgd 160 | 1890 |
| 2613 | 1B n2 | S | 08.11.70 | 1435 | Magdeburg-Halberstädter Eisenbahn/SAAR/1881 KPEV Mgd 161 | 1894 |
| 2614 | 1B n2 | S | 08.11.70 | 1435 | Magdeburg-Halberstädter Eisenbahn/MARNE/1881 KPEV Mgd 162 | 1891 |
| 2615 | C n2 | G | 03.10.70 | 1524 | Grjase-Tsarizine (Rußland)/G 35/1893 Südostbahn Sh 229 | |
| 2616 | C n2 | G | 03.10.70 | 1524 | Grjase-Tsarizine (Rußland)/G 36/1893 Südostbahn Sh 230 | |
| 2617 | C n2 | G | 07.10.70 | 1524 | Grjase-Tsarizine (Rußland)/G 37/1893 Südostbahn Sh 231 | |
| 2618 | C n2 | G | 07.10.70 | 1524 | Grjase-Tsarizine (Rußland)/G 38/1893 Südostbahn Sh 232 | |
| 2619 | C n2 | G | 19.10.70 | 1524 | Grjase-Tsarizine (Rußland)/G 39/1893 Südostbahn Sh 233 | |
| 2620 | C n2 | G | 19.10.70 | 1524 | Grjase-Tsarizine (Rußland)/G 40/1893 Südostbahn Sh 234 | |
| 2621 | C n2 | G | 19.11.70 | 1524 | Grjase-Tsarizine (Rußland)/G 41/1893 Südostbahn Sh 235 | |
| 2622 | C n2 | G | 19.11.70 | 1524 | Grjase-Tsarizine (Rußland)/G 42/1893 Südostbahn Sh 236 | |

| Fabriknummer | Bauart | Gattung | Auslieferungsdatum | Spurweite | Empfänger/Verbleib | Ausmusterung |
|---|---|---|---|---|---|---|
| 2623 | C n2 | G | 19.11.70 | 1524 | Grjase-Tsarizine (Rußland)/G 43/1893 Südostbahn Sh 237 | |
| 2624 | C n2 | G | 25.11.70 | 1524 | Grjase-Tsarizine (Rußland)/G 44/1893 Südostbahn Sh 238 | |
| 2625 | C n2 | G | 25.11.70 | 1524 | Grjase-Tsarizine (Rußland)/G 45/1893 Südostbahn Sh 239 | |
| 2626 | C n2 | G | 02.12.70 | 1524 | Grjase-Tsarizine (Rußland)/G 46/1893 Südostbahn Sh 240 | |
| 2627 | C n2 | G | 02.12.70 | 1524 | Grjase-Tsarizine (Rußland)/G 47/1893 Südostbahn Sh 241 | |
| 2628 | 1B n2 | S | 15.12.70 | 1435 | Warschau-Wiener Eisenbahn/97 | |
| 2629 | 1B n2 | S | 15.12.70 | 1435 | Warschau-Wiener Eisenbahn/98 | |
| 2630 | 1B n2 | S | 15.12.70 | 1435 | Warschau-Wiener Eisenbahn/28 | |
| 2631 | C n2 | G | 07.01.71 | 1524 | Dünaburg-Witebsk (Rußland)/D 1/1894 RO B 126 | nach 1905 |
| 2632 | C n2 | G | 07.01.71 | 1524 | Dünaburg-Witebsk (Rußland)/D 2/1894 RO B 127 | nach 1905 |
| 2633 | C n2 | G | 07.01.71 | 1524 | Dünaburg-Witebsk (Rußland)/D 3/1894 RO B 128 | nach 1905 |
| 2634 | C n2 | G | 10.01.71 | 1524 | Dünaburg-Witebsk (Rußland)/D 4/1894 RO B 129 | nach 1905 |
| 2635 | C n2 | G | 10.01.71 | 1524 | Dünaburg-Witebsk (Rußland)/D 5/1894 RO B 130 | nach 1905 |
| 2636 | B n2t | WL | 12.10.70 | 1435 | Hoerder Bergwerk/ELSA | |
| 2637 | B n2t | WL | 12.10.70 | 1435 | Hoerder Bergwerk/LOTHRINGEN | |
| 2638 | B1 n2 | G | 03.12.70 | 1435 | Lübeck-Büchener Eisenbahn/STRASSBURG 21 | 1892 |
| 2639 | 1B n2 | S | 25.10.70 | 1435 | Holländische Eisenbahn/EUROPA 36 | 1917 |
| 2640 | 1B n2 | S | 25.10.70 | 1435 | Holländische Eisenbahn/AZIA 37 | 1908 |
| 2641 | 1B n2 | S | 28.10.70 | 1435 | Holländische Eisenbahn/AFRIKA 38 | 1917 |
| 2642 | 1B n2 | S | 28.10.70 | 1435 | Holländische Eisenbahn/AMERIKA 39 | 1914 |
| 2643 | C n2 | G | 04.01.71 | 1435 | Cöln-Mindener Eisenbahn/ARLBERG/1883 KPEV Cörrh 809 | 1891 |
| 2644 | C n2 | G | 04.01.71 | 1435 | Cöln-Mindener Eisenbahn/BERNINA/1883 KPEV Cörrh 810/1895 Cln 801 | 1904 |
| 2645 | C n2 | G | 05.01.71 | 1435 | Cöln-Mindener Eisenbahn/BLÜMLISALM/1883 KPEV Cörrh 811 | |
| 2646 | C n2 | G | 05.01.71 | 1435 | Cöln-Mindener Eisenbahn/BREITHORN/1883 KPEV Cörrh 812/1895 Mst 733 | 1898 |
| 2647 | C n2 | G | 16.01.71 | 1435 | Cöln-Mindener Eisenbahn/EIGER/1883 KPEV Cörrh 813/1895 Cln 802 | |
| 2648 | C n2 | G | 16.01.71 | 1435 | Cöln-Mindener Eisenbahn/FAULHORN/1883 KPEV Cörrh 814 | 1889 |
| 2649 | C n2 | G | 16.01.71 | 1435 | Cöln-Mindener Eisenbahn/GROSSGLOCKNER/1883 KPEV Cörrh 815/1895 Mst 731 | 1900 |
| 2650 | C n2 | G | 23.01.71 | 1435 | Cöln-Mindener Eisenbahn/JULIER/1883 KPEV Cörrh 816 | 1893 |
| 2651 | C n2 | G | 23.01.71 | 1435 | Cöln-Mindener Eisenbahn/MATTERHORN/1883 KPEV Cörrh 817 | 1893 |
| 2652 | C n2 | G | 23.01.71 | 1435 | Cöln-Mindener Eisenbahn/ROSSBERG/1883 KPEV Cörrh 818/1895 Mst 732/1906 Mst 3103 | |
| 2653 | C n2 | G | 19.12.70 | 1435 | Holländische Eisenbahn/HANDEL 40 | 1916 |
| 2654 | C n2 | G | 19.12.70 | 1435 | Holländische Eisenbahn/ZEEVAART 41 | 1906 |
| 2655 | B1 n2 | P | 26.01.71 | 1524 | Grjase-Tsarizine (Rußland)/B 107/1893 Südostbahn Bz 1 | |
| 2656 | B1 n2 | P | 26.01.71 | 1524 | Grjase-Tsarizine (Rußland)/B 108/1893 Südostbahn Bz 2 | |
| 2657 | B1 n2 | P | 26.01.71 | 1524 | Grjase-Tsarizine (Rußland)/B 109/1893 Südostbahn Bz 3 | |
| 2658 | B1 n2 | P | 31.01.71 | 1524 | Grjase-Tsarizine (Rußland)/B 110/1893 Südostbahn Bz 4 | |
| 2659 | B1 n2 | P | 31.01.71 | 1524 | Grjase-Tsarizine (Rußland)/B 111/1893 Südostbahn Bz 5 | |
| 2660 | B1 n2 | P | 23.02.71 | 1524 | Grjase-Tsarizine (Rußland)/B 112/1893 Südostbahn Bz 6 | |
| 2661 | B1 n2 | P | 23.02.71 | 1524 | Grjase-Tsarizine (Rußland)/B 113/1893 Südostbahn Bz 7 | |
| 2662 | B1 n2 | P | 25.02.71 | 1524 | Grjase-Tsarizine (Rußland)/B 114/1893 Südostbahn Bz 8 | |
| 2663 | B1 n2 | P | 25.02.71 | 1524 | Grjase-Tsarizine (Rußland)/B 115/1893 Südostbahn Bz 9 | |
| 2664 | B1 n2 | P | 14.11.71 | 1524 | Grjase-Tsarizine (Rußland)/B 116/1893 Südostbahn Bz 10 | |
| 2665 | B1 n2 | P | 14.11.71 | 1524 | Grjase-Tsarizine (Rußland)/B 117/1893 Südostbahn Bz 11 | |
| 2666 | B1 n2 | G | 20.02.71 | 1435 | Berlin-Anhalter Eisenbahn/HENOCH 111/1882 KPEV Erf 537/1895 Hl 537 | |
| 2667 | B1 n2 | G | 20.02.71 | 1435 | Berlin-Anhalter Eisenbahn/METZ 112/1882 KPEV Erf 538/1895 Hl 538 | |
| 2668 | B1 n2 | G | 22.02.71 | 1435 | Berlin-Anhalter Eisenbahn/STRASSBURG 113/1882 KPEV Erf 539/1895 Hl 539 | |
| 2669 | B1 n2 | G | 22.02.71 | 1435 | Berlin-Anhalter Eisenbahn/SAARBRÜCKEN 114/1882 KPEV Erf 540/1895 Hl 540 | |
| 2670 | C n2 | G | 23.02.71 | 1435 | Cöln-Mindener Eisenbahn/ROTHHAM/1883 KPEV Cörrh 819/1895 Mst 734 | 1902 |
| 2671 | C n2 | G | 23.02.71 | 1435 | Cöln-Mindener Eisenbahn/SCHRECKHORN/1883 KPEV Cörrh 820/1895 Cln 803/1906 Kln 3101 | |
| 2672 | C n2 | G | 23.02.71 | 1435 | Cöln-Mindener Eisenbahn/SIDELHORN/1883 KPEV Cörrh 821/1895 Cln 804/1906 Kln 3102 | |
| 2673 | C n2 | G | 02.02.71 | 1435 | Cöln-Mindener Eisenbahn/SILBERHORN/1883 KPEV Cörrh 822 | 1890 |
| 2674 | C n2 | G | 02.02.71 | 1435 | Cöln-Mindener Eisenbahn/SUSTEN/1883 KPEV Cörrh 823 | 1891 |
| 2675 | C n2 | G | 02.02.71 | 1435 | Cöln-Mindener Eisenbahn/TITLIS/1883 KPEV Cörrh 824/1895 Cln 805/1906 Kln 3103 | 1907 |
| 2676 | C n2 | G | 17.03.71 | 1435 | Cöln-Mindener Eisenbahn/UETLI/1883 KPEV Cörrh 825 | 1889 |
| 2677 | C n2 | G | 17.03.71 | 1435 | Cöln-Mindener Eisenbahn/WEISSHORN/1883 KPEV Cörrh 826/1895 Mst 735 | 1902 |
| 2678 | C n2 | G | 20.03.71 | 1435 | Cöln-Mindener Eisenbahn/WETTERHORN/1883 KPEV Cörrh 827/1895 Cln 806/1906 Kln 3104 | 1907 |
| 2679 | C n2 | G | 20.03.71 | 1435 | Cöln-Mindener Eisenbahn/WINDGELLE/1883 KPEV Cörrh 828/1895 Cln 807 | 1902 |
| 2680 | C n2 | G | 25.03.71 | 1435 | Warschau-Wiener Eisenbahn/121 | |
| 2681 | C n2 | G | 25.03.71 | 1435 | Warschau-Wiener Eisenbahn/122 | |
| 2682 | C n2 | G | 23.03.71 | 1435 | Magdeburg-Halberstädter Eisenbahn/BERLIN/1881 KPEV Mgd 565/1883 Mgd 854 | 1902 |
| 2683 | C n2 | G | 23.03.71 | 1435 | Magdeburg-Halberstädter Eisenbahn/HANNOVER/1881 KPEV Mgd 556/1883 Mgd 855 | 1902 |
| 2684 | C n2 | G | 23.03.71 | 1435 | Magdeburg-Halberstädter Eisenbahn/OEBISFELDE/1881 KPEV Mgd 557/1883 Mgd 856 | 1901 |

| Fabriknummer | Bauart | Gattung | Auslieferungsdatum | Spurweite | Empfänger/Verbleib | Ausmusterung |
|---|---|---|---|---|---|---|
| 2685 | 1B n2 | S | 05.09.71 | 1435 | Cöln-Mindener Eisenbahn/WEISSENBURG/1881 KPEV Cörrh 127/1884 EK/ 1895 Esn 81 | 1904 |
| 2686 | 1B n2 | S | 05.09.71 | 1435 | Cöln-Mindener Eisenbahn/WÖRTH/1881 KPEV Cörrh 128/1884 EK/1895 Esn 82 | 1904 |
| 2687 | C n2t | | 04.07.71 | 1435 | Cöln-Mindener Eisenbahn/WESTFALEN/1881 KPEV Cörrh 1704 | 1892 |
| 2688 | C n2t | | 04.07.71 | 1435 | Cöln-Mindener Eisenbahn/MAGDEBURG/1881 KPEV Cörrh 1705 | 1893 |
| 2689 | 1B n2 | S | 11.04.71 | 1435 | Magdeburg-Halberstädter Eisenbahn/UECHTE/1881 KPEV Mgd 174 | 1899 |
| 2690 | 1B n2 | S | 11.04.71 | 1435 | Magdeburg-Halberstädter Eisenbahn/LEINE/1881 KPEV Mgd 175 | 1898 |
| 2691 | 1B n2 | S | 11.04.71 | 1435 | Magdeburg-Halberstädter Eisenbahn/DOSSE/1881 KPEV Mgd 176 | 1894 |
| 2692 | B1 n2 | G | 21.04.71 | 1435 | Berlin-Hamburger Eisenbahn/CENTAUR/1884 KPEV Alt 630 | 1899 |
| 2693 | B1 n2 | G | 21.04.71 | 1435 | Berlin-Hamburger Eisenbahn/BAER/1884 KPEV Alt 631 | 1898 |
| 2694 | B1 n2 | G | 28.04.71 | 1435 | Berlin-Hamburger Eisenbahn/JUPITER/1884 KPEV Alt 632/1891 EK Bo 1091 B | 1904 |
| 2695 | B1 n2 | G | 28.04.71 | 1435 | Berlin-Hamburger Eisenbahn/URANUS/1884 KPEV Alt 633/1889 EK Bo 1089 B | 1903 |
| 2696 | B1 n2 | G | 28.04.71 | 1435 | Berlin-Hamburger Eisenbahn/ARGUS/1884 KPEV Alt 609 | 1898 |
| 2697 | 1B n2 | P | 04.12.71 | 1435 | Cöln-Mindener Eisenbahn/SPICHERN/1881 KPEV Cörrh 107 | 1891 |
| 2698 | 1B n2 | P | 04.12.71 | 1435 | Cöln-Mindener Eisenbahn/GRAVELOTTE/1881 KPEV Cörrh 108 | 1890 |
| 2699 | 1B n2 | S | 12.09.71 | 1435 | Cöln-Mindener Eisenbahn/METZ/1881 KPEV Cörrh 129/1880 EK/1895 Esn 83 | 1904 |
| 2700 | 1B n2 | S | 12.09.71 | 1435 | Cöln-Mindener Eisenbahn/SEDAN/1881 KPEV Cörrh 130/1879 EK/1895 Esn 84 | 1903 |
| 2701 | C n2t | Gt | 02.01.72 | 1435 | Cöln-Mindener Eisenbahn/LEIPZIG/1881 KPEV Cörrh 1706 | 1899 |
| 2702 | C n2t | Gt | 02.01.72 | 1435 | Cöln-Mindener Eisenbahn/LIPPE/1881 KPEV Cörrh 1707 | 1903 |
| 2703 | C n2t | Gt | 05.01.72 | 1435 | Cöln-Mindener Eisenbahn/WANNE/1881 KPEV Cörrh 1708/1895 Efd 1801/ 1897 Cln 1721 | |
| 2704 | C n2t | Gt | 05.01.72 | 1435 | Cöln-Mindener Eisenbahn/DREYE/1881 KPEV Cörrh 1709/1895 Efd 1802/ 1897 Cln 1722 | |
| 2705 | D n2 | G | 10.08.71 | 1435 | Österreichische Staatseisenbahn/DONNERSBERG 687/1873 1199 CFR/ Grand Central-Belge 180 | |
| 2706 | D n2 | G | 10.08.71 | 1435 | Österreichische Staatseisenbahn/DACHSTEIN 688/1873 1200 CFR/ Grand Central-Belge 181 | |
| 2707 | D n2 | G | 17.08.71 | 1435 | Österreichische Staatseisenbahn/GÖDING 689/1873 1201 CFR/Grand Central-Belge 182 | |
| 2708 | D n2 | G | 17.08.71 | 1435 | Österreichische Staatseisenbahn/PROSNITZ 690/1873 1202 CFR/Grand Central-Belge 183 | |
| 2709 | D n2 | G | 24.08.71 | 1435 | Österreichische Staatseisenbahn/TREBISCH 691/1873 1203 CFR/Grand Central-Belge 184 | |
| 2710 | D n2 | G | 24.08.71 | 1435 | Österreichische Staatseisenbahn/FULNECK 692/1873 1204 CFR/Grand Central-Belge 185 | |
| 2711 | D n2 | G | 28.08.71 | 1435 | Österreichische Staatseisenbahn/HORN 693/1873 1205 CFR/Grand Central-Belge 186 | |
| 2712 | D n2 | G | 28.08.71 | 1435 | Österreichische Staatseisenbahn/NIMBURG 694/1873 1206 CFR/Grand Central-Belge 187 | |
| 2713 | D n2 | G | 30.08.71 | 1435 | Österreichische Staatseisenbahn/KUTTENBERG 695/1873 1207 CFR/Grand Central-Belge 188 | |
| 2714 | D n2 | G | 30.08.71 | 1435 | Österreichische Staatseisenbahn/PEMSTEIN 696/1873 1208 CFR/Grand Central-Belge 189 | |
| 2715 | 1B n2t | Pt | 31.10.71 | 1435 | Cöln-Mindener Eisenbahn/TOUL/1883 KPEV Cörrh 1500/1895 Efd 1500/ 1897 Cln 1400/1906 Cln 6041 | |
| 2716 | 1B n2t | Pt | 28.10.71 | 1435 | Cöln-Mindener Eisenbahn/VERDUN/1883 KPEV Cörrh 1501/1895 Efd 1501/ 1897 Cln 1401 | |
| 2717 | 1B n2t | Pt | 31.10.71 | 1435 | Cöln-Mindener Eisenbahn/DIDENHOFEN/1883 KPEV Cörrh 1502/1895 Efd 1502/1897 Cln 1402 | |
| 2718 | 1B n2t | Pt | 28.10.71 | 1435 | Cöln-Mindener Eisenbahn/AMIENS/1883 KPEV Cörrh 1503 | 1891 |
| 2719 | C n2 | G | 21.07.71 | 1435 | Magdeburg-Leipziger Eisenbahn/WEICHSEL 70/1881 KPEV Mgd 553/ 1883 Mgd 852 | 1903 |
| 2720 | C n2 | G | 21.07.71 | 1435 | Magdeburg-Leipziger Eisenbahn/HAVEL 71/1881 KPEV Mgd 554/1883 Mgd 853 | 1899 |
| 2721 | C n2 | G | 08.05.71 | 1435 | Warschau-Wiener Eisenbahn/40/1918 CFR | |
| 2722 | C n2 | G | 08.05.71 | 1435 | Warschau-Wiener Eisenbahn/41 | |
| 2723 | 1B n2 | S | 22.05.71 | 1435 | Warschau-Wiener Eisenbahn/29 | |
| 2724 | 1B n2 | S | 22.05.71 | 1435 | Warschau-Wiener Eisenbahn/30 | |
| 2725 | 1B n2 | S | 12.06.71 | 1435 | Warschau-Wiener Eisenbahn/31 | |
| 2726 | 1B n2 | S | 12.06.71 | 1435 | Warschau-Wiener Eisenbahn/32 | |
| 2727 | 1B n2 | S | 12.06.71 | 1435 | Warschau-Wiener Eisenbahn/33 | |
| 2728 | C n2 | G | 08.07.71 | 1435 | Magdeburg-Halberstädter Eisenbahn/BRUNAU/1881 KPEV Mgd 558/1883 Mgd 857 | 1902 |
| 2729 | C n2 | G | 08.07.71 | 1435 | Magdeburg-Halberstädter Eisenbahn/HALBERSTADT/1881 KPEV Mgd 559/ 1883 Mgd 858/1899 Han 1045/1906 Han 3058 | 1907 |
| 2730 | C n2 | G | 08.07.71 | 1435 | Magdeburg-Halberstädter Eisenbahn/CHARLOTTENBURG/1881 KPEV Mgd 560/1883 Mgd 859 | 1897 |
| 2731 | C n2 | G | 11.07.71 | 1435 | Magdeburg-Halberstädter Eisenbahn/MOABIT/1881 KPEV Mgd 561/1883 Mgd 860 | 1892 |
| 2732 | C n2 | G | 11.07.71 | 1435 | Magdeburg-Halberstädter Eisenbahn/WUSTERMARK/1881 KPEV Mgd 562/ 1883 Mgd 861/1899 Han 1046 | vor 1906 |
| 2733 | C n2 | G | 25.05.71 | 1435 | Cöln-Mindener Eisenbahn/EIFEL/1883 KPEV Cörrh 829/1895 Mst 736/ 1906 Mst 3104 | |

| Fa-brik-num-mer | Bauart | Gat-tung | Aus-liefe-rungs-datum | Spur-weite | Empfänger/Verbleib | Aus-muste-rung |
|---|---|---|---|---|---|---|
| 2734 | C n2 | G | 25.05.71 | 1435 | Cöln-Mindener Eisenbahn/WOLKENBURG/1883 KPEV Cörrh 830/1895 Cln 810/1906 Kln 3105 | |
| 2735 | C n2 | G | 25.05.71 | 1435 | Cöln-Mindener Eisenbahn/LOEWENBURG/1883 KPEV Cörrh 831 | 1893 |
| 2736 | C n2 | G | 02.06.71 | 1435 | Cöln-Mindener Eisenbahn/STENZELBERG/1883 KPEV Cörrh 832 | 1891 |
| 2737 | C n2 | G | 02.06.71 | 1435 | Cöln-Mindener Eisenbahn/NIEDERWALD/1883 KPEV Cörrh 833/1895 Mst 737 | 1905 |
| 2738 | C n2 | G | 06.07.71 | 1435 | Cöln-Mindener Eisenbahn/JOHANNISBERG/1883 KPEV Cörrh 834/1895 Mst 738 | 1898 |
| 2739 | C n2 | G | 06.07.71 | 1435 | Cöln-Mindener Eisenbahn/EBERNBURG/1883 KPEV Cörrh 835/1895 Cln 809/1906 Kln 3106 | |
| 2740 | C n2 | G | 25.07.71 | 1435 | Cöln-Mindener Eisenbahn/BALDUINSTEIN/1883 KPEV Cörrh 836/1895 Cln 811 | 1905 |
| 2741 | C n2 | G | 25.07.71 | 1435 | Cöln-Mindener Eisenbahn/HOHENSYBURG/1883 KPEV Cörrh 837/1895 Cln 812 | 1905 |
| 2742 | C n2 | G | 31.07.71 | 1435 | Cöln-Mindener Eisenbahn/ROSSTRAPPE/1883 KPEV Cörrh 838/1895 Cln 813/1906 Kln 3107 | |
| 2743 | B n2t | Gt | 14.11.71 | 1435 | Rheinische Eisenbahn/TIGER/1882 KPEV Cölrh 1443 | 1893 |
| 2744 | B n2t | Gt | 14.11.71 | 1435 | Rheinische Eisenbahn/PANTER/1882 KPEV Cölrh 1444/1895 Cln 1444 | 1897 |
| 2745 | 1B n2 | P | 15.08.71 | 1435 | Rheinische Eisenbahn/SPICHERN/1882 KPEV Cölrh 160/1895 Cln 160 | 1900 |
| 2746 | 1B n2 | P | 15.08.71 | 1435 | Rheinische Eisenbahn/WEISSENBURG/1882 KPEV Cölrh 161/1895 Cln 161 | 1900 |
| 2747 | 1B n2 | P | 15.08.71 | 1435 | Rheinische Eisenbahn/WÖRTH/1882 KPEV Cörrh 139 | 1891 |
| 2748 | 1B n2 | P | 19.08.71 | 1435 | Rheinische Eisenbahn/METZ/1882 KPEV Cörrh 140/1895 Esn 140 | 1901 |
| 2749 | 1B n2 | P | 19.08.71 | 1435 | Rheinische Eisenbahn/STRASSBURG/1882 KPEV Cörrh 141 | 1889 |
| 2750 | 1B n2 | P | 19.08.71 | 1435 | Rheinische Eisenbahn/SCHLETTSTADT/1882 KPEV Cörrh 142 | 1894 |
| 2751 | 1B n2 | P | 18.09.71 | 1435 | Magdeburg-Halberstädter Eisenbahn/MULDE/1881 KPEV Mgd 180/1906 Mgd 1509 | 1907 |
| 2752 | 1B n2 | P | 18.09.71 | 1435 | Magdeburg-Halberstädter Eisenbahn/OCKER/1881 KPEV Mgd 181/1906 Mgd 1506 | 1907 |
| 2753 | 1B n2 | P | 18.09.71 | 1435 | Magdeburg-Halberstädter Eisenbahn/FUSE/1881 KPEV Mgd 182 | 1899 |
| 2754 | 1B n2 | P | 21.09.71 | 1435 | Magdeburg-Halberstädter Eisenbahn/ERSE/1881 KPEV Mgd 183 | 1903 |
| 2755 | 1B n2 | P | 21.09.71 | 1435 | Magdeburg-Halberstädter Eisenbahn/AUE/1881 KPEV | 1879 |
| 2756 | 1B n2 | P | 21.09.71 | 1435 | Magdeburg-Halberstädter Eisenbahn/WARTHE/1881 KPEV Mgd 184 | 1903 |
| 2757 | 1B n2 | S | 14.10.71 | 1435 | Bergisch-Märkische Eisenbahn/BOBER 418/1882 KPEV Efd 154 | |
| 2758 | 1B n2 | S | 14.10.71 | 1435 | Bergisch-Märkische Eisenbahn/LOIRE 419/1882 KPEV Efd 155 | |
| 2759 | 1B n2 | S | 14.10.71 | 1435 | Bergisch-Märkische Eisenbahn/MARNE 420/1882 KPEV Efd 156 | |
| 2760 | 1B n2 | S | 21.10.71 | 1435 | Bergisch-Märkische Eisenbahn/SEINE 421/1882 KPEV Efd 157 | 1883 |
| 2761 | 1B n2 | S | 21.10.71 | 1435 | Bergisch-Märkische Eisenbahn/QUEISS 422/1882 KPEV Efd 158 | |
| 2762 | 1B n2 | S | 24.10.71 | 1435 | Bergisch-Märkische Eisenbahn/REGNITZ 423/1882 KPEV Efd 159 | |
| 2763 | 1B n2 | S | 24.10.71 | 1435 | Bergisch-Märkische Eisenbahn/PLEISSE 424/1882 KPEV Efd 160/Cörrh 275 1902 Esn 275/1906 Esn 1551 | |
| 2764 | C n2 | G | 09.01.72 | 1435 | Berlin-Hamburger Eisenbahn/PFALZBURG/1884 KPEV Alt 802 | 1895 |
| 2765 | C n2 | G | 09.01.72 | 1435 | Berlin-Hamburger Eisenbahn/LÜNEBURG/1884 KPEV Alt 803 | 1894 |
| 2766 | C n2 | G | 09.01.72 | 1435 | Berlin-Hamburger Eisenbahn/CÖLN/1884 KPEV Alt 804 | 1897 |
| 2767 | 1B n2 | P | 04.11.71 | 1435 | Altenburg-Zeitzer Eisenbahn/ZEITZ 1/1896 SäStb 745 | vor 1916 |
| 2768 | 1B n2 | P | 04.11.71 | 1435 | Altenburg-Zeitzer Eisenbahn/MEUSELWITZ 2/1896 SäStb 746 | vor 1916 |
| 2769 | 1B n2 | P | 10.11.71 | 1435 | Altenburg-Zeitzer Eisenbahn/WILHELM I. 3/1896 SäStb 747 | vor 1916 |
| 2770 | 1B n2 | P | 10.11.71 | 1435 | Altenburg-Zeitzer Eisenbahn/HERZOG ERNST 4/1896 SäStb 748 | vor 1916 |
| 2771 | 1B n2 | S | 13.02.72 | 1435 | Berlin-Hamburger Eisenbahn/DÖMITZ/1884 KPEV Alt 140 | 1905 |
| 2772 | 1B n2 | S | 13.02.72 | 1435 | Berlin-Hamburger Eisenbahn/GREIF/1884 KPEV Alt 141 | 1895 |
| 2773 | B1 n2 | G | 29.11.71 | 1435 | Berlin-Hamburger Eisenbahn/STRASSBURG/1884 KPEV Alt 610 | 1893 |
| 2774 | C n2 | G | 07.11.71 | 1435 | Magdeburg-Halberstädter Eisenbahn/BUSCHOW/1881 KPEV Mgd 563/ 1883 Mgd 862 | 1898 |
| 2775 | C n2 | G | 07.11.71 | 1435 | Magdeburg-Halberstädter Eisenbahn/NENNHAUSEN/1881 KPEV Mgd 564/ 1883 Mgd 863/1899 Han 1047 | vor 1906 |
| 2776 | C n2 | G | 07.11.71 | 1435 | Magdeburg-Halberstädter Eisenbahn/HÄMERTEN/1881 KPEV Mgd 565/1883 Mgd 864/1899 Han 1048 | vor 1906 |
| 2777 | C n2 | G | 16.11.71 | 1435 | Magdeburg-Halberstädter Eisenbahn/JEETZE/1881 KPEV Mgd 177 | 1894 |
| 2778 | C n2 | G | 16.11.71 | 1435 | Magdeburg-Halberstädter Eisenbahn/NETZE/1881 KPEV Mgd 178 | 1894 |
| 2779 | C n2 | G | 16.11.71 | 1435 | Magdeburg-Halberstädter Eisenbahn/TANGER/1881 KPEV Mgd 179 | 1898 |
| 2780 | C n2 | G | 22.11.71 | 1435 | Bergisch-Märkische Eisenbahn/425/1883 KPEV Cölrh 874 | |
| 2781 | C n2 | G | 22.11.71 | 1435 | Bergisch-Märkische Eisenbahn/426/1883 KPEV Cölrh 875 | |
| 2782 | C n2 | G | 22.11.71 | 1435 | Bergisch-Märkische Eisenbahn/427/1882 KPEV Efd 952 | 1899 |
| 2783 | C n2 | G | 27.11.71 | 1435 | Bergisch-Märkische Eisenbahn/428/1882 KPEV Efd 953 | 1903 |
| 2784 | C n2 | G | 27.11.71 | 1435 | Bergisch-Märkische Eisenbahn/429/1882 KPEV Efd 954 | 1900 |
| 2785 | C n2 | G | 27.11.71 | 1435 | Bergisch-Märkische Eisenbahn/430/1882 KPEV Efd 955 | 1903 |
| 2786 | C n2 | G | 02.12.71 | 1435 | Bergisch-Märkische Eisenbahn/431/1882 KPEV Efd 956 | 1902 |
| 2787 | C n2 | G | 02.12.71 | 1435 | Bergisch-Märkische Eisenbahn/432/1882 KPEV Efd 957 | 1902 |
| 2788 | C n2 | G | 02.12.71 | 1435 | Bergisch-Märkische Eisenbahn/433/1882 KPEV Efd 958 | 1902 |
| 2789 | C n2 | G | 08.12.71 | 1435 | Bergisch-Märkische Eisenbahn/434/1882 KPEV Efd 959 | 1902 |
| 2790 | C n2 | G | 08.12.71 | 1435 | Bergisch-Märkische Eisenbahn/435/1882 KPEV Efd 960/1906 Efd 3054 | |
| 2791 | C n2 | G | 08.12.71 | 1435 | Bergisch-Märkische Eisenbahn/436/1882 KPEV Efd 961 | 1900 |
| 2792 | C n2 | G | 13.12.71 | 1435 | Bergisch-Märkische Eisenbahn/437/1882 KPEV Efd 962 | 1902 |
| 2793 | C n2 | G | 13.12.71 | 1435 | Bergisch-Märkische Eisenbahn/438/1882 KPEV Efd 963/1886 Cörrh 1039 | |
| 2794 | C n2 | G | 13.12.71 | 1435 | Bergisch-Märkische Eisenbahn/439/1882 KPEV Efd 964/1906 Efd 3055 | 1906 |
| 2795 | C n2 | G | 18.12.71 | 1435 | Bergisch-Märkische Eisenbahn/440/1882 KPEV Efd 965/1886 Cörrh 1040 | |
| 2796 | C n2 | G | 18.12.71 | 1435 | Bergisch-Märkische Eisenbahn/441/1882 KPEV Efd 966/1906 Efd 3056 | 1906 |
| 2797 | C n2 | G | 18.12.71 | 1435 | Bergisch-Märkische Eisenbahn/442/1882 KPEV Efd 967 | 1901 |

| Fabriknummer | Bauart | Gattung | Auslieferungsdatum | Spurweite | Empfänger/Verbleib | Ausmusterung |
|---|---|---|---|---|---|---|
| 2798 | C n2 | G | 20.12.71 | 1435 | Bergisch-Märkische Eisenbahn/443/1882 KPEV Efd 968 | |
| 2799 | C n2 | G | 20.12.71 | 1435 | Bergisch-Märkische Eisenbahn/444/1882 KPEV Efd 969 | 1901 |
| 2800 | 1B n2 | S | 06.10.71 | 1435 | Rheinische Eisenbahn/DER DEUTSCHE KAISER 351/1882 KPEV Cölrh 168/1895 Cln 168 | 1898 |
| 2801 | 1B n2 | S | 29.09.71 | 1435 | Rheinische Eisenbahn/PARIS 352/1882 KPEV Cölrh 162/1895 Cln 162 | 1898 |
| 2802 | 1B n2 | S | 29.09.71 | 1435 | Rheinische Eisenbahn/ROUEN 353/1882 KPEV Cölrh 163/1895 Cln 163 | 1898 |
| 2803 | 1B n2 | S | 02.10.71 | 1435 | Rheinische Eisenbahn/VERSAILLES 354/1882 KPEV Cölrh 164 | vor 1893 |
| 2804 | 1B n2 | S | 02.10.71 | 1435 | Rheinische Eisenbahn/ORLEANS 355/1882 KPEV Cölrh 165/1895 Cln 165 | 1898 |
| 2805 | 1B n2 | S | 06.10.71 | 1435 | Rheinische Eisenbahn/ELSASS 356/1882 KPEV Cölrh 166/1895 Cln 166 | 1898 |
| 2806 | 1B n2 | S | 06.10.71 | 1435 | Rheinische Eisenbahn/LOTHRINGEN 357/1882 KPEV Cölrh 167/1895 Cln 167 | 1898 |
| 2807 | C n2 | G | 13.01.72 | 1435 | Warschau-Wiener Eisenbahn/38 | |
| 2808 | C n2 | G | 13.01.72 | 1435 | Warschau-Wiener Eisenbahn/39 | |
| 2809 | C n2 | G | 17.01.72 | 1435 | Warschau-Wiener Eisenbahn/42 | |
| 2810 | C n2 | G | 17.01.72 | 1435 | Warschau-Wiener Eisenbahn/43 | |
| 2811 | C n2 | G | 17.01.72 | 1435 | Warschau-Wiener Eisenbahn/44 | |
| 2812 | C n2 | G | 20.01.72 | 1435 | Warschau-Wiener Eisenbahn/47 | |
| 2813 | C n2 | G | 20.01.72 | 1435 | Warschau-Wiener Eisenbahn/94 | |
| 2814 | C n2 | G | 20.01.72 | 1435 | Warschau-Wiener Eisenbahn/95 | |
| 2815 | 1B n2 | S | 31.01.72 | 1435 | Warschau-Wiener Eisenbahn/34 | |
| 2816 | 1B n2 | S | 31.01.72 | 1435 | Warschau-Wiener Eisenbahn/35 | |
| 2817 | 1B n2 | S | 03.02.72 | 1435 | Warschau-Wiener Eisenbahn/36 | |
| 2818 | 1B n2 | S | 03.02.72 | 1435 | Warschau-Wiener Eisenbahn/37 | |
| 2819 | C n2 | G | 17.02.72 | 1524 | Riga-Dünaburg (Rußland)/BERLIN 56/RO B 116/Privilanskaya Bt 206 | 1896 |
| 2820 | C n2 | G | 21.02.72 | 1524 | Riga-Dünaburg (Rußland)/WIEN 57/RO B 117/Privilanskaya Bt 207 | bis 1899 |
| 2821 | C n2 | G | 17.02.72 | 1524 | Riga-Dünaburg (Rußland)/PARIS 58/RO B 117/Privilanskaya Bt 208 | 1896 |
| 2822 | C n2 | G | 17.02.72 | 1524 | Riga-Dünaburg (Rußland)/REVAL 59/RO B 119/Privilanskaya Bt 209 | 1896 |
| 2823 | C n2 | G | 21.02.72 | 1524 | Riga-Dünaburg (Rußland)/MITAU 60/RO B 120/Privilanskaya Bt 210 | bis 1899 |
| 2824 | C n2 | G | 04.03.72 | 1524 | Riga-Dünaburg (Rußland)/LIBAU 61/RO B 121/Privilanskaya Bt 211 | 1896 |
| 2825 | C n2 | G | 04.03.72 | 1524 | Riga-Dünaburg (Rußland)/WOLMAR 62/RO B 122/Privilanskaya Bt 212 | bis 1899 |
| 2826 | C n2 | G | 04.03.72 | 1524 | Riga-Dünaburg (Rußland)/PERNAU 63/RO B 123/Privilanskaya Bt 213 | 1896 |
| 2827 | C n2 | G | 08.03.72 | 1524 | Riga-Dünaburg (Rußland)/MÜHLGRABEN 64/RO B 124/Privilanskaya Bt 214 | 1896 |
| 2828 | C n2 | G | 08.03.72 | 1524 | Riga-Dünaburg (Rußland)/WATT 65/RO B 125/Privilanskaya Bt 215 | 1896 |
| 2829 | B1 n2 | G | 19.03.72 | 1435 | Berlin-Anhalter Eisenbahn/WÖRTH 115/1882 KPEV Erf 541/1895 Hl 541 | |
| 2830 | B1 n2 | G | 19.03.72 | 1435 | Berlin-Anhalter Eisenbahn/WEISSENBURG 116/1882 KPEV Erf 542/1895 Hl 542 | |
| 2831 | B1 n2 | G | 19.03.72 | 1435 | Berlin-Anhalter Eisenbahn/GRAVELOTTE 117/1882 KPEV Erf 543/1895 Hl 543 | |
| 2832 | 1B n2 | S | 27.03.72 | 1435 | Berlin-Anhalter Eisenbahn/SEDAN 118/1882 KPEV Erf 200/1895 Hl 200 | |
| 2833 | 1B n2 | S | 27.03.72 | 1435 | Berlin-Anhalter Eisenbahn/PARIS 119/1882 KPEV Erf 201/1895 Hl 201 | |
| 2834 | 1B n2 | S | 27.03.72 | 1435 | Berlin-Anhalter Eisenbahn/KÖNIG 120/1882 KPEV Erf 202/1895 Hl 202 | |
| 2835 | 1B n2 | S | 28.03.72 | 1435 | Berlin-Anhalter Eisenbahn/VON MOLTKE 121/1882 KPEV Erf 203/1895 Hl 203 | |
| 2836 | 1B n2 | S | 28.03.72 | 1435 | Berlin-Anhalter Eisenbahn/VON ROON 122/1882 KPEV Erf 204/1895 Hl 204 | |
| 2837 | B n2t | | 12.06.72 | 1435 | Friedrich Krupp, Essen/FRIEDRICH KRUPP X | |
| 2838 | B n2t | | 12.06.72 | 1435 | Friedrich Krupp, Essen/FRIEDRICH KRUPP XI | |
| 2839 | B n2t | | 12.06.72 | 1435 | Friedrich Krupp, Essen/FRIEDRICH KRUPP XII | |
| 2840 | 1B n2 | P | 02.03.72 | 1435 | Magdeburg-Halberstädter Eisenbahn/RADAU/1881 KPEV Mgd 185 | 1898 |
| 2841 | 1B n2 | P | 02.03.72 | 1435 | Magdeburg-Halberstädter Eisenbahn/ILSE/1881 KPEV Mgd 186/1906 Mgd 1507 | 1906 |
| 2842 | 1B n2 | P | 02.03.72 | 1435 | Magdeburg-Halberstädter Eisenbahn/FINE/1881 KPEV Mgd 187/1906 Mgd 1508 | |
| 2843 | 1B n2 | P | 07.03.72 | 1435 | Magdeburg-Halberstädter Eisenbahn/NUTHE/1881 KPEV Mgd 188/1906 Mgd 1509 | 1906 |
| 2844 | 1B n2 | P | 07.03.72 | 1435 | Magdeburg-Halberstädter Eisenbahn/LIETHE/1881 KPEV Mgd 189/1906 Mgd 1510 | 1907 |
| 2845 | 1B n2 | P | 07.03.72 | 1435 | Magdeburg-Halberstädter Eisenbahn/MARBE/1881 KPEV Mgd 190 | 1895 |
| 2846 | 1B n2 | P | 17.04.72 | 1435 | Magdeburg-Halberstädter Eisenbahn/SPELZE/1881 KPEV Mgd 191/1906 Mgd 1511 | 1907 |
| 2847 | 1B n2 | P | 17.04.72 | 1435 | Magdeburg-Halberstädter Eisenbahn/LIPPE/1881 KPEV Mgd 192 | 1896 |
| 2848 | 1B n2 | P | 17.04.72 | 1435 | Magdeburg-Halberstädter Eisenbahn/RUHR/1881 KPEV Mgd 193 | 1900 |
| 2849 | 1B n2 | P | 20.04.72 | 1435 | Magdeburg-Halberstädter Eisenbahn/LAHN/1881 KPEV Mgd 194 | 1903 |
| 2850 | 1B n2 | P | 20.04.72 | 1435 | Magdeburg-Halberstädter Eisenbahn/SIEG/1881 KPEV Mgd 195 | 1901 |
| 2851 | 1B n2 | P | 20.04.72 | 1435 | Magdeburg-Halberstädter Eisenbahn/HOLTEMME/1881 KPEV Mgd 196 | 1904 |
| 2852 | C n2 | G | 13.04.72 | 1435 | Niederschlesische Zweigbahn/SORAU/1885 KPEV Bsl 890 | |
| 2853 | C n2 | G | 13.04.72 | 1435 | Niederschlesische Zweigbahn/HANSDORF/1885 KPEV Bsl 891 | |
| 2854 | C n2 | G | 03.04.72 | 1435 | Warschau-Wiener Eisenbahn/141 | |
| 2855 | C n2 | G | 03.04.72 | 1435 | Warschau-Wiener Eisenbahn/142 | |
| 2856 | C n2 | G | 03.04.72 | 1435 | Warschau-Wiener Eisenbahn/143 | |
| 2857 | C n2 | G | 09.04.72 | 1435 | Warschau-Wiener Eisenbahn/144 | |
| 2858 | C n2 | G | 09.04.72 | 1435 | Warschau-Wiener Eisenbahn/145 | |
| 2859 | C n2 | G | 09.04.72 | 1435 | Warschau-Wiener Eisenbahn/146 | |
| 2860 | 1B n2 | S | 03.02.72 | 1435 | Warschau-Wiener Eisenbahn/96 | |
| 2861 | 1B n2t | Pt | 07.06.72 | 1435 | Cöln-Mindener Eisenbahn/COMO/1883 KPEV Cörrh 1504/1895 Efd 1504/1897 Cln 1403 | |

| Fabriknummer | Bauart | Gattung | Auslieferungsdatum | Spurweite | Empfänger/Verbleib | Ausmusterung |
|---|---|---|---|---|---|---|
| 2862 | 1B n2t | Pt | 07.06.72 | 1435 | Cöln-Mindener Eisenbahn/MANTUA/1883 KPEV Cörrh 1505/1895 Efd 1505/ 1897 Cln 1404 | |
| 2863 | 1B n2 | P | 23.05.72 | 1435 | Cöln-Mindener Eisenbahn/ST. GALLEN/1883 KPEV Cörrh 109 | 1894 |
| 2864 | 1B n2 | P | 23.05.72 | 1435 | Cöln-Mindener Eisenbahn/VEVEY/1883 KPEV Cörrh 110 | 1889 |
| 2865 | 1B n2 | S | 28.08.72 | 1435 | Cöln-Mindener Eisenbahn/RHEIN/1883 KPEV Cörrh 131/1884 EK/1895 Esn 84 | 1903 |
| 2866 | 1B n2 | S | 28.08.72 | 1435 | Cöln-Mindener Eisenbahn/REUSS/1883 KPEV Cörrh 132/1884 EK/1895 Esn 85 | 1901 |
| 2867 | 1B n2 | S | 28.08.72 | 1435 | Cöln-Mindener Eisenbahn/LIMMAT/1883 KPEV Cörrh 133/1884 EK/1895 Esn 86 | 1903 |
| 2868 | 1B n2 | S | 31.08.72 | 1435 | Cöln-Mindener Eisenbahn/NAHE/1883 KPEV Cörrh 134/1884 EK/1895 Esn 87/ 1906 Esn 1635 | |
| 2869 | 1B n2 | S | 31.08.72 | 1435 | Cöln-Mindener Eisenbahn/LENNE/1883 KPEV Cörrh 135/1886 EK/1895 Esn 88 | 1905 |
| 2870 | 1B n2 | S | 31.08.72 | 1435 | Cöln-Mindener Eisenbahn/VOLME/1883 KPEV Cörrh 136/1884 EK/1895 Esn 89 | 1905 |
| 2871 | 1B n2 | S | 12.09.72 | 1435 | Cöln-Mindener Eisenbahn/MAAS/1882 EK/1883 KPEV Cörrh 137 | |
| 2872 | 1B n2 | S | 12.09.72 | 1435 | Cöln-Mindener Eisenbahn/SCHELDE/1881 EK/1883 KPEV Cörrh 138 | |
| 2873 | C n2t | Gt | 29.06.72 | 1435 | Cöln-Mindener Eisenbahn/DEUTZERFELD/1883 KPEV Cörrh 1710/1895 Efd 1803/1897 Cln 1723 | |
| 2874 | C n2t | Gt | 29.06.72 | 1435 | Cöln-Mindener Eisenbahn/MEIDERICH/1883 KPEV Cörrh 1711/1895 Efd 1804 | 1895 |
| 2875 | C n2t | Gt | 09.07.72 | 1435 | Cöln-Mindener Eisenbahn/RECKLINGHAUSEN/1883 KPEV Cörrh 1712 | 1893 |
| 2876 | C n2t | Gt | 09.07.72 | 1435 | Cöln-Mindener Eisenbahn/HALLERN/1883 KPEV Cörrh 1713 | |
| 2877 | C n2t | Gt | 09.07.72 | 1435 | Cöln-Mindener Eisenbahn/DÜLMEN/1883 KPEV Cörrh 1714/1895 Efd 1805/1897 Cln 1724/1888 mit Wellrohrkessel ausgerüstet | |
| 2878 | C n2t | Gt | 27.07.72 | 1435 | Cöln-Mindener Eisenbahn/APPENHÜLSEN/1883 KPEV Cörrh 1715/1895 Efd 1806/1897 Cln 1725 | |
| 2879 | C n2t | Gt | 27.07.72 | 1435 | Cöln-Mindener Eisenbahn/WESTBEVERN/1883 KPEV Cörrh 1716 | 1893 |
| 2880 | C n2t | Gt | 27.07.72 | 1435 | Cöln-Mindener Eisenbahn/KATTENRENNE/1883 KPEV Cörrh 1717 | 1905 |
| 2881 | C n2t | Gt | 09.08.72 | 1435 | Cöln-Mindener Eisenbahn/HASSBERGEN/1883 KPEV Cörrh 1718 | |
| 2882 | C n2t | Gt | 09.08.72 | 1435 | Cöln-Mindener Eisenbahn/HARBURG/1883 KPEV Cörrh 1719 | |
| 2883 | C n2 | G | 10.06.72 | 1435 | Cöln-Mindener Eisenbahn/AARBERG/1883 KPEV Cörrh 839/1895 Cln 814 | 1905 |
| 2884 | C n2 | G | 10.06.72 | 1435 | Cöln-Mindener Eisenbahn/ACHSELBERG/1883 KPEV Cörrh 840/1895 Mst 739 | 1898 |
| 2885 | C n2 | G | 14.06.72 | 1435 | Cöln-Mindener Eisenbahn/ALETSCHHORN/1883 KPEV Cörrh 841/1895 Mst 740/1906 Mst 3105 | |
| 2886 | C n2 | G | 14.06.72 | 1435 | Cöln-Mindener Eisenbahn/ALTMANN/1883 KPEV Cörrh 842/1895 Cln 815 | 1897 |
| 2887 | C n2 | G | 21.06.72 | 1435 | Cöln-Mindener Eisenbahn/ARARAT/1883 KPEV Cörrh 843/1895 Mst 741 | 1902 |
| 2888 | C n2 | G | 21.06.72 | 1435 | Cöln-Mindener Eisenbahn/ATLAS/1883 KPEV Cörrh 844/1895 Mst 742 | 1898 |
| 2889 | C n2 | G | 21.06.72 | 1435 | Cöln-Mindener Eisenbahn/AUERBERG/1883 KPEV Cörrh 845/1895 Cln 816 | 1902 |
| 2890 | C n2 | G | 25.06.72 | 1435 | Cöln-Mindener Eisenbahn/AXENBERG/1883 KPEV Cörrh 846/1895 Cln 832 | 1905 |
| 2891 | C n2 | G | 25.06.72 | 1435 | Cöln-Mindener Eisenbahn/BALKAN/1883 KPEV Cörrh 847/1895 Mst 743 | 1904 |
| 2892 | C n2 | G | 25.06.72 | 1435 | Cöln-Mindener Eisenbahn/BALMHORN/1883 KPEV Cörrh 848/1895 Mst 744 | 1904 |
| 2893 | C n2 | G | 11.07.72 | 1435 | Cöln-Mindener Eisenbahn/BASTEI/1883 KPEV Cörrh 849/1895 Cln 833 | 1901 |
| 2894 | C n2 | G | 11.07.72 | 1435 | Cöln-Mindener Eisenbahn/ST. BERNHARD/1883 KPEV Cörrh 850/1895 Cln 834 | 1904 |
| 2895 | C n2 | G | 11.07.72 | 1435 | Cöln-Mindener Eisenbahn/BIRRENHORN/1883 KPEV Cörrh 851/1895 Fft 959/1906 Fft 3079 | |
| 2896 | C n2 | G | 18.07.72 | 1435 | Cöln-Mindener Eisenbahn/BRISTENSTOCK/1883 KPEV Cörrh 852/1895 Mst 745 | 1902 |
| 2897 | C n2 | G | 18.07.72 | 1435 | Cöln-Mindener Eisenbahn/BUOCHSERHORN/1883 KPEV Cörrh 853/1895 Mst 746 | 1904 |
| 2898 | C n2 | G | 20.07.72 | 1435 | Cöln-Mindener Eisenbahn/BURGBERG/1883 KPEV Cörrh 854/1895 Fft 960 | 1905 |
| 2899 | C n2 | G | 20.07.72 | 1435 | Cöln-Mindener Eisenbahn/CORDILLERAS/1883 KPEV Cörrh 855/1895 Fft 961 | |
| 2900 | C n2 | G | 20.07.72 | 1435 | Cöln-Mindener Eisenbahn/DACHSTEIN/1883 KPEV Cörrh 856/1895 Mst 747 | 1905 |
| 2901 | C n2 | G | 31.07.72 | 1435 | Cöln-Mindener Eisenbahn/DOLDENHORN/1883 KPEV Cörrh 857/1895 Mst 748 | |
| 2902 | C n2 | G | 31.07.72 | 1435 | Cöln-Mindener Eisenbahn/DONNERSBERG/1883 KPEV Cörrh 858/1895 Fft 962 | 1904 |
| 2903 | C n2 | G | 26.08.72 | 1435 | Magdeburg-Halberstädter Eisenbahn/BERGEN/1881 KPEV Mgd 566/1883 Mgd 865/1899 Han 1049 | vor 1906 |
| 2904 | C n2 | G | 26.08.72 | 1435 | Magdeburg-Halberstädter Eisenbahn/BILLERBECK/1881 KPEV Mgd 567/ 1883 Mgd 866/1899 Han 1050 | vor 1906 |
| 2905 | C n2 | G | 26.08.72 | 1435 | Magdeburg-Halberstädter Eisenbahn/WIEREN/1881 KPEV Mgd 568/1883 Mgd 867/1899 Han 1051 | vor 1906 |
| 2906 | C n2 | G | 28.08.72 | 1435 | Magdeburg-Halberstädter Eisenbahn/NAUNDORF/1881 KPEV Mgd 569/ 1883 Mgd 868/1899 Han 1052 | vor 1906 |
| 2907 | C n2 | G | 28.08.72 | 1435 | Magdeburg-Halberstädter Eisenbahn/WALLNITZ/1881 KPEV Mgd 570/ 1883 Mgd 869/1899 Han 1053 | vor 1906 |
| 2908 | C n2 | G | 28.08.72 | 1435 | Magdeburg-Halberstädter Eisenbahn/TROTHA/1881 KPEV Mgd 571/1883 Mgd 870/1899 Han 1054/1906 Han 3059 | 1907 |
| 2909 | 1B n2 | S | 21.09.72 | 1435 | Rheinische Eisenbahn/GUTTENBERG 358/1882 KPEV Cölrh 169/1895 Cln 169 | 1901 |
| 2910 | 1B n2 | S | 21.09.72 | 1435 | Rheinische Eisenbahn/NEWTON 359/1882 KPEV Cölrh 170/1895 Cln 170 | vor 1906 |
| 2911 | 1B n2 | S | 21.09.72 | 1435 | Rheinische Eisenbahn/GALILEI 360/1882 KPEV Cölrh 171/1895 Cln 171/ 1906 Kln 1501 | |
| 2912 | 1B n2 | S | 26.09.72 | 1435 | Rheinische Eisenbahn/KLAPROTH 361/1882 KPEV Cölrh 172/1895 Cln 172 | 1902 |
| 2913 | 1B n2 | S | 26.09.72 | 1435 | Rheinische Eisenbahn/FICHTE 362/1882 KPEV Cölrh 173/1895 Cln 173 | 1900 |
| 2914 | 1B n2 | S | 26.09.72 | 1435 | Rheinische Eisenbahn/GAUSS 363/1882 KPEV Cölrh 174/1895 Cln 174 | vor 1906 |
| 2915 | 1B n2 | S | 03.10.72 | 1435 | Rheinische Eisenbahn/HALLEY 364/1882 KPEV Cölrh 175/1895 Cln 175 | 1901 |
| 2916 | 1B n2 | S | 03.10.72 | 1435 | Rheinische Eisenbahn/ENCKE 365/1882 KPEV Cölrh 176/1895 Cln 176 | vor 1906 |
| 2917 | 1B n2 | S | 03.10.72 | 1435 | Rheinische Eisenbahn/HERSCHEL 366/1882 KPEV Cölrh 177/1895 Cln 177 | 1902 |

| Fabriknummer | Bauart | Gattung | Auslieferungsdatum | Spurweite | Empfänger/Verbleib | Ausmusterung |
|---|---|---|---|---|---|---|
| 2918 | 1B n2 | S | 08.10.72 | 1435 | Rheinische Eisenbahn/EULER 367/1882 KPEV Cölrh 178/1895 Cln 178 | 1902 |
| 2919 | 1B n2 | S | 08.10.72 | 1435 | Rheinische Eisenbahn/FRAUNHOFER 368/1882 KPEV Cölrh 179/1895 Cln 179 | vor 1906 |
| 2920 | 1B n2 | S | 08.10.72 | 1435 | Rheinische Eisenbahn/WEISBACH 369/1882 KPEV Cölrh 180/1895 Cln 180 | vor 1906 |
| 2921 | 1B n2 | S | 19.10.72 | 1435 | Magdeburg-Halberstädter Eisenbahn/REGEN/1881 KPEV Mgd 211/1899 Han 399/1906 Han 1554 | nach 1908 |
| 2922 | 1B n2 | S | 19.10.72 | 1435 | Magdeburg-Halberstädter Eisenbahn/EGER/1881 KPEV Mgd 212/1899 Han 314 | vor 1906 |
| 2923 | 1B n2 | S | 19.10.72 | 1435 | Magdeburg-Halberstädter Eisenbahn/NAAB/1881 KPEV Mgd 213/1899 Han 400 | vor 1906 |
| 2924 | C n2 | G | 17.10.72 | 1435 | Warschau-Wiener Eisenbahn/147 | |
| 2925 | C n2 | G | 17.10.72 | 1435 | Warschau-Wiener Eisenbahn/148 | |
| 2926 | C n2 | G | 17.10.72 | 1435 | Warschau-Wiener Eisenbahn/149 | |
| 2927 | C n2 | G | 25.10.72 | 1435 | Warschau-Wiener Eisenbahn/150 | |
| 2928 | C n2 | G | 25.10.72 | 1435 | Warschau-Wiener Eisenbahn/151 | |
| 2929 | C n2 | G | 25.10.72 | 1435 | Warschau-Wiener Eisenbahn/152 | |
| 2930 | C n2 | G | 30.10.72 | 1435 | Magdeburg-Halberstädter Eisenbahn/HALLE/1881 KPEV Mgd 572/1883 Mgd 871/1899 Han 1055 | vor 1906 |
| 2931 | C n2 | G | 30.10.72 | 1435 | Magdeburg-Halberstädter Eisenbahn/ROGÄTZ/1881 KPEV Mgd 573/1883 Mgd 872 | 1898 |
| 2932 | C n2 | G | 30.10.72 | 1435 | Magdeburg-Halberstädter Eisenbahn/LANGENWEDDINGEN/1881 KPEV Mgd 574/1883 Mgd 873/1899 Han 1056/1906 Han 3060 | 1907 |
| 2933 | 1B n2 | P | 26.11.72 | 1435 | Magdeburg-Halberstädter Eisenbahn/OBRA/1881 KPEV Mgd 197 | 1901 |
| 2934 | 1B n2 | P | 26.11.72 | 1435 | Magdeburg-Halberstädter Eisenbahn/BOBER/1881 KPEV Mgd 198 | 1904 |
| 2935 | 1B n2 | P | 26.11.72 | 1435 | Magdeburg-Halberstädter Eisenbahn/OERZE/1881 KPEV Mgd 199 | 1902 |
| 2936 | 1B n2 | P | 07.12.72 | 1435 | Magdeburg-Halberstädter Eisenbahn/LACHTE/1881 KPEV Mgd 200 | 1901 |
| 2937 | 1B n2 | P | 07.12.72 | 1435 | Magdeburg-Halberstädter Eisenbahn/WÜMMEL/1881 KPEV Mgd 201 | 1903 |
| 2938 | 1B n2 | P | 07.12.72 | 1435 | Magdeburg-Halberstädter Eisenbahn/HUNTE/1881 KPEV Mgd 202 | 1905 |
| 2939 | C n2 | G | 08.11.72 | 1435 | Rheinische Eisenbahn/SEMMERING 491/1882 KPEV Cölrh 921/1895 Cln 921 | |
| 2940 | C n2 | G | 08.11.72 | 1435 | Rheinische Eisenbahn/SCHNEEBERG 492/1882 KPEV Cörrh 893/1895 Esn 893 | |
| 2941 | C n2 | G | 08.11.72 | 1435 | Rheinische Eisenbahn/STAUFFEN 493/1882 KPEV Cölrh 922/1895 Cln 922/1906 Kln 3052 | |
| 2942 | C n2 | G | 13.11.72 | 1435 | Rheinische Eisenbahn/KYNAST 494/1882 KPEV Cölrh 923/1890 Cörrh 623 | 1903 |
| 2943 | C n2 | G | 13.11.72 | 1435 | Rheinische Eisenbahn/PILATUS 495/1882 KPEV Cölrh 924/1895 Cln 924 | 1900 |
| 2944 | C n2 | G | 13.11.72 | 1435 | Rheinische Eisenbahn/RIGI 496/1882 KPEV Cölrh 925/1895 Cln 925 | 1902 |
| 2945 | C n2 | G | 23.12.72 | 1435 | Rheinische Eisenbahn/RÜTLI 497/1882 KPEV Cörrh 895/1895 Esn 895 | 1904 |
| 2946 | C n2 | G | 23.12.72 | 1435 | Rheinische Eisenbahn/ALTKOENIG 498/1882 KPEV Cörrh 894/1895 Esn 894 | 1904 |
| 2947 | C n2 | G | 23.12.72 | 1435 | Rheinische Eisenbahn/INSELBERG 499/1882 KPEV Cölrh 926/1895 Cln 926/1906 Kln 3109 | |
| 2948 | C n2 | G | 02.01.73 | 1435 | Rheinische Eisenbahn/GREIFENSTEIN 500/1882 KPEV Cölrh 927/1895 Cln 927 | 1904 |
| 2949 | C n2 | G | 02.01.73 | 1435 | Rheinische Eisenbahn/KYFFHÄUSER 501/1882 KPEV Cölrh 928/1895 Cln 928 | 1903 |
| 2950 | C n2 | G | 02.01.73 | 1435 | Rheinische Eisenbahn/RHÖN 502/1882 KPEV Cölrh 929/1895 Cln 929 | 1902 |
| 2951 | C n2 | G | 13.01.73 | 1435 | Rheinische Eisenbahn/NIEDERWALD 503/1882 KPEV Cölrh 930/1895 Cln 930 | 1902 |
| 2952 | C n2 | G | 13.01.73 | 1435 | Rheinische Eisenbahn/WINTERBERG 504/1882 KPEV Cölrh 931/1895 Cln 931 | 1902 |
| 2953 | C n2 | G | 13.01.73 | 1435 | Rheinische Eisenbahn/VOGELSBERG 505/1882 KPEV Cölrh 932/1895 Cln 932 | 1898 |
| 2954 | C n2 | G | 22.01.73 | 1435 | Rheinische Eisenbahn/GROSSGLOCKNER 506/1882 KPEV Cölrh 933/1895 Cln 933 | 1904 |
| 2955 | C n2 | G | 22.01.73 | 1435 | Rheinische Eisenbahn/RAMMELSBACH 507/1882 KPEV Cölrh 934/1895 Cln 934 | 1901 |
| 2956 | C n2 | G | 22.01.73 | 1435 | Rheinische Eisenbahn/KOENIGSTEIN 508/1882 KPEV Cölrh 935/1895 Cln 935 | 1897 |
| 2957 | 1B n2 | P | 03.12.72 | 1524 | Landworowo-Romner (Rußland)/Pb 1/auch als Libau - Romny bezeichnet | |
| 2958 | 1B n2 | P | 03.12.72 | 1524 | Landworowo-Romner (Rußland)/Pb 2 | |
| 2959 | 1B n2 | P | 03.12.72 | 1524 | Landworowo-Romner (Rußland)/Pb 3 | |
| 2960 | 1B n2 | P | 11.12.72 | 1524 | Landworowo-Romner (Rußland)/Pb 4 | |
| 2961 | 1B n2 | P | 11.12.72 | 1524 | Landworowo-Romner (Rußland)/Pb 5 | |
| 2962 | 1B n2 | P | 11.12.72 | 1524 | Landworowo-Romner (Rußland)/Pb 6 | |
| 2963 | 1B n2 | P | 19.12.72 | 1524 | Landworowo-Romner (Rußland)/Pb 7 | |
| 2964 | 1B n2 | P | 19.12.72 | 1524 | Landworowo-Romner (Rußland)/Pb 8 | |
| 2965 | 1B n2 | P | 30.12.72 | 1524 | Landworowo-Romner (Rußland)/Pb 9 | |
| 2966 | 1B n2 | P | 30.12.72 | 1524 | Landworowo-Romner (Rußland)/Pb 10 | |
| 2967 | 1B n2 | P | 22.03.73 | 1524 | Landworowo-Romner (Rußland)/Pb 11 | |
| 2968 | 1B n2 | P | 22.03.73 | 1524 | Landworowo-Romner (Rußland)/Pb 12 | |
| 2969 | 1B n2 | P | 25.03.73 | 1524 | Landworowo-Romner (Rußland)/Pb 13 | |
| 2970 | 1B n2 | P | 25.03.73 | 1524 | Landworowo-Romner (Rußland)/Pb 14 | |
| 2971 | 1B n2 | P | 28.01.73 | 1435 | Rheinische Eisenbahn/WIELAND 370/1882 KPEV Cörrh 143 | 1891 |
| 2972 | 1B n2 | P | 28.01.73 | 1435 | Rheinische Eisenbahn/HERDER 371/1882 KPEV Cörrh 144 | 1894 |
| 2973 | 1B n2 | P | 28.01.73 | 1435 | Rheinische Eisenbahn/HAYDN 372/1882 KPEV Cörrh 145/1895 Esn 145 | 1902 |
| 2974 | 1B n2 | P | 08.02.73 | 1435 | Rheinische Eisenbahn/UHLAND 373/1882 KPEV Cörrh 146 | 1891 |
| 2975 | 1B n2 | P | 08.02.73 | 1435 | Rheinische Eisenbahn/LESSING 374/1882 KPEV Cörrh 147/1895 Esn 147 | 1900 |
| 2976 | 1B n2 | P | 08.02.73 | 1435 | Rheinische Eisenbahn/KOERNER 375/1882 KPEV Cörrh 148 | 1894 |
| 2977 | C n2 | G | 25.01.73 | 1524 | Landworowo-Romner (Rußland)/Tb 101 | |
| 2978 | C n2 | G | 25.01.73 | 1524 | Landworowo-Romner (Rußland)/Tb 102/1903 StPW 102 | |
| 2979 | C n2 | G | 25.01.73 | 1524 | Landworowo-Romner (Rußland)/Tb 103 | |

| Fabriknummer | Bauart | Gattung | Auslieferungsdatum | Spurweite | Empfänger/Verbleib | Ausmusterung |
|---|---|---|---|---|---|---|
| 2980 | C n2 | G | 07.02.73 | 1524 | Landworowo-Romner (Rußland)/Tb 104/1903 StPW 104 | |
| 2981 | C n2 | G | 07.02.73 | 1524 | Landworowo-Romner (Rußland)/Tb 105 | |
| 2982 | C n2 | G | 07.02.73 | 1524 | Landworowo-Romner (Rußland)/Tb 106/1903 StPW 106 | |
| 2983 | 1B n2 | S | 22.02.73 | 1435 | Berlin-Hamburger Eisenbahn/BASEL/1884 KPEV Alt 142 | 1895 |
| 2984 | 1B n2 | S | 22.02.73 | 1435 | Berlin-Hamburger Eisenbahn/BERN/1884 KPEV Alt 143 | 1901 |
| 2985 | B1 n2 | G | 01.03.73 | 1435 | Berlin-Hamburger Eisenbahn/ACHILLES/1884 KPEV Alt 634 | 1897 |
| 2986 | B1 n2 | G | 01.03.73 | 1435 | Berlin-Hamburger Eisenbahn/CONSTANZ/1884 KPEV Alt 635 | 1897 |
| 2987 | B1 n2 | G | 01.03.73 | 1435 | Berlin-Hamburger Eisenbahn/COLMAR/1884 KPEV Alt 636 | 1903 |
| 2988 | C n2 | G | 05.03.73 | 1435 | Magdeburg-Halberstädter Eisenbahn/BREMEN/1881 KPEV Mgd 575/1883 Mgd 874/1899 Han 1057 | vor 1906 |
| 2989 | C n2 | G | 05.03.73 | 1435 | Magdeburg-Halberstädter Eisenbahn/DODENDORF/1881 KPEV Mgd 576/1883 Mgd 875/1899 Han 1058/1906 Han 3061 | nach 1908 |
| 2990 | C n2 | G | 05.03.73 | 1435 | Magdeburg-Halberstädter Eisenbahn/NEINSTEDT/1881 KPEV Mgd 577/1883 Mgd 876/1899 Han 1059 | vor 1906 |
| 2991 | C n2 | G | 10.03.73 | 1435 | Magdeburg-Halberstädter Eisenbahn/HADMERSLEBEN/1881 KPEV Mgd 578/1883 Mgd 877/1899 Han 1060/1906 Han 3062 | nach 1908 |
| 2992 | C n2 | G | 10.03.73 | 1435 | Magdeburg-Halberstädter Eisenbahn/CROTTORF/1881 KPEV 579/1883 Mgd 878/1899 Han 1061 | |
| 2993 | C n2 | G | 10.03.73 | 1435 | Magdeburg-Halberstädter Eisenbahn/NIENHAGEN/1881 KPEV Mgd 580/1883 Mgd 879 | 1897 |
| 2994 | 1B n2 | S | 14.03.73 | 1435 | Magdeburg-Halberstädter Eisenbahn/BEGA/1881 KPEV Mgd 214/1899 Han 315 | vor 1906 |
| 2995 | 1B n2 | S | 14.03.73 | 1435 | Magdeburg-Halberstädter Eisenbahn/DELME/1881 KPEV Mgd 215/1899 Han 316 | vor 1906 |
| 2996 | 1B n2 | S | 14.03.73 | 1435 | Magdeburg-Halberstädter Eisenbahn/BIESE/1881 KPEV Mgd 216/1899 Han 317 | vor 1906 |
| 2997 | 1B n2 | S | 31.03.73 | 1435 | Berlin-Potsdam-Magdeburger Eisenbahn/DOSSE/1881 KPEV Mgd 217 | 1899 |
| 2998 | 1B n2 | S | 31.03.73 | 1435 | Berlin-Potsdam-Magdeburger Eisenbahn/KARTHANE/1881 KPEV Mgd 218 | 1899 |
| 2999 | 1B n2 | S | 31.03.73 | 1435 | Berlin-Potsdam-Magdeburger Eisenbahn/STEPNICK/1881 KPEV Mgd 219 | 1902 |
| 3000 | 1B n2 | S | 19.04.73 | 1435 | Berlin-Hamburger Eisenbahn/DREITAUSENDT/1884 KPEV Alt 144 | 1895 |
| 3001 | 1B n2 | S | 07.04.73 | 1435 | Berlin-Hamburger Eisenbahn/LÖCKNITZ/1884 KPEV Alt 145 | 1901 |
| 3002 | 1B n2 | S | 07.04.73 | 1435 | Berlin-Hamburger Eisenbahn/SUDE/1884 KPEV Alt 146 | 1898 |
| 3003 | 1B n2 | S | 24.04.73 | 1435 | Berlin-Hamburger Eisenbahn/SCHAALE/1884 KPEV Alt 147 | 1898 |
| 3004 | 1B n2 | S | 24.04.73 | 1435 | Berlin-Hamburger Eisenbahn/BILLE/1884 KPEV Alt 148 | 1900 |
| 3005 | 1B n2 | S | 24.04.73 | 1435 | Berlin-Hamburger Eisenbahn/JEETZEL/1884 KPEV Alt 149 | 1899 |
| 3006 | 1B n2 | S | 30.04.73 | 1435 | Berlin-Hamburger Eisenbahn/ILMENAU/1884 KPEV Alt 150 | 1899 |
| 3007 | 1B n2 | S | 30.04.73 | 1435 | Berlin-Hamburger Eisenbahn/LUHE/1884 KPEV Alt 151 | 1901 |
| 3008 | 1B n2 | S | 30.04.73 | 1435 | Berlin-Potsdam-Magdeburger Eisenbahn/SEEVE/1881 Mgd 220/von der BHE bestellt, Ersatzlieferung Fa.-Nr. 3102 | 1903 |
| 3009 | C n2 | G | 03.05.73 | 1435 | Cöln-Mindener Eisenbahn/PIZ OT/1881 KPEV Han 996[1)] | |
| 3010 | C n2 | G | 03.05.73 | 1435 | Cöln-Mindener Eisenbahn/BELL ALP/1881 KPEV Han 997[1)] | |
| 3011 | C n2 | G | 03.05.73 | 1435 | Cöln-Mindener Eisenbahn/BELLA TOLA/1881 KPEV Han 998[1)] | |
| 3012 | C n2 | G | 09.05.73 | 1435 | Cöln-Mindener Eisenbahn/GORNER GRAT/1881 KPEV Han 999[1)] | |
| 3013 | C n2 | G | 09.05.73 | 1435 | Cöln-Mindener Eisenbahn/PIZ LANGUARD/1881 KPEV Han 1000[1)] | |
| 3014 | C n2 | G | 19.05.73 | 1435 | Cöln-Mindener Eisenbahn/ALTELS/1881 KPEV Han 1001[1)] | |
| 3015 | C n2 | G | 19.05.73 | 1435 | Berlin-Hamburger Eisenbahn/MÜNCHEN/1884 KPEV Alt 805 | 1895 |
| 3016 | C n2 | G | 06.05.73 | 1435 | Magdeburg-Halberstädter Eisenbahn/SOLTAU/1881 KPEV Mgd 581/1883 Mgd 880 | 1897 |
| 3017 | C n2 | G | 06.05.73 | 1435 | Magdeburg-Halberstädter Eisenbahn/MUNSTER/1881 KPEV Mgd 582/1883 Mgd 881 | 1897 |
| 3018 | C n2 | G | 06.05.73 | 1435 | Magdeburg-Halberstädter Eisenbahn/LANGWEDEL/1881 KPEV Mgd 583/1883 Mgd 882 | 1900 |
| 3019 | 1B n2 | P | 12.05.73 | 1435 | Magdeburg-Halberstädter Eisenbahn/GEESTE/1881 KPEV Mgd 224 | 1905 |
| 3020 | 1B n2 | P | 12.05.73 | 1435 | Magdeburg-Halberstädter Eisenbahn/VEERSE/1881 KPEV Mgd 225 | 1903 |
| 3021 | 1B n2 | P | 12.05.73 | 1435 | Magdeburg-Halberstädter Eisenbahn/OSTE/1881 KPEV Mgd 226 | 1899 |
| 3022 | 1B n2 | S | 15.05.73 | 1435 | Magdeburg-Halberstädter Eisenbahn/ALSTER/1881 KPEV Mgd 221 | 1902 |
| 3023 | 1B n2 | S | 15.05.73 | 1435 | Magdeburg-Halberstädter Eisenbahn/EIDER/1881 KPEV Mgd 222 | 1901 |
| 3024 | 1B n2 | S | 15.05.73 | 1435 | Magdeburg-Halberstädter Eisenbahn/TRAVE/1881 KPEV Mgd 223 | 1902 |
| 3025 | 1B n2 | S | 05.06.73 | 1435 | Rheinische Eisenbahn/VON POMMER-ESCHE 376/1882 KPEV Cölrh 185/1895 Cln | vor 1895 |
| 3026 | 1B n2 | S | 05.06.73 | 1435 | Rheinische Eisenbahn/VON WELTZIEN 377/1882 KPEV Cölrh 186/1895 Cln 186 | 1902 |
| 3027 | 1B n2 | S | 05.06.73 | 1435 | Rheinische Eisenbahn/HILLER VON GAERTRINGEN 378/1882 KPEV Cölrh 187/1895 Cln 187 | 1901 |
| 3028 | 1B n2 | S | 09.06.73 | 1435 | Rheinische Eisenbahn/AMAZONE 379/1882 KPEV Cölrh 188/1895 Cln 188 | 1901 |
| 3029 | 1B n2 | S | 09.06.73 | 1435 | Rheinische Eisenbahn/ARCONA 380/1882 KPEV Cölrh 189/1895 Cln 189 | 1902 |
| 3030 | 1B n2 | S | 09.06.73 | 1435 | Rheinische Eisenbahn/WOLGA 381/1882 KPEV Cölrh 190/ | vor 1895 |
| 3031 | 1B n2 | S | 12.04.73 | 1435 | Berlin-Potsdam-Magdeburger Eisenbahn/LEITHA/1881 KPEV Mgd 227/1895 Hl 227/auf der Wiener Weltausstellung 1873 ausgestellt | |

1) von der BHE bestellt, Ersatzlieferung Fa.-Nr. 3117-3122

| Fabriknummer | Bauart | Gattung | Auslieferungsdatum | Spurweite | Empfänger/Verbleib | Ausmusterung |
|---|---|---|---|---|---|---|
| 3032 | 1B n2 | S | 29.07.73 | 1435 | Berlin-Potsdam-Magdeburger Eisenbahn/INN/1881 KPEV Mgd 228/1895 Hl 228 | |
| 3033 | 1B n2 | S | 29.07.73 | 1435 | Berlin-Potsdam-Magdeburger Eisenbahn/LECH/1881 KPEV Mgd 229/1895 Hl 229 | |
| 3034 | 1B n2 | S | 31.07.73 | 1435 | Berlin-Potsdam-Magdeburger Eisenbahn/NIEMEN/1881 KPEV Mgd 230/1895 Hl 230 | |
| 3035 | 1B n2 | S | 31.07.73 | 1435 | Berlin-Potsdam-Magdeburger Eisenbahn/MOLDAU/1881 KPEV Mgd 231/1895 Hl 231 | |
| 3036 | 1B n2 | P | 14.06.73 | 1524 | Landworowo-Romner (Rußland)/Pb 15 | |
| 3037 | 1B n2 | P | 14.06.73 | 1524 | Landworowo-Romner (Rußland)/Pb 16 | |
| 3038 | 1B n2 | P | 17.06.73 | 1524 | Landworowo-Romner (Rußland)/Pb 17 | |
| 3039 | 1B n2 | P | 17.06.73 | 1524 | Landworowo-Romner (Rußland)/Pb 18 | |
| 3040 | C n2 | G | 25.06.73 | 1435 | Kohlfurt-Falkenberger Eisenbahn[1)]/HORKA 7/1878 CGE 7/1882 KPEV Bln 899/1895 Hl 724 | |
| 3041 | C n2 | G | 25.06.73 | 1435 | Kohlfurt-Falkenberger Eisenbahn[1)]/NIESKY 8/1878 CGE 8/1882 KPEV Bln 900 | |
| 3042 | C n2 | G | 25.06.73 | 1435 | Kohlfurt-Falkenberger Eisenbahn[1)]/MÜCKA 9/1878 CGE 9/1882 KPEV Bln 901/1895 Hl 725 | |
| 3043 | C n2 | G | 30.06.73 | 1435 | Kohlfurt-Falkenberger Eisenbahn[1)]/UHYST 10/1878 CGE 10/1882 KPEV Bln 902 | |
| 3044 | C n2 | G | 30.06.73 | 1435 | Kohlfurt-Falkenberger Eisenbahn[1)]/LOHSA 11/1882 KPEV Erf 900 | 1903 |
| 3045 | C n2 | G | 30.06.73 | 1435 | Kohlfurt-Falkenberger Eisenbahn[1)]/HOYERSWERDA 12/1882 KPEV Erf 901 | 1905 |
| 3046 | C n2 | G | 11.07.73 | 1435 | Kohlfurt-Falkenberger Eisenbahn[1)]/HOHENBOCKA 13/1882 KPEV Erf 902/1895 Hl 904/1901 Hl 819/1906 Hl 3051 | 1906 |
| 3047 | C n2 | G | 11.07.73 | 1435 | Kohlfurt-Falkenberger Eisenbahn[1)]/RUHLAND 14/1882 KPEV Erf 903 | 1899 |
| 3048 | C n2 | G | 11.07.73 | 1435 | Kohlfurt-Falkenberger Eisenbahn[1)]/LAUCHHAMMER 15/1882 KPEV Erf 904/1895 Hl 905/1901 Hl 820/1906 Hl 3052 | 1906 |
| 3049 | C n2 | G | 23.07.73 | 1435 | Kohlfurt-Falkenberger Eisenbahn[1)]/MÜCKENBERG 16/1882 KPEV Erf 905 | 1905 |
| 3050 | C n2 | G | 23.07.73 | 1435 | Kohlfurt-Falkenberger Eisenbahn[1)]/ELSTERWERDA 17/1882 KPEV Erf 906 | 1903 |
| 3051 | C n2 | G | 27.07.73 | 1435 | Kohlfurt-Falkenberger Eisenbahn[1)]/LIEBENWERDA 18/1882 KPEV Erf 907 | 1904 |
| 3052 | 1B n2 | P | 08.08.73 | 1435 | Kohlfurt-Falkenberger Eisenbahn[1)]/KIBITZ 1/1878 CGE 1/1882 KPEV Bln 222 | vor 1906 |
| 3053 | 1B n2 | P | 08.08.73 | 1435 | Kohlfurt-Falkenberger Eisenbahn[1)]/REIHER 2/1878 CGE 2/1882 KPEV Bln 223 | vor 1906 |
| 3054 | 1B n2 | P | 08.08.73 | 1435 | Kohlfurt-Falkenberger Eisenbahn[1)]/SCHWALBE 3/1878 CGE 3/1882 KPEV Bln 224 | vor 1906 |
| 3055 | 1B n2 | P | 16.08.73 | 1435 | Kohlfurt-Falkenberger Eisenbahn[1)]/KARPFEN 4/1878 CGE 4/1882 KPEV Bln 225 | vor 1906 |
| 3056 | 1B n2 | P | 16.08.73 | 1435 | Schwedische Staatsbahn/SIGTUNA 147/von Oberlausitzer Eisenbahn bestellt, Ersatzlieferung Fa.-Nr. 3174 | 1919 |
| 3057 | 1B n2 | P | 16.08.73 | 1435 | Schwedische Staatsbahn/BIRKA 148/von Oberlausitzer Eisenbahn bestellt, Ersatzlieferung Fa.-Nr. 3175 | 1920 |
| 3058 | C n2 | G | 05.08.73 | 1435 | Berlin-Anhalter Eisenbahn/ZAHNA 123/1882 KPEV Erf 867/1895 HL 867/1901 Hl 824/1906 Hl 3053 | |
| 3059 | C n2 | G | 05.08.73 | 1435 | Berlin-Anhalter Eisenbahn/BERGWITZ 124/1882 KPEV Erf 868/1895 HL 868/1901 Hl 825/1906 Hl 3054 | |
| 3060 | C n2 | G | 05.08.73 | 1435 | Berlin-Anhalter Eisenbahn/VICTOR 125/1882 KPEV Erf 869/1895 HL 869/1901 Hl 826/1906 Hl 3055 | |
| 3061 | C n2 | G | 13.08.73 | 1435 | Berlin-Anhalter Eisenbahn/GRÄFENHAINICHEN 126/1882 KPEV Erf 870/1895 Hl 870/1901 Hl 827 | vor 1906 |
| 3062 | C n2 | G | 13.08.73 | 1435 | Berlin-Anhalter Eisenbahn/BURGKEMNITZ 127/1882 KPEV Erf 871/1895 Hl 871/1901 Hl 828/1906 Hl 3056 | |
| 3063 | C n2 | G | 13.08.73 | 1435 | Berlin-Anhalter Eisenbahn/ROITZSCH 128/1882 KPEV Erf 872/1895 Hl 872/1901 Hl 829 | vor 1906 |
| 3064 | 1B n2 | S | 30.08.73 | 1435 | Berlin-Anhalter Eisenbahn/MORITZ GÜTERBOCK 129/1882 KPEV Erf 159/1895 Hl 159 | |
| 3065 | 1B n2 | S | 30.08.73 | 1435 | Berlin-Anhalter Eisenbahn/LUDWIGSFELDE 130/1882 KPEV Erf 160/1895 Hl 160 | |
| 3066 | 1B n2 | S | 30.08.73 | 1435 | Berlin-Anhalter Eisenbahn/BLOENSDORF 131/1882 KPEV Erf 161/1895 Hl 161 | |
| 3067 | C n2 | G | 04.09.73 | 1524 | Landworowo-Romner (Rußland)/Tb 107/1903 StPW 107 | |
| 3068 | C n2 | G | 04.09.73 | 1524 | Landworowo-Romner (Rußland)/Tb 108/1903 StPW 108 | |
| 3069 | C n2 | G | 08.09.73 | 1524 | Landworowo-Romner (Rußland)/Tb 109 | |
| 3070 | C n2 | G | 08.09.73 | 1524 | Landworowo-Romner (Rußland)/Tb 110 | |
| 3071 | C n2 | G | 18.09.73 | 1524 | Landworowo-Romner (Rußland)/Tb 111 | |
| 3072 | C n2 | G | 18.09.73 | 1524 | Landworowo-Romner (Rußland)/Tb 112 | |
| 3073 | C n2 | G | 18.09.73 | 1524 | Landworowo-Romner (Rußland)/Tb 113/1903 StPW 113 | |
| 3074 | C n2 | G | 27.09.73 | 1524 | Landworowo-Romner (Rußland)/Tb 114/1903 StPW 114 | |
| 3075 | C n2 | G | 27.09.73 | 1524 | Landworowo-Romner (Rußland)/Tb 115/1903 StPW 115 | |
| 3076 | C n2 | G | 27.09.73 | 1524 | Landworowo-Romner (Rußland)/Tb 116 | |

[1)]Angabe lt. Auslieferungsbuch, offiziell als Oberlausitzer Eisenbahn bezeichnet

| Fabriknummer | Bauart | Gattung | Auslieferungsdatum | Spurweite | Empfänger/Verbleib | Ausmusterung |
|---|---|---|---|---|---|---|
| 3077 | 1B n2 | S | 17.09.73 | 1435 | Rheinische Eisenbahn/ALMA 382/1873 HLB Körner 148/1897 KPEV Mz 121 | |
| 3078 | 1B n2 | S | 17.09.73 | 1435 | Rheinische Eisenbahn/NIEMEN 383/1873 HLB Dalberg 146/1897 KPEV Mz 119 | |
| 3079 | 1B n2 | S | 17.09.73 | 1435 | Rheinische Eisenbahn/PREGEL 384/1873 HLB v. Liebig 145/1897 KPEV Mz 118 | |
| 3080 | 1B n2 | S | 24.09.73 | 1435 | Rheinische Eisenbahn/NETZE 385/1873 HLB Arndt 144/1897 KPEV Mz 117 | |
| 3081 | 1B n2 | S | 24.09.73 | 1435 | Rheinische Eisenbahn/TRAVE 386/1873 HLB Bürger 147/1897 KPEV Mz 120 | |
| 3082 | 1B n2 | S | 24.09.73 | 1435 | Rheinische Eisenbahn/JANDE 387/1873 HLB Hans Sachs 149/1897 KPEV Mz 122 | |
| 3083 | 1B n2 | S | 04.10.73 | 1435 | Rheinische Eisenbahn/JECHDE 388/1882 KPEV Cölrh 191/1895 Cln 191 | 1901 |
| 3084 | 1B n2 | S | 04.10.73 | 1435 | Rheinische Eisenbahn/BISTRITZ 389/1882 KPEV Cölrh 192 | vor 1895 |
| 3085 | 1B n2 | S | 04.10.73 | 1435 | Rheinische Eisenbahn/TAUBER 390/1882 KPEV Cölrh 193/1895 Cln 193 | 1902 |
| 3086 | 1B n2 | S | 10.10.73 | 1435 | Rheinische Eisenbahn/KINZIG 391/1882 KPEV Cölrh 194/1895 Cln 194 | 1898 |
| 3087 | 1B n2 | S | 10.10.73 | 1435 | Rheinische Eisenbahn/EDER 392/1882 KPEV Cölrh 195/1895 Cln 195 | 1904 |
| 3088 | 1B n2 | S | 10.10.73 | 1435 | Rheinische Eisenbahn/FULDA 393/1882 KPEV Cölrh 196/1895 Cln 196 | 1901 |
| 3089 | C n2 | G | 30.10.73 | 1435 | Cöln-Mindener Eisenbahn/SPARRHORN/1883 KPEV Cörrh 859/1895 Fft 963 | vor 1906 |
| 3090 | C n2 | G | 30.10.73 | 1435 | Cöln-Mindener Eisenbahn/WELLHORN/1883 KPEV Cörrh 860/1895 Fft 964/1906 Fft 3080 | |
| 3091 | C n2 | G | 30.10.73 | 1435 | Cöln-Mindener Eisenbahn/UNTERSBERG/1883 KPEV Cörrh 861/1895 Fft 965/1906 Fft 3081 | |
| 3092 | C n2 | G | 03.11.73 | 1435 | Cöln-Mindener Eisenbahn/VOLMARSTEIN/1883 KPEV Cörrh 862/1895 Fft 966/1906 Fft 3082 | |
| 3093 | C n2 | G | 03.11.73 | 1435 | Cöln-Mindener Eisenbahn/BEERBERG/1883 KPEV Cörrh 863/1895 Fft 967/1906 Fft 3083 | |
| 3094 | C n2 | G | 03.11.73 | 1435 | Cöln-Mindener Eisenbahn/HIRSCHSTEIN/1883 KPEV Cörrh 864/1895 Fft 968/1906 Fft 3084 | |
| 3095 | C n2 | G | 17.11.73 | 1435 | Cöln-Mindener Eisenbahn/INSELSBERG/1883 KPEV Cörrh 865/1895 Fft 969 | vor 1906 |
| 3096 | C n2 | G | 17.11.73 | 1435 | Cöln-Mindener Eisenbahn/TRIPPSTEIN/1883 KPEV Cörrh 866/1895 Fft 970 | vor 1906 |
| 3097 | C n2 | G | 17.11.73 | 1435 | Cöln-Mindener Eisenbahn/WACHSTEIN/1883 KPEV Cörrh 867/1895 Fft 971/1906 Fft 3085 | 1906 |
| 3098 | C n2 | G | 19.11.73 | 1435 | Cöln-Mindener Eisenbahn/RABENKLIPPE/1883 KPEV Cörrh 868/1895 Fft 972 | 1904 |
| 3099 | 1B n2 | S | 08.11.73 | 1435 | Berlin-Hamburger Eisenbahn/DOSSE/1884 KPEV Alt 152 | 1904 |
| 3100 | 1B n2 | S | 08.11.73 | 1435 | Berlin-Hamburger Eisenbahn/KARTHANE/1884 KPEV Alt 153 | 1902 |
| 3101 | 1B n2 | S | 10.11.73 | 1435 | Berlin-Hamburger Eisenbahn/STEPNITZ/1884 KPEV Alt 154 | 1901 |
| 3102 | 1B n2 | S | 10.11.73 | 1435 | Berlin-Hamburger Eisenbahn/SEERE/1884 KPEV Alt 155 | 13.02.1899 |
| 3103 | C n2 | G | 26.11.73 | 1435 | Berlin-Potsdam-Magdeburger Eisenbahn/STRASSBURG/1881 KPEV Mgd 584/1883 Mgd 840 | |
| 3104 | C n2 | G | 26.11.73 | 1435 | Berlin-Potsdam-Magdeburger Eisenbahn/SCHLETTSTADT/1881 KPEV Mgd 585/1883 Mgd 841 | |
| 3105 | C n2 | G | 28.11.73 | 1435 | Berlin-Potsdam-Magdeburger Eisenbahn/MÜHLHAUSEN/1881 KPEV Mgd 586/1883 Mgd 842 | 1893 |
| 3106 | C n2 | G | 28.11.73 | 1435 | Berlin-Potsdam-Magdeburger Eisenbahn/COLMAR/1881 KPEV Mgd 587/1883 Mgd 843 | 1893 |
| 3107 | C n2t | G | 26.01.74 | 1435 | Cöln-Mindener Eisenbahn/HEMELINGEN/1883 KPEV Cörrh 1720/1895 Efd 1808 | 1895 |
| 3108 | C n2t | G | 22.01.74 | 1435 | Cöln-Mindener Eisenbahn/SAGEHORN/1883 KPEV Cörrh 1721/1893 Esn 1721 | 1899 |
| 3109 | C n2t | G | 22.01.74 | 1435 | Cöln-Mindener Eisenbahn/OTTERSBERG/1883 KPEV Cörrh 1722/1893 Esn 1722 | 1899 |
| 3110 | C n2t | G | 26.01.74 | 1435 | Cöln-Mindener Eisenbahn/ROTHENBURG/1883 KPEV Cörrh 1723/1893 Esn 1723 | |
| 3111 | C n2t | G | 31.01.74 | 1435 | Cöln-Mindener Eisenbahn/TASTEDT/1883 KPEV Cörrh 1724/1893 Esn 1724 | 1902 |
| 3112 | C n2t | Gt | 31.01.74 | 1435 | Cöln-Mindener Eisenbahn/HITTFELD/1883 KPEV Cörrh 1725/1895 Efd 1809 | 1896 |
| 3113 | C n2 | G | 09.01.74 | 1435 | Cöln-Mindener Eisenbahn/VICTORSHÖHE/1883 KPEV Cörrh 869/1895 Fft 973/1906 Fft 3086 | |
| 3114 | C n2 | G | 09.01.74 | 1435 | Cöln-Mindener Eisenbahn/KARPATHEN/1883 KPEV Cörrh 870/1895 Fft 974 | 1905 |
| 3115 | C n2 | G | 06.01.74 | 1435 | Cöln-Mindener Eisenbahn/URAL/1883 KPEV Cörrh 871/1895 Fft 975/1906 Fft 3087 | |
| 3116 | C n2 | G | 06.01.74 | 1435 | Cöln-Mindener Eisenbahn/VOGESEN/1883 KPEV Cörrh 872 | 1890 |
| 3117 | C n2 | G | 06.12.73 | 1435 | Berlin-Hamburger Eisenbahn/BAVARIA/1884 KPEV Alt 806/1906 Alt 3071 | 1906 |
| 3118 | C n2 | G | 06.12.73 | 1435 | Berlin-Hamburger Eisenbahn/BRÜNN/1884 KPEV Alt 807 | 1895 |
| 3119 | C n2 | G | 06.12.73 | 1435 | Berlin-Hamburger Eisenbahn/BELFORT/1884 KPEV Alt 808 | 1897 |
| 3120 | C n2 | G | 16.12.73 | 1435 | Berlin-Hamburger Eisenbahn/CASSEL/1884 KPEV Alt 809 | 1898 |
| 3121 | C n2 | G | 16.12.73 | 1435 | Berlin-Hamburger Eisenbahn/COBLENZ/1884 KPEV Alt 810 | 1895 |
| 3122 | C n2 | G | 16.12.73 | 1435 | Berlin-Hamburger Eisenbahn/GENUA/1884 KPEV Alt 811 | 1901 |
| 3123 | C n2 | G | 20.12.73 | 1524 | Landworowo-Romner (Rußland)/Tb 117/1903 StPW 117 | |
| 3124 | C n2 | G | 20.12.73 | 1524 | Landworowo-Romner (Rußland)/Tb 118 | |
| 3125 | C n2 | G | 20.12.73 | 1524 | Landworowo-Romner (Rußland)/Tb 119/1903 StPW 119 | |
| 3126 | C n2 | G | 27.12.73 | 1524 | Landworowo-Romner (Rußland)/Tb 120 | |
| 3127 | C n2 | G | 27.12.73 | 1524 | Landworowo-Romner (Rußland)/Tb 121 | |
| 3128 | C n2 | G | 27.12.73 | 1524 | Landworowo-Romner (Rußland)/Tb 122 | |
| 3129 | C n2 | G | 24.01.74 | 1524 | Landworowo-Romner (Rußland)/Tb 123 | |
| 3130 | C n2 | G | 24.01.74 | 1524 | Landworowo-Romner (Rußland)/Tb 124/1903 StPW 124 | |
| 3131 | C n2 | G | 28.01.74 | 1524 | Landworowo-Romner (Rußland)/Tb 125 | |
| 3132 | C n2 | G | 28.01.74 | 1524 | Landworowo-Romner (Rußland)/Tb 126/1903 StPW 126 | |
| 3133 | 1B n2 | P | 14.02.74 | 1435 | Cöln-Mindener Eisenbahn/WALDSHUT/1883 KPEV Cörrh 111 | |

| Fabriknummer | Bauart | Gattung | Auslieferungsdatum | Spurweite | Empfänger/Verbleib | Ausmusterung |
|---|---|---|---|---|---|---|
| 3134 | 1B n2 | P | 14.02.74 | 1435 | Cöln-Mindener Eisenbahn/RORSCHACH/1883 KPEV Cörrh 112/1895 Cln 112 | 1893 |
| 3135 | 1B n2 | P | 14.02.74 | 1435 | Cöln-Mindener Eisenbahn/BOTZEN/1883 KPEV Cörrh 113/1895 Cln 113 | |
| 3136 | 1B n2 | P | 20.02.74 | 1435 | Cöln-Mindener Eisenbahn/MERAN/1883 KPEV Cörrh 114/1895 Cln 114 | |
| 3137 | 1B n2 | P | 20.02.74 | 1435 | Cöln-Mindener Eisenbahn/ISCHL/1883 KPEV Cörrh 115/1895 Cln 115 | |
| 3138 | 1B n2 | P | 20.02.74 | 1435 | Cöln-Mindener Eisenbahn/LAMBACH/1883 KPEV Cörrh 116/1895 Cln 116 | |
| 3139 | B n2t | - | 08.04.74 | 1435 | Hoerder Bergwerk | |
| 3140 | C n2 | G | 18.02.74 | 1524 | Landworowo-Romner (Rußland)/Tb 127 | |
| 3141 | C n2 | G | 18.02.74 | 1524 | Landworowo-Romner (Rußland)/Tb 128 | |
| 3142 | C n2 | G | 21.02.74 | 1524 | Landworowo-Romner (Rußland)/Tb 129 | |
| 3143 | C n2 | G | 21.02.74 | 1524 | Landworowo-Romner (Rußland)/Tb 130 | |
| 3144 | C n2 | G | 14.03.74 | 1524 | Landworowo-Romner (Rußland)/Tb 131 | |
| 3145 | C n2 | G | 14.03.74 | 1524 | Landworowo-Romner (Rußland)/Tb 132 | |
| 3146 | C n2 | G | 14.03.74 | 1524 | Landworowo-Romner (Rußland)/Tb 133 | |
| 3147 | C n2 | G | 25.03.74 | 1524 | Landworowo-Romner (Rußland)/Tb 134 | |
| 3148 | C n2 | G | 25.03.74 | 1524 | Landworowo-Romner (Rußland)/Tb 135/1903 StPW 135 | |
| 3149 | C n2 | G | 25.03.74 | 1524 | Landworowo-Romner (Rußland)/Tb 136 | |
| 3150 | 1B n2 | S | 02.03.74 | 1435 | Königliche Ostbahn/295/1881 KPEV Bbg 295/1883 Bln 247/1903 Psn 247 | |
| 3151 | 1B n2 | S | 02.03.74 | 1435 | Königliche Ostbahn/296/1881 KPEV Bbg 296/1883 Bln 248 | |
| 3152 | 1B n2 | S | 02.03.74 | 1435 | Königliche Ostbahn/297/1881 KPEV Bbg 297/1883 Bln 249 | 1891 |
| 3153 | 1B n2 | S | 09.03.74 | 1435 | Königliche Ostbahn/298/1881 KPEV Bbg 298/1883 Bln 250/1903 Psn 250 | |
| 3154 | 1B n2 | S | 09.03.74 | 1435 | Königliche Ostbahn/299/1881 KPEV Bbg 299/1883 Bln 251/1903 Psn 251 | |
| 3155 | 1B n2 | S | 09.03.74 | 1435 | Königliche Ostbahn/300/1881 KPEV Bbg 300/1883 Bln 252 | |
| 3156 | 1B n2 | S | 18.03.74 | 1435 | Bergisch-Märkische Eisenbahn/682/1882 KPEV Efd 198/1886 Cörrh 275 | |
| 3157 | 1B n2 | S | 18.03.74 | 1435 | Bergisch-Märkische Eisenbahn/683/1882 KPEV Efd 199/1886 Cörrh 276/ 1901 Esn 276/1906 Esn 1552 | 1906 |
| 3158 | 1B n2 | S | 18.03.74 | 1435 | Bergisch-Märkische Eisenbahn/684/1882 KPEV Efd 200/1886 Cörrh 277 | |
| 3159 | 1B n2 | S | 27.03.74 | 1435 | Bergisch-Märkische Eisenbahn/685/1882 KPEV Efd 201 | |
| 3160 | 1B n2 | S | 27.03.74 | 1435 | Bergisch-Märkische Eisenbahn/686/1882 KPEV Efd 202 | |
| 3161 | 1B n2 | S | 27.03.74 | 1435 | Bergisch-Märkische Eisenbahn/687/1882 KPEV Efd 203 | |
| 3162 | 1B n2 | S | 18.04.74 | 1435 | Bergisch-Märkische Eisenbahn/688/1882 KPEV Efd 204 | |
| 3163 | 1B n2 | S | 18.04.74 | 1435 | Bergisch-Märkische Eisenbahn/689/1882 KPEV Efd 205 | |
| 3164 | 1B n2 | S | 18.04.74 | 1435 | Bergisch-Märkische Eisenbahn/690/1882 KPEV Efd 206 | |
| 3165 | 1B n2 | S | 22.04.74 | 1435 | Bergisch-Märkische Eisenbahn/691/1882 KPEV Efd 207 | |
| 3166 | 1B n2 | S | 22.04.74 | 1435 | Bergisch-Märkische Eisenbahn/692/1882 KPEV Efd 208 | |
| 3167 | 1B n2 | S | 22.04.74 | 1435 | Bergisch-Märkische Eisenbahn/693/1882 KPEV Efd 209 | |
| 3168 | C n2 | G | 31.03.74 | 1435 | Berlin-Anhalter Eisenbahn/VERSAILLES 136/1882 KPEV Erf 873/1895 Hl 873 | vor 1901 |
| 3169 | C n2 | G | 31.03.74 | 1435 | Berlin-Anhalter Eisenbahn/JESSEN 137/1882 KPEV Erf 874/1895 Hl 874/ 1901 Hl 830 | |
| 3170 | C n2 | G | 31.03.74 | 1435 | Berlin-Anhalter Eisenbahn/ANNABURG 138/1882 KPEV Erf 875/1895 Hl 875 1901 Hl 831 | |
| 3171 | C n2 | G | 04.03.74 | 1435 | Berlin-Anhalter Eisenbahn/JESSNITZ 139/1882 KPEV Erf 876/1895 Hl 876/ 1901 Hl 832 | |
| 3172 | C n2 | G | 04.03.74 | 1435 | Berlin-Anhalter Eisenbahn/LANDSBERG 140/1882 KPEV Erf 877/1895 Hl 877/1901 Hl 833 | |
| 3173 | C n2 | G | 04.03.74 | 1435 | Berlin-Anhalter Eisenbahn/COSWIG 141/1882 KPEV Erf 878/1895 Hl 878/ 1901 Hl 834/1906 Hl 3057, nach Ausmusterung stationäre Lokomotive Nr. 4 | 1908 |
| 3174 | 1B n2 | P | 02.02.74 | 1435 | Kohlfurt-Falkenberger Eisenbahn/HECHT 5/1878 CGE 5/1883 KPEV Bln 226 | |
| 3175 | 1B n2 | P | 02.02.74 | 1435 | Kohlfurt-Falkenberger Eisenbahn/SCHLEIE 6/1878 CGE 6/1883 KPEV Bln 227 | |
| 3176 | 1B n2 | S | 07.05.74 | 1435 | Holländische Eisenbahn/AJAX 43/1921 NS 801 | 1927 |
| 3177 | 1B n2 | S | 07.05.74 | 1435 | Holländische Eisenbahn/BELLONA 44/1921 NS 802 | 1926 |
| 3178 | 1B n2 | S | 07.05.74 | 1435 | Holländische Eisenbahn/CYCLOOP 45/1921 NS 803 | 1926 |
| 3179 | 1B n2 | S | 13.05.74 | 1435 | Holländische Eisenbahn/DELIOS 46/1921 NS 804 | 1927 |
| 3180 | 1B n2 | S | 13.05.74 | 1435 | Holländische Eisenbahn/ERIS 47/1921 NS 805 | 1926 |
| 3181 | 1B n2 | S | 13.05.74 | 1435 | Holländische Eisenbahn/FAUNUS 48/1921 NS 806 | 1925 |
| 3182 | 1B n2 | S | 20.05.74 | 1435 | Holländische Eisenbahn/GLAUCUS 49/1921 NS 807 | 1923 |
| 3183 | 1B n2 | S | 20.05.74 | 1435 | Holländische Eisenbahn/HECTOR 50/1921 NS 808 | 1928 |
| 3184 | 1B n2 | S | 20.05.74 | 1435 | Holländische Eisenbahn/IRENE 51/1921 NS 809 | 1926 |
| 3185 | 1B n2 | S | 30.04.74 | 1435 | Berlin-Anhalter Eisenbahn/FÜRST BISMARCK 148/1882 KPEV Erf 162/ 1895 Hl 162 | |
| 3186 | 1B n2 | S | 30.04.74 | 1435 | Berlin-Anhalter Eisenbahn/H. WOLFF 149/1882 KPEV Erf 163/1895 Hl 163 | |
| 3187 | 1B n2 | S | 30.04.74 | 1435 | Berlin-Anhalter Eisenbahn/LOEWE 150/1882 KPEV Erf 164/1895 Hl 164 | |
| 3188 | 1B n2 | S | 09.05.74 | 1435 | Berlin-Anhalter Eisenbahn/VON LARISCH 151/1882 KPEV Erf 165/1895 Hl 165 | |
| 3189 | 1B n2 | S | 09.05.74 | 1435 | Berlin-Anhalter Eisenbahn/SCHEELE 152/1882 KPEV Erf 166/1895 Hl 166 | |
| 3190 | 1B n2 | S | 09.05.74 | 1435 | Berlin-Anhalter Eisenbahn/WEISHAUPT 153/1882 KPEV Erf 167/1895 Hl 167 | |
| 3191 | 1B n2 | S | 26.05.74 | 1435 | Berlin-Anhalter Eisenbahn/VON DÜRING 154/1882 KPEV Erf 168/1895 Hl 168 | |
| 3192 | 1B n2 | S | 26.05.74 | 1435 | Berlin-Anhalter Eisenbahn/ACHENBACH 155/1882 KPEV Erf 169/1895 Hl 169 | |
| 3193 | 1B n2 | S | 26.05.74 | 1435 | Berlin-Anhalter Eisenbahn/EBELING 156/1882 KPEV Erf 170/1895 Hl 170 | |
| 3194 | 1B n2 | S | 17.06.74 | 1435 | Bergisch-Märkische Eisenbahn/694/1882 KPEV Efd 210 | |
| 3195 | 1B n2 | S | 17.06.74 | 1435 | Bergisch-Märkische Eisenbahn/695/1882 KPEV Efd 211 | |
| 3196 | 1B n2 | S | 17.06.74 | 1435 | Bergisch-Märkische Eisenbahn/696/1882 KPEV Efd 212 | |

| Fabriknummer | Bauart | Gattung | Auslieferungsdatum | Spurweite | Empfänger/Verbleib | Ausmusterung |
|---|---|---|---|---|---|---|
| 3197 | 1B n2 | S | 23.06.74 | 1435 | Bergisch-Märkische Eisenbahn/697/1882 KPEV Efd 213 | |
| 3198 | 1B n2 | S | 23.04.74 | 1435 | Bergisch-Märkische Eisenbahn/698/1882 KPEV Efd 214 | |
| 3199 | 1B n2 | S | 23.04.74 | 1435 | Bergisch-Märkische Eisenbahn/699/1882 KPEV Efd 215 | |
| 3200 | 1B n2 | S | 02.07.74 | 1435 | Bergisch-Märkische Eisenbahn/700/1882 KPEV Efd 216/1895 Csl 436 Name der Lokomotive DANIEL VON DER HEYDT | 1903 |
| 3201 | 1B n2 | S | 02.07.74 | 1435 | Bergisch-Märkische Eisenbahn/701/1882 KPEV Efd 217 | |
| 3202 | 1B n2 | S | 02.07.74 | 1435 | Bergisch-Märkische Eisenbahn/702/1882 KPEV Efd 218 | |
| 3203 | 1B n2 | S | 10.07.74 | 1435 | Bergisch-Märkische Eisenbahn/703/1882 KPEV Efd 219 | |
| 3204 | 1B n2 | S | 10.07.74 | 1435 | Bergisch-Märkische Eisenbahn/704/1882 KPEV Efd 220 | |
| 3205 | 1B n2 | S | 10.07.74 | 1435 | Bergisch-Märkische Eisenbahn/705/1882 KPEV Efd 221 | |
| 3206 | C n2 | G | 13.06.74 | 1435 | Berlin-Potsdam-Magdeburger Eisenbahn/BINGEN/1881 KPEV Mgd 588/ 1883 Mgd 887 | 1892 |
| 3207 | C n2 | G | 13.06.74 | 1435 | Berlin-Potsdam-Magdeburger Eisenbahn/KREUZNACH/1881 KPEV Mgd 589/ 1883 Mgd 888 | 1892 |
| 3208 | C n2 | G | 15.06.74 | 1435 | Berlin-Potsdam-Magdeburger Eisenbahn/SAARBRÜCKEN/1881 KPEV Mgd 590/1883 Mgd 889 | 1891 |
| 3209 | C n2 | G | 15.06.74 | 1435 | Berlin-Potsdam-Magdeburger Eisenbahn/TRIER/1881 KPEV Mgd 591/ 1883 Mgd 890 | 1892 |
| 3210 | 1B n2 | S | 11.08.74 | 1435 | Berlin-Potsdam-Magdeburger Eisenbahn/DIEVENOW/1881 KPEV Mgd 232/ 1895 HL 232 | |
| 3211 | 1B n2 | S | 11.08.74 | 1435 | Berlin-Potsdam-Magdeburger Eisenbahn/RECKNITZ/1881 KPEV Mgd 233/ 1895 HL 233 | |
| 3212 | 1B n2 | S | 14.08.74 | 1435 | Berlin-Potsdam-Magdeburger Eisenbahn/PERSANTE/1881 KPEV Mgd 234/ 1895 HL 234 | |
| 3213 | 1B n2 | S | 14.08.74 | 1435 | Berlin-Potsdam-Magdeburger Eisenbahn/WARNOW/1881 KPEV Mgd 235/ 1895 HL 235 | |
| 3214 | 1B n2 | S | 31.07.74 | 1435 | Holländische Eisenbahn/JASON 52/1921 NS 810 | 1926 |
| 3215 | 1B n2 | S | 31.07.74 | 1435 | Holländische Eisenbahn/KROTOS 53/1921 NS 811 | 1926 |
| 3216 | 1B n2 | S | 31.07.74 | 1435 | Holländische Eisenbahn/LUCIFER 54/1921 NS 812 | 1926 |
| 3217 | 1B n2 | S | 12.08.74 | 1435 | Holländische Eisenbahn/MEDUSA 55/1921 NS 813 | 1927 |
| 3218 | 1B n2 | S | 12.08.74 | 1435 | Holländische Eisenbahn/NEPTUNUS 56/1921 NS 814 | 1925 |
| 3219 | 1B n2 | S | 12.08.74 | 1435 | Holländische Eisenbahn/ORESTES 57/1921 NS 815 | 1932 |
| 3220 | 1B n2 | S | 22.08.74 | 1435 | Holländische Eisenbahn/PALLAS 58/1921 NS 816 | 1926 |
| 3221 | 1B n2 | S | 22.08.74 | 1435 | Holländische Eisenbahn/RHESUS 59/1921 NS 817 | 1923 |
| 3222 | 1B n2 | S | 22.08.74 | 1435 | Holländische Eisenbahn/STYX 60/1921 NS 818 | 1927 |
| 3223 | 1B n2 | P | 25.07.74 | 1435 | Magdeburg-Halberstädter Eisenbahn/SÜSSE/1881 KPEV Mgd 256 | 1900 |
| 3224 | 1B n2 | P | 25.07.74 | 1435 | Magdeburg-Halberstädter Eisenbahn/VIPPACH/1881 KPEV Mgd 257 | 1898 |
| 3225 | 1B n2 | P | 27.07.74 | 1435 | Magdeburg-Halberstädter Eisenbahn/SULZE/1881 KPEV Mgd 258 | 1898 |
| 3226 | 1B n2 | P | 27.07.74 | 1435 | Magdeburg-Halberstädter Eisenbahn/SILBER/1881 KPEV Mgd 259 | 1898 |
| 3227 | B n2t | WL | 10.08.75 | 1435 | Friedrich Krupp, Essen/FRIEDRICH KRUPP XIII | |
| 3228 | B n2t | WL | 10.08.75 | 1435 | Friedrich Krupp, Essen/FRIEDRICH KRUPP XIV | |
| 3229 | B n2t | WL | 10.08.75 | 1435 | Friedrich Krupp, Essen/FRIEDRICH KRUPP XV | |
| 3230 | B n2t | WL | 20.08.75 | 1435 | Friedrich Krupp, Essen/FRIEDRICH KRUPP XVI | |
| 3231 | B n2t | WL | 20.08.75 | 1435 | Friedrich Krupp, Essen/FRIEDRICH KRUPP XVII | |
| 3232 | B n2t | WL | 20.08.75 | 1435 | Friedrich Krupp, Essen/FRIEDRICH KRUPP XVIII | |
| 3233 | C n2 | G | 02.06.74 | 1435 | Berlin-Anhalter Eisenbahn/BURGSDORF 142/1882 KPEV Erf 879/1895 Hl 879/1901 Hl 835/1906 Hl 3058 | |
| 3234 | C n2 | G | 02.06.74 | 1435 | Berlin-Anhalter Eisenbahn/RAGUHN 143/1882 KPEV Erf 880/1895 Hl 880/ 1901 Hl 836 | vor 1906 |
| 3235 | C n2 | G | 02.06.74 | 1435 | Berlin-Anhalter Eisenbahn/BRENA 144/1882 KPEV Erf 881/1895 Hl 881/ 1901 Hl 837 | vor 1906 |
| 3236 | 1B n2t | Pt | 19.08.74 | 1435 | Holländische Eisenbahn/THELIS 61/1921 NS 5101 | 1927 |
| 3237 | 1B n2t | Pt | 19.08.74 | 1435 | Holländische Eisenbahn/ULYSSES 62/1921 NS 5102 | 1928 |
| 3238 | B1 n2 | Pt | 29.08.74 | 1435 | Berlin-Hamburger Eisenbahn/FALKE/1884 KPEV Alt 611 | 1901 |
| 3239 | B1 n2 | Pt | 29.08.74 | 1435 | Berlin-Hamburger Eisenbahn/MÖVE/1884 KPEV Alt 612 | 1900 |
| 3240 | B1 n2 | Pt | 31,08.74 | 1435 | Berlin-Hamburger Eisenbahn/SCHWALBE/1884 KPEV Alt 613 | 1901 |
| 3241 | B1 n2 | Pt | 31.08.74 | 1435 | Berlin-Hamburger Eisenbahn/HABICHT/1884 KPEV Alt 614 | 1903 |
| 3242 | 1B n2 | S | 26.06.74 | 1435 | Magdeburg-Halberstädter Eisenbahn/GLUME/1881 KPEV Mgd 252 | 1897 |
| 3243 | 1B n2 | S | 26.06.74 | 11435 | Magdeburg-Halberstädter Eisenbahn/NOTTE/1881 KPEV Mgd 253/1899 Han 318 | vor 1906 |
| 3244 | 1B n2 | S | 26.06.74 | 1435 | Magdeburg-Halberstädter Eisenbahn/GRAMME/1881 KPEV Mgd 254/1899 Han 319 | vor 1906 |
| 3245 | 1B n2 | S | 29.06.74 | 1435 | Magdeburg-Halberstädter Eisenbahn/LOSSA/1881 KPEV Mgd 255/1899 Han 320 | vor 1906 |
| 3246 | 1B n2 | P | 18.09.74 | 1435 | Bergisch-Märkische Eisenbahn/670/1882 KPEV Efd 186 | |
| 3247 | 1B n2 | P | 18.09.74 | 1435 | Bergisch-Märkische Eisenbahn/671/1882 KPEV Efd 187 | |
| 3248 | 1B n2 | P | 18.09.74 | 1435 | Bergisch-Märkische Eisenbahn/672/1882 KPEV Efd 188 | |
| 3249 | 1B n2 | P | 26.09.74 | 1435 | Bergisch-Märkische Eisenbahn/673/1882 KPEV Efd 189 | |
| 3250 | 1B n2 | P | 26.09.74 | 1435 | Bergisch-Märkische Eisenbahn/674/1882 KPEV Efd 190 | |
| 3251 | 1B n2 | P | 26.09.74 | 1435 | Bergisch-Märkische Eisenbahn/675/1882 KPEV Efd 191 | |

| Fabriknummer | Bauart | Gattung | Auslieferungsdatum | Spurweite | Empfänger/Verbleib | Ausmusterung |
|---|---|---|---|---|---|---|
| 3252 | 1B n2 | S | 29.09.74 | 1435 | Berlin-Potsdam-Magdeburger Eisenbahn/TRAUN/1881 KPEV Mgd 236/ 1895 HL 236 | |
| 3253 | 1B n2 | S | 29.09.74 | 1435 | Berlin-Potsdam-Magdeburger Eisenbahn/SALZA/1881 KPEV Mgd 237/1895 HL 237 | |
| 3254 | 1B n2 | S | 02.10.74 | 1435 | Berlin-Potsdam-Magdeburger Eisenbahn/REGEN/1881 KPEV Mgd 238 | 1895 |
| 3255 | 1B n2 | S | 02.10.74 | 1435 | Berlin-Potsdam-Magdeburger Eisenbahn/KINZIG/1881 KPEV Mgd 239 | 1895 |
| 3256 | C n2 | G | 20.08.74 | 1435 | Berlin-Potsdam-Magdeburger Eisenbahn/LÜBECK/1881 KPEV Mgd 592/ 1883 Mgd 891/1895 HL 711 | |
| 3257 | C n2 | G | 20.08.74 | 1435 | Berlin-Potsdam-Magdeburger Eisenbahn/STRALSUND/1881 KPEV Mgd 593/1883 Mgd 892 | 1892 |
| 3258 | C n2 | G | 25.08.74 | 1435 | Berlin-Potsdam-Magdeburger Eisenbahn/STRELITZ/1881 KPEV Mgd 594/ 1883 Mgd 893 | 1891 |
| 3259 | C n2 | G | 25.08.74 | 1435 | Berlin-Potsdam-Magdeburger Eisenbahn/SCHWERIN/1881 KPEV Mgd 595/ 1883 Mgd 894/1895 HL 712 | |
| 3260 | C n2 | G | 18.09.74 | 1435 | Magdeburg-Halberstädter Eisenbahn/AMMERSLEBEN/1881 KPEV Mgd 622/ 1883 Mgd 921/1889 Bbg 1156/später Dzg 1156 | vor 1906 |
| 3261 | C n2 | G | 18.09.74 | 1435 | Magdeburg-Halberstädter Eisenbahn/NEUHALDENSLEBEN/1881 KPEV Mgd 623/1883 Mgd 922/1889 Bbg 1157/später Dzg 1157 | vor 1906 |
| 3262 | C n2 | G | 18.09.74 | 1435 | Magdeburg-Halberstädter Eisenbahn/FLECHTINGEN/1881 KPEV Mgd 624/ 1883 Mgd 923/1889 Bbg 1158/später Dzg 1158 | vor 1906 |
| 3263 | C n2 | G | 23.09.74 | 1435 | Magdeburg-Halberstädter Eisenbahn/RÄTZLINGEN/1881 KPEV Mgd 625/ 1883 Mgd 924/1889 Bbg 1159/später Dzg 1159 | vor 1906 |
| 3264 | C n2 | G | 23.09.74 | 1435 | Magdeburg-Halberstädter Eisenbahn/MANSFELD/1881 KPEV Mgd 626/ 1883 Mgd 925 | 1902 |
| 3265 | C n2 | G | 23.09.74 | 1435 | Magdeburg-Halberstädter Eisenbahn/HELDRUNGEN/1881 KPEV Mgd 627/ 1883 Mgd 926/1906 Mgd 3051 | |
| 3266 | C n2 | G | 20.10.74 | 1435 | Magdeburg-Halberstädter Eisenbahn/SANGERHAUSEN/1881 KPEV Mgd 628/ 1883 Mgd 927 | 1904 |
| 3267 | C n2 | G | 20.10.74 | 1435 | Magdeburg-Halberstädter Eisenbahn/ARTERN/1881 KPEV Mgd 629/1883 Mgd 928 | 1904 |
| 3268 | C n2 | G | 17.11.74 | 1435 | Magdeburg-Halberstädter Eisenbahn/SÖMMERDA/1881 KPEV Mgd 630/ 1883 Mgd 929 | 1903 |
| 3269 | C n2 | G | 17.11.74 | 1435 | Magdeburg-Halberstädter Eisenbahn/ERFURT/1881 KPEV Mgd 631/1883 Mgd 930/1899 Han 1062 | |
| 3270 | 1B n2 | P | 07.10.74 | 1435 | Magdeburg-Halberstädter Eisenbahn/RUHME/1881 KPEV Mgd 260 | 1901 |
| 3271 | 1B n2 | P | 07.10.74 | 1435 | Magdeburg-Halberstädter Eisenbahn/WIEDE/1881 KPEV Mgd 261 | 1899 |
| 3272 | 1B n2 | P | 09.10.74 | 1435 | Magdeburg-Halberstädter Eisenbahn/ILM/1881 KPEV Mgd 262 | 1905 |
| 3273 | 1B n2 | P | 09.10.74 | 1435 | Magdeburg-Halberstädter Eisenbahn/RISTE/1881 KPEV Mgd 263 | 1903 |
| 3274 | 1B n2 | P | 12.10.74 | 1435 | Magdeburg-Halberstädter Eisenbahn/SCHLENZE/1881 KPEV Mgd 264 | 1902 |
| 3275 | 1B n2 | P | 12.10.74 | 1435 | Magdeburg-Halberstädter Eisenbahn/SCHROTHE/1881 KPEV Mgd 265 | 1903 |
| 3276 | C n2 | G | 16.10.74 | 1435 | Berlin-Anhalter Eisenbahn/HOLZDORF 145/1882 KPEV Erf 882/1895 Hl 882/1901 Hl 838 | |
| 3277 | C n2 | G | 16.10.74 | 1435 | Berlin-Anhalter Eisenbahn/JACOBSTHAL 146/1882 KPEV Erf 883/1895 Hl 883 | vor 1901 |
| 3278 | C n2 | G | 16.10.74 | 1435 | Berlin-Anhalter Eisenbahn/ELSNIGK 147/1882 KPEV Erf 884/1895 Hl 884 | vor 1901 |
| 3279 | 1B n2 | P | 12.11.74 | 1435 | Schwedische Staatsbahn/SÖDERTÖRN 179 | 1916 |
| 3280 | 1B n2 | P | 12.11.74 | 1435 | Schwedische Staatsbahn/SVARTLÖSA 180 | 1919 |
| 3281 | 1B n2 | P | 05.12.74 | 1435 | Schwedische Staatsbahn/KULMA 181 | verkauft 1917 |
| 3282 | 1B n2 | P | 05.12.74 | 1435 | Schwedische Staatsbahn/GUDHEM 182 | 1919 |
| 3283 | 1B n2 | P | 19.04.75 | 1435 | Schwedische Staatsbahn/FRÖKIND 183 | 1913 |
| 3284 | 1B n2 | P | 19.04.75 | 1435 | Schwedische Staatsbahn/WARKSALA 184 | verkauft 1917 |
| 3285 | 1B n2 | S | 28.10.74 | 1435 | Berlin-Hamburger Eisenbahn/RAKETE/1884 KPEV Alt 156 | 1900 |
| 3286 | 1B n2 | S | 28.10.74 | 1435 | Berlin-Hamburger Eisenbahn/COURIER/1884 KPEV Alt 157 | 1899 |
| 3287 | 1B n2 | S | 28.10.74 | 1435 | Berlin-Hamburger Eisenbahn/ANTILOPE/1884 KPEV Alt 158 | 1899 |
| 3288 | 1B n2 | S | 04.10.74 | 1435 | Berlin-Hamburger Eisenbahn/FRITZ REUTER/1884 KPEV Alt 159 | 1895 |
| 3289 | 1B n2 | S | 04.10.74 | 1435 | Berlin-Hamburger Eisenbahn/LIBELLE/1884 KPEV Alt 160 | 1902 |
| 3290 | 1B n2 | S | 04.10.74 | 1435 | Berlin-Hamburger Eisenbahn/SPERBER/1884 KPEV Alt 161 | 1896 |
| 3291 | 1B n2 | S | 11.10.74 | 1435 | Berlin-Hamburger Eisenbahn/WINDSBRAUT/1884 KPEV Alt 162 | 1900 |
| 3292 | 1B n2 | S | 11.10.74 | 1435 | Berlin-Hamburger Eisenbahn/PFEIL/1884 KPEV Alt 163 | 1900 |
| 3293 | 1B n2 | S | 14.10.74 | 1435 | Berlin-Hamburger Eisenbahn/HIRSCH/1884 KPEV Alt 164 | 1900 |
| 3294 | 1B n2 | S | 14.10.74 | 1435 | Berlin-Hamburger Eisenbahn/CONDOR/1884 KPEV Alt 165 | 1899 |
| 3295 | C n2 | G | 21.11.74 | 1435 | Rheinische Eisenbahn/GENF 545/1882 KPEV Cörrh 896/1895 Esn 896 | 1901 |
| 3296 | C n2 | G | 21.11.74 | 1435 | Rheinische Eisenbahn/BASEL 546/1882 KPEV Cölrh 997/1895 Cln 997/ 1906 Cln 3116 | |
| 3297 | C n2 | G | 25.11.74 | 1435 | Rheinische Eisenbahn/BERN 547/1882 KPEV Cörrh 897/1895 Esn 897 | 1904 |
| 3298 | C n2 | G | 25.11.74 | 1435 | Rheinische Eisenbahn/ZÜRICH 548/1882 KPEV Cölrh 998/1895 Cln 998/ 1906 Cln 3054 | |
| 3299 | C n2 | G | 25.11.74 | 1435 | Rheinische Eisenbahn/OLTEN 549/1882 KPEV Cölrh 999/1895 Cln 999 | 1902 |
| 3300 | C n2 | G | 30.11.74 | 1435 | Rheinische Eisenbahn/LUZERN 550/1882 KPEV Cölrh 1000/1895 Cln 1000 | 1905 |
| 3301 | C n2 | G | 30.11.74 | 1435 | Rheinische Eisenbahn/EGER 551/1882 KPEV Cölrh 1001/1895 Cln 1001 | 1904 |
| 3302 | C n2 | G | 30.11.74 | 1435 | Rheinische Eisenbahn/PRAG 552/1882 KPEV Cörrh 898/1895 Esn 898 | 1901 |

| Fabriknummer | Bauart | Gattung | Auslieferungsdatum | Spurweite | Empfänger/Verbleib | Ausmusterung |
|---|---|---|---|---|---|---|
| 3303 | 1B n2 | S | 09.12.74 | 1435 | Berlin-Anhalter Eisenbahn/VON MADAI/1882 KPEV Erf 171/1895 Hl 171 | |
| 3304 | 1B n2 | S | 09.12.74 | 1435 | Berlin-Anhalter Eisenbahn/MÜHLBERG/1882 KPEV Erf 172/1895 Hl 172 | |
| 3305 | 1B n2 | S | 09.12.74 | 1435 | Berlin-Anhalter Eisenbahn/HOLLMAN/1882 KPEV Erf 173/1895 Hl 173 | |
| 3306 | 1B n2 | S | 12.12.74 | 1435 | Berlin-Anhalter Eisenbahn/AUGUST HECKMANN/1882 KPEV Erf 174/ 1895 Hl 174 | |
| 3307 | 1B n2 | S | 12.12.74 | 1435 | Berlin-Anhalter Eisenbahn/GEIM/1882 KPEV Erf 175/1895 Hl 175 | |
| 3308 | C n2 | G | 29.12.74 | 1435 | Cöln-Mindener Eisenbahn/HEKLA/1883 KPEV Cörrh 873/1895 Mst 751 | 1898 |
| 3309 | C n2 | G | 29.12.74 | 1435 | Cöln-Mindener Eisenbahn/VESUV/1883 KPEV Cörrh 874/1895 Mst 749 | 1898 |
| 3310 | C n2 | G | 29.12.74 | 1435 | Cöln-Mindener Eisenbahn/AETNA/1883 KPEV Cörrh 875/1895 Mst 750/ 1906 Mst 3106 | |
| 3311 | C n2 | G | 09.01.75 | 1435 | Cöln-Mindener Eisenbahn/OLYMP/1883 KPEV Cörrh 876/1895 Mst 753/ 1906 Mst 3107 | |
| 3312 | C n2 | G | 09.01.75 | 1435 | Cöln-Mindener Eisenbahn/HELICON/1883 KPEV Cörrh 877/1895 Mst 754 | 1904 |
| 3313 | C n2 | G | 09.01.75 | 1435 | Cöln-Mindener Eisenbahn/SINAI/1883 KPEV Cörrh 878/1895 Mst 752 | 1903 |
| 3314 | 1B n2 | S | 23.12.74 | 1435 | Warschau-Wiener Eisenbahn/138/1918 CFR | |
| 3315 | 1B n2 | S | 23.12.74 | 1435 | Warschau-Wiener Eisenbahn/139/1918 CFR | |
| 3316 | 1B n2 | S | 23.12.74 | 1435 | Warschau-Wiener Eisenbahn/140/1918 CFR | |
| 3317 | 1B n2 | S | 31.12.74 | 1435 | Warschau-Wiener Eisenbahn/188 | |
| 3318 | 1B n2 | S | 31.12.74 | 1435 | Warschau-Wiener Eisenbahn/189 | |
| 3319 | 1B n2 | S | 12.01.75 | 1435 | Warschau-Wiener Eisenbahn/190 | |
| 3320 | 1B n2 | S | 12.01.75 | 1435 | Warschau-Wiener Eisenbahn/191 | |
| 3321 | 1B n2 | S | 12.01.75 | 1435 | Warschau-Wiener Eisenbahn/192 | |
| 3322 | C n2 | G | 21.01.75 | 1435 | Rheinische Eisenbahn/PILSEN 553/1882 KPEV Cölrh 1002/1895 Sbr 1002/ Sbr 996 | vor 1906 |
| 3323 | C n2 | G | 21.01.75 | 1435 | Rheinische Eisenbahn/PASSAU 554/1882 KPEV Cölrh 1003/1895 Sbr 1003/ Sbr 997/1906 Sbr 3112 | |
| 3324 | C n2 | G | 21.01.75 | 1435 | Rheinische Eisenbahn/PRESSBURG 555/1882 KPEV Cölrh 1004/1895 Sbr 1003/ Sbr 998 | 1899 |
| 3325 | C n2 | G | 25.01.75 | 1435 | Rheinische Eisenbahn/BRÜNN 556/1882 KPEV Cörrh 899/1895 Esn 899 | 1904 |
| 3326 | C n2 | G | 25.01.75 | 1435 | Rheinische Eisenbahn/SALZBURG 557/1882 KPEV Cölrh 1005/1895 Cln 1005/ 1906 Kln 3055 | |
| 3327 | C n2 | G | 25.01.75 | 1435 | Rheinische Eisenbahn/SCHÖNBRUNN 558/1882 KPEV Cölrh 1006/1895 Cln 1006 | vor 1906 |
| 3328 | C n2 | G | 29.01.75 | 1435 | Rheinische Eisenbahn/INNSBRUCK 559/1882 KPEV Cölrh 1007/1895 Cln 1007 | 1903 |
| 3329 | C n2 | G | 29.01.75 | 1435 | Rheinische Eisenbahn/GRATZ 560/1882 KPEV Cörrh 900/1895 Esn 900 | 1905 |
| 3330 | B1 n2 | G | 22.03.75 | 1435 | Berlin-Hamburger Eisenbahn/FORTUNA/1884 KPEV Alt 637/Han 737/ 1906 Han 3051 | 1906 |
| 3331 | B1 n2 | G | 22.03.75 | 1435 | Berlin-Hamburger Eisenbahn/EMDEN/1884 KPEV Alt 638/Han 738/1906 Han 3052 | 1912 |
| 3332 | C n2 | G | 04.02.75 | 1524 | Rjäsan-Koslow (Rußland)/246/Rjäsan-Uralsk T 246 | |
| 3333 | C n2 | G | 04.02.75 | 1524 | Rjäsan-Koslow (Rußland)/247/Rjäsan-Uralsk T 247 | |
| 3334 | C n2 | G | 16.02.75 | 1524 | Rjäsan-Koslow (Rußland)/248/Rjäsan-Uralsk T 248 | |
| 3335 | C n2 | G | 16.02.75 | 1524 | Rjäsan-Koslow (Rußland)/249/Rjäsan-Uralsk T 249 | |
| 3336 | C n2 | G | 02.03.75 | 1524 | Kursk-Kiew (Rußland)/B 143/MKW BN 243 | |
| 3337 | C n2 | G | 02.03.75 | 1524 | Kursk-Kiew (Rußland)/B 144/MKW BN 244 | |
| 3338 | C n2 | G | 10.02.75 | 1435 | Rheinische Eisenbahn/TURIN 561/1882 KPEV Cörrh 901/1895 Esn 901 | 1905 |
| 3339 | C n2 | G | 10.02.75 | 1435 | Rheinische Eisenbahn/MAILAND 562/1882 KPEV Cörrh 902/1895 Esn 902/ 1906 Esn 3563 | |
| 3340 | C n2 | G | 10.02.75 | 1435 | Rheinische Eisenbahn/VERONA 563/1882 KPEV Cölrh 1008/1895 Cln 1008/ 1897 Mz 844 | vor 1906 |
| 3341 | C n2 | G | 19.02.75 | 1435 | Rheinische Eisenbahn/FLORENZ 564/1882 KPEV Cölrh 1009/1895 Cln 1009 | 1904 |
| 3342 | C n2 | G | 19.02.75 | 1435 | Rheinische Eisenbahn/NEAPEL 565/1882 KPEV Cölrh 1010/1895 Cln 1010 | vor 1906 |
| 3343 | C n2 | G | 19.02.75 | 1435 | Rheinische Eisenbahn/TRIEST 566/1882 KPEV Cölrh 1011/1895 Cln 1011 | 1904 |
| 3344 | C n2 | G | 23.02.75 | 1435 | Rheinische Eisenbahn/VENEDIG 567/1882 KPEV Cölrh 1012/1895 Cln 1012 | 1901 |
| 3345 | C n2 | G | 23.02.75 | 1435 | Rheinische Eisenbahn/MESSINA 568/1882 KPEV Cölrh 1013/1895 Cln 1013 | 1903 |
| 3346 | 1B n2 | S | 31.03.75 | 1435 | Berlin-Anhalter Eisenbahn/MAYBACH 162/1882 KPEV Erf 176/1895 Hl 176 | |
| 3347 | 1B n2 | S | 31.03.75 | 1435 | Berlin-Anhalter Eisenbahn/VIETH 163/1882 KPEV Erf 177/1895 Hl 177 | |
| 3348 | 1B n2 | S | 31.03.75 | 1435 | Berlin-Anhalter Eisenbahn/VON ALBERT 164/1882 KPEV Erf 178/1895 Hl 178 | |
| 3349 | 1B n2 | S | 13.03.75 | 1435 | Warschau-Wiener Eisenbahn/193 | |
| 3350 | 1B n2 | S | 13.03.75 | 1435 | Warschau-Wiener Eisenbahn/194 | |
| 3351 | 1B n2 | S | 13.03.75 | 1435 | Warschau-Wiener Eisenbahn/195 | |
| 3352 | 1B n2 | S | 18.03.75 | 1435 | Warschau-Wiener Eisenbahn/196 | |
| 3353 | 1B n2 | S | 18.03.75 | 1435 | Warschau-Wiener Eisenbahn/197 | |
| 3354 | 1B n2 | S | 18.03.75 | 1435 | Warschau-Wiener Eisenbahn/198 | |
| 3355 | 1B n2 | S | 22.03.75 | 1435 | Warschau-Wiener Eisenbahn/199 | |
| 3356 | 1B n2 | S | 22.03.75 | 1435 | Warschau-Wiener Eisenbahn/200 | |
| 3357 | B1 n2 | G | 27.03.75 | 1435 | Berlin-Hamburger Eisenbahn/OSNABRÜCK/1884 KPEV Alt 639/ 1895 Han 739 | 1906 |
| 3358 | B1 n2 | G | 27.03.75 | 1435 | Berlin-Hamburger Eisenbahn/VENLO/1884 KPEV Alt 640 | 1901 |

| Fabriknummer | Bauart | Gattung | Auslieferungsdatum | Spurweite | Empfänger/Verbleib | Ausmusterung |
|---|---|---|---|---|---|---|
| 3359 | C n2 | G | 02.03.75 | 1435 | Berlin-Anhalter Eisenbahn/LINDA 165/1882 KPEV Erf 885/1895 Hl 885/1901 Hl 874 | |
| 3360 | C n2 | G | 02.03.75 | 1435 | Berlin-Anhalter Eisenbahn/VEHNA 166/1882 KPEV Erf 886/1895 Hl 886 | |
| 3361 | C n2 | G | 02.03.75 | 1435 | Berlin-Anhalter Eisenbahn/MULDENSTEIN 167/1882 KPEV Erf 887/1895 Hl 887 | |
| 3362 | C n2 | G | 08.03.75 | 1435 | Berlin-Anhalter Eisenbahn/FLÄMING 168/1882 KPEV Erf 888/1895 Hl 888 | |
| 3363 | C n2 | G | 08.03.75 | 1435 | Berlin-Anhalter Eisenbahn/169/1882 KPEV Erf 889/1895 Hl 889 | |
| 3364 | C n2 | G | 08.03.75 | 1435 | Berlin-Anhalter Eisenbahn/170/1882 KPEV Erf 890/1895 Hl 890 | |
| 3365 | C n2 | G | 14.03.75 | 1435 | Berlin-Anhalter Eisenbahn/171/1882 KPEV Erf 891/1895 Hl 891 | |
| 3366 | C n2 | G | 14.03.75 | 1435 | Berlin-Anhalter Eisenbahn/172/1882 KPEV Erf 892/1895 Hl 892 | |
| 3367 | C n2 | G | 14.03.75 | 1435 | Berlin-Anhalter Eisenbahn/173/1882 KPEV Erf 893/1895 Hl 893 | |
| 3368 | 1B n2 | S | 19.04.75 | 1435 | Schwedische Staatsbahn/ASLÖG 185/1912 verkauft zur Verschrottung an Bröderna Edstrand AB, Malmö | |
| 3369 | 1B n2 | S | 19.04.75 | 1435 | Schwedische Staatsbahn/GUNHILD 186/1914 verkauft zur Verschrottung an Bröderna Edstrand AB, Malmö | |
| 3370 | 1B n2 | S | 05.05.75 | 1435 | Schwedische Staatsbahn/ESTER 187 | 1910 |
| 3371 | 1B n2 | S | 05.05.75 | 1435 | Schwedische Staatsbahn/SIRI 188/1911 verkauft zur Verschrottung an C.O. Klings Metallaffär, Arboga/Nyköping | |
| 3372 | 1B n2 | S | 11.05.75 | 1435 | Schwedische Staatsbahn/KRAKA 189/1914 verkauft zur Verschrottung an Bröderna Edstrand AB, Malmö | |
| 3373 | 1B n2 | S | 11.05.75 | 1435 | Schwedische Staatsbahn/SVANA 190/1912 verkauft zur Verschrottung an Bröderna Edstrand AB, Malmö | |
| 3374 | 1B n2t | Pt | 15.05.75 | 1435 | Cöln-Mindener Eisenbahn/DESSAU/1883 KPEV Cörrh 1506/1895 Esn 1568/1906 Esn 6404 | |
| 3375 | 1B n2t | Pt | 15.05.75 | 1435 | Cöln-Mindener Eisenbahn/CÖTHEN/1883 KPEV Cörrh 1507 | 1902 |
| 3376 | 1B n2t | Pt | 27.05.75 | 1435 | Cöln-Mindener Eisenbahn/ZOLLERN/1883 KPEV Cörrh 1508 | 1903 |
| 3377 | 1B n2t | Pt | 27.05.75 | 1435 | Cöln-Mindener Eisenbahn/RHEINGAU/1883 KPEV Cörrh 1509 | |
| 3378 | 1B n2t | Pt | 27.05.75 | 1435 | Cöln-Mindener Eisenbahn/PFALZ/1883 KPEV Cörrh 1510/1895 Esn 1569/1906 Esn 6405 | |
| 3379 | 1B n2 | S | 04.06.75 | 1435 | Magdeburg-Halberstädter Eisenbahn/GERDAU/1881 KPEV Mgd 275/1899 Han 322 | vor 1906 |
| 3380 | 1B n2 | S | 04.06.75 | 1435 | Magdeburg-Halberstädter Eisenbahn/HARDAU/1881 KPEV Mgd 274/1899 Han 321 | vor 1906 |
| 3381 | 1B n2 | S | 02.06.75 | 1435 | Magdeburg-Halberstädter Eisenbahn/RÖGNITZ/1881 KPEV Mgd 276 | 1897 |
| 3382 | 1B n2 | S | 02.06.75 | 1435 | Magdeburg-Halberstädter Eisenbahn/STEPNITZ/1881 KPEV Mgd 277/1899 Han 323 | vor 1906 |
| 3383 | 1B n2 | S | 22.05.75 | 1435 | Magdeburg-Halberstädter Eisenbahn/PERLE/1881 KPEV Mgd 278/1899 Han 401/1906 Han 1555 | nach 1908 |
| 3384 | 1B n2 | S | 22.05.75 | 1435 | Magdeburg-Halberstädter Eisenbahn/SCHWINGE/1881 KPEV Mgd 279/1899 Han 324 | vor 1906 |
| 3385 | 1B n2 | P | 21.05.75 | 1435 | Cöln-Mindener Eisenbahn/BORBECK/1883 KPEV Cörrh 117/1895 Cln 117 | 1902 |
| 3386 | 1B n2 | P | 21.05.75 | 1435 | Cöln-Mindener Eisenbahn/HAMBURG/1883 KPEV Cörrh 118/1895 Cln 118 | 1901 |
| 3387 | 1B n2 | P | 21.05.75 | 1435 | Cöln-Mindener Eisenbahn/BREMEN/1883 KPEV Cörrh 119/1895 Cln 119 | 1902 |
| 3388 | 1B n2 | P | 31.05.75 | 1435 | Cöln-Mindener Eisenbahn/BRUCHSAL/1883 KPEV Cörrh 120/1895 Cln 120 | |
| 3389 | 1B n2 | P | 31.05.75 | 1435 | Cöln-Mindener Eisenbahn/HEILBRONN/1883 KPEV Cörrh 121/1895 Cln 121 | |
| 3390 | 1B n2 | P | 31.05.75 | 1435 | Cöln-Mindener Eisenbahn/BRIEG/1883 KPEV Cörrh 122/1895 Efd 122 | |
| 3391 | 1B n2 | P | 08.06.75 | 1435 | Cöln-Mindener Eisenbahn/LISSA/1883 KPEV Cörrh 123/1895 Efd 123 | |
| 3392 | 1B n2 | P | 11.06.75 | 1435 | Cöln-Mindener Eisenbahn/GRAUDENZ/1883 KPEV Cörrh 124 | 1895 |
| 3393 | 1B n2 | P | 11.06.75 | 1435 | Cöln-Mindener Eisenbahn/ELBING/1883 KPEV Cörrh 125/1895 Cln 125 | 1900 |
| 3394 | 1B n2 | P | 08.06.75 | 1435 | Cöln-Mindener Eisenbahn/GUMBINNEN/1833 KPEV Cörrh 126/1895 Cln 126 | 1903 |
| 3395 | 1B n2 | P | 12.06.75 | 1435 | Altenburg-Zeitzer Eisenbahn/ROSITZ/1896 SäStb 749 | |
| 3396 | 1B n2 | G | 21.06.75 | 1435 | Warschau-Wiener Eisenbahn/164 | |
| 3397 | 1B n2 | G | 21.06.75 | 1435 | Warschau-Wiener Eisenbahn/165 | |
| 3398 | 1B n2 | G | 21.06.75 | 1435 | Warschau-Wiener Eisenbahn/166 | |
| 3399 | 1B n2 | G | 28.06.75 | 1435 | Warschau-Wiener Eisenbahn/167 | |
| 3400 | 1B n2 | G | 28.06.75 | 1435 | Warschau-Wiener Eisenbahn/168 | |
| 3401 | 1B n2 | G | 28.06.75 | 1435 | Warschau-Wiener Eisenbahn/169/Heeresbahn G 03/1920 PKP | |
| 3402 | C n2 | G | 05.07.75 | 1435 | Warschau-Wiener Eisenbahn/123 | |
| 3403 | C n2 | G | 05.07.75 | 1435 | Warschau-Wiener Eisenbahn/124 | |
| 3404 | C n2 | G | 08.07.75 | 1435 | Warschau-Wiener Eisenbahn/125 | |
| 3405 | C n2 | G | 08.07.75 | 1435 | Warschau-Wiener Eisenbahn/126 | |
| 3406 | 1B n2 | S | 31.07.75 | 1435 | Rheinische Eisenbahn/ALMA 394/1882 KPEV Cölrh 207/1895 Cln 207 | 1898 |
| 3407 | 1B n2 | S | 31.07.75 | 1435 | Rheinische Eisenbahn/NIEMEN 395/1882 KPEV Cölrh 208/1895 Cln 208 | 1900 |
| 3408 | 1B n2 | S | 31.07.75 | 1435 | Rheinische Eisenbahn/PREGEL 396/1882 KPEV Cölrh 209/1895 Cln 209 | 1902 |
| 3409 | 1B n2 | S | 07.07.75 | 1435 | Rheinische Eisenbahn/WARTHE 397/1882 KPEV Cölrh 210/1895 Cln 210 | 1905 |
| 3410 | 1B n2 | S | 07.07.75 | 1435 | Rheinische Eisenbahn/NETZE 398/1882 KPEV Cölrh 211/1895 Cln 211 | 1901 |
| 3411 | 1B n2 | S | 07.07.75 | 1435 | Rheinische Eisenbahn/TRAVE 399/1882 KPEV Cölrh 212/1895 Cln 212 | 1904 |
| 3412 | 1B n2 | P | 20.08.75 | 1435 | Magdeburg-Halberstädter Eisenbahn/PLEISSE/1881 KPEV Mgd 266 | 1900 |
| 3413 | 1B n2 | P | 20.08.75 | 1435 | Magdeburg-Halberstädter Eisenbahn/LUPPE/1881 KPEV Mgd 267 | 1901 |
| 3414 | 1B n2 | P | 20.08.75 | 1435 | Magdeburg-Halberstädter Eisenbahn/WEISTRITZ/1881 KPEV Mgd 268 | 1902 |
| 3415 | 1B n2 | P | 28.08.75 | 1435 | Magdeburg-Halberstädter Eisenbahn/MÜGLITZ/1881 KPEV Mgd 269 | 1898 |

| Fabriknummer | Bauart | Gattung | Auslieferungsdatum | Spurweite | Empfänger/Verbleib | Ausmusterung |
|---|---|---|---|---|---|---|
| 3416 | 1B n2 | P | 28.08.75 | 1435 | Magdeburg-Halberstädter Eisenbahn/BRAME/1881 KPEV Mgd 270 | 1901 |
| 3417 | 1B n2 | P | 28.08.75 | 1435 | Magdeburg-Halberstädter Eisenbahn/BILLE/1881 KPEV Mgd 271 | 1905 |
| 3418 | 1B n2 | P | 19.10.75 | 1435 | Magdeburg-Halberstädter Eisenbahn/PLAUE/1881 KPEV Mgd 272 | 1901 |
| 3419 | 1B n2 | P | 19.10.75 | 1435 | Magdeburg-Halberstädter Eisenbahn/SEEVE/1881 KPEV Mgd 273 | 1902 |
| 3420 | 1B n2 | S | 08.06.75 | 1435 | Schwedische Staatsbahn/GRETA 191/1914 verkauft zur Verschrottung an Bröderna Edstrand AB, Malmö | 1913 |
| 3421 | 1B n2 | S | 08.06.75 | 1435 | Schwedische Staatsbahn/KLARA 192/1911 Malmö-Ystad-Bahn 37 | 1912 |
| 3422 | 1B n2 | S | 24.06.75 | 1435 | Schwedische Staatsbahn/ELNA 193 | 1913 |
| 3423 | 1B n2 | S | 24.06.75 | 1435 | Schwedische Staatsbahn/ALVA 194/1912 verkauft zur Verschrottung an Bröderna Edstrand AB, Malmö | |
| 3424 | 1B n2 | S | 24.06.75 | 1435 | Schwedische Staatsbahn/AMALA 195/1912 verkauft zur Verschrottung an Bröderna Edstrand AB, Malmö | |
| 3425 | 1B n2 | S | 28.06.75 | 1435 | Schwedische Staatsbahn/AGDA 196 | 1926 |
| 3426 | 1B n2 | S | 23.07.75 | 1435 | Schwedische Staatsbahn/SOLA 197/1916 verkauft zur Verschrottung an C.O. Klings Metallaffär, Arboga/Nyköping | |
| 3427 | 1B n2 | S | 23.07.75 | 1435 | Schwedische Staatsbahn/BREDA 198/1925 Järnvägsmuseum, Gävle (Schweden) | |
| 3428 | B n2t | - | 16.09.75 | 1435 | Borsigwerk/Nr. 3 | |
| 3429 | C n2 | G | 07.09.75 | 1524 | Landworowo-Romner (Rußland)/T 173 | |
| 3430 | C n2 | G | 07.09.75 | 1524 | Landworowo-Romner (Rußland)/T 174 | |
| 3431 | C n2 | G | 07.09.75 | 1524 | Landworowo-Romner (Rußland)/T 175 | |
| 3432 | C n2 | G | 22.09.75 | 1524 | Landworowo-Romner (Rußland)/T 176 | |
| 3433 | C n2 | G | 22.09.75 | 1524 | Landworowo-Romner (Rußland)/T 177 | |
| 3434 | 1B n2 | P | 05.08.75 | 1435 | Schwedische Staatsbahn/SKAGERN 199 | 1918 |
| 3435 | 1B n2 | P | 19.08.75 | 1435 | Schwedische Staatsbahn/UNDERN 200/1914 verkauft zur Verschrottung an Bröderna Edstrand AB, Malmö | |
| 3436 | 1B n2 | P | 19.08.75 | 1435 | Schwedische Staatsbahn/GLAN 201 | 1918 |
| 3437 | 1B n2 | P | 21.08.75 | 1435 | Schwedische Staatsbahn/ASPEN 202 | 1918 |
| 3438 | 1B n2 | P | 21.08.75 | 1435 | Schwedische Staatsbahn/MJÖRN 203/1913 verkauft zur Verschrottung an C.O. Klings Metallaffär, Arboga/Nyköping | |
| 3439 | 1B n2 | P | 21.08.75 | 1435 | Schwedische Staatsbahn/STRAKEN 204 | 1919 |
| 3440 | 1B n2 | P | 11.09.75 | 1435 | Schwedische Staatsbahn/MÖCKELN 205/Dala-Hälsingland Nr. 6 | 1912 |
| 3441 | 1B n2 | P | 11.09.75 | 1435 | Schwedische Staatsbahn/SOMMEN 206 | 1913 |
| 3442 | 1B n2 | P | 02.09.75 | 1435 | Schwedische Staatsbahn/FRYKEN 207/1918 verkauft zur Verschrottung an Bröderna Edstrand AB, Malmö | |
| 3443 | 1B n2 | P | 11.09.75 | 1435 | Schwedische Staatsbahn/WIREN 208 | 1922 |
| 3444 | 1B n2 | P | 16.09.75 | 1435 | Schwedische Staatsbahn/TISNAREN 209 | 1917 |
| 3445 | 1B n2 | P | 16.09.75 | 1435 | Schwedische Staatsbahn/KOLSNAREN 210 | 1919 |
| 3446 | 1B n2 | P | 27.09.75 | 1524 | Weichseleisenbahnen (Rußland)/50/Privilanskaya Bp 50 | |
| 3447 | 1B n2 | P | 27.09.75 | 1524 | Weichseleisenbahnen (Rußland)/51/Privilanskaya Bp 51 | |
| 3448 | 1B n2 | P | 30.09.75 | 1524 | Weichseleisenbahnen (Rußland)/52/Privilanskaya Bp 52 | |
| 3449 | 1B n2 | P | 30.09.75 | 1524 | Weichseleisenbahnen (Rußland)/53/Privilanskaya Bp 53 | |
| 3450 | 1B n2 | P | 16.10.75 | 1524 | Weichseleisenbahnen (Rußland)/54/Privilanskaya Bp 54 | |
| 3451 | 1B n2 | P | 16.10.75 | 1524 | Weichseleisenbahnen (Rußland)/55/Privilanskaya Bp 55 | |
| 3452 | 1B n2 | P | 20.10.75 | 1524 | Weichseleisenbahnen (Rußland)/56/Privilanskaya Bp 56 | |
| 3453 | 1B n2 | P | 20.10.75 | 1524 | Weichseleisenbahnen (Rußland)/57/Privilanskaya Bp 57 | |
| 3454 | C n2 | G | 16.11.75 | 1435 | Magdeburg-Halberstädter Eisenbahn/HETTSTEDT/1881 KPEV Mgd 632/ 1883 Mgd 931/1899 Han 1063 | vor 1906 |
| 3455 | C n2 | G | 16.11.75 | 1435 | Magdeburg-Halberstädter Eisenbahn/RÖBLINGEN/1881 KPEV Mgd 633/ 1883 Mgd 932/1899 Han 1064 | vor 1906 |
| 3456 | C n2 | G | 29.11.75 | 1435 | Magdeburg-Halberstädter Eisenbahn/BAHRENDORF/1881 KPEV Mgd 634/ 1883 Mgd 933/1899 Han 1065 | vor 1906 |
| 3457 | C n2 | G | 29.11.75 | 1435 | Magdeburg-Halberstädter Eisenbahn/UNSEBURG/1881 KPEV Mgd 635/1883 Mgd 934/1899 Han 1066 | vor 1906 |
| 3458 | B1 n2 | P | 01.11.75 | 1435 | Glückstadt-Elmshorner Eisenbahn/ELMSHORN II/1890 KPEV Alt 663/1906 Alt 3003 | |
| 3459 | C n2 | G | 18.11.75 | 1524 | Rjäsan-Koslow (Rußland)/250/Rjäsan-Uralsk T 250 | |
| 3460 | C n2 | G | 18.11.75 | 1524 | Rjäsan-Koslow (Rußland)/251/Rjäsan-Uralsk T 251 | |
| 3461 | C n2 | G | 27.11.75 | 1524 | Rjäsan-Koslow (Rußland)/252/Rjäsan-Uralsk T 252 | |
| 3462 | C n2 | G | 27.11.75 | 1524 | Rjäsan-Koslow (Rußland)/253/Rjäsan-Uralsk T 253 | |
| 3463 | C n2 | G | 09.11.75 | 1524 | Kursk-Kiew (Rußland)/B 145/MKW BN 245 | |
| 3464 | C n2 | G | 09.11.75 | 1524 | Kursk-Kiew (Rußland)/B 146/MKW BN 246 | |
| 3465 | C n2 | G | 30.09.75 | 1435 | Schwedische Staatsbahn/RAN 215 | 1908 |
| 3466 | C n2 | G | 08.10.75 | 1435 | Schwedische Staatsbahn/BODVAR 216 | |
| 3467 | C n2 | G | 08.10.75 | 1435 | Schwedische Staatsbahn/THULE 217 | 1907 |
| 3468 | C n2 | G | 08.10.75 | 1435 | Schwedisohe Staatsbahn/INGE 218 | 1908 |
| 3469 | C n2 | G | 14.10.75 | 1435 | Schwedische Staatsbahn/GUNBJÖRN 219 | 1908 |
| 3470 | C n2 | G | 02.11.75 | 1435 | Schwedische Staatsbahn/STENKIL 220 | |
| 3471 | C n2 | G | 02.11.75 | 1435 | Schwedische Staatsbahn/STYRBJORN 221 | 1909 |
| 3472 | C n2 | G | 16.11.75 | 1435 | Schwedische Staatsbahn/LODBROK 222 | 1908 |
| 3473 | C n2 | G | 16.11.75 | 1435 | Schwedische Staatsbahn/HAKE 223 | 1906 |
| 3474 | C n2 | G | 20.11.75 | 1435 | Schwedische Staatsbahn/BJARKE 224 | 1919 |

| Fabriknummer | Bauart | Gattung | Auslieferungsdatum | Spurweite | Empfänger/Verbleib | Ausmusterung |
|---|---|---|---|---|---|---|
| 3475 | C n2 | G | 27.01.76 | 1435 | Magdeburg-Halberstädter Eisenbahn/EGELN/1881 KPEV Mgd 636/1883 Mgd 935/1899 Han 1067/am 03.07.1900 ist der Kessel der Lokomotive explodiert | vor 1906 |
| 3476 | C n2 | G | 27.01.76 | 1435 | Magdeburg-Halberstädter Eisenbahn/LÖDERBURG/1881 KPEV Mgd 637/ 1883 Mgd 936/1899 Han 1068 | vor 1906 |
| 3477 | C n2 | G | 27.01.76 | 1435 | Magdeburg-Halberstädter Eisenbahn/LAUTENTHAL/1881 KPEV Mgd 638/ 1883 Mgd 937/1899 Han 1069 | vor 1906 |
| 3478 | C n2 | G | 11.02.76 | 1435 | Magdeburg-Halberstädter Eisenbahn/WILDEMANN/1881 KPEV Mgd 639/ 1883 Mgd 938/1899 Han 1070 | vor 1906 |
| 3479 | C n2 | G | 11.02.76 | 1435 | Magdeburg-Halberstädter Eisenbahn/SILBERHÜTTE/1881 KPEV Mgd 640/ 1883 Mgd 939/1899 Han 1071 | vor 1906 |
| 3480 | C n2 | G | 11.02.76 | 1435 | Magdeburg-Halberstädter Eisenbahn/LANGELSHEIM/1881 KPEV Mgd 641/ 1883 Mgd 940/1899 Han 1072 | vor 1906 |
| 3481 | B1 n2 | G | 28.04.76 | 1435 | Berlin-Hamburger Eisenbahn/LAUENBURG/1884 KPEV Alt 641 | 1904 |
| 3482 | B1 n2 | G | 28.04.76 | 1435 | Berlin-Hamburger Eisenbahn/SPANDAU/1884 KPEV Alt 642 | 1899 |
| 3483 | B1 n2 | G | 02.05.76 | 1435 | Berlin-Hamburger Eisenbahn/BERGEDORF/1884 KPEV Alt 643 | 1899 |
| 3484 | B1 n2 | G | 02.05.76 | 1435 | Berlin-Hamburger Eisenbahn/NEUSTADT/1884 KPEV Alt 644 | 1902 |
| 3485 | B1 n2 | G | 11.05.76 | 1435 | Berlin-Hamburger Eisenbahn/NAUEN/1884 KPEV Alt 645 | 1902 |
| 3486 | B1 n2 | G | 11.05.76 | 1435 | Berlin-Hamburger Eisenbahn/GRABOW/1884 KPEV Alt 646 | 1901 |
| 3487 | B1 n2 | G | 16.05.76 | 1435 | Berlin-Hamburger Eisenbahn/GLOEWEN/1884 KPEV Alt 647 | 1898 |
| 3488 | B1 n2 | G | 16.05.76 | 1435 | Berlin-Hamburger Eisenbahn/ZERNITZ/1884 KPEV Alt 648 | 12.1896 |
| 3489 | C n2t | G | 20.11.75 | 1435 | Norberg-Järnbaner (Schweden)/NORBERG/verkauft Stockholm-Vesteräs-Bergslags Nr. 34 | 1921 |
| 3490 | 1B n2 | S | 24.01.76 | 1524 | Große Russische Eisenbahn-Gesellschaft/B 137 | |
| 3491 | 1B n2 | S | 24.01.76 | 1524 | Große Russische Eisenbahn-Gesellschaft/B 138 | |
| 3492 | 1B n2 | S | 24.01.76 | 1524 | Große Russische Eisenbahn-Gesellschaft/B 139 | |
| 3493 | 1B n2 | S | 07.02.76 | 1524 | Große Russische Eisenbahn-Gesellschaft/B 140 | |
| 3494 | 1B n2 | S | 07.02.76 | 1524 | Große Russische Eisenbahn-Gesellschaft/B 141 | |
| 3495 | 1B n2 | S | 07.02.76 | 1524 | Große Russische Eisenbahn-Gesellschaft/B 142 | |
| 3496 | 1B n2 | S | 17.02.76 | 1524 | Große Russische Eisenbahn-Gesellschaft/B 143 | |
| 3497 | 1B n2 | S | 17.02.76 | 1524 | Große Russische Eisenbahn-Gesellschaft/B 144 | |
| 3498 | 1B n2 | S | 17.02.76 | 1524 | Große Russische Eisenbahn-Gesellschaft/B 145 | |
| 3499 | 1B n2 | S | 25.02.76 | 1524 | Große Russische Eisenbahn-Gesellschaft/B 146 | |
| 3500 | 1B n2 | S | 25.02.76 | 1524 | Große Russische Eisenbahn-Gesellschaft/B 147 | |
| 3501 | 1B n2 | S | 26.02.76 | 1524 | Große Russische Eisenbahn-Gesellschaft/B 148 | |
| 3502 | 1B n2 | S | 10.04.76 | 1435 | Holländische Eisenbahn/VULCANUS 63/1921 NS 819 | 1927 |
| 3503 | 1B n2 | S | 10.04.76 | 1435 | Holländische Eisenbahn/WODAN 64/1821 NS 820 | 1927 |
| 3504 | 1B n2 | S | 12.04.76 | 1435 | Holländische Eisenbahn/XENIAS 65/1921 NS 821 | 1927 |
| 3505 | 1B n2 | S | 12.04.76 | 1435 | Holländische Eisenbahn/ZEUS 66/1921 NS 822 | 1926 |
| 3506 | 1B n2 | P | 25.03.76 | 1524 | Weichseleisenbahn (Rußland)/58/Privilanskaya Bp 58 | |
| 3507 | 1B n2 | P | 25.03.76 | 1524 | Weichseleisenbahn (Rußland)/59/Privilanskaya Bp 59 | |
| 3508 | 1B n2 | P | 29.03.76 | 1524 | Weichseleisenbahn (Rußland)/60/Privilanskaya Bp 60 | |
| 3509 | 1B n2 | P | 29.03.76 | 1524 | Weichseleisenbahn (Rußland)/61/Privilanskaya Bp 61 | |
| 3510 | C n2t | Gt | 26.07.76 | 1435 | Rheinische Eisenbahn/EBERNBURG 162/1882 KPEV Cölrh 1715/1895 Cln 1715 | 1903 |
| 3511 | C n2t | Gt | 26.07.76 | 1435 | Rheinische Eisenbahn/GUTENFELS 163/1882 KPEV Cölrh 1716/1895 Cln 1716 | 1905 |
| 3512 | C n2t | Gt | 26.07.76 | 1435 | Rheinische Eisenbahn/LANDSTUHL 164/1882 KPEV Cölrh 1717/1895 Cln 1717 | 1905 |
| 3513 | C n2t | Gt | 14.08.76 | 1435 | Rheinische Eisenbahn/MARXBURG 165/1882 KPEV Cölrh 1718/1895 Cln 1718 | 1902 |
| 3514 | C n2t | Gt | 14.08.76 | 1435 | Rheinische Eisenbahn/MANDERSCHEIDT 166/1882 KPEV Cölrh 1719/1895 Cln 1719 | 1898 |
| 3515 | C n2t | Gt | 14.08.76 | 1435 | Rheinische Eisenbahn/STAHLECK 167/1882 KPEV Cölrh 1720/1895 Cln 1720 | 1898 |
| 3516 | C n2 | G | 03.04.76 | 1524 | Weichseleisenbahn (Rußland)/100/Privilanskaya Bp 216 | |
| 3517 | C n2 | G | 03.04.76 | 1524 | Weichseleisenbahn (Rußland)/101/Privilanskaya Bp 217 | |
| 3518 | 1B n2 | P | 18.09.76 | 1435 | Bergisch-Märkische Eisenbahn/RUHR 4/1882 KPEV Efd 102 | |
| 3519 | 1B n2 | P | 04.10.76 | 1435 | Bergisch-Märkische Eisenbahn/EGEN 10/1882 KPEV Efd 103/1906 Efd 1552 | |
| 3520 | 1B n2 | P | 18.09.76 | 1435 | Bergisch-Märkische Eisenbahn/YSSEL 249/1882 KPEV Efd 126 | |
| 3521 | 1B n2 | P | 26.09.76 | 1435 | Bergisch-Märkische Eisenbahn/HÖNNE 253/1882 KPEV Efd 127 | |
| 3522 | 1B n2 | P | 26.09.76 | 1435 | Bergisch-Märkische Eisenbahn/ISAR 254/1882 KPEV Efd 128 | |
| 3523 | 1B n2 | P | 26.09.76 | 1435 | Bergisch-Märkische Eisenbahn/OCKER 255/1882 KPEV Efd 129 | |
| 3524 | 1B n2 | P | 04.10.76 | 1435 | Bergisch-Märkische Eisenbahn/HERMANN 805/1882 KPEV Efd 222/1886 Cörrh 165/1895 Esn 165/1906 Esn 1501 | |
| 3525 | 1B n2 | P | 04.10.76 | 1435 | Bergisch-Märkische Eisenbahn/BERG 1/1882 KPEV Efd 100/1906 Efd 1551 | |
| 3526 | 1B n2 | P | 14.10.76 | 1435 | Bergisch-Märkische Eisenbahn/PHÖENIX 807/1882 KPEV Efd 223/1895 Esn 223 | |
| 3527 | 1B n2 | P | 14.10.76 | 1435 | Bergisch-Märkische Eisenbahn/BLITZ 826/1882 KPEV Efd 224/1895 Esn 224 | |
| 3528 | 1B n2 | P | 27.05.76 | 1524 | Weichseleisenbahn (Rußland)/62/Privilanskaya Bp 62 | |
| 3529 | 1B n2 | P | 27.05.76 | 1524 | Weichseleisenbahn (Rußland)/63/Privilanskaya Bp 63 | |
| 3530 | C n2 | G | 31.05.76 | 1524 | Weichseleisenbahn (Rußland)/102/Privilanskaya Bp 218 | |
| 3531 | C n2 | G | 31.05.76 | 1524 | Weichseleisenbahn (Rußland)/103/Privilanskaya Bp 219 | |
| 3532 | C n2 | G | 31.07.76 | 1524 | Weichseleisenbahn (Rußland)/104/Privilanskaya Bp 220 | |
| 3533 | C n2 | G | 31.07.76 | 1524 | Weichseleisenbahn (Rußland)/105/Privilanskaya Bp 221 | |
| 3534 | C n2 | G | 23.09.76 | 1524 | Weichseleisenbahn (Rußland)/106/Privilanskaya Bp 222 | |
| 3535 | C n2 | G | 23.09.76 | 1524 | Weichseleisenbahn (Rußland)/107/Privilanskaya Bp 223 | |

| Fa-brik-num-mer | Bauart | Gat-tung | Aus-liefe-rungs-datum | Spur-weite | Empfänger/Verbleib | Aus-muste-rung |
|---|---|---|---|---|---|---|
| 3536 | 1B n2 | S | 19.09.76 | 1435 | Schwedische Staatsbahn/BRITA 227 | 1912 |
| 3537 | 1B n2 | S | 19.09.76 | 1435 | Schwedische Staatsbahn/SARA 228 | 1913 |
| 3538 | C n2 | G | 15.11.76 | 1435 | Oberschlesische Eisenbahn/438/1885 KPEV Bsl 1044/1906 Bsl 3135 | |
| 3539 | C n2 | G | 15.11.76 | 1435 | Oberschlesische Eisenbahn/439/1885 KPEV Bsl 1045/1906 Bsl 3136 | |
| 3540 | C n2 | G | 15.11.76 | 1435 | Oberschlesische Eisenbahn/440/1885 KPEV Bsl 1046/1906 Bsl 3137 | |
| 3541 | C n2 | G | 27.11.76 | 1435 | Oberschlesische Eisenbahn/441/1885 KPEV Bsl 1047 | |
| 3542 | C n2 | G | 27.11.76 | 1435 | Oberschlesische Eisenbahn/442/1885 KPEV Bsl 1048/Psn 1048 | |
| 3543 | C n2 | G | 27.11.76 | 1435 | Oberschlesische Eisenbahn/443/1885 KPEV Bsl 1049 | |
| 3544 | C n2 | G | 04.12.76 | 1435 | Oberschlesische Eisenbahn/444/1885 KPEV Bsl 1050/1906 Bsl 3138 | |
| 3545 | C n2 | G | 04.12.76 | 1435 | Oberschlesische Eisenbahn/445/1885 KPEV Bsl 1051/1906 Bsl 3139 | |
| 3546 | C n2 | G | 11.12.76 | 1435 | Oberschlesische Eisenbahn/446/1885 KPEV Bsl 1052 | |
| 3547 | C n2 | G | 11.12.76 | 1435 | Oberschlesische Eisenbahn/447/1885 KPEV Bsl 1053/Psn 1053 | |
| 3548 | C n2 | G | 09.10.76 | 1435 | Schwedische Staatsbahn/SVEN 229 | 1917 |
| 3549 | C n2 | G | 09.10.76 | 1435 | Schwedische Staatsbahn/KNUT 230/1913 verkauft zur Verschrottung an Bröderna Edstrand AB, Malmö | |
| 3550 | C n2 | G | 14.10.76 | 1435 | Schwedische Staatsbahn/ERIK 231/1912 verkauft zur Verschrottung an C.O. Klings Metallaffär, Arboga/Nyköping | |
| 3551 | C n2 | G | 20.10.76 | 1435 | Schwedische Staatsbahn/ALRIK 232 | 1910 |
| 3552 | C n2 | G | 20.10.76 | 1435 | Schwedische Staatsbahn/OLAF 233 | 1908 |
| 3553 | B1 n2 | G | 04.04.77 | 1435 | Berlin-Hamburger Eisenbahn/COMET/1884 KPEV Alt 615 | 1900 |
| 3554 | B1 n2 | G | 04.04.77 | 1435 | Berlin-Hamburger Eisenbahn/HAMMONIA/1884 KPEV Alt 616 | 1902 |
| 3555 | B1 n2 | G | 21.04.77 | 1435 | Berlin-Hamburger Eisenbahn/MAGDEBURG/1884 KPEV Alt 617/1906 Alt 3001 | 1908 |
| 3556 | B1 n2 | G | 21.04.77 | 1435 | Berlin-Hamburger Eisenbahn/VULKAN/1884 KPEV Alt 618 | 1904 |
| 3557 | C n2 | G | 27.12.76 | 1524 | Moskau-Jaroslawl (Rußland)/45/MJA Bt 230 | |
| 3558 | C n2 | G | 27.12.76 | 1524 | Moskau-Jaroslawl (Rußland)/46/MJA Bt 231 | |
| 3559 | C n2 | G | 27.12.76 | 1524 | Moskau-Jaroslawl (Rußland)/47/MJA Bt 232 | |
| 3560 | C n2 | G | 29.01.77 | 1435 | Holländische Eisenbahn/NYVERHEID 71/1921 NS 2701 | 1924 |
| 3561 | C n2 | G | 29.01.77 | 1435 | Holländische Eisenbahn/LANDBOUW 72/1921 NS 2702 | 1924 |
| 3562 | C n2 | G | 29.01.77 | 1435 | Holländische Eisenbahn/KUNST 73/1921 NS 2703 | 1925 |
| 3563 | 1B n2 | P | 21.02.77 | 1524 | Weichseleisenbahn (Rußland)/64/Privilanskaya Bp 64 | |
| 3564 | 1B n2 | P | 21.02.77 | 1524 | Weichseleisenbahn (Rußland)/65/Privilanskaya Bp 65 | |
| 3565 | 1B n2 | P | 21.02.77 | 1524 | Weichseleisenbahn (Rußland)/66/Privilanskaya Bp 66 | |
| 3566 | 1B n2 | P | 08.02.77 | 1524 | Weichseleisenbahn (Rußland)/67/Privilanskaya Bp 67 | |
| 3567 | 1B n2 | P | 08.02.77 | 1524 | Weichseleisenbahn (Rußland)/68/Privilanskaya Bp 68 | |
| 3568 | 1B n2 | P | 14.02.77 | 1524 | Weichseleisenbahn (Rußland)/69/Privilanskaya Bp 69 | |
| 3569 | 1B n2 | P | 14.02.77 | 1524 | Weichseleisenbahn (Rußland)/70/Privilanskaya Bp 70 | |
| 3570 | 1B n2 | P | 14.02.77 | 1524 | Weichseleisenbahn (Rußland)/71/Privilanskaya Bp 71 | |
| 3571 | 1B n2 | P | 31.02.77 | 1524 | Weichseleisenbahn (Rußland)/72/Privilanskaya Bp 72 | |
| 3572 | 1B n2 | P | 31.02.77 | 1524 | Weichseleisenbahn (Rußland)/73/Privilanskaya Bp 73 | |
| 3573 | C n2 | G | 13.07.77 | 1435 | Berlin-Anhalter Eisenbahn/174/1882 KPEV Erf 894/1895 Hl 894 | |
| 3574 | C n2 | G | 13.07.77 | 1435 | Berlin-Anhalter Eisenbahn/175/1882 KPEV Erf 895/1895 Hl 895 | |
| 3575 | C n2 | G | 13.07.77 | 1435 | Berlin-Anhalter Eisenbahn/176/1882 KPEV Erf 896/1895 Hl 896/1901 Hl 883/1906 Hl 3070 | |
| 3576 | 1B n2 | S | 19.04.77 | 1435 | Holländische Eisenbahn/ATREUS 67/1921 NS 823 | 1926 |
| 3577 | 1B n2 | S | 19.04.77 | 1435 | Holländische Eisenbahn/BOREAS 68/1921 NS 824 | 1932 |
| 3578 | 1B n2 | S | 28.04.77 | 1435 | Holländische Eisenbahn/CERBERUS 69/1921 NS 825 | 1932 |
| 3579 | 1B n2 | S | 28.04.77 | 1435 | Holländische Eisenbahn/DEUKALION 70/1921 NS 826 | 1931 |
| 3580 | B1 n2t | Pt | 21.06.77 | 1435 | Berlin-Potsdam-Magdeburger Eisenbahn/SCHLACHTENSEE/1881 KPEV Mgd 848/1883 Mgd 1444/Han 1651/1906 Han 6084 | nach 1908 |
| 3581 | B1 n2t | Pt | 30.06.77 | 1435 | Berlin-Potsdam-Magdeburger Eisenbahn/WANNSEE/1881 KPEV Mgd 849/1883 Mgd 1445/Han 1652/1906 Han 6085 | nach 1908 |
| 3582 | B1 n2t | Pt | 03.07.77 | 1435 | Berlin-Potsdam-Magdeburger Eisenbahn/BABELSBERG/1881 KPEV Mgd 850/1883 Mgd 1446 | 1905 |
| 3583 | C n2 | G | 29.09.77 | 1435 | Berlin-Anhalter Eisenbahn/177/1882 KPEV Erf 897/1895 Hl 897 | vor 1901 |
| 3584 | C n2 | G | 29.09.77 | 1435 | Berlin-Anhalter Eisenbahn/KOCHHANN 178/1882 KPEV Erf 898/1895 Hl 898 | vor 1901 |
| 3585 | C n2 | G | 29.09.77 | 1435 | Berlin-Anhalter Eisenbahn/MARGGRAF 179/1882 KPEV Erf 899/1895 Hl 899 | vor 1901 |
| 3586 | B1 n2 | G | 24.09.77 | 1435 | Berlin-Hamburger Eisenbahn/BOITZENBURG/1884 KPEV Alt 649 | 1900 |
| 3587 | B1 n2 | G | 24.09.77 | 1435 | Berlin-Hamburger Eisenbahn/FRIEDRICHSRUH/1884 KPEV Alt 650 | 1903 |
| 3588 | B1 n2 | G | 01.10.77 | 1435 | Berlin-Hamburger Eisenbahn/DANNENBERG/1884 KPEV Alt 651 | 1903 |
| 3589 | B1 n2 | G | 01.10.77 | 1435 | Berlin-Hamburger Eisenbahn/BUCHHOLZ/1884 KPEV Alt 652 | 1899 |
| 3590 | 1B n2 | P | 01.12.77 | 1435 | Niederschlesisch-Märkische Eisenbahn/106/1879 NME 600/1881 KPEV Fft 356/1895 Hl 270/1899 Mgd 274/1906 Mgd 1551 | |
| 3591 | 1B n2 | P | 01.12.77 | 1435 | Niederschlesisch-Märkische Eisenbahn/107/1879 NME 601/1881 KPEV Fft 357/1895 Hl 271/1899 Mgd 275/1906 Mgd 1552 | |
| 3592 | 1B n2 | P | 21.12.77 | 1435 | Niederschlesisch-Märkische Eisenbahn/108/1879 NME 602/1881 KPEV Fft 358/1895 Hl 272/1899 Mgd 276 | 1902 |
| 3593 | 1B n2 | P | 21.12.77 | 1435 | Niederschlesisch-Märkische Eisenbahn/109/1879 NME 603/1881 KPEV Fft 359/1895 Hl 273/1899 Mgd 277/1906 Mgd 1563 | |
| 3594 | 1B n2 | P | 24.12.77 | 1435 | Niederschlesisch-Märkische Eisenbahn/110/1879 NME 604/1881 KPEV Fft 360/1895 Hl 274/1899 Han 446/1906 Han 1556 | |

| Fabriknummer | Bauart | Gattung | Auslieferungsdatum | Spurweite | Empfänger/Verbleib | Ausmusterung |
|---|---|---|---|---|---|---|
| 3595 | 1B n2 | P | 08.12.77 | 1435 | Niederschlesisch-Märkische Eisenbahn/111/1879 NME 605/1881 KPEV Fft 361/1897 Erf 290 | 1900 |
| 3596 | 1B n2 | P | 08.12.77 | 1435 | Niederschlesisch-Märkische Eisenbahn/112/1879 NME 606/1881 KPEV Fft 362/1897 Erf 291 | 14.02.1902 |
| 3597 | 1B n2 | P | 24.12.77 | 1435 | Niederschlesisch-Märkische Eisenbahn/113/1879 NME 607/1881 KPEV Fft 363/1897 Erf 292 | 11.03.1905 |
| 3598 | 1B n2 | P | 29.12.77 | 1435 | Niederschlesisch-Märkische Eisenbahn/114/1879 NME 608/1881 KPEV Fft 364/1897 Mz 150/1906 Mz 1503 | |
| 3599 | 1B n2 | P | 29.12.77 | 1435 | Niederschlesisch-Märkische Eisenbahn/115/1879 NME 609/1881 KPEV Fft 365/1897 Mz 151 | 1904 |
| 3600 | 1B n2 | P | 14.02.78 | 1524 | Donez-Kohlenbahn (Rußland)/A 1/1893 Ekaterinen Eisenbahn A 24 | |
| 3601 | 1B n2 | P | 14.02.78 | 1524 | Donez-Kohlenbahn (Rußland)/A 2/1893 Ekaterinen Eisenbahn A 25 | |
| 3602 | 1B n2 | P | 14.02.78 | 1524 | Donez-Kohlenbahn (Rußland)/A 3/1893 Ekaterinen Eisenbahn A 26 | |
| 3603 | 1B n2 | P | 02.03.78 | 1524 | Donez-Kohlenbahn (Rußland)/A 4/1893 Ekaterinen Eisenbahn A 27 | |
| 3604 | 1B n2 | P | 02.03.78 | 1524 | Donze-Kohlenbahn (Rußland)/A 5/1893 Ekaterinen Eisenbahn A 28 | |
| 3605 | 1B n2 | P | 23.02.78 | 1524 | Donez-Kohlenbahn (Rußland)/A 6/1893 Ekaterinen Eisenbahn A 29 | |
| 3606 | 1B n2 | P | 23.02.78 | 1524 | Donez-Kohlenbahn (Rußland)/A 7/1893 Ekaterinen Eisenbahn A 30 | |
| 3607 | 1B n2 | P | 13.03.78 | 1524 | Donez-Kohlenbahn (Rußland)/A 8/1893 Ekaterinen Eisenbahn A 31 | |
| 3608 | 1B n2 | P | 23.02.78 | 1524 | Donez-Kohlenbahn (Rußland)/A 9/1893 Ekaterinen Eisenbahn A 32 | |
| 3609 | 1B n2 | P | 02.03.78 | 1524 | Donez-Kohlenbahn (Rußland)/A 10/1893 Ekaterinen Eisenbahn A 33 | |
| 3610 | 1B n2 | P | 13.03.78 | 1524 | Donez-Kohlenbahn (Rußland)/A 11/1893 Ekaterinen Eisenbahn A 34 | |
| 3611 | C n2 | G | 05.01.78 | 1524 | Weichseleisenbahn (Rußland)/145/Privilanskaya 224 | |
| 3612 | C n2 | G | 05.01.78 | 1524 | Weichseleisenbahn (Rußland)/146/Privilanskaya 225 | |
| 3613 | C n2 | G | 05.01.78 | 1524 | Weichseleisenbahn (Rußland)/147/Privilanskaya 226 | |
| 3614 | 1B n2 | P | 28.03.78 | 1435 | Saarbrücker Eisenbahn/144/1881 KPEV Cölrh 219/1905 Kbg | |
| 3615 | 1B n2 | P | 28.03.78 | 1435 | Saarbrücker Eisenbahn/145/1881 KPEV Cölrh 220/1905 Kbg | |
| 3616 | 1B n2 | P | 28.03.78 | 1435 | Saarbrücker Eisenbahn/146/1881 KPEV Cölrh 221/1905 Kbg | |
| 3617 | 1B n2 | P | 06.04.78 | 1435 | Saarbrücker Eisenbahn/147/1881 KPEV Cölrh 222/1905 Bsl 378/1906 Bsl 1561 | |
| 3618 | 1B n2 | P | 06.04.78 | 1435 | Saarbrücker Eisenbahn/148/1881 KPEV Cölrh 223 | 1903 |
| 3619 | C n2 | G | 19.01.78 | 1435 | Magdeburg-Halberstädter Eisenbahn/OSCHERSLEBEN/1881 KPEV Mgd 642/ 1883 Mgd 941/1899 Han 1073 | vor 1906 |
| 3620 | C n2 | G | 19.01.78 | 1435 | Magdeburg-Halberstädter Eisenbahn/QUEDLINBURG/1881 KPEV Mgd 643/ 1883 Mgd 942/1899 Han 1074 | vor 1906 |
| 3621 | C n2 | G | 29.01.78 | 1435 | Magdeburg-Halberstädter Eisenbahn/THALE/1881 KPEV Mgd 644/1883 Mgd 943/1906 Mgd 3052 | |
| 3622 | C n2 | G | 29.01.78 | 1435 | Magdeburg-Halberstädter Eisenbahn/KÖTHEN/1881 KPEV Mgd 645/1883 Mgd 944/1906 Mgd 3053 | |
| 3623 | 1B n2 | S | 04.05.78 | 1435 | Holländische Eisenbahn/EOS 74/1921 NS 1001 | 1925 |
| 3624 | 1B n2 | S | 04.05.78 | 1435 | Holländische Eisenbahn/FURIE 75/1921 NS 1002 | 1926 |
| 3625 | 1B n2 | S | 04.05.78 | 1435 | Holländische Eisenbahn/GALATEA 76/1921 NS 1003 | 1926 |
| 3626 | 1B n2 | S | 16.05.78 | 1435 | Holländische Eisenbahn/HYDRA 77/1921 NS 1004 | 1924 |
| 3627 | 1B n2 | S | 16.05.78 | 1435 | Holländische Eisenbahn/JO 78/1921 NS 1005 | 1926 |
| 3628 | 1B n2 | S | 16.05.78 | 1435 | Holländische Eisenbahn/JANUS 79/1921 NS 1006 | 1926 |
| 3629 | 1B n2 | S | 13.03.78 | 1524 | Donez-Kohlenbahn/Ekaterinen Eisenbahn A 35 | |
| 3630 | C n2 | G | 04.04.78 | 1524 | Landworowo-Romner (Rußland)/Tb 401 | |
| 3631 | C n2 | G | 04.04.78 | 1524 | Landworowo-Romner (Rußland)/Tb 402/1903 StPW 402 | |
| 3632 | C n2 | G | 04.04.78 | 1524 | Landworowo-Romner (Rußland)/Tb 403 | |
| 3633 | C n2 | G | 20.04.78 | 1524 | Landworowo-Romner (Rußland)/Tb 404 | |
| 3634 | C n2 | G | 20.04.78 | 1524 | Landworowo-Romner (Rußland)/Tb 405 | |
| 3635 | C n2 | G | 20.04.78 | 1524 | Landworowo-Romner (Rußland)/Tb 406/1903 StPW 406 | |
| 3636 | C n2 | G | 09.05.78 | 1524 | Landworowo-Romner (Rußland)/Tb 407/1903 StPW 407 | |
| 3637 | C n2 | G | 09.05.78 | 1524 | Landworowo-Romner (Rußland)/Tb 408 | |
| 3638 | C n2 | G | 09.05.78 | 1524 | Landworowo-Romner (Rußland)/Tb 409 | |
| 3639 | C n2 | G | 21.05.78 | 1524 | Landworowo-Romner (Rußland)/Tb 410/1903 StPW 410 | |
| 3640 | C n2 | G | 21.05.78 | 1524 | Landworowo-Romner (Rußland)/Tb 411/1903 StPW 411 | |
| 3641 | C n2 | G | 21.05.78 | 1524 | Landworowo-Romner (Rußland)/Tb 412 | |
| 3642 | 1B n2 | S | 09.08.78 | 1435 | Magdeburg-Halberstädter Eisenbahn/ILLER/1881 KPEV Mgd 280 | 1903 |
| 3643 | 1B n2 | S | 09.08.78 | 1435 | Magdeburg-Halberstädter Eisenbahn/INN/1881 KPEV Mgd 281 | 1903 |
| 3644 | 1B n2 | S | 09.08.78 | 1435 | Magdeburg-Halberstädter Eisenbahn/ISAR/1881 KPEV Mgd 282 | 1899 |
| 3645 | 1B n2 | S | 23.08.78 | 1435 | Magdeburg-Halberstädter Eisenbahn/LECH/1881 KPEV Mgd 283 | 1903 |
| 3646 | 1B n2 | S | 23.08.78 | 1435 | Magdeburg-Halberstädter Eisenbahn/TRAUN/1881 KPEV Mgd 284 | 1903 |
| 3647 | C n2 | G | 27.05.78 | 1524 | Landworowo-Romner (Rußland)/Tb 413 | |
| 3648 | C n2 | G | 27.05.78 | 1524 | Landworowo-Romner (Rußland)/Tb 414 | |
| 3649 | C n2 | G | 27.05.78 | 1524 | Landworowo-Romner (Rußland)/Tb 415 | |
| 3650 | C n2 | G | 03.06.78 | 1524 | Landworowo-Romner (Rußland)/Tb 416 | |
| 3651 | C n2 | G | 03.06.78 | 1524 | Landworowo-Romner (Rußland)/Tb 417 | |
| 3652 | C n2 | G | 03.06.78 | 1524 | Landworowo-Romner (Rußland)/Tb 418 | |
| 3653 | C n2 | G | 11.06.78 | 1524 | Landworowo-Romner (Rußland)/Tb 419 | |
| 3654 | C n2 | G | 11.06.78 | 1524 | Landworowo-Romner (Rußland)/Tb 420 | |
| 3655 | C n2 | G | 18.06.78 | 1524 | Landworowo-Romner (Rußland)/Tb 421 | |
| 3656 | C n2 | G | 18.06.78 | 1524 | Landworowo-Romner (Rußland)/Tb 422 | |

| Fabriknummer | Bauart | Gattung | Auslieferungsdatum | Spurweite | Empfänger/Verbleib | Ausmusterung |
|---|---|---|---|---|---|---|
| 3657 | C n2 | G | 25.06.78 | 1524 | Landworowo-Romner (Rußland)/Tb 423 | |
| 3658 | C n2 | G | 25.06.78 | 1524 | Landworowo-Romner (Rußland)/Tb 424 | |
| 3659 | C n2 | G | 25.06.78 | 1524 | Landworowo-Romner (Rußland)/Tb 425 | |
| 3660 | C n2 | G | 09.09.78 | 1435 | Magdeburg-Halberstädter Eisenbahn/BLUMENBERG/1881 KPEV Mgd 646/ 1883 Mgd 945 | 1901 |
| 3661 | C n2 | G | 09.09.78 | 1435 | Magdeburg-Halberstädter Eisenbahn/KALBE/1881 KPEV Mgd 647/1883 Mgd 946 | 1906 |
| 3662 | C n2 | G | 14.09.78 | 1435 | Magdeburg-Halberstädter Eisenbahn/NEUSTADT/1881 KPEV Mgd 648/ 1883 Mgd 947/1906 Mgd 3054 | |
| 3663 | C n2 | G | 14.09.78 | 1435 | Magdeburg-Halberstädter Eisenbahn/WANZLEBEN/1881 KPEV Mgd 649/ 1883 Mgd 948 | 1905 |
| 3664 | C n2 | G | 14.09.78 | 1435 | Magdeburg-Halberstädter Eisenbahn/WESTERHUSEN/1881 KPEV Mgd 650/ 1883 Mgd 949/1906 Mgd 3055 | |
| 3665 | C n2 | G | 23.09.78 | 1435 | Halberstadt-Blankenburger Eisenbahn/REGENSTEIN IV/1916 an Pulverfabrik Troisdorf | |
| 3666 | 1B n2 | P | 11.10.78 | 1435 | Magdeburg-Halberstädter Eisenbahn/NECKAR/1881 KPEV Mgd 283 | 1905 |
| 3667 | 1B n2 | P | 11.10.78 | 1435 | Magdeburg-Halberstädter Eisenbahn/NEISSE/1881 KPEV Mgd 286 | 1899 |
| 3668 | 1B n2 | P | 11.10.78 | 1435 | Magdeburg-Halberstädter Eisenbahn/PERSANTE/1881 KPEV Mgd 287/ 1906 Mgd 1512 | |
| 3669 | 1B n2 | P | 22.10.78 | 1435 | Magdeburg-Halberstädter Eisenbahn/STOLPE/1881 KPEV Mgd 288/1906 Mgd 1513 | |
| 3670 | 1B n2 | P | 22.10.78 | 1435 | Magdeburg-Halberstädter Eisenbahn/WARNOW/1881 KPEV Mgd 289 | 1901 |
| 3671 | C n2 | G | 09.11.78 | 1435 | Magdeburg-Halberstädter Eisenbahn/ELMEN/1881 KPEV Mgd 651/1883 Mgd 950 | 1906 |
| 3672 | C n2 | G | 09.11.78 | 1435 | Magdeburg-Halberstädter Eisenbahn/EGGERSDORF/1881 KPEV Mgd 652/ 1883 Mgd 951/1906 Mgd 3056 | 1906 |
| 3673 | C n2 | G | 09.11.78 | 1435 | Magdeburg-Halberstädter Eisenbahn/EICKENDORF/1881 KPEV Mgd 653/ 1883 Mgd 952/1906 Mgd 3057 | |
| 3674 | C n2 | G | 23.11.78 | 1435 | Magdeburg-Halberstädter Eisenbahn/GERLEBOGK/1881 KPEV Mgd 654/ 1883 Mgd 953/1906 Mgd 3058 | |
| 3675 | C n2 | G | 23.11.78 | 1435 | Magdeburg-Halberstädter Eisenbahn/LEIFERDE/1881 KPEV Mgd 655/1883 Mgd 954 | 1904 |
| 3676 | C n2 | G | 08.01.79 | 1524 | Kursk-Kiew (Rußland)/B 147/MKW BN 147 | |
| 3677 | C n2 | G | 08.01.79 | 1524 | Kursk-Kiew (Rußland)/B 148/MKW BN 148 | |
| 3678 | C n2 | G | 08.01.79 | 1524 | Kursk-Kiew (Rußland)/B 149/MKW BN 149 | |
| 3679 | C n2 | G | 03.03.79 | 1435 | Halle-Sorau-Gubener Eisenbahn/81/1884 KPEV Erf 922/1895 Hl 1205/ 1901 Hl 893 | 1903 |
| 3680 | C n2 | G | 03.03.79 | 1435 | Halle-Sorau-Gubener Eisenbahn/82/1884 KPEV Erf 923/1895 Hl 1206/ 1901 Hl 894 | 1902 |
| 3681 | C n2 | G | 23.04.79 | 1435 | Magdeburg-Halberstädter Eisenbahn/BERNBURG/1881 KPEV Mgd 656/ 1883 Mgd 955/1906 Mgd 3059 | |
| 3682 | C n2 | G | 23.04.79 | 1435 | Magdeburg-Halberstädter Eisenbahn/FÖRDERSTEDT/1881 KPEV Mgd 657/ 1883 Mgd 956 | 1903 |
| 3683 | C n2 | G | 22.03.79 | 1435 | Magdeburg-Halberstädter Eisenbahn/GIERSLEBEN/1881 KPEV Mgd 658/ 1883 Mgd 957 | 1904 |
| 3684 | C n2 | G | 22.03.79 | 1435 | Magdeburg-Halberstädter Eisenbahn/JÄVENITZ/1881 KPEV Mgd 659/1883 Mgd 958 | 1903 |
| 3685 | C n2 | G | 05.03.79 | 1435 | Magdeburg-Halberstädter Eisenbahn/MESSDORF/1881 KPEV Mgd 660/1883 Mgd 959 | 1906 |
| 3686 | C n2 | G | 05.03.79 | 1435 | Magdeburg-Halberstädter Eisenbahn/PRETZIER/1881 KPEV Mgd 661/ 1883 Mgd 960/1906 Mgd 3060 | |
| 3687 | 1B n2 | S | 09.08.79 | 1435 | Rheinische Eisenbahn/AGGER 415/1882 KPEV Cölrh 253/1895 Sbr 253 | 1903 |
| 3688 | 1B n2 | S | 09.08.79 | 1435 | Rheinische Eisenbahn/DÜSSEL 416/1882 KPEV Cölrh 254/1895 Sbr 254 | 1902 |
| 3689 | 1B n2 | S | 28.08.79 | 1435 | Rheinische Eisenbahn/ENNEPE 417/1882 KPEV Cölrh 255/1895 Sbr 255/ Sbr 252 | 1901 |
| 3690 | 1B n2 | S | 28.08.79 | 1435 | Rheinische Eisenbahn/VOLLME 418/1882 KPEV Cölrh 256/1895 Sbr 256/ Sbr 251 | 1901 |
| 3691 | B n2 | G | 20.08.79 | 1435 | Königliche Ostbahn/442/1881 KPEV Bbg 557/1895 Dzg 557/1899 Stn 557 | vor 1906 |
| 3692 | B n2 | G | 20.08.79 | 1435 | Königliche Ostbahn/443/1881 KPEV Bbg 558/1895 Dzg 558/1899 Stn 558 | vor 1906 |
| 3693 | B n2 | G | 26.08.79 | 1435 | Königliche Ostbahn/444/1881 KPEV Bbg 559/1895 Dzg 559/1899 Stn 559 | vor 1906 |
| 3694 | B n2 | G | 26.08.79 | 1435 | Königliche Ostbahn/445/1881 KPEV Bbg 560/1895 Dzg 560/1899 Stn 560 | vor 1906 |
| 3695 | B n2 | G | 03.09.79 | 1435 | Königliche Ostbahn/446/1881 KPEV Bbg 561/1895 Dzg 561/1906 Dzg 3049 | vor 1915 |
| 3696 | B n2 | G | 03.09.79 | 1435 | Königliche Ostbahn/447/1881 KPEV Bbg 562/1895 Dzg 562/1906 Dzg 3050 | vor 1915 |
| 3697 | B n2 | G | 12.09.79 | 1435 | Königliche Ostbahn/448/1881 KPEV Bbg 563/1895 Dzg 563 | vor 1906 |
| 3698 | B n2 | G | 12.09.79 | 1435 | Königliche Ostbahn/449/1881 KPEV Bbg 564/1895 Dzg 564 | vor 1906 |
| 3699 | 1B n2 | S | 26.06.79 | 1435 | Berlin-Hamburger Eisenbahn/WINDSPIEL/1884 KPEV Alt 172/1906 Alt 1570 | 1910 |
| 3700 | 1B n2 | S | 26.06.79 | 1435 | Berlin-Hamburger Eisenbahn/STRAUSS/1884 KPEV Alt 173 | 1903 |
| 3701 | C n2 | G | 19.09.79 | 1435 | Holländische Eisenbahn/VISSCHERIJ 83/1921 NS 3101 | 1929 |
| 3702 | C n2 | G | 19.09.79 | 1435 | Holländische Eisenbahn/VEETEELT 84/1921 NS 3102 | 1931 |
| 3703 | C n2 | G | 19.09.79 | 1435 | Holländische Eisenbahn/SCHEEPWAART 85/1921 NS 3103 | 1925 |
| 3704 | 1B n2 | S | 07.10.79 | 1435 | Holländische Eisenbahn/KALYPSO 80/1921 NS 1007 | 1926 |

| Fabriknummer | Bauart | Gattung | Auslieferungsdatum | Spurweite | Empfänger/Verbleib | Ausmusterung |
|---|---|---|---|---|---|---|
| 3705 | 1B n2 | S | 07.10.79 | 1435 | Holländische Eisenbahn/LAOKOON 81/1921 NS 1008 | 1926 |
| 3706 | 1B n2 | S | 07.10.79 | 1435 | Holländische Eisenbahn/MEDEA 82/1921 NS 1009 | 1925 |
| 3707 | 1B n2 | S | 14.10.79 | 1435 | Warschau-Wiener Eisenbahn/501 | |
| 3708 | 1B n2 | S | 14.10.79 | 1435 | Warschau-Wiener Eisenbahn/502 | |
| 3709 | 1B n2 | S | 21.10.79 | 1435 | Warschau-Wiener Eisenbahn/503 | |
| 3710 | 1B n2 | S | 21.10.79 | 1435 | Warschau-Wiener Eisenbahn/504 | |
| 3711 | C n2 | G | 17.01.80 | 1524 | Kursk-Kiew (Rußland)/B 150/MKW BN 250 | |
| 3712 | C n2 | G | 17.01.80 | 1524 | Kursk-Kiew (Rußland)/B 151/MKW BN 251 | |
| 3713 | C n2 | G | 17.01.80 | 1524 | Kursk-Kiew (Rußland)/B 152/MKW BN 252 | |
| 3714 | B n2t | Gt | 25.03.80 | 1435 | Westfälische Eisenbahn/206/1880 KPEV Han 906/1883 Han 1500/1895 Csl 1907/1906 Csl 6011 | |
| 3715 | B n2t | Gt | 25.03.80 | 1435 | Westfälische Eisenbahn/207/1880 KPEV Han 907/1883 Han 1501/1895 Csl 1908/1906 Csl 6012 | |
| 3716 | B n2t | Gt | 27.03.80 | 1435 | Westfälische Eisenbahn/208/1880 KPEV Han 908/1883 Han 1502/1895 Csl 1909/1906 Csl 6013 | |
| 3717 | B n2t | Gt | 27.03.80 | 1435 | Westfälische Eisenbahn/209/1880 KPEV Han 909/1883 Han 1503/1895 Csl 1910 | 1904 |
| 3718 | B n2t | Gt | 03.04.80 | 1435 | Westfälische Eisenbahn/210/1880 KPEV Han 910/1883 Han 1504/1895 Csl 1911/1906 Csl 6014 | |
| 3719 | 1B n2 | S | 14.05.80 | 1435 | Warschau-Wiener Eisenbahn/505 | |
| 3720 | 1B n2 | S | 14.05.80 | 1435 | Warschau-Wiener Eisenbahn/506 | |
| 3721 | 1B n2 | S | 27.05.80 | 1435 | Warschau-Wiener Eisenbahn/507 | |
| 3722 | 1B n2 | S | 27.05.80 | 1435 | Warschau-Wiener Eisenbahn/508 | |
| 3723 | C n2 | G | 19.08.80 | 1067 | Jaroslawl-Wologda (Rußland)/K 19 | |
| 3724 | C n2 | G | 19.08.80 | 1067 | Jaroslawl-Wologda (Rußland)/K 20 | |
| 3725 | B n2t | G | 22.05.80 | 1435 | Parchim-Ludwigsluster Eisenbahn/FRIEDRICH FRANZ II/1894 MFFE/1895 MFFE 508 | 1914 |
| 3726 | B n2t | G | 22.05.80 | 1435 | Parchim-Ludwigsluster Eisenbahn/MOLTKE/1894 MFFE/1895 MFFE 509 | 1918 |
| 3737 | C n2 | G | 14.07.80 | 1435 | Holländische Eisenbahn/JUSTITIE 86/1921 NS 3104 | 1927 |
| 3728 | C n2 | G | 14.07.80 | 1435 | Holländische Eisenbahn/ONDERWIJS 87/1921 NS 3105 | 1927 |
| 3729 | C n2 | G | 14.07.80 | 1435 | Holländische Eisenbahn/VERVOER 88/1921 NS 3106 | 1926 |
| 3730 | 1B n2 | S | 14.08.80 | 1435 | Holländische Eisenbahn/NESTOR 89/1921 NS 1010/im Nederlandse Spoorweg Museum, Utrecht | 1934 |
| 3731 | 1B n2 | S | 14.08.80 | 1435 | Holländische Eisenbahn/ORPHEUS 90/1921 NS 1011 | 1935 |
| 3732 | 1B n2 | S | 28.08.80 | 1435 | Holländische Eisenbahn/PEGASUS 91/1921 NS 1012 | 1934 |
| 3733 | 1B n2 | S | 28.08.80 | 1435 | Holländische Eisenbahn/RA 92/1921 NS 1013 | 1930 |
| 3734 | 1B n2 | S | 25.09.80 | 1435 | Holländische Eisenbahn/SIRENE 93/1921 NS 1014 | 1927 |
| 3735 | 1B n2 | S | 25.09.80 | 1435 | Holländische Eisenbahn/TITAAN 94/1921 NS 1015 | 1927 |
| 3736 | 1B n2 | S | 25.09.80 | 1435 | Holländische Eisenbahn/UTOPIA 95/1921 NS 1016 | 1926 |
| 3737 | B n2t | S | 27.09.80 | 1524 | Hafenbahn Landworowo (Rußland)/auch Hafen Libau genannt | |
| 3738 | C n2 | G | 26.11.80 | 1435 | Stargard-Posener Eisenbahn[1])/27/1885 KPEV Bsl 1062/1895 Psn 1062/1906 Psn 3109 | |
| 3739 | C n2 | G | 26.11.80 | 1435 | Stargard-Posener Eisenbahn[1])/28/1885 KPEV Bsl 1063/1895 Psn 1063 | |
| 3740 | C n2 | G | 07.12.80 | 1435 | Oberschlesische Eisenbahn[1])/489/1885 KPEV Bsl 1057/1895 Psn 1057/1906 Psn 3104 | |
| 3741 | C n2 | G | 07.12.80 | 1435 | Oberschlesische Eisenbahn[1])/490/1885 KPEV Bsl 1058/1895 Psn 1058/1906 Psn 3105 | |
| 3742 | C n2 | G | 07.12.80 | 1435 | Oberschlesische Eisenbahn[1])/491/1885 KPEV Bsl 1059/1895 Psn 1059/1906 Psn 3106 | |
| 3743 | C n2 | G | 07.12.80 | 1435 | Oberschlesische Eisenbahn[1])/492/1885 KPEV Bsl 1060/1895 Psn 1060/1906 Psn 3107 | |
| 3744 | C n2 | G | 30.12.80 | 1435 | Oberschlesische Eisenbahn[1])/493/1885 KPEV Bsl 1061/1895 Psn 1061/1906 Psn 3108 | |
| 3745 | C n2 | G | 30.12.80 | 1435 | Oberschlesische Eisenbahn[1])/494/1885 KPEV Bsl 1064/1895 Psn 1064/1906 Psn 3110 | |
| 3746 | C n2 | G | 13.01.81 | 1435 | Oberschlesische Eisenbahn[1])/495/1885 KPEV Bsl 1065/1895 Psn 1065 | 1908 |
| 3747 | C n2 | G | 13.01.81 | 1435 | Oberschlesische Eisenbahn[1])/496/1885 KPEV Bsl 1066/1895 Psn 1066/1906 Psn 3111 | |
| 3748 | C n2 | G | 13.01.81 | 1435 | Oberschlesische Eisenbahn[1])/497/1885 KPEV Bsl 1067/1895 Psn 1067/1906 Psn 3112 | |
| 3749 | C n2 | G | 27.01.81 | 1435 | Oberschlesische Eisenbahn[1])/498/1885 KPEV Bsl 1068/1895 Psn 1068/1906 Psn 3113 | |
| 3750 | C n2 | G | 27.01.81 | 1435 | Oberschlesische Eisenbahn[1])/499/1885 KPEV Bsl 1069/1895 Psn 1069/1906 Psn 3114 | |
| 3751 | C n2 | G | 27.01.81 | 1435 | Oberschlesische Eisenbahn[1])/500/1885 KPEV Bsl 1070/1895 Psn 1070/1906 Psn 3115 | |
| 3752 | B n2t | G | 04.10.80 | 1435 | Aachen-Maastrichter Eisenbahn | |
| 3753 | 2 B n2 | S | 19.03.81 | 1435 | Römische Eisenbahn/495/SFR 801/1885 RA 1501/1906 FS 5315 | |
| 3754 | 2 B n2 | S | 19.03.81 | 1435 | Römische Eisenbahn/496/SFR 802/1885 RA 1502/1906 FS 5316/1919 FS 530.016 | 03.1925 |

[1])Preußische Normallokomotive Musterblatt 16, später als G 3 mit Innensteuerung bezeichnet

| Fabriknummer | Bauart | Gattung | Auslieferungsdatum | Spurweite | Empfänger/Verbleib | Ausmusterung |
|---|---|---|---|---|---|---|
| 3755 | 2 B n2 | S | 26.03.81 | 1435 | Römische Eisenbahn/497/SFR 803/1885 RA 1503/1906 FS 5301 | |
| 3756 | 2 B n2 | S | 26.03.81 | 1435 | Römische Eisenbahn/498/SFR 804/1885 RA 1504/1906 FS 5317/1919 FS 530.017 | 08.1927 |
| 3757 | 2 B n2 | S | 02.04.81 | 1435 | Römische Eisenbahn/499/SFR 805/1885 RA 1505/1906 FS 5318 | |
| 3758 | 2 B n2 | S | 02.04.81 | 1435 | Römische Eisenbahn/500/SFR 806/1885 RA 1506/1906 FS 5319 | |
| 3759 | B n2t | - | 24.03.81 | 1435 | Wittenberge-Perleberger Eisenbahn/WITTENBERGE I | 1900 |
| 3760 | B n2t | - | 24.03.81 | 1435 | Wittenberge-Perleberger Eisenbahn/PERLEBERG II | 1902 |
| 3761 | C n2t | - | 16.05.81 | 1435 | Haarlem-Zandvoort Spoorweg/HAARLEM 1/1889 HSM 296/1899 HSM 1001/1921 NS 7601 | 1927 |
| 3762 | C n2t | | 16.05.81 | 1435 | Haarlem-Zandvoort Spoorweg/OVERVEEN 2/1889 HSM 297/1899 HSM 1002/1921 NS 7602 | 1926 |
| 3763 | C n2t | | 16.05.81 | 1435 | Haarlem-Zandvoort Spoorweg/ZANDVOORT 3/1889 HSM 298/1899 HSM 1003/1921 NS 7603 | 1927 |
| 3764 | C n2 | G | 21.05.81 | 1435 | Holländische Eisenbahn/WETENSCHAP 101/1921 NS 3107 | 1925 |
| 3765 | C n2 | G | 21.05.81 | 1435 | Holländische Eisenbahn/MARINE 102/1921 NS 3108 | 1925 |
| 3766 | C n2 | G | 28.05.81 | 1435 | Holländische Eisenbahn/GENEESKUNST 103/1921 NS 3109 | 1926 |
| 3767 | C n2 | G | 28.05.81 | 1435 | Holländische Eisenbahn/STOOMWEZEN 104/1921 NS 3110 | 1931 |
| 3768 | C n2 | G | 09.06.81 | 1435 | Holländische Eisenbahn/STOOMVAART 105/1921 NS 3111 | 1932 |
| 3769 | C n2 | G | 09.06.81 | 1435 | Holländische Eisenbahn/VREDE 106/1921 NS 3112 | 1926 |
| 3770 | C n2 | G | 09.06.81 | 1435 | Holländische Eisenbahn/OORLOG 107/1921 NS 3113 | 1926 |
| 3771 | 1B n2 | G | 02.07.81 | 1435 | Holländische Eisenbahn/VIVTORIA 96/1921 NS 1017 | 1933 |
| 3772 | 1B n2 | G | 02.07.81 | 1435 | Holländische Eisenbahn/WALHALLA 97/1921 NS 1018 | 1928 |
| 3773 | 1B n2 | G | 02.07.81 | 1435 | Holländische Eisenbahn/XANTHIPPE 98/1921 NS 1019 | 1934 |
| 3774 | C n2t | Gt | 06.08.81 | 1435 | Niederschlesisch-Märkische Eisenbahn/750 (T 7)/1883 KPEV Bln 1731/1906 Bln 6801 | 1916 |
| 3775 | C n2t | Gt | 06.08.81 | 1435 | Niederschlesisch-Märkische Eisenbahn/751/ (T 7)/1883 KPEV Bln 1732/1906 Bln 6802 | 1913 |
| 3776 | C n2t | Gt | 06.08.81 | 1435 | Niederschlesisch-Märkische Eisenbahn/752 (T 7)/1883 KPEV Bln 1733 1906 Bln 6803/1919 PKP | |
| 3777 | C n2t | Gt | 17.08.81 | 1435 | Niederschlesisch-Märkische Eisenbahn/753 (T 7//1883 KPEV Bln 1734/1906 Bln 6804 | 1910 |
| 3778 | C n2t | Gt | 17.08.81 | 1435 | Niederschlesisch-Märkische Eisenbahn/754 (T 7)/1883 KPEV Bln 1735/1906 Bln 6805 | 1913 |
| 3779 | C n2t | Gt | 17.08.81 | 1435 | Niederschlesisch-Märkische Eisenbahn/755 (T 7)/1883 KPEV Bln 1736/1906 Bln 6806 | 1913 |
| 3780 | 1B n2 | S | 25.08.81 | 1435 | Berlin-Anhalter Eisenbahn/BENSEN 180/1882 KPEV Erf 179/1895 Hl 179 | |
| 3781 | 1B n2 | S | 25.08.81 | 1435 | Berlin-Anhalter Eisenbahn/SCHWABACH 181/1882 KPEV Erf 180/1895 Hl 180 | |
| 3782 | 1B n2 | S | 25.08.81 | 1435 | Berlin-Anhalter Eisenbahn/FELIX MEIER 182/1882 KPEV Erf 181/1895 Hl 181 | |
| 3783 | 1B n2 | S | 13.09.81 | 1435 | Berlin-Anhalter Eisenbahn/KUCZINSKI 183/1882 KPEV Erf 182/1895 Hl 182 | |
| 3784 | 1B n2 | S | 13.09.81 | 1435 | Berlin-Anhalter Eisenbahn/ZWICKER 184/1882 KPEV Erf 183/1895 Hl 183 | |
| 3785 | 1B n2 | S | 13.09.81 | 1435 | Berlin-Anhalter Eisenbahn/BITTER 185/1882 KPEV Erf 184/1895 Hl 184 | |
| 3786 | B1 n2 | P | 29.08.81 | 1435 | Holsteinische Marschbahn/DITHMARSCHEN II/1890 KPEV Alt 671 | 1900 |
| 3787 | 1B n2 | P | 01.10.81 | 1435 | Bergisch-Märkische Eisenbahn/676/1882 KPEV Efd 192 | |
| 3788 | 1B n2 | P | 01.10.81 | 1435 | Bergisch-Märkische Eisenbahn/677/1882 KPEV Efd 193 | |
| 3789 | 1B n2 | P | 10.10.81 | 1435 | Bergisch-Märkische Eisenbahn/678/1882 KPEV Efd 194/1906 Efd 1554 | |
| 3790 | 1B n2 | P | 10.10.81 | 1435 | Bergisch-Märkische Eisenbahn/679/1882 KPEV Efd 195/1906 Efd 1555 | |
| 3791 | C n2t | - | 03.12.81 | | Indische Eisenbahn/Empfänger unklar, wahrscheinlich gleicher Empfänger wie Fa.-Nr. 2402-2403 | |
| 3792 | C n2 | G | 24.11.81 | 1435 | Breslau-Schweidnitz-Freiburger Eisenbahn/115/1883 KPEV Bbg 1126 | |
| 3793 | C n2 | G | 24.11.81 | 1435 | Breslau-Schweidnitz-Freiburger Eisenbahn/116/1883 KPEV Bln 1134 | |
| 3794 | C n2 | G | 24.11.81 | 1435 | Breslau-Schweidnitz-Freiburger Eisenbahn/117/1883 KPEV Bln 1135/Bsl 924/1906 Bsl 3111 | |
| 3795 | C n2 | G | 04.10.81 | 1435 | Halberstadt-Blankenburger Eisenbahn/DERENBURG V | 1916 |
| 3796 | (B n2)'1 | DT | 11.11.81 | 1435 | Hoyaer Eisenbahn/R 1/1913 CW Umbau in Personenwagen[1)] | |
| 3797 | (B n2)'1 | DT | 20.11.81 | 1435 | Hoyaer Eisenbahn/R 2/1913 CW Umbau in Personenwagen[1)] | |
| 3798 | 1B n2 | P | 14.01.82 | 1435 | Bergisch-Märkische Eisenbahn/MARK II 2/1882 KPEV Efd 101 | |
| 3799 | 1B n2 | P | 14.01.82 | 1435 | Bergisch-Märkische Eisenbahn/680/1882 KPEV Efd 196/1906 Efd 1556 | |
| 3800 | 1B n2 | P | 14.01.82 | 1435 | Bergisch-Märkische Eisenbahn/681/1882 KPEV Efd 197 | |
| 3801 | 2'B n2 | S | 28.12.81 | 1435 | Römische Eisenbahn/807/1885 RA 1507/1906 FS 5320/1919 FS 530.020 | 07.1924 |
| 3802 | 2'B n2 | S | 10.01.82 | 1435 | Römische Eisenbahn/808/1885 RA 1508/1906 FS 5321 | |
| 3803 | 2'B n2 | S | 10.01.82 | 1435 | Römische Eisenbahn/809/1885 RA 1509/1906 FS 5322 | |
| 3804 | 2'B n2 | S | 18.03.82 | 1435 | Römische Eisenbahn/810/1885 RA 1510/1906 FS 5323 | |
| 3805 | 2'B n2 | S | 18.03.82 | 1435 | Römische Eisenbahn/811/1885 RA 1511/1906 FS 5324/1919 FS 530.024 | 11.1925 |
| 3806 | 2'B n2 | S | 18.03.82 | 1435 | Römische Eisenbahn/812/1885 RA 1512/1906 FS 5325 | |
| 3807 | 2'B n2 | S | 28.03.82 | 1435 | Römische Eisenbahn/813/1885 RA 1513/1906 FS 5326/1919 FS 530.026 | 03.1925 |
| 3808 | 2'B n2 | S | 28.03.82 | 1435 | Römische Eisenbahn/814/1885 RA 1514/1906 FS 5302 | |
| 3809 | 2'B n2 | S | 28.03.82 | 1435 | Römische Eisenbahn/815/1885 RA 1515/1906 FS 5303 | |
| 3810 | 2'B n2 | S | 26.06.82 | 1435 | Römische Eisenbahn/816/1885 RA 1516/1906 FS 5327 | |
| 3811 | 2'B n2 | S | 26.06.82 | 1435 | Römische Eisenbahn/817/1885 RA 1517/1906 FS 5328 | |

[1)] Rowan-Dampftriebwagen - wagenbaulicher Teil von Firma Herbrand, Cöln

| Fabriknummer | Bauart | Gattung | Auslieferungsdatum | Spurweite | Empfänger/Verbleib | Ausmusterung |
|---|---|---|---|---|---|---|
| 3812 | 2'B n2 | S | 26.06.82 | 1435 | Römische Eisenbahn/818/1885 RA 1518/1906 FS 5329/1919 FS 530.029 | 07.1928 |
| 3813 | C n2 | G | 21.01.82 | 1435 | Oberschlesische Eisenbahn/501/1885 KPEV Bsl 1077/1906 Bsl 3164 | 1910 |
| 3814 | C n2 | G | 21.01.82 | 1435 | Oberschlesische Eisenbahn/502/1885 KPEV Bsl 1078/1906 Bsl 3165 | 1911 |
| 3815 | C n2 | G | 21.01.82 | 1435 | Oberschlesische Eisenbahn/503/1885 KPEV Bsl 1079/1906 Bsl 3166 | 1921 |
| 3816 | C n2 | G | 28.01.82 | 1435 | Oberschlesische Eisenbahn/504/1885 KPEV Bsl 1080/1906 Bsl 3167 | 1911 |
| 3817 | C n2 | G | 28.01.82 | 1435 | Oberschlesische Eisenbahn/505/1885 KPEV Bsl 1081/1906 Bsl 3168 | 1911 |
| 3818 | C n2 | G | 06.02.82 | 1435 | Oberschlesische Eisenbahn/506/1885 KPEV Bsl 1082/1906 Bsl 3169 | 1907 |
| 3819 | C n2 | G | 06.02.82 | 1435 | Oberschlesische Eisenbahn/507/1885 KPEV Bsl 1083/1906 Bsl 3170 | 1911 |
| 3820 | C n2 | G | 06.02.82 | 1435 | Oberschlesische Eisenbahn/508/1885 KPEV Bsl 1084/1906 Bsl 3171 | 1911 |
| 3821 | C n2 | G | 20.02.82 | 1435 | Holländische Eisenbahn/BLIKSEM 108/1921 NS 3114 | 1926 |
| 3822 | C n2 | G | 20.02.82 | 1435 | Holländische Eisenbahn/DANDER 109/1921 NS 3115 | 1929 |
| 3823 | C n2 | G | 20.02.82 | 1435 | Holländische Eisenbahn/ORKAAN 110/1921 NS 3116 | 1925 |
| 3824 | 1'B n2 | S | 07.03.82 | 1435 | Warschau-Wiener u. Warschau-Bromberger Eisenbahn/509 | |
| 3825 | 1'B n2 | S | 07.03.82 | 1435 | Warschau-Wiener u. Warschau-Bromberger Eisenbahn/510 | |
| 3826 | 1'B n2 | S | 11.03.82 | 1435 | Warschau-Wiener u. Warschau-Bromberger Eisenbahn/511 | |
| 3827 | 1'B n2 | S | 11.03.82 | 1435 | Warschau-Wiener u. Warschau-Bromberger Eisenbahn/512 | |
| 3828 | 2'B n2 | S | 29.04.82 | 1435 | Italienische Südbahn/240/SFM 401/1885 RA 1701/1906 FS 5401/1919 FS 540.001 | 02.1931 |
| 3829 | 2'B n2 | S | 29.04.82 | 1435 | Italienische Südbahn/241/SFM 402/1885 RA 1702/1906 FS 5402/1919 FS 540.002 | 05.1929 |
| 3830 | 2'B n2 | S | 29.04.82 | 1435 | Italienische Südbahn/242/SFM 403/1885 RA 1703/1906 FS 5403/1919 FS | 1916-1921 |
| 3831 | 2'B n2 | S | 15.05.82 | 1435 | Italienische Südbahn/243/SFM 404/1885 RA 1704/1906 FS 5404/1919 FS 540.004 | 04.1929 |
| 3832 | 2'B n2 | S | 15.05.82 | 1435 | Italienische Südbahn/244/SFM/405/1885 RA 1705/1906 FS 5405/1919 FS | 1916-1921 |
| 3833 | 2'B n2 | S | 15.05.82 | 1435 | Italienische Südbahn/245/SFM 406/1885 RA 1706/1906 FS 5406/1919 FS 540.006 | 05.1929 |
| 3834 | 2'B n2 | S | 12.06.82 | 1435 | Italienische Südbahn/246/SFM 407/1885 RA 1707/1906 FS 5407/1919 FS 540.007 | 02.1930 |
| 3835 | 2'B n2 | S | 12.06.82 | 1435 | Italienische Südbahn/247/SFM 408/1885 RA 1708/1906 FS 5408/1919 FS 540.008 | |
| 3836 | 1'B n2t | Pt | 17.06.82 | 1435 | Berlin-Hamburger Eisenbahn/STRESOW (T 4)/1884 KPEV Alt 1453/1884 Bln 1603/1906 Bln 6401 | 1906 |
| 3837 | 1'B n2t | Pt | 17.06.82 | 1435 | Berlin-Hamburger Eisenbahn/RUHLEBEN (T 4)/1884 KPEV Alt 1454/1884 Bln 1604/1906 Bln 6402 | 1911 |
| 3838 | 1'B n2t | Pt | 24.05.82 | 1435 | Berlin-Hamburger Eisenbahn/GRUNEWALD (T 4)/1884 KPEV Alt 1455/1906 Alt 6401 | 1908 |
| 3839 | 1'B n2t | Pt | 03.06.82 | 1435 | Berlin-Hamburger Eisenbahn/WESTEND (T 4)/1884 KPEV Alt 1456/1884 Bln 1605/1906 Bln 6403/später Psn 6403 | 1913 |
| 3840 | 1'B n2t | Pt | 03.06.82 | 1435 | Berlin-Hamburger Eisenbahn/CHARLOTTENBURG (T 4)/1884 KPEV Alt 1457/1906 Alt 6402 | 1908 |
| 3841 | 1'B n2t | Pt | 06.06.82 | 1435 | Berlin-Hamburger Eisenbahn/MOABIT (T 4)/1884 KPEV Alt 1458/1906 Alt 6403 | 1910 |
| 3842 | (B n2)'1 | DT | 07.01.82 | 1435 | Local-Eisenbahn-Betriebs-Gesellschaft, Hamburg/Rowan-Dampftriebwagen | |
| 3843 | 1'B n2 | P | 17.04.82 | 1435 | Hessische Ludwigsbahn/STEPHENSON 180/1897 KPEV Mz 123 | 1906 |
| 3844 | 1'B n2 | P | 17.04.82 | 1435 | Hessische Ludwigsbahn/LESSING 181/1897 KPEV Mz 124 | 1906 |
| 3845 | 1'B n2 | P | 28.05.82 | 1435 | Hessische Ludwigsbahn/KANT 182/1897 KPEV Mz 125 | 1906 |
| 3846 | 1'B n2 | P | 28.05.82 | 1435 | Hessische Ludwigsbahn/NEWTON 183/1897 KPEV Mz 126 | vor 1906 |
| 3847 | 1'B n2 | P | 08.06.82 | 1435 | Hessische Ludwigsbahn/KEPLER 184/1897 KPEV Mz 127/1906 Mz 1551 | |
| 3848 | 1'B n2 | P | 08.06.82 | 1435 | Hessische Ludwigsbahn/STEINHEIL 185/1897 KPEV Mz 128/1906 Mz 1552 | |
| 3849 | C n2t | - | 31.03.82 | 1435 | Haarlem-Zandvoort-Spoorweg/RUDOLF SULZBACH 4/1889 HSM 1004 | 1918 |
| 3850 | 2'B n2 | P | 22.08.82 | 1435 | Dänische Staatsbahn Litra A/129 | 1938 |
| 3851 | 2'B n2 | P | 22.08.82 | 1435 | Dänische Staatsbahn Litra A/130 | 1937 |
| 3852 | 2'B n2 | P | 22.08.82 | 1435 | Dänische Staatsbahn Litra A/131 | 1938 |
| 3853 | 2'B n2 | P | 30.08.82 | 1435 | Dänische Staatsbahn Litra A/132 | 1935 |
| 3854 | 2'B n2 | P | 30.08.82 | 1435 | Dänische Staatsbahn Litra A/133 | 1956 |
| 3855 | 2'B n2 | P | 30.08.82 | 1435 | Dänische Staatsbahn Litra A/134 | 1937 |
| 3856 | C n2 | G | 04.07.82 | 1435 | Holländische Eisenbahn/RHYN 111/1921 NS 3117 | 1930 |
| 3857 | C n2 | G | 04.07.82 | 1435 | Holländische Eisenbahn/SCHELDE 112/1921 NS 3118 | 1927 |
| 3858 | C n2 | G | 04.07.82 | 1435 | Holländische Eisenbahn/YJSSEL 113/1921 NS 3119 | 1926 |
| 3859 | C n2 | G | 12.07.82 | 1435 | Holländische Eisenbahn/LEK 114/1921 NS 3120 | 1932 |
| 3860 | C n2 | G | 12.07.82 | 1435 | Holländische Eisenbahn/WAAL 115/1921 NS 3121 | 1926 |
| 3861 | C n2t | Gt | 07.09.82 | 1435 | KPEV (T 7)/Cölrh 1729/1895 Sbr 1729/Sbr 1715/1906 Sbr 6812 | |
| 3862 | C n2t | Gt | 07.09.82 | 1435 | KPEV (T 7)/Cölrh 1730/1895 Sbr 1730/Sbr 1716/1906 Sbr 6813 | |
| 3863 | B n2t | Gt | 25.07.82 | 1435 | Stargard-Cüstriner Eisenbahn[1]/BRANDENBURG 1 | |
| 3864 | B n2t | Gt | 25.07.82 | 1435 | Stargard-Cüstriner Eisenbahn[1]/POMMERN 2 | |
| 3865 | B n2t | Gt | 30.07.82 | 1435 | Stargard-Cüstriner Eisenbahn[1]/KREIS PYRITZ 3 | |
| 3866 | B n2t | Gt | 30.07.82 | 1435 | Stargard-Cüstriner Eisenbahn[1]/KREIS SOLDIN 4 | |
| 3867 | B n2t | Gt | 14.08.82 | 1435 | Stargard-Cüstriner Eisenbahn[1]/STARGARD 5 | |
| 3868 | B n2t | Gt | 14.08.82 | 1435 | Stargard-Cüstriner Eisenbahn[1]/LIPPEHNE 6 | |
| 3869 | B n2t | Gt | 14.08.82 | 1435 | Stargard-Cüstriner Eisenbahn/NEUDAMM 7/Strausberger Eisenbahn 3 | |
| 3870 | (B n2)'1 | DT | 23.09.84 | 1435 | Will.R. Rowan/später Reimer & Masch/1889 Kurfürsten Damm-Gesellschaft Nr. 1/Rowan-Dampftriebwagen - wagenbaulicher Teil von Firma Herbrand, Cöln/später Berliner Dampfstraßenbahnen | |
| 3871 | C n2t | WL | 13.09.82 | 1435 | Mechernicher Bergwerks-Actien-Verein/11 | |

[1] 1903 wurde die Bahn von der KPEV übernommen, der Verbleib der Lokomotiven ist unbekannt

| Fabriknummer | Bauart | Gattung | Auslieferungsdatum | Spurweite | Empfänger/Verbleib | Ausmusterung |
|---|---|---|---|---|---|---|
| 3872 | C n2t | WL | 13.09.82 | 1435 | Mechernicher Bergwerks-Actien-Verein/12 | |
| 3873 | B1 n2 | G | 27.10.82 | 1435 | Oberschlesische Eisenbahn/241/1885 KPEV Bsl 654/1906 Bsl 3060 | |
| 3874 | B1 n2 | G | 27.10.82 | 1435 | Oberschlesische Eisenbahn/252/1885 KPEV Bsl 653 | vor 1906 |
| 3875 | B1 n2 | G | 27.10.82 | 1435 | Oberschlesische Eisenbahn/255/1885 KPEV Bsl 656/1906 Bsl 3061 | |
| 3876 | B1 n2 | G | 03.11.82 | 1435 | Oberschlesische Eisenbahn/256/1885 KPEV Bsl 657/1906 Bsl 3062 | |
| 3877 | B1 n2 | G | 03.11.82 | 1435 | Oberschlesische Eisenbahn/260/1885 KPEV Bsl 658/1906 Bsl 3063 | |
| 3878 | B1 n2 | G | 16.11.82 | 1435 | Oberschlesische Eisenbahn/263/1885 KPEV Bsl 659 | vor 1906 |
| 3879 | B1 n2 | G | 16.11.82 | 1435 | Oberschlesische Eisenbahn/284/1885 KPEV Bsl 660 | vor 1906 |
| 3880 | B1 n2 | G | 16.11.82 | 1435 | Oberschlesische Eisenbahn/285/1885 KPEV Bsl 661 | vor 1906 |
| 3881 | B1 n2 | G | 24.11.82 | 1435 | Oberschlesische Eisenbahn/286/1885 KPEV Bsl 662/1906 Bsl 3064 | |
| 3882 | B1 n2 | G | 24.11.82 | 1435 | Oberschlesische Eisenbahn/287/1885 KPEV Bsl 663/1906 Bsl 3065 | |
| 3883 | B1 n2 | G | 24.11.82 | 1435 | Oberschlesische Eisenbahn/288/1885 KPEV Bsl 664/1906 Bsl 3066 | |
| 3884 | B1 n2 | G | 05.12.82 | 1435 | Oberschlesische Eisenbahn/289/1885 KPEV Bsl 665/1906 Bsl 3067 | |
| 3885 | B1 n2 | G | 05.12.82 | 1435 | Oberschlesische Eisenbahn/290/1885 KPEV Bsl 666/1906 Bsl 3068 | |
| 3886 | B1 n2 | G | 09.12.82 | 1435 | Oberschlesische Eisenbahn/291/1885 KPEV Bsl 667/1906 Bsl 3069 | |
| 3887 | B1 n2 | G | 09.12.82 | 1435 | Oberschlesische Eisenbahn/292/1885 KPEV Bsl 668 | vor 1906 |
| 3888 | 1B n2 | P | 26.09.82 | 1435 | Warschau-Wiener u. Warschau-Bromberger Eisenbahn/201/sp. 521/1918 CFR | |
| 3889 | 1B n2 | P | 26.09.82 | 1435 | Warschau-Wiener u. Warschau-Bromberger Eisenbahn/202/sp. 522/1918 CFR | |
| 3890 | 1B n2 | P | 26.09.82 | 1435 | Warschau-Wiener u. Warschau-Bromberger Eisenbahn/203/sp. 523/1918 CFR | |
| 3891 | (Bn2)'2' | DT | 10.01.83 | 1435 | LEB, Hamburg für Schleswig-Angelner Eisenbahn/1[1] | vor 1908 |
| 3892 | (Bn2)'2' | DT | 10.01.83 | 1435 | LEB, Hamburg für Schleswig-Angelner Eisenbahn/2[1] | vor 1908 |
| 3893 | (Bn2)'2' | DT | 02.05.83 | 1435 | LEB, Hamburg für Schleswig-Angelner Eisenbahn/3[1]/Umbau in DT für Güterverkehr | vor 1908 |
| 3894 | B n2t | Gt | 24.10.82 | 1435 | Holsteinische Marschbahn/WILHELM KOOG/1890 KPEV Alt 1650/1895 Bln 1518/1906 Bln 6002 | 1910 |
| 3895 | 2B n2 | S | 23.01.83 | 1435 | Dänische Staatsbahn Litra A/135 | 1936 |
| 3896 | 2B n2 | S | 23.01.83 | 1435 | Dänische Staatsbahn Litra A/136 | 1938 |
| 3897 | 2B n2 | S | 30.01.83 | 1435 | Dänische Staatsbahn Litra A/137 | 1938 |
| 3898 | 2B n2 | S | 30.01.83 | 1435 | Dänische Staatsbahn Litra A/138 | 1938 |
| 3899 | 2B n2 | S | 30.01.83 | 1435 | Dänische Staatsbahn Litra A/139 | 1935 |
| 3900 | 1'B n2 | S | 16.01.83 | 1435 | Holländische Eisenbahn/ZELOS 116/1921 NS 1020 | 1926 |
| 3901 | 1'B n2 | S | 16.01.83 | 1435 | Holländische Eisenbahn/ARTEVELDE 117/1921 NS 1021 | 1934 |
| 3902 | 1'B n2 | S | 16.01.83 | 1435 | Holländische Eisenbahn/BEYLING 118/1921 NS 1022 | 1934 |
| 3903 | 1'B n2 | S | 13.01.83 | 1435 | Holländische Eisenbahn/CATS 119/1921 NS 1023 | 1930 |
| 3904 | 1'B n2 | S | 13.01.83 | 1435 | Holländische Eisenbahn/GERARD DOU/120/1921 NS 1024 | 1933 |
| 3905 | 1'B n2 | S | 07.02.83 | 1435 | Holländische Eisenbahn/EVERTSEN 121/1921 NS 1025 | 1932 |
| 3906 | 1'B n2 | S | 07.02.83 | 1435 | Holländische Eisenbahn/GOVERT FLINCK 122/1921 NS 1026 | 1930 |
| 3907 | 1'B n2 | S | 07.02.83 | 1435 | Holländische Eisenbahn/HUGO DE GROOT 123/1921 NS 1027 | 1933 |
| 3908 | 1'B n2 | S | 12.02.83 | 1435 | Holländische Eisenbahn/HUYGHENS 124/1921 NS 1028 | 1930 |
| 3909 | 1'B n2 | S | 12.02.83 | 1435 | Holländische Eisenbahn/JORDAENS 125/1921 NS 1029 | 1933 |
| 3910 | B n2t | - | 20.04.83 | 1435 | Solvay & Co., Bernburg/ERNST | |
| 3911 | D n2 | G | 24.03.83 | 1435 | Italienische Südbahn/ADAMO SMITH 901/1885 RA 4501/1905 FS 4504/1919 FS 450.004 | 11.1928 |
| 3912 | D n2 | G | 24.03.83 | 1435 | Italienische Südbahn/902/1885 RA 4502/1905 FS 4501/1919 FS 450.001 | |
| 3913 | D n2 | G | 07.04.83 | 1435 | Italienische Südbahn/903/1885 RA 4503/1905 FS 4505/1919 FS 450.005 | |
| 3914 | D n2 | G | 07.04.83 | 1435 | Italienische Südbahn/904/1885 RA 4504/1905 FS 4506/1919 FS 450.006 | |
| 3915 | D n2 | G | 13.04.83 | 1435 | Italienische Südbahn/905/1885 RA 4505/1905 FS 4507/1919 FS 450.007 | |
| 3916 | D n2 | G | 13.04.83 | 1435 | Italienische Südbahn/906/1885 RA 4506/1905 FS 4502/1919 FS 450.002 | |
| 3917 | D n2 | G | 19.04.83 | 1435 | Italienische Südbahn/907/1885 RA 4507/1905 FS 4508/1919 FS 450.008 | 03.1924 |
| 3918 | D n2 | G | 19.04.83 | 1435 | Italienische Südbahn/908/1885 RA 4508/1905 FS 4503/1919 FS 450.003 | 01.1927 |
| 3919 | C n2 | G | 05.05.83 | 1435 | KPEV (G 3)/Bln 1062/Bsl 1066/1906 Bsl 3160 | 1908 |
| 3920 | C n2 | G | 05.05.83 | 1435 | KPEV (G 3)/Bln 1063/Bsl 1067/1906 Bsl 3161 | 1908 |
| 3921 | C n2 | G | 11.05.83 | 1435 | KPEV (G 3)/Bln 1064/Psn 1078/1906 Psn 3123 | 1908 |
| 3922 | C n2 | G | 11.05.83 | 1435 | KPEV (G 3)/Bln 1065/Psn 1079/1906 Psn 3124 | 1908 |
| 3923 | C n2 | G | 21.05.83 | 1435 | KPEV (G 3)/Bln 1066/Psn 1080/1906 Psn 3125 | 1909 |
| 3924 | C n2 | G | 21.05.83 | 1435 | KPEV (G 3)/Bln 1067/Psn 1081/1906 Psn 3126 | |
| 3925 | C n2 | G | 21.05.83 | 1435 | KPEV (G 3)/Bln 1068/Psn 1082/1906 Psn 3127 | 1908 |
| 3926 | C n2 | G | 30.05.83 | 1435 | KPEV (G 3)/Bln 1069/Psn 1083/1906 Psn 3128 | |
| 3927 | C n2 | G | 30.05.83 | 1435 | KPEV (G 3)/Bln 1070/Psn 1084/1906 Psn 3129 | |
| 3928 | C n2 | G | 30.05.83 | 1435 | KPEV (G 3)/Bln 1071/1906 Bln 3107 | 1920 |
| 3929 | B n2t | Lt | 04.07.83 | 1435 | Holländische Eisenbahn/CASUARIS 136/1921 NS 6701 | 1926 |
| 3930 | B n2t | Lt | 04.07.83 | 1435 | Holländische Eisenbahn/DUIF 137/1921 NS 6702 | 1933 |
| 3931 | B n2t | Lt | 04.07.83 | 1435 | Holländische Eisenbahn/EEND 138/1921 NS 6703 | 1930 |
| 3932 | B n2t | Lt | 21.07.83 | 1435 | Holländische Eisenbahn/FAISANT 139/1921 NS 6704 | 1923 |
| 3933 | B n2t | Lt | 21.07.83 | 1435 | Holländische Eisenbahn/GIER 140/1921 NS 6705 | 1925 |
| 3934 | B n2t | Lt | 21.07.83 | 1435 | Holländische Eisenbahn/HAND 141/1921 NS 6706 | 1932 |
| 3935 | B n2t | Lt | 09.08.83 | 1435 | Holländische Eisenbahn/IBIS 142/1921 NS 6707 | 1933 |
| 3936 | B n2t | Lt | 09.08.83 | 1435 | Holländische Eisenbahn/JAKHALS 143/1921 NS 6708 | 1933 |
| 3937 | 1B n2 | S | 30.06.83 | 1435 | Holländische Eisenbahn/JAN PIETEUSZ KOEN 126/1921 NS 1101 | 1926 |

[1] Rowan-Dampftriebwagen - wagenbaulicher Teil von Firma Herbrand, Cöln

| Fabriknummer | Bauart | Gattung | Auslieferungsdatum | Spurweite | Empfänger/Verbleib | Ausmusterung |
|---|---|---|---|---|---|---|
| 3938 | 1B n2 | s | 30.06.83 | 1435 | Holländische Eisenbahn/LEEGHWATER 127/1921 NS 1102 | 1932 |
| 3939 | 1B n2 | S | 30.06.83 | 1435 | Holländische Eisenbahn/MARNIX 128/1921 NS 1103 | 1932 |
| 3940 | 1B n2 | S | 14.07.83 | 1435 | Holländische Eisenbahn/VAN DER NEER 129/1921 NS 1104 | 1932 |
| 3941 | 1B n2 | S | 14.07.83 | 1435 | Holländische Eisenbahn/OSTADE 130/1921 NS 1105 | 1932 |
| 3942 | 1B n2 | S | 14.07.83 | 1435 | Holländische Eisenbahn/POOT 131/1921 NS 1106 | 1932 |
| 3943 | 1B n2 | S | 27.07.83 | 1435 | Holländische Eisenbahn/QUELLINUS 132/1921 NS 1107 | 1926 |
| 3944 | 1B n2 | S | 27.07.83 | 1435 | Holländische Eisenbahn/DE RUYTER 133/1921 NS 1108 | 1925 |
| 3945 | 1B n2 | S | 27.07.83 | 1435 | Holländische Eisenbahn/JAN STEEN 134/1921 NS 1109 | 1926 |
| 3946 | 1B n2 | S | 06.08.83 | 1435 | Holländische Eisenbahn/TRAMP 135/1921 NS 1110 | 1924 |
| 3947 | 1B n2 | S | 06.08.83 | 1435 | Holländische Eisenbahn/UITTENBOGAERDT 144/1921 NS 1111 | 1927 |
| 3948 | 1B n2 | S | 06.08.83 | 1435 | Holländische Eisenbahn/VANDEL 145/1921 NS 1112 | 1928 |
| 3949 | 1B n2 | S | 17.08.83 | 1435 | Holländische Eisenbahn/JOHAN DE WITT 146/1921 NS 1113 | 1929 |
| 3950 | 1B n2 | S | 17.08.83 | 1435 | Holländische Eisenbahn/VAN DER ZAAN 147/1921 NS 1114 | 1926 |
| 3951 | 1B n2 | S | 17.08.83 | 1435 | Holländische Eisenbahn/VAN ALPHEN 148/1921 NS 1115 | 1927 |
| 3952 | C n2 | G | 01.10.83 | 1435 | Holländische Eisenbahn/SPAARNE 149/1921 NS 3122 | 1932 |
| 3953 | C n2 | G | 01.10.83 | 1435 | Holländische Eisenbahn/VECHT 150/1921 NS 3123 | 1927 |
| 3954 | C n2 | G | 01.10.83 | 1435 | Holländische Eisenbahn/EEM 151/1921 NS 3124 | 1925 |
| 3955 | C n2 | G | 08.10.83 | 1435 | Holländische Eisenbahn/BERKEL 152/1921 NS 3125 | 1932 |
| 3956 | C n2 | G | 08.10.83 | 1435 | Holländische Eisenbahn/SCHIE 153/1921 NS 3126 | 1928 |
| 3957 | B n2t | | 01.09.83 | 1435 | Borsigwerk/Nr. 4 | |
| 3958 | C n2t | | 07.09.83 | 1435 | AG Scandia für Randers-Hadsunder Eisenbahn (Dänemark)/3 | 1926 |
| 3959 | C n2 | G | 11.09.83 | 1435 | KPEV (G 3)/Efd 1227/1906 Efd 3216/(DRG 537027) | vor 1925 |
| 3960 | C n2 | G | 11.09.83 | 1435 | KPEV (G 3)/Efd 1228/1906 Efd 3217 | |
| 3961 | C n2 | G | 11.09.83 | 1435 | KPEV (G 3)/Efd 1229/1906 Efd 3218 | |
| 3962 | C n2 | G | 20.09.83 | 1435 | KPEV (G 3)/Efd 1230/1906 Efd 3219 | |
| 3963 | C n2 | G | 20.09.83 | 1435 | KPEV (G 3)/Efd 1231/1906 Efd 3220/(DRG 537028) | vor 1925 |
| 3964 | C n2 | G | 20.09.83 | 1435 | KPEV (G 3)/Efd 1232/1906 Efd 3221/1918 (B 7721) | |
| 3965 | (Bn2)'1 | DT | 22.11.83 | 1435 | AG Scandia, Randers (Dänemark) f. Kjobenhavn-Strandvejens Sparvei Selskap/1[1] | |
| 3966 | (Bn2)'1 | DT | 22.11.83 | 1435 | AG Scandia, Randers (Dänemark) f. Kjobenhavn-Strandvejens Sparvei Selskap/2[1] | |
| 3967 | (Bn2)'1 | DT | 29.11.83 | 1435 | AG Scandia, Randers (Dänemark) f. Kjobenhavn-Strandvejens Sparvei Selskap/3[1] | |
| 3968 | (Bn2)'1 | DT | 29.11.83 | 1435 | AG Scandia, Randers (Dänemark) f. Kjobenhavn-Strandvejens Sparvei Selskap/4[1] | |
| 3969 | (Bn2)'1 | DT | 29.11.83 | 1435 | AG Scandia, Randers (Dänemark) f. Kjobenhavn Strandvejens Sparvei Selskap/5[1] | |
| 3970 | (Bn2)'1 | DT | 28.11.83 | 1435 | AG Scandia, Randers (Dänemark) f. Kjobenhavn Strandvejens Sparvei Selskap/6[1] | |
| 3971 | (Bn2)'1 | DT | 28.11.83 | 1435 | AG Scandia, Randers (Dänemark) f. Kjobenhavn Strandvejens Sparvei Selskap/7[1] | |
| 3972 | (Bn2)'1 | DT | 21.11.83 | 1435 | AG Scandia, Randers (Dänemark) f. Kjobenhavn Strandvejens Sparvei Selskap/8[1] | |
| 3973 | (Bn2)'1 | DT | 21.11.83 | 1435 | AG Scandia, Randers (Dänemark) f. Kjobenhavn Strandvejens Sparvei Selskap/9[1] | |
| 3974 | (Bn2)'1 | DT | 21.11.83 | 1435 | AG Scandia, Randers (Dänemark) f. Kjobenhavn Strandvejens Sparvei Selskap/10[1] | |
| 3975 | (Bn2)'1 | DT | 21.11.83 | 1435 | AG Scandia, Randers (Dänemark) f. Kjobenhavn Strandvejens Sparvei Selskap/11[1] | |
| 3976 | 2B n2 | S | 26.10.83 | 1435 | Italienische Südbahn/409/1885 RA 1709/1906 FS 5409/1919 FS | 1916–1921 |
| 3977 | 2B n2 | S | 26.10.83 | 1435 | Italienische Südbahn/410/1885 RA 1710/1906 FS 5410/1919 FS 540.010 | 05.1929 |
| 3978 | 2B n2 | S | 26.10.83 | 1435 | Italienische Südbahn/411/1885 RA 1711/1906 FS 5411/1919 FS 540.011 | 02.1931 |
| 3979 | 2B n2 | S | 05.11.83 | 1435 | Italienische Südbahn/412/1885 RA 1712/1906 FS 5412/1919 FS 540.012 | 05.1930 |
| 3980 | 2B n2 | S | 05.11.83 | 1435 | Italienische Südbahn/413/1885 RA 1713/1906 FS 5413/1919 FS 540.013 | 06.1929 |
| 3981 | 2B n2 | S | 05.11.83 | 1435 | Italienische Südbahn/414/1885 RA 1714/1906 FS 5414/1919 FS 540.014 | 03.1931 |
| 3982 | 2B n2 | S | 14.11.83 | 1435 | Italienische Südbahn/415/1885 RA 1715/1906 FS 5415/1919 FS | 1916–1921 |
| 3983 | 2B n2 | S | 14.11.83 | 1435 | Italienische Südbahn/416/1885 RA 1716/1906 FS 5416/1919 FS 540.016 | 12.1929 |
| 3984 | 2B n2 | S | 23.11.83 | 1435 | Italienische Südbahn/417/1885 RA 1717/1906 FS 5417/1919 FS 540.017 | 08.1929 |
| 3985 | 2B n2 | S | 23.11.83 | 1435 | Italienische Südbahn/418/1885 RA 1718/1906 FS 5418/1919 FS 540.018 | 05.1925 |
| 3986 | 1B n2t | Pt | 11.01.84 | 1435 | KPEV (T 4.1)/Mgd 1492/1891 Bln 1688/1906 Bln 6405/1910 Alt 6431/ (DRG 70 7001) | vor 1925 |
| 3987 | 1B n2t | Pt | 11.01.84 | 1435 | KPEV (T 4.1)/Mgd 1493/1891 Bln 1689/1906 Bln 6406/1910 Kln 6415 | |
| 3988 | 1B n2t | Pt | 11.01.84 | 1435 | KPEV (T 4.1)/Mgd 1494/1891 Bln 1690/1906 Bln 6407[2] | |
| 3989 | 1B n2t | Pt | 26.01.84 | 1435 | KPEV (T 4.1)/Mgd 1495/1891 Bln 1691/1906 Bln 6408[2] | |
| 3990 | 1B n2t | Pt | 26.01.84 | 1435 | KPEV (T 4.1)/Mgd 1496/1906 Mgd 6401 | |
| 3991 | 1B n2t | Pt | 07.01.84 | 1435 | KPEV (T 4.1)/Mgd 1497/1906 Mgd 6402 | |
| 3992 | 1B n2t | Pt | 07.01.84 | 1435 | KPEV (T 4.1)/Mgd 1498/1906 Mgd 6403[2] | |
| 3993 | 1B n2t | Pt | 19.01.84 | 1435 | KPEV (T 4.1)/Mgd 1499/1906 Mgd 6404 | |
| 3994 | 1B n2t | Pt | 19.01.84 | 1435 | KPEV (T 4.1)/Mgd 1500/1906 Mgd 6405 | |
| 3995 | 1B n2t | Pt | 25.01.84 | 1435 | KPEV (T 4.1)/Mgd 1501/1906 Mgd 6406 | |
| 3996 | C n2t | Gt | 01.12.83 | 1435 | KPEV (T 7)/Cölrh 1736/1895 Sbr 1736/Sbr 1717/1906 Sbr 6801 | |
| 3997 | C n2t | Gt | 01.12.83 | 1435 | KPEV (T 7)/Cölrh 1737/1895 Sbr 1737/Sbr 1718/1906 Sbr 6802 | 1910 |
| 3998 | C n2t | Gt | 01.12.83 | 1435 | KPEV (T 7)/Cölrh 1738/1895 Sbr 1738/Sbr 1719/1906 Sbr 6803 | 1931 |
| 3999 | C n2t | Gt | 07.12.83 | 1435 | KPEV (T 7)/Cölrh 1739/1906 Kln 6801 | |
| 4000 | C n2t | Gt | 07.12.83 | 1435 | KPEV (T 7)/Cölrh 1740/1906 Kln 6802 | |
| 4001 | 1B n2 | P | 12.02.84 | 1435 | KPEV (P 2)/Mgd 298/1888 Erf 298/1906 Erf 1560 | |
| 4002 | 1B n2 | P | 12.02.84 | 1435 | KPEV (P 2)/Mgd 299/1888 Erf 299/1906 Erf 1559 | |
| 4003 | 1B n2 | P | 12.02.84 | 1435 | KPEV (P 2)/Mgd 300/1888 Erf 300/1898 EK Bo 1099/1899 Hl 1567 | |
| 4004 | 1B n2 | P | 18.02.84 | 1435 | KPEV (P 2)/Mgd 301/1888 Erf 289/1906 Erf 1558 | |

[1] Rowan-Dampftriebwagen – wagenbaulicher Teil von AG Scandia, Randers (Dänemark)
[2] eine der beiden Lokomotiven wurde später Alt 6432

| Fabriknummer | Bauart | Gattung | Auslieferungsdatum | Spurweite | Empfänger/Verbleib | Ausmusterung |
|---|---|---|---|---|---|---|
| 4005 | 1B n2 | P | 18.02.84 | 1435 | KPEV (P 2)/Mgd 302/1896 Han 404/1906 Han 1656 | |
| 4006 | 1B n2 | P | 26.02.84 | 1435 | KPEV (P 2)/Mgd 303/1896 Han 303/1906 Han 1652 | |
| 4007 | 1B n2 | P | 26.02.84 | 1435 | KPEV (P 2)/Mgd 304/1896 Han 304/1906 Han 1653 | |
| 4008 | 1B n2 | P | 26.02.84 | 1435 | KPEV (P 2)/Mgd 305/1896 Han 305/1906 Han 1654 | 1908 |
| 4009 | 2'B n2 | S | 05.03.74 | 1435 | Römische Eisenbahn/841/1885 RA 1541/1906 FS 5344 | |
| 4010 | 2'B n2 | S | 05.03.84 | 1435 | Römische Eisenbahn/842/1885 RA 1542/1906 FS 5312 | |
| 4011 | 2'B n2 | S | 05.03.84 | 1435 | Römische Eisenbahn/843/1885 RA 1543/1906 FS 5345 | |
| 4012 | 2'B n2 | S | 12.03.84 | 1435 | Römische Eisenbahn/844/1885 RA 1544/1906 FS 5313 | |
| 4013 | 2'B n2 | S | 12.03.84 | 1435 | Römische Eisenbahn/845/1885 RA 1545/1906 FS 5346 | |
| 4014 | 2'B n2 | S | 12.03.84 | 1435 | Römische Eisenbahn/846/1885 RA 1546/1906 FS 5347 | |
| 4015 | 2'B n2 | S | 18.03.84 | 1435 | Römische Eisenbahn/847/1885 RA 1547/1906 FS 5348/1919 FS 530.048 | 11.1925 |
| 4016 | 2'B n2 | S | 18.03.84 | 1435 | Römische Eisenbahn/848/1885 RA 1548/1906 FS 5314/1919 FS 530.014 | 06.1924 |
| 4017 | 2'B n2 | P | 31.03.84 | 1435 | Dänische Staatsbahn Litra A/140 | 1938 |
| 4018 | 2'B n2 | P | 31.03.84 | 1435 | Dänische Staatsbahn Litra A/141 | 1932 |
| 4019 | 2'B n2 | P | 31.03.84 | 1435 | Dänische Staatsbahn Litra A/142 | 1936 |
| 4020 | 2'B n2 | P | 07.04.84 | 1435 | Dänische Staatsbahn Litra A/143 | 1932 |
| 4021 | 2'B n2 | P | 07.04.84 | 1435 | Dänische Staatsbahn Litra A/144 | 1936 |
| 4022 | C n2 | G | 11.06.84 | 1435 | Galizische Transversalbahn/1135/KKStB 54.25/sp. FS 217.001 | |
| 4023 | C n2 | G | 11.06.84 | 1435 | Galizische Transversalbahn/1136/KKStB 54.26/sp. PKP Th 17 | |
| 4024 | C n2 | G | 28.06.84 | 1435 | Galizische Transversalbahn/1137/KKStB 54.27/sp. PKP Th 17 | |
| 4025 | C n2 | G | 28.06.84 | 1435 | Galizische Transversalbahn/1138/KKStB 54.28/sp. PKP Th 17 | |
| 4026 | C n2 | G | 15.07.84 | 1435 | Galizische Transversalbahn/1139/KKStB 54.29/sp. PKP Th 17 | |
| 4027 | C n2 | G | 15.07.84 | 1435 | Galizische Transversalbahn/1140/KKStB 54.30/sp. PKP Th 17 | |
| 4028 | C n2 | G | 31.07.84 | 1435 | Galizische Transversalbahn/1141/KKStB 54.31/sp. PKP Th 17 | |
| 4029 | C n2 | G | 31.07.84 | 1435 | Galizische Transversalbahn/1142/KKStB 54.32/sp. CFR o. Uz. | |
| 4030 | C n2 | G | 15.08.84 | 1435 | Galizische Transversalbahn/1143/KKStB 54.33/sp. PKP Th 17 | |
| 4031 | C n2 | G | 15.08.84 | 1435 | Galizische Transversalbahn/1144/KKStB 54.34/sp. PKP Th 17 | |
| 4032 | 1B n2 | P | 18.04.84 | 1435 | Mecklenburgische Friedrich-Franz-Eisenbahn/60 | 1922 |
| 4033 | 1B n2 | P | 18.04.84 | 1435 | Mecklenburgische Friedrich-Franz-Eisenbahn/61 | 1921 |
| 4034 | 1B n2 | P | 28.04.84 | 1435 | Mecklenburgische Friedrich-Franz-Eisenbahn/62/(DRG 34 7201) | 1922 |
| 4035 | 1B n2 | P | 28.04.84 | 1435 | Mecklenburgische Friedrich-Franz-Eisenbahn/63/(DRG 34 7202) | 1922 |
| 4036 | C n2 | G | 09.07.84 | 1435 | KPEV (G 3)/Bsl 1111/1906 Bsl 3188/(DRG 53 7046) | vor 1925 |
| 4037 | C n2 | G | 09.07.84 | 1435 | KPEV (G 3)/Bsl 1112/1906 Bsl 3189 | 1909 |
| 4038 | C n2 | G | 09.07.84 | 1435 | KPEV (G 3)/Bsl 1113/1906 Bsl 3190 | 1910 |
| 4039 | C n2 | G | 19.07.84 | 1435 | KPEV (G 3)/Bsl 1114/1906 Bsl 3191 | 1910 |
| 4040 | C n2 | G | 19.07.84 | 1435 | KPEV (G 3)/Bsl 1115/1906 Bsl 3192 | 1911 |
| 4041 | C n2 | G | 19.07.84 | 1435 | KPEV (G 3)/Bsl 1116/1906 Bsl 3193 | 1910 |
| 4042 | C n2 | G | 29.07.84 | 1435 | KPEV (G 3)/Bsl 1117/1906 Bsl 3194 | 1901 |
| 4043 | C n2 | G | 29.07.84 | 1435 | KPEV (G 3)/Bsl 1118/1906 Bsl 3195/1907 Efd 3214 | |
| 4044 | C n2 | G | 04.08.84 | 1435 | KPEV (G 3)/Bsl 1119/1906 Bsl 3196 | 1912 |
| 4045 | C n2 | G | 04.08.84 | 1435 | KPEV (G 3)/Bsl 1120/1906 Bsl 3197 | 1909 |
| 4046 | C n2 | G | 06.09.84 | 1435 | KPEV (G 3)/Bsl 1121/1906 Bsl 3198/1907 Efd 3198/(DRG 53 7004) | vor 1925 |
| 4047 | C n2 | G | 06.09.84 | 1435 | KPEV (G 3)/Bsl 1122/1906 Bsl 3199/1907 Efd 3199 | |
| 4048 | C n2 | G | 11.09.84 | 1435 | KPEV (G 3)/Bsl 1123/1906 Bsl 3200/(DRG 53 7005) | 1923 |
| 4049 | C n2 | G | 11.09.84 | 1435 | KPEV (G 3)/Bsl 1124/1906 Bsl 3201 | 1910 |
| 4050 | C n2 | G | 19.09.84 | 1435 | KPEV (G 3)/Bsl 1125/1906 Bsl 3202/(DRG 53 7047) | vor 1925 |
| 4051 | C n2 | G | 19.09.84 | 1435 | KPEV (G 3)/Bsl 1126/1906 Bsl 3203 | 1910 |
| 4052 | C n2 | G | 19.09.84 | 1435 | KPEV (G 3)/Bsl 1127/1906 Bsl 3204 | 1912 |
| 4053 | 1B n2 | S | 15.08.84 | 1435 | Holländische Eisenbahn/BOERHAVE 154/1921 NS 1116 | 1932 |
| 4054 | 1B n2 | S | 15.08.84 | 1435 | Holländische Eisenbahn/CLAUDIUS CIVILIS 155/1921 NS 1117 | 1927 |
| 4055 | 1B n2 | S | 15.08.84 | 1435 | Holländische Eisenbahn/VAN DYICK 156/1921 NS 1118 | 1927 |
| 4056 | 1B n2 | S | 25.08.84 | 1435 | Holländische Eisenbahn/EGMOND 157/1921 NS 1119 | 1924 |
| 4057 | 1B n2 | S | 25.08.84 | 1435 | Holländische Eisenbahn/FLORIS V 158/1921 NS 1120 | 1931 |
| 4058 | 1B n2 | S | 25.08.84 | 1435 | Holländische Eisenbahn/VAN GALEN 159/1921 NS 1121 | 1932 |
| 4059 | C n2t | Gt | 01.10.84 | 1435 | KPEV (T 3)/Bbg 927/1889 Bbg 1728/1895 Kbg 1728/1906 Kbg 6120 | 1914 |
| 4060 | C n2t | Gt | 01.10.84 | 1435 | KPEV (T 3)/Bbg 928/1889 Bbg 1729/1895 Kbg 1729/1906 Kbg 6121 | 1913 |
| 4061 | C n2t | Gt | 15.10.84 | 1435 | KPEV (T 3)/Bbg 929/1889 Bbg 1730/1895 Kbg 1730/1906 Kbg 6122 | 1917 |
| 4062 | C n2t | Gt | 15.10.84 | 1435 | KPEV (T 3)/Bbg 930/1889 Bbg 1731/1895 Kbg 1731/1906 Kbg 6123 | 1911 |
| 4063 | C n2t | Gt | 22.11.84 | 1435 | KPEV (T 3)/Bbg 931/1889 Bbg 1732/1895 Kbg 1732/1906 Kbg 6124 | 1911 |
| 4064 | C n2t | Gt | 22.11.84 | 1435 | KPEV (T 3)/Bbg 932/1889 Bbg 1733/1895 Kbg 1733/1906 Kbg 6125 | 1911 |
| 4065 | C n2t | Gt | 20.10.84 | 1435 | Ostpreußische Südbahn/101/1903 KPEV Kbg 1706/1906 Kbg 6127 | 1917 |
| 4066 | C n2t | Gt | 20.10.84 | 1435 | Ostpreußische Südbahn/102/1903 KPEV Kbg 1707/1906 Kbg 6128 | 1913 |
| 4067 | C n2t | Gt | 18.11.84 | 1435 | KPEV (T 7)/Mgd 1712/1895 Csl 1854/1904 Csl 1604/1906 Csl 6851 | |
| 4068 | C n2t | Gt | 18.11.84 | 1435 | KPEV (T 7)/Mgd 1713/1895 Csl 1855/1904 Csl 1605/1906 Csl 6852/n. 1945 WL 1 VEB BKW Laubusch | |
| 4069 | C n2t | Gt | 28.11.84 | 1435 | KPEV (T 7)/Mgd 1714/1895 Csl 1856/1904 Csl 1606/1906 Csl 6853 | |
| 4070 | C n2t | Gt | 28.11.84 | 1435 | KPEV (T 7)/Mgd 1715/1895 Csl 1857/1904 Csl 1607/1906 Csl 6854/Psn 6820/1919 Ost 6820/DRG 89 7801 | |
| 4071 | 1B n2 | P | 29.10.84 | 1435 | KPEV (P 2)/Cörrh 213/1895 Efd 199/1906 Efd 1572 | |
| 4072 | 1B n2 | P | 29.10.84 | 1435 | KPEV (P 2)/Cörrh 214/1895 Efd 200/1906 Efd 1573 | |
| 4073 | 1B n2 | P | 29.10.84 | 1435 | KPEV (P 2)/Cörrh 215/95 Esn 215/1906 Esn 1564 | |

| Fabriknummer | Bauart | Gattung | Auslieferungsdatum | Spurweite | Empfänger/Verbleib | Ausmusterung |
|---|---|---|---|---|---|---|
| 4074 | 1B n2 | P | 12.11.84 | 1435 | KPEV (P 2)/Cörrh 216/95 Esn 216/1906 Esn 1565 | |
| 4075 | 1B n2 | P | 12.11.84 | 1435 | KPEV (P 2)/Cörrh 217/95 Mst 145/1906 Mst 1561 | |
| 4076 | 1B n2 | P | 12.11.84 | 1435 | KPEV (P 2)/Cörrh 218/95 Mst 146/1906 Mst 1562 | |
| 4077 | C n2t | – | 04.10.84 | 1435 | Prignitzer Eisenbahn/PRITZWALK 1 | 1910 |
| 4078 | C n2t | – | 02.01.85 | 1435 | Prignitzer Eisenbahn/WITTSTOCK 2 | 1912 |
| 4079 | C n2t | – | 02.01.85 | 1435 | Prignitzer Eisenbahn/PUTLITZ 3 | 1912 |
| 4080 | C n2t | Gt | 13.10.84 | 1435 | Mecklenburgische Südbahn (T 3)/PARCHIM 1/1895 MFFE 555/(DRG 89 8001) | 1923 |
| 4081 | C n2t | Gt | 13.10.84 | 1435 | Mecklenburgische Südbahn (T 3)/LÜBZ 2/1895 MFFE 556/(DRG 89 8002) | 1924 |
| 4082 | C n2t | Gt | 03.12.84 | 1435 | Mecklenburgische Südbahn (T 3)/KAROW 3/1895 MFFE 557/(DRG 89 8003) | 1924 |
| 4083 | C n2t | Gt | 09.01.85 | 1435 | Mecklenburgische Südbahn (T 3)/MALCHOW 4/1895 MFFE 558/DRG 89 8001 | |
| 4084 | C n2t | Gt | 09.01.85 | 1435 | Mecklenburgische Südbahn (T 3)/WAREN 5/1895 MFFE 559/DRG 89 8002 | |
| 4085 | C n2t | Gt | 29.01.85 | 1435 | Mecklenburgische Südbahn (T 3)/PENZLIN 6/1895 MFFE 560/(DRG 89 8006) | 1923 |
| 4086 | C n2t | Gt | 29.01.85 | 1435 | Mecklenburgische Südbahn (T 3)/NEUBRANDENBURG 7/1895 MFFE 561 (DRG 89 8007) | 1923 |
| 4087 | 1B n2 | S | 14.03.85 | 1435 | KPEV (S 1)/Mgd 316/1899 Han 307/1906 Han 25 | |
| 4088 | 1B n2 | S | 14.03.85 | 1435 | KPEV (S 1)/Mgd 317/1899 Han 308/1906 Han 26 | |
| 4089 | 1B n2 | S | 23.03.85 | 1435 | KPEV (S 1)/Mgd 318/1899 Han 309/1906 Han 27 | |
| 4090 | 1B n2 | S | 23.03.85 | 1435 | KPEV (S 1)/Mgd 319/1899 Han 310/1906 Han 28 | |
| 4091 | 1B n2 | P | 16.12.84 | 1435 | Warschau-Wiener u. Warschau-Bromberger Eisenbahn/513 | |
| 4092 | 1B n2 | P | 16.12.84 | 1435 | Warschau-Wiener u. Warschau-Bromberger Eisenbahn/514 | |
| 4093 | 1B n2 | P | 16.12.84 | 1435 | Warschau-Wiener u. Warschau-Bromberger Eisenbahn/515 | |
| 4094 | 1B n2 | P | 13.01.85 | 1435 | Warschau-Wiener u. Warschau-Bromberger Eisenbahn/516 | |
| 4095 | 1B n2 | P | 13.01.85 | 1435 | Warschau-Wiener u. Warschau-Bromberger Eisenbahn/517 | |
| 4096 | 1B n2 | P | 13.01.85 | 1435 | Warschau-Wiener u. Warschau-Bromberger Eisenbahn/518 | |
| 4097 | 1B n2 | P | 29.01.85 | 1435 | Warschau-Wiener u. Warschau-Bromberger Eisenbahn/519/n. 1918 CFR | |
| 4098 | 1B n2 | P | 29.01.85 | 1435 | Warschau-Wiener u. Warschau-Bromberger Eisenbahn/520 | |
| 4099 | 1B n2 | P | 09.02.85 | 1435 | Warschau-Wiener u. Warschau-Bromberger Eisenbahn/204 | |
| 4100 | 1B n2 | P | 09.02.85 | 1435 | Warschau-Wiener u. Warschau-Bromberger Eisenbahn/205 | |
| 4101 | B n2t | Lt | 05.02.85 | 1435 | Holländische Eisenbahn/KAPEL 160/1921 NS 6709 | 1933 |
| 4102 | B n2t | Lt | 05.02.85 | 1435 | Holländische Eisenbahn/LEEUWERIK 161/1921 NS 6710 | 1933 |
| 4103 | B n2t | Lt | 17.02.85 | 1435 | Holländische Eisenbahn/MUIS 162/1921 NS 6711 | 1926 |
| 4104 | B n2t | Lt | 17.02.85 | 1435 | Holländische Eisenbahn/NACHTEGAAL 163/1921 NS 6712 | 1927 |
| 4105 | B n2t | Lt | 24.02.85 | 1435 | Holländische Eisenbahn/OTTER 164/1921 NS 6713 | 1925 |
| 4106 | B n2t | Lt | 24.02.85 | 1435 | Holländische Eisenbahn/PAPEGAAI 165/1921 NS 6714 | 1925 |
| 4107 | B n2t | Lt | 09.03.85 | 1435 | Holländische Eisenbahn/RAAF 166/1921 NS 6715 | 1925 |
| 4108 | B n2t | Lt | 09.03.85 | 1435 | Holländische Eisenbahn/SNIP 167/1921 NS 6716 | 1925 |
| 4109 | B n2t | Lt | 12.03.85 | 1435 | Holländische Eisenbahn/TOR 168/1921 NS 6717/1931 Westlandsche Stoomtramweg Maatschappij | 1931 |
| 4110 | B n2t | Lt | 12.03.85 | 1435 | Holländische Eisenbahn/UIL 169/1921 NS 6718 | 1925 |
| 4111 | B n2t | Lt | 30.03.85 | 1435 | Holländische Eisenbahn/VALK 170/1921 NS 6719 | 1927 |
| 4112 | B n2t | Lt | 30.03.85 | 1435 | Holländische Eisenbahn/WACHTEL 171/1921 NS 6720 | 1928 |
| 4113 | B n2t | | 18.03.85 | 1435 | Aachen-Maastrichter Eisenbahn | |
| 4114 | C n2 | G | 09.04.85 | 1435 | KPEV (G 3)/Efd 1256/1906 Efd 3245/(DRG 53 7094) | |
| 4115 | C n2 | G | 09.04.85 | 1435 | KPEV (G 3)/Efd 1257/1906 Efd 3246/(DRG 53 7095) | |
| 4116 | C n2 | G | 09.04.85 | 1435 | KPEV (G 3)/Efd 1258/1906 Efd 3247/(DRG 53 7096) | |
| 4117 | C n2 | G | 20.04.85 | 1435 | KPEV (G 3)/Efd 1259/1906 Efd 3248/DRG 53 7026 | 1926 |
| 4118 | C n2 | G | 20.04.85 | 1435 | KPEV (G 3)/Efd 1260/1906 Efd 3249 | |
| 4119 | C n2 | G | 06.05.85 | 1435 | KPEV (G 3)/Efd 1261/1906 Efd 3250/(DRG 53 7098) | |
| 4120 | C n2 | G | 06.05.85 | 1435 | KPEV (G 3)/Efd 1262/1906 Efd 3251 | |
| 4121 | C n2 | G | 06.05.85 | 1435 | KPEV (G 3)/Efd 1263/1906 Efd 3252 | |
| 4122 | C n2 | G | 15.05.85 | 1435 | KPEV (G 3)/Efd 1264/1906 Efd 3253/1920 B (o.Nr.) | |
| 4123 | C n2 | G | 15.05.85 | 1435 | KPEV (G 3)/Efd 1265/1906 Efd 3254 | |
| 4124 | C n2 | G | 15.05.85 | 1435 | KPEV (G 3)/Efd 1266/1906 Efd 3255 | |
| 4125 | (Bn2)'1 | DT | 09.05.85 | 1435 | Will. R. Rowan für Antwerpen/1889 Kurfürstendamm-Gesellschaft, Berlin Nr. 3/Wagenbau: Herbrand, Cöln/sp. Berliner Dampfstraßenbahn-Konsortium 3 | |
| 4126 | 1B n2 | P | 03.06.85 | 1435 | KPEV (P 2)/Efd 225/1895 Esn 278/1906 Esn 1566 | |
| 4127 | 1B n2 | P | 03.06.85 | 1435 | KPEV (P 2)/Efd 226/1895 Esn 279/1906 Esn 1567 | |
| 4128 | 1B n2 | P | 15.06.85 | 1435 | KPEV (P 2)/Efd 227/1895 Esn 280/1906 Esn 1568 | |
| 4129 | 1B n2 | P | 15.06.85 | 1435 | KPEV (P 2)/Efd 228/1895 Esn 281/1906 Esn 1569 | |
| 4130 | 1B n2 | P | 15.06.85 | 1435 | KPEV (P 2)/Efd 229/1895 Esn 282/1906 Esn 1570 | |
| 4131 | (Bn2)'1 | DT | 05.04.86 | 1435 | Will. R. Rowan/C/1889 Kurfürstendamm-Gesellschaft, Berlin Nr. 4/ Wagenbau:' Herbrand, Cöln/sp. Berliner Dampfstraßenbahn-Konsortium 4 | |
| 4132 | (Bn2)'1 | DT | 29.03.86 | 1435 | Will. R. Rowan/D/1889 Kurfürstendamm-Gesellschaft, Berlin Nr. 2/ Wagenbau: Herbrand, Cöln/sp. Berliner Dampfstraßenbahn-Konsortium 2 | |
| 4133 | 1B n2 | P | 27.08.85 | 1435 | Mecklenburgische Friedrich-Franz-Eisenbahn (P 2)/64/(DRG 34 7203) | 1924 |
| 4134 | 1B n2 | P | 27.08.85 | 1435 | Mecklenburgische Friedrich-Franz-Eisenbahn (P 2)/65/(DRG 34 7202) | 1923 |
| 4135 | 1B n2 | P | 06.07.85 | 1435 | KPEV (P 2)/Erf 258/1906 Erf 1506 | |
| 4136 | 1B n2 | P | 06.07.85 | 1435 | KPEV (P 2)/Erf 259/1906 Erf 1507 | |
| 4137 | 1B n2 | P | 18.07.85 | 1435 | KPEV (P 2)/Erf 260/1906 Erf 1508 | |
| 4138 | 1B n2 | P | 18.07.85 | 1435 | KPEV (P 2)/Erf 261/1906 Erf 1509 | |

| Fa-brik-num-mer | Bauart | Gat-tung | Aus-liefe-rungs-datum | Spur-weite | Empfänger/Verbleib | Aus-muste-rung |
|---|---|---|---|---|---|---|
| 4139 | 1B n2 | P | 18.07.85 | 1435 | KPEV (P 2)/Erf 262/1906 Erf 1510 | |
| 4140 | 1B n2 | P | 07.08.85 | 1435 | KPEV (P 2)/Fft 300/1906 Fft 1551 | |
| 4141 | 1B n2 | P | 07.08.85 | 1435 | KPEV (P 2)/Fft 301/1906 Fft 1552 | |
| 4142 | 1B n2 | P | 07.08.85 | 1435 | KPEV (P 2)/Fft 302/1906 Fft 1553 | |
| 4143 | 1B n2 | P | 29.07.85 | 1435 | KPEV (P 2)/Efd 230 | |
| 4144 | 1B n2 | P | 29.07.85 | 1435 | KPEV (P 2)/Efd 231/1906 Efd 1557 | |
| 4145 | 1B n2 | P | 15.08.85 | 1435 | KPEV (P 2)/Fft 303/1906 Fft 1554 | |
| 4146 | 1B n2 | P | 15.08.85 | 1435 | KPEV (P 2)/Fft 304/1906 Eft 1555 | |
| 4147 | 1B n2 | P | 22.08.85 | 1435 | KPEV (P 2)/Fft 305/1906 Fft 1556 | |
| 4148 | 1B n2 | P | 22.08.85 | 1435 | KPEV (P 2)/Fft 306/1906 Fft 1557 | |
| 4149 | 1B n2 | P | 07.09.85 | 1435 | KPEV (P 2)/Erf 272/1906 Erf 1511 | |
| 4150 | 1B n2 | P | 07.09.85 | 1435 | KPEV (P 2)/Erf 273/1906 Erf 1514 | |
| 4151 | 1B n2 | P | 16.09.85 | 1435 | KPEV (P 2)/Erf 274/1906 Erf 1512 | |
| 5142 | 1B n2 | P | 16.09.85 | 1435 | KPEV (P 2)/Erf 275/1906 Erf 1513 | |
| 4143 | C n2t | Gt | 28.09.85 | 1435 | Holsteinische Marschbahn (T 3)/KREMPE/1890 KPEV Alt 1828/1906 Alt 6129 | 1917 |
| 4154 | C n2t | Gt | 28.09.85 | 1435 | Holsteinische Marschbahn (T 3)/SIETHWENDE/1890 KPEV Alt 1829/1906 Alt 6130/(DRG 89 7034) | 1922 |
| 4155 | C n2t | Gt | 28.09.85 | 1435 | Holsteinische Marschbahn (T 3)/HERZHORN/1890 KPEV Alt 1830/1906 Alt 6131/DRG 89 7012 | |
| 4156 | C n2t | Gt | 10.08.85 | 1435 | Will. R. Rowan für Neapel/1889 Kurfürstendamm-Gesellschaft, Berlin Nr. 5/ Wagenbau: Herbrand, Cöln/sp. Berliner Dampfstraßenbahn-Konsortium 5 | |
| 4157 | 1B n2 | P | 15.10.85 | 1435 | KPEV (P 3.1)/Bsl 302/1906 Bsl 1601 | 1911 |
| 4158 | 1B n2 | P | 15.10.85 | 1435 | KPEV (P 3.1)/Bsl 303/1906 Bsl 1602 | |
| 4159 | 1B n2 | P | 15.10.85 | 1435 | KPEV (P 3.1)/Bsl 304/1906 Bsl 1603 | 1911 |
| 4160 | 1B n2 | P | 26.10.85 | 1435 | KPEV (P 3.1)/Bsl 305/1906 Bsl 1604/1908 Stn 1648 | 1911 |
| 4161 | 1B n2 | P | 26.10.85 | 1435 | KPEV (P 3.1)/Bsl 306/1899 Psn 306/1906 Psn 1601 | 1909 |
| 4162 | 1B n2 | P | 24.11.85 | 1435 | KPEV (P 3.1)/Mgd 328/1895 Csl 328/1906 Csl 1612 | |
| 4163 | 1B n2 | P | 24.11.85 | 1435 | KPEV (P 3.1)/Mgd 329/1895 Csl 329/1906 Csl 1613 | |
| 4164 | 1B n2 | P | 24.11.85 | 1435 | KPEV (P 3.1)/Mgd 330/1895 Csl 330/1906 Csl 1614 | |
| 4165 | 1B n2 | P | 03.12.85 | 1435 | KPEV (P 3.1)/Mgd 331/1895 Csl 331/1906 Csl 1615 | |
| 4166 | 1B n2 | P | 03.12.85 | 1435 | KPEV (P 3.1)/Mgd 332/1895 Csl 332/1906 Csl 1616 | |
| 4167 | 2'B n2 | S | 28.11.85 | 1435 | Römische Eisenbahn/849/1885 RA 1549/1906 FS 5349 | |
| 4168 | 2'B n2 | S | 28.11.85 | 1435 | Römische Eisenbahn/850/1885 RA 1550/1906 FS 5350/1919 FS 530.050 | 01.1925 |
| 4169 | 2'B n2 | S | 10.12.85 | 1435 | Römische Eisenbahn/851/1885 RA 1551/1906 FS 5351/1919 FS 530.051 | 01.1925 |
| 4170 | 2'B n2 | S | 10.12.85 | 1435 | Römische Eisenbahn/852/1885 RA 1552/1906 FS 5352 | |
| 4171 | 2'B n2 | S | 18.12.85 | 1435 | Römische Eisenbahn/853/1885 RA 1553/1906 FS 5353 | |
| 4172 | 2'B n2 | S | 18.12.85 | 1435 | Römische Eisenbahn/854/1885 RA 1554/1906 FS 5354 | |
| 4173 | B1' n2 | G | 24.03.86 | 1435 | Dänische Staatsbahn Litra I/1/Im DSB-Depot Brande reserviert für das Eisenbahnmuseum | 1954 |
| 4174 | B1' n2 | G | 24.03.86 | 1435 | Dänische Staatsbahn Litra I/2 | 1952 |
| 4175 | B1' n2 | G | 31.03.86 | 1435 | Dänische Staatsbahn Litra I/3 | 1952 |
| 4176 | B1' n2 | G | 31.03.86 | 1435 | Dänische Staatsbahn Litra I/4/1939 56 als Heizlok zum Testen von Kohlen in Kopenhagen eingesetzt | 1939 |
| 4177 | 1'B n2 | P | 10.04.86 | 1435 | KPEV (P 2)/Fft 307/1906 Fft 1558 | |
| 4178 | 1'B n2 | P | 10.04.86 | 1435 | KPEV (P 2)/Fft 308/1906 Fft 1559 | |
| 4179 | 1'B n2 | P | 10.04.86 | 1435 | KPEV (P 2)/Fft 309/1906 Fft 1560 | |
| 4180 | 1'B n2 | P | 07.05.86 | 1435 | KPEV (P 3.1)/Bln 407/1895 Bsl 407/1906 Bsl 1631 | 1914 |
| 4181 | 1'B n2 | P | 07.05.86 | 1435 | KPEV (P 3.1)/Bln 408/1895 Bsl 408/1906 Bsl 1632 | 1911 |
| 4182 | 1'B n2 | P | 17.05.86 | 1435 | KPEV (P 3.1)/Bln 409/1895 Bsl 409/1906 Bsl 1633 | 1923 |
| 4183 | 1'B n2 | P | 17.05.86 | 1435 | KPEV (P 3.1)/Bln 410/1895 Bsl 410/1906 Bsl 1624 | 1922 |
| 4184 | 1'B n2 | P | 05.05.86 | 1435 | KPEV (P 3.1)/Bln 411/1895 Bsl 411/1906 Bsl 1635 | 1911 |
| 4185 | 1'B n2 | P | 05.05.86 | 1435 | KPEV (P 3.1)/Bln 412/1895 Bsl 412/1906 Bsl 1636 | 1911 |
| 4186 | 1'B n2 | P | 05.05.86 | 1435 | KPEV (P 3.1)/Bln 413/1895 Bsl 413/1906 Bsl 1637 | 1923 |
| 4187 | 1'B n2 | P | 21.06.86 | 1435 | KPEV (P 3.1)/Bln 414/1895 Bsl 414/1906 Bsl 1638 | 1911 |
| 4188 | 1'B n2 | P | 21.06.86 | 1435 | KPEV (P 3.1)/Bln 415/1895 Bsl 415/1906 Bsl 1639 | 1911 |
| 4189 | 1'B n2 | P | 21.06.86 | 1435 | KPEV (P 3.1)/Bln 416/1895 Stn 418/1906 Stn 1601 | |
| 4190 | 1'B n2 | P | 30.06.86 | 1435 | KPEV (P 3.1)/Bln 417/1895 Psn 417/1906 Psn 1613 | |
| 4191 | 1'B n2 | P | 30.06.86 | 1435 | KPEV (P 3.1)/Bln 418/1895 Bsl 418/1906 Bsl 1640 | 1911 |
| 4192 | 1'B n2 | P | 12.07.86 | 1435 | KPEV (P 3.1)/Bln 419/1895 Bsl 419/1906 Bsl 1641 | 1911 |
| 4193 | 1'B n2 | P | 12.07.86 | 1435 | KPEV (P 3.1)/Bln 420/1895 Bsl 420/1906 Bsl 1642 | 1921 |
| 4194 | 1'B n2 | P | 12.07.86 | 1435 | KPEV (P 3.1)/Bln 421/1895 Bsl 421/1906 Bsl 1643 | 1911 |
| 4195 | 1'B n2 | S | 21.08.86 | 1435 | KPEV (S 1)/Mgd 338/1895 Han 311/1906 Han 29 | |
| 4196 | 1'B n2 | S | 21.08.86 | 1435 | KPEV (S 1)/Mgd 339/1895 Han 312/1906 Han 30 | |
| 4197 | 1'B n2 | S | 21.08.86 | 1435 | KPEV (S 1)/Mgd 340/1895 Han 313/1906 Han 31 | |
| 4198 | 1'B n2 | S | 04.09.86 | 1435 | KPEV (S 1)/Mgd 341/1895 Han 314/1906 Han 32 | |
| 4199 | 1'B n2 | S | 04.09.86 | 1435 | KPEV (S 1)/Mgd 342/1895 Han 315/1906 Han 33 | |
| 4200 | 1'B n2 | S | 04.09.86 | 1435 | KPEV (S 1)/Mgd 343/1906 Mgd 1 | |
| 4201 | (Bn2)'1 | DT | 03.05.86 | 1435 | Will. R. Rowan für Skane-Halland Bahn/9/U B n2t/1895 SJ 503/1896 Lyckäker Zuckerfabrik | 1917 |
| 4202 | 1'B n2 | P | 10.08.86 | 1435 | KPEV (P 3.1)/Bln 422/1888 Erf 422/1895 Hl 165/1906 Hl 1601/1907 Psn 1628 | |

| Fabriknummer | Bauart | Gattung | Auslieferungsdatum | Spurweite | Empfänger/Verbleib | Ausmusterung |
|---|---|---|---|---|---|---|
| 4203 | 1'B n2 | P | 10.08.86 | 1435 | KPEV (P 3.1)/Bln 423/1888 Erf 423/1895 Hl 166/1906 Hl 1602 | |
| 4204 | (Bn2)'1 | DT | 03.09.86 | 1435 | Will. R. Rowan für Tram Neapel/später Nr. 6/sp. S A Tranvie e Funicolare di Bergamo SERIO | |
| 4205 | B1' n2 | G | 22.09.86 | 1435 | Dänische Staatsbahn Litra I/5 | 1952 |
| 4206 | B1' n2 | G | 22.09.86 | 1435 | Dänische Staatsbahn Litra I/6 | 1937 |
| 4207 | B1' n2 | G | 01.10.86 | 1435 | Dänische Staatsbahn Litra I/7 | 1952 |
| 4208 | B1' n2 | G | 01.10.86 | 1435 | Dänische Staatsbahn Litra I/8 | 1952 |
| 4209 | (Bn2)'1 | DT | 15.11.86 | 1435 | Will. R. Rowan für Stockholms Sodra Sparwägs/1 | |
| 4210 | C n2t | WL | 15.11.86 | 1435 | Niederlausitzer Kohlenwerke, Berlin | |
| 4211 | (Bn2)'1 | DT | 15.01.87 | 1435 | Will. R. Rowan für Budapester Straßenbahn | |
| 4212 | (Bn2)'1 | DT | 29.02.88 | 1435 | Neue Wiener Tramway Gesellschaft/1889 Kurfürstendamm-Gesellschaft/Nr. 16/ Wagenbau: Herbrand, Cöln/sp. BDK 16 | |
| 4213 | (Bn2)'1 | DT | 23.12.86 | 1435 | Will. R. Rowan für Stockholms Södra Sparwägs/2 | |
| 4214 | B n2t | Lt | 05.02.87 | 1435 | Holländische Eisenbahn/JISBEER 172/1921 NS 6721 | 1929 |
| 4215 | B n2t | Lt | 05.02.87 | 1435 | Holländische Eisenbahn/ZWALUW 173/1921 NS 6722 | 1932 |
| 4216 | B n2t | Lt | 05.02.87 | 1435 | Holländische Eisenbahn/AAP 174/1921 NS 6723 | 1932 |
| 4217 | B n2t | Lt | 28.02.87 | 1435 | Holländische Eisenbahn/BAVIAAN 175/1921 NS 6724 | 1925 |
| 4218 | B n2t | Lt | 28.02.87 | 1435 | Holländische Eisenbahn/COLIBRI 176/1921 NS 6725 | 1933 |
| 4219 | (Bn2)'1 | DT | 04.07.87 | 1435 | Davy, Donath & Co/1889 Kurfürstendamm-Gesellschaft, Berlin/Nr. 11/ Wagenbau: Herbrand, Cöln/sp. BDK 11 | |
| 4220 | (Bn2)'1 | DT | 15.08.87 | 1435 | Davy, Donath & Co./1889 Kurfürstendamm-Gesellschaft, Berlin/Nr. 12/ Wagenbau: Herbrand, Cöln/sp. BDK 12 | |
| 4221 | (Bn2)'1 | DT | 07.06.88 | 1435 | Herrmann Bachstein/1889 Kurfürstendamm-Gesellschaft, Berlin/Nr. 13/ Wagenbau: Herbrand, Cöln/sp. BDK 13 | |
| 4222 | (Bn2)'1 | DT | 15.05.88 | 1435 | Davy, Donath & Co./1889 Kurfürstendamm-Gesellschaft, Berlin/Nr. 14/ Wagenbau: Herbrand, Cöln/sp. BDK 14 | |
| 4223 | (Bn2)'1 | DT | 26.05.88 | 1435 | Groß Lichterfelde-Teltower Bahn/1889 Kurfürstendamm-Gesellschaft, Berlin/Nr. 15/Wagenbau: Herbrand, Cöln/sp. BDK 15 | |
| 4224 | | nicht im Auslieferungsbuch verzeichnet | | | | |
| 4225 | | nicht im Auslieferungsbuch verzeichnet | | | | |
| 4226 | | nicht im Auslieferungsbuch verzeichnet | | | | |
| 4227 | B n2t | Lt | 26.08.87 | 1435 | Holländische Eisenbahn/DOFFER 177/1921 NS 6726 | 1931 |
| 4228 | B n2t | Lt | 26.08.87 | 1435 | Holländische Eisenbahn/EZEL 178/1921 NS 6727 | 1932 |
| 4229 | B n2t | Lt | 26.08.87 | 1435 | Holländische Eisenbahn/FRET 179/1916 verkauft an Gooische Stoomfram | |
| 4230 | B n2t | Lt | 15.09.87 | 1435 | Holländische Eisenbahn/GANS 180/1921 NS 6728 | 1926 |
| 4231 | B n2t | Lt | 15.09.87 | 1435 | Holländische Eisenbahn/HAAS 181/1921 NS 6729 | 1932 |
| 4232 | B n2t | Lt | 29.09.87 | 1435 | Holländische Eisenbahn/ISEGRIM 182/1921 NS 6730 | 1933 |
| 4233 | B n2t | Lt | 29.09.87 | 1435 | Holländische Eisenbahn/KRAAI 183/1921 NS 6731 | 1932 |
| 4234 | (Bn2)'1 | DT | 26.05.87 | 1435 | Will. R. Rowan für Kurfürstendamm-Gesellschaft, Berlin/Nr. 6/ Wagenbau: Ringhoffer, Prag/sp. BDK 6 | |
| 4235 | (Bn2)'2 | DT | 14.11.88 | 1435 | Groß Lichterfelde-Teltower Bahn/2/1908 UeE 4 (Wagenbau: Gebr. Hofmann & Co., Breslau) | bis 1918 |
| 4236 | (Bn2)'2 | DT | 14.11.88 | 1435 | Groß Lichterfelde-Teltower Bahn/1/1908 UeE 5 (Wagenbau: Gebr. Hofmann & Co., Breslau) | bis 1918 |
| 4237 | B n2t | WL | 05.07.87 | 1435 | Solvay-Werke/ALFRED | |
| 4238 | 1B n2 | S | 06.01.88 | 1435 | Holländische Eisenbahn/FRANZ HALS 184/1921 NS 1122 | 1927 |
| 4239 | 1B n2 | S | 06.01.88 | 1435 | Holländische Eisenbahn/ZACHARIAS JANEM 185/1921 NS 1123 | 1924 |
| 4240 | 1B n2 | S | 06.01.88 | 1435 | Holländische Eisenbahn/THOMAS A. KEMPIS 186/1921 NS 1124 | 1924 |
| 4241 | 1B n2 | S | 10.02.88 | 1435 | Holländische Eisenbahn/LEEUWENHOEK 187/1921 NS 1125 | 1924 |
| 4242 | 1B n2 | S | 10.02.88 | 1435 | Holländische Eisenbahn/JAN VAN DER MEER 188/1921 NS 1126 | 1931 |
| 4243 | 1B n2 | S | 10.02.88 | 1435 | Holländische Eisenbahn/OLIVIER VAN NOORT 189/1921 NS 1127 | 1932 |
| 4244 | 1B n2v | S | 09.04.88 | 1435 | Holländische Eisenbahn/OLDENBARNEVAL 190 | 1908 |
| 4245 | 1B n2v | S | 09.04.88 | 1435 | Holländische Eisenbahn/PAUL POTTER 191 | 1913 |
| 4246 | 1B n2v | S | 09.04.88 | 1435 | Holländische Eisenbahn/REMBRANDT 192 | 1908 |
| 4247 | 1B n2v | S | 18.05.88 | 1435 | Holländische Eisenbahn/SIMON STEVIA 193 | 1909 |
| 4248 | B n2t | Lt | 18.05.88 | 1435 | Holländische Eisenbahn/LEPELPAAR 194/1921 NS 6732 | 1932 |
| 4249 | B n2t | Lt | 18.05.88 | 1435 | Holländische Eisenbahn/MUECH 195/1921 NS 6733 | 1933 |
| 4250 | B n2t | Lt | 26.06.88 | 1435 | Holländische Eisenbahn/NEUSHOORN 196/1921 NS 6734 | 1926 |
| 4251 | B n2t | Lt | 26.06.88 | 1435 | Holländische Eisenbahn/OS 197/1921 NS 6735 | 1932 |
| 4252 | B n2t | Lt | 26.06.88 | 1435 | Holländische Eisenbahn/PATRYS 198/1921 NS 6736 | 1926 |
| 4253 | (Bn2)'1 | DT | 28.06.88 | 1524 | Compagnie Générale des Tramways de Moscau et de Russie, Sociéte anonyme c' Bruxelles | |
| 4254 | (Bn2)'1 | DT | 04.07.88 | 1524 | Compagnie Générale des Tramways de Moscau et de Russie, Sociéte anonyme c'Bruxelles | |
| 4255 | (Bn2)'1 | DT | 04.07.88 | 1524 | Compagnie Générale des Tramways de Moscau et de Russie, Sociéte anonyme c'Bruxelles | |
| 4256 | B n2t | WL | 22.03.89 | 1435 | Borsigwerk/Borsigwerk I/17.06.04 Fritze & Becker, Barby/Elbe/BARBY | |
| 4257 | (Bn2)'2' | DT | 15.01.89 | 1435 | Berliner Dampfstraßenbahn/7/Wagenbau: Herbrand, Cöln/sp. BDK 7 | |
| 4258 | (Bn2)'2' | DT | 16.01.89 | 1435 | Berliner Dampfstraßenbahn/8/Wagenbau: Herbrand, Cöln/sp. BDK 8 | |
| 4259 | (Bn2)'2' | DT | 17.01.89 | 1435 | Berliner Dampfstraßenbahn/9/Wagenbau: Herbrand, Cöln/sp. BDK 9 | |
| 4260 | (Bn2)'2 | DT | 30.03.89 | 1435 | Berliner Dampfstraßenbahn/10/Wagenbau: Herbrand, Cöln/sp. BDK 10 | |

| Fabriknummer | Bauart | Gattung | Auslieferungsdatum | Spurweite | Empfänger/Verbleib | Ausmusterung |
|---|---|---|---|---|---|---|
| 4261 | (Bn2)'2' | DT | 01.04.89 | 1435 | Berliner Dampfstraßenbahn/17/Wagenbau: Herbrand, Cöln/sp. BDK 17 | |
| 4262 | (Bn2)'2' | DT | 02.04.89 | 1435 | Berliner Dampfstraßenbahn/18/Wagenbau: Herbrand, Cöln/sp. BDK 18 | |
| 4263 | (Bn2)'1 | DT | 27.02.89 | 1435 | Will. R. Rowan für Tram Genua (Italien) | |
| 4264 | B n2t | Lt | 21.05.89 | 1435 | Holländische Eisenbahn/REIGER 199/1921 NS 6737 | 1933 |
| 4265 | B n2t | Lt | 21.05.89 | 1435 | Holländische Eisenbahn/SIJSIE 200/1921 NS 6738 | 1924 |
| 4266 | B n2t | Lt | 07.06.89 | 1435 | Holländische Eisenbahn/TORTEL 201/1921 NS 6739 | 1933 |
| 4267 | B n2t | Lt | 07.06.89 | 1435 | Holländische Eisenbahn/VINK 202/1921 NS 6740 | 1926 |
| 4268 | B n2t | Lt | 07.06.89 | 1435 | Holländische Eisenbahn/WESP 203/1921 NS 6741 | 1925 |
| 4269 | (Bn2)'2' | DT | 03.05.89 | 1435 | Berliner Dampfstraßenbahn/19/Wagenbau: Herbrand, Cöln | |
| 4270 | (Bn2)'2' | DT | 04.05.89 | 1435 | Berliner Dampfstraßenbahn/20/Wagenbau: Herbrand, Cöln | |
| 4271 | (Bn2)'2' | DT | 06.05.89 | 1435 | Berliner Dampfstraßenbahn/21/Wagenbau: Herbrand, Cöln | |
| 4272 | (Bn2)'2' | DT | 31.01.90 | 1435 | Herrmann Bachstein für Berliner Dampfstraßenbahn/22/Wagenbau: Herbrand, Cöln | |
| 4273 | (Bn2)'2' | DT | 01.02.90 | 1435 | Herrmann Bachstein für Berliner Dampfstraßenbahn/23/Wagenbau: Herbrand, Cöln | |
| 4274 | (Bn2)'2' | DT | 30.01.90 | 1435 | Herrmann Bachstein für Berliner Dampfstraßenbahn/24/Wagenbau: Herbrand, Cöln | |
| 4275 | C n2t | Gt | 31.10.89 | 1435 | KPEV (T 3)/Mgd 1722/1906 Mgd 6119/(DRG 89 7130) | 1924 |
| 4276 | C n2t | Gt | 31.10.89 | 1435 | KPEV (T 3)/Mgd 1723/1906 Mgd 6120 | |
| 4277 | C n2t | Gt | 02.11.89 | 1435 | KPEV (T 3)/Mgd 1724/1906 Mgd 6121 | 1916 |
| 4278 | C n2t | Gt | 23.04.90 | 1435 | KPEV (T 3)/Mgd 1725/1906 Mgd 6122/(DRG 89 7131) | 1924 |
| 4279 | C n2t | Gt | 18.04.90 | 1435 | KPEV (T 3)/Mgd 1726/1906 Mgd 6123/DRG 89 7079/1937 Hafen Ohlau/1945 PKP Tkh 1-1 | |
| 4280 | C n2t | Gt | 18.04.90 | 1435 | KPEV (T 3)/Mgd 1727/1906 Mgd 6124/DRG 89 7080 | |
| 4281 | C n2t | Gt | 19.09.90 | 1435 | KPEV (T 3)/Mgd 1728/1906 Mgd 6125/(DRG 89 7134) | 1924 |
| 4282 | C n2t | Gt | 19.09.90 | 1435 | KPEV (T 3)/Mgd 1729/1906 Mgd 6126/(DRG 89 7135) | 1924 |
| 4283 | C n2t | Gt | 21.09.89 | 1435 | KPEV (T 3)/Bln 1804/1895 Stn 1804/Stn 1713/1906 Stn 6113/1911 Bln 6179 | 1917 |
| 4284 | C n2t | Gt | 21.09.89 | 1435 | KPEV (T 3)/Bln 1805/1895 Psn 1811/1906 Psn 6133 | |
| 4285 | C n2t | Gt | 02.10.89 | 1435 | KPEV (T 3)/Bln 1806/1895 Psn 1807/1906 Psn 6129 | 1912 |
| 4286 | C n2t | Gt | 17.03.90 | 1435 | KPEV (T 3)/Bln 1807/1895 Psn 1812/1906 Psn 6134 | |
| 4287 | C n2t | Gt | 17.03.90 | 1435 | KPEV (T 3)/Bln 1808/1895 Psn 1808/1906 Psn 6130 | |
| 4288 | C n2t | Gt | 07.03.90 | 1435 | KPEV (T 3)/Bln 1809/1895 Psn 1809/1906 Psn 6131/1919 Ost 6131/DRG 89 7081 | 1933 |
| 4289 | C n2t | Gt | 19.08.90 | 1435 | KPEV (T 3)/Bln 1810/1895 Psn 1810/1906 Psn 6132 | 1917 |
| 4290 | C n2t | Gt | 18.08.90 | 1435 | KPEV (T 3)/Bln 1811/1895 Bsl 1925/1906 Bsl 6146 | 1912 |
| 4291 | C n2t | Gt | 26.08.90 | 1435 | KPEV (T 3)/Bln 1812/1895 Bsl 1926/1906 Bsl 6147 | 1922 |
| 4292 | C n2t | Gt | 05.12.89 | 1435 | KPEV (T 3)/Efd 1776/1906 Efd 6178 | |
| 4293 | C n2t | Gt | 05.12.89 | 1435 | KPEV (T 3)/Efd 1777/1906 Efd 6179 | |
| 4294 | C n2t | Gt | 12.12.89 | 1435 | KPEV (T 3)/Efd 1778/1906 Efd 6180 | |
| 4295 | C n2t | Gt | 24.05.90 | 1435 | KPEV (T 3)/Efd 1779/1906 Efd 6181 | |
| 4296 | C n2t | Gt | 24.05.90 | 1435 | KPEV (T 3)/Efd 1780/1906 Efd 6182 | 1911 |
| 4297 | C n2t | Gt | 19.02.90 | 1435 | KPEV (T 3)/Fft 1731/1906 Fft 6117/DRG 89 7082 | |
| 4298 | C n2t | Gt | 19.02.90 | 1435 | KPEV (T 3)/Fft 1732/1906 Fft 6118/(DRG 89 7137) | vor 1925 |
| 4299 | C n2t | Gt | 14.01.90 | 1435 | KPEV (T 3)/Alt 1813/1906 Alt 6114/(DRG 89 7138) | vor 1925 |
| 4300 | C n2t | Gt | 14.01.90 | 1435 | KPEV (T 3)/Alt 1814/1906 Alt 6115/(DRG 89 7139) | vor 1925 |
| 4301 | C n2t | Gt | 21.01.90 | 1435 | KPEV (T 3)/Alt 1815/1906 Alt 6116/DRG 89 7083 | |
| 4302 | C n2t | Gt | 30.06.90 | 1435 | KPEV (T 3)/Alt 1816/1906 Alt 6117/(DRG 89 7141) | vor 1925 |
| 4303 | C n2t | Gt | 30.06.90 | 1435 | KPEV (T 3)/Alt 1817/1906 Alt 6118 | |
| 4304 | C n2t | Gt | 19.07.90 | 1435 | KPEV (T 3)/Alt 1818/1906 Alt 6119/(DRG 89 7142) | vor 1925 |
| 4305 | C n2t | Gt | 19.07.90 | 1435 | KPEV (T 3)/Alt 1819/1906 Alt 6120/DRG 89 7084 | |
| 4306 | C n2t | Gt | 04.10.90 | 1435 | KPEV (T 3)/Alt 1820/1906 Alt 6121/(DRG 89 7144) | vor 1925 |
| 4307 | C n2t | Gt | 04.10.90 | 1435 | KPEV (T 3)/Alt 1821/1906 Alt 6122 | |
| 4308 | C n2t | Gt | 25.10.90 | 1435 | KPEV (T 3)/Alt 1822/1906 Alt 6123/(DRG 89 7145) | vor 1925 |
| 4309 | C n2t | Gt | 25.10.90 | 1435 | KPEV (T 3)/Alt 1823/1906 Alt 6124/(DRG 89 7146) | vor 1925 |
| 4310 | C n2t | Gt | 30.10.90 | 1435 | KPEV (T 3)/Alt 1824/1906 Alt 6125 | |
| 4311 | (Bn2)'1 | DT | 21.01.92 | 1435 | Will. R. Rowan/sp. SA Tranvie Funicolare di Bergamo BREMBO | |
| 4312 | (Bn2)'1 | DT | 05.05.90 | 1000 | Localbahn, Bau- und Betriebsgesellschaft Horstmann & Co., Hannover, für Ges. für Straßenbahnen im Saartal AG/1 | |
| 4313 | (Bn2)'1 | DT | 05.05.90 | 1000 | Localbahn, Bau- und Betriebsgesellschaft Horstmann & Co., Hannover, für Ges. für Straßenbahnen im Saartal AG/2 | |
| 4314 | (Bn2)'1 | DT | 10.06.90 | 1000 | Localbahn, Bau- und Betriebsgesellschaft Horstmann & Co., Hannover, für Ges. für Straßenbahnen im Saartal AG/3 | |
| 4315 | (Bn2)'1 | DT | 10.06.90 | 1000 | Localbahn, Bau- und Betriebsgesellschaft Horstmann & Co., Hannover, für Ges. für Straßenbahnen im Saartal AG/4 | |
| 4316 | (Bn2)'1 | DT | 10.06.90 | 1000 | Localbahn, Bau- und Betriebsgesellschaft Horstmann & Co., Hannover, für Ges. für Straßenbahnen im Saartal AG/5 | |
| 4317 | C n2t | WL | 01.09.90 | 1435 | Mechernicher Bergwerks Actien Verein/13 | |
| 4318 | 1'B n2 | S | 22.01.91 | 1435 | KPEV (S 1)/Cörrh 284/1895 Mst 300/Mst 200/1906 Mst 1 | |
| 4319 | 1'B n2 | S | 22.01.91 | 1435 | KPEV (S 1)/Cörrh 285/1895 Mst 301/Mst 201/1906 Mst 2/(DRG 12 7001) | |
| 4320 | 1'B n2 | S | 21.02.91 | 1435 | KPEV (S 1)/Cörrh 286/1895 Mst 302/Mst 202/Mst 3 | |
| 4321 | 1'B n2 | S | 21.02.91 | 1435 | KPEV (S 1)/Cörrh 287/1895 Mst 303/Mst 203/Mst 4 | |

| Fabriknummer | Bauart | Gattung | Auslieferungsdatum | Spurweite | Empfänger/Verbleib | Ausmusterung |
|---|---|---|---|---|---|---|
| 4322 | 1'B n2 | S | 10.03.91 | 1435 | KPEV (S 1)/Cörrh 288/1895 Mst 304/Mst 204/Mst 5 | |
| 4323 | 1'B n2 | S | 10.03.91 | 1435 | KPEV (S 1)/Cörrh 289/1895 Mst 305/Mst 205/Mst 6 | |
| 4324 | 1'B n2 | P | 04.05.91 | 1435 | KPEV (P 2)/Erf 352/1906 Erf 1531 | |
| 4325 | 1'B n2 | P | 04.05.91 | 1435 | KPEV (P 2)/Erf 353/1906 Erf 1532 | |
| 4326 | 1'B n2 | P | 26.05.91 | 1435 | KPEV (P 2)/Erf 354/1906 Erf 1533 | |
| 4327 | 1'B n2 | P | 26.05.91 | 1435 | KPEV (P 2)/Erf 355/1906 Erf 1534 | |
| 4328 | 1'B n2 | P | 18.06.91 | 1435 | KPEV (P 2)/Erf 356/1906 Erf 1535 | |
| 4329 | 1'B n2 | P | 18.06.91 | 1435 | KPEV (P 2)/Erf 357/1906 Erf 1536 | |
| 4330 | C n2t | Gt | 20.03.91 | 1435 | KPEV (T 3)/Cölrh 1800/1906 Kln 6130 | |
| 4331 | C n2 | G | 08.07.91 | 1435 | KPEV (G 3)/Efd 1333/1906 Efd 3309 | |
| 4332 | C n2 | G | 08.07.91 | 1435 | KPEV (G 3)/Efd 1334/1906 Efd 3310/(DRG 53 7324) | |
| 4333 | C n2 | G | 29.07.91 | 1435 | KPEV (G 3)/Bbg 1224/1895 Dzg 1224/1906 Dzg 3114/1920 Stn 3114/ (DRG 53 7325) | |
| 4334 | C n2 | G | 29.07.91 | 1435 | KPEV (G 3)/Bbg 1225/1895 Dzg 1225/1906 Dzg 3115/1920 Stn 3115/ (DRG 53 7326) | |
| 4335 | C n2 | G | 17.08.91 | 1435 | KPEV (G 3)/Bbg 1226/1895 Dzg 1226/1906 Dzg 3116/1920 Stn 3116/ (DRG 53 7327) | |
| 4336 | C n2 | G | 17.08.91 | 1435 | KPEV (G 3)/Bbg 1227/1895 Dzg 1227/1906 Dzg 3117/1920 Stn 3117/ 1921 Firma Oppler, Berlin | |
| 4337 | C n2 | G | 02.09.91 | 1435 | KPEV (G 3)/Bbg 1228/1895 Stn 1228/1906 Stn 3139/ČSD 314.401 | |
| 4338 | C n2 | G | 02.09.91 | 1435 | KPEV (G 3)/Bbg 1229/1895 Stn 1229/1906 Stn 3140/1920 Dre 3140/DRG 53 7100 | |
| 4339 | C n2 | G | 23.09.91 | 1435 | KPEV (G 3)/Bbg 1230/1895 Stn 1230/1906 Stn 3141/(DRG 53 7326) | |
| 4340 | C n2 | G | 23.09.91 | 1435 | KPEV (G 3)/Bbg 1231/1895 Stn 1231/1906 Stn 3142/(DRG 53 7327) | |
| 4341 | C n2 | G | 08.10.91 | 1435 | KPEV (G 3)/Bbg 1232/1895 Dzg 1232/1906 Dzg 3106/1920 Stn 3106/(DRG 53 7330) | |
| 4342 | C n2 | G | 08.10.91 | 1435 | KPEV (G 3)/Bbg 1233/1895 Dzg 1233/1906 Dzg 3107/1920 Stn 3107/(DRG 53 7331) | |
| 4343 | C n2 | G | 04.11.91 | 1435 | KPEV (G 3)/Bbg 1234/1895 Dzg 1234/1906 Dzg 3108 | |
| 4344 | C n2 | G | 04.11.91 | 1435 | KPEV (G 3)/Bbg 1235/1895 Dzg 1235/1906 Dzg 3109 | |
| 4345 | C n2 | G | 21.11.91 | 1435 | KPEV (G 3)/Bbg 1236/1895 Dzg 1236/1906 Dzg 3110 | |
| 4346 | C n2 | G | 21.11.91 | 1435 | KPEV (G 3)/Bbg 1237/1895 Dzg 1237/1906 Dzg 3111 | |
| 4347 | C n2 | G | 10.12.91 | 1435 | KPEV (G 3)/Bbg 1238/1895 Dzg 1238/1906 Dzg 3112 | |
| 4348 | C n2 | G | 10.12.91 | 1435 | KPEV (G 3)/Bbg 1239/1895 Dzg 1239/1906 Dzg 3113 | |
| 4349 | C n2t | Gt | 19.10.91 | 1435 | KPEV (T 3)/Cörrh 1854/1906 Fft 6213/(DRG 89 7156) | |
| 4350 | C n2t | Gt | 19.10.91 | 1435 | KPEV (T 3)/Cörrh 1855/1906 Fft 6214/(DRG 89 7157) | |
| 4351 | C n2t | Gt | 19.12.91 | 1435 | KPEV (T 3)/Cölrh 1814/1895 Sbr 1615/1906 Sbr 6115/1920 Tri 6115/ DRG 89 7088 | 1928 |
| 4352 | C n2t | Gt | 19.12.91 | 1435 | KPEV (T 3)/Cölrh 1815/1895 Sbr 1616/1906 Sbr 6116/1920 Tri 6116/ DRG 89 7089 | |
| 4353 | C n2t | Gt | 13.01.92 | 1435 | KPEV (T 3)/Cölrh 1816/1895 Sbr 1617/1906 Sbr 6117/1920 SAAR 6109 | 1929 |
| 4354 | C n2t | Gt | 13.01.92 | 1435 | KPEV (T 3)/Cölrh 1817/1895 Sbr 1618/1906 Sbr 6118/1919 Tri 6118/ DRG 89 7090 | 30.11.1937 |
| 4355 | 1B n2t | Pt | 15.03.92 | 1435 | Königliche Militäreisenbahn/KME 9/1894 KME 203 | 1919 |
| 4356 | C n2 | G | 13.02.92 | 1435 | KPEV (G 3)/Erf 1088/1906 Erf 3170/DRG 53 7385 | |
| 4357 | C n2 | G | 13.02.92 | 1435 | KPEV (G 3)/Erf 1089/1906 Erf 3171 | |
| 4358 | C n2 | G | 27.02.92 | 1435 | KPEV (G 3)/Erf 1090/1906 Erf 3172 | |
| 4359 | C n2 | G | 27.02.92 | 1435 | KPEV (G 3)/Erf 1091/1906 Erf 3173 | |
| 4360 | C n2 | G | 15.03.92 | 1435 | KPEV (G 3)/Efd 1335/1906 Efd 3321 | |
| 4361 | C n2 | G | 15.03.92 | 1435 | KPEV (G 3)/Efd 1336/1906 Efd 3322 | |
| 4362 | C n2 | G | 30.03.92 | 1435 | KPEV (G 3)/Efd 1337/1906 Efd 3323/1920 B o. Nr. | |
| 4363 | C n2 | G | 30.03.92 | 1435 | KPEV (G 3)/Efd 1338/1906 Efd 3324/1920 B o. Nr. | |
| 4364 | C n2 | G | 14.04.92 | 1435 | KPEV (G 3)/Efd 1339/1906 Efd 3325/DRG 53 7115 | |
| 4365 | C n2 | G | 14.04.92 | 1435 | KPEV (G 3)/Efd 1340/1906 Efd 3326 | |
| 4366 | C n2 | G | 22.04.92 | 1435 | KPEV (G 3)/Efd 1341/1906 Efd 3327/(DRG 53 7386) | |
| 4367 | C n4v | G | 23.05.92 | 1435 | KPEV (G 4.2)/Han 1244/1906 Han 3853/(DRG 53 045) | |
| 4368 | C n4v | G | 23.05.92 | 1435 | KPEV (G 4.2)/Han 1245/1906 Han 3854/(DRG 53 046) | |
| 4369 | C n2v | G | 07.06.92 | 1435 | KPEV (G 4.2)/Han 1246/1906 Han 3855/(DRG 53 047) | |
| 4370 | C n2v | G | 07.06.92 | 1435 | KPEV (G 4.2)/Han 1247/1906 Han 3856/1920 B (o. Nr.) | |
| 4371 | C n2v | G | 28.06.92 | 1435 | KPEV (G4.2)/Han 1248/1906 Han 3857/(DRG 53 048) | |
| 4372 | C n2v | G | 28.06.92 | 1435 | KPEV (G 4.2)/Han 1249/1906 Han 3858 | |
| 4373 | C n2v | G | 05.07.92 | 1435 | KPEV (G 4.2)/Han 1250/1906 Han 3859/1920 B (o. Nr.) | |
| 4374 | C n2v | G | 05.07.92 | 1435 | KPEV (G 4.2)/Han 1251/1906 Han 3860 | |
| 4375 | C n2v | G | 18.07.92 | 1435 | KPEV (G 4.2)/Han 1252/1906 Han 3861 | |
| 4376 | C n2v | G | 18.07.92 | 1435 | KPEV (G 4.2)/Han 1253/1906 Han 3862/(DRG 53 049) | |
| 4377 | C n2v | G | 30.07.92 | 1435 | KPEV (G 4.2)/Han 1254/1906 Han 3863 | |
| 4378 | C n2v | G | 30.07.92 | 1435 | KPEV (G 4.2)/Han 1255/1906 Han 3864 | |
| 4379 | C n2v | G | 03.08.92 | 1435 | KPEV (G 4.2)/Han 1256/1906 Han 3865/(DRG 53 050) | |
| 4380 | C n2 | G | 18.08.92 | 1435 | KPEV (G 3)/Alt 873/1906 Alt 3157 | 1912 |
| 4381 | C n2 | G | 18.08.92 | 1435 | KPEV (G 3)/Alt 874/1906 Alt 3158 | 1919 |
| 4382 | C n2 | G | 30.08.92 | 1435 | KPEV (G 3)/Alt 875/1906 Alt 3159 | 1919 |
| 4383 | C n2 | G | 30.08.92 | 1435 | KPEV (G 3)/Alt 876/1906 Alt 3160 | 1919 |
| 4384 | C n2 | G | 14.09.92 | 1435 | KPEV (G 3)/Alt 877/1906 Alt 3161/(DRG 53 7388) | 1922 |
| 4385 | C n2 | G | 14.09.92 | 1435 | KPEV (G 3)/Alt 878/1906 Alt 3162 | 1919 |

| Fabriknummer | Bauart | Gattung | Auslieferungsdatum | Spurweite | Empfänger/Verbleib | Ausmusterung |
|---|---|---|---|---|---|---|
| 4386 | C n2 | G | 27.09.92 | 1435 | KPEV (G 3)/Bln 1323/Psn 1323/1906 Psn 3207/1920 Ost 3207/(DRG 53 7452) | |
| 4387 | C n2 | G | 27.09.92 | 1435 | KPEV (G 3)/Bln 1324/Psn 1321/1906 Psn 3205 | |
| 4388 | C n2 | G | 11.10.92 | 1435 | KPEV (G 3)/Bln 1325/Stn 1284/1906 Stn 3150/verkauft | |
| 4389 | C n2 | G | 11.10.92 | 1435 | KPEV (G 3)/Bln 1326/Stn 1285/1906 Stn 3151/ Lit. Stb | |
| 4390 | C n2 | G | 10.11.92 | 1435 | KPEV (G 3)/Bln 1327/Psn 1322/1906 Psn 3206/1920 Ost 3206 | |
| 4391 | C n2 | G | 10.11.92 | 1435 | KPEV (G 3)/Bln 1328/Bsl 1341/1906 Bsl 3373/(DRG 53 7453) | |
| 4392 | C n2 | G | 17.12.92 | 1435 | KPEV (G 3)/Bln 1329/Bsl 1342/1906 Bsl 3374 | 1922 |
| 4393 | C n2 | G | 17.12.92 | 1435 | KPEV (G 3)/Bln 1330/Bsl 1343/1906 Bsl 3375/1920 B 7775 | |
| 4394 | C n2 | G | 26.01.93 | 1435 | KPEV (G 3)/Bln 1331/Bsl 1344/1906 Bsl 3376/(DRG 53 7454) | |
| 4395 | C n2 | G | 26.01.93 | 1435 | KPEV (G 3)/Bln 1332/Bsl 1349/1906 Bsl 3381/1919 PKP | |
| 4396 | C n2 | G | 27.10.92 | 1435 | KPEV (G 3)/Mgd 1111/1906 Mgd 3176 | |
| 4397 | C n2 | G | 27.10.92 | 1435 | KPEV (G 4.2)/Mgd 1112/1906 Mgd 3177 | 1915 |
| 4398 | C n2 | G | 29.11.92 | 1435 | KPEV (G 4.2)/Mgd 1113/1906 Mgd 3178 | |
| 4399 | C n2 | G | 29.11.92 | 1435 | KPEV (G 4.2)/Mgd 1114/1906 Mgd 3179 | |
| 4400 | C n2 | G | 14.01.93 | 1435 | KPEV (G 4.2)/Mgd 1115/1906 Mgd 3180 | |
| 4401 | C n2 | G | 14.01.93 | 1435 | KPEV (G 4.2)/Mgd 1116/1900 Esn 404/1906 Esn 3610·U n2vG4/1920 PKP ? | |
| 4402 | C n2 | G | 09.02.93 | 1435 | KPEV (G 4.2)/Mgd 1117/1906 Mgd 3181 | |
| 4403 | C n2 | G | 09.02.93 | 1435 | KPEV (G 4.2)/Mgd 1118/1906 Mgd 3182 | |
| 4404 | C n2 | G | 25.02.93 | 1435 | KPEV (G 4.2)/Mgd 1119/1906 Mgd 3183 | |
| 4405 | C n2 | G | 25.02.93 | 1435 | KPEV (G 4.2)/Mgd 1120/1906 Mgd 3184 | |
| 4406 | C n2 | G | 01.03.93 | 1435 | KPEV (G 3)/Mgd 1121/1906 Mgd 3185 | |
| 4407 | C n2 | G | 20.03.93 | 1435 | KPEV (G 3)/Bsl 1354/1895 Kat 1354/1906 Kat 3209/1921 verkauft an Fa. Zickelbein | |
| 4408 | C n2 | G | 20.03.93 | 1435 | KPEV (G 3)/Bsl 1355/1906 Bsl 3386 | Kriegsverlust |
| 4409 | C n2 | G | 25.03.93 | 1435 | KPEV (G 3)/Bsl 1356/1906 Bsl 3387 | |
| 4410 | C n2 | G | 11.04.93 | 1435 | KPEV (G 3)/Bsl 1357/1906 Bsl 3388/(DRG 53 7455) | |
| 4411 | C n2 | G | 11.04.93 | 1435 | KPEV (G 3)/Bsl 1358/1906 Bsl 3389/DRG 53 7138 | |
| 4412 | C1 n2t | Gt | 23.12.92 | 1435 | KPEV (T 9.1)/Bln 1871/1906 Bln 7231/Psn 7342/1919 Ost 7104/DRG 90 001/ LBE 110/1938 DRG 90 244/1948 WZTE 441 | 1958 |
| 4413 | C n2t | Gt | 18.05.92 | 1435 | KPEV (T 3)/Erf 1781/1906 Erf 6127 | |
| 4414 | C n2t | Gt | 18.05.92 | 1435 | KPEV (T 3)/Erf 1782/1906 Erf 6128/1913 Köln-Rottweil AG, Werk Premnitz Nr. 5 | |
| 4415 | C n2t | Gt | 31.05.92 | 1435 | KPEV (T 3)/Erf 1783/1906 Erf 6129 | |
| 4416 | C n2t | Gt | 02.06.92 | 1435 | KPEV (T 3)/Erf 1784/1906 Erf 6130 | |
| 4417 | C1' n2t | Gt | 31.07.92 | 1435 | KPEV (T 9.1)/Bln 1872/1906 Bln 7232/Kln 7388/DRG 90 002 | |
| 4418 | C1' n2t | Gt | 02.08.92 | 1435 | KPEV (T9. 1)/Bln 1873/1906 Bln 7233/ Kln 7389/DRG 90 003 | 1927 |
| 4419 | C1' n2t | Gt | 12.08.92 | 1435 | KPEV (T 9.1)/Bln 1874/1906 Bln 7234/Psn 7343/1919 Ost 7105/DRG 90 004 | |
| 4420 | C1' n2t | Gt | 24.08.92 | 1435 | KPEV (T 9.1)/Bln 1875/1906 Bln 7235/Psn 7344/1919 Kln 7106/(DRG 90 008) | |
| 4421 | C1' n2t | Gt | 01.09.92 | 1435 | KPEV (T 9.1)/Cölrh 1826/1895 Cln 1826/1906 Kln 7263/DRG 90 005 | 1926 |
| 4422 | C1' n2t | Gt | 07.09.92 | 1435 | KPEV (T 9.1)/Cölrh 1827/1895 Cln 1827/1906 Kln 7264/(DRG 90 010) | |
| 4423 | C1' n2t | Gt | 22.09.92 | 1435 | KPEV (T 9.1)/Cölrh 1828/1895 Cln 1828/1906 Kln 7265/DRG 90 006 | 1926 |
| 4424 | C1' n2t | Gt | 22.09.92 | 1435 | KPEV (T 9.1)/Cölrh 1829/1895 Cln 1829/1906 Kln 7266/DRG 90 007 | 1926 |
| 4425 | C1' n2t | Gt | 02.10.92 | 1435 | KPEV (T 9.1)/Cölrh 1830/1895 Cln 1830/1906 Kln 7267/DRG 90 008 | 1926 |
| 4426 | C1' n2t | Gt | 17.10.92 | 1435 | KPEV (T 9.1)/Cölrh 1831/1895 Cln 1831/1895 Sbr 1831/1906 Sbr 7201/ 1909 Sbr 7101/1920 Tri 7101 | vor 1925 |
| 4427 | C n2t | - | 24.06.92 | 1000 | Rhein-Ettenheim-Münsterer Eisenbahn/1/1926 nach Berlin verkauft | |
| 4428 | C n2t | - | 07.08.92 | 1000 | Rhein-Ettenheim-Münsterer Eisenbahn/2/1927 an Waldbahn Ruhpolding V/ 1928 an ein tschechoslowakisches Unternehmen verkauft | |
| 4429 | C n2t | - | 08.09.92 | 1000 | Rhein-Ettenheim-Münsterer Eisenbahn/3/1926 an Bayrisches Bergwerk verkauft | |
| 4430 | C1' n2t | Gt | 17.10.92 | 1435 | KPEV (T 9.1)/Cölrh 1832/1895 Sbr 1832/1906 Sbr 7202/1909 Sbr 7102/ 1920 Tri 7102 | |
| 4431 | C1' n2t | Gt | 30.10.92 | 1435 | KPEV (T 9.1)/Cölrh 1833/1906 Kln 7270/DRG 90 009/1924 Zuckerfabrik Euskirchen/Museumslokomotive der DGEG in Bochum-Dalhausen | |
| 4432 | C1' n2t | Gt | 30.10.92 | 1435 | KPEV (T 9.1)/Cölrh 1834/1906 Kln 7271/(DRG 90 015) | |
| 4433 | C1' n2t | Gt | 17.04.92 | 1435 | KPEV (T 9.1)/Cölrh 1835/1906 Kln 7272/DRG 90 010 | 1929 |
| 4434 | C1' n2t | Gt | 17.04.92 | 1435 | KPEV (T 9.1)/Cölrh 1836/1906 Kln 7273/DRG 90 011 | 1929 |
| 4435 | C1' n2t | Gt | 28.11.92 | 1435 | KPEV (T 9.1)/Cölrh 1837/1895 Sbr 1833/1906 Sbr 7203/1909 Sbr 7103/ 1920 Tri 7103/(DRG 90 018) | |
| 4436 | C1' n2t | Gt | 04.12.92 | 1435 | KPEV (T 9.1)/Cölrh 1838/1895 Sbr 1834/1906 Sbr 7204/1909 Sbr 7104/ 1920 SAAR 7101 | 1931 |
| 4437 | C1' n2t | Gt | 23.12.92 | 1435 | KPEV (T 9.1)/Cölrh 1839/1895 Sbr 1835/1906 Sbr 7205/1909 Sbr 7105/ 1920 SAAR 7102 | 1930 |
| 4438 | C1' n2t | Gt | 23.12.92 | 1435 | KPEV (T 9.1)/Cölrh 1840/1895 Sbr 1836/1906 Sbr 7206/1909 Sbr 7106/ 1920 SAAR 7103 | 1933 |
| 4439 | C n2 | G | 02.02.94 | 1435 | KPEV (G 3)/Cölrh 1253/1895 Sbr 1253/ Sbr 1071/1905 Cln 1254/1906 Kln 3277 | |
| 4440 | C n2 | G | 02.02.94 | 1435 | KPEV (G 3)/Cölrh 1254/ 1895 Sbr 1254/ Sbr 1072/1906 Sbr 3192/ Mz 3150 | |
| 4441 | C n2 | G | 26.02.94 | 1435 | KPEV (G 3)/Cölrh 1255/1895 Sbr 1255/ Sbr 1073/1906 Sbr 3193/ Mz 3151 | |

| Fabriknummer | Bauartq | Gattung | Auslieferungsdatum | Spurweite | Empfänger/Verbleib | Ausmusterung |
|---|---|---|---|---|---|---|
| 4442 | C n2 | G | 26.02.94 | 1435 | KPEV (G 3)/Cölrh 1256/1895 Sbr 1256/ Sbr 1074/1906 Sbr 3194/ Mz 3152 | |
| 4443 | C1 n2t | Gt | 05.05.94 | 1435 | KPEV (T 9.1)/Bln 1884/1906 Bln 7236/ Bsl 7237/DRG 90 012 | 1928 |
| 4444 | C1 n2t | Gt | 16.05.94 | 1435 | KPEV (T 9.1)/Bln 1885/1906 Bln 7237/ Bsl 7235/DRG 90 013 | 1928 |
| 4445 | C1 n2t | Gt | 24.05.94 | 1435 | KPEV (T 9.1)/Bln 1886/1906 Bln 7238/ Bbg 7302/1918 PKP | |
| 4446 | C1 n2t | Gt | 30.05.94 | 1435 | KPEV (T 9.1)/Bln 1887/1906 Bln 7239/ Csl 7226/DRG 90 014 | 11.06.1928 |
| 4447 | C1 n2t | Gt | 09.06.94 | 1435 | KPEV (T 9.1)/Bln 1888/1906 Bln 7240/ Kln 7390/DRG 90 015 | |
| 4448 | C1 n2t | Gt | 16.06.94 | 1435 | KPEV (T 9.1)/Bln 1889/1906 Bln 7241/ Hl 7203/(DRG 90 023) | |
| 4449 | C1 n2t | Gt | 28.06.94 | 1435 | KPEV (T 9.1)/Bln 1890/1906 Bln 7242/1919 Ost 7107/(DRG 90 024) | |
| 4450 | C1 n2t | Gt | 05.07.94 | 1435 | KPEV (T 9.1)/Bln 1891/1906 Bln 7243/1919 Ost 7108/(DRG 90 025) | |
| 4451 | C1 n2t | Gt | 16.07.94 | 1435 | KPEV (T 9.1)/Bln 1892/1906 Bln 7244/Bbg 7303/1918 PKP Tki 1-5 | |
| 4452 | C1 n2t | Gt | 23.07.94 | 1435 | KPEV (T 9.1)/Bln 1893/1906 Bln 7245/Bsl 7236/DRG 90 016 | 1928 |
| 4453 | C1 n2t | Gt | 02.08.94 | 1435 | KPEV (T 9.1)/Erf 1850/1906 Erf 7201/DRG 90 017 | |
| 4454 | C1 n2t | Gt | 11.08.94 | 1435 | KPEV (T 9.1)/Erf 1851/1906 Erf 7202/1920 Nord(F) 3.1451/1938 SNCF 2-031 TA 1 | |
| 4455 | C1 n2t | Gt | 22.08.94 | 1435 | KPEV (T 9.1)/Erf 1852/1906 Erf 7203/1919 PKP | |
| 4456 | C1 n2t | Gt | 05.09.94 | 1435 | KPEV (T 9.1)/Erf 1853/1906 Erf 7204/(DRG 90 029) | |
| 4457 | C n2t | Gt | 15.09.94 | 1435 | KPEV (T 3)/Bln 1894/1895 Bsl 1948/1906 Bsl 6162/(DRG 89 7297) | 1924 |
| 4458 | C n2t | Gt | 15.09.94 | 1435 | KPEV (T 3)/Bln 1895/1895 Bsl 1949/1906 Bsl 6163/(DRG 89 7298) | 1924 |
| 4459 | C n2t | Gt | 29.09.94 | 1435 | KPEV (T 3)/Bln 1896/1895 Bsl 1950/1906 Bsl 6164 | 1915 |
| 4460 | C n2t | Gt | 29.09.94 | 1435 | KPEV (T 3)/Bln 1897/1895 Bsl 1951/1906 Bsl 6165 | 1922 |
| 4461 | C n2t | Gt | 13.10.94 | 1435 | KPEV (T 3)/Bln 1898/1895 Bsl 1952/1906 Bsl 6166/1919 PKP Tkh 1-5 | |
| 4462 | C n2t | Gt | 13.10.94 | 1435 | KPEV (T 3)/Bln 1899/1906 Bln 6126/(DRG 89 7299) | 1924 |
| 4463 | C n2t | Gt | 27.10.94 | 1435 | KPEV (T 3)/Bln 1900/1900 Stn 1724/1906 Stn 6124/DRG 89 7153 | 1931 |
| 4464 | C n2t | Gt | 27.10.94 | 1435 | KPEV (T 3)/Bln 1901/1900 Stn 1725/1906 Stn 6125/DRG 89 7154/DB | 14.11.1952 |
| 4465 | C n2t | Gt | 07.11.94 | 1435 | KPEV (T 3)/Bln 1902/1895 Psn 1902/1906 Psn 6148 | |
| 4466 | C n2t | Gt | 21.12.94 | 1435 | KPEV (T 3)/Bln 1903/1895 Psn 1903/1906 Psn 6149/1919 PKP Tkh 1-6/ 1941 DRG 89 7547 | |
| 4467 | C n2 | G | 29.11.94 | 1435 | Königliche Militäreisenbahn (G 3)/101/1923 DRG Bln 3101 | |
| 4468 | C n2 | G | 14.12.94 | 1435 | Königliche Militäreisenbahn (G 3)/102/1923 DRG Bln 3102/(DRG 53 7481) | |
| 4469 | C n2 | G | 22.12.94 | 1435 | Königliche Militäreisenbahn (G 3)/103/1923 DRG Bln 3103/(DRG 53 7482) | |
| 4470 | D n2t | - | 19.03.95 | 1435 | Ostsjallandske Jernbane (Dänemark)/O.S.J.B. 5 | 1923 |
| 4471 | D n2t | - | 19.03.95 | 1435 | Ostsjallandske Jernbane (Dänemark)/O.S.J.B. 6/1953 Frederiksvaerk 2/ 1961 Dansk Jernbane Club DSB-Depot Hong | |
| 4472 | C n2t | WL | 12.10.98 | 1000 | Gewerkschaft Constanze, Betzdorf/Sieg/1896 auf der Gewerbeausstellung in Berlin ausgestellt | |
| 4473 | B n2t | WL | 01.02.95 | 500 | Ilse Bergbau Act.-Ges./ILSE/1896 auf der Gewerbeausstellung in Berlin ausgestellt | |
| 4474 | B n2t | - | 18.07.95 | 1000 | Localbahn Müllheim-Badenweiler/1/1898 Spremberger Stadtbahn 6/1957 als HzL verkauft | |
| 4475 | B n2t | - | 20.07.95 | 1000 | Localbahn Müllheim-Badenweiler/2/1920 OEG 61 | |
| 4476 | B n2t | - | 20.07.95 | 1000 | Localbahn Müllheim-Badenweiler/3/1914 DEBG | |
| 4477 | C1' n2t | Gt | 12.06.95 | 1435 | KPEV (T 9.1)/Esn 1891/1900 Esn 1836/1906 Esn 7243 | |
| 4478 | C1' n2t | Gt | 12.06.95 | 1435 | KPEV (T 9.1)Esn 1892/1900 Esn 1837/1906 Esn 7244 | |
| 4479 | C1' n2t | Gt | 22.06.95 | 1435 | KPEV (T 9.1)/Esn 1893/1900 Esn 1838/1906 Esn 7245 | |
| 4480 | C1'n2t | Gt | 22.06.95 | 1435 | KPEV (T 9.1)/Esn 1894/1900 Esn 1839/1906 Esn 7246 | |
| 4481 | C1' n2t | Gt | 16.07.95 | 1435 | KPEV (T 9.1)/Esn 1895/1900 Esn 1840/1906 Esn 7247 | |
| 4482 | C1' n2t | Gt | 16.07.95 | 1435 | KPEV (T 9.1)/Esn 1896/1900 Esn 1841/1906 Esn 7248/DRG 90 028 | 1926 |
| 4483 | C1' n2t | Gt | 07.08.95 | 1435 | KPEV (T 9.1)/Esn 1897/1900 Esn 1842/1906 Esn 7249/DRG 90 029 | |
| 4484 | C1' n2t | Gt | 01.11.95 | 1435 | KPEV (T 9.1)/Efd 1902/1906 Efd 7203/(DRG 90 043)/1920 Westerwald-Bahn 4 | 1933 |
| 4485 | C1' n2t | Gt | 14.11.95 | 1435 | KPEV (T 9.1)/Efd 1903/1906 Efd 7204/(DRG 90 044) | |
| 4486 | C1' n2t | Gt | 14.11.95 | 1435 | KPEV (T 9.1)/Efd 1904/1906 Efd 7205/(DRG 90 045) | |
| 4487 | C1' n2t | Gt | 26.11.95 | 1435 | KPEV (T 9.1)/Efd 1905/1906 Efd 7206 | |
| 4488 | C1' n2t | Gt | 26.11.95 | 1435 | KPEV (T 9.1)/Efd 1906/1906 Efd 7207/(DRG 90 046) | |
| 4489 | C1' n2t | Gt | 07.12.95 | 1435 | KPEV (T 9.1)/Efd 1907/1906 Efd 7208/1920 B 9108 | |
| 4490 | C1' n2t | Gt | 07.12.95 | 1435 | KPEV (T 9.1)/Efd 1908/1906 Efd 7209 | |
| 4491 | C1' n2t | Gt | 21.12.95 | 1435 | KPEV (T 9.1)/Erf 1854/1906 Erf 7205/(DRG 90 047) | |
| 4492 | C1' n2t | Gt | 21.12.95 | 1435 | KPEV (T 9.1)/Erf 1855/1906 Erf 7206/DRG 90 030 | |
| 4493 | C1' n2t | Gt | 02.01.96 | 1435 | KPEV (T 9.1)/Erf 1856/1906 Erf 7207/DRG 90 067 | 1927 |
| 4494 | C1' n2t | Gt | 02.01.96 | 1435 | KPEV (T 9.1)/Erf 1857/1906 Erf 7208/DRG 90 068 | 1927 |
| 4495 | C1' n2t | Gt | 17.01.96 | 1435 | KPEV (T 9.1)/Erf 1858/1906 Erf 7209/DRG 90 069 | 1927 |
| 4496 | C1' n2t | Gt | 21.01.96 | 1435 | KPEV (T 9.1)/Hl 1850/1899 Mgd 1827/1906 Mgd 7216/DRG 90 070 | 1927 |
| 4497 | C1' n2t | Gt | 31.01.96 | 1435 | KPEV (T 9.1)/Hl 1851/1899 Mgd 1828/1906 Mgd 7217/DRG 90 071 | 1927 |
| 4498 | C1' n2t | Gt | 31.01.96 | 1435 | KPEV (T 9.1)/Hl 1852/1899 Mgd 1829/1906 Mgd 7218/DRG 90 072 | 1928 |
| 4499 | C1' n2t | Gt | 14.02.96 | 1435 | KPEV (T 9.1)/Hl 1853/1899 Mgd 1830/1906 Mgd 7219/1920 Nord(F) 3.1452/ 1938 SNCF 2-031 TA 2 | |
| 4500 | C1' n2t | Gt | 14.02.96 | 1435 | KPEV (T 9.1)/Hl 1854/1899 Mgd 1831/1906 Mgd 7220/DRG 90 073 | 1928 |
| 4501 | C1' n2t | Gt | 21.02.96 | 1435 | KPEV (T 9.1)/Mgd 1806/1902 Erf 1848/1906 Erf 7210/(DRG 90 110) | |
| 4502 | C1' n2t | Gt | 29.02.96 | 1435 | KPEV (T 9.1)/Mgd 1807/1902 Erf 1849/1906 Erf 7211/(DRG 90 111) | |
| 4503 | C1' n2t | Gt | 12.03.96 | 1435 | KPEV (T 9.1)/Mgd 1808/1906 Mgd 7211/DRG 90 074 | 1928 |
| 4504 | C1' n2t | Gt | 12.03.96 | 1435 | KPEV (T 9.1)/Mgd 1809/1906 Mgd 7212/DRG 90 075 | 1928 |

| Fabriknummer | Bauart | Gattung | Auslieferungsdatum | Spurweite | Empfänger/Verbleib | Ausmusterung |
|---|---|---|---|---|---|---|
| 4505 | C1' n2t | Gt | 21.03.96 | 1435 | KPEV (T 9.1)/Mgd 1810/1906 Mgd 7213/DRG 90 076 | 1927 |
| 4506 | C1' n2t | Gt | 13.04.96 | 1435 | KPEV (T 9.1)/Mgd 1811/1906 Mgd 7214/DRG 90 077 | |
| 4507 | C1' n2t | Gt | 13.04.96 | 1435 | KPEV (T 9.1)/Mgd 1812/1906 Mgd 7215/DRG 90 078 | 1927 |
| 4508 | C1' n2t | Gt | 21.04.96 | 1435 | KPEV (T 9.1)/Stn 1902/1906 Stn 7201/(DRG 90 117) | |
| 4509 | C1' n2t | Gt | 21.04.96 | 1435 | KPEV (T 9.1)/Stn 1903/1906 Stn 7202/(DRG 90 118) | |
| 4510 | C'C n4v | G | 24.07.95 | 1067 | Jaroslawl-Wologda-Archangelsk (Rußland)/Mb 22/Bauart Mallet | |
| 4511 | C'C n4v | G | 06.08.95 | 1067 | Jaroslawl-Wologda-Archangelsk (Rußland)/Mb 23/Bauart Mallet | |
| 4512 | C'C n4v | G | 21.08.95 | 1067 | Jaroslawl-Wologda-Archangelsk (Rußland)/Mb 24/Bauart Mallet | |
| 4513 | C'C n4v | G | 27.08.95 | 1067 | Jaroslawl-Wologda-Archangelsk (Rußland)/Mb 25/Bauart Mallet | |
| 4514 | C'C n4v | G | 12.09.95 | 1067 | Jaroslawl-Wologda-Archangelsk (Rußland)/Mb 26/Bauart Mallet | |
| 4515 | C'C n4v | G | 14.09.95 | 1067 | Jaroslawl-Wologda-Archangelsk (Rußland)/Mb 27/Bauart Mallet | |
| 4516 | C'C n4v | G | 28.09.95 | 1067 | Jaroslawl-Wologda-Archangelsk (Rußland)/Mb 28/Bauart Mallet | |
| 4517 | C'C n4v | G | 11.10.95 | 1067 | Jaroslawl-Wologda-Archangelsk (Rußland)/Mb 29/Bauart Mallet | |
| 4518 | C'C n4v | G | 19.10.95 | 1067 | Jaroslawl-Wologda-Archangelsk (Rußland)/Mb 30/Bauart Mallet | |
| 4519 | C'C n4v | G | 26.10.95 | 1067 | Jaroslawl-Wologda-Archangelsk (Rußland)/Mb 31/Bauart Mallet | |
| 4520 | 1'B1' n2t | Pt | 06.05.96 | 1435 | Dänische Staatsbahn Litra O/301 | 1937 |
| 4521 | 1'B1' n2t | Pt | 13.05.96 | 1435 | Dänische Staatsbahn Litra O/302 | 1936 |
| 4522 | 1'B1' n2t | Pt | 22.05.96 | 1435 | Dänische Staatsbahn Litra O/303 | 1955 |
| 4523 | 1'B1' n2t | Pt | 05.06.96 | 1435 | Dänische Staatsbahn Litra O/304 | 1937 |
| 4524 | 1'B1' n2t | Pt | 17.06.96 | 1435 | Dänische Staatsbahn Litra O/305 | 1937 |
| 4525 | 1'B1' n2t | Pt | 26.06.96 | 1435 | Dänische Staatsbahn Litra O/306 | 1936 |
| 4526 | C'C n4v | G | 25.06.96 | 1067 | Jaroslawl-Wologda-Archangelsk (Rußland)/Mb 32/Bauart Mallet | |
| 4527 | C'C n4v | G | 01.07.96 | 1067 | Jaroslawl-Wologda-Archangelsk (Rußland)/Mb 33/Bauart Mallet | |
| 4528 | C'C n4v | G | 14.07.96 | 1067 | Jaroslawl-Wologda-Archangelsk (Rußland)/Mb 34/Bauart Mallet | |
| 4529 | C'C n4v | G | 17.07.96 | 1067 | Jaroslawl-Wologda-Archangelsk (Rußland)/Mb 35/Bauart Mallet | |
| 4530 | C'C n4v | G | 24.07.96 | 1067 | Jaroslawl-Wologda-Archangelsk (Rußland)/Mb 36/Bauart Mallet | |
| 4531 | C'C n4v | G | 31.07.96 | 1067 | Jaroslawl-Wologda-Archangelsk (Rußland)/Mb 37/Bauart Mallet | |
| 4532 | C'C n4v | G | 10.08.96 | 1067 | Jaroslawl-Wologda-Archangelsk (Rußland)/Mb 38/Bauart Mallet | |
| 4533 | C'C n4v | G | 17.08.96 | 1067 | Jaroslawl-Wologda-Archangelsk (Rußland)/Mb 39/Bauart Mallet | |
| 4534 | C'C n4v | G | 22.08.96 | 1067 | Jaroslawl-Wologda-Archangelsk (Rußland)/Mb 40/Bauart Mallet | |
| 4535 | C'C n4v | G | 28.08.96 | 1067 | Jaroslawl-Wologda-Archangelsk (Rußland)/Mb 41/Bauart Mallet | |
| 4536 | C'C n4v | G | 02.09.96 | 1067 | Jaroslawl-Wologda-Archangelsk (Rußland)/Mb 42/Bauart Mallet | |
| 4537 | C'C n4v | G | 12.09.96 | 1067 | Jaroslawl-Wologda-Archangelsk (Rußland)/Mb 43/Bauart Mallet | |
| 4538 | C'C n4v | G | 23.09.96 | 1067 | Jaroslawl-Wologda-Archangelsk (Rußland)/Mb 44/Bauart Mallet | |
| 4539 | C'C n4v | G | 28.09.96 | 1067 | Jaroslawl-Wologda-Archangelsk (Rußland)/Mb 45/Bauart Mallet | |
| 4540 | C'C n4v | G | 30.06.97 | 1067 | Jaroslawl-Wologda-Archangelsk (Rußland)/Mb 46/Bauart Mallet | |
| 4541 | B n2t | - | 07.07.97 | 1000 | Vering & Wächter, Berlin, für Spremberger Stadtbahn/4 | 1938 |
| 4542 | B n2t | - | 07.07.97 | 1000 | Vering & Wächter, Berlin, für Spremberger Stadtbahn/5 | 1938 |
| 4543 | C1' n2t | Gt | 24.10.96 | 1435 | KPEV (T 9.1)/Bln 1909/1906 Bln 7252 | |
| 4544 | C1' n2t | Gt | 31.10.96 | 1435 | KPEV (T 9.1)/Bln 1910/1906 Bln 7253/Bro 7305 | |
| 4545 | C1' n2t | Gt | 08.11.96 | 1435 | KPEV (T 9.1)/Bln 1911/1906 Bln 7254/Alt 7219/DRG 90 079 | |
| 4546 | C1' n2t | Gt | 11.11.96 | 1435 | KPEV (T 9.1)/Bln 1912/1906 Bln 7255/Dzg 7114 | |
| 4547 | C1' n2t | Gt | 16.11.96 | 1435 | KPEV (T 9.1)/Bln 1913/1906 Bln 7256/Hl 7205"/DRG 90 080 | 1927 |
| 4548 | C1' n2t | Gt | 12.96 | 1435 | KPEV (T 9.1)/Mgd 1817/1906 Mgd 7221/DRG 90 081 | 1927 |
| 4549 | C1' n2t | Gt | 12.96 | 1435 | KPEV (T 9.1)/Mgd 1818/1906 Mgd 7222/DRG 90 082 | 1927 |
| 4550 | C1' n2t | Gt | 23.12.96 | 1435 | KPEV (T 9.1)/Mgd 1819/1906 Mgd 7223/DRG 90 083 | |
| 4551 | C1 n2t | Gt | 28.12.96 | 1435 | KPEV (T 9.1)/Mgd 1820/1906 Mgd 7224/DRG 90 084 | 1927 |
| 4552 | C1 n2t | Gt | 31.12.96 | 1435 | KPEV (T 9.1)/Mgd 1821/1906 Mgd 7225/DRG 90 085 | 1927 |
| 4553 | C1 n2t | Gt | 23.11.96 | 1435 | KPEV (T 9.1)/Csl 1402/1906 Csl 7203/(DRG 90 126) | |
| 4554 | C1 n2t | Gt | 28.11.96 | 1435 | KPEV (T 9.1)/Csl 1403/1906 Csl 7204/(DRG 90 127) | |
| 4555 | C1 n2t | Gt | 01.12.96 | 1435 | KPEV (T 9.1)/Csl 1404/1906 Csl 7205/(DRG 90 128) | |
| 4556 | C1 n2t | Gt | 11.12.96 | 1435 | KPEV (T 9.1)/Csl 1405/1906 Csl 7206/DRG 90 086 | 28.11.1927 |
| 4557 | C1 n2t | Gt | 30.03.97 | 1435 | KPEV (T 9.1)/Esn 1889/1900 Esn 1843/1906 Esn 7250/(DRG 90 141) | |
| 4558 | C1 n2t | Gt | 30.03.97 | 1435 | KPEV (T 9.1)/Esn 1890/1900 Esn 1844/1906 Esn 7251/(DRG 90 142) | |
| 4559 | C1 n2t | Gt | 07.04.97 | 1435 | KPEV (T 9.1)/Esn 1898/1900 Esn 1845/1906 Esn 7252/(DRG 90 143) | |
| 4560 | C1 n2t | Gt | 14.04.97 | 1435 | KPEV (T 9.1)/Esn 1899/1900 Esn 1846/1906 Esn 7253/1920 Nord(F) 3.1453/1938 SNCF 2-031 TA 3 | |
| 4561 | C1 n2t | Gt | 24.04.97 | 1435 | KPEV (T 9.1)/Psn 2000/1906 Psn 7201 | |
| 4562 | C1 n2t | Gt | 24.04.97 | 1435 | KPEV (T 9.1)/Psn 2001/1906 Psn 7202/1918 PKP | |
| 4563 | C1 n2t | Gt | 01.05.97 | 1435 | KPEV (T 9.1)/Psn 2002/1906 Psn 7203 | |
| 4564 | C1 n2t | Gt | 01.05.97 | 1435 | KPEV (T 9.1)/Psn 2003/1906 Psn 7204 | |
| 4565 | C n2v | G | 01.02.97 | 1435 | KPEV (G 4.2)/Dzg 1271/1906 Dzg 3841/Stn 3841/(DRG 53 161) | |
| 4566 | C n2v | G | 01.02.97 | 1435 | KPEV (G 4.2)/Dzg 1272/1906 Dzg 3842/Stn 3842/(DRG 53 162) | |
| 4567 | C n2v | G | 13.02.97 | 1435 | KPEV (G 4.2)/Dzg 1273/1906 Dzg 3843/Stn 3843/(DRG 53 163) | |
| 4568 | C n2v | G | 13.02.97 | 1435 | KPEV (G 4.2)/Hal 1371/Bbg 1312/1901 Dzg 1312/1906 Dzg 3882 | |
| 4569 | C n2v | G | 26.02.97 | 1435 | KPEV (G 4.2)/Hal 1372/Bbg 1313/1901 Dzg 1313/1906 Dzg 3883 | |
| 4570 | C n2v | G | 26.02.97 | 1435 | KPEV (G 4.2)/Hal 1373/Bbg 1314/1901 Dzg 1314/1906 Dzg 3884/1919 Kbg 3888 | |
| 4571 | C n2v | G | 09.03.97 | 1435 | KPEV (G 4.2)/Hal 1374/Bbg 1315/1901 Dzg 1315/1906 Dzg 3885/1919 Stn 3885 | |
| 4572 | C n2v | G | 09.03.97 | 1435 | KPEV (G 4.2)/Hal 1375/Bbg 1316/1901 Dzg 1316/1906 Dzg 3886/1912 Esn 3829/ FS 272.008 | |
| 4573 | C n2v | G | 20.03.97 | 1435 | KPEV (G 4.2)/Hal 1376/Bbg 1317/1901 Dzg 1317/1906 Dzg 3887/1919 Stn 3887 | |

| Fabriknummer | Bauart | Gattung | Auslieferungsdatum | Spurweite | Empfänger/Verbleib | Ausmusterung |
|---|---|---|---|---|---|---|
| 4574 | C n2t | Gt | 29.06.97 | 1435 | KPEV (T 3)/Alt 1863/1906 Alt 6164/(DRG 89 741[illegible]) | |
| 4575 | C n2t | Gt | 23.06.97 | 1435 | KPEV (T 3)/Alt 1864/1904 Fft 1785/1906 Fft 6168/DRG 89 7231 | 1928 |
| 4576 | C n2t | Gt | 30.05.97 | 1435 | KPEV (T 3)/Alt 1865/1904 Fft 1795/1906 Fft 6178/DRG 89 7032 | |
| 4577 | C n2t | Gt | 30.06.97 | 1435 | KPEV (T 3)/Mz 1771/1904 Sbr 1632/1906 Sbr 6132/1920 Tri 6132/ DRG 89 7232 | 1928 |
| 4578 | C n2t | Gt | 30.06.97 | 1435 | KPEV (T 3)/Mz 1772/1904 Sbr 1633/1906 Sbr 6133 | |
| 4579 | 1'B1'n2t | Pt | 24.05.97 | 1435 | Dänische Staatsbahn Litra O/307 | 1937 |
| 4580 | 1'B1'n2t | Pt | 26.05.97 | 1435 | Dänische Staatsbahn Litra O/308 | 1954 |
| 4581 | 1'B1'n2t | Pt | 28.05.97 | 1435 | Dänische Staatsbahn Litra O/309 | 1937 |
| 4582 | 1'B1'n2t | Pt | 12.06.97 | 1435 | Dänische Staatsbahn Litra O/310 | 1954 |
| 4583 | 1'B1'n2t | Pt | 21.06.97 | 1435 | Dänische Staatsbahn Litra O/311 | 1954 |
| 4584 | 1'B1'n2t | Pt | 25.06.97 | 1435 | Dänische Staatsbahn Litra O/312 | 1955 |
| 4585 | C n2v | G | 29.07.97 | 1435 | KPEV (G 4.2)/Fft 927/Bln 1390/1898 Bsl 1390/Bbg 1295/1906 Bbg 3877 | |
| 4586 | C n2v | G | 29.07.97 | 1435 | KPEV (G 4.2)/Fft 928/Bln 1391/1898 Bsl 1391/Bbg 1296/1906 Bbg 3878 | |
| 4587 | C n2v | G | 04.08.97 | 1435 | KPEV (G 4.2)/Csl 1226/1906 Csl 3815/1920 PKP | |
| 4588 | C n2v | G | 04.08.97 | 1435 | KPEV (G 4.2)/Csl 1227/1906 Csl 3816/1920 B (o. Nr.) | |
| 4589 | C n2v | G | 13.08.97 | 1435 | KPEV (G 4.2)/Csl 1228/1906 Csl 3817/(DRG 53 167) | |
| 4590 | C n2v | G | 13.08.97 | 1435 | KPEV (G 4.2)/Csl 1229/1906 Csl 3818 | |
| 4591 | C n2v | G | 24.08.97 | 1435 | KPEV (G 4.2)/Csl 1230/1906 Csl 3819/1920 PKP | |
| 4592 | C n2v | G | 24.08.97 | 1435 | KPEV (G 4.2)/Csl 1231/1906 Csl 3820 | |
| 4593 | C n2v | G | 01.09.97 | 1435 | KPEV (G 4.2)/St.J.Sbr 1205/Sbr 1273/1906 Sbr 3803/1912 Esn 3823 | |
| 4594 | C n2v | G | 01.09.97 | 1435 | KPEV (G 4.2)/St.J.Sbr 1206/Sbr 1274/1906 Sbr 3804/1910 Kln 3818/DRG 53 009 | |
| 4595 | C n2v | G | 14.09.97 | 1435 | KPEV (G 4.2)/St.J.Sbr 1207/Sbr 1275/1906 Sbr 3805/1912 Esn 3824 | |
| 4596 | C n2v | G | 14.09.97 | 1435 | KPEV (G 4.2)/St.J.Sbr 1208/Sbr 1276/1906 Sbr 3806/1910 Kln 3819/ (DRG 53 169) | 1924 |
| 4597 | C1' n2t | Gt | 07.10.97 | 1435 | KPEV (T 9.1)/Csl 1406/1906 Csl 7207/(DRG 90 144) | |
| 4598 | C1' n2t | Gt | 07.10.97 | 1435 | KPEV (T 9.1)/Csl 1407/1906 Csl 7208/DRG 90 097 (nicht mehr umgezeichnet) | 01.1926 |
| 4599 | C1' n2t | Gt | 16.10.97 | 1435 | KPEV (T 9.1)/Bln 1920/1906 Bln 7263/1914 Csl 7229/DRG 90 098 | 21.01.1929 |
| 4600 | C1' n2t | Gt | 18.10.97 | 1435 | KPEV (T 9.1)/Bln 1921/1906 Bln 7264/1914 Csl 7227/DRG 90 099 | 20.12.1926 |
| 4601 | C1' n2t | Gt | 27.10.97 | 1435 | KPEV (T 9.1)/Bln 1922/1906 Bln 7265/1914 Csl 7228/DRG 90 100 | 29.04.1927 |
| 4602 | C1' n2t | Gt | 02.11.97 | 1435 | KPEV (T 9.1)/Efd 1910/1906 Efd 7211 | |
| 4603 | C1' n2t | Gt | 13.11.97 | 1435 | KPEV (T 9.1)/Efd 1911/1906 Efd 7212/1919 an ? | |
| 4604 | C1' n2t | Gt | 13.11.97 | 1435 | KPEV (T 9.1)/Efd 1915/1906 Efd 7216/(DRG 90 149) | |
| 4605 | C1' n2t | Gt | 23.12.97 | 1435 | KPEV (T 9.1)/Efd 1912/1906 Efd 7213/(DRG 90 150) | |
| 4606 | C1' n2t | Gt | 04.01.98 | 1435 | KPEV (T 9.1)/Efd 1913/1906 Efd 7214 | |
| 4607 | C1' n2t | Gt | 28.12.97 | 1435 | KPEV (T 9.1)/Efd 1914/1906 Efd 7215/(DRG 90 151) | |
| 4608 | B n2t | - | 13.01.98 | 1435 | Stargard-Cüstriner Eisenbahn/BERNSTEIN/1903 KPEV Bbg 1493/1906 Bbg 6001 | 1911 |
| 4609 | B n2t | - | 13.01.98 | 1435 | Stargard-Cüstriner Eisenbahn/SCHÖNFLIESS/1903 KPEV Bbg 1494/ 1906 Bbg 6002 | 1911 |
| 4610 | B n2t | - | 18.01.98 | 1435 | Pyritzer Kreisbahnen/Pyritz I/1 c/1941 PLB 05 N 2210/1949 DR 98 6201 | 12.03.1966 |
| 4611 | B n2t | - | 18.01.98 | 1435 | Pyritzer Kreisbahnen/Pyritz II/2 c | vor 1941 |
| 4612 | B n2t | - | 26.01.98 | 1435 | Pyritzer Kreisbahnen/Pyritz III/3 c | vor 1941 |
| 4613 | B n2t | - | 27.11.97 | 785 | Huldschinsky'sche Hüttenwerke, Gleiwitz | |
| 4614 | B n2t | - | 08.12.97 | 785 | Borsigwerk, Borsigwerk O/S | |
| 4615 | C n2v | - | 25.02.98 | 1435 | KPEV (G 4.2)/Han 1174/1899 Au. 900/1906 Alt 3839/(DRG 53 211) | |
| 4616 | C n2v | - | 25.02.98 | 1435 | KPEV (G 4.2)/Han 1175/1899 Au. 901/1906 Alt 3840 | |
| 4617 | C n2v | - | 07.03.98 | 1435 | KPEV (G 4.2)/St.J.Sbr 1209/Sbr 1277/1906 Sbr 3807/1912 Esn 3825 | |
| 4618 | C n2v | - | 07.03.98 | 1435 | KPEV (G 4.2)/St.J.Sbr 1210/Sbr 1278/1906 Sbr 3808/1912 Esn 3826 | |
| 4619 | C n2v | - | 18.03.98 | 1435 | KPEV (G 4.2)/St.J.Sbr 1211/Sbr 1279/1906 Sbr 3809/1910 Kln 3820/ (DRG 53 212) | |
| 4620 | C n2v | - | 18.03.98 | 1435 | KPEV (G 4.2)/St.J.Sbr 1212/Sbr 1280/1906 Sbr 3810/1910 Kln 3821/ (DRG 53 213) | |
| 4621 | C n2v | - | 23.03.98 | 1435 | KPEV (G 4.2)/Kbg 1076/1906 Kbg 3870 | 1921 |
| 4622 | C n2v | - | 31.04.98 | 1435 | KPEV (G 4.2)/Kbg 1077/1906 Kbg 3871/1920 Lett. Stb. Mn 292 | |
| 4623 | C n2v | - | 31.04.98 | 1435 | KPEV (G 4.2)/Kbg 1078/1906 Kbg 3872 | Kriegsverlust |
| 4624 | 1C n2t | Gt | 28.04.98 | 1435 | KPEV (T 9.2)/Cln 1871/1906 Kln 7308 | |
| 4625 | 1C n2t | Gt | 28.04.98 | 1435 | KPEV (T 9.2)/Cln 1872/1906 Kln 7309 | |
| 4626 | 1C n2t | Gt | 07.05.98 | 1435 | KPEV (T 9.2)/Cln 1873/1906 Kln 7310/DRG 91 015 | 1929 |
| 4627 | 1C n2t | Gt | 07.05.98 | 1435 | KPEV (T 9.2)/Cln 1874/1906 Kln 7311/DRG 91 016 | 1928 |
| 4628 | 1C n2t | Gt | 16.05.98 | 1435 | KPEV (T 9.2)/Esn 1544/1899 Esn 1766/1900 Esn 1813/1906 Esn 7214/ DRG 91 017 | 1927 |
| 4629 | 1C n2t | Gt | 16.05.98 | 1435 | KPEV (T 9.2)/Esn 1545/1899 Esn 1767/1900 Esn 1814/1906 Esn 7215/ Bremer Hafenbahn 2/1930 DRG 91 116 | 1931 |
| 4630 | 1C n2t | Gt | 28.05.98 | 1435 | KPEV (T 9.2)/Esn 1546/1899 Esn 1768/1900 Esn 1815/1906 Esn 7216 | |
| 4631 | 1C n2t | Gt | 04.07.98 | 1435 | KPEV (T 9.2)/Esn 1547/1899 Esn 1769/1900 Esn 1816/1906 Esn 7217 | |
| 4632 | 1C n2t | Gt | 04.07.98 | 1435 | KPEV (T 9.2)/Esn 1548/1899 Esn 1770/1900 Esn 1817/1906 Esn 7218/ DRG 91 018 | 1930 |
| 4633 | 1C n2t | Gt | 14.07.98 | 1435 | KPEV (T 9.2)/Esn 1549/1899 Esn 1771/1900 Esn 1818/1906 Esn 7219 | |
| 4634 | 1C n2t | Gt | 14.07.98 | 1435 | KPEV (T 9.2)/Esn 1550/1899 Esn 1772/1900 Esn 1819/1906 Esn 7220 | |
| 4635 | 1C n2t | Gt | 10.08.98 | 1435 | KPEV (T 9.2)/Bln 1932/1906 Bln 7210/Dzg 7052 | |
| 4636 | 1C n2t | Gt | 16.08.98 | 1435 | KPEV (T 9.2)/Bln 1933/1906 Bln 7211/Dzg 7053 | |

| Fabriknummer | Bauart | Gattung | Auslieferungsdatum | Spurweite | Empfänger/Verbleib | Ausmusterung |
|---|---|---|---|---|---|---|
| 4637 | 1C n2t | Gt | 19.08.98 | 1435 | KPEV (T 9.2)/Bln 1934/1906 Bln 7212/Esn 7235 | |
| 4638 | 1C n2t | Gt | 25.08.98 | 1435 | KPEV (T 9.2)/Bln 1935/1906 Bln 7213/Esn 7236/1922 St Krsb 44/1927 U 1 C h2t/EK 1649/27 St Krsb 44 H/1940 PLB 52H3415/PKP Tki 100-13 | |
| 4639 | 1C n2t | Gt | 29.08.98 | 1435 | KPEV (T 9.2)/Bln 1936/1906 Bln 7214/Mst 7259/DRG 91 019 | 1927 |
| 4640 | 1C n2t | Gt | 31.08.98 | 1435 | KPEV (T 9.2)/Bln 1937/1906 Bln 7215/Mst 7260/DRG 91 020 | |
| 4641 | 1C n2t | Gt | 03.09.98 | 1435 | KPEV (T 9.2)/Bln 1938/1906 Bln 7216/Mst 7261/DRG 91 021 | |
| 4642 | 1C n2t | Gt | 12.09.98 | 1435 | KPEV (T 9.2)/Bln 1939/1906 Bln 7217/Mst 7262/DRG 91 022 | |
| 4643 | 1C n2t | Gt | 20.09.98 | 1435 | KPEV (T 9.2)/Bln 1940/1906 Bln 7218/Mst 7263/1914 Psn 7338/1920 PKP Tki 2-8/1941 DRG 91 142/PKP Tki 2-4 | |
| 4644 | B'B n4vt | - | - 05.98 | 1000 | Vering & Wächter, Berlin, für Localbahn Müllheim-Badenweiler/1"/1914 DEBG/Bauart Mallet | |
| 4645 | 1'B'n2t | Pt | 14.06.98 | 1435 | Dänische Staatsbahn Litra O/313 | 1936 |
| 4646 | 1'B'n2t | Pt | 15.06.98 | 1435 | Dänische Staatsbahn Litra O/314 | 1955 |
| 4647 | 1'B'n2t | Pt | 18.06.98 | 1435 | Dänische Staatsbahn Litra O/315 | 1958 |
| 4648 | 1'B'n2t | Pt | 21.06.98 | 1435 | Dänische Staatsbahn Litra O/316 | 1937 |
| 4649 | 1'B'n2t | Pt | 24.06.98 | 1435 | Dänische Staatsbahn Litra O/317 | 1935 |
| 4650 | 1'B'n2t | Pt | 28.06.98 | 1435 | Dänische Staatsbahn Litra O/318 | 1958 |
| 4651 | 2'B'n2 | P | 09.11.98 | 1435 | KPEV (P 4.1)/Mgd 614/1906 Mgd 1806 | 1923 |
| 4652 | 2'B n2 | P | 12.11.98 | 1435 | KPEV (P 4.1)/Mgd 615/1906 Mgd 1807 | |
| 4653 | 2'B n2 | P | 17.11.98 | 1435 | KPEV (P 4.1)/Mgd 616/1906 Mgd 1808 | |
| 4654 | 2'B n2 | P | 24.11.98 | 1435 | KPEV (P 4.1)/Stn 53/Stn 213/1906 Stn 1813 | |
| 4655 | 2'B n2 | P | 24.11.98 | 1435 | KPEV (P 4.1)/Stn 54/Stn 214/1906 Stn 1814 | |
| 4656 | 2'B n2 | P | 28.11.98 | 1435 | KPEV (P 4.1)/Stn 55/Stn 215/1906 Stn 1815 | |
| 4657 | 2'B n2 | P | 30.11.98 | 1435 | KPEV (P 4.1)/Stn 56/Stn 216/1906 Stn 1816 | |
| 4658 | 2'B n2 | P | 07.12.98 | 1435 | KPEV (P 4.1)/Stn 57/Stn 217/1906 Stn 1817 | |
| 4659 | 2'B n2 | P | 10.12.98 | 1435 | KPEV (P 4.1)/Stn 58/Stn 218/1906 Stn 1818 | |
| 4660 | 2'B n2 | P | 15.12.98 | 1435 | KPEV (P 4.1)/Stn 59/Stn 219/1906 Stn 1819/(DRG 36 7076) | 1923 |
| 4661 | 2'B n2 | P | 19.12.98 | 1435 | KPEV (P 4.1)/Stn 60/Stn 220/1906 Stn 1820 | |
| 4662 | 1'C n2t | Gt | 24.12.98 | 1435 | KPEV (T 9.2)/Stn 1920/1906 Stn 7204/DRG 91 023 | |
| 4663 | 1'C n2t | Gt | 31.12.98 | 1435 | KPEV (T 9.2)/Stn 1921/1906 Stn 7205/DRG 91 024 | |
| 4664 | 1'C n2t | Gt | 06.01.99 | 1435 | KPEV (T 9.2)/Stn 1922/1906 Stn 7206 | |
| 4665 | 1'C n2t | Gt | 12.01.99 | 1435 | KPEV (T 9.2)/Bsl 1566/1906 Bsl 7252 | |
| 4666 | 1'C n2t | Gt | 17.01.99 | 1435 | KPEV (T 9.2)/Bsl 1567/1906 Bsl 7253/DRG 91 025 | 1928 |
| 4667 | 1'C n2t | Gt | 20.01.99 | 1435 | KPEV (T 9.2)/Csl 1408/1899 Csl 1438/1906 Csl 7259/DRG 91 026 | |
| 4668 | 1'C n2t | Gt | 26.01.99 | 1435 | KPEV (T 9.2)/Csl 1409/1899 Csl 1439/1906 Csl 7260/DRG 91 027 (nicht mehr umgezeichnet) | 05.08.1926 |
| 4669 | 1'C n2t | Gt | 26.01.99 | 1435 | KPEV (T 9.2)/Csl 1410/1899 Csl 1440/1906 Csl 7261 | |
| 4670 | 1'C n2t | Gt | 31.01.99 | 1435 | KPEV (T 9.2)/Kat 1572/1906 Kat 7224/1922 Opp 7224/DRG 91 028 | |
| 4671 | 1'C n2t | Gt | 31.01.99 | 1435 | KPEV (T 9.2)/Kat 1573/1906 Kat 7225/1919 PKP Tki 2-11 | |
| 4672 | 1'C n2t | Gt | 07.02.99 | 1435 | KPEV (T 9.2)/Kat 1574/1906 Kat 7226/1922 Opp 7226/DRG 91 029 | |
| 4673 | 1'C n2t | Gt | 15.02.99 | 1435 | KPEV (T 9.2)/Kat 1575/1906 Kat 7227/1919 PKP Tki 2-12/1941 DRG 91 144" | |
| 4674 | 1'C n2t | Gt | 15.02.99 | 1435 | KPEV (T 9.2)/Kat 1576/1906 Kat 7228/1922 Opp 7228/DRG 91 030 | |
| 4675 | 1'C n2t | Gt | 18.02.99 | 1435 | KPEV (T 9.2)/Bln 1941/1906 Bln 7219/Stn 7223/DRG 91 031 | 1926 |
| 4676 | 1'C n2t | Gt | 23.02.99 | 1435 | KPEV (T 9.2)/Bln 1942/1906 Bln 7220/Stn 7224 | |
| 4677 | 1'C n2t | Gt | 25.02.99 | 1435 | KPEV (T 9.2)/Bln 1943/1906 Bln 7221/Stn 7225/DRG 91 032 | 1927 |
| 4678 | 1'C n2t | Gt | 28.02.99 | 1435 | KPEV (T 9.2)/Bln 1944/1906 Bln 7222/Psn 7339 | |
| 4679 | 1'C n2t | Gt | 14.03.99 | 1435 | KPEV (T 9.2)/Erf 1866/1906 Erf 7220/1918 PKP | |
| 4680 | 1'C n2t | Gt | 16.03.99 | 1435 | KPEV (T 9.2)/Erf 1867/1906 Erf 7221/DRG 91 033 | 1927 |
| 4681 | 1'C n2t | Gt | 23.03.99 | 1435 | KPEV (T 9.2)/Erf 1868/1906 Erf 7222/DRG 91 034 | |
| 4682 | 1'C n2t | Gt | 25.03.99 | 1435 | KPEV (T 9.2)/Hl 1860/1906 Hl 7256 | |
| 4683 | 1'C n2t | Gt | 28.03.99 | 1435 | KPEV (T 9.2)/Hl 1861/1906 Hl 7257 | |
| 4684 | C n2t | Gt | 31.10.98 | 1435 | Alt Damm-Colberger Eisenbahn (T 3)/15/1903 Stn 1748/1906 Stn 6148/DRG 89 7250/DR/06.06.1947 SZD | |
| 4685 | C n2t | Gt | 03.11.98 | 1435 | Alt Damm-Colberger Eisenbahn (T 3)/16/1903 Stn 1749/1906 Stn 6149/DRG 89 7251/DR/01.05.1961 WL 6 Raw Dresden | |
| 4686 | C n2t | Gt | 10.11.98 | 1435 | Alt Damm-Colberger Eisenbahn (T 3)/17/1903 Stn 1750/1906 Stn 6150/ 1917 Pyritzer Klb 11 c/PLB 29N3311/PKP Tkh 100-20 | |
| 4687 | C n2t+ C n2t | - | 30.03.99 | 600 | Deutsche Feldbahn, Kgl. Eisenbahnbrigade Metz/117 A+B/Zwillingslokomotiven, mit den Führerhäusern gekuppelt | |
| 4688 | C n2t+ C n2t | - | 30.03.99 | 600 | Deutsche Feldbahn, Kgl. Eisenbahnbrigade Metz/118 A+B/Zwillingslokomotiven, mit den Führerhäusern gekuppelt/1922 Großmann, Budapest für staatl. ungarische Steinkohlenwerke | |
| 4689 | C n2t+ C n2t | - | 30.03.99 | 600 | Deutsche Feldbahn, Kgl. Eisenbahnbrigade Metz/119 A+B/Zwillingslokomotiven, mit den Führerhäusern gekuppelt | |
| 4690 | C n2t+ C n2t | - | 30.03.99 | 600 | Deutsche Feldbahn, Kgl. Eisenbahnbrigade Metz/120 A+B/Zwillingslokomotiven, mit den Führerhäusern gekuppelt | |
| 4691 | 1'B1'n2t | Pt | 23.07.98 | 1435 | Dänische Staatsbahn Litra O/319 | 1936 |
| 4692 | 1'B1'n2t | Pt | 27.07.98 | 1435 | Dänische Staatsbahn Litra O/320 | 1936 |
| 4693 | 1'B1'n2t | Pt | 30.07.98 | 1435 | Dänische Staatsbahn Litra O/321 | 1955 |
| 4694 | 1'B1'n2t | Pt | 05.08.98 | 1435 | Dänische Staatsbahn Litra O/322 | 1951 |
| 4695 | 1'B1'n2t | Pt | 10.09.98 | 1435 | Dänische Staatsbahn Litra O/323 | 1952 |

| Fabriknummer | Bauart | Gattung | Auslieferungsdatum | Spurweite | Empfänger/Verbleib | Ausmusterung |
|---|---|---|---|---|---|---|
| 4696 | 1'B1'n2t | Pt | 17.09.98 | 1435 | Dänische Staatsbahn Litra O/324 | 1939 |
| 4697 | 1'B1'n2t | Pt | 26.09.98 | 1435 | Dänische Staatsbahn Litra O/325 | 1957 |
| 4698 | 1'B1'n2t | Pt | 30.09.98 | 1435 | Dänische Staatsbahn Litra O/326 | 1957 |
| 4699 | B n2t | - | | 785 | Borsigwerk, Borsigwerk O/S/nicht im Auslieferungsbuch enthalten | |
| 4700 | C n2v | G | 10.05.99 | 1435 | KPEV (G 4.2)/Bbg 1295/1903 Dzg 1301/1906 Dzg 3877/1920 Stn 3877/ (DRG 53 238) | |
| 4701 | C n2v | G | 10.05.99 | 1435 | KPEV (G 4.2)/Bbg 1296/1903 Dzg 1302/1906 Dzg 3878/1920 Kbg 3887/ (DRG 53 239) | |
| 4702 | C n2v | G | 15.05.99 | 1435 | KPEV (G 4.2)/Bbg 1297/1903 Dzg 1303/1906 Dzg 3879 | |
| 4703 | C n2v | G | 18.05.99 | 1435 | KPEV (G 4.2)/Bbg 1298/1903 Dzg 1304/1906 Dzg 3880 | |
| 4704 | C n2v | G | 24.05.99 | 1435 | KPEV (G 4.2)/Bbg 1299/1903 Dzg 1305/1906 Dzg 3881 | |
| 4705 | C n2v | G | 27.05.99 | 1435 | KPEV (G 4.2)/Bbg 1300/1903 Dzg 1306/1906 Dzg 3882/1920 Stn 3870/ (DRG 53 240) | |
| 4706 | 1'B n2v | P | 31.05.99 | 1435 | Königliche Militäreisenbahn (P 3.2)/12 | vor 1920 |
| 4707 | 2B n2 | P | 07.07.99 | 1435 | KPEV (P 4.1)/Dzg 438/1906 Dzg 1801/1920 Stn 1829/(DRG 36 7104) | |
| 4708 | 2B n2 | P | 11.07.99 | 1435 | KPEV (P 4.1)/Dzg 440/1906 Dzg 1802/1920 Stn 1830/(DRG 36 7105) | |
| 4709 | 2B n2 | P | 15.07.99 | 1435 | KPEV (P 4.1)/Dzg 441/1906 Dzg 1803/Kbg 1809 | |
| 4710 | 2B n2 | P | 22.07.99 | 1435 | KPEV (P 4.1)/Dzg 442/1906 Dzg 1804/Kbg 1810/(DRG 36 7106) | |
| 4711 | 2B n2 | P | 31.07.99 | 1435 | KPEV (P 4.1)/Kbg 5/1906 Kbg 1805/(DRG 36 7107) | |
| 4712 | 2B n2 | P | 31.07.99 | 1435 | KPEV (P 4.1)/Kbg 6/1906 Kbg 1806/(DRG 36 7108) | |
| 4713 | 2B n2 | P | 14.08.99 | 1435 | KPEV (P 4.1)/Kbg 7/1906 Kbg 1807/(DRG 36 7109) | |
| 4714 | 2B n2 | P | 14.08.99 | 1435 | KPEV (P 4.1)/Kbg 8/1906 Kbg 1808 | |
| 4715 | 2B n2 | P | 24.08.99 | 1435 | KPEV (P 4.1)/Stn 61/Stn 221/1906 Stn 1821 | |
| 4716 | 2B n2 | P | 25.08.99 | 1435 | KPEV (P 4.1)/Stn 62/Stn 222/1906 Stn 1822 | |
| 4717 | 2B n2 | P | 29.08.99 | 1435 | KPEV (P 4.1)/Stn 63/Stn 223/1906 Stn 1823/1919 PKP Pd 1-/1941 DRG 13 312/DR/12.09.1956 PKP zur Verschrottung | |
| 4718 | 2B n2 | P | 31.08.99 | 1435 | KPEV (P 4.1)/Stn 64/Stn 224/1906 Stn 1824/1920 DRG Alt 1824/(DRG 36 7110) | |
| 4719 | 2B n2 | P | 07.10.99 | 1435 | KPEV (P 4.1)/Stn 65/Stn 225/1906 Stn 1825 | |
| 4720 | 2B n2 | P | 10.10.99 | 1435 | KPEV (P 4.1)/Stn 66/Stn 226/1906 Stn 1826 | |
| 4721 | 2B n2v | S | 26.09.99 | 1435 | KPEV (S 3)/Erf 402/1901 Erf 105/1906 Erf 205/1916 Kbg 251/(DRG 13 184) | |
| 4722 | 2B n2v | S | 26.09.99 | 1435 | KPEV (S 3)/Erf 403/1901 Erf 106/1906 Erf 206/1916 Kbg 252/(DRG 13 185) | |
| 4723 | 2B n2v | S | 29.09.99 | 1435 | KPEV (S 3)/Erf 404/1901 Erf 107/Erf 207/1916 Kbg 253/(DRG 13 186) | |
| 4724 | 2B n2v | S | 03.10.99 | 1435 | KPEV (S 3)/Erf 405/1901 Erf 108/Erf 208/1916 Kbg 254/(DRG 13 187) | |
| 4725 | 1C n2t | Gt | 16.10.99 | 1435 | KPEV (T 9.2)/Hl 1862/Hl 1859/1906 Hl 7258 | |
| 4726 | 1C n2t | Gt | 16.10.99 | 1435 | KPEV (T 9.2)/Hl 1863/Hl 1860/1906 Hl 7259/DRG 91 035 | 1927 |
| 4727 | 1C n2t | Gt | 20.10.99 | 1435 | KPEV (T 9.2)/Hl 1864/Hl 1861/1906 Hl 7260/DRG 91 036 | 1927 |
| 4728 | 1C n2t | Gt | 20.10.99 | 1435 | KPEV (T 9.2)/Hl 1865/Hl 1862/1906 Hl 7261/DRG 91 037 | 1928 |
| 4729 | 1C n2t | Gt | 23.10.99 | 1435 | KPEV (T 9.2)/Hl 1866/Hl 1863/1906 Hl 7262/DRG 91 038 | 1927 |
| 4730 | 1C n2t | Gt | 27.10.99 | 1435 | KPEV (T 9.2)/Mgd 1825/1906 Mgd 7229/Alt 7226/DRG 91 071 | 1927 |
| 4731 | 1C n2t | Gt | 27.10.99 | 1435 | KPEV (T 9.2)/Mgd 1826/1906 Mgd 7230/Alt 7227/DRG 91 072 | 1927 |
| 4732 | 1C n2t | Gt | 31.10.99 | 1435 | KPEV (T 9.2)/Stn 1925/1906 Stn 7209/DRG 91 073 | |
| 4733 | 1C n2t | Gt | 31.10.99 | 1435 | KPEV (T 9.2)/Stn 1926/1906 Stn 7210/DRG 91 074 | |
| 4734 | 1C n2t | Gt | 06.11.99 | 1435 | KPEV (T 9.2)/Stn 1927/1906 Stn 7211/DRG 91 075 | 1930 |
| 4735 | 1'C n2t | Gt | 13.11.99 | 1435 | KPEV (T 9.2)/Bln 1947/1906 Bln 7223/Bsl 7265/DRG 91 076 | 1930 |
| 4736 | 1'C n2t | Gt | 15.11.99 | 1435 | KPEV (T 9.2)/Bln 1948/1906 Bln 7224/Mz 7256/1919 Nord(F) 3.1461/ 1938 SNCF/2-130 TA 1 | |
| 4737 | 1'C n2t | Gt | 18.11.99 | 1435 | KPEV (T 9.2)/Bln 1949/1906 Bln 7225/Mz 7257 | |
| 4738 | 1'C n2t | Gt | 25.11.99 | 1435 | KPEV (T 9.2)/Bln 1950/1906 Bln 7226/Csl 7265/DRG 91 077 | 1926 |
| 4739 | 1'C n2t | Gt | 30.11.99 | 1435 | KPEV (T 9.2)/Bln 1951/1906 Bln 7227/Alt 7232/DRG 91 078 | 1931 |
| 4740 | 1'C n2t | Gt | 07.12.99 | 1435 | KPEV (T 9.2)/Bln 1952/1906 Bln 7228/Psn 7341/1919 Ost 7103/(DRG 90 172) | |
| 4741 | 1'C n2t | Gt | 11.12.99 | 1435 | KPEV (T 9.2)/Bln 1953/1906 Bln 7229/Alt 7233/DRG 91 079 | |
| 4742 | 1'C n2t | Gt | 14.12.99 | 1435 | KPEV (T 9.2)/Bln 1954/1906 Bln 7230/Bsl 7266/DRG 91 080 | 1928 |
| 4743 | C n2v | G | 28.12.99 | 1435 | KPEV (G 4.2)/Psn 1364/Psn 3813/1920 Ost 3813/(DRG 53 269) | |
| 4744 | C n2v | G | 28.12.99 | 1435 | KPEV (G 4.2)/Psn 1365/Psn 3814 | |
| 4745 | C n2v | G | 08.01.00 | 1435 | KPEV (G 4.2)/Psn 1366/Psn 3815 | |
| 4746 | C n2v | G | 30.12.00 | 1435 | KPEV (G 4.2)/Psn 1367/Psn 3816/1920 Ost 3816 (DRG 53 270) | |
| 4747 | C n2t+ C n2t | - | 28.02.00 | 600 | Deutsche Feldbahn, Kgl. Eisenbahnbrigade/135 A+B/Zwillingslokomotiven, mit den Führerhäusern gekuppelt | |
| 4748 | C n2t+ C n2t | - | 28.02.00 | 600 | Deutsche Feldbahn, Kgl. Eisenbahnbrigade/136 A+B/Zwillingslokomotiven, mit den Führerhäusern gekuppelt | |
| 4749 | C n2t+ C n2t | - | 28.02.00 | 600 | Deutsche Feldbahn, Kgl. Eisenbahnbrigade/137 A+B/Zwillingslokomotiven, mit den Führerhäusern gekuppelt | |
| 4750 | C n2t+ C n2t | - | 28.02.00 | 600 | Deutsche Feldbahn, Kgl. Eisenbahnbrigade/138 A+B/Zwillingslokomotiven, mit den Führerhäusern gekuppelt | |
| 4751 | C n2t+ | - | 31.03.00 | 600 | Deutsche Feldbahn, Kgl. Eisenbahnbrigade/139 A+B/Zwillingslokomotiven, mit den Führerhäusern gekuppelt | |
| 4752 | C n2t+ C n2t | - | 18.04.00 | 600 | Deutsche Feldbahn, Kgl. Eisenbahnbrigade/140 A+B/Zwillingslokomotiven, mit den Führerhäusern gekuppelt | |
| 4753 | B n2t | - | 18.04.99 | 785 | Borsigwerk, Borsigwerk O/S | |
| 4754 | B n2t | - | 18.04.99 | 785 | Huldschinsky'sche Hüttenwerke, Gleiwitz | |
| 4755 | B n2t | - | 30.12.99 | 785 | Eisen- & Stahlwerke Bethlenfalva | |

| Fabriknummer | Bauart | Gattung | Auslieferungsdatum | Spurweite | Empfänger/Verbleib | Ausmusterung |
|---|---|---|---|---|---|---|
| 4756 | B n2t | - | 31.07.99 | 785 | Borsigwerk, Borsigwerk O/S | |
| 4757 | C n2t+ C n2t | - | 18.04.00 | 600 | Deutsche Feldbahn, Kgl. Eisenbahnbrigade/105 A+B/Zwillingslokomotiven, mit den Führerhäusern gekuppelt/Kohlebergbau Egercschi (Ungarn)/ es wurde nur eine Lokomotive auf 650 mm umgespurt und eingesetzt | |
| 4758 | C n2t+ C n2t | - | 03.05.00 | 600 | Deutsche Feldbahn, Kgl. Eisenbahnbrigade/106 A+B/Zwillingslokomotiven, mit den Führerhäusern gekuppelt | |
| 4759 | C n2t | - | 21.12.99 | 750 | Vering & Wächter, Berlin, für Klb Möckmühl-Dörzbach/1/sp 24 | 1937 |
| 4760 | C n2t | - | 21.12.99 | 750 | Vering & Wächter, Berlin, für Klb Möckmühl-Dörzbach/2/sp 25 | 1952 |
| 4761 | C n2t | - | 23.01.00 | 750 | Vering & Wächter, Berlin, für Klb Möckmühl-Dörzbach/3/sp 26 | 1961 |
| 4762 | C n2t | - | 23.01.00 | 750 | Vering & Wächter, Berlin, für Klb Möckmühl-Dörzbach/4/sp 27 | 1952 |
| 4763 | B n2t | - | 08.03.00 | 1435 | Vering & Wächter, Berlin, für Rixdorf-Mittelwalder Eb/2 | 1930 |
| 4764 | B n2t | - | 14.03.00 | 1435 | Vering & Wächter, Berlin, für Rixdorf-Mittelwalder EB/3/1917 verkauft nach Süddeutschland | |
| 4765 | B n2t | - | 15.03.00 | 1435 | Vering & Wächter, Berlin, für Dessau-Wörlitzer Eb/4 | vor 1949 |
| 4766 | B n2t | - | 01.02.00 | 1435 | Vering & Wächter, Berlin, für Teutoburger Waldeisenbahn/5/1920 verkauft | |
| 4767 | B n2t | - | 22.02.00 | 1435 | Vering & Wächter, Berlin, für Teutoburger Waldeisenbahn/6 | 1920 |
| 4768 | C1' n2t | Gt | 01.03.00 | 1435 | KPEV (T 9.1)/Bln 1955/1906 Bln 7266/Alt 7214/DRG 90 111 | 1930 |
| 4769 | C1' n2t | Gt | 08.03.00 | 1435 | KPEV (T 9.1)/Bln 1956/1906 Bln 7267/Alt 7215/DRG 90 112 | 1930 |
| 4770 | C1' n2t | Gt | 12.03.00 | 1435 | KPEV (T 9.1)/Bln 1957/1906 Bln 7268/Alt 7216/1920 B 9116 | |
| 4771 | C1'n2t | Gt | 19.03.00 | 1435 | KPEV (T 9.1)/Bln 1958/1906 Bln 7269/Alt 7217/DRG 90 113 | 1932 |
| 4772 | C1' n2t | Gt | 23.03.00 | 1435 | KPEV (T 9.1)/Kat 1586/1906 Kat 7263 | |
| 4773 | C1' n2t | Gt | 23.03.00 | 1435 | KPEV (T 9.1)/Kat 1587/1906 Kat 7264 | |
| 4774 | C1' n2t | Gt | 29.03.00 | 1435 | KPEV (T 9.1)/Kat 1588/1906 Kat 7265 | |
| 4775 | C1' n2t | Gt | 31.03.00 | 1435 | KPEV (T 9.1)/Mgd 1832/1906 Mgd 7231/Alt 7228 | |
| 4776 | C1' n2t | Gt | 12.04.00 | 1435 | KPEV (T 9.1)/Mgd 1833/1906 Mgd 7233/Alt 7229 | |
| 4777 | C1' n2t | Gt | 20.04.00 | 1435 | KPEV (T 9.1)/Fft 1896/1906 Fft 7225/(DRG 90 176) | |
| 4778 | C1' n2t | Gt | 30.04.00 | 1435 | KPEV (T 9.1)/Fft 1897/1906 Fft 7226/(DRG 90 177) | |
| 4779 | C1' n2t | Gt | 10.05.00 | 1435 | KPEV (T 9.1)/Fft 1898/1906 Fft 7227/DRG 90 114 | |
| 4780 | C1' n2t | Gt | 30.04.00 | 1435 | KPEV (T 9.1)/Fft 1899/1906 Fft 7228/DRG 90 115 | |
| 4781 | C n2t+ C n2t | - | 22.05.00 | 600 | Deutsche Feldbahn, Kgl. Eisenbahnbrigade/141 A+B/Zwillingslokomotiven, mit den Führerhäusern gekuppelt | |
| 4782 | C n2t+ C n2t | - | 31.05.00 | 600 | Deutsche Feldbahn, Kgl. Eisenbahnbrigade/142 A+B/Zwillingslokomotiven, mit den Führerhäusern gekuppelt | |
| 4783 | C n2t+ C n2t | - | 31.05.00 | 600 | Deutsche Feldbahn, Kgl. Eisenbahnbrigade/143/A+B/Zwillingslokomotiven, mit den Führerhäusern gekuppelt | |
| 4784 | C n2t+ C n2t | - | 31.05.00 | 600 | Deutsche Feldbahn, Kgl. Eisenbahnbrigade/144/A+B/Zwillingslokomotiven, mit den Führerhäusern gekuppelt | |
| 4785 | C n2t+ C n2t | - | 31.05.00 | 600 | Deutsche Feldbahn, Kgl. Eisenbahnbrigade/145 A+B/Zwillingslokomotiven, mit den Führerhäusern gekuppelt | |
| 4786 | C n2t+ C n2t | - | 22.06.00 | 600 | Deutsche Feldbahn-Kgl. Eisenbahnbrigade/146 A+B/Zwillingslokomotiven, mit den Führerhäusern gekuppelt | |
| 4787 | C n2t+ C n2t | - | 29.06.00 | 600 | Deutsche Feldbahn, Kgl. Eisenbahnbrigade/147 A+B/Zwillingslokomotiven, mit den Führerhäusern gekuppelt | |
| 4788 | C n2t | - | 27.08.00 | 1 1435 | V. & W., Bln, für VDD/1/1923 DEBG 28/bei VDD/1941 KMS/1946/VEE/1947 KMS/1948 AO (1961 EK Karlsruhe 1413/96)/1963 SWEG 28/1976 DGEG 28 BADEMIA | |
| 4789 | C n2t | - | 16.07.00 | 1435 | V. & W., Bln, für NMEb/1/1936 KMT 1/1949 DR 89 6008/1960 WL RAW Dre/1963 WL 1 Raw Görlitz | |
| 4790 | C n2t | - | 23.01.02 | 1435 | V. & W., Bln, für Rosheim-St. Nabor (Elsaß)/1/Cdf de Wendel 67A CRESPIN II/sp. Henilleres Bassins Lorraine, Petit Roselle 3 | |
| 4791 | C n2t | - | 23.02.02 | 1435 | V. & W., Bln, für Rosheim-St. Nabor (Elsaß)/2 | |
| 4792 | C n2t | - | 02.04.02 | 1435 | V. & W., Bln, TWE /7/sp. TWE 23/1940 BGr 23/1943 TWE/1946 Bth 23 | 1954 |
| 4793 | C n2t | - | 25.06.00 | 1435 | V. & W., Bln, für TWE/1 | 1931 |
| 4794 | C n2t | - | 09.07.00 | 1435 | V. & W., Bln, für TWE/2/sp. TWE 21 | 1938 |
| 4795 | C n2t | - | 07.08.00 | 1435 | V. & W., Bln, für TWE/3/sp. TWE 22/1938 Dessau-Köthen-Radegast | |
| 4796 | C n2t | - | 12.09.00 | 1435 | V. & W., Bln, für TWE/4 | 1931 |
| 4797 | B'B n4vt | - | 15.04.01 | 1000 | V. & W., Bln, für GMWE/1/Bauart Mallet | vor 1921 |
| 4798 | B'B n4vt | - | 08.07.01 | 1000 | V. & W., Bln, für GMWE/2/1949 DR 99 5711/Bauart Mallet | 18.05.1965 |
| 4799 | B'B n4vt | - | 29.09.01 | 1000 | V. & W., Bln, für GMWE/3/Bauart Mallet | |
| 4800 | 2'B h2 | S | 23.04.00 | 1435 | KPEV (S 4)/Bln 74/Psn 63/1906 Psn 401/1920 Ost 401 | 1924 |
| 4801 | B h2t | - | 27.03.00 | 700 | Lothringer Hütten-Verein, Aumetz-Friede | |
| 4802 | B n2t | - | 27.03.00 | 700 | Lothringer Hütten-Verein, Aumetz-Friede | |
| 4803 | B n2t | - | 27.03.00 | 700 | Lothringer Hütten-Verein, Aumetz-Friede | |
| 4804 | B n2t | - | 27.03.00 | 700 | Lothringer Hütten-Verein, Aumetz-Friede | |
| 4805 | B n2t | - | 30.07.00 | 785 | Borsigwerk, Borsigwerk O/S | |
| 4806 | B n2t | - | 16.03.01 | 785 | Borsigwerk, Borsigwerk O/S | |
| 4807 | B n2t | - | 16.03.01 | 785 | Borsigwerk, Borsigwerk O/S | |
| 4808 | B n2t | - | 12.03.03 | 785 | Borsigwerk, Borsigwerk O/S | |
| 4809 | C1' n2t | Gt | 19.06.00 | 1435 | Schantung Eisenbahn-Gesellschaft (China)/16 | |
| 4810 | C1' n2t | Gt | 19.06.00 | 1435 | Schantung Eisenbahn-Gesellschaft (China)/17 | |
| 4811 | C1' n2t | Gt | 23.10.00 | 1435 | Schantung Eisenbahn-Gesellschaft (China)/18 | |
| 4812 | C1' n2t | Gt | 24.10.00 | 1435 | Schantung Eisenbahn-Gesellschaft (China)/19 | |

| Fabriknummer | Bauart | Gattung | Auslieferungsdatum | Spurweite | Empfänger/Verbleib | Ausmusterung |
|---|---|---|---|---|---|---|
| 4813 | C1' n2t | Gt | 19.12.00 | 1435 | Schantung Eisenbahn-Gesellschaft (China)/20 | |
| 4814 | C1' n2t | Gt | 20.12.00 | 1435 | Schantung Eisenbahn-Gesellschaft (China)/21 | |
| 4815 | B1 n2kvt | - | 30.09.01 | 1435 | A. Borsig, Tegel | |
| 4816 | C n2t | - | 08.05.00 | 1000 | Gewerkschaft Constanze, Betzdorf/Sieg | |
| 4817 | C n2t | - | 29.05.00 | 1435 | Lyngby-Vedboek Eb. (Dänemark)/1/1921 Lyngby-Neerum | verkauft 1937 |
| 4818 | C n2t | - | 08.06.00 | 1435 | Lyngby-Vedboek Eb. (Dänemark)/2/1921 Lyngby-Neerum | verkauft 1932 |
| 4819 | C n2t | - | 25.06.00 | 1435 | Lyngby-Vedboek Eb. (Dänemark)/3/1921 Lyngby-Neerum | verkauft 1926 |
| 4820 | C n2t | - | 15.10.00 | 1435 | Hammel-Aarhus Eb. (Dänemark)/1 | 1954 |
| 4821 | C n2t | - | 15.10.00 | 1435 | Hammel-Aarhus Eb. (Dänemark)/2 | 1934 |
| 4822 | C n2t | - | 15.10.00 | 1435 | Hammel-Aarhus Eb. (Dänemark)/3 | 1954 |
| 4823 | 2'B n2v | S | 16.07.00 | 1435 | KPEV (S 3)/Bln 73/Psn 35/1906 Psn 235 | |
| 4824 | 2'B n2v | S | 23.07.00 | 1435 | KPEV (S 3)/Hl 501/Hl 420/1906 Hl 230 | 1922 |
| 4825 | 2'B n2v | S | 30.07.00 | 1435 | KPEV (S 3)/Hl 502/Hl 421/1906 Hl 231 | 1922 |
| 4826 | 2'B n2v | S | 04.08.00 | 1435 | KPEV (S 3)/Hl 503/Hl 422/1906 Hl 232 | 1922 |
| 4827 | 2'B n2v | S | 15.08.00 | 1435 | KPEV (S 3)/Hl 504/Hl 423/1906 Hl 233/1920 PKP Pd 1-33/1941 DRG 13 309 | 1922 |
| 4828 | 2'B n2v | S | 13.08.00 | 1435 | KPEV (S 3)/Hl 505/Hl 424/1906 Hl 234 | 1921 |
| 4829 | 2'B n2v | S | 20.08.00 | 1435 | KPEV (S 3)/Hl 506/Hl 425/1906 Hl 235 | |
| 4830 | 2'B n2v | S | 23.08.00 | 1435 | KPEV (S 3)/Hl 507/Hl 426/1906 Hl 236 | 1922 |
| 4831 | 2'B n2v | S | 28.08.00 | 1435 | KPEV (S 3)/Hl 508/Hl 427/1906 Hl 237 | |
| 4832 | 2'B n2v | S | 31.08.00 | 1435 | KPEV (S 3)/Hl 509/Hl 428/1906 Hl 238 | |
| 4833 | C1' n2t | Gt | 31.08.00 | 1435 | KPEV (T 9.1)/Esn 1814/Esn 1858/1906 Esn 7265/DRG 90 125 | |
| 4834 | C1' n2t | Gt | 07.09.00 | 1435 | KPEV (T 9.1)/Esn 1815/Esn 1859/1906 Esn 7266/1919 Nord(F) 3.1454/ 1938 SNCF 2-031 TA 4 | |
| 4835 | C1' n2t | Gt | 07.09.00 | 1435 | KPEV (T 9.1)/Esn 1816/Esn 1860/1906 Esn 7267/DRG 90 126 | |
| 4836 | C1' n2t | Gt | 12.09.00 | 1435 | KPEV (T 9.1)/Esn 1817/Esn 1861/1906 Esn 7268/DRG 90 127 | 1927 |
| 4837 | C1' n2t | Gt | 12.09.00 | 1435 | KPEV (T 9.1)/Esn 1818/Esn 1862/1906 Esn 7269/DRG 90 128 | 1931 |
| 4838 | C1' n2t | Gt | 29.09.00 | 1435 | KPEV (T 9.1)/Esn 1819/Esn 1863/1906 Esn 7270/DRG 90 129 | |
| 4839 | C1' n2t | Gt | 29.09.00 | 1435 | KPEV (T 9.1)/Esn 1820/Esn 1864/1906 Esn 7271/(DRG 90 204) | |
| 4840 | C1' n2t | Gt | 05.10.00 | 1435 | KPEV (T 9.1)/Esn 1821/Esn 1865/1906 Esn 7272/(DRG 90 205) | |
| 4841 | C1' n2t | Gt | 15.09.00 | 1435 | KPEV (T 9.1)/St. J. Sbr 1869/1906 Sbr 7139/1920 SAAR 7123/1935 DRG 90 236/DR 23.08.1947 Kahlgrund Eisenbahn 3" | 1953 |
| 4842 | C1' n2t | Gt | 15.09.00 | 1435 | KPEV (T 9.1)/St. J. Sbr 1870/1906 Sbr 7140/1920 SAAR 7124/1935 DRG 90 237/DR | |
| 4843 | C1' n2t | Gt | 20.09.00 | 1435 | KPEV (T 9.1)/St. J. Sbr 1871/1906 Sbr 7141/1920 Tri 7141/DRG 90 130 | 1928 |
| 4844 | C1' n2t | Gt | 20.09.00 | 1435 | KPEV (T 9.1)/St. J. Sbr 1872/1906 Sbr 7142/1920 SAAR 7125 | 1931 |
| 4845 | C1' n2t | Gt | 22.09.00 | 1435 | KPEV (T 9.1)/Cln 1879/1906 Kln 7316/DRG 90 131 | |
| 4846 | C1' n2t | Gt | 22.09.00 | 1435 | KPEV (T 9.1)/Cln 1880/1906 Kln 7317/DRG 90 132 | |
| 4847 | C1' n2t | Gt | 28.09.00 | 1435 | KPEV (T 9.1)/Cln 1881/1906 Kln 7318/DRG 90 133 | 1927 |
| 4848 | C1' n2t | Gt | 28.09.00 | 1435 | KPEV (T 9.1)/Cln 1882/1906 Kln 7319/(DRG 90 210) | |
| 4849 | 1C n2v | G | 10.11.00 | 1435 | KPEV (G 5.2)/Bln 1391/1903 Psn 815/1906 Psn 4162/1919 Stn 4165/ (DRG 54 286) | |
| 4850 | 1C n2v | G | 13.11.00 | 1435 | KPEV (G 5.2)/Bln 1392/1903 Psn 816/1906 Psn 4163/1919 Ost 4163/ DRG 54 287 | 1927 |
| 4851 | 1C n2v | G | 10.12.00 | 1435 | KPEV (G 5.2)/Bln 1393/1903 Psn 817/1906 Psn 4164/1919 Stn 4166/ (DRG 54 288) | |
| 4852 | 1C n2v | G | 12.12.00 | 1435 | KPEV (G 5.2)/Bln 1394/1903 Psn 818/1906 Psn 4165 | |
| 4853 | 1C n2v | G | 17.11.00 | 1435 | KPEV (G 5.2)/Stn 810/1906 Stn 4161/DRG 54 289 | 1927 |
| 4854 | 1C n2v | G | 22.11.00 | 1435 | KPEV (G 5.2)/Stn 811/1906 Stn 4162/1920 PO(F) 1998 | |
| 4855 | 1C n2v | G | 15.12.00 | 1435 | KPEV (G 5.2)/Stn 812/1906 Stn 4163/1920 B 7562 | |
| 4856 | 1C n2v | G | 18.12.00 | 1435 | KPEV (G 5.2)/Stn 813/1906 Stn 4164/(DRG 54 368) | |
| 4857 | 1C n2v | G | 25.10.00 | 1435 | KPEV (G 5.2)/Hl 1218/1906 Hl 4168/1922 Dsd 4168/DRG 54 290 | |
| 4858 | 1C n2v | G | 30.10.00 | 1435 | KPEV (G 5.2)/Hl 1219/1906 Hl 4169/(DRG 54 369) | 11.09.1923 |
| 4859 | 1C n2v | G | 01.11.00 | 1435 | KPEV (G 5.2)/Hl 1220/1906 Hl 4170/1920 B 7570 | |
| 4860 | 1C n2v | G | 06.11.00 | 1435 | KPEV (G 5.2)/Hl 1221/1906 Hl 4171/1919 PKP Nr. ? | |
| 4861 | 1C n2v | G | 27.11.00 | 1435 | KPEV (G 5.2)/Hl 1222/1906 Hl 4172/1913 B 4118 | |
| 4862 | 1C n2v | G | 27.11.00 | 1435 | KPEV (G 5.2)/Hl 1223/1906 Hl 4173/1920 B 7513 | |
| 4863 | 1C n2v | G | 30.11.00 | 1435 | KPEV (G 5.2)/Hl 1224/1906 Hl 4174/(DRG 54 370) | |
| 4864 | 1C n2v | G | 30.11.00 | 1435 | KPEV (G 5.2)/Hl 1225/1906 Hl 4175/(DRG 54 371) | 16.06.1924 |
| 4865 | 1C n2v | G | 07.12.00 | 1435 | KPEV (G 5.2)/Hl 1226/1906 Hl 4176/1913 Esn 4182/1919 PKP Nr. ? | |
| 4866 | 1C n2v | G | 20.12.00 | 1435 | KPEV (G 5.2)/Hl 1227/1906 Hl 4177/DRG 54 291 | |
| 4867 | 1C n2v | G | 24.12.00 | 1435 | KPEV (G 5.2)/Hl 1228/1906 Hl 4178/1922 Dsd 4178/DRG 54 292 | |
| 4868 | 1C n2v | G | 24.12.00 | 1435 | KPEV (G 5.2)/Hl 1229/1906 Hl 4179/1922 Dsd 4179/DRG 54 293 | |
| 4869 | C n2t+ C n2t | - | 02.11.00 | 600 | Versuchsabteilung der Verkehrstruppen/53 A+B/Zwillingslokomotiven, mit den Führerhäusern gekuppelt | |
| 4870 | C n2t | - | 28.08.01 | 1000 | AGBB für Amstetten-Laichingen/LAICHINGEN 1 | 1956 |
| 4871 | C n2t | - | 28.08.01 | 1000 | AGBB für Amstetten-Laichingen/NELLINGEN 2/1964 beim Freilichtmuseum Tiefenhöhle, Laichingen aufgestellt | |
| 4872 | C n2t | - | 15.06.03 | | AGBB für Amstetten-Laichingen/3/Fahrgestell als Schneepflug noch im Einsatz | 1956 |
| 4873 | C n2t | - | 14.10.03 | 1000 | AGBB für Amstetten-Laichingen/4/1904 WüStb Ts 3 Nr. 9/1925 DRG 99 121 | 1928 |
| 4874 | C n2t | - | 22.05.01 | 1435 | AGBB für Ebingen-Onstmettingen/3/1923 Kaldenkirchen-Brüggen 2" | 1951 |
| 4875 | C n2t | - | 22.05.01 | 1435 | AGBB für Ebingen-Onstmettingen/4/1913 Bremen-Thedinghausen 1" | 1953 |

| Fabriknummer | Bauart | Gattung | Auslieferungsdatum | Spurweite | Empfänger/Verbleib | Ausmusterung |
|---|---|---|---|---|---|---|
| 4876 | C n2t | – | 13.06.00 | 1435 | Hütte „Friede", Kneuttingen | |
| 4877 | B n2t | – | 30.11.00 | 1435 | Bismarckhütte O/S | |
| 4878 | C n2t | – | 09.06.00 | 1435 | AG für Eisen- und Kohleindustrie, Differdingen (Luxemburg)/10 | |
| 4879 | C n2t | – | 21.06.00 | 1435 | Ilse Bergbau AG, Grube Ilse N/L/EVA | |
| 4880 | C n2t | – | 02.03.01 | 1435 | Westfälische Landeseisenbahn/51 | 1959 |
| 4881 | C n2t | – | 07.03.01 | 1435 | Westfälische Landeseisenbahn/52 | 1949 |
| 4882 | C n2t | – | 07.03.01 | 1435 | Westfälische Landeseisenbahn/53 | 1959 |
| 4883 | C n2t | – | 28.03.01 | 1435 | Westfälische Landeseisenbahn/54 | 1956 |
| 4884 | C n2t | – | 28.03.01 | 1435 | Westfälische Landeseisenbahn/55/verkauft 1937 an Firma Erich am Ende, Berlin | |
| 4885 | C n2t | – | 30.03.01 | 1435 | Westfälische Landeseisenbahn/56 | 1956 |
| 4886 | C n2t | – | 11.04.01 | 1435 | Westfälische Landeseisenbahn/57 | 1956 |
| 4887 | C n2t | – | 16.04.01 | 1435 | Westfälische Landeseisenbahn/58 | 1959 |
| 4888 | C n2t | – | 26.04.01 | 1435 | Westfälische Landeseisenbahn/59 | 1957 |
| 4889 | C n2t | – | 26.04.01 | 1435 | Westfälische Landeseisenbahn/60/verkauft 1937 an Firma Erich am Ende, Berlin | |
| 4890 | C n2t | – | 13.05.02 | 1435 | Westfälische Landeseisenbahn/61 | 1949 |
| 4891 | C n2t | – | 13.05.02 | 1435 | Westfälische Landeseisenbahn/62 | 1955 |
| 4892 | C n2t | – | 05.07.02 | 1435 | Westfälische Landeseisenbahn/63 | 1949 |
| 4893 | C n2t | – | 05.07.02 | 1435 | Westfälische Landeseisenbahn/64 | 1959 |
| 4894 | C n2t | – | 05.07.02 | 1435 | Westfälische Landeseisenbahn/65 | 1949 |
| 4895 | 1'C n2v | G | 04.01.01 | 1435 | KPEV (G 5.2)/Bln 1395/Psn 819/1906 Psn 4166/1919 Osten 4166/ (DRG 54 434) | vor 1925 |
| 4896 | 1'C n2v | G | 11.01.01 | 1435 | KPEV (G 5.2)/Bln 1396/Psn 820/1906 Psn 4167/1919 Osten 4167/ F Al 4238 | |
| 4897 | 1'C n2v | G | 19.01.01 | 1435 | KPEV (G 5.2)/Bln 1397/Psn 821/1906 Psn 4168/1919 Osten 4168/ (DRG 54 436) | vor 1925 |
| 4898 | 1'C n2v | G | 24.01.01 | 1435 | KPEV (G 5.2)/Erf 1383/1906 Erf 4157/(DRG 54 437) | vor 1925 |
| 4899 | 1'C n2v | G | 30.01.01 | 1435 | Reichseisenbahn EL (C 29)/759 BETSCHDORF/1906 EL 1419/1912 EL 4019/1918 AL 4019 | vor 1938 |
| 4900 | 1'C n2v | G | 30.01.01 | 1435 | Reichseisenbahn EL (C 29)/760/RITTERSHOFEN/1906 EL 1420/1912 EL 4020/1918 AL 4020 | vor 1938 |
| 4901 | 1'C n2v | G | 04.02.01 | 1435 | Reichseisenbahn EL (C 29)/761/HATTEN/1906 EL 1421/1912 EL 4021/ 1918 AL 4021 | |
| 4902 | 1'C n2v | G | 04.02.01 | 1435 | Reichseisenbahn EL (C 29)/762/NIEDERRÖDERN/1906 EL 1422/1912 EL 4022/1918 AL 4022 | |
| 4903 | C1' n2t | Gt | 12.02.01 | 1435 | KPEV (T 9.1)/Erf 1845/1906 Erf 7217 | |
| 4904 | C1' n2t | Gt | 13.02.01 | 1435 | KPEV (T 9.1)/Erf 1846/1906 Erf 7218/DRG 90 149 | |
| 4905 | C1' n2t | Gt | 18.02.01 | 1435 | KPEV (T 9.1)/Erf 1847/1906 Erf 7219/DRG 90 150 | |
| 4906 | C1' n2t | Gt | 20.02.01 | 1435 | KPEV (T 9.1)/Hl 1867/Hl 1864/1906 Hl 7203/Alt 7262/DRG 90 151 | 1930 |
| 4907 | C1' n2t | Gt | 27.02.01 | 1435 | KPEV (T 9.1)/Hl 1868/Hl 1865/1906 Hl 7204/Alt 7263/DRC 91 301/ falsch numeriert | 1930 |
| 4908 | C1' n2t | Gt | 02.03.01 | 1435 | KPEV (T 9.1)/Hl 1869/Hl 1866/1906 Hl 7205/Alt 7265/DRG 90 152 | 1927 |
| 4909 | C1' n2t | Gt | 08.03.01 | 1435 | KPEV (T 9.1)/Hl 1870/Hl 1867/1906 Hl 7206/Alt 7266/DRC 90 153 | |
| 4910 | C1' n2t | Gt | 11.03.01 | 1435 | KPEV (T 9.1)/Hl 1871/Hl 1868/1906 Hl 7207/Alt 7267/DRG 90 154 | 1931 |
| 4911 | C n2 | G | 10.05.01 | 1435 | Dänische Staatsbahn Litra G/642 | 1937 |
| 4912 | C n2 | G | 10.05.01 | 1435 | Dänische Staatsbahn Litra G/643 | 1955 |
| 4913 | C n2 | G | 17.05.01 | 1435 | Dänische Staatsbahn Litra G/644 | 1955 |
| 4914 | C n2 | G | 17.05.01 | 1435 | Dänische Staatsbahn Litra G/645 | 1937 |
| 4915 | C n2 | G | 28.05.01 | 1435 | Dänische Staatsbahn Litra G/646 | 1957 |
| 4916 | C n2 | G | 28.05.01 | 1435 | Dänische Staatsbahn Litra G/647 | 1954 |
| 4917 | C n2 | G | 05.06.01 | 1435 | Dänische Staatsbahn Litra G/648 | 1952 |
| 4918 | C n2 | G | 05.06.01 | 1435 | Dänische Staatsbahn Litra G/649 | 1954 |
| 4919 | C n2 | G | 12.06.01 | 1435 | Dänische Staatsbahn Litra G/650 | 1954 |
| 4920 | C n2 | | 12.06.01 | 1435 | Dänische Staatsbahn Litra G/651 | 1937 |
| 4921 | C n2t | – | 17.01.01 | 1435 | Borsigwerk, Borsigwerk O/S | |
| 4922 | C n2t | – | 19.01.01 | 1435 | AG für Eisen- & Kohlenindustrie, Differdingen (Luxemburg)/11 | |
| 4923 | C n2t+ C n2t | – | 01.06.01 | 600 | Versuchs-Abteilung der Verkehrstruppen/76 A+B/Zwillingslokomotiven, mit den Führerhäusern gekuppelt | |
| 4924 | C n2 | G | 26.09.01 | 1435 | Soc.Ital.p.l.Str. Ferrate Meridionali/RA 3661/1905 FS 2931/1919 FS 290.031 | 05.1936 |
| 4925 | C n2 | G | 01.10.01 | 1435 | Soc.Ital.p.l.Str. Ferrate Meridionali/RA 3662/1905 FS 2932/1919 FS 290.032 | 03.1933 |
| 4926 | C n2 | G | 08.10.01 | 1435 | Soc.Ital.p.l.Str. Ferrate Meridionali/RA 3663/1905 FS 2933/1919 FS 290.033 | 12.1934 |
| 4927 | C n2 | G | 10.10.01 | 1435 | Soc.Ital.p.l.Str. Ferrate Meridionali/RA 3664/1905 FS 2934/1919 FS 290.034 | 09.1929 |
| 4928 | C n2 | G | 15.10.01 | 1435 | Soc.Ital.p.l.Str. Ferrate Meridionali/RA 3665/1905 FS 2935/1919 FS 290.035 | 07.1930 |
| 4929 | C n2 | G | 23.10.01 | 1435 | Soc.Ital.p.l.Str. Ferrate Meridionali/RA 3666/1905 FS 2936/1919 FS 290.036 | 01.1931 |
| 4930 | 2B n2v | S | 19.06.01 | 1435 | KPEV (S 3)/Cln 458/1906 Kln 262 | |
| 4931 | 2B n2v | S | 22.06.01 | 1435 | KPEV (S 3)/Cln 459/1906 Kln 263/DRG 13 014 | |
| 4932 | 2B n2v | S | 28.06.01 | 1435 | KPEV (S 3)/Cln 460/1906 Kln 264/DRG 13 015 | |
| 4933 | 2B n2v | S | 01.07.01 | 1435 | KPEV (S 3)/Cln 461/1906 Kln 265/DRG 13 016 | |
| 4934 | 2B n2v | S | 01.07.01 | 1435 | KPEV (S 3)/Cln 462/1906 Kln 266 | |
| 4935 | 2B n2v | S | 06.07.01 | 1435 | KPEV (S 3)/Efd 446/1906 Efd 247/(DRG 13 294) | |

| Fabriknummer | Bauart | Gattung | Auslieferungsdatum | Spurweite | Empfänger/Verbleib | Ausmusterung |
|---|---|---|---|---|---|---|
| 4936 | 2B n2v | S | 11.07.01 | 1435 | KPEV (S 3)/Efd 447/1906 Efd 248 | |
| 4937 | 2B n2v | S | 13.07.01 | 1435 | KPEV (S 3)/Efd 448/1906 Efd 249 | |
| 4938 | C1 n2t | Gt | 20.07.01 | 1435 | KPEV (T 9.1)/Bln 1965/1906 Bln 7272/Dzg 7106 | |
| 4939 | C1 n2t | Gt | 24.07.01 | 1435 | KPEV (T 9.1)/Bln 1966/1906 Bln 7273/Dzg 7107 | |
| 4940 | C1 n2t | Gt | 26.07.01 | 1435 | KPEV (T 9.1)/Bln 1967/1906 Bln 7274/Dzg 7108 | |
| 4941 | C1 n2t | Gt | 13.09.01 | 1435 | KPEV (T 9.1)/Bln 1968/1906 Bln 7275/Dzg 7109 | |
| 4942 | C1 n2t | Gt | 17.09.01 | 1435 | KPEV (T 9.1)/Bln 1969/1906 Bln 7276/Dzg 7110 | |
| 4943 | C1 n2t | Gt | 23.09.01 | 1435 | KPEV (T 9.1)/Bln 1970/1906 Bln 7277/Dzg 7111 | |
| 4944 | C1 n2t | Gt | 30.09.01 | 1435 | KPEV (T 9.1)/Bln 1971/1906 Bln 7278/Dzg 7112 | |
| 4945 | C1 n2t | Gt | 30.09.01 | 1435 | KPEV (T 9.1)/Bln 1972/1906 Bln 7279/Dzg 7113 | |
| 4946 | C1 n2t | Gt | 20.08.01 | 1435 | KPEV (T 9.1)/Hl 1869/1906 Hl 7208/1910 Alt 7268/(DRG 90 235) | |
| 4947 | C1 n2t | Gt | 20.08.01 | 1435 | KPEV (T 9.1)/Hl 1870/1906 Hl 7209/1910 Alt 7270/DRG 90 155 | 1930 |
| 4948 | C1 n2t | Gt | 30.10.01 | 1435 | KPEV (T 9.1)/Hl 1871/1906 Hl 7210/1910 Alt 7271/DRG 90 156 | 1931 |
| 4949 | C1 n2t | Gt | 30.10.01 | 1435 | KPEV (T 9.1)/Hl 1872/1906 Hl 7211/1910 Alt 7272/DRG 91 302/ falsch numeriert | 1931 |
| 4950 | C1 n2t | Gt | 30.07.01 | 1435 | KPEV (T 9.1)/Han 2000/1906 Han 7201/DRG 90 157 | 1927 |
| 4951 | C1 n2t | Gt | 30.07.01 | 1435 | KPEV (T 9.1)/Han 2001/1906 Han 7202/DRG 90 158/1927 WZTE 6 | 1959 |
| 4952 | C1 n2t | Gt | 14.10.01 | 1435 | KPEV (T 9.1)/Han 2003/1906 Han 7203/DRG 90 159 | 1928 |
| 4953 | C1 n2t | Gt | 16.10.01 | 1435 | KPEV (T 9.1)/Han 2004/1906 Han 7204/DRG 90 160/1927 WZTE 7/ sp. WZTE 442 | 1937 |
| 4954 | C1' n2t | Gt | 25.10.01 | 1435 | KPEV (T 9.1)/Mst 1805/1906 Mst 7206/(DRG 90 243)1926 LBE 109/ 1938 DRG 90 243/DB 16.09.46 Wittlager Krsb BAD ESSEN (II) | 1959 |
| 4955 | C1' n2t | Gt | 25.10.01 | 1435 | KPEV (T 9.1)/Mst 1806/1906 Mst 7207/(DRG 90 244) | |
| 4956 | C1' n2t | Gt | 02.08.01 | 1435 | KPEV (T 9.1)/Stn 1934/1906 Stn 7218/DRG 90 161 | |
| 4957 | C1' n2t | Gt | 17.08.01 | 1435 | KPEV (T 9.1)/Stn 1935/1906 Stn 7219/DRG 90 162 | 1927 |
| 4958 | C1' n2t | Gt | 24.08.01 | 1435 | KPEV (T 9.1)/Stn 1936/1906 Stn 7220/DRG 90 163 | |
| 4959 | C1' n2t | Gt | 23.08.01 | 1435 | KPEV (T 9.1)/Stn 1937/1906 Stn 7221/DRG 90 164 | 1927 |
| 4960 | C1' n2t | Gt | 02.09.01 | 1435 | KPEV (T 9.1)/Stn 1938/1906 Stn 7222/DRG 90 165 | 1928 |
| 4961 | 1'C n2v | P | 25.06.01 | 1435 | Rahmen u. Kessel für Umbau aus C n2 - Lok. Midi 847 zur Midi 1805 (Frankreich)/1934 PO-Midi 130.805/1938 SNCF 4-130 B 805 | |
| 4962 | 1'C n2v | P | 25.06.01 | 1435 | Rahmen u. Kessel für Umbau aus C n2 - Lok. Midi 803 zur Midi 1806 (Frankreich)/1934 PO Midi 130.806/1938 SNCF 4-130 B 806 | |
| 4963 | 1'C n2v | P | 01.07.01 | 1435 | Rahmen u. Kessel für Umbau aus C n2 - Lok. Midi 806 zur Midi 1807 (Frankreich)/1934 PO-Midi 130.807/1938 SNCF 4-130 B 807 | |
| 4964 | 1'C n2v | P | 02.07.01 | 1435 | Rahmen u. Kessel für Umbau aus C n2 - Lok. Midi 822 zur Midi 1808 (Frankreich)/1934 PO-Midi 130.808/1938 SNCF 4-130 B 808 | |
| 4965 | 1'C n2v | P | 16.07.01 | 1435 | Rahmen u. Kessel für Umbau aus C n2 - Lok. Midi 832 zur Midi 1809 (Frankreich)/1934 PO-Midi 130.809/1938 SNCF 4-130 B 809 | |
| 4966 | 1'C n2v | P | 03.08.01 | 1435 | Rahmen u. Kessel für Umbau aus C n2 - Lok. Midi 833 zur Midi 1810 (Frankreich)/1934 PO-Midi 130.810/1938 SNCF 4-130 B 810 | |
| 4967 | 1'C n2v | P | 03.08.01 | 1435 | Rahmen u. Kessel für Umbau aus C n2 - Lok. Midi 834 zur Midi 1811 (Frankreich)/1934 PO-Midi 130.811/1938 SNCF 4-130 B 811 | |
| 4968 | 1'C n2v | P | 03.08.01 | 1435 | Rahmen u. Kessel für Umbau aus C n2 - Lok. Midi 836 zur Midi 1812 (Frankreich)/1934 PO-Midi 130.812/1938 SNCF 4-130 B 812 | |
| 4969 | 1'C n2v | P | 03.08.01 | 1435 | Rahmen u. Kessel für Umbau aus C n2 - Lok. Midi 842 zur Midi 1813 (Frankreich)/1934 PO-Midi 130.813/1938 SNCF 4-130 B 813 | |
| 4970 | 1'C n2v | P | 03.08.01 | 1435 | Rahmen u. Kessel für Umbau aus C n2 - Lok. Midi 845 zur Midi 1814 (Frankreich)/1934 PO-Midi 130.814/1938 SNCF 4-130 B 814 | |
| 4971 | C n2t | - | 05.08.01 | 1435 | Donnersmarckhütte O/S/25 | |
| 4972 | 2B n2v | S | 16.11.01 | 1435 | Reichseisenbahn EL (S3)/PASSARGE 777/1906 EL 58/1912 EL 236/1918 AL 236 | Kriegsverlust 1918 |
| 4973 | 2B n2v | S | 21.11.01 | 1435 | Reichseisenbahn EL (S3)/MOTTLAU 778/1906 EL 59/1912 EL 237/1918 AL 237 | bis 04.1926 |
| 4974 | 2B n2v | S | 30.11.01 | 1435 | Reichseisenbahn EL (S3)/RUSS 779/1906 EL 60/1912 EL 238/1918 AL 238 | bis 04.1926 |
| 4975 | 2B n2v | S | 02.12.01 | 1435 | Reichseisenbahn EL (S3)/MINGE 780/1906 EL 61/1912 EL 239/1918 AL 239 | bis 04.1926 |
| 4976 | 2B n2v | S | 07.12.01 | 1435 | Reichseisenbahn EL (S3)/GILGE 781/1906 EL 62/1912 EL 240/1918 AL 240 | bis 04.1926 |
| 4977 | 2B h2 | S | 11.02.02 | 1435 | Reichseisenbahn EL (S4)/ANGERAPP 782/1906 EL 63/1912 EL 401/1918 AL 401 | vor 1938 |
| 4978 | B n2t | - | 08.08.01 | 600 | Minas Penas del Hierro Rio Tinto (Spanien)/1 | |
| 4979 | B n2t | - | 08.08.01 | 600 | Minas Penas del Hierro Rio Tinto (Spanien)/2 | |
| 4980 | B n2t | - | 08.08.01 | 600 | Minas Penas del Hierro Rio Tinto (Spanien)/3 | |
| 4981 | C2' n4v | S | 03.04.02 | 1435 | Italienische Südbahn/RA 3702/RA 5002/1905 FS 6912/1907 FS 6712/1919 FS 670.012/U h4v 671.012 | |
| 4982 | C2' n4v | S | 10.04.02 | 1435 | Italienische Südbahn/RA 5003/1905 FS 6913/1907 FS 6713/1919 FS 670.013 | |
| 4983 | C2' n4v | S | 18.04.02 | 1435 | Italienische Südbahn/RA 5004/1905 FS 6914/1907 FS 6714/1919 FS 670.014/ U h4v 671.014 | |
| 4984 | C2' n4v | S | 26.04.02 | 1435 | Italienische Südbahn/RA 5005/1905 FS 6915/1907 FS 6715/1919 FS 670.015 | |
| 4985 | C2' n4v | S | 05.05.02 | 1435 | Italienische Südbahn/RA 5006/1905 FS 6916/1907 FS 6716/1919 FS 670.016/ U h4v 671.016 | |
| 4986 | C2' n4v | S | 15.05.02 | 1435 | Italienische Südbahn/RA 5007/1905 FS 6917/1907 FS 6717/1919 FS 670.017 | |

| Fa-brik-num-mer | Bauart | Gat-tung | Aus-liefe-rungs-datum | Spur-weite | Empfänger/Verbleib | Aus-muste-rung |
|---|---|---|---|---|---|---|
| 4987 | C2' n4v | S | 21.05.02 | 1435 | Italienische Südbahn/RA 5008/1905 FS 6902/1907 FS 6702/1919 FS 670.002/ U h4v 671.002 | |
| 4988 | C2' n4v | S | 29.05.02 | 1435 | Italienische Südbahn/RA 5009/1905 FS 6903/1907 FS 6703/1919 FS 670.003 | |
| 4989 | C2' n4v | S | 11.06.02 | 1435 | Italienische Südbahn/RA 5010/1905 FS 6904/1907 FS 6704/1919 FS 670.004 | |
| 4990 | C2' n4v | S | 21.06.02 | 1435 | Italienische Südbahn/RA 5011/1905 FS 6905/1907 FS 6705/1919 FS 670.005 | |
| 4991 | C2' n4v | S | 27.06.02 | 1435 | Italienische Südbahn/RA 5012/1905 FS 6906/1907 FS 6706/1919 FS 670.006/ U h4v 671.006 | |
| 4992 | C2' n4v | S | 05.07.02 | 1435 | Italienische Südbahn/RA 5013/1905 FS 6907/1907 FS 6707/1919 FS 670.007 | |
| 4993 | B n2t | - | 21.12.04 | 785 | Oberschlesische Eisenbahnindustrie f. Bergbau- u. Hüttenbetriebe, Gleiwitz | |
| 4994 | C n2t | - | 15.07.02 | 750 | Schmalspurbahn Petrikau-Sulejew/1/1949 PKP Tyz-1131 | 12.12.1949 |
| 4995 | C n2t | - | 15.07.02 | 750 | Schmalspurbahn Petrikau-Sulejew/2/1949 PKP Tyz-1132 | 19.12.1951 |
| 4996 | C n2t | - | 15.07.02 | 750 | Schmalspurbahn Petrikau-Sulejew/3/1949 PKP Tyz-1133 | 12.12.1949 |
| 4997 | 2'B n2v | S | 05.06.02 | 1435 | KPEV (S 3)/Stn 38/1906 Stn 238/(DRG 13 316) | vor 1925 |
| 4998 | 2'B n2v | S | 10.06.02 | 1435 | KPEV (S 3)/Stn 39/1906 Stn 239/(DRG 13 317) | vor 1925 |
| 4999 | 2'B n2v | S | 01.07.02 | 1435 | KPEV (S 3)/Stn 40/1906 Stn 240/(DRG 13 318) | vor 1925 |
| 5000 | 2'B n2v | S | 21.06.02 | 1435 | KPEV (S 3)/Stn 41/1906 Stn 241/(DRG 13 319) | vor 1925 |
| 5001 | 2'B n2v | S | 17.06.02 | 1435 | KPEV (S 3)/Stn 42/1906 Stn 242/(DRG 13 320) | |
| 5002 | 2'B n2v | S | 28.06.02 | 1435 | KPEV (S 3)/Stn 43/1906 Stn 243 | |
| 5003 | 2'B h2 | S | 15.02.02 | 1435 | KPEV (S 4)/Hl 435/1906 Hl 411 | 1922 |
| 5004 | 2'B h2 | S | 18.02.02 | 1435 | KPEV (S 4)/Hl 436/1906 Hl 412 | |
| 5005 | 2'B h2 | S | 22.02.02 | 1435 | KPEV (S 4)/Hl 437/1906 Hl 413 | |
| 5006 | 2'B h2 | S | 25.02.02 | 1435 | KPEV (S 4)/Hl 438/1906 Hl 414 | |
| 5007 | 2'B h2 | S | 05.03.02 | 1435 | KPEV (S 4)/Hl 439/1906 Hl 415 | |
| 5008 | 2'B h2 | S | 24.03.02 | 1435 | KPEV (S 4)/Hl 440/1906 Hl 416 | |
| 5009 | B n2t | - | 17.12.01 | 1435 | Centralverwaltung für Sekundärbahnen Hermann Bachstein für Friedeberg-Alt Libbehne/5 | |
| 5010 | B n2t | - | 17.12.01 | 1435 | Centralverwaltung für Sekundärbahnen Hermann Bachstein für Friedeberg-Alt Libbehne/6 | |
| 5011 | C1 n2t | - | 18.10.01 | 1435 | AGBB für Frankfurt-Königsteiner Eisenbahn/1/sp. FKE 41 | 1961 |
| 5012 | C1 n2t | - | 07.12.01 | 1435 | AGBB für Frankfurt-Königsteiner Eisenbahn/2/sp. FKE 42/1959 BuLE 42 für Rangierdienst bei Pintsch-Bamag | 1961 |
| 5013 | C1 n2t | - | 13.12.01 | 1435 | AGBB für Frankfurt-Königsteiner Eisenbahn/3/1914 an AGBB/1931 EFE 1"/24.11.1934 Erich am Ende, Berlin als Schrott | |
| 5014 | C'C n4vt | Gt | 30.11.01 | 1672 | Central de Aaragon (Spanien)/41/sp. U(1 C) C+3T/RENFE 160.4001[1)] | 1952 |
| 5015 | C'C n4vt | Gt | 30.11.01 | 1672 | Central de Aaragon (Spanien)/42/sp. U(1 C) C+3T/RENFE 160.4002[1)] | 1952 1952 |
| 5016 | C'C n4vt | Gt | 30.11.01 | 1672 | Central de Aaragon (Spanien)/43/sp. U(1 C) C+3T/RENFE 160.4003[1)] | 1952 |
| 5017 | C'C n4vt | Gt | 30.11.01 | 1672 | Central de Aaragon (Spanien)/44/sp. U(1 C) C+3T/RENFE 160.4004[1)] | 1952 |
| 5018 | 1'C 1' n2t | - | 25.04.01 | 1000 | La Compania de los Ferrocarriles Economicas de Asturias, Oriedo (Spanien)/21 | |
| 5019 | 1'B1' n2t | - | 25.04.01 | 1000 | La Compania de los Ferrocarriles Economicas de Asturias, Oriedo (Spanien)/11/U in 1 C1 n2t | 1951 |
| 5020 | 1'C n2v | G | 08.04.01 | 1435 | KPEV (G 5.4)/Bsl 825/1906 Bsl 4236 | 1922 |
| 5021 | 1'C n2v | G | 16.04.01 | 1435 | KPEV (G 5.4)/Hl 1283/1906 Hl 4213/DRG 54 813/U h2v/DB | 20.09.1948 |
| 5022 | 1'C n2v | G | 22.04.01 | 1435 | KPEV (G 5.4)/Hl 1284/1906 Hl 4214/1922 DRG 4214/DRG 54 814 | |
| 5023 | 1'C n2v | G | 26.04.01 | 1435 | KPEV (G 5.4)/Hl 1285/1906 Hl 4215/1922 Dsd 4215/DRG 54 815 | 1929 |
| 5024 | 1'C n2v | G | 30.04.01 | 1435 | KPEV (G 5.4)/Psn 906/Psn 864/1906 Psn 4211/1919 Ost 4261/DRG 54 816 | 1928 |
| 5025 | 1'C n2v | G | 05.05.01 | 1435 | KPEV (G 5.4)/Psn 907/Psn 865/1906 Psn 4212/1919 Ost 4262/DRG 54 817 | 1927 |
| 5026 | 1'C n2v | G | 09.05.01 | 1435 | KPEV (G 5.4)/Psn 908/Psn 866/1906 Psn 4213/1920 B 7448 | |
| 5027 | 1'C n2v | G | 21.05.01 | 1435 | KPEV (G 5.4)/Psn 909/Psn 867/1906 Psn 4214/1919 Ost 4263/DRG 54 818 | |
| 5028 | 1'C n2v | G | 29.05.01 | 1435 | KPEV (G 5.4)/Psn 910/Psn 868/1906 Psn 4215/1920 PKP Ti4-19/1941 DRG 54 1119 | |
| 5029 | 1'C n2v | G | 31.05.01 | 1435 | KPEV (G 5.4)/Psn 911/Psn 869/1906 Psn 4216/1919 Ost 4264/(DRG 54 823) | |
| 5030 | 1'C n2v | G | 31.05.01 | 1435 | KPEV (G 5.4)/Kat 831/1906 Kat 4206/1922 Opp 4206/DRG 54 819 | |
| 5031 | D n2t | - | 06.08.01 | 1435 | Chemins de fer du midi Ste des Mines de Carmaux (Frankreich)/425/ Houilleres Bassins d Aquitaine 425 | |
| 5032 | 1'C n2t | - | 20.12.01 | 1000 | Sociedad Minera de Villaodrid, Bilbao (Spanien)/Ribadeo 1 | |
| 5033 | 1'C n2t | - | 20.12.01 | 1000 | Sociedad Minera de Villaodrid, Bilbao (Spanien)/Villaodrid 2 | |
| 5034 | 1'C n2t | - | 21.03.03 | 1000 | Sociedad Minera de Villaodrid, Bilbao (Spanien)/San Tirso 3 | |
| 5035 | 1'C n2t | - | 21.03.03 | 1000 | Sociedad Minera de Villaodrid, Bilbao (Spanien)/Porta Vega 4 | |
| 5036 | C1' n2t | - | 21.01.03 | 1000 | Compania Minera de la Sierra Minera, Bilbao (Spanien)/OJAS NEGROS 202 | |
| 5037 | 2'B n2v | S | 22.07.02 | 1435 | KPEV (S 3)/Esn 31/1906 Esn 231 | |
| 5038 | 2'B n2v | S | 21.07.02 | 1435 | KPEV (S 3)/Efd 457/1906 Efd 258 | |
| 5039 | 2'B n2v | S | 22.07.02 | 1435 | KPEV (S 3)/Efd 458/1906 Efd 259 | |
| 5040 | 2'B n2v | S | 25.07.02 | 1435 | KPEV (S 3)/Efd 459/1906 Efd 260 | |
| 5041 | 2'B n2v | S | 25.07.02 | 1435 | KPEV (S 3)/Efd 460/1906 Efd 261 | |
| 5042 | 2'B n2v | S | 30.07.02 | 1435 | KPEV (S 3)/Efd 461/1906 Efd 262 | |
| 5043 | 2'B n2v | S | 31.07.02 | 1435 | KPEV (S 3)/Efd 462/1906 Efd 263 | |
| 5044 | 2'B n2v | S | 01.08.02 | 1435 | KPEV (S 3)/Bbg 1/Bbg 252/1919 Ost 252/(DRG 13 321) | |
| 5045 | 2'B n2v | S | 07.08.02 | 1435 | KPEV (S 3)/Bbg 2/1906 Bbg 253 | |

[1)] Bauart Ma'let

| Fabriknummer | Bauart | Gattung | Auslieferungsdatum | Spurweite | Empfänger/Verbleib | Ausmusterung |
|---|---|---|---|---|---|---|
| 5046 | 2'B n2v | S | 08.08.02 | 1435 | KPEV (S 3)/Bbg 3/1906 Bbg 254 | |
| 5047 | 2'B n2v | S | 22.08.02 | 1435 | KPEV (S 3)/Bbg 4/1906 Bbg 255/1919 PKP Pd 1- | |
| 5048 | 2'B n2v | S | 25.08.02 | 1435 | KPEV (S 3)/Bbg 5/1906 Bbg 256 | |
| 5049 | 2'B n2v | S | 30.08.02 | 1435 | KPEV (S 3)/Bbg 6/1906 Bbg 257/1919 Ost 257/(DRG 13 322) | 1925 |
| 5050 | 2'B n2v | S | 13.09.02 | 1435 | KPEV (S 3)/Bbg 7/1906 Bbg 258 | |
| 5051 | 2'B n2v | S | 14.08.02 | 1435 | KPEV (S 3)/Alt 508/1906 Alt 239 | |
| 5052 | 2'B n2v | S | 18.08.02 | 1435 | KPEV (S 3)/Alt 509/1906 Alt 240 | |
| 5053 | 2'B n2v | S | 19.08.02 | 1435 | KPEV (S 3)/Alt 510/1906 Alt 241 | |
| 5054 | 2'B n2v | S | 30.08.02 | 1435 | KPEV (S 3)/Alt 511/1906 Alt 242 | |
| 5055 | 2'B n2v | S | 04.09.02 | 1435 | KPEV (S 3)/Alt 512/1906 Alt 243 | |
| 5056 | 2'B n2v | S | 08.09.02 | 1435 | KPEV (S 3)/Alt 513/1906 Alt 244/(DRG 13 323) | |
| 5057 | 2'B n2v | S | 16.09.02 | 1435 | KPEV (S 3)/Alt 514/1906 Alt 245 | |
| 5058 | 2'B n2v | S | 18.09.02 | 1435 | KPEV (S 3)/Alt 515/1906 Alt 246/(DRG 13 324) | |
| 5059 | 2'B n2v | S | 27.08.02 | 1435 | KPEV (S 3)/Bln 75/Psn 75/1906 Psn 274/1919 Ost 339/(DRG 13 325) | 1922 |
| 5060 | 2'B n2v | S | 11.09.02 | 1435 | KPEV (S 3)/Bln 76/Psn 76/1906 Psn 275/1919 Ost 340/(DRG 13 326) | |
| 5061 | 2'B n2v | S | 23.09.02 | 1435 | KPEV (S 3)/Bln 77/Psn 77/1906 Psn 276/1919 Ost 341/(DRG 13 327) | 1922 |
| 5062 | 1'C n2v | G | 14.10.02 | 1435 | KPEV (G 5.4)/Hl 1290/1906 Hl 4220/1913 Esn 4183/1920 Al(F) 4261 | vor 1938 |
| 5063 | 1'C n2v | G | 16.10.02 | 1435 | KPEV (G 5.4)/Hl 1291/1906 Hl 4221/(DRG 54 825) | 1924 |
| 5064 | 1'C n2v | G | 18.10.02 | 1435 | KPEV (G 5.4)/Hl 1292/1906 Hl 4222/1919 Ti4-23/1941 DRG 54 1123/PKP Ti4-4 | |
| 5065 | 1'C n2v | G | 22.10.02 | 1435 | KPEV (G 5.4)/Hl 1293/1906 Hl 4223/1920 B 7458 | |
| 5066 | 1'C n2v | G | 25.10.02 | 1435 | KPEV (G 5.4)/Hl 1294/1906 Hl 4224/1922 Dsd 4224/DRG 54 820 | |
| 5067 | 1'C n2v | G | 29.10.02 | 1435 | KPEV (G 5.4)/Hl 1295/1906 Hl 4225/1922 Dsd 4225/DRG 54 821 | |
| 5068 | 1'C n2v | G | 30.10.02 | 1435 | KPEV (G 5.4)/Hl 1296/1906 Hl 4226/DRG 54 822 | |
| 5069 | 1'C n2v | G | 31.10.02 | 1435 | KPEV (G 5.4)/Hl 1297/1906 Hl 4227/1922 Dsd 4227/DRG 54 823 | |
| 5070 | 1'C n2v | G | 14.11.02 | 1435 | KPEV (G 5.4)/Psn 912/Psn 870/1906 Psn 4217/1920 B 7452 | |
| 5071 | 1'C n2v | G | 15.11.02 | 1435 | KPEV (G 5.4)/Psn 913/Psn 871/1906 Psn 4218/1919 Ost 4265/DRG 54 824 | 1931 |
| 5072 | 1'C n2v | G | 18.11.02 | 1435 | KPEV (G 5.4)/Psn 914/Psn 872/1906 Psn 4219 | |
| 5073 | 1'C n2v | G | 22.11.02 | 1435 | KPEV (G 5.4)/Psn 915/Psn 873/1906 Psn 4220 | |
| 5074 | 1'C n2v | G | 22.11.02 | 1435 | KPEV (G 5.4)/Psn 916/Psn 874/1906 Psn 4221/1919 Ost 4266 | |
| 5075 | 1'C n2v | G | 26.11.02 | 1435 | KPEV (G 5.4)/Psn 917/Psn 875/1906 Psn 4222/1919 Ost 4267/DRG 54 825/ U h2v/DB | 14.11.1946 |
| 5076 | 1'C n2v | G | 27.11.02 | 1435 | KPEV (G 5.4)/Psn 918/Psn 876/1906 Psn 4223 | |
| 5077 | 1'C n2v | G | 29.11.02 | 1435 | KPEV (G 5.4)/Psn 919/Psn 877/1906 Psn 4224/1919 PKP Ti4-156/ 1941 DRG 54 1188/DR/25.10.55 PKP | |
| 5078 | 1'C n2v | G | 12.01.03 | 1435 | KPEV (G 5.4)/Stn 814/1906 Stn 4201/1920 PKP Ti4-42/1941 DRG 54 1197/ČSD | |
| 5079 | 1'C n2v | G | 16.01.03 | 1435 | KPEV (G 5.4)/Stn 815/1906 Stn 4202/1920 PKP Ti4-43 | |
| 5080 | 1'C n2v | G | 19.01.03 | 1435 | KPEV (G 5.4)/Stn 816/1906 Stn 4203/1920 PKP Ti4-44/1941 DRG 54 1112/ PKP Ti4-19 | |
| 5081 | 1'C n2v | G | 06.11.02 | 1435 | KPEV (G 5.4)/Bln 804/Psn 854/1906 Psn 4201/1919 Ost 4253/DRG 54 826 | |
| 5082 | 1'C n2v | G | 07.11.02 | 1435 | KPEV (G 5.4)/Bln 805/Psn 855/1906 Psn 4202/1920 PKP Ti4-29/1941 DRG 54 1128/DB | 20.09.1948 |
| 5083 | 1'C n2v | G | 10.11.02 | 1435 | KPEV (G 5.4)/Bln 806/Psn 856/1906 Psn 4203/1919 Ost 4254 | |
| 5084 | 1'C n2v | G | 14.11.02 | 1435 | KPEV (G 5.4)/Bln 807/Psn 857/1906 Psn 4204/1919 Ost 4255 | |
| 5085 | 1'C n2v | G | 11.12.02 | 1435 | KPEV (G 5.4)/Bln 808/Psn 858/1906 Psn 4205/1919 Ost 4256/PKP Ti4-32/ 1941 DRG 54 1195 | |
| 5086 | 1'C n2v | G | 13.12.02 | 1435 | KPEV (G 5.4)/Bln 809/Psn 859/1906 Psn 4206/1919 Ost 4257/DRG 54 827 | 1927 |
| 5087 | 1'C n2v | G | 16.12.02 | 1435 | KPEV (G 5.4)/Bln 810/Psn 860/1906 Psn 4207/1920 FS 603.014 | |
| 5088 | 1'C n2v | G | 18.12.02 | 1435 | KPEV (G 5.4)/Bln 811/Psn 861/1906 Psn 4208/1920 PKP Ti4-33/1941 DRG 54 1130 | |
| 5089 | 1'C n2v | G | 20.12.02 | 1435 | KPEV (G 5.4)/Bln 812/1906 Psn 862/1906 Psn 4209/1919 Ost 4259/DRG 54 828 | |
| 5090 | 1'C n2v | G | 23.12.02 | 1435 | KPEV (G 5.4)/Bln 813/1906 Psn 863/1906 Psn 4210/1919 Ost 4260/DRG 54 829 | 1927 |
| 5091 | 1'C n2v | G | 29.11.02 | 1435 | KPEV (G 5.4)/Dzg 1371/1906 Dzg 4201/1920 PKP Ti4-12 | |
| 5092 | 1'C n2v | G | 04.12.02 | 1435 | KPEV (G 5.4)/Dzg 1372/1906 Dzg 4202/Stn 4224/DRG 54 830 | |
| 5093 | 1'C n2v | G | 05.12.02 | 1435 | KPEV (G 5.4)/Dzg 1373/1906 Dzg 4203/1920 PKP Ti4-13 | |
| 5094 | 1'C n2v | G | 09.12.02 | 1435 | KPEV (G 5.4)/Dzg 1374/1906 Dzg 4204/Kbg 4167/1920 Al (F) 4258 | |
| 5095 | 1'C n2v | G | 30.01.03 | 1435 | KPEV (G 5.4)/Dzg 1375/1906 Dzg 4205/Kbg 4168/DRG 54 831 | 1928 |
| 5096 | 1'C n2v | G | 06.02.03 | 1435 | KPEV (G 5.4)/Dzg 1376/1906 Dzg 4206/Kbg 4169/DRG 54 832 | |
| 5097 | 1'C n2v | G | 20.02.03 | 1435 | KPEV (G 5.4)/Dzg 1377/1906 Dzg 4207/Stn 4225/DRG 54 833 | 1925 |
| 5098 | 1'C n2v | G | 26.02.03 | 1435 | KPEV (G 5.4)/Dzg 1378/1906 Dzg 4208 | |
| 5099 | 1'C n2v | G | 27.12.02 | 1435 | KPEV (G 5.4)/Dzg 1379/1906 Dzg 4209 | |
| 5100 | 1'C n2v | G | 31.12.02 | 1435 | KPEV (G 5.4)/Dzg 1380/1906 Dzg 4210/1908 Bbg 4186/1919 Ost 4294 | |
| 5101 | 1'C n2v | G | 31.12.02 | 1435 | KPEV (G 5.4)/Dzg 1381/1906 Dzg 4211/Kbg 4170/(DRG 54 838) | |
| 5102 | 1'C n2v | G | 08.01.03 | 1435 | KPEV (G 5.4)/Dzg 1382/1906 Dzg 4212/1920 PKP Ti4-48/1941 DRG 54 1133/ PKP Ti4-9 | |
| 5103 | C n2t | Stl | 08.07.02 | 1000 | V & W für Dampfstraßenbahn Diedenhofen-Mondorf/1 | |
| 5104 | C n2t | Stl | 06.09.02 | 1000 | V & W für Dampfstraßenbahn Diedenhofen-Mondorf/2 | |
| 5105 | C n2t | Stl | 06.09.02 | 1000 | V & W für Dampfstraßenbahn Diedenhofen-Mondorf/3 | |
| 5106 | C n2t | | 12.08.02 | 1435 | V & W für Teutoburger Wald-Eisenbahn/8 | 1936 |
| 5107 | B'B n4vt | - | 22.10.02 | 1000 | V & W für Gera-Meuselwitz-Wuitzer Eisenbahn/4/1949 DR 99 5712/ Bauart Mallet | 06.11.1966 |
| 5108 | C n2 | | 19.03.03 | 1435 | V & W für Aalborg-Hadsund-Jernbane (Dänemark) 16/1905 U 1 C/1915 U 1915 U h2/1931 mit dreiachsigen Tender gekuppelt | 1949 |

| Fabriknummer | Bauart | Gattung | Auslieferungsdatum | Spurweite | Empfänger/Verbleib | Ausmusterung |
|---|---|---|---|---|---|---|
| 5109 | C n2i | G | 21.02.03 | 1676 | East Indian Railway/1089/1909 Klasse CB 683/1922 U Dn2t Klasse CBT 1489/ 1957-58 IR 34 386 | |
| 5110 | C n2i | G | 21.02.03 | 1676 | East Indian Railway/1090/1909 Klasse CB 684/1922 U Dn2t Klasse CBT 1477/ 1957-58 IR 34 374 | |
| 5111 | C n2i | G | 18.03.03 | 1676 | East Indian Railway/1091/1909 Klasse CB 685/1922 U Dn2t Klasse CBT 1492/ 1957-58 IR 34 389 | |
| 5112 | C n2i | G | 18.03.03 | 1676 | East Indian Railway/1092/1909 Klasse CB 686/1957-58 IR 34 042 | |
| 5113 | C n2i | G | 18.03.03 | 1676 | East Indian Railway/1093/1909 Klasse CB 687/1922 U Dn2t Klasse CBT 1483/ 1957-58 IR 34 380 | |
| 5114 | C n2i | G | 18.03.03 | 1676 | East Indian Railway/1094/1909 Klasse CB 688/1923 U Dn2t Klasse CBT 1494/ 1957-58 IR 34 391 | |
| 5115 | C n2i | G | 25.03.03 | 1676 | East Indian Railway/1095/1909 Klasse CB 689/1922 U Dn2t Klasse CBT 1486/ 1957-58 IR 34 383 | |
| 5116 | C n2i | G | 25.03.03 | 1676 | East Indian Railway/1096/1909 Klasse CB 690/1922 U Dn2t Klasse CBT 1480/ 1957-58 IR 34 377 | |
| 5117 | C n2i | G | 07.04.03 | 1676 | East Indian Railway/1097/1909 Klasse CB 691/1922 U Dn2t Klasse CBT 1484/ 1957-58 IR 34 381 | |
| 5118 | C n2i | G | 07.04.03 | 1676 | East Indian Railway/1098/1909 Klasse CB 692 | vor 1957 |
| 5119 | C n2i | G | 07.04.03 | 1676 | East Indian Railway/1099/1909 Klasse CB 693/1922 U Dn2t Klasse CBT 1491/ 1957-58 IR 34 388 | |
| 5120 | C n2i | G | 07.04.03 | 1676 | East Indian Railway/1100/1909 Klasse CB 694/1919 U Dn2t Klasse CBT 1473/ 1957-58 IR 34 370 | |
| 5121 | C n2i | G | 20.04.03 | 1676 | East Indian Railway/1101/1909 Klasse CB 695/1923 U Dn2t Klasse CBT 1498/ 1957-58 IR 34 395 | |
| 5122 | C n2i | G | 20.04.03 | 1676 | East Indian Railway/1102/1909 Klasse CB 696/1922 U Dn2t Klasse CBT 1475/ 1957-58 IR 34 372 | |
| 5123 | C n2i | G | 20.04.03 | 1676 | East Indian Railway/1103/1909 Klasse CB 697 | vor 1957 |
| 5124 | C n2i | G | 20.04.03 | 1676 | East Indian Railway/1104/1909 Klasse CB 698/1923 U Dn2t Klasse CBT 1496/ 1957-58 IR 34 393 | |
| 5125 | C n2i | G | 04.05.03 | 1676 | East Indian Railway/1105/1909 Klasse CB 699/1922 U Dn2t Klasse CBT 1493/ 1957-58 IR 34 390 | |
| 5126 | C n2i | G | 04.05.03 | 1676 | East Indian Railway/1106/1909 Klasse CB 700/1922 U Dn2t Klasse CBT 1476/ 1957-58 IR 34 373 | |
| 5127 | C n2i | G | 04.05.03 | 1676 | East Indian Railway/1107/1909 Klasse CB 701 | vor 1957 |
| 5128 | C n2i | G | 04.05.03 | 1676 | East Indian Railway/1108/1909 Klasse CB 702/1923 U Dn2t Klasse CBT 1495/ 1957-58 IR 34 392 | |
| 5129 | C n2i | G | 14.05.03 | 1676 | East Indian Railway/1109/1909 Klasse CB 703 | vor 1957 |
| 5130 | C n2i | G | 14.05.03 | 1676 | East Indian Railway/1110/1909 Klasse CB 704/1922 U Dn2t Klasse CBT 1474/ 1957-58 IR 34 371 | |
| 5131 | C n2i | G | 14.05.03 | 1676 | East Indian Railway/1111/1909 Klasse CB 705/1922 U Dn2t Klasse CBT 1488/ 1957-58 IR 34 385 | |
| 5132 | C n2i | G | 14.05.03 | 1676 | East Indian Railway/1112/1909 Klasse CB 706/1922 U Dn2t Klasse CBT 1478/ 1957-58 IR 34 375 | |
| 5133 | C n2i | G | 09.06.03 | 1676 | East Indian Railway/1113/1909 Klasse CB 707 | vor 1957 |
| 5134 | C n2i | G | 10.06.03 | 1676 | East Indian Railway/1114/1909 Klasse CB 708/1922 U Dn2t Klasse CBT 1485/ 1957-58 IR 34 382 | |
| 5135 | C n2i | G | 11.06.03 | 1676 | East Indian Railway/1115/1909 Klasse CB 709/1922 U Dn2t Klasse CBT 1481/ 1957-58 IR 34 378 | |
| 5136 | C n2i | G | 12.06.03 | 1676 | East Indian Railway/1116/1909 Klasse CB 710/1922 U Dn2t Klasse CBT 1487/ 1957-58 IR 34 384 | |
| 5137 | C n2i | G | 23.06.03 | 1676 | East Indian Railway/1117/1909 Klasse CB 711/1923 U Dn2t Klasse CBT 1497/ 1957-58 IR 34 394 | |
| 5138 | C n2i | G | 24.06.03 | 1676 | East Indian Railway/1118/1909 Klasse CB 712/1922 U Dn2t Klasse CBT 1490/ 1957-58 IR 34 387 | |
| 5139 | C n2i | G | 25.06.03 | 1676 | East Indian Railway/1119/1909 Klasse CB 713/1922 U Dn2t Klasse CBT 1482/ 1957-58 IR 34 379 | |
| 5140 | C n2i | G | 26.06.03 | 1676 | East Indian Railway/1120/1909 Klasse CB 714/1922 U Dn2t Klasse CBT 1479/ 1957-58 IR 34 376 | |
| 5141 | B n2t | | 01.11.02 | 1435 | Städtisches Gaswerk, Crefeld | |
| 5142 | B n2t | Pt | 21.02.03 | 1435 | Stargard-Cüstriner Eisenbahn-Gesellschaft, Soldin/BERLIN/1903 KPEV Bbg 1495/1906 Bbg 6003 | 1912 |
| 5143 | B n2t | Pt | 28.02.03 | 1435 | Stargard-Cüstriner Eisenbahn-Gesellschaft, Soldin/HAMBURG/1903 KPEV Bbg 1496/1906 Bbg 6004 | 1932 |
| 5144 | B n2t | Pt | 28.02.03 | 1435 | Stargard-Cüstriner Eisenbahn-Gesellschaft, Soldin/STETTIN/1903 KPEV Bbg 1497/1906 Bbg 6005/1912 ELE 9 | 1926 |
| 5145 | B n2t | Pt | 05.03.03 | 1435 | Stargard-Cüstriner Eisenbahn-Gesellschaft, Soldin/DANZIG/1903 KPEV Bbg 1498/1906 Bbg 6006 | |
| 5146 | B n2t | Pt | 10.03.03 | 1435 | Stargard-Cüstriner Eisenbahn-Gesellschaft, Soldin/CÜSTRIN/1903 KPEV Bbg 1499/1906 Bbg 6007/1912 ELE 10 | 1927 |
| 5147 | B n2t | - | 26.01.03 | 600 | Minas Penas del Hierro, Rio Tinto (Spanien)/4 | |

| Fabriknummer | Bauart | Gattung | Auslieferungsdatum | Spurweite | Empfänger/Verbleib | Ausmusterung |
|---|---|---|---|---|---|---|
| 5148 | B n2t | - | 12.01.03 | 1000 | Compagnie Française de Tramways Indo-China/CFTJ 12 | |
| 5149 | C n2t | - | 16.04.03 | 1435 | Ilse Bergbau AG, Grube Ilse N/L/ELSE | |
| 5150 | B n2t | - | 07.02.03 | 1000 | Compagnie Française de Tramways Indo-China/CFTJ 13 | |
| 5151 | B n2t | - | 07.02.03 | 1000 | Compagnie Française de Tramways Indo-China/CFTJ 14 | |
| 5152 | B n2t | - | 07.02.03 | 1000 | Compagnie Française de Tramways Indo-China/CFTJ 15 | |
| 5153 | B n2t | - | 07.07.04 | 600 | E. Gieldzinsky, Wien/VINDOBONA | |
| 5154 | B n2t | - | 11.06.03 | 600 | M. Küster, Hannover | |
| 5155 | B n2t | - | 15.08.03 | 600 | M. Brenner, Magdeburg für Baugesellschaft Düren-Metz-Sablon | |
| 5156 | B n2t | - | 31.01.03 | 1435 | Eicken & Co, Stahlwerk Hagen i.W. | |
| 5157 | C1' n2t | - | 15.04.03 | 1435 | AGBB für Frankfurt-Königsteiner Eisenbahn/4/1930 HHE 1/1936 BKW Bitterfeld | |
| 5158 | B n2t | - | 07.04.03 | 785 | Borsigwerk, Borsigwerk O/S | |
| 5159 | B n2t | - | 22.08.04 | 600 | Soc. an Minas de Teborga/sp. Hulleras e Industrias, Entrego/VILLANUEVO[1] | |
| 5160 | B n2t | - | 11.05.05 | 600 | Artur Koppel AG, Berlin[1] | |
| 5161 | B n2t | - | 06.06.03 | 600 | Artur Koppel AG, Berlin für Welikije Luki (Rußland)[2] | |
| 5162 | B n2t | - | 20.05.03 | 600 | Schlesische Eisenbahn-Bedarfsgesellschaft, Breslau[2] | |
| 5163 | B n2t | - | 12.06.03 | 600 | C. Aviragnet, Paris, für Union Flacq Sugar Estates, Mauritius[2] | |
| 5164 | B n2t | - | 16.07.03 | 600 | Westdeutsche Eisenbahngesellschaft, Köln/Rhein[2] | |
| 5165 | B n2t | - | 21.07.03 | 600 | G. Bontinck-Braem-Dumont, Grand (Belgien)/PRINCE LEOPOLD Nr. 3[2] | |
| 5166 | B n2t | - | 08.05.03 | 750 | Amsterdam'sche Ballast Maatschappy, Haarlem (Niederlande)[3] | |
| 5167 | B n2t | - | 21.04.03 | 750 | M. Küster, Hannover[3] | |
| 5168 | B n2t | - | 19.06.03 | 750 | L. Schier, Berlin[3] | |
| 5169 | B n2t | - | 21.08.03 | 900 | Ph. Holzmann & Co. GmbH, Frankfurt/Main für Rheinhausen | |
| 5170 | B n2t | - | 29.08.03 | 900 | Ph. Holzmann & Co. GmbH, Frankfurt/Main für Devant les Ponts | |
| 5171 | B1' n2t | - | 02.03.03 | 700 | Naamlooze Vennootschap de Nederländisch-Indische Industrie, Rotterdam/ PG Tersana Baru (Java) NT 12 | |
| 5172 | B n2t | - | 08.05.03 | 720 | Königliches Hüttenamt, Gleiwitz O/S | |
| 5173 | B n2t | - | 11.05.05 | 600 | M. Brenner, Magdeburg, für Wilckens, Stelle[1] | |
| 5174 | B n2t | - | 11.05.05 | 600 | M. Brenner, Magdeburg, für Märkische Sandwerke Bayne & Co., Halensee[1] | |
| 5175 | B n2t | - | 27.07.05 | 600 | M. Brenner, Berlin[1] | |
| 5176 | B n2t | - | 18.11.05 | 600 | Schlesische Kohlen- und Kokswerke, Gottesberg O/S[1] | |
| 5177 | B n2t | - | 24.12.05 | 600 | Ludwig Lange, Hannover[1] | |
| 5178 | B n2t | - | 30.04.03 | 700 | Exploitarea Minelor de Lignit Margineanca si Tagetelu, Doicesti (Rumänien) | |
| 5179 | 1'C n2t | - | 29.04.03 | 1000 | Herforder Kleinbahnen GmbH, Herford i.W./GEORG VON BORRIES 6/ 1924 an BK 1" BIELEFELD | |
| 5180 | 1'C n2t | - | 21.05.03 | 1000 | Herforder Kleinbahnen GmbH, Herford i.W./EXTER 7 | 1950 |
| 5181 | 1'C n2t | - | 20.05.03 | 1000 | Schmalspurbahn des Landkreises Bielefeld, Herford i.W./ECKENDORF 3/sp. 5 | 1956 |
| 5182 | B n2t | - | 02.07.03 | 1000 | Spremberger Stadtbahn, Spremberg N/L/7/1957 als Heizlokomotive verkauft | |
| 5183 | B n2t | - | 08.07.03 | 1435 | Gräflich-Schaffgot'sche General-Direktion, Beuthen O/S | |
| 5184 | C1' n2t | - | 16.07.03 | 1435 | AGBB für Cassel-Naumburger Eisenbahn/1/10.1927 EFE 3 | |
| 5185 | C1' n2t | - | 20.10.03 | 1435 | AGBB für Cassel-Naumburger Eisenbahn/2/11.1925 EFE 1/1949 DR 90 6401/ 07.04.1952 Edelstahlwerk Döhlen Nr. 3 | |
| 5186 | C1' n2t | - | 06.11.03 | 1435 | AGBB für Cassel-Naumburger Eisenbahn/3/1926 FG 4/01.04.1943 EFE 4/ 1949 DR nicht umgezeichnet | |
| 5187 | C n2t | - | 07.08.03 | 1435 | AGBB für Gaildorf-Untergröningen-Onstmettingen/5/sp. WEG 5 | 1954 |
| 5188 | C n2t | - | 18.08.03 | 1435 | AGBB für Gaildorf-Untergröningen-Obstmettingen/6/sp. WEG 6 | 1953 |
| 5189 | 2'C n2 | P | 29.07.03 | 1676 | F.C. del Norte (Spanische Nordbahn)/1919/RENFE 230.2049 | |
| 5190 | 2'C n2 | P | 29.07.03 | 1676 | F.C. del Norte (Spanische Nordbahn)/1920/RENFE 230.2050 | |
| 5191 | 2'C n2 | P | 11.08.03 | 1676 | F.C. del Norte (Spanische Nordbahn)/1921/RENFE 230.2051 | |
| 5192 | 2'C n2 | P | 12.08.03 | 1676 | F.C. del Norte (Spanische Nordbahn)/1922/RENFE 230.2052 | |
| 5193 | 2'C n2 | P | 18.08.03 | 1676 | F.C. del Norte (Spanische Nordbahn)/1923/RENFE 230.2053 | |
| 5194 | 2'C n2 | P | 19.08.03 | 1676 | F.C. del Norte (Spanische Nordbahn)/1924/RENFE 230.2054 | |
| 5195 | 2'C n2 | P | 22.08.03 | 1676 | F.C. del Norte (Spanische Nordbahn)/1925/RENFE 230.2055 | |
| 5196 | 2'C n2 | P | 28.08.03 | 1676 | F.C. del Norte (Spanische Nordbahn)/1926/RENFE 230.2056 | |
| 5197 | 2'C n2 | P | 28.08.03 | 1676 | F.C. del Norte (Spanische Nordbahn)/1927/RENFE 230.2057 | |
| 5198 | 2'C n2 | P | 28.08.03 | 1676 | F.C. del Norte (Spanische Nordbahn)/1928/RENFE 230.2058 | |
| 5199 | B n2t | - | 15.06.04 | 900 | M. Brenner, Magdeburg | |
| 5200 | B n2t | - | 11.09.03 | 1435 | Nordjyllandsforenede Privatbaner, Aalborg (Dänemark)/17/1925 Skagensbanen 4/Danske Jernbane Club „Limfjordbanen", im Aalborg-Hadsund-Depot | 1967 |
| 5201 | D n2t | - | 21.08.03 | 1435 | Chem. de fer du midi Ste des Mines de Carmaux/426/sp. Houllieres.Bassins d Aquitaine 426 | |
| 5202 | B n2t | | 12.08.03 | 1435 | C. Conradty, Nürnberg | |
| 5203 | B n2t | | 07.05.03 | 750 | Aviragnet, Paris, für Union Flacq Sugar Estates, Mauritius | |
| 5204 | B n2t | | 03.07.03 | 490 | Bergwerks AG La Houve, Kreuzwald in Lothringen | |
| 5205 | 2'B n2v | S | 29.08.03 | 1435 | KPEV (S 3)/Mz 363/1906 Mz 266 | |
| 5206 | 2'B n2v | S | 04.09.03 | 1435 | KPEV (S 3)/Mz 364/1906 Mz 267 | |
| 5207 | 2'B n2v | S | 07.09.03 | 1435 | KPEV (S 3)/Mz 365/1906 Mz 268 | |

1) Vorratslokomotive Baujahr 1903, Typ 2, 20 PS
2) Vorratslokomotive Baujahr 1903, Typ 4, 30 PS
3) Vorratslokomotive Baujahr 1903, Typ 9, 50 PS

| Fabriknummer | Bauart | Gattung | Auslieferungsdatum | Spurweite | Empfänger/Verbleib | Ausmusterung |
|---|---|---|---|---|---|---|
| 5208 | 2'B n2v | S | 11.09.03 | 1435 | KPEV (S 3)/Mz 366/1906 Mz 269/(DRG 13 372) | |
| 5209 | 2'B n2v | S | 15.09.03 | 1435 | KPEV (S 3)/Mz 367/1906 Mz 270/(DRG 13 373) | |
| 5210 | 2'B h2 | S | 30.12.03 | 1435 | KPEV (S 4)/Efd 1/1906 Efd 401 | |
| 5211 | 2'B h2 | S | 31.12.03 | 1435 | KPEV (S 4)/Efd 2/1906 Efd 402 | |
| 5212 | 2'B h2 | S | 31.12.03 | 1435 | KPEV (S 3)/Efd 3/1906 Efd 403 | |
| 5213 | 2'B h2 | S | 11.01.04 | 1435 | KPEV (S 4)/Efd 4/1906 Efd 404/1914 Stn 405/(DRG 13 501) | |
| 5214 | 2'B h2 | S | 18.01.04 | 1435 | KPEV (S 4)/Efd 5/1906 Efd 405 | |
| 5215 | 2'B h2 | S | 28.01.04 | 1435 | KPEV (S 4)/Efd 6/1906 Efd 406 | |
| 5216 | 2'B h2 | S | 11.12.03 | 1435 | KPEV (S 4)/Bsl 166/1906 Bsl 401/(DRG 13 502) | |
| 5217 | 2'B h2 | S | 17.12.03 | 1435 | KPEV (S 4)/Bsl 167/1906 Bsl 402/(DRG 13 503) | |
| 5218 | 2'B h2 | S | 18.12.03 | 1435 | KPEV (S 4)/Bsl 168/1906 Bsl 403/(DRG 13 504) | |
| 5219 | 2'B h2 | S | 19.12.03 | 1435 | KPEV (S 4)/Bsl 169/1906 Bsl 404/(DRG 13 505) | |
| 5220 | 2'B h2 | S | 19.12.03 | 1435 | KPEV (S 4)/Bsl 170/1906 Bsl 405 | |
| 5221 | 2'B h2 | S | 23.12.03 | 1435 | KPEV (S 4)/Bsl 171/1906 Bsl 406/(DRG 13 506) | |
| 5222 | 1'C n2t | Gt | 29.09.03 | 1435 | KPEV (T 9.3)/Mgd 1842/1906 Mgd 7241/DRG 91 413 | 01.12.1933 |
| 5223 | 1'C n2t | Gt | 30.09.03 | 1435 | KPEV (T 9.3)/Mgd 1843/1906 Mgd 7242/DRG 91 414 | |
| 5224 | 1'C n2t | Gt | 30.09.03 | 1435 | KPEV (T 9.3)/Mgd 1844/1906 Mgd 7243/DRG 91 415 | |
| 5225 | 1'C n2t | Gt | 07.10.03 | 1435 | KPEV (T 9.3)/Mgd 1845/1906 Mgd 7244/DRG 91 416/DB | 29.01.1960 |
| 5226 | 1'C n2t | Gt | 08.10.03. | 1435 | KPEV (T 9.3)/Mgd 1846/1906 Mgd 7245/DRG 91 417/DR | 24.10.1966 |
| 5227 | 1'C n2t | Gt | 12.10.03 | 1435 | KPEV (T 9.3)/Mgd 1847/1906 Mgd 7246/DRG 91 418 | 1931 |
| 5228 | 1'C n2t | Gt | 14.10.03 | 1435 | KPEV (T 9.3)/Mgd 1848/1906 Mgd 7247/DRG 91 419 | |
| 5229 | 1'C n2t | Gt | 17.10.03 | 1435 | KPEV (T 9.3)/Mgd 1849/1906 Mgd 7248/DRG 91 420 | 01.08.1931 |
| 5230 | 1'C n2t | Gt | 07.11.03 | 1435 | KPEV (T 9.3)/Kat 1611/1906 Kat 7282/1920 PKP Tki3-31/1941 DRG 91 187/PKP Tki3-38 | |
| 5231 | 1'C n2t | Gt | 10.11.03 | 1435 | KPEV (T 9.3)/Kat 1612/1906 Kat 7283/1919 Opp 7283/DRG 91 1591 | |
| 5232 | 1'C n2t | Gt | 17.11.03 | 1435 | KPEV (T 9.3)/Kat 1613/1906 Kat 7284/1919 Opp 7284/DRG 91 421 | |
| 5233 | 1'C n2t | Gt | 21.09.03 | 1435 | KPEV (T 9.3)/Csl 1472/1906 Csl 7310/DRG 91 422 | 31.12.1934 |
| 5234 | 1'C n2t | Gt | 23.10.03 | 1435 | KPEV (T 9.3)/Csl 1473/1906 Csl 7311/DRG 91 423 | 27.11.1931 |
| 5235 | 1'C n2t | Gt | 27.10.03 | 1435 | KPEV (T 9.3)/Csl 1474/1906 Csl 7312/DRG 91 424/1935 Ilmebahn Nr. 6 | 1959 |
| 5236 | 1'C n2t | Gt | 30.10.03 | 1435 | KPEV (T 9.3)/Csl 1475/1906 Csl 7313/DRG 91 425 | 20.03.1933 |
| 5237 | 1'C n2t | Gt | 31.10.03 | 14351 | KPEV (T 9.3)/Csl 1476/1906 Csl 7314/DRG 91 426/DB | 14.11.1952 |
| 5238 | 2'C n4v | P | 09.03.04 | 1672 | Portugiesische Staatsbahn, Lissabon/81/sp. CP 1281/CP 221 | |
| 5239 | 2'C n4v | P | 12.03.04 | 1672 | Portugiesische Staatsbahn, Lissabon/82/sp. CP 1282/CP 222 | |
| 5240 | 2'C n4v | P | 24.03.04 | 1672 | Portugiesische Staatsbahn, Lissabon/83/sp. CP 1283/CP 223 | |
| 5241 | 2'C n4v | P | 24.03.04 | 1672 | Portugiesische Staatsbahn, Lissabon/84/sp. CP 1284/CP 224 | |
| 5242 | B n2t | | 24.08.03 | 900 | Klettwitzer Werke J. Treuherz, Klettwitz N/L/ANNELIESE | |
| 5243 | B n2t | | 08.06.03 | 785 | H. Roth, Breslau | |
| 5244 | 2'C n4v | P | 13.04.04 | 1672 | Portugiesische Staatsbahn, Lissabon/85/sp. CP 1286/CP 225 | |
| 5245 | 2'C n4v | P | 15.04.04 | 1672 | Portugiesische Staatsbahn, Lissabon/86/sp. CP 1287/CP 226 | |
| 5246 | C n2t | | 01.10.03 | 750 | Kleinbahn AG Tangermünde-Lüderitz, Tangermünde/1 | |
| 5247 | C n2t | | 24.10.03 | 750 | Kleinbahn AG Tangermünde-Lüderitz, Tangermünde/2 | |
| 5248 | C n2t | | 10.09.03 | 1435 | Gewerkschaft Heldrungen II, Oberheldrungen/CONSTANZE | |
| 5249 | B n2t | | 28.10.03 | 1435 | Kaliwerke Friedrichshall AG, Berlin | |
| 5250 | B n2t | | 01.10.03 | 1435 | Gewerkschaft Alexandershall, Berka a. Werra | |
| 5251 | B n2t | | 28.10.03 | 760 | E. Gieldzinski, Wien I | |
| 5252 | B n2t | | 01.09.03 | 750 | Amsterdam sche Ballast Maatschappi, Haarlem (Niederlande)[1] | |
| 5253 | B n2t | | 23.09.03 | 750 | Kreisausschuß des Kreises Gerdauen/Ostpreußen/KuKH B 2002[1] | |
| 5254 | B n2t | | 11.03.04 | 750 | M. Brenner, Berlin[1] | |
| 5255 | 1'D n2v | G | 31.03.04 | 1435 | Chemin de fer Ottoman d. Anatolie, Konstantinopel (Türkei)/CFOA 121 | |
| 5256 | 1'D n2v | G | 06.04.04 | 1435 | Chemin de fer Ottoman d. Anatolie, Konstantinopel (Türkei)/CFOA 122 | |
| 5257 | 1'D n2v | G | 08.04.04 | 1435 | Chemin de fer Ottoman d. Anatolie, Konstantinopel (Türkei)/CFOA 123 | |
| 5258 | 1'D n2v | G | 15.04.04 | 1435 | Chemin de fer Ottoman d. Anatolie, Konstantinopel (Türkei)/CFOA 124 | |
| 5259 | 1'D n2v | G | 20.04.04 | 1435 | Chemin de fer Ottoman d. Anatolie, Konstantinopel (Türkei)/CFOA 125 | |
| 5260 | 1'D n2v | G | 07.05.04 | 1435 | Chemin de fer Ottoman d. Anatolie, Konstantinopel (Türkei)/CFOA 126 | |
| 5261 | C n2t | | 03.12.03 | 1435 | Fjerritsler-Fredrickshavn Eisenbahn-Gesellschaft, Aalborg (Dänemark)/30/sp. 18/1941 Brikettfabrik Kaas/1947 Frederiksvaerk | 1952 |
| 5262 | B n2t | | 26.09.03 | 1435 | Spremberger Stadtbahn, Spremberg N/L/3/1932 als Wl verkauft nach Landsberg/Warthe | |
| 5263 | C n2t | | 02.11.03 | 1435 | Ph. Holzmann & Co., GmbH, Frankfurt/Main, für die Bagdadbahn | |
| 5264 | C n2t | | 24.03.05 | 1435 | Gewerkschaft Merkur, Drebkau N/L (Baujahr 1903)/Vorratslokomotive Baujahr 1903, Typ 31, 175 PS/urspr. bestellt von Friedheim & Co., Berlin für Kaliwerk FRISCH-GLÜCK II | |
| 5265 | C n2t | | 08.08.04 | 600 | M. Brenner, Magdeburg (Baujahr 1903)[2] | |
| 5266 | B n2t | | 14.11.03 | 600 | M. Brenner, Magdeburg, für Metz[2] | |
| 5267 | B n2t | | 22.08.04 | 600 | M. Brenner, Magdeburg, für H. Krause Bauunternehmer, Freystadt/Schlesien (Baujahr 1903)[2] | |
| 5268 | B n2t | | 06.07.05 | 600 | Artur Koppel AG, Berlin (Baujahr 1904)[2] | |
| 5269 | B n2t | | 08.08.04 | 600 | Artur Koppel AG, Berlin (Baujahr 1903)[2] | |

[1] Vorratslokomotive Baujahr 1903, Typ 9, 50 PS
[2] Vorratslokomotive Baujahr 1903/04, Typ 4, 30 PS

| Fabriknummer | Bauart | Gattung | Auslieferungsdatum | Spurweite | Empfänger/Verbleib | Ausmusterung |
|---|---|---|---|---|---|---|
| 5270 | B n2t | | 17.11.03 | 785 | Borsigwerk, Borsigwerk O/S | |
| 5271 | B n2t | | 23.09.04 | 750 | Hermann Hirschberg, Berlin (Baujahr 1903)/EDITH[1] | |
| 5272 | B n2t | | 02.07.04 | 750 | W. Staadecker, Bukarest (Rumänien) (Baujahr 1903)/Staatl. Waldbahn, Mallerd[1] | |
| 5273 | B n2t | | 27.07.04 | 750 | A. Ziese, Berlin (Baujahr 1903)[1] | |
| 5274 | B n2t | | 15.06.04 | 760 | E. Gieldzinski, Wien (Baujahr 1903) für Staatliche Waldbahn/Mallerd 257.501[1] | |
| 5275 | B n2t | | 11.04.04 | 600 | Windschild & Langelott (Baujahr 1903)[2] | |
| 5276 | B n2t | | 23.04.04 | 600 | Artur Koppel AG, Berlin (Baujahr 1903)[2] | |
| 5277 | B n2t | | 20.01.05 | 600 | E. Bernhardingen, Berlin (Baujahr 1903)[2] | |
| 5278 | B n2t | | 06.07.05 | 600 | Artur Koppel AG, Berlin (Baujahr 1904)[2] | |
| 5279 | B n2t | | 04.02.05 | 600 | Artur Koppel AG, Berlin (Baujahr 1904)[2] | |
| 5280 | B n2t | | 24.02.05 | 600 | Artur Koppel AG, Berlin (Baujahr 1904)[2] | |
| 5281 | B n2t | | 06.07.05 | 600 | Artur Koppel AG, Berlin (Baujahr 1904)[2] | |
| 5282 | B n2t | | 06.07.05 | 600 | Artur Koppel AG, Berlin (Baujahr 1904)[2] | |
| 5283 | B n2t | | 31.10.03 | 900 | Ph. Holzmann & Co. GmbH Frankfurt/Main[3] | |
| 5284 | B n2t | | 01.02.04 | 900 | M. Brenner, Magdeburg (Baujahr 1903)[3] | |
| 5285 | B n2t | | 04.03.04 | 900 | M. Brenner, Berlin (Baujahr 1903)[3] | |
| 5286 | B n2t | | 19.02.04 | 900 | Maatschappij Maschinenhandel voorheen H.F. Roll, Schevenningen (Niederlande)/Piet[3] | |
| 5287 | B n2t | | 24.02.04 | 900 | Maatschappij Maschinenhandel voorheen H.F. Roll, Schevenningen (Niederlande)/Jan[3] | |
| 5288 | B n2t | | 20.05.04 | 900 | Borsig; Tegel/am 21.05.06 J.W. Scheidt, Kettwig/Ruhr, für Hülgrather Tonwerke Lintorf/Rheinland[3] | |
| 5289 | B n2t | | 18.01.05 | 1435 | Maatschappij tot Exploitatie van Limburg'sche Steinkohlenmynen, Heerlen (Niederlande)[4] | |
| 5290 | B n2t | | 08.12.04 | 1435 | Oberschlesische Eisenbahnbedarfs AG, Friedenshütte O/S/sp. Hütte Pokoj, Ruda slaska (VRP)[4] | |
| 5291 | 1'C n2t | Gt | 28.01.04 | 1435 | KPEV (T 9.3)/Mst 1870/1906 Mst 7313/DRG 91515 | 193 |
| 5292 | 1'C n2t | Gt | 28.01.04 | 1435 | KPEV (T 9.3)/Mst 1871/1906 Mst 7314/DRG 91 516/PKP Tki 3-98 | |
| 5293 | 1'C n2t | Gt | 28.01.04 | 1435 | KPEV (T 9.3)/Mst 1872/1906 Mst 7315/DRG 91 517 | 193 |
| 5294 | 1'C n2t | Gt | 01.02.04 | 1435 | KPEV (T 9.3)/Bln 1985/1906 Bln 7290/DRG Hl 7089/DRG 91 518 | 193 |
| 5295 | 1'C n2t | Gt | 11.02.04 | 1435 | KPEV (T 9.3)/Bln 1986/1906 Bln 7291/DRG Hl 7090/DRG 91 519/DR | 22.11.196 |
| 5296 | 1'C n2t | Gt | 12.02.04 | 1435 | KPEV (T 9.3)/Bln 1987/1906 Bln 7292/Hl 7091/DRG 91 520 | 01.08.193 |
| 5297 | 1'C n2t | Gt | 17.03.04 | 1435 | KPEV (T 9.3)/Bln 1988/1906 Bln 7293/Hl 7092/DRG 91 521 | 193 |
| 5298 | 1'C n2t | Gt | 17.03.04 | 1435 | KPEV (T 9.3)/Bln 1989/1906 Bln 7294/Hn 7205/DRG 91 522 | 193 |
| 5299 | 1'C n2t | Gt | 28.08.04 | 1435 | KPEV (T 9.3)/Bln 1990/1906 Bln 7295/Hn 7216/DRG 91 523 | |
| 5300 | 1'C n2t | Gt | 24.02.04 | 1435 | KPEV (T 9.3)/Hl 1888/1906 Hl 7296/DRG 91 524 | 193 |
| 5301 | 1'C n2t | Gt | 24.02.04 | 1435 | KPEV (T 9.3)/Hl 1889/1906 Hl 7297/Dsd 7297/DRG 91 525/PKP Tki 3-100 | |
| 5302 | 1'C n2t | Gt | 27.02.04 | 1435 | KPEV (T 9.3)/Hl 1890/1906 Hl 7298/DRG 91 526/DR | V.u. |
| 5303 | 1'C n2t | Gt | 29.02.04 | 1435 | KPEV (T 9.3)/Hl 1891/1906 Hl 7299/DRG 91 527/DB | 09.11.195 |
| 5304 | 1'C n2t | Gt | 01.03.04 | 1435 | KPEV (T 9.3)/Hl 1892/1906 Hl 7300/DRG 91 528/DR | V.u. |
| 5305 | 1'C n2t | Gt | 05.03.04 | 1435 | KPEV (T 9.3)/Hl 1893/1906 Hl 7301/Dsd 7301/DRG 91 529 | 1931 |
| 5306 | 2'B n2v | S | 18.04.04 | 1435 | KPEV (S 3)/Kat 14/1906 Kat 216/1919 Opp 216 | 1922 |
| 5307 | 2'B n2v | S | 20.04.04 | 1435 | KPEV (S 3)/Kat 15/1906 Kat 217 | |
| 5308 | 2'B n2v | S | 22.04.04 | 1435 | KPEV (S 3)/Kat 16/1906 Kat 218/1919 Opp 218 | 1922 |
| 5309 | 2'B n2v | S | 25.04.04 | 1435 | KPEV (S 3)/Bsl 172/1906 Bsl 261/(DRG 13 403) | 1923 |
| 5310 | 2'B n2v | S | 26.04.04 | 1435 | KPEV (S 3)/Bsl 173/1906 Bsl 262/(DRG 13 404) | |
| 5311 | 2'B n2v | S | 27.04.04 | 1435 | KPEV (S 3)/Bsl 174/1906 Bsl 263/(DRG 13 405) | 1923 |
| 5312 | 2'B n2v | S | 29.04.04 | 1435 | KPEV (S 3)/Bsl 175/1906 Bsl 264/(DRG 13 406) | 1923 |
| 5313 | 2'B n2v | S | 29.04.04 | 1435 | KPEV (S 3)/Bsl 176/1906 Bsl 265/(DRG 13 407) | |
| 5314 | 2'B n2v | S | 30.04.04 | 1435 | KPEV (S 3)/Bsl 177/1906 Bsl 266/(DRG 13 408) | 1923 |
| 5315 | 2'B n2v | S | 30.04.04 | 1435 | KPEV (S 3)/Bsl 178/1906 Bsl 267 | 1922 |
| 5316 | 2'B n2v | S | 15.05.04 | 1435 | KPEV (S 3)/Bsl 179/1906 Bsl 268/(DRG 13 409) | 1923 |
| 5317 | 2'B n2v | S | 17.05.04 | 1435 | KPEV (S 3)/Bsl 180/1906 Bsl 269/(DRG 13 410) | |
| 5318 | C2'n2t | | 24.09.04 | 1000 | Sociebar Anonima Minas de Cala, Bilbao (Spanien)/1 CONDE DE RODAS | |
| 5319 | C2'n2t | | 25.09.04 | 1000 | Sociebar Anonima Minas de Cala, Bilbao (Spanien)/2 CALE | |
| 5320 | C2'n2t | | 26.09.04 | 1000 | Sociebar Anonima Minas de Cala, Bilbao (Spanien)/3 ZUFRE | |
| 5321 | C2'n2t | | 19.10.04 | 1000 | Sociebar Anonima Minas de Cala, Bilbao (Spanien)/4 RONQUILLO | |
| 5322 | C2'n2t | | 21.10.04 | 1000 | Sociebar Anonima Minas de Cala, Bilbao (Spanien)/5 GUILLENA | |
| 5323 | C2'n2t | | 24.10.04 | 1000 | Sociebar Anonima Minas de Cala, Bilbao (Spanien)/6 ITALICA | |
| 5324 | C n2t | | 02.06.04 | 1000 | V & W, für Mosbach-Mudau/1/1920 DRG 99 7201/aufgestellt beim Gasthaus Blauer Bock, Passau | 10.03.1965 |
| 5325 | C n2t | | 03.06.04 | 1000 | V & W, für Mosbach-Mudau/2/1920 DRG 99 7202/aufgestellt vor der Odenwaldhalle in Mudau | 10.03.1965 |
| 5326 | C n2t | | 20.10.04 | 1000 | V & W, für Mosbach-Mudau/3/1920 DRG 99 7203/1964 Denkmal Gasanstalt Karlsruhe/DGEG Schmalspurmuseum Viernheim | |

1) Vorratslokomotive Baujahr 1903, Typ 9 50 PS
2) Vorratslokomotive Baujahr 1903/04, Typ 4, 30 PS
3) Vorratslokomotive Baujahr 1904, Typ 18, 125 PS
4) Vorratslokomotive Baujahr 1904, Typ 29, 175 PS

| Fabriknummer | Bauart | Gattung | Auslieferungsdatum | Spurweite | Empfänger/Verbleib | Ausmusterung |
|---|---|---|---|---|---|---|
| 5327 | C n2t | | 20.10.04 | 1000 | V & W, für Mosbach-Mudau/4/1920 DRG 99 7204/aufgestellt bei Firma Heggenstaller, Unterbernbach | 10.03.1965 |
| 5328 | C n2t | | 16.09.04 | 1000 | V & W, für Biberach-Oberharmersbach/1/DEBG 1/DEBG 29/Kessel an Fa.-Nr. 5528 | 1954 |
| 5329 | C n2t | | 23.09.04 | 1435 | V & W, für Rixdorf-Mittenwalde/4 | 1957 |
| 5330 | B n2t | | 27.02.08 | 1435 | V & W, für Oberschefflenz-Billigheim/6/1925 Nr. 5 | 1951 |
| 5331 | B n2t | | 25.10.07 | 1435 | V & W, für Oberschefflenz-Billigheim/7/DEBG 7/sp. DEBG 3/1963 SWEG 7/1964 verkauft an die Stadt Staufen | |
| 5332 | 1'C1'n2t | | 14.06.04 | 1000 | Comp. las Ferrocarriles Economicos Asturias, Oviedo (Spanien)/22 | 1957 |
| 5333 | 1'C1'n2t | | 15.06.04 | 1000 | Comp. las Ferrocarriles Economicos Asturias, Oviedo (Spanien)/23/vor 1962 Solvay, Lieves | |
| 5334 | 1'C1'n2t | | 25.06.04 | 1000 | Comp. las Ferrocarriles Economicos Asturias, Oviedo (Spanien)/24 | 1957 |
| 5335 | B n2t | | 23.10.03 | 914 | Griese, Hamburg für Chile/1 | |
| 5336 | B n2t | | 23.10.03 | 914 | Griese, Hamburg für Chile/2 | |
| 5337 | B n2t | | 24.10.03 | 914 | Griese, Hamburg für Chile/3 | |
| 5338 | B n2t | | 24.10.03 | 914 | Griese, Hamburg für Chile/4 | |
| 5339 | B n2t | StL | 02.03.04 | 1000 | Department van Kolonien s' Gravenhage, für Tramway Paramaribo (Surinam)/ KS 1/sp. LS 1 | |
| 5340 | B n2t | StL | 23.03.04 | 1000 | Department van Kolonien s' Gravenhage, für Tramway Paramaribo (Surinam)/ KS 2/sp. LS 2 | |
| 5341 | B n2t | StL | 23.03.04 | 1000 | Department van Kolonien s' Gravenhage, für Tramway Paramaribo (Surinam)/ KS 3/sp. LS 3 | |
| 5342 | B n2t | StL | 16.05.04 | 1000 | Department van Kolonien s' Gravenhage, für Tramway Paramaribo (Surinam)/ KS 4/sp. LS 4 | |
| 5343 | B n2t | StL | 16.05.04 | 1000 | Department van Kolonien s' Gravenhage, für Tramway Paramaribo (Surinam)/ KS 5/sp. LS 5 | |
| 5344 | B n2t | StL | 16.05.04 | 1000 | Department van Kolonien s' Gravenhage, für Tramway Paramaribo (Surinam)/ KS 6/sp. LS 6 | |
| 5345 | C n2t | | 26.05.04 | 1435 | AG Kostener Kreisbahnen, Kosten Bezirk Posen/KOSTEN 5 | |
| 5346 | B n2t | | 15.01.04 | 1524 | Morosow s Sohn & Co., Orechewo (Rußland) | |
| 5347 | C n2t | | 14.03.04 | 1435 | Georgsmarien Bergwerks- und Hüttenverein, Osnabrück/10/ sp. Leunawerke | |
| 5348 | B n2t | | 22.04.04 | 600 | M. Brenner, Magdeburg[1] | |
| 5349 | B n2t | | 22.06.04 | 600 | E. Mordnorst, Kiel[1] | |
| 5350 | B n2t | | 23.06.04 | 600 | Karl Henke Civil-Ing., Posen[1] | |
| 5351 | B n2t | | 25.06.04 | 600 | M. Brenner, Magdeburg[1] | |
| 5352 | B n2t | | 09.06.04 | 600 | R. Dollberg, Rostock in Mecklenburg[1] | |
| 5353 | B n2t | | 02.08.04 | 600 | P. Schreck, Halle/Saale[1] | |
| 5354 | B n2t | | 12.08.04 | 600 | Deutsche Feld- & Industriebahnwerke GmbH, Danzig[1] | |
| 5355 | B n2t | | 22.03.05 | 600 | Wackerow & Co. GmbH, Breslau[1] | |
| 5356 | C n2t | | 07.05.04 | 1435 | Kgl. Bergwerksinspektion, Bleicherode | |
| 5357 | B n2t | | 18.02.04 | 1435 | Gebr. Tielens & Co., Meersen (Niederlande) | |
| 5358 | 1'C1'n2t | | 25.06.04 | 1000 | Comp. las Ferrocarilles Economicos Asturias, Oviedo (Spanien)/25 | |
| 5359 | 2'C n4v | | 11.07.04 | 1672 | Portugiesische Staatsbahn für Minho e Duro/51/CP 2251/CP 238/im CP-Depot Entroncamento hinterstellt | |
| 5360 | 2'C n4v | | 11.07.04 | 1672 | Portugiesische Staatsbahn für Minho e Duro/52/CP 2252/CP 239 | |
| 5361 | 2'C n4v | | 16.07.04 | 1672 | Portugiesische Staatsbahn für Minho e Duro/53/CP 2253/CP 240 | |
| 5362 | 2'C n4v | | 18.07.04 | 1672 | Portugiesische Staatsbahn für Minho e Duro/54/CP 2254/CP 241 | |
| 5363 | 2'C n4v | | 01.08.04 | 1672 | Portugiesische Staatsbahn für Minho e Duro/55/CP 2255/CP 242 | |
| 5364 | 2'C n4v | | 01.08.04 | 1672 | Portugiesische Staatsbahn für Minho e Duro/56/CP 2256/CP 243 | |
| 5365 | B n2t | | 23.03.04 | 900 | Gebr. Goedhardt GmbH, Düsseldorf | |
| 5366 | B n2t | | 22.03.04 | 1000 | Griese, Hamburg für Chile/1 | |
| 5367 | B n2t | | 22.03.04 | 1000 | Griese, Hamburg für Chile/2 | |
| 5368 | C1'n2t | | 06.05.04 | 785 | Schlesische Kleinbahn AG, Kattowitz, für Gleiwitz-Ratibor/1/1945 PKP Txb2-2201/1956 an Kohlengruben abgegeben | |
| 5369 | C1'n2t | | 10.05.04 | 785 | Schlesische Kleinbahn AG, Kattowitz, für Gleiwitz-Ratibor/2 | |
| 5370 | C1'n2t | | 10.05.04 | 785 | Schlesische Kleinbahn AG, Kattowitz, für Gleiwitz-Ratibor/3 | |
| 5371 | C1'n2t | | 13.05.04 | 785 | Schlesische Kleinbahn AG, Kattowitz, für Gleiwitz-Ratibor/4/1945 PKP Txb2-2202/1956 an Kohlengruben abgegeben | |
| 5372 | B n2t | | 31.03.04 | 650 | Soc. Metalurgica Duro-Felguera für Minas de Santa Anna, la Felguera/ ANTONIO VELAZQUEZ 22 | |
| 5373 | B n2t | | 31.03.04 | 650 | Soc. Metalurgica Duro-Felguera für Minas de Santa Anna, la Felguera/ MANOLO 23 | |
| 5374 | C n2t | StL | 21.05.04 | 1445 | Soc. an della Tramvia di Valle Cavallina, Bergamo (Italien)/TRESORE 1 | |
| 5375 | C n2t | StL | 30.05.04 | 1445 | Soc. an della Tramvia di Valle Cavallina, Bergamo (Italien)/LAVERE 2 | |
| 5376 | C n2t | StL | 02.06.04 | 1445 | Soc. an della Tramvia di Valle Cavallina, Bergamo (Italien)/BORGO DI TORZO 3 | |
| 5377 | B n2t | | 07.06.04 | 1000 | Soc. Anonima Minas de Cala, Bilbao (Spanien)/7/mit Zusatztender | |
| 5378 | 2'C n2 | P | 04.08.04 | 1000 | San Juan-Serrezuella Bahn der FCA del Norte (Argentinien)/41/B 3 500 | |
| 5379 | 2'C n2 | P | 06.08.04 | 1000 | San Juan-Serrezuella Bahn der FCA del Norte (Argentinien)/42/B 3 501 | |

[1] Vorratslokomotive Baujahr 1904, Typ 9, 50 PS

| Fabriknummer | Bauart | Gattung | Auslieferungsdatum | Spurweite | Empfänger/Verbleib | Ausmusterung |
|---|---|---|---|---|---|---|
| 5380 | 2'C n2 | P | 16.08.04 | 1000 | San Juan-Serrezuella Bahn der FCA del Norte (Argentinien)/43/B 3 502 | |
| 5381 | 2'C n2 | P | 16.08.04 | 1000 | San Juan-Serrezuella Bahn der FCA del Norte (Argentinien)/44/B 3 503 | |
| 5382 | 2'C n2 | P | 10.09.04 | 1000 | San Juan-Serrezuella Bahn der FCA del Norte (Argentinien)/45/B 3 504 | |
| 5383 | 2'C n2 | P | 10.09.04 | 1000 | San Juan-Serrezuella Bahn der FCA del Norte (Argentinien)/46/B 3 505 | |
| 5384 | 2'C n2 | P | 13.12.04 | 1000 | San Juan-Serrezuella Bahn der FCA del Norte (Argentinien)/47/B 3 506 | |
| 5385 | 2'C n2 | P | 15.12.04 | 1000 | San Juan-Serrezuella Bahn der FCA del Norte (Argentinien)/48/B 3 507 | |
| 5386 | C n2t | KrL | 29.04.04 | 750 | Ferrocarril Puerto-Sastre (Paraguay)/MARIO OTILIA 1 1) | |
| 5387 | C n2t | KrL | 30.04.04 | 750 | Ferrocarril Puerto-Sastre (Paraguay)/GRACIELA 2 1) | |
| 5388 | 2'B n2v | S | 30.06.04 | 1435 | KPEV (S 3)/St. J. Sbr. 54/1906 Sbr. 205 | |
| 5389 | 2'B n2v | S | 08.07.04 | 1435 | KPEV (S 3)/St. J. Sbr. 55/1906 Sbr. 206 | |
| 5390 | 2'B n2v | S | 12.07.04 | 1435 | KPEV (S 3)/St. J. Sbr. 56/1906 Sbr. 207 | |
| 5391 | 2'B n2v | S | 19.07.04 | 1435 | KPEV (S 3)/St. J. Sbr. 57/1906/Sbr. 208/1920 SAAR 201 | 1924 |
| 5392 | 2'B n2v | S | 31.05.04 | 1435 | KPEV (S 3)/Bsl 183/1906 Bsl 270 | 192 |
| 5393 | 2'B n2v | S | 31.05.04 | 1435 | KPEV (S 3)/Bsl 184/1906 Bsl 271/(DRG 13 411) | vor 192 |
| 5394 | 2'B n2v | S | 31.05.04 | 1435 | KPEV (S 3)/Bsl 185/1906 Bsl 272/ | 192 |
| 5395 | 2'B n2v | S | 14.06.04 | 1435 | KPEV (S 3)/Bsl 186/1906 Bsl 273/(DRG 13 412) | vor 1925 |
| 5396 | 2'B n2v | S | 14.06.04 | 1435 | KPEV (S 3)/Bsl 187/1906 Bsl 274/(DRG 13 413) | vor 1925 |
| 5397 | 2'B n2v | S | 21.06.04 | 1435 | KPEV (S 3)/Bsl 188/1906 Bsl 275/(DRG 13 414) | vor 1925 |
| 5398 | 2'B n2v | S | 21.06.04 | 1435 | KPEV (S 3)/Bsl 189/1906 Bsl 276/(DRG 14 415) | vor 1925 |
| 5399 | 2'B n2v | S | 24.06.04 | 1435 | KPEV (S 3)/Bsl 190/1906 Bsl 277/(DRG 13 416) | vor 1925 |
| 5400 | 2'B n2v | S | 27.06.04 | 1435 | KPEV (S 3)/Bsl 191/1906 Bsl 278/(DRG 13 417) | 1923 |
| 5401 | 2'B n2v | S | 29.06.04 | 1435 | KPEV (S 3)/Bsl 192/1906 Bsl 279/(DRG 13 418) | 1923 |
| 5402 | 1'C n2 | G | 08.10.04 | 1435 | KPEV (G 5.3)/Kat 1000/1906 Kat 4001/1922 Opp 4001/(DRG 54 653) | vor 1925 |
| 5403 | 1'C n2 | G | 15.10.04 | 1435 | KPEV (G 5.3)/Kat 1001/1906 Kat 4002/1922 Opp 4002/(DRG 54 654) | vor 1925 |
| 5404 | 1'C n2 | G | 18.10.04 | 1435 | KPEV (G 5.3)/Kat 1002/1906 Kat 4003/1922 Opp 4003/(DRG 54 655) | vor 1925 |
| 5405 | 1'C n2 | G | 20.10.04 | 1435 | KPEV (G 5.3)/Kat 1003/1906 Kat 4004/1919 PO(F) 1854 | vor 1934 |
| 5406 | 1'C n2 | G | 28.10.04 | 1435 | KPEV (G 5.3)/Kat 1004/1906 Kat 4005 | |
| 5407 | 1'C n2 | G | 28.10.04 | 1435 | KPEV (G 5.3)/Kat 1005/1906 Kat 4006/1922 Opp 4006/(DRG 54 656) | |
| 5408 | 1'C n2 | G | 20.09.04 | 1435 | KPEV (G 5.3)/Stn 615/1906 Stn 4031/1919 PO(F) 1855 | vor 1934 |
| 5409 | 1'C n2 | G | 24.09.04 | 1435 | KPEV (G 5.3)/Stn 616/1906 Stn 4032/DRG 54 636 (nicht mehr umgezeichnet) | 1925 |
| 5410 | 1'C n2 | G | 26.09.04 | 1435 | KPEV (G 5.3)/Stn 617/1906 Stn 4023/DRG 54 637 (nicht mehr umgezeichnet) | 1925 |
| 5411 | 1'C n2 | G | 29.09.04 | 1435 | KPEV (G 5.3)/Stn 618/1906 Stn 4034/(DRG 54 659) | |
| 5412 | 1'C n2 | G | 29.09.04 | 1435 | KPEV (G 5.3)/Stn 619/1906 Stn 4035/DRG 54 638 | 1930 |
| 5413 | 1'C n2 | G | 30.09.04 | 1435 | KPEV (G 5.3)/Stn 620/1906 Stn 4036/1919 PKP Ti 3 | |
| 5414 | 1'C n2 | G | 30.09.04 | 1435 | KPEV (G 5.3)/Stn 621/1906 Stn 4037/DRG 54 639 (nicht mehr umgezeichnet) | 1925 |
| 5415 | 1'C n2t | Gt | 29.10.04 | 1435 | KPEV (T 9.3)/Csl 1479/1906 Csl 7317/DRG 91 629 | 29.11.1937 |
| 5416 | 1'C n2t | Gt | 31.10.04 | 1435 | KPEV (T 9.3)/Csl 1480/1906 Csl 7318/DRG 91 630 | 16.08.1932 |
| 5417 | 1'C n2t | Gt | 04.11.04 | 1435 | KPEV (T 9.3)/Csl 1481/1906 Csl 7319/1919 B 9319/1946 B 93.019 | |
| 5418 | 1'C n2t | Gt | 08.11.04 | 1435 | KPEV (T 9.3)/Csl 1482/1906 Csl 7320/DRG 91.631/PKP Tki3-17/sp. Hütte Batory, Chorzow (VRP) | 1973 |
| 5419 | 1'C n2t | Gt | 11.11.04 | 1435 | KPEV (T 9.3)/Csl 1483/1906 Csl 7321/DRG 91 632/DB | 02.11.1961 |
| 5420 | 1'C n2t | Gt | 15.11.04. | 1435 | KPEV (T 9.3)/Csl 1484/1906 Csl 7322/DRG 91 633 | 25.03.1933 |
| 5421 | 1'C n2t | Pt | 30.07.04 | 1435 | KPEV (T 11)/Bln 2160/1906 Bln 7557/DRG 74 026/PKP Oki 1-42 | |
| 5422 | 1'C n2t | Pt | 03.08.04 | 1435 | KPEV (T 11)/Bln 2161/1906 Bln 7558/1919 B o. Nr. | |
| 5423 | 1'C n2t | Pt | 06.08.04 | 1435 | KPEV (T 11)/Bln 2162/1906 Bln 7559/1919 PKP Oki 1-13/1941 DRG 74 102 (II)/ PKP Oki 1-10 | |
| 5424 | 1'C n2t | Pt | 09.08.04 | 1435 | KPEV (T 11)/Bln 2163/1906 Bln 7560/1919 PKP Oki 1-14/1941 DRG 74 104 (II)/ PKP Oki 1-28 | |
| 5425 | 1'C n2t | Pt | 16.08.04 | 1435 | KPEV (T 11)/Bln 2164/1906 Bln 7561/DRG 74 027 | 1929 |
| 5426 | 1'C n2t | Pt | 16.08.04 | 1435 | KPEV (T 11)/Bln 2165/1906 Bln 7562/DRG 74 028 | 1928 |
| 5427 | 1'C n2t | Pt | 20.08.04 | 1435 | KPEV (T 11)/Bln 2166/1906 Bln 7563/DRG 74 029/U. h2 | 1931 |
| 5428 | 1'C n2t | Pt | 20.08.04 | 1435 | KPEV (T 11)/Bln 2167/1906 Bln 7564/1919 PLM 5768/sp. PLM 130 BT 18/ 1938 SNCF 5-130 TB 18 | K.V. |
| 5429 | 1'C n2t | Pt | 23.08.04 | 1435 | KPEV (T 11)/Alt 1525/1906 Alt 7506/DRG 74 030/DB | 02.11.1949 |
| 5430 | 1'C n2t | Pt | 24.08.04 | 1435 | KPEV (T 11)/Alt 1526/1906 Alt 7507/DRG 74 031/DR | 05.02.1951 |
| 5431 | 1'C n2t | Pt | 27.08.04 | 1435 | KPEV (T 11)/Alt 1527/1906 Alt 7508/DRG 74 032/DB | 14.08.1950 |
| 5432 | 1'C n2t | Pt | 27.08.04 | 1435 | KPEV (T 11)/Alt 1528/1906 Alt 7509/1919 PKP Oki 1-30/1941 DRG 74 156 (II) | |
| 5433 | 1'C n2t | Pt | 31.08.04 | 1435 | KPEV (T 11)/Alt 1529/1906 Alt 7510/DRG 74 033 | |
| 5434 | 1'C n2t | Pt | 31.08.04 | 1435 | KPEV (T 11)/Kat 1499/1906 Kat 7501/1922 Opp 7501/DRG 74 034 | 1929 |
| 5435 | 1'C n2t | Pt | 08.09.04 | 1435 | KPEV (T 11)/Kat 1500/1906 Kat 7502/1919 PKP Oki 1-11/1941 DRG 74 098 (II)/ PKP Oki 1-8 | |
| 5436 | B n2t | | 09.04.04 | 750 | Gewerkschaft Graf Renard, Sielce (Russisch-Polen) | |
| 5437 | B n2t | | 28.04.04 | 900 | Ph. Holzmann & Co. GmbH, Frankfurt/Main 2) | |
| 5438 | B n2t | | 30.04.04 | 900 | Döring & Lehrmann, Helmstedt 2) | |
| 5439 | B n2t | | 16.04.04 | 900 | Ph. Holzmann & Co., GmbH, Frankfurt/Main 2) | |
| 5440 | B n2t | | 22.12.04 | 900 | Bernhard Würzburger, Karlsruhe i. Baden 2) | |
| 5441 | B n2t | | 06.12.04 | 900 | R. Dollberg AG, Hamburg 2) | |
| 5442 | B n2t | | 02.03.05 | 900 | B. Wittkop GmbH, Groß-Lichterfelde (Baujahr 1904) 2) | |

1) Kranlokomotiven mit Handkran und zweiachsigem Tender
2) Vorratslokomotiven Baujahr 1904, Typ 18, 125 PS

| Fabriknummer | Bauart | Gattung | Auslieferungsdatum | Spurweite | Empfänger/Verbleib | Ausmusterung |
|---|---|---|---|---|---|---|
| 5443 | B n2t | | 18.06.04 | 900 | Vereinigte Osterwald-Salzhemmendorfer Kalkwerke GmbH[1] | |
| 5444 | B n2t | | 05.04.05 | 900 | Berliner Kalksandsteinindustrie GmbH, Berlin (Baujahr 1904)[1] | |
| 5445 | B n2t | | 29.05.05 | 900 | Carl Noll, Cassel/HELENA[1] | |
| 5446 | B n2t | | 06.06.04 | 1524 | Hüttenwerk Kramatorskaja AG (Rußland) | |
| 5447 | C'C n4v | G | 30.11.04 | 1000 | Central-Norte-Eisenbahn (Argentinien)/FCCN 166/Bauart Mallet | |
| 5448 | C'C n4v | G | 01.12.04 | 1000 | Central-Norte-Eisenbahn (Argentinien)/FCCN 167/Bauart Mallet | |
| 5449 | C'C n4v | G | 02.12.04 | 1000 | Central-Norte-Eisenbahn (Argentinien)/FCCN 168/Bauart Mallet | |
| 5450 | C'C n4v | G | 03.12.04 | 1000 | Central-Norte-Eisenbahn (Argentinien)/FCCN 169/Bauart Mallet | |
| 5451 | C'C n4v | G | 03.12.04 | 1000 | Central-Norte-Eisenbahn (Argentinien)/FCCN 170/Bauart Mallet | |
| 5452 | C'C n4v | G | 03.12.04 | 1000 | Central-Norte-Eisenbahn (Argentinien)/FCCN 171/Bauart Mallet | |
| 5453 | (1'B)'C n4v | G | 09.01.05 | 1000 | Central-Norte-Eisenbahn (Argentinien)/FCCN 86/Bauart Mallet | |
| 5454 | (1'B)'C n4v | G | 10.01.05 | 1000 | Central-Norte-Eisenbahn (Argentinien)/FCCN 87/Bauart Mallet | |
| 5455 | (1'B)'C n4v | G | 11.01.05 | 1000 | Central-Norte-Eisenbahn (Argentinien)/FCCN 88/Bauart Mallet | |
| 5456 | (1'B)'C n4v | G | 12.01.05 | 1000 | Central-Norte-Eisenbahn (Argentinien)/FCCN 89/Bauart Mallet | |
| 5457 | B n2t | | 21.05.04 | 800 | Ch. Aviragnet, Paris, für Union Flacq Sugar Estates, Mauritius/Bel Etranges a Sans Souci SE | |
| 5458 | C n2t | | 19.07.04 | 1000 | W. Staadecker, Bukarest (Rumänien)-Waldbahnlokomotive mit Holzfeuerung- | |
| 5459 | C n2t | | 29.08.04 | | Gewerkschaft Roßleben, Roßleben (Unstrut) | |
| 5460 | B n2t | | 15.07.04 | 785 | Gräflich-Schaffgot'sche Generaldirektion, Beuthen OIS, für Gotthardtschacht | |
| 5461 | B n2t | | 29.12.04 | | Gewerkschaft Desdemona-Kalisalzbergwerk-, Simmern-Dehnsen | |
| 5462 | C n2t | | 24.03.05 | 1435 | Graf von Thiele-Winklersche Industrieverwaltung, Miechowitz OIS (Baujahr 1904) | |
| 5463 | B'n2t | | 09.08.04 | 1435 | Greppiner Werke, Greppin/GUSTAV | |
| 5464 | B'B n4v | G | 22.10.04 | 1000 | Chemins de fer Ottoman de Jaffa a Jerusalem/BITTIR 6/Bauart Mallet | |
| 5465 | B'B n4vt | | 12.04.05 | 1000 | Gernrode-Hargeroder Eisenbahn-Gesellschaft, Gernrode/ANHALT/Bauart Mallet/1914 an Heeresfeldbahnen 116/1918 Ch d F Departementaux de l Aisne (Frankreich) 201 | |
| 5466 | B'B n4vt | | 22.04.05 | 1000 | Gernrode-Hargeroder Eisenbahn-Gesellschaft, Gernrode/BRAUNSCHWEIG/ Bauart Mallet/1914 an Heeresfeldbahnen 117/1918 Ch d F Departementaux de l Aisne (Frankreich) 202 | |
| 5467 | B'B n4vt | | 16.10.05 | 1000 | Gernrode-Hargeroder Eisenbahn-Gesellschaft, Gernrode/PREUSSEN/Bauart Mallet/1914 an Heeresfeldbahnen 118 | |
| 5468 | 2'C n2 | | 10.12.04 | 1435 | Malmö-Ystad Jarnvägs AG Ystadt (Schweden)/SKABERSJÖ 33/1916 HdSJ 7/ 1930 SJ 1500 | 1934 |
| 5469 | B n2t | | 16.08.04 | 1435 | Sproitzer Basaltwerke GmbH Mincka O/L/SPROITZ | |
| 5470 | B n2t | | 22.06.05 | 900 | Clettwitzer Werke J. Treuherz, Clettwitz (Baujahr 1904)/3[2] | |
| 5471 | B n2t | | 23.06.05 | 900 | Clettwitzer Werke J. Treuherz, Clettwitz (Baujahr 1904)/4[2] | |
| 5472 | B n2t | | 16.09.05 | 900 | Döring & Lehrmann, Helmstedt[2] | |
| 5473 | B n2t | | 16.09.05 | 900 | Döring & Lehrmann, Helmstedt[2] | |
| 5474 | 1'C n2t | Pt | 26.01.05 | 1435 | Soc. Imperiale Ottomane du Chemin de Fer de Bagdad, Konstantinopel (Türkei)/ 15/TCDD 34.01 | |
| 54751 | 1'C n2t | Pt | 30.01.05 | 1435 | Soc. Imperiale Ottomane du Chemin de Fer de Bagdad, Konstantinopel (Türkei)/16 | |
| 5476 | 1'C n2t | Pt | 30.01.05 | 1435 | Soc. Imperiale Ottomane du Chemin de Fer de Bagdad, Konstantinopel (Türkei)/ 17/TCDD 34.02 | |
| 5477 | C 1'/b n4t | Zt | 22.02.05 | 1435 | KPEV (T 26)/Erf 1984/1906 Erf 9004/DRG 97 006 | 1927 |
| 5478 | B n2t | | 31.08.04 | 1434 | Hahnsche Werke AG, Berlin/1 | |
| 5479 | B1'n2t | KrL | 19.01.05 | 1434 | Gebr. Stumm GmbH, Neunkirche/Saar/33/sp. U Bn2t | nach 1960 |
| 5480 | B'B n4t | | 19.11.04 | 700 | Naamlooze Vermootschap de Nederlandisch-Indische Industrie, Rotterdam, für Java/Bauart Mallet | |
| 5481 | 1'C n2t | Pt | 31.01.05 | 1435 | KPEV (T 12)/Bln 2168/1906 Bln 7705/DRG 74 405/DB | 15.11.1957 |
| 5482 | 1'C n2t | Pt | 03.02.05 | 1435 | KPEV (T 12)/ Bln 2169/1906 Bln 7706/(DRG 74 406) | |
| 5483 | 1'C n2t | Pt | 06.02.05 | 1435 | KPEV (T 12)/Bln 2170/1906 Bln 7707/DRG 74 406 | 1930 |
| 5484 | 1'C n2t | Pt | 09.02.05 | 1435 | KPEV (T 12)/Bln 2171/1906 Bln 7708/DRG 74 407 | |
| 5485 | 1'C n2t | Pt | 11.02.05 | 1435 | KPEV (T 12)/Bln 2172/1906 Bln 7709/DRG 74 408 | 02.1934 |
| 5486 | 1'C n2t | Pt | 13.02.05 | 1435 | KPEV (T 12)/Bln 2173/1906 Bln 7710/DRG 74 409 | 07.1935 |
| 5487 | 1'C n2t | Pt | 16.02.05 | 1435 | KPEV (T 12)/Bln 2174/1906 Bln 7711/DRG 74 410/DR/01.11.61 Kraftverkehr Eisleben | |
| 5488 | 1'C n2t | Pt | 18.02.05 | 1435 | KPEV (T 12)/Bln 2175/1906 Bln 7712/(DRG 74 412) | |
| 5489 | 1'C n2t | Pt | 22.02.05 | 1435 | KPEV (T 12)/Bln 2176/1906 Bln 7713/(DRG 74 413) | |
| 5490 | 1'C n2t | Pt | 22.02.05 | 1435 | KPEV (T 12)/Bln 2177/1906 Bln 7714/DRG 74 411/DB | 11.03.1947 |
| 5491 | 1'C n2t | Pt | 27.02.05 | 1435 | KPEV (T 12)/Alt 1530/1906 Alt 7701/1919 B 9600/1946 B 96.011 | |
| 5492 | 1'C n2t | Pt | 28.02.05 | 1435 | KPEV (T 12)/Alt 1531/1906 Alt 7702/DRG 74 412/DB | 20.11.1958 |
| 5493 | 1'C n2t | Pt | 28.02.05 | 1435 | KPEV (T 12)/Alt 1532/1906 Alt 7703/1919 B 9603/1946 B 96.003 | |
| 5494 | 1'C n2t | Pt | 28.02.05 | 1435 | KPEV (T 12)/Alt 1533/1906 Alt 7704/DRG 74 413/DB | 07.08.1956 |
| 5495 | 1'C n2t | Pt | 01.03.05 | 1435 | KPEV (T 12)/Alt 1534/1906 Alt 7705/DRG 74 414/DB | 15.11.1957 |
| 5496 | 1'C n2t | Pt | 09.03.05 | 1435 | KPEV (T 12)/Alt 1535/1906 Alt 7706/DRG 74 415/DB | 07.08.1956 |
| 5497 | 1'C n2t | Pt | 09.03.05 | 1435 | KPEV (T 12)/Alt 1536/1906 Alt 7707/DRG 74 416 | 1932 |
| 5498 | 1'C n2t | Pt | 15.03.05 | 1435 | KPEV (T 12)/Alt 1537/1906 Alt 7708/DRG 74 417 | 1928 |
| 5499 | 1'C n2t | Pt | 15.03.05 | 1435 | KPEV (T 12)/Bln 2178/1906 Bln 7715/DRG 74 418/DB | 14.03.1957 |

1) Vorratslokomotiven Baujahr 1904, Typ 15, 80 PS
2) Vorratslokomotiven Baujahr 1904, Typ 18, 125 PS

| Fabriknummer | Bauart | Gattung | Auslieferungsdatum | Spurweite | Empfänger/Verbleib | Ausmusterung |
|---|---|---|---|---|---|---|
| 5500 | 1'C n2t | Pt | 22.03.05 | 1435 | KPEV (T 12)/Bln 2179/1906 Bln 7716/DRG 74 419/DB | 22.02.1955 |
| 5501 | 1'C n2t | Pt | 23.03.05 | 1435 | KPEV (T 12)/Bln 2180/1906 Bln 7717/DRG 74 420/DB | 30.10.1959 |
| 5502 | 1'C n2t | Pt | 29.03.05 | 1435 | KPEV (T 12)/Bln 2181/1906 Bln 7718/DRG 74 421/DB | 14.03.1957 |
| 5503 | 1'C n2t | Pt | 29.03.05 | 1435 | KPEV (T 12)/Bln 2182/1906 Bln 7719/DRG 74 422/DR/08.08.1959 BKW Einheit Bitterfeld | |
| 5504 | 1'C n2t | Pt | 31.03.05 | 1435 | KPEV (T 12)/Bln 2183/1906 Bln 7720/DRG 74 423/DB | 15.11.1957 |
| 5505 | 1'C n2t | Pt | 10.04.05 | 1435 | KPEV (T 12)/Bln 2184/1906 Bln 7721/DRG 74 424 | 1932 |
| 5506 | 1'C n2t | Pt | 12.04.05 | 1435 | KPEV (T 12)/Bln 2185/1906 Bln 7722/DRG 74 425 | 01.08.1933 |
| 5507 | 1'C1'/b n4t | ZL | 09.05.05 | 1000 | F.C. Transandino Chile/FCTC 1 | |
| 5508 | 1'C1'/b n4t | ZL | 17.05.05 | 1000 | F.C. Transandino Chile/FCTC 2 | |
| 5509 | B n2t | | 15.10.04 | 785 | Gräfl. Ballestrem'sche Güter-Dion, Ruda O/S | |
| 5510 | B n2t | | 03.10.04 | 750 | Rheinische Kalkstein GmbH, Wülfrath | |
| 5511 | B n2t | | 29.10.04 | 1435 | Heinrich Lanz, Mannheim | |
| 5512 | B n2t | | 19.06.05 | 750 | Birkenwerder AG für Baumaterial, Birkenwerder (Baujahr 1904)[1)] | |
| 5513 | B n2t | | 21.02.06 | 750 | Niederhessische Basaltwerke GmbH, Hannover (Baujahr 1904)[1)] | |
| 5514 | C n2 | G | 18.01.05 | 1676 | Chilenische Staatseisenbahnen, Santiago (Chile)/317 | |
| 5515 | C n2 | G | 18.01.05 | 1676 | Chilenische Staatseisenbahnen, Santiago (Chile)/318 | |
| 5516 | C n2 | G | 11.02.05 | 1676 | Chilenische Staatseisenbahnen, Santiago (Chile)/319 | |
| 5517 | C n2 | G | 11.02.05 | 1676 | Chilenische Staatseisenbahnen, Santiago (Chile)/320 MIGUEL IGNACIO COLLAO | |
| 5518 | C n2 | G | 22.02.05 | 1676 | Chilenische Staatseisenbahnen, Santiago (Chile)/321 | |
| 5519 | C n2 | G | 22.02.05 | 1676 | Chilenische Staatseisenbahnen, Santiago (Chile)/322 | |
| 5520 | C n2 | G | 20.03.05 | 1676 | Chilenische Staatseisenbahnen, Santiago (Chile)/323 | |
| 5521 | C n2 | G | 23.03.05 | 1676 | Chilenische Staatseisenbahnen, Santiago (Chile)/324 | |
| 5522 | C n2 | G | 04.04.05 | 1676 | Chilenische Staatseisenbahnen, Santiago (Chile)/325 | |
| 5523 | B n2t | | 21.10.04 | 750 | Gewerkschaft Graf Renard Güter- u. Gruben-Verwaltung Sielce (Rußland) | |
| 5524 | B n2t | | 20.01.05 | 750 | B. Wittkop GmbH, Charlottenburg bei Berlin | |
| 5525 | B n2t | | 17.03.05 | 750 | Kreisausschuß Gerdauen, Gerdauen/Ostpreußen | |
| 5526 | B n2t | | 22.04.05 | 750 | Artur Koppel AG, Berlin | |
| 5527 | B n2t | | 04.11.04 | 600 | Albert Hahn, Berlin Röhrenwalzwerk, Oderberg | |
| 5528 | C n2t | | 30.11.04 | 1435 | V & W, für Zell-Oberharmersbach/2/DEBG 30/1969 EUROVAPOR/eingesetzt im Museumsbetrieb auf der Kandernbahn | |
| 5529 | B n2t | | 15.11.04 | 600 | R. Dolberg AG, Hamburg[2)] | |
| 5530 | B n2t | | 01.03.05 | 600 | Diesdorfer Kalkwerke AG, vormals G. Johannes, Diesdorf/Lothringen[2)] | |
| 5531 | B n2t | | 10.07.05 | 600 | Bernhard Würzburger, Karlsruhe in Baden[2)] | |
| 5532 | B n2t | | 16.08.05 | 600 | R. Dolberg AG, Hamburg | |
| 5533 | B n2t | | 14.12.04 | 1000 | Comp. Française de Tramways Indochina, Paris/CFTI 16 | |
| 5534 | B n2t | | 14.12.04 | 1000 | Comp. Française de Tramways Indochina, Paris/CFTI 17 | |
| 5535 | B n2t | | 11.01.05 | 1000 | Comp. Française de Tramways Indochina, Paris/CFTI 18 | |
| 5536 | B n2t | | 11.01.05 | 1000 | Comp. Française de Tramways Indochina, Paris/CFTI 19 | |
| 5537 | B n2ft | FL | 30.09.05 | 1435 | Schönborner Kohlenwerke GmbH, Berlin | |
| 5538 | C n2 | G | 29.04.05 | 1676 | Chilenische Staatseisenbahnen, Santiago (Chile)/326 | |
| 5539 | C n2 | G | 05.05.05 | 1676 | Chilenische Staatseisenbahnen, Santiago (Chile)/327 | |
| 5540 | C n2 | G | 05.05.05 | 1676 | Chilenische Staatseisenbahnen, Santiago (Chile)/328 | |
| 5541 | C n2 | G | 20.05.05 | 1676 | Chilenische Staatseisenbahnen, Santiago (Chile)/329 | |
| 5542 | 2'C n2 | P | 01.03.05 | 1000 | F.C. Argent. del Norte f. Chumbicha-Andalgala-Tinagasta-Bahn/49/B 3 Nr. 508 | |
| 5543 | 2'C n2 | P | 01.03.05 | 1000 | F.C. Argent. del Norte f. Chumbicha-Andalgala-Tinagasta-Bahn/50/B 3 Nr. 509 | |
| 5544 | 2'C n2 | P | 17.03.05 | 1000 | F.C. Argent. del Norte f. Chumbicha-Andalgala-Tinagasta-Bahn/51/B 3 Nr. 510 | |
| 5545 | 2'C n2 | P | 17.03.05 | 1000 | F.C. Argent. del Norte f. Chumbicha-Andalgala-Tinagasta-Bahn/52/B 3 Nr. 511 | |
| 5546 | 2'C n2 | P | 18.04.05 | 1000 | F.C. Argent. del Norte f. Chumbicha-Andalgala-Tinagasta-Bahn/53/B 3 Nr. 512 | |
| 5547 | 2'C n2 | P | 19.04.05 | 1000 | F.C. Argent. del Norte f. Chumbicha-Andalgala-Tinagasta-Bahn/54/B 3 Nr. 513 | |
| 5548 | 2'C n2 | P | 06.05.05 | 1000 | F.C. Argent. del Norte f. Chumbicha-Andalgala-Tinagasta-Bahn/55/B 3 Nr. 514 | |
| 5549 | 2'C n2 | P | 10.05.05 | 1000 | F.C. Argent. del Norte f. Chumbicha-Andalgala-Tinagasta-Bahn/56/B 3 Nr. 515 | |
| 5550 | 2'C n2 | P | 26.05.05 | 1000 | F.C. Argent. del Norte f. Chumbicha-Andalgala-Tinagasta-Bahn/57 | |
| 5551 | 2'C n2 | P | 27.05.05 | 1000 | F.C. Argent. del Norte f. Chumbicha-Andalgala-Tinagasta-Bahn/58 | |
| 5552 | 2'C n2 | P | 04.07.05 | 1000 | F.C. Argent. del Norte f. Chumbicha-Andalgala-Tinagasta-Bahn/59 | |
| 5553 | 2'C n2 | P | 25.07.05 | 1000 | F.C. Argent. del Norte f. Chumbicha-Andalgala-Tinagasta-Bahn/60 | |
| 5554 | B n2t | | 19.12.04 | 1524 | Artur Koppel AG, Berlin, für Oranienbaum (Rußland) | |
| 5555 | C n2t | | 31.01.05 | 600 | Soc. Miniere Franco-Russe, Dombrowa (Rußland) | |
| 5556 | C n2t | | 31.01.05 | 600 | Soc. Miniere Franco-Russe, Dombrowa (Rußland) | |
| 5557 | Nicht im Auslieferungsbuch verzeichnet | | | | | |
| 5558 | Nicht im Auslieferungsbuch verzeichnet | | | | | |
| 5559 | C n2t | | 24.03.05 | 750 | Artur Koppel AG, Berlin (Baujahr 1904) | |
| 5560 | C n2t | | 12.09.05 | 1435 | V & W, für Teutoburger Waldeisenbahn/9/TWE 31/1950 BG 31 | 1962 |
| 5561 | C n2t | StL | 10.04.05 | 1435 | Soc. an della Tramvia di Valle Cavallina, Bergamo (Italien)/SOVERE 4 | |
| 5562 | 2'B n2 | S | 06.04.05 | 1676 | Chilenische Staatseisenbahnen, Santiago (Chile)/330 | |
| 5563 | 2'B n2 | S | 05.05.05 | 1676 | Chilenische Staatseisenbahnen, Santiago (Chile)/331 F.EBRAZURIZ ECHAURRLN | |
| 5564 | 2'B n2 | S | 17.05.05 | 1676 | Chilenische Staatseisenbahnen, Santiago (Chile)/332 | |
| 5565 | 2'B n2 | S | 31.05.05 | 1676 | Chilenische Staatseisenbahnen, Santiago (Chile)/333 FERNANDEZ ALBANO | |

1) Vorratslokomotiven Baujahr 1904, Typ 12, 60 PS
2) Vorratslokomotiven Baujahr 1904, Typ 6, 40 PS

| Fabriknummer | Bauart | Gattung | Auslieferungsdatum | Spurweite | Empfänger/Verbleib | Ausmusterung |
|---|---|---|---|---|---|---|
| 5566 | 1'C n2 | S | 31.05.05 | 1000 | Chilenische Staatseisenbahnen, Santiago/(Chile)/340 RUDULFO A. PHILIPPI | |
| 5567 | 1'C n2 | S | 09.06.05 | 1000 | Chilenische Staatseisenbahnen, Santiago (Chile)/341 | |
| 5568 | B n2t | | 20.05.05 | 900 | E. Rothschild, Stadtoldendorf, für Gipswerke | |
| 5569 | B n2ft | FL | 01.12.05 | 1435 | Magistrat der Stadt Görlitz, Görlitz | |
| 5570 | 1'B1'n2t | | 02.06.05 | 1435 | Hillerod-Fredriksvaerk Eisenbahn-Gesellschaft, Hillerod (Dänemark)/4 | 1953 |
| 5571 | B n2t | | 09.03.05 | 750 | Gewerkschaft Graf Renard, Sosnowice (Russisch-Polen) | |
| 5572 | B n2ft | FL | 18.04.05 | 785 | Graf Henkel von Donnersmarck, Beuthen O/S, für Carlshof/KWK Radzionskow (VRP) | |
| 5573 | B n2t | | 25.03.05 | 1000 | Griese, Hamburg, für Chile | |
| 5574 | B n2t | | 25.03.05 | 1000 | Griese, Hamburg, für Chile | |
| 5575 | C n2t | | 19.05.05 | 1435 | Gewerkschaft Heldrungen II, Oberheldrungen/MARTHA | |
| 5576 | B n2t | | 06.04.05 | 690 | Actienziegeleien Frisia, Atens-Nordenham (Dänemark) | |
| 5577 | C n2t | | 08.05.05 | 1676 | Militärhafen Buenos Aires (Argentinien) | |
| 5578 | 2'B h2 | S | 08.06.05 | 1435 | KPEV (S 4)/Cln 550/1906 Kln 401 | |
| 5579 | 2'B h2 | S | 10.06.05 | 1435 | KPEV (S 4)/Cln 551/1906 Kln 402 | |
| 5580 | 2'B h2 | S | 19.06.05 | 1435 | KPEV (S 4)/Cln 552/1906 Kln 403 | |
| 5581 | 2'B h2 | S | 19.06.05 | 1435 | KPEV (S 4)/Cln 553/1906 Kln 404 | |
| 5582 | 2'B h2 | S | 26.06.05 | 1435 | KPEV (S 4)/Efd 7/1906 Efd 407/(DRG 13 507) | vor 1925 |
| 5583 | 2'B h2 | S | 26.06.05 | 1435 | KPEV (S 4)/Efd 8/1906 Efd 408/(DRG 13 508) | vor 1925 |
| 5584 | 2'B h2 | S | 29.06.05 | 1435 | KPEV (S 4)/Efd 9/1906 Efd 409 | |
| 5585 | 2'B h2 | S | 30.06.05 | 1435 | KPEV (S 4)/Efd 10/1906 Efd 410/(DRG 13 509) | vor 1925 |
| 5586 | 2'B h2 | S | 30.06.05 | 1435 | KPEV (S 4)/Hl 481/1906 Hl 417 | |
| 5587 | 2'B h2 | S | 06.07.05 | 1435 | KPEV (S 4)/Hl 482/1906 Hl 418 | |
| 5588 | 2'B h2 | S | 12.07.05 | 1435 | KPEV (S 4)/Hl 483/1906 Hl 419 | |
| 5589 | 2'B h2 | S | 19.07.05 | 1435 | KPEV (S 4)/Mz 430/1906 Mz 401/(DRG 13 510) | vor 1925 |
| 5590 | 2'B h2 | S | 22.07.05 | 1435 | KPEV (S 4)/Mz 431/1906 Mz 402/(DRG 13 511) | vor 1925 |
| 5591 | 2'B h2 | S | 29.07.05 | 1435 | KPEV (S 4)/Mz 432/1906 Mz 403/(DRG 13 512) | vor 1925 |
| 5592 | 2'B h2 | S | 10.08.05 | 1435 | KPEV (S 4)/Mz 433/1906 Mz 404/(DRG 13 513) | vor 1925 |
| 5593 | 2'B h2 | S | 21.08.05 | 1435 | KPEV (S 4)/Mz 434/1906 Mz 405/(DRG 13 514) | vor 1925 |
| 5594 | 1'C h2t | Pt | 13.07.05 | 1435 | KPEV (T 12)/Bsl 1731/1906 Bsl 7701/DRG 74 426/DB | 22.02.1946 |
| 5595 | 1'C h2t | Pt | 17.07.05 | 1435 | KPEV (T 12)/Bsl 1732/1906 Bsl 7702/DRG 74 427/DB | 15.11.1957 |
| 5596 | 1'C h2t | Pt | 19.07.05 | 1435 | KPEV (T 12)/Bsl 1733/1906 Bsl 7703/DRG 74 428/DB | 20.11.1958 |
| 5597 | 1'C h2t | Pt | 26.07.05 | 1435 | KPEV (T 12)/Efd 1981/1906 Efd 7701/DRG 74 429/DB | 05.03.1947 |
| 5598 | 1'C h2t | Pt | 31.07.05 | 1435 | KPEV (T 12)/Efd 1982/1906 Efd 7702/1919 B 9606/DB 74 1340/1950 B 96.006 | |
| 5599 | 1'C h2t | Pt | 31.07.05 | 1435 | KPEV (T 12)/Efd 1983/1906 Efd 7703/DRG 74 430/DB (ab 1.58 WL AW Darmstadt) | 21.01.1958 |
| 5600 | 1'C h2t | Pt | 05.08.05 | 1435 | KPEV (T 12)/Efd 1984/1906 Efd 7704/DRG 74 431/DB | 10.08.1957 |
| 5601 | 1'C h2t | Pt | 10.08.05 | 1435 | KPEV (T 12)/Efd 1985/1906 Efd 7705/DRG 74 432/DB | 10.06.1955 |
| 5602 | 1'C h2t | Pt | 14.08.05 | 1435 | KPEV (T 12)/Efd 1986/1906 Efd 7706/DRG 74 433/DB | 15.11.1957 |
| 5603 | 1'C h2t | Pt | 14.08.05 | 1435 | KPEV (T 12)/Efd 1987/1906 Efd 7707/DRG 74 434 | 1925 |
| 5604 | 1'C h2t | Pt | 16.08.05 | 1435 | KPEV (T 12)/Efd 1988/1906 Efd 7708/DRG 74 435 | |
| 5605 | 1'C h2t | Pt | 24.08.05 | 1435 | KPEV (T 12)/Efd 1500/1906 Esn 7701/DRG 74 436/DB | 07.08.1956 |
| 5606 | 1'C h2t | Pt | 24.08.05 | 1435 | KPEV (T 12)/Efd 1501/1906 Esn 7702/DRG 74 437/DB | 30.09.1960 |
| 5607 | 1'C h2t | Pt | 31.08.05 | 1435 | KPEV (T 12)/Efd 1502/1906 Esn 7703/DRG 74 438/DB | 23.11.1956 |
| 5608 | 1'C h2t | Pt | 12.09.05 | 1435 | KPEV (T 12)/Efd 1503/1906 Esn 7704/DRG 74 439/DB | 18.04.1956 |
| 5609 | 1'C n2 | G | 01.09.05 | 1435 | KPEV (G 5.3)/Cln 718/1906 Kln 4001/DRG 54 660 | 1929 |
| 5610 | 1'C n2 | G | 07.09.05 | 1435 | KPEV (G 5.3)/Cln 719/1906 Kln 4002/DRG 54 661 | 1928 |
| 5611 | 1'C n2 | G | 12.09.05 | 1435 | KPEV (G 5.3)/Cln 720/1906 Kln 4003/1921 ELE 16 | 1931 |
| 5612 | 1'C n2 | G | 30.09.05 | 1435 | KPEV (G 5.3)/Cln 721/1906 Kln 4004/DRG 54 662 | 1928 |
| 5613 | 1'C n2 | G | 23.10.05 | 1435 | KPEV (G 5.3)/Cln 722/1906 Kln 4005/(DRG | |
| 5614 | 1'C n2 | G | 20.10.05 | 1435 | KPEV (G 5.3)/Cln 723/1906 Kln 4006/DRG 54 663 | 1928 |
| 5615 | 1'C n2 | G | 27.10.05 | 1435 | KPEV (G 5.3)/Cln 724/1906 Kln 4007/DRG 54 664 | |
| 5616 | 1'C n2 | G | 25.10.05 | 1435 | KPEV (G 5.3)/Psn 1001/1906 Psn/1919 Ost 4065/DRG 54 665 | |
| 5617 | 1'C n2 | G | 15.09.05 | 1435 | KPEV (G 5.3)/Esn 677/1906 Esn 4054/1919 B 7554 | |
| 5618 | 1'C n2 | G | 15.09.05 | 1435 | KPEV (G 5.3)/Esn 678/1906 Esn 4055/DRG 54 666 | 1926 |
| 5619 | 1'C n2 | G | 20.09.05 | 1435 | KPEV (G 5.3)/Esn 679/1906 Esn 4056/DRG 54 667 | 1927 |
| 5620 | 1'C n2 | G | 23.09.05 | 1435 | KPEV (G 5.3)/Fft 1050/1906 Fft 4024/DRG 54 668 | |
| 5621 | 1'C n2 | G | 27.09.05 | 1435 | KPEV (G 5.3)/Fft 1051/1906 Fft 4025/1919 B o. Nr. | |
| 5622 | 1'C n2 | G | 27.09.05 | 1435 | KPEV (G 5.3)/Fft 1052/1906 Fft 4026/DRG 54 669 | |
| 5623 | 1'C n2 | G | 30.09.05 | 1435 | KPEV (G 5.3)/Fft 1053/1906 Fft 4027 | |
| 5624 | 2'D n2 | | 13.10.05 | 914 | Société der Malzoff'schen Fabriken, St. Petersburg (Rußland)/D 54 | |
| 5625 | 2'D n2 | | 20.10.05 | 914 | Société der Malzoff'schen Fabriken, St. Petersburg (Rußland)/D 55 | |
| 5626 | B n2t | | 05.08.05 | 750 | Donetz-Jurjewka/Vorratslokomotiven Baujahr 1905, Typ 12, 60 PS | |
| 5627 | B n2t | | 09.09.05 | 750 | A. Mantua Ingenieur, Preußisch Stargard/KWK Radzionków, Radzionków/ Vorratslokomotiven Baujahr 1905, Typ 12, 60 PS | 1971 |
| 5628 | B n2t | | 30.06.06 | 785 | Kattowitzer AG für Bergbau & Eisenhüttenbetrieb, Kattowitz | |
| 5629 | B n2t | | 27.07.05 | 1435 | Speditions- & Elbschiffahrts-Kontor AG, Schönebeck/Elbe, vormals C. Fritzsche, Schönebeck/Elbe/1 | |
| 5630 | B'B n4vt | | 22.06.05 | 950 | Societa di Monteponi, Turin, für Sardinien/A1/Bauart Mallet | |
| 5631 | B n2t | | 01.05.06 | 1435 | Städtische Gasanstalt I, Leipzig/Vorratslokomotiven Baujahr 1905, Typ 24, 50 PS | |
| 5632 | B n2t | | 12.06.06 | 1435 | Societa Ligure Lombarda, Genua, f. Societa Valsacco, Neapel (Italien)/ Vorratslokomotiven Baujahr 1905, Typ 24, 50 PS | |

| Fabriknummer | Bauart | Gattung | Auslieferungsdatum | Spurweite | Empfänger/Verbleib | Ausmusterung |
|---|---|---|---|---|---|---|
| 5633 | (B n2)'2' | DT | 21.08.06 | 1672 | Obras Publicas Commercio, Lissbao (Portugal)/201 [1] | |
| 5634 | (B n2)'2' | DT | 09.10.06 | 1672 | Obras Publicas Commercio, Lissbao (Portugal)/202[1] | |
| 5635 | C n2t | | 02.05.05 | 800 | Leipziger Westend Baugesellschaft, Leipzig-Neuschleußig | |
| 5636 | C1'/b n4t | ZL | 16.11.05 | 1435 | KPEV (T 26)/Erf 1985/1906 Erf 9005 | |
| 5637 | C1'/b n4t | ZL | 25.11.05 | 1435 | KPEV (T 26)/Erf 1986/1906 Erf 9006/DRG 97 007 | |
| 5638 | B n2t | | 29.05.05 | 600 | A.C. de Freitag & Co, Hamburg, für San Miguel Copper Mines (Spanien) | |
| 5639 | B n2ft | FL | 08.06.05 | 1000 | Gewerkschaft Großherzog von Sachsen, Kaliwerke Weimar über A.K. | |
| 5640 | B n2t | | 18.10.05 | 600 | M. Knoch & Co., Lauban/Schlesien[2] | |
| 5641 | B n2t | | 05.02.06 | 600 | Simon Evers & Co., Hamburg, für Japan[2] | |
| 5642 | B n2t | | 12.06.06 | 600 | Carlos Hinderer, Madrid/20.02.12 Soc. Esp. de Const. Metallig, Gyon [2] | |
| 5643 | B n2t | | 26.06.06 | 600 | Baumhold & Co., GmbH, Frankfurt/Main[2] | |
| 5644 | B n2t | | 19.07.06 | 600 | Ph. Holzmann & Co., GmbH, Frankfurt/Main[2] | |
| 5645 | B n2t | | 31.07.06 | 600 | Adolf Berger, Bromberg 2 [2] | |
| 5646 | B n2t | | 10.07.05 | 914 | Griese, Hamburg, für Chile/5 | |
| 5647 | C n2t | | 05.06.05 | 750 | E. Gieldzinsky, Wien, für Oesterreich | |
| 5648 | D n2t | | 16.10.05 | 1435 | Stendal-Tangermünder Eisenbahn/HOHENZOLLERN 4/1949 DR 92 6001 | 27.05.1967 |
| 5649 | 2'C n4v | S | 30.01.06 | 1672 | Portugiesische Staatseisenbahn, Lissabon/87/CP 1287/1947 CP 227/sp. U h4v | |
| 5650 | 2'C n4v | S | 30.01.06 | 1672 | Portugiesische Staatseisenbahn, Lissabon/88/CP 1288/1947 CP 228 | |
| 5651 | 2'C n4v | S | 19.02.06 | 1672 | Portugiesische Staatseisenbahn, Lissabon/89/CP 1289/1947 CP 229 | |
| 5652 | 2'C n4v | S | 19.02.06 | 1672 | Portugiesische Staatseisenbahn, Lissabon/90/sp. Minho e Douro 61/2261/ 1947 CP 248/In Villa Nova de Gaia hinterstellt | |
| 5653 | B n2t | | 17.05.05 | 785 | Graf v. Thiele-Winklersche Industrie Verwaltung, Miechowitz/O/S | |
| 5654 | 2'B n2 | S | 17.10.05 | 1676 | Chilenische Staatseisenbahn/352 | |
| 5655 | 2'B n2 | S | 19.10.05 | 1676 | Chilenische Staatseisenbahn/353 | |
| 5656 | 2'B n2 | S | 28.10.05 | 1676 | Chilenische Staatseisenbahn/354 | |
| 5657 | C n2 | G | 28.10.05 | 1676 | Chilenische Staatseisenbahn/342 | |
| 5658 | C n2 | G | 04.10.05 | 1676 | Chilenische Staatseisenbahn/343 | |
| 5659 | C n2 | G | 05.10.05 | 1676 | Chilenische Staatseisenbahn/344 | |
| 5660 | C n2 | G | 06.10.05 | 1676 | Chilenische Staatseisenbahn/345 | |
| 5661 | C n2 | G | 16.11.05 | 1676 | Chilenische Staatseisenbahn/346 | |
| 5662 | C n2 | G | 16.11.05 | 1676 | Chilenische Staatseisenbahn/347 | |
| 5663 | C n2 | G | 16.11.05 | 1676 | Chilenische Staatseisenbahn/348 | |
| 5664 | C n2 | G | 16.11.05 | 1676 | Chilenische Staatseisenbahn/349 | |
| 5665 | 1'C n2t | Gt | 23.11.05 | 1676 | Chilenische Staatseisenbahn/350 THOMAS BLACKWELL | |
| 5666 | 1'C n2t | Gt | 23.11.05 | 1676 | Chilenische Staatseisenbahn/351 | |
| 5667 | B1'n2t | KrL | 09.09.05 | 1435 | Steffens & Nölle, Berlin | |
| 5668 | B n2t | | 17.08.05 | 1435 | Oberschlesische Eisenbahnbedarfs AG, Friedenshütte O/S | |
| 5669 | B n2t | | 12.09.05 | 1435 | Speditions- & Elbschiffahrts-Konto AG, Schönebeck/Elbe, vorm. C. Fritsche, Schönebeck/Elbe | |
| 5670 | 2'C n2 | | 13.10.05 | 1000 | San Cristobal-Santa Fé Bahn (Argentinien)/FCCN 231/B3 517 | |
| 5671 | 2'C n2 | | 13.10.05 | 1000 | San Cristobal-Santa Fé Bahn (Argentinien)/FCCN 232/B3 518 | |
| 5672 | 2'C n2 | | 13.10.05 | 1000 | San Cristobal-Santa Fé Bahn (Argentinien)/FCCN 233/B3 519 | |
| 5673 | 2'C n2 | | 13.10.05 | 1000 | San Cristobal-Santa Fé Bahn (Argentinien)/FCCN 234/B3 520 | |
| 5674 | B n2t | | 23.06.05 | 1000 | Gläsing & Schollwer, Berlin, für Brasilien | |
| 5675 | B n2t | KrL | 30.08.05 | 785 | Borsigwerk, Borsigwerk O/S | |
| 5676 | B n2t | | 16.08.05 | 785 | Oberschlesische Eisenbahnbedarfs AG, Friedenshütte O/S | |
| 5677 | C n2t | | 06.06.06 | 785 | Soc. per la Ferrovia Elettrica di Valle Brembana, Bergamo (Italien) | |
| 5678 | C n2t | | 20.03.07 | 785 | Arnold Karberg & Co., Berlin, für China | |
| 5679 | C n2t | | 08.06.07 | 785 | Sanders, Rehders & Co., London, für China | |
| 5680 | B n2t | | 20.03.06 | 750 | Wackerow & Co., Breslau | |
| 5681 | B n2t | | 28.03.06 | | Hartstein & Schotterwerk GmbH, Berlin-Weißig | |
| 5682 | B n2t | | 01.06.06 | 750 | C.F. Lehmann, Striegau | |
| 5683 | B n2t | | 01.06.06 | 750 | Fritz Marti AG, Winterthur (Schweiz) | |
| 5684 | B n2t | | 31.08.05 | 750 | Altmärkische Kleinbahn, Klötze/Altmark/3 | |
| 5685 | B n2t | | 15.08.05 | 1000 | Griese, Hamburg, für Chile | |
| 5686 | B n2t | | 31.07.05 | 762 | Schlubach & Co., Hamburg, für Chile/CHORILLOS/auf der Cochabamba-Station Luz y Fuerza-(Bolivien) aufgestellt | |
| 5687 | B n2t | | 22.07.05 | 800 | Ch. Aviragnet, Paris, für Union Flacq Sugar Estates | |
| 5688 | B n2t | | 26.09.05 | 1524 | J.K. Poznanski, Lodz (Russisch-Polen)/Textilwerk Marchlewski, Łodz Nr. 2 | 1967 |
| 5689 | B n2t | | 27.09.05 | 1524 | J.K. Poznanski, Lodz (Russisch-Polen)/Textilwerk Marchlewski, Łodz Nr. 3 | 1973 |
| 5690 | C n2t | | 27.07.05 | 600 | Artur Koppel AG, Berlin, für Japanische Feldbahn/127 A[3] | |
| 5691 | C n2t | | 27.07.05 | 600 | Artur Koppel AG, Berlin, für Japanische Feldbahn/127 B[3] | |
| 5692 | C n2t | | 27.07.05 | 600 | Artur Koppel AG, Berlin, für Japanische Feldbahn/128 A[3] | |
| 5693 | C n2t | | 27.07.05 | 600 | Artur Koppel AG, Berlin, für Japanische Feldbahn/128 B[3] | |
| 5694 | C n2t | | 27.07.05 | 600 | Artur Koppel AG, Berlin, für Japanische Feldbahn/129 A[3] | |
| 5695 | C n2t | | 27.07.05 | 600 | Artur Koppel AG, Berlin, für Japanische Feldbahn/129 B[3] | |
| 5696 | C n2t | | 27.07.05 | 600 | Artur Koppel AG, Berlin, für Japanische Feldbahn/130 A[3] | |

[1] Wagenbau: Düsseldorfer Eisenbahn-Bedarf
[2] Vorratslokomotiven Baujahr 1905, Typ 4, 30 PS
[3] Zwillingslokomotiven, mit den Führerhäusern gekuppelt

| Fabriknummer | Bauart | Gattung | Auslieferungsdatum | Spurweite | Empfänger/Verbleib | Ausmusterung |
|---|---|---|---|---|---|---|
| 5697 | C n2t | | 27.07.05 | 600 | Artur Koppel AG, Berlin, für Japanische Feldbahn/130 B[1] | |
| 5698 | C n2t | | 27.07.05 | 600 | Artur Koppel AG, Berlin, für Japanische Feldbahn/131 A[1] | |
| 5699 | C n2t | | 27.07.05 | 600 | Artur Koppel AG, Berlin, für Japanische Feldbahn/131 B[1] | |
| 5700 | C n2t | | 27.07.05 | 600 | Artur Koppel AG, Berlin, für Japanische Feldbahn/132 A[1] | |
| 5701 | C n2t | | 27.07.05 | 600 | Artur Koppel AG, Berlin, für Japanische Feldbahn/132 B[1] | |
| 5702 | C n2t | | 12.08.05 | 600 | Artur Koppel AG, Berlin, für Japanische Feldbahn/133 A[1] | |
| 5703 | C n2t | | 12.08.05 | 600 | Artur Koppel AG, Berlin, für Japanische Feldbahn/133 B[1] | |
| 5704 | C n2t | | 12.08.05 | 600 | Artur Koppel AG, Berlin, für Japanische Feldbahn/134 A[1] | |
| 5705 | C n2t | | 12.08.05 | 600 | Artur Koppel AG, Berlin, für Japanische Feldbahn/134 B[1] | |
| 5706 | C n2t | | 12.08.05 | 600 | Artur Koppel AG, Berlin, für Japanische Feldbahn/135 A[1] | |
| 5707 | C n2t | | 12.08.05 | 600 | Artur Koppel AG, Berlin, für Japanische Feldbahn/135 B[1] | |
| 5708 | C n2t | | 12.08.05 | 600 | Artur Koppel AG, Berlin, für Japanische Feldbahn/136 A[1] | |
| 5709 | C n2t | | 12.08.05 | 600 | Artur Koppel AG, Berlin, für Japanische Feldbahn/136 B[1] | |
| 5710 | C n2t | | 12.08.05 | 600 | Artur Koppel AG, Berlin, für Japanische Feldbahn/137 A[1] | |
| 5711 | C n2t | | 12.08.05 | 600 | Artur Koppel AG, Berlin, für Japanische Feldbahn/137 B[1] | |
| 5712 | C n2t | | 12.08.05 | 600 | Artur Koppel AG, Berlin, für Japanische Feldbahn/138 A[1] | |
| 5713 | C n2t | | 12.08.05 | 600 | Artur Koppel AG, Berlin, für Japanische Feldbahn/138 B[1] | |
| 5714 | C n2t | | 22.-24.08.05 | 600 | Artur Koppel AG, Berlin, für Japanische Feldbahn/139 A[1] | |
| 5715 | C n2t | | 22.-24.08.05 | 600 | Artur Koppel AG, Berlin, für Japanische Feldbahn/139 B[1] | |
| 5716 | C n2t | | 22.-24.08.05 | 600 | Artur Koppel AG, Berlin, für Japanische Feldbahn/140 A[1] | |
| 5717 | C n2t | | 22.-24.08.05 | 600 | Artur Koppel AG, Berlin, für Japanische Feldbahn/140 B[1] | |
| 5718 | C n2t | | 22.-24.08.05 | 600 | Artur Koppel AG, Berlin, für Japanische Feldbahn/141 A[1] | |
| 5719 | C n2t | | 22.-24.08.05 | 600 | Artur Koppel AG, Berlin, für Japanische Feldbahn/141 B[1] | |
| 5720 | C n2t | | 22.-24.08.05 | 600 | Artur Koppel AG, Berlin, für Japanische Feldbahn/142 A[1] | |
| 5721 | C n2t | | 22.-24.08.05 | 600 | Artur Koppel AG, Berlin, für Japanische Feldbahn/142 B[1] | |
| 5722 | C n2t | | 22.-24.08.05 | 600 | Artur Koppel AG, Berlin, für Japanische Feldbahn/143 A[1] | |
| 5723 | C n2t | | 22.-24.08.05 | 600 | Artur Koppel AG, Berlin, für Japanische Feldbahn/143 B[1] | |
| 5724 | C n2t | | 22.-24.08.05 | 600 | Artur Koppel AG, Berlin, für Japanische Feldbahn/144 A[1] | |
| 5725 | C n2t | | 22.-24.08.05 | 600 | Artur Koppel AG, Berlin, für Japanische Feldbahn/144 B[1] | |
| 5726 | C n2t | | 04.-06.09.05 | 600 | Artur Koppel AG, Berlin, für Japanische Feldbahn/145 A[1] | |
| 5727 | C n2t | | 04.-06.09.05 | 600 | Artur Koppel AG, Berlin, für Japanische Feldbahn/145 B[1] | |
| 5728 | C n2t | | 04.-06.09.05 | 600 | Artur Koppel AG, Berlin, für Japanische Feldbahn/146 A[1] | |
| 5729 | C n2t | | 04.-06.09.05 | 600 | Artur Koppel AG, Berlin, für Japanische Feldbahn/146 B[1] | |
| 5730 | C n2t | | 04.-06.09.05 | 600 | Artur Koppel AG, Berlin, für Japanische Feldbahn/147 A[1] | |
| 5731 | C n2t | | 04.-06.09.05 | 600 | Artur Koppel AG, Berlin, für Japanische Feldbahn/147 B[1] | |
| 5732 | C n2t | | 04.-06.09.05 | 600 | Artur Koppel AG, Berlin, für Japanische Feldbahn/148 A[1] | |
| 5733 | C n2t | | 04.-06.09.05 | 600 | Artur Koppel AG, Berlin, für Japanische Feldbahn/148 B[1] | |
| 5734 | C n2t | | 04.-06.09.05 | 600 | Artur Koppel AG, Berlin, für Japanische Feldbahn/149 A[1] | |
| 5735 | C n2t | | 04.-06.09.05 | 600 | Artur Koppel AG, Berlin, für Japanische Feldbahn/149 B[1] | |
| 5736 | C n2t | | 04.-06.09.05 | 600 | Artur Koppel AG, Berlin, für Japanische Feldbahn/150 A[1] | |
| 5737 | C n2t | | 04.-06.09.05 | 600 | Artur Koppel AG, Berlin, für Japanische Feldbahn/150 B[1] | |
| 5738 | C n2t | | 13.-15.09.05 | 600 | Artur Koppel AG, Berlin, für Japanische Feldbahn/151 A[1] | |
| 5739 | C n2t | | 13.-15.09.05 | 600 | Artur Koppel AG, Berlin, für Japanische Feldbahn/151 B[1] | |
| 5740 | C n2t | | 13.-15.09.05 | 600 | Artur Koppel AG, Berlin, für Japanische Feldbahn/152 A[1] | |
| 5741 | C n2t | | 13.-15.09.05 | 600 | Artur Koppel AG, Berlin, fur Japanische Feldbahn/152 B[1] | |
| 5742 | C n2t | | 13.-15.09.05 | 600 | Artur Koppel AG, Berlin, für Japanische Feldbahn/153 A[1] | |
| 5743 | C n2t | | 13.-15.09.05 | 600 | Artur Koppel AG, Berlin, für Japanische Feldbahn/153 B[1] | |
| 5744 | C n2t | | 13.-15.09.05 | 600 | Artur Koppel AG, Berlin, für Japanische Feldbahn/154 A[1] | |
| 5745 | C n2t | | 13.-15.09.05 | 600 | Artur Koppel AG, Berlin, für Japanische Feldbahn/154 B[1] | |
| 5746 | C n2t | | 13.-15.09.05 | 600 | Artur Koppel AG, Berlin, für Japanische Feldbahn/155 A[1] | |
| 5747 | C n2t | | 13.-15.09.05 | 600 | Artur Koppel AG, Berlin, für Japanische Feldbahn/155 B[1] | |
| 5748 | C n2t | | 22.-23.09.05 | 600 | Artur Koppel AG, Berlin, für Japanische Feldbahn/156 A[1] | |
| 5749 | C n2t | | 22.-23.09.05 | 600 | Artur Koppel AG, Berlin, für Japanische Feldbahn/156 B[1] | |
| 5750 | C n2t | | 22.-23.09.05 | 600 | Artur Koppel AG, Berlin, für Japanische Feldbahn/157 A[1] | |
| 5751 | C n2t | | 22.-23.09.05 | 600 | Artur Koppel AG, Berlin, für Japanische Feldbahn/157 B[1] | |
| 5752 | C n2t | | 22.-23.09.05 | 600 | Artur Koppel AG, Berlin, für Japanische Feldbahn/158 A[1] | |
| 5753 | C n2t | | 22.-23.09.05 | 600 | Artur Koppel AG, Berlin, für Japanische Feldbahn/158 B[1] | |
| 5754 | C n2t | | 22.-23.09.05 | 600 | Artur Koppel AG, Berlin, für Japanische Feldbahn/159 A[1] | |
| 5755 | C n2t | | 22.-23.09.05 | 600 | Artur Koppel AG, Berlin, für Japanische Feldbahn/159 B[1] | |
| 5756 | C n2t | | 06.-07.10.05 | 600 | Artur Koppel AG, Berlin, für Japanische Feldbahn/160 A[1] | |
| 5757 | C n2t | | 06.-07.10.05 | 600 | Artur Koppel AG, Berlin, für Japanische Feldbahn/160 B[1] | |
| 5758 | C n2t | | 06.-07.10.05 | 600 | Artur Koppel AG, Berlin, für Japanische Feldbahn/161 A[1] | |
| 5759 | C n2t | | 06.-07.10.05 | 600 | Artur Koppel AG, Berlin, für Japanische Feldbahn/161 B[1] | |
| 5760 | C n2t | | 06.-07.10.05 | 600 | Artur Koppel AG, Berlin, für Japanische Feldbahn/162 A[1] | |
| 5761 | C n2t | | 06.-07.10.05 | 600 | Artur Koppel AG, Berlin, für Japanische Feldbahn/162 B[1] | |
| 5762 | C n2t | | 06.-07.10.05 | 600 | Artur Koppel AG, Berlin, für Japanische Feldbahn/163 A[1] | |
| 5763 | C n2t | | 06.-07.10.05 | 600 | Artur Koppel AG, Berlin, für Japanische Feldbahn/163 B[1] | |
| 5764 | B n2t | | 25.09.05 | 1435 | Maggi GmbH, Singen/Baden | |
| 5765 | 2'B h2 | S | 14.12.05 | 1676 | Chilenische Staatseisenbahn/355 | |

[1] Zwillingslokomotiven, mit den Führerhäusern gekuppelt

| Fabriknummer | Bauart | Gattung | Auslieferungsdatum | Spurweite | Empfänger/Verbleib | Ausmusterung |
|---|---|---|---|---|---|---|
| 5766 | 2'B n2 | S | 14.12.05 | 1676 | Chilenische Staatseisenbahn/356 | |
| 5767 | 2'B n2 | S | 14.12.05 | 1676 | Chilenische Staatseisenbahn/357 | |
| 5768 | 2'B n2 | S | 14.12.05 | 1676 | Chilenische Staatseisenbahn/358 | |
| 5769 | 2'B n2 | S | 14.12.05 | 1676 | Chilenische Staatseisenbahn/359 | |
| 5770 | 2'B n2 | S | 14.12.05 | 1676 | Chilenische Staatseisenbahn/360 | |
| 5771 | C n2 | G | 13.01.06 | 1676 | Chilenische Staatseisenbahn/361 | |
| 5772 | C n2 | G | 27.01.06 | 1676 | Chilenische Staatseisenbahn/362 | |
| 5773 | C n2 | G | 27.01.06 | 1676 | Chilenische Staatseisenbahn/363 | |
| 5774 | C n2 | G | 05.02.06 | 1676 | Chilenische Staatseisenbahn/364 | |
| 5775 | C n2 | G | 10.02.06 | 1676 | Chilenische Staatseisenbahn/365 | |
| 5776 | C n2 | G | 10.02.06 | 1676 | Chilenische Staatseisenbahn/366 | |
| 5777 | C n2 | G | 17.02.06 | 1676 | Chilenische Staatseisenbahn/367 | |
| 5778 | C n2 | G | 17.02.06 | 1676 | Chilenische Staatseisenbahn/368 | |
| 5779 | C n2 | G | 28.02.06 | 1676 | Chilenische Staatseisenbahn/369 | |
| 5780 | C n2 | G | 07.03.06 | 1676 | Chilenische Staatseisenbahn/370 | |
| 5781 | C n2 | G | 07.03.06 | 1676 | Chilenische Staatseisenbahn/371 | |
| 5782 | C n2 | G | 07.03.06 | 1676 | Chilenische Staatseisenbahn/372 | |
| 5783 | C n2 | G | 14.03.06 | 1676 | Chilenische Staatseisenbahn/373 | |
| 5784 | C n2 | G | 20.03.06 | 1676 | Chilenische Staatseisenbahn/374 | |
| 5785 | C n2 | G | 20.03.06 | 1676 | Chilenische Staatseisenbahn/375 | |
| 5786 | C n2 | G | 27.03.06 | 1676 | Chilenische Staatseisenbahn/376 | |
| 5787 | C n2 | G | 27.03.06 | 1676 | Chilenische Staatseisenbahn/377 | |
| 5788 | C n2 | G | 31.03.06 | 1676 | Chilenische Staatseisenbahn/378 | |
| 5789 | C n2 | G | 31.03.06 | 1676 | Chilenische Staatseisenbahn/379 | |
| 5790 | C n2 | G | 11.04.06 | 1676 | Chilenische Staatseisenbahn/380 | |
| 5791 | C n2 | G | 21.04.06 | 1676 | Chilenische Staatseisenbahn/381 | |
| 5792 | C n2 | G | 21.04.06 | 1676 | Chilenische Staatseisenbahn/382 | |
| 5793 | 1'C n2 | G | 12.05.06 | 1000 | Chilenische Staatseisenbahn für Eisenbahn Talca Constitucion/383 | |
| 5794 | 1'C n2 | G | 12.05.06 | 1000 | Chilenische Staatseisenbahn für Eisenbahn Talca Constitucion/384 | |
| 5795 | C n2t | G | 20.09.05 | 600 | Gewerkschaft des Eisensteinbergwerks Othello, Düsseldorf | |
| 5796 | B n2t | G | 31.05.06 | 900 | Wackerow & Co. AG, Breslau | |
| 5797 | B n2t | G | 20.08.06 | 900 | Ph. Holzmann & Co., Frankfurt/Main | |
| 5798 | B n2t | G | 27.11.06 | 1435 | Kalibergwerk Gewerkschaft Salzmünde, Halle/Saale | |
| 5799 | B n2t | G | 09.07.06 | 1435 | Röchlingsche Eisen- & Stahlwerke GmbH, Völklingen | |
| 5800 | B n2t | G | 04.12.06 | 1435 | Gräfl.-Ballestrem'sche Güter-Dion, Ruda O/S | |
| 5801 | B n2t | G | 31.05.06 | 1435 | Hartstein & Schotterwerke GmbH, Berlin | |
| 5802 | B n2t | G | 21.05.06 | 1435 | Eisen- & Stahlwerk Bethlen-Falva AG, Schwientochlowitz/Hütte Kościuszko, Chorsow (VRP) | |
| 5803 | B n2t | G | 27.04.06 | 1435 | Sächs.-Thüringische AG für Braunkohlenverwertung, Halle/Saale | 1966 |
| 5804 | C1'/b n4t | Zt | 13.03.06 | 1435 | KPEV (T 26)/Mz 2200/1906 Mz 9001/DRG 97 004 | 1927 |
| 5805 | C1'/b n4t | Zt | 21.03.06 | 1435 | KPEV (T 26)/Mz 2201/1906 Mz 9002/DRG 97 005 | 1927 |
| 5806 | 1'C n2 | G | 29.12.05 | 1435 | KPEV (G 5.3)/Cln 725/1906 Kln 4008/1919 B 7587 | |
| 5807 | 1'C n2 | G | 30.12.05 | 1433 | KPEV (G 5.3)/Cln 726/1906 Kln 4009 | |
| 5808 | 1'C n2 | G | 10.01.06 | 1435 | KPEV (G 5.3)/Cln 727/1906 Kln 4010/1919 B o. Nr. | |
| 5809 | 1'C n2 | G | 27.01.06 | 1435 | KPEV (G 5.3)/Cln 728/1906 Kln 4011/DRG 54 670 | |
| 5810 | 1'C n2 | G | 29.01.06 | 1435 | KPEV (G 5.3)/Cln 729/1906 Kln 4012/DRG 54 671 | |
| 5811 | 1'C n2 | G | 30.01.06 | 1435 | KPEV (G 5.3)/Cln 730/1906 Kln 4013 | |
| 5812 | 1'C n2 | G | 16.01.06 | 1435 | KPEV (G 5.3)/Esn 680/1906 Esn 4057 | |
| 5813 | 1'C n2 | G | 18.01.06 | 1435 | KPEV (G 5.3)/Fft 1054/1906 Fft 4028 | |
| 5814 | 1'C n2 | G | 24.01.06 | 1435 | KPEV (G 5.3)/Fft 1055/1906 Fft 4029/1919 F-PO 1856 | vor 1934 |
| 5815 | 1'C n2v | G | 28.02.06 | 1435 | KPEV (G 5.4)/Alt 1045/1906 Alt 4183/1919 PKP Ti4 | |
| 5816 | 1'C n2v | G | 13.03.06 | 1435 | KPEV (G 5.4)/Dzg 1386/1906 Dzg 4216 | |
| 5817 | 1'C n2v | G | 16.03.06 | 1435 | KPEV (G 5.4)/Dzg 1387/1906 Dzg 4217/1919 PKP Ti4-87/1941 DRG 54 1148 | |
| 5818 | 1'C n2v | G | 26.03.06 | 1435 | KPEV (G 5.4)/Dzg 1388/1906 Dzg 4218 | |
| 5819 | 1'C n2v | G | 31.03.06 | 1435 | KPEV (G 5.4)/Hl 1241/1906 Hl 4250/1919 PKP Ti4-100/1941 DRG 54 1153/ PKP Ti4-14 | |
| 5820 | 1'C n2v | G | 20.02.06 | 1435 | KPEV (G 5.4)/Kat 837/1906 Kat 4213 | |
| 5821 | 1'C n2v | G | 23.02.06 | 1435 | KPEV (G 5.4)/Kat 838/1906 Kat 4214 | |
| 5822 | 1'C n2v | G | 26.02.06 | 1435 | KPEV (G 5.4)/Kat 839/1906 Kat 4215/1922 Opp 4214/DRG 54 867 | |
| 5823 | 1'C h2t | Pt | 26.03.06 | 1435 | KPEV (T 12)/Bln 2218/1906 Bln 7723/DRG 74 440/DR | 28.11.1953 |
| 5824 | 1'C h2t | Pt | 28.03.06 | 1435 | KPEV (T 12)/Bln 2219/1906 Bln 7724/DRG 74 441/DB | 30.09.1960 |
| 5825 | 1'C h2t | Pt | 30.03.06 | 1435 | KPEV (T 12)/Bln 2220/1906 Bln 7725/DRG 74 442/DB | 20.11.1958 |
| 5826 | 1'C h2t | Pt | 31.03.06 | 1435 | KPEV (T 12)/Bln 2221/1906 Bln 7726/DRG 74 443 | 01.12.1932 |
| 5827 | 1'C h2t | Pt | 31.03.06 | 1435 | KPEV (T 12)/Bln 2222/1906 Bln 7727/DRG 74 444/DB | 30.09.1960 |
| 5828 | 1'C h2t | Pt | 10.04.06 | 1435 | KPEV (T 12)/Bln 2223/1906 Bln 7728/DRG 74 445/DB | 14.07.1960 |
| 5829 | 1'C h2t | Pt | 11.04.06 | 1435 | KPEV (T 12)/Bln 2224/1906 Bln 7729/DRG 74 446/DB | 15.11.1957 |
| 5830 | 1'C h2t | Pt | 20.04.06 | 1435 | KPEV (T 12)/Bln 2225/1906 Bln 7730/DRG 74 447/DR/31.08.1958 WL 10 Stahl- und Walzwerk Hennigsdorf | 09.11.1969 |
| 5831 | 1'C h2t | Pt | 24.04.06 | 1435 | KPEV (T 12)/Bln 2226/1906 Bln 7731/DRG 74 448/DB | 23.11.1956 |
| 5832 | 1'C h2t | Pt | 26.04.06 | 1435 | KPEV (T 12)/Bln 2227/1906 Bln 7732/DRG 74 449/DR | 04.10.1955 |
| 5833 | 1'C h2t | Pt | 30.04.06 | 1435 | KPEV (T 12)/Bln 2228/1906 Bln 7733/DRG 74 450/DR | 10.02.1965 |

| Fabriknummer | Bauart | Gattung | Auslieferungsdatum | Spurweite | Empfänger/Verbleib | Ausmusterung |
|---|---|---|---|---|---|---|
| 5834 | 1'C h2t | Pt | 12.05.06 | 1435 | KPEV (T 12)/Bln 2229/1906 Bln 7734/DRG 74 451/DR | |
| 5835 | 1'C1'/b n4t | Zt | 30.12.05 | 1000 | Argentine Transandine Railway Comp., London/FCTA 15 | |
| 5836 | 1'C1'/b n4t | Zt | 07.02.06 | 1000 | Argentine Transandine Railway Comp., London/FCTA 16 | |
| 5837 | 1'C1'/b n4t | Zt | 08.02.06 | 1000 | Argentine Transandine Railway Comp., London/FCTA 17 | |
| 5838 | 1'C n2 | G | 23.05.06 | 1000 | Chilenische Staatseisenbahn für Eisenbahn Talca Constitucion | |
| 5839 | B'B n4vt | G | 27.10.05 | 800 | Hermann Schlessinger, Gera/Bauart Mallet | |
| 5840 | 1'C h2t | Pt | 12.05.06 | 1435 | KPEV (T 12)/Bln 2234/1906 Bln 7735/DRG 74 452/DB | 07.08.1956 |
| 5841 | 1'C h2t | Pt | 17.05.06 | 1435 | KPEV (T 12)/Bln 2235/1906 Bln 7736/DRG 74 453 | 01.08.1933 |
| 5842 | 1'C h2t | Pt | 18.05.06 | 1435 | KPEV (T 12)/Bln 2236/1906 Bln 7737/DRG 74 454 | 1931 |
| 5843 | 1'C h2t | Pt | 21.05.06 | 1435 | KPEV (T 12)/Bln 2237/1906 Bln 7738/DRG 74 455/DR/26.01.62 VEB Betonwerk Berlin | |
| 5844 | 1'C h2t | Pt | 23.05.06 | 1435 | KPEV (T 12)/Bln 2238/1906 Bln 7739/DRG 74 456/DR/04.11.45 nach Osten | |
| 5845 | 1'C h2t | Pt | 26.05.06 | 1435 | KPEV (T 12)/Bln 2239/1906 Bln 7740/DRG 74 457/DR | 20.11.1967 |
| 5846 | 1'C h2t | Pt | 28.05.06 | 1435 | KPEV (T 12)/Bln 2240/1906 Bln 7741/DRG 74 458/DB | 07.08.1956 |
| 5847 | 1'C h2t | Pt | 29.05.06 | 1435 | KPEV (T 12)/Bln 2241/1906 Bln 7742/DRG 74 459/DB | 15.11.1957 |
| 5848 | 1'C h2t | Pt | 31.05.06 | 1435 | KPEV (T 12)/Efd 1989/1906 Efd 7709/DRG 74 460/DB | 15.11.1957 |
| 5849 | 1'C h2t | Pt | 31.05.06 | 1435 | KPEV (T 12)/Efd 1990/1906 Efd 7710/DRG 74 461 | |
| 5850 | 2'B h2 | S | 14.06.06 | 1435 | KPEV (S 4)/Efd 11/1906 Efd 411 | |
| 5851 | 2'B h2 | S | 18.06.06 | 1435 | KPEV (S 4)/Efd 12/1906 Efd 412/(DRG 13 515) | |
| 5852 | 2'B h2 | S | 21.06.06 | 1435 | KPEV (S 4)/Erf 50/1906 Erf 401/1912 Bbg 405/1919 PKP Pd2-4 | |
| 5853 | 2'B h2 | S | 25.06.06 | 1435 | KPEV (S 4)/Erf 51/1906 Erf 402/1912 Bbg 406/1919 PKP Pd2-5/1945 DRG 13 404/DB | 23.12.1951 |
| 5854 | 2'B h2 | S | 28.06.06 | 1435 | KPEV (S 4)/Esn 51/1906 Esn 401 | |
| 5855 | 2'B h2 | S | 30.06.06 | 1435 | KPEV (S 4)/Esn 52/1906 Esn 402 | |
| 5856 | 1'C n2 | G | 20.12.05 | 1435 | Königliche Militäreisenbahn, Berlin-Schöneberg (G 5.3)/KME 105 | |
| 5857 | 1'C n2 | G | 23.11.05 | 1000 | Chilenische Staatseisenbahn/550 | |
| 5858 | B n2t | G | 05.01.05 | 900 | Döring & Lehmann AG, Helmstedt | |
| 5859 | B n2t | G | 06.01.05 | 900 | Döring & Lehmann AG, Helmstedt | |
| 5860 | B n2t | G | 24.01.06 | 900 | Maatschappij Machinenhandel, vorheen H.F. Roll, Hezn | |
| 5861 | B n2t | G | 24.01.06 | 900 | Maatschappij Machinenhandel, vorheen H.F. Roll, Hezn | |
| 5862 | B n2t | G | 06.02.06 | 900 | Wackerow & Co. AG, Breslau | |
| 5863 | B n2t | G | 01.06.06 | 900 | Hans Blenke, Berlin für Gewerkschaft Alwine, Liebenau/Neumark | |
| 5864 | C1'n2t | G | 07.11.05 | 600 | Lion & Co., Hamburg, für Brasilien | |
| 5865 | B n2t | G | 15.03.06 | 600 | Gebrüder Furthmann, Cassel | |
| 5866 | B n2t | G | 01.05.06 | 600 | Bernhard Würzburger, Carlsruhe | |
| 5867 | B n2t | G | 08.05.06 | 600 | Gebrüder Furthmann, Cassel | |
| 5868 | B n2t | G | 08.05.06 | 600 | Bernhard Würzburger, Carlsruhe | |
| 5869 | B n2t | G | 11.06.06 | 600 | Artur Koppel AG, Berlin, für Deutschland | |
| 5870 | B n2t | G | 29.05.06 | 600 | Gebrüder Furthmann, Cassel | |
| 5871 | 2'C n2 | G | 20.12.05 | 1000 | Ferrocarril Centrale Norte, Südabteilung, Buenos Aires (Argentinien)/FCCN 241 | |
| 5872 | 2'C n2 | G | 20.12.05 | 1000 | Ferrocarril Centrale Norte, Südabteilung, Buenos Aires (Argentinien)/FCCN 242 | |
| 5873 | 2'C n2 | G | 20.12.05 | 1000 | Ferrocarril Centrale Norte, Südabteilung, Buenos Aires (Argentinien)/FCCN 243 | |
| 5874 | 2'C n2 | G | 20.12.05 | 1000 | Ferrocarril Centrale Norte, Südabteilung, Buenos Aires (Argentinien)/FCCN 244 | |
| 5875 | 2'C n2 | G | 20.12.05 | 1000 | Ferrocarril Centrale Norte, Südabteilung, Buenos Aires (Argentinien)/FCCN 245 | |
| 5876 | 2'C n2 | S | 08.01.06 | 1000 | Ferrocarril Centrale Norte, Südabteilung, Buenos Aires (Argentinien)/FCCN 246 | |
| 5877 | 2'C n2 | S | 08.01.06 | 1000 | Ferrocarril Centrale Norte, Südabteilung, Buenos Aires (Argentinien)/FCCN 247 | |
| 5878 | 2'C n2 | S | 08.01.06 | 1000 | Ferrocarril Centrale Norte, Südabteilung, Buenos Aires (Argentinien)/FCCN 248 | |
| 5879 | 2'C n2 | S | 08.01.06 | 1000 | Ferrocarril Centrale Norte, Südabteilung, Buenos Aires (Argentinien)/FCCN 249 | |
| 5880 | 2'C n2 | S | 08.01.06 | 1000 | Ferrocarril Centrale Norte, Südabteilung, Buenos Aires (Argentinien)/FCCN 250 | |
| 5881 | 1'D n2v | G | 06.12.06 | 1435 | Chemins de fer Ottoman d Anatolien Constantinopel (Türkei)/CFOA127 | |
| 5882 | B1'n2t | KrL | 08.03.07 | 1435 | G. Olysius, Dessau | |
| 5883 | B n2ft | FL | 22.12.06 | 1435 | Magistrat der Stadt Halle/Saale | |
| 5884 | C n2t | | 17.02.06 | 1435 | AG Deutsche Kaliwerke, Bernterode | |
| 5885 | C n2t | | 28.04.06 | 1435 | Gewerkschaft Rossleben, Rossleben/Unstrut/2 | |
| 5886 | C n2t | | 20.06.06 | 1435 | Gewerkschaft Deutscher Kaiser, Bruckhausen/Rhein/38 | |
| 5887 | C n2t | | 09.01.05 | 600 | F. Zachmann/LEIPZIG 4 | |
| 5888 | C n2t | | 12.12.05 | 600 | El Quebracho Soc. An., Buenos Aires (Argentinien)/Holzfeuerung | |
| 5889 | B n2ft | FL | 31.03.06 | 1435 | Breslauer Chemische Fabrik, vormals Oskar Heymann, Breslau | |
| 5890 | B n2ft | FL | 30.06.06 | 1435 | A. Borsig, Tegel/12.06.08 Kaliwerk Krügershall | |
| 5891 | B/a n2t | Zt | 13.09.06 | 1670 | Empreza dos Elevandores Villa Nova de Gaya, Oporto (Portugal)/EVNG 3 | |
| 5892 | 1 C n2t | | 12.04.06 | 1435 | Chemins de fer Ottoman d'Anatolien, Constantinopel/CFOA 18/TCDD 34.03 | |
| 5893 | 1C n2t | | 23.04.06 | 1435 | Chemins de fer Ottoman d'Anatolien, Constantinopel/CFOA 19/TCDD 34.04 | |
| 5894 | 1C n2t | | 30.04.06 | 1435 | Chemins de fer Ottoman d'Anatolien, Constantinopel/CFOA 20/TCDD 34.05 | |
| 5895 | C n2t | | 20.08.06 | 750 | Cloppenburger Kleinbahn/CLOPPENBURG 3 | 1953 |
| 5896 | 1'C1'n2t | | 16.06.06 | 1000 | Chilenische Staatseisenbahn für Coquimbo-Bahn/MARQUESA 15 (386) | |
| 5897 | 1'C1'n2t | | 16.06.06 | 1000 | Chilenische Staatseisenbahn für Coquimbo-Bahn/MARQUESA 16 (387) | |
| 5898 | B n2t | | 31.10.06 | 750 | Hannoversche Bahnindustrie, Hannover | |
| 5899 | B n2t | | 28.02.06 | 785 | Eisen- & Stahlwerke Bethlen-Falva AG, Schwientochlowitz/Hütte Florian, Swietochtowice (VRP) | 1972 |
| 5900 | B'B n4vt | | 30.08.06 | 950 | Adriatico-Fermo-Amandola (Italien)/1/Bauart Mallet | |
| 5901 | B'B n4vt | | 08.12.06 | 950 | Adriatico-Fermo-Amandola (Italien)/2/Bauart Mallet | |

| Fabriknummer | Bauart | Gattung | Auslieferungsdatum | Spurweite | Empfänger/Verbleib | Ausmusterung |
|---|---|---|---|---|---|---|
| 5902 | B n2t | | 07.03.06 | 1000 | Soc. an Minas de Cala, Bilbao/MINAS de CASTILLIO 8 | |
| 5903 | B n2t | | 10.03.06 | 1000 | Maltesholms Cement Aktienbolag, Tollorp (Schweden)/3 | |
| 5904 | 1'C1'n2t | | 29.05.06 | 1000 | Ferrocarriles Economicos de Asturias, Oviedo (Spanien)/26 | |
| 5905 | 1'C1'n2t | | 29.05.06 | 1000 | Ferrocarriles Economicos de Asturias, Oviedo (Spanien)/27 | |
| 5906 | C n2t | | 21.02.06 | 750 | Geiger, Züplin & Co. GmbH, München, für Argentinien | |
| 5907 | B n2t | | 13.03.06 | 750 | Hahnsche Werke AG, Berlin/2 | |
| 5908 | D n2vt | | 14.07.06 | 1435 | AGBB für Eberswalde-Schöpfurt/1/1926 WEG 19 JO | 1959 |
| 5909 | D n2vt | | 11.01.07 | 1435 | AGBB für Eberswalde-Schöpfurt/2/1926 WEG 18 NN | 1950 |
| 5910 | B n2t | | 01.05.06 | 1000 | Kleinbahn Emden-Pewsum-Greetsiel, Emden/GREETSIEL 3/1916 verkauft | |
| 5911 | B n2t | | 07.06.06 | 600 | Geiger, Züblin & Co. GmbH, München, für Argentinien | |
| 5912 | B n2t | | 19.08.06 | 600 | Schuli Silbermann, Stara Zagora (Bulgarien) | |
| 5913 | B n2t | | 24.08.06 | 600 | Artur Koppel AG, Berlin, für Belgien, Heerstedt Brickworks/NV Sabemai SA, Maldegem (Belgien) | |
| 5914 | B n2t | | 22.12.06 | 600 | Artur Koppel AG, Berlin, für Rumänien | |
| 5915 | B n2t | | 18.09.06 | 600 | Artur Koppel AG, Berlin, für Tanger (Marokko) | |
| 5916 | B n2t | | 28.08.07 | 600 | G. Restucci, Neapel, für Brasilien | |
| 5917 | C h2t | | 01.06.06 | 1435 | V. & W. für Voldagsen-Duingen-Delligsen/5/1898 DEBG 41/1948 VEE | 1966 |
| 5918 | C n2 | G | 16.06.06 | 1676 | Chilenische Staatseisenbahn/388 | |
| 5919 | C n2 | G | 16.06.06 | 1676 | Chilenische Staatseisenbahn/389 | |
| 5920 | C n2 | G | 25.06.06 | 1676 | Chilenische Staatseisenbahn/390 | |
| 5921 | C n2 | G | 25.06.06 | 1676 | Chilenische Staatseisenbahn/391 | |
| 5922 | C n2 | G | 25.06.06 | 1676 | Chilenische Staatseisenbahn/392 | |
| 5923 | C n2 | G | 03.07.06 | 1676 | Chilenische Staatseisenbahn/393 | |
| 5924 | C n2 | G | 03.07.06 | 1676 | Chilenische Staatseisenbahn/394 | |
| 5925 | C n2 | G | 07.07.06 | 1676 | Chilenische Staatseisenbahn/395 | |
| 5926 | C n2 | G | 07.07.06 | 1676 | Chilenische Staatseisenbahn/396 | |
| 5927 | C n2 | G | 14.07.06 | 1676 | Chilenische Staatseisenbahn/397 | |
| 5928 | C n2 | G | 17.07.06 | 1676 | Chilenische Staatseisenbahn/398 | |
| 5929 | C n2 | G | 18.07.06 | 1676 | Chilenische Staatseisenbahn/399 | |
| 5930 | C n2 | G | 19.07.06 | 1676 | Chilenische Staatseisenbahn/400 | |
| 5931 | C n2 | G | 10.08.06 | 1676 | Chilenische Staatseisenbahn/401 | |
| 5932 | C n2 | G | 10.08.06 | 1676 | Chilenische Staatseisenbahn/402 | |
| 5933 | C n2 | G | 16.08.06 | 1676 | Chilenische Staatseisenbahn/403 | |
| 5934 | C n2 | G | 21.08.06 | 1676 | Chilenische Staatseisenbahn/404 | |
| 5935 | C n2 | G | 21.08.06 | 1676 | Chilenische Staatseisenbahn/405 | |
| 5936 | C n2 | G | 21.08.06 | 1676 | Chilenische Staatseisenbahn/406 | |
| 5937 | C n2 | G | 11.09.06 | 1676 | Chilenische Staatseisenbahn/407/Freilichtmuseum Maestranza FFCC del Estado, San Bernardo (Chile) | |
| 5938 | C n2 | G | 11.09.06 | 1676 | Chilenische Staatseisenbahn/408 | |
| 5939 | C n2 | G | 18.09.06 | 1676 | Chilenische Staatseisenbahn/409 | |
| 5940 | C n2 | G | 18.09.06 | 1676 | Chilenische Staatseisenbahn/410 | |
| 5941 | C n2 | G | 29.09.06 | 1676 | Chilenische Staatseisenbahn/411 | |
| 5942 | C n2 | G | 29.09.06 | 1676 | Chilenische Staatseisenbahn/412 | |
| 5943 | C n2 | G | 03.10.06 | 1676 | Chilenische Staatseisenbahn/413 | |
| 5944 | C n2 | G | 03.10.06 | 1676 | Chilenische Staatseisenbahn/414 | |
| 5945 | C n2 | G | 09.10.06 | 1676 | Chilenische Staatseisenbahn/415 | |
| 5946 | C n2 | G | 09.10.06 | 1676 | Chilenische Staatseisenbahn/416 | |
| 5947 | C n2 | G | 09.10.06 | 1676 | Chilenische Staatseisenbahn/417 | |
| 5948 | C n2 | G | 16.10.06 | 1676 | Chilenische Staatseisenbahn/418 | |
| 5949 | C n2 | G | 16.10.06 | 1676 | Chilenische Staatseisenbahn/419 | |
| 5950 | C n2 | G | 22.10.06 | 1676 | Chilenische Staatseisenbahn/420 | |
| 5951 | C n2 | G | 22.10.06 | 1676 | Chilenische Staatseisenbahn/421 | |
| 5952 | 1'C n2 | G | 16.10.06 | 1000 | Chilenische Staatseisenbahn/422 | |
| 5953 | 1'C n2 | G | 16.10.06 | 1000 | Chilenische Staatseisenbahn/423 | |
| 5954 | 1'C n2 | G | 10.11.06 | 1000 | Chilenische Staatseisenbahn/424 | |
| 5955 | 1'C n2 | G | 10.11.06 | 1000 | Chilenische Staatseisenbahn/425 | |
| 5956 | 1'D n2 | G | 28.07.06 | 1000 | Chilenische Staatseisenbahn, für Calera-Cabildo Eisenbahn/426 | |
| 5957 | 1'D n2 | G | 28.07.06 | 1000 | Chilenische Staatseisenbahn, für Calera-Babildo Eisenbahn/427 | |
| 5958 | 1'D n2 | G | 10.08.06 | 1000 | Chilenische Staatseisenbahn, für Calera-Babildo Eisenbahn/428 | |
| 5959 | 1'D n2 | G | 10.08.06 | 1000 | Chilenische Staatseisenbahn, für Calera-Babildo Eisenbahn/429 | |
| 5960 | 1'D n2 | G | 16.08.06 | 1000 | Chilenische Staatseisenbahn, für Calera-Babildo Eisenbahn/430 | |
| 5961 | 1'D n2 | G | 16.08.06 | 1000 | Chilenische Staatseisenbahn, für Calera-Babildo Eisenbahn/431 | |
| 5962 | C n2t | | 31.03.06 | 1435 | Königliche Berginspektion III, Bielschowitz O/S/1/KWK Makoszowy, Zabrze (Polen) | 1965 |
| 5963 | C n2t | | 21.05.06 | 1435 | Königliche Berginspektion III, Bielschowitz O/S/2 | |
| 5964 | C n2t | | 01.06.06 | 1435 | V & W, für Rosheim-St. Nabor/3/im Museumsbetrieb beim Otrott-Comite d. Exploitation du Train Folklorique de Rosheim a. Otrott (Bas Rhin) | |
| 5965 | 1'C h2t | Pt | 06.07.06 | 1435 | KPEV (T 12)/Bln 7743/DRG 74 462/DB | 20.11.1958 |
| 5966 | 1'C h2t | Pt | 11.07.06 | 1435 | KPEV (T 12)/Bln 7744/DRG 74 463/DB | 14.01.1952 |
| 5967 | 1'C h2t | Pt | 13.07.06 | 1435 | KPEV (T 12)/Bln 7745/DRG 74 464 | 1932 |
| 5968 | 1'C h2t | Pt | 17.07.06 | 1435 | KPEV (T 12)/Bln 7746/DRG 74 465/DB | 15.11.1957 |

| Fabriknummer | Bauart | Gattung | Auslieferungsdatum | Spurweite | Empfänger/Verbleib | Ausmusterung |
|---|---|---|---|---|---|---|
| 5969 | 1'C h2t | Pt | 19.07.06 | 1435 | KPEV (T 12)/Bln 7747/DRG 74 466/DB | 07.08.1956 |
| 5970 | 1'C h2t | Pt | 28.07.06 | 1435 | KPEV (T 12)/Bln 7748/DRG 74 467/DB | 14.07.1960 |
| 5971 | 1'C h2t | Pt | 30.07.06 | 1435 | KPEV (T 12)/Bln 7749/DRG 74 468/DB | 05.10.1948 |
| 5972 | 1'C h2t | Pt | 31.07.06 | 1435 | KPEV (T 12)/Bln 7750/DRG 74 469/DR | 31.08.1947 |
| 5973 | 1'C h2t | Pt | 03.08.06 | 1435 | KPEV (T 12)/Bln 7751/DRG 74 470/CFL 31.11 | 1958 |
| 5974 | 1'C h2t | Pt | 09.08.06 | 1435 | KPEV (T 12)/Bln 7752/DRG 74 471 | 01.1930 |
| 5975 | 1'C h2t | Pt | 14.08.06 | 1435 | KPEV (T 12)/Bln 7753/DRG 74 472/DR | |
| 5976 | 1'C h2t | Pt | 20.08.06 | 1435 | KPEV (T 12)/Bln 7754/DRG 74 473/DB | 15.08.1955 |
| 5977 | 1'C h2t | Pt | 21.08.06 | 1435 | KPEV (T 12)/Bln 7755/DRG 74 474/DB | 14.07.1960 |
| 5978 | 1'C h2t | Pt | 24.08.06 | 1435 | KPEV (T 12)/Bln 7756/DRG 74 475/DB | 14.03.1957 |
| 5979 | 1'C h2t | Pt | 27.08.06 | 1435 | KPEV (T 12)/Bln 7757/DRG 74 476/DB | 01.11.1962 |
| 5980 | 1'C h2t | Pt | 30.08.06 | 1435 | KPEV (T 12)/Bln 7758/DRG 74 477/DR | |
| 5981 | 1'C h2t | Pt | 31.08.06 | 1435 | KPEV (T 12)/Bln 7759/DRG 74 478/DB | 10.08.1957 |
| 5982 | 1'C h2t | Pt | 31.08.06 | 1435 | KPEV (T 12)/Bln 7760/DRG 74 479 | 1935 |
| 5983 | 1'C h2t | Pt | 10.09.06 | 1435 | KPEV (T 12)/Bln 7761/1919 NORD BELGE 91/1941 B 9591/1946 B 96.012 | |
| 5984 | 1'C h2t | Pt | 11.09.06 | 1435 | KPEV (T 12)/Bln 7762/DRG 74 480/DR | 14.09.1965 |
| 5985 | 1'C h2t | Pt | 18.09.06 | 1435 | KPEV (T 12)/Bsl 7704/DRG 74 481/DR/Rbd Halle 14.09.45, dann abgegeben | |
| 5986 | 1'C h2t | Pt | 18.09.06 | 1435 | KPEV (T 12)/Bsl 7705/DRG 74 482/DR/1958 WL 12 Stahl- & Walzwerk, Hennigsdorf | 29.12.1965 |
| 5987 | 1'C h2t | Pt | 24.09.06 | 1435 | KPEV (T 12)/Bsl 7706/DRG 74 483/DR/26.01.1962 VEB Betonwerk Berlin | |
| 5988 | 1'C h2t | Pt | 26.09.06 | 1435 | KPEV (T 12)/Bsl 7707/DRG 74 484/DR | 26.02.1965 |
| 5989 | 1'C h2t | Pt | 28.09.06 | 1435 | KPEV (T 12)/Bsl 7708/DRG 74 485/PKP Oki 2-28 | |
| 5990 | 1'C h2t | Pt | 29.09.06 | 1435 | KPEV (T 12)/Bsl 7709/DRG 74 486 | 07.1937 |
| 5991 | 1'C h2t | Pt | 29.09.06 | 1435 | KPEV (T 12)/Bsl 7710/DRG 74 487/DB | 30.09.1960 |
| 5992 | 1'C h2t | Pt | 05.10.06 | 1435 | KPEV (T 12)/Efd 7711/DRG 74 488/DB | 30.09.1960 |
| 5993 | 1'C h2t | Pt | 06.10.06 | 1435 | KPEV (T 12)/Efd 7712/DRG 74 489 | |
| 5994 | 1'C h2t | Pt | 09.10.06 | 1435 | KPEV (T 12)/Efd 7713/DRG 74 490/DB | 15.11.1957 |
| 5995 | 1'C h2t | Pt | 11.10.06 | 1435 | KPEV (T 12)/Efd 7714/DRG 74 491/DB | 14.03.1957 |
| 5996 | 1'C h2t | Pt | 17.10.06 | 1435 | KPEV (T 12)/Fft 7701/DRG 74 492/DB | 20.11.1958 |
| 5997 | 1'C h2t | Pt | 23.10.06 | 1435 | KPEV (T 12)/Fft 7702/DRG 74 493/DB | 25.04.1958 |
| 5998 | 1'C h2t | Pt | 29.10.06 | 1435 | KPEV (T 12)/Fft 7703/DRG 74 494/DB | 21.04.1956 |
| 5999 | 1'C h2t | Pt | 31.07.06 | 1435 | KPEV (T 12)/Mst 7701/DRG 74 495/DB | 14.03.1957 |
| 6000 | C1'/b n4t | Zt | 07.11.06 | 1435 | KPEV (T 26)/Sbr 9003/Mz 9003/DRG 97 008 | 1927 |
| 6001 | C n2ft | FL | 30.04.06 | 785 | Jaworznoer Steinkohlen Gewerkschaft, Jaworzno (Galizien-Österreich) | |
| 6002 | B n2t | - | 13.06.06 | 785 | Eisen- & Stahlwerk Bethlen-Falva AG, Schwientochlowitz-O/S | |
| 6003 | B n2t | - | 28.04.06 | 1000 | Lepien, Wünnenberg & Co. Hamburg, für Brasilien | |
| 6004 | B n2ft | FL | 11.08.06 | 785 | Borsigwerk, Borsigwerk O/S | |
| 6005 | 1'C n2v | G | 30.10.06 | 1435 | KPEV (G 5.4)/Bsl 4242/1919 PKP Ti4-1 Dz/1941 DRG 54 1108 | |
| 6006 | 1'C n2v | G | 31.10.06 | 1435 | KPEV (G 5.4)/Bsl 4243/1919 PKP Ti4-97/1941 DRG 54 1205/1945 PKP Ti4-24 | |
| 6007 | 1'C n2v | G | 07.11.06 | 1435 | KPEV (G 5.4)/Bsl 4244/DRG 54 883 | 1928 |
| 6008 | 1'C n2v | G | 13.11.06 | 1435 | KPEV (G 5.4)/Bsl 4245/DRG 54 884/U 1 C h2v/DB | 20.09.1948 |
| 6009 | 1'C n2v | G | 16.11.06 | 1435 | KPEV (G 5.4)/Bsl 4246/1919 PKP Ti4-98/1941 DRG 54 1189/1945 PKP Ti4-22 | |
| 6010 | 1'C n2 | G | 26.09.06 | 1676 | Syndicato Chileno de Obras Publicas/3 | |
| 6011 | C1'n2t | - | 20.09.06 | 750 | Zuckerfabrik Montwy, Simborze bei Hohensalza/sp. Cukrownia Kruszwica 5 (VRP) | 1969 |
| 6012 | C n2t | - | 17.07.06 | 1435 | Vering u. Wächter, Berlin, für Vorwohle - Emmenthal/5/U Ch2t und Ventilsteuerung/DEGB 5 | 1964 |
| 6013 | B n2t | - | 14.02.07 | 785 | Borsigwerk, Borsigwerk O/S | |
| 6014 | B n2t | - | 23.02.07 | 750 | Donetz- Jurjewka Hüttenwerke, Jurjewka (Rußland) | |
| 6015 | B n2t | - | 18.06.07 | 750 | Artur Koppel AG, Berlin, für Österreich | |
| 6016 | B n2t | - | 18.07.07 | 750 | Artur Koppel AG, Bochum | |
| 6017 | B n2t | - | 10.08.06 | 900 | Gesellschaft für Schmalspur- & Anschlußbahnen GmbH, Berlin/7 | |
| 6018 | B n2t | - | 15.08.06 | 900 | Gesellschaft für Schmalspur- & Anschlußbahnen GmbH, Berlin/8 | |
| 6019 | B n2t | - | 16.11.06 | 900 | Artur Koppel AG, Berlin, für Deutschland | |
| 6020 | B n2t | - | 05.01.07 | 900 | Artur Koppel AG, Berlin, für Deutschland | |
| 6021 | B'B n4vt | - | 03.08.07 | 950 | Societa di Monteponi, Monteponi (Sardinien)/Bauart Mallet | |
| 6022 | C1'h2t | - | 06.10.06 | 600 | The San Miguel Copper Mines Ltd, Huelva (Spanien/Hulleras de Soberosy Anexas, Cislierna SOTILLOS 7/1968 an eine englische Museumsbahn | |
| 6023 | B n2t | - | 31.08.06 | 1676 | Junta de Obras des Puerto, de Huelva (Spanien)/4 | |
| 6024 | B n2t | - | 21.06.06 | 1000 | Lepien, Wünnenberg & Co., Hamburg, für Brasilien | |
| 6025 | D n2t | - | 27.12.06 | 1435 | Chemins de fer du midi des Mines de Carmaux (Frankreich)/427 | |
| 6026 | B n2t | - | 26.07.06 | 785 | Oberschlesische Zinkhütten AG, Kattowitz | |
| 6027 | 1'C1'n2t | - | 22.12.06 | 1000 | Sociedad Anonimas Minas de Calla, Bilbao (Spanien)/10/Cia de los Ferrocarriles de la Robla 130 | |
| 6028 | B n2t | - | 17.08.06 | 1000 | Sociedad Anonimas Minas de Calla, Bilbao (Spanien)/9 GUADALQUIVIR/sp. 33 | |
| 6029 | 2'C n2i | S | 28.01.07 | 1676 | Chilenische Staatsbahn/446 | |
| 6030 | 2'C n2i | S | 28.01.07 | 1676 | Chilenische Staatsbahn/447 | |
| 6031 | 2'C n2i | S | 05.02.07 | 1676 | Chilenische Staatsbahn/448 | |
| 6032 | 2'C n2i | S | 05.02.07 | 1676 | Chilenische Staatsbahn/449 | |
| 6033 | 2'C n2i | S | 20.02.07 | 1676 | Chilenische Staatsbahn/450 | |
| 6034 | 2'C n2i | S | 20.02.07 | 1676 | Chilenische Staatsbahn/451 | |

| Fabriknummer | Bauart | Gattung | Auslieferungsdatum | Spurweite | Empfänger/Verbleib | Ausmusterung |
|---|---|---|---|---|---|---|
| 6035 | 1'D n2 | G | 10.11.06 | 1676 | Chilenische Staatsbahn/432 | |
| 6036 | 1'D n2 | G | 20.11.06 | 1676 | Chilenische Staatsbahn/433 | |
| 6037 | 1'D n2 | G | 20.11.06 | 1676 | Chilenische Staatsbahn/434 | |
| 6038 | 1'D n2 | G | 29.11.06 | 1676 | Chilenische Staatsbahn/435 | |
| 6039 | 1'D n2 | G | 03.12.06 | 1676 | Chilenische Staatsbahn/436 | |
| 6040 | 1'D n2 | G | 03.12.06 | 1676 | Chilenische Staatsbahn/437 | |
| 6042 | 1'D n2 | G | 12.12.06 | 1676 | Chilenische Staatsbahn/438 | |
| 6042 | 1'D n2 | G | 12.12.06 | 1676 | Chilenische Staatsbahn/439/Freilichtmuseum Maestranza FFCC del Estado, San Bernarda (Chile) | |
| 6043 | 1'D n2 | G | 22.12.06 | 1676 | Chilenische Staatsbahn/440 | |
| 6044 | 1'D n2 | G | 22.12.06 | 1676 | Chilenische Staatsbahn/441 | |
| 6045 | 1'D n2 | G | 27.12.06 | 1676 | Chilenische Staatsbahn/442 | |
| 6046 | 1'D n2 | G | 05.01.07 | 1676 | Chilenische Staatsbahn/443 | |
| 6047 | 1'D n2 | G | 05.01.07 | 1676 | Chilenische Staatsbahn/444 | |
| 6048 | 1'D n2 | G | 05.01.07 | 1676 | Chilenische Staatsbahn/445 | |
| 6049 | D n2t | Gt | 30.11.06 | 1435 | Chemins de Fer & Mines „Prince Henri", Petange (Luxemburg)/104/1943 DRG 92/2711/DB/10.1945 CFL 4201 | 1954 |
| 6050 | D n2t | Gt | 30.11.06 | 1435 | Chemins de Fer & Mines „Prince Henri", Petange (Luxemburg)/105/1943 DRG 92 2712/CFL 4202 | 1954 |
| 6051 | D n2t | Gt | 30.11.06 | 1435 | Chemins de Fer & Mines „Prince Henri", Petange (Luxemburg)/106/1943 DRG 92 2713/DB/12. 1945 CFL 4203 | 1954 |
| 6052 | B n2t | | 27.08.06 | 1435 | Bismarckhütte, Bismarckhütte O/S | |
| 6053 | B n2t | | 16.11.06 | 1435 | Braunkohlenwerk und Brikettfabrik Kauschewerk, Kausche bei Neupetershain N/L | |
| 6054 | B n2t | | 15.09.06 | 1435 | Borsigwerk, Borsigwerk O/S/12.10.07 Carl Schmidt, Hannover | |
| 6055 | B n2t | | 30.01.07 | 1435 | Vereinigte Stahlwerke v.d. Zypen & Wissener, Köln-Deutz | |
| 6056 | B n2ft | FL | 05.09.06 | 1435 | Vereinigte Königs- & Laurahütte AG, Königshütte O/S/sp. Hütte Zygmunt, Bytom (VRP) | 1971 |
| 6057 | B n2t | | 09.08.06 | 785 | Hohenlohewerke AG, Hohenlohenhütte O/S | |
| 6058 | B n2t | | 09.08.06 | 785 | Hohenlohewerke AG, Hohenlohenhütte O/S | |
| 6059 | B n2t | | 17.08.06 | 600 | Chemische Werke Kuhnheim & Co., Berlin | |
| 6060 | B n2t | | 30.11.06 | 1435 | Bergedorf-Geesthachter-Eisenbahn AG, Hamburg/1 | 1933 |
| 6061 | B n2t | | 30.11.06 | 1435 | Bergedorf-Geesthachter-Eisenbahn AG, Hamburg/2 | 1936 |
| 6062 | B n2t | | 30.11.06 | 1435 | Bergedorf-Geesthachter-Eisenbahn AG, Hamburg/3/1922 verkauft Hayen, Hamburg | |
| 6063 | 1'C2'/bn4t | ZL | 30.11.06 | 1000 | Grace Brothers & Co Ltd, London, für Chilenische Transandino Bahn/FCTC 6 | |
| 6064 | C n2t | | 19.12.06 | 600 | Geiger, Züblin & Co. GmbH, München, für Geiger Konsignation, Buenos Aires | |
| 6065 | C n2t | | 19.12.06 | 600 | Geiger, Züblin & Co. GmbH, München, für Geiger Konsignation, Buenos Aires | |
| 6066 | B n2t | | 26.10.06 | 1435 | Hafen-, Lagerungs- u. Umschlagsgesellschaft Fritze & Becker, Barby/Elbe/ BARBY II | |
| 6067 | B n2t | | 25.10.07 | 1435 | Gewerkschaft Gustav, Dettingen | |
| 6068 | B n2t | | 07.01.07 | 1435 | AG Schuckert & Co., Nürnberg, für Hafslund (Norwegen) | |
| 6069 | B n2t | | 05.01.07 | 750 | Artur Koppel AG, Berlin, für Italien | |
| 6070 | B n2t | | 05.01.07 | 750 | Artur Koppel AG, Berlin, für Italien | |
| 6071 | B n2t | | 11.02.07 | 750 | Brodzki & Gurewicz, Warschau | |
| 6072 | B n2t | | 18.02.07 | 750 | Wackerow & Co., Breslau, für Westpreußen | |
| 6073 | B n2t | | 22.02.07 | 750 | M. Gleisner, Hamburg, für Chile | |
| 6074 | B n2t | | 26.09.06 | 750 | Joh. C. Tecklenborg AG Schiffswerft & Maschinenfabrik, Geestmünde | |
| 6075 | 1'C n2v | G | 15.12.06 | 1435 | KPEV (G 5.4)/Bbg 4174 | |
| 6076 | 1'C n2v | G | 19.12.06 | 1435 | KPEV (G 5.4)/Bbg 4175/1919 B 7413 | |
| 6077 | 1'C n2v | G | 24.11.06 | 1435 | KPEV (G 5.4)/Dzg 4237/1919 PKP Ti4-93/1941 DRG 54 1151/1945 PKP Ti4-10 | |
| 6078 | 1'C n2v | G | 29.11.06 | 1435 | KPEV (G 5.4)/Dzg 4238/Stn 4238/DRG 54 903 | |
| 6079 | 1'C n2v | G | 03.12.06 | 1435 | KPEV (G 5.4)/Dzg 4239/1919 PKP Ti4-94/1941 DRG 54 1152/1945 PKP Ti4-34 | |
| 6080 | 1'C n2v | G | 06.12.06 | 1435 | KPEV (G 5.4)/Dzg 4240 | |
| 6081 | 1'C n2v | G | 08.12.06 | 1435 | KPEV (G 5.4)/Kbg 4173/Esn 4179/DRG 54 904 | 1927 |
| 6082 | 1'C n2v | G | 12.12.06 | 1435 | KPEV (G 5.4)/Kbg 4174/DRG 54 905 | |
| 6083 | 1'C n2v | G | 28.12.06 | 1435 | KPEV (G 5.4)/Bsl 4252/DRG 54 906/U'1 Ch2v | 05.08.1936 |
| 6084 | 1'C n2v | G | 05.06.07 | 1435 | KPEV (G 5.4)/Bbg 4176/Stn 4227/DRG 54 907/1928 U 1'Ch2v/DB | 14.06.1946 |
| 6085 | 1'C n2v | G | 07.06.07 | 1435 | KPEV (G 5.4)/Bbg 4177/1919 PKP Ti4-137/1941 DRG 54 1165/1945 PKP Ti4-15 | |
| 6086 | 1'C n2v | G | 11.06.07 | 1435 | KPEV (G 5.4)/Bbg 4178/1919 Ost 4287/DRG 54 908/1928 U 1'Ch2v | 05.08.1936 |
| 6087 | 1'C n2v | G | 12.06.07 | 1435 | KPEV (G 5.4)/Bbg 4179/1919 PKP Ti4-138/1941 DRG 54 1166/DB | 12.10.1946 |
| 6088 | 1'C n2v | G | 17.06.07 | 1435 | KPEV (G 5.4)/Bbg 4180/1919 B | |
| 6089 | 1'C n2v | G | 22.06.07 | 1435 | KPEV (G 5.4)/Erf 4181/DRG 54 909 | |
| 6090 | 1'C n2v | G | 26.06.07 | 1435 | KPEV (G 5.4)/Erf 4182/1919 B 7425 | |
| 6091 | 1'C n2v | G | 27.06.07 | 1435 | KPEV (G 5.4)/Erf 4183/1918 PKP Ti4- | |
| 6092 | 1'C n2v | G | 27.06.07 | 1435 | KPEV (G 5.4)/Erf 4184/DRG 54 910 | |
| 6093 | 1'C h2t | Pt | 10.01.07 | 1435 | KPEV (T 12)/Bln 7763/DRG 74 496 | 1933 |
| 6094 | 1'C h2t | Pt | 10.01.07 | 1435 | KPEV (T 12)/Bln 7764/DRG 74 487/DR | 19.09.1955 |
| 6095 | 1'C h2t | Pt | 14.01.07 | 1435 | KPEV (T 12)/Bln 7765/DRG 74 498/ÖBB 74.498/1953 ÖBB 674.498 | 25.05.1955 |
| 6096 | 1'C h2t | Pt | 18.01.07 | 1435 | KPEV (T 12)/Bln 7766/DRG 74 499/DB | 07.08.1956 |
| 6097 | 1'C h2t | Pt | 26.01.07 | 1435 | KPEV (T 12)/Bln 7767/DRG 74 500/DR | |
| 6098 | 1'C h2t | Pt | 28.01.07 | 1435 | KPEV (T 12)/Bln 7768/DRG 74 501/DB | 30.09.1960 |
| 6099 | 1'C h2t | Pt | 30.01.07 | 1435 | KPEV (T 12)/Bln 7769/1919 Nord(F) 3.898/1938 SNFT 2-130 TC 11/1957 DR 74 1355 | 15.04.1967 |

| Fa-brik-num-mer | Bauart | Gat-tung | Aus-liefe-rungs-datum | Spur-weite | Empfänger/Verbleib | Aus-muste-rung |
|---|---|---|---|---|---|---|
| 6100 | 1'C h2t | Pt | 31.01.07 | 1435 | KPEV (T 12)/Bln 7770/DRG 74 502/DB | 15.11.1957 |
| 6101 | 1'C h2t | Pt | 02.02.07 | 1435 | KPEV (T 12)/Bln 7771/DRG 74 503/DB | 19.04.1960 |
| 6102 | 1'C h2t | Pt | 08.02.07 | 1435 | KPEV (T 12)/Bln 7772/DRG 74 504/DB | 30.09.1960 |
| 6103 | 1'C h2t | Pt | 28.12.06 | 1435 | KPEV (T 12)/Bsl 7711/DRG 74 505/DR | 30.06.1965 |
| 6104 | 1'C h2t | Pt | 28.12.06 | 1435 | KPEV (T 12)/Bsl 7712/DRG 74 506/DB | 15.11.1957 |
| 6105 | 1'C h2t | Pt | 31.12.06 | 1435 | KPEV (T 12)/Bsl 7713/DRG 74 507/DB | 14.07.1960 |
| 6106 | 1'C h2t | Pt | 31.12.06 | 1435 | KPEV (T 12)/Bsl 7714/DRG 74 508/DB | 30.09.1960 |
| 6107 | 1'C h2t | Pt | 05.01.07 | 1435 | KPEV (T 12)/Bsl 7714/DRG 74 509 | 1932 |
| 6108 | 1'C h2t | Pt | 09.02.07 | 1435 | KPEV (T 12)/Cln 7701/1919 B 9601 | |
| 6109 | 1'C h2t | Pt | 09.03.07 | 1435 | KPEV (T 12)/Dzg 7701/1919 PKP Oki 2-1 | |
| 6110 | 1'C h2t | Pt | 10.03.07 | 1435 | KPEV (T 12)/Dzg 7702/1919 PKP Oki 2-2/1941 DRG 74 1328/1945 PKP Oki 2-4 | |
| 6111 | 1'C h2t | Pt | 13.02.07 | 1435 | KPEV (T 12)/Mst 7702/DRG 74 510/DB | 19.04.1960 |
| 6112 | 1'C h2t | Pt | 15.02.07 | 1435 | KPEV (T 12)/Mst 7703/DRG 74 511/DB | 09.01.1961 |
| 6113 | 1'C h2t | Pt | 20.02.07 | 1435 | KPEV (T 12)/Mst 7704/DRG 74 512/DB | 14.03.1957 |
| 6114 | 1'C h2t | Pt | 22.02.07 | 1435 | KPEV (T 12)/Mst 7705/1919 B 9605/1942 DRG 74 1339/DB/06.1950 B 96.005 | |
| 6115 | 1'C h2t | Pt | 25.02.07 | 1435 | KPEV (T 12)/Mst 7706/DRG 74 513/DB | 30.09.1960 |
| 6116 | 1'C h2t | Pt | 28.02.07 | 1435 | KPEV (T 12)/Mst 7707/DRG 74 514/DB | 10.05.1960 |
| 6117 | 1'C h2t | Pt | 20.03.07 | 1435 | KPEV (T 12)/Bln 7773/DRG 74 515/DB | 30.09.1960 |
| 6118 | 1'C h2t | Pt | 20.03.07 | 1435 | KPEV (T 12)/Bln 7774/DRG 74 516/DB | 10.08.1957 |
| 6119 | 1'C h2t | Pt | 25.03.07 | 1435 | KPEV (T 12)/Bln 7775/DRG 74 517/DB | 07.08.1956 |
| 6120 | 1'C h2t | Pt | 25.03.07 | 1435 | KPEV (T 12)/Bln 7776/DRG 74 518 | |
| 6121 | 1'C h2t | Pt | 27.03.07 | 1435 | KPEV (T 12)/Bln 7777/DRG 74 519/DB | 07.08.1956 |
| 6122 | 1'C h2t | Pt | 27.03.07 | 1435 | KPEV (T 12)/Bln 7778/DRG 74 520/DB | 18.10.1954 |
| 6123 | 1'C h2t | Pt | 28.03.07 | 1435 | KPEV (T 12)/Efd 7715/DRG 74 521/DB | 14.07.1960 |
| 6124 | 1'C h2t | Pt | 28.03.07 | 1435 | KPEV (T 12)/Efd 7716/1918 B 9616/1946 B 96.016 | 03.1955 |
| 6125 | 1'C h2t | Pt | 09.04.07 | 1435 | KPEV (T 12)/Efd 7717/DRG 74 522/DB | 10.08.1957 |
| 6126 | 1'C h2t | Pt | 10.04.07 | 1435 | KPEV (T 12)/Efd 7718/DRG 74 523/DB | 20.11.1958 |
| 6127 | 1'C h2t | Pt | 11.04.07 | 1435 | KPEV (T 12)/Efd 7719/DRG 74 524/DB | 14.03.1957 |
| 6128 | 1'C h2t | Pt | 11.04.07 | 1435 | KPEV (T 12)/Efd 7720/DRG 74 525/DB | 07.08.1956 |
| 6129 | 1'C h2t | Pt | 08.04.07 | 1435 | KPEV (T 12)/Bln 7779/DRG 74 526/DB | 15.11.1957 |
| 6130 | 1'C h2t | Pt | 08.04.07 | 1435 | KPEV (T 12)/Bln 7780/DRG 74 527 | 1932 |
| 6131 | 1'C h2t | Pt | 20.04.07 | 1435 | KPEV (T 12)/Bln 7781/DRG 74 528 | 1932 |
| 6132 | 1'C h2t | Pt | 23.04.07 | 1435 | KPEV (T 12)/Bln 7782/DRG 74 529/DB | 20.11.1958 |
| 6133 | 1'C h2t | Pt | 24.04.07 | 1435 | KPEV (T 12)/Efd 7721/DRG 74 530/DB | 30.09.1960 |
| 6134 | 1'C h2t | Pt | 25.04.07 | 1435 | KPEV (T 12)/Efd 7722/DRG 74 531/DB | 30.09.1960 |
| 6135 | 1'C h2t | Pt | 29.04.07 | 1435 | KPEV (T 12)/Efd 7723/DRG 74 532/DB | 30.09.1960 |
| 6136 | 1'C h2t | Pt | 30.04.07 | 1435 | KPEV (T 12)/Efd 7724/DRG 74 533/DB | 25.04.1958 |
| 6137 | 1'C h2t | Pt | 04.06.07 | 1435 | KPEV (T 12)/Bln 7783/DRG 74 534/DR | 1946 |
| 6138 | 1'C h2t | Pt | 19.05.07 | 1435 | KPEV (T 12)/Bln 7784/DRG 74 535/1945 PKP Oki 2-29 | |
| 6139 | 1'C h2t | Pt | 21.05.07 | 1435 | KPEV (T 12)/Bsl 7716/DRG 74 536/DB | 15.11.1957 |
| 6140 | 1'C h2t | Pt | 27.05.07 | 1435 | KPEV (T 12)/Bsl 7717/DRG 74 537/DR/1963 verkauft an VEB Elektroprojekt, Berlin | |
| 6141 | 1'C h2t | Pt | 28.05.07 | 1435 | KPEV (T 12)/Bsl 7718/DRG 74 538/DB | 15.11.1957 |
| 6142 | 1'C h2t | Pt | 29.05.07 | 1435 | KPEV (T 12)/Bsl 7719/DRG 74 539/DB | 10.05.1960 |
| 6143 | 1'C h2t | Pt | 30.05.07 | 1435 | KPEV (T 12)/Fft 7704/DRG 74 540/DB | 14.07.1960 |
| 6144 | 1'C h2t | Pt | 31.05.07 | 1435 | KPEV (T 12)/Fft 7705/1919 AL (F) 7727 1938 SNCF 1-130 TB 727 | |
| 6145 | C n2t | | 23.10.06 | 1435 | Schrodaer Kreisbahn/1/1945 PKP Tkh 100-62/Hütte Zabrze (VRP) | 1969 |
| 6146 | C n2t | | 23.10.06 | 1435 | Schrodaer Kreisbahn/2/1945 PKP Tkh 100-63 | |
| 6147 | B n2t | | 29.09.06 | 1435 | Deutsche Ton- & Steinzeugwerke AG Münsterberg | |
| 6148 | B n2t | | 05.11.06 | 914 | Salpeterwerk Slomann & Co., Hamburg, für Chile/6 | |
| 6149 | D n2t | | 17.11.06 | 1435 | ADKG für Aschersleben-Schneidlingen-Nienhagener Kleinbahn AG/4 | |
| 6150 | B n2t | | 12.03.07 | 600 | Gebr. Kiefer, Duisburg | |
| 6151 | B n2t | | 12.03.07 | 600 | Gebr. Kiefer, Duisburg | |
| 6152 | B n2t | | 20.03.07 | 600 | E. Bernhard, Berlin, für Camburg/1917 k.u.k. Heeresbahn IId 893 | |
| 6153 | B n2t | | 29.05.07 | 600 | Neustädteler Dampfziegelei, Neustädtel | |
| 6154 | B n2t | | 31.05.07 | 600 | Langensiepen Osthus, Kattowitz | |
| 6155 | B n2t | | 26.07.07 | 600 | B. Liebold & Co. AG, Holzminden | |
| 6156 | B n2t | | 07.03.07 | 900 | Gesellschaft für Schmalspur- und Anschlußbahnen, Berlin | |
| 6157 | B n2t | | 07.03.07 | 900 | Gesellschaft für Schmalspur- und Anschlußbahnen, Berlin | |
| 6158 | B n2t | | 31.10.07 | 900 | Gesellschaft für Schmalspur- und Anschlußbahnen, Berlin/27 | |
| 6159 | B n2t | | 07.11.07 | 900 | Gesellschaft für Schmalspur- und Anschlußbahnen, Berlin/28 | |
| 6160 | B n2t | | 27.04.07 | 900 | Gesellschaft für Schmalspur- und Anschlußbahnen, Berlin/10.06.07 W. Bruch, Berlin | |
| 6161 | B n2t | AL | 01.05.07 | 900 | Ilse Bergbau AG, Grube Ilse N/L | |
| 6162 | B n2t | AL | 01.06.07 | 900 | Ilse Bergbau AG, Grube Ilse N/L | |
| 6163 | B n2t | AL | 06.06.07 | 900 | Ilse Bergbau AG, Grube Ilse N/L | |
| 6164 | B n2t | AL | 12.07.07 | 900 | Ilse Bergbau AG, Grube Ilse N/L | |
| 6165 | B n2t | AL | 12.07.07 | 900 | Ilse Bergbau AG, Grube Ilse N/L | |
| 6166 | B n2t | | 20.07.07 | 750 | So. Italianopo i Prodotti del Industria Chemica C. Giardi, Borisa-Milano (Italien) | |
| 6167 | B n2t | | 11.10.07 | 750 | Heinzel & Kunitza, Lodz | |
| 6168 | B n2t | | 30.10.07 | 750 | Hedwigshütte, Stettin | |

| Fabriknummer | Bauart | Gattung | Auslieferungsdatum | Spurweite | Empfänger/Verbleib | Ausmusterung |
|---|---|---|---|---|---|---|
| 6169 | B n2t | | 16.04.07 | 750 | Ges. der Donetz-Jurjewka-Hüttenwerke, Jurjewka | |
| 6170 | B n2t | | 11.05.07 | 750 | Westdeutsche Eisenbahn AG, Köln | |
| 6171 | B n2t | | 12.06.07 | 750 | Westdeutsche Eisenbahn AG, Köln | |
| 6172 | B n2t | | 26.04.07 | 1435 | Braunkohlenwerk Golpa-Jessnitz, Halle/3 | |
| 6173 | B n2t | | 25.05.07 | 1435 | Societa Veneta, Padua (Italien)/121/1911 SV 330 | |
| 6174 | B n2ft | FL | 07.09.07 | 1435 | Norddeutsche Zellulosefabrik GmbH, Königsberg | |
| 6175 | B n2ft | FL | 16.09.07 | 1435 | Papierfabrik Muldenstein GmbH, Muldenstein | |
| 6176 | B n2t | | 06.04.07 | 1435 | Billwärder Industriebahn AG, Hamburg/1920 BGE 19 | 1951 |
| 6177 | (1A1)'(1A1)' | EL | 29.05.07 | 1435 | eA. SSW/Seebach-Wettingen (Schweiz)/3/SSW U $B_o'$ $B_o'$ WL 4 SSW, Berlin/ gebaut für 15 kV 15 Hz Wechselstrom, nach dem Umbau 600 V Gleichstrom | 1945 |
| 6178 | 1'C1'n2t | - | 07.04.08 | 1067 | Ferrocarril al Pacifico, San Jose (Costa Rica)/9 | |
| 6179 | 1'C n2 | G | 09.11.07 | 1000 | Companhia Estrado de Ferro de Goyaz, Rio de Janeiro (Brasilien)/1 VICONDE DE MAUA | |
| 6180 | 1'C n2 | G | 09.11.07 | 1000 | Companhia Estrado de Ferro de Goyaz, Rio de Janeiro (Brasilien)/2 | |
| 6181 | C n2t | | 28.02.08 | 600 | Ostafrikanische Gesellschaft | |
| 6182 | C n2t | | 22.01.10 | 600 | Artur Koppel AG, Berlin | |
| 6183 | B n2ft | KrFL | 17.01.07 | 1435 | K. Krause, Leipzig | |
| 6184 | B n2t | | 30.11.06 | 1676 | Compania Uniano Fabril, Lissabon (Portugal)/1 | |
| 6185 | C n2t | | 05.01.07 | 1435 | Zschipkau-Finsterwalder Eisenbahn, Finsterwalde N/L/13/1943 DRG 89 7562/ DR/1957 verkauft | |
| 6186 | B n2t | | 22.12.06 | 785 | Oberschlesische Eisenbahnbedarfs AG, Friedenhütte O/S/n. 1945 Hütte Pokoj, Ruda Slaska (VRP) | 1974 |
| 6187 | B n2t | | 31.10.06 | 750 | A. Borsig, Berlin, Abt. 26 | |
| 6188 | B n2t | | 06.10.06 | 1067 | Karberg, Arnhold & Co., Berlin, für China | |
| 6189 | $B_o'$ $B_o'$ | EtA | 18.06.07 | 1435 | eA. SSW 331/Anhaltische Kohlenwerke, Senftenberg | |
| 6190 | B1'n2 | DTw | 22.02.07 | 1435 | Ferrorie dello Stato, Florenz (Italien)/616/10.1926 U. Bn2t FS 808.2 | |
| 6191 | B1'n2 | DTw | 22.02.07 | 1435 | Ferrorie dello Stato, Verona (Italien)/617/09.1925 U. Bn2t FS 808.212 | |
| 6192 | B1'n2 | DTw | 28.02.07 | 1435 | Ferrorie dello Stato, Verona (Italien)/618 | |
| 6193 | B1'n2 | DTw | 28.02.07 | 1435 | Ferrorie dello Stato, Verona (Italien)/619 | |
| 6194 | B1'n2 | DTw | 20.03.07 | 1435 | Ferrorie dello Stato, Verona (Italien)/620 | |
| 6195 | B1'n2 | DTw | 20.03.07 | 1435 | Ferrorie dello Stato, Verona (Italien)/621 | |
| 6196 | B1'n2 | DTw | 11.03.07 | 1435 | Ferrorie dello Stato, Verona (Italien)/622/09.1926 U. Bn2t FS 808.229 | |
| 6197 | B1'n2 | DTw | 11.03.07 | 1435 | Ferrorie dello Stato, Verona (Italien)/623 | |
| 6198 | B1'n2 | DTw | 16.03.07 | 1435 | Ferrorie dello Stato, Verona (Italien)/624/10.1925 U. Bn2t FS 808.202 | |
| 6199 | B1'n2 | DTw | 16.03.07 | 1435 | Ferrorie dello Stato, Verona (Italien)/625 | |
| 6200 | B1'n2 | DTw | 21.03.07 | 1435 | Ferrorie del'o Stato, Verona (Italien)/626 | |
| 6201 | B1'n2 | DTw | 21.03.07 | 1435 | Ferrorie dello Stato, Verona (Italien)/627/10.1926 U. Bn2t FS 808.2 | |
| 6202 | B1'n2 | DTw | 09.04.07 | 1435 | Ferrorie dello Stato, Verona (Italien)/628/10.1925 U. Bn2t FS 808.203 | |
| 6203 | B1'n2 | DTw | 09.04.07 | 1435 | Ferrorie dello Stato, Verona (Italien)/629/09.1925 U. Bn2t FS 808.213 | |
| 6204 | B1'n2 | DTw | 15.04.07 | 1435 | Ferrorie dello Stato, Verona (Italien)/630/10.1925 U. Bn2t FS 808.204 | |
| 6205 | B1'n2 | DTw | 15.04.07 | 1435 | Ferrorie dello Stato, Verona (Italien)/631/1914 U. Bn2t FS 80016/sp. FS 800.016 | 03.1952 |
| 6206 | B1'n2 | DTw | 20.04.07 | 1435 | Ferrorie dello Stato, Verona (Italien)/632/10.1925 U. Bn2t FS 808.205 | |
| 6207 | B1'n2 | DTw | 20.04.07 | 1435 | Ferrorie dello Stato, Verona (Italien)/633 | |
| 6208 | B n2t | StL | 02.07.07 | 1000 | V & W, für Oberehnheim-Ottrott/1 | |
| 6209 | B n2t | StL | 02.07.07 | 1000 | V & W, für Oberehnheim-Ottrott/2 | |
| 6210 | C n2t | | 14.03.07 | 1435 | V & W, für Vorwohle-Emmerthal/6 | |
| 6211 | B n2t | | 16.01.07 | 1435 | Röhrenwalzwerk A. Hahn, Oderberg/1 | 1958 |
| 6212 | 1'C h2t | Pt | 16.08.07 | 1435 | KPEV (T 12)/Bln 7785/DRG 74 541 | |
| 6213 | 1'C h2t | Pt | 19.08.07 | 1435 | KPEV (T 12)/Bln 7786/DRG 74 542/CFL 31.12 | 27.07.1957 |
| 6214 | 1'C h2t | Pt | 20.08.07 | 1435 | KPEV (T 12)/Bln 7787/DRG 74 543/DR | 25.04.1951 |
| 6215 | 1'C h2t | Pt | 23.08.07 | 1435 | KPEV (T 12)/Cln 7702/1919 B 9602/DB/05.05.46 SNCF/02.47 B 96.002 | 06.1956 |
| 6216 | 1'C h2t | Pt | 26.08.07 | 1435 | KPEV (T 12)/Cln 7703/1919 B 9607/1941 DRG 74 1341/DB/06.50 B 96.007 | |
| 6217 | 1'C h2t | Pt | 27.08.07 | 1435 | KPEV (T 12)/Esn 7705/DRG 74 545/DB | 15.08.1955 |
| 6218 | 1'C h2t | Pt | 27.08.07 | 1435 | KPEV (T 12)/Esn 7706/DRG 74 546/DB | 15.11.1957 |
| 6219 | 1'C h2t | Pt | 28.08.07 | 1435 | KPEV (T 12)/Mst 7708/DRG 74 547/DB | 14.03.1957 |
| 6220 | 1'C h2t | Pt | 30.08.07 | 1435 | KPEV (T 12)/Mst 7709/DRG 74 548/NS 5901/1947 DB | 15.11.1957 |
| 6221 | 1'C h2t | Pt | 31.08.07 | 1435 | KPEV (T 12)/Bln 7788/DRG 74 549/DB | 14.03.1957 |
| 6222 | 1'C h2t | Pt | 06.09.07 | 1435 | KPEV (T 12)/Bln 7789/DRG 74 550/DR | 02.03.1965 |
| 6223 | 1'C h2t | Pt | 07.09.07 | 1435 | KPEV (T 12)/Bln 7790/DRG 74 551/DR | 07.02.1965 |
| 6224 | 1'C h2t | G | 15.07.07 | 1435 | KPEV (G 5.4)/Bbg 4181/1919 Ost 4289/DRG 54 926 | |
| 6225 | 1'C h2t | G | 11.07.07 | 1435 | KPEV (G 5.4)/Bbg 4182/1919 Ost 4290/DRG 54 927 | 1927 |
| 6226 | 1'C h2t | G | 30.07.07 | 1435 | KPEV (G 5.4)/Hl 4269/DRG 54 928 | |
| 6227 | 1'C h2t | G | 02.08.07 | 1435 | KPEV (G 5.4)/Hl 4270 | |
| 6228 | 1'C h2t | G | 08.08.07 | 1435 | KPEV (G 5.4)/Hl 4271/DRG 54 929/DB | 09.02.1948 |
| 6229 | 1'C h2t | G | 12.08.07 | 1435 | KPEV (G 5.4)/Hl 4272 | |
| 6230 | 1'C n2v | G | 12.09.07 | 1435 | KPEV (G 5.4)/Bbg 4183/1919 Ost 4291/PKP Ti4-140/1941 DRG 54 1220 | |
| 6231 | 1'C n2v | G | 13.09.07 | 1435 | KPEV (G 5.4)/Bbg 4184/1919 Ost 4292/(DRG 54 954) | |
| 6232 | 1'C n2v | G | 16.09.07 | 1435 | KPEV (G 5.4)/Bbg 4185/1919 PKP Ti4-141 | |
| 6233 | 1'C n2v | G | 17.09.07 | 1435 | KPEV (G 5.4)/Dzg 4241/1919 B 7467 | |
| 6234 | 1'C n2v | G | 19.09.07 | 1435 | KPEV (G 5.4)/Dzg 4242 | |

| Fabriknummer | Bauart | Gattung | Auslieferungsdatum | Spurweite | Empfänger/Verbleib | Ausmusterung |
|---|---|---|---|---|---|---|
| 6235 | 1'C n2v | G | 21.09.07 | 1435 | KPEV (G 5.4)/Dzg 4243/1919 PKP Ti4-125/1941 DRG 54 1161/1945 PKP Ti4-26 | |
| 6236 | 1'C n2v | G | 23.09.07 | 1435 | KPEV (G 5.4)/Dzg 4244/1919 PKP Ti4-144/1941 DRG 54 1221/DB | 29.01.1947 |
| 6237 | 1'C n2v | G | 25.09.07 | 1435 | KPEV (G 5.4)/Dzg 4245/1919 Ost 4297/(DRG 54 955) | |
| 6238 | 1'C n2v | G | 30.09.07 | 1435 | KPEV (G 5.4)/Dzg 4246/1919 PKP Ti4-126/1941 DRG 54 1211 | |
| 6239 | 1'C n2v | G | 30.09.07 | 1435 | KPEV (G 5.4)/Dzg 4247/1919 PKP Ti4-127 | |
| 6240 | B n2t | AL | 28.02.07 | 900 | Klettwitzer Werke, J. Freuherz, Klettwitz N/L | |
| 6241 | B n2t | AL | 11.03.07 | 900 | F. Minte, Mainz | |
| 6242 | B n2t | AL | 20.02.07 | 900 | A. Koppel AG, Berlin, für Sachsen-Altenburg | |
| 6243 | B n2t | AL | 20.03.07 | 900 | A. Koppel AG, Berlin, für Sachsen | |
| 6244 | B n2t | AL | 20.03.07 | 900 | A. Koppel AG, Berlin, für Sachsen | |
| 6245 | B n2t | AL | 01.03.07 | 900 | Klettwitzer Werke, J. Treuherz, Klettwitz N/L | |
| 6246 | B n2t | AL | 15.03.07 | 900 | Wackerow & Co., Breslau, für Gebrüder Hallinger, Regensburg | |
| 6247 | B n2t | AL | 27.04.07 | 900 | Gesellschaft für Schmalspur- und Anschlußbahnen, Berlin/07.06.07 W. Bruch, Berlin | |
| 6248 | B n2t | AL | 18.04.07 | 900 | Döring & Lehrmann AG, Helmstedt | |
| 6249 | B n2t | AL | 18.04.07 | 900 | Döring & Lehrmann AG, Helmstedt | |
| 6250 | B n2t | AL | 13.04.07 | 600 | A. Koppel AG, Berlin | |
| 6251 | B n2t | | 15.01.08 | 600 | Alfred Pottenhausen, Hamburg, für Südamerika | |
| 6252 | B n2t | | 02.04.08 | 600 | Lenz & Co., Berlin, für Kamerun | |
| 6253 | B n2t | | 31.03.08 | 600 | Lenz & Co., Berlin, für Kamerun | |
| 6254 | B n2t | | 29.04.08 | 600 | A. Koppel AG, Berlin | |
| 6255 | B n2t | | 07.07.08 | 600 | Chemin de fer Bennevento, Cancello-Arienzo (Italien) | |
| 6256 | B n2t | | 29.05.07 | 750 | J. Klinge, Aachen | |
| 6257 | B n2t | | 24.06.08 | 750 | A. Koppel AG, Berlin | |
| 6258 | B n2t | | 18.07.08 | 750 | A. Koppel AG, Berlin | |
| 6259 | B n2t | | 01.04.10 | 750 | Philipp Holzmann & Co., Frankfurt/Main | |
| 6260 | B n2t | | 05.06.07 | 785 | Kattowitzer AG für Bergbau und Eisenhüttenbetrieb, Kattowitz | |
| 6261 | B n2t | | 15.06.07 | 900 | Sächsische Gußstahlfabrik, Döhlen/Rheingruben Kies- und Sandbaggerei, Duisburg-Wedau | 1969 |
| 6262 | B n2t | | 16.09.07 | 1435 | Norddeutsche Kartoffelmehlfabrik GmbH, Küstrin | |
| 6263 | Nicht im Auslieferungsbuch verzeichnet | | | | | |
| 6264 | 1'C n2 | G | 09.03.07 | 1000 | Cie Auxiliaire de Chemins de Fer au Bresil, Brüssel, für Rio Grande do Sul (Brasilien)/231 | |
| 6265 | 1'C n2 | G | 11.03.07 | 1000 | Cie Auxiliaire de Chemins de Fer au Bresil, Brüssel, für Rio Grande do Sul (Brasilien)/232 | |
| 6266 | 1'C n2 | P | 13.03.07 | 1000 | Cie Auxiliaire de Chemins de Fer au Bresil, Brüssel, für Rio Grande do Sul (Brasilien)/233 | |
| 6267 | 1'C n2 | P | 03.04.07 | 1000 | Cie Auxiliaire de Chemins de Fer au Bresil, Brüssel, für Rio Grande do Sul (Brasilien)/234 | |
| 6268 | 1'C n2 | P | 05.04.07 | 1000 | Cie Auxiliaire de Chemins de Fer au Bresil, Brüssel, für Rio Grande do Sul (Brasilien)/235 | |
| 6269 | 1'D n2 | G | 01.05.07 | 1000 | Cie Auxiliaire de Chemins de Fer au Bresil, Brüssel, für Rio Grande do Sul (Brasilien)/301 | |
| 6270 | 1'D n2 | G | 02.05.07 | 1000 | Cie Auxiliaire de Chemins de Fer au Bresil, Brüssel, für Rio Grande do Sul (Brasilien)/302 | |
| 6271 | 1'D n2 | G | 16.05.07 | 1000 | Cie Auxiliaire de Chemins de Fer au Bresil, Brüssel, für Rio Grande do Sul (Brasilien)/303 | |
| 6272 | 1'D n2 | G | 16.05.07 | 1000 | Cie Auxiliaire de Chemins de Fer au Bresil, Brüssel, für Rio Grande do Sul (Brasilien)/304 | |
| 6273 | 1'D n2 | G | 16.05.07 | 1000 | Cie Auxiliaire de Chemins de Fer au Bresil, Brüssel, für Rio Grande do Sul (Brasilien)/305 | |
| 6274 | 1'D n2 | G | 16.05.07 | 1000 | Cie Auxiliaire de Chemins de Fer au Bresil, Brüssel, für Rio Grande do Sul (Brasilien)/306 | |
| 6275 | 1'D n2 | G | 17.06.07 | 1000 | Cie Auxiliaire de Chemins de Fer au Bresil, Brüssel, für Rio Grande do Sul (Brasilien)/307 | |
| 6276 | 1'D n2 | G | 17.06.07 | 1000 | Cie Auxiliaire de Chemins de Fer au Bresil, Brüssel, für Rio Grande do Sul (Brasilien)/308 | |
| 6277 | 2'B n2 | S | 10.04.07 | 1000 | Cie Auxiliaire de Chemins de Fer au Bresil, Brüssel, für Rio Grande do Sul (Brasilien)/81 | |
| 6278 | 2'B n2 | S | 12.04.07 | 1000 | Cie Auxiliaire de Chemins de Fer au Bresil, Brüssel, für Rio Grande do Sul (Brasilien)/82 | |
| 6279 | C1' n2t | | 04.04.07 | 785 | Schlesische Kleinbahn AG, Kattowitz, für Gleiwitz-Ratibor/5/PKP Txb2-2203 | |
| 6280 | C1' n2t | | 10.04.07 | 785 | Schlesische Kleinbahn AG, Kattowitz, für Gleiwutz-Ratibor/6/PKP Txb2-2204 | |
| 6281 | D n2t | | 12.06.07 | 600 | Kreisausschuß Jarotschin für Jarotschiner Kreisbahn/4/1949 PKP Tx4-563 | 27.11.1967 |
| 6282 | C n2t | | 04.05.07 | 1435 | Kleinbahn Kunersdorf-Ziebingen/1 | |
| 6283 | C n2t | | 15.05.07 | 1435 | Kleinbahn Kunersdorf-Ziebingen/2 | |
| 6284 | B n2t | AL | 30.05.07 | 900 | Klettwitzer Werke J. Treuherz, Klettwitz | |
| 6285 | B n2t | AL | 31.05.07 | 900 | Braunkohlen- und Brikettindustrie, Berlin | |
| 6286 | B n2t | AL | 07.06.07 | 900 | Braunkohlen- und Brikettindustrie, Berlin | |
| 6287 | B n2t | AL | 13.06.07 | 900 | A. Koppel AG, Berlin | |
| 6288 | B n2t | AL | 30.07.07 | 900 | A. Koppel AG, Berlin | |

| Fabriknummer | Bauart | Gattung | Auslieferungsdatum | Spurweite | Empfänger/Verbleib | Ausmusterung |
|---|---|---|---|---|---|---|
| 6289 | 1'C n2 | G | 27.03.07 | 1676 | Syndicato de Obras Publicas de Chile, Santiago (Chile) | |
| 6290 | B n2t | | 16.03.07 | 1435 | Kgl. Berginspektion Rüdersdorf | |
| 6291 | C n2t | | 17.05.07 | 1435 | Reinickendorf-Liebenwalde-Groß Schönebecker Eisenbahn/BRANDENBURG | |
| 6292 | 1'C n2 | | 24.07.07 | 1435 | Nordjyllans-Forenede Privatbaner, Aalborg (Dänemark)/19 | 1949 |
| 6293 | 1'C n2 | | 24.07.07 | 1435 | Nordjyllans-Forenede Privatbaner, Aalborg (Dänemark)/20 | 1949 |
| 6294 | C2'n2t | | 21.09.07 | 1000 | A. Koppel AG, Berlin, für Santa Katarina Eisenbahn (Brasilien)/1 | |
| 6295 | C2'n2t | | 04.11.07 | 1000 | A. Koppel AG, Berlin, für Santa Katarina Eisenbahn (Brasilien)/2 | |
| 6296 | 2'B n2 | S | 17.06.07 | 1000 | Cie Auxiliaire de Chemins de Fer au Bresil, Brüssel, für Rio Grande do Sul (Brasilien)/83 | |
| 6297 | 2'B n2 | S | 17.06.07 | 1000 | Cie Auxiliaire de Chemins de Fer au Bresil, Brüssel, für Rio Grande do Sul (Brasilien)/84 | |
| 6298 | B n2t | | 15.06.07 | 700 | Chemins de Fer & Mines „Prince Henri" (Luxemburg)/303/1936 Eisenerzgrube Teterchen | |
| 6299 | D n2t | | 03.08.07 | 600 | Deutsche Heeres-Feldbahnen, Versuchsanstalt der Verkehrstruppen, Schöneberg/220 | |
| 6300 | D n2t | | 03.08.07 | 600 | Deutsche Heeres-Feldbahnen, Versuchsanstalt der Verkehrstruppen, Schöneberg/221/1919 PKP 311/1941 DRG 99 1531 | |
| 6301 | D n2t | | 07.08.07 | 600 | Deutsche Heeres-Feldbahnen, Versuchsanstalt der Verkehrstruppen, Schöneberg/222 | |
| 6302 | D n2t | | 07.08.07 | 600 | Deutsche Heeres-Feldbahnen, Versuchsanstalt der Verkehrstruppen, Schöneberg/223 | |
| 6303 | D n2t | | 16.08.07 | 600 | Deutsche Heeres-Feldbahnen, Versuchsanstalt der Verkehrstruppen, Schöneberg/224 | |
| 6304 | B1'n2t | - | 23.02.07 | 600 | De Nederländisch-Indische Industrie, Rotterdam, für Java | |
| 6305 | D n2t | Gt | 16.07.07 | 1676 | Chemin de fer de Rasorio-Puerto Belgrano, Paris, für Argentinien/1 | |
| 6306 | D n2t | Gt | 16.07.07 | 1676 | Chemin de fer de Rasorio-Puerto Belgrano, Paris, für Argentinien/2 | |
| 6307 | D n2t | Gt | 16.07.07 | 1676 | Chemin de fer de Rasorio-Puerto Belgrano, Paris, für Argentinien/3 | |
| 6308 | D n2t | Gt | 10.09.07 | 1676 | Chemin de fer de Rasorio-Puerto Belgrano, Paris, für Argentinien/4 | |
| 6309 | D n2t | Gt | 10.09.07 | 1676 | Chemin de fer de Rasario-Puerto Belgrano, Paris, für Argentinien/5 | |
| 6310 | D n2t | Gt | 10.09.07 | 1676 | Chemin de fer de Rasario-Puerto Belgrano, Paris, für Argentinien/6 | |
| 6311 | B n2t | | 24.10.07 | 600 | Lenz & Co. AG, Berlin | |
| 6312 | B n2t | | 30.10.07 | 600 | Wilhelm Düren, Godesberg (Rheinland) | |
| 6313 | B n2t | | 28.04.08 | 600 | A. Koppel AG, Berlin | |
| 6314 | B n2t | | 19.06.08 | 600 | A. Koppel AG, Berlin | |
| 6315 | B n2t | | 05.06.08 | 600 | Wilhelm Düren, Godesberg (Rheinland) | |
| 6316 | B n2t | | 29.06.08 | 600 | A. Koppel AG, Berlin, für Belgien | |
| 6317 | B n2t | | 15.07.08 | 600 | Bauunternehmen Moebus, Charlottenburg | |
| 6318 | B n2t | | 27.07.08 | 600 | Ph. Holzmann & Co., GmbH, Frankfurt am Main | |
| 6319 | B n2t | | 20.08.08 | 600 | E.L. Coppieters, Ostende | |
| 6320 | B n2t | | 20.08.08 | 600 | E.L. Coppieters, Ostende | |
| 6321 | B n2t | | 06.06.07 | 600 | The Peña Copper Mines Ltd, London, für Spanien/SM Duro-Felguera 12/ PENA COPPER auf 650 mm umgespurt | |
| 6322 | 1'C n2v | G | 17.05.07 | 1435 | KPEV (G 5.4)/Alt 4205/1918 PKP Ti4- | |
| 6323 | 1'C n2v | G | 27.05.07 | 1435 | KPEV (G 5.4)/Alt 4206/DRG 54 957 | 1931 |
| 6324 | 1'C n2v | G | 14.05.07 | 1435 | KPEV (G 5.4)/Alt 4207/DRG 54 957 | |
| 6325 | 1'C n2v | G | 23.05.07 | 1435 | KPEV (G 5.4)/Alt 4208/1918 PKP Ti4- | |
| 6326 | 1'C n2v | G | 29.06.07 | 1435 | KPEV (G 5.4)/Bsl 4260/1907 Hl 4286/1920 Dsd 4286/DRG 54 958 | |
| 6327 | 1'C n2v | G | 29.06.07 | 1435 | KPEV (G 5.4)/Bsl 4261/1907 Hl 4287/1919 FS 603.018 | |
| 6328 | 1'C n2v | G | 04.07.07 | 1435 | KPEV (G 5.4)/Bsl 4262/1907 Hl 4288/1920 Dsd 4288/DRG 54 959 | |
| 6329 | 1'C n2v | G | 10.07.07 | 1435 | KPEV (G 5.4)/Bsl 4263/1907 Hl 4289/1918 PKP Ti4-139/1941 DRG 54 1167/ PKP Ti4-57 | |
| 6330 | 1'C n2v | G | 11.07.07 | 1435 | KPEV (G 5.4)/Bsl 4264/1907 Hl 4290/1919 B 7490 | |
| 6331 | 1'C n2v | G | 23.07.07 | 1435 | KPEV (G 5.4)/Bsl 4265/1907 Hl 4291/1920 Dsd 4291/DRG 54 960 | 1932 |
| 6332 | 1'C n2v | G | 08.08.07 | 1435 | KPEV (G 5.4)/Bsl 4266/1907 Hl 4292/1919 B 7491 | |
| 6333 | 1'C n2v | G | 17.08.07 | 1435 | KPEV (G 5.4)/Bsl 4267/1907 Hl 4293/1918 PKP Ti4-141/1941 DRG 54 1168 | |
| 6334 | 1'C n2v | G | 26.08.07 | 1435 | KPEV (G 5.4)/Bsl 4268/1907 Hl 4294/1918 PKP Ti4-142/1941 DRG 54 1169/ DR/23.12.1955 PKP | |
| 6335 | 1'C n2v | G | 29.08.07 | 1435 | KPEV (G 5.4)/Bsl 4269/1907 Hl 4295/1918 PKP Ti4-143/1941 DRG 54 1170/ PKP Ti4-27 | |
| 6336 | 1'C n2v | G | 31.08.07 | 1435 | KPEV (G 5.4)/Bsl 4270/1907 Hl 4296/1920 Dsd 4296/DRG 54 961 | |
| 6337 | 1'C n2v | G | 23.08.07 | 1435 | KPEV (G 5.4)/Dzg 4251/1919 Stn 4251/(DRG 54 962) | vor 1925 |
| 6338 | 1'C n2v | G | 09.10.07 | 1435 | KPEV (G 5.4)/Dzg 4252/1919 PKP Ti4-2 Dz/1941 DRG 54 1109/1945 PKP Ti4-8 | |
| 6339 | 1'C n2v | G | 15.10.07 | 1435 | KPEV (G 5.4)/Dzg 4253/1919 Stn 4253/(DRG 54 963) | vor 1925 |
| 6340 | 1'C n2v | G | 19.10.07 | 1435 | KPEV (G 5.4)/Dzg 4254/1919 PKP Ti4-130 | |
| 6341 | 1'C n2v | G | 28.10.07 | 1435 | KPEV (G 5.4)/Dzg 4255/1919 ČSD 335.013 | |
| 6342 | 1'C n2v | G | 31.10.07 | 1435 | KPEV (G 5.4)/Dzg 4256/1919 PKP Ti4-182/1941 DRG 54 1213/PKP | 1946 |
| 6343 | C n2t | G | 14.08.07 | 1435 | Kreisausschuß Niederbarnim, Berlin, für Industriebahn Tegel-Friedrichsfelde/1/1925 JTF 11/01.07.1950 DR 89 6409 | 07.05.1965 |
| 6344 | C n2t | G | 05.09.07 | 1435 | Kreisausschuß Niederbarnim, Berlin, für Industriebahn Tegel-Friedrichsfelde/2/1925 JTF 12/01.07.1950 DR 89 6410 | 07.05.1965 |

| Fabriknummer | Bauart | Gattung | Auslieferungsdatum | Spurweite | Empfänger/Verbleib | Ausmusterung |
|---|---|---|---|---|---|---|
| 6345 | 2'B1'n2 | | 15.08.07 | 600 | Todd u. Samuel Adelaide, Sydney, für Stannary Hill Mines (Australien)/ Cattlecreek Sugar Mill GERMANY 3/Australian Narrow Gauge Railway Museum Society, Brisbane (Australien) | |
| 6346 | 1'C h2t | Pt | 29.10.07 | 1435 | KPEV (T 12)/Bln 7791/DRG 74 552/DB | 09.01.1962 |
| 6347 | 1'C h2t | Pt | 31.10.07 | 1435 | KPEV (T 12)/Bln 7792/DRG 74 553/DR | 09.11.1963 |
| 6348 | 1'C h2t | Pt | 31.10.07 | 1435 | KPEV (T 12)/Bln 7793/DRG 74 554/DB | 25.04.1958 |
| 6349 | 1'C h2t | Pt | 04.11.07 | 1435 | KPEV (T 12)/Bln 7794/DRG 74 555/DB | 10.08.1957 |
| 6350 | 1'C h2t | Pt | 07.11.07 | 1435 | KPEV (T 12)/Bln 7795/DRG 74 556/DB | 10.08.1957 |
| 6351 | 1'C h2t | Pt | 08.11.07 | 1435 | KPEV (T 12)/Bln 7796/DRG 74 557 | 1932 |
| 6352 | 1'C h2t | Pt | 12.11.07 | 1435 | KPEV (T 12)/Bln 7797/DRG 74 558/DB | 15.11.1957 |
| 6353 | 1'C h2t | Pt | 15.11.07 | 1435 | KPEV (T 12)/Efd 7725/DRG 74 559/DB | 10.05.1960 |
| 6354 | 1'C h2t | Pt | 19.11.07 | 1435 | KPEV (T 12)/Efd 7726/DRG 74 560/DB | 17.01.1964 |
| 6355 | 1'C h2t | Pt | 22.11.07 | 1435 | KPEV (T 12)/Mst 7710/DRG 74 561/DB | 14.03.1957 |
| 6356 | 1'C h2t | Pt | 23.11.07 | 1435 | KPEV (T 12)/Mst 7711/DRG 74 562/DB | 15.11.1957 |
| 6357 | 1'C h2t | Pt | 27.11.07 | 1435 | KPEV (T 12)/Bln 7798/DRG 74 563/DB | 28.07.1964 |
| 6358 | 1'C h2t | Pt | 29.11.07 | 1435 | KPEV (T 12)/Bln 7799/DRG 74 564/NS 5902/1947 DB | 07.08.1956 |
| 6359 | 1'C h2t | Pt | 02.12.07 | 1435 | KPEV (T 12)/Bln 7800/DRG 74 565 | 1935 |
| 6360 | 1'C h2t | Pt | 03.12.07 | 1435 | KPEV (T 12)/Bln 7801/DRG 74 566 | |
| 6361 | 1'C h2t | Pt | 07.12.07 | 1435 | KPEV (T 12)/Bln 7802/DRG 74 567/DB | 14.03.1957 |
| 6362 | 1'C h2t | Pt | 07.12.07 | 1435 | KPEV (T 12)/Bln 7803/DRG 74 568/DB | 30.09.1960 |
| 6363 | 1'C h2t | Pt | 11.12.07 | 1435 | KPEV (T 12)/Bsl 7720/DRG 74 569/DB | |
| 6364 | 1'C h2t | Pt | 14.12.07 | 1435 | KPEV (T 12)/Bsl 7721/DRG 74 570/DB | 15.11.1957 |
| 6365 | 1'C h2t | Pt | 19.12.07 | 1435 | KPEV (T 12)/Bsl 7722/DRG 74 571/DR | 28.08.1960 |
| 6366 | 1'C h2t | Pt | 21.12.07 | 1435 | KPEV (T 12)/Bsl 7723/DRG 74 572/DB | 07.08.1956 |
| 6367 | 1'C h2t | Pt | 27.12.07 | 1435 | KPEV (T 12)/Efd 7727/DRG 74 573/DB | 14.03.1957 |
| 6368 | 1'C h2t | Pt | 03.01.08 | 1435 | KPEV (T 12)/Cln 7704/1919 B 9604/zerlegt 1948/50 bei DOKP Poznan PKP | |
| 6369 | 1'C h2t | Pt | 07.01.08 | 1435 | KPEV (T 12)/Cln 7705/DRG 74 574/DB | 12.07.1962 |
| 6370 | 1'C h2t | Pt | 21.01.08 | 1435 | KPEV (T 12)/Cln 7706 | |
| 6371 | 1'C h2t | Pt | 03.01.08 | 1435 | KPEV (T 12)/Cln 7707 | |
| 6372 | 1'C h2t | Pt | 08.01.08 | 1435 | KPEV (T 12)/Efd 7728/DRG 74 575/DB | 30.09.1960 |
| 6373 | 1'C h2t | Pt | 09.01.08 | 1435 | KPEV (T 12)/Efd 7729/DRG 74 576/DB | 15.11.1957 |
| 6374 | 1'C h2t | Pt | 24.01.08 | 1435 | KPEV (T 12)/Efd 7730/DRG 74 577/DB | 11.01.1952 |
| 6375 | 1'C h2t | Pt | 29.01.08 | 1435 | KPEV (T 12)/Efd 7731/DRG 74 578/DB | 14.03.1957 |
| 6376 | 1'C h2t | Pt | 29.01.08 | 1435 | KPEV (T 12)/Efd 7732/DRG 74 579/DB | 15.11.1957 |
| 6377 | 1'C h2t | Pt | 20.01.08 | 1435 | KPEV (T 12)/Esn 7707/DRG 74 580/DB | 20.11.1958 |
| 6378 | 1'C h2t | Pt | 01.02.08 | 1435 | KPEV (T 12)/Esn 7708/DRG 74 581/DB | 14.03.1957 |
| 6379 | 1'C h2t | Pt | 27.01.08 | 1435 | KPEV (T 12)/Bln 7804/DRG 74 582/DB | 20.06.1960 |
| 6380 | 1'C h2t | Pt | 28.01.08 | 1435 | KPEV (T 12)/Bln 7805/DRG 74 583/DB | 15.11.1957 |
| 6381 | 1'C h2t | Pt | 31.01.08 | 1435 | KPEV (T 12)/Bln 7806/DRG 74 584/DR | 17.01.1961 |
| 6382 | 1'C h2t | Pt | 31.01.08 | 1435 | KPEV (T 12)/Bln 7807/DRG 74 585/DB | 30.09.1960 |
| 6383 | 1'C h2t | Pt | 06.02.08 | 1435 | KPEV (T 12)/Bln 7808/DRG 74 586/DR | 27.05.1967 |
| 6384 | 1'C h2t | Pt | 07.02.08 | 1435 | KPEV (T 12)/Bln 7809/DRG 74 587/DB | 14.07.1960 |
| 6385 | 1'C h2t | Pt | 12.02.08 | 1435 | KPEV (T 12)/Mst 7712/DRG 74 588/DB | 30.09.1960 |
| 6386 | 1'C h2t | Pt | 13.02.08 | 1435 | KPEV (T 12)/Mst 7713/DRG 74 589/DB | 20.11.1958 |
| 6387 | 1'C h2t | Pt | 14.02.08 | 1435 | KPEV (T 12)/Mst 7714/DRG 74 590/DB | 15.11.1957 |
| 6388 | 1'C h2t | Pt | 20.02.08 | 1435 | KPEV (T 12)/Sbr 7701/SAAR 7701/1935/DRG 74 1301 | |
| 6389 | 1'C h2t | Pt | 21.02.08 | 1435 | KPEV (T 12)/Sbr 7702/SAAR 7702/1935 DRG 74 1302/DB | 01.08.1962 |
| 6390 | 1'C h2t | Pt | 27.02.08 | 1435 | KPEV (T 12)/Bln 7810/DRG 74 591 | |
| 6391 | 1'C h2t | Pt | 05.03.08 | 1435 | KPEV (T 12)/Bln 7811/DRG 74 592/DR | 27.05.1967 |
| 6392 | 1'C h2t | Pt | 07.03.08 | 1435 | KPEV (T 12)/Bln 7812/DRG 74 593/CFL 31.13 | 1956 |
| 6393 | 1'C h2t | Pt | 13.03.08 | 1435 | KPEV (T 12)/Bln 7813/DRG 74 594/DB | 14.03.1957 |
| 6394 | 1'C h2t | Pt | 17.03.08 | 1435 | KPEV (T 12)/Bln 7814/DRG 74 595/DB | 25.04.1958 |
| 6395 | 1'C h2t | Pt | 18.03.08 | 1435 | KPEV (T 12)/Bln 7815/DRG 74 596/DB | 09.01.1962 |
| 6396 | 1'C h2t | Pt | 30.03.08 | 1435 | KPEV (T 12)/Sbr 7703/SAAR 7703/1935 DRG 74 1303/DR | 25.04.1951 |
| 6397 | 2'C h2 | P | 13.06.08 | 1435 | KPEV (P 8)/Kbg 2408/DRG 38 1012 | 1928 |
| 6398 | 2'C h2 | P | 19.06.08 | 1435 | KPEV (P 8)/Kbg 2409/DRG 38 1013 | 1930 |
| 6399 | 2'C h2 | P | 20.06.08 | 1435 | KPEV (P 8)/Kbg 2410/DRG 38 1014/DR | 10.04.1964 |
| 6400 | 2'C h2 | P | 25.06.08 | 1435 | KPEV (P 8)/Kbg 2411/1918 PKP Ok 1-9/1941 DRG 38 1022"/DR/1946 PKP Ok 1-2 | |
| 6401 | 2'C h2 | P | 25.06.08 | 1435 | KPEV (P 8)/Kbg 2412/DRG 38 1015 | 1928 |
| 6402 | 2'C h2 | P | 30.06.08 | 1435 | KPEV (P 8)/Bsl 2408/DRG 38 1016/DR | 28.09.1962 |
| 6403 | 2'C h2 | P | 04.07.08 | 1435 | KPEV (P 8)/Bsl 2409/DRG 38 1017/DB | 20.11.1958 |
| 6404 | 2'C h2 | P | 08.07.08 | 1435 | KPEV (P 8)/Bsl 2410/DRG 38/1018 | 1935 |
| 6405 | 2'C h2 | P | 09.07.08 | 1435 | KPEV (P 8)/Bsl 2411/1918 PKP Ok 1-10/1941 DRG 38 1025"/1946 PKP Ok 1-4 | |
| 6406 | 2'C h2 | P | 20.05.08 | 1435 | KPEV (P 8)/Mgd 2401/DRG 38 1019 | 1932 |
| 6407 | 2'C h2 | P | 20.05.08 | 1435 | KPEV (P 8)/Mgd 2402/DRG 38 1020 | 1932 |
| 6408 | 2'C h2 | P | 23.05.08 | 1435 | KPEV (P 8)/Mgd 2403/DRG 38 1021 | 1930 |
| 6409 | 2'C h2 | P | 27.05.08 | 1435 | KPEV (P 8)/Mgd 2404/1918 PKP Ok 1-6/1941 DRG 38 1019"/DR | 23.04.1959 |
| 6410 | 2'C h2 | P | 29.05.08 | 1435 | KPEV (P 8)/Mgd 2405/DRG 38 1022 | 1931 |
| 6411 | 2'C h2 | P | 01.06.08 | 1435 | KPEV (P 8)/Mgd 2406/1918 PKP Ok 1-7 | |
| 6412 | B n2t | | 28.03.08 | 900 | Ph. Holzmann & Co., Frankfurt am Main (bestellt für Wackerow & Co., Breslau) | |

| Fabriknummer | Bauart | Gattung | Auslieferungsdatum | Spurweite | Empfänger/Verbleib | Ausmusterung |
|---|---|---|---|---|---|---|
| 6413 | B n2t | | 12.10.07 | 900 | Artur Koppel AG, Berlin | |
| 6414 | B n2t | | 24.08.07 | 900 | Gebr. Reschke, Senftenberg, für Grube Marie, Reppist | |
| 6415 | B n2t | | 05.10.07 | 900 | Hans Blenke, Berlin, für Mehlem i. Waldeck, Station Wega | |
| 6416 | B n2t | | 09.12.07 | 900 | Artur Koppel AG, Berlin | |
| 6417 | B n2t | | 07.08.07 | 900 | Artur Koppel AG, Berlin, für Belgien | |
| 6418 | B n2t | | 14.08.07 | 750 | Artur Koppel AG, Berlin | |
| 6419 | B n2t | | 03.09.07 | 750 | Artur Koppel AG, Berlin, für Rußland | |
| 6420 | B n2t | | 12.11.07 | 785 | Schlesische AG für Bergbau- und Zinkhüttenbetriebe, Lipine O/S | |
| 6421 | B n2t | | 03.09.07 | 750 | Artur Koppel AG, Berlin, für Rußland | |
| 6422 | Bo' Bo' | EL | 23.10.07 | 1435 | e.A. SSW 348/Halfslund AB bei Sarpsborg (Norwegen/3/Norsk Jernbaneklubb, Kloftefoss | |
| 6423 | 2'C n4v | S | 16.10.07 | 1435 | Quest (Frankreich)/2771/1909 ETAT 230.571/1938 SNCF 3-230 C 571 | |
| 6424 | 2'C n4v | S | 18.10.07 | 1435 | Quest (Frankreich)/2772/1909 ETAT 230.572/1938 SNCF 3-230 C 572 | |
| 6425 | 2'C n4v | S | 21.10.07 | 1435 | Quest (Frankreich)/2773/1909 ETAT 230.573/1938 SNCF 3-230 C 573 | |
| 6426 | 2'C n4v | S | 25.10.07 | 1435 | Quest (Frankreich)/2774/1909 ETAT 230.574/1938 SNCF 3-230 C 574 | |
| 6427 | 2'C n4v | S | 28.10.07 | 1435 | Quest (Frankreich)/2775/1909 ETAT 230.575/1938 SNCF 3-230 C 575 | |
| 6428 | 2'C n4v | S | 02.11.07 | 1435 | Quest (Frankreich)/2776/1909 ETAT 230.576/1938 SNCF 3-230 C 576 | |
| 6429 | 2'C n4v | S | 12.11.07 | 1435 | Quest (Frankreich)/2777/1909 ETAT 230.577/1938 SNCF 3-230 C 577 | |
| 6430 | 2'C n4v | S | 14.11.07 | 1435 | Quest (Frankreich)/2778/1909 ETAT 230.578/1938 SNCF 3-230 C 578 | |
| 6431 | 2'C n4v | S | 29.11.07 | 1435 | Quest (Frankreich)/2779/1909 ETAT 230.579/1938 SNCF 3-230 C 579 | |
| 6432 | 2'C n4v | S | 07.12.07 | 1435 | Quest (Frankreich)/2780/1909 ETAT 230.580/1938 SNCF 3-230 C 580 | |
| 6433 | 2'C n4v | S | 10.12.07 | 1435 | Quest (Frankreich)/2781/1909 ETAT 230.581/1938 SNCF 3-230 C 581 | |
| 6434 | 2'C n4v | S | 14.12.07 | 1435 | Quest (Frankreich)/2782/1909 ETAT 230.582/1938/SNCF 3-230 C 582 | |
| 6435 | 2'C n4v | S | 21.12.07 | 1435 | Quest (Frankreich)/2783/1909 ETAT 230.583/1938/SNCF 3-230 C 583 | |
| 6436 | 2'C n4v | S | 16.01.08 | 1435 | Quest (Frankreich)/2784/1909 ETAT 230.584/1938/SNCF 3-230 C 584 | |
| 6437 | 2'C n4v | S | 20.01.08 | 1435 | Quest (Frankreich)/2785/1909 ETAT 230.585/1938/SNCF 3-230 C 585 | |
| 6438 | B n2ft | FL | 10.06.07 | 1435 | Jönköpings Vestra Tandsticks Fabrik, Jönköping (Schweden)/1 | |
| 6439 | C n2t | | 24.08.07 | 1435 | Vering & Wächter, Berlin, für Kleinbahn Rixdorf-Mittenwalde/6 | |
| 6440 | B n2t | | 07.09.07 | 1435 | Spedition & Elbschiffahrtskontor AG, Schönebeck/Elbe | |
| 6441 | B n2t | | 20.02.08 | 1435 | Karl Schmidt, Hannover, für Gewerkschaft Riedel, Hannover/Burgdorfer Krsb 1/1962 Kaliwerk Asse | |
| 6442 | B n2t | | 30.05.08 | 1435 | Steinwerke Dubring, Dubring bei Hoyerswerda | |
| 6443 | C n2t | | 20.07.08 | 1000 | Kreisbahn Emden-Pewsun-Greetsiel, Emden/HINTE 4/1936 verkauft | |
| 6444 | 1'C n2 | P | 20.07.07 | 1676 | Chemin de fer du Norte de l'Espagne (Spanien)/51/sp. 1491/1941 RENFE 130.2101[1] | 1953 |
| 6445 | 1'C n2 | P | 30.07.07 | 1676 | Chemin de fer du Norte de l'Espagne (Spanien)/52/sp. 1492/1941 RENFE 130.2102[1] | |
| 6446 | 1'C n2 | P | 13.08.07 | 1676 | Chemin de fer du Norte de l'Espagne (Spanien)/53/sp. 1493/1941 RENFE 130.2103[1] | |
| 6447 | 1'C n2 | P | 13.08.07 | 1676 | Chemin de fer du Norte de l'Espagne (Spanien)/54/sp. 1494/1941 RENFE 130.2104[1] | |
| 6448 | 1'C n2 | P | 23.08.07 | 1676 | Chemin de fer du Norte de l'Espagne (Spanien)/55/sp. 1495/1941 RENFE 130.2105[1] | |
| 6449 | 2'C n2t | | 10.09.08 | 1000 | Linhas do Vale de Vouga (Portugal)/3.11/sp. VV 21/1947 CP E 121/CP Bahnhof Macinhata do Vouga | |
| 6450 | 2'C n2t | | 13.09.08 | 1000 | Linhas do Vale de Vouga (Portugal)/3.12/sp. VV 22/1947 CP E 122 | |
| 6451 | 2'C n2t | | 15.09.08 | 1000 | Linhas do Vale de Vouga (Portugal)/3.13/sp. VV 23/1947 CP E 123 | |
| 6452 | 2'C n2t | | 17.09.08 | 1000 | Linhas do Vale de Vouga (Portugal)/3.14/sp. VV 24/1947 CP E 124 | |
| 6453 | B n2t | | 31.07.07 | 785 | Kattowitzer AG für Bergbau u. Eisenhüttenbetriebe, Kattowitz | |
| 6454 | B n2t | | 31.07.07 | 785 | Kattowitzer AG für Bergbau u. Eisenhüttenbetriebe, Kattowitz | |
| 6455 | B n2t | | 06.08.07 | 785 | Kattowitzer AG für Bergbau u. Eisenhüttenbetriebe, Kattowitz | |
| 6456 | B n2t | | 14.09.07 | 1435 | Eisen- u. Stahlwerk Bethlenfalva-Bismarckhütte Schwintochlawitz/n.1945 Hütte Bobrek, Bytom (VRP) | 1969 |
| 6457 | B n2t | | 23.09.07 | 1435 | Artur Koppel AG, Berlin für Rom (Italien)/Raccordi Ferroviari Bonaventura Sp.A, Preganziol/bei Venedig | |
| 6458 | B n2t | | 30.09.07 | 1435 | Sambre et Maselle, Mezieres (Frankreich) | |
| 6459 | B n2t | | 19.10.07 | 1435 | Artur Koppel AG, Berlin, für Österreich | |
| 6460 | B n2t | | 06.11.07 | 900 | Hans Blenke, Berlin, für Mehlen in Waldeck, Station Wega | |
| 6461 | B n2t | | 11.01.08 | 900 | Artur Koppel AG, Berlin/n. 45 Cementownia (Zementwerk) Goleszow (VRP) | |
| 6462 | B n2t | | 11.01.08 | 900 | Artur Koppel AG, Berlin/n. 45 Cementownia (Zementwerk) Goleszow (VRP) | vor 1960 |
| 6463 | B n2t | | 13.03.08 | 900 | Döring & Lehrmann AG, Helmstedt | |
| 6464 | B n2t | | 12.03.08 | 900 | Artur Koppel AG, Berlin | |
| 6465 | B n2t | | 17.03.08 | 900 | Artur Koppel AG, Berlin | |
| 6466 | B n2t | | 02.07.07 | 750 | Portland Cement AG, Schwanebeck | |
| 6467 | C n2t | | 28.08.07 | 1435 | Rombacher Hüttenwerke, Rombach, für Usine Sud Lorraine 2 (Frankreich) | |
| 6468 | C n2t | | 08.05.07 | 750 | A.D.K.G., für Westpreußische Kleinbahn Tiegenhof-Lindenau/18 | |
| 6469 | C n2t | | 08.05.07 | 750 | A.D.K.G., für Westpreußische Kleinbahn Tiegenhof-Lindenau/19 | |
| 6470 | 1'C1 n2[illegible] | | 19.03.08 | 1000 | Minas de Cala, Bilbao (Spanien)/8/Madrid-Aragon „BILBAO" 8 | |
| 6471 | 1'C1 n2t | | 19.03.08 | 1000 | Minas de Cala, Bilbao (Spanien)/9/CF de la Robla 131 | |
| 6472 | B n2t | | 26.06.07 | 700 | Lothringer Hütten-Verein, Aumetz-Friede | |
| 6473 | B n2t | AL | 27.09.07 | 900 | „Kraft" Bergbau AG, Leipzig | |
| 6474 | B n2t | AL | 23.10.07 | 900 | Bergbau AG „Ilse", Grube Ilse N/L | |
| 6475 | B n2t | AL | 24.10.07 | 900 | Polenzki & Zöllner, Driesen, für Baustelle Marienwerder | |
| 6476 | B n2t | AL | 19.12.07 | 900 | Braunkohlen & Brikettindustrie, Berlin | |

1) Ursprünglich für Beira-Alta bestimmt

| Fabriknummer | Bauart | Gattung | Auslieferungsdatum | Spurweite | Empfänger/Verbleib | Ausmusterung |
|---|---|---|---|---|---|---|
| 6477 | B n2t | AL | 07.01.08 | 900 | Klettwitzer Werke J. Treuherz, Berlin | |
| 6478 | B n2t | AL | 07.01.08 | 900 | Klettwitzer Werke J. Treuherz, Berlin | |
| 6479 | 1'D n2t | | 22.01.08 | 1000 | Deutsche Kolonial Eisenbahn & Betriebsgesellschaft Kamerun (Afrika) | |
| 6480 | B n2t | StL | 17.09.07 | 1000 | Vering & Wächter, Berlin, für Oberehnheim-Ottrott/3 | |
| 6481 | C n2t | | 30.10.07 | 1435 | Osthavelländische Kreisbahn AG, Berlin/3/Tegeler Maschinen- u. Gerätebau GmbH | |
| 6482 | C n2t | | 03.06.08 | 1435 | Osthavelländische Kreisbahn AG, Berlin/4 | |
| 6483 | B n2t | | 12.10.07 | 750 | Schlubach & Co., Hamburg, für Chile | |
| 6484 | B n2t | | 09.12.07 | 600 | Artur Koppel AG, Berlin | |
| 6485 | B n2t | | 27.03.08 | 750 | Entreprise General du Chemin de fer des Alpes Bernaises, Paris/1 | |
| 6486 | B n2t | | 27.03.08 | 750 | Entreprise General du Chemin de fer des Alpes Bernaises, Paris/2 | |
| 6487 | B n2t | | 27.03.08 | 750 | Entreprise General du Chemin de fer des Alpes Bernaises, Paris/3 | |
| 6488 | B n2t | | 27.03.08 | 750 | Entreprise General du Chemin de fer des Alpes Bernaises, Paris/4 | |
| 6489 | B n2t | | 23.04.08 | (750) | W. Staadecker, Bucarest | |
| 6490 | B n2t | | 29.10.08 | (750) | Hüttenwerke Kramatorskaja (Rußland) | |
| 6491 | C n2t | | 05.11.07 | 1435 | Gas-, Elektrizitäts- und Wasserwerke, Köln | |
| 6492 | C n2t | | 29.10.07 | 1435 | Rombacher Hüttenwerke, Rombach, f. Union Siderurgique Lorraine 19 (Frankreich) | |
| 6493 | C n2t | | 04.11.07 | 1435 | K. Schmidt, Hannover, für Mines Sarre et Moselle 67 CRESPIN I | |
| 6494 | C n2t | | 04.12.07 | 1435 | Arnhold Karberg & Co., Berlin, für China | |
| 6495 | C n2t | | 30.03.08 | 1435 | Ernst Schey, Berlin, für Österreich | |
| 6496 | C n2t | | 30.03.08 | 1435 | Ernst Schey, Berlin, für Österreich | |
| 6497 | C n2t | StL | 11.10.07 | 1000 | Comp. del Tramvia de Arriondas a. Cova donga, Oviedo (Spanien)/1 | |
| 6498 | C n2t | StL | 11.10.07 | 1000 | Comp. del Tramvia de Arriondas a. Cova donga, Oviedo (Spanien)/2 | |
| 6499 | C n2t | StL | 29.10.07 | 1000 | Comp. del Tramvia de Arriondas a. Cova donga, Oviedo (Spanien)/3 | |
| 6500 | B n2ft | FL | 14.08.07 | 1435 | Vereinigte Königs- und Laurahütte, Königshütte O/S | |
| 6501 | B n2t | | 30.11.07 | 1067 | Griese, Hamburg, für Chile | |
| 6502 | B n2t | | 30.11.07 | 1067 | Griese, Hamburg, für Chile | |
| 6503 | B n2t | | 30.11.07 | 1067 | Griese, Hamburg, für Chile | |
| 6504 | 2'C n4v | S | 05.03.08 | 1435 | Quest (Frankreich)/2786/1909 ETAT 230.586/1938 SNCF 3-230 C 586 | |
| 6505 | 2'C n4v | S | 06.03.08 | 1435 | Quest (Frankreich)/2787/1909 ETAT 230.587/1938 SNCF 3-230 C 587 | |
| 6506 | 2'C n4v | S | 18.03.08 | 1435 | Quest (Frankreich)/2788/1909 ETAT 230.588/1938 SNCF 3-230 C 588 | |
| 6507 | 2'C n4v | S | 25.03.08 | 1435 | Quest (Frankreich)/2789/1909 ETAT 230.589/1938 SNCF 3-230 C 589 | |
| 6508 | 2'C n4v | S | 11.04.08 | 1435 | Quest (Frankreich)/2790/1909 ETAT 230.590/1937 U 2 C h4v ETAT 230.590 DD | |
| 6509 | 2'C n4v | S | 25.05.08 | 1435 | Quest (Frankreich)/2791/1909 ETAT 230.591/1938 SNCF 3-230 C 591 | |
| 6510 | 2'C n4v | S | 30.06.08 | 1435 | Quest (Frankreich)/2792/1909 ETAT 230.592/1938 SNCF 3-230 C 592 | |
| 6511 | 2'C n4v | S | 15.07.08 | 1435 | Quest (Frankreich)/2793/1909 ETAT 230.593/1938 SNCF 3-230 C 593 | |
| 6512 | 2'C n4v | S | 24.07.08 | 1435 | Quest (Frankreich)/2794/1909 ETAT 230.594/1938 SNCF 3-230 C 594 | |
| 6513 | 2'C n4v | S | 31.07.08 | 1435 | Quest (Frankreich)/2795/1909 ETAT 230.595/1938 SNCF 3-230 C 595 | |
| 6514 | 1'D n4v | G | 30.04.08 | 1435 | Comp. de Chemins de fer de Paris á Orleans, Paris/5078/1938 SNCF 4-140 B 078 | |
| 6515 | 1'D n4v | G | 06.05.08 | 1435 | Comp. de Chemins de fer de Paris á Orleans, Paris/5079/1938 SNCF 4-140 B 079 | |
| 6516 | 1'D n4v | G | 08.05.08 | 1435 | Comp. de Chemins de fer de Paris á Orleans, Paris/5080/1938 SNCF 4-140 B 080 | |
| 6517 | 1'D n4v | G | 12.05.08 | 1435 | Comp. de Chemins de fer de Paris á Orleans, Paris/5081/1938 SNCF 4-140 B 081 | |
| 6518 | 1'D n4v | G | 14.05.08 | 1435 | Comp. de Chemins de fer de Paris á Orleans, Paris/5082/1938 SNCF 4-140 B 082 | |
| 6519 | 1'D n4v | G | 24.05.08 | 1435 | Comp. de Chemins de fer de Paris á Orleans, Paris/5083/1938 SNCF 4-140 B 083 | |
| 6520 | 1'D n4v | G | 31.05.08 | 1435 | Comp. de Chemins de fer de Paris á Orleans, Paris/5084/1938 SNCF 4-140 B 084 | |
| 6521 | 1'D n4v | G | 06.06.08 | 1435 | Comp. de Chemins de fer de Paris á Orleans, Paris/5085/1938 SNCF 4-140 B 085 | |
| 6522 | 1'D n4v | G | 17.06.08 | 1435 | Comp. de Chemins de fer de Paris á Orleans, Paris/5086/1938 SNCF 4-140 B 086 | |
| 6523 | 1'D n4v | G | 30.06.08 | 1435 | Comp. de Chemins de fer de Paris á Orleans, Paris/5087/1938 SNCF 4-140 B 087 | |
| 6524 | 1'D n4v | G | 04.07.08 | 1435 | Comp. de Chemins de fer de Paris á Orleans, Paris/5088/1938 SNCF 4-140 B 088 | |
| 6525 | 1'D n4v | G | 17.07.08 | 1435 | Comp. de Chemins de fer de Paris á Orleans, Paris/5089/1938 SNCF 4-140 B 089 | |
| 6526 | 1'D n4v | G | 21.07.08 | 1435 | Comp. de Chemins de fer de Paris á Orleans, Paris/5090/1938 SNCF 4-140 B 090 | |
| 6527 | 1'D n4v | G | 05.08.08 | 1435 | Comp. de Chemins de fer de Paris á Orleans, Paris/5091/1938 SNCF 4-140 B 091 | |
| 6528 | 1'D n4v | G | 13.08.08 | 1435 | Comp. de Chemins de fer de Paris á Orleans, Paris/5092/1938 SNCF 4-140 B 092 | |
| 6529 | 1'D n4v | G | 31.08.08 | 1435 | Comp. de Chemins de fer de Paris á Orleans, Paris/5093/1938 SNCF 4-140 B 093 | |
| 6530 | 1'D n4v | G | 09.09.08 | 1435 | Comp. de Chemins de fer de Paris á Orleans, Paris/5094/1938 SNCF 4-140 B 094 | |
| 6531 | 1'D n4v | G | 24.09.08 | 1435 | Comp. de Chemins de fer de Paris á Orleans, Paris/5095/1938 SNCF 4-140 B 095 | |
| 6532 | 1'D n4v | G | 26.09.08 | 1435 | Comp. de Chemins de fer de Paris á Orleans, Paris/5096/1938 SNCF 4-140 B 096 | |
| 6533 | 1'D n4v | G | 30.09.08 | 1435 | Comp. de Chemins de fer de Paris á Orleans, Paris/5097/1938 SNCF 4-140 B 097 | |
| 6534 | 1'D n4v | G | 09.10.08 | 1435 | Comp. de Chemins de fer de Paris á Orleans, Paris/5098/1938 SNCF 4-140 B 098 | |
| 6535 | 1'D n4v | G | 17.10.08 | 1435 | Comp. de Chemins de fer de Paris á Orleans, Paris/5099/1938 SNCF 4-140 B 099 | |
| 6536 | 1'D n4v | G | 24.10.08 | 1435 | Comp. de Chemins de fer de Paris á Orleans, Paris/5100/1938 SNCF 4-140 B 100 | |
| 6537 | 1'D n4v | G | 29.10.08 | 1435 | Comp. de Chemins de fer de Paris á Orleans, Paris/5101/1938 SNCF 4-140 B 101 | |
| 6538 | 1'D n4v | G | 31.10.08 | 1435 | Comp. de Chemins de fer de Paris á Orleans, Paris/5102/1938 SNCF 4-140 B 102 | |
| 6539 | 1'C n2 | G | 21.11.07 | 1000 | Comp. Auxiliare de Chemins de fer au Bresil, Paris, für Rio Grande de Sul/253 | |
| 6540 | 1'C n2 | G | 21.11.07 | 1000 | Comp. Auxiliare de Chemins de fer au Bresil, Paris, für Rio Grande de Sul/236 | |
| 6541 | 1'C n2 | G | 21.11.07 | 1000 | Comp. Auxiliare de Chemins de fer au Bresil, Paris, für Rio Grande de Sul/237 | |
| 6542 | 1'C n2 | G | 21.11.07 | 1000 | Comp. Auxiliare de Chemins de fer au Bresil, Paris, für Rio Grande de Sul/238 | |
| 6543 | 1'C n2 | G | 13.12.07 | 1000 | Comp. Auxiliare de Chemins de fer au Bresil, Paris, für Rio Grande de Sul/239 | |
| 6544 | 1'C n2 | G | 13.12.07 | 1000 | Comp. Auxiliare de Chemins de fer au Bresil, Paris, für Rio Grande de Sul/240 | |
| 6545 | 1'C n2 | G | 13.12.07 | 1000 | Comp. Auxiliare de Chemins de fer au Bresil, Paris, für Rio Grande de Sul/241 | |
| 6546 | 1'C n2 | G | 07.01.08 | 1000 | Comp. Auxiliare de Chemins de fer au Bresil, Paris, für Rio Grande de Sul/242 | |

| Fabriknummer | Bauart | Gattung | Auslieferungsdatum | Spurweite | Empfänger/Verbleib | Ausmusterung |
|---|---|---|---|---|---|---|
| 6547 | 1'D n2 | G | 07.01.08 | 1000 | Comp. Auxiliare de Chemins de fer au Bresil, Paris, für Rio Grande de Sul/309 | |
| 6548 | 1'D n2 | G | 07.01.08 | 1000 | Comp. Auxiliare de Chemins de fer au Bresil, Paris, für Rio Grande de Sul/310 | |
| 6549 | 1'D n2 | G | 07.01.08 | 1000 | Comp. Auxiliare de Chemins de fer au Bresil, Paris, für Rio Grande de Sul/311 | |
| 6550 | 1'D n2 | G | 22.01.08 | 1000 | Comp. Auxiliare de Chemins de fer au Bresil, Paris, für Rio Grande de Sul/312 | |
| 6551 | 1'D n2 | G | 22.01.08 | 1000 | Comp. Auxiliare de Chemins de fer au Bresil, Paris, für Rio Grande de Sul/313 | |
| 6552 | 1'D n2 | G | 01.02.08 | 1000 | Comp. Auxiliare de Chemins de fer au Bresil, Paris, für Rio Grande de Sul/314 | |
| 6553 | 1'D n2 | G | 01.02.08 | 1000 | Comp. Auxiliare de Chemins de fer au Bresil, Paris, für Rio Grande de Sul/315 | |
| 6554 | 1'D n2 | G | 21.02.08 | 1000 | Comp. Auxiliare de Chemins de fer au Bresil, Paris, für Rio Grande de Sul/316 | |
| 6555 | 1'D n2 | G | 21.02.08 | 1000 | Comp. Auxiliare de Chemins de fer au Bresil, Paris, für Rio Grande de Sul/317 | |
| 6556 | 1'D n2 | G | 21.02.08 | 1000 | Comp. Auxiliare de Chemins de fer au Bresil, Paris, für Rio Grande de Sul/318 | |
| 6557 | 1'D n2 | G | 21.02.08 | 1000 | Comp. Auxiliare de Chemins de fer au Bresil, Paris, für Rio Grande de Sul/319 | |
| 6558 | 1'D n2 | G | 20.03.08 | 1000 | Comp. Auxiliare de Chemins de fer au Bresil, Paris, für Rio Grande de Sul/320 | |
| 6559 | C n2t | | 29.04.08 | 1435 | Les Petits Fils de Fois de Wendel & Co., Hayingen/BROUCHETIERES 63 | |
| 6560 | B n2t | | 07.08.08 | 600 | Tinosbahn, Christiania (Norwegen) | |
| 6561 | B n2t | | 27.04.09 | 600 | Schlesische Kohle- & Koks-Werke, Gottesberg | |
| 6562 | B n2t | | 06.10.09 | 600 | Soc. Nouvelle des Etablisement Decauville Aine, Paris | |
| 6563 | B n2t | | 06.10.09 | 600 | Soc. Nouvelle des Etablisement Decauville Aine, Paris | |
| 6564 | B n2t | | 05.05.08 | 900 | Ph. Holzmann, Frankfurt am Main | |
| 6565 | B n2t | | 13.05.08 | 900 | Wackerow & Co., Breslau | |
| 6566 | B n2t | | 20.05.08 | 900 | Artur Koppel AG, Berlin | |
| 6567 | B n2t | | 15.05.08 | 900 | Ph. Holzmann, Frankfurt am Main | |
| 6568 | B n2t | | 15.05.08 | 900 | Ph. Holzmann, Frankfurt am Main | |
| 6569 | B n2t | | 22.05.08 | 900 | Ph. Holzmann, Frankfurt am Main | |
| 6570 | B n2t | | 05.06.08 | 900 | Artur Koppel AG, Berlin | |
| 6571 | B n2t | | 24.06.08 | 900 | Döring u. Lehrmann, Helmstedt | |
| 6572 | B n2t | | 09.10.08 | 900 | Städtereinigung & Ingenieurbau AG, Berlin | |
| 6573 | B n2t | | 12.08.08 | 900 | Beunaer Kohle-Werke, Oberbeuna bei Merseburg | |
| 6574 | B1'n2t | KrL | 07.05.09 | 1435 | Italienische Staatsbahn/806.001 | |
| 6575 | 1'D n2 | G | 20.09.09 | 1000 | Comp. Auxiliaire de Chemins de fer au Bresil, Brüssel/321 | |
| 6576 | 1'D n2 | G | 20.03.09 | 1000 | Comp. Auxiliaire de Chemins de fer au Bresil, Brüssel/322 | |
| 6577 | 1'D n2 | G | 20.03.09 | 1000 | Comp. Auxiliaire de Chemins de fer au Bresil, Brüssel/323 | |
| 6578 | 1'D n2 | G | 13.04.09 | 1000 | Comp. Auxiliaire de Chemins de fer au Bresil, Brüssel/324 | |
| 6579 | 1'D n2 | G | 13.04.09 | 1000 | Comp. Auxiliaire de Chemins de fer au Bresil, Brüssel/325 | |
| 6580 | 1'D n2 | G | 13.04.09 | 1000 | Comp. Auxiliaire de Chemins de fer au Bresil, Brüssel/326 | |
| 6581 | 1'D n2 | G | 13.04.09 | 1000 | Comp. Auxiliaire de Chemins de fer au Bresil, Brüssel/327 | |
| 6582 | 1'D n2 | G | 23.04.09 | 1000 | Comp. Auxiliaire de Chemins de fer au Bresil, Brüssel/328 | |
| 6583 | 1'D n2 | G | 23.04.09 | 1000 | Comp. Auxiliaire de Chemins de fer au Bresil, Brüssel/329 | |
| 6584 | 1'D n2 | G | 12.05.09 | 1000 | Comp. Auxiliaire de Chemins de fer au Bresil, Brüssel/330 | |
| 6585 | 1'D n2 | G | 12.05.09 | 1000 | Comp. Auxiliaire de Chemins de fer au Bresil, Brüssel/331 | |
| 6586 | 1'Dn2 | G | 30.05.09 | 1000 | Comp. Auxiliaire de Chemins de fer au Bresil, Brüssel/332 | |
| 6587 | 1'D n2 | G | 30.05.09 | 1000 | Comp. Auxiliaire de Chemins de fer au Bresil, Brüssel/333 | |
| 6588 | 1'D n2 | G | 30.05.09 | 1000 | Comp. Auxiliaire de Chemins de fer au Bresil, Brüssel/334 | |
| 6589 | 1'C n2 | G | 18.07.09 | 1000 | Comp. Auxiliaire de Chemins de fer au Bresil, Brüssel/243 | |
| 6590 | 1'C n2 | G | 18.07.09 | 1000 | Comp. Auxiliaire de Chemins de fer au Bresil, Brüssel/244 | |
| 6591 | 1'C n2 | G | 18.07.09 | 1000 | Comp. Auxiliaire de Chemins de fer au Bresil, Brüssel/245 | |
| 6592 | 1'C n2 | G | 18.07.09 | 1000 | Comp. Auxiliaire de Chemins de fer au Bresil, Brüssel/246 | |
| 6593 | 1'C n2 | G | 04.08.09 | 1000 | Comp. Auxiliaire de Chemins de fer au Bresil, Brüssel/247 | |
| 6594 | 1'C n2 | G | 04.08.09 | 1000 | Comp. Auxiliaire de Chemins de fer au Bresil, Brüssel/248 | |
| 6595 | 1'C n2 | G | 09.10.09 | 1000 | Comp. Auxiliaire de Chemins de fer au Bresil, Brüssel/249 | |
| 6596 | 1'C n2 | G | 09.10.09 | 1000 | Comp. Auxiliaire de Chemins de fer au Bresil, Brüssel/250 | |
| 6597 | 1'C n2 | G | 09.10.09 | 1000 | Comp. Auxiliaire de Chemins de fer au Bresil, Brüssel/251 | |
| 6598 | 1'C n2 | G | 09.10.09 | 1000 | Comp. Auxiliaire de Chemins de fer au Bresil, Brüssel/252 | |
| 6599 | 2'B n2 | P | 19.06.09 | 1000 | Comp. Auxiliaire de Chemins de fer au Bresil, Brüssel/85 | |
| 6600 | 2'B n2 | P | 19.06.09 | 1000 | Comp. Auxiliaire de Chemins de fer au Bresil, Brüssel/86 | |
| 6601 | 2'B n2 | P | 30.06.09 | 1000 | Comp. Auxiliaire de Chemins de fer au Bresil, Brüssel/87 | |
| 6602 | 2'B n2 | P | 30.06.09 | 1000 | Comp. Auxiliaire de Chemins de fer au Bresil, Brüssel/88 | |
| 6603 | 2'B n2 | P | 30.06.09 | 1000 | Comp. Auxiliaire de Chemins de fer au Bresil, Brüssel/89 | |
| 6604 | 2'B n2 | P | 30.06.09 | 1000 | Comp. Auxiliaire de Chemins de fer au Bresil, Brüssel/90 | |
| 6605 | B'B' n4vt | | 18.10.07 | 700 | Naamlooze Vennortsshap d. Niederländisch-Indische Industrie, Rotterdam, für Java/Bauart Mallet | |
| 6606 | 2'C n4v | S | 05.09.08 | 1435 | PLM (Frankreich)/3691/1938 SNCF 5-230 A 291 | |
| 6607 | 2'C n4v | S | 17.09.08 | 1435 | PLM (Frankreich)/3692/1938 SNCF 5-230 A 292 | |
| 6608 | 2'C n4v | S | 26.09.08 | 1435 | PLM (Frankreich)/3693/1938 SNCF 5-230 A 293 | |
| 6609 | 2'C n4v | S | 09.10.08 | 1435 | PLM (Frankreich)/3694/1938 SNCF 5-230 A 294 | |
| 6610 | 2'C n4v | S | 15.10.08 | 1435 | PLM (Frankreich)/3695/1938 SNCF 5-230 A 295 | |
| 6611 | 2'C n4v | S | 19.10.08 | 1435 | PLM (Frankreich)/3696/1938 SNCF 5-230 A 296 | |
| 6612 | 2'C n4v | S | 27.10.08 | 1435 | PLM (Frankreich)/3697/1938 SNCF 5-230 A 297 | |
| 6613 | 2'C n4v | S | 06.11.08 | 1435 | PLM (Frankreich)/3698/1938 SNCF 5-230 A 298 | |
| 6614 | 2'C n4v | S | 14.11.08 | 1435 | PLM (Frankreich)/3699/1938 SNCF 5-230 A 299 | |
| 6615 | 2'C n4v | S | 17.11.08 | 1435 | PLM (Frankreich)/3700/1938 SNCF 5-230 A 300 | |
| 6616 | 2'C n4v | S | 24.11.08 | 1435 | PLM (Frankreich)/3701/1938 SNCF 5-230 A 301 | |

| Fabriknummer | Bauart | Gattung | Auslieferungsdatum | Spurweite | Empfänger/Verbleib | Ausmusterung |
|---|---|---|---|---|---|---|
| 6617 | 2'C n4v | S | 28.11.08 | 1435 | PLM (Frankreich)/3702/1938 SNCF 5-230 A 302 | |
| 6618 | 2'C n4v | S | 04.12.08 | 1435 | PLM (Frankreich)/3703/1938 SNCF 5-230 A 303 | |
| 6619 | 2'C n4v | S | 08.12.08 | 1435 | PLM (Frankreich)/3704/1938 SNCF 5-230 A 304 | |
| 6620 | 2'C n4v | S | 15.12.08 | 1435 | PLM (Frankreich)/3705/1938 SNCF 5-230 A 305 | |
| 6621 | 2'C n4v | S | 19.12.08 | 1435 | PLM (Frankreich)/3706/1938 SNCF 5-230 A 306 | |
| 6622 | 2'C n4v | S | 24.12.08 | 1435 | PLM (Frankreich)/3707/1938 SNCF 5-230 A 307 | |
| 6623 | 2'C n4v | S | 05.01.09 | 1435 | PLM (Frankreich)/3708/1938 SNCF 5-230 A 308 | |
| 6624 | 2'C n4v | S | 27.01.09 | 1435 | PLM (Frankreich)/3709/1938 SNCF 5-230 A 309 | |
| 6625 | 2'C n4v | S | 13.01.09 | 1435 | PLM (Frankreich)/3710/1938 SNCF 5-230 A 310 | |
| 6626 | 2'C n4v | S | 19.01.09 | 1435 | PLM (Frankreich)/3711/1938 SNCF 5-230 A 311 | |
| 6627 | 2'C n4v | S | 23.01.09 | 1435 | PLM (Frankreich)/3712/1938 SNCF 5-230 A 312 | |
| 6628 | 2'C n4v | S | 30.01.09 | 1435 | PLM (Frankreich)/3713/1938 SNCF 5-230 A 313 | |
| 6629 | 2'C n4v | S | 05.02.09 | 1435 | PLM (Frankreich)/3714/1938 SNCF 5-230 A 314 | |
| 6630 | 2'C n4v | S | 06.02.09 | 1435 | PLM (Frankreich)/3715/1938 SNCF 5-230 A 315 | |
| 6631 | 2'C n4v | S | 15.02.09 | 1435 | PLM (Frankreich)/3716/1938 SNCF 5-230 A 316 | |
| 6632 | 2'C n4v | S | 19.02.09 | 1435 | PLM (Frankreich)/3717/1938 SNCF 5-230 A 317 | |
| 6633 | 2'C n4v | S | 28.02.09 | 1435 | PLM (Frankreich)/3718/1938 SNCF 5-230 A 318 | |
| 6634 | 2'C n4v | S | 26.02.09 | 1435 | PLM (Frankreich)/3719/1938 SNCF 5-230 A 319 | |
| 6635 | 2'C n4v | S | 27.02.09 | 1435 | PLM (Frankreich)/3720/1938 SNCF 5-230 A 320 | |
| 6636 | 2'C n4v | S | 08.03.09 | 1435 | PLM (Frankreich)/3721/1938 SNCF 5-230 A 321 | |
| 6637 | 2'C n4v | S | 11.03.09 | 1435 | PLM (Frankreich)/3722/1938 SNCF 5-230 A 322 | |
| 6638 | 2'C n4v | S | 13.03.09 | 1435 | PLM (Frankreich)/3723/1938 SNCF 5-230 A 323 | |
| 6639 | 2'C n4v | S | 18.03.09 | 1435 | PLM (Frankreich)/3724/1938 SNCF 5-230 A 324 | |
| 6640 | 2'C n4v | S | 22.03.09 | 1435 | PLM (Frankreich)/3725/1938 SNCF 5-230 A 325 | |
| 6641 | 2'C n4v | S | 26.03.09 | 1435 | PLM (Frankreich)/3726/1938 SNCF 5-230 A 326 | |
| 6642 | 2'C n4v | S | 29.03.09 | 1435 | PLM (Frankreich)/3727/1938 SNCF 5-230 A 327 | |
| 6643 | 2'C n4v | S | 31.03.09 | 1435 | PLM (Frankreich)/3728/1938 SNCF 5-230 A 328 | |
| 6644 | 2'C n4v | S | 15.04.09 | 1435 | PLM (Frankreich)/3729/1938 SNCF 5-230 A 329 | |
| 6645 | 2'C n4v | S | 07.04.09 | 1435 | PLM (Frankreich)/3730/1938 SNCF 5-230 A 330 | |
| 6646 | 2'C n4v | S | 22.04.09 | 1435 | PLM (Frankreich)/3731/1938 SNCF 5-230 A 331 | |
| 6647 | 2'C n4v | S | 28.04.09 | 1435 | PLM (Frankreich)/3732/1938 SNCF 5-230 A 332 | |
| 6648 | 2'C n4v | S | 06.05.09 | 1435 | PLM (Frankreich)/3733/1938 SNCF 5-230 A 333 | |
| 6649 | 2'C n4v | S | 11.05.09 | 1435 | PLM (Frankreich)/3734/1938 SNCF 5-230 A 334 | |
| 6650 | 2'C n4v | S | 18.05.09 | 1435 | PLM (Frankreich)/3735/1838 SNCF 5-230 A 335 | |
| 6651 | B n2t | | 16.12.07 | 1000 | Spremberger Stadtbahn/9 | |
| 6652 | C n2t | | 26.08.07 | 600 | R. Dolberg, Berlin, für Zuckerfabrik Wanzleben | |
| 6653 | E n2 | G | 24.09.08 | 1435 | Königlich Serbische Staatsbahn, Belgrad/21/1933 JZ 134.-001/1941 DRB (57 801) | 01.12.1942 |
| 6654 | E n2 | G | 29.09.08 | 1435 | Königlich Serbische Staatsbahn, Belgrad/22/1933 JZ 134.-002/1941 DRB (57 802) | 17.12.1943 |
| 6655 | E n2 | G | 03.10.08 | 1435 | Königlich Serbische Staatsbahn, Belgrad/23/1933 JZ 134.-003/1941 HDZ | |
| 6656 | E n2 | G | 15.12.08 | 1435 | Königlich Serbische Staatsbahn, Belgrad/24/1933 JZ (134-004) | |
| 6657 | C1'n2t | | 08.02.08 | 1000 | Compania Mineva de Sierra Mineva, Bilbao (Spanien)/SENTILES 203 | |
| 6658 | C n2 | G | 26.02.08 | 1676 | Chilenische Staatsbahn, Santiago/457 | |
| 6659 | C n2 | G | 26.02.08 | 1676 | Chilenische Staatsbahn, Santiago/458 | |
| 6660 | C n2 | G | 29.02.08 | 1676 | Chilenische Staatsbahn, Santiago/459 | |
| 6661 | C n2 | G | 29.02.08 | 1676 | Chilenische Staatsbahn, Santiago/460 | |
| 6662 | C n2 | G | 26.02.08 | 1676 | Chilenische Staatsbahn, Santiago/461 | |
| 6663 | 1'C n2 | G | 27.12.07 | 1676 | Chilenische Staatsbahn, Santiago/452 | |
| 6664 | 1'C n2 | G | 27.12.07 | 1676 | Chilenische Staatsbahn, Santiago/453 | |
| 6665 | 1'C n2 | G | 14.01.08 | 1676 | Chilenische Staatsbahn, Santiago/454 | |
| 6666 | 1'C n2 | G | 14.01.08 | 1676 | Chilenische Staatsbahn, Santiago/455 | |
| 6667 | 1'C n2 | G | 28.01.08 | 1676 | Chilenische Staatsbahn, Santiago/456 | |
| 6668 | B n2t | StL | 17.09.07 | 1000 | N.J. Sposito, Akkermann (Rußland)/1 | |
| 6669 | B n2t | StL | 10.11.07 | 1000 | N.J. Sposito, Akkermann (Rußland)/2 | |
| 6670 | B n2t | AL | 14.05.08 | 900 | Niederlausitzer Kohlenwerke, Berlin | |
| 6671 | B n2t | AL | 14.05.08 | 900 | Niederlausitzer Kohlenwerke, Berlin | |
| 6672 | B n2t | AL | 14.05.08 | 900 | Gebr. Reschke, Senftenberg, für Grube Marie, Reppist | |
| 6673 | B n2t | | 29.11.07 | 1000 | A. Navarro, Victoria (Brasilien) | |
| 6674 | C n2t | | 30.11.07 | 1435 | Kleinbahn Horka-Rothenburg-Priebus/ODER 1/sp. 23c/1949 DR 89 6132 | 03.02.1965 |
| 6675 | C n2t | | 06.12.07 | 1435 | Kleinbahn Horka-Rothenburg-Priebus/ELBE 2/Gaswerk Dresden-Reick | |
| 6676 | B n2t | | 20.12.07 | 1000 | Gleisner, Hamburg, für Chile | |
| 6677 | B n2t | | 04.08.08 | 1000 | Gleisner, Hamburg, für Chile | |
| 6678 | B n2t | | 19.11.07 | 600 | Burmester & Wains, Kopenhagen | |
| 6679 | D n2vt | | 11.08.08 | 1435 | A.G.B.B., für Bremen-Thedinghausen/1/1914 WÜEG 14 | 1956 |
| 6680 | D n2vt | | 11.08.08 | 1435 | A.G.B.B., für Bremen-Thedinghausen/2/1926 WÜEG 17 | 1959 |
| 6681 | D n2vt | | 25.05.08 | 1435 | A.G.B.B., für Bremen-Thedinghausen/3/1914 WÜEG 15 | 1952 |
| 6682 | B'B'n4v | | 29.02.08 | 1000 | Société de Chemins de fer de Jaffa á Jerusalem, Paris/DEIR-A-BAN 7/Bauart Mallet | |
| 6683 | B'B'n4v | | 15.08.08 | 1000 | Société de Chemins de fer de Jaffa á Jerusalem, Paris/8/Bauart Mallet | |
| 6684 | C n2t | | 13.12.07 | 1435 | Sanders, Renders & Co., London, für China | |
| 6685 | B n2t | | 14.12.07 | 1000 | Kreisbahn Wittmund-Aurich-Leer/ESENS 9 | 1935 |

| Fabriknummer | Bauart | Gattung | Auslieferungsdatum | Spurweite | Empfänger/Verbleib | Ausmusterung |
|---|---|---|---|---|---|---|
| 6686 | B n2t | | 30.05.08 | 1000 | Westfälische Provinzialverwaltung, Münster | |
| 6687 | B n2t | | 31.03.09 | 1000 | Kreisbahn Wittmund-Aurich-Leer/BENSERSIEL/1937 verkauft | |
| 6688 | B n2t | StL | 08.05.08 | 1000 | Strassburger Straßenbahn-Ges., Strassburg/52/1928 MEG 52 | 1954 |
| 6689 | B n2t | StL | 08.05.08 | 1000 | Strassburger Straßenbahn-Ges., Strassburg/53/1928 MEG 53 | 1958 |
| 6690 | C n2t | | 17.01.08 | 1435 | K. Schmidt, Hannover, für Celle-Wittinger Eisenbahn/3/1944 OHE 89 123 | 1958 |
| 6691 | C n2t | | 17.01.08 | 1435 | K. Schmidt, Hannover, für Celle-Wittinger Eisenbahn/2/1944 OHE 89 122/ 1959 an Triangel | |
| 6692 | B n2t | | 16.11.07 | 785 | Gewerkschaft Neue Helene, Hohenlohenhütte O/S | |
| 6693 | 1'C h2t | Pt | 15.07.08 | 1435 | KPEV (T 12)/Efd 7733/DRG 74 597 | 1929 |
| 6694 | 1'C h2t | Pt | 16.07.08 | 1435 | KPEV (T 12)/Efd 7734/DRG 74 598/DB | 10.08.1957 |
| 6695 | 1'C h2t | Pt | 21.07.08 | 1435 | KPEV (T 12)/Efd 7735/DRG 74 599/DB | 18.04.1956 |
| 6696 | 1'C h2t | Pt | 24.07.08 | 1435 | KPEV (T 12)/Efd 7736/DRG 74 600/DB | 25.04.1958 |
| 6697 | 1'C h2t | Pt | 28.07.08 | 1435 | KPEV (T 12)/Kat 7701/1922 Opp 7701/DRG 601/DB | 14.07.1960 |
| 6698 | 1'C h2t | Pt | 29.07.08 | 1435 | KPEV (T 12)/Kat 7702/1919 PKP Oki 2-4/1941 DRG 74 1330/194 Oki 2-8 | |
| 6699 | 1'C h2t | Pt | 05.08.08 | 1435 | KPEV (T 12)/Bln 7816/DRG 74 602/DB | 26.04.1961 |
| 6700 | 1'C h2t | Pt | 12.08.08 | 1435 | KPEV (T 12)/Bln 7817/DRG 74 603/DR abgegeben | |
| 6701 | 1'C h2t | Pt | 14.08.08 | 1435 | KPEV (T 12)/Bln 7818/DRG 74 604/PKP Oki 2-3 | |
| 6702 | 1'C h2t | Pt | 19.08.08 | 1435 | KPEV (T 12)/Bln 7819/DRG 74 605/DB | 15.11.1957 |
| 6703 | 1'C h2t | Pt | 25.08.08 | 1435 | KPEV (T 12)/Bln 7820/DRG 74 606/DR | 07.05.1965 |
| 6704 | 1'C h2t | Pt | 26.08.08 | 1435 | KPEV (T 12)/Bln 7821/DRG 74 607/CFL 31.14 | 1952 |
| 6705 | 1'C h2t | Pt | 29.08.08 | 1435 | KPEV (T 12)/Bln 7822/DRG 74 608/DB | 10.05.1960 |
| 6706 | 1'C h2t | Pt | 31.08.08 | 1435 | KPEV (T 12)/Bln 7823/DRG 74 609/DR abgegeben | |
| 6707 | 1'C h2t | Pt | 08.09.08 | 1435 | KPEV (T 12)/Bln 7824/DRG 74 610/DB | 03.04.1947 |
| 6708 | 1'C h2t | Pt | 09.09.08 | 1435 | KPEV (T 12)/Bln 7825/DRG 74 611/DB | 30.09.1960 |
| 6709 | 1'C h2t | Pt | 12.09.08 | 1435 | KPEV (T 12)/Bln 7826/DRG 74 612/DR | 09.03.1965 |
| 6710 | 1'C h2t | Pt | 18.09.08 | 1435 | KPEV (T 12)/Bln 7827/DRG 74 613/DB | 15.08.1955 |
| 6711 | 1'C h2t | Pt | 19.09.08 | 1435 | KPEV (T 12)/Alt 7709/Stn 7701/DRG 74 614/PKP Oki 2-9 | |
| 6712 | 1'C h2t | Pt | 21.09.08 | 1435 | KPEV (T 12)/Alt 7710/DRG 74 615/DB | 09.05.1962 |
| 6713 | 1'C h2t | Pt | 30.09.08 | 1435 | KPEV (T 12)/Alt 7711/DRG 74 616/DB | 14.03.1957 |
| 6714 | 1'C h2t | Pt | 30.09.08 | 1435 | KPEV (T 12)/Alt 7712/Stn 7702/DRG 74 617/DR | 08.03.1965 |
| 6715 | 1'C h2t | Pt | 30.09.08 | 1435 | KPEV (T 12)/Alt 7713/DRG 74 618/DR | 24.04.1967 |
| 6716 | 1'C h2t | Pt | 10.10.08 | 1435 | KPEV (T 12)/Alt 7714/DRG 74 619/DR | 29.07.1966 |
| 6717 | 1'C h2t | Pt | 17.10.08 | 1435 | KPEV (T 12)/Esn 7709/DRG 74 620/PKP Oki 2-5 | |
| 6718 | 1'C h2t | Pt | 05.10.08 | 1435 | KPEV (T 12)/Fft 7708/DRG 74 621/DB | 07.08.1956 |
| 6719 | 1'C h2t | Pt | 10.10.08 | 1435 | KPEV (T 12)/Fft 7709/DRG 74 622/DB | 15.11.1957 |
| 6720 | 1'C h2t | Pt | 13.10.08 | 1435 | KPEV (T 12)/Mst 7715/DRG 74 623/DB | 15.11.1957 |
| 6721 | 1'C h2t | Pt | 21.10.08 | 1435 | KPEV (T 12)/Mst 7716/DRG 74 624/DB | 07.08.1956 |
| 6722 | 1'C h2t | Pt | 21.10.08 | 1435 | KPEV (T 12)/Sbr 7704/SAAR 7704/1935 DRG 74 1304/DR | 22.12.1966 |
| 6723 | 1'C n2v | G | 25.11.08 | 1435 | KPEV (G 5.4)/Dzg 4257/1920 Kbg 4257/DRG 54 985 | 1928 |
| 6724 | 1'C n2v | G | 26.11.08 | 1435 | KPEV (G 5.4)/Dzg 4258/1919 PKP Ti 4-154/1941 DRG 54 1174 | |
| 6725 | 1'C n2v | G | 30.11.08 | 1435 | KPEV (G 5.4)/Kat 4219/1922 Opp 4219 (DRG 54 1021) | |
| 6726 | 1'C n2v | G | 30.11.08 | 1435 | KPEV (G 5.4)/Kat 4220 | |
| 6727 | 1'C n2v | G | 29.10.08 | 1435 | KPEV (G 5.4)/Kbg 4180/1919 B 7421 | |
| 6728 | 1'C n2v | G | 31.10.08 | 1435 | KPEV (G 5.4)/Kbg 4181/1919 B 7422 | |
| 6729 | 1'C n2v | G | 02.11.08 | 1435 | KPEV (G 5.4)/Kbg 4182 | |
| 6730 | 1'C n2v | G | 04.11.08 | 1435 | KPEV (G 5.4)/Kbg 4183/1919 B 7428 | |
| 6731 | 1'C n2v | G | 07.11.08 | 1435 | KPEV (G 5.4)/Kbg 4184/(DRG 54 1022) | |
| 6732 | 1'C n2v | G | 09.11.08 | 1435 | KPEV (G 5.4)/Kbg 4185/DRG 54 986 | 1928 |
| 6733 | 1'C n2v | G | 11.11.08 | 1435 | KPEV (G5.4)/Kbg 4186 | |
| 6734 | 1'C n2v | G | 12.11.08 | 1435 | KPEV (G 5.4)/Kbg 4187/(DRG 54 1024) | |
| 6735 | 1'C n2v | G | 11.11.08 | 1435 | KPEV (G 5.4)/Kbg 4188/(DRG 54 1025) | |
| 6736 | 1'C n2v | G | 14.11.08 | 1435 | KPEV (G 5.4)/Kbg 4189 | |
| 6737 | 1'C n2v | G | 17.11.08 | 1435 | KPEV (G 5.4)/Kbg 4190/1919 B 74 34 | |
| 6738 | 1'C n2v | G | 20.11.08 | 1435 | KPEV (G 5.4)/Kbg 4191/1919 LettStb 310 | |
| 6739 | 1'C n2v | G | 21.11.08 | 1435 | KPEV (G 5.4)/Kbg 4192/1919 LettStb 311 | |
| 6740 | 1'C n2v | G | 23.11.08 | 1435 | KPEV (G 5.4)/Kbg 4193/1919 FS 603.013 | |
| 6741 | 1'C n2v | G | 26.11.08 | 1435 | KPEV (G 5.4)/Kbg 4194/1919 LitStb 662/1941 DRG 54 1223/DR | 19.09.1955 |
| 6742 | 1'C n2v | G | 28.11.08 | 1435 | KPEV (G 5.4)/Kbg 4195 | |
| 6743 | 1'C n2v | G | 05.12.08 | 1435 | KPEV (G 5.4)/Hl 4297/1920 Dsd 4297/DRG 54 987 | 1928 |
| 6744 | 1'C n2v | G | 07.12.08 | 1435 | KPEV (G 5.4)/Hl 4298/DRG 54 988 | 1928 |
| 6745 | 1'C n2v | G | 08.12.08 | 1435 | KPEV (G 5.4)/Hl 4299/1919 FS 603.019 | |
| 6746 | 1'C n2v | G | 10.12.08 | 1435 | KPEV (G 5.4)/Hl 4300/1920 Dsd 4300/DRG 54 989 | 1932 |
| 6747 | 1'C n2v | G | 10.12.08 | 1435 | KPEV (G 5.4)/Hl 4301/1919 B 7493 | |
| 6748 | 1'C n2v | G | 10.12.08 | 1435 | KPEV (G 5.4)/Hl 4302/(DRG 54 1029) | |
| 6749 | 1'C n2v | G | 22.12.08 | 1435 | KPEV (G 5.4)/Stn 4214/1918 PKP Ti4- | |
| 6750 | 1'C n2v | G | 22.12.08 | 1435 | KPEV (G 5.4)/Stn 4215/DRG 54 990 | 1928 |
| 6751 | 1'C n2v | G | 14.12.08 | 1435 | KPEV (G 5.4)/Stn 4216/1919 B 7451 | |
| 6752 | 1'C n2v | G | 15.12.08 | 1435 | KPEV (G 5.4)/Stn 4217/DRG (54 991) | |
| 6753 | 1'C n2v | G | 18.12.08 | 1435 | KPEV (G 5.4)/Stn 4218/1919 ČSD 335.001 | |
| 6754 | 1'C n2v | G | 18.12.08 | 1435 | KPEV (G 5.4)/Stn 4219/DRG 54 992 | 1928 |
| 6755 | 1'C n2v | G | 29.12.08 | 1435 | KPEV (G 5.4)/Stn 4220/DRG 54 993 | 1928 |

| Fabriknummer | Bauart | Gattung | Auslieferungsdatum | Spurweite | Empfänger/Verbleib | Ausmusterung |
|---|---|---|---|---|---|---|
| 6756 | 1'C n2v | G | 30.12.08 | 1435 | KPEV (G 5.4)/Stn 4221/(DRG 54 1034) | |
| 6757 | 1'C n2v | G | 30.12.08 | 1435 | KPEV (G 5.4)/Erf 4189/1919 PKP Ti4-147 | |
| 6758 | 1'C n2v | G | 31.12.08 | 1435 | KPEV (G 5.4)/Erf 4190/1919 B 7433 | |
| 6759 | 1'C n2v | G | 08.01.09 | 1435 | KPEV (G 5.4)/Psn 4242/1919 Ost 4276/DRG (54 994) | |
| 6760 | 1'C n2v | G | 08.01.09 | 1435 | KPEV (G 5.4)/Psn 4243 | |
| 6761 | 1'C n2v | G | 16.01.09 | 1435 | KPEV (G 5.4)/Psn 4244 | |
| 6762 | 1'C n2v | G | 22.01.09 | 1435 | KPEV (G 5.4)/Psn 4245 | |
| 6763 | B n2t | | 25.01.08 | 1435 | Kaiserliche Werft, Wilhelmshaven | |
| 6764 | B n2t | | 31.01.08 | 1435 | Kaiserliche Werft, Wilhelmshaven | |
| 6765 | B n2t | | 02.04.08 | 1435 | Kaiserliche Werft, Wilhelmshaven/1919 Vorortbahn Wilhelmshaven 2 | 1959 |
| 6766 | B n2t | | 02.04.08 | 1435 | Kaiserliche Werft, Wilhelmshaven | |
| 6767 | B n2t | | 16.11.07 | 785 | Gewerkschaft Neue Helene, Hohenlohenhütte O/S | |
| 6768 | B n2ft | FL | 22.02.08 | 1435 | Zellulosefabrik Feldmühle, Cosel-Oderhafen/sp. Celuloza Myskow (VRP) | |
| 6769 | B n2t | | 27.02.08 | 1435 | Vering & Wächter, Berlin, für Haltingen-Kandern/DEGB 8 | |
| 6770 | B'B' n4vt | | 06.04.08 | 1000 | Vering & Wächter, Berlin, für Gera-Wuitz-Mumsdorf/6/1949 DRG 99 5713/ Bauart Mallet | 1966 |
| 6771 | 2' 2' | Tender | 22.01.08 | 1000 | Comp. Auxiliaire de Chemins de fer au Bresil, Bruxelles (Belgien) | |
| 6772 | 2' 2' | Tender | 22.01.08 | 1000 | Comp. Auxiliaire de Chemins de fer au Bresil, Bruxelles (Belgien) | |
| 6773 | 2' 2' | Tender | 22.01.08 | 1000 | Comp. Auxiliaire de Chemins de fer au Bresil, Bruxelles (Belgien) | |
| 6774 | 1'C1' n2t | Pt | 15.09.08 | 1435 | Chemins de fer Minieres Prince Henri, Pe tange (Luxemburg)/201/ U 1'C1'h2t/1943 DRG 75 641/DR | 19.09.1955 |
| 6775 | 1'C1'n2t | Pt | 16.09.08 | 1435 | Chemins de fer Minieres Prince Henri, Pe'tange (Luxemburg/202/ U 1'C1'h2t/1943 DRG 75 642/DB/12.1945 CFL 3302 | 1955 |
| 6776 | 1'C1'n2t | Pt | 19.09.08 | 1435 | Chemins de fer Minieres Prince Henri, Pe'tange (Luxemburg/203/ U 1'C1'h2t/1943 DRG 75 643/CFL 3303 | 1955 |
| 6777 | C n2t | | 18.08.08 | 1000 | Gleisner, Hamburg, für Chile | |
| 6778 | B n2t | | 11.08.08 | 1000 | Comp. française de Tramways Indo China, Paris/CFTI 20 | |
| 6779 | B n2t | | 16.11.07 | 1000 | Lepien, Wünneberg & Co., Hamburg, für Brasilien | |
| 6780 | B n2t | | 21.12.07 | 1000 | Société des Mines de Cuiose de Campaniario, Paris, für Spanien | |
| 6781 | B n2t | | 15.08.08 | 1000 | Wilhelm Düren, Godesberg | |
| 6782 | B n2t | | 15.12.08 | 10000 | H. Fölsch & Co., Hamburg, für Chile | |
| 6783 | B n2t | | 29.06.08 | 1000 | H.B. Sloman & Co., Hamburg, für Chile | |
| 6784 | 1'C n2t | | 07.04.08 | 1435 | Shantung Eisenbahn-Gesellschaft, Berlin | |
| 6785 | B n2t | | 21.03.08 | 785 | Schlesische AG für Bergbau & Zinkhüttenbetriebe, Lipine O/S | |
| 6786 | B n2t | | 20.03.08 | 750 | Niederhessische Basaltwerke, Hannover | |
| 6787 | B n2t | | 23.07.08 | 785 | Borsigwerk, Borsigwerk O/S | |
| 6788 | B n2t | | 26.06.08 | 750 | Wackerow & Co., Breslau | |
| 6789 | B n2t | | 22.07.08 | 785 | Gewerkschaft Brzosawitz, Hohenlohenhütte O/S | |
| 6790 | B n2t | | 28.01.08 | 750 | Les Petits fils de Wendel & Co., Hayingen (Frankreich) | |
| 6791 | (Bn2)'2' | DT | 20.08.08 | 1435 | Uetersener Eisenbahn Gesellschaft, Uetersen/2 | 1918 |
| 6792 | (Bn2)'2' | DT | 03.09.08 | 1435 | Uetersener Eisenbahn Gesellschaft, Uetersen/3 | 1918 |
| 6793 | B n2t | StL | 13.05.08 | 1435 | Uetersener Eisenbahn Gesellschaft, Uetersen/1 | 1918 |
| 6794 | C n2t | | 05.03.08 | 700 | Naamlooze Vennortsshap de Nederlandsche Indische Industrie, Rotterdam, für Java/PG Kanigoro PERGIWATI 1 (Java) | |
| 6795 | C n2t | | 05.03.08 | 700 | Naamlooze Vennortsshap de Nederlandsche Indische Industrie, Rotterdam, für Java | |
| 6796 | C n2t | | 05.03.08 | 700 | Naamlooze Vennortsshap de Nederlandsche Indische Industrie, Rotterdam, für Java/PG Kanigoro PERGIWO 3 (Java) | |
| 6797 | D n2t | | 11.09.08 | 1435 | Soc. des Charbonnages Mines et Usine, Sosnowice/1 | |
| 6798 | D n2t | | 17.09.08 | 1435 | Soc. des Charbonnages Mines et Usine, Sosnowice/2 | |
| 6799 | D n2t | | 30.09.08 | 1435 | Georgsmarienhütte Eisenbahn, Georgsmarienhütte/12 | |
| 6800 | B n2t | | 05.05.08 | 1435 | Karl Schmidt, Hannover für De Wendel & Co., Hayingen (Frankreich)/69 | |
| 6801 | B n2t | | 23.04.08 | 1435 | Artur Koppel AG, Berlin, für Koksanstalt Karwin | |
| 6802 | B n2t | | 22.05.08 | 1435 | Chropiner Zuckerfabrik, Chropin | |
| 6803 | B n2t | | 19.06.08 | 1435 | A. Borsig, Tegel - Hof -/1945 in Rbd Mgd abgestellt/1949 DR (98 6302)/ 10.05.50 als Wl verkauft | |
| 6804 | B n2t | | 19.06.08 | 1435 | Kraftübertragungswerke, Rheinfelden | |
| 6805 | B n2t | | 05.01.09 | 1435 | Oberschlesische Kokswerke, Zabrze | |
| 6806 | C n2t | | 26.06.08 | 1435 | Karl Schmidt, Hannover, für Kleinbahn Winsen-Evendorf/4 | 1960 |
| 6807 | C n2t | | 22.10.08 | 1435 | Em. Arnband, Le Havre (Frankreich) | |
| 6808 | C n2t | | 14.07.08 | 1435 | „Eintracht"-Braunkohlenwerk u. Brikettfabrik, Welzow N/L, für Grube „Louise", Domsdorf | |
| 6809 | C n2t | | 10.09.08 | 1435 | AG Kaliwerk Neu Bleicherode, Neustadt bei Großbodungen | |
| 6810 | C1'n2t | | 15.08.08 | 1435 | AGBB für Kassel-Naumburger Eisenbahn/4/1925 an EFE 2/1949 DR 90 6402 | 15.03.1968 |
| 6811 | B n2t | AL | 09.03.08 | 900 | Bergbau AG „Ilse", Grube Ilse N/L | |
| 6812 | B n2t | AL | 09.03.08 | 900 | Bergbau AG „Ilse", Grube Ilse N/L | |
| 6813 | B n2t | AL | 30.03.08 | 900 | Bergbau AG „Ilse", Grube Ilse N/L | |
| 6814 | B n2t | AL | 02.04.08 | 900 | Bergbau AG „Ilse", Grube Ilse N/L | |
| 6815 | B n2t | AL | 07.04.08 | 900 | Bergbau AG „Ilse", Grube Ilse N/L | |
| 6816 | B n2t | AL | 07.04.08 | 900 | Bergbau AG „Ilse", Grube Ilse N/L | |
| 6817 | B n2t | AL | 10.04.08 | 900 | Bergbau AG „Ilse", Grube Ilse N/L | |

| Fabriknummer | Bauart | Gattung | Auslieferungsdatum | Spurweite | Empfänger/Verbleib | Ausmusterung |
|---|---|---|---|---|---|---|
| 6818 | B n2t | AL | 23.04.08 | 900 | Bergbau AG „Ilse", Grube Ilse N/L | |
| 6819 | B n2t | AL | 01.05.08 | 900 | Bergbau AG „Ilse", Grube Ilse N/L | |
| 6820 | B n2t | AL | 06.05.08 | 900 | Bergbau AG „Ilse", Grube Ilse N/L | |
| 6821 | B n2t | AL | 08.05.08 | 900 | Bergbau AG „Ilse", Grube Ilse N/L | |
| 6822 | B n2t | AL | 09.05.08 | 900 | Bergbau AG „Ilse", Grube Ilse N/L | |
| 6823 | B n2t | AL | 26.05.08 | 900 | Bergbau AG „Ilse", Grube Ilse N/L | |
| 6824 | B n2t | AL | 12.06.08 | 900 | Bergbau AG „Ilse", Grube Ilse N/L | |
| 6825 | B n2t | AL | 24.06.08 | 900 | Bergbau AG „Ilse", Grube Ilse N/L | |
| 6826 | B n2t | | 26.03.08 | 1524 | Socowa Marosow Sohn & Co., Moskau (Rußland) | |
| 6827 | B n2t | | 30.04.08 | 914 | Griese, Hamburg, für Chile | |
| 6828 | B n2t | | 30.04.08 | 914 | Griese, Hamburg, für Chile | |
| 6829 | 1'C1'n2t | Pt | 14.10.08 | 1000 | Comp. des Chemins de fer dans la Province de Buenos Aires, Paris/11 | |
| 6830 | 1'C1'n2t | Pt | 14.10.08 | 1000 | Comp. des Chemins de fer dans la Province de Buenos Aires, Paris/12 | |
| 6831 | 1'C1'n2t | Pt | 30.10.08 | 1000 | Comp. des Chemins de fer dans la Province de Buenos Aires, Paris/13 | |
| 6832 | 1'C1'n2t | Pt | 30.10.08 | 1000 | Comp. des Chemins de fer dans la Province de Buenos Aires, Paris/14 | |
| 6833 | 1'C1'n2t | Pt | 30.10.08 | 1000 | Comp. des Chemins de fer dans la Province de Buenos Aires, Paris/15 | |
| 6834 | 1'C1'n2t | Pt | 07.11.08 | 1000 | Comp. des Chemins de fer dans la Province de Buenos Aires, Paris/16 | |
| 6835 | 2'C n2 | P | 07.11.08 | 1000 | Comp. des Chemins de fer dans la Province de Buenos Aires, Paris/233 | |
| 6836 | 2'C n2 | P | 14.11.08 | 1000 | Comp. des Chemins de fer dans la Province de Buenos Aires, Paris/234 | |
| 6837 | 2'C n2 | P | 14.11.08 | 1000 | Comp. des Chemins de fer dans la Province de Buenos Aires, Paris/235 | |
| 6838 | 2'C n2 | P | 21.11.08 | 1000 | Comp. des Chemins de fer dans la Province de Buenos Aires, Paris/236 | |
| 6839 | 2'C n2 | P | 21.11.08 | 1000 | Comp. des Chemins de fer dans la Province de Buenos Aires, Paris/237 | |
| 6840 | 2'C n2 | P | 03.12.08 | 1000 | Comp. des Chemins de fer dans la Province de Buenos Aires, Paris/238 | |
| 6841 | 2'C n2 | P | 03.12.08 | 1000 | Comp. des Chemins de fer dans la Province de Buenos Aires, Paris/239 | |
| 6842 | 2'C n2 | P | 03.12.08 | 1000 | Comp. des Chemins de fer dans la Province de Buenos Aires, Paris/240 | |
| 6843 | B n2t | | 24.06.08 | 700 | W. Staadecker, Bukarest | |
| 6844 | B n2t | | 13.03.08 | 785 | Hohenlohewerke AG, Hohenlohehütte | |
| 6845 | C1'n2t | | 19.04.08 | 750 | Huszco, Lozinsky & Co., Kiew (Rußland) | |
| 6846 | C n2t | | 05.06.08 | 1435 | Reinickendorf-Liebenwalde-Groß Schönebecker Eisenbahn/WANDLITZ 7 | 1931 |
| 6847 | B n2t | | 20.10.09 | 1435 | Decauville Aine, Paris, für Congo | |
| 6848 | B n2t | | 19.04.09 | 1435 | Prerauer & Co., Berlin | |
| 6849 | B n2t | | 12.12.08 | 1435 | Julius Berger, Bromberg | |
| 6850 | B n2t | | 03.05.09 | 1435 | Julius Berger, Bromberg | |
| 6851 | B n2t | | 02.04.09 | 1435 | Carl Schmidt, Hannover | |
| 6852 | B n2t | | 28.04.09 | 1435 | Carl Schmidt, Hannover | |
| 6853 | B n2t | | 15.10.09 | 1435 | Zuckerfabrik Brühl, Brühl bei Köln | |
| 6854 | B n2t | | 23.02.09 | 600 | Norsk Transportaktiesalskat Tinnosbanen, Kristiania (Norwegen) | |
| 6855 | B n2t | | 15.09.09 | 600 | Jacob Henninger, Magdeburg | |
| 6856 | B n2t | | 10.06.09 | 600 | Portlandzementfabrik AG, Elm | |
| 6857 | B n2ft | FL | 09.10.08 | 1435 | Merksche Guano-Werke, Hamburg | |
| 6858 | B n2ft | FL | 05.10.08 | 1435 | Stärke- und Zuckerfabrik Koehlmann & Co. AG, Frankturt/Oder/n. 1945 PKP Tkb 1-1/Eisenbahn-Schwellenwerk, Gdansk | 1969 |
| 6859 | B n2ft | FL | 02.11.08 | 1435 | Eugen Kutter, Hirschberg | |
| 6860 | B n2ft | FL | 11.11.08 | 1435 | Soc. Au. Linificio Canapificio, Milano (Italien) - Schlachthof Mailand | |
| 6861 | 1'C1'n2t | | 30.11.08 | 1435 | Chemins de fer Minieres Prince Henri, Pe tange (Luxemburg)/204/U 1 C1 h2t/ 1943 DRG 75 644/DR | 06.04.1946 |
| 6862 | 1'C1'n2t | | 30.11.08 | 1435 | Chemins de fer Minieres Prince Henri, Pe tange (Luxemburg)/205/U 1 C1 h2t/ 1943 DRG 75 645/DR | 28.02.1951 |
| 6863 | B n2t | | 27.06.08 | 1676 | Compania Uniao Fabril S.A. Lissabon (Portugal)/2 | |
| 6864 | C n2t | | 15.05.08 | 750 | Zuckerfabrik Garbow, Lublin/4 | 1970 |
| 6865 | C n2t | | 15.05.08 | 750 | Zuckerfabrik Garbow, Lublin/5 | |
| 6866 | C n2t | | 02.09.08 | 1435 | Nordfyenske Jernbaner, Odense (Dänemark)/7 | 1935 |
| 6867 | B'B'n4vt | | 06.07.08 | 700 | Naamlooze Vennartsshap de Nederlandsche Indische Industrie, Rotterdam, für Java/Bauart Mallet/PG Semboro 30 (Java) | |
| 6868 | B1'n2t | | 04.04.08 | 750 | Naamlooze Vennartsshap de Nederlandsche Indische Industrie, Rotterdam, für Java/PG Colo Madu 3 (Java) | |
| 6869 | B n2t | | 14.10.08 | 1435 | Ferrovia Tortona-Castelnuova, Tortona | |
| 6870 | B n2t | | 08.12.08 | 1435 | Gemeindeverwaltung, Milano (Italien) | |
| 6871 | B n2t | | 09.08.08 | 1435 | Zuckerfabrik Bahnhof Marienburg AG, Marienburg | |
| 6872 | B n2t | | 08.09.08 | 1435 | Ferrovia Tortona-Castelnuova, Tortona | |
| 6873 | B n2t | | 22.09.08 | 1435 | E. Gieldzinski, Wien/ARNOLD | |
| 6874 | B n2t | | 24.04.09 | 1435 | Curt Thomas, Spandau | |
| 6875 | B n2t | | 17.04.09 | 1435 | Gewerkschaft Alexanderhall, Berka/Werra | |
| 6876 | B n2t | | 30.04.10 | 1435 | Soc. An. Acciaierie Ferriere Lombarde, Milano (Italien) | |
| 6877 | C n2t | | 05.04.09 | 1435 | Gewerkschaft Riedel, Hannover | |
| 6878 | C n2t | | 27.12.09 | 1435 | Luxemburger Bergwerks- u. Saarbrücker Eisenhütten AG, Saarbrücken | |
| 6879 | B n2t | StL | 31.03.08 | 1000 | N.J. Sposito, Ackermann (Rußland)/3 | |
| 6880 | B n2t | StL | 23.03.08 | 1000 | N.J. Sposito, Ackermann (Rußland)/4 | |
| 6881 | B n2t | StL | 27.03.08 | 1000 | N.J. Sposito, Ackermann (Rußland)/5 | |
| 6882 | B n2t | StL | 27.03.08 | 1000 | N.J. Sposito, Ackermann (Rußland)/6 | |
| 6883 | B n2t | StL | 31.03.08 | 1000 | N.J. Sposito, Ackermann (Rußland)/7 | |

| Fabriknummer | Bauart | Gattung | Auslieferungsdatum | Spurweite | Empfänger/Verbleib | Ausmusterung |
|---|---|---|---|---|---|---|
| 6884 | 1'C n2t | | 18.09.08 | 1000 | Bielefelder Kreisbahn, Herford/FRANZ V. DITTFURT 6 | 1956 |
| 6885 | 1'C n2t | | 28.09.08 | 1000 | Bielefelder Kreisbahn, Herford/HEEPEN 7 | 1956 |
| 6886 | B n2t | | 09.07.08 | 785 | Donnersmarck-Hütte, Zabrze | |
| 6887 | C n2t | StL | 04.08.08 | 1435 | Soc. Tramvie Vicentine, Vicenza/10 | |
| 6888 | C n2t | StL | 04.08.08 | 1435 | Soc. Tramvie Vicentine, Vicenza/11 | |
| 6889 | C n2t | StL | 19.08.08 | 1435 | Soc. Tramvie Vicentine, Vicenza/12 | |
| 6890 | C n2t | StL | 29.08.08 | 1435 | Soc. Tramvie Vicentine, Vicenza/13 AGNO | |
| 6891 | B n2t | StL | 05.10.10 | 1435 | Soc. Tramvie Vicentine, Vicenza/14 | |
| 6892 | B n2t | StL | 07.10.10 | 1435 | Soc. Tramvie Vicentine, Vicenza/15 | |
| 6893 | B n2t | StL | 12.10.10 | 1435 | Soc. Tramvie Vicentine, Vicenza/16 ASTICO | |
| 6894 | B n2t | StL | 14.10.10 | 1435 | Soc. Tramvie Vicentine, Vicenza/17 | |
| 6895 | B n2t | StL | 07.11.10 | 1435 | Soc. Tramvie Vicentine, Vicenza/18 MONTECCHIO | |
| 6896 | B n2t | StL | 07.11.10 | 1435 | Soc. Tramvie Vicentine, Vicenza/19 ARZIGHANO | |
| 6897 | B n2t | | 11.08.08 | 1000 | Comp. francaise de Tramways Indo-Chine, Paris/CFTI 21 | |
| 6898 | B n2t | | 11.08.08 | 1000 | Comp. francaise de Tramways Indo-Chine, Paris/CFTI 22 | |
| 6899 | C n2t | | 20.10.08 | 1435 | Osthavelländische Kreisbahn, Berlin, für Spandau-Bötzow/5/1949 DR 89 6217/ Zuckerfabrik Erdeborn | |
| 6900 | B n2ft | FL | 06.08.08 | 1000 | Gas- und Wasserwerke Köln, Köln/Rhein | |
| 6901 | B n2ft | FL | 06.08.08 | 1000 | Gas- und Wasserwerke Köln, Köln/Rhein | |
| 6902 | (1'Bn2)'2' | DT | 21.12.08 | 750 | Compagnia di Antivari, Venezia, für Bar-Virpazar/RIJEKA/U 1 Bn2t | |
| 6903 | (1'Bn2)'2' | DT | 23.12.08 | 750 | Compagnia di Antivari, Venezia, für Bar-Virpazar/NIKSIC/U 1 Bn2t | |
| 6904 | (1'Bn2)'2' | DT | 04.01.09 | 750 | Compagnia di Antivari, Venezia, für Bar-Virpazar/CETINJE/ U 1 Bn2t | |
| 6905 | C n2t | Gt | 15.09.08 | 1435 | Vering & Wächter, Berlin, für Teutoburger Wald Eisenbahn/10/sp. TWE 32/ 1952 KB/1954 BG | 1957 |
| 6906 | C n2t | Gt | 15.03.09 | 1435 | Dänische Staatsbahn, Kopenhagen/Litra F 457 | 1964 |
| 6907 | C n2t | Gt | 17.03.09 | 1435 | Dänische Staatsbahn, Kopenhagen/Litra F 458 | 1969 |
| 6908 | C n2t | Gt | 19.03.09 | 1435 | Dänische Staatsbahn, Kopenhagen/Litra F 459 | 1961 |
| 6909 | C n2t | Gt | 19.03.09 | 1435 | Dänische Staatsbahn, Kopenhagen/Litra F 460 | 1962 |
| 6910 | C n2t | Gt | 26.03.09 | 1435 | Dänische Staatsbahn, Kopenhagen/Litra F 461 | 1975 |
| 6911 | C n2t | Gt | 26.03.09 | 1435 | Dänische Staatsbahn, Kopenhagen/Litra F 462 | 1963 |
| 6912 | C n2t | Gt | 31.03.09 | 1435 | Dänische Staatsbahn, Kopenhagen/Litra F 463 | 1969 |
| 6913 | C n2t | Gt | 31.03.09 | 1435 | Dänische Staatsbahn, Kopenhagen/Litra F 464 | 1967 |
| 6914 | C n2t | Gt | 07.04.09 | 1435 | Dänische Staatsbahn, Kopenhagen/Litra F 465 | 1963 |
| 6915 | C n2t | Gt | 19.04.09 | 1435 | Dänische Staatsbahn, Kopenhagen/Litra F 466/1964 Amagerbanen 8 | 1969 |
| 6916 | C n2t | Gt | 19.04.09 | 1435 | Dänische Staatsbahn, Kopenhagen/Litra F 467 | 1964 |
| 6917 | C n2t | Gt | 24.04.09 | 1435 | Dänische Staatsbahn, Kopenhagen/Litra F 468 | 1962 |
| 6918 | C n2t | Gt | 01.05.09 | 1435 | Dänische Staatsbahn, Kopenhagen/Litra F 469 | 1969 |
| 6919 | C n2t | Gt | 01.05.09 | 1435 | Dänische Staatsbahn, Kopenhagen/Litra F 470 | 1963 |
| 6920 | B n2t | - | 13.06.08 | 762 | Heesch, Hinrichsen & Co., Hamburg, für Japan | |
| 6921 | 2'B n2 | - | 07.05.09 | 600 | Hagenbeck, Hamburg-Stellingen/DRACHE | |
| 6922 | B n2t | - | 09.11.08 | 1000 | Fölsch & Co., Hamburg, für Chile | |
| 6923 | 1'C h2t | Pt | 20.01.09 | 1435 | KPEV (T 12)/Bln 7828/DRG 74 625/DB | 14.07.1960 |
| 6924 | 1'C h2t | Pt | 21.01.09 | 1435 | KPEV (T 12)/Bln 7829/DRG 74 626/DB | 14.03.1957 |
| 6925 | 1'C h2t | Pt | 30.01.09 | 1435 | KPEV (T 12)/Bln 7830/DRG 74 627/DB | 30.09.1960 |
| 6926 | 1'C h2t | Pt | 29.01.09 | 1435 | KPEV (T 12)/Bln 7831/DRG 74 628/DR | 11.10.1966 |
| 6927 | 1'C h2t | Pt | 29.01.09 | 1435 | KPEV (T 12)/Bln 7832/DRG 74 629/DB | 11.01.1952 |
| 6928 | 1'C h2t | Pt | 30.01.09 | 1435 | KPEV (T 12)/Bln 7833/DRG 74 630 | |
| 6929 | 1'C h2t | Pt | 01.02.09 | 1435 | KPEV (T 12)/Bsl 7724/DRG 74 631/DR | 18.07.1967 |
| 6930 | 1'C h2t | Pt | 10.02.09 | 1435 | KPEV (T 12)/Efd 7737/DRG 74 632/DB | 24.04.1958 |
| 6931 | 1'C h2t | Pt | 05.02.09 | 1435 | KPEV (T 12)/Efd 7738/DRG 74 633/DB | 10.05.1946 |
| 6932 | 1'C h2t | Pt | 06.02.09 | 1435 | KPEV (T 12)/Efd 7739/DRG 74 634/DB | 10.08.1957 |
| 6933 | 1'C h2t | Pt | 09.02.09 | 1435 | KPEV (T 12)/Efd 7740/DRG 74 635/DB | 11.01.1952 |
| 6934 | B n2t | AL | 05.09.08 | 900 | Bergbau AG „Ilse", Grube Ilse N/L | |
| 6935 | B n2t | AL | 07.09.08 | 900 | Bergbau AG „Ilse", Grube Ilse N/L | |
| 6936 | B n2t | | 01.10.08 | 1435 | Kleinbahn Horka-Rothenburg-Priebus, Rothenburg/NEISSE 3/1949 DR 98 6212 | 06.02.1962 |
| 6937 | 2'C n2 | S | 27.02.09 | 1000 | Estrada Ferro de Sobral, Camocim (Brasilien)/12 | |
| 6938 | 2'C n2 | S | 27.02.09 | 1000 | Estrada Ferro de Sobral, Camocim (Brasilien)/MIGUEL CALMON 13 | |
| 6939 | 2'C n2 | S | 27.02.09 | 1000 | Estrada Ferro de Sobral, Camocim (Brasilien)/14 | |
| 6940 | 2'C n2 | S | 27.02.09 | 1000 | Estrada Ferro de Sobral, Camocim (Brasilien)/SERGIO SOBOYA 15 | |
| 6941 | 2'C n2t | Pt | 29.01.09 | 1435 | KPEV (T 10)/Mz 7401/DRG 76 001/DB/28.12.1941 OHE 76 091 | 1959 |
| 6942 | 2'C n2t | Pt | 01.02.09 | 1435 | KPEV (T 10)/Mz 7402/DRG 76 002/DB/04.02.1948 Ilmebahn 7 | 1963 |
| 6943 | 2'C n2t | Pt | 05.02.09 | 1435 | KPEV (T 10)/Mz 7403/DRG 76 003/DB/28.12.1949 OHE 76 093 | 1964 |
| 6944 | 2'C n2t | Pt | 12.02.09 | 1435 | KPEV (T 10)/Mz 7404/1919 Nord (Frankreich) 3.887/1938 SNCF 2-230 TB 1 | 1947 |
| 6945 | 2'C n2t | Pt | 12.02.09 | 1435 | KPEV (T 10)/Mz 7405/DRG 76 004/DB/28.12.1949 OHE 76 096 | 1963 |
| 6946 | B n2t | - | 03.12.08 | 1435 | Carl Schmidt, Hannover, für Bremervörde-Osterholz/1/NLEA 291/1952 Steinhuder Meerbahn | 1954 |
| 6947 | B n2t | - | 14.12.08 | 1435 | Carl Schmidt, Hannover, für Bremervörde-Osterholz/2/1925 Bleckeder Krsb/ 1928 BH 2/1934 NWE 61/1949 DR 98 6213 | 1960 |
| 6948 | B n2t | - | 04.08.09 | 1435 | Carl Schmidt, Hannover, für Bremervörde-Osterholz/3/NLEA 292 | 1960 |
| 6949 | B n2ft | FL | 11.11.09 | 1435 | Aktieselskabet Sydvaranger, Kristiania (Norwegen) | |

| Fabriknummer | Bauart | Gattung | Auslieferungsdatum | Spurweite | Empfänger/Verbleib | Ausmusterung |
|---|---|---|---|---|---|---|
| 6950 | B n2ft | FL | 11.11.09 | 1435 | Aktieselskabet Sydvaranger, Kristiania (Norwegen) | |
| 6951 | B n2ft | FL | 17.06.10 | 1435 | Aktieselskabet Sydvaranger, Kristiania (Norwegen) | |
| 6952 | B n2ft | FL | 17.06.10 | 1435 | Aktieselskabet Sydvaranger, Kristiania (Norwegen) | |
| 6953 | B n2ft | FL | 30.06.10 | 1435 | Aktieselskabet Sydvaranger, Kristiania (Norwegen) | |
| 6954 | B n2ft | FL | 24.04.12 | 1435 | Aktieselskabet Sydvaranger, Kristiania (Norwegen) | |
| 6955 | Nicht im Auslieferungsbuch verzeichnet | | | | | |
| 6956 | Nicht im Auslieferungsbuch verzeichnet | | | | | |
| 6957 | B n2t | | 30.11.09 | 900 | Artur Koppel AG, Berlin | |
| 6958 | B n2t | | 19.05.09 | 900 | Max Strauß, Karlsruhe | |
| 6959 | B n2t | | 18.06.09 | 900 | Max Strauß, Karlsruhe | |
| 6960 | Bn 2t | | 26.10.09 | 900 | Max Strauß, Karlsruhe | |
| 6961 | B n2t | | 02.04.10 | 900 | Devauville Aine, Paris | |
| 6962 | B n2t | | 07.06.10 | 1000 | Philipp Holzmann & Co., Frankfurt/Main, für die Türkei | |
| 6963 | B n2t | | 07.06.10 | 1000 | Philipp Holzmann & Co., Frankfurt/Main, für die Türkei | |
| 6964 | B n2t | | 07.06.10 | 1000 | Philipp Holzmann & Co., Frankfurt/Main, für die Türkei | |
| 6965 | B n2t | | 20.08.09 | 900 | Karl Schlösser, Breslau | |
| 6966 | B n2t | | 20.08.09 | 900 | Karl Schlösser, Breslau | |
| 6967 | B n2t | | 20.08.09 | 900 | Karl Schlösser, Breslau | |
| 6968 | B n2t | | 03.03.10 | 900 | Arno Möller, Mannheim | |
| 6969 | B n2t | | 30.09.09 | 900 | Gebr. Goedhard AG, Düsseldorf | |
| 6970 | B n2t | | 09.10.09 | 900 | Lolat Eisenbeton Breslau AG, Breslau | |
| 6971 | B n2t | | 07.06.09 | 1000 | Philipp Holzmann & Co., Frankfurt/Main, für die Türkei/Irak Stb 352 | 1949 |
| 6972 | B n2t | AL | 29.01.09 | 900 | Gebr. Reschke, Senftenberg, für Grube Marie, Reppist | |
| 6973 | B n2t | AL | 25.01.09 | 900 | Joh. Samjatin, Irkutsk (Rußland) | |
| 6974 | B n2t | AL | 26.01.09 | 900 | Joh. Samjatin, Irkutsk (Rußland) | |
| 6975 | B n2t | AL | 15.03.09 | 900 | Langensiepen & Osthus, Kattowitz/DR-Ingenieurbau-Betrieb 320-200- | vor 1960 |
| 6976 | B n2t | AL | 09.03.09 | 900 | Julius Blenke, Berlin | |
| 6977 | B n2t | AL | 10.03.09 | 900 | Julius Blenke, Berlin | |
| 6978 | B n2t | AL | 20.04.09 | 900 | W. Barczinski & Co., Berlin | |
| 6979 | B n2t | AL | 20.04.09 | 900 | W. Barczinski & Co., Berlin | |
| 6980 | B n2t | AL | 21.04.09 | 900 | W. Barczinski & Co., Berlin | |
| 6981 | B n2t | AL | 21.04.09 | 900 | W. Barczinski & Co., Berlin | |
| 6982 | B n2t | AL | 29.04.09 | 900 | Braunkohlenwerk „Leonhard" AG, Zipsendorf (Kreis Zeitz) | |
| 6983 | B n2t | AL | 15.05.09 | 900 | Braunkohlenwerk „Leonhard" AG, Zipsendorf (Kreis Zeitz) | |
| 6984 | B n2t | AL | 04.06.09 | 900 | Braunkohlenwerk „Leonhard" AG, Zipsendorf (Kreis Zeitz) | |
| 6985 | B n2t | AL | 21.01.10 | 900 | B. Wittkop AG, Groß Lichterfelde | |
| 6986 | B n2t | AL | 25.01.10 | 900 | B. Wittkop AG, Groß Lichterfelde | |
| 6987 | C n2t | | 02.04.10 | 1000 | Chem. de fer Argentins, Buenos Aires (Argentinien) | |
| 6988 | C n2t | - | 02.04.10 | 1000 | Chem. de fer Argentins, Buenos Aires (Argentinien) | |
| 6989 | C n2t | - | 17.11.08 | 750 | Entreprise Generale du Chemins de fer des Alpes Bernaises, Paris/5 | |
| 6990 | C n2t | - | 17.11.08 | 750 | Entreprise Generale du Chemins de fer des Alpes Bernaises, Paris/6 | |
| 6991 | C n2t | - | 17.11.08 | 750 | Entreprise Generale du Chemins de fer des Alpes Bernaises, Paris/7 | |
| 6992 | C n2t | - | 17.11.08 | 750 | Entreprise Generale du Chemins de fer des Alpes Bernaises, Paris/8 | |
| 6993 | B'B'n4vt | - | 24.11.08 | 700 | Naamlooze Vermootschap de Nederl.-Indische Industrie s Gravenhagen (Niederlande)/Bauart Mallet/PG Semboro 31 (Java) | |
| 6994 | B n2t | AL | 19.09.08 | 900 | Niederlausitzer Kohlenwerke, Berlin, für BKW Groß-Räschen | |
| 6995 | B n2t | - | 07.04.09 | 1000 | Kreisbahn Wittmund-Aurich-Leer, Aurich/LANGEOOG 11/WAL 25 | 1957 |
| 6996 | 2'C n4v | S | 09.06.09 | 1435 | Cie de Chemins de fer de Paris á Lyon et à la Méditerranée, für Algerien/3411 | |
| 6997 | 2'C n4v | S | 10.06.09 | 1435 | Cie de Chemins de fer de Paris á Lyon et à la Méditerranée, für Algerien/3412 | |
| 6998 | 2'C n4v | S | 14.06.09 | 1435 | Cie de Chemins de fer de Paris á Lyon et à la Méditerranée, für Algerien/3413 | |
| 6999 | 2'C n4v | S | 18.06.09 | 1435 | Cie de Chemins de fer de Paris á Lyon et à la Méditerranée, für Algerien/3414 | |
| 7000 | 2'C n4v | S | 26.06.09 | 1435 | Cie de Chemins de fer de Paris á Lyon et à la Méditerranée, für Algerien/3415 | |
| 7001 | 2'C n4v | S | 06.07.09 | 1435 | Cie de Chemins de fer de Paris á Lyon et à la Méditerranée, für Algerien/3416 | |
| 7002 | 2'C n4v | S | 14.07.09 | 1435 | Cie de Chemins de fer de Paris á Lyon et à la Méditerranée, für Algerien/3417 | |
| 7003 | B n2t | - | 22.12.08 | 785 | Oberschlesische Eisenbahn-Bedarfs AG, Friedenshütte O/S/n. 1945 Hütte „Pokoj" Ruda slaska (VRP) | 1974 |
| 7004 | 1'C h2t | Pt | 13.02.09 | 1435 | KPEV (T 12)/Bln 7834/DRG 74 636/DB | 15.11.1957 |
| 7005 | 1'C h2t | Pt | 15.02.09 | 1435 | KPEV (T 12)/Bln 7835/DRG 74 637/DB | 12.07.1963 |
| 7006 | 1'C h2t | Pt | 17.02.09 | 1435 | KPEV (T 12)/Bln 7836/DRG 74 638/DB | 09.11.1953 |
| 7007 | 1'C h2t | Pt | 19.02.09 | 1435 | KPEV (T 12)/Bln 7837/DRG 74 639/DB | 30.09.1960 |
| 7008 | 1'C h2t | Pt | 20.02.09 | 1435 | KPEV (T 12)/Bln 7838/DRG 74 640/DB | 15.11.1957 |
| 7009 | 1'C h2t | Pt | 20.02.09 | 1435 | KPEV (T 12)/Bln 7839/DRG 74 641/NS 5903/1947 DB | 18.04.1956 |
| 7010 | 1'C h2t | Pt | 23.02.09 | 1435 | KPEV (T 12)/Bln 7840/DRG 74 642/DB | 10.08.1957 |
| 7011 | 1'C h2t | Pt | 25.02.09 | 1435 | KPEV (T 12)/Bln 7841/DRG 74 643/DB | 26.04.1961 |
| 7012 | 1'C h2t | Pt | 25.02.09 | 1435 | KPEV (T 12)/Bln 7842/DRG 74 644/DB | 26.04.1961 |
| 7013 | 1'C h2t | Pt | 26.02.09 | 1435 | KPEV (T 12)/Bln 7843/DRG 74 645/CFL 31.15 | 1955 |
| 7014 | 1'C h2t | Pt | 27.02.09 | 1435 | KPEV (T 12)/Bln 7844/DRG 74 646/DB | 07.08.1956 |
| 7015 | 1'C h2t | Pt | 02.03.09 | 1435 | KPEV (T 12)/Alt 7715/DRG 74 647 | 1932 |
| 7016 | 1'C h2t | Pt | 03.03.09 | 1435 | KPEV (T 12)/Alt 7716/DRG 74 648/DR | 14.09.1965 |
| 7017 | 1'C h2t | Pt | 05.03.09 | 1435 | KPEV (T 12)/Alt 7717/DRG 74 649/DR | 08.11.1963 |
| 7018 | 1'C h2t | Pt | 05.03.09 | 1435 | KPEV (T 12)/Alt 7718/DRG 74 650/DB | 09.01.1962 |
| 7019 | 1'C h2t | Pt | 08.03.09 | 1435 | KPEV (T 12)/Alt 7719/DRG 74 651/DB | 14.07.1960 |

| Fa-brik-num-mer | Bauart | Gat-tung | Aus-liefe-rungs-datum | Spur-weite | Empfänger/Verbleib | Aus-muste-rung |
|---|---|---|---|---|---|---|
| 7020 | 1' C h2t | Pt | 08.03.09 | 1435 | KPEV (T 12)/Alt 7720/DRG 74 652/DR | 05.01.1965 |
| 7021 | 1' C h2t | Pt | 15.03.09 | 1435 | KPEV (T 12)/Alt 7721/DRG 74 653/DR | 26.02.1965 |
| 7022 | 1' C h2t | Pt | 18.03.09 | 1435 | KPEV (T 12)/Efd 7741/DRG 74 654/DB | 02.11.1961 |
| 7023 | 1' C h2t | Pt | 19.03.09 | 1435 | KPEV (T 12)/Efd 7742/DRG 74 655 | 1928 |
| 7024 | 1' C h2t | Pt | 22.03.09 | 1435 | KPEV (T 12)/Efd 7743/DRG 74 656/DB | 15.08.1958 |
| 7025 | 1' C h2t | Pt | 23.03.09 | 1435 | KPEV (T 12)/Efd 7744/DRG 74 657/DB | 15.11.1957 |
| 7026 | 1' C h2t | Pt | 26.03.09 | 1435 | KPEV (T 12)/Efd 7745/DRG 74 658/DB | 24.04.1958 |
| 7027 | 1' C h2t | Pt | 30.03.09 | 1435 | KPEV (T 12)/Esn 7710/DRG 74 659/DB | 18.04.1956 |
| 7028 | 1' C h2t | Pt | 30.03.09 | 1435 | KPEV (T 12)/Esn 7711/DRG 74 660/DB | 30.09.1960 |
| 7029 | 1' C h2t | Pt | 31.03.09 | 1435 | KPEV (T 12)/Fft 7706/DRG 74 661/DB | 20.11.1958 |
| 7030 | 1' C h2t | Pt | 03.04.09 | 1435 | KPEV (T 12)/Fft 7707/DRG 74 662/DB | 02.05.1962 |
| 7031 | 1' C h2t | Pt | 08.04.09 | 1435 | KPEV (T 12)/Fft 7710/DRG 74 672/DB | 14.07.1960 |
| 7032 | 1' C h2t | Pt | 13.04.09 | 1435 | KPEV (T 12)/Kat 7703/1922 Opp 7703/DRG 74 663/DR | 11.01.1952 |
| 7033 | 1' C h2t | Pt | 14.04.09 | 1435 | KPEV (T 12)/Kat 7704/1922 Opp 7704/DRG 74 664/DR abgegeben | |
| 7034 | 1' C h2t | Pt | 17.04.09 | 1435 | KPEV (T 12)/Kat 7705/1922 Opp 7705/DRG 74 665/DB | 07.05.1965 |
| 7035 | 1' C h2t | Pt | 17.04.09 | 1435 | KPEV (T 12)/Mst 7717/DRG 74 666/DB | 15.08.1955 |
| 7036 | 1' C h2t | Pt | 21.04.09 | 1435 | KPEV (T 12)/Mst 7718/1913 Bln 8308/1918 B 9608/DB/1946 B 96.008 | 05.1954 |
| 7037 | 1' C h2t | Pt | 24.04.09 | 1435 | KPEV (T 12)/Sbr 7705/DRG 74 667 | 1928 |
| 7038 | 1' C h2t | Pt | 29.04.09 | 1435 | KPEV (T 12)/Sbr 7706/DRG 74 668/DB | 23.11.1956 |
| 7039 | 1' C n2v | G | 27.04.09 | 1435 | KPEV (G 5.4)/Alt 4227/1919 B 7460 | |
| 7040 | 1' C n2v | G | 29.04.09 | 1435 | KPEV (G 5.4)/Alt 4228/1919 AL (F) 4266 | vor 1938 |
| 7041 | 1' C n2v | G | 30.04.09 | 1435 | KPEV (G 5.4)/Hl 4319/1919 AL (F) 4253 | vor 1938 |
| 7042 | 1' C n2v | G | 04.05.09 | 1435 | KPEV (G 5.4)/Hl 4320 | |
| 7043 | 1' C n2v | G | 07.05.09 | 1435 | KPEV (G 5.4)/Hl 4321/1919 PKP Ti4-180/1941 DRG 54 1193/DR/25.10.55 PKP | |
| 7044 | 1' C n2v | G | 11.05.09 | 1435 | KPEV (G 5.4)/Hl 4322/1920 Dsd 4322/DRG 54 1020 | |
| 7045 | 1' C n2v | G | 12.05.09 | 1435 | KPEV (G 5.4)/Hl 4323/DRG 54 1021 | 1928 |
| 7046 | 1' C n2v | G | 13.05.09 | 1435 | KPEV (G 5.4)/Hl 4324/1920 Dsd 4324/DRG 54 1022 | |
| 7047 | 1' C n2v | G | 15.05.09 | 1435 | KPEV (G 5.4)/Dzg 4259 | |
| 7048 | 1' C n2v | G | 17.05.09 | 1435 | KPEV (G 5.4)/Erf 4191/1919 B 7436 | |
| 7049 | 1' C n2v | G | 19.05.09 | 1435 | KPEV (G 5.4)/Fft 4203/DRG 54 1023 | 1932 |
| 7050 | 1' C n2v | G | 22.05.09 | 1435 | KPEV (G 5.4)/Hn 4290/DRG 54 1024 | 1928 |
| 7051 | 1' C n2v | G | 25.05.09 | 1435 | KPEV (G 5.4)/Kbg 4199 | |
| 7052 | 1' C n2v | G | 26.05.09 | 1435 | KPEV (G 5.4)/Kbg 4200/Alt 4263/1918 PKP Ti4-178/1941 DRG 54 1181/ÖBB/ PKP Ti4-49 | |
| 7053 | 1' C n2v | G | 28.05.09 | 1435 | KPEV (G 5.4)/Kbg 4201/Alt 4264/(DRG 54 1072) | |
| 7054 | B'B n4vt | | 09.02.09 | 1435 | Soc. Nazionale di Ferrovie e Tramvie S.A., Roma (Italien)/SNFT 51 | |
| 7055 | B'B n4vt | | 11.02.09 | 1435 | Soc. Nazionale di Ferrovie e Tramvie S.A., Roma (Italien)/SNFT 52 | |
| 7056 | B'B n4vt | | 15.02.09 | 1435 | Soc. Nazionale di Ferrovie e Tramvie S.A., Roma (Italien)/SNFT 53 | |
| 7057 | B'B n4vt | | 20.02.09 | 1435 | Soc. Nazionale di Ferrovie e Tramvie S.A., Roma (Italien)/SNFT 54 | |
| 7058 | B'B n4vt | | 18.02.09 | 1435 | Soc. Nazionale di Ferrovie e Tramvie S.A., Roma (Italien)/SNFT 55 | |
| 7059 | B n2t | | 22.03.09 | 750 | M. Gleisner, Hamburg, für Chile | |
| 7060 | B n2t | | 01.05.09 | 750 | Petro Danilowski, Petersburg (Rußland) | |
| 7061 | B n2t | | 23.03.10 | 750 | Decauville Aine, Paris (Frankreich) | |
| 7062 | B n2t | | 22.04.10 | 750 | Decauville Aine, Paris (Frankreich) | |
| 7063 | B n2t | | 22.06.10 | 1000 | Minas de Cala, Bilbao (Spanien)/34 | |
| 7064 | B n2t | | 22.06.10 | 1000 | Minas de Cala, Bilbao (Spanien)/35 | |
| 7065 | B n2t | | 16.10.09 | 600 | AG für Beton-Bau Diss & Co., Düsseldorf | |
| 7066 | B n2t | | 15.11.09 | 600 | Decauville Aine, Paris u. Calcutta | |
| 7067 | B n2t | | 03.07.09 | 600 | Decauville Aine, Paris (Frankreich) | |
| 7068 | B n2t | | 17.02.10 | 600 | Carl Burchardt, Groß Lichterfelde | |
| 7069 | B n2t | | 08.10.09 | 600 | Decauville Aine, Paris (Frankreich) | |
| 7070 | B n2t | | 05.11.09 | 600 | Decauville Aine, Paris (Frankreich) | |
| 7071 | C n2t | | 28.05.09 | 1435 | „Eintracht" Braunkohlen- und Brikettfabriken, Neu Welzow | |
| 7072 | C n2t | | 17.12.09 | 1435 | Kali-Gewerkschaft, Neuhof-Fulda | |
| 7073 | C n2t | | 01.02.10 | 1435 | Kali-Gewerkschaft Wintershall, Heringen/Werra | |
| 7074 | C n2t | | 05.09.10 | 1435 | Saverio Parisi, Rom (Italien) | |
| 7075 | C n2t | | 20.01.09 | 1435 | Karl Schmidt, Hannover, für Kleinbahn Celle-Wittingen/4/1944 OHE 89 124 | 1959 |
| 7076 | C n2t | | 25.01.09 | 1435 | Karl Schmidt, Hannover, für Kleinbahn Celle-Wittingen/5/1944 OHE 89 125 | 1947 |
| 7077 | C n2t | - | 06.05.09 | 1435 | Karl Schmidt, Hannover, für Kleinbahn Wittingen-Oebisfelde/1 | |
| 7078 | C n2t | - | 28.06.09 | 1435 | Karl Schmidt, Hannover, für Kleinbahn Wittingen-Oebisfelde/2/1944 OHE 89 156/ 1948 Tramo, Frankfurt/Main | |
| 7079 | C n2t | - | 25.08.09 | 1435 | Karl Schmidt, Hannover, für Kleinbahn Wittingen-Oebisfelde/3 | |
| 7080 | C n2t | - | 25.08.09 | 1435 | Karl Schmidt, Hannover, für Kleinbahn Wittingen-Oebisfelde/4/1944 OHE 89 157 | 1960 |
| 7081 | C n2t | - | 01.05.09 | 1435 | Kreis Oldenburger Eisenbahn-Gesellschaft, Cismar/6 | |
| 7082 | C n2t | - | 25.04.10 | 1435 | ADKAG, für Aschersleben-Schneidlingen-Nienhagen/2 | |
| 7083 | B'B n4vt | - | 24.11.08 | 700 | Naamlooze Vermootschap de Nederländische Industrie s'Gravenhage, für Java/ PG Kalibagor 4 (Indonesien) | |
| 7084 | B1' n2t | - | 16.01.09 | 700 | Naamlooze Vermootschap de Nederländische Industrie s'Gravenhage, für Java/ PG Sumberharjo 1 (Indonesien) | |
| 7085 | B n2ft | FL | 28.12.08 | 1435 | AG für Anilinfarben, Berlin | |
| 7086 | B n2t | - | 09.01.09 | 1435 | J. Pintsch, Fürstenwalde | |

| Fabriknummer | Bauart | Gattung | Auslieferungsdatum | Spurweite | Empfänger/Verbleib | Ausmusterung |
|---|---|---|---|---|---|---|
| 7087 | B n2t | StL | 25.02.09 | 1435 | Soc. Nazionale di Ferrovie e Tramvie S.A., Roma (Italien)/SNFT 11 | |
| 7088 | B n2t | StL | 26.02.09 | 1435 | Soc. Nazionale di Ferrovie e Tramvie S.A., Roma (Italien)/SNFT 12 | |
| 7089 | B n2ft | FL | 17.12.08 | 1435 | Vereinigte Königs- und Laurahütte, Königshütte O/S | |
| 7090 | B n2t | | 09.01.09 | 785 | Hohenlohe-Werke, Hohenlohenhütte | |
| 7091 | B n2t | | 06.04.10 | 750 | Ch. de Vilder, Amsterdam | |
| 7092 | B n2t | | 31.05.10 | 785 | Schlesische AG für Bergbau- u. Zinkhütten-Betriebe, Lipine | |
| 7093 | B n2t | | 30.09.10 | 760 | Grimm & Doerfel, Chiojdeni (Rumänien) | |
| 7094 | B n2t | | 15.10.10 | 760 | Decauville Aine, Paris, für Italien/K.u. K. Heeresb. 2121 | |
| 7095 | B n2t | | 17.08.09 | 900 | Donnersmarckhütte, Zabrze/später Spitzbergen-Aalesund/N 2 | |
| 7096 | B n2t | | 19.05.09 | 1435 | Sächs.-Thüringische AG für Braunkohlenverwertung, Halle/Saale | |
| 7097 | B n2t | | 09.08.09 | 1435 | Gewerkschaft Jacobus, Metz | |
| 7098 | B n2t | | 27.09.09 | 1435 | Gräfl. Larisch-Männi'sche Zentral-Direktion, Karwin | |
| 7099 | B n2t | | 29.05.09 | 1435 | Mährisch-Ostrauer Steinkohlengewerkschaft, Marienberg/Mähren | |
| 7100 | B n2t | | 12.08.10 | 1435 | Decauville Aine, Paris, für Belgien | |
| 7101 | B n2ft | FL | 12.01.11 | 1435 | Lokalbahn Commission Altona/sp. U. $B_o$ EL für Städtische Hafen- und Hafenschleppbahn 7/Angaben sind nicht bestätigt, aber sehr wahrscheinlich | |
| 7102 | B n2ft | FL | 10.11.10 | 1435 | Lokalbahn Commission Altona/sp. U. $B_o$ EL für Städtische Hafen- und Hafenschleppbahn 8/Angaben sind nicht bestätigt, aber sehr wahrscheinlich | |
| 7103 | B n2ft | FL | 12.10.09 | 1435 | Duxer Kohlenverein „Dora & Helene", Großzössen (Bezirk Leipzig) | |
| 7104 | B n2ft | FL | 30.09.10 | 1435 | Ostdeutsche Spritfabrik GmbH, Berlin/ n. 1945 VEB Spiritus Wittenberg | |
| 7105 | 1'C n2 | | 21.08.11 | 1000 | Nova Companhia Estr. d. F., Bahia (Brasilien) | |
| 7106 | 1'C n2 | | 09.08.19 | 1000 | Mindener Kreisbahn (bestellt für Goyez-Bahn/Brasilien)/16 | 1958 |
| 7107 | 2'C n2 | | 16.10.09 | 1000 | Estrada de ferro de Sobral (Brasilien) über Ibiracahy & Co., Rio de Janeiro | |
| 7108 | 2'C n2 | | 16.10.09 | 1000 | Estrada de ferro de Sobral (Brasilien) über Ibiracahy & Co., Rio de Janeiro | |
| 7109 | 1'D n2 | | 22.05.09 | 1000 | Chilenische Staatsbahn, Santiago, für Ferrocarril de Arica-La Paz/1 | |
| 7110 | 1'D n2 | | 18.05.09 | 1000 | Chilenische Staatsbahn, Santiago, für Ferrocarril de Arica-La Paz/2 | |
| 7111 | 1'D n2 | | 18.05.09 | 1000 | Chilenische Staatsbahn, Santiago, für Ferrocarril de Arica-La Paz/3 | |
| 7112 | B'B n4vt | | 12.05.09 | 1435 | Soc. Nazionale di Ferrovie e Tramvie S.A., Roma (Italien)/SNFT 56 | |
| 7113 | B'B n4vt | | 21.05.09 | 1435 | Soc. Nazionale di Ferrovie e Tramvie S.A., Roma (Italien)/SNFT 57 | |
| 7114 | B n2t | | 03.04.09 | 1000 | Deutsche Kolonial Eisenbahn Bau- und Betriebsgesellschaft, Berlin, für Togo Eb/TE 13/für Landungsbrücke Lome | |
| 7115 | 1'C1'n2t | - | 27.07.09 | 1000 | Comp. de los Ferrocarriles Economicas de Asturias, Oviedo (Spanien)/28 | |
| 7116 | 1'C1'n2t | Pt | 16.09.09 | 1000 | Comp. Générale de Chemins de fer dans la Province de Buenos Aires/CCBA 17 | |
| 7117 | 1'C1'n2t | Pt | 16.09.09 | 1000 | Comp. Générale de Chemins de fer dans la Province de Buenos Aires/CCBA 18 | |
| 7118 | 1'C1'n2t | Pt | 16.09.09 | 1000 | Comp. Générale de Chemins de fer dans la Province de Buenos Aires/CCBA 19 | |
| 7119 | 1'C1'n2t | Pt | 16.09.09 | 1000 | Comp. Générale de Chemins de fer dans la Province de Buenos Aires/CCBA 20 | |
| 7120 | 1'C1'n2t | Pt | 16.09.09 | 1000 | Comp. Générale de Chemins de fer dans la Province de Buenos Aires/CCBA 21 | |
| 7121 | 1'D n2 | G | 26.10.09 | 1000 | Comp. Générale de Chemins de fer dans la Province de Buenos Aires/CCBA 501 | |
| 7122 | 1'D n2 | G | 26.10.09 | 1000 | Comp. Générale de Chemins de fer dans la Province de Buenos Aires/CCBA 502 | |
| 7123 | 1'D n2 | G | 26.10.09 | 1000 | Comp. Générale de Chemins de fer dans la Province de Buenos Aires/CCBA 503 | |
| 7124 | 1'D n2 | G | 26.10.09 | 1000 | Comp. Générale de Chemins de fer dans la Province de Buenos Aires/CCBA 504 | |
| 7125 | 1'D n2 | G | 25.11.09 | 1000 | Comp. Générale de Chemins de fer dans la Province de Buenos Aires/CCBA 505 | |
| 7126 | 1'D n2 | G | 25.11.09 | 1000 | Comp. Générale de Chemins de fer dans la Province de Buenos Aires/CCBA 506 | |
| 7127 | 1'D n2 | G | 25.11.09 | 1000 | Comp. Générale de Chemins de fer dans la Province de Buenos Aires/CCBA 507 | |
| 7128 | 1'D n2 | G | 25.11.09 | 1000 | Comp. Générale de Chemins de fer dans la Province de Buenos Aires/CCBA 508 | |
| 7129 | 1'D n2 | G | 25.11.09 | 1000 | Comp. Générale de Chemins de fer dans la Province de Buenos Aires/CCBA 509 | |
| 7130 | 1'D n2 | G | 25.11.09 | 1000 | Comp. Générale de Chemins de fer dans la Province de Buenos Aires/CCBA 510 | |
| 7131 | 1'D n2 | G | 25.11.09 | 1000 | Comp. Générale de Chemins de fer dans la Province de Buenos Aires/CCBA 511 | |
| 7132 | 1'D n2 | G | 06.04.10 | 1000 | Comp. Générale de Chemins de fer dans la Province de Buenos Aires/CCBA 512 | |
| 7133 | 2'C n2 | P | 31.12.09 | 1000 | Comp. Générale de Chemins de fer dans la Province de Buenos Aires/CCBA 241 | |
| 7134 | 2'C n2 | P | 31.12.09 | 1000 | Comp. Générale de Chemins de fer dans la Province de Buenos Aires/CCBA 242 | |
| 7135 | 2'C n2 | P | 31.01.10 | 1000 | Comp. Générale de Chemins de fer dans la Province de Buenos Aires/CCBA 243 | |
| 7136 | 2'C n2 | P | 31.01.10 | 1000 | Comp. Générale de Chemins de fer dans la Province de Buenos Aires/CCBA 244 | |
| 7137 | 2'C n2 | P | 31.01.10 | 1000 | Comp. Générale de Chemins de fer dans la Province de Buenos Aires/CCBA 245 | |
| 7138 | 1'C h2t | Pt | 02.06.09 | 1435 | KPEV T 12/Alt 7722/DRG 74 669/DB | 20.11.1958 |
| 7139 | 1'C h2t | Pt | 02.06.09 | 1435 | KPEV T 12/Alt 7723/DRG 74 670/DB | 18.01.1962 |
| 7140 | 1'C h2t | Pt | 03.06.09 | 1435 | KPEV T 12/Bln 7845/DRG 74 671 | 1929 |
| 7141 | 1'C h2t | Pt | 08.06.09 | 1435 | KPEV T 12/Fft 7711/DRG 74 673/DB | 14.07.1960 |
| 7142 | 1'C h2t | Pt | 08.06.09 | 1435 | KPEV T 12/Mst 7719/1913 Bln 8309/DRG 74 674/DR | 23.11.1961 |
| 7143 | 1 D n2t | Pt | 06.04.09 | 1000 | Ostafrikanische Eisenbahn-Gesellschaft, Berlin/OEG 45/Tanganyika Railways GT-class 23 | |
| 7144 | 1 D n2t | Pt | 06.04.09 | 1000 | Ostafrikanische Eisenbahn-Gesellschaft, Berlin/OEG 46/Tanganyika Railways GT-class 24 | |
| 7145 | C n2t | Pt | 28.12.08 | 950 | Ernesto Bezenzanica, Milano, für Adriatico-Appenino/3 | |
| 7146 | C n2t | Pt | 29.12.08 | 950 | Ernesto Bezenzanica, Milano, für Adriatico-Appenino/4 | |
| 7147 | B'B n4vt | Pt | 20.07.09 | 950 | Ferrovia Arezzo-Fassato, Milano/30/1939 Ferrovie Meridionali Sardi M 30 | |
| 7148 | B'B n4vt | Pt | 22.07.09 | 950 | Ferrovia Arezzo-Fassato, Milano/31 | 1947 |
| 7149 | B'B n4vt | Pt | 06.08.09 | 950 | Ferrovia Arezzo-Fassato, Milano/32 | 1947 |
| 7150 | 1'C n2t | Pt | 06.07.09 | 1435 | Chemin de fer Ottaman d. Anatolie, Konstantinopel (Türkei)/21/TCDD 3406 | |
| 7151 | 1'C n2t | Pt | 12.07.09 | 1435 | Chemin de fer Ottaman d. Anatolie, Konstantinopel (Türkei)/22/TCDD 3407 | |
| 7152 | 1'C n2t | Pt | 17.07.09 | 1435 | Chemin de fer Ottaman d. Anatolie, Konstantinopel (Türkei)/23/TCDD 3408 | |

| Fabriknummer | Bauart | Gattung | Auslieferungsdatum | Spurweite | Empfänger/Verbleib | Ausmusterung |
|---|---|---|---|---|---|---|
| 7153 | 1'D n2t | Pt | 01.05.09 | 1000 | Ostafrikanische Eisenbahn-Gesellschaft, Berlin/OEG 49/Tanganyika Railways GT-class 27 | |
| 7154 | 1'D n2t | Pt | 01.05.09 | 1000 | Ostafrikanische Eisenbahn-Gesellschaft, Berlin/OEG 50/Tanganyika Railways GT-class 28 | |
| 7155 | 1'D n2t | Pt | 11.06.09 | 1000 | Ostafrikanische Eisenbahn-Gesellschaft, Berlin/OEG 51/Tankanyika Railways GT-class 29 | |
| 7156 | B n2t | | 10.07.09 | 750 | E. Schlüter, Kiel | |
| 7157 | 2'C n2 | P | 19.10.09 | 1000 | F.C. Argentino del Norte, Buenos Aires (Argentinien)/FCAN 61 | |
| 7158 | 2'C n2 | P | 19.10.09 | 1000 | F.C. Argentino del Norte, Buenos Aires (Argentinien)/FCAN 62 | |
| 7159 | 2'C n2 | P | 19.10.09 | 1000 | F.C. Argentino del Norte, Buenos Aires (Argentinien)/FCAN 63 | |
| 7160 | 2'C n2 | P | 19.10.09 | 1000 | F.C. Argentino del Norte, Buenos Aires (Argentinien)/FCAN 64 | |
| 7161 | 2'C n2 | P | 02.11.09 | 1000 | F.C. Argentino del Norte, Buenos Aires (Argentinien)/FCAN 65 | |
| 7162 | B'B n4vt | | 15.03.09 | 700 | Naamlooze Vermootschap de Nederlandsche Indische Industrie, s' Gravenhage (Java) | |
| 7163 | B'B n4vt | | 15.03.09 | 700 | Naamlooze Vermootschap de Nederlandsche Indische Industrie, s' Gravenhage (Java) | |
| 7164 | C n2t | | 30.03.09 | 600 | Klessen & Boettcher, Wachow (Havelland) | |
| 7165 | B n2t | | 02.04.09 | 900 | Buderus'sche Eisenwerke, Wetzlar | |
| 7166 | C n2t | | 28.06.09 | 1000 | K. Schmidt, Hannover für Steinhuder Meerbahn/BOKELOH 8/1936 Sylt 13 | 1955 |
| 7167 | B n2t | | 05.04.09 | 900 | Prerauer & Co., Berlin | |
| 7168 | 1'C1'n2t | | 16.09.09 | 1067 | F.C. AL. Pacifico de Costa Rica, San José | |
| 7169 | C n2vt | | 12.06.09 | 1435 | Westfälische Landeseisenbahn/84 | 1935 |
| 7170 | C n2vt | | 24.06.09 | 1435 | Westfälische Landeseisenbahn/85/1936 Westfalenhütte BECKUM 19 | |
| 7171 | C n2t | | 02.06.09 | 1435 | Leipziger Braunkohlenwerke, Kulkwitz bei Markranstädt | |
| 7172 | B n2t | | 25.05.09 | 1665 | Companhia Uniao Fabril, Lissabonne (Portugal)/3 | |
| 7173 | B n2t | | 25.05.09 | 750 | Erzgebirgischer Steinkohlen Aktienverein, Schedewitz (Sachsen) | |
| 7174 | C n2t | | 04.06.09 | 1435 | „Lotru" Rumänische Holzindustrie AG, Bukarest | |
| 7175 | 1'C h2t | Pt | 09.07.09 | 1435 | KPEV T 12/Alt 7724/DRG 74 675/PKP Oki 2-30 | |
| 7176 | 1'C h2t | Pt | 10.07.09 | 1435 | KPEV T 12/Alt 7725/DRG 74 676/DB | 18.04.1956 |
| 7177 | 1'C h2t | Pt | 10.07.09 | 1435 | KPEV T 12/Alt 7726/DRG 74 677/DB | 24.04.1958 |
| 7178 | 1'C h2t | Pt | 12.07.09 | 1435 | KPEV T 12/Alt 7727/DRG 74 678/DB | 15.11.1957 |
| 7179 | 1'C h2t | Pt | 15.07.09 | 1435 | KPEV T 12/Alt 7728/DRG 74 679/DB | 24.01.1964 |
| 7180 | 1'C h2t | Pt | 17.07.09 | 1435 | KPEV T 12/Alt 7729/DRG 74 680/DB | 10.03.1965 |
| 7181 | 1'C h2t | Pt | 17.07.09 | 1435 | KPEV T 12/Alt 7730/DRG 74 681/DB | 15.08.1958 |
| 7182 | 1'C h2t | Pt | 21.07.09 | 1435 | KPEV T 12/Alt 7731/DRG 74 682/DB | 15.11.1957 |
| 7183 | 1'C h2t | Pt | 22.07.09 | 1435 | KPEV T 12/Alt 7732/DRG 74 683/DB | 04.05.1961 |
| 7184 | 1'C h2t | Pt | 23.07.09 | 1435 | KPEV T 12/Alt 7733/DRG 74 684/DR | 14.06.1967 |
| 7185 | 1'C h2t | Pt | 27.07.09 | 1435 | KPEV T 12/Bln 7846/DRG 74 685/DR | 29.07.1966 |
| 7186 | 1'C h2t | Pt | 29.07.09 | 1435 | KPEV T 12/Bln 7847/DRG 74 686/DB | 25.04.1967 |
| 7187 | 1'C h2t | Pt | 29.07.09 | 1435 | KPEV T 12/Bln 7848/DRG 74 687/PKP Oki 2-10 | 1960 |
| 7188 | 1'C h2t | Pt | 12.08.09 | 1435 | KPEV T 12/Bln 7849/DRG 74 688/DB | 14.03.1957 |
| 7189 | 1'C h2t | Pt | 17.08.09 | 1435 | KPEV T 12/Bln 7850/DRG 74 689/DB | 14.03.1957 |
| 7190 | 1'C h2t | Pt | 11.08.09 | 1435 | KPEV T 12/Bln 7851/DRG 74 690 | 1931 |
| 7191 | 1'C h2t | Pt | 16.08.09 | 1435 | KPEV T 12/Bln 7852/1918 B 9652/PKP Oki 2-84 | |
| 7192 | 1'C h2t | Pt | 19.08.09 | 1435 | KPEV T 12/Bln 7853/DRG 74 691/DB | 07.08.1950 |
| 7193 | 1'C h2t | Pt | 20.08.09 | 1435 | KPEV T 12/Bln 7854/DRG 74 692/DR | 12.05.1967 |
| 7194 | 1'C h2t | Pt | 21.08.09 | 1435 | KPEV T 12/Bln 7855/1918 B 9655/DR 74 1346 | 27.07.1966 |
| 7195 | 1'C h2t | Pt | 25.08.09 | 1435 | KPEV T 12/Bln 7856/DRG 74 693/DB | 02.05.1962 |
| 7196 | 1'C h2t | Pt | 25.08.09 | 1435 | KPEV T 12/Bln 7857/DRG 74 694/DB | 15.11.1957 |
| 7197 | 1'C h2t | Pt | 31.08.09 | 1435 | KPEV T 12/Bln 7858/DRG 74 695/DR | 27.07.1966 |
| 7198 | 1'C h2t | Pt | 29.07.09 | 1435 | KPEV T 12/Bsl 7725/DRG 74 696/DB | 01.02.1963 |
| 7199 | 1'C h2t | Pt | 30.07.09 | 1435 | KPEV T 12/Bsl 7726/DRG 74 697/DB | 19.04.1960 |
| 7200 | 1'C h2t | Pt | 31.07.09 | 1435 | KPEV T 12/Bsl 7727/DRG 74 698/DR | 25.07.1957 |
| 7201 | 1'C h2t | Pt | 03.08.09 | 1435 | KPEV T 12/Kln 7708/DRG 74 699/DB | 14.03.1957 |
| 7202 | 1'C h2t | Pt | 04.08.09 | 1435 | KPEV T 12/Kat 7706/1922 Opp. 7706/DRG 74 700/DB | 25.04.1958 |
| 7203 | 1'C h2t | Pt | 06.08.09 | 1435 | KPEV T 12/Kat 7707/1918 PKP Oki 2-5/1941 DRG 74 1331/194 PKP Oki 2-1 | |
| 7204 | 1'C h2t | Pt | 09.08.09 | 1435 | KPEV T 12/Kat 7708/1922 Opp. 7708/DRG 74 701/DB | 17.01.1964 |
| 7205 | 1'C h2t | Pt | 04.09.09 | 1435 | KPEV T 12/Mst 7720/1913 Bln 8310/DRG 74 702/DB | 15.08.1958 |
| 7206 | 1'C h2t | Pt | 03.09.09 | 1435 | KPEV T 12/Sbr 7707/Nord (F) 3.889/1938 SNCF 2-130 TC 2/DR | 1956 |
| 7207 | 1'C h2t | Pt | 07.09.09 | 1435 | KPEV T 12/Sbr 7708/1922 SAAR 7705/1935 DRG 74 1305/DB | 25.04.1958 |
| 7208 | 1'C h2t | Pt | 16.09.09 | 1435 | KPEV T 12/Sbr 7709/1922 SAAR 7706/1935 DRG 74 1306/DB | 25.04.1958 |
| 7209 | 1'C n2v | G | 07.09.09 | 1435 | KPEV G 5.4/Alt 4229/1918 PKP Ti4-169/1941 DRG 54 1178/194 PKP Ti 4-40 | |
| 7210 | 1'C n2v | G | 04.09.09 | 1435 | KPEV G 5.4/Alt 4230 | |
| 7211 | 1'C n2v | G | 14.09.09 | 1435 | KPEV G 5.4/Alt 4231/DRG 54 1031 | 1928 |
| 7212 | 1'C n2v | G | 09.09.09 | 1435 | KPEV G 5.4/Alt 4232/DRG 54 1032 | |
| 7213 | 1'C n2v | G | 17.09.09 | 1435 | KPEV G 5.4/Alt 4233/DRG 54 1033 | 1930 |
| 7214 | 1'C n2v | G | 14.09.09 | 1435 | KPEV G 5.4/Alt 4234/DRG 54 1034/DB | 20.09.1948 |
| 7215 | 1'C n2v | G | 21.09.09 | 1435 | KPEV G 5.4/Alt 4235/DRG 54 1035 | 1927 |
| 7216 | 1'C n2v | G | 30.09.09 | 1435 | KPEV G 5.4/Alt 4236/(DRG 54 1086) | |
| 7217 | 1'C n2v | G | 02.10.09 | 1435 | KPEV G 5.4/Alt 4237 | |
| 7218 | 1'C n2v | G | 13.10.09 | 1435 | KPEV G 5.4/Alt 4238 | |

| Fabriknummer | Bauart | Gattung | Auslieferungsdatum | Spurweite | Empfänger/Verbleib | Ausmusterung |
|---|---|---|---|---|---|---|
| 7219 | 1'C n2v | G | 21.09.09 | 1435 | KPEV G 5.4/Bbg 4190 | |
| 7220 | 1'C n2v | G | 23.09.09 | 1435 | KPEV G 5.4/Bbg 4191/1918 Ost 4298/(DRG 54 1087) | |
| 7221 | 1'C n2v | G | 25.09.09 | 1435 | KPEV G 5.4/Bbg 4192 | |
| 7222 | 1'C n2v | G | 27.09.09 | 1435 | KPEV G 5.4/Bbg 4193/1918 Ost 4299/DRG 54 1036 | |
| 7223 | 1'C n2v | G | 06.10.09 | 1435 | KPEV G 5.4/Bbg 4194 | |
| 7224 | 1'C n2v | G | 04.10.09 | 1435 | KPEV G 5.4/Bbg 4195 | |
| 7225 | B n2t | | 09 | 1100 | Tram Cuneo-Borgo S. Dalmazzo[1] | |
| 7226 | B n2t | | 09 | 1100 | Tram Cuneo-Borgo S. Dalmazzo[1] | |
| 7227 | B n2t | | 09 | 1100 | Tram Cuneo-Borgo S. Dalmazzo[1] | |
| 7228 | B n2t | | 09 | 1100 | Tram Cuneo-Borgo S. Dalmazzo[1] | |
| 7229 | B n2t | | 09 | 1100 | Tram Cuneo-Borgo S. Dalmazzo[1] | |
| 7230 | B1' n2t | | 08.04.09 | 600 | De Nederl.-Ind. Industrie, s Gravenhage (Java) | |
| 7231 | B n2t | | 07.06.09 | 950 | Ernesto Besenzanica, Fermo, für Ferrovia Adriatico-Appennino/5 | |
| 7232 | B n2t | | 12.06.09 | 950 | Ernesto Besenzanica, Fermo, für Ferrovia Adriatico-Appennino/6 | |
| 7233 | B n2t | | 12.07.09 | 1435 | Soc. Ligure-Lombarda, Genua (Italien) | |
| 7234 | B n2t | | 27.07.09 | 1435 | Bürgermeisteramt Calvörde, für Calvörde-Wegenstedt/1/1949 DR 98 6006 | 17.01.1966 |
| 7235 | B n2t | | 02.09.09 | 1435 | Bürgermeisteramt Calvörde, für Calvörde-Wegenstedt/2/1949 DR 98 6007 | |
| 7236 | B n2t | | 17.06.09 | 750 | Ch. Avivagnet, Paris, für Union Flacq Sugar Estates, Mauritius | |
| 7237 | C n2t | | 27.08.09 | 1435 | Donnersmarckhütte, Zabrze/n. 1945 Hütte Zabrze (VRP) | 1966 |
| 7238 | B n2t | | 30.09.09 | 785 | Gräfl. Schaffgotsch'sche Werke GmbH., Beuthen, für Gotthardschacht | |
| 7239 | B n2ft | FL | 07.07.09 | 785 | Graf Henkel v. Donnersmarck, Carlshof bei Tarnowitz, für Zinkhütte | |
| 7240 | C n2t | | 13.07.09 | 1000 | Comp. de Tanino de Santa Fe, Buenos Aires (Argentinien) | |
| 7241 | 2'2' | Tender | | 1000 | Jaffa-Jerusalem | |
| 7242 | C n2t | | 06.08.09 | 1435 | Gräfl. Ballestrem'sche Güterdirektion, Ruda O/S | |
| 7243 | D n2t | | 30.10.09 | 785 | Havestadt & Contag (Giesche's Erben), Kattowitz O/S/SAEGER 3[2] | |
| 7244 | D n2t | | 03.12.09 | 785 | Havestadt & Contag (Giesche's Erben), Kattowitz O/S/4[2] | |
| 7245 | D n2t | | 16.12.09 | 785 | Havestadt & Contag (Giesche's Erben), Kattowitz O/S/5[2] | 1970 |
| 7246 | B n2t | | 15.02.10 | 900 | Max Strauß, Karlsruhe | |
| 7247 | B n2t | | 12.10.11 | 900 | Niederlausitzer Kohlenwerke, Berlin | |
| 7248 | B n2t | | 13.05.10 | 900 | Decauville, Brüssel (Belgien) | |
| 7249 | B n2t | | 13.05.10 | 900 | Decauville, Brüssel (Belgien) | |
| 7250 | B n2t | | 19.07.10 | 900 | Hans Blenke, Berlin | |
| 7251 | B n2t | | 06.07.10 | 900 | Decauville Aine, Paris (Frankreich) | |
| 7252 | B n2t | | 06.07.10 | 900 | Decauville Aine, Paris (Frankreich) | |
| 7253 | B n2t | | 07.07.10 | 900 | Decauville Aine, Paris (Frankreich) | |
| 7254 | B n2t | | 14.10.10 | 900 | Philipp Holzmann & Co., Frankfurt/Main/n. 1945 Cementownia (Zementwerk) „Goleszow" (VRP) | |
| 7255 | B n2t | | 14.10.10 | 900 | Philipp Holzmann & Co., Frankfurt/Main/n. 1945 Harz-Lahn-Bergbau, Weilburg ( U = 1000 mm) | |
| 7256 | B n2t | | 27.08.10 | 900 | Max Strauß, Karlsruhe | |
| 7257 | B n2t | | 02.09.10 | 900 | Max Strauß, Karlsruhe | |
| 7258 | B n2t | | 29.08.10 | 900 | B. Wittkop, Groß Lichterfelde | |
| 7259 | B n2t | | 20.09.10 | 900 | B. Wittkop, Groß Lichterfelde | |
| 7260 | B n2t | | 24.11.10 | 900 | Decauville Aine, Paris (Frankreich) | |
| 7261 | B n2t | | 18.01.10 | 900 | Glaser & Pflaum, Berlin, für Genua (Italien) | |
| 7262 | B n2t | | 26.01.10 | 914 | „ELBA", Soc. Anonima, Genua (Italien) | |
| 7263 | B n2t | | 05.03.10 | 900 | Julius Berger, Berlin | |
| 7264 | B n2t | | 30.09.10 | 750 | Grimm & Doerfel, Chiojdeni (Rumänien) | |
| 7265 | B n2t | | 11.12.09 | 750 | Decauville Aine, Paris (Frankreich) | |
| 7266 | B n2t | | 11.08.10 | 750 | Decauville Aine, Paris (Frankreich) | |
| 7267 | B n2t | | 10.08.10 | 750 | Decauville Aine, Paris, für Mine de Campagnone 7 | |
| 7268 | B n2t | | 07.10.10 | 750 | E. Tillmanns & Co., Petersburg (Rußland), für J.W. Enquist Oy, Tampere | |
| 7269 | B n2t | | 31.12.10 | 750 | Lenz & Co., Berlin | |
| 7270 | B n2t | | 20.09.10 | 1435 | Zuckerfabrik Montwy, Szymborze/sp. Zuckerfabrik Culmsee/n. 1945 Cukrownia Chetmza (VRP) | 1972 |
| 7271 | B n2t | | 31.12.10 | 914 | „ILVA", Soc. Anonima, Genua (Italien) | |
| 7272 | B n2t | | 27.06.11 | 914 | Schumacher & Wulff, Santiago (Chile) | |
| 7273 | B n2t | | 02.02.10 | 600 | Decauville Aine, Paris, für Val Saint Lambert | |
| 7274 | B n2t | | 02.02.10 | 600 | Decauville Aine, Paris, für Val Saint Lambert | |
| 7275 | B n2t | | 23.03.10 | 600 | Decauville Aine, Paris (Frankreich) | |
| 7276 | B n2t | | 22.04.10 | 600 | Decauville Aine, Paris (Frankreich) | |
| 7277 | 2'C n2 | P | 02.11.09 | 1000 | Argentinische Staatsbahnen, F.C. Argentino del Norte/FCAN 66 | |
| 7278 | 2'C n2 | P | 12.11.09 | 1000 | Argentinische Staatsbahnen, F.C. Argentino del Norte/FCAN 67 | |
| 7279 | 2'C n2 | P | 12.11.09 | 1000 | Argentinische Staatsbahnen, F.C. Argentino del Norte/FCAN 68 | |
| 7280 | 2'C n2 | P | 12.11.09 | 1000 | Argentinische Staatsbahnen, F.C. Argentino del Norte/FCAN 69 | |
| 7281 | 2'C n2 | P | 30.11.09 | 1000 | Argentinische Staatsbahnen, F.C. Argentino del Norte/FCAN 70 | |
| 7282 | 2'C n2 | P | 30.11.09 | 1000 | Argentinische Staatsbahnen, F.C. Argentino del Norte/FCAN 71 | |

[1] Nicht im Auslieferungsbuch verzeichnet/2 Lokomotiven später SA Tranvia Interprovinciale Piedmontais 1-2, eine Lokomotive später SA Tranvia Pinerolo-Perosa Argentina 2 (Italien)

[2] nach 1945 Zaklady Cynkowe (Zinnwerk) „Szopienice" 3-5 (VRP)

| Fabriknummer | Bauart | Gattung | Auslieferungsdatum | Spurweite | Empfänger/Verbleib | Ausmusterung |
|---|---|---|---|---|---|---|
| 7283 | 2'C n2 | P | 18.12.09 | 1000 | Argentinische Staatsbahnen, F.C. Argentino del Norte/FCAN 72 | |
| 7284 | 2'C n2 | P | 18.12.09 | 1000 | Argentinische Staatsbahnen, F.C. Argentino del Norte/FCAN 73 | |
| 7285 | 2'C n2 | P | 31.12.09 | 1000 | Argentinische Staatsbahnen, F.C. Argentino del Norte/FCAN 74 | |
| 7286 | 2'C n2 | P | 31.12.09 | 1000 | Argentinische Staatsbahnen, F.C. Argentino del Norte/FCAN 75 | |
| 7287 | 2'C n2 | P | 31.12.09 | 1000 | Argentinische Staatsbahnen, F.C. Argentino del Norte/FCAN 76 | |
| 7288 | 2'C h2t | Pt | 07.04.10 | 1435 | KPEV T 10/Mz 7406/DRG 76 005 | vor 1939 |
| 7289 | 1'C n2v | G | 23.10.09 | 1435 | KPEV G 5.4/Alt 4243/DRG 54 1042 | 1927 |
| 7290 | 1'C n2v | G | 26.10.09 | 1435 | KPEV G 5.4/Alt 4244/1918 PKP Ti4-173/1941 DRG 54 1179 | |
| 7291 | 1'C n2v | G | 28.10.09 | 1435 | KPEV G 5.4/Alt 4245 | |
| 7292 | 1'C n2v | G | 28.10.09 | 1435 | KPEV G 5.4/Alt 4246/1918 B 7410 | |
| 7293 | 1'C n2v | G | 30.10.09 | 1435 | KPEV G 5.4/Bbg 4196 | |
| 7294 | 1'C n2v | G | 30.10.09 | 1435 | KPEV G 5.4/Bbg 4197 | |
| 7295 | 1'C n2v | G | 02.11.09 | 1435 | KPEV G 5.4/Bbg 4198 | |
| 7296 | 1'C n2v | G | 06.11.09 | 1435 | KPEV G 5.4/Bbg 4199/TCDD 340... (eine Lokomotive der 34019-25) | |
| 7297 | 1'C n2v | G | 09.11.09 | 1435 | KPEV G 5.4/Bbg 4200 | |
| 7298 | 1'C n2v | G | 13.11.09 | 1435 | KPEV G 5.4/Hl 4336/1920 Dsd 4336/DRG 54 1043 | |
| 7299 | 1'C n2v | G | 16.11.09 | 1435 | KPEV G 5.4/Hl 4337/1920 Dsd 4337/DRG 54 1044 | 1931 |
| 7300 | 1'C n2v | G | 18.11.09 | 1435 | KPEV G 5.4/Hl 4338/1920 Dsd 4338/DRG 54 1045 | |
| 7301 | 1'C n2v | G | 20.11.09 | 1435 | KPEV G 5.4/Hl 4339/DRG 54 1046 | 1927 |
| 7302 | 1'C n2v | G | 23.11.09 | 1435 | KPEV G 5.4/Hl 4340/1918 PKP | |
| 7303 | 1'C n2v | G | 27.11.09 | 1435 | KPEV G 5.4/Efd 4187/1918 PKP | |
| 7304 | 1'C n2v | G | 30.11.09 | 1435 | KPEV G 5.4/Dzg 4262/1918 B 7478 | |
| 7305 | 1'C n2v | G | 03.12.09 | 1435 | KPEV G 5.4/Kat 4226/1912 Hn 4325/FS 603.021 | |
| 7306 | 1'C n2v | G | 07.12.09 | 1435 | KPEV G 5.4/Kat 4227/1912 Hn 4326/DRG 54 1047 | |
| 7307 | 1'C n2v | G | 09.12.09 | 1435 | KPEV G 5.4/Kat 4228/1912 Hn 4327/DRG 54 1048 | 1932 |
| 7308 | 1'C n2v | G | 14.12.09 | 1435 | KPEV G 5.4/Kat 4229/1912 Hn 4228/DRG 54 1049 | 1930 |
| 7309 | 1'C h2t | Pt | 21.01.10 | 1435 | KPEV T 12/Alt 7734/DRG 74 703/DB | 17.01.1964 |
| 7310 | 1'C h2t | Pt | 24.01.10 | 1435 | KPEV T 12/Alt 7735/DRG 74 704/DB | 30.09.1960 |
| 7311 | 1'C h2t | Pt | 26.01.10 | 1435 | KPEV T 12/Alt 7736/DRG 74 705/DB | 15.11.1957 |
| 7312 | 1'C h2t | Pt | 27.01.10 | 1435 | KPEV T 12/Alt 7737/DRG 74 706/DB | 28.10.1959 |
| 7313 | 1'C h2t | Pt | 29.01.10 | 1435 | KPEV T 12/Alt 7738/DRG 74 707/DB | 10.08.1957 |
| 7314 | 1'C h2t | Pt | 01.02.10 | 1435 | KPEV T 12/Alt 7739/DRG 74 708/DB | 02.05.1962 |
| 7315 | 1'C h2t | Pt | 02.02.10 | 1435 | KPEV T 12/Alt 7740/DRG 74 709/DB | 30.09.1960 |
| 7316 | 1'C h2t | Pt | 02.02.10 | 1435 | KPEV T 12/Alt 7741/DRG 74 710/DB | 15.11.1957 |
| 7317 | 1'C h2t | Pt | 05.02.10 | 1435 | KPEV T 12/Alt 7742/DRG 74 711/DB | 30.09.1960 |
| 7318 | 1'C h2t | Pt | 08.02.10 | 1435 | KPEV T 12/Alt 7743/DRG 74 712/DB | 20.11.1958 |
| 7319 | 1'C h2t | Pt | 20.12.09 | 1435 | KPEV T 12/Bln 7859/DRG 74 713/DB | 14.07.1960 |
| 7320 | 1'C h2t | Pt | 22.12.09 | 1435 | KPEV T 12/Bln 7860/DRG 74 714/DR | 06.08.1955 |
| 7321 | 1'C h2t | Pt | 23.12.09 | 1435 | KPEV T 12/Bln 7861/DRG 74 715 | 1928 |
| 7322 | 1'C h2t | Pt | 29.12.09 | 1435 | KPEV T 12/Bln 7862/DRG 74 716/DB | 14.03.1957 |
| 7323 | 1'C h2t | Pt | 31.12.09 | 1435 | KPEV T 12/Bln 7863/DRG 74 717/DB | 20.10.1946 |
| 7324 | 1'C h2t | Pt | 31.12.09 | 1435 | KPEV T 12/Bln 7864/DRG 74 718/DB | 02.05.1962 |
| 7325 | 1'C h2t | Pt | 07.01.10 | 1435 | KPEV T 12/Bln 7865/DRG 74 719/DB | 01.08.1962 |
| 7326 | 1'C h2t | Pt | 08.01.10 | 1435 | KPEV T 12/Bln 7866/DRG 74 720/PKP Oki 2-20 | 1957 |
| 7327 | 1'C h2t | Pt | 12.01.10 | 1435 | KPEV T 12/Bln 7867/DRG 74 721/DB | 1950 |
| 7328 | 1'C h2t | Pt | 14.01.10 | 1435 | KPEV T 12/Bln 7868/1918 B 9668/PKP 1948/50 zerlegt | |
| 7329 | 1'C h2t | Pt | 18.01.10 | 1435 | KPEV T 12/Bln 7869/DRG 74 722/DB | 28.10.1959 |
| 7330 | 1'C h2t | Pt | 19.01.10 | 1435 | KPEV T 12/Bln 7870/DRG 74 723/DR/19.09.1962 VEB Waggonbau Dessau WL | |
| 7331 | 1'C h2t | Pt | 11.02.10 | 11435 | KPEV T 12/Bsl 7728/DRG Bln 7898/DRG 74 724/DR | 02.07.1965 |
| 7332 | 1'C h2t | Pt | 12.02.10 | 1435 | KPEV T 12/Bsl 7729/DRG Bln 7899/DRG 74 725/DB | 15.11.1957 |
| 7333 | 1'C h2t | Pt | 15.02.10 | 1435 | KPEV T 12/Bsl 7730/DRG Bln 7900/DRG 74 726/DR | 14.09.1965 |
| 7334 | 1'C h2t | Pt | 18.02.10 | 1435 | KPEV T 12/Cln 7709/DRG 74 727/DB | 10.08.1957 |
| 7335 | 1'C h2t | Pt | 22.02.10 | 1435 | KPEV T 12/Kat 7709/1918 PKP Oki 2-8/1941 DRG 74 1334/194 PKP Oki 2-10 | |
| 7336 | 1'C h2t | Pt | 23.02.10 | 1435 | KPEV T 12/Kat 7710/1922 Opp 7710/DRG 74 728/DB | 01.08.1962 |
| 7337 | 1'C h2t | Pt | 26.02.10 | 1435 | KPEV T 12/Mst 7721/1913 Bln 8311/DRG 74 729/DB | 15.11.1957 |
| 7338 | 1'C h2t | Pt | 28.02.10 | 1435 | KPEV T 12/Sbr 7710/1919 SAAR 7707/1935 DRG 74 1307/DB | 23.11.1957 |
| 7339 | 2'C h2 | P | 31.03.10 | 1435 | KPEV P 8/Bsl 2428/DRG 38 1131/PKP Ok 1-226 | |
| 7340 | 2'C h2 | P | 06.04.10 | 1435 | KPEV P 8/Bsl 2429/1918 Est (F) 3312/1938 SNCF 1-230 F 312/194 PKP Ok 1-387 | |
| 7341 | 2'C h2 | P | 08.04.10 | 1435 | KPEV P 8/Bsl 2430/DRG 38 1132/ČSD | |
| 7342 | 2'C h2 | P | 08.04.10 | 1435 | KPEV P 8/Bsl 2431/DRG 38 1133 | 01.04.1933 |
| 7343 | 2'C h2 | P | 16.04.10 | 1435 | KPEV P 8/Bsl 2432/DRG 38 1134/PKP Ok 1-17 | |
| 7344 | 2'C h2 | P | 14.04.10 | 1435 | KPEV P 8/Bsl 2433/DRG 38 1135/ČSD | |
| 7345 | 2'C h2 | P | 16.04.10 | 1435 | KPEV P 8/Bsl 2434/DRG 38 1136/DR | 19.03.1965 |
| 7346 | 2'C h2 | P | 26.04.10 | 1435 | KPEV P 8/Bsl 2435/DRG 38 1137 | 1931 |
| 7347 | 2'C h2 | P | 29.04.10 | 1435 | KPEV P 8/Stn 2408/DRG 38 1138 | 1934 |
| 7348 | B n2t | AL | 02.02.10 | 900 | Braunkohlen-Act.-Ges. „Vereinsglück", Meuselwitz | |
| 7349 | B n2t | AL | 04.02.10 | 900 | Braunkohlen-Act.-Ges. „Vereinsglück", Meuselwitz | |
| 7350 | B n2t | AL | 07.02.10 | 900 | Braunkohlen-Act.-Ges. „Vereinsglück", Meuselwitz | |
| 7351 | 2'C n2 | P | 31.12.09 | 1000 | Argentinische Staatsbahnen, F.C. Argentino del Norte/FCAN 77 | |
| 7352 | 2'C n2 | P | 31.12.09 | 1000 | Argentinische Staatsbahnen, F.C. Argentino del Norte/FCAN 78 | |

| Fabriknummer | Bauart | Gattung | Auslieferungsdatum | Spurweite | Empfänger/Verbleib | Ausmusterung |
|---|---|---|---|---|---|---|
| 7353 | 2'C n2 | P | 31.12.09 | 1000 | Argentinische Staatsbahnen, F.C. Argentino del Norte/FCAN 79 | |
| 7354 | 2'C n2 | P | 31.12.09 | 1000 | Argentinische Staatsbahnen, F.C. Argentino del Norte/FCAN 80 | |
| 7355 | 2'C n2 | P | 31.12.09 | 1000 | Argentinische Staatsbahnen, F.C. Argentino del Norte/FCAN 81 | |
| 7356 | 2'C n2 | P | 11.03.09 | 1000 | Argentinische Staatsbahnen, F.C. Argentino del Norte/FCAN 82 | |
| 7357 | 2'C n2 | P | 11.03.09 | 1000 | Argentinische Staatsbahnen, F.C. Argentino del Norte/FCAN 83 | |
| 7358 | 2'C n2 | P | 11.03.09 | 1000 | Argentinische Staatsbahnen, F.C. Argentino del Norte/FCAN 84 | |
| 7359 | 2'C n2 | P | 11.03.09 | 1000 | Argentinische Staatsbahnen, F.C. Argentino del Norte/FCAN 85 | |
| 7360 | 2'C n2 | P | 31.03.09 | 1000 | Argentinische Staatsbahnen, F.C. Argentino del Norte/FCAN 86 | |
| 7361 | E n2t | | 19.02.10 | 1435 | Kgl. Bergwerksinspektion, Zabrze/4/n. 45 KWK Sosnowice (VRP) | |
| 7362 | B1'n2t | | 23.09.10 | 600 | Nederl.-Indische Industrie, s'Grafenhage/für Probolinggo (Java, Niederländisch-Indien) | 1973 |
| 7363 | C n2t | | 09.09.09 | 750 | Comp. de Tierras Maderas y Ferro Carriles „La Forestal", Buenos Aires (Argentinien) | |
| 7364 | B n2ft | FL | 27.10.09 | 1067 | Cape Explosive Works, Capetown (Südafrika) | |
| 7365 | C n2t | | 29.10.09 | 1435 | Industriebahn Tegel-Friedrichsfelde/3/1913 ITF 13/1950 DR 89 6411 | |
| 7366 | C n2t | | 22.11.09 | 1435 | K. Schmidt, Hannover, für Kleinbahn Celle-Soltau/25/1944 OHE 89 131 | 1958 |
| 7367 | C n2t | | 26.11.09 | 1435 | K. Schmidt, Hannover, für Kleinbahn Celle-Soltau/26/1944 OHE 89 132 | 1958 |
| 7368 | C n2t | | 30.11.09 | 1435 | K. Schmidt, Hannover, für Kleinbahn Celle-Soltau/27/1910 WOe 5/1944 OHE 89 158 | 1959 |
| 7369 | C n2t | | 02.03.10 | 1435 | K. Schmidt, Hannover, für Kleinbahn Celle-Soltau/28/1944 OHE 89 134 | 1950 |
| 7370 | C h2t | StL | 24.11.09 | 1435 | Soc. An. de Tramways a vapore Interprovinciali, Milano, für Milano-Cremona/65/DOVERA/SA des Tramways Milano-Castano 65 S. PIETRO ALLOLMO | 1959 |
| 7371 | C h2t | StL | 27.11.09 | 1435 | Soc. An. de Tramways a vapore Interprovinciali, Milano, für Milano-Cremona/66/CAZZERA | |
| 7372 | C h2t | StL | 30.11.09 | 1435 | Soc. An. de Tramways a vapore Interprovinciali, Milano, für Milano-Cremona/67/GORGONZOLA | |
| 7373 | C h2t | StL | 09.12.09 | 1435 | Soc. An. de Tramways a vapore Interprovinciali, Milano, für Milano-Cremona/68/MARTESANA/SA des Tramways Milano-Castano 68 CASTANO | |
| 7374 | C h2t | StL | 11.12.09 | 1435 | Soc. An. de Tramways a vapore Interprovinciali, Milano, für Milano-Cremona/69/MULINO NUOVO | |
| 7375 | C h2t | StL | 16.12.09 | 1435 | Soc. An. de Tramways a vapore Interprovinciali, Milano, für Milano-Cremona/70/SAN DONATO | |
| 7376 | B n2t | | 06.11.09 | 750 | Ges. der Donetz-Jurjewka Hüttenwerke, Jurjewka (Rußland) | |
| 7377 | B1'n2t | KrL | 09.12.09 | 1435 | South Manchurian Railway Comp., Dairen (Mandschurei) | |
| 7378 | B1'n2t | KrL | 09.12.09 | 1435 | South Manchurian Railway Comp., Dairen (Mandschurei) | |
| 7379 | B1'n2t | KrL | 25.01.10 | 1435 | South Manchurian Railway Comp., Dairen (Mandschurei) | |
| 7380 | B1'n2t | KrL | 25.01.10 | 1435 | South Manchurian Railway Comp., Dairen (Mandschurei) | |
| 7381 | 1'D n2 | G | 13.12.10 | 1000 | Comp. Auxiliaire, Bruxelles, für C. de F. Auxiliaire Bresil (Brasilien)/335 | |
| 7382 | C h2t | StL | 21.01.10 | 1435 | Soc. An. de Tramways a vapore Interprovinciali, Milano, für Milano-Cremona/71/VAPRIO/SA des Tramways Milano-Castano 70 MAGENTA | |
| 7383 | C h2t | StL | 22.01.10 | 1435 | Soc. An de Tramways a vapore Interprovinciali, Milano, für Milano-Cremona/72/OMBRIANO/SA des Tramways Milano-Castano 71 SEDRIANO | |
| 7384 | B n2ft | FL | 26.11.09 | 1435 | AG für Anilinfarben, Greppin | |
| 7385 | B n2ft | FL | 18.11.09 | 915 | Sächsische Maschinenfabrik, vormals Richard Hartmann, Chemnitz | |
| 7386 | B n2t | | 30.11.09 | 1435 | Howaldtswerke, Kiel | |
| 7387 | C n2t | | 24.09.09 | 750 | Comp. de Tierras Maderas y Ferro Carriles „La Forestal", Buenos Aires (Argentinien) | |
| 7388 | B n2t | StL | 24.03.10 | 1000 | Lokalbahn Commission, Altona, für Altona-Ottensen/3 | |
| 7389 | 2'C n4v | S | 11.05.11 | 1676 | Chilenische Staatsbahn | |
| 7390 | B n2t | | 10.11.09 | 650 | Soc. Metalurgica Duro Felguera, Samo de Langrer Minas de Santa Ana/ESTANISLAO 24/1966 Uninsa/1967 Hunasa | |
| 7391 | B n2t | | 10.11.09 | 650 | Soc. Metalurgica Duro Felguera, Samo de Langrer Minas de Santa Ana/MARQUES DE URQUIJO 25/1966 Uninsa/1967 Hunasa | |
| 7392 | B n2t | | 23.09.09 | 1000 | Donnersmarckhütte, Zabrze, für Bergwerk Salanger (Norwegen) | |
| 7393 | 2'C n2 | P | 14.12.09 | 1000 | Ibirocahy & Co., Rio de Janeiro, für V.F. do Rio Grande del Norte | |
| 7394 | 2'C n2 | P | 14.12.09 | 1000 | Ibirocahy & Co., Rio de Janeiro, für V.F. do Rio Grande del Norte | |
| 7395 | 2'C n2 | P | 14.12.09 | 1000 | Ibirocahy & Co., Rio de Janeiro, für V.F. do Rio Grande del Norte | |
| 7396 | 2'C n2 | P | 14.12.09 | 1000 | Ibirocahy & Co., Rio de Janeiro, für V.F. do Rio Grande del Norte | |
| 7397 | 2'C n2 | P | 13.12.10 | 1000 | Brazil North Eastern Railways, London | |
| 7398 | 2'C n2 | P | 13.12.10 | 1000 | Brazil North Eastern Railways, London | |
| 7399 | B n2ft | FL | 25.11.09 | 600 | Rat der Stadt Dresden, für Wasserwerke Hosterwitz | |
| 7400 | 1'D n2 | G | 14.07.10 | 1435 | Norsk Hoved Jernbane, Christiana (Norwegen)/96 | |
| 7401 | 1'D n2 | G | 15.07.10 | 1435 | Norsk Hoved Jernbane, Christiana (Norwegen)/97 | 1954 |
| 7402 | 1'D 2'h2t | Pt | 25.05.11 | 1000 | Argentinische Staatsbahn für F.C. Cordoba y Noroeste | 1958 |
| 7403 | C n2t | | 17.03.10 | 600 | Decauville Aine, Paris (Frankreich) | |
| 7404 | C n2t | | 01.03.10 | 600 | Decauville Aine, Paris (Frankreich) | |
| 7405 | C n2t | | 23.06.10 | 600 | Decauville Aine, Paris (Frankreich) | |
| 7406 | B n2t | StL | 04.12.09 | 1435 | Frederico Boillot, Buenos Aires (Argentinien) | |
| 7407 | B n2t | StL | 05.12.09 | 1435 | Francisco Seeber, Buenos Aires (Argentinien) | |
| 7408 | C n2t | - | 21.01.10 | 1435 | Vering & Waechter, Berlin, für Rixdorf-Mittenwalder Eb/7/1936 KMT 3/1949 DR 89 6219 | 30.04.1951 |

| Fabriknummer | Bauart | Gattung | Auslieferungsdatum | Spurweite | Empfänger/Verbleib | Ausmusterung |
|---|---|---|---|---|---|---|
| 7409 | 2'B2' | SVL | 21.01.10 | 1435 | BORSIG-SULZER Diesel-(Thermo-)Versuchslokomotive | |
| 7410 | C n2t | - | 13.05.10 | 1435 | Hammel-Aarhus-Jernbane, Aarhus (Dänemark)/5/AHT 5 | 1956 |
| 7411 | C1'/b n4t | ZL | 30.04.10 | 1435 | KPEV T 26/Mz 9004/DRG 97 009 | 1927 |
| 7412 | C1'/b n4t | ZL | 06.05.10 | 1435 | KPEV T 26/Fft 9001/(DRG 97 010) | 1923 |
| 7413 | C1'/b n4t | ZL | 10.05.10 | 1435 | KPEV T 26/Fft 9002/(DRG 97 011) | 1923 |
| 7414 | B n2t | | 14.12.09 | 1050 | Decauville Aine, Paris, für Oran | |
| 7415 | B n2t | | 22.12.09 | 800 | Soc. Toscana di Industrie, Florenz (Italien) | |
| 7416 | B n2t | | 22.12.09 | 800 | Soc. Toscana di Industrie, Florenz (Italien) | |
| 7417 | B n2t | | 20.01.10 | 600 | Soc. An. Ferriera, Milano (Italien) | |
| 7418 | B n2t | | 20.01.10 | 600 | Armin Rodeck, Milano (Italien) | |
| 7419 | B n2t | | 24.12.10 | 600 | Comp. Sucrierrede Sarmato, Sarmato | |
| 7420 | B n2t | | 15.04.11 | 600 | Armin Rodeck, Milano (Italien) | |
| 7421 | B n2t | | 23.12.09 | 600 | Decauville Aine, Paris, nach Calcutta | |
| 7422 | B n2t | | 22.12.09 | 600 | Decauville Aine, Paris, nach Rom | |
| 7423 | B n2t | | 22.12.09 | 600 | Decauville Aine, Paris, nach Rom | |
| 7424 | B n2t | | 20.01.10 | 600 | Decauville Aine, Paris, nach Rom | |
| 7425 | B n2t | | 20.01.10 | 600 | Decauville Aine, Paris, nach Rom | |
| 7426 | B n2t | | 12.01.10 | 600 | Decauville Aine, Paris (Frankreich) | |
| 7427 | C n2t | | 05.03.10 | 1000 | Decauville Aine, Paris (Frankreich) | |
| 7428 | C n2t | | 05.04.10 | 1000 | Orkla Grube AG, Trondheim/9 | |
| 7429 | C n2t | | 02.04.10 | 1000 | Chemin de fer Argentins, Buenos Aires (Argentinien) | |
| 7430 | C n2t | | 02.04.10 | 1000 | Chemin de fer Argentins, Buenos Aires (Argentinien) | |
| 7431 | C n2t | | 25.04.10 | 1000 | Decauville Aine, Paris (Frankreich) | |
| 7432 | C n2t | | 14.07.10 | 1000 | Decauville Aine, Paris (Frankreich) | |
| 7433 | C n2t | | 11.08.10 | 1000 | Decauville Aine, Paris (Frankreich) | |
| 7434 | C n2t | | 24.06.10 | 1000 | Decauville Aine, Paris, für CdF de Berok-Plage 2 | |
| 7435 | C n2t | | 17.06.10 | 1000 | Decauville Aine, Paris, Societe des Tramways de l Ardéche | |
| 7436 | C n2t | | 06.07.10 | 1000 | Decauville Aine, Paris | |
| 7437 | B n2t | | 16.04.10 | 900 | Ibirocahy & Co., Maranhao (Brasilien) | |
| 7438 | B n2t | | 05.04.10 | 900 | Decauville Aine, Paris (Frankreich) | |
| 7439 | B n2t | | 07.06.10 | 900 | Decauville Aine, Paris, für Belgien | |
| 7440 | B n2t | | 29.04.10 | 900 | Philipp Holzmann & Co. GmbH, Hamburg | |
| 7441 | B n2t | | 02.07.10 | 900 | Decauville Aine, Paris (Frankreich) | |
| 7442 | B n2t | | 03.05.10 | 900 | Max Strauß, Karlsruhe | |
| 7443 | B n2t | | 07.05.10 | 900 | Philipp Holzmann & Co. GmbH, Frankfurt/Main | |
| 7444 | B n2t | | 20.05.10 | 900 | Philipp Holzmann & Co. GmbH, Frankfurt/Mqin | |
| 7445 | B n2t | | 20.05.10 | 900 | Philipp Holzmann & Co. GmbH, Frankfurt/Main | |
| 7446 | B n2t | | 28.06.10 | 900 | Philipp Holzmann & Co. GmbH, Frankfurt/Main/65 | |
| 7447 | B n2t | | 26.10.10 | 1435 | Gewerkschaft der consolidierten Wencelslausgrube und der Ferdinand-Grube, Mölke (Schlesien) | |
| 7448 | B n2t | | 20.05.11 | 1435 | Sächsische Tiefbau-Gesellschaft, Dresden | |
| 7449 | B n2t | | 09.03.12 | 1435 | Kaiserliche Werft, Wilhelmshaven | |
| 7450 | B n2t | | 06.07.12 | 1435 | Rütgerswerke AG, für Industriebahn Zons-Mevenheim/n. 1945 Hütte Bobrek, Bytom (VRP) | |
| 7451 | B n2t | | 24.12.12 | 1524 | Hüttenwerke Kramatorskaja (Rußland) | |
| 7452 | B n2t | | 08.02.10 | 785 | Bismarckhütte, Bismarckhütte O/S | |
| 7453 | B n2ft | FL | 26.01.10 | 1435 | „Ilse" Bergbau AG, Grube Ilse N/L | |
| 7454 | C n2t | | 19.04.10 | 1435 | Zschipkau-Finsterwalder Eisenbahn-Gesellschaft, Finsterwalde N/L/14/ 1943 DRG 89 7563/DR | 04.12.1963 |
| 7455 | B v | DrL | 10 | 520 | Druckluft-Versuchslokomotive | |
| 7456 | C1' n2vt | | 28.05.10 | 1435 | Westfälische Landeseisenbahn/91 | 1956 |
| 7457 | C1' n2vt | - | 09.06.10 | 1435 | Westfälische Landeseisenbahn/92 | 1947 |
| 7458 | C1' n2vt | - | 10.06.10 | 1435 | Westfälische Landeseisenbahn/93 | 1955 |
| 7459 | B n2t | - | 10.06.10 | 1050 | Decauville Aine, Paris, für Oran | |
| 7460 | C1'/b n4t | ZL | 26.07.10 | 1435 | KPEV T 26/Cln 9001/DRG 97 010 | 08.1931 |
| 7461 | C1'/b n4t | ZL | 01.08.10 | 1435 | KPEV T 26/Cln 9002/DRG 97 011 | 08.1931 |
| 7462 | B n2t | - | 23.03.10 | 600 | Decauville Aine, Paris (Frankreich) | |
| 7463 | B n2t | | 23.03.10 | 600 | Decauville Aine, Paris (Frankreich) | |
| 7464 | B n2t | | 02.04.10 | 600 | Decauville Aine, Paris (Frankreich) | |
| 7465 | B n2t | | 23.04.10 | 600 | Decauville Aine, Paris (Frankreich) | |
| 7466 | B n2t | | 31.05.10 | 600 | Decauville Aine, Paris, für Calcutta | |
| 7467 | B n2t | | 01.06.10 | 600 | Albrecht Michler, Wien | |
| 7468 | B n2t | | 17.06.10 | 600 | Albrecht Michler, Wien | |
| 7469 | B n2t | | 13.07.10 | 600 | Decauville Aine, Paris, für England - Nelson Waterworks/1915 Kensal Green Gasworks, London | 1948 |
| 7470 | B n2t | | 05.11.10 | 600 | Decauville, Aine, Paris, für Belgien | |
| 7471 | B n2t | | 16.08.10 | 600 | Vereinigte Königs- & Laurahütte, Königshütte O/S | |
| 7472 | B1' n2t | KrL | 02.07.10 | 1435 | Chemins de fer d l. ETAT, Paris | |
| 7473 | B n2t | StL | 19.02.10 | 1435 | Francisco Seeber, Buenos Aires, für Cia Azucarera Parassulva Tebicuany (Paraguay) | |
| 7474 | B n2t | | 20.05.10 | 600 | Decauville Aine, Paris (Frankreich) | |

| Fabriknummer | Bauart | Gattung | Auslieferungsdatum | Spurweite | Empfänger/Verbleib | Ausmusterung |
|---|---|---|---|---|---|---|
| 7475 | B n2t | | 01.07.10 | 600 | AG für Beton-Bau Diss & Co., Düsseldorf | |
| 7476 | B n2t | | 01.03.11 | 600 | Decauville Aine, Paris (Frankreich) | |
| 7477 | B n2t | | 22.03.11 | 600 | Decauville Aine, Paris (Frankreich) | |
| 7478 | B n2t | | 06.08.10 | 600 | Decauville Aine, Paris (Frankreich) | |
| 7479 | B n2t | | 27.03.11 | 600 | Decauville Aine, Paris (Frankreich) | |
| 7480 | B n2t | | 15.08.11 | 600 | Klessen & Böttcher, Wachow (Havelland) | |
| 7481 | B n2t | | 10.11.11 | 600 | Philipp Holzmann & Co., Frankfurt/Main | |
| 7482 | B n2t | | 29.01.11 | 600 | Decauville Aine, Paris, für Ägypten | |
| 7483 | B n2t | | 27.03.11 | 600 | Sächsisch-Böhmische Portland-Cementfabrik, Dresden | |
| 7484 | 1'C h2t | Pt | 30.04.10 | 1435 | KPEV T 12/Bln 7871/DRG 74 730/DR | 21.12.1953 |
| 7485 | 1'C h2t | Pt | 30.04.10 | 1435 | KPEV T 12/Bln 7872/DRG 74 731/DR/16.05.1965 RAW Halle WL | |
| 7486 | 1'C h2t | Pt | 03.05.10 | 1435 | KPEV T 12/Bln 7873/DRG 74 732/DR | 25.01.1963 |
| 7487 | 1'C h2t | Pt | 04.05.10 | 1435 | KPEV T 12/Bln 7874/DRG 74 733/DR | 27.07.1966 |
| 7488 | 1'C h2t | Pt | 10.05.10 | 1435 | KPEV T 12/Bln 7875/DRG 74 734/DB | 14.03.1957 |
| 7489 | 1'C h2t | Pt | 11.05.10 | 1435 | KPEV T 12/Bln 7876/DRG 74 735/DB | 10.08.1957 |
| 7490 | 1'C h2t | Pt | 12.05.10 | 1435 | KPEV T 12/Bln 7877/DRG 74 736/DR/Stahl- u. Walzwerk Hennigsdorf WL 13 | 30.12.1965 |
| 7491 | 1'C h2t | Pt | 14.05.10 | 1435 | KPEV T 12/Bln 7878/DRG 74 737/DR | 06.03.1965 |
| 7492 | 1'C h2t | Pt | 20.05.10 | 1435 | KPEV T 12/Bln 7879/DRG 74 738/DR/1958 Stahl- u. Walzwerk Hennigsdorf WL 11 | 20.07.1967 |
| 7493 | 1'C h2t | Pt | 21.05.10 | 1435 | KPEV T 12/Bln 7880/DRG 74 739/DR/PKP | |
| 7494 | 1'C h2t | Pt | 24.05.10 | 1435 | KPEV T 12/Dzg 7703/1918 PKP Oki 2-1 Dz/1941 DRG 74 1322/DR/PKP | |
| 7495 | 1'C h2t | Pt | 25.05.10 | 1435 | KPEV T 12/Dzg 7704/1918 PKP Oki 2-2 Dz/1941 DRG 74 1323/PKP Oki 2-13 | |
| 7496 | 1'C h2t | Pt | 28.05.10 | 1435 | KPEV T 12/Efd 7746/DRG 74 640/DB | 20.11.1958 |
| 7497 | 1'C h2t | Pt | 31.05.10 | 1435 | KPEV T 12/Efd 7747/DRG 74 741/DB | 14.03.1957 |
| 7498 | 1'C h2t | Pt | 30.06.10 | 1435 | KPEV T 12/Esn 7712/DRG 74 742/DB | 14.03.1957 |
| 7499 | 1'C h2t | Pt | 07.06.10 | 1435 | KPEV T 12/Esn 7713/DRG 74 743/DB | 30.09.1960 |
| 7500 | 1'C h2t | Pt | 20.06.10 | 1435 | KPEV T 12/Fft 7712/DRG 74 744/DR | 04.12.1963 |
| 7501 | 1'C h2t | Pt | 20.06.10 | 1435 | KPEV T 12/Fft 7713/DRG 74 745/DR/14.12.1965 Dsp. KAW Greifswald | |
| 7502 | 1'C h2t | Pt | 12.07.10 | 1435 | KPEV T 12/Fft 7714/DRG 74 746 | |
| 7503 | 1'C h2t | Pt | 10.06.10 | 1435 | KPEV T 12/Hl 7701/DRG 74 747/DR/WL Raw Tempelhof | 17.11.1962 |
| 7504 | 1'C h2t | Pt | 15.06.10 | 1435 | KPEV T 12/Hl 7702/DRG 74 748/DR | 10.03.1965 |
| 7505 | 1'C h2t | Pt | 21.06.10 | 1435 | KPEV T 12/Sbr 7711/1919 Tri 7711/DRG 74 749/DB | 10.05.1960 |
| 7506 | 1'C h2t | Pt | 23.06.10 | 1435 | KPEV T 12/Sbr 7712/1919 Tri 7712/DRG 74 750/DB | 30.09.1960 |
| 7507 | 1'C h2t | Pt | 25.06.10 | 1435 | KPEV T 12/Stn 7705/DRG 74 751/DR | 16.06.1966 |
| 7508 | 1'C h2t | Pt | 25.06.10 | 1435 | KPEV T 12/Stn 7706/1918 Nord (F) 3.888/1938 SNCF 2-130 TC 1 | |
| 7509 | 1'C h2t | Pt | 29.06.10 | 1435 | KPEV T 12/Stn 7707/1918 Nord (F) 3.890/1938 SNCF 2-130 TC 3/1957 DR 74 1351 | 16.06.1966 |
| 7510 | 1'C h2t | Pt | 29.06.10 | 1435 | KPEV T 12/Stn 7708/DRG 74 752 | |
| 7511 | 1'C h2t | Pt | 30.06.10 | 1435 | KPEV T 12/Stn 7709/DRG 74 753/DR | 20.01.1954 |
| 7512 | 1'C n2v | G | 14.07.10 | 1435 | KPEV G 5.5/Hl 4345/DRG 54 1083 | |
| 7513 | 1'C n2v | G | 15.07.10 | 1435 | KPEV G 5.5/Hl 4346/DRG 54 1084 | 1929 |
| 7514 | 1'C n2v | G | 19.07.10 | 1435 | KPEV G 5.5/Hl 4347/1918 PKP | |
| 7515 | 1'C n2v | G | 21.07.10 | 1435 | KPEV G 5.5/Han 4301/DRG 54 1085 | |
| 7516 | 1'C n2v | G | 25.07.10 | 1435 | KPEV G 5.5/Han 4302/DRG 54 1086 | 1927 |
| 7517 | 1'C n2v | G | 27.07.10 | 1435 | KPEV G 5.5/Han 4303/DRG 54 1087 | 1928 |
| 7518 | 1'C n2v | G | 28.07.10 | 1435 | KPEV G 5.5/Han 4304/DRG 54 1088 | 1927 |
| 7519 | 1'C n2v | G | 30.07.10 | 1435 | KPEV G 5.5/Han 4305/DRG 54 1089 | 1929 |
| 7520 | 1'C n2v | G | 30.07.10 | 1435 | KPEV G 5.5/Han 4306/1918 B | |
| 7521 | 1'C n2v | G | 04.08.10 | 1435 | KPEV G 5.5/Han 4307/DRG 54 1090 | 1929 |
| 7522 | 1'C n2v | G | 05.08.10 | 1435 | KPEV G 5.5/Han 4308/1918 B 7491 | |
| 7523 | 1'C n2v | G | 06.08.10 | 1435 | KPEV G 5.5/Han 4309/DRG 54 1091 | 1929 |
| 7524 | 1'C n2v | G | 10.08.10 | 1435 | KPEV G 5.5/Han 4310/1918 B 7498 | |
| 7525 | 1'C n2v | G | 12.08.10 | 1435 | KPEV G 5.5/Han 4311/1918 PKP Ti4-188/1941 DRG 54 1185/DB | 18.04.1947 |
| 7526 | 1'C n2v | G | 15.08.10 | 1435 | KPEV G 5.5/Han 4312/1918 B 7499 | |
| 7527 | 1'C n2v | G | 18.08.10 | 1435 | KPEV G 5.5/Han 4313/1918 B 7501 | |
| 7528 | 1'C n2v | G | 22.08.10 | 1435 | KPEV G 5.5/Han 4314/1918 PKP Ti4-113/1941 DRG 54 1157/PKP Ti4-44 | |
| 7529 | 1'C n2v | G | 23.08.10 | 1435 | KPEV G 5.5/Han 4315/DRG 54 1092 | 1929 |
| 7530 | D n2 | G | 05.09.10 | 1435 | KPEV G 9/Bsl 5109/1918 B 7939 | |
| 7531 | D n2 | G | 07.09.10 | 1435 | KPEV G 9/Bsl 5110/1918 PKP | |
| 7532 | D n2 | G | 12.09.10 | 1435 | KPEV G 9/Kat 5015/1922 Opp 5015/DRG 55 2337 | 1928 |
| 7533 | D n2 | G | 13.09.10 | 1435 | KPEV G 9/Kat 5016/1922 Opp 5016/DRG 55 2338/Uh2/DB 24.11.48 BE | |
| 7534 | D n2 | G | 16.09.10 | 1435 | KPEV G 9/Kat 5017/1922 Opp 5017/DRG 55 2339 | 1929 |
| 7535 | D n2 | G | 20.09.10 | 1435 | KPEV G 9/Kat 5018/1922 Opp 5018/DRG 55 2340 | |
| 7536 | D n2 | G | 21.09.10 | 1435 | KPEV G 9/Stn 5001/1912 Esn 5076/1918 B 7976 | |
| 7537 | D n2 | G | 30.09.10 | 1435 | KPEV G 9/Stn 5002/1912 Esn 5077/DRG 55 2341 U h2/DB/1946 OHE 55 170 | 1961 |
| 7538 | B n2ft | F L | 27.04.10 | 1435 | Rombacher Hüttenwerke, Zeebrugge | |
| 7539 | B n2t | - | 12.04.10 | 600 | Decauville Aine, Paris (Frankreich) | |
| 7540 | B n2t | | 23.04.10 | 600 | Decauville Aine, Paris, für Ägypten | |
| 7541 | B n2t | | 23.04.10 | 600 | Decauville Aine, Paris, für Ägypten | |
| 7542 | B n2t | | 23.04.10 | 600 | Decauville Aine, Paris, für Ägypten | |
| 7543 | B n2t | | 12.04.10 | 600 | Decauville Aine, Paris, für Ägypten | |

| Fabriknummer | Bauart | Gattung | Auslieferungsdatum | Spurweite | Empfänger/Verbleib | Ausmusterung |
|---|---|---|---|---|---|---|
| 7544 | B n2t | | 27.05.10 | 600 | Decauville Aine, Paris, für Calcutta | |
| 7545 | B n2t | | 31.05.10 | 600 | Decauville Aine, Paris, für Calcutta | |
| 7546 | B n2t | | 15.07.10 | 600 | Decauville Aine, Paris, für Italien | |
| 7547 | B n2t | | 15.07.10 | 600 | Decauville Aine, Paris, für Italien | |
| 7548 | B n2t | | 15.07.10 | 600 | Decauville Aine, Paris, für Italien | |
| 7549 | C n2t | | 23.06.10 | 1435 | Braunkohlenwerke „Eintracht", Neu Welzow N/L | |
| 7550 | C1'n2t | | 29.04.10 | 1000 | Comp. Minera de Sierra Menera, Bilbao (Spanien) | |
| 7551 | B n2t | | 02.04.10 | 785 | Bismarckhütte, Bismarckhütte O/S/n. 45 Hütte Florian, Swietochtowice (VRP) | 1970 |
| 7552 | 1'D n2t | | 17.06.10 | 1000 | Ostafrikanische Eisenbahn Gesellschaft, Berlin/OEG 55/Tanganyika Railways GT class 33 | |
| 7553 | 1'D n2t | | 18.06.10 | 1000 | Ostafrikanische Eisenbahn Gesellschaft, Berlin/OEG 56/Tanganyika Railways GT class 34 | |
| 7554 | 1'D n2t | | 31.07.10 | 1000 | Ostafrikanische Eisenbahn Gesellschaft, Berlin/OEG 57/Tanganyika Railways GT class 35 | |
| 7555 | 1'D n2t | | 31.07.10 | 1000 | Ostafrikanische Eisenbahn Gesellschaft, Berlin/OEG 58/Tanganyika Railways GT class 36 | |
| 7556 | C n2t | | 17.05.10 | 1435 | K. Schmidt, Hannover, für Kleinbahn Celle-Soltau/27"/1944 OHE 89 133/ 1948 Tramo Frankfurt/Main | |
| 7557 | B n2t | | 23.07.10 | 600 | Decauville Aine, Paris (Frankreich) | |
| 7558 | B n2t | | 05.11.10 | 600 | Decauville Aine, Paris, für Belgien | |
| 7559 | B n2t | | 20.07.10 | 600 | Louis Schier, Berlin | |
| 7560 | B n2t | | 28.01.10 | 600 | Decauville Aine, Paris, für Belgien | |
| 7561 | D n2t | | 21.07.10 | 1000 | Nassauische Kleinbahn über ADKG/9 | |
| 7562 | C n2t | | 14.10.10 | 1435 | Eisenbahnbau und -betriebs-Gesellschaft Becker & Co., Berlin, für Thorn-Zajonskowo | |
| 7563 | 1'D n2 | G | 03.09.10 | 1000 | Estrada de Ferro Central do Brazil, Rio de Janeiro (Brasilien) | |
| 7564 | 1'D n2 | G | 03.09.10 | 1000 | Estrada de Ferro Central do Brazil, Rio de Janeiro (Brasilien) | |
| 7565 | 2'C n2 | P | 31.05.10 | 1000 | Argentinische Staatsbahnen, F.C. Argentino del Norte/F.C.A.N. 87 | |
| 7566 | 2'C n2 | P | 31.05.10 | 1000 | Argentinische Staatsbahnen, F.C. Argentino del Norte/F.C.A.N. 88 | |
| 7567 | 2'C n2 | P | 10.06.10 | 1000 | Argentinische Staatsbahnen, F.C. Argentino del Norte/F.C.A.N. 89 | |
| 7568 | 2'C n2 | P | 10.06.10 | 1000 | Argentinische Staatsbahnen, F.C. Argentino del Norte/F.C.A.N. 90 | |
| 7569 | 2'C n2 | P | 30.06.10 | 1000 | Argentinische Staatsbahnen, F.C. Argentino del Norte/F.C.A.N. 91 | |
| 7570 | 2'C n2 | P | 30.06.10 | 1000 | Argentinische Staatsbahnen, F.C. Argentino del Norte/F.C.A.N. 92 | |
| 7571 | 2'C n2 | P | 30.06.10 | 1000 | Argentinische Staatsbahnen, F.C. Argentino del Norte/F.C.A.N. 93 | |
| 7572 | 2'C n2 | P | 30.06.10 | 1000 | Argentinische Staatsbahnen, F.C. Argentino del Norte/F.C.A.N. 94 | |
| 7573 | 2'C n2 | P | 30.06.10 | 1000 | Argentinische Staatsbahnen, F.C. Argentino del Norte/F.C.A.N. 95 | |
| 7574 | 2'C n2 | P | 06.07.10 | 1000 | Argentinische Staatsbahnen, F.C. Argentino del Norte/F.C.A.N. 96 | |
| 7575 | 2'C n2 | P | 06.07.10 | 1000 | Argentinische Staatsbahnen, F.C. Argentino del Norte/F.C.A.N. 97 | |
| 7576 | 2'C n2 | P | 06.07.10 | 1000 | Argentinische Staatsbahnen, F.C. Argentino del Norte/F.C.A.N. 98 | |
| 7577 | 2'C n2 | P | 06.07.10 | 1000 | Argentinische Staatsbahnen, F.C. Argentino del Norte/F.C.A.N. 99 | |
| 7578 | 2'C n2 | P | 27.07.10 | 1000 | Argentinische Staatsbahnen, F.C. Argentino del Norte/F.C.A.N. 100 | |
| 7579 | 2'C n2 | P | 01.08.10 | 1000 | Argentinische Staatsbahnen, F.C. Argentino del Norte/F.C.A.N. 101 | |
| 7580 | 2'C n2 | P | 27.07.10 | 1000 | Argentinische Staatsbahnen, F.C. Argentino del Norte/F.C.A.N. 102 | |
| 7581 | 2'C n2 | P | 01.08.10 | 1000 | Argentinische Staatsbahnen, F.C. Argentino del Norte/F.C.A.N. 103 | |
| 7582 | 2'C n2 | P | 01.08.10 | 1000 | Argentinische Staatsbahnen, F.C. Argentino del Norte/F.C.A.N. 104 | |
| 7583 | 2'C n2 | P | 01.08.10 | 1000 | Argentinische Staatsbahnen, F.C. Argentino del Norte/F.C.A.N. 105 | |
| 7584 | 2'C n2 | P | 01.08.10 | 1000 | Argentinische Staatsbahnen, F.C. Argentino del Norte/F.C.A.N. 106 | |
| 7585 | 2'C n2 | P | 01.08.10 | 1000 | Argentinische Staatsbahnen, F.C. Argentino del Norte/F.C.A.N. 107 | |
| 7586 | 2'C n2 | P | 05.08.10 | 1000 | Argentinische Staatsbahnen, F.C. Argentino del Norte/F.C.A.N. 108 | |
| 7587 | 2'C n2 | P | 05.08.10 | 1000 | Argentinische Staatsbahnen, F.C. Argentino del Norte/F.C.A.N. 109 | |
| 7588 | B1'n2t | | 26.05.10 | 750 | Decauville Aine, Paris, für La Forestal, Buenos Aires (Argentinien) | |
| 7589 | B n2t | | 20.05.10 | 1000 | Buderus'sche Eisenwerke, Wetzlar | |
| 7590 | B n2t | | 29.04.10 | 1000 | Decauville Aine, Paris (Frankreich) | |
| 7591 | B n2ft | | 29.06.10 | 1435 | Soc. Prodotty Chimici Collo e Concimni, Rom (Italien) | |
| 7592 | B n2ft | | 29.06.10 | 1435 | Soc. An. Ferror Metalli Ferriera Ereta, Palermo (Italien) | |
| 7593 | B n2ft | | 11.03.11 | 1435 | Duxer Kohlenverein, Teplitz | |
| 7594 | B n2ft | | 31.12.10 | 1435 | Gebr. Himmelsfach, Freiburg | |
| 7595 | B n2ft | | 26.01.11 | 1435 | Bremer Wall-Kämmerei, Blumental | |
| 7596 | B n2t | | 14.05.10 | 600 | Decauville Aine, Paris (Frankreich) | |
| 7597 | B n2t | | 06.12.10 | 1000 | Gesellschaft für den Bau von Eisenbahnen in der Türkei | |
| 7598 | B n2t | | 06.12.10 | 1000 | Gesellschaft für den Bau von Eisenbahnen in der Türkei | |
| 7599 | B n2t | | 06.12.10 | 1000 | Gesellschaft für den Bau von Eisenbahnen in der Türkei/1917 Irak Stb 351 | |
| 7600 | B n2t | | 30.03.11 | 900 | AG für Hoch- und Tiefbau, Frankfurt/Main | |
| 7601 | (1'B)'n4vt | | 28.09.10 | 750 | Comp. di Antivari, Venedig, für Bar-Virpazar/SUTORMANI für Museum vorgesehen | |
| 7602 | (1'B)'n4vt | | 23.09.10 | 750 | Comp. di Antivari, Venedig, für Bar-Virpazar/RUMIJA/1933 JDZ 192-001/ 1935 an Vorarlberger Illwerke auf 760 mm umgespurt | |
| 7603 | B n2ft | | 08.07.10 | 1435 | Rat zu Dresden für Schlachthof Dresden | |
| 7604 | C n2t | | 15.07.10 | 610 | Decauville Aine, Paris (Frankreich) | |
| 7605 | B n2t | | 11.05.10 | 750 | Impresa Rodari Caspare & Cie, Bevers-Engadin (Schweiz) | |
| 7606 | B'B n4vt | | 19.07.10 | 712 | Guivaner Zuckerfabrik, Guivan (Rußland) | |

| Fabriknummer | Bauart | Gattung | Auslieferungsdatum | Spurweite | Empfänger/Verbleib | Ausmusterung |
|---|---|---|---|---|---|---|
| 7607 | B n2t | | 06.07.10 | 1000 | Soc. Ind. Agricola „Lamone", Mezzano | |
| 7608 | B n2t | | 12.07.10 | 600 | Decauville Aine, Paris (Frankreich) | |
| 7609 | 1' C h2 | P | 02.02.11 | 1435 | Aalborg-Hadsund Jernbane, Aalborg (Dänemark)/28 | 1966 |
| 7610 | B'B n4vt | | 10.08.10 | 950 | E. Besenzanica, Milano (Italien) | |
| 7611 | C n2t | | 13.06.10 | 1000 | Argentinische Regierung, Buenos Aires (Argentinien) | |
| 7612 | C n2t | | 13.06.10 | 1000 | Argentinische Regierung, Buenos Aires (Argentinien) | |
| 7613 | C n2t | | 14.09.10 | 1000 | Decauville Aine, Paris (Frankreich) | |
| 7614 | C n2t | | 12.07.11 | 1000 | Decauville Aine, Paris (Frankreich) | |
| 7615 | C n2t | | 12.07.11 | 1000 | Decauville Aine, Paris (Frankreich) | |
| 7616 | C n2t | | 12.07.11 | 1000 | Decauville Aine, Paris (Frankreich) | |
| 7617 | C n2t | | 12.07.11 | 1000 | Decauville Aine, Paris (Frankreich) | |
| 7618 | C n2t | | 12.09.11 | 1000 | Comp. Estrado de Ferro de Goyaz, Santos (Brasilien) | |
| 7619 | C n2t | | 11.08.11 | 1435 | Comp. Central Mercedes, Habanna (Cuba) | |
| 7620 | C n2t | | 25.09.11 | 1435 | Luigi Conti, Belluno | |
| 7621 | C n2t | | 24.06.10 | 1000 | La Forestal, Buenos Aires (Argentinien) | |
| 7622 | Nicht im Auslieferungsbuch verzeichnet | | | | | |
| 7623 | Nicht im Auslieferungsbuch verzeichnet | | | | | |
| 7624 | B n2t | StL | 26.07.10 | 1435 | Francisco Seeber, Buenos Aires, für Cia Azucarera Parasulva Tebicuany (Paraguay) | |
| 7625 | 1'C n2t | | 25.08.10 | 1435 | Soc. An. della Shrada Ferrate die Biella, Turin, für Santhia-Biella/322/ 1937 Gaswerk Venedig | |
| 7626 | 1'C n2t | | 30.08.10 | 1435 | Soc. An. della Shrada Ferrate die Biella, Turin, für Santhia-Biella/321 | |
| 7627 | 1'C h2t | Pt | 19.10.10 | 1435 | KPEV T 12/Bln 7881/DRG 74 755 | |
| 7628 | 1'C h2t | Pt | 20.10.10 | 1435 | KPEV T 12/Bln 7882/DRG 74 756/DB | 18.01.1962 |
| 7629 | 1'C h2t | Pt | 21.10.10 | 1435 | KPEV T 12/Bln 7883/DRG 74 757/PKP Oki 2-31 | |
| 7630 | 1'C h2t | Pt | 21.10.10 | 1435 | KPEV T 12/Bln 7884/DRG 74 758/DR/1946 | |
| 7631 | 1'C h2t | Pt | 26.10.10 | 1435 | KPEV T 12/Bln 7885/DRG 74 759/DB | 20.11.1958 |
| 7632 | 1'C h2t | Pt | 27.10.10 | 1435 | KPEV T 12/Bln 7886/1918 Nord (F) 3.899/1938 SNCF 2-130 TC 12 | |
| 7633 | 1'C h2t | Pt | 31.10.10 | 1435 | KPEV T 12/Bln 7887/DRG 74 760/DR/1959 Stahlwerk Riesa WL | |
| 7634 | 1'C h2t | Pt | 31.10.10 | 1435 | KPEV T 12/Bln 7888/DRG 74 761/DB | 14.07.1960 |
| 7635 | 1'C h2t | Pt | 31.10.19 | 1435 | KPEV T 12/Bln 7889/DRG 74 762 | 27.12.1933 |
| 7636 | 1'C h2t | Pt | 05.11.10 | 1435 | KPEV T 12/Bln 7890/DRG 74 763/DR | 16.06.1966 |
| 7637 | 1'C h2t | Pt | 21.01.11 | 1435 | KPEV T 12/Bln 7891/DRG 74 764/DB | |
| 7638 | 1'C h2t | Pt | 26.01.11 | 1435 | KPEV T 12/Bln 7892/DRG 74 765/DB | 14.03.1957 |
| 7639 | 1'C h2t | Pt | 28.01.11 | 1435 | KPEV T 12/Bln 7893/DRG 74 766/DR/1946 | |
| 7640 | 1'C h2t | Pt | 03.02.11 | 1435 | KPEV T 12/Bln 7894/DRG 74 767/DB | 15.11.1957 |
| 7641 | 1'C h2t | Pt | 07.02.11 | 1435 | KPEV T 12/Bln 7895/DRG 74 768/DB | 25.04.1958 |
| 7642 | 1'C h2t | Pt | 14.02.11 | 1435 | KPEV T 12/Bln 7896/DRG 74 769/DB | 16.07.1963 |
| 7643 | 1'C h2t | Pt | 18.02.11 | 1435 | KPEV T 12/Bln 7897/DRG 75 770 | |
| 7644 | 1'C h2t | Pt | 29.12.10 | 1435 | KPEV T 12/Dzg 7705/1918 PKP Oki 2-6/1941 DRG 74 1332/PKP Oki 2-14 | |
| 7645 | 1'C h2t | Pt | 30.12.10 | 1435 | KPEV T 12/Dzg 7706/1918 PKP Oki 2-3/1941 DRG 74 1329 | |
| 7646 | 1'C h2t | Pt | 31.12.10 | 1435 | KPEV T 12/Dzg 7707/1918 PKP Oki 2-7/1941 DRG 74 1333/PKP | 1946 |
| 7647 | 1'C h2t | Pt | 30.11.10 | 1435 | KPEV T 12/Efd 7751/DRG 74 771/DB | 25.04.1958 |
| 7648 | 1'C h2t | Pt | 04.01.11 | 1435 | KPEV T 12/Esn 7714/DRG 74 772/DB | 09.06.1952 |
| 7649 | 1'C h2t | Pt | 09.01.11 | 1435 | KPEV T 12/Esn 7715/DRG 74 773/DB | 02.05.1962 |
| 7650 | 1'C h2t | Pt | 16.01.11 | 1435 | KPEV T 12/Esn 7716/DRG 74 774/DB | 10.08.1957 |
| 7651 | 1'C h2t | Pt | 06.12.10 | 1435 | KPEV T 12/Fft 7715/DRG 74 775/DR/06.02.1959 Gaskombinat Schwarze Pumpe WL | |
| 7652 | 1'C h2t | Pt | 08.12.10 | 1435 | KPEV T 12/Fft 7716/DRG 74 776/DB | 23.11.1956 |
| 7653 | 1'C h2t | Pt | 13.12.10 | 1435 | KPEV T 12/Fft 7717/DRG 74 777/DB | 15.11.1957 |
| 7654 | 1'C h2t | Pt | 15.11.10 | 1435 | KPEV T 12/Hl 7706/DRG 74 778/DR | 06.03.1965 |
| 7655 | 1'C h2t | Pt | 18.11.10 | 1435 | KPEV T 12/Hl 7707/DRG 74 779/DR | |
| 7656 | 1'C h2t | Pt | 22.11.10 | 1435 | KPEV T 12/Hl 7708/DRG 74 780/DR | 22.12.1947 |
| 7657 | 1'C h2t | Pt | 30.11.10 | 1435 | KPEV T 12/Hl 7709/DRG 74 781/DR/1959 Binnenhäfen Mittelelbe Magdeburg WL | |
| 7658 | 1'C h2t | Pt | 28.11.10 | 1435 | KPEV T 12/Hl 7710/DRG 74 782/PKO Oki 2-32 | |
| 7659 | 1'C h2t | Pt | 16.12.10 | 1435 | KPEV T 12/Hl 7711/DRG 74 783/DB | 14.07.1960 |
| 7660 | 1'C h2t | Pt | 20.12.10 | 1435 | KPEV T 12/Sbr 7713/1919 SAAR 7708/1935 DRG 74 1308/DR/1962 Transformatoren- und Röntgenwerke, Dresden WL 1 | |
| 7661 | 1'C h2t | Pt | 21.12.10 | 1435 | KPEV T 12/Sbr 7714/1919 SAAR 7709/1935 DRG 74 1309/DB | 30.09.1960 |
| 7662 | 1'C h2t | Pt | 23.12.10 | 1435 | KPEV T 12/Stn 7712/DRG 74 754/DR/1959 Bau-Union Cottbus WL | |
| 7663 | 1'C h2t | Pt | 14.01.11 | 1435 | KPEV T 12/Stn 7713/DRG 74 795/DR | 20.04.1951 |
| 7664 | 1'C h2t | Pt | 19.01.11 | 1435 | KPEV T 12/Stn 7714/DRG 74 796/DR | 16.06.1966 |
| 7665 | 2'C h2 | P | 23.02.11 | 1435 | KPEV P 8/Mgd 2415/DRG 38 1197 | 01.12.1932 |
| 7666 | 2'C h2 | P | 25.02.11 | 1435 | KPEV P 8/Mgd 2416/DRG 38 1198 | 01.04.1933 |
| 7667 | 2'C h2 | P | 28.02.11 | 1435 | KPEV P 8/Mgd 2417/FS 675.002 | |
| 7668 | 2'C h2 | P | 07.03.11 | 1435 | KPEV P 8/Mz 2410/DRG 38 1199 | 1932 |
| 7669 | 2'C h2 | P | 09.03.11 | 14351 | KPEV P 8/Mz 2411/DRG 38 1200 | 1935 |
| 7670 | 2'C h2 | P | 16.03.11 | 1435 | KPEV P 8/Mz 2412/DRG 38 1201 | 1932 |
| 7671 | 2'C h2 | P | 31.03.11 | 1435 | KPEV P 8/Mz 2413/DRG 38 1202 | 01.04.1933 |
| 7672 | 2'C h2 | P | 12.04.11 | 1435 | KPEV P 8/Mz 2414/DRG 38 1203 | 1932 |

| Fabriknummer | Bauart | Gattung | Auslieferungsdatum | Spurweite | Empfänger/Verbleib | Ausmusterung |
|---|---|---|---|---|---|---|
| 7673 | 2'C h2 | P | 26.04.11 | 1435 | KPEV P 8/Mz 2415/DRG 38 1204 | 01.04.1933 |
| 7674 | Nicht im Auslieferungsbuch verzeichnet | | | | | |
| 7675 | Nicht im Auslieferungsbuch verzeichnet | | | | | |
| 7676 | Nicht im Auslieferungsbuch verzeichnet | | | | | |
| 7677 | Nicht im Auslieferungsbuch verzeichnet | | | | | |
| 7678 | C n2t | | 01.07.10 | 600 | Klessen & Boettcher, Wachow/Havelland | |
| 7679 | C n2t | | 25.07.10 | 600 | Decauville Aine, Paris, für Italien | |
| 7680 | B n2t | | 04.08.10 | 1435 | Decauville Aine, Paris, für SPCSt Quentin | |
| 7681 | D n2 | G | 29.03.11 | 1000 | 1)für Kameruner Mittellandbahn/101 | |
| 7682 | D n2 | G | 30.03.11 | 1000 | 1)für Kameruner Mittellandbahn/102 | |
| 7683 | D n2 | G | 31.03.11 | 1000 | 1)für Kameruner Mittellandbahn/103 | |
| 7684 | D n2 | G | 01.04.11 | 1000 | 1)für Kameruner Mittellandbahn/104 | |
| 7685 | D n2 | G | 29.04.11 | 1000 | 1)für Kameruner Mittellandbahn/105 | |
| 7686 | D n2 | G | 29.04.11 | 1000 | 1)für Kameruner Mittellandbahn/106 | |
| 7687 | D n2 | G | 29.04.11 | 1000 | 1)für Kameruner Mittellandbahn/107 | |
| 7688 | D n2 | G | 29.04.11 | 1000 | 1)für Kameruner Mittellandbahn/108 | |
| 7689 | D n2 | G | 14.10.12 | 1000 | 1)für Kameruner Mittellandbahn/109 | |
| 7690 | D n2 | G | 14.10.12 | 1000 | 1)für Kameruner Mittellandbahn/110 | |
| 7691 | D n2 | G | 15.10.12 | 1000 | 1)für Kameruner Mittellandbahn/111 | |
| 7692 | D n2 | G | 15.10.12 | 1000 | 1)für Kameruner Mittellandbahn/112 | |
| 7693 | C n2 | G | 30.08.10 | 750 | La Forestal, Buenos Aires (Argentinien) | |
| 7694 | C n2t | | 03.10.10 | 600 | Decauville Aine, Paris (Frankreich) | |
| 7695 | C n2t | | 17.10.10 | 600 | Decauville Aine, Paris (Frankreich) | |
| 7696 | C n2t | | 13.04.11 | 600 | Decauville Aine, Paris (Frankreich) | |
| 7697 | C n2t | | 07.11.11 | 600 | Königliche Regierung, Potsdam | |
| 7698 | C n2t | | 23.01.12 | 600 | Decauville Aine, Paris, für Minere & Metallurgique de l'Orb, Paris | |
| 7699 | C n2t | | 19.06.11 | 600 | Mahler & Protzen, Hamburg | |
| 7700 | C n2t | | 07.11.11 | 600 | Königliche Regierung, Potsdam | |
| 7701 | C n2t | | 10.09.12 | 600 | Ste. Anon. d. Ateliers de Construction de Hal, Baysingen, für Casablanca | |
| 7702 | B | VL | (31.10.11) | 1435 | Dieselversuchslokomotive mit Druckluft-Kraftübertragung | |
| 7703 | 1'C n2t | | 06.09.10 | 1435 | Ferrovie Torino-Cirie-Lanzo, Turin/12 | |
| 7704 | 1'C n2t | | 11.10.10 | 1435 | Ferrovie Torino-Cirie-Lanzo, Turin/13 | |
| 7705 | C n2t | | 10.11.10 | 1435 | Prignitzer Eisenbahn-Gesellschaft, Perleberg/DRANSE 9 | |
| 7706 | B n2t | | 29.10.10 | 900 | Polenzky & Zöllner, Driesen | |
| 7707 | B n2t | | 10.11.10 | 900 | Polenzky & Zöllner, Driesen/n. 1945 Zwirownia Bukow (VRP) | 1971 |
| 7708 | B n2t | | 22.10.10 | 900 | Max Strauß, Karlsruhe | |
| 7709 | B n2t | | 22.11.10 | 900 | Philipp Holzmann & Co., Frankfurt/Main | |
| 7710 | B n2t | | 12.12.10 | 900 | Philipp Holzmann & Co., Frankfurt/Main | |
| 7711 | B n2t | | 13.12.10 | 900 | Philipp Holzmann & Co., Frankfurt/Main | |
| 7712 | B n2t | | 14.03.11 | 900 | Carl Schlösser, Breslau | |
| 7713 | B n2t | | 15.03.11 | 900 | AG für Hoch- und Tiefbau, Frankfurt/Main | |
| 7714 | B n2t | | 15.03.11 | 900 | AG für Hoch- und Tiefbau, Frankfurt/Main | |
| 7715 | B n2t | | 18.03.11 | 900 | AG für Hoch- und Tiefbau, Frankfurt/Main | |
| 7716 | C h2t | | 21.08.11 | 1435 | Ringkjöbing-Norre-Omme Banen | |
| 7717 | C h2t | | 21.08.11 | 1435 | Ringkjöbing-Norre-Omme Banen | |
| 7718 | C h2t | | 28.08.11 | 1435 | Ringkjöbing-Norre-Omme Banen | |
| 7719 | 1'D1'n2 | G | 17.01.11 | 1000 | F.C. Central Norte, Buenos Aires (Argentinien)/FCCN 700 | |
| 7720 | 1'D1'n2 | G | 17.01.11 | 1000 | F.C. Central Norte, Buenos Aires (Argentinien)/FCCN 701 | |
| 7721 | 1'D1'n2 | G | 17.01.11 | 1000 | F.C. Central Norte, Buenos Aires (Argentinien)/FCCN 702 | |
| 7722 | 1'D1'n2 | G | 17.01.11 | 1000 | F.C. Central Norte, Buenos Aires (Argentinien)/FCCN 703 | |
| 7723 | 1'D1'n2 | G | 17.01.11 | 1000 | F.C. Central Norte, Buenos Aires (Argentinien)/FCCN 704 | |
| 7724 | C n2t | | 18.10.10 | | Decauville Aine, Paris, für Buenos Aires | |
| 7725 | C n2t | | 13.08.13 | | Deutsche Diamanten-Gesellschaft, Berlin | |
| 7726 | B n2ft | FL | 03.09.10 | 1435 | Koelmann & Co., Frankfurt/Oder | |
| 7727 | C n2t | | 17.10.10 | 1000 | Decauville Aine, Paris, für Société Ottomane d. Heraclee Zoupouldak (Türkei) | |
| 7728 | B n2t | | 10.09.10 | 750 | Erzgebirgischer Steinkohlenverein, Schedewitz bei Zwickau | |
| 7729 | C n2t | | 14.09.10 | 750 | Inster & Agatstein, Piatra (Rumänien) | |
| 7730 | C n2t | | 10.09.10 | 1000 | Decauville Aine, Paris (Frankreich) | |
| 7731 | C n2t | | 19.10.10 | 1000 | Decauville Aine, Paris (Frankreich) | |
| 7732 | C n2t | | 26.10.10 | 1000 | Decauville Aine, Paris (Frankreich) | |
| 7733 | C n2t | | 31.10.10 | 1000 | Decauville Aine, Paris, für Brest | |
| 7734 | C n2t | | 27.10.10 | 1000 | Decauville Aine, Paris (Frankreich) | |
| 7735 | C n2t | | 18.11.10 | 1000 | Decauville Aine, Paris (Frankreich) | |
| 7736 | B n2t | | 15.11.10 | 1000 | Decauville Aine, Paris (Frankreich | |
| 7737 | B n2t | | 22.11.10 | 1000 | Decauville Aine, Paris, für Italien/K.u.K Heeresbahn 2103 | |
| 7738 | B n2t | | 10.06.11 | 750 | Blonier Schmalspurbahn, Warschau (Rußland) | |
| 7739 | B n2t | | 10.02.11 | 750 | Gustav Hinke & Co., Oruro (Bolivien) | |
| 7740 | B n2t | | 20.07.11 | 750 | Barnett & Co., Antofagasta (Chile) | |
| 7741 | B n2t | | 07.10.11 | 750 | Etabl. Deckers, Brüssel (Belgien) | |

1)(DKEBBG) = Deutsche Kolonial Eisenbahn- und Betriebsgesellschaft, Berlin

| Fabriknummer | Bauart | Gattung | Auslieferungsdatum | Spurweite | Empfänger/Verbleib | Ausmusterung |
|---|---|---|---|---|---|---|
| 7742 | B n2t | | 11.10.10 | 600 | Decauville Aine, Paris (Frankreich) | |
| 7743 | B n2t | | 26.10.10 | 600 | Decauville Aine, Paris (Frankreich) | |
| 7744 | B n2t | | 18.09.10 | 600 | Arnim Rodeck, Milano (Italien) | |
| 7745 | B n2t | | 28.11.10 | 600 | Decauville Aine, Paris, für Spanien | |
| 7746 | B n2t | | 28.11.10 | 600 | Decauville Aine, Paris (Frankreich) | |
| 7747 | B n2t | | 18.01.11 | 600 | Decauville Aine, Paris, für Ägypten | |
| 7748 | B n2t | | 21.12.10 | 600 | Decauville Aine, Paris, für Ägypten | |
| 7749 | B n2t | | 25.01.11 | 600 | Decauville Aine, Paris, für Calcutta | |
| 7750 | B n2t | | 16.02.11 | 600 | Sächsisch-Böhmische Portland-Cement-Fabrik, Dresden, für Österreich | |
| 7751 | B n2t | | 10.02.11 | 600 | Comp. Materiaes de Construacao, Rio de Janeiro (Brasilien) | |
| 7752 | B n2t | | 26.10.10 | 785 | Vereinigte Königs- u. Laurahütte, Laurahütte O/S | |
| 7753 | B n2t | | 26.10.10 | 600 | Decauville Aine, Paris (Frankreich) | |
| 7754 | B n2t | | 23.02.11 | 600 | Soc. An. „Elba", Genua (Italien) | |
| 7755 | B n2t | | 23.02.11 | 600 | Soc. An. „Elba", Genua (Italien) | |
| 7756 | B n2t | | 21.11.10 | 600 | Soc. An. „Ilva", Genua (Italien) | |
| 7757 | B n2t | | 06.12.10 | 600 | Decauville Aine, Paris (Frankreich) | |
| 7758 | B n2t | | 22.12.10 | 600 | Decauville Aine, Paris (Frankreich) | |
| 7759 | B n2t | | 22.12.10 | 600 | Decauville Aine, Paris (Frankreich) | |
| 7760 | B n2t | | 29.01.11 | 600 | Decauville Aine, Paris, für Ägypten | |
| 7761 | B n2t | | 10.01.11 | | Decauville Aine, Paris, für Calcutta | |
| 7762 | C n2t | | 24.10.10 | 1055 | Decauville Aine, Paris, für Siciete Miniere Franco-Africaine, Oran (Algerien) | |
| 7763 | 1'C h2 | | 15.12.10 | 914 | Ed. Victor Sperling, Leipzig, für F.C. Antiaquia-Cordoba (Columbien)/17 | |
| 7764 | B n2 | | 15.10.10 | 914 | Ed. Victor Sperling, Leipzig, für V.C. Antiaquia-Cordoba (Columbien)/19 | |
| 7765 | 2'C n2 | P | 31.10.10 | 1000 | Chemin de fer au Bresil, Rio Grande do Sul/401 | |
| 7766 | 2'C n2 | P | 31.10.10 | 1000 | Chemin de fer au Bresil, Rio Grande do Sul/402 | |
| 7767 | 2'C n2 | P | 15.11.10 | 1000 | Chemin de fer au Bresil, Rio Grande do Sul/403 | |
| 7768 | 2'C n2 | P | 15.11.10 | 1000 | Chemin de fer au Bresil, Rio Grande do Sul/404 | |
| 7769 | 2'C n2 | P | 15.11.10 | 1000 | Chemin de fer au Bresil, Rio Grande do Sul/405 | |
| 7770 | 2'C n2 | P | 25.11.10 | 1000 | Chemin de fer au Bresil, Rio Grande do Sul/406 | |
| 7771 | 2'C n2 | P | 25.11.10 | 1000 | Chemin de fer au Bresil, Rio Grande do Sul/407 | |
| 7772 | 2'C n2 | P | 30.11.10 | 1000 | Chemin de fer au Bresil, Rio Grande do Sul/408 | |
| 7773 | 2'C n2 | P | 30.11.10 | 1000 | Chemin de fer au Bresil, Rio Grande do Sul/409 | |
| 7774 | 2'C n2 | P | 30.11.10 | 1000 | Chemin de fer au Bresil, Rio Grande do Sul/410 | |
| 7775 | 2'C h2 | P | 21.12.10 | 1000 | Chemin de fer au Bresil, Rio Grande do Sul/451 | |
| 7776 | 2'C h2 | P | 21.12.10 | 1000 | Chemin de fer au Bresil, Rio Grande do Sul/452 | |
| 7777 | 2'C h2 | P | 21.12.10 | 1000 | Chemin de fer au Bresil, Rio Grande do Sul/453 | |
| 7778 | C n2t | | 18.11.10 | 1000 | Decauville Aine, Paris (Frankreich) | |
| 7779 | C n2t | | 31.01.11 | 1000 | Santa Luzia, Tucuman (Argentinien) | |
| 7780 | C n2t | | 24.02.11 | 1000 | Decauville Aine, Paris (Frankreich) | |
| 7781 | C n2t | | 24.02.11 | 1000 | Decauville Aine, Paris (Frankreich) | |
| 7782 | C n2t | | 20.05.11 | 1000 | Decauville Aine, Paris (Frankreich) | |
| 7783 | B n2t | | 29.03.11 | 600 | Albin Hentschel, Leipzig | |
| 7784 | B n2t | | 03.07.11 | 600 | Joh. Kahla, Breslau | |
| 7785 | B n2t | | 21.07.11 | 600 | Held & Francke, Berlin | |
| 7786 | B n2t | | 08.12.11 | 600 | Robert Bernatzki, Langfuhr | |
| 7787 | B n2t | | 10.09.12 | 600 | Ste Anon. des Ateliers de Construction de Hal, Baysingen, für Casablanca | |
| 7788 | C n2t | | 17.11.10 | 1435 | Stadtbauamt Worms | |
| 7789 | B n2ft | FL | 14.03.11 | 1435 | Rütgerswerke AG, Berlin | |
| 7790 | B n2ft | FL | 07.07.11 | 1435 | Schüchtermann & Kremer, Dortmund | |
| 7791 | B n2ft | FL | 19.04.11 | 1435 | Luchterberg | |
| 7792 | B n2ft | FL | 21.12.11 | 1435 | Otto Günther, Greiz | |
| 7793 | B n2ft | FL | 16.07.12 | 1435 | Gewerkschaft Buttlar, für Kalibergbau, Butlar/Rhön | |
| 7794 | B n2ft | FL | 17.08.12 | 1435 | Heddenheimer Kupferwerke, für Süddeutsche Kabelwerke, Mannheim | |
| 7795 | B n2ft | FL | 29.03.12 | 1435 | Direktion der städtischen Wasser-, Gas- und Elektrizitätswerke, Mannheim | |
| 7796 | B n2ft | FL | 03.10.12 | 1435 | Direktion der städtischen Wasser-, Gas- und Elektrizitätswerke, Mannheim | |
| 7797 | C n2t | | 22.12.10 | 1000 | Decauville Aine, Paris (Frankreich) | |
| 7798 | C n2t | | 17.12.10 | 1000 | Decauville Aine, Paris (Frankreich) | |
| 7799 | C n2t | | 30.03.11 | 1000 | Decauville Aine, Paris (Frankreich) | |
| 7800 | C n2t | | 10.04.11 | 1000 | Decauville Aine, Paris, für Borges de Cattlion, Isbergues 9 | |
| 7801 | C n2t | | 20.02.13 | 1000 | Decauville Aine, Paris, für Borges de Cattlion, Isbergues 10 | |
| 7802 | C n2t | | 25.11.10 | 1435 | Reinickendorf-Liebenwalde-Groß Schönebecker Eisenbahn/MÜHLENBECK 8 | 1931 |
| 7803 | C n2t | | 09.02.11 | 1435 | Ilse Bergbau AG, Grube Ilse N/L | |
| 7804 | 1'D1'n2 | | 20.02.11 | 1000 | F.C. Central Norte, Buenos Aires (Argentinien)/FCCN 705 | |
| 7805 | 1'D1'n2 | | 20.02.11 | 1000 | F.C. Central Norte, Buenos Aires (Argentinien)/FCCN 706 | |
| 7806 | 1'D1'n2 | | 20.02.11 | 1000 | F.C. Central Norte, Buenos Aires (Argentinien)/FCCN 707 | |
| 7807 | 1'D1'n2 | | 20.02.11 | 1000 | F.C. Central Norte, Buenos Aires (Argentinien)/FCCN 708 | |
| 7808 | 1'D1'n2 | | 20.02.11 | 1000 | F.C. Central Norte, Buenos Aires (Argentinien)/FCCN 709 | |
| 7809 | 1'D1'n2 | | 25.03.11 | 1000 | F.C. Central Norte, Buenos Aires (Argentinien)/FCCN 710 | |
| 7810 | 1'D1'n2 | | 25.03.11 | 1000 | F.C. Central Norte, Buenos Aires (Argentinien)/FCCN 711 | |
| 7811 | 1'D1'n2 | | 25.03.11 | 1000 | F.C. Central Norte, Buenos Aires (Argentinien)/FCCN 712 | |
| 7812 | 1'D1'n2 | | 25.03.11 | 1000 | F.C. Central Norte, Buenos Aires (Argentinien)/FCCN 713 | |

| Fabriknummer | Bauart | Gattung | Auslieferungsdatum | Spurweite | Empfänger/Verbleib | Ausmusterung |
|---|---|---|---|---|---|---|
| 7813 | 1'D1'n2 | | 25.03.11 | 1000 | F.C. Central Norte, Buenos Aires (Argentinien)/FCCN 714 | |
| 7814 | 1'D1'n2 | | 01.06.14 | 1000 | Compania Espanola de Mines del Rif, Melilla/201 | |
| 7815 | C n2t | | 31.05.11 | 1000 | Comp. de Chem. de fer St. Gahnier | |
| 7816 | C n2t | | 09.06.11 | 1000 | Decauville Aine, Paris (Frankreich) | |
| 7817 | C n2t | | 09.06.11 | 1000 | Decauville Aine, Paris (Frankreich) | |
| 7818 | C n2t | | 16.11.11 | 1000 | Decauville Aine, Paris (Frankreich) | |
| 7819 | C n2t | | 23.07.12 | 1000 | Decauville Aine, Paris, für Counon Entrepreneur, La Mans | |
| 7820 | C n2t | | 17.01.13 | 1000 | Decauville Aine, Paris, für Pellerin et Ballot, Paris | |
| 7821 | $B_o$ | EL | 31.08.11 | 1435 | e.A. SSW Empfänger unbekannt | |
| 7822 | $B_o$ | EL | 10.11.11 | 1435 | e.A. SSW Empfänger unbekannt (geliefert n. Italien für Einphasenwechselstrom 6 kV) | |
| 7823 | B n2t | | 14.09.11 | 900 | Gewerkschaft Victoria, Lobstädt | |
| 7824 | B n2t | | 24.10.11 | 900 | K.K. priv. Graz-Köflacher Eisenbahn Gesellschaft, Graz | |
| 7825 | B n2t | | 15.04.13 | 900 | Philipp Holzmann & Co., Frankfurt/Main | |
| 7826 | B n2t | | 15.04.13 | 900 | Philipp Holzmann & Co., Frankfurt/Main | |
| 7827 | B n2t | | 20.12.11 | 900 | Etabl. Deckers, Bruxelles (Belgien) | |
| 7828 | B n2t | | 20.12.11 | 900 | Etabl. Deckers, Bruxelles (Belgien) | |
| 7829 | 1'C n2t | | 06.02.11 | 914 | F.C. Cusi Haciendas de Lombardia Nueva (Italien) geliefert n. Mexiko | |
| 7830 | D n2t | | 28.04.11 | 750 | Grimm & Dörffel, Chiojdeni (Rumänien)/CFCh Nr. 3 | |
| 7831 | D n2t | | 19.08.11 | 750 | Grimm & Dörffel, Chiojdeni (Rumänien)/CFCh Nr. 4 | |
| 7832 | D n2t | | 05.08.11 | 750 | Grimm & Dörffel, Chiojdeni (Rumänien)/CFCh Nr. 5 | |
| 7833 | D n2t | | 31.08.11 | 750 | Grimm & Dörffel, Chiojdeni (Rumänien)/CFCh Nr. 6 | |
| 7834 | B'B n4vt | | 22.08.11 | 1435 | Soc. Nazionale de Ferrovie et Tramvie, Roma/SNFT 21 | |
| 7835 | B'B n4vt | | 25.08.11 | 1435 | Soc. Nazionale de Ferrovie et Tramvie, Roma/SNFT 22 | |
| 7836 | B'B n4vt | | 30.09.11 | 1435 | Soc. Nazionale de Ferrovie et Tramvie, Roma/SNFT 23 | |
| 7837 | B n2ft | FL | 24.12.10 | 1435 | Drammensalvens Papierfabrik, Gjeithus (Norwegen) | |
| 7838 | B n2t | | 28.02.11 | 750 | Friedrich Baumann, Joachimstal | |
| 7839 | B n2t | | 06.04.11 | 750 | Danilowski, Petersburg (Rußland) | |
| 7840 | B n2t | | 06.04.11 | 750 | Danilowski, Petersburg (Rußland) | |
| 7841 | B n2t | | 20.05.11 | 750 | Robert Bernatzki, Danzig/Cukrownia Malbork „MARTHA"/1966 Cukrownia Pelplin | 1973 |
| 7842 | B n2t | | 04.08.11 | 750 | K. Schmidt, Hannover | |
| 7843 | B1'n2t | | 07.11.10 | 600 | Decauville Aine, Paris, für K.W. Sucrerie | |
| 7844 | B n2t | | 30.12.10 | 785 | Giesches Erben, Zalenze, für Cleophasgrube, Zalenze | |
| 7845 | 1B n2 | | 23.01.11 | 1067 | J. Matthias Gildemeister, Bremen, für Peru | |
| 7846 | B n2t | | 13.12.10 | 1435 | Kleinbahn Bremervörde-Osterholz, Bremervörde/4/1953 Reuschling, Hattingen | |
| 7847 | B n2t | | 03.05.11 | 900 | Decauville Aine, Paris (Frankreich) | |
| 7848 | B n2t | | 22.03.11 | 900 | Gewerkschaft Victoria, Lobstädt | |
| 7849 | B n2t | | 22.03.11 | 900 | Gewerkschaft Victoria, Lobstädt | |
| 7850 | B n2t | | 22.03.11 | 900 | Gebr. Zamiatin, Tschita (Rußland) | |
| 7851 | B n2t | | 09.05.11 | 900 | K.K. priv. Graz-Köflacher Eisenbahn-Gesellschaft, Graz | |
| 7852 | B n2t | | 09.05.11 | 900 | K.K. priv. Graz-Köflacher Eisenbahn-Gesellschaft, Graz | |
| 7853 | B n2t | | 18.04.11 | 900 | Decauville Aine, Paris (Frankreich) | |
| 7854 | B n2t | | 18.03.11 | 900 | Decauville Aine, Paris (Frankreich) | |
| 7855 | B n2t | | 18.03.11 | 900 | Decauville Aine, Paris (Frankreich) | |
| 7856 | B n2t | | 18.03.11 | 900 | Decauville Aine, Paris (Frankreich) | |
| 7857 | 1'C n2 | | 20.12.10 | 1435 | Comp. Central Mercedes, Havana (Cuba) | |
| 7858 | B n2t | | 22.12.10 | 1524 | E. Tillmanns & Co., Petersburg, für Pietarsaaren Selluloosa Oy (Finnland) | |
| 7859 | B n2t | | 27.07.11 | 1435 | Städtischer Vieh- und Schlachthof, Berlin | |
| 7860 | B n2t | | 12.10.11 | 1435 | Decauville Aine, Paris (Frankreich) | |
| 7861 | B n2t | | 20.05.11 | 1435 | Soc. An. Cemento della Calce, Rieggio Emilia | |
| 7862 | B n2t | | 16.08.11 | 1435 | Lowiczer AG, Warschau (Rußland) | |
| 7863 | B n2t | | 29.05.12 | 1435 | Deutsch-Luxemburgische Bergwerks- & Hütten AG, Bochum | |
| 7864 | 1'C h2t | | 07.04.11 | 1435 | HBE/HERMANN WOLF 51/1949 DR 91 6776/1952 DR 74 6776 | 28.01.1966 |
| 7865 | 1'C h2t | | 08.04.11 | 1435 | HBE/BERNHARD CASPAR 52/1949 DR 91 6777/1952 DR 74 6777 | 14.09.1965 |
| 7866 | D n2 | | 28.02.11 | 600 | Comp. La Forestal, Buenos Aires (Argentinien) | |
| 7867 | C n2t | | 09.08.11 | 1435 | Soc. An. Ital. Ferr. Salentine, Rom/AFS 1 | |
| 7868 | C n2t | | 11.08.11 | 1435 | Soc. An. Ital. Ferr. Salentine, Rom/AFS 2 | |
| 7869 | C n2t | | 19.08.11 | 1435 | Soc. An. Ital. Ferr. Salentine, Rom/AFS 3 | |
| 7870 | C n2t | | 24.08.11 | 1435 | Soc. An. Ital. Ferr. Salentine, Rom/AFS 4 | |
| 7871 | C n2t | | 28.08.11 | 1435 | Soc. An. Ital. Ferr. Salentine, Rom/AFS 5 | |
| 7872 | C n2t | | 31.08.11 | 1435 | Soc. An. Ital. Ferr. Salentine, Rom/AFS 6 | |
| 7873 | C n2t | | 05.09.11 | 1435 | Soc. An. Ital. Ferr. Salentine, Rom/AFS 7 | |
| 7874 | C n2t | | 08.09.11 | 1435 | Soc. An. Ital. Ferr. Salentine, Rom/AFS 8 | |
| 7875 | C n2t | | 15.09.11 | 1435 | Soc. An. Ital. Ferr. Salentine, Rom/GALATONE AFS 9 | |
| 7876 | C n2t | | 25.09.11 | 1435 | Soc. An. Ital. Ferr. Salentine, Rom/AFS 10 | |
| 7877 | C n2t | | 03.01.13 | 1435 | Vering & Wächter, Berlin, für Teutoburger Waldeisenbahn/11/TWE 33/ 1954 DEA Heide | |
| 7878 | C n2t | | 13.03.13 | 1435 | Stahlwerk Thyssen, Hagendingen/Lothringen (UCPMI Frankreich)/13 | |
| 7879 | B1'n2t | | 31.12.10 | 700 | Nederländ.-Indische Industrie, s'Gravenhage (Niederlande) | |
| 7880 | B n2ft | | 06.04.11 | 785 | Bismarckhütte, Bismarckhütte O/S | |

| Fabriknummer | Bauart | Gattung | Auslieferungsdatum | Spurweite | Empfänger/Verbleib | Ausmusterung |
|---|---|---|---|---|---|---|
| 7881 | D n2t | | 07.03.11 | 785 | Gieschen Erben, Zalenze, für Cleophasgrube, Zalenze | |
| 7882 | D n2t | | 11.03.11 | 785 | Gieschen Erben, Zalenze, für Cleophasgrube, Zalenze | |
| 7883 | B n2t | | 06.02.11 | | Kalkfabrik Kadzielina | |
| 7884 | 1'C n2t | | 28.12.11 | 1435 | Saveria Parisi, Fornoli, für Tarino-Cirie-Lanzo, Turin (Italien) | |
| 7885 | C v | DrL | 28.12.11 | 1000 | Entreprise du tunnel de Mont d'Or, Paris, für Vallorbe (Schweiz) | |
| 7886 | B n2t | | 09.03.11 | 1435 | Act.-Ges. der Sosnowicer Röhrenwalzwerke, Zawiercie/n. 1945 Hütte Zawiercie (VRP) | 1970 |
| 7887 | B n2 | | 09.05.12 | 1524 | Hermann Meyer, Charkow, für J.M. Janzen, Janzewa (Rußland) | |
| 7888 | B n2t | | 05.09.11 | 1435 | Act.-Ges. Ostrowiecer Hochöfen, Warschau/n. 1945 Hütte Nowotho, Ostrowiece (VRP) | 1972 |
| 7889 | B'B n4vt | | 20.10.11 | | Schumacher & Wulff, Santiago (Chile) | |
| 7890 | B n2t | | 15.03.11 | 750 | Arnim Radeck, Milano (Italien) | |
| 7891 | B n2t | | 30.03.11 | 750 | Decauville Aine, Paris (Frankreich) | |
| 7892 | B n2t | | 27.07.11 | 750 | Graf von Francken, Siestorpff | |
| 7893 | B n2t | | 04.06.12 | 785 | Schlesische AG für Bergbau- und Zinkhüttenbetrieb, Lipine O/S | |
| 7894 | B n2t | | 08.06.12 | 750 | Maschinenbaugenossenschaft GmbH, Königsberg | |
| 7895 | C n2t | | 15.03.11 | 1435 | Karl Schmidt, Hannover für Celle-Soltau/21/1944 OHE 89 129 | 1958 |
| 7896 | C n2t | | 29.06.11 | 1435 | Kreisausschuß der Kreises Teltow bei Berlin | |
| 7897 | C v | DrL | 18.03.11 | 1000 | Entreprise du tunnel de Mont d'Or, Vallorbe (Schweiz) | |
| 7898 | C v | DrL | 24.03.11 | 1000 | Entreprise du tunnel de Mont d'Or, Vallorbe (Schweiz) | |
| 7899 | C v | DrL | 30.04.11 | 1000 | Entreprise du tunnel de Mont d'Or, Vallorbe (Schweiz) | |
| 7900 | D v | DrL | 29.04.11 | 1000 | Entreprise du tunnel de Mont d'Or, Vallorbe (Schweiz) | |
| 7901 | D v | DrL | 26.05.11 | 1000 | Entreprise du tunnel de Mont d'Or, Vallorbe (Schweiz) | |
| 7902 | B n2t | | 13.02.11 | 1000 | Decauville Aine, Paris, für Bombay (Indien) | |
| 7903 | B'B n4vt | | 20.06.11 | 1435 | Societa Nazionale die Ferrovie e Tramvie, Roma/SNFT 24 | |
| 7904 | B n2ft | FL | 28.02.11 | 1435 | Norddeutsche Hütte, Ostlebshausen | |
| 7905 | C h2t | | 17.09.11 | 1435 | Ryomgaard-Gjerrild-Banen, Kopenhagen (Dänemark)/1 | 1956 |
| 7906 | C h2t | | 27.09.11 | 1435 | Tyomgaard-Gjerrild-Banen, Kopenhagen (Dänemark)/2/1931 Ebeltraft-Trustup J. 4 | 1951 |
| 7907 | C h2t | | 27.09.11 | 1435 | Rymgaard-Gjerrild-Banen, Kopenhagen (Dänemark)/3 | 1956 |
| 7908 | B n2t | | 20.03.11 | 600 | Decauville Aine, Paris, für Soc. Industr. Astunianas, Santa Barbara | |
| 7909 | 1'C h2t | Pt | 28.04.11 | 1435 | KPEV T 12/Bln 8201/DRG 74 797/DB | 14.11.1952 |
| 7910 | 1'C h2t | Pt | 29.04.11 | 1435 | KPEV T 12/Bln 8202/DRG 74 798/PKP Oki 2-52 | |
| 7911 | 1'C h2t | Pt | 04.05.11 | 1435 | KPEV T 12/Bln 8203/DRG 74 799/DB | 10.08.1957 |
| 7912 | 1'C h2t | Pt | 04.05.11 | 1435 | KPEV T 12/Bln 8204/DRG 74 800/PKP Oki 2-16 | |
| 7913 | 1'C h2t | Pt | 05.05.11 | 1435 | KPEV T 12/Bln 8205/DRG 74 801 | 10.1933 |
| 7914 | 1'C h2t | Pt | 08.05.11 | 1435 | KPEV T 12/Bln 8206/DRG 74 802/DR | 15.04.1967 |
| 7915 | 1'C h2t | Pt | 09.05.11 | 1435 | KPEV T 12/Bln 8207/DRG 74 803/DB | 10.08.1957 |
| 7916 | 1'C h2t | Pt | 11.05.11 | 1435 | KPEV T 12/Bln 8208/1918 B 9609/1942 DRG 74 1342/DB/27.11.45 B 96.009 | 06.1953 |
| 7917 | 1'C h2t | Pt | 12.05.11 | 1435 | KPEV T 12/Bln 8209/DRG 74 804/DR | 05.03.1965 |
| 7918 | 1'C h2t | Pt | 17.05.11 | 1435 | KPEV T 12/Hl 7712/DRG 74 805/DB | 19.04.1960 |
| 7919 | 1'C h2t | Pt | 18.05.11 | 1435 | KPEV T 12/Hl 7713/DRG 74 806/DB | 20.04.1963 |
| 7920 | 1'C h2t | Pt | 22.05.11 | 1435 | KPEV T 12/Hl 7714/DRG 74 807/DB | 13.09.1961 |
| 7921 | 1'C h2t | Pt | 22.05.11 | 1435 | KPEV T 12/Hl 7715/DRG 74 808/DR | 19.02.1966 |
| 7922 | 1'C h2t | Pt | 26.05.11 | 1435 | KPEV T 12/Hl 7716/DRG 74 809/DR/02.06.1961 Glasseidenwerk Oschatz WL | |
| 7923 | 1'C h2t | Pt | 31.05.11 | 1435 | KPEV T 12/Hl 7717/DRG 74 810/DR/23.11.1962 Hochbau Berlin Hzl | |
| 7924 | 1'C h2t | Pt | 02.06.11 | 1435 | KPEV T 12/Kat 7711/1922 Opp 7711/DRG 74 811 | 1932 |
| 7925 | 1'C h2t | Pt | 06.06.11 | 1435 | KPEV T 12/Kat 7712/1918 PKP Oki 2-9/1941 DRG 74 1335/PKP Oki 2-18 | |
| 7926 | 1'C h2t | Pt | 08.06.11 | 1435 | KPEV T 12/Kat 7713/1918 PKP Oki 2-10/1941 DRG 74 1336/PKP Oki 2-19 | |
| 7927 | 1'C h2t | Pt | 09.06.11 | 1435 | KPEV T 12/Stn 7715/DRG 74 812/DR | 08.02.1967 |
| 7928 | 1'C h2t | Pt | 15.06.11 | 1435 | KPEV T 12/Stn 7716/DRG 74 813/DR | 19.10.1963 |
| 7929 | 1'C h2t | Pt | 17.06.11 | 1435 | KPEV T 12/Stn 7717/DRG 74 814/DR | 27.07.1966 |
| 7930 | 1'C h2t | Pt | 21.06.11 | 1435 | KPEV T 12/Stn 7718/1918 Nord (F) 3.896/1938 SNCF 2-130 TC 9 | |
| 7931 | 2'C h2 | P | 15.07.11 | 1435 | KPEV P 8/Alt 2401/DRG 38 1253/DR | 19.06.1946 |
| 7932 | 2'C h2 | P | 18.07.11 | 1435 | KPEV P 8/Alt 2402/DRG 38 1254/DB | 10.08.1958 |
| 7933 | 2'C h2 | P | 21.07.11 | 1435 | KPEV P 8/Alt 2403/DRG 38 1255/DB | 10.08.1958 |
| 7934 | 2'C h2 | P | 22.07.11 | 1435 | KPEV P 8/Esn 2401/DRG 38 1256 | 1929 |
| 7935 | 2'C h2 | P | 26.07.11 | 1435 | KPEV P 8/Esn 2402/DRG 38 1257 | 1931 |
| 7936 | 2'C h2 | P | 27.07.11 | 1435 | KPEV P 8/Esn 2403/DRG 38 1258 | 1927 |
| 7937 | 2'C h2 | P | 31.07.11 | 1435 | KPEV P 8/Esn 2404/DRG 38 1259 | 1935 |
| 7938 | 2'C h2 | P | 15.08.11 | 1435 | KPEV P 8/Esn 2405/DRG 38 1260 | 1931 |
| 7939 | 2'C h2 | P | 16.08.11 | 1435 | KPEV P 8/Fft 2438/DRG 38 1261 | 1933 |
| 7940 | 2'C h2 | P | 24.08.11 | 1435 | KPEV P 8/Fff 2439/DRG 38 1262 | 06.1931 |
| 7941 | 2'C h2 | P | 28.08.11 | 1435 | KPEV P 8/Fft 2440/DRG 38 1263/DB | 16.12.1959 |
| 7942 | 2'C h2 | P | 31.08.11 | 1435 | KPEV P 8/Fft 2441/DRB 38 1264/DB | 25.04.1958 |
| 7943 | 2'C h2 | P | 09.09.11 | 1435 | KPEV P 8/Hl 2415/DRG 38 1265/DR/1946 PKP Ok 1-107 | |
| 7944 | 2'C h2 | P | 16.09.11 | 1435 | KPEV P 8/Hl 2416/DRG 38 1266/DB | 25.04.1958 |
| 7945 | 2'C h2 | P | 22.09.11 | 1435 | KPEV P 8/Sbr 2426/1919 SAAR 2413/1935 DRG 38 3845/DB | 05.07.1967 |
| 7946 | 2'C h2 | P | 25.09.11 | 1435 | KPEV P 8/Sbr 2427/1919 SAAR 2414/1935 DRG 38 3846/DB | 13.09.1957 |
| 7947 | 2'C h2 | P | 27.09.11 | 1435 | KPEV P 8/Sbr 2428/1919 Tri 2428/DRG 38 1267 | 12.11.1962 |

| Fabriknummer | Bauart | Gattung | Auslieferungsdatum | Spurweite | Empfänger/Verbleib | Ausmusterung |
|---|---|---|---|---|---|---|
| 7948 | 2'C h2 | P | 30.09.11 | 1435 | KPEV P 8/Stn 2409/DRG 38 1268/DR | 21.10.1963 |
| 7949 | 2'C h2 | P | 04.10.11 | 1435 | KPEV P 8/Stn 2410/DRG 38 1269 | 1931 |
| 7950 | 2'C h2 | P | 09.10.11 | 1435 | KPEV P 8/Stn 2411/SEK 4111/SEK 348 | |
| 7951 | C1'/b n4t | ZL | 23.10.11 | 1435 | KPEV T 26/Erf 9007/DRG 97 012 | 1930 |
| 7952 | C1'/b n4t | ZL | 25.10.11 | 1435 | KPEV T 26/Erf 9008/DRG 97 013 | 1930 |
| 7953 | C n2t | | 15.11.13 | 1000 | Decauville Aine, Paris, für Gianotti Freres, Menton (Frankreich) | |
| 7954 | C n2t | | 11.04.14 | 1000 | Decauville Aine, Paris, für Soc. Rigand Freres Petit Craise (Frankreich) | |
| 7955 | C n2t | | 03.04.14 | 1000 | Decauville Aine, Paris, für Travause de Caen, Caen (Frankreich) | |
| 7956 | C n2t | | 06.04.14 | 1000 | Decauville Aine, Paris, für Travause de Caen, Caen (Frankreich) | |
| 7957 | C n2t | | 06.04.14 | 1000 | Decauville Aine, Paris, für Travause de Caen, Caen (Frankreich) | |
| 7958 | B n2t | | 01.04.11 | 900 | Act. Ges. für Hoch- und Tiefbau, Frankfurt/Main | |
| 7959 | B n2t | | 06.02.12 | 1000 | Ibirocahy & Co., Rio de Janeiro, für Estrada de Ferro de Sao Luiz, Caxias (Brasilien) | |
| 7960 | B n2t | | 29.08.12 | 900 | Philipp Holzmann, Henkenhagen | |
| 7961 | B n2t | | 25.01.13 | 1000 | Ges. für den Bau von Eisenbahnen in der Türkei, Frankfurt/Main, für Hafenbau Alexandrette | |
| 7962 | B n2t | | 13.03.13 | 1000 | Comp. Las Luiz, Caxias (Maremhao), für Estrada de Ferro de Sao Luiz, Caxias (Brasilien) | |
| 7963 | B n2t | | 11.03.11 | 1000 | H. Fölsch & Co., Hamburg, für Chile | |
| 7964 | 2-achs.-Tender | | 28.02.11 | 900 | Polenzky & Zöllner, Driesen | |
| 7965 | 1'B n2 | | 17.07.11 | 1000 | Nova Companhia Edificadora Juius de Fora a Piau (Brasilien)/JUIZ de FORA 5 | |
| 7966 | C n2t | | 05.04.11 | 1000 | Decauville Aine, Paris (Frankreich) | |
| 7967 | C n2t | | 16.03.11 | 1000 | Decauville Aine, Paris (Frankreich) | |
| 7968 | B n2t | StL | 30.12.11 | 1435 | Societa Tramvie Vicentine, Vicenza/27 | |
| 7969 | B n2t | | 27.04.11 | 600 | Decauville Aine, Paris, für Ägypten | |
| 7970 | B n2t | | 08.09.11 | 600 | Etabl. Deckers, Bruxelles (Belgien) | |
| 7971 | B n2t | | 08.09.11 | 600 | Etabl. Deckers, Bruxelles (Belgien) | |
| 7972 | B n2t | | 12.05.11 | 600 | Decauville Aine, Paris (Frankreich) | |
| 7973 | B n2t | | 12.05.11 | 600 | Decauville Aine, Paris (Frankreich) | |
| 7974 | B n2t | | 05.05.11 | 600 | Decauville Aine, Paris (Frankreich) | |
| 7975 | B n2t | | 19.12.11 | 600 | Orenstein & Koppel, Berlin | |
| 7976 | B n2t | | 18.12.11 | 600 | Orenstein & Koppel, Berlin | |
| 7977 | B n2t | | 31.05.11 | 600 | Decauville Aine, Paris - Ausstellung Turin - | |
| 7978 | B n2t | | 07.08.11 | 600 | Decauville Aine, Paris - Ausstellung Turin - | |
| 7979 | B n2t | | 28.08.11 | 600 | Karl Schmidt, Hannover | |
| 7980 | B n2t | | 23.12.11 | 600 | Orenstein & Koppel, Berlin | |
| 7981 | B n2t | | 13.04.12 | 600 | Orenstein & Koppel, Berlin | |
| 7982 | B n2t | | 04.05.12 | 600 | Decauville Aine, Paris, für Enterprise Leon Gotty, Carriere de Moulin Neuf, Luzy/aufgestellt la Tuilerie M. Lacroix, Cher (Frankreich) | |
| 7983 | B n2t | | 12 | 900 | Ilse Bergbau AG, Grube Ilse N/L | |
| 7984 | B n2t | | 12 | 900 | Ilse Bergbau AG, Grube Ilse N/L | |
| 7985 | B n2t | | 12 | 900 | Ilse Bergbau AG, Grube Ilse N/L | |
| 7986 | B n2t | | 13.11.13 | 600 | Decauville Aine, Paris, für Boulanger Vanderwalle & Schloupe, Lens | |
| 7987 | B n2t | | 07.01.14 | 600 | Decauville Aine, Paris, für Boulanger Vanderwalle & Schloupe, Lens | |
| 7988 | B n2t | | 02.05.14 | 600 | Alphons Erb & Leon Martin, Montenoy (Frankreich) | |
| 7989 | B n2t | | 13 | 600 | Decauville Aine, Paris, für Edmund Boyer (Frankreich) | |
| 7990 | B n2t | | 11.05.11 | 600 | Decauville Aine, Paris (Frankreich) | |
| 7991 | B n2t | | 04.05.11 | 600 | Decauville Aine, Paris (Frankreich) | |
| 7992 | B n2t | | 23.05.11 | 600 | Decauville Aine, Paris (Frankreich) | |
| 7993 | B n2t | | 25.02.12 | 610 | Orenstein & Koppel, Berlin | |
| 7994 | B n2t | | 29.03.12 | 600 | Orenstein & Koppel, Berlin | |
| 7995 | B n2t | | 09.12.11 | 600 | Etabl. Deckers, Bruxelles (Belgien) | |
| 7996 | B n2t | | 05.08.13 | 600 | Chem. Fabrik Wahlgelegen, Mannheim-Käferthal | |
| 7997 | Nicht im Auslieferungsbuch verzeichnet | | | | | |
| 7998 | B n2t | | 07.01.14 | 600 | Decauville Aine, Paris, für Thoret Piree & Fils, St. Affrique | |
| 7999 | B n2t | | 11.07.14 | 600 | San Galli, Petersburg (Rußland), für Kronstadt | |
| 8000 | C1'/b n4t | ZL | 04.11.11 | 1435 | KPEV T 26/Mz 9005/DRG 97 014 | 1926 |
| 8001 | C n2 | | 29.04.11 | 914 | Columbien-Bananen AG | |
| 8002 | B v | DrL | 18.03.12 | 600 | Gewerkschaft Auguste-Victoria, Hüls | |
| 8003 | B v | DrL | 18.03.12 | 600 | Gewerkschaft Auguste-Victoria, Hüls | |
| 8004 | B v | DrL | 31.10.11 | 600 | Gewerkschaft Auguste-Victoria, Hüls | |
| 8005 | B v | DrL | 31.10.11 | 600 | Gewerkschaft Auguste-Victoria, Hüls | |
| 8006 | B v | DrL | 16.07.15 | 600 | Gewerkschaft Auguste-Victoria, Hüls | |
| 8007 | B n2t | | 20.05.11 | 900 | Polenzky & Zöllner, Driesen | |
| 8008 | B n2t | | 20.05.11 | 900 | AG für Hoch- und Tiefbau, Frankfurt/Main | |
| 8009 | B n2t | | 24.05.11 | 900 | AG für Hoch- und Tiefbau, Frankfurt/Main | |
| 8010 | B n2t | | 27.05.11 | 900 | AG für Hoch- und Tiefbau, Frankfurt/Main | |
| 8011 | B n2t | | 27.05.11 | 900 | AG für Hoch- und Tiefbau, Frankfurt/Main | |
| 8012 | B n2t | | 16.08.11 | 900 | Held & Franke, Berlin/n. 1945 KWK Bytom (VRP) | |
| 8013 | B n2t | | 16.08.11 | 900 | Held & Franke, Berlin/n. 1945 KWK Bytom (VRP) | |
| 8014 | B n2t | | 18.07.11 | 900 | Internationale Bahnbedarfsgesellschaft, Berlin | |

| Fabriknummer | Bauart | Gattung | Auslieferungsdatum | Spurweite | Empfänger/Verbleib | Ausmusterung |
|---|---|---|---|---|---|---|
| 8015 | B n2t | | 18.03.12 | 900 | Philipp Holzmann & Co., Bergheim (best. von Internationaler Bahnbedarfsges.) | |
| 8016 | B n2t | | 15.06.12 | 900 | Internationale Bahnbedarfsgesellschaft, Berlin | |
| 8017 | B n2t | | 04.04.11 | 600 | Decauville Aine, Paris (Frankreich) | |
| 8018 | B n2t | | 04.04.11 | 600 | Decauville Aine, Paris (Frankreich) | |
| 8019 | B n2t | | 12.06.11 | 1435 | Sozieta Ligura, Lombardo Gênes | |
| 8020 | B n2t | | 13.06.11 | 1435 | Sozieta Ligura, Lombardo Liênes | |
| 8021 | B n2t | | 10.08.11 | 1435 | AG Wysaka, Warschau | |
| 8022 | B n2t | | 19.09.11 | 1435 | Carlos M. Dodero, Corrientes (Argentinien), Tender (2'2') am 07.01.12 geliefert | |
| 8023 | B n2t | | 24.07.12 | 1435 | Decauville Aine, Paris, für Cie Bordelaise de Products Chimiques, Bordeaux | |
| 8024 | C n2t | | 29.05.11 | 1435 | AGBB für Kleinbahn Bremen-Thedinghausen/4 | 1951 |
| 8025 | B n2t | | 11.05.11 | 900 | Prerauer & Cie, Berlin | |
| 8026 | B n2ft | FL | 11.05.11 | 900 | Gewerkschaft Christian-Friedrich, Geiseltal | |
| 8027 | 1'C1'n2t | | 30.06.11 | 1000 | Sociedad Anonima Minas de Cala, Bilbao (Spanien)/11/CF de La Robla 132 | |
| 8028 | 1'C1'n2t | | 30.06.11 | 1000 | Sociedad Anonima Minas de Cala, Bilbao (Spanien)/12/CF de La Robla 133 | |
| 8029 | B n2t | | 25.07.11 | 1000 | Sociedad Anonima Minas de Cala, Bilbao (Spanien)/36 | |
| 8030 | B n2t | | 24.06.11 | 1000 | Donnersmarckhütte, Zabrze, für Salangens (Norwegen) | |
| 8031 | B1' n2t | | 24.04.11 | 600 | Decauville Aine, Paris (Frankreich) | |
| 8032 | B1' n2t | | 27.04.11 | 600 | Decauville Aine, Paris (Frankreich) | |
| 8033 | B1' n2t | | 13.05.11 | 600 | Decauville Aine, Paris (Frankreich) | |
| 8034 | B1' n2t | | 11.05.11 | 600 | Decauville Aine, Paris (Frankreich) | |
| 8035 | 2'C h2 | S | 12.04.11 | 1067 | Okura & Comp., Tokio, für Japanische Staatsbahn/8850 | |
| 8036 | 2'C h2 | S | 12.04.11 | 1067 | Okura & Comp., Tokio, für Japanische Staatsbahn/8851 | |
| 8037 | 2'C h2 | S | 12.04.11 | 1067 | Okura & Comp., Tokio, für Japanische Staatsbahn/8852 | |
| 8038 | 2'C h2 | S | 12.04.11 | 1067 | Okura & Comp., Tokio, für Japanische Staatsbahn/8853 | |
| 8039 | 2'C h2 | S | 12.04.11 | 1067 | Okura & Comp., Tokio, für Japanische Staatsbahn/8854 | |
| 8040 | 2'C h2 | S | 12.04.11 | 1067 | Okura & Comp., Tokio, für Japanische Staatsbahn/8855 | |
| 8041 | 2'C h2 | S | 27.04.11 | 1067 | Okura & Comp., Tokio, für Japanische Staatsbahn/8856 | |
| 8042 | 2'C h2 | S | 27.04.11 | 1067 | Okura & Comp., Tokio, für Japanische Staatsbahn/8857 | |
| 8043 | 2'C h2 | S | 27.04.11 | 1067 | Okura & Comp., Tokio, für Japanische Staatsbahn/8858 | |
| 8044 | 2'C h2 | S | 27.04.11 | 1067 | Okura & Comp., Tokio, für Japanische Staatsbahn/8859 | |
| 8045 | 2'C h2 | S | 27.04.11 | 1067 | Okura & Comp., Tokio, für Japanische Staatsbahn/8860 | |
| 8046 | 2'C h2 | S | 27.04.11 | 1067 | Okura & Comp., Tokio, für Japanische Staatsbahn/8861 | |
| 8047 | B n2t | | 13.05.11 | 600 | Decauville Aine, Paris (Frankreich) | |
| 8048 | C n2t | | 26.06.11 | 762 | Decauville Aine, Paris (Frankreich) | |
| 8049 | C n2t | | 28.06.11 | 914 | Chocola Plantagen Ges., Hamburg, für Guatemala/CHOCOLA 1 | |
| 8050 | B n2t | | 01.06.11 | 750 | Gradziecer Gesellschaft, für Kohlengruben | |
| 8051 | 2'C n2 | P | 07.10.11 | 1067 | Ferrocorril al Pacifico, San José (Costa Rica) | |
| 8052 | 2'C n2 | | 07.10.11 | 1067 | Ferrocorril al Pacifico, San José (Costa Rica) | |
| 8053 | C n2t | | 16.07.11 | 1435 | Francesco Cinzano, Turin (Italien)/PAOLA) | |
| 8054 | C n2t | | 28.06.11 | 1000 | Decauville Aine, Paris, für Bien-Hoa (Indochina)/1 | |
| 8055 | B n2t | | 18.07.11 | 750 | Decauville Aine, Paris (Frankreich) | |
| 8056 | 1'C h2 | P | 28.08.11 | 1435 | Soc. Imp. Ottomane du Chemin de fer de Bagdad, Constantinopel/611/1937 TCDD 34015 | |
| 8057 | 1'C h2 | P | 28.08.11 | 1435 | Soc. Imp. Ottomane du Chemin de fer de Bagdad, Constantinopel/612/1937 TCDD 34016 | |
| 8058 | 1'C h2 | P | 28.08.11 | 1435 | Soc. Imp. Ottomane du Chemin de fer de Bagdad, Constantinopel/613/1937 TCDD 34017 | |
| 8059 | B n2t | | 10.06.11 | 785 | Oberschlesische Zinkhütten AG, Kattowitz/n. 1945 Zakłady Cynkowe Silesia, Lipiny (VRP) | 1973 |
| 8060 | C n2t | | 18.07.11 | 1055 | Decauville Aine, Paris, für den Jemen | |
| 8061 | C n2t | | 18.07.11 | 1055 | Decauville Aine, Paris, für den Jemen | |
| 8062 | B n2t | | 22.12.11 | 600 | Orenstein & Koppel, Berlin | |
| 8063 | B n2t | | 30.12.11 | 600 | Orenstein & Koppel, Berlin, für Brasilien | |
| 8064 | B n2t | | 22.01.12 | 600 | Orenstein & Koppel, Berlin, | |
| 8065 | B n2t | | 22.01.12 | 600 | Orenstein & Koppel, Berlin, | |
| 8066 | B n2t | | 12.02.12 | 600 | Orenstein & Koppel, Berlin, für Italien | |
| 8067 | B n2t | | 12.02.12 | 600 | Orenstein & Koppel, Berlin, für Italien | |
| 8068 | B n2t | | 26.03.12 | 600 | Orenstein & Koppel, Berlin, | |
| 8069 | B n2t | | 25.04.12 | 600 | Orenstein & Koppel, Berlin | |
| 8070 | B n2t | | 25.04.12 | 600 | Orenstein & Koppel, Berlin, für Station Peri | |
| 8071 | B n2t | | 25.04.12 | 600 | Orenstein & Koppel, Berlin, für Station Peri | |
| 8072 | B n2t | | 09.12.12 | 600 | Orenstein & Koppel, Berlin | |
| 8073 | B n2t | | 10.03.12 | 600 | Orenstein & Koppel, Berlin | |
| 8074 | B n2t | | 16.03.12 | 600 | Orenstein & Koppel, Berlin | |
| 8075 | B n2t | | 26.03.12 | 600 | Orenstein & Koppel, Berlin | |
| 8076 | B n2t | | 11.07.12 | 600 | Decauville Aine, Paris (Frankreich) | |
| 8077 | B n2t | | 11.01.12 | 600 | Soc. An. Quartiere Industriale, Nord Milano - Sesto San Giovanni | |
| 8078 | B n2t | | 04.12.12 | 600 | Societe Anom. „ILVA", Genua | |
| 8079 | B n2t | | 04.12.12 | 600 | Societe Anom. „ILVA", Genua | |
| 8080 | B n2t | | 07.05.12 | 600 | Decauville Aine, Paris, für Soc. des Sablieres de La Seine, Paris | |
| 8081 | B n2t | | 11.07.12 | 600 | Decauville Aine, Paris, für M.M. Morillon Corrol, Paris | |

| Fabriknummer | Bauart | Gattung | Auslieferungsdatum | Spurweite | Empfänger/Verbleib | Ausmusterung |
|---|---|---|---|---|---|---|
| 8082 | C n2t | | 11.07.11 | 600 | Decauville Aine, Paris, für Elfenbeinküste (Afrika) | |
| 8083 | 1'C n2t | | 11.07.11 | 1000 | Decauville Aine, Paris, für Cie Tonkinoise de Tramways/CTVR 9 | |
| 8084 | C n2t | | 02.07.13 | 1000 | Decauville Aine, Paris, für La Societe Orenstein & Koppel, Rennis | |
| 8085 | C n2t | | 02.07.13 | 1000 | Decauville Aine, Paris, für M. Boulicault (Frankreich) | |
| 8086 | C n2t | | 02.07.13 | 1000 | Decauville Aine, Paris, für M. Boulicault (Frankreich) | |
| 8087 | C n2t | | 13.08.13 | 1000 | Decauville Aine, Paris, für Monsieur Boyer, Florentin (Frankreich) | |
| 8088 | C n2t | | 08.11.13 | 1000 | Decauville Aine, Paris, für Monsieur Boyer, Angers (Frankreich) | |
| 8089 | 1'C n2 | G | 09.09.11 | 1676 | Schumacher & Wulff, Santiago (Chile), für Comp.·Carbanifera Los de Curanilahue/RAMON RABAL | |
| 8090 | 1'C n2 | G | 09.09.11 | 1676 | Schumacher & Wulff, Santiago (Chile), für Comp. Carbanifera Los de Curanilahue | |
| 8091 | B'B n4vt | | 04.06.12 | 950 | Ferrovie Adriatico-Appenino Sangritana, Milano (Italien)/FAS 1/FAS 21 | |
| 8092 | B'B n4vt | | 11.06.12 | 950 | Ferrovie Adriatico-Appenino Sangritana, Milano (Italien)/FAS 2/FAS 22 | |
| 8093 | B'B n4vt | | 13.06.12 | 950 | Ferrovie Adriatico-Appenino Sangritana, Milano (Italien)/FAS 3/FAS 23 | |
| 8094 | B'B n4vt | | 14.06.12 | 950 | Ferrovie Adriatico-Appenino Sangritana, Milano (Italien)/FAS 4/FAS 24 | |
| 8095 | B'B n4vt | | 11.07.12 | 950 | Ferrovie Adriatico-Appenino Sangritana, Milano (Italien)/FAS 5/FAS 25 | |
| 8096 | B'B n4vt | | 10.08.12 | 950 | Ferrovie Adriatico-Appenino Sangritana, Milano (Italien)/FAS 6/FAS 26/ 1949 Ferrovia Monteponi B 5 | |
| 8097 | B n2t | | 16.08.11 | 950 | E. Besenzanica, Milano (Italien) | |
| 8098 | B n2t | StL | 11.10.11 | 1100 | Soc. An. Tramvia Pinerola-Perosa, Pinerola (Italien)/2 | |
| 8099 | B n2t | StL | 13.10.11 | 1100 | Soc. An. Tramvia Pinerola-Perosa, Pinerola (Italien)/3 | |
| 8100 | C n2t | | 08.02.12 | 600 | Decauville Aine, Paris, für K.W. „Olette" | |
| 8101 | C n2t | | 19.09.11 | 1435 | Braunkohlenwerk „Eintracht", Neuwelzow für Grube Clara | |
| 8102 | C n2t | | 30.12.11 | 950 | Societa Anonima p.F. Vicinali, Rom/1/MCL 161 | |
| 8103 | C n2t | | 30.12.11 | 950 | Societa Anonima p.F. Vicinali, Rom/2/MCL 162 | |
| 8104 | B n2t | | 28.08.11 | 900 | Braunkohlen- und Brikett-Industrie, Berlin | |
| 8105 | B'B n4vt | | 30.10.11 | 950 | E. Besenzanica, Milano (Italien) | |
| 8106 | B'B n4vt | | 06.10.11 | 950 | E. Besenzanica, Milano (Italien) | |
| 8107 | C n2t | | 08.10.11 | 1435 | Vering & Wächter, Berlin für VDD 6/DEBG 32 | 1958 |
| 8108 | B n2t | | 28.10.11 | 1435 | Decauville, Paris, für Schneider & Co., Creusot | |
| 8109 | B n2t | | 28.08.11 | 900 | Braunkohlen- und Brikett-Industrie, Berlin | |
| 8110 | 2'D n2 | G | 19.01.12 | 1000 | Soc. Estrada de Ferro de Araraquara, Sao Paulo (Brasilien)/RAMAL de PINTANGUEIRA | |
| 8111 | 2'D n2 | G | 19.01.12 | 1000 | Soc. Estrada de Ferro de Araraquara, Sao Paulo (Brasilien) | |
| 8112 | B n2t | | 29.08.11 | 750 | Decauville Aine, Paris (Frankreich) | |
| 8113 | 1'C n2 | | 18.09.11 | 750 | Gustav Hinke, Oruro (Bolivien) | |
| 8114 | 2'C h2 | P | 27.11.11 | 1435 | KPEV P 8/Bsl 2450/DRG 38 1300/PKP Ok 1-13 | |
| 8115 | 2'C h2 | P | 01.12.11 | 1435 | KPEV P 8/Bsl 2451/DRG 38 1301/DR | 23.08.1965 |
| 8116 | 2'C h2 | P | 11.12.11 | 1435 | KPEV P 8/Bsl 2452/DRG 38 1302 | |
| 8117 | 2'C h2 | P | 05.12.11 | 1435 | KPEV P 8/Efd 2447/DRG 38 1303/DR | 17.08.1966 |
| 8118 | 2'C h2 | P | 16.12.11 | 1435 | KPEV P 8/Efd 2448/1918 B 6448/PKP Ok 1-10 | |
| 8119 | 2'C h2 | P | 29.12.11 | 1435 | KPEV P 8/Erf 2443/DRG 38 1304 | 1931 |
| 8120 | 2'C h2 | P | 31.12.11 | 1435 | KPEV P 8/Erf 2444/DRG 38 1305 | 01.04.1933 |
| 8121 | 2'C h2 | P | 12.01.12 | 1435 | KPEV P 8/Erf 2445/DRG 38 1306 | 1931 |
| 8122 | 2'C h2 | P | 17.01.12 | 1435 | KPEV P 8/Erf 2446/DRG 38 1307/PKP Ok 1-144 | |
| 8123 | 2'C h2 | P | 23.01.12 | 1435 | KPEV P 8/Erf 2447/DRG 38 1308 | 01.12.1932 |
| 8124 | 2'C h2 | P | 26.01.12 | 1435 | KPEV P 8/Esn 2406/1918 Nord (F) 3.1602/1938 SNCF 2-230 C 2/DB/1946 | 1949 |
| 8125 | 2'C h2 | P | 29.01.12 | 1435 | KPEV P 8/Esn 2407/DRG 38 1309 | 01.08.1933 |
| 8126 | 2'C h2 | P | 31.01.12 | 1435 | KPEV P 8/Esn 2408/DRG 38 1310/DR | 1946 |
| 8127 | 2'C h2 | P | 31.01.12 | 1435 | KPEV P 8/Esn 2409/1918 Nord (F) 3.1601/1938 SNCF 2-230 C 1/DB/1945 SNCF | 21.02.1946 |
| 8128 | 2'C h2 | P | 06.02.12 | 1435 | KPEV P 8/Esn 2410/DRG 38 1311 | 01.04.1933 |
| 8129 | 2'C h2 | P | 09.02.12 | 1435 | KPEV P 8/Esn 2411/1918 B 6411/DB/13.11.1945 B 64.011 | 03.1961 |
| 8130 | 2'C h2 | P | 10.02.12 | 1435 | KPEV P 8/Esn 2412/DRG 38 1312/DR/(38 1312-8) | 02.07.1970 |
| 8131 | 2'C h2 | P | 13.02.12 | 1435 | KPEV P 8/Fft 2442/DRG 38 1313 | 1932 |
| 8132 | 2'C h2 | P | 19.02.12 | 1435 | KPEV P 8/Fft 2443/DRG 38 1314 | 1932 |
| 8133 | 2'C h2 | P | 20.02.12 | 1435 | KPEV P 8/Fft 2444/DRG 38 1315/DB | 25.04.1958 |
| 8134 | 2'C h2 | P | 22.02.12 | 1435 | KPEV P 8/Fft 2445/DRG 38 1316 | 1932 |
| 8135 | 2'C h2 | P | 26.02.12 | 1435 | KPEV P 8/Hl 2417/DRG 38 1317/DR | 10.04.1964 |
| 8136 | 2'C h2 | P | 27.02.12 | 1435 | KPEV P 8/Hl 2418/1918 PKP Ok 1-22/1941 DRG 38 1059"/DB | 30.09.1960 |
| 8137 | 2'C h2 | P | 28.02.12 | 1435 | KPEV P 8/Hl 2419/DRG 38 1318/DB | 03.06.1965 |
| 8138 | 2'C h2 | P | 29.02.12 | 1435 | KPEV P 8/Mgd 2421/DRG 38 1319/DR/38 1319-3 | 09.08.1971 |
| 8139 | 2'C h2 | P | 05.03.12 | 1435 | KPEV P 8/Mgd 2422/DRG 38 1320/DR | 12.07.1961 |
| 8140 | 2'C h2 | P | 09.03.12 | 1435 | KPEV P 8/Mgd 2423/DRG 38 1321 | |
| 8141 | 2'C h2 | P | 16.03.12 | 1435 | KPEV P 8/Sbr 2429/1919 Tri 2429/DRG 38 1322 | 1931 |
| 8142 | 2'C h2 | P | 18.03.12 | 1435 | KPEV P 8/Sbr 2430/1919 Tri 2430/DRG 38 1323 | 1931 |
| 8143 | 2'C h2 | P | 20.03.12 | 1435 | KPEV P 8/Sbr 2431/1919 Tri 2431/DRG 38 1324 | 1931 |
| 8144 | 2'C h2 | P | 22.03.12 | 1435 | KPEV P 8/Sbr 2432/1919 SAAR 2415/1935 DRG 38 3847/DB | 10.08.1958 |
| 8145 | 2'C h2 | P | 27.03.12 | 1435 | KPEV P 8/Sbr 2433/1919 SAAR 2408/1935 DRG 38 3840/DB | 30.09.1960 |
| 8146 | 2'C h2 | P | 27.03.12 | 1435 | KPEV P 8/Stn 2412/DRG 38 1325/PKP Ok 1-228 | |
| 8147 | 2'C h2 | P | 29.03.12 | 1435 | KPEV P 8/Stn 2413/DRG 38 1326/DR | 21.12.1953 |

| Fabriknummer | Bauart | Gattung | Auslieferungsdatum | Spurweite | Empfänger/Verbleib | Ausmusterung |
|---|---|---|---|---|---|---|
| 8148 | 2'C h2 | P | 30.03.12 | 1435 | KPEV P 8/Stn 2414/1918 Nord (F) 3.1603/1938 SNCF 2-230 C 3 | 1948 |
| 8149 | 2'C h2 | P | 03.04.12 | 1435 | KPEV P 8/Stn 2415/1918 Midi (F) 3702/PO 230.702/1938 SNCF 230 H 702 | |
| 8150 | 2'C h2 | P | 10.04.12 | 1435 | KPEV P 8/Stn 2416/1918 Nord (F) 3.1604/1938 SNCF 2-230 C 4/PKP zerlegt | 1946 |
| 8151 | 2'C h2t | Pt | 24.04.12 | 1435 | KPEV T 10/Mz 7407/DRG 76 006/DB/1949 OHE 76 094 | 1963 |
| 8152 | 2'C h2t | Pt | 25.04.12 | 1435 | KPEV T 10/Mz 7408/DRG 76 007 | vor 1939 |
| 8153 | 2'C h2t | Pt | 26.04.12 | 1435 | KPEV T 10/Mz 7409/DRG 76 008/DB/1949 OHE 76 095 | 1955 |
| 8154 | 2'C h2t | Pt | 29.04.12 | 1435 | KPEV T 10/Mz 7410/DRG 76 009/DB | 12.1939 |
| 8155 | 2'C h2t | Pt | 29.04.12 | 1435 | KPEV T 10/Mz 7411/DRG 76 010/DB/1949 OHE 76 090 | 1961 |
| 8156 | 2'C h2t | Pt | 30.04.12 | 1435 | KPEV T 10/Mz 7412/DRG 76 011/DB/1949 OHE 76 092 | 1965 |
| 8157 | C n2 | G | 21.10.11 | 762 | C.J. Harran, Havanna (Cuba) | |
| 8158 | 1'C1' | EL | 20.10.14 | 1435 | e.A. SSW 677/KPEV ES/Hl 6 | 01.1923 |
| 8159 | 1'C n2t | | 24.11.11 | 1435 | Ulacia y Hermano, Havanna (Cuba), für Central Santa-Catalina | |
| 8160 | 1'D n2 | G | 16.08.11 | 1000 | Brasil North-Eastern Railways Ltd., London/BNER 3 | |
| 8161 | 1'D n2 | G | 16.08.11 | 1000 | Brasil North-Eastern Railways Ltd., London/BNER 4 | |
| 8162 | 1'D n2 | G | 03.10.11 | 1000 | Brasil North-Eastern Railways Ltd., London/BNER 5 | |
| 8163 | 1'D n2 | G | 03.10.11 | 1000 | Brasil North-Eastern Railways Ltd., London/BNER 6 | |
| 8164 | 1'C h2t | Pt | 09.01.12 | 1435 | HBE/STAATSMINISTER HARTWIEG 53/1949 DR 91 6778/1952 DR 74 6778/ 1966 TUR Dresden WL | |
| 8165 | C n2t | | 11.04.12 | 1435 | Karl Schmidt, Hannover für Delmenhorst-Harpstedt/1/NLEA 301 | 1956 |
| 8166 | C n2t | | 21.05.12 | 1435 | Karl Schmidt, Hannover für Delmenhorst-Harpstedt/2/NLEA 302 | |
| 8167 | B n2ft | FL | 21.10.11 | 1435 | Ilse Bergbau AG, Grube Ilse N/L | |
| 8168 | B n2t | - | 27.09.11 | 900 | Braunkohlen- und Brikett-Industrie, Berlin | |
| 8169 | C v | DrL | 10.10.11 | 1000 | Entreprise du tunnel du Mont d. Or, Vallorbe (Schweiz) | |
| 8170 | 1'C(1)h2 | P | 04.10.11 | 1435 | CFOA/206/1937 TCDD 34.005[1] | |
| 8171 | 1'C(1)h2 | P | 05.10.11 | 1435 | CFOA/207/1937 TCDD 34.006[1] | |
| 8172 | 1'C(1)h2 | P | 12.10.11 | 1435 | CFOA/208[1] | vor 1937 |
| 8173 | 1'C(1)h2 | P | 14.10.11 | 1435 | CFOA/209/1937 TCDD 34.007[1] | |
| 8174 | 1'C(1)h2 | P | 19.10.11 | 1435 | CFOA/210/1937 TCDD 34.008[1] | |
| 8175 | 1'C(1)h2 | P | 31.10.11 | 1435 | CFOA/211/1937 TCDD 34.009[1] | |
| 8176 | 1'C n2 | P | 06.12.11 | 1435 | Compania Central Mercedes-Matanzas (Cuba) | |
| 8177 | 2'D h2 | G | 31.12.12 | 1000 | Cie Estrada de Ferro de Araraquava, Sao Paulo (Brasilien)/18 | |
| 8178 | 2'D h2 | G | 11.01.13 | 1000 | Cie Estrada de Ferro de Araraquava, Sao Paulo (Brasilien)/19 | |
| 8179 | 1'C h2 | P | 12.04.12 | 1435 | Chemin defer Ottoman Saloniki-Monastir, Türkei/CFO-SM 521/SEK Eg 241 | |
| 8180 | 1'C h2 | P | 13.04.12 | 1435 | Chemin de fer Ottoman Saloniki-Monastir, Türkei/CFO-SM 522/SEK Eg 242 | |
| 8181 | 1'C h2 | P | 18.04.12 | 1435 | Chemin de fer Ottoman Saloniki-Monastir, Türkei/CFO-SM 523/SEK Eg 243 | |
| 8182 | 2'C h2 | P | 04.05.12 | 1435 | Dänische Staatsbahn Litra R/934 | 1958 |
| 8183 | 2'C h2 | P | 20.05.12 | 1435 | Dänische Staatsbahn Litra R/935 | 1958 |
| 8184 | B n2t | | 12.10.11 | 800 | Decauville Aine, Paris (Frankreich) | |
| 8185 | 1'C n2t | | 11.11.11 | 1435 | Saverio Parisi, Fornoli, für Lucca-Aulla/CARSONNA 1 | |
| 8186 | 1'C n2t | | 14.11.11 | 1435 | Saverio Parisi, Fornoli, für Lucca-Aulla/ANIA 3 | |
| 8187 | 1'C n2t | | 13.12.11 | 1435 | Saverio Parisi, Fornoli, für Lucca-Aulla/LIMIA 4 | |
| 8188 | C n2t | | 30.05.14 | 750 | Russische AG „Szudowagon", Petersburg (Rußland) | |
| 8189 | C n2t | | 30.05.14 | 750 | Russische AG „Szudowagon", Petersburg (Rußland) | |
| 8190 | C n2t | | 16.06.14 | 750 | Russische AG „Szudowagon", Petersburg (Rußland) | |
| 8191 | B n2t | | 04.03.14 | 1435 | Fr. Karcher, C. Roth & Co., Beckingen/1 | |
| 8192 | B n2t | | 30.11.12 | 1435 | Allgemeine Lagerhaus-Gesellschaft „OBOR", Bukarest/1 CFN 2-302 | |
| 8193 | B n2t | | 08.09.13 | 1435 | H.C. Bock, Hamburg | |
| 8194 | B n2t | | 05.06.12 | 750 | Friedrich Baumann, Alt-Hüttendorf bei Joachimstal | |
| 8195 | B n2t | | 08.06.12 | 750 | Maschinenbaugenossenschaft GmbH, Königsberg/Ostpreußen | |
| 8196 | B n2t | | 12.09.12 | 750 | C.F. Lehmann Granitwerke, Strigau | |
| 8197 | B n2t | | 08.06.12 | 750 | Maschinenbaugenossenschaft GmbH, Königsberg/Ostpreußen | |
| 8198 | B n2t | | 10.05.14 | 750 | Maschinenbaugenossenschaft GmbH, Königsberg/Ostpreußen | |
| 8199 | B n2t | | 26.02.14 | 750 | E. Tillmann & Co., St. Petersburg (Rußland) | |
| 8200 | B n2t | | 30.03.14 | 785 | Oberschlesische Kokswerke & Chemische Fabrik, Ostfeld O/S | |
| 8201 | B n2t | | 28.11.14 | 716 | Inspektition der Verkehrstruppen | |
| 8202 | B n2t | | 28.11.14 | 716 | Inspektition der Verkehrstruppen | |
| 8203 | B n2t | | 30.12.11 | 1000 | Decauville Aine, Paris, für Soc. Ottomane d Heraclee (Türkei)/12 | |
| 8204 | Nicht im Auslieferungsbuch verzeichnet | | | | | |
| 8205 | Nicht im Auslieferungsbuch verzeichnet | | | | | |
| 8206 | 1'C1'n2t | Pt | 16.12.11 | 1435 | Okura & Company, Tokio, für Korea National Railway/80 | |
| 8207 | 1'C1'n2t | Pt | 16.12.11 | 1435 | Okura & Company, Tokio, für Korea National Railway/81 | |
| 8208 | 1'C1'n2t | Pt | 16.12.11 | 1435 | Okura & Company, Tokio, für Korea National Railway/82 | |
| 8209 | 1'C1'n2t | Pt | 16.12.11 | 1435 | Okura & Company, Tokio, für Korea National Railway/83 | |
| 8210 | 1'C1'n2t | Pt | 16.12.11 | 1435 | Okura & Company, Tokio, für Korea National Railway/84 | |
| 8211 | 1'C1'n2t | Pt | 16.12.11 | 1435 | Okura & Company, Tokio, für Korea National Railway/85 | |
| 8212 | 1'C1'n2t | Pt | 16.12.11 | 1435 | Okura & Company, Tokio, für Korea National Railway/86 | |

[1] Zur Verminderung des Gewichts wurde zwischen der Treibachse und der letzten Kuppelachse eine Laufachse angeordnet, die bei Erhöhung der zulässigen Achsfahrmasse entfernt werden kann.

| Fabriknummer | Bauart | Gattung | Auslieferungsdatum | Spurweite | Empfänger/Verbleib | Ausmusterung |
|---|---|---|---|---|---|---|
| 8213 | 1'C1'n2t | Pt | 16.12.11 | 1435 | Okura & Company, Tokio, für Korea National Railway/87 | |
| 8214 | 1'C1'n2t | Pt | 16.12.11 | 1435 | Okura & Company, Tokio, für Korea National Railway/88 | |
| 8215 | 1'C1'n2t | Pt | 16.12.11 | 1435 | Okura & Company, Tokio, für Korea National Railway/89 | |
| 8216 | 1'C1'n2t | Pt | 16.12.11 | 1435 | Okura & Company, Tokio, für Korea National Railway/90 | |
| 8217 | 1'C1'n2t | Pt | 16.12.11 | 1435 | Okura & Company, Tokio, für Korea National Railway/91 | |
| 8218 | 1'C1'n2t | Pt | 16.12.11 | 1435 | Okura & Company, Tokio, für Korea National Railway/92 | |
| 8219 | 1'C1'n2t | Pt | 16.12.11 | 1435 | Okura & Company, Tokio, für Korea National Railway/93 | |
| 8220 | $B_o' B_o'$ | ELA | 08.05.12 | 900 | e.A. SSW 714/Neue Senftenberger Kohlenwerke, für Grube Elisabethglück | |
| 8221 | $B_o' B_o'$ | ELA | 15.05.12 | 900 | e.A. SSW 715/Neue Senftenberger Kohlenwerke | |
| 8222 | $B_o' B_o'$ | ELA | 06.06.12 | 900 | e.A. SSW 716/Neue Senftenberger Kohlenwerke | |
| 8223 | $B_o' B_o'$ | ELA | 08.06.12 | 900 | e.A. SSW 717/Neue Senftenberger Kohlenwerke | |
| 8224 | C n2t | | 08.05.12 | 1000 | Decauville Aine, Paris, für Estrade Entreprise de Truvaux Publies, Nancy | |
| 8225 | C n2t | | 08.05.12 | 1000 | Decaubille Aine, Paris, für Estrade Entreprise de Truvaux Publies, Nancy | |
| 8226 | C n2t | | 23.04.12 | 1000 | Decauville Aine, Paris, für Entreprise du Tunnel du Mont d'Or, Paris | |
| 8227 | C n2t | | 25.10.12 | 1000 | Decauville Aine, Paris, für Pellerin et Ballon, Paris | |
| 8228 | B n2t | | 24.04.12 | 1435 | Aktieselskabet-Sydvamanger, Kristiana (Norwegen) | |
| 8229 | B n2t | | 24.04.12 | 1435 | Aktieselskabet-Sydvamanger, Kristiana (Norwegen) | |
| 8230 | B n2t | | 25.01.13 | 1435 | Phoenix AG für Bergbau- und Hüttenbetriebe, Nachrodt in Westfalen/1 | |
| 8231 | B n2t | | 18.05.15 | 1435 | Kaiserliche Werft, Wilhelmshaven/10 | |
| 8232 | B1 n2t | | 22.10.14 | 600 | Deutsche Heeresfeldbahn, Verkehrsoffizier vom Platz, Graudenz | |
| 8233 | B1 n2t | | 22.10.14 | 600 | Deutsche Heeresfeldbahn, Verkehrsoffizier vom Platz, Graudenz | |
| 8234 | B1 n2t | | 19.08.14 | 600 | Deutsche Heeresfeldbahn, Verkehrsoffizier vom Platz, Mainz | |
| 8235 | B n2t | | 31.12.11 | 1000 | H. Fölsch & Co., Hamburg, für Chile | |
| 8236 | 2'2'-Tender | | 07.11.11. | 600 | Königliche Regierung, Potsdam | |
| 8237 | 2'2'-Tender | | 07.11.11 | 600 | Königliche Regierung, Potsdam | |
| 8238 | 2'2'-Tender | | 24.10.11 | 1000 | Estrada de Ferro de Goyaz, Santo (Brasilien) | |
| 8239 | C n2t | Gt | 27.12.11 | 1067 | Okura & Company, Tokio, für Home Department of the Japan Government Railway, Tokio | |
| 8240 | C n2t | Gt | 27.12.11 | 1067 | Okura & Company, Tokio, für Home Department of the Japan Government Railway, Tokio | |
| 8241 | C n2t | Gt | 27.12.11 | 1067 | Okura & Company, Tokio, für Home Department of the Japan Government Railway, Tokio | |
| 8242 | C n2t | Gt | 27.12.11 | 1067 | Okura & Company, Tokio, für Home Department of the Japan Government Railway, Tokio | |
| 8243 | C n2t | Gt | 27.12.11 | 1067 | Okura & Company, Tokio, für Home Department of the Japan Government Railway, Tokio | |
| 8244 | C n2t | Gt | 27.12.11 | 1067 | Okura & Company, Tokio, für Home Department of the Japan Government Railway, Tokio | |
| 8245 | C n2t | Gt | 30.01.12 | 1067 | Okura & Company, Tokio, für Home Department of the Japan Government Railway, Tokio | |
| 8246 | C n2t | Gt | 30.01.12 | 1067 | Okura & Company, Tokio, für Home Department of the Japan Government Railway, Tokio | |
| 8247 | C n2t | Gt | 22.03.12 | 1067 | Okura & Company, Tokio, für Home Department of the Japan Government Railway, Tokio | |
| 8248 | C n2t | Gt | 22.03.12 | 1067 | Okura & Company, Tokio, für Home Department of the Japan Government Railway, Tokio | |
| 8249 | C n2t | Gt | 22.03.12 | 1067 | Okura & Company, Tokio, für Home Department of the Japan Government Railway, Tokio | |
| 8250 | C n2t | Gt | 22.03.12 | 1067 | Okura & Company, Tokio, für Home Department of the Japan Government Railway, Tokio | |
| 8251 | C n2t | Gt | 22.03.12 | 1067 | Okura & Company, Tokio, für Home Department of the Japan Government Railway, Tokio | |
| 8252 | C n2t | Gt | 22.03.12 | 1067 | Okura & Company, Tokio, für Home Department of the Japan Government Railway, Tokio | |
| 8253 | C n2t | Gt | 07.08.12 | 1067 | Okura & Company, Tokio, für Home Department of the Japan Government Railway, Tokio | |
| 8254 | C n2t | Gt | 07.08.12 | 1067 | Okura & Company, Tokio, für Home Department of the Japan Government Railway, Tokio | |
| 8255 | C n2t | Gt | 07.08.12 | 1067 | Okura & Company, Tokio, für Home Department of the Japan Government Railway, Tokio | |
| 8256 | C n2t | Gt | 07.08.12 | 1067 | Okura & Company, Tokio, für Home Department of the Japan Government Railway, Tokio | |
| 8257 | C n2t | Gt | 07.08.12 | 1067 | Okura & Company, Tokio, für Home Department of the Japan Government Railway, Tokio | |
| 8258 | C n2t | Gt | 07.08.12 | 1067 | Okura & Company, Tokio, für Home Department of the Japan Government Railway, Tokio | |
| 8259 | C n2t | Gt | 07.08.12 | 1067 | Okura & Company, Tokio, für Home Department of the Japan Government Railway, Tokio | |
| 8260 | C n2t | Gt | 07.08.12 | 1067 | Okura & Company, Tokio, für Home Department of the Japan Government Railway, Tokio | |
| 8261 | D n2t | | 03.04.12 | 1435 | ADEG für Riesengebirgsbahn Zillerthal-Erdmannsdorf-Krummhübel/2/ 1934 ASN 9/1945 NHS 201 | 1955 |

| Fabriknummer | Bauart | Gattung | Auslieferungsdatum | Spurweite | Empfänger/Verbleib | Ausmusterung |
|---|---|---|---|---|---|---|
| 8262 | C n2t | | 17.04.12 | 1676 | Commission de Naval Argentino, Buenos Aires | |
| 8263 | B n2ft | FL | 15.02.12 | 1435 | Lauchhammer AG, Lauchhammer | |
| 8264 | C/a n2t | ZL | 31.05.12 | 800 | Decauville Aine, Paris, für Tuilerie Mec. du Berry et de Bordeaux/PERIGORD | |
| 8265 | Nicht im Auslieferungsbuch verzeichnet | | | | | |
| 8266 | D n2t | | 12.03.12 | 1067 | NII, s'Gravenhage für Madoera Stoomtram Mij (Java)/21/1945 PNKA D 1601 | |
| 8267 | D n2t | | 12.03.12 | 1067 | NII, s'Gravenhage für Madoera Stoomtram Mij (Java)/22/1945 PNKA D 1602 | |
| 8268 | D n2t | | 12.03.12 | 1067 | NII, s'Gravenhage für Madoera Stoomtram Mij (Java)/23/1945 PNKA D 1603 | |
| 8269 | $B_o' B_o'$ | ELA | 10.06.11 | 900 | e.A. SSW 720/Kgl. Bergwerksverein Königsberg-Palmnicken | |
| 8270 | $B_o' B_o'$ | ELA | 24.06.11 | 900 | e.A. SSW 721/Kgl. Bergwerksverein Königsberg-Palmnicken | |
| 8271 | $B_o' B_o'$ | ELA | 02.06.12 | 900 | e.A. SSW 722/Kgl. Bergwerksverein Königsberg-Palmnicken | |
| 8272 | D n2t | | 02.03.12 | 700 | Nederland'sche Industrie, s'Gravenhage/DJATIE 5/PG Merian 2 GARUDA (Indonesien) | |
| 8273 | D n2t | | 02.03.12 | 700 | Nederland'sche Industrie s' Gravenhage | |
| 8274 | D n2t | | 12.03.12 | 1445 | Saverio Parisi, Lucca für Lucca-Aulla (Italien)/LUCCA 7 | |
| 8275 | D n2t | | 20.03.12 | 1445 | Saverio Parisi, Lucca für Lucca-Aulla (Italien)/MASSA 8 | |
| 8276 | C1' n2 | | 15.04.12 | 600 | Decauville Aine, Paris für Cie Tonkinoise de Tramways/10 | |
| 8277 | B n2ft | FL | 25.03.12 | 1435 | AG für Anilin-Fabrikation, Greppin (Agfa) | |
| 8278 | $B_o' B_o'$ | ELA | 11.05.12 | 900 | e.A. SSW/Tiefbau- und Baggerbetriebsgesellschaft, Wernsdorf | |
| 8279 | $B_o' B_o'$ | ELA | 25.05.12 | 900 | e.A. SSW/Tiefbau- und Baggerbetriebsgesellschaft, Wernsdorf | |
| 8280 | C n2t | | 29.03.12 | 1435 | Gewerkschaft „Hugo", Kalibergwerke, Lehrte | |
| 8281 | 1'D n2 | | 06.07.12 | 1000 | Chemiens de fer „Piree-Athenes-Peloponese", Athen (Griechenland)/701 | |
| 8282 | 1'D n2 | | 06.07.12 | 1000 | Chemiens de fer „Piree-Athenes-Peloponese", Athen (Griechenland)/702 | |
| 8283 | B v | DrL | 10.07.12 | 585 | Gutehoffnungshütte, Oberhausen | |
| 8284 | B v | DrL | 16.07.12 | 585 | Gutehoffnungshütte, Oberhausen | |
| 8285 | 2'C h2 | P | 04.05.12 | 1435 | KPEV P 8/Stn 2417/DRG 38 1336/PKP | |
| 8286 | 2'C h2 | P | 08.05.12 | 1435 | KPEV P 8/Stn 2418/DRG 38 1337/DB | 20.07.1959 |
| 8287 | 2'C h2 | P | 09.05.12 | 1435 | KPEV P 8/Stn 2419/DRG 38 1338/DB | 18.06.1962 |
| 8288 | 2'C h2 | P | 10.05.12 | 1435 | KPEV P 8/Stn 2420/1918 PKP 1-23 | |
| 8289 | 2'C h2 | P | 14.05.12 | 1435 | KPEV P 8/Stn 2421/DRG 38 1339 | |
| 8290 | 2'C h2 | P | 15.05.12 | 1435 | KPEV P 8/Erf 2448/1918 PKP 1-28/1941 DRG 38 1071"/DR | 27.09.1968 |
| 8291 | 2'C h2 | P | 18.05.12 | 1435 | KPEV P 8/Erf 2449/DRG 38 1340 | |
| 8292 | 2'C h2 | P | 20.05.12 | 1435 | KPEV P 8/Erf 2450/DRG 38 1341 | 1932 |
| 8293 | 2'C h2 | P | 21.05.12 | 1435 | KPEV P 8/Erf 2451/DRG 38 1342 | 1933 |
| 8294 | 2'C h2 | P | 24.05.12 | 1435 | KPEV P 8/Hl 2420/DRG 38 1343 | 1935 |
| 8295 | 2'C h2 | P | 30.05.12 | 1435 | KPEV P 8/Hl 2421/DRG 38 1344 | 30.09.1960 |
| 8296 | 2'C h2 | P | 30.05.12 | 1435 | KPEV P 8/Hl 2422/DRG 38 1345/PKP Ok 1-173 | |
| 8297 | 2'C h2 | P | 31.05.12 | 1435 | KPEV P 8/Kbg 2426/1918 Lit. Stb K8-54 | |
| 8298 | 2'C h2 | P | 01.06.12 | 1435 | KPEV P 8/Kbg 2427/1918 Lit. Stb K8-55 | |
| 8299 | 1'C h2t | Pt | 27.06.12 | 1435 | KPEV T 12/Stn 7719/DRG 74 831/DR | 05.03.1964 |
| 8300 | 1'C h2t | Pt | 28.06.12 | 1435 | KPEV T 12/Stn 7720/DRG 74 832/DR | 19.10.1967 |
| 8301 | 1'C h2t | Pt | 28.06.12 | 1435 | KPEV T 12/Stn 7721/DRG 74 833/DB | 30.09.1960 |
| 8302 | 1'C h2t | Pt | 29.06.12 | 1435 | KPEV T 12/Stn 7722/DRG 74 834/DR | 29.07.1966 |
| 8303 | 1'C h2t | Pt | 29.06.12 | 1435 | KPEV T 12/Alt 7744/DRG 74 835/DB | 14.07.1960 |
| 8304 | 1'C h2t | Pt | 29.06.12 | 1435 | KPEV T 12/Alt 7745/DRG 74 836/DB | 30.09.1960 |
| 8305 | 1'C h2t | Pt | 02.07.12 | 1435 | KPEV T 12/Alt 7746/DRG 74 837/DB | 28.10.1959 |
| 8306 | 1'C h2t | Pt | 09.07.12 | 1435 | KPEV T 12/Alt 7747/DRG 74 838/DB | 01.08.1962 |
| 8307 | 1'C h2t | Pt | 20.07.12 | 1435 | KPEV T 12/Alt 7748/DRG 74 839/DB | 19.01.1961 |
| 8308 | 1'C h2t | Pt | 22.07.12 | 1435 | KPEV T 12/Alt 7749/DRG 74 840/NS 5905/01.08.1947 DB | 14.03.1957 |
| 8309 | 1'C h2t | Pt | 22.07.12 | 1435 | KPEV T 12/Erf 7713/DRB 74 841/DB | 13.09.1961 |
| 8310 | 1'C h2t | Pt | 24.07.12 | 1435 | KPEV T 12/Erf 7714/1918 Nord (F) 3.893/1938 SNCF 2-130 TC 6/ 1957 DR 74 1354 | 19.03.1964 |
| 8311 | 1'C h2t | Pt | 30.07.12 | 1435 | KPEV T 12/Erf 7715/DRG 74 842/DB | 19.04.1960 |
| 8312 | 1'C h2t | Pt | 30.07.12 | 1435 | KPEV T 12/Erf 7716/DRG 74 843/DB | 30.09.1960 |
| 8313 | 1'C h2t | Pt | 26.07.12 | 1435 | KPEV T 12/Erf 7717/DRG 74 844/DB | 09.01.1962 |
| 8314 | 1'C h2t | Pt | 31.07.12 | 1435 | KPEV T 12/Erf 7718/DRG 74 845/DR | 06.03.1965 |
| 8315 | 1'C h2t | Pt | 31.07.12 | 1435 | KPEV T 12/Esn 7727/DRG 74 860/DB | 10.08.1957 |
| 8316 | 1'C h2t | Pt | 31.07.12 | 1435 | KPEV T 12/Esn 7728/DRG 74 861/DR | |
| 8317 | 1'C h2t | Pt | 07.08.12 | 1435 | KPEV T 12/Esn 7729/DRG 74 862/DB | 15.11.1957 |
| 8318 | 1'C h2t | Pt | 13.08.12 | 1435 | KPEV T 12/Esn 7730/DRG 74 863/DB | 27.04.1959 |
| 8319 | 1'C h2t | Pt | 15.08.12 | 1435 | KPEV T 12/Esn 7731/DRG 74 864/DB | 07.08.1959 |
| 8320 | 1'C h2t | Pt | 16.08.12 | 1435 | KPEV T 12/Esn 7732/DRG 74 865/DB | 30.09.1960 |
| 8321 | 1'C h2t | Pt | 20.08.12 | 1435 | KPEV T 12/Esn 7733/DRG 74 866/DB | 10.08.1957 |
| 8322 | 1'C h2t | Pt | 23.08.12 | 1435 | KPEV T 12/Esn 7734/DRG 74 867/DB | 18.01.1962 |
| 8323 | 1'C h2t | Pt | 27.08.12 | 1435 | KPEV T 12/Hl 7718/DRG 74 868/DR | 24.04.1967 |
| 8324 | 1'C h2t | Pt | 29.08.12 | 1435 | KPEV T 12/Hl 7719/DRG 74 869/DB | 01.01.1960 |
| 8325 | 1'C h2t | Pt | 29.08.12 | 1435 | KPEV T 12/Hl 7720/DRG 74 870/DR | 26.02.1966 |
| 8326 | 1'C h2t | Pt | 06.09.12 | 1435 | KPEV T 12/Hl 7721/DRG 74 871/DR/16.11.1964 Stahlwerk Gröditz WL | |
| 8327 | 1'C h2t | Pt | 10.09.12 | 1435 | KPEV T 12/Hl 7722/DRG 74 872/DR | 19.09.1956 |
| 8328 | 1'C h2t | Pt | 10.09.12 | 1435 | KPEV T 12/Hl 7723/DRG 74 873/DR | 26.08.1960 |
| 8329 | 1'C h2t | Pt | 17.09.12 | 1435 | KPEV T 12/Hl 7724/DRG 74 874/DR | 19.02.1966 |
| 8330 | 1'C h2t | Pt | 20.09.12 | 1435 | KPEV T 12/Hl 7725/DRG 74 875/DR | 09.05.1966 |

| Fabriknummer | Bauart | Gattung | Auslieferungsdatum | Spurweite | Empfänger/Verbleib | Ausmusterung |
|---|---|---|---|---|---|---|
| 8331 | C1'/b n4t | ZL | 18.07.12 | 1435 | KPEV T 26/Cln 9003/DRG 97 015 | 08.1931 |
| 8332 | C1'/b n4t | ZL | 20.07.12 | 1435 | KPEV T 26/Cln 9004/DRG 97 016 | 08.1931 |
| 8333 | C1'/b n4t | ZL | 30.07.12 | 1435 | KPEV T 26/Cln 9005/DRG 97 017 | 08.1931 |
| 8334 | C1'/b n4t | ZL | 29.08.12 | 1435 | KPEV T 26/Csl 9001/1920 Cln 9008/DRG 97 018 | 08.1931 |
| 8335 | C1'/b n4t | ZL | 07.09.12 | 1435 | KPEV T 26/Csl 9002/1920 Cln 9009/DRG 97 019 | 08.1931 |
| 8336 | C1'/b n4t | ZL | 25.09.12 | 1435 | KPEV T 26/Csl 9003/1920 Cln 9018/DRG 97 020 | 08.1931 |
| 8337 | C1'/b n4t | ZL | 26.09.12 | 1435 | KPEV T 26/Csl 9004/1920 Cln 9011/DRG 97 021 | 08.1931 |
| 8338 | C1'/b n4t | ZL | 05.10.12 | 1435 | KPEV T 26/Fft 9003/(DRG 97 024) | 1923 |
| 8339 | C1'/b n4t | ZL | 12.10.12 | 1435 | KPEV T 26/Fft 9004/(DRG 97 025) | 1923 |
| 8340 | 2'B n2 | | 09.08.12 | 1600 | Companhia Paulista de Estrados de Ferro, Sao Paulo (Brasilien)/1 | |
| 8341 | 2'B n2 | | 09.08.12 | 1600 | Companhia Paulista de Estrados de Ferro, Sao Paulo (Brasilien)/2 | |
| 8342 | C n2t | | 29.04.12 | 1435 | Landesbaurat der Provinz Brandenburg für Kreiskleinbahn Weststernberg/3/ 1945 Cukr. Gora Slaska (VRP) | 1971 |
| 8343 | C n2t | | 12.04.12 | 1435 | AGBB für Eisenbahn Bremen-Thedinghausen/5/1959 Klb BG 27 | 1962 |
| 8344 | B n2t | | 10.04.12 | 1000 | Fölsch & Co., Hamburg, für Officina Morena-Taltal (Chile) | |
| 8345 | C n2t | | 24.04.12 | 1435 | V & W, für Rixdorf-Mittenwalde 8/1936 KMT 4/1949 DR 89 6302 | 27.08.1965 |
| 8346 | B n2t | | 17.05.12 | 1000 | Decauville Aine, Paris, für Cie Française de Tramways Indo-China/ CFTJ 23 | |
| 8347 | B n2t | | 17.05.12 | 1000 | Decauville Aine, Paris, für Cie Française de Tramways Indo-China/ CFTJ 24 | |
| 8348 | B n2t | | 17.05.12 | 1000 | Decauville Aine, Paris, für Cie Française de Tramways Indo-China/ CFTJ 25 | |
| 8349 | 2'C h2 | P | 13.06.12 | 1435 | KPEV P 8/Bsl 2459/DRG 38 1346/DR | 03.04.1967 |
| 8350 | 2'C h2 | P | 15.06.12 | 1435 | KPEV P 8/Bsl 2460/DRG 38 1347/ČSD | |
| 8351 | 2'C h2 | P | 18.06.12 | 1435 | KPEV P 8/Han 2401/DRG 38 1348/DB | 15.08.1948 |
| 8352 | 2'C h2 | P | 21.06.12 | 1435 | KPEV P 8/Han 2402/DRG 38 1349/DB (nach Ausmusterung Hzl 4 Bw Karlsruhe) | 07.08.1956 |
| 8353 | B v | DrL | 30.11.12 | 540 | Gewerkschaft der Steinkohlenwerke Vereinigte Helene-Amalie, Bergeborbeck | |
| 8354 | B v | DrL | 30.11.12 | 540 | Gewerkschaft der Steinkohlenwerke Vereinigte Helene-Amalie, Bergeborbeck | |
| 8355 | B v | DrL | 07.12.12 | 540 | Gewerkschaft der Steinkohlenwerke Vereinigte Helene-Amalie, Bergeborbeck | |
| 8356 | B v | DrL | 07.12.12 | 540 | Gewerkschaft der Steinkohlenwerke Vereinigte Helene-Amalie, Bergeborbeck | |
| 8357 | B v | DrL | 24.12.12 | 540 | Gewerkschaft der Steinkohlenwerke Vereinigte Helene-Amalie, Bergeborbeck | |
| 8358 | B v | DrL | 24.12.12 | 540 | Gewerkschaft der Steinkohlenwerke Vereinigte Helene-Amalie, Bergeborbeck | |
| 8359 | B v | DrL | 10.01.13 | 540 | Gewerkschaft der Steinkohlenwerke Vereinigte Helene-Amalie, Bergeborbeck | |
| 8360 | E n2t | | 05.10.12 | 1435 | Cie des Chem. d. Fer d'Interet Lokal du Departement de L'Herault, Montpellier (Frankreich)/501 | |
| 8361 | E n2t | | 05.10.12 | 1435 | Cie des Chem. d. Fer d'Interet Lokal du Departement de L'Herault, Montpellier (Frankreich)/502 | |
| 8362 | E n2t | | 05.10.12 | 1435 | Cie des Chem. d. Fer d'Interet Lokal du Departement de L'Herault, Montpellier (Frankreich)/503 | |
| 8363 | 2'2'-Tender | | 05.07.12 | 1000 | Ostafrikanische Eisenbahn-Gesellschaft, Daressalam/111 | |
| 8364 | 2'2'-Tender | | 05.07.12 | 1000 | Ostafrikanische Eisenbahn-Gesellschaft, Daressalam/112 | |
| 8365 | 2'2'-Tender | | 09.08.12 | 1000 | Ostafrikanische Eisenbahn-Gesellschaft, Daressalam/113 | |
| 8366 | 2'2'-Tender | | 09.08.12 | 1000 | Ostafrikanische Eisenbahn-Gesellschaft, Daressalam/114 | |
| 8367 | 2'2'-Tender | | 09.08.12 | 1000 | Ostafrikanische Eisenbahn-Gesellschaft, Daressalam/115 | |
| 8368 | D n2t | | 25.04.12 | 700 | Cultuur Maatschapping Pagottan, Soerbaya (Niederl.-Indien)/PG Pagottan 4 (Indonesien) | |
| 8369 | B n2vt | | 09.05.12 | 700 | Cultuur Maatschapping Panggoongradjo, Soerbaya (Niederl.-Indien) | |
| 8370 | B n2ft | FL | 03.06.12 | 1067 | The Cape Explosives Works Ltd London, für Cape Town (Südafrika) | |
| 8371 | B v | DrL | 25.05.12 | 600 | Gewerkschaft Auguste Viktoria, Hüls | |
| 8372 | B v | DrL | 12.06.12 | 600 | Gewerkschaft Auguste Viktoria, Hüls | |
| 8373 | B v | DrL | 28.06.12 | 600 | Gewerkschaft Auguste Viktoria, Hüls | |
| 8374 | 1'D n2 | G | 26.07.12 | 1435 | Norsk Hoved Jernbane, Christiania (Norwegen)/98 | 1957 |
| 8375 | D n2t | | 17.08.12 | 1435 | Decauville Aine, Paris, für Societé des Mines de Carmaux, Carmaux (Frankreich)/428/Houilleres Bassins à Aquitaine 428 | |
| 8376 | B v | DrL | 18.07.12 | 750 | Julius Berger AG Berlin, für Hauenstein Tunnel, Olten (Schweiz) | |
| 8377 | B v | DrL | 28.07.12 | 750 | Julius Berger AG Berlin, für Hauenstein Tunnel, Olten (Schweiz) | |
| 8378 | B v | DrL | 14.08.12 | 750 | Julius Berger AG Berlin, für Hauenstein Tunnel, Olten (Schweiz) | |
| 8379 | D v | DrL | 13.09.12 | 750 | Julius Berger AG Berlin, für Hauenstein Tunnel, Olten (Schweiz) | |
| 8380 | D v | DrL | 14.10.12 | 750 | Julius Berger AG Berlin, für Hauenstein Tunnel, Olten (Schweiz) | |
| 8381 | D n2t | | 18.07.12 | 1067 | Nederl. Indische Industrie, s'Gravenhage für Madoera Stoomtram Mij (Java)/24 1945 PNKA D 1604 | |
| 8382 | 1'C h2 | | 10.09.12 | 1435 | Ste. Imperialeda Chemin de Fer de Bagdad, Konstantinopel/617/1937 TCDD 34.046 | |
| 8383 | 1'C h2 | | 10.09.12 | 1435 | Ste. Imperialeda Chemin de Fer de Bagdad, Konstantinopel/618/CFS 130.218 | |
| 8384 | 1'C h2 | | 10.09.12 | 1435 | Ste. Imperialeda Chemin de Fer de Bagdad, Konstantinopel/619/CFS 130.219 | |
| 8385 | 1'C h2 | | 27.09.12 | 1435 | Ste. Imperialeda Chemin de Fer de Bagdad, Konstantinopel/620/CFS 130.220 | |
| 8386 | 1'C h2 | | 27.09.12 | 1435 | Ste. Imperialeda Chemin de Fer de Bagdad, Konstantinopel/621/1937 TCDD 34.047 | |
| 8387 | 1'C h2 | | 27.09.12 | 1435 | Ste. Imperialeda Chemin de Fer de Bagdad, Konstantinopel/622/1937 TCDD 34.048 | |

| Fabriknummer | Bauart | Gattung | Auslieferungsdatum | Spurweite | Empfänger/Verbleib | Ausmusterung |
|---|---|---|---|---|---|---|
| 8388 | C n2t | | 12.08.12 | 750 | Ostprignitzer Kreiskleinbahn, Perleberg/LINDENBERG 23/1940 08-26/ 1949 DR 99 4505 | 09.09.1963 |
| 8389 | C n2t | | 22.07.12 | 914 | Chocola-Plantagen Gesellschaft, Hamburg, für Guatemala/2 | |
| 8390 | 2'2'-Tender | | 23.10.12 | 1000 | Ostafrikanische Eisenbahn Gesellschaft, Daressalam/116 | |
| 8391 | 2'2'-Tender | | 23.10.12 | 1000 | Ostafrikanische Eisenbahn Gesellschaft, Daressalam/117 | |
| 8392 | 2'2'-Tender | | 23.10.12 | 1000 | Ostafrikanische Eisenbahn Gesellschaft, Daressalam/118 | |
| 8393 | 2'2'-Tender | | 12.11.12 | 1000 | Ostafrikanische Eisenbahn Gesellschaft, Daressalam/119 | |
| 8394 | 2'2'-Tender | | 12.11.12 | 1000 | Ostafrikanische Eisenbahn Gesellschaft, Daressalam/120 | |
| 8395 | 1'E h2t | | 17.07.13 | 1435 | Gewerkschaft Altenberg II, Gleiwitz, für Sandbahn-Ges. der Gräfl. v. Ballestrem'schen u.A. Borsig'schen Steinkohlenwerke, Gleiwitz/1/1945 PMP-PW Tky-203/sp. Elt-Werk „Siekjerki", Warszawa | 1971 |
| 8396 | 1'E h2t | | 16.07.13 | 1435 | Gewerkschaft Altenberg II, Gleiwitz, für Sandbahn-Ges. der Gräfl. v. Ballestrem'schen u.A. Borsig'schen Steinkohlenwerke, Gleiwitz/2 | |
| 8397 | 1'E h2t | | 15.07.13 | 1435 | Gewerkschaft Altenberg II, Gleiwitz, für Sandbahn-Ges. der Gräfl. v. Ballestrem'schen u.A. Borsig'schen Steinkohlenwerke, Gleiwitz/ERNST VON BORSIG 3/1945 PMP-PW Zky-202/sp. KWK „Miechowice", Zabrze (VRP) | 1970 |
| 8398 | C n2t | | 30.09.12 | 1435 | Prignitzer Eisenbahn, Perleberg/WITTSTOCK II 10/1941 DRG 89 931/DR | 12.05.1967 |
| 8399 | C n2t | | 01.10.12 | 1435 | Prignitzer Eisenbahn, Perleberg/11 | |
| 8400 | 1'C h2t | Pt | 04.07.13 | 1435 | KPEV T 12/Alt 7750/DRG 74 876/DB | 10.08.1957 |
| 8401 | 1'C h2t | Pt | 30.01.13 | 1435 | KPEV T 12/Alt 7751/DRG 74 877/DB | 20.11.1958 |
| 8402 | 1'C h2t | Pt | 31.01.13 | 1435 | KPEV T 12/Bln 8220/1918 Nord Belge 93/1941 B 9593/1946 B 96 015 | |
| 8403 | 1'C h2t | Pt | 31.01.13 | 1435 | KPEV T 12/Bln 8221/DRG 74 878/DR | 04.12.1965 |
| 8404 | 1'C h2t | Pt | 05.02.13 | 1435 | KPEV T 12/Bln 8222/DRG 74 879/DB | 07.08.1959 |
| 8405 | 1'C h2t | Pt | 06.02.13 | 1435 | KPEV T 12/Bln 8223/DRG 74 880/DR/1959 Kaliwerke Bernburg WL | |
| 8406 | 1'C h2t | Pt | 07.02.13 | 1435 | KPEV T 12/Bsl 7731/DRG 74 881/DB | 26.04.1962 |
| 8407 | 1'C h2t | Pt | 12.02.13 | 1435 | KPEV T 12/Bsl 7732/DRG 74 882/DR | 29.07.1966 |
| 8408 | 1'C h2t | Pt | 14.02.13 | 1435 | KPEV T 12/Bsl 7733/DRG 74 883/DR abgeben | |
| 8409 | 1'C h2t | Pt | 15.02.13 | 1435 | KPEV T 12/Hl 7726/DRG 74 884/DR | 16.04.1964 |
| 8410 | E h2 | G | 20.09.12 | 1435 | KPEV G 10/Erf 5426/DRG 57 1165/DB | 09.11.1953 |
| 8411 | E h2 | G | 28.09.12 | 1435 | KPEV G 10/Erf 5427/DRG 57 1166 | |
| 8412 | E h2 | G | 08.10.12 | 1435 | KPEV G 10/Erf 5428/DRG 57 1167/DR | 14.08.1967 |
| 8413 | E h2 | G | 24.10.12 | 1435 | KPEV G 10/Erf 5429/DRG 57 1168/DR | 23.10.1968 |
| 8414 | E h2 | G | 26.10.12 | 1435 | KPEV G 10/Erf 5430/DRG 57 1169/DB | 09.11.1953 |
| 8415 | E h2 | G | 29.10.12 | 1435 | KPEV G 10/Erf 5431/DRG 57 1170/SAAR/DB | 23.04.1966 |
| 8416 | E h2 | G | 16.11.12 | 1435 | KPEV G 10/Erf 5432/DRG 57 1171/DB | 01.06.1953 |
| 8417 | E h2 | G | 19.11.12 | 1435 | KPEV G 10/Erf 5433/DRG 57 1172/JŽ 35-012 | |
| 8418 | E h2 | G | 21.11.12 | 1435 | KPEV G 10/Erf 5434/DRG 57 1173 | |
| 8419 | E h2 | G | 23.11.12 | 1435 | KPEV G 10/Erf 5435/DRG 57 1174 | |
| 8420 | E h2 | G | 26.11.12 | 1435 | KPEV G 10/Erf 5436/DRG 57 1175/DR | 01.11.1966 |
| 8421 | E h2 | G | 11.10.12 | 1435 | KPEV G 10/Stn 5401/DRG 57 1176/DB | 14.03.1957 |
| 8422 | E h2 | G | 15.10.12 | 1435 | KPEV G 10/Stn 5402/DRG 57 1177/SNCB 90.012/06.50 DB | 11.01.1952 |
| 8423 | E h2 | G | 16.10.12 | 1435 | KPEV G 10/Stn 5403/DRG 57 1178/DB | 07.08.1956 |
| 8424 | E h2 | G | 17.10.12 | 1435 | KPEV G 10/Stn 5404/DRG 57 1179/ÖBB 57.1079/1953 ÖBB 657.1079 | 12.04.1968 |
| 8425 | E h2 | G | 19.10.12 | 1435 | KPEV G 10/Stn 5405/DRG 57 1180 | |
| 8426 | E h2 | G | 25.10.12 | 1435 | KPEV G 10/Stn 5406/DRG 57 1181/SNCF 1-050 B 788 | 04.10.1952 |
| 8427 | E h2 | G | 31.10.12 | 1435 | KPEV G 10/Stn 5407/DRG 57 1182/ÖBB 57 1082/1953 ÖBB 657.1082 | 10.10.1953 |
| 8428 | E h2 | G | 31.10.12 | 1435 | KPEV G 10/Stn 5408/DRG 57 1183/ÖBB 57 1083/1953 ÖBB 657.1083 | 10.10.1953 |
| 8429 | E h2 | G | 11.11.12 | 1435 | KPEV G 10/Stn 5409/DRG 57 1184 | |
| 8430 | E h2 | G | 12.11.12 | 1435 | KPEV G 10/Stn 5410/DRG 57 1185 | |
| 8431 | E h2 | G | 13.11.12 | 1435 | KPEV G 10/Stn 5411/DRG 57 1186/PKP Tw 1-31 | |
| 8432 | E h2 | G | 15.11.12 | 1435 | KPEV G 10/Stn 5412/DRG 57 1187/ÖBB 57 1087/1953 ÖBB 657.1087 | 05.06.1961 |
| 8433 | E h2 | G | 27.11.12 | 1435 | KPEV G 10/Stn 5413/DRG 57 1188/DR | 24.10.1966 |
| 8434 | E h2 | G | 28.11.12 | 1435 | KPEV G 10/Stn 5414/DRG 57 1189/SAAR | vor 1957 |
| 8435 | E h2 | G | 30.11.12 | 1435 | KPEV G 10/Stn 5415/DRG 57 1190/NSB 1190 | 17.01.1949 |
| 8436 | E h2 | G | 30.11.12 | 1435 | KPEV G 10/Stn 5416/DRG 57 1191/DB | 02.11.1955 |
| 8437 | E h2 | G | 05.12.12 | 1435 | KPEV G 10/Bsl 5408/DRG 57 1192/DB | 14.03.1957 |
| 8438 | E h2 | G | 10.12.12 | 1435 | KPEV G 10/Bsl 5409/DRG 57 1193 | |
| 8439 | E h2 | G | 11.12.12 | 1435 | KPEV G 10/Bsl 5410/DRG 57 1194 | |
| 8440 | E h2 | G | 13.12.12 | 1435 | KPEV G 10/Bsl 5411/DRG 57 1195 | |
| 8441 | E h2 | G | 16.12.12 | 1435 | KPEV G 10/Bsl 5412/DRG 57 1196/MAV/06.46 SZD | |
| 8442 | E h2 | G | 18.12.12 | 1435 | KPEV G 10/Bsl 5413/Türkische Militärbahn | |
| 8443 | E h2 | G | 20.12.12 | 1435 | KPEV G 10/Kat 5417 | |
| 8444 | E h2 | G | 21.12.12 | 1435 | KPEV G 10/Kat 5418/1922 Opp 5418/DRG 57 1197/SNCF 1-050 B 610 | 04.10.1952 |
| 8445 | E h2 | G | 23.12.12 | 1435 | KPEV G 10/Kat 5419/1922 Opp 5419/DRG 57 1198/DB | 11.01.1952 |
| 8446 | E h2 | G | 30.12.12 | 1435 | KPEV G 10/Fft 5430/DRG 57 1199/DB | 02.05.1962 |
| 8447 | E h2 | G | 31.12.12 | 1435 | KPEV G 10/Fft 5431/DRG 57 1200/DB | 01.09.1965 |
| 8448 | E h2 | G | 10.01.13 | 1435 | KPEV G 10/Fft 5432/DRG 57 1201/DB | 09.11.1953 |
| 8449 | E h2 | G | 13.01.13 | 1435 | KPEV G 10/Fft 5433/DRG 57 1202/DR | 05.02.1968 |
| 8450 | E h2 | G | 16.01.13 | 1435 | KPEV G 10/Kbg 5416/DRG 57 1203/DB | 14.03.1957 |
| 8451 | E h2 | G | 20.01.13 | 1435 | KPEV G 10/Kbg 5417/DRG 57 1204 | |
| 8452 | E h2 | G | 25.01.13 | 1435 | KPEV G 10/Kbg 5418/DRG 57 1205 | |

| Fabriknummer | Bauart | Gattung | Auslieferungsdatum | Spurweite | Empfänger/Verbleib | Ausmusterung |
|---|---|---|---|---|---|---|
| 8453 | E h2 | G | 28.01.13 | 1435 | KPEV G 10/Kbg 5419/DRG 57 1206 | |
| 8454 | E h2 | G | 31.01.13 | 1435 | KPEV G 10/Kbg 5420/DRG 57 1207/PKP Tw 1-23 | |
| 8455 | D n2t | | 30.11.12 | 700 | Naamlooze Vennotschap d. Nederl. Industrie, Gravenhage, für Soerbaya (Java) | |
| 8456 | Nicht im Auslieferungsbuch verzeichnet | | | | | |
| 8457 | C n2t | - | 20.09.12 | 1435 | Zschipkau-Finsterwalder Eisenbahngesellschaft, Finsterwalde/15/1943 DRG 89 7564 | |
| 8458 | B n2ft | FL | 17.09.12 | 1435 | Rütgerswerke AG, Berlin/n. 1945 Kokerei Blachownia (VRP) | |
| 8459 | C n2t | | 31.03.13 | 1435 | Karl Schmidt, Hannover, für Klb. Lüneburg-Soltau/1/1944 OHE 89 136 | 1959 |
| 8460 | C n2t | | 31.03.13 | 1435 | Karl Schmidt, Hannover, für Klb. Lüneburg-Soltau/2/1944 OHE 89 137 | 1960 |
| 8461 | C n2t | | 31.03.13 | 1435 | Karl Schmidt, Hannover, für Klb. Lüneburg-Soltau/3/1944 OHE 89 138 | 1959 |
| 8462 | C n2t | | 31.03.13 | 1435 | Karl Schmidt, Hannover, für Klb. Lüneburg-Soltau/4/1944 OHE 89 139 | 1960 |
| 8463 | C n2t | | 31.03.13 | 1435 | Karl Schmidt, Hannover, für Klb. Lüneburg-Soltau/5/PE 3"/1941 DRG 89 921/DR/1947 Grube Theodor, Bitterfeld | |
| 8464 | B n2ft | FL | 27.08.12 | 1435 | Hochofenwerk Lübeck AG, Herrenwyk/n. 1945 Huta Szczecin (VRP) | |
| 8465 | C n2t | | 29.07.12 | 750 | Empreza Luzy Fuerza Elektrica, Cochabamba (Bolivien) | |
| 8466 | C n2t | | 29.07.12 | 750 | Empreza Luzy Fuerza Elektrica, Cochabamba (Bolivien) | |
| 8467 | B n2t | | 13.11.13 | 600 | Decauville Aine, Paris, für Fourton & Guyat, Froyes (Frankreich) | |
| 8468 | B n2t | | 13.12.13 | 600 | Decauville Aine, Paris, für Redon Colombler, Haiphong (Indochina) | |
| 8469 | B n2t | | 13.12.13 | 600 | Decauville Aine, Paris, für A. Che'ry, Nancy (Frankreich) | |
| 8470 | B n2t | | 13.12.13 | 600 | Decauville Aine, Paris, für A. Che'ry, Nancy (Frankreich) | |
| 8471 | B n2t | | 28.08.13 | 600 | Iwanow & Co., Tschugugol, für Iwanow & Co., Slavianoserbek (Rußland) | |
| 8472 | D n2t | | 21.10.12 | 600 | Gräflich Arnim'sche Waldeisenbahn, Muskau O/L/DIANA/1951 DR 99 3312 | |
| 8473 | C n2t | | 22.09.13 | 1435 | Magistrat von Berlin, Städtischer Osthafen | 1969 |
| 8474 | C n2t | | 22.09.13 | 1435 | Magistrat von Berlin, Städtischer Osthafen | 1969 |
| 8475 | 2achs. Tender | | 24.08.12 | 600 | Kgl. Bulgarische Hof Intendanz, Sofia (Bulgarien) | |
| 8476 | C n2t | | 21.09.12 | 1435 | Ges. für den Bau von Eisenbahnen in der Türkei, Basra/1/1919 IRR 401 | |
| 8477 | C n2t | | 21.09.12 | 1435 | Ges. für den Bau von Eisenbahnen in der Türkei, Basra/2/1919 IRR 402/ U. Cn2 + 3T | |
| 8478 | C n2t | | 19.11.12 | 1435 | Ges. für den Bau von Eisenbahnen in der Türkei, Basra/BAGDAD 3/1919 IRR 403/U. Cn2 + 3T | |
| 8479 | C n2t | | 19.11.12 | 1435 | Ges. für den Bau von Eisenbahnen in der Türkei, Basra/4/1919 IRR 404/ U. C n2 + 3T | |
| 8480 | C n2t | | 19.11.12 | 1435 | Ges. für den Bau von Eisenbahnen in der Türkei, Basra/5/1919 IRR 405/ U. C n2 + 3T | |
| 8481 | C n2t | | 31.10.12 | 1000 | Decauville Aine, Paris für Bien Hoa (Indochina)/2 | |
| 8482 | C n2t | | 31.10.12 | 1435 | Gewerkschaft Altenberg II/n. 1945 KWK Pokoj | 1969 |
| 8483 | D n2t | | 21.11.12 | 1435 | Kaiserliche Werft, Wilhelmshaven/1926 HFKB 3/1949 WZTE 501 | |
| 8484 | C1'/b n4t | ZL | 11.11.12 | 1435 | KPEV T 26/Erf 9009/DRG 97 022/Stahl- und Walzwerk Hennigsdorf WL 3 | 1958 |
| 8485 | C1'/b n4t | ZL | 13.12.12 | 1435 | KPEV T 26/Erf 9010/DRG 97 023/1930 Klöckner Bergbau, Zeche Königsborn 3/4 Nr. 2 | 1961 |
| 8486 | C1'n2t | | 16.01.13 | 1435 | Westfälische Landeseisenbahn/94/1936 U h2 u. Ventilsteuerung/1951 Kolbenschieber | 1964 |
| 8487 | C1'n2t | | 16.01.13 | 1435 | Westfälische Landeseisenbahn/95/1936 U h2 u. Ventilsteuerung/1951 Kolbenschieber | 1960 |
| 8488 | C1'n2t | | 05.02.13 | 1435 | Westfälische Landeseisenbahn/96/1936 U h2 u. Ventilsteuerung/1951 Kolbenschieber | 1962 |
| 8489 | D n2t | | 30.11.12 | 785 | Havestadt & Contag, für G.v. Giesche Erben, Rosdzin-Schoppinitz/8/ Zaklady Cynkowe „Szopienice" 8 | 1967 |
| 8490 | D n2t | | 05.12.12 | 785 | Havestadt & Contag, für G.v. Giesche Erben, Rosdzin-Schoppinitz/9/ Zaklady Cynkowe „Szopienice" 9/sp. Grubenwerke „Warynski" | |
| 8491 | (1'C)'C n4vt | | 04.04.13 | 760 | Serbische Staatsbahn (CES/СДЖ)/501 | |
| 8492 | (1'C)'C n4vt | | 10.04.13 | 760 | Serbische Staatsbahn (CES/СДЖ)/502 | |
| 8493 | (1'C)'C n4vt | | 16.04.13 | 760 | Serbische Staatsbahn (CES/СДЖ)/503 | |
| 8494 | (1'C)'C n4vt | | 02.05.13 | 760 | Serbische Staatsbahn (CES/СДЖ)/504 | |
| 8495 | (1'C)'C n4vt | | 02.05.13 | 760 | Serbische Staatsbahn (CES/СДЖ)/505 | |
| 8496 | C n2t | | 31.12.12 | 950 | Soc. Anon. Ferrovie Vicinali, Roma (Italien) | |
| 8497 | B n2t | | 07.12.12 | 1524 | Ges. der Portland Zement-Fabrik Wolyn, Warschau (Rußland) | |
| 8498 | 2'D n2 | G | 12.11.12 | 1000 | Cia Estrada de Ferro de Araraquara, Sao Paulo (Brasilien)/21 | |
| 8499 | 2'D n2 | G | 12.11.12 | 1000 | Cia Estrada de Ferro de Araraquara, Sao Paulo (Brasilien)/22 | |
| 8500 | 2'D n2 | G | 09.11.12 | 1000 | Cia Estrada de Ferro de Araraquara, Sao Paulo (Brasilien)/23 | |
| 8501 | 2'D n2 | G | 15.11.12 | 1000 | Cia Estrada de Ferro de Araraquara, Sao Paulo (Brasilien)/24 | |
| 8502 | 2'D n2 | G | 15.11.12 | 1000 | Cia Estrada de Ferro de Araraquara, Sao Paulo (Brasilien)/25 | |
| 8503 | 2'D n2 | G | 15.11.12 | 1000 | Cia Estrada de Ferro de Araraquara, Sao Paulo (Brasilien)/26 | |
| 8504 | D n2t | | 05.13 | 1435 | Stendal-Tangermünder Eisenbahn/MARKGRAF 5/1949 DR 92 6104 | 12.12.1963 |
| 8505 | B n2t | | 19.02.13 | 650 | La Socieda el Metalurgiea Duro Felguera, La Felguera (Spanien)/PILAR 26/ 1966 Uninsa 26/1967 HUNOSA 26 | |
| 8506 | $B_o' B_o'$ | ELA | 18.03.13 | 900 | e.A. SSW/Niederlausitzer Kohlenwerke, Senftenberg | |
| 8507 | $B_o' B_o'$ | ELA | 31.03.13 | 900 | e.A. SSW/Niederlausitzer Kohlenwerke, Senftenberg | |
| 8508 | $B_o' B_o'$ | ELA | 11.04.13 | 900 | e.A. SSW/Niederlausitzer Kohlenwerke, Senftenberg | |
| 8509 | C n2t | | 08.02.13 | 600 | Decauville Aine, Paris, für Houte Fourneaux & Acienes, Caen (Frankreich) | |

| Fabriknummer | Bauart | Gattung | Auslieferungsdatum | Spurweite | Empfänger/Verbleib | Ausmusterung |
|---|---|---|---|---|---|---|
| 8510 | C n2t | | 08.02.13 | 600 | Decauville Aine, Paris, für Houte Fourneaux & Acienes, Caen (Frankreich) | |
| 8511 | C n2t | | 22.02.13 | 1435 | V & W, für Neukölln-Mittelwalder Eisenbahn/9/1945 KMT 9/1949 DR 89 6304 | 13.09.1965 |
| 8512 | $B_o'$ $B_o'$ | EL | 27.07.13 | 1435 | e.A. SSW 911/Hafslund AB, bei Sarpsborg (Norwegen)/4 | |
| 8513 | 1'C h2t | Pt | 20.02.13 | 1435 | KPEV T 12/Bln 8224/DRG 74 885/DR 18.11.1960 BKW Einheit Bitterfeld, WL | |
| 8514 | 1'C h2t | Pt | 22.02.13 | 1435 | KPEV T 12/Bln 8225/DRG 74 886/DB | 12.07.1948 |
| 8515 | 1'C h2t | Pt | 24.02.13 | 1435 | KPEV T 12/Bln 8226/1919 B 9626/SNCF/09.45 SNCB/1946 B 90.026 | 06.1953 |
| 8516 | 1'C h2t | Pt | 26.02.13 | 1435 | KPEV T 12/Bln 8227/DRG 74 887/DR | 06.03.1965 |
| 8517 | 1'C h2t | Pt | 28.02.13 | 1435 | KPEV T 12/Bln 8228/DRG 74 888/DR | 10.02.1965 |
| 8518 | 1'C h2t | Pt | 28.02.13 | 1435 | KPEV T 12/Bln 8229/DRG 74 889/DR | 22.12.1947 |
| 8519 | 1'C h2t | Pt | 05.03.13 | 1435 | KPEV T 12/Bln 8230/DRG 74 890/DR | 14.09.1965 |
| 8520 | 1'C h2t | Pt | 07.03.13 | 1435 | KPEV T 12/Bln 8231/DRG 74 891/PKP/28.11.46 WL Pafawag, Wrocław (VRP) | |
| 8521 | 1'C h2t | Pt | 11.03.13 | 1435 | KPEV T 12/Bln 8232/DRG 74 892/DR | 06.03.1965 |
| 8522 | 1'C h2t | Pt | 13.03.13 | 1435 | KPEV T 12/Bln 8233/DRG 74 893/DR | 22.12.1966 |
| 8523 | 1'C h2t | Pt | 15.03.13 | 1435 | KPEV T 12/Bln 8234/DRG 74 894/DR | 18.01.1967 |
| 8524 | 1'C h2t | Pt | 18.03.13 | 1435 | KPEV T 12/Bln 8235/DRG 74 895/DR | 04.12.1963 |
| 8525 | 1'C h2t | Pt | 20.03.13 | 1435 | KPEV T 12/Bln 8236/DRG 74 896/DB | 30.09.1960 |
| 8526 | 1'C h2t | Pt | 28.03.13 | 1435 | KPEV T 12/Bln 8237/DRG 74 897/DB | 10.08.1957 |
| 8527 | 1'C h2t | Pt | 31.03.13 | 1435 | KPEV T 12/Bln 8238/DRG 74 898 | |
| 8528 | 1'C h2t | Pt | 08.04.13 | 1435 | KPEV T 12/Bln 8239/DRG 74 899/DB | 06.12.1945 |
| 8529 | 1'C h2t | Pt | 09.04.13 | 1435 | KPEV T 12/Bln 8240/DRG 74 900/DR | 12.10.1967 |
| 8530 | 1'C h2t | Pt | 15.04.13 | 1435 | KPEV T 12/Bln 8241/DRG 74 901/DB | 25.04.1958 |
| 8531 | 2'C h2 | P | 19.05.13 | 1435 | KPEV P 8/Csl 2466/DRG 38 1447 | 08.1939 |
| 8532 | 2'C h2 | P | 19.05.13 | 1435 | KPEV P 8/Csl 2467/DRG 38 1448/DR | 27.04.1967 |
| 8533 | 2'C h2 | P | 13 | 1435 | KPEV P 8/Csl 2468/DRG 38 1449/DB | 30.09.1960 |
| 8534 | 2'C h2 | P | 13 | 1435 | KPEV P 8/Csl 2469/DRG 38 1450/DR | 22.08.1968 |
| 8535 | 2'C h2 | P | 13 | 1435 | KPEV P 8/Csl 2470/DRG 38 1451/DB | 18.01.1962 |
| 8536 | 2'C h2 | P | 13 | 1435 | KPEV P 8/Csl 2471/DRG 38 1452/DR/(38 1452-2) | 20.04.1970 |
| 8537 | 2'C h2 | P | 13 | 1435 | KPEV P 8/Csl 2472/1918 Nord (F) 3.1609/1938 SNCF 2-230 C 9/DB/ 1946 SNCF | |
| 8538 | 2'C h2 | P | 13 | 1435 | KPEV P 8/Csl 2473/DRG 38 1453/DR | 11.08.1966 |
| 8539 | 2'C h2 | P | 13 | 1435 | KPEV P 8/Csl 2474/1918 Nord (F) 3.1605/1938 SNCF 2-230 C 5/PKP zerlegt | 1946 |
| 8540 | 2'C h2 | P | 13 | 1435 | KPEV P 8/Csl 2475/1918 ETAT 230.955/1938 SNCF 3-230 E 955 | |
| 8541 | 2'C h2 | P | 13 | 1435 | KPEV P 8/Fft 2455/DRG 38 1454/PKP Ok 1-58 | 09.1931 |
| 8542 | 2'C h2 | P | 13 | 1435 | KPEV P 8/Fft 2456/DRG 38 1455/PKP Ok 1-274 | |
| 8543 | 2'C h2 | P | 13 | 1435 | KPEV P 8/Mz 2420/DRG 38 1456 | 1933 |
| 8544 | 2'C h2 | P | 13 | 1435 | KPEV P 8/Mz 2421/DRG 38 1457/DB | 20.06.1966 |
| 8545 | 2'C h2 | P | 13 | 1435 | KPEV P 8/Mz 2422/DRG 38 1458/DB | 12.11.1962 |
| 8546 | 2'C h2 | P | 19.06.13 | 1435 | KPEV P 8/Mz 2423/DRG 38 1459/DB | 30.09.1960 |
| 8547 | 2'C h2 | P | 24.06.13 | 1435 | KPEV P 8/Mst 2401/DRG 38 1460/DB | 09.06.1960 |
| 8548 | 2'C h2 | P | 25.06.13 | 1435 | KPEV P 8/Mst 2402/DRG 38 1461/DB | 28.05.1963 |
| 8549 | 2'C h2 | P | 28.06.13 | 1435 | KPEV P 8/Mst 2403/DRG 38 1462/SAAR/1956 DB | 1959 |
| 8550 | 2'C h2 | P | 30.06.13 | 1435 | KPEV P 8/Mst 2404/DRG 38 1463/DB | 09.11.1954 |
| 8551 | 2'C h2 | P | 05.07.13 | 1435 | KPEV P 8/Mst 2405/DRG 38 1464/PKP Ok 1-110 | |
| 8552 | 2'C h2 | P | 10.07.13 | 1435 | KPEV P 8/Sbr 2434/1920 SAAR 2409/1935 DRG 38 3841/DB | 30.11.1964 |
| 8553 | 2'C h2 | P | 16.07.13 | 1435 | KPEV P 8/Sbr 2435/1920 SAAR 2418/1935 DRG 38 3850/DB | 06.01.1966 |
| 8554 | 2'C h2 | P | 15.07.13 | 14351 | KPEV P 8/Sbr 2436/1920 Tri 2436/DRG 38 1465/DR | 25.03.1968 |
| 8555 | E h2 | G | 22.07.13 | 1435 | KPEV G 10/Efd 5401/DRG 57 1239/JZ 35-015 | |
| 8556 | E h2 | G | 23.07.13 | 1435 | KPEV G 10/Efd 5402/DRG 57 1240/ÖBB/3.12.48 SZD | |
| 8557 | E h2 | G | 25.07.13 | 1435 | KPEV G 10/Efd 5403/DRG 57 1241/SEK | |
| 8558 | E h2 | G | 26.07.13 | 1435 | KPEV G 10/Efd 5404/DRG 57 1242/DR | 30.10.1968 |
| 8559 | E h2 | G | 27.07.13 | 1435 | KPEV G 10/Efd 5405/DRG 57 1243/DB | 20.03.1947 |
| 8560 | E h2 | G | 30.07.13 | 1435 | KPEV G 10/Erf 5437/DRG 57 1244/PKP Tw 1-16 | |
| 8561 | E h2 | G | 31.07.13 | 1435 | KPEV G 10/Erf 5438/ | |
| 8562 | E h2 | G | 04.08.13 | 1435 | KPEV G 10/Erf 5439/DRG 57 1245 | |
| 8563 | E h2 | G | 06.08.13 | 1435 | KPEV G 10/Hn 5401/DRG 57 1246/PKP Tw 1-140 | |
| 8564 | E h2 | G | 08.08.13 | 1435 | KPEV G 10/Hn 5402/DRG 57 1247/ÖBB 57 1247/1953 ÖBB 657.1247 | 05.11.1963 |
| 8565 | E h2 | G | 11.08.13 | 1435 | KPEV G 10/Hn 5403/DRG 57 1248/DB | 30.09.1960 |
| 8566 | E h2 | G | 14.08.13 | 1435 | KPEV G 10/Kat 5420 | |
| 8567 | E ħ2 | G | 14.08.13 | 1435 | KPEV G 10/Kat 5421 | |
| 8568 | E h2 | G | 16.08.13 | 1435 | KPEV G 10/Kat 5422/1922 Opp 5422/DRG 57 1249/DB | 25.04.1958 |
| 8569 | E h2 | G | 16.08.13 | 1435 | KPEV G 10/Kat 5423/1919 CFS 050.501 | |
| 8570 | E h2 | G | 20.08.13 | 1435 | KPEV G 10/Kat 5424/1922 Opp 5424/DRG 57 1250/DR | 23.01.1968 |
| 8571 | E h2 | G | 20.08.13 | 1435 | KPEV G 10/Kat 5425 | |
| 8572 | E h2 | G | 22.08.13 | 1435 | KPEV G 10/Kat 5426/Türkische Militärbahn | |
| 8573 | E h2 | G | 22.08.13 | 1435 | KPEV G 10/Kat 5427/1922 Opp 5427/DRG 57 1251/DB | 01.07.1963 |
| 8574 | E h2 | G | 23.08.13 | 1435 | KPEV G 10/Kbg 5421/DRG 57 1252/DB | 07.08.1956 |
| 8575 | E h2 | G | 28.08.13 | 1435 | KPEV G 10/Kbg 5422/DRG 57 1253/DR | 10.03.1970 |
| 8576 | E h2 | G | 29.08.13 | 1435 | KPEV G 10/Kbg 5423/DRG 57 1254/DB | 28.07.1964 |
| 8577 | E h2 | G | 29.08.13 | 1435 | KPEV G 10/Kbg 5424/DRG 57 1255/JZ 35-016 | |
| 8578 | E h2 | G | 30.08.13 | 1435 | KPEV G 10/Stn 5417/DRG 57 1256/PKP Tw 1-86 | |
| 8579 | E h2 | G | 30.08.13 | 1435 | KPEV G 10/Stn 5418/DRG 57 1257/DB | 11.01.1952 |

| Fabriknummer | Bauart | Gattung | Auslieferungsdatum | Spurweite | Empfänger/Verbleib | Ausmusterung |
|---|---|---|---|---|---|---|
| 8580 | 2'C n2 | P | 04.07.13 | 1000 | Estrada de Ferro de Araraquara, Sao Paulo (Brasilien) | |
| 8581 | 2'C n2 | P | 04.07.13 | 1000 | Estrada de Ferro de Araraquara, Sao Paulo (Brasilien) | |
| 8582 | 2'C h2 | P | 10.04.13 | 1435 | Kgl. Dänische Staatsbahn, Litra R/936 | 1964 |
| 8583 | 2'C h2 | P | 14.04.13 | 1435 | Kgl. Dänische Staatsbahn, Litra R/937 | 1968 |
| 8584 | 2'C h2 | P | 16.04.13 | 1435 | Kgl. Dänische Staatsbahn, Litra R/938 | 1963 |
| 8585 | 2'C h2 | P | 19.04.13 | 1435 | Kgl. Dänische Staatsbahn, Litra R/939 | 1958 |
| 8586 | 2'C h2 | P | 22.04.13 | 1435 | Kgl. Dänische Staatsbahn, Litra R/940 | 1967 |
| 8587 | 2'C h2 | P | 24.04.13 | 1435 | Kgl. Dänische Staatsbahn, Litra R/941 | 1959 |
| 8588 | 2'C h2 | P | 26.04.13 | 1435 | Kgl. Dänische Staatsbahn, Litra R/942 | 1968 |
| 8589 | 2'C h2 | P | 29.04.13 | 1435 | Kgl. Dänische Staatsbahn, Litra R/943 | 1968 |
| 8590 | 2'C h2 | P | 30.04.13 | 1435 | Kgl. Dänische Staatsbahn, Litra R/944 | 1968 |
| 8591 | 2'C h2 | P | 08.05.13 | 1435 | Kgl. Dänische Staatsbahn, Litra R/945 | 1959 |
| 8592 | D n2t | | 17.03.13 | 785 | Havestedt & Contag, Kattowitz, für Georg v. Giesche Erben, Rosdzin-Schoppinitz/Zaklady Cynkowe „Szopienice" 10 | 1969 |
| 8593 | D n2t | | 16.04.13 | 785 | Havestedt & Contag, Kattowitz, für Georg v. Giesche Erben, Rosdzin-Schoppinitz/Zaklady Cynkowe „Szopienice" 11 | 1969 |
| 8594 | D n2t | | 24.04.13 | 785 | Havestedt & Contag, Kattowitz, für Georg v. Giesche Erben, Rosdzin-Schoppinitz | |
| 8595 | B n2t | | 27.06.13 | 1435 | R. Seydel, Hennersdorf bei Kirchhain | |
| 8596 | B n2t | | 01.07.13 | 1435 | Decauville Aine, Paris, für Aluminium Francaise, Chambéry (Frankreich) | |
| 8597 | B n2t | | 09.07.13 | 1435 | Decauville Aine, Paris, für Cie Bordelaise des Produils Chimique & Engrais, Bordeaux (Frankreich) | |
| 8598 | B n2t | | 20.02.13 | 1435 | Decauville Aine, Paris, für Soc. An. des Ciments de Dannes (Frankreich) | |
| 8599 | B n2t | | 28.04.13 | 1435 | Decauville Aine, Paris, für Acieres de Feignie, Feignie (Frankreich) | |
| 8600 | B n2t | | 04.07.13 | 1524 | AG der Russisch-Baltischen Waggonfabrik, Riga für Rigaer Stahlwerke | |
| 8601 | B n2t | | 01.02.16 | 1435 | Bergmann Elektro-technische Werke, Rosenthal | |
| 8602 | B n2ft | FL | 16.03.15 | 1435 | Adler & Oppenheimer, Straßburg/Elsaß | |
| 8603 | B n2ft | FL | 10.06.15 | 1435 | Adler & Oppenheimer, Straßburg/Elsaß | |
| 8604 | B n2ft | FL | 06.07.15 | 1435 | Polte Patronenfabrik, Magdeburg | |
| 8605 | B n2ft | FL | 10.04.16 | 1435 | Sekuritas Sprengstoffgesellschaft, Hamburg | |
| 8606 | $B_o' B_o'$ | ELA | 07.04.13 | 900 | e.A. SSW/Tiefbau- und Baggerbetriebsgesellschaft, Wernsdorf | |
| 8607 | B n2ft | FL | 23.07.13 | 1435 | Max Grimwald, BeuthenO/S | |
| 8608 | $B_o' B_o'$ | ELA | 06.05.13 | 900 | e.A. SSW/Vereinigte Eisenbahnbau- & Betriebsgesellschaft, Frankleben | |
| 8609 | $B_o' B_o'$ | ELA | 07.08.13 | 900 | e.A. SSW/Vereinigte Eisenbau- & Betriebsgesellschaft, Frankleben | |
| 8610 | B v | DrL | 07.05.13 | 585 | Gutehoffnungshütte, Oberhausen - Zèche Vordern | |
| 8611 | 1'C n2 | | 27.06.13 | 914 | Ed. Victor Sperling, Leipzig, für Ferrocarril de Antioquia, Medellin (Columbien)/26 | |
| 8612 | 1'D n2 | | 10.07.13 | 914 | Ed. Victor Sperling, Leipzig, für Ferrocarril de Antioquia, Medellin (Columbien)/28 | |
| 8613 | E h2 | G | 17.09.13 | 1435 | KPEV G 10/Cln 5446/DRG 57 1302/SNCF 1-050 B 615 | 14.11.1953 |
| 8614 | E h2 | G | 19.09.13 | 1435 | KPEV G 10/Cln 5447/DRG 57 1303/DB | 15.08.1955 |
| 8615 | E h2 | G | 20.09.13 | 1435 | KPEV G 10/Cln 5448/DRG 57 1304/DR/57 1304-5 | 09.08.1971 |
| 8616 | E h2 | G | 23.09.13 | 1435 | KPEV G 10/Cln 5449/DRG 57 1305/DR | 27.10.1969 |
| 8617 | E h2 | G | 24.09.13 | 1435 | KPEV G 10/Cln 5450/DRG 57 1306/DR | 27.11.1968 |
| 8618 | E h2 | G | 26.09.13 | 1435 | KPEV G 10/Cln 5451/DRG 57 1307/JZ 35-019 | |
| 8619 | E h2 | G | 27.09.13 | 1435 | KPEV G 10/Cln 5452/DRG 57 1308/ÖBB/02.12.52 WL VOEST, Linz | |
| 8620 | E h2 | G | 27.09.13 | 1435 | KPEV G 10/Efd 5406/DRG 57 1309/JZ 35-020 | |
| 8621 | E h2 | G | 29.09.13 | 1435 | KPEV G 10/Efd 5407/DRG 57 1310/JZ 35-021 | |
| 8622 | E h2 | G | 30.09.13 | 1435 | KPEV G 10/Efd 5408/DRG 57 1311/DB | 07.08.1956 |
| 8623 | E h2 | G | 30.09.13 | 1435 | KPEV G 10/Efd 5409/DRG 57 1312/NS 4802/01.08.47 DB | 18.03.1955 |
| 8624 | E h2 | G | 04.10.13 | 1435 | KPEV G 10/Kat 5428/1922 Opp 5428/DRG 57 1313/DB | 17.03.1954 |
| 8625 | E h2 | G | 06.10.13 | 1435 | KPEV G 10/Kat 5429/1922 Opp 5429/DRG 57 1314/DB | 01.06.1953 |
| 8626 | E h2 | G | 06.10.13 | 1435 | KPEV G 10/Kat 5430/1922 Opp 5430/DRG 57 1315 | |
| 8627 | E h2 | G | 19.10.13 | 1435 | KPEV G 10/Kat 5431/1917 Türkische Militärbahn | |
| 8628 | E h2 | G | 11.10.13 | 1435 | KPEV G 10/Kat 5432/1917 Türkische Militärbahn/TCDD 55.020 | |
| 8629 | E h2 | G | 13.10.13 | 1435 | KPEV G 10/Kat 5433/1917 Türkische Militärbahn | |
| 8630 | E h2 | G | 18.10.13 | 1435 | KPEV G 10/Kat 5434 | |
| 8631 | E h2 | G | 23.10.13 | 1435 | KPEV G 10/Kat 5435/1922 Opp 5435/DRG 57 1316/PKP Tw 1-114 | |
| 8632 | E h2 | G | 20.10.13 | 1435 | KPEV G 10/Cln 5453/DRG 57 1317 | |
| 8633 | E h2 | G | 21.10.13 | 1435 | KPEV G 10/Cln 5454/DRG 57 1318/DB | 10.03.1965 |
| 8634 | E h2 | G | 28.10.13 | 1435 | KPEV G 10/Cln 5455/DRG 57 1319/ÖBB/01.12.48 SZD | |
| 8635 | E h2 | G | 25.10.13 | 1435 | KPEV G 10/Efd 5410/DRG 57 1320/JZ 35-22 | |
| 8636 | E h2 | G | 27.10.13 | 1435 | KPEV G 10/Efd 5411/DRG 57 1321 | 15.03.1943 |
| 8637 | E h2 | G | 29.10.13 | 1435 | KPEV G 10/Efd 5412/DRG 57 1322 | |
| 8638 | E h2 | G | 30.10.13 | 1435 | KPEV G 10/Efd 5413/DRG 57 1323 | |
| 8639 | E h2 | G | 31.10.13 | 1435 | KPEV G 10/Efd 5414/DRG 57 1324 | |
| 8640 | E h2 | G | 03.11.13 | 1435 | KPEV G 10/Kat 5436/1922 Opp 5436/DRG 57 1325/DB | 01.06.1953 |
| 8641 | E h2 | G | 06.11.13 | 1435 | KPEV G 10/Kat 5437 | |
| 8642 | E h2 | G | 08.11.13 | 1435 | KPEV G 10/Kat 5438 | |
| 8643 | E h2 | G | 11.11.13 | 1435 | KPEV G 10/Kat 5439 | |
| 8644 | E h2 | G | 13.11.13 | 1435 | KPEV G 10/Kat 5440/1919 PKP Tw 1-15/1941 DRG 57 2764/PKP Tw 1-13 | |

| Fabriknummer | Bauart | Gattung | Auslieferungsdatum | Spurweite | Empfänger/Verbleib | Ausmusterung |
|---|---|---|---|---|---|---|
| 8645 | E h2 | G | 15.11.13 | 1435 | KPEV G 10/Kat 5441/1919 PKP Tw 1-16/1941 DRG 57 2765/PKP Tw 1-14 | |
| 8646 | E h2 | G | 18.11.13 | 1435 | KPEV G 10/Kat 5442/1922 Opp 5442/DRG 57 1326 | |
| 8647 | E h2 | G | 22.11.13 | 1435 | KPEV G 10/Kat 5443/1919 PKP Tw 1-16 | |
| 8648 | E h2 | G | 26.11.13 | 1435 | KPEV G 10/Erf 5446/DRG 57 1327/DB | 01.06.1953 |
| 8649 | E h2 | G | 27.11.13 | 1435 | KPEV G 10/Erf 5447/DRG 57 1328/PKP Tw 1-7 | |
| 8650 | E h2 | G | 28.11.13 | 1435 | KPEV G 10/Erf 5448/DRG 57 1329 | |
| 8651 | E h2 | G | 28.11.13 | 1435 | KPEV G 10/Erf 5449/DRG 57 1330/ÖBB/02.12.48 SŽD | |
| 8652 | E h2 | G | 29.11.13 | 1435 | KPEV G 10/Erf 5450/DRG 57 1331/DB | 25.04.1958 |
| 8653 | E h2 | G | 29.11.13 | 1435 | KPEV G 10/Erf 5451/DRG 57 1332/ÖBB 57 1332/1953 ÖBB 657.1332 | 10.10.1953 |
| 8654 | E h2 | G | 05.12.13 | 1435 | KPEV G 10/Erf 5452/DRG 57 1333/SNCF 1-050 B 616 | 04.10.1952 |
| 8655 | E h2 | G | 06.12.13 | 1435 | KPEV G 10/Erf 5453/1919 PLM 5024 | |
| 8656 | E h2 | G | 09.12.13 | 1435 | KPEV G 10/Erf 5454/DRG 57 1334/DB | 18.03.1955 |
| 8657 | E h2 | G | 10.12.13 | 1435 | KPEV G 10/Bsl 5418/DRG 57 1335/MAV/02.48 SZD | |
| 8658 | E h2 | G | 11.12.13 | 1435 | KPEV G 10/Bsl 5419/1919 ČSD 82 N 01/ČSD 534.108/ÖBB/ČSD | |
| 8659 | E h2 | G | 13.12.13 | 1435 | KPEV G 10/Bsl 5420/DRG 57 1336/DB | 29.07.1961 |
| 8660 | E h2 | G | 22.12.13 | 1435 | KPEV G 10/Bsl 5421/DRG 57 1337/SNCF 1-050 B 785 | 28.12.1951 |
| 8661 | 1' C h2t | Pt | 19.01.14 | 1435 | KPEV T 12/Bln 8260/DRG 74 974/DR | 02.03.1965 |
| 8662 | 1' C h2t | Pt | 21.01.14 | 1435 | KPEV T 12/Bln 8261/DRG 74 975/DB | 02.05.1962 |
| 8663 | 1' C h2t | Pt | 22.01.14 | 1435 | KPEV T 12/Bln 8262/DRG 74 976/DR | 04.12.1963 |
| 8664 | 1' C h2t | Pt | 24.01.14 | 1435 | KPEV T 12/Bln 8263/DRG 74 977/DB | 20.11.1958 |
| 8665 | 1' C h2t | Pt | 29.01.14 | 1435 | KPEV T 12/Bln 8264/DRG 74 978/DR | 29.03.1965 |
| 8666 | 1' C h2t | Pt | 29.01.14 | 1435 | KPEV T 12/Bln 8265/DRG 74 979/DR abgegeben | |
| 8667 | 1' C h2t | Pt | 31.01.14 | 1435 | KPEV T 12/Bln 8266/DRG 74 980/PKP Oki 2-34 | |
| 8668 | 1' C h2t | Pt | 31.01.14 | 1435 | KPEV T 12/Bln 8267/DRG 74 981/DB | 28.10.1959 |
| 8669 | 1' C h2t | Pt | 01.02.14 | 1435 | KPEV T 12/Bln 8268/DRG 74 982/DR | 20.11.1967 |
| 8670 | 1' C h2t | Pt | 11.02.14 | 1435 | KPEV T 12/Bln 8269/DRG 74 983/DB | 15.08.1958 |
| 8671 | 1' C h2t | Pt | 05.02.14 | 1435 | KPEV T 12/Bln 8270/DRG 74 984/DB | 01.08.1962 |
| 8672 | 1' C h2t | Pt | 06.02.14 | 1435 | KPEV T 12/Bln 8271/DRG 74 985/DR | 10.03.1965 |
| 8673 | 1' C h2t | Pt | 07.02.14 | 1435 | KPEV T 12/Bln 8272/DRG 74 986/DR/29.09.1966 Betonwerk Potsdam, Dsp | |
| 8674 | 1' C h2t | Pt | 09.02.14 | 1435 | KPEV T 12/Bln 8273/DRG 74 987/DR | 28.01.1966 |
| 8675 | 1' C h2t | Pt | 11.02.14 | 1435 | KPEV T 12/Bln 8274/DRG 74 988/DR | 07.05.1965 |
| 8676 | 1' C h2t | Pt | 12.02.14 | 1435 | KPEV T 12/Bln 8275/DRG 74 989/DR | 09.03.1965 |
| 8677 | 1' C h2t | Pt | 14.02.14 | 1435 | KPEV T 12/Bln 8276/DRG 74 990/DB | 30.09.1960 |
| 8678 | 1' C h2t | Pt | 14.02.14 | 1435 | KPEV T 12/Bln 8277/DRG 74 991/DR | 06.04.1946 |
| 8679 | 1' C h2t | Pt | 17.02.14 | 1435 | KPEV T 12/Bln 8278/DRG 74 992/DB | 20.11.1958 |
| 8680 | 1' C h2t | Pt | 19.02.14 | 1435 | KPEV T 12/Bln 8279/1918 B 9679/1942 DRG 74 1344/DB/06.50 SNCB 96.030 | 05.1955 |
| 8681 | 1' C h2t | Pt | 19.02.14 | 1435 | KPEV T 12/Bln 8280/DRG 74 993/DB | 14.07.1960 |
| 8682 | 1' C h2t | Pt | 27.02.14 | 1435 | KPEV T 12/Bln 8281/DRG 74 994/DR/02.06.1961 Glasseidenwerk Oschatz, WL | |
| 8683 | 1' C h2t | Pt | 23.02.14 | 1435 | KPEV T 12/Alt 7758/DRG 74 995/DB | 27.07.1954 |
| 8684 | 1' C h2t | Pt | 24.02.14 | 1435 | KPEV T 12/Alt 7759/DRG 74 996/DB | 15.11.1957 |
| 8685 | 1' C h2 | Pt | 26.02.14 | 1435 | KPEV T 12/Alt 7760/DRG 74 997/DB | 15.11.1957 |
| 8686 | 1' C h2 | Pt | 28.02.14 | 1435 | KPEV T 12/Alt 7761/DRG 74 998/DB | 18.01.1962 |
| 8687 | 1' C h2 | Pt | 28.02.14 | 1435 | KPEV T 12/Alt 7762/DRG 74 999/DB | 30.09.1960 |
| 8688 | 1' C h2 | Pt | 04.03.14 | 1435 | KPEV T 12/Alt 7763/DRG 74 1000/DB | 12.07.1962 |
| 8689 | 1' C h2 | Pt | 07.03.14 | 1435 | KPEV T 12/Alt 7764/DRG 74 1001/DB | 01.11.1961 |
| 8690 | 1' C h2 | Pt | 09.03.14 | 1435 | KPEV T 12/Alt 7765/DRG 74 1002/DB | 30.09.1960 |
| 8691 | C1'/b n4t | ZL | 18.03.14 | 1435 | KPEV T 26/Cln 9006/DRG 97 024 | 08.1931 |
| 8692 | C1'/b n4t | ZL | 23.03.14 | 1435 | KPEV T 26/Cln 9007/DRG 97 025/1932 Rhein-Westfäl. Kalkwerke, Hännetal 32 | |
| 8693 | 1' D n2 | G | 10.07.13 | 914 | Ed. Victor Sperling, Leipzig, für Ferrocarriles de Antioquia, Bogota (Columbien) | |
| 8694 | 1' C h2 | P | 23.04.13 | 1435 | Serbische Staatsbahn/SHS 601/1933 JDZ 20-201/1941 BDZ 15.04 | |
| 8695 | 1' C h2 | P | 26.04.13 | 1435 | Serbische Staatsbahn/SHS 602/1933 JDZ 20-202 | |
| 8696 | 1' C h2 | P | 29.04.13 | 1435 | Serbische Staatsbahn/SHS 603/1933 JDZ 20-203 | |
| 8697 | 1' C h2 | P | 30.04.13 | 1435 | Serbische Staatsbahn/SHS 604/1933 JDZ 20-204 | |
| 8698 | 1' C h2 | P | 06.05.13 | 1435 | Serbische Staatsbahn/SHS 605/1916 K.u.K. H 860.022/1933 JDZ 20-205 | |
| 8699 | 1' C h2 | P | 08.05.13 | 1435 | Serbische Staatsbahn/SHS 606/1933 JDZ 20-206 | |
| 8700 | 1' C h2 | P | 09.05.13 | 1435 | Serbische Staatsbahn/SHS 607/1933 JDZ 20-207 | |
| 8701 | 1' C h2 | P | 05.13 | 1435 | Serbische Staatsbahn/SHS 608/1933 JDZ 20-208/DB | 13.12.1951 |
| 8702 | 1' C h2 | P | 05.13 | 1435 | Serbische Staatsbahn/SHS 609/1933 JDZ 20-209 | |
| 8703 | 1' C h2 | P | 05.13 | 1435 | Serbische Staatsbahn/SHS 610/1933 JDZ 20-210 | |
| 8704 | $C_o$ | EL | 30.09.13 | 1435 | e.A. SSW 1033-Akkumulatorenfabrik AG Hagen/KPEV EV Hauptwerkstatt Tempelhof/Akkumulatorenlokomotive | |
| 8705 | 1' C h2t | | 09.13 | 1435 | HBE/PRÄSIDENT SOMMER 54/1949 DR 91 6779/1952 DR 74 6779 | 17.03.1964 |
| 8706 | E h2 | G | 16.12.13 | 1435 | KPEV G 10/Bsl 5422/DRG 57 1338/SNCF 1-050 B 617 | 14.11.1953 |
| 8707 | E h2 | G | 16.12.13 | 1435 | KPEV G 10/Bsl 5423/DRG 57 1339/DB | 14.03.1957 |
| 8708 | E h2 | G | 29.12.13 | 1435 | KPEV G 10/Erf 5455/DRG 57 1340/SNCF 1-050 B 618 | 04.10.1952 |
| 8709 | E h2 | G | 09.09.13 | 1435 | EL G 10/EL 5432/1945 SNCF (1) 050 B 432 | |
| 8710 | E h2 | G | 10.09.13 | 1435 | EL G 10/EL 5433/1945 SNCF (1) 050 B 433 | |
| 8711 | E h2 | G | 12.09.13 | 1435 | EL G 10/EL 5434/1945 SNCF (1) 050 B 434 | |

| Fabriknummer | Bauart | Gattung | Auslieferungsdatum | Spurweite | Empfänger/Verbleib | Ausmusterung |
|---|---|---|---|---|---|---|
| 8712 | E h2 | G | 15.09.13 | 1435 | EL G 10/EL 5435/1945 SNCF (1) 050 B 435 | 28.10.1954 |
| 8713 | B n2t | | 09.10.15 | 750 | Blei- und Silberhütten AG, Braubach/Rheinland | |
| 8714 | B n2t | | 10.01.16 | 785 | Verwaltung der Falva-Hütte, Schwintochlowitz/n. 1945 Hütte Florian, Swientochłowice (VRP) | 1972 |
| 8715 | B n2t | | 19.02.16 | 785 | Hugo Zinkhütte, Tarnowitz/n. 1945 KWK Andaluzja (VRP) | 1973 |
| 8716 | B n2t | | 28.12.15 | 750 | Bleihütte Call, Düsseldorf | |
| 8717 | B n2t | | 30.05.14 | 900 | Polenzky & Zöllner, Driesen/Neumark | |
| 8718 | B n2t | | 05.06.14 | 900 | Polenzky & Zöllner, Driesen/Neumark | |
| 8719 | B n2t | | 24.06.14 | 900 | Polenzky & Zöllner, Driesen/Neumark | |
| 8720 | B n2t | | 25.05.14 | 1000 | Gesellschaft der Lodzer Elektrischen Kleinbahn Lodz (Rußland) | |
| 8721 | B n2t | | 03.07.14 | 900 | Polenzky & Zöllner, Driesen, für Meinsdorf bei Roßlau | |
| 8722 | B n2t | | 09.05.14 | 1524 | AG der Portland Cementfabrik Wolyn, Ponrose (Rußland) | |
| 8723 | B n2t | | 07.05.14 | 1435 | Verwaltung der Königs- und Laurahütte AG, Königshütte O/S/n. 1945 Hütte Kościuszko, Chorzow (VRP) | 1966 |
| 8724 | B n2t | | 29.04.14 | 1435 | Balkanische Handels- und Industrie AG, Sofia für Zuckerfabrik Philippopel | |
| 8725 | B n2t | | 21.04.14 | 1435 | Donnersmarckhütte, Schwientochlowitz O/S, für Grube Chwallwitz | |
| 8726 | C n2t | | 08.08.13 | 1435 | V & W, für Teutoburger Waldeisenbahn, Lengerich/12/TWE 34 | 1954 |
| 8727 | 1'C h2 | P | 08.08.13 | 1435 | Serbische Staatsbahn/SHS 611/1933 JDZ 20-211 | |
| 8728 | 1'C h2 | P | 08.08.13 | 1435 | Serbische Staatsbahn/SHS 612/1933 JDZ 20-212 | |
| 8729 | 1'C h2 | P | 08.08.13 | 1435 | Serbische Staatsbahn/SHS 613/1933 JDZ 20-213/1941 BDŽ 15.02 | |
| 8730 | 1'C h2 | P | 21.06.13 | 1435 | Serbische Staatsbahn/SHS 614 | |
| 8731 | 1'C h2 | P | 24.06.13 | 1435 | Serbische Staatsbahn/SHS 615/1916 k.u.k. H 860.022/1933 JDZ 20-214/SDŽ | |
| 8732 | 1'C h2 | P | 30.06.13 | 1435 | Serbische Staatsbahn/SHS 616 | |
| 8733 | 1'C h2 | P | 05.07.13 | 1435 | Serbische Staatsbahn/SHS 617/1933 JDZ 20-215/FS | |
| 8734 | 1'C h2 | P | 12.07.13 | 1435 | Serbische Staatsbahn/SHS 618/1933 JDZ 20-216/1941 BDŽ 15.03 | |
| 8735 | 1'C h2 | P | 18.07.13 | 1435 | Serbische Staatsbahn/SHS 619 | |
| 8736 | 1'C h2 | P | 21.07.13 | 1435 | Serbische Staatsbahn/SHS 620/1933 JDZ 20-217 | |
| 8737 | $B_o' B_o'$ | ELA | 21.07.13 | 900 | e.A. SSW 928/Chemische Fabrik Griesheim, Bitterfeld | |
| 8738 | B'B n4vt | | 08.10.13 | 950 | Societa di Monteponi, Monteponi (Sardinien)/R. CATHANEO 3 | |
| 8739 | 2'C n2t | | 01.09.13 | 950 | Herrmann Stolz, Rio de Janeiro u. Sao Paulo (Brasilien) | |
| 8740 | - | | 18.07.13 | - | Westfälische Landeseisenbahn - Lokomotivrahmen für eine C n2t - | |
| 8741 | C1'n2t | | 22.09.13 | 600 | Jarotschiner Kreisbahn/5/1949 PKP Tyb 4-471/1961 PKP Tyb 5-471/ für ein Schmalspurmuseum reserviert | 11.09.1974 |
| 8742 | C n2t | | 04.09.13 | 1435 | Reinickendorf-Liebenwalde-Groß Schönebecker Eisenbahn/SCHILDOW | |
| 8743 | 1'C n2 | | 14.07.13 | 760 | Gustav Hinke, Hamburg, für The Empreses Suz y Fuerza Chochabamba (Bolivien)/ANIBAL CAPRILES 6 | |
| 8744 | B n2t | | 04.09.13 | 1150 | Aux Altos Homos de Vizcaya, Bilbao (Spanien) | |
| 8745 | B n2t | | 04.09.13 | 1150 | Aux Altos Homos de Vizcaya, Bilbao (Spanien) | |
| 8746 | B n2t | | 18.09.13 | 700 | Chemins de fer & Miniere Prinz Henri, Petange (Luxemburg)/304/1936 Eisenerzgrube Teterchen | |
| 8747 | E h2 | G | 18.12.13 | 1435 | KPEV G 10/Erf 5456/DRG 57 1341/PKP Tw 1-87 | |
| 8748 | E h2 | G | 20.12.13 | 1435 | KPEV G 10/Erf 5457/DRG 57 1342/DR | 10.04.1951 |
| 8749 | E h2 | G | 23.12.13 | 1435 | KPEV G 10/Fft 5454/DRG 57 1343 | |
| 8750 | E h2 | G | 30.12.13 | 1435 | KPEV G 10/Fft 5455/1919 ČSD 82 N 21/ČSD 534.121 | 17.01.1963 |
| 8751 | E h2 | G | 31.12.13 | 1435 | KPEV G 10/Stn 5419/DRG 57 1344 | |
| 8752 | D n2t | | 25.09.13 | 1067 | Nederl.-Indische Industrie, s'Gravenhage für Madoera-Stoomtram Mij (Java)/25/1945 PNKA D 1605 | |
| 8753 | D n2t | | 25.09.13 | 1067 | Nederl.-Indische Industrie, s'Gravenhage für Madoera-Stoomtram Mij (Java)/28/1945 PNKA D 1606 | |
| 8754 | $B_o' B_o'$ | ELA | 14.01.14 | 900 | e.A. SSW/Vorrat, Empfänger unbekannt | |
| 8755 | $B_o' B_o'$ | ELA | 26.01.14 | 900 | e.A. SSW/Vorrat, Empfänger unbekannt | |
| 8756 | $B_o' B_o'$ | ELA | 29.01.14 | 900 | e.A. SSW/Vorrat, Empfänger unbekannt | |
| 8757 | $B_o' B_o'$ | ELA | 02.02.14 | 900 | e.A. SSW/Vorrat, Empfänger unbekannt | |
| 8758 | C n2t | | 13.10.13 | 950 | Societa Anonima Ferrorie Vicinali, Zagarola (Italien)/FIUGG/4/MCL 163 | |
| 8759 | B n2t | | 11.10.13 | 785 | Vereinigte Königs- und Laurahütte, Königshütte O/S | |
| 8760 | C n2t | | 03.11.13 | 1435 | Eintracht Braunkohlenwerke, Neu Welzow für Grube Clara III, Straßengräbchen | |
| 8761 | B n2t | | 13.06.14 | 600 | Decauville Aine, Paris, für D. Schmidt, Dameleviers (Frankreich) | |
| 8762 | B n2t | | 30.06.14 | 600 | Decauville Aine, Paris, für Ste Française Huileries Grand Drewin Plantations de la Cole, Ivoise Elfenbeinküste, Afrika | |
| 8763 | B n2t | | 17.05.16 | 700 | Pabianicer AG, Prabianica (Russisch-Polen) | |
| 8764 | B n2t | | 08.03.16 | 600 | Richard Bause, Meisdorf am Harz | |
| 8765 | B n2t | | 03.05.16 | 600 | Steinsalz und Sodawerke, Montwy-Hohensalza | |
| 8766 | B n2t | | 13.12.13 | 600 | Decauville Aine, Paris, für Redon Colombier, Haiphong (Indochina) | |
| 8767 | B n2t | | 27.02.14 | 600 | Decauville Aine, Paris, für Helminger & Co., Petit Croix | |
| 8768 | B n2t | | 27.03.14 | 600 | Decauville Aine, Paris, für Orenstein & Koppel, Frankreich | |
| 8769 | B n2t | | 08.04.14 | 600 | Decauville, Aine, Paris (Frankreich) | |
| 8770 | B n2t | | 02.05.14 | 600 | Decauville Ain,e Paris, für Alphons Erb & Leon Martin, Montenoy (Frankreich) | |
| 8771 | B n2t | | 28.04.14 | 600 | Decauville Aine, Paris (Frankreich) | |
| 8772 | B n2t | | 14.12.14 | 600 | Nederländ.-Indische Industrie, s'Gravenhage (Niederlande) | |
| 8773 | B n2t | | 08.03.16 | 625 | Vereinigte Königs- und Laurahütte, Königshütte O/S | |
| 8774 | B n2t | | 20.11.15 | 600 | Zuckerfabrik Glogau GmbH, Zarkau bei Glogau | |

| Fabriknummer | Bauart | Gattung | Auslieferungsdatum | Spurweite | Empfänger/Verbleib | Ausmusterung |
|---|---|---|---|---|---|---|
| 8775 | B n2t | | 03.05.16 | 600 | Stahlwerk Thyssen AG, Hagendingen | |
| 8776 | B n2t | | 15.06.14 | 900 | Polenzky & Zöllner, Driesen, für Plockhorst | |
| 8777 | B n2t | | 22.07.15 | 900 | Braunkohlenwerk Leonhard AG, Zipsendorf | |
| 8778 | B n2t | | 22.07.15 | 900 | Braunkohlenwerk Leonhard AG, Zipsendorf | |
| 8779 | B n2t | | 23.07.15 | 900 | Braunkohlenwerk Leonhard AG, Zipsendorf | |
| 8780 | B n2t | | 17.07.15 | 900 | Hoch- u. Tiefbaugesellschaft „Deutschland", Halle/Saale | |
| 8781 | C n2t | | 24.06.14 | 1435 | Sandbahngesellschaft, Gleiwitz | |
| 8782 | C n2t | | 18.01.15 | 1435 | Kaiserliche Werft, Wilhelmshafen/Frankfurter Hafenbahn 4/1924 ELE 21 | 1929 |
| 8783 | C n2t | | 22.11.13 | 1524 | Lubimoff, Solvay & Co., Gouv. Ekaterinoslaw | |
| 8784 | B n2t | | 24.10.13 | 785 | Schlesische AG, für Bergbau und Zinkhüttenbetriebe, Lipine O/S - Zinkwalzwerk Silesia Morgenroth | |
| 8785 | 1 B n2t | | 20.10.13 | 900 | Braunkohlenwerk Leonhard AG Zipsendorf für Grube Fürst Bismarck, Meuselwitz | |
| 8786 | $B_o'$ $B_o'$ | EL | 08.04.14 | 1435 | e.A. SSW 1006/Hafenbahn Spandau/1925 DRG/1927 DRG E 17001/ 1940 U.Akku-Lok/nicht umgezeichnet | 02.12.1959 |
| 8787 | B v | DrL | 06.11.13 | 585 | Gutehoffnungshütte, Oberhausen, für Jacobischächte | |
| 8788 | B v | DrL | 24.11.13 | 585 | Gutehoffnungshütte, Oberhausen, für Jacobischächte | |
| 8789 | B v | DrL | 24.11.13 | 585 | Gutehoffnungshütte, Oberhausen, für Jacobischächte | |
| 8790 | B v | DrL | 28.01.14 | 585 | Gutehoffnungshütte, Oberhausen, für Zeche Vordern | |
| 8791 | B v | DrL | 28.01.14 | 585 | Gutehoffnungshütte, Oberhausen, für Zeche Vordern | |
| 8792 | B v | DrL | 27.01.14 | 585 | Gutehoffnungshütte, Oberhausen, für Jacobischächte | |
| 8793 | B v | DrL | 30.03.14 | 585 | Gutehoffnungshütte, Oberhausen, für Jacobischächte | |
| 8794 | B v | DrL | 01.04.14 | 585 | Gutehoffnungshütte, Oberhausen, für Jacobischächte | |
| 8795 | B v | DrL | 01.04.14 | 585 | Gutehoffnungshütte, Oberhausen, für Jacobischächte | |
| 8796 | C n2t | DrL | 31.01.14 | 1435 | Industriebahn Tegel-Friedrichsfelde/4/1925 JTF 14/1950 DR 89 6412 | 07.05.1965 |
| 8797 | B n2t | | 13.05.14 | 1435 | AG der Cement-Industrie Wiek, Lodz, für Jan Jack & Co., Zawiece (Rußland) | |
| 8798 | C n2t | | 24.02.14 | 1000 | Companhia del Ferrocarril de Amorebieta, Madrid (Spanien)/GANDARIAS 4 | |
| 8799 | 2'B h2 | | 29.11.13 | 1600 | Companhia Paulista de Vicee Ferreas y Fluviens, Sao Paulo (Brasilien) | |
| 8800 | 2'B h2 | | 29.11.13 | 1600 | Companhia Paulista de Vicee Ferreas y Fluviens, Sao Paulo (Brasilien) | |
| 8801 | 2'B h2 | | 11.12.13 | 1600 | Companhia Paulista de Vicee Ferreas y Fluviens, Sao Paulo (Brasilien) | |
| 8802 | 2'B h2 | | 31.12.13 | 1600 | Companhia Paulista de Vicee Ferreas y Fluviens, Sao Paulo (Brasilien) | |
| 8803 | D n2t | | 17.12.13 | 1067 | Nederl. Indische Industrie, s'Gravenhage, für Madoera Stommtram Mij (Java)/29/1945 PNKA D 1607 | |
| 8804 | D n2t | | 17.12.13 | 1067 | Nederl. Indische Industrie, s'Gravenhage, für Madoera Stoomtram Mij (Java)/30/1945 PNKA D 1608 | |
| 8805 | D n2t | | 17.12.13 | 1067 | Nederl. Indische Industrie, s'Gravenhage, für Madoera Stoomtram Mij (Java)/31/1945 PNKA D 1609 | |
| 8806 | D n2t | | 29.12.13 | 1067 | Nederl. Indische Industrie, s'Gravenhage, für Madoera Stoomtram Mij (Java)/32/1945 PNKA D 1610 | |
| 8807 | D n2t | | 29.12.13 | 1067 | Nederl. Indische Industrie, s'Gravenhage, für Madoera Stoomtram Mij (Java)/33/1945 PNKA D 1611 | |
| 8808 | D n2t | | 07.03.14 | 600 | Deutsche Feldbahn, Eisenbahnbrigade Berlin, Feldbahndepot Klausdorf/282/ 1919 PKP 313/1941 DRG 99 1543 | |
| 8809 | D n2t | | 07.03.14 | 600 | Deutsche Feldbahn, Eisenbahnbrigade Berlin, Feldbahndepot Klausdorf/283 | |
| 8810 | D n2t | | 09.03.14 | 600 | Deutsche Feldbahn, Eisenbahnbrigade Berlin, Feldbahndepot Klausdorf/284/ 1919 PKP 314/1941 DRG 99 1544 | |
| 8811 | D n2t | | 09.03.14 | 600 | Deutsche Feldbahn, Eisenbahnbrigade Berlin, Feldbahndepot Klausdorf/285 | |
| 8812 | D n2t | | 09.03.14 | 600 | Deutsche Feldbahn, Eisenbahnbrigade Berlin, Feldbahndepot Klausdorf/286 | |
| 8813 | D n2t | | 09.03.14 | 600 | Deutsche Feldbahn, Eisenbahnbrigade Berlin, Feldbahndepot Klausdorf/287 | |
| 8814 | D n2t | | 11.03.14 | 600 | Deutsche Feldbahn, Eisenbahnbrigade Berlin, Feldbahndepot Klausdorf/288/ 1919 Cukr. Izabelin Nr. 5/sp. Nr. 9 | 1967 |
| 8815 | D n2t | | 11.03.14 | 600 | Deutsche Feldbahn, Eisenbahnbrigade Berlin, Feldbahndepot Klausdorf/289 | |
| 8816 | D n2t | | 12.03.14 | 600 | Deutsche Feldbahn, Eisenbahnbrigade Berlin, Feldbahndepot Klausdorf/290 | |
| 8817 | D n2t | | 12.03.14 | 600 | Deutsche Feldbahn, Eisenbahnbrigade Berlin, Feldbahndepot Klausdorf/291 | |
| 8818 | D n2t | | 13.03.14 | 600 | Deutsche Feldbahn, Eisenbahnbrigade Berlin, Feldbahndepot Klausdorf/292 | |
| 8819 | D n2t | | 14.03.14 | 600 | Deutsche Feldbahn, Eisenbahnbrigade Berlin, Feldbahndepot Klausdorf/293 | |
| 8820 | D n2t | | 16.03.14 | 600 | Deutsche Feldbahn, Eisenbahnbrigade Berlin, Feldbahndepot Klausdorf/294 | |
| 8821 | D n2t | | 16.03.14 | 600 | Deutsche Feldbahn, Eisenbahnbrigade Berlin, Feldbahndepot Klausdorf/295 | |
| 8822 | D n2t | | 16.03.14 | 600 | Deutsche Feldbahn, Eisenbahnbrigade Berlin, Feldbahndepot Klausdorf/296 | |
| 8823 | D n2t | | 17.03.14 | 600 | Deutsche Feldbahn, Eisenbahnbrigade Berlin, Feldbahndepot Klausdorf/297 | |
| 8824 | D n2t | | 18.03.14 | 600 | Deutsche Feldbahn, Eisenbahnbrigade Berlin, Feldbahndepot Klausdorf/298/ 1919 PKP 315/1941 DRG 99 1602 | |
| 8825 | D n2t | | 18.03.14 | 600 | Deutsche Feldbahn, Eisenbahnbrigade Berlin, Feldbahndepot Klausdorf/299/ 1919 PKP 316/1941 DRG 99 1545 | |
| 8826 | D n2t | | 19.03.14 | 600 | Deutsche Feldbahn, Eisenbahnbrigade Berlin, Feldbahndepot Klausdorf/300 | |
| 8827 | D n2t | | 19.03.14 | 600 | Deutsche Feldbahn, Eisenbahnbrigade Berlin, Feldbahndepot Klausdorf/303/ 1919 JDZ 99.4-2 | |
| 8828 | D n2t | | 21.03.14 | 600 | Deutsche Feldbahn, Eisenbahnbrigade Berlin, Feldbahndepot Klausdorf/304/ 1919 PKP 317/1941 DRG 99 1546 | |
| 8829 | D n2t | | 21.03.14 | 600 | Deutsche Feldbahn, Eisenbahnbrigade Berlin, Feldbahndepot Klausdorf/305 | |
| 8830 | D n2t | | 23.03.14 | 600 | Deutsche Feldbahn, Eisenbahnbrigade Berlin, Feldbahndepot Klausdorf/306 | |

| Fabriknummer | Bauart | Gattung | Auslieferungsdatum | Spurweite | Empfänger/Verbleib | Ausmusterung |
|---|---|---|---|---|---|---|
| 8831 | D n2t | | 23.03.14 | 600 | Deutsche Feldbahn, Eisenbahnbrigade Berlin, Feldbahndepot Klausdorf/307/ 1919 PKP 318/1941 DRG 99 1603 | 01.10.1957 |
| 8832 | D n2t | | 26.03.14 | 600 | Deutsche Feldbahn, Eisenbahnbrigade Berlin, Feldbahndepot Klausdorf/308 | |
| 8833 | D n2t | | 26.03.14 | 600 | Deutsche Feldbahn, Eisenbahnbrigade Berlin, Feldbahndepot Klausdorf/309 | |
| 8834 | D n2t | | 27.03.14 | 600 | Deutsche Feldbahn, Eisenbahnbrigade Berlin, Feldbahndepot Klausdorf/310 | |
| 8835 | D n2t | | 27.03.14 | 600 | Deutsche Feldbahn, Eisenbahnbrigade Berlin, Feldbahndepot Klausdorf/311 | |
| 8836 | D n2t | | 28.03.14 | 600 | Deutsche Feldbahn, Eisenbahnbrigade Berlin, Feldbahndepot Klausdorf/312/ 1919 WEM 8836/01.05.1951 DR 99 3313 | |
| 8837 | D n2t | | 30.03.14 | 600 | Deutsche Feldbahn, Eisenbahnbrigade Berlin, Feldbahndepot Klausdorf/313 | |
| 8838 | D n2t | | 30.03.14 | 600 | Deutsche Feldbahn, Eisenbahnbrigade Berlin, Feldbahndepot Klausdorf/314 | |
| 8839 | 1'C h2t | Pt | 23.03.14 | 1435 | KPEV T 12/Bln 8324/1918 B 9624/DB/20.06.50 SNCB 96.019 | 03.1955 |
| 8840 | 1'C h2t | Pt | 23.03.14 | 1435 | KPEV T 12/Bln 8325/DRG 74 1003/DR | 08.02.1965 |
| 8841 | 1'C h2t | Pt | 25.03.14 | 1435 | KPEV T 12/Bln 8326/DRG 74 1004/DB | 15.08.1958 |
| 8842 | 1'C h2t | Pt | 25.03.14 | 1435 | KPEV T 12/Bln 8327/DRG 74 1005/DR | 27.07.1966 |
| 8843 | 1'C h2t | Pt | 27.03.14 | 1435 | KPEV T 12/Bln 8328/DRG 74 1006/DB | 02.05.1962 |
| 8844 | 1'C h2t | Pt | 28.03.14 | 1435 | KPEV T 12/Bln 8329/DRG 74 1007/DB | 07.07.1959 |
| 8845 | 1'C h2t | Pt | 30.03.14 | 1435 | KPEV T 12/Bln 8330/DRG 74 1008/DR | 25.12.1947 |
| 8846 | 1'C h2t | Pt | 30.03.14 | 1435 | KPEV T 12/Bln 8331/1918 B 9631/DB/05.46 SNCB 96.021 | 07.1954 |
| 8847 | 1'C h2t | Pt | 31.03.14 | 1435 | KPEV T 12/Bln 8332/1918 B 9632/PKP Oki 2-82 | |
| 8848 | 1'C h2t | Pt | 31.03.14 | 1435 | KPEV T 12/Bln 8333/DRG 74 1009/DR | 28.02.1963 |
| 8849 | 1'C h2t | Pt | 04.04.14 | 1435 | KPEV T 12/Bln 8334/DRG 74 1010/DR | 27.07.1966 |
| 8850 | 1'C h2t | Pt | 06.04.14 | 1435 | KPEV T 12/Bln 8335/DRG 74 1011/DR | 24.10.1966 |
| 8851 | 1'C h2t | Pt | 07.04.14 | 1435 | KPEV T 12/Bln 8336/DRG 74 1012/DB | 07.08.1946 |
| 8852 | 1'C h2t | Pt | 09.04.14 | 1435 | KPEV T 12/Bln 8337/DRG 74 1013/DR | 27.07.1966 |
| 8853 | 1'C h2t | Pt | 16.04.14 | 1435 | KPEV T 12/Bln 8338/DRG 74 1014/NS 5908/1947 DB | 25.04.1958 |
| 8854 | 1'C h2t | Pt | 17.04.14 | 1435 | KPEV T 12/Bln 8339/DRG 74 1015/DB | 16.09.1946 |
| 8855 | 1'C h2t | Pt | 20.04.14 | 1435 | KPEV T 12/Bln 8340/DRG 74 1016/PKP Oki 2-24 | |
| 8856 | 1'C h2t | Pt | 21.04.14 | 1435 | KPEV T 12/Bln 8341/DRG 74 1017/DR abgegeben | |
| 8857 | 1'C h2t | Pt | 25.04.14 | 1435 | KPEV T 12/Bln 8342/DRG 74 1018/DR | 14.06.1967 |
| 8858 | 1'C h2t | Pt | 25.04.14 | 1435 | KPEV T 12/Bln 8343/1918 Nord Belge 92/1941 B 9592/1946 SNCB 96.014 | |
| 8859 | 1'C h2t | Pt | 30.04.14 | 1435 | KPEV T 12/Bln 8344/DRG 74 1019/DB | 26.04.1960 |
| 8860 | 1'C h2t | Pt | 30.04.14 | 1435 | KPEV T 12/Bln 8345/DRG 74 1020/DR abgegeben | |
| 8861 | 1'C h2t | Pt | 07.05.14 | 1435 | KPEV T 12/Bln 8346/DRG 74 1021/DB | 25.04.1958 |
| 8862 | 1'C h2t | Pt | 12.05.14 | 1435 | KPEV T 12/Bln 8347/DRG 74 1022/PKP Oki 2-59 | 09.01.1962 |
| 8863 | 1'C h2t | Pt | 13.05.14 | 1435 | KPEV T 12/Bln 8348/DRG 74 1023/DB | |
| 8864 | 1'C h2t | Pt | 26.05.14 | 1435 | KPEV T 12/Bln 8349/DRG 74 1024/DR | 15.03.1967 |
| 8865 | 1'C h2t | Pt | 28.05.14 | 1435 | KPEV T 12/Bln 8350/DRG 74 1025/DR | 26.02.1965 |
| 8866 | 1'C h2t | Pt | 29.05.14 | 1435 | KPEV T 12/Bln 8351/DRG 74 1026 | |
| 8867 | 1'C h2t | Pt | 22.05.14 | 1435 | KPEV T 12/Bln 8352/DRG 74 1027/PKP Oki 2-81 | |
| 8868 | 1'C h2t | Pt | 30.05.14 | 1435 | KPEV T 12/Bln 8353/DRG 74 1028/DB/01.09.1965 AW Nied WL | |
| 8869 | 1'C h2t | Pt | 26.05.14 | 1435 | KPEV T 12/Bln 8354/DRG 74 1029/PKP Oki 2-35 | |
| 8870 | 1'C h2t | Pt | 27.05.14 | 1435 | KPEV T 12/Bln 8355/DRG 74 1030/DB | 07.08.1959 |
| 8871 | 1'C h2t | Pt | 29.05.14 | 1435 | KPEV T 12/Bln 8356/DRG 74 1031/DR | 29.07.1966 |
| 8872 | 1'C h2t | Pt | 30.05.14 | 1435 | KPEV T 12/Bln 8357/DRG 74 1032/DB | 15.08.1058 |
| 8873 | 1'C h2t | Pt | 30.05.14 | 1435 | KPEV T 12/Bln 8358/DRG 74 1033/DR | 26.06.1964 |
| 8874 | 1'C h2t | Pt | 09.06.14 | 1435 | KPEV T 12/Bln 8359/DRG 74 1034/DB | 02.07.1962 |
| 8875 | 1'C h2t | Pt | 09.06.14 | 1435 | KPEV T 12/Bln 8360/DRG 74 1035/PKP Oki 2-17 | |
| 8876 | 1'C h2t | Pt | 10.06.14 | 1435 | KPEV T 12/Bln 8361/DRG 74 1036/DR abgegeben | |
| 8877 | 1'C h2t | Pt | 12.06.14 | 1435 | KPEV T 12/Bln 8362/1919 B 9662/1942 DRG 74 1343 | |
| 8878 | 1'C h2t | Pt | 12.06.14 | 1435 | KPEV T 12/Bln 8363/DRG 74 1037/DR | 06.04.1946 |
| 8879 | 1'C h2t | Pt | 15.06.14 | 1435 | KPEV T 12/Bln 8364/DRG 74 1038 | |
| 8880 | 1'C h2t | Pt | 17.06.14 | 1435 | KPEV T 12/Bln 8365/DRG 74 1039 | |
| 8881 | 1'C h2t | Pt | 18.06.14 | 1435 | KPEV T 12/Bln 8366/DRG 74 1040/DR/22.12.60 Stickstoffwerke Piesteritz, WL | |
| 8882 | 1'C h2t | Pt | 19.06.14 | 1435 | KPEV T 12/Bln 8367/DRG 74 1041/DB | 26.04.1961 |
| 8883 | 1'C h2t | Pt | 23.06.14 | 1435 | KPEV T 12/Bln 8368/DRG 74 1042/DB | 15.12.1965 |
| 8884 | 1'C h2t | Pt | 23.06.14 | 1435 | KPEV T 12/Bln 8369/DRG 74 1043/PKP Oki 2-36 | |
| 8885 | 1'C h2t | Pt | 24.06.14 | 1435 | KPEV T 12/Bln 8370/DRG 74 1044/DB | 02.05.1962 |
| 8886 | 1'C h2t | Pt | 26.06.14 | 1435 | KPEV T 12/Bln 8371/DRG 74 1045/DB | 07.08.1959 |
| 8887 | 1'C h2t | Pt | 27.06.14 | 1435 | KPEV T 12/Bln 8372/DRG 74 1046/DR | 20.11.1967 |
| 8888 | 1'C h2t | Pt | 27.06.14 | 1435 | KPEV T 12/Bln 8373/DRG 74 1047/DR | 10.02.1965 |
| 8889 | 1'C h2t | Pt | 29.06.14 | 1435 | KPEV T 12/Bln 8374/DRG 74 1048/DR/08.07.1960 Zementwerk Karsdorf, WL | |
| 8890 | 1'C h2t | Pt | 29.06.14 | 1435 | KPEV T 12/Dzg 7708/1919 PKP Oki 2-3 Dz/1941 DRG 74 1324/PKP Oki 2-50 | |
| 8891 | 1'C h2t | Pt | 30.06.14 | 1435 | KPEV T 12/Dzg 7709/1919 PKP Oki 2-4 Dz/1941 DRG 74 1325/PKP Oki 2-51 | |
| 8892 | 1'C h2t | Pt | 30.06.14 | 1435 | KPEV T 12/Dzg 7710/1919 Nord (F) 3.891/1938 SNCF 2-130 TC 4/ DR 74 1352 | 05.01.1965 |
| 8893 | E h2 | G | 11.07.14 | 1435 | KPEV G 10/Kat 5444/1919 ČSD 82 N 16/ČSD 534.116 | |
| 8894 | E h2 | G | 18.07.14 | 1435 | KPEV G 10/Kat 5445 | |
| 8895 | E h2 | G | 20.07.14 | 1435 | KPEV G 10/Kat 5446/1922 Opp 5446/DRG 57 1387/DB/057387-3 | 24.06.1970 |
| 8896 | E h2 | G | 21.07.14 | 1435 | KPEV G 10/Kat 5447/1919 PLM 5020/1924 PLM 5 B 20/1938 SNCF 1-050 B 520 | |
| 8897 | E h2 | G | 23.07.14 | 1435 | KPEV G 10/Kat 5448/1922 Opp 5448/DRG 57 1388/JZ 35-025 | |

| Fabriknummer | Bauart | Gattung | Auslieferungsdatum | Spurweite | Empfänger/Verbleib | Ausmusterung |
|---|---|---|---|---|---|---|
| 8898 | E h2 | G | 25.07.14 | 1435 | KPEV G 10/Kat 5449/1919 PLM 5018/1924 PLM 5 B 18/1938 SNCF 1-050 B 518 | |
| 8899 | E h2 | G | 28.07.14 | 1435 | KPEV G 10/Kat 5450/1922 Opp 5450/DRG 57 1389 | |
| 8900 | E h2 | G | 29.07.14 | 1435 | KPEV G 10/Kat 5451/1922 Opp 5451/DRG 57 1390/DB | 10.03.1965 |
| 8901 | E h2 | G | 03.08.14 | 1435 | KPEV G 10/Kat 5452/1922 Opp 5452/DRG 57 1391/ČSD abgegeben | |
| 8902 | E h2 | G | 03.08.14 | 1435 | KPEV G 10/Kat 5453/1922 Opp 5453/DRG 57 1392/SZD TUj 1392 | |
| 8903 | E h2 | G | 05.08.14 | 1435 | KPEV G110/Kat 5454/1922 Opp 5454/DRG 57 1393/DB | 30.09.1960 |
| 8904 | E h2 | G | 06.08.14 | 1435 | KPEV G 10/Kat 5455/1919 PKP Tw 1-20/1941 DRG 57 2787 | |
| 8905 | E h2 | G | 10.08.14 | 1435 | KPEV G 10/Csl 5462/DRG 57 1394/ÖBB 57 1394/1953 ÖBB 657.1394 | 15.06.1960 |
| 8906 | E h2 | G | 11.08.14 | 1435 | KPEV G 10/Csl 5463/DRG 57 1395/NS 4804/06.05.47 DB | 25.05.1948 |
| 8907 | E h2 | G | 13.08.14 | 1435 | KPEV G 10/Csl 5464/DRG 57 1396 | |
| 8908 | E h2 | G | 17.08.14 | 1435 | KPEV G 10/Csl 5465/DRG 57 1397/PKP Tw 1-72 | |
| 8909 | E h2 | G | 19.08.14 | 1435 | KPEV G 10/Csl 5466/DRG 57 1398/PKP Tw 1-73 | |
| 8910 | E h2 | G | 21.08.14 | 1435 | KPEV G 10/Csl 5467/DRG 57 1399 | |
| 8911 | E h2 | G | 24.08.14 | 1435 | KPEV G 10/Csl 5468/DRG 57 1400/DB | 01.06.1953 |
| 8912 | E h2 | G | 26.08.14 | 1435 | KPEV G 10/Erf 5458/DRG 57 1401/SNCF 1-050 B 623 | 04.10.1952 |
| 8913 | E h2 | G | 28.08.14 | 1435 | KPEV G 10/Erf 5459/DRG 57 1402 | |
| 8914 | E h2 | G | 31.08.14 | 1435 | KPEV G 10/Erf 5460/DRG 57 1403/SEK | |
| 8915 | E h2 | G | 03.09.14 | 1435 | KPEV G 10/Erf 5461/1919 ČSD 82 N 20/ČSD 534.120 | |
| 8916 | E h2 | G | 09.09.14 | 1435 | KPEV G 10/Erf 5462/DRG 57 1404/JZ 35-026 | |
| 8917 | E h2 | G | 15.09.14 | 1435 | KPEV G 10/Erf 5463/1919 ČSD 82 N 03/ČSD 534.103 | |
| 8918 | E h2 | G | 12.09.14 | 1435 | KPEV G 10/Kbg 5435/DRG 57 1405/JZ 35-027 | |
| 8919 | E h2 | G | 17.09.14 | 1435 | KPEV G 10/Kbg 5436/1919 PLM 5014 | |
| 8920 | E h2 | G | 21.09.14 | 1435 | KPEV G 10/Kbg 5437/DRG 57 1406/SNCF 1-050 B 624 | 04.10.1952 |
| 8921 | E h2 | G | 24.09.14 | 1435 | KPEV G 10/Stn 5420/DRG 57 1407/SNCF 1-050 B 625 | 04.10.1952 |
| 8922 | E h2 | G | 30.09.14 | 1435 | KPEV G 10/Stn 5421/DRG 57 1408/SNCF 1-050 B 626 | 04.10.1952 |
| 8923 | 2'2'-Tender | | 02.14 | 600 | Deutsche Feldbahn, Eisenbahnbrigade Berlin, Feldbahndepot Klausdorf/319 | |
| 8924 | 2'2'-Tender | | 02.14 | 600 | Deutsche Feldbahn, Eisenbahnbrigade Berlin, Feldbahndepot Klausdorf/320 | |
| 8925 | 2'2'-Tender | | 02.14 | 600 | Deutsche Feldbahn, Eisenbahnbrigade Berlin, Feldbahndepot Klausdorf/321 | |
| 8926 | 2'2'-Tender | | 02.14 | 600 | Deutsche Feldbahn, Eisenbahnbrigade Berlin, Feldbahndepot Klausdorf/322 | |
| 8927 | 2'2'-Tender | | 02.14 | 600 | Deutsche Feldbahn, Eisenbahnbrigade Berlin, Feldbahndepot Klausdorf/323 | |
| 8928 | 2'2'-Tender | | 02.14 | 600 | Deutsche Feldbahn, Eisenbahnbrigade Berlin, Feldbahndepot Klausdorf/324 | |
| 8929 | 2'2'-Tender | | 02.14 | 600 | Deutsche Feldbahn, Eisenbahnbrigade Berlin, Feldbahndepot Klausdorf/325 | |
| 8930 | 2'2'-Tender | | 02.14 | 600 | Deutsche Feldbahn, Eisenbahnbrigade Berlin, Feldbahndepot Klausdorf/326 | |
| 8931 | 2'2'-Tender | | 04.03.14 | 600 | Deutsche Feldbahn, Eisenbahnbrigade Berlin, Feldbahndepot Klausdorf/327 | |
| 8932 | 2'2'-Tender | | 04.03.14 | 600 | Deutsche Feldbahn, Eisenbahnbrigade Berlin, Feldbahndepot Klausdorf/328 | |
| 8933 | 2'2'-Tender | | 04.04.14 | 600 | Deutsche Feldbahn, Eisenbahnbrigade Berlin, Feldbahndepot Klausdorf/329 | |
| 8934 | 2'2'-Tender | | 04.04.14 | 600 | Deutsche Feldbahn, Eisenbahnbrigade Berlin, Feldbahndepot Klausdorf/390 | |
| 8935 | 2'2'-Tender | | 04.04.14 | 600 | Deutsche Feldbahn, Eisenbahnbrigade Berlin, Feldbahndepot Klausdorf/391 | |
| 8936 | 2'2'-Tender | | 04.04.14 | 600 | Deutsche Feldbahn, Eisenbahnbrigade Berlin, Feldbahndepot Klausdorf/392 | |
| 8937 | 2'2'-Tender | | 07.04.14 | 600 | Deutsche Feldbahn, Eisenbahnbrigade Berlin, Feldbahndepot Klausdorf/393 | |
| 8938 | 2'2'-Tender | | 08.04.14 | 600 | Deutsche Feldbahn, Eisenbahnbrigade Berlin, Feldbahndepot Klausdorf/394 | |
| 8939 | 2'2'-Tender | | 08.04.14 | 600 | Deutsche Feldbahn, Eisenbahnbrigade Berlin, Feldbahndepot Klausdorf/395 | |
| 8940 | 2'2'-Tender | | 08.04.14 | 600 | Deutsche Feldbahn, Eisenbahnbrigade Berlin, Feldbahndepot Klausdorf/396 | |
| 8941 | 2'2'-Tender | | 17.04.14 | 600 | Deutsche Feldbahn, Eisenbahnbrigade Berlin, Feldbahndepot Klausdorf/397 | |
| 8942 | 2'2'-Tender | | 17.04.14 | 600 | Deutsche Feldbahn, Eisenbahnbrigade Berlin, Feldbahndepot Klausdorf/398 | |
| 8943 | 2'B h2 | S | 13.05.14 | 1435 | South Eastern and Chatham Railway, London (England)/772/1923 Southern Railway A 772/1931 South. R. 1772/1948 British Railway 31 772 | 1959 |
| 8944 | 2'B h2 | S | 13.05.14 | 1435 | South Eastern and Chatham Railway, London (England)/773/1923 Southern Railway A 773/1931 South. R. 1773/1948 British Railway 31 773 | 1959 |
| 8945 | 2'B h2 | S | 13.05.14 | 1435 | South Eastern and Chatham Railway, London (England)/774/1923 Southern Railway A 774/1931 South. R. 1774/1948 British Railway 31 774 | 1958 |
| 8946 | 2'B h2 | S | 13.05.14 | 1435 | South Eastern and Chatham Railway, London (England)/775/1923 Southern Railway A 775/1931 South. R. 1775/1948 British Railway 31 775 | 1959 |
| 8947 | 2'B h2 | S | 13.05.14 | 1435 | South Eastern and Chatham Railway, London (England)/776/1923 Southern Railway A 776/1931 South. R. 1776/1948 British Railway 31 776 | 1961 |
| 8948 | 2'B h2 | S | 13.05.14 | 1435 | South Eastern and Chatham Railway, London (England)/777/1923 Southern Railway A 777/1931 South. R. 1777/1948 British Railway 31 777 | 1959 |
| 8949 | 2'B h2 | S | 28.05.14 | 1435 | South Eastern and Chatham Railway, London (England)/778/1923 Southern Railway A 778/1931 South. R. 1778/1948 British Railway 31 778 | 1959 |
| 8950 | 2'B h2 | S | 28.05.14 | 1435 | South Eastern and Chatham Railway, London (England)/779/1923 Southern Railway A 779/1931 South. R. 1779/1948 British Railway 31 779 | 1959 |
| 8951 | 2'B h2 | S | 22.05.14 | 1435 | South Eastern and Chatham Railway, London (England)/780/1923 Southern Railway A 780/1931 South. R. 1780/1948 British Railway 31 780 | 1961 |
| 8952 | 2'B h2 | S | 22.05.14 | 1435 | South Eastern and Chatham Railway, London (England)/781/1923 Southern Railway A 781/1931 South. R. 1781/1948 British Railway 31 781 | 1959 |
| 8953 | C n2t | | 08.01.17 | 1000 | AG für Bergbau, Blei- und Zinkfabrikation, Aachen | |
| 8954 | C n2t | | 07.07.17 | 1000 | Rombacher Hütte (Lothringen) | |
| 8955 | C n2t | | 13.05.18 | 1000 | Militär Neubauamt, Straßburg (Elsaß-Lothringen) | |
| 8956 | C n2t | | 22.09.22 | 1000 | Walter Hoene AG Berlin (bestellt für Eisenbahn Ersatzpark, Berlin) | |
| 8957 | C n2t | | 22.09.22 | 1000 | Walter Hoene AG Berlin (bestellt für Eisenbahn Ersatzpark, Berlin) | |
| 8958 | C n2t | | 22.06.14 | 1000 | Decauville Aine, Paris (Frankreich) | |

| Fabriknummer | Bauart | Gattung | Auslieferungsdatum | Spurweite | Empfänger/Verbleib | Ausmusterung |
|---|---|---|---|---|---|---|
| 8959 | C n2t | | 13.10.16 | 1000 | Plettenberger Kleinbahn AG/7 | 1930 |
| 8960 | C n2t | | 18.05.18 | 1000 | Warschauer Zufuhrbahn AG, Warschau/WKD 67/1940 Westwallbau/ MEG 67/1944 Straßburg (Frankreich) | |
| 8961 | C n2t | | 18.05.18 | 1000 | Warschauer Zufuhrbahn AG, Warschau/WKD 68 | |
| 8962 | C n2t | | 15.01.17 | 1000 | Friedrich Bayer Farbenfabrik, Leverkusen/42 | |
| 8963 | C n2t | | 27.07.16 | 1000 | Lodzer Elektrische Kleinbahn, Lodz/61/1949 PKP Ty 3-3248/1961 PKP Ty 5-3248 | 30.06.1962 |
| 8964 | C n2t | | 27.07.16 | 1000 | Warschauer Vorortbahnen, Warschau/WKD 58 | |
| 8965 | C n2t | | 28.07.16 | 1000 | Warschauer Vorortbahnen, Warschau/WKD 59/1949 PKP Ty 3-3246/1961 PKP Ty 5-3246 | 26.08.1971 |
| 8966 | C n2t | | 29.07.16 | 1000 | Warschauer Vorortbahnen, Warschau/WKD 60/1949 PKP Ty 3-3247/1961 PKP Ty 5-3247 | 20.10.1969 |
| 8967 | C n2t | | 22.05.16 | 1000 | Stahlwerk Thyssen AG, Hagendingen/UCPMJ 32 | |
| 8968 | C n2t | | 19.06.14 | 1524 | Hüttenwerke Kramatorskaja, Kramatorsk (Rußland) | |
| 8969 | B n2ft | FL | 08.04.14 | 600 | Hoesch & Co., Pirna | |
| 8970 | B'B n4v | | 27.06.14 | 1000 | Chemin de fer Ottoman de Jaffa-Jerusalem/9 | |
| 8971 | B v | DrL | 17.06.14 | 625 | Concordia Bergbau AG, Oberhausen | |
| 8972 | B v | DrL | 24.06.14 | 625 | Concordia Bergbau AG, Oberhausen | |
| 8973 | B n2ft | FL | 25.04.14 | 1435 | Penchihu Caal & Iron, Tokio (Japan) | |
| 8974 | B n2ft | FL | 25.04.14 | 1435 | Penchihu Caal & Iron, Tokio (Japan) | |
| 8975 | B n2ft | FL | 25.04.14 | 1435 | Penchihu Caal & Iron, Tokio (Japan) | |
| 8976 | C n2t | | 18.04.14 | 762 | Kalkbrennerei KG Kadak, Rakke (Estland) | |
| 8977 | B n2t | | 30.05.14 | 1000 | H. Fölsch & Co., Hamburg, für Taltal (Chile) | |
| 8978 | B n2t | | 25.04.14 | 650 | Sociedad Metallurgica Duro Felguera, La Felguera/MARQUES DE BOLARQUE 27/1966 Uninsa 27/1967 HUNOSA 27 | |
| 8979 | B n2t | | 25.04.14 | 650 | Sociedad Metallurgica Duro Felguera, La Felguera/MARQUES DE CUBAS 28/ 1966 Uninsa 28/1967 HUNOSA 28 | |
| 8980 | B n2t | | 21.04.14 | 600 | Decauville Aine, Paris für Andre Pedriel Freves, Nantes (Frankreich) | |
| 8981 | C h2t | | 09.07.14 | 1435 | Hammel-Thorsoe Jernbane, Aarhus (Dänemark)/6 | 1956 |
| 8982 | C n2t | | 29.04.14 | 1000 | Decauville Aine, Paris für J. Biandraty Entrepreneur, Argenaut (Frankreich) | |
| 8983 | D h2t | | 25.08.14 | 1000 | Verkehrstechnische Prüfungs-Commission, Schöneberg, für Herrn Feldbahnchef Bleialf | |
| 8984 | B v | DrL | 10.06.14 | 540 | Gewerkschaft des Steinkohlenbergwerksverein Helene-Amalie, Bergeborbreck | |
| 8985 | B v | DrL | 19.12.14 | 540 | Gewerkschaft des Steinkohlenbergwerksverein Helene-Amalie, Bergeborbreck | |
| 8986 | C n2t | | 25.07.14 | 800 | Decauville Aine, Paris, für Soc. des Tuileries Mecanique du Berry de Bordeaux, Vierzon-Forges | |
| 8987 | C n2t | | 24.06.14 | 1435 | Officine Meccaniche, Mailand (Italien), für SNFT 12 | |
| 8988 | C n2t | | 24.06.14 | 1435 | Officine Meccaniche, Mailand (Italien), für SNFT 13 | |
| 8989 | $B_o' B_o'$ | ELA | 02.10.14 | 900 | e.A. SSW 1086/Empfänger unbekannt | |
| 8990 | $B_o' B_o'$ | ELA | 08.10.14 | 900 | e.A. SSW 1087/Empfänger unbekannt | |
| 8991 | $B_o' B_o'$ | ELA | 07.09.14 | 900 | e.A. SSW /Empfänger unbekannt | |
| 8992 | 2'C h2 | P | 16.10.14 | 914 | Ed. Victor Sperling, Leipzig, für Koninklijke West-Indischer Maildienst, Amsterdam | |
| 8993 | 2'C h2 | P | 14 | 914 | F.C. del Antioquia, (Columbien) | |
| 8994 | B n2t | - | 24.06.14 | 914 | O.R. San Galli, St. Petersburg, für Kanonenfabrik, Perm (Rußland) | |
| 8995 | E h2 | G | 22.10.14 | 1435 | KPEV G 10/Kat 5456/1919 ČSD 82 N 09/ČSD 534.109 | |
| 8996 | E h2 | G | 24.10.14 | 1435 | KPEV G 10/Kat 5457/1919 PKP Tw 1-18/1941 DRG 57 2765/SNCF 1-050 B 725 | 04.10.1952 |
| 8997 | E h2 | G | 29.10.14 | 1435 | KPEV G 10/Kat 5458/1919 PKP Tw 1-19 | |
| 8998 | E h2 | G | 31.10.14 | 1435 | KPEV G 10/Kat 5459/1922 Opp 5459/DRG 57 1409/SNCF 1-050 B 627 | 14.11.1953 |
| 8999 | E h2 | G | 31.10.14 | 1435 | KPEV G 10/Kat 5460/1919 PKP Tw 1-21 | |
| 9000 | E h2 | G | 07.11.14 | 1435 | KPEV G 10/Kat 5461/1919 PKP Tw 1-22 | |
| 9001 | E h2 | G | 10.11.14 | 1435 | KPEV G 10/Kat 5462 | |
| 9002 | E h2 | G | 13.11.14 | 1435 | KPEV G 10/Kat 5463/1919 Opp 5463/DRG 57 1423/SAAR | |
| 9003 | E h2 | G | 17.11.14 | 1435 | KPEV G 10/Kat 5464/1919 Opp 5464/DRG 57 1424/DB | 01.06.1953 |
| 9004 | E h2 | G | 23.11.14 | 1435 | KPEV G 10/Kat 5465/1919 Opp 5465/DRG 57 1425/ÖBB/1953 657 1425 | 05.07.1965 |
| 9005 | E h2 | G | 26.11.14 | 1435 | KPEV G 10/Kat 5466/1919 Opp 5466/DRG 57 1426/PKP Tw 1-62 | |
| 9006 | 1'D h2 | G | 31.07.14 | 1000 | Chemins de Fer Athen-Piree-Peloponaise, Athen (Griechenland)/711 | |
| 9007 | 1'D h2 | G | 31.07.14 | 1000 | Chemins de Fer Athen-Pirée-Peloponaise, Athen (Griechenland)/712 | |
| 9008 | 1'D h2 | G | 31.07.14 | 1000 | Chemins de Fer Athen-Pirée-Peloponaise, Athen (Griechenland)/713 | |
| 9009 | 1'D h2 | G | 14.04.17 | 1050 | Kaiserl. Ottomanisches Kriegsministerium, Konstantinopel, f. Hedjaz-Bahn/160 [1] | |
| 9010 | 1'D h2 | G | 14.04.17 | 1050 | Kaiserl. Ottomanisches Kriegsministerium, Konstantinopel, f. Hedjaz-Bahn/161 [1] | |
| 9011 | 1'D h2 | G | 14.04.17 | 1050 | Kaiserl. Ottomanisches Kriegsministerium, Konstantinopel, f. Hedjaz-Bahn/162 [1] | |
| 9012 | 1'D h2 | G | 14.04.17 | 1050 | Kaiserl. Ottomanisches Kriegsministerium, Konstantinopel, f. Hedjaz-Bahn/163 [1] | |

[1] Ursprünglich für Ch.d.F. Athen-Piree-Peloponaise bestimmt, infolge des 1. Weltkrieges nicht ausgeliefert. 1917 umgespurt.

| Fabriknummer | Bauart | Gattung | Auslieferungsdatum | Spurweite | Empfänger/Verbleib | Ausmusterung |
|---|---|---|---|---|---|---|
| 9013 | 1'D h2 | G | 14.04.17 | 1050 | Kaiserl. Ottomanisches Kriegsministerium, Konstantinopel, f. Hedjaz-Bahn/164/ursprünglich für Ch.d.F. Athen-Piree-Peloponaise bestimmt, infolge des 1. Weltkrieges nicht ausgeliefert. 1917 umgespurt. | |
| 9014 | D n2t | - | 26.08.14 | 600 | Deutsche Feldbahn, Feldbahndepot der I. Eisenbahnbrigade, Klausdorf/330/1919 PKP 319/1941 DRG 99 1532 | |
| 9015 | D n2t | - | 26.08.14 | 600 | Deutsche Feldbahn, Feldbahndepot der I. Eisenbahnbrigade, Klausdorf/331 | |
| 9016 | D n2t | - | 31.08.14 | 600 | Deutsche Feldbahn, Feldbahndepot der I. Eisenbahnbrigade, Klausdorf/332 | |
| 9017 | D n2t | - | 03.09.14 | 600 | Deutsche Feldbahn, Feldbahndepot der I. Eisenbahnbrigade, Klausdorf/333 | |
| 9018 | B n2t | - | 19.12.14 | 1000 | Officine Meccaniche, Milano (Italien) | |
| 9019 | D n2t | - | 14.08.14 | 600 | Deutsche Feldbahn, Verkehrsoffizier vom Platz, Mainz/MPSB 26 | |
| 9020 | C n2t | - | 05.02.16 | 1000 | Verkehrstechnische Prüfungskommission, Berlin-Schöneberg | |
| 9021 | C n2t | - | 05.02.16 | 1000 | Verkehrstechnische Prüfungskommission, Berlin-Schöneberg | |
| 9022 | B n2t | - | 31.01.22 | 600 | Holländische Ingenieur Maatschappy, Amsterdam, für Niederländisch-Indien | |
| 9023 | B n2t | - | 20.09.21 | 600 | Metallgesellschaft mbH, Sterkrade | |
| 9024 | B n2t | - | 21.01.22 | 600 | Strehl & Co., Dortmund | |
| 9025 | B n2t | - | 23.05.22 | 600 | Strehl & Co., Dortmund | |
| 9026 | B n2t | - | 03.03.22 | 600 | Georg Futter, Ahrin Hirsch & Co., Berlin | |
| 9027 | B n2t | - | 18.02.20 | 600 | Brenner & Co., Berlin, für W. Hoene, Charlottenburg/14 | |
| 9028 | B n2t | - | 15.04.20 | 600 | Brenner & Co., Berlin, für W. Hoene, Charlottenburg/15 | |
| 9029 | B n2t | - | 15.04.20 | 600 | Brenner & Co., Berlin, für W. Hoene, Charlottenburg/16 | |
| 9030 | B n2t | - | 16.04.20 | 600 | Brenner & Co., Berlin, für W. Hoene, Charlottenburg/17 | |
| 9031 | B n2t | - | 16.04.20 | 600 | Brenner & Co., Berlin, für W. Hoene, Charlottenburg/18 | |
| 9032 | B n2t | - | 10.08.20 | 785 | Hüttendirektion von Giessche Erben, Rosdzin/13/n. 1945 Zakłady Cyrkowe Szopienice 13 (VRP) | |
| 9033 | B n2t | - | 10.08.20 | 785 | Hüttendirektion von Giessche Erben, Rosdzin/14/n. 1945 Zakłady Cyrkowe Szopienice 14 (VRP) | |
| 9034 | B n2t | - | 11.08.20 | 785 | Hüttendirektion von Giessche Erben, Rosdzin/15/n. 1945 Zakłady Cyrkowe Szopienice 15 (VRP) | |
| 9035 | B n2t | - | 11.08.20 | 785 | Hüttendirektion von Giessche Erben, Rosdzin/16/n. 1945 Zakłady Cyrkowe Szopienice 16 (VRP) | 1970 |
| 9036 | Nicht im Auslieferungsbuch verzeichnet | | | | | |
| 9037 | Nicht im Auslieferungsbuch verzeichnet | | | | | |
| 9038 | B n2ft | - | 11.01.18 | 785 | Borsigwerk, Borsigwerk O/S | |
| 9039 | B n2t | - | 14.09.20 | 750 | Friedlaender & Olivien, Berlin, für Italien | |
| 9040 | B n2t | - | 14.09.20 | 750 | Friedlaender & Olivien, Berlin, für Italien | |
| 9041 | Nicht im Auslieferungsbuch verzeichnet | | | | | |
| 9042 | B n2t | - | 13.09.22 | 1435 | A. Druckenmüller GmbH, Berlin | |
| 9043 | B n2t | | 08.12.22 | 1435 | W. Hoene AG, Berlin, für Heise & Schrobsdorf in Paetz bei Groß Besten/Cukr Ostrowy (VRP) | 1973 |
| 9044 | B n2t | | 30.05.23 | 1435 | W. Hoene AG, Berlin, für Bunzlauer Werke Langersdorff, Bunzlau | |
| 9045 | B n2t | | 11.08.23 | 1435 | W. Hoene AG, Berlin, für Cukrownia, Tuczno (Polen)/sp. Cukr. Mełno Tkb 1 (VRP) | 1972 |
| 9046 | B n2t | | 14.02.23 | 1435 | Bergwerksgesellschaft „Saturn", Sosnowice (Polen) | |
| 9047 | B n2t | | 23.12.15 | 1435 | Berndorfer Metallwarenfabrik, Berndorf | |
| 9048 | B n2t | | 31.12.15 | 1435 | Eigenes Werk-Borsig, Berlin-Tegel | |
| 9049 | B n2t | | 08.06.17 | 1435 | Eigenes Werk-Borsig, Berlin-Tegel (Abt. 1/26) | |
| 9050 | B n2t | | 27.06.17 | 1435 | Vereinigte Stahlwerke, Köln-Deutz | |
| 9051 | B n2t | | 27.06.17 | 1435 | Vereinigte Gewerkschaft Helene & Amalie, Essen-Bergeborbeck | |
| 9052 | 1'C1'h2t | | storniert | 1435 | Halberstadt-Blankenburger Eisenbahn | |
| 9053 | 1'D1'/b h4vt | | storniert | 1435 | KPEV T 28 | |
| 9054 | E h2 | G | 28.11.14 | 1435 | KPEV (G 10)/Kat 5467/1922 Opp 5467/DRG 57 1427/DB | 01.06.1953 |
| 9055 | E h2 | G | 30.11.14 | 1435 | KPEV (G 10)/Kat 5468/1922 Opp 5468/DRG 57 1428/DB | 14.03.1957 |
| 9056 | E h2 | G | 04.12.14 | 1435 | KPEV (G 10)/Kat 5469/1922 Opp 5469/DRG 57 1429/DB | 14.03.1957 |
| 9057 | E h2 | G | 11.12.14 | 1435 | KPEV (G 10)/Kat 5470/1919 PLM 5030/1924 PLM 5 B 30/1938 SNCF 4-050 B 30/1945 SNCF 1-050 B 530/1953 Houilleres de Larraine 45 | |
| 9058 | E h2 | G | 14.12.14 | 1435 | KPEV (G 10)/Kat 5471/1919 PLM 5032/1924 PLM 5 B 32/1938 SNCF 4-050 B 32/1945 SNCF 1-050 B 532 | |
| 9059 | E h2 | G | 16.12.14 | 1435 | KPEV (G 10)/Kat 5472/1919 PLM 5033/1924 PLM 5 B 33/1938 SNCF 4-050 B 33/1945 SNCF 1-050 B 533 | |
| 9060 | E h2 | G | 19.12.14 | 1435 | KPEV (G 10)/Kat 5473/1922 Opp 5444/DRG 57 1430/DB | 15.08.1955 |
| 9061 | E h2 | G | 28.12.14 | 1435 | KPEV (G 10)/Kbg 5438/DRG 57 1431/PKP Tw 1-43 | |
| 9062 | E h2 | G | 30.12.14 | 1435 | KPEV (G 10)/Kbg 5439/1919 PLM 5015/1924 PLM 5 B 15/1938 SNCF 4-050 B 15/1945 SNCF 1-050 B 515 | |
| 9063 | E h2 | G | 31.12.14 | 1435 | KPEV (G 10)/Kbg 5440/1919 B/PH K 451/1943 DRG 57 2773/DB/24.06.46 CFL 52.01 | 1958 |
| 9064 | E h2 | G | 08.01.15 | 1435 | KPEV (G 10)/Sbr 5473/1920 SAAR 5406/1935 DRG 57 2732 | |
| 9065 | E h2 | G | 15.01.15 | 1435 | KPEV (G 10)/Sbr 5474/1920 SAAR 5407/1935 DRG 57 2733/NS 4814/01.49 DB | 14.08.1950 |
| 9066 | E h2 | G | 20.01.15 | 1435 | KPEV (G 10)/Sbr 5475/1920 SAAR 5408/1935 DRG 57 2734/DB | 20.11.1958 |
| 9067 | E h2 | G | 23.01.15 | 1435 | KPEV (G 10)/Sbr 5476/1920 Tri 5476/DRG 57 1432/ÖBB/1953 657.1432 | 05.07.1965 |
| 9068 | E h2 | G | 27.01.15 | 1435 | KPEV (G 10)/Sbr 5477/1919 PLM 5035/1924 PLM 5 B 35/1938 SNCF 4-050 B 35 | |

| Fabriknummer | Bauart | Gattung | Auslieferungsdatum | Spurweite | Empfänger/Verbleib | Ausmusterung |
|---|---|---|---|---|---|---|
| 9069 | E h2 | | 30.01.15 | 1435 | KPEV (G 10)/Sbr 5478/1919 Tri 5478/DRG 57 1433 | |
| 9070 | E h2 | | 30.01.15 | 1435 | KPEV (G 10)/Sbr 5479/1919 Tri 5479/DRG 57 1434/DB | 14.08.1956 |
| 9071 | E h2 | | 15.02.15 | 1435 | KPEV (G 10)/Sbr 5480/1919 FS 473.004 | |
| 9072 | E h2 | | 23.02.15 | 1435 | KPEV (G 10)/Sbr 5481/1919 Tri 5481/DRG 57 1435/SAAR | |
| 9073 | 2'C h2 | P | 13.03.15 | 1435 | KPEV (P 8)/Alt 2422/DRG 38 1696/DB | 03.1946 |
| 9074 | 2'C h2 | P | 16.03.15 | 1435 | KPEV (P 8)/Alt 2423/DRG 38 1697/DB | 20.07.1959 |
| 9075 | 2'C h2 | P | 19.03.15 | 1435 | KPEV (P 8)/Alt 2424/1919 B 6550/DB/07.46 SNCB 64.150 | 04.1967 |
| 9076 | 2'C h2 | P | 23.03.15 | 1435 | KPEV (P 8)/Alt 2425/DRG 38 1698/PKP Ok 1-112 | |
| 9077 | 2'C h2 | P | 26.03.15 | 1435 | KPEV (P 8)/Alt 2426/DRG 38 1699 | |
| 9078 | 2'C h2 | P | 27.03.15 | 1435 | KPEV (P 8)/Alt 2427/DRG 38 1700 | |
| 9079 | 2'C h2 | P | 30.03.15 | 1435 | KPEV (P 8)/Stn 2452/DRG 38 1701/DB | 30.11.1964 |
| 9080 | 2'C h2 | P | 31.03.15 | 1435 | KPEV (P 8)/Stn 2453/1919 F Nord 3.1606/1938 SNCF 2-230 C 6/DB/ 11.07.46 SNCF/1948 CFL 39.07/1950 SNCF | 1958 |
| 9081 | 2'C h2 | P | 07.04.15 | 1435 | KPEV (P 8)/Stn 2454/1919 F Nord 3.1607/1938 SNCF 2-230 C 7 | 1961 |
| 9082 | 2'C h2 | P | 10.04.15 | 1435 | KPEV (P 8)/Stn 2455/1919 Litauen K 8-59 | |
| 9083 | 2'C h2 | P | 13.04.15 | 1435 | KPEV (P 8)/Stn 2456/1919 F MID/3705/1934 PO-MID/230.705/1938 SNCF 4-230 H 705/1945/46 SNCF 1-20 F 405 | |
| 9084 | 2'C h2 | P | 16.04.15 | 1435 | KPEV (P 8)/Stn 2457/DRG 38 1702/DR | 10.10.1967 |
| 9085 | 2'C h2 | P | 19.04.15 | 1435 | KPEV (P 8)/Stn 2458/1919 F Nord 3.1608/1938 SNCF 2-230 C 8 | 1959 |
| 9086 | 2'C h2 | P | 23.04.15 | 1435 | KPEV (P 8)/Stn 2459/1919 PKP Ok 1-51/1941 DRG 38 1143"/DR/1946 PKP Ok 1-53 | |
| 9087 | 2'C h2 | P | 26.04.15 | 1435 | KPEV (P 8)/Stn 2460/DRG 38 1703/DR | 15.o7.1968 |
| 9088 | 2'C h2 | P | 27.04.15 | 1435 | KPEV (P 8)/Mst 2416/Kat 2439"/1919 F Est 3317/1938 SNCF 1-230 F 317 | |
| 9089 | 2'C h2 | P | 29.04.15 | 1435 | KPEV (P 8)/Mst 2417/Kat 2440"/1919 PKP Ok 1-49/1941 DRG 1141"/ PKP Ok 1-98 | |
| 9090 | 2'C h2 | P | 30.04.15 | 1435 | KPEV (P 8)/Mst 2418/Kat 2441"/1921 CFR 230.043 | |
| 9091 | 2'C h2 | P | 30.04.15 | 1435 | KPEV (T 12)/Bln 8397/DRG 74 1134/PKP Oki 2-71 | |
| 9092 | 1'C h2t | Pt | 10.05.15 | 1435 | KPEV (T 12)/Bln 8398/DRG 74 1135/DR | 16.03.1965 |
| 9093 | 1'C h2t | Pt | 30.04.15 | 1435 | KPEV (T 12)/Bln 8399/DRG 74 1136/DR | 25.12.1957 |
| 9094 | 1'C h2t | Pt | 12.05.15 | 1435 | KPEV (T 12)/Bln 8400/DRG 74 1137/DR/06.10.1960 Edelstahlwerk Freital (WL) | |
| 9095 | 1'C h2t | Pt | 14.05.15 | 1435 | KPEV (T 12)/Bln 8401/DRG 74 1138/DR | 27.07.1966 |
| 9096 | 1'C h2t | Pt | 15.05.15 | 1435 | KPEV (T 12)/Bln 8402/DRG 74 1139/DR | 22.12.1947 |
| 9097 | 1'C h2t | Pt | 17.05.15 | 1435 | KPEV (T 12)/Bln 8403/DRG 74 1140/DR Rbd Bln 4.11.45 dann abgegeben | |
| 9098 | 1'C h2t | Pt | 18.05.15 | 1435 | KPEV (T 12)/Bln 8404/DRG 74 1141/PKP Oki 2-21 | |
| 9099 | 1'C h2t | Pt | 21.05.15 | 1435 | KPEV (T 12)/Bln 8405/DRG 74 1142/DR Rbd Bln 4.11.45 dann abgegeben | |
| 9100 | 1'C h2t | Pt | 22.05.15 | 1435 | KPEV (T 12)/Bln 8406/DRG 74 1143 | |
| 9101 | 1'C h2t | Pt | 25.05.15 | 1435 | KPEV (T 12)/Bln 8407/DRG 74 1144/PKP Oki 2-40 | |
| 9102 | 1'C h2t | Pt | 27.05.15 | 1435 | KPEV (T 12)/Bln 8408/DRG 74 1145/DR | 01.07.1966 |
| 9103 | 1'C h2t | Pt | 27.05.15 | 1435 | KPEV (T 12)/Bln 8409/DRG 74 1146/DR Rbd Bln 04.11.46 dann abgegeben | |
| 9104 | 1'C h2t | Pt | 29.05.15 | 1435 | KPEV (T 12)/Bln 8410/DRG 74 1147/DR | 1957 |
| 9105 | 1'C h2t | Pt | 31.05.15 | 1435 | KPEV (T 12)/Bln 8411/DRG 74 1148/DR | 27.02.1965 |
| 9106 | 1'C h2t | Pt | 31.05.15 | 1435 | KPEV (T 12)/Bln 8412/DRG 74 1149/DR Rbd Bln 04.11.46 dann abgegeben | |
| 9107 | 1'C h2t | Pt | 31.05.15 | 1435 | KPEV (T 12)/Bln 8413/DRG 74 1150/DR Rbd Bln 04.11.46 dann abgegeben | |
| 9108 | 1'C h2t | Pt | 31.05.15 | 1435 | KPEV (T 12)/Bln 8414/DRG 74 1151/DR Rbd Bln 04.11.46 dann abgegeben | |
| 9109 | 1'C h2t | Pt | 31.05.15 | 1435 | KPEV (T 12)/Bln 8415/DRG 74 1152/DR | 14.09.1965 |
| 9110 | 1'C h2t | Pt | 09.06.15 | 1435 | KPEV (T 12)/Bln 8416/DRG 74 1153/DR | 20.11.1967 |
| 9111 | 1'C h2t | Pt | 10.06.15 | 1435 | KPEV (T 12)/Bln 8417/DRG 74 1154/DR Rbd Bln 04.11.46 dann abgegeben | |
| 9112 | 1'C h2t | Pt | 11.06.15 | 1435 | KPEV (T 12)/Bln 8418/DRG 74 1155/DR | 06.05.1965 |
| 9113 | 1'C h2t | Pt | 15.06.15 | 1435 | KPEV (T 12)/Bln 8419/DRG 74 1156/PKP Oki 2-75 | |
| 9114 | 1'C h2t | Pt | 15.06.15 | 1435 | KPEV (T 12)/Bln 8420/DRG 74 1157/DR | 26.02.1965 |
| 9115 | 1'C h2t | Pt | 19.06.15 | 1435 | KPEV (T 12)/Bln 8421/DRG 74 1158/PKP Oki 2-41 | |
| 9116 | 1'C h2t | Pt | 15.06.15 | 1435 | KPEV (T 12)/Bln 8422/DRG 74 1159/PKP | 01.02.1946 |
| 9117 | 1'C h2t | Pt | 26.06.15 | 1435 | KPEV (T 12)/Bln 8423/DRG 74 1160/PKP | 01.02.1946 |
| 9118 | 1'C h2t | Pt | 24.06.15 | 1435 | KPEV (T 12)/Bln 8424/DRG 74 1161/DR | 25.12.1957 |
| 9119 | 1'C h2t | Pt | 25.06.15 | 1435 | KPEV (T 12)/Bln 8425/DRG 74 1162/PKP Oki 2-26 | |
| 9120 | 1'C h2t | Pt | 25.06.15 | 1435 | KPEV (T 12)/Bln 8426/DRG 74 1163/PKP Oki 2-76 | |
| 9121 | 1'C h2t | Pt | 28.06.15 | 1435 | KPEV (T 12)/Bln 8427/DRG 74 1164/DR/07.01.1965 Dsp Raw Görlitz | |
| 9122 | 1'C h2t | Pt | 29.06.15 | 1435 | KPEV (T 12)/Bln 8428/DRG 74 1165/DR | 06.05.1965 |
| 9123 | 1'C h2t | Pt | 29.06.15 | 1435 | KPEV (T 12)/Bln 8429/DRG 74 1166/DR | 26.02.1965 |
| 9124 | 1'C h2t | Pt | 30.06.15 | 11435 | KPEV (T 12)/Bln 8430/DRG 74 1167/DR | 24.10.1965 |
| 9125 | 1'C h2t | Pt | 30.06.15 | 1435 | KPEV (T 12)/Bln 8431/DRG 74 1168/DR Rbd Bln 04.11.45 | |
| 9126 | 1'C h2t | Pt | 29.06.15 | 1435 | KPEV (T 12)/Bln 8432/DRG 74 1169/DR | 20.04.1951 |
| 9127 | 1'C h2t | Pt | 30.06.15 | 1435 | KPEV (T 12)/Bln 8433/DRG 74 1170/PKP Oki 2-57 | |
| 9128 | 1'Ch 2t | Pt | 08.07.15 | 1435 | KPEV (T 12)/Bln 8434/DRG 74 1171/PKP Oki 2-78 | |
| 9129 | 1'C h2t | Pt | 12.07.15 | 1435 | KPEV (T 12)/Bln 8435/DRG 74 1172/PKP | 01.02.1946 |
| 9130 | 1'C h2t | Pt | 13.07.15 | 1435 | KPEV (T 12)/Bln 8436/DRG 74 1173/DR | 12.12.1967 |
| 9131 | 1'C h2t | Pt | 31.07.15 | 1435 | KPEV (T 12)/Bln 8437/DRG 74 1174 | |
| 9132 | 1'C h2t | Pt | 23.07.15 | 1435 | KPEV (T 12)/Erf 7739/DRG 74 1175 | 14.06.1967 |
| 9133 | 1'C h2t | Pt | 27.07.15 | 1435 | KPEV (T 12)/Erf 7740/1919 AL(F) 7726/1938 SNCF 1-130 TB 726 | |
| 9134 | 1'C h2t | Pt | 28.07.15 | 1435 | KPEV (T 12)/Erf 7741/DRG 74 1176 | 28.01.1966 |
| 9135 | 1'C h2t | Pt | 27.08.15 | 1435 | KPEV (T 12)/Erf 7742/DRG 74 1177 | 05.03.1965 |

| Fabriknummer | Bauart | Gattung | Auslieferungsdatum | Spurweite | Empfänger/Verbleib | Ausmusterung |
|---|---|---|---|---|---|---|
| 9136 | $B_o$ $B_o$ | ELA | 27.10.14 | 900 | e.A. SSW 1088/Kausche Werk N/L | |
| 9137 | $B_o$ $B_o$ | ELA | 28.10.14 | 900 | e.A. SSW 1089/Kausche Werk N/L | |
| 9138 | D n2t | - | 13.12.21 | 1000 | Ramberg & Sohn, Hamburg | |
| 9139 | B n2t | - | 06.10.20 | 1435 | Brenner & Co., Berlin, für A. Druckenmüller, Tempelhof | |
| 9140 | B n2t | - | 04.04.21 | 1435 | Ingenieurkonto Lemvig, Dänemark | |
| 9141 | B n2t | - | 14.04.21 | 1435 | Duyrene de Wit, Amsterdam, für Gasfabrik Utrecht (Niederlande) | |
| 9142 | B n2t | - | 08.10.20 | 1435 | Deutsche Werft, Hamburg | |
| 9143 | B n2t | - | 27.05.21 | 1435 | Deutsche Werft, Hamburg | |
| 9144 | B v | DrL | 21.12.14 | 585 | Gutehoffnungshütte, Oberhausen | |
| 9145 | B v | DrL | 28.12.14 | 585 | Gutehoffnungshütte, Oberhausen | |
| 9146 | B v | DrL | 31.12.14 | 585 | Gutehoffnungshütte, Oberhausen | |
| 9147 | B v | DrL | 25.01.15 | 585 | Gutehoffnungshütte, Oberhausen | |
| 9148 | B v | DrL | 06.02.15 | 585 | Gutehoffnungshütte, Oberhausen | |
| 9149 | B v | DrL | 05.02.15 | 585 | Gutehoffnungshütte, Oberhausen | |
| 9150 | B v | DrL | 10.02.15 | 585 | Gutehoffnungshütte, Oberhausen | |
| 9151 | B v | DrL | 03.03.15 | 585 | Gutehoffnungshütte, Oberhausen | |
| 9152 | 1'C n2 | G | 01.16 | 1435 | für Henschel & Sohn, Cassel (Fabr.Nr. 14 083)/K u.K Heeresbahnen 860.001/PKP Ti 17 | |
| 9153 | 1'C n2 | G | 01.16 | 1435 | für Henschel & Sohn, Cassel (Fabr.Nr. 14 084)/K u.K Heeresbahnen 860.002/PKP Ti 17 | |
| 9154 | 1'C n2 | G | 01.16 | 1435 | für Henschel & Sohn, Cassel (Fabr.Nr. 14 085)/K u.K Heeresbahnen 860.003/JDZ 20-222 | |
| 9155 | 1'C n2 | G | 01.16 | 1435 | für Henschel & Sohn, Cassel (Fabr.Nr. 14 086)/K u.K Heeresbahnen 860.004 | |
| 9156 | 1'C n2 | G | 01.16 | 1435 | für Henschel & Sohn, Cassel (Fabr.Nr. 14 087)/K u.K Heeresbahnen 860.005/CFR | |
| 9157 | 1'C n2 | G | 01.16 | 1435 | für Henschel & Sohn, Cassel (Fabr.Nr. 14 088)/K u.K Heeresbahnen 860.006/JDZ 20-223 | |
| 9158 | 1'C n2 | G | 01.16 | 1435 | für Henschel & Sohn, Cassel (Fabr.Nr. 14 089)/K u.K Heeresbahnen 860.007/CFR | |
| 9159 | 1'C n2 | G | 01.16 | 1435 | für Henschel & Sohn, Cassel (Fabr.Nr. 14 090)/K u.K Heeresbahnen 860.008/JDZ 20-221 | |
| 9160 | 1'C n2 | G | 01.16 | 1435 | für Henschel & Sohn, Cassel (Fabr.Nr. 14 091)/K u.K Heeresbahnen 860.009/JDZ 20-224 | |
| 9161 | 1'C n2 | G | 01.16 | 1435 | für Henschel & Sohn, Cassel (Fabr.Nr. 14 092)/K u.K Heeresbahnen 860.010/CFR | |
| 9162 | 1'C n2 | G | 01.16 | 1435 | für Henschel & Sohn, Cassel (Fabr.Nr. 14 093)/K u.K Heeresbahnen 860.011 | |
| 9163 | 1'C n2 | G | 01.16 | 1435 | für Henschel & Sohn, Cassel (Fabr.Nr. 14 094)/K u.K Heeresbahnen 860.012/CFR | |
| 9164 | 1'C n2 | G | 01.16 | 1435 | für Henschel & Sohn, Cassel (Fabr.Nr. 14 095)/K u.K Heeresbahnen 860.013 | |
| 9165 | 1'C n2 | G | 01.16 | 1435 | für Henschel & Sohn, Cassel (Fabr.Nr. 14 096)/K u.K Heeresbahnen 860.014 | |
| 9166 | 1'C n2 | G | 01.16 | 1435 | für Henschel & Sohn, Cassel (Fabr.Nr. 14 097)/K u.K Heeresbahnen 860.015/CFR | |
| 9167 | 1'C n2 | G | 01.16 | 1435 | für Henschel & Sohn, Cassel (Fabr.Nr. 14 098)/K u.K Heeresbahnen 860.016/JDZ 20-225 | |
| 9168 | 1'C n2 | G | 01.16 | 1435 | für Henschel & Sohn, Cassel (Fabr.Nr. 14 099)/K u.K Heeresbahnen 860.017/CFR | |
| 9169 | 1'C n2 | G | 01.16 | 1435 | für Henschel & Sohn, Cassel (Fabr.Nr. 14 100)/K u.K Heeresbahnen 860.018/CFR | |
| 9170 | 1'C n2 | G | 01.16 | 1435 | für Henschel & Sohn, Cassel (Fabr.Nr. 14 101/)K u.K Heeresbahnen 860.019/CFR | |
| 9171 | 1'C n2 | G | 06.16 | 1435 | für Henschel & Sohn, Cassel (Fabr.Nr. 14 102)/K u.K Heeresbahnen 860.020 | |
| 9172 | B n2t | - | 27.12.19 | 900 | Polensky & Zöllner, Driesen | |
| 9173 | B n2t | - | 27.12.19 | 900 | Polensky & Zöllner, Driesen | |
| 9174 | B n2t | - | 06.01.20 | 900 | Polensky & Zöllner, Driesen, für die Bahnmeisterei der Kreisbahn Mörs | |
| 9175 | B n2t | - | 16.01.20 | 900 | Polensky & Zöllner, Driesen, für Bauabteilung Horrem | |
| 9176 | B n2t | - | 21.04.20 | 900 | Polensky & Zöllner, Driesen | |
| 9177 | B n2ft | FL | 14 | 1600 | British Portland | |
| 9178 | $B_o$ $B_o$ | ELA | 22.05.15 | 900 | e.A. SSW/Ilse Bergbau AG, Grube Ilse für Grube Erika, Schwarzkollm/1 | |
| 9179 | $B_o$ $B_o$ | ELA | 01.06.15 | 900 | e.A. SSW/Ilse Bergbau AG, Grube Ilse für Grube Erika, Schwarzkollm/2 | |
| 9180 | $B_o$ $B_o$ | ELA | 09.07.15 | 900 | e.A. SSW/Ilse Bergbau AG, Grube Ilse für Grube Erika, Schwarzkollm/3 | |
| 9181 | $B_o$ $B_o$ | ELA | 15.07.15 | 900 | e.A. SSW/Ilse Bergbau AG, Grube Ilse für Grube Erika, Schwarzkollm/4 | |
| 9182 | $B_o$ $B_o$ | ELA | 14.07.17 | 900 | e.A. SSW/Ilse Bergbau AG, Grube Ilse für Grube Erika, Schwarzkollm/5 | |
| 9183 | $B_o$ $B_o$ | ELA | 14.07.17 | 900 | e.A. SSW/Ilse Bergbau AG, Grube Ilse für Grube Erika, Schwarzkollm/6 | |
| 9184 | $B_o$ $B_o$ | ELA | 24.01.18 | 900 | e.A. SSW/Ilse Bergbau AG, Grube Ilse für Grube Erika, Schwarzkollm/7 | |
| 9185 | $B_o$ $B_o$ | ELA | 28.02.18 | 900 | e.A. SSW/Ilse Bergbau AG, Grube Ilse für Grube Erika, Schwarzkollm/8 | |
| 9186 | $B_o$ $B_o$ | ELA | 31.05.18 | 900 | e.A. SSW/Empfänger unbekannt | |
| 9187 | $B_o$ $B_o$ | ELA | 31.05.18 | 900 | e.A. SSW/Empfänger unbekannt | |
| 9188 | D h2t | - | 26.05.19 | 1435 | Westfälische Landeseisenbahn, Lippstadt/151 | 1951 |
| 9189 | D h2t | - | 19.05.19 | 1435 | Westfälische Landeseisenbahn, Lippstadt/152/1937 Krupp, Rheinhausen | |
| 9190 | B v | DrL | 09.07.15 | 600 | Gewerkschaft Auguste-Victoria, Huels | |
| 9191 | B v | DrL | 15.07.15 | 600 | Gewerkschaft Auguste-Victoria, Huels | |
| 9192 | B v | DrL | 19.06.15 | 540 | Gewerkschaft Helene & Amalie, Bergeborbeck | |
| 9193 | B v | DrL | 18.08.15 | 535 | Rheinische Stahlwerke, Zeche Zentrum, Wattenscheid | |
| 9194 | B v | DrL | 31.08.15 | 535 | Rheinische Stahlwerke, Zeche Zentrum, Wattenscheid | |
| 9195 | Nicht im Auslieferungsbuch verzeichnet | | | | | |
| 9196 | B n2t | - | 14 | 600 | Vorrat/Empfänger unbekannt | |
| 9197 | B n2t | - | 14 | 600 | Vorrat/Empfänger unbekannt | |
| 9198 | B n2t | - | 14 | 600 | Vorrat/Empfänger unbekannt | |
| 9199 | B n2t | - | 14 | 600 | Vorrat/Empfänger unbekannt | |

| Fa-brik-num-mer | Bauart | Gat-tung | Aus-liefe-rungs-datum | Spur-weite | Empfänger/Verbleib | Aus-muste-rung |
|---|---|---|---|---|---|---|
| 9200 | B n2t | – | 14 | 600 | Vorrat/Empfänger unbekannt | |
| 9201 | B n2t | – | 14 | 600 | Vorrat/Empfänger unbekannt | |
| 9202 | B n2t | – | 14 | 600 | Vorrat/Empfänger unbekannt | |
| 9203 | B n2t | – | 14 | 600 | Vorrat/Empfänger unbekannt | |
| 9204 | B n2t | – | 14 | 600 | Vorrat/Empfänger unbekannt | |
| 9205 | D n2t | – | 09.11.14 | 600 | Deutsche Feldbahn, Verkehrsoffizier vom Platz, Graudenz/1934 MPSB 22 | |
| 9206 | D n2t | – | 09.11.14 | 600 | Deutsche Feldbahn, Verkehrsoffizier vom Platz, Graudenz | |
| 9207 | C n2t | – | 14 | 1000 | Vorrat/Empfänger unbekannt | |
| 9208 | C n2t | – | 14 | 1000 | Vorrat/Empfänger unbekannt | |
| 9210 | C n2t | – | 14 | 1000 | Vorrat/Empfänger unbekannt | |
| 9210 | C n2t | – | 14 | 1000 | Vorrat/Empfänger unbekannt | |
| 9211 | C n2t | – | 14 | 1000 | Vorrat/Empfänger unbekannt | |
| 9212 | C n2t | – | 14 | 1000 | Vorrat/Empfänger unbekannt | |
| 9213 | D n2t | – | 14 | 950 | Montepulciano | |
| 9214 | D n2t | – | 14 | 950 | Montepulciano | |
| 9215 | D n2t | – | 14 | 950 | Montepulciano | |
| 9216 | B n2t | – | 21.10.20 | 1435 | Brenner & Co., Berlin, für W. Hoene, Stendal-Ost | |
| 9217 | Nicht im Auslieferungsbuch verzeichnet | | | | | |
| 9218 | Nicht im Auslieferungsbuch verzeichnet | | | | | |
| 9219 | Nicht im Auslieferungsbuch verzeichnet | | | | | |
| 9220 | Nicht im Auslieferungsbuch verzeichnet | | | | | |
| 9221 | Nicht im Auslieferungsbuch verzeichnet | | | | | |
| 9222 | B v | DrL | 17.11.15 | 572 | Zeche Zollverein, Katernberg | |
| 9223 | B v | DrL | 20.11.15 | 572 | Zeche Zollverein, Katernberg | |
| 9224 | B v | DrL | 29.11.15 | 572 | Zeche Zollverein, Katernberg | |
| 9225 | B v | DrL | 08.12.15 | 572 | Zeche Zollverein, Katernberg | |
| 9226 | B v | DrL | 21.12.15 | 572 | Zeche Zollverein, Katernberg | |
| 9227 | B v | DrL | 31.12.15 | 572 | Zeche Zollverein, Katernberg | |
| 9228 | B v | DrL | 11.01.16 | 572 | Zeche Zollverein, Katernberg | |
| 9229 | D n2t | – | 21.09.15 | 600 | Deutsche Feldbahn, Feldbahndepot Hanau/334 | |
| 9230 | D n2t | – | 21.09.15 | 600 | Deutsche Feldbahn, Feldbahndepot Hanau/335 | |
| 9231 | D n2t | – | 23.09.15 | 600 | Deutsche Feldbahn, Feldbahndepot Hanau/336 | |
| 9232 | D n2t | – | 23.09.15 | 600 | Deutsche Feldbahn, Feldbahndepot Hanau/337 | |
| 9233 | D n2t | – | 24.09.15 | 600 | Deutsche Feldbahn, Feldbahndepot Hanau/338 | |
| 9234 | D n2t | – | 24.09.15 | 600 | Deutsche Feldbahn, Feldbahndepot Hanau/339/1919 PKP 321/1941 DRB 99 1547/ Tx 1-313 oder 338 | |
| 9235 | D n2t | – | 26.09.15 | 600 | Deutsche Feldbahn, Feldbahndepot Hanau/340 | |
| 9236 | D n2t | – | 26.09.15 | 600 | Deutsche Feldbahn, Feldbahndepot Hanau/341/PKP Px 2-761 | 16.11.1962 |
| 9237 | D n2t | – | 29.09.15 | 600 | Deutsche Feldbahn, Feldbahndepot Hanau/342 | |
| 9238 | D n2t | – | 29.09.15 | 600 | Deutsche Feldbahn, Feldbahndepot Hanau/343 | |
| 9239 | D n2t | – | 29.09.15 | 600 | Deutsche Feldbahn, Feldbahndepot Hanau/362/Polen Cukr. Chełznica | 1970 |
| 9240 | D n2t | – | 29.09.15 | 600 | Deutsche Feldbahn, Feldbahndepot Hanau/363/Polen Cukr. Borowiczki 8 | 1969 |
| 9241 | D h2 | G | 11.08.15 | 1435 | KPEV (G 8.1)/Alt 4843/EST (F) 4300/24.07.44 B 7846/28.12.44 SNCF 1-040 D 500 | |
| 9242 | D h2 | G | 11.08.15 | 1435 | KPEV (G 8.1)/Alt 4844/DRG 55 3270/18.08.38 U.DRG 56 645/DB | 25.04.1966 |
| 9243 | D h2 | G | 13.08.15 | 1435 | KPEV (G 8.1)/Alt 4845/DRG 55 3271/01.36 U.DRG 56 358/NS 4660/1946 DB | 07.08.1959 |
| 9244 | D h2 | G | 14.08.15 | 1435 | KPEV (G 8.1)/Alt 4846/1919 B 8125/DB/10.45 SNCB 81.025 | |
| 9245 | D h2 | G | 17.08.15 | 1435 | KPEV (G 8.1)/Alt 4847/DRG 55 3272 | 1933 |
| 9246 | D h2 | G | 18.08.15 | 1435 | KPEV (G 8.1)/Alt 4848/DRG 55 3273 | 1941 |
| 9247 | D h2 | G | 20.08.15 | 1435 | KPEV (G 8.1)/Alt 4849/1919 B 8129/1941 DRG 55 5668 | |
| 9248 | D h2 | G | 23.08.15 | 1435 | KPEV (G 8.1)/Alt 4850/1919 AL (F) 5322/1938 SNCF 1-040 D 322 | |
| 9249 | D h2 | G | 24.08.15 | 1435 | KPEV (G 8.1)/Alt 4851/DRG 55 3274 | 1931 |
| 9250 | D h2 | G | 26.08.15 | 1435 | KPEV (G 8.1)/Alt 4852/DRG 55 3275 | 1931 |
| 9251 | D h2 | G | 27.08.15 | 1435 | KPEV (G 8.1)/Alt 4853/DRG 55 3276 | 1928 |
| 9252 | D h2 | G | 28.08.15 | 1435 | KPEV (G 8.1)/Alt 4854/DRG 55 3277 | 1933 |
| 9253 | D h2 | G | 31.08.15 | 1435 | KPEV (G 8.1)/Alt 4855/1919 PKP Tp 4-73/1941 DRG 55 2648$^{II}$ | |
| 9254 | D h2 | G | 31.08.15 | 1435 | KPEV (G 8.1)/Alt 4856/DRG 55 3278 | 1931 |
| 9255 | D h2 | G | 31.08.15 | 1435 | KPEV (G 8.1)/Alt 4857/1919 B 8202/SNCB 81.102 | |
| 9256 | D h2 | G | 07.09.15 | 1435 | KPEV (G 8.1)/Alt 4858/DRG 55 3279 | |
| 9257 | D h2 | G | 01.09.15 | 1435 | KPEV (G 8.1)/Erf 5168/DRG 55 3280 | 1931 |
| 9258 | D h2 | G | 09.09.15 | 1435 | KPEV (G 8.1)/Erf 5169/DRG 55 3281 | 1931 |
| 9259 | D h2 | G | 11.09.15 | 1435 | KPEV (G 8.1)/Erf 5170/1919 B 8570/SNCB 81.470 | |
| 9260 | D h2 | G | 13.09.15 | 1435 | KPEV (G 8.1)/Erf 5171/DRG 55 3282/DB | 30.09.1960 |
| 9261 | D h2 | G | 15.09.15 | 1435 | KPEV (G 8.1)/Erf 5172/DRG 55 3283 | 1931 |
| 9262 | D h2 | G | 17.09.15 | 1435 | KPEV (G 8.1)/Erf 5173/1919 B 8415/1941 DRG 55 5677/DB/07.50 SNCB 81.375 | |
| 9263 | D h2 | G | 18.09.15 | 1435 | KPEV (G 8.1)/Erf 5174/1919 AL (F) 9200/1925 AL 5320/1938 SNCF 1-040 D 320 | |
| 9264 | D h2 | G | 21.09.15 | 1435 | KPEV (G 8.1)/Erf 5175/DRG 55 3284 | |
| 9265 | D h2 | G | 23.09.15 | 1435 | KPEV (G 8.1)/Erf 5176/DRG 55 3285 | 1933 |
| 9266 | D h2 | G | 24.09.15 | 1435 | KPEV (G 8.1)/Erf 5177/DRG 55 3286 | 1932 |

| Fabriknummer | Bauart | Gattung | Auslieferungsdatum | Spurweite | Empfänger/Verbleib | Ausmusterung |
|---|---|---|---|---|---|---|
| 9267 | D h2 | G | 27.09.15 | 1435 | KPEV (G 8.1)/Mgd 4902/DRG 55 3287 | 1932 |
| 9268 | D h2 | G | 28.09.15 | 1435 | KPEV (G 8.1)/Mgd 4903/1919 B 8103/SNCB 81.003 | |
| 9269 | D h2 | G | 29.09.15 | 1435 | KPEV (G 8.1)/Mgd 4904/DRG 55 3288 | |
| 9270 | D h2 | G | 29.09.15 | 1435 | KPEV (G 8.1)/Mgd 4905/1919 AL (F) 9181/1925 AL 5319/PKP Tp 4-89 | |
| 9271 | D h2 | G | 30.09.15 | 1435 | KPEV (G 8.1)/Mgd 4906/DRG 55 3289 | 1932 |
| 9272 | D h2 | G | 30.09.15 | 1435 | KPEV (G 8.1)/Mgd 4907/1919 Lit. | |
| 9273 | D h2 | G | 05.10.15 | 1435 | KPEV (G 8.1)/Mgd 4908/1919 B 8108/SNCB 81.008 | |
| 9274 | D h2 | G | 07.10.15 | 1435 | KPEV (G 8.1)/Mgd 4909/DRG 55 3290 | 1932 |
| 9275 | D h2 | G | 09.10.15 | 1435 | KPEV (G 8.1)/Mgd 4910/DRG 55 3291 | 1932 |
| 9276 | D h2 | G | 12.10.15 | 1435 | KPEV (G 8.1)/Mgd 4911/DRG 55 3292/DB | 19.08.1966 |
| 9277 | D h2 | G | 15.10.15 | 1435 | KPEV (G 8.1)/Mgd 4912/DRG 55 3293 | 06.04.1933 |
| 9278 | D h2 | G | 16.10.15 | 1435 | KPEV (G 8.1)/Mgd 4913/DRG 55 3294/DR | 20.11.1967 |
| 9279 | D h2 | G | 18.10.15 | 1435 | KPEV (G 8.1)/Mgd 4914/DRG 55 3295/04.36 U.DRG 56 379/DB | 10.03.1965 |
| 9280 | D h2 | G | 20.10.15 | 1435 | KPEV (G 8.1)/Mgd 4915/DRG 55 3296 | 1931 |
| 9281 | D h2 | G | 23.10.15 | 1435 | KPEV (G 8.1)/Psn 4949/1919 Ost 4949/DRG 55 3297 | 1931 |
| 9282 | D h2 | G | 26.10.15 | 1435 | KPEV (G 8.1)/Sbr 4931/1919 B 8225/SNCB 81.125 | |
| 9283 | D h2 | G | 28.10.15 | 1435 | KPEV (G 8.1)/Sbr 4932/1920 SAAR 4932/1935 DRG 55 5649/DB | 04.08.1946 |
| 9284 | B1 n2 | KrL | 31.10.15 | 1435 | Kaiserliche Werft, Danzig | |
| 9285 | D h2 | G | 30.10.15 | 1435 | KPEV (G 8.1)/Alt 4859/1919 B 8204/SNCB 81.104 | |
| 9286 | D h2 | G | 30.10.15 | 1435 | KPEV (G 8.1)/Alt 4860/DRG 55 3476 | |
| 9287 | D h2 | G | 30.10.15 | 1435 | KPEV (G 8.1)/Alt 4861/1919 B 8206/SNCB 81.106 | |
| 9288 | D h2 | G | 06.11.15 | 1435 | KPEV (G 8.1)/Alt 4862/DRG 55 3477/1938 U.DRG 56 541/DR | 23.05.1946 |
| 9289 | D h2 | G | 06.11.15 | 1435 | KPEV (G 8.1)/Alt 4863/DRG 55 3478/17.10.38 U.DRG 56 655 | |
| 9290 | D h2 | G | 09.11.15 | 1435 | KPEV (G 8.1)/Alt 4864/DRG 55 3479 | 1932 |
| 9291 | D h2 | G | 10.11.15 | 1435 | KPEV (G 8.1)/Alt 4865/DRG 55 3480/06.05.38 U.DRG 56 636/PKP Tr 5-3 | |
| 9292 | D h2 | G | 11.11.15 | 1435 | KPEV (G 8.1)/Alt 4866/1919 B 8207/SNCB 81.107 | |
| 9293 | D h2 | G | 16.11.15 | 1435 | KPEV (G 8.1)/Alt 4867/DRG 55 3481/20.11.39 U.DRG 56 885/DB | 30.09.1960 |
| 9294 | D h2 | G | 15.11.15 | 1435 | KPEV (G 8.1)/Alt 4868/DRG 55 3482 | |
| 9295 | D h2 | G | 19.11.15 | 1435 | KPEV (G 8.1)/Alt 4869/DRG 55 3483 | 1932 |
| 9296 | D h2 | G | 19.11.15 | 1435 | KPEV (G 8.1)/Alt 4870/DRG 55 3484 | 1932 |
| 9297 | D h2 | G | 20.12.15 | 1435 | KPEV (G 8.1)/Erf 5197/DRG 55 3485 | 1931 |
| 9298 | D h2 | G | 22.12.15 | 1435 | KPEV (G 8.1)/Hl 4915 | |
| 9299 | D h2 | G | 23.11.15 | 1435 | KPEV (G 8.1)/Hl 4916/1919 Nord (F) 4.353/1938 SNCF 2-040 D 3 | |
| 9300 | D h2 | G | 24.11.15 | 1435 | KPEV (G 8.1)/Hl 4917/DRG 55 3486 | 12.1934 |
| 9301 | D h2 | G | 25.11.15 | 1435 | KPEV (G 8.1)/Hl 4918/DRG 55 3487 | 1931 |
| 9302 | D h2 | G | 26.11.15 | 1435 | KPEV (G 8.1)/Hl 4919/DRG 55 3488/ČSD zerlegt 14.09.1956 | |
| 9303 | D h2 | G | 27.11.15 | 1435 | KPEV (G 8.1)/Kat 5181/1919 PKP Tp 4-112/1941 DRG 55 2728" | |
| 9304 | D h2 | G | 27.11.15 | 1435 | KPEV (G 8.1)/Kat 5182/1919 Opp 5182/DRG 55 3489/DR/55 3489-6 | 13.05.1971 |
| 9305 | D h2 | G | 29.11.15 | 1435 | KPEV (G 8.1)/Kat 5183/1919 Opp 5183/DRG 55 3490 | 1932 |
| 9306 | D h2 | G | 29.11.15 | 1435 | KPEV (G 8.1)/Mgd 4916/1919 FS 460.004 | |
| 9307 | D h2 | G | 30.11.15 | 1435 | KPEV (G 8.1)/Mgd 4917/DRG 55 3491 | 1931 |
| 9308 | D h2 | G | 30.11.15 | 1435 | KPEV (G 8.1)/Mgd 4918/1919 B 8118/SNCF 81.018 | |
| 9309 | D h2 | G | 30.11.15 | 1435 | KPEV (G 8.1)/Mgd 4919/DRG 55 3492 | 1932 |
| 9310 | D h2 | G | 08.12.15 | 1435 | KPEV (G 8.1)/Mgd 4920/DRG 55 3493 | 1933 |
| 9311 | D h2 | G | 10.12.15 | 1435 | KPEV (G 8.1)/Mgd 4921/DRG 55 3494/1938-39 U.DRG 56 622/DB | 20.11.1958 |
| 9312 | D h2 | G | 11.12.15 | 1435 | KPEV (G 8.1)/Mgd 4922/DRG 55 3495 | 1931 |
| 9313 | D h2 | G | 14.12.15 | 1435 | KPEV (G 8.1)/Mgd 4923/DRG 55 3496/06.36 U.DRG 56 280/DR | 15.01.1968 |
| 9314 | D h2 | G | 14.12.15 | 1435 | KPEV (G 8.1)/Mgd 4924/1919 AL (F) 9201/1925 AL 5321 | |
| 9315 | D h2 | G | 16.12.15 | 1435 | KPEV (G 8.1)/Mgd 4925/1919 AL (F) 5119/1938 SNCF 1-040 D 119 | |
| 9316 | D h2 | G | 17.12.15 | 1435 | KPEV (G 8.1)/Mgd 4926/DRG 55 3497 | 1931 |
| 9317 | D h2 | G | 18.12.15 | 1435 | KPEV (G 8.1)/Mgd 4927/DRG 55 3498 | 1931 |
| 9318 | D n2t | - | 19.04.15 | 600 | Deutsche Feldbahn, Feldbahndepot Rehagen/386 | |
| 9319 | D n2t | - | 19.04.15 | 600 | Deutsche Feldbahn, Feldbahndepot Rehagen/387 | |
| 9320 | D n2t | - | 24.04.15 | 600 | Deutsche Feldbahn, Feldbahndepot Rehagen/388 | |
| 9321 | D n2t | - | 24.04.15 | 600 | Deutsche Feldbahn, Feldbahndepot Rehagen/389 | |
| 9322 | D n2t | - | 30.04.15 | 600 | Deutsche Feldbahn, Feldbahndepot Rehagen/390 | |
| 9323 | D n2t | - | 30.04.15 | 600 | Deutsche Feldbahn, Feldbahndepot Rehagen/391 | |
| 9324 | D n2t | - | 18.05.15 | 600 | Deutsche Feldbahn, Feldbahndepot Rehagen/392 | |
| 9325 | D n2t | - | 18.05.15 | 600 | Deutsche Feldbahn, Feldbahndepot Rehagen/393 | |
| 9326 | D n2t | - | 31.05.15 | 600 | Deutsche Feldbahn, Feldbahndepot Rehagen/394 | |
| 9327 | D n2t | - | 31.05.15 | 600 | Deutsche Feldbahn, Feldbahndepot Rehagen/395 | |
| 9328 | D n2t | - | 08.06.15 | 600 | Deutsche Feldbahn, Feldbahndepot Rehagen/396/1919 PKP 4230 | |
| 9329 | D n2t | - | 09.06.15 | 600 | Deutsche Feldbahn, Feldbahndepot Rehagen/397 | |
| 9330 | D n2t | - | 11.06.15 | 600 | Deutsche Feldbahn, Feldbahndepot Rehagen/398 | |
| 9331 | D n2t | - | 12.06.15 | 600 | Deutsche Feldbahn, Feldbahndepot Rehagen/399 | |
| 9332 | D n2t | - | 14.06.15 | 600 | Deutsche Feldbahn, Feldbahndepot Rehagen/400 | |
| 9333 | D n2t | - | 15.06.15 | 600 | Deutsche Feldbahn, Feldbahndepot Rehagen/401 | |
| 9334 | D n2t | - | 22.06.15 | 600 | Deutsche Feldbahn, Feldbahndepot Rehagen/402 | |
| 9335 | D n2t | - | 25.06.15 | 600 | Deutsche Feldbahn, Feldbahndepot Rehagen/403 | |
| 9336 | D n2t | - | 25.06.15 | 600 | Deutsche Feldbahn, Feldbahndepot Rehagen/404 | |
| 9337 | 2'2' | Tender | 08.04.15 | 600 | Deutsche Feldbahn, Feldbahndepot Rehagen/419 | |

| Fa-brik-num-mer | Bauart | Gat-tung | Aus-liefe-rungs-datum | Spur-weite | Empfänger/Verbleib | Aus-muste-rung |
|---|---|---|---|---|---|---|
| 9338 | 2'2' | Tender | 09.04.15 | 600 | Deutsche Feldbahn, Feldbahndepot Rehagen/420 | |
| 9339 | 2'2' | Tender | 15.04.15 | 600 | Deutsche Feldbahn, Feldbahndepot Rehagen/421 | |
| 9340 | 2'2' | Tender | 13.04.15 | 600 | Deutsche Feldbahn, Feldbahndepot Rehagen/422 | |
| 9341 | 2'2' | Tender | 17.04.15 | 600 | Deutsche Feldbahn, Feldbahndepot Rehagen/423 | |
| 9342 | 2'2' | Tender | 07.06.15 | 600 | Deutsche Feldbahn, Feldbahndepot Rehagen/424 | |
| 9343 | 2'2' | Tender | 07.06.15 | 600 | Deutsche Feldbahn, Feldbahndepot Rehagen/425 | |
| 9344 | 2'2' | Tender | 07.06.15 | 600 | Deutsche Feldbahn, Feldbahndepot Rehagen/426 | |
| 9345 | 2'2' | Tender | 07.06.15 | 600 | Deutsche Feldbahn, Feldbahndepot Rehagen/427 | |
| 9346 | 2'2' | Tender | 02.06.15 | 600 | Deutsche Feldbahn, Feldbahndepot Rehagen/428 | |
| 9347 | 2'2' | Tender | 02.06.15 | 600 | Deutsche Feldbahn, Feldbahndepot Rehagen/429 | |
| 9348 | 2'2' | Tender | 02.06.15 | 600 | Deutsche Feldbahn, Feldbahndepot Rehagen/430 | |
| 9349 | 2'2' | Tender | 02.06.15 | 600 | Deutsche Feldbahn, Feldbahndepot Rehagen/431 | |
| 9350 | 2'2' | Tender | 15.07.15 | 600 | Deutsche Feldbahn, Feldbahndepot Rehagen/432 | |
| 9351 | 2'2' | Tender | 15.07.15 | 600 | Deutsche Feldbahn, Feldbahndepot Rehagen/433 | |
| 9352 | 2'2' | Tender | 15.07.15 | 600 | Deutsche Feldbahn, Feldbahndepot Rehagen/434 | |
| 9353 | 2'2' | Tender | 17.07.15 | 600 | Deutsche Feldbahn, Feldbahndepot Rehagen/435 | |
| 9354 | 2'2' | Tender | 17.07.15 | 600 | Deutsche Feldbahn, Feldbahndepot Rehagen/436 | |
| 9355 | 2'2' | Tender | 19.07.15 | 600 | Deutsche Feldbahn, Feldbahndepot Rehagen/437 | |
| 9356 | B v | DrL | 18.02.16 | 625 | Concordia Bergbau AG, Oberhausen | |
| 9357 | B v | DrL | 25.02.16 | 625 | Concordia Bergbau AG, Oberhausen | |
| 9358 | B v | DRL | 02.03.16 | 585 | Gutehoffnungshütte, Oberhausen | |
| 9359 | B v | DrL | 04.03.16 | 585 | Gutehoffnungshütte, Oberhausen | |
| 9360 | Bv | DrL | 01.04.16 | 585 | Gutehoffnungshütte, Oberhausen | |
| 9361 | D h2 | G | 21.12.15 | 1435 | KPEV (G 8.1)/Psn 4977/1919 PKP Tp 4-101/1941 DRG 55 2714"/DR | 25.03.1968 |
| 9362 | D h2 | G | 21.12.15 | 1435 | KPEV (G 8.1)/Psn 4978/1919 Ost 4978/DRG 55 3672/DB | 25.05.1946 |
| 9363 | D h2 | G | 23.12.15 | 1435 | KPEV (G 8.1)/Psn 4979/1919 PKP Tp 4-102 | |
| 9364 | D h2 | G | 23.12.15 | 1435 | KPEV (G 8.1)/Psn 4980/1919 Ost 4980/DRG 55 3673/PKP Tp 4-21 | |
| 9365 | D h2 | G | 24.12.15 | 1435 | KPEV (G 8.1)/Psn 4981/1919 PKP Tp 4-103/PKP Tp 4-53 | |
| 9366 | D h2 | G | 28.12.15 | 1435 | KPEV (G 8.1)/Psn 4982/1919 Ost 4982/DRG 55 3674 | 1931 |
| 9367 | D h2 | G | 28.12.15 | 1435 | KPEV (G 8.1)/Psn 4983/1919 Ost 4983/DRG 55 3675 | 1931 |
| 9368 | D h2 | G | 29.12.15 | 1435 | KPEV (G 8.1)/Psn 4984/1919 PKP Tp 4-104 | |
| 9369 | D h2 | G | 30.12.15 | 1435 | KPEV (G 8.1)/Psn 4985/1919 Ost 4985/DRG 55 3676 | 1931 |
| 9370 | D h2 | G | 30.12.15 | 1435 | KPEV (G 8.1)/Psn 4986/1919 Ost 4986/DRG 55 3677 | 1931 |
| 9371 | D h2 | G | 31.12.15 | 1435 | KPEV (G 8.1)/Psn 4987/1919 PKP Tp 4-105/1941 DRG 55 2715" | |
| 9372 | D h2 | G | 31.12.15 | 1435 | KPEV (G 8.1)/Psn 4988/1919 Ost 4988/DRG 55 3678 | |
| 9373 | D h2 | G | 31.12.15 | 1435 | KPEV (G 8.1)/Psn 4989/1919 Ost 4989/DRG 55 3679 | 1932 |
| 9374 | D h2 | G | 31.12.15 | 1435 | KPEV (G 8.1)/Psn 4990/1919 Ost 4990/DRG 55 3680 | 1933 |
| 9375 | D h2 | G | 13.01.16 | 1435 | KPEV (G 8.1)/Psn 4991/1919 Ost 4991/DRG 55 3681/07.36.U.DRG 56 414 | |
| 9376 | D h2 | G | 31.01.16 | 1435 | KPEV (G 8.1)/Erf 5198/DRG 55 3682 | 1931 |
| 9377 | D h2 | G | 08.02.16 | 1435 | KPEV (G 8.1)/Erf 5199/DRG 55 3683/DR Rbd Halle 14.09.45 abgegeben | |
| 9378 | D h2 | G | 09.02.16 | 1435 | KPEV (G 8.1)/Erf 5200/DRG 55 3684/DR | 04.11.1969 |
| 9379 | D h2 | G | 11.02.16 | 1435 | KPEV (G 8.1)/Erf 5201/1920 SAAR 4943/1935 DRG 55 5660/DR | 17.12.1970 |
| 9380 | D h2 | G | 11.02.16 | 1435 | KPEV (G 8.1)/Erf 5202/DRG 55 3685 | 1933 |
| 9381 | D h2 | G | 12.02.16 | 1435 | KPEV (G 8.1)/Erf 5203/1919 B 8403/DB/45 SNCB 81.303 | |
| 9382 | D h2 | G | 12.02.16 | 1435 | KPEV (G 8.1)/Erf 5204/DRG 55 3686 | 1931 |
| 9383 | D h2 | G | 15.02.16 | 1435 | KPEV (G 8.1)/Erf 5205/DRG 55 3687 | 1932 |
| 9384 | D h2 | G | 16.02.16 | 1435 | KPEV (G 8.1)/Erf 5206/DRG 55 3688/DB | 29.07.1961 |
| 9385 | D h2 | G | 17.02.16 | 1435 | KPEV (G 8.1)/Erf 5207/DRG 55 3689 | 1932 |
| 9386 | D h2 | G | 18.02.16 | 1435 | KPEV (G 8.1)/Erf 5208/DRG 55 3690/36 U.DRG 56 442/DB | 03.08.1962 |
| 9387 | D h2 | G | 19.02.16 | 1435 | KPEV (G 8.1)/Erf 5209/DRG 55 3691 | 1931 |
| 9388 | D h2 | G | 22.02.16 | 1435 | KPEV (G 8.1)/Erf 5210/DRG 55 3692/DB | 02.11.1961 |
| 9389 | D h2 | G | 22.02.16 | 1435 | KPEV (G 8.1)/Erf 5211/1919 B 8511 | |
| 9390 | D h2 | G | 23.02.16 | 1435 | KPEV (G 8.1)/Erf 5212/DRG 55 3693 | 1931 |
| 9391 | D h2 | G | 24.02.16 | 1435 | KPEV (G 8.1)/Erf 5213/DRG 55 3694 | |
| 9392 | D h2 | G | 13.01.16 | 1435 | KPEV (G 8.1)/Efd 5185/DRG 55 3695 | 1931 |
| 9393 | D h2 | G | 15.01.16 | 1435 | KPEV (G 8.1)/Efd 5186/1919 B 8580/SNCB 81.480 | |
| 9394 | D h2 | G | 15.01.16 | 1435 | KPEV (G 8.1)/Efd 5187/DRG 55 3696§DB | 01.09.1965 |
| 9395 | D h2 | G | 17.01.16 | 1435 | KPEV (G 8.1)/Efd 5188/1919 B 8488/SNCB 81.388 | |
| 9396 | D h2 | G | 19.01.16 | 1435 | KPEV (G 8.1)/Efd 5189/1919 B 8489/SNCB 81.389 | |
| 9397 | D h2 | G | 20.01.16 | 1435 | KPEV (G 8.1)/Efd 5190/DRG 55 3697 | 1933 |
| 9398 | D h2 | G | 20.01.16 | 1435 | KPEV (G 8.1)/Efd 5191/1919 B 8491/SNCB 81.391 | |
| 9399 | D h2 | G | 22.01.16 | 1435 | KPEV (G 8.1)/Efd 5192/DRG 55 3698/DR/55 3698-2 | 29.12.1972 |
| 9400 | D h2 | G | 22.01.16 | 1435 | KPEV (G 8.1)/Efd 5193/1919 B 8492/DB/22.06.50 SNCB 81.392 | |
| 9401 | D h2 | G | 25.01.16 | 1435 | KPEV (G 8.1)/Efd 5194/1919 B 8494/SNCB 81.394 | |
| 9402 | D h2 | G | 25.01.16 | 1435 | KPEV (G 8.1)/Efd 5195/DRG 55 3699/14.02.39 U.DRG 56 753/NS 4671/DB | 01.09.1965 |
| 9403 | D h2 | G | 26.01.16 | 1435 | KPEV (G 8.1)/Efd 5196/1919 B 8596/SNCB 81.496 | |
| 9404 | D h2 | G | 26.01.16 | 1435 | KPEV (G 8.1)/Efd 5197/DRG 55 3700/DB | 10.01.1965 |
| 9405 | D h2 | G | 28.01.16 | 1435 | KPEV (G 8.1)/Efd 5198 | |
| 9406 | D h2 | G | 28.01.16 | 1435 | KPEV (G 8.1)/Efd 5199/DRG 55 3701/PKP Tp 4-22 | |
| 9407 | D h2 | G | 29.01.16 | 1435 | KPEV (G 8.1)/Efd 5200/DRG 55 3702 | |
| 9408 | D h2 | G | 29.01.16 | 1435 | KPEV (G 8.1)/Efd 5201/DRG 55 3703/28.04.39 U.DRG 56 842/DR | 20.01.1954 |

| Fabriknummer | Bauart | Gattung | Auslieferungsdatum | Spurweite | Empfänger/Verbleib | Ausmusterung |
|---|---|---|---|---|---|---|
| 9409 | D h2 | G | 31.01.16 | 1435 | KPEV (G 8.1)/Efd 5202/DRG 55 3704 | |
| 9410 | D h2 | G | 31.01.16 | 1435 | KPEV (G 8.1)/Efd 5203/DRG 55 3705 | 1933 |
| 9411 | D h2 | G | 25.02.16 | 1435 | KPEV (G 8.1)/Alt 4871/1919 B 8209/SNCB 81.109 | |
| 9412 | D h2 | G | 25.02.16 | 1435 | KPEV (G 8.1)/Alt 4872/DRG 55 3706 | 1932 |
| 9413 | D h2 | G | 26.02.16 | 1435 | KPEV (G 8.1)/Alt 4873/DRG 55 3707/09.36 U.DRG 56 446/PKP Tr 5-13 | |
| 9414 | D h2 | G | 28.02.16 | 1435 | KPEV (G 8.1)/Alt 4874/DRG 55 3708 | 1931 |
| 9415 | D h2 | G | 29.02.16 | 1435 | KPEV (G 8.1)/Alt 4875/1919 AL (F) 5064 | |
| 9416 | D h2 | G | 29.02.16 | 1435 | KPEV (G 8.1)/Alt 4876/DRG 55 3709/27.10.38 U.DRG 56 656/DB | 14.07.1958 |
| 9417 | D h2 | G | 29.02.16 | 1435 | KPEV (G 8.1)/Alt 4877/DRG 55 3710/01.02.38 U.DRG 56 535 | 1944 |
| 9418 | D h2 | G | 29.02.16 | 1435 | KPEV (G 8.1)/Alt 4878/DRG 55 3711/26.01.38 U.DRG 56 534/DB | 26.01.1964 |
| 9419 | D h2 | G | 09.03.16 | 1435 | KPEV (G 8.1)/Alt 4879/DRG 55 3712 | 1931 |
| 9420 | D h2 | G | 11.03.16 | 1435 | KPEV (G 8.1)/Alt 4880/1919 B 8213/SNCB 81.113 | |
| 9421 | D h2 | G | 10.03.16 | 1435 | KPEV (G 8.1)/Alt 4881/DRG 55 3713 | 1932 |
| 9422 | D h2 | G | 10.03.16 | 1435 | KPEV (G 8.1)/Alt 4882/1919 AL (F) 5065/1938 SNCF 1-040 D 65 | |
| 9423 | D h2 | G | 13.03.16 | 1435 | KPEV (G 8.1)/Alt 4883/DRG 55 3714 | vor 1941 |
| 9424 | D h2 | G | 14.03.16 | 1435 | KPEV (G 8.1)/Alt 4884/DRG 55 3715/10.05.38 U.DRG 56 637/DR/ 14.09.1945 abgegeben | |
| 9425 | D h2 | G | 16.03.16 | 1435 | KPEV (G 8.1)/Alt 4885/1919 ETAT 040.903/1938 SNCF 3-040 B 903/ SNCF (2) 040 D 302 | |
| 9426 | D h2 | G | 16.03.16 | 1435 | KPEV (G 8.1)/Alt 4886/DRG 55 3716 | 1931 |
| 9427 | D h2 | G | 17.03.16 | 1435 | KPEV (G 8.1)/Alt 4887/DRG 55 3717/31.10.38 U.DRG 56 657/DB | 20.11.1958 |
| 9428 | D h2 | G | 18.03.16 | 1435 | KPEV (G 8.1)/Alt 4888/DRG 55 3718/09.03.38 U.DRG 56 539/DB | 04.03.1966 |
| 9429 | D h2 | G | 20.03.16 | 1435 | KPEV (G 8.1)/Alt 4889/DRG 55 3719/DB | |
| 9430 | D h2 | G | 23.03.16 | 1435 | KPEV (G 8.1)/Alt 4890/DRG 55 3720/36 U.DRG 56 407/DR | 11.10.1966 |
| 9431 | 1'C h2t | Pt | 28.07.16 | 1435 | KPEV (T 12)/Bln 8480/DRG 74 1202/DR Rbd Berlin 04.11.45 abgegeben | |
| 9432 | 1'C h2t | Pt | 27.07.16 | 1435 | KPEV (T 12)/Bln 8481/DRG 74 1203/DR 01.10.65 Baumechanik Neubrandenburg | |
| 9433 | 1'C h2t | Pt | 29.07.16 | 1435 | KPEV (T 12)/Bln 8482/DRG 74 1204/DR | 08.02.1967 |
| 9434 | 1'C h2t | Pt | 29.07.16 | 1435 | KPEV (T 12)/Bln 8483/DRG 74 1205/DR Rbd Berlin 04.11.45 abgegeben | |
| 9435 | 1'C h2t | Pt | 31.07.16 | 1435 | KPEV (T 12)/Bln 8484/DRG 74 1206/DR | 18.07.1967 |
| 9436 | 1'C h2t | Pt | 31.07.16 | 1435 | KPEV (T 12)/Bln 8485/DRG 74 1207/PKP Oki 2-11 | |
| 9437 | 1'C h2t | Pt | 05.08.16 | 1435 | KPEV (T 12)/Bln 8486/DRG 74 1208/DR | 16.04.1964 |
| 9438 | 1'C h2t | Pt | 07.08.16 | 1435 | KPEV (T 12)/Bln 8487/DRG 74 1209/DR | 06.03.1965 |
| 9439 | 1'C h2t | Pt | 08.08.16 | 1435 | KPEV (T 12)/Bln 8488/DRG 74 1210/PKP Oki 2-12 | |
| 9440 | 1'C h2t | Pt | 10.08.16 | 1435 | KPEV (T 12)/Bln 8489/DRG 74 1211/PKP Oki 2-45 | |
| 9441 | C1'/b h4vt | ZL | 05.06.16 | 1435 | KPEV (T 26)/Csl 9012/Kln 9012/DRG 97 026/1931 Zeche Carolus Magnus, Gelsenkirchen | |
| 9442 | C1'h2t | - | 08.06.16 | 1435 | Reinickendorf-Liebenwalde-Groß Schönebecker Eisenbahn/10/sp. 03/1950 DR 91 6590 | 05.01.1965 |
| 9443 | B v | DrL | 07.04.16 | 585 | Gutehoffnungshütte, Oberhausen | |
| 9444 | B v | DrL | 10.04.16 | 585 | Gutehoffnungshütte, Oberhausen | |
| 9445 | B v | DrL | 18.04.16 | 585 | Gutehoffnungshütte, Oberhausen | |
| 9446 | B v | DrL | 26.04.16 | 540 | Gewerkschaft Helene & Amalie, Bergeborbeck | |
| 9447 | B v | DrL | 03.05.16 | 540 | Gewerkschaft Helene & Amalie, Bergeborbeck | |
| 9448 | D h2 | G | 25.03.16 | 1435 | KPEV (G 8.1)/Efd 5214/1919 AL (F) 9250/1925 AL 5335/1938 SNCF 1-040 D 335 | |
| 9449 | D h2 | G | 24.03.16 | 1435 | KPEV (G 8.1)/Efd 5215/DRG 55 3960 | 1932 |
| 9450 | D h2 | G | 27.03.16 | 1435 | KPEV (G 8.1)/Efd 5216/1919 B 8419/SNCB 81.319 | |
| 9451 | D h2 | G | 27.03.16 | 1435 | KPEV (G 8.1)/Efd 5217/DRG 55 3961 | 1931 |
| 9452 | D h2 | G | 28.03.16 | 1435 | KPEV (G 8.1)/Efd 5218/1919 Nord (F) 4.354/1938 SNCF 2-040 D 4 | |
| 9453 | D h2 | G | 28.03.16 | 1435 | KPEV (G 8.1)/Efd 5219/DRG 55 3962/DB | 19.11.1945 |
| 9454 | D h2 | G | 29.03.16 | 1435 | KPEV (G 8.1)/Efd 5220/1919 B 8525/SNCB 81.425 | |
| 9455 | D h2 | G | 30.03.16 | 1435 | KPEV (G 8.1)/Efd 5221/1919 B 8521/DB/01.46 SNCB 81.421 | |
| 9456 | D h2 | G | 31.03.16 | 1435 | KPEV (G 8.1)/Efd 5222/1919 B 8522/DR 1953 im Raw Stendal zerlegt | |
| 9457 | D h2 | G | 31.03.16 | 1435 | KPEV (G 8.1)/Efd 5223/1919 B 8423/SNCB 81.323 | |
| 9458 | D h2 | G | 31.03.16 | 1435 | KPEV (G 8.1)/Efd 5224/DRG 55 3963 | 1931 |
| 9459 | D h2 | G | 07.04.16 | 1435 | KPEV (G 8.1)/Mgd 4961/DRG 55 3964/DB | 12.03.1968 |
| 9460 | D h2 | G | 07.04.16 | 1435 | KPEV (G 8.1)/Mgd 4962/1919 Est (F) 4327/1938 SNCF 1-040 D 527 | |
| 9461 | D h2 | G | 08.04.16 | 1435 | KPEV (G 8.1)/Mgd 4963/1919 FS 460.008 | |
| 9462 | D h2 | G | 10.04.16 | 1435 | KPEV (G 8.1)/Mgd 4964/DRG 55 3965 | |
| 9463 | D h2 | G | 11.04.16 | 1435 | KPEV (G 8.1)/Mgd 4965/1919 Lit. | |
| 9464 | D h2 | G | 12.04.16 | 1435 | KPEV (G 8.1)/Mgd 4966/1919 AL (F) 5045/DB/1945 SNCF 1-040 D 45 | |
| 9465 | D h2 | G | 13.04.16 | 1435 | KPEV (G 8.1)/Mgd 4967/1919 AL (F) 9292/1925 AL 5336/DB/1950 SNCF 1-040 D 336 | |
| 9466 | D h2 | G | 14.04.16 | 1435 | KPEV (G 8.1)/Mgd 4968/DRG 55 3966/DB | 25.04.1958 |
| 9467 | D h2 | G | 15.04.16 | 1435 | KPEV (G 8.1)/Mgd 4969/DRG 55 3967 | |
| 9468 | D h2 | G | 17.04.16 | 1435 | KPEV (G 8.1)/Erf 5214/1919 Nord (F) 4.355/1938 SNCF 2-040 D 5 | |
| 9469 | D h2 | G | 18.04.16 | 1435 | KPEV (G 8.1)/Erf 5215/1919 B 8557/SNCF 1-040 D 601 | |
| 9470 | D h2 | G | 19.04.16 | 1435 | KPEV (G 8.1)/Erf 5216/DRG 55 3968 | 1931 |
| 9471 | D h2 | G | 19.04.16 | 1435 | KPEV (G 8.1)/Erf 5217/DRG 55 3969 | |
| 9472 | D h2 | G | 19.04.16 | 1435 | KPEV (G 8.1)/Erf 5218/DRG 55 3970 | 1931 |
| 9473 | D h2 | G | 25.04.16 | 1435 | KPEV (G 8.1)/Erf 5219/DRG 55 3971/DB | 07.08.1959 |
| 9474 | D h2 | G | 26.04.16 | 1435 | KPEV (G 8.1)/Erf 5220/DRG 55 3972 | 1932 |

| Fabriknummer | Bauart | Gattung | Auslieferungsdatum | Spurweite | Empfänger/Verbleib | Ausmusterung |
|---|---|---|---|---|---|---|
| 9475 | D h2 | G | 27.04.16 | 1435 | KPEV (G 8.1)/Erf 5221/DRG 55 3973 | |
| 9476 | D h2 | G | 28.04.16 | 1435 | KPEV (G 8.1)/Erf 5222/DRG 55 3974/11.35 U.DRG 56 281 | |
| 9477 | D h2 | G | 28.04.16 | 1435 | KPEV (G 8.1)/Erf 5223/1919 PO (F) 1320/1923 Est 4246/08.44. B 7900/ 29.12.1944 SNCF 1-040 D 446 | 1951 |
| 9478 | D h2 | G | 29.04.16 | 1435 | KPEV (G 8.1)/Erf 5224/DRG 55 3975 | 1933 |
| 9479 | D h2 | G | 29.04.16 | 1435 | KPEV (G 8.1)/Erf 5225/1919 AL (F) 5025 | |
| 9480 | D h2 | G | 29.04.16 | 1435 | KPEV (G 8.1)/Erf 5226/DRG 55 3976/DR | 06.05.1946 |
| 9481 | D h2 | G | 08.05.16 | 1435 | KPEV (G 8.1)/Erf 5227/DRG 55 3977/DB | 11.05.1966 |
| 9482 | D h2 | G | 09.05.16 | 1435 | KPEV (G 8.1)/Erf 5228/1919 PKP Tp 4-173/1941 DRG 55 2884"/DB | 13.12.1951 |
| 9483 | D h2 | G | 10.05.16 | 1435 | KPEV (G 8.1)/Erf 5229/DRG 55 3978/DB/055 978-1 | 03.03.1969 |
| 9484 | D h2 | G | 11.05.16 | 1435 | KPEV (G 8.1)/Alt 4891/DRG 55 3979 | 1931 |
| 9485 | D h2 | G | 12.05.16 | 1435 | KPEV (G 8.1)/Alt 4982/1919 B 8219/DR Staßfurt abgestellt 1953 | 1956 |
| 9486 | D h2 | G | 15.05.16 | 1435 | KPEV (G 8.1)/Alt 4893/DRG 55 3980 | 1932 |
| 9487 | D h2 | G | 15.05.16 | 1435 | KPEV (G 8.1)/Alt 4894/DRG 55 3981 | 30.07.1943 |
| 9488 | D h2 | G | 18.05.16 | 1435 | KPEV (G 8.1)/Alt 4895/DRG 55 3982/PKP Tp 4-78 | |
| 9489 | D h2 | G | 18.05.16 | 1435 | KPEV (G 8.1)/Alt 4896/1919 AL (F)/5135/1938 SNCF 1-040 D 135 | |
| 9490 | D h2 | G | 22.05.16 | 1435 | KPEV (G 8.1)/Alt 4897/Mst 5704/DRG 55 3983 | 1931 |
| 9491 | D h2 | G | 22.05.16 | 1435 | KPEV (G 8.1)/Alt 4898/Mst 5705/DRG 55 3984 | |
| 9492 | D h2 | G | 23.05.16 | 1435 | KPEV (G 8.1)/Alt 4899/Mst 5706/DRG 55 3985/1936 U.DRG 56 462/DB | 13.11.1956 |
| 9493 | D h2 | G | 24.05.16 | 1435 | KPEV (G 8.1)/Alt 4900/DRG 55 3986 | 1932 |
| 9494 | D h2 | G | 25.05.16 | 1435 | KPEV (G 8.1)/Alt 4901/1919 Nord (F) 4.356/DB/11.45 SNCF 2-040 D 6 | |
| 9495 | D h2 | G | 27.05.16 | 1435 | KPEV (G 8.1)/Alt 4902/DRG 55 3987 | 12.05.1932 |
| 9496 | D h2 | G | 27.05.16 | 1435 | KPEV (G 8.1)/Alt 4903/1919 Midi (F) 2202/1934 PO 040 502/1938 SNCF 4-040 K 502 | |
| 9497 | D h2 | G | 29.05.16 | 1435 | KPEV (G 8.1)/Alt 4904/DRG 55 3988 | 1931 |
| 9498 | D h2 | G | 30.05.16 | 1435 | KPEV (G 8.1)/Alt 4905/DRG 55 3989 | 1932 |
| 9499 | D h2 | G | 31.05.16 | 1435 | KPEV (G 8.1)/Alt 4906/DRG 55 3990/NS 4124/01.08.47 DB | 30.09.1960 |
| 9500 | D h2 | G | 02.06.16 | 1435 | KPEV (G 8.1)/Alt 4907/DRG 55 3991 | 1931 |
| 9501 | 1'C h2t | Pt | 12.08.16 | 1435 | KPEV (T 12)/Dzg 7713/1919 Nord (F) 3.892/1938 SNCF 2-130 TC 5/1957 DR 74 1353/21.10.1960 Teerwerk Teltow | |
| 9502 | 1'C h2t | Pt | 14.08.16 | 1435 | KPEV (T 12)/Dzg 7714/1919 PKP 2-6 Dz/1941 DRG 74 1327 | |
| 9503 | 1'C h2t | Pt | 15.08.16 | 1435 | KPEV (T 12)/Dzg 7715/1919 Nord (F) 3.894/1938 SNCF 130 TC 7 | |
| 9504 | 1'C h2t | Pt | 16.08.16 | 1435 | KPEV (T 12)/Dzg 7716/1919 Nord (F) 3.895/1938 SNCF 130 TC 8 | |
| 9505 | 1'C h2t | Pt | 16.08.16 | 1435 | KPEV (T 12)/Dzg 7717/Han 7709/DRG 74 1212/DB | 01.09.1966 |
| 9506 | 1'C h2t | Pt | 19.08.16 | 1435 | KPEV (T 12)/Dzg 7718/Han 7710/DRG 74 1213/DB | 07.08.1959 |
| 9507 | 1'C h2t | Pt | 19.08.16 | 1435 | KPEV (T 12)/Dzg 7719/Han 7711/DRG 74 1214/NS 5909/1946 DB | 27.04.1959 |
| 9508 | 1'C h2t | Pt | 21.08.16 | 1435 | KPEV (T 12)/Dzg 7720/Han 7712/DRG 74 1215/DR Rbd Bln 04.11.45 abgegeben | |
| 9509 | 1'C h2t | Pt | 22.08.16 | 1435 | KPEV (T 12)/Dzg 7721/Han 7713/DRG 74 1216/DR | 15.02.1951 |
| 9510 | 1'C h2t | Pt | 23.08.16 | 1435 | KPEV (T 12)/Bln 8490/DRG 74 1217/DB | 18.04.1947 |
| 9511 | 1'C h2t | Pt | 24.08.16 | 1435 | KPEV (T 12)/Bln 8491/DRG 74 1218/DR Rbd Bln 04.11.45 abgegeben | |
| 9512 | 1'C h2t | Pt | 25.08.16 | 1435 | KPEV (T 12)/Bln 8492/DRG 74 1219/DR Rbd Bln 04.11.45 abgegeben | |
| 9513 | 1'C h2t | Pt | 25.08.16 | 1435 | KPEV (T 12)/Bln 8493/DRG 74 1220/DR | 06.05.1965 |
| 9514 | 1'C h2t | Pt | 26.08.16 | 1435 | KPEV (T 12)/Bln 8494/DRG 74 1221/DR | 13.05.1964 |
| 9515 | 1'C h2t | Pt | 28.08.16 | 1435 | KPEV (T 12)/Bln 8495/DRG 74 1222/DR | 25.12.1947 |
| 9516 | 1'C h2t | Pt | 29.08.16 | 1435 | KPEV (T 12)/Bln 8496/DRG 74 1223/DR | 05.03.1965 |
| 9517 | 1'C h2t | Pt | 29.08.16 | 1435 | KPEV (T 12)/Bln 8497/DRG 74 1224/DR Rbd Bln 04.11.45 abgegeben | |
| 9518 | 1'C h2t | Pt | 30.08.16 | 1435 | KPEV (T 12)/Bln 8498/DRG 74 1225/DR | 22.12.1947 |
| 9519 | 1'C h2t | Pt | 30.08.16 | 1435 | KPEV (T 12)/Bln 8499/DRG 74 1226/DR | 11.10.1966 |
| 9520 | 1'C h2t | Pt | 31.08.16 | 1435 | KPEV (T 12)/Bln 8500/DRG 74 1227/DR | 24.04.1967 |
| 9521 | 1'C h2t | Pt | 31.08.16 | 1435 | KPEV (T 12)/Bln 8701/DRG 74 1228/DR | 24.04.1967 |
| 9522 | 1'C h2t | Pt | 07.09.16 | 1435 | KPEV (T 12)/Bln 8702/DRG 74 1229/DR/06.01.1965 WL Raw Görlitz | |
| 9523 | 1'C h2t | Pt | 11.09.16 | 1435 | KPEV (T 12)/Bln 8703/DRG 74 1230/DR/Verkehrsmuseum Dresden | |
| 9524 | 1'C h2t | Pt | 12.09.16 | 1435 | KPEV (T 12)/Bln 8704/DRG 74 1231/PKP Oki 2-46 | |
| 9525 | 1'C h2t | Pt | 14.09.16 | 1435 | KPEV (T 12)/Bln 8705/DRG 74 1232/DR | 06.05.1965 |
| 9526 | 1'C h2t | Pt | 15.09.16 | 1435 | KPEV (T 12)/Bln 8706/DRG 74 1233/DR | 22.12.1966 |
| 9527 | 1'C h2t | Pt | 16.09.16 | 1435 | KPEV (T 12)/Bln 8707/DRG 74 1234/PKP Oki 2-27 | |
| 9528 | 1'C h2t | Pt | 18.09.16 | 1435 | KPEV (T 12)/Bln 8708/DRG 74 1235/DR Rbd Bln 04.11.45 abgegeben | |
| 9529 | 1'C h2t | Pt | 18.09.16 | 1435 | KPEV (T 12)/Bln 8709/DRG 74 1236/DR | 18.01.1967 |
| 9530 | 1'C h2t | Pt | 20.09.16 | 1435 | KPEV (T 12)/Bln 8710/DRG 74 1237/PKP Oki 2-67 | |
| 9531 | 1'C h2t | Pt | 23.09.16 | 1435 | KPEV (T 12)/Bln 8711/DRG 74 1238/DR | 01.12.1953 |
| 9532 | 1'C h2t | Pt | 25.09.16 | 1435 | KPEV (T 12)/Bln 8712/DRG 74 1239/DR/06.10.1960 Edelstahlwerk, Freital (WL) | |
| 9533 | 1'C h2t | Pt | 27.09.16 | 1435 | KPEV (T 12)/Bln 8713/DRG 74 1240/DR | 07.05.1965 |
| 9534 | 1'C h2t | Pt | 28.09.16 | 1435 | KPEV (T 12)/Bln 8714/DRG 74 1241/DR | 04.01.1949 |
| 9535 | 1'C h2t | Pt | 29.09.16 | 1435 | KPEV (T 12)/Alt 7777/DRG 74 1242/DB | 18.01.1962 |
| 9536 | 1'C h2t | Pt | 30.09.16 | 1435 | KPEV (T 12)/Alt 7778/DRG 74 1243/DB | 27.04.1959 |
| 9537 | 1'C h2t | Pt | 30.09.16 | 1435 | KPEV (T 12)/Alt 7779/DRG 74 1244/DB | 12.01.1963 |
| 9538 | 1'C h2t | Pt | 30.09.16 | 1435 | KPEV (T 12)/Alt 7780/DRG 74 1245/DB | 27.04.1959 |
| 9539 | 1'C h2t | Pt | 05.10.16 | 1435 | KPEV (T 12)/Alt 7781/DRG 74 1246/DB | 06.03.1948 |
| 9540 | 1'C h2t | Pt | 10.10.16 | 1435 | KPEV (T 12)/Kat 7714/1922 Opp 7714/DRG 74 1247/DR | 1963 |
| 9541 | 1'C h2t | Pt | 10.10.16 | 1435 | KPEV (T 12)/Kat 7715/1922 Opp 7715/DRG 74 1248/PKP Oki 2-60 | |

| Fabriknummer | Bauart | Gattung | Auslieferungsdatum | Spurweite | Empfänger/Verbleib | Ausmusterung |
|---|---|---|---|---|---|---|
| 9542 | 1'C h2t | Pt | 11.10.16 | 1435 | KPEV (T 12)/Kat 7716/DRG 74 1249/DR | 23.03.1964 |
| 9543 | 1'C h2t | Pt | 13.10.16 | 1435 | KPEV (T 12)/Kat 7717/1919 PKP Oki 2-12/1941 DRG 74 1338/PKP Oki 2-63 | |
| 9544 | 1'C h2t | Pt | 14.10.16 | 1435 | KPEV (T 12)/Kat 7718/1922 Opp 7718/DRG 74 1250/DR | 14.09.1964 |
| 9545 | 1'C h2t | Pt | 17.10.16 | 1435 | KPEV (T 12)/Kat 7719/1922 Opp 7719/DRG 74 1251/DR Rbd Bln 04.11.45 abgegeben | |
| 9546 | 1'C h2t | Pt | 19.10.16 | 1435 | KPEV (T 12)/Kat 7720/1922 Opp 7720/DRG 74 1252/DR/14.12.60 Stahlwerk Hennigsdorf | |
| 9547 | 1'C h2t | Pt | 30.10.16 | 1435 | KPEV (T 12)/Kat 7721/1922 Opp 7721/DRG 74 1253/DR/16.11.64 Stahlwerk Gröditz | |
| 9548 | B v | DrL | 29.07.16 | 560 | Bergwerksaktienverein Rhein-Elbe, Gelsenkirchen | |
| 9549 | B v | DrL | 07.08.16 | 560 | Bergwerksaktienverein Rhein-Elbe, Gelsenkirchen | |
| 9550 | B v | DrL | 16.09.16 | 560 | Bergwerksaktienverein Rhein-Elbe, Gelsenkirchen | |
| 9551 | B v | DrL | 16.09.16 | 560 | Bergwerksaktienverein Rhein-Elbe, Gelsenkirchen | |
| 9552 | B v | DrL | 29.12.16 | 560 | Bergwerksaktienverein Rhein-Elbe, Gelsenkirchen | |
| 9553 | B v | DrL | 29.12.16 | 560 | Bergwerksaktienverein Rhein-Elbe, Gelsenkirchen | |
| 9554 | B v | DrL | 30.12.16 | 560 | Bergwerksaktienverein Rhein-Elbe, Gelsenkirchen | |
| 9555 | B v | DrL | 08.11.16 | 560 | Bergwerksaktienverein Rhein-Elbe, Gelsenkirchen | |
| 9556 | B v | DrL | 08.11.16 | 560 | Bergwerksaktienverein Rhein-Elbe, Gelsenkirchen | |
| 9557 | B v | DrL | 19.01.17 | 560 | Bergwerksaktienverein Rhein-Elbe, Gelsenkirchen | |
| 9558 | C1 h2t | | 31.07.16 | 1435 | Reinickendorf-Liebenwalde-Groß Schönebecker Eisenbahn/11/1925 04/1950 DR 91 6591 | 06.06.1955 |
| 9559 | B v | DrL | 05.06.16 | 625 | Concordia Bergbau AG, Oberhausen | |
| 9560 | B v | DrL | 06.06.16 | 625 | Concordia Bergbau AG, Oberhausen | |
| 9561 | B v | DrL | 20.06.16 | 625 | Concordia Bergbau AG, Oberhausen | |
| 9562 | B v | DrL | 16.10.16 | 585 | Gutehoffnungshütte, Oberhausen | |
| 9563 | B v | DrL | 16.10.16 | 585 | Gutehoffnungshütte, Oberhausen | |
| 9564 | B v | DrL | 10.11.16 | 585 | Gutehoffnungshütte, Oberhausen | |
| 9565 | B v | DrL | 11.11.16 | 585 | Gutehoffnungshütte, Oberhausen | |
| 9566 | B v | DrL | 14.11.16 | 585 | Gutehoffnungshütte, Oberhausen | |
| 9567 | B v | DrL | 08.12.16 | 585 | Gutehoffnungshütte, Oberhausen | |
| 9568 | B v | DrL | 08.12.16 | 585 | Gutehoffnungshütte, Oberhausen | |
| 9569 | B v | DrL | 15.12.16 | 585 | Gutehoffnungshütte, Oberhausen | |
| 9570 | B v | DrL | 15.12.16 | 585 | Gutehoffnungshütte, Oberhausen | |
| 9571 | B v | DrL | 16.02.17 | 560 | Gutehoffnungshütte, Oberhausen | |
| 9572 | B v | DrL | 16.02.17 | 560 | Gutehoffnungshütte, Oberhausen | |
| 9573 | B v | DrL | 23.03.17 | 560 | Gutehoffnungshütte, Oberhausen | |
| 9574 | B v | DrL | 23.03.17 | 560 | Gutehoffnungshütte, Oberhausen | |
| 9575 | B v | DrL | 23.03.17 | 560 | Gutehoffnungshütte, Oberhausen | |
| 9576 | D n2 | G | 20.06.16 | 1435 | KPEV (G 7.1)/Kbg 4401/1919 FS 421.001 | |
| 9577 | D n2 | G | 19.06.16 | 1435 | KPEV (G 7.1)/Kbg 4402/1919 Lett.Stb Sn 557/DB | 13.12.1951 |
| 9578 | D n2 | G | 22.06.16 | 1435 | KPEV (G 7.1)/Kbg 4403/1919 PKP Tp 1-107/1941 DRG 55 192 II/DB | 20.09.1948 |
| 9579 | D n2 | G | 22.06.16 | 1435 | KPEV (G 7.1)/Kbg 4404/1919 PKP Tp 1-108/1941 DRG 55 193 II/DR | 30.09.1964 |
| 9580 | D n2 | G | 23.06.16 | 1435 | KPEV (G 7.1)/Kbg 4405 | |
| 9581 | D n2 | G | 23.06.16 | 1435 | KPEV (G 7.1)/Kbg 4406/1919 PO (F) 1288/1934 PO 040 288/1938 SNCF (4) 040 G 288/1946 PKP verschrottet | |
| 9582 | D n2 | G | 24.06.16 | 1435 | KPEV (G 7.1)/Kbg 4407/DRG 55 581 | 1929 |
| 9583 | D n2 | G | 26.06.16 | 1435 | KPEV (G 7.1)/Kbg 4408/1919 B 7008 | |
| 9584 | D n2 | G | 27.06.16 | 1435 | KPEV (G 7.1)/Kbg 4409/1919 Est (F) 4745/1938 SNCF 1-040 B 745/DR | 1956 |
| 9585 | D n2 | G | 28.06.16 | 1435 | KPEV (G 7.1)/Kbg 4410/1919 ČSD 413.087/MAV 431.006 | |
| 9586 | D n2 | G | 28.06.16 | 1435 | KPEV (G 7.1)/Kbg 4411/1919 Lett Stb. Sn 553 | |
| 9587 | D n2 | G | 29.06.16 | 1435 | KPEV (G 7.1)/Kbg 4412/1919 B 7039/PKP Tp 1-82 | |
| 9588 | D n2 | G | 29.06.16 | 1435 | KPEV (G 7.1)/Kbg 4413 | |
| 9589 | D n2 | G | 30.06.16 | 1435 | KPEV (G 7.1)/Kbg 4414/1919 ČSD 413.078/MAV 431.011 | |
| 9590 | D n2 | G | 01.07.16 | 1435 | KPEV (G 7.1)/Kbg 4415 | |
| 9591 | D n2 | G | 05.07.16 | 1435 | KPEV (G 7.1)/Kbg 4416/DRG 55 582 | 1929 |
| 9592 | D n2 | G | 06.07.16 | 1435 | KPEV (G 7.1)/Kbg 4417/1919 FS 421.005 | |
| 9593 | D n2 | G | 11.07.16 | 1435 | KPEV (G 7.1)/Kbg 4418/1919 FS 421.006 | |
| 9594 | D n2 | G | 08.07.16 | 1435 | KPEV (G 7.1)/Kbg 4419/1919 B 7019 | |
| 9595 | D n2 | G | 12.07.16 | 1435 | KPEV (G 7.1)/Kbg 4420/DRG 55 583 | |
| 9596 | D n2 | G | 15.07.16 | 1435 | KPEV (G 7.1)/Kbg 4421/1919 PO (F) 1299/1934 PO 040 299/1938 SNCF 4-040 B 299/1946 PKP verschrottet | |
| 9597 | D n2 | G | 14.07.16 | 1435 | KPEV (G 7.1)/Kbg 4422/1919 B 7023 | |
| 9598 | D n2 | G | 15.07.16 | 1435 | KPEV (G 7.1)/Kbg 4423/1919 ČSD 413.090/MAV 431.008/1945 ČSD | |
| 9599 | D n2 | G | 18.07.16 | 1435 | KPEV (G 7.1)/Kbg 4424/1919 PKP Tp 1-109/1941 DRG 55 208 II/DB | 12.07.1948 |
| 9600 | D n2 | G | 05.08.16 | 1435 | KPEV (G 7.1)/Kbg 4425/1919 B 7025 | |
| 9601 | B v | DrL | 05.07.16 | 576 | Königliche Berginspektion V Zweckel, Gladbeck | |
| 9602 | B v | DrL | 15.07.16 | 576 | Königliche Berginspektion V Zweckel, Gladbeck | |
| 9603 | B v | DrL | 15.11.16 | 576 | Königliche Berginspektion V Zweckel, Gladbeck | |
| 9604 | B v | DrL | 04.12.16 | 576 | Königliche Berginspektion V Zweckel, Gladbeck | |
| 9605 | C n2ft | FL | 23.05.17 | 1435 | Niederlausitzer Kohlenwerke, Berlin | |
| 9606 | B v | DrL | 11.05.17 | 576 | Königliche Berginspektion V Zweckel, Gladbeck | |

| Fabriknummer | Bauart | Gattung | Auslieferungsdatum | Spurweite | Empfänger/Verbleib | Ausmusterung |
|---|---|---|---|---|---|---|
| 9607 | B v | DrL | 11.05.17 | 576 | Königliche Berginspektion V Zweckel, Gladbeck | |
| 9608 | B v | DrL | 16.07.17 | 576 | Königliche Berginspektion V Zweckel, Gladbeck | |
| 9609 | B v | DrL | 17.08.17 | 540 | Vereinigte Gewerkschaft Helene & Amalie, Bergeborbeck | |
| 9610 | B v | DrL | 17.08.17 | 540 | Vereinigte Gewerkschaft Helene & Amalie, Bergeborbeck | |
| 9611 | B v | DrL | 27.08.17 | 540 | Vereinigte Gewerkschaft Helene & Amalie, Bergeborbeck | |
| 9612 | B v | DrL | 27.08.17 | 540 | Vereinigte Gewerkschaft Helene & Amalie, Bergeborbeck | |
| 9613 | B v | DrL | 07.12.17 | 540 | Vereinigte Gewerkschaft Helene & Amalie, Bergeborbeck | |
| 9614 | B v | DrL | 15.12.17 | 540 | Vereinigte Gewerkschaft Helene & Amalie, Bergeborbeck | |
| 9615 | $B_o$ $B_o$ | ELA | 10.10.16 | 900 | e.A. SSW/Empfänger unbekannt | |
| 9616 | $B_o$ $B_o$ | ELA | 12.10.16 | 900 | e.A. SSW/Empfänger unbekannt | |
| 9617 | D h2 | G | 25.10.16 | 1435 | KPEV (G 8.1)/Kat 5249/1922 Opp 5252/DRG 55 4221 | |
| 9618 | D h2 | G | 27.10.16 | 1435 | KPEV (G 8.1)/Kat 5250 | |
| 9619 | D h2 | G | 28.10.16 | 1435 | KPEV (G 8.1)/Kat 5251/1922 Opp 5251/DRG 55 4222/DB | 01.09.1965 |
| 9620 | D h2 | G | 30.10.16 | 1435 | KPEV (G 8.1)/Kat 5252/1922 Opp 5250/DRG 55 4223/DB | 05.07.1967 |
| 9621 | D h2 | G | 31.10.16 | 1435 | KPEV (G 8.1)/Kbg 5199 | |
| 9622 | D h2 | G | 31.10.16 | 1435 | KPEV (G 8.1)/Kbg 5200 | |
| 9623 | D h2 | G | 04.11.16 | 1435 | KPEV (G 8.1)/Kbg 5201/DRG 55 4224/30.06.36 U.DRG 56 478 | |
| 9624 | D h2 | G | 08.11.16 | 1435 | KPEV (G 8.1)/Kbg 5202/DRG 55 4225/14.02.38 U.DRG 56 536 | |
| 9625 | D h2 | G | 08.11.16 | 1435 | KPEV (G 8.1)/Kbg 5203/DRG 55 4226/1939 U.DRG 56 852 | |
| 9626 | D h2 | G | 10.11.16 | 1435 | KPEV (G 8.1)/Kbg 5204/DRG 55 4227/12.04.38/U.DRG 56 543/ÖBB | 1953 |
| 9627 | D h2 | G | 13.11.16 | 1435 | KPEV (G 8.1)/Kbg 5205 | |
| 9628 | D h2 | G | 14.11.16 | 1435 | KPEV (G 8.1)/Kbg 5206/1919 PKP Tp 4-160/1941 DRG 55 2856" | |
| 9629 | D h2 | G | 14.11.16 | 1435 | KPEV (G 8.1)/Kbg 5207/DRG 55 4228/1935/36 U.DRG 56 301 | |
| 9630 | D h2 | | | 1435 | KPEV (G 8.1)/Kbg 5208/1919 AL (F) 9260/1925 AL 5353/PKP Zp 4-125/ PMP-PW | 1975 |
| 9631 | D h2 | G | 16.11.16 | 1435 | KPEV (G 8.1)/Kbg 5209/1919 B 8409/SNCB 81.309 | |
| 9632 | D h2 | G | 17.11.16 | 1435 | KPEV (G 8.1)/Kbg 5210/1919 B 8553/SNCB 81.453 | |
| 9633 | D h2 | G | 20.11.16 | 1435 | KPEV (G 8.1)/Kbg 5211/DRG 55 4229/PKP Tp 4-117 | |
| 9634 | D h2 | G | 21.11.16 | 1435 | KPEV (G 8.1)/Kbg 5212/1919 B 8512/DB/1946 SNCB 81.412 | |
| 9635 | D h2 | G | 23.11.16 | 1435 | KPEV (G 8.1)/Kbg 5213/1919 PKP Tp 4-164/1941 DRG 55 2867" | |
| 9636 | D h2 | G | 24.11.16 | 1435 | KPEV (G 8.1)/Kbg 5214/1919 PKP Tp 4-165/1941 DRG 55 2869" | |
| 9637 | D h2 | G | 25.11.16 | 1435 | KPEV (G 8.1)/Kbg 5215/DRG 55 4230/DB | 25.04.1966 |
| 9638 | D h2 | G | 27.11.16 | 1435 | KPEV (G 8.1)/Kbg 5216/DRG 55 4231/DB | 06.01.1966 |
| 9639 | D h2 | G | 28.11.16 | 1435 | KPEV (G 8.1)/Kbg 5217/1919 Midi 2232/1934 PO 040.532/1938 SNCF 4-040 K 532 | |
| 9640 | D h2 | G | 29.11.16 | 1435 | KPEV (G 8.1)/Kbg 5218/1919 PKP Tp 4-168/1941 DRG 55 2877"/PKP Tp 4-138 | |
| 9641 | D h2 | G | 30.11.16 | 1435 | KPEV (G 8.1)/Kbg 5219/DRG 55 4232 | |
| 9642 | D h2 | G | 30.11.16 | 1435 | KPEV (G 8.1)/Kbg 5220/1919 FS 460.025 | |
| 9643 | D h2 | G | 04.12.16 | 1435 | KPEV (G 8.1)/Kbg 5221/1919 PKP Tp 4-169/1941 DRG 55 2879"/DB | 13.12.1951 |
| 9644 | D h2 | G | 05.12.16 | 1435 | KPEV (G 8.1)/Kbg 5222/1919 AL (F) 9136/1925 AL 5331/DR Haldensleben | vor 1956 |
| 9645 | D h2 | G | 08.12.16 | 1435 | KPEV (G 8.1)/Kbg 5223/DRG 55 4233 | |
| 9646 | D h2 | G | 11.12.16 | 1435 | KPEV (G 8.1)/Kbg 5224/1919 FS 460.027 | |
| 9647 | D h2 | G | 12.12.16 | 1435 | KPEV (G 8.1)/Kbg 5225/1919 PKP Tp 4-172/1941 DRG 55 3706"/DB/ 055 706-6 | 11.12.1968 |
| 9648 | D h2 | G | 13.12.16 | 1435 | KPEV (G 8.1)/Kbg 5226/DRG 55 4234/21.07.36 U.DRG 56 482/DB | 23.10.1963 |
| 9649 | D h2 | G | 16.11.16 | 1435 | KPEV (G 8.1)/Hl 4971/DRG 55 4235/PKP Tp 4-23 | |
| 9650 | D h2 | G | 18.11.16 | 1435 | KPEV (G 8.1)/Hl 4972/DRG 55 4236 | |
| 9651 | D h2 | G | 18.11.16 | 1435 | KPEV (G 8.1)/Hl 4973/1919 PKP Tp 4-150/1941 DRG 55 2846"/PKP Tp 4-61 | |
| 9652 | D h2 | G | 20.11.16 | 1435 | KPEV (G 8.1)/Hl 4974/1919 AL (F) 5029/DR 55 7253 | 25.09.1967 |
| 9653 | D h2 | G | 22.11.16 | 1435 | KPEV (G 8.1)/Hl 4975/DRG 55 4237/DR | 20.02.1967 |
| 9654 | D h2 | G | 22.11.16 | 1435 | KPEV (G 8.1)/Hl 4976/DRG 55 4238 | |
| 9655 | D h2 | G | 23.11.16 | 1435 | KPEV (G 8.1)/Mgd 4970/DRG 55 4239 | 1931 |
| 9656 | D h2 | G | 27.11.16 | 1435 | KPEV (G 8.1)/Mgd 4971/DRG 55 4240 | |
| 9657 | D h2 | G | 28.11.16 | 1435 | KPEV (G 8.1)/Mgd 4972/DRG 55 4241 | 1932 |
| 9658 | D h2 | G | 29.11.16 | 1435 | KPEV (G 8.1)/Mgd 4973/DRG 55 4242 | |
| 9659 | D h2 | G | 30.11.16 | 1435 | KPEV (G 8.1)/Mgd 4974/DRG 55 4243 | 1932 |
| 9660 | D h2 | G | 30.11.16 | 1435 | KPEV (G 8.1)/Mgd 4975/1919 AL (F) 9205/1925 AL 5333/PKP Tp 4-126 | |
| 9661 | D h2 | G | 19.01.17 | 1435 | KPEV (G 8.1)/Mgd 4976/1919 AL (F) 9209/1925 AL 5334 | |
| 9662 | D h2 | G | 24.01.17 | 1435 | KPEV (G 8.1)/Mgd 4977/1919 FS 460.009 | |
| 9663 | D h2 | G | 26.01.17 | 1435 | KPEV (G 8.1)/Mgd 4978/DRG 55 4244 | 1932 |
| 9664 | E h2 | G | 29.01.17 | 1435 | KPEV (G 10)/Kat 5474/1919 PO (F) 5527/1929 Societee Metallurgique de Normandie á Caen | |
| 9665 | E h2 | G | 30.01.17 | 1435 | KPEV (G 10)/Kat 5475/DRG 57 1455 | |
| 9666 | E h2 | G | 30.01.17 | 1435 | KPEV (G 10)/Kat 5476/1919 ČSD 534.102 | |
| 9667 | E h2 | G | 31.01.17 | 1435 | KPEV (G 10)/Kat 5477/1919 AL (F) 5454/DB/09.45 SNCF 1-050 B 454 | |
| 9668 | E h2 | G | 31.01.17 | 1435 | KPEV (G 10)/Kat 5478/1919 AL (F) 5455/DB/09.45 SNCF 1-050 B 455 | |
| 9669 | E h2 | G | 09.02.17 | 1435 | KPEV (G 10)/Kat 5479/1922 Opp 5479/DRG 57 1456 | |
| 9670 | E h2 | G | 09.02.17 | 1435 | KPEV (G 10)/Kat 5480/1922 Opp 5480/DRG 57 1457/DB | 07.08.1956 |
| 9671 | E h2 | G | 10.02.17 | 1435 | KPEV (G 10)/Kat 5481/1922 Opp 5481/DRG 57 1458/DB | 20.11.1958 |
| 9672 | E h2 | G | 12.02.17 | 1435 | KPEV (G 10)/Kat 5482/1920 PKP Tw 1-47 | |
| 9673 | E h2 | G | 14.02.17 | 1435 | KPEV (G 10)/Kat 5483/1920 PKP Tw 1-48 | |

| Fabriknummer | Bauart | Gattung | Auslieferungsdatum | Spurweite | Empfänger/Verbleib | Ausmusterung |
|---|---|---|---|---|---|---|
| 9674 | E h2 | G | 15.02.16 | 1435 | KPEV (G 10)/Stn 5422/DRG 57 1459 | |
| 9675 | E h2 | G | 15.02.16 | 1435 | KPEV (G 10)/Stn 5423/DRG 57 1460/DB | 11.01.1952 |
| 9676 | E h2 | G | 19.02.16 | 1435 | KPEV (G 10)/Stn 5424/DRG 57 1461 | |
| 9677 | E h2 | G | 20.02.16 | 1435 | KPEV (G 10)/Stn 5425/DRG 57 1462/JZ 28-029/1947 JZ 35-029 | |
| 9678 | E h2 | G | 23.02.16 | 1435 | KPEV (G 10)/Stn 5426/DRG 57 1463/NSB R. 61a Nr. 1463 | 1948 |
| 9679 | E h2 | G | 27.02.17 | 1435 | KPEV (G 10)/Stn 5427/DRG 57 1464/OBB/1953 ÖBB 657 1464 | 24.09.1968 |
| 9680 | E h2 | G | 27.02.17 | 1435 | KPEV (G 10)/Stn 5428/DRG 57 1465/JZ 28-030/1947 JZ 35-030 | |
| 9681 | E h2 | G | 27.02.17 | 1435 | KPEV (G 10)/Stn 5429/DRG 57 1466/NSB R. 61 a Nr. 1466 | 1948 |
| 9682 | E h2 | G | 28.02.17 | 1435 | KPEV (G 10)/Stn 5430/DRG 57 1467 | |
| 9683 | E h2 | G | 28.02.17 | 1435 | KPEV (G 10)/Stn 5431/DRG 57 1468/DB | 15.08.1955 |
| 9684 | Nicht im Auslieferungsbuch verzeichnet | | | | | |
| 9685 | B v | DrL | 11.01.18 | 572 | Zeche Zollverein, Katernberg | |
| 9686 | B v | DrL | 12.01.18 | 572 | Zeche Zollverein, Katernberg | |
| 9687 | B v | DrL | 22.05.18 | 572 | Zeche Zollverein, Katernberg | |
| 9688 | B v | DrL | 22.05.18 | 572 | Zeche Zollverein, Katernberg | |
| 9689 | B v | DrL | 27.05.18 | 572 | Zeche Zollverein, Katernberg | |
| 9690 | B n2ft | FL | 24.09.17 | 1435 | Elektrizitätswerk Schlesien, Breslau/E-Werk „Wrocław-Nadodne" Tkb | 1972 |
| 9691 | Bo' Bo' | ELA | 04.01.18 | 900 | e.A. SSW/Chemische Fabrik „Griesheim Elektron", Bitterfeld | |
| 9692 | B v | DrL | 23.10.17 | 625 | Concordia Bergbau AG, Oberhausen | |
| 9693 | B v | DrL | 23.10.17 | 625 | Concordia Bergbau AG, Oberhausen | |
| 9694 | D h2 | G | 22.01.17 | 1435 | MGD Brüssel (G 8.1)/11 Hn 5731/DRG 55 4245/DB | 21.04.1964 |
| 9695 | D h2 | G | 23.01.17 | 1435 | MGD Brüssel (G 8.1)/12 Erf 5163/DRG 55 4246 | |
| 9696 | D h2 | G | 25.01.17 | 1435 | MGD Brüssel (G 8.1)/13/1919 B 8463/SNCF 81.363 | |
| 9697 | D h2 | G | 15.03.17 | 1435 | KPEV (G 8.1)/Bbg 5151/1919 Nord (F) 4.358/1938 SNCF 2-040 D 8/DR | vor 1956 |
| 9698 | D h2 | G | 15.03.17 | 1435 | KPEV (G 8.1)/Bbg 5152/1919 PKP Tp 4-203/39 USSR | |
| 9699 | D h2 | G | 16.03.17 | 1435 | KPEV (G 8.1)/Bbg 5153/1919 Nord (F) 4.359/1938 SNCF 2-040 D 9 | |
| 9700 | D h2 | G | 16.03.17 | 1435 | KPEV (G 8.1)/Bbg 5154/1919 PKP Tp 4-204/1941 DRG 55 2914"/DB | 13.12.1951 |
| 9701 | D h2 | G | 19.03.17 | 1435 | KPEV (G 8.1)/Bbg 5155/1919 PKP Tp 4-205/1941 DRG 55 3599"/DB/ 055 599-5 | 10.07.1969 |
| 9702 | D h2 | G | 19.03.17 | 1435 | KPEV (G 8.1)/Bbg 5156/1919 PKP Tp 4-206 | |
| 9703 | D h2 | G | 21.03.17 | 1435 | KPEV (G 8.1)/Bbg 5157/1919 PKP Tp 4-207 | |
| 9704 | D h2 | G | 21.03.17 | 1435 | KPEV (G 8.1)/Bbg 5158/1919 PKP Tp 4-210/1941 DRG 55 2917"/DB | 13.12.1951 |
| 9705 | D h2 | G | 23.03.17 | 1435 | KPEV (G 8.1)/Bbg 5159/1919 PKP Tp 4-211/1941 DRG 55 2919"/DR | 26.11.1970 |
| 9706 | D h2 | G | 23.03.17 | 1435 | KPEV (G 8.1)/Bbg 5160/1919 B 8560/SNCB 81.460 | |
| 9707 | D h2 | G | 24.03.17 | 1435 | KPEV (G 8.1)/Bbg 5161/1919 Ost 5345/DRG 55 4419/DB | |
| 9708 | D h2 | G | 24.03.17 | 1435 | KPEV (G 8.1)/Bbg 5162/1919 Ost 5346/DRG 55 4420/1938/39 U.DRG 56 630 | |
| 9709 | D h2 | G | 27.03.17 | 1435 | KPEV (G 8.1)/Bbg 5163/1919 Ost 5347/DRG 55 4421 | |
| 9710 | D h2 | G | 27.03.17 | 1435 | KPEV (G 8.1)/Bbg 5164/1919 FS 460.015 | |
| 9711 | D h2 | G | 28.03.17 | 1435 | KPEV (G 8.1)/Bbg 5165/1919 PKP Tp 4-387/1941 DRG (55 3786)/DR/1955 PKP | |
| 9712 | D h2 | G | 28.03.17 | 1435 | KPEV (G 8.1)/Bbg 5166/1919 Ost 5348/DRG 55 4422/07.35 U.DRG 56 221 | |
| 9713 | D h2 | G | 30.03.17 | 1435 | KPEV (G 8.1)/Bbg 5167/1919 Ost 5349/DRG 55 4423 | 1933 |
| 9714 | D h2 | G | 31.03.17 | 1435 | KPEV (G 8.1)/Bbg 5168/1919 Ost 5350/DRG 55 4424 | |
| 9715 | D h2 | G | 31.03.17 | 1435 | KPEV (G 8.1)/Bbg 5169/1919 Ost 5351/DRG 55 4425 | |
| 9716 | D h2 | G | 31.03.17 | 1435 | KPEV (G 8.1)/Psn 5171/1919 Nord (F) 4.360/1928 SNCF 2-040 D 10 | |
| 9717 | D h2 | G | 13.04.17 | 1435 | KPEV (G 8.1)/Psn 5172/1919 Ost 5172/DRG 55 4426 | |
| 9718 | D h2 | G | 13.04.17 | 1435 | KPEV (G 8.1)/Psn 5173/1919 Ost 5173/DRG 55 4427/10.35 U.DRG 56 237/DB | 14.03.1957 |
| 9719 | D h2 | G | 17.04.17 | 1435 | KPEV (G 8.1)/Psn 5174/1919 Ost 5174/DRG 55 4428 | 1932 |
| 9720 | D h2 | G | 19.04.17 | 1435 | KPEV (G 8.1)/Psn 5175/1919 Ost 5175/DRG 55 4429/10.35 U.DRG 56 238 | |
| 9721 | D h2 | G | 21.04.17 | 1435 | KPEV (G 8.1)/Psn 5176/1919 Ost 5176/DRG 55 4430 | |
| 9722 | D h2 | G | 23.04.17 | 1435 | KPEV (G 8.1)/Psn 5177/1919 PLM (F) 4224/1923 PLM 4 E 24/1938 SNCF 5-040 E 24/25.08.44 B 7877/19.01.45 SNCF 5-040 E 25/sp. 2-040 D 510 | |
| 9723 | D h2 | G | 24.04.17 | 1435 | KPEV (G 8.1)/Psn 5178/1919 PLM (F)/4225/1923 PLM 4 E 25/1938 SNCF 5-040 E 25/SNCF 2-040 D 530 | |
| 9724 | D h2 | G | 25.04.17 | 1435 | KPEV (G 8.1)/Psn 5179/1919 Ost 5179/DRG 55 4431/10.35 U.DRG 56 239 | |
| 9725 | D h2 | G | 27.04.17 | 1435 | KPEV (G 8.1)/Psn 5180/1919 Ost 5180/DRG 55 4432/1936 U.DRG 56 428 | |
| 9726 | D h2 | G | 28.04.17 | 1435 | KPEV (G 8.1)/Psn 5181/1919 Ost 5181/DRG 55 4433/10.35 U.DRG 56 240 | |
| 9727 | D h2 | G | 30.04.17 | 1435 | KPEV (G 8.1)/Psn 5182/1919 Ost 5182/DRG 55 4434/31.10.36 U.DRG 56 451 | |
| 9728 | D h2 | G | 30.04.17 | 1435 | KPEV (G 8.1)/Psn 5183/1919 PKP Tp 4-222/1941 DRG 55 2936" | |
| 9729 | D h2 | G | 05.05.17 | 1435 | KPEV (G 8.1)/Psn 5184/1919 Nord (F) 4.361/1938 SNCF 2-040 D 11 | |
| 9730 | D h2 | G | 07.05.17 | 1435 | KPEV (G 8.1)/Psn 5185/1919 Ost 5185/DRG 55 4435/1940 U.DRG 56 869/DB | 30.10.1964 |
| 9731 | D h2 | G | 09.05.17 | 1435 | KPEV (G 8.1)/Psn 5186/1919 Ost 5186/DRG 55 4436/10.35 U.DRG 56 242/DB | 21.07.1955 |
| 9732 | D h2 | G | 11.05.17 | 1435 | KPEV (G 8.1)/Psn 5187/1919 Ost 5187/DRG 55 4437/11.35 U.DRG 56 243/DR | 20.01.1954 |
| 9733 | D h2 | G | 14.05.17 | 1435 | KPEV (G 8.1)/Psn 5188/1919 Ost 5188/DRG 55 4438/11.35 U.DRG 56 244/DB | 28.10.1964 |
| 9734 | D h2 | G | 15.05.17 | 1435 | KPEV (G 8.1)/Psn 5189/1919 PKP Tp 4-226/1939 USSR | |
| 9735 | D h2 | G | 19.05.17 | 1435 | KPEV (G 8.1)/Psn 5190/Bsl 5377/DRG 55 4439 | |
| 9736 | D h2 | G | 19.05.17 | 1435 | KPEV (G 8.1)/Erf 5241/DRG 55 4440 | |
| 9737 | D h2 | G | 22.05.17 | 1435 | KPEV (G 8.1)/Erf 5242/1919 PKP Tp 4-246/1941 DRG 55 2975"/DB | 13.12.1951 |
| 9738 | D h2 | G | 23.05.17 | 1435 | KPEV (G 8.1)/Erf 5243/1919 Nord (F) 4.362/1938 SNCF 2-040 D 12/1953 1-040 D 902 | |
| 9739 | D h2 | G | 24.05.17 | 1435 | KPEV (G 8.1)/Erf 5244/1919 PKP Tp 4-182/1941 DRG 55 2895"/DB | 13.12.1951 |
| 9740 | D h2 | G | 25.05.17 | 1435 | KPEV (G 8.1)/Erf 5245/1919 Est(F) 4328/1938 SNCF 1-040 D 528 | |

| Fabriknummer | Bauart | Gattung | Auslieferungsdatum | Spurweite | Empfänger/Verbleib | Ausmusterung |
|---|---|---|---|---|---|---|
| 9741 | D h2 | G | 30.05.17 | 1435 | KPEV (G 8.1)/Erf 5246/DRG 55 4441 | 1931 |
| 9742 | D h2 | G | 31.05.17 | 1435 | KPEV (G 8.1)/Erf 5247/DRG 55 4442/29.02.40 U.DRG 56 837/DB | 17.05.1951 |
| 9743 | D h2 | G | 31.05.17 | 1435 | KPEV (G 8.1)/Erf 5248/1919 B 8448 | |
| 9744 | D h2 | G | 31.05.17 | 1435 | KPEV (G 8.1)/Erf 5249/DRG 55 4443/09.35 U.DRG 56 232/NS 4654/DB | 14.03.1957 |
| 9745 | D h2 | G | 31.05.17 | 1435 | KPEV (G 8.1)/Erf 5250/PKP Tp 4-170/PMP-PW | 1979 |
| 9746 | D h2 | G | 08.06.17 | 1435 | KPEV (G 8.1)/Erf 5251/SAAR 4945/1935 DRG 55 5662/1939 U DRG 56 845/DB | |
| 9747 | D h2 | G | 08.06.17 | 1435 | KPEV (G 8.1)/Mgd 4980/1919 Nord (F) 4.363/07.06.44 B 7843/19.01.45 SNCF 2-040 D 13 | |
| 9748 | D h2 | G | 13.06.17 | 1435 | KPEV (G 8.1)/Mgd 4981/DRG 55 4444/1937/38 U.DRG 56 609/DR | 12.10.1967 |
| 9749 | D h2 | G | 14.06.17 | 1435 | KPEV (G 8.1)/Mgd 4982/1919 AL (F) 5046/1948 DR 55 7254 | 30.01.1968 |
| 9750 | D h2 | G | 15.06.17 | 1435 | KPEV (G 8.1)/Mgd 4983/DRG 55 4445 | 1933 |
| 9751 | D n2t | - | 09.08.16 | 600 | Deutsche Feldbahn, Depotverwaltung Schöneberg/628 | |
| 9752 | D n2t | - | 11.08.16 | 600 | Deutsche Feldbahn, Depotverwaltung Schöneberg/629 | |
| 9753 | D n2t | - | 11.08.16 | 600 | Deutsche Feldbahn, Depotverwaltung Schöneberg/630/1919 JDZ 99.4-006 | |
| 9754 | D n2t | - | 11.08.16 | 600 | Deutsche Feldbahn, Depotverwaltung Schöneberg/631 | |
| 9755 | D n2t | - | 21.08.16 | 600 | Deutsche Feldbahn, Depotverwaltung Schöneberg/632 | |
| 9756 | D n2t | - | 21.08.16 | 600 | Deutsche Feldbahn, Depotverwaltung Schöneberg/633 | |
| 9757 | D n2t | - | 28.08.16 | 600 | Deutsche Feldbahn, Depotverwaltung Schöneberg/634/WEM/1950 DR 99 3316/ 1970 99 3316-9 | 23.03.1978 |
| 9758 | D n2t | - | 30.08.16 | 600 | Deutsche Feldbahn, Depotverwaltung Schöneberg/635 | |
| 9759 | D n2t | - | 30.08.16 | 600 | Deutsche Feldbahn, Depotverwaltung Schöneberg/636 | |
| 9760 | D n2t | - | 30.08.16 | 600 | Deutsche Feldbahn, Depotverwaltung Schöneberg/637 | |
| 9761 | D n2t | - | 04.09.16 | 600 | Deutsche Feldbahn, Depotverwaltung Schöneberg/744/1919 JDZ 99.4-011 | |
| 9762 | D n2t | - | 04.09.16 | 600 | Deutsche Feldbahn, Depotverwaltung Schöneberg/745/1919 JDZ 99.4-012 | |
| 9763 | D n2t | - | 26.09.16 | 600 | Deutsche Feldbahn, Depotverwaltung Schöneberg/746/1919 JDZ 99.4-013 | |
| 9764 | D n2t | - | 26.09.16 | 600 | Deutsche Feldbahn, Depotverwaltung Schöneberg/747/1919 JDZ 99.4-014 | |
| 9765 | D n2t | - | 26.09.16 | 600 | Deutsche Feldbahn, Depotverwaltung Schöneberg/748/1919 JDZ 99.4-015 | |
| 9766 | D n2t | - | 26.09.16 | 600 | Deutsche Feldbahn, Depotverwaltung Schöneberg/749 | |
| 9767 | D n2t | - | 30.09.16 | 600 | Deutsche Feldbahn, Depotverwaltung Schöneberg/750/CFR 750 | |
| 9768 | D n2t | - | 30.09.16 | 600 | Deutsche Feldbahn, Depotverwaltung Schöneberg/751 | |
| 9769 | D n2t | - | 12.10.16 | 600 | Deutsche Feldbahn, Depotverwaltung Schöneberg/752/CFR 752 | |
| 9770 | D n2t | - | 12.10.16 | 600 | Deutsche Feldbahn, Depotverwaltung Schöneberg/753 | |
| 9771 | D n2t | - | 14.10.16 | 600 | Deutsche Feldbahn, Depotverwaltung Schöneberg/754 | |
| 9772 | D n2t | - | 14.10.16 | 600 | Deutsche Feldbahn, Depotverwaltung Schöneberg/755/CFR 755 | |
| 9773 | D n2t | - | 19.10.16 | 600 | Deutsche Feldbahn, Depotverwaltung Schöneberg/756 | |
| 9774 | D n2t | - | 19.10.16 | 600 | Deutsche Feldbahn, Depotverwaltung Schöneberg/757 | |
| 9775 | D n2t | - | 25.10.16 | 600 | Deutsche Feldbahn, Depotverwaltung Schöneberg/758 | |
| 9776 | D n2t | - | 25.10.16 | 600 | Deutsche Feldbahn, Depotverwaltung Schöneberg/759/CFR 759 | |
| 9777 | D n2t | - | 27.10.16 | 600 | Deutsche Feldbahn, Depotverwaltung Schöneberg/760 | |
| 9778 | D n2t | - | 30.10.16 | 600 | Deutsche Feldbahn, Depotverwaltung Schöneberg/761 | |
| 9779 | D n2t | - | 31.10.16 | 600 | Deutsche Feldbahn, Depotverwaltung Schöneberg/762 | |
| 9780 | D n2t | - | 31.10.16 | 600 | Deutsche Feldbahn, Depotverwaltung Schöneberg/763 | |
| 9781 | D n2t | - | 31.10.16 | 600 | Deutsche Feldbahn, Depotverwaltung Schöneberg/764 | |
| 9782 | D n2t | - | 31.10.16 | 600 | Deutsche Feldbahn, Depotverwaltung Schöneberg/765 | |
| 9783 | D n2t | - | 21.11.16 | 600 | Deutsche Feldbahn, Depotverwaltung Schöneberg/868 | |
| 9784 | D n2t | - | 28.11.16 | 600 | Deutsche Feldbahn, Depotverwaltung Schöneberg/869 | |
| 9785 | D n2t | - | 28.11.16 | 600 | Deutsche Feldbahn, Depotverwaltung Schöneberg/870 | |
| 9786 | D n2t | - | 28.11.16 | 600 | Deutsche Feldbahn, Depotverwaltung Schöneberg/871 | |
| 9787 | D n2t | - | 28.11.16 | 600 | Deutsche Feldbahn, Depotverwaltung Schöneberg/872/1919 JDZ 99.4-023 | |
| 9788 | D n2t | - | 30.11.16 | 600 | Deutsche Feldbahn, Depotverwaltung Schöneberg/873 | |
| 9789 | D n2t | - | 30.11.16 | 600 | Deutsche Feldbahn, Depotverwaltung Schöneberg/874 | |
| 9790 | D n2t | - | 30.11.16 | 600 | Deutsche Feldbahn, Depotverwaltung Schöneberg/875 | |
| 9791 | D n2t | - | 30.11.16 | 600 | Deutsche Feldbahn, Depotverwaltung Schöneberg/876 | |
| 9792 | D n2t | - | 14.12.16 | 600 | Deutsche Feldbahn, Depotverwaltung Schöneberg/877 | |
| 9793 | 2'2' | Tender | 30.09.16 | 600 | Deutsche Feldbahn, Depotverwaltung Schöneberg/703 | |
| 9794 | 2'2' | Tender | 30.09.16 | 600 | Deutsche Feldbahn, Depotverwaltung Schöneberg/704 | |
| 9795 | 2'2' | Tender | 13.09.16 | 600 | Deutsche Feldbahn, Depotverwaltung Schöneberg/705 | |
| 9796 | 2'2' | Tender | 13.09.16 | 600 | Deutsche Feldbahn, Depotverwaltung Schöneberg/706 | |
| 9797 | 2'2' | Tender | 19.09.16 | 600 | Deutsche Feldbahn, Depotverwaltung Schöneberg/707 | |
| 9798 | 2'2' | Tender | 20.09.16 | 600 | Deutsche Feldbahn, Depotverwaltung Schöneberg/708 | |
| 9799 | 2'2' | Tender | 25.09.16 | 600 | Deutsche Feldbahn, Depotverwaltung Schöneberg/709 | |
| 9800 | 2'2' | Tender | 25.09.16 | 600 | Deutsche Feldbahn, Depotverwaltung Schöneberg/710 | |
| 9801 | 2'2' | Tender | 27.09.16 | 600 | Deutsche Feldbahn, Depotverwaltung Schöneberg/711 | |
| 9802 | 2'2' | Tender | 30.09.16 | 600 | Deutsche Feldbahn, Depotverwaltung Schöneberg/712 | |
| 9803 | D h2 | G | 16.06.17 | 1435 | KPEV (G 8.1)/Mgd 4984/1919 AL (F) 5047 | |
| 9804 | D h2 | G | 18.06.17 | 1435 | KPEV (G 8.1)/Mgd 4985/DRG 55 4446 | |
| 9805 | D h2 | G | 19.06.17 | 1435 | KPEV (G 8.1)/Mgd 4986/1919 B 8242/SNCB 81.142 | |
| 9806 | D h2 | G | 20.06.17 | 1435 | KPEV (G 8.1)/Mgd 4987/DRG 55 4447/1937/38 U.DRG 56 525/DR | 15.07.1968 |
| 9807 | D h2 | G | 23.06.17 | 1435 | KPEV (G 8.1)/Mgd 4988/DRG 55 4448/DR | 20.02.1967 |
| 9808 | D h2 | G | 23.06.17 | 1435 | KPEV (G 8.1)/Mgd 4989/1919 Midi (F) 2210/1934 PO 040.510/1938 SNCF 4-040 K 510 | |

| Fabriknummer | Bauart | Gattung | Auslieferungsdatum | Spurweite | Empfänger/Verbleib | Ausmusterung |
|---|---|---|---|---|---|---|
| 9809 | D h2 | G | 26.06.17 | 1435 | KPEV (G 8.1)/Mgd 4990/DRG 55 4449/1938/39 U.DRG 56 624 | |
| 9810 | D h2 | G | 27.06.17 | 1435 | KPEV (G 8.1)/Mgd 4991/DRG 55 4450 | 1932 |
| 9811 | D h2 | G | 28.06.17 | 1435 | KPEV (G 8.1)/Mgd 4992/DRG 55 4451 | 1932 |
| 9812 | D h2 | G | 28.06.17 | 1435 | KPEV (G 8.1)/Hl 4986/1919 AL (F) 5107/1938 SNCF 1-040 D 107 | |
| 9813 | D h2 | G | 29.06.17 | 1435 | KPEV (G 8.1)/Hl 4987/DRG 55 4452 | |
| 9814 | D h2 | G | 30.06.17 | 1435 | KPEV (G 8.1)/Hl 4988/DRG 55 4453 | |
| 9815 | D h2 | G | 30.06.17 | 1435 | KPEV (G 8.1)/Hl 4989/DRG 55 4454 | |
| 9816 | D h2 | G | 30.06.17 | 1435 | KPEV (G 8.1)/Hl 4990/DRG 55 4455/DB/055 455-0 | 15.08.1972 |
| 9817 | D h2 | G | 02.07.17 | 1435 | KPEV (G 8.1)/Hl 4991/DRG 55 4456/1935/36 U.DRG 56 292 | |
| 9818 | D h2 | G | 09.07.17 | 1435 | KPEV (G 8.1)/Hl 4992/1919 FS 460.013 | |
| 9819 | D h2 | G | 12.07.17 | 1435 | KPEV (G 8.1)/Hl 4993/1919 AL (F) 5030/1938 SNCF 1-040 D 30/DB/12.45 SNCF | |
| 9820 | D h2 | G | 16.07.17 | 1435 | KPEV (G 8.1)/Hl 4994/DRG 55 4457 | |
| 9821 | D h2 | G | 17.07.17 | 1435 | KPEV (G 8.1)/Hl 4995/DRG 55 4458/DB | 19.08.1966 |
| 9822 | D h2 | G | 17.07.17 | 1435 | KPEV (G 8.1)/Hl 4996/DRG 55 4459 | |
| 9823 | D h2 | G | 20.07.17 | 1435 | KPEV (G 8.1)/Hl 4997/DRG 55 4460 | 1933 |
| 9824 | D h2 | G | 27.07.17 | 1435 | KPEV (G 8.1)/Mgd 4993/DRG 55 4461 | 1931 |
| 9825 | D h2 | G | 30.07.17 | 1435 | KPEV (G 8.1)/Mgd 4994/DRG 55 4462 | 1931 |
| 9826 | D h2 | G | 25.07.17 | 1435 | KPEV (G 8.1)/Mgd 4995/DRG 55 4463/DB | 05.07.1967 |
| 9827 | D h2 | G | 30.07.17 | 1435 | KPEV (G 8.1)/Mgd 4996/DRG 55 4464 | |
| 9828 | D h2 | G | 31.07.17 | 1435 | KPEV (G 8.1)/Mgd 4997/DRG 55 4465/07.1935 U.DRG 56 226 | |
| 9829 | D h2 | G | 31.07.17 | 1435 | KPEV (G 8.1)/Mgd 4998/DRG 55 4466/02.1940 U.DRG 56 862/DB | 20.11.1958 |
| 9830 | D h2 | G | 31.07.17 | 1435 | KPEV (G 8.1)/Mgd 4999/DRG 55 4467/DR/55 4467-7 | 02.08.1972 |
| 9831 | D h2 | G | 31.07.17 | 1435 | KPEV (G 8.1)/Hl 4998/1919 AL (F) 10 065/1925 AL 5031/1937 C.F. Algeriens 4 E 2 | |
| 9832 | D h2 | G | 08.08.17 | 1435 | KPEV (G 8.1)/Hl 4999/1919 Est (F) 4329/1938 SNCF 2-040 D 217 | |
| 9833 | D h2 | G | 08.08.17 | 1435 | KPEV (G 8.1)/Hl 5000/1919 AL (F) 5032/1938 SNCF 1-040 D 32 | |
| 9834 | D h2 | G | 11.08.17 | 1435 | KPEV (G 8.1)/Hl 5151/DRG 55 4468 | |
| 9835 | D h2 | G | 13.08.17 | 1435 | KPEV (G 8.1)/Hl 5152/1919 PKP Tp 4-202/1941 DRG 55 2913" | |
| 9836 | D h2 | G | 14.08.17 | 1435 | KPEV (G 8.1)/Hl 5153/DRG 55 4469 | 1931 |
| 9837 | D h2 | G | 16.08.17 | 1435 | KPEV (G 8.1)/Hl 5154/DRG 55 4470 | 1931 |
| 9838 | D h2 | G | 20.08.17 | 1435 | KPEV (G 8.1)/Hl 5155/DRG 55 4471 | 1931 |
| 9839 | D n2t | - | 08.02.17 | 600 | Deutsche Feldbahn, Depotverwaltung Schöneberg/976 | |
| 9840 | D n2t | - | 08.02.17 | 600 | Deutsche Feldbahn, Depotverwaltung Schöneberg/977 | |
| 9841 | D n2t | - | 05.02.17 | 600 | Deutsche Feldbahn, Depotverwaltung Schöneberg/978/1919 CFR 978 | |
| 9842 | D n2t | - | 07.02.17 | 600 | Deutsche Feldbahn, Depotverwaltung Schöneberg/979 | |
| 9843 | D n2t | - | 08.02.17 | 600 | Deutsche Feldbahn, Depotverwaltung Schöneberg/980 | |
| 9844 | D n2t | - | 08.02.17 | 600 | Deutsche Feldbahn, Depotverwaltung Schöneberg/981 | |
| 9845 | D n2t | - | 13.02.17 | 600 | Deutsche Feldbahn, Depotverwaltung Schöneberg/982 | |
| 9846 | D n2t | - | 13.02.17 | 600 | Deutsche Feldbahn, Depotverwaltung Schöneberg/983 | |
| 9847 | D n2t | - | 20.02.17 | 600 | Deutsche Feldbahn, Depotverwaltung Schöneberg/984 | |
| 9848 | D n2t | - | 20.02.17 | 600 | Deutsche Feldbahn, Depotverwaltung Schöneberg/985 | |
| 9849 | D n2t | - | 27.02.17 | 600 | Deutsche Feldbahn, Depotverwaltung Schöneberg/986 | |
| 9850 | D n2t | - | 27.02.17 | 600 | Deutsche Feldbahn, Depotverwaltung Schöneberg/987 | |
| 9851 | D n2t | - | 27.02.17 | 600 | Deutsche Feldbahn, Depotverwaltung Schöneberg/988 | |
| 9852 | D n2t | - | 27.02.17 | 600 | Deutsche Feldbahn, Depotverwaltung Schöneberg/989 | |
| 9853 | D n2t | - | 27.02.17 | 600 | Deutsche Feldbahn, Depotverwaltung Schöneberg/990 | |
| 9854 | D n2t | - | 27.02.17 | 600 | Deutsche Feldbahn, Depotverwaltung Schöneberg/1256 | |
| 9855 | D n2t | - | 27.02.17 | 600 | Deutsche Feldbahn, Depotverwaltung Schöneberg/1257 | |
| 9856 | D n2t | - | 14.03.17 | 600 | Deutsche Feldbahn, Depotverwaltung Schöneberg/1258 | |
| 9857 | D n2t | - | 14.03.17 | 600 | Deutsche Feldbahn, Depotverwaltung Schöneberg/1259 | |
| 9858 | D n2t | - | 14.03.17 | 600 | Deutsche Feldbahn, Depotverwaltung Schöneberg/1260 | |
| 9859 | D n2t | - | 21.03.17 | 600 | Deutsche Feldbahn, Depotverwaltung Schöneberg/1261 | |
| 9860 | D n2t | - | 21.03.17 | 600 | Deutsche Feldbahn, Depotverwaltung Schöneberg/1262/JDZ 99.4-064 | |
| 9861 | D n2t | - | 28.03.17 | 600 | Deutsche Feldbahn, Depotverwaltung Schöneberg/1263 | |
| 9862 | D n2t | - | 28.03.17 | 600 | Deutsche Feldbahn, Depotverwaltung Schöneberg/1264 | |
| 9863 | D n2t | - | 18.04.17 | 600 | Deutsche Feldbahn, Depotverwaltung Schöneberg/1265/1919 JDZ 99.4-065 | |
| 9864 | D n2t | - | 18.04.17 | 600 | Deutsche Feldbahn, Depotverwaltung Schöneberg/1266/JDZ 99.4-066 | |
| 9865 | D n2t | - | 18.04.17 | 600 | Deutsche Feldbahn, Depotverwaltung Schöneberg/1267 | |
| 9866 | D n2t | - | 18.04.17 | 600 | Deutsche Feldbahn, Depotverwaltung Schöneberg/1268 | |
| 9867 | D n2t | - | 28.04.17 | 600 | Deutsche Feldbahn, Depotverwaltung Schöneberg/1269 | |
| 9868 | D n2t | - | 30.04.17 | 600 | Deutsche Feldbahn, Depotverwaltung Schöneberg/1270 | |
| 9869 | 2'2' | Tender | 05.02.17 | 600 | Deutsche Feldbahn, Depotverwaltung Schöneberg/781 | |
| 9870 | 2'2' | Tender | 05.02.17 | 600 | Deutsche Feldbahn, Depotverwaltung Schöneberg/782 | |
| 9871 | 2'2' | Tender | 07.02.17 | 600 | Deutsche Feldbahn, Depotverwaltung Schöneberg/783 | |
| 9872 | 2'2' | Tender | 07.02.17 | 600 | Deutsche Feldbahn, Depotverwaltung Schöneberg/784 | |
| 9873 | 2'2' | Tender | 07.02.17 | 600 | Deutsche Feldbahn, Depotverwaltung Schöneberg/785 | |
| 9874 | 2'2' | Tender | 13.02.17 | 600 | Deutsche Feldbahn, Depotverwaltung Schöneberg/786 | |
| 9875 | 2'2' | Tender | 20.02.17 | 600 | Deutsche Feldbahn, Depotverwaltung Schöneberg/787 | |
| 9876 | 2'2' | Tender | 20.02.17 | 600 | Deutsche Feldbahn, Depotverwaltung Schöneberg/788 | |
| 9877 | 2'2' | Tender | 27.02.17 | 600 | Deutsche Feldbahn, Depotverwaltung Schöneberg/789 | |
| 9878 | 2'2' | Tender | 27.02.17 | 600 | Deutsche Feldbahn, Depotverwaltung Schöneberg/790 | |

| Fabrik-nummer | Bauart | Gattung | Auslieferungsdatum | Spurweite | Empfänger/Verbleib | Ausmusterung |
|---|---|---|---|---|---|---|
| 9879 | 2'2' | Tender | 28.02.17 | 600 | Deutsche Feldbahn, Depotverwaltung Schöneberg/791 | |
| 9880 | 2'2' | Tender | 28.02.17 | 600 | Deutsche Feldbahn, Depotverwaltung Schöneberg/792 | |
| 9881 | 2'2' | Tender | 28.02.17 | 600 | Deutsche Feldbahn, Depotverwaltung Schöneberg/793 | |
| 9882 | 2'2' | Tender | 14.02.17 | 600 | Deutsche Feldbahn, Depotverwaltung Schöneberg/823 | |
| 9883 | 2'2' | Tender | 21.02.17 | 600 | Deutsche Feldbahn, Depotverwaltung Schöneberg/824 | |
| 9884 | 2'2' | Tender | 02.04.17 | 600 | Deutsche Feldbahn, Depotverwaltung Schöneberg/825 | |
| 9885 | 2'2' | Tender | 02.04.17 | 600 | Deutsche Feldbahn, Depotverwaltung Schöneberg/826 | |
| 9886 | B n2ft | FL | 23.03.18 | 785 | Königliche Berginspektion I, Königshütte O/S | |
| 9887 | B n2ft | FL | 23.03.18 | 785 | Königliche Berginspektion I, Königshütte O/S | |
| 9888 | D h2 | G | 22.08.17 | 1435 | KPEV (G 8.1)/Bsl 5297/1919 B 8293/DB/01.46 SNCB 81.193 | |
| 9889 | D h2 | G | 22.08.17 | 1435 | KPEV (G 8.1)/Kat 5307/1922 Opp 5307/DRG 55 4473/SNCF 1-040 D 873 | 07.03.1957 |
| 9890 | D h2 | G | 24.08.17 | 1435 | KPEV (G 8.1)/Kat 5308/1922 Opp 5308/DRG 55 4474/NS 4131/1948 DB | 20.09.1948 |
| 9891 | D h2 | G | 24.08.17 | 1435 | KPEV (G 8.1)/Kat 5309/1919 Nord (F) 4.354/1938 SNCF 2-040 D 14 | |
| 9892 | D h2 | G | 27.08.17 | 1435 | KPEV (G 8.1)/Kat 5310/1919 PO (F) 1338/1923 PLM 4 E 54/1938 SNCF 5-040 E 54/1945 SNCF 2-040 D 525 | |
| 9893 | D h2 | G | 29.08.17 | 1435 | KPEV (G 8.1)/Sbr 4993/1919 B 8193/SNCB 81.093 | |
| 9894 | D h2 | G | 29.08.17 | 1435 | KPEV (G 8.1)/Sbr 4994/1919 Tri 4994/DRG 55 4475/1936 U.DRG 56 457 | |
| 9895 | D h2 | G | 31.08.17 | 1435 | KPEV (G 8.1)/Sbr 4995/1919 Midi (F) 2211/1934 PO 040.511/(1938 SNCF 4-040 K 511)/1937 abgestellt | |
| 9896 | D h2 | G | 31.08.17 | 1435 | KPEV (G 8.1)/Sbr 4996/SAAR 4909/1935 DRG 55 5626/DB/ | |
| 9897 | D h2 | G | 31.08.17 | 1435 | KPEV (G 8.1)/Sbr 4997/1919 PO (F) 1339/1923 EST 4260/1938 SNCF 1-040 D 460/27.06.44 B 7819/29.12.44 SNCF | |
| 9898 | $B_o$ $B_o$ | ELA | 06.09.17 | 900 | e.A. SSW/Empfänger unbekannt | |
| 9899 | $B_o$ $B_o$ | ELA | 27.09.17 | 900 | e.A. SSW/Empfänger unbekannt | |
| 9900 | D n2t | - | 12.06.17 | 600 | Deutsche Feldbahn, Eisenbahnersatzpark/1321/1919 JDZ 99.4-070 | |
| 9901 | D n2t | - | 12.06.17 | 600 | Deutsche Feldbahn, Eisenbahnersatzpark/1322 | |
| 9902 | D n2t | - | 13.06.17 | 600 | Deutsche Feldbahn, Eisenbahnersatzpark/1323 | |
| 9903 | D n2t | - | 14.06.17 | 600 | Deutsche Feldbahn, Eisenbahnersatzpark/1324/1919 PKP 325/1941 DRB 99 1566 | |
| 9904 | D n2t | - | 20.06.17 | 600 | Deutsche Feldbahn, Eisenbahnersatzpark/1325 | |
| 9905 | D n2t | - | 20.06.17 | 600 | Deutsche Feldbahn, Eisenbahnersatzpark/1326 | |
| 9906 | D n2t | - | 22.06.17 | 600 | Deutsche Feldbahn, Eisenbahnersatzpark/1327 | |
| 9907 | D n2t | - | 22.06.17 | 600 | Deutsche Feldbahn, Eisenbahnersatzpark/1328 | |
| 9908 | D n2t | - | 26.06.17 | 600 | Deutsche Feldbahn, Eisenbahnersatzpark/1329 | |
| 9909 | D n2t | - | 26.06.17 | 600 | Deutsche Feldbahn, Eisenbahnersatzpark/1330 | |
| 9910 | D n2t | - | 04.07.17 | 600 | Deutsche Feldbahn, Eisenbahnersatzpark/1331/1919 JDZ 99.4-071 | |
| 9911 | D n2t | - | 04.07.17 | 600 | Deutsche Feldbahn, Eisenbahnersatzpark/1332/1919 JDZ 99.4-072 | |
| 9912 | D n2t | - | 06.07.17 | 600 | Deutsche Feldbahn, Eisenbahnersatzpark/1333/1919 JDZ 99.4-073 | |
| 9913 | D n2t | - | 06.07.17 | 600 | Deutsche Feldbahn, Eisenbahnersatzpark/1334 | |
| 9914 | D n2t | - | 06.07.17 | 600 | Deutsche Feldbahn, Eisenbahnersatzpark/1335/1919 JDZ 99.4-074 | |
| 9915 | D n2t | - | 19.07.17 | 600 | Deutsche Feldbahn, Eisenbahnersatzpark/1336 | |
| 9916 | D n2t | - | 19.07.17 | 600 | Deutsche Feldbahn, Eisenbahnersatzpark/1337 | |
| 9917 | D n2t | - | 24.07.17 | 600 | Deutsche Feldbahn, Eisenbahnersatzpark/1338 | |
| 9918 | D n2t | - | 27.07.17 | 600 | Deutsche Feldbahn, Eisenbahnersatzpark/1339 | |
| 9919 | D n2t | - | 24.07.17 | 600 | Deutsche Feldbahn, Eisenbahnersatzpark/1340 | |
| 9920 | D n2t | - | 08.08.17 | 600 | Deutsche Feldbahn, Eisenbahnersatzpark/1341/1919 JDZ 99.4-075 | |
| 9921 | D n2t | - | 08.08.17 | 600 | Deutsche Feldbahn, Eisenbahnersatzpark/1342/1919 JDZ 99.4-076 | |
| 9922 | D n2t | - | 08.08.17 | 600 | Deutsche Feldbahn, Eisenbahnersatzpark/1343/1919 JDZ 99.4-077 | |
| 9923 | D n2t | - | 08.08.17 | 600 | Deutsche Feldbahn, Eisenbahnersatzpark/1344/1919 JDZ 99.4-078 | |
| 9924 | D n2t | - | | 600 | Deutsche Feldbahn, Eisenbahnersatzpark/1345 | |
| 9925 | D n2t | - | | 600 | Deutsche Feldbahn, Eisenbahnersatzpark/1346 | |
| 9926 | D n2t | - | | 600 | Deutsche Feldbahn, Eisenbahnersatzpark/1347 | |
| 9927 | D n2t | - | | 600 | Deutsche Feldbahn, Eisenbahnersatzpark/1348 | |
| 9928 | D n2t | - | | 600 | Deutsche Feldbahn, Eisenbahnersatzpark/1349/1919 JDZ 99.4-079/1941 MAV 498.002 | |
| 9929 | D n2t | - | | 600 | Deutsche Feldbahn, Eisenbahnersatzpark/1350/1919 JDZ 99.4-080 | |
| 9930 | D n2t | - | | 600 | Deutsche Feldbahn, Eisenbahnersatzpark/1351 | |
| 9931 | D n2t | - | 09.07.17 | 600 | Deutsche Feldbahn, Eisenbahnersatzpark/1352/1919 JDZ 99.4-081 | |
| 9932 | D n2t | - | 09.07.17 | 600 | Deutsche Feldbahn, Eisenbahnersatzpark/1353/1919 JDZ 99.4-082 | |
| 9933 | D n2t | - | 09.07.17 | 600 | Deutsche Feldbahn, Eisenbahnersatzpark/1354 | |
| 9934 | D n2t | - | 12.09.17 | 600 | Deutsche Feldbahn, Eisenbahnersatzpark/1355 | |
| 9935 | D n2t | - | 12.09.17 | 600 | Deutsche Feldbahn, Eisenbahnersatzpark/1356 | |
| 9936 | D n2t | - | 20.09.17 | 600 | Deutsche Feldbahn, Eisenbahnersatzpark/1357 | |
| 9937 | D n2t | - | 21.09.17 | 600 | Deutsche Feldbahn, Eisenbahnersatzpark/1358 | |
| 9938 | D n2t | - | 26.09.17 | 600 | Deutsche Feldbahn, Eisenbahnersatzpark/1359 | |
| 9939 | D n2t | - | 29.09.17 | 600 | Deutsche Feldbahn, Eisenbahnersatzpark/1360 | |
| 9940 | D n2t | - | 29.09.17 | 600 | Deutsche Feldbahn, Eisenbahnersatzpark/1361 | |
| 9941 | D n2t | - | 29.09.17 | 600 | Deutsche Feldbahn, Eisenbahnersatzpark/1362 | |
| 9942 | D n2t | - | 29.09.17 | 600 | Deutsche Feldbahn, Eisenbahnersatzpark/1363 | |
| 9943 | D n2t | - | 29.09.17 | 600 | Deutsche Feldbahn, Eisenbahnersatzpark/1364 | |
| 9944 | D n2t | - | 06.10.17 | 600 | Deutsche Feldbahn, Eisenbahnersatzpark/1365 | |
| 9945 | D n2t | - | 06.10.17 | 600 | Deutsche Feldbahn, Eisenbahnersatzpark/1366 | |

| Fabriknummer | Bauart | Gattung | Auslieferungsdatum | Spurweite | Empfänger/Verbleib | Ausmusterung |
|---|---|---|---|---|---|---|
| 9946 | D n2t | - | 16.10.17 | 600 | Deutsche Feldbahn, Eisenbahnersatzpark/1367 | |
| 9947 | D n2t | - | 16.10.17 | 600 | Deutsche Feldbahn, Eisenbahnersatzpark/1368 | |
| 9948 | D n2t | - | 29.10.17 | 600 | Deutsche Feldbahn, Eisenbahnersatzpark/1369 | |
| 9949 | D n2t | - | 29.10.17 | 600 | Deutsche Feldbahn, Eisenbahnersatzpark/1370 | |
| 9950 | D n2t | - | 29.10.17 | 600 | Deutsche Feldbahn, Eisenbahnersatzpark/1371 | |
| 9951 | D n2t | - | 29.10.17 | 600 | Deutsche Feldbahn, Eisenbahnersatzpark/1372 | |
| 9952 | D n2t | - | 31.10.17 | 600 | Deutsche Feldbahn, Eisenbahnersatzpark/1373 | |
| 9953 | D n2t | - | 31.10.17 | 600 | Deutsche Feldbahn, Eisenbahnersatzpark/1374 | |
| 9954 | D n2t | - | 31.10.17 | 600 | Deutsche Feldbahn, Eisenbahnersatzpark/1375 | |
| 9955 | D n2t | - | 02.11.17 | 600 | Deutsche Feldbahn, Eisenbahnersatzpark/1376 | |
| 9956 | D n2t | - | 05.11.17 | 600 | Deutsche Feldbahn, Eisenbahnersatzpark/1377 | |
| 9957 | D n2t | - | 05.11.17 | 600 | Deutsche Feldbahn, Eisenbahnersatzpark/1378/1919 PKP 4234 | |
| 9958 | D n2t | - | 05.11.17 | 600 | Deutsche Feldbahn, Eisenbahnersatzpark/1379 | |
| 9959 | D n2t | - | 07.11.17 | 600 | Deutsche Feldbahn, Eisenbahnersatzpark/1380 | |
| 9960 | D n2t | - | 07.11.17 | 600 | Deutsche Feldbahn, Eisenbahnersatzpark/1381 | |
| 9961 | D n2t | - | 20.11.17 | 600 | Deutsche Feldbahn, Eisenbahnersatzpark/1382 | |
| 9962 | D n2t | - | 23.11.17 | 600 | Deutsche Feldbahn, Eisenbahnersatzpark/1383 | |
| 9963 | D n2t | - | 30.11.17 | 600 | Deutsche Feldbahn, Eisenbahnersatzpark/1384 | |
| 9964 | D n2t | - | 30.11.17 | 600 | Deutsche Feldbahn, Eisenbahnersatzpark/1385 | |
| 9965 | D n2t | - | 30.11.17 | 600 | Deutsche Feldbahn, Eisenbahnersatzpark/1386 | |
| 9966 | D n2t | - | 30.11.17 | 600 | Deutsche Feldbahn, Eisenbahnersatzpark/1387 | |
| 9967 | D n2t | - | 04.12.17 | 600 | Deutsche Feldbahn, Eisenbahnersatzpark/1388 | |
| 9968 | D n2t | - | 04.12.17 | 600 | Deutsche Feldbahn, Eisenbahnersatzpark/1389 | |
| 9969 | D n2t | - | 04.12.17 | 600 | Deutsche Feldbahn, Eisenbahnersatzpark/1390 | |
| 9970 | D n2t | - | 06.12.17 | 600 | Deutsche Feldbahn, Eisenbahnersatzpark/1391 | |
| 9971 | D n2t | - | 06.12.17 | 600 | Deutsche Feldbahn, Eisenbahnersatzpark/1392 | |
| 9972 | D n2t | - | 07.12.17 | 600 | Deutsche Feldbahn, Eisenbahnersatzpark/1393 | |
| 9973 | D n2t | - | 07.12.17 | 600 | Deutsche Feldbahn, Eisenbahnersatzpark/1394 | |
| 9974 | D n2t | - | 07.12.17 | 600 | Deutsche Feldbahn, Eisenbahnersatzpark/1395 | |
| 9975 | D n2t | - | 05.01.18 | 600 | Deutsche Feldbahn, Eisenbahnersatzpark/1396 | |
| 9976 | D n2t | - | 21.12.17 | 600 | Deutsche Feldbahn, Eisenbahnersatzpark/1397 | |
| 9977 | D n2t | - | 21.12.17 | 600 | Deutsche Feldbahn, Eisenbahnersatzpark/1398 | |
| 9978 | D n2t | - | 05.01.18 | 600 | Deutsche Feldbahn, Eisenbahnersatzpark/1399 | |
| 9979 | D n2t | - | 05.01.18 | 600 | Deutsche Feldbahn, Eisenbahnersatzpark/1400 | |
| 9980 | D n2t | - | 05.01.18 | 600 | Deutsche Feldbahn, Eisenbahnersatzpark/1401 | |
| 9981 | D n2t | - | 07.01.18 | 600 | Deutsche Feldbahn, Eisenbahnersatzpark/1402/sp. Akers Styckebruck-Skottvang | |
| 9982 | D n2t | - | 07.01.18 | 600 | Deutsche Feldbahn, Eisenbahnersatzpark/1403 | |
| 9983 | D n2t | - | 09.01.18 | 600 | Deutsche Feldbahn, Eisenbahnersatzpark/1404 | |
| 9984 | D n2t | - | 09.01.18 | 600 | Deutsche Feldbahn, Eisenbahnersatzpark/1405/1919 PKP 375/1941 DRB 99 1558 | |
| 9985 | D n2t | - | 09.01.18 | 600 | Deutsche Feldbahn, Eisenbahnersatzpark/1406 | |
| 9986 | D n2t | - | 19.01.18 | 600 | Deutsche Feldbahn, Eisenbahnersatzpark/1407 | |
| 9987 | D n2t | - | 19.01.18 | 600 | Deutsche Feldbahn, Eisenbahnersatzpark/1408 | |
| 9988 | D n2t | - | 24.01.18 | 600 | Deutsche Feldbahn, Eisenbahnersatzpark/1409 | |
| 9989 | D n2t | - | 24.01.18 | 600 | Deutsche Feldbahn, Eisenbahnersatzpark/1410 | |
| 9990 | D h2 | G | 08.09.17 | 1435 | KPEV (G 8.1)/Kat 5317/1919 Opp 5317/DRG 55 4691 | 11.05.1966 |
| 9991 | D h2 | G | 08.09.17 | 1435 | KPEV (G 8.1)/Kat 5318/1919 PKP Tp 4-273/1941 DRG 55 3043''/DB | 13.12.1951 |
| 9992 | D h2 | G | 10.09.17 | 1435 | KPEV (G 8.1)/Kat 5319/1919 AL 5116/1938 SNCF 1-040 D 116 | |
| 9993 | D h2 | G | 11.09.17 | 1435 | KPEV (G 8.1)/Kat 5320/1919 Opp 5320/DRG 55 4692 | |
| 9994 | D h2 | G | 12.09.17 | 1435 | KPEV (G 8.1)/Kat 5321/1919 Opp 5321/DRG 55 4693/DB/055 693-6 | |
| 9995 | D h2 | G | 17.09.17 | 1435 | KPEV (G 8.1)/Kat 5322/1919 PKP Tp 4-275/1941 DRG 55 3045''/DB | 13.12.1951 |
| 9996 | D h2 | G | 19.09.17 | 1435 | KPEV (G 8.1)/Kat 5323/1919 Est (F) 4330/1938 SNCF 1-040 D 530/ 07.06.44 B 7809/26.01.45 SNCF | |
| 9997 | D h2 | G | 21.09.17 | 1435 | KPEV (G 8.1)/Kat 5324/1919 Opp 5324/DRG 55 4694/ÖBB | 25.02.1953 |
| 9998 | D h2 | G | 25.09.17 | 1435 | KPEV (G 8.1)/Kat 5325/1919 Opp 5325/DRG 55 4695/DB | 05.07.1967 |
| 9999 | D h2 | G | 25.09.17 | 1435 | KPEV (G 8.1)/Kat 5326/1919 PKP Tp 4-276/1941 DRG 55 3047''/DB | 13.12.1951 |
| 10000 | 1'E h2 | G | 12.10.18 | 1435 | KPEV (G 12)/Mst 5566/DRG 58 1099 | |
| 10001 | D h2 | G | 28.09.17 | 1435 | KPEV (G 8.1)/Kat 5328/1922 Opp 5328/DRG 55 4696 | |
| 10002 | D h2 | G | 29.09.17 | 1435 | KPEV (G 8.1)/Kat 5329/1922 Opp 5329/DRG 55 4697 | |
| 10003 | D h2 | G | 29.09.17 | 1435 | KPEV (G 8.1)/Kat 5330/1922 Opp 5330/DRG 55 4698 | |
| 10004 | D h2 | G | 29.09.17 | 1435 | KPEV (G 8.1)/Kat 5331/1919 Est (F) 4331/1938 SNCF 1-040 D 531 | |
| 10005 | D h2 | G | 29.09.17 | 1435 | KPEV (G 8.1)/Hl 5156/DRG 55 4472 | 1931 |
| 10006 | D h2 | G | 29.09.17 | 1435 | KPEV (G 8.1)/Hl 5157/DRG 55 4699 | 1932 |
| 10007 | D h2 | G | 29.09.17 | 1435 | KPEV (G 8.1)/Hl 5158/DRG 55 4700/PKP Tp 4-120 | |
| 10008 | D h2 | G | 09.10.17 | 1435 | KPEV (G 8.1)/Hl 5159/1919 PO (F) 1340/1923 Est 4261/1938 SNCF 1-040 D 461/26.06.44 B 7822/1945 CFL 46.22/1949 SNCF | |
| 10009 | | G | 10.10.17 | 1435 | KPEV (G 8.1)/Hl 5160/DRG 55 4701 | 1932 |
| 10010 | D h2 | G | 13.10.17 | 1435 | KPEV (G 8.1)/Hl 5161/DRG 55 4702/1935/36 U.DRG 56 303/PKP Tr 5-11 | |
| 10011 | D h2 | G | 13.10.17 | 1435 | KPEV (G 8.1)/Hl 5162/1919 Nord (F) 4.365/1938 SNCF 2-040 D 15 | |
| 10012 | D h2 | G | 16.10.17 | 1435 | KPEV (G 8.1)/Hl 5163/DRG 55 4703/DB/055 703-3 | 15.12.1971 |
| 10013 | D h2 | G | 16.10.17 | 1435 | KPEV (G 8.1)/Hl 5164/1919 PKP Tp 4-213/1939 USSR | |
| 10014 | D h2 | G | 17.10.17 | 1435 | KPEV (G 8.1)/Hl 5165/DRG 55 4704/DB | 02.11.1961 |

| Fabriknummer | Bauart | Gattung | Auslieferungsdatum | Spurweite | Empfänger/Verbleib | Ausmusterung |
|---|---|---|---|---|---|---|
| 10015 | D h2 | G | 20.10.17 | 1435 | KPEV (G 8.1)/Hl 5166/DRG 55 4705 | 1931 |
| 10016 | D h2 | G | 20.10.17 | 1435 | KPEV (G 8.1)/Hl 5167/DRG 55 4706 | 30.12.1933 |
| 10017 | D h2 | G | 23.10.17 | 1435 | KPEV (G 8.1)/Hl 5168/1919 Nord (F) 4.366/1938 SNCF 2-040 D 16 | |
| 10018 | D h2 | G | 24.10.17 | 1435 | KPEV (G 8.1)/Hl 5169/1919 PKP Tp 4-214/1941 DRG 55 2922''/DB | 13.12.1951 |
| 10019 | D h2 | G | 25.10.17 | 1435 | KPEV (G 8.1)/Hl 5170/DRG 55 4707/17.12.38 U.DRG 56 589/DR | |
| 10020 | D h2 | G | 27.10.17 | 1435 | KPEV (G 8.1)/Hl 5171/1919 B 8471/SNCB 81.371 | |
| 10021 | D h2 | G | 27.10.17 | 1435 | KPEV (G 8.1)/Hl 5172/1919 FS 460.016 | |
| 10022 | D h2 | G | 29.10.17 | 1435 | KPEV (G 8.1)/Hl 5173/1919 Nord (F) 4.367/1938 SNCF 2-040 D 17 | |
| 10023 | D h2 | G | 30.10.17 | 1435 | KPEV (G 8.1)/Hl 5174/DRG 55 4708/DB | 05.07.1967 |
| 10024 | D h2 | G | 30.10.17 | 1435 | KPEV (G 8.1)/Hl 5175/DRG 55 4709/DR | 06.04.1946 |
| 10025 | D h2 | G | 31.10.17 | 1435 | KPEV (G 8.1)/Hl 5176/DRG 55 4710 | |
| 10026 | D h2 | G | 31.10.17 | 1435 | KPEV (G 8.1)/Hl 5177/DRG 55 4711/11.35 U.DRG 56 311/SAAR 56 311 | vor 1956 |
| 10027 | D h2 | G | 31.10.17 | 1435 | KPEV (G 8.1)/Hl 5178/1919 AL (F) 5108/DR Rbd Schwerin 1946 | vor 1956 |
| 10028 | D h2 | G | 08.11.17 | 1435 | KPEV (G 8.1)/Hl 5179/DRG 55 4712 | 1931 |
| 10029 | D h2 | G | 09.11.17 | 1435 | KPEV (G 8.1)/Hl 5180/DRG 55 4713/DR | 22.10.1968 |
| 10030 | D h2 | G | 12.11.17 | 1435 | KPEV (G 8.1)/Hl 5181/DRG 55 4714 | 1933 |
| 10031 | D h2 | G | 13.11.17 | 1435 | KPEV (G 8.1)/Hl 5182/1919 B 8482/DB/1946 SNCB 81.382 | |
| 10032 | D h2 | G | 14.11.17 | 1435 | KPEV (G 8.1)/Hl 5183/1919 PKP Tp 4-223/1941 DRG 55 3671''/PKP Tp 4-156 | |
| 10033 | D h2 | G | 17.11.17 | 1435 | KPEV (G 8.1)/Hl 5184/1919 PO (F) 1341/1923 Est 4262/1938 SNCF 1-040 D 462/DB | |
| 10034 | D h2 | G | 17.11.17 | 1435 | KPEV (G 8.1)/Hl 5185/1919 Nord (F) 4.369/1938 SNCF 2-040 D 19 | |
| 10035 | D h2 | G | 19.11.17 | 1435 | KPEV (G 8.1)/Hl 5186/DRG 55 4715/DB | 02.11.1961 |
| 10036 | D h2 | G | 29.11.17 | 1435 | KPEV (G 8.1)/Mgd 5000/DRG 55 4716 | 1933 |
| 10037 | D h2 | G | 23.11.17 | 1435 | KPEV (G 8.1)/Mgd 5151/DRG 55 4717/1939/40 U.DRG 56 836 | |
| 10038 | D h2 | G | 27.11.17 | 1435 | KPEV (G 8.1)/Mgd 5152/1919 Nord (F) 4.370/1938 SNCF 2-040 D 20/1944 B 7821 | |
| 10039 | D h2 | G | 27.11.17 | 1435 | KPEV (G 8.1)/Mgd 5153/DRG 55 4718 | 1932 |
| 10040 | D h2 | G | 28.11.17 | 1435 | KPEV (G 8.1)/Mgd 5154/1919 AL (F) 5121/1938 SNCF 1-040 D 121 | |
| 10041 | D h2 | G | 29.11.17 | 1435 | KPEV (G 8.1)/Mgd 5155/DRG 55 4719 | |
| 10042 | D h2 | G | 30.11.17 | 1435 | KPEV (G 8.1)/Mgd 5156/1919 Midi (F) 2214/1934 PO 040.514/1938 SNCF 4-040 K 514 | |
| 10043 | D h2 | G | 30.11.17 | 1435 | KPEV (G 8.1)/Mgd 5157/1919 AL (F) 5122/1938 SNCF 1-040 D 122/DB/11.45 SNCF | |
| 10044 | D h2 | G | 30.11.17 | 1435 | KPEV (G 8.1)/Mgd 5158/1919 PKP Tp 4-209/1941 DRG 55 2916''/DB | 13.12.1951 |
| 10045 | D h2 | G | 30.11.17 | 1435 | KPEV (G 8.1)/Mgd 5159/DRG 55 4720 | 1931 |
| 10046 | D h2 | G | 30.11.17 | 1435 | KPEV (G 8.1)/Mgd 5160/DRG 55 4721 | 1932 |
| 10047 | D h2 | G | 07.12.17 | 1435 | KPEV (G 8.1)/Mgd 5161/1919 B 8561/DB/1946 SNCB 81.461 | |
| 10048 | D h2 | G | 11.12.17 | 1435 | KPEV (G 8.1)/Mgd 5162/DRG 55 4722/DB | 24.02.1967 |
| 10049 | D h2 | G | 11.12.17 | 1435 | KPEV (G 8.1)/Mgd 5163/DRG 55 4723/DB | 28.03.1957 |
| 10050 | D h2 | G | 15.12.17 | 1435 | KPEV (G 8.1)/Mgd 5164/DRG 55 4724 | 1931 |
| 10051 | D h2 | G | 15.12.17 | 1435 | KPEV (G 8.1)/Mgd 5165/DRG 55 4725 | |
| 10052 | D h2 | G | 18.12.17 | 1435 | KPEV (G 8.1)/Mgd 5166/DRG 55 4726 | |
| 10053 | D h2 | G | 19.12.17 | 1435 | KPEV (G 8.1)/Mgd 5167/DRG 55 4727/DB | 04.05.1959 |
| 10054 | D h2 | G | 18.12.17 | 1435 | KPEV (G 8.1)/Mgd 5168/1919 AL (F) 5048/DB/25.03.46 SNCF 1-040 D 48 | |
| 10055 | D h2 | G | 19.12.17 | 1435 | KPEV (G 8.1)/Mgd 5169/DRG 55 4728/02.12.36 U.DRG 56 461 | |
| 10056 | D h2 | G | 22.12.17 | 1435 | KPEV (G 8.1)/Mgd 5170/DRG 55 4729/1940/41 U.DRG 56 878/DB | |
| 10057 | D h2 | G | 22.12.17 | 1435 | KPEV (G 8.1)/Mgd 5171/1919 Nord (F) 4.371/1938 SNCF 2-040 D 21 | |
| 10058 | D h2 | G | 23.12.17 | 1435 | KPEV (G 8.1)/Mgd 5172/DRG 55 4730 | 1932 |
| 10059 | D h2 | G | 23.12.17 | 1435 | KPEV (G 8.1)/Mgd 5173/1919 Nord (F) 4.372/1938 SNCF 2-040 D 22 | |
| 10060 | D h2 | G | 31.12.17 | 1435 | KPEV (G 8.1)/Mgd 5174/DRG 55 4731 | 1931 |
| 10061 | D h2 | G | 31.12.17 | 1435 | KPEV (G 8.1)/Mgd 5175/DRG 55 4732 | |
| 10062 | D h2 | G | 31.12.17 | 1435 | KPEV (G 8.1)/Mgd 5176/DRG 55 4733 | |
| 10063 | D h2 | G | 14.01.18 | 1435 | KPEV (G 8.1)/Mgd 5177/1919 Lit.Stb | |
| 10064 | D h2 | G | 12.01.18 | 1435 | KPEV (G 8.1)/Mgd 5178/DRG 55 4734 | |
| 10065 | D h2 | G | 16.01.18 | 1435 | KPEV (G 8.1)/Mgd 5179/1919 AL (F) 5123/DB/07.50 SNCF 1-040 D 123 | |
| 10066 | D h2 | G | 16.01.18 | 1435 | KPEV (G 8.1)/Mgd 5180/DRG 55 4735/SNCF 1-040 D 835 | 07.03.1957 |
| 10067 | D h2 | G | 18.01.18 | 1435 | KPEV (G 8.1)/Mgd 5181/1919 B 8381/DB/01.46 SNCB 81.281 | |
| 10068 | D h2 | G | 18.01.18 | 1435 | KPEV (G 8.1)/Mgd 5182/1919 Midi 2219/(1934 PO 040.519)/(1938 SNCF 4-040 K 519) | |
| 10069 | D h2 | G | 18.01.18 | 1435 | KPEV (G8.1)/Mgd 5183/DRG 55 4736 | |
| 10070 | D h2 | G | 23.01.18 | 1435 | KPEV (G 8.1)/Mgd 5184/DRG 55 4737/DB | 21.06.1968 |
| 10071 | D h2 | G | 24.01.18 | 1435 | KPEV (G 8.1)/Alt 4951/1919 B 8151/SNCB 81.051 | |
| 10072 | D h2 | G | 25.01.18 | 1435 | KPEV (G 8.1)/Alt 4952/1919 B 8152/SNCB 81.052 | |
| 10073 | D h2 | G | 26.01.18 | 1435 | KPEV (G 8.1)/Alt 4953/1919 B 8153/SNCB 81.053 | |
| 10074 | D h2 | G | 29.01.18 | 1435 | KPEV (G 8.1)/Alt 4954/DRG 55 4738 | 1932 |
| 10075 | D h2 | G | 04.02.18 | 1435 | KPEV (G 8.1)/Alt 4955/DRG 55 4739 | 1931 |
| 10076 | D h2 | G | 05.02.18 | 1435 | KPEV (G 8.1)/Alt 4956/DRG 55 4740 | 1933 |
| 10077 | D h2 | G | 07.02.18 | 1435 | KPEV (G 8.1)/Alt 4957/1919 B 8157/SNCB 81.057 | |
| 10078 | D h2 | G | 07.02.18 | 1435 | KPEV (G 8.1)/Alt 4958/DRG 55 4741 | 1931 |
| 10079 | D h2 | G | 08.02.18 | 1435 | KPEV (G 8.1)/Alt 4959/1919 B 8159/SNCB 81.059 | |
| 10080 | D h2 | G | 09.02.18 | 1435 | KPEV (G 8.1)/Alt 4960/DRG 55 4742 | 1932 |

| Fabriknummer | Bauart | Gattung | Auslieferungsdatum | Spurweite | Empfänger/Verbleib | Ausmusterung |
|---|---|---|---|---|---|---|
| 10081 | D h2 | G | 11.02.18 | 1435 | KPEV (G 8.1)/Alt 4961/DRG 55 4743/1936/37 U.DRG 56 422 | |
| 10082 | D h2 | G | 13.02.18 | 1435 | KPEV (G 8.1)/Alt 4962/DRG 55 4744/01.36 U.DRG 56 253/DR | 16.05.1946 |
| 10083 | D h2 | G | 16.02.18 | 1435 | KPEV (G 8.1)/Alt 4963/1919 B 8169/DR Rbd Greifswald 04.11.45 abgegeben | |
| 10084 | D h2 | G | 15.02.18 | 1435 | KPEV (G 8.1)/Alt 4964/DRG 55 4745/PKP Tp 4-84 | |
| 10085 | D h2 | G | 18.02.18 | 1435 | KPEV (G 8.1)/Alt 4965/DRG 55 4746 | 1932 |
| 10086 | D h2 | G | 20.02.18 | 1435 | KPEV (G 8.1)/Alt 4966/DRG 55 4747 | 1932 |
| 10087 | D h2 | G | 22.02.18 | 1435 | KPEV (G 8.1)/Alt 4967/1919 Nord (F) 4.373/1938 SNCF 2-040 D 23 | |
| 10088 | D h2 | G | 25.02.18 | 1435 | KPEV (G 8.1)/Hl 5187/1919 B 8587/DB/01.46 B 81.487 | |
| 10089 | D h2 | G | 25.02.18 | 1435 | KPEV (G 8.1)/Hl 5188/1919 Nord (F) 4.374/1938 SNCF 2-040 D 24 | |
| 10090 | D h2 | G | 26.02.18 | 1435 | KPEV (G 8.1)/Hl 5189/1919 Nord (F) 4.375/1938 SNCF 2-040 D 25 | |
| 10091 | D h2 | G | 27.02.18 | 1435 | KPEV (G 8.1)/Hl 5190/1919 B 8490/SNCB 81.390 | |
| 10092 | D h2 | G | 28.02.18 | 1435 | KPEV (G 8.1)/Hl 5191/DRG 55 4748 | 1933 |
| 10093 | D h2 | G | 28.02.18 | 1435 | KPEV (G 8.1)/Hl 5192/DRG 55 4749/1936 U.DRG 56 463 | |
| 10094 | D h2 | G | 28.02.18 | 1435 | KPEV (G 8.1)/Hl 5193/DRG 55 4750/DR | 14.08.1967 |
| 10095 | D h2 | G | 28.02.18 | 1435 | KPEV (G 8.1)/Hl 5194/1919 Est 4380/1938 SNCF 1-040 D 580/DB/10.45 SNCF | |
| 10096 | D h2 | G | 28.02.18 | 1435 | KPEV (G 8.1)/Hl 5195/DRG 55 4751 | 03.1943 |
| 10097 | D h2 | G | 09.03.18 | 1435 | KPEV (G 8.1)/Kln 5283/DRG 55 4752/PKP Tp 4-216 | |
| 10098 | D h2 | G | 12.03.18 | 1435 | KPEV (G 8.1)/Kln 5284/1919 B 8285/SNCB 81.185 | |
| 10099 | D h2 | G | 12.03.18 | 1435 | KPEV (G 8.1)/Kln 5285/DRG 55 4753/DB | 12.07.1961 |
| 10100 | D h2 | G | 14.03.18 | 1435 | KPEV (G 8.1)/Kln 5286/1919 Nord (F) 4.376/1938 SNCF 2-040 D 26/DR Staßfurt 1953 | vor 1956 |
| 10101 | D h2 | G | 14.03.18 | 1435 | KPEV (G 8.1)/Kln 5287/DRG 55 4754 | 1935 |
| 10102 | D h2 | G | 16.03.18 | 1435 | KPEV (G 8.1)/Kln 5288/1919 B 8539/SNCB 81.439 | |
| 10103 | D h2 | G | 16.03.18 | 1435 | KPEV (G 8.1)/Kln 5289/DRG 55 4755/DB/055 755-3 | 27.11.1970 |
| 10104 | D h2 | G | 18.03.18 | 1435 | KPEV (G 8.1)/Kat 5374/1919 Lit.Stb | |
| 10105 | D h2 | G | 19.03.18 | 1435 | KPEV (G 8.1)/Kat 5375/1919 Nord (F) 4.377/1938 SNCF 2-040 D 27 | |
| 10106 | D h2 | G | 20.03.18 | 1435 | KPEV (G 8.1)/Kat 5376/1919 B 8378/DR Stralsund 11.45 abgegeben | |
| 10107 | D h2 | G | 27.03.18 | 1435 | KPEV (G 8.1)/Kat 5377/1922 Opp 5377/DRG 55 4756/DB | 14.03.1957 |
| 10108 | D h2 | G | 22.03.18 | 1435 | KPEV (G 8.1)/Kat 5378/1919 Nord (F) 4.378/1938 SNCF 2-040 D 28/ 1944 B 7801 | |
| 10109 | D h2 | G | 22.03.18 | 1435 | KPEV (G 8.1)/Psn 5223/1919 Ost 5223/DRG 55 4757/DB | 12.07.1962 |
| 10110 | D h2 | G | 25.03.18 | 1435 | KPEV (G 8.1)/Psn 5224/1919 Nord (F) 4.379/1938 SNCF 2-040 D 29/ 26.06.44 B 7833/05.01.45 SNCF | |
| 10111 | D h2 | G | 25.03.18 | 1435 | KPEV (G 8.1)/Psn 5225/1919 ETAT 040.911/1938 SNCF 3-040 B 911 | |
| 10112 | D h2 | G | 27.03.18 | 1435 | KPEV (G 8.1)/Alt 4968/DRG 55 4758 | 1932 |
| 10113 | D h2 | G | 27.03.18 | 1435 | KPEV (G 8.1)/Alt 4969/1919 B 8169/SNCB 81.069 | |
| 10114 | D h2 | G | 28.03.18 | 1435 | KPEV (G 8.1)/Alt 4970/1919 B 8170/DR | 06.08.1955 |
| 10115 | D h2 | G | 28.03.18 | 1435 | KPEV (G 8.1)/Bsl 5340/1919 AL (F) 5003/1935/36 C.F. Algeriens 4 E 1 | |
| 10116 | D h2 | G | 28.03.18 | 1435 | KPEV (G 8.1)/Bsl 5341/DRG 55 4759/13.06.39 U.DRG 56 825 | |
| 10117 | D h2 | G | 28.03.18 | 1435 | KPEV (G 8.1)/Hl 5196/1919 AL (F) 5105 | 09.03.1946 |
| 10118 | D h2 | G | 28.03.18 | 1435 | KPEV (G 8.1)/Hl 5197/DRG 55 4760/JZ 23-102/WL | |
| 10119 | D h2 | G | 11.04.18 | 1435 | KPEV (G 8.1)/Hl 5198/1919 PKP Tp 4-304 | |
| 10120 | D h2 | G | 12.04.18 | 1435 | KPEV (G 8.1)/Hl 5199/DRG 55 4761/DB | 25.04.1958 |
| 10121 | D h2 | G | 12.04.18 | 1435 | KPEV (G 8.1)/Hl 5200/1919 Nord (F) 4.380/1938 SNCF 2-040 D 30 | |
| 10122 | D h2 | G | 15.04.18 | 1435 | KPEV (G 8.1)/Hn 5348/DRG 55 4762 | 18.08.1943 |
| 10123 | D h2 | G | 16.04.18 | 1435 | KPEV (G 8.1)/Hn 5349/DRG 55 4763 | 1932 |
| 10124 | D h2 | G | 17.04.18 | 1435 | KPEV (G 8.1)/Hn 5350/DRG 55 4764 | 1931 |
| 10125 | D h2 | G | 18.04.18 | 1435 | KPEV (G 8.1)/Hn 5351/DRG 55 4765/PKP Tp 4-217 | |
| 10126 | D h2 | G | 19.04.18 | 1435 | KPEV (G 8.1)/Hn 5352/DRG 55 4766/1937/38 U.DRG 56 527/DB | 10.03.1965 |
| 10127 | D h2 | G | 20.04.18 | 1435 | KPEV (G 8.1)/Mz 5270/DRG 55 4767/08.08.38 U.DRG 56 578/DB | 06.08.1962 |
| 10128 | D h2 | G | 22.04.18 | 1435 | KPEV (G 8.1)/Mz 5271/DRG 55 4768/DR | 17.12.1970 |
| 10129 | D h2 | G | 23.04.18 | 1435 | KPEV (G 8.1)/Mz 5272/1919 Midi (F) 2239/1934 PO 040.539/1938 SNCF 4-040 K 539/1945 1-040 D 739 | |
| 10130 | D h2 | G | 24.04.18 | 1435 | KPEV (G 8.1)/Mz 5273/1919 Nord (F) 4.381/1938 SNCF 2-040 D 31/DB/ 10.45 SNCF | |
| 10131 | D h2 | G | 25.04.18 | 1435 | KPEV (G 8.1)/Mz 5274/1919 Est (F) 4381/1938 SNCF 1-040 D 58 | |
| 10132 | D h2 | G | 26.04.18 | 1435 | KPEV (G 8.1)/Mz 5275/1919 ETAT (F) 040.917/1938 SNCF 3-040 B 917/DB/ 12.1945 SNCF 2-040 D 309 | |
| 10133 | D h2 | G | 27.04.18 | 1435 | KPEV (G 8.1)/Mz 5276/1919 AL (F) 5050/1938 SNCF 1-040 D 50 | |
| 10134 | D h2 | G | 29.04.18 | 1435 | KPEV (G 8.1)/Mz 5277/1919 Est 4382/1938 SNCF 1-040 D 582 | |
| 10135 | D h2 | G | 30.04.18 | 1435 | KPEV (G 8.1)/Mgd 5185/1919 Nord (F) 4.382/1938 SNCF 2-040 D 32 | |
| 10136 | D h2 | G | 30.04.18 | 1435 | KPEV (G 8.1)/Mgd 5186/1919 Est (F) 4383/1938 SNCF 1-040 D 583 | |
| 10137 | D h2 | G | 30.04.18 | 1435 | KPEV (G 8.1)/Mgd 5187/DRG 55 4769/DB | 14.11.1967 |
| 10138 | D h2 | G | 30.04.18 | 1435 | KPEV (G 8.1)/Mgd 5188/DRG 55 4770/DB | 01.09.1965 |
| 10139 | D h2 | G | 28.09.17 | 1435 | KPEV (G 8.1)/Kat 5327/1919 Opp 5327/DRG 55 4771/PKP Tp 4-238 | |
| 10140 | D n2t | | 14.02.18 | 600 | Deutsche Feldbahn, Eisenbahnersatzpark/1771 | |
| 10141 | D n2t | | 15.02.18 | 600 | Deutsche Feldbahn, Eisenbahnersatzpark/1772 | |
| 10142 | D n2t | | 15.02.18 | 600 | Deutsche Feldbahn, Eisenbahnersatzpark/1773 | |
| 10143 | D n2t | | 15.02.18 | 600 | Deutsche Feldbahn, Eisenbahnersatzpark/1774 | |
| 10144 | D n2t | | 16.02.18 | 600 | Deutsche Feldbahn, Eisenbahnersatzpark/1775/Brunner f. Marchand/ 1926 Sables de Nemours | |

| Fabriknummer | Bauart | Gattung | Auslieferungsdatum | Spurweite | Empfänger/Verbleib | Ausmusterung |
|---|---|---|---|---|---|---|
| 10145 | D n2t | | 16.02.18 | 600 | Deutsche Feldbahn, Eisenbahnersatzpark/1776 | |
| 10146 | D n2t | | 21.02.18 | 600 | Deutsche Feldbahn, Eisenbahnersatzpark/1777 | |
| 10147 | D n2t | | 21.02.18 | 600 | Deutsche Feldbahn, Eisenbahnersatzpark/1778 | |
| 10148 | D n2t | | 23.02.18 | 600 | Deutsche Feldbahn, Eisenbahnersatzpark/1779 | |
| 10149 | D n2t | | 23.02.18 | 600 | Deutsche Feldbahn, Eisenbahnersatzpark/1780 | |
| 10150 | D n2t | | 28.02.18 | 600 | Deutsche Feldbahn, Eisenbahnersatzpark/1781 | |
| 10151 | D n2t | | 28.02.18 | 600 | Deutsche Feldbahn, Eisenbahnersatzpark/1782 | |
| 10152 | D n2t | | 28.02.18 | 600 | Deutsche Feldbahn, Eisenbahnersatzpark/1783 | |
| 10153 | D n2t | | 28.02.18 | 600 | Deutsche Feldbahn, Eisenbahnersatzpark/1784 | |
| 10154 | D n2t | | 07.03.18 | 600 | Deutsche Feldbahn, Eisenbahnersatzpark/1785 | |
| 10155 | D n2t | | 20.03.18 | 600 | Deutsche Feldbahn, Eisenbahnersatzpark/1786 | |
| 10156 | D n2t | | 23.03.18 | 600 | Deutsche Feldbahn, Eisenbahnersatzpark/1787/Sablieres de Bourron | |
| 10157 | D n2t | | 28.03.18 | 600 | Deutsche Feldbahn, Eisenbahnersatzpark/1788 | |
| 10158 | D n2t | | 28.03.18 | 600 | Deutsche Feldbahn, Eisenbahnersatzpark/1789 | |
| 10159 | D n2t | | | 600 | Deutsche Feldbahn, Eisenbahnersatzpark/1790 | |
| 10160 | $B_o$ $B_o$ | ELA | 03.07.18 | 900 | e.A. SSW/Ilse Bergbau AG, Grube Ilse-Grube Erika, Schwarzkollm | |
| 10161 | $B_o$ $B_o$ | ELA | 13.07.18 | 900 | e.A. SSW/Ilse Bergbau AG, Grube Ilse-Grube Erika, Schwarzkollm | |
| 10162 | $B_o$ $B_o$ | ELA | 23.07.18 | 900 | e.A. SSW/Ilse Bergbau AG, Grube Ilse-Grube Erika, Schwarzkollm | |
| 10163 | $B_o$ $B_o$ | ELA | 31.07.18 | 900 | e.A. SSW/Ilse Bergbau AG, Grube Ilse-Grube Erika, Schwarzkollm | |
| 10164 | $B_o$ $B_o$ | ELA | 10.07.18 | 900 | e.A. SSW/Ilse Bergbau AG, Grube Ilse-Grube Erika, Schwarzkollm | |
| 10165 | $B_o$ $B_o$ | ELA | 20.07.18 | 900 | e.A. SSW/Ilse Bergbau AG, Grube Ilse-Grube Erika, Schwarzkollm | |
| 10166 | $B_o$ $B_o$ | ELA | 06.09.18 | 900 | e.A. SSW/Ilse Bergbau AG, Grube Ilse-Grube Erika, Schwarzkollm | |
| 10167 | $B_o$ $B_o$ | ELA | 30.09.18 | 900 | e.A. SSW/Ilse Bergbau AG, Grube Ilse-Grube Erika, Schwarzkollm | |
| 10168 | $B_o$ $B_o$ | ELA | 12.10.18 | 900 | e.A. SSW/Ilse Bergbau AG, Grube Ilse-Grube Erika, Schwarzkollm | |
| 10169 | $B_o$ $B_o$ | ELA | 26.10.18 | 900 | e.A. SSW/Ilse Bergbau AG, Grube Ilse-Grube Erika, Schwarzkollm | |
| 10170 | $B_o$ $B_o$ | ELA | 31.10.18 | 900 | e.A. SSW/Ilse Bergbau AG, Grube Ilse-Grube Erika, Schwarzkollm | |
| 10171 | $B_o$ $B_o$ | ELA | 17.01.19 | 900 | e.A. SSW/1264/Ilse Bergbau AG, Grube Ilse-Grube Erika, Schwarzkollm | |
| 10172 | $B_o$ $B_o$ | ELA | 12.02.19 | 900 | e.A. SSW/1265/Ilse Bergbau AG, Grube Ilse-Grube Erika, Schwarzkollm | |
| 10173 | $B_o$ $B_o$ | ELA | 21.03.19 | 900 | e.A. SSW/1266/Ilse Bergbau AG, Grube Ilse-Grube Erika, Schwarzkollm | |
| 10174 | 1'E h3 | G | 30.05.18 | 1435 | KPEV (G 12)/Mst 5551/DRG 58 1007/DB | 20.09.1948 |
| 10175 | 1'E h3 | G | 05.06.18 | 1435 | KPEV (G 12)/Mst 5552/DRG 58 1008/DB | 20.09.1948 |
| 10176 | 1'E h3 | G | 05.06.18 | 1435 | KPEV (G 12)/Mst 5553/DRG 58 1009/DR/(58 1009-8) | 12.05.1969 |
| 10177 | 1'E h3 | G | 11.06.18 | 1435 | KPEV (G 12)/Mst 5554/DRG 58 1010/DR | 06.11.1958 |
| 10178 | 1'E h3 | G | 17.06.18 | 1435 | KPEV (G 12)/Mst 5555/DRG 58 1011/DB | 20.09.1948 |
| 10179 | 1'E h3 | G | 13.06.18 | 1435 | KPEV (G 12)/Mst 5556/DRG 58 1012/JZ 30-104/1947 JZ 36-004 | |
| 10180 | 1'E h3 | G | 14.06.18 | 1435 | KPEV (G 12)/Mst 5557/DRG 58 1013/DB | 20.09.1948 |
| 10181 | 1'E h3 | G | 17.06.18 | 1435 | KPEV (G 12)/Mst 5558/DRG 58 1014/PKP Ty 1-113 | |
| 10182 | 1'E h3 | G | 19.06.18 | 1435 | KPEV (G 12)/Sbr 5571/1919 Tri 5571/DRG 58 1015/DR | 06.04.1946 |
| 10183 | 1'E h3 | G | 20.06.18 | 1435 | KPEV (G 12)/Sbr 5572/1919 Tri 5572/DRG 58 1016/DB | 14.11.1952 |
| 10184 | 1'E h3 | G | 21.06.18 | 1435 | KPEV (G 12)/Sbr 5573/1919 AL 5688/DB/1946 SNCF 1-150 C 688 | |
| 10185 | 1'E h3 | G | 22.06.18 | 1435 | KPEV (G 12)/Sbr 5574/1919 Tri 5574/DRG 58 1017/DR | 05.06.1968 |
| 10186 | 1'E h3 | G | 25.06.18 | 1435 | KPEV (G 12)/Sbr 5575/1919 Tri 5575/DRG 58 1018/DB | 20.09.1948 |
| 10187 | 1'E h3 | G | 25.06.18 | 1435 | KPEV (G 12)/Sbr 5576/1919 Tri 5576/DRG 58 1019/DB | 20.09.1948 |
| 10188 | 1'E h3 | G | 27.06.18 | 1435 | KPEV (G 12)/Sbr 5577/1919 Tri 5577/DRG 58 1020/DR/58 1020-5 | 11.10.1971 |
| 10189 | 1'E h3 | G | 27.06.18 | 1435 | KPEV (G 12)/Sbr 5578/1919 Tri 5578/DRG 58 1021/DB | 20.09.1948 |
| 10190 | 1'E h3 | G | 29.06.18 | 1435 | KPEV (G 12)/Sbr 5579/1919 Tri 5579/DRG 58 1022/DR | 31.01.1951 |
| 10191 | 1'E h3 | G | 29.06.18 | 1435 | KPEV (G 12)/Sbr 5580/1919 AL 5689/DB/1945 SNCF 1-150 C 689 | |
| 10192 | 1'E h3 | G | 29.06.18 | 1435 | KPEV (G 12)/Kln 5551/DRG 58 1023/DR/58 1023-9 | 15.01.1975 |
| 10193 | 1'E h3 | G | 08.07.18 | 1435 | KPEV (G 12)/Kln 5552/DRG 58 1024/PKP Ty 1-36 | |
| 10194 | 1'E h3 | G | 10.07.18 | 1435 | KPEV (G 12)/Kln 5553/DRG 58 1025/DR | 13.11.1968 |
| 10195 | 1'E h3 | G | 10.07.18 | 1435 | KPEV (G 12)/Kln 5554/DRG 58 1026/JZ 30-105/1947 JZ 36-005 | |
| 10196 | 1'E h3 | G | 15.07.18 | 1435 | KPEV (G 12)/Kln 5555/DRG 58 1027/DB | 20.09.1948 |
| 10197 | 1'E h3 | G | 15.07.18 | 1435 | KPEV (G 12)/Kln 5556/DRG 58 1028/DR/58 1028-8 | 02.03.1978 |
| 10198 | 1'E h3 | G | 18.07.18 | 1435 | KPEV (G 12)/Kln 5557/DRG 58 1029/DR | 25.03.1953 |
| 10199 | 1'E h3 | G | 19.07.18 | 1435 | KPEV (G 12)/Kln 5558/DRG 58 1030/DB | 20.09.1948 |
| 10200 | 1'E h3 | G | 20.07.18 | 1435 | KPEV (G 12)/Kln 5559/DRG 58 1031/DB | 20.09.1948 |
| 10201 | 1'E h3 | G | 24.07.18 | 1435 | KPEV (G 12)/Kln 5560/DRG 58 1032/DB | 20.09.1948 |
| 10202 | 1'E h2 | G | 24.07.18 | 1435 | KPEV (G 12)/Kln 5561/DRG 58 1033 | |
| 10203 | 1'E h3 | G | 25.07.18 | 1435 | KPEV (G 12)/Kln 5562/DRG 58 1034/ČSD | |
| 10204 | 1'E h3 | G | 27.07.18 | 1435 | KPEV (G 12)/Kln 5563/DRG 58 1035/DR/58 1035-3 | 24.05.1974 |
| 10205 | 1'E h3 | G | 25.07.18 | 1435 | KPEV (G 12)/Esn 5551/DRG 58 1036/DB | 20.09.1948 |
| 10206 | 1'E h3 | G | 30.07.18 | 1435 | KPEV (G 12)/Esn 5552/DRG 58 1037 | 04.01.1945 |
| 10207 | 1'E h3 | G | 30.07.18 | 1435 | KPEV (G 12)/Esn 5553/DRG 58 1038/DR/58 1038-7 | 02.03.1973 |
| 10208 | 1'E h3 | G | 31.07.18 | 1435 | KPEV (G 12)/Esn 5554/DRG 58 1039/DR | 25.01.1951 |
| 10209 | 1'E h3 | G | 31.07.18 | 1435 | KPEV (G 12)/Esn 5555/DRG 58 1040/DR/58 1040-3 | 01.08.1975 |
| 10210 | 1'E h3 | G | 31.07.18 | 1435 | KPEV (G 12)/Esn 5556/DRG 58 1041/DR/58 1041-1 | 02.03.1973 |
| 10211 | 1'E h3 | G | 09.08.18 | 1435 | KPEV (G 12)/Esn 5557/DRG 58 1042/DR/58 1042-9/15.02.77 Dsp | |
| 10212 | 1'E h3 | G | 09.08.18 | 1435 | KPEV (G 12)/Esn 5558/DRG 58 1043/DR | 02.05.1967 |
| 10213 | 1'E h3 | G | 12.08.18 | 1435 | KPEV (G 12)/Esn 5559/DRG 58 1044/DR | 15.07.1968 |
| 10214 | 1'E h3 | G | 14.08.18 | 1435 | KPEV (G 12)/Esn 5560/DRG 58 1045/DB | 20.09.1948 |
| 10215 | 1'E h3 | G | 16.08.18 | 1435 | KPEV (G 12)/Esn 5561/DRG 58 1046/DB | 20.09.1948 |

| Fabriknummer | Bauart | Gattung | Auslieferungsdatum | Spurweite | Empfänger/Verbleib | Ausmusterung |
|---|---|---|---|---|---|---|
| 10216 | 1'E h3 | G | 16.08.18 | 1435 | KPEV (G 12)/Esn 5562/DRG 58 1047/DB | 14.11.1952 |
| 10217 | 1'E h3 | G | 17.08.18 | 1435 | KPEV (G 12)/Esn 5563/DRG 58 1048/DR/KST | 26.07.1968 |
| 10218 | 1'E h3 | G | 19.08.18 | 1435 | KPEV (G 12)/Esn 5564/DRG 58 1049/DR/58 1049-4 | 13.05.1971 |
| 10219 | 1'E h3 | G | 22.08.18 | 1435 | KPEV (G 12)/Esn 5565/DRG 58 1050 | |
| 10220 | 1'E h3 | G | 21.08.18 | 1435 | KPEV (G 12)/Fft 5551/DRG 58 1051/DB | 20.09.1948 |
| 10221 | 1'E h3 | G | 24.08.18 | 1435 | KPEV (G 12)/Fft 5552/DRG 58 1052/ČSD | |
| 10222 | 1'E h3 | G | 24.08.18 | 1435 | KPEV (G 12)/Fft 5553/DRG 58 1053/DB | 14.11.1952 |
| 10223 | 1'E h3 | G | 27.08.18 | 1435 | KPEV (G 12)/Fft 5554/DRG 58 1054/DB | 20.09.1948 |
| 10224 | 1'E h3 | G | 28.08.18 | 1435 | KPEV (G 12)/Fft 5555/DRG 58 1055/DB | 20.09.1948 |
| 10225 | 1'E h3 | G | 28.08.18 | 1435 | KPEV (G 12)/Fft 5556/DRG 58 1056/DR | 26.07.1968 |
| 10226 | 1'E h3 | G | 31.08.18 | 1435 | KPEV (G 12)/Fft 5557/DRG 58 1057/PKP Ty 1-114 | |
| 10227 | 1'E h3 | G | 31.08.18 | 1435 | KPEV (G 12)/Fft 5558/DRG 58 1058/ČSD/WL Huta Ostrava (ČSSR) | |
| 10228 | 1'E h3 | G | 31.08.18 | 1435 | KPEV (G 12)/Hn 5551/DRG 58 1059/DB | 11.01.1952 |
| 10229 | 1'E h3 | G | 09.09.18 | 1435 | KPEV (G 12)/Hn 5552/DRG 58 1060/DR/(58 1060-1) | 30.09.1970 |
| 10230 | 1'E h3 | G | 30.04.18 | 1435 | KPEV (G 12)/Hn 5553/DRG 58 1061/DB | 20.09.1948 |
| 10231 | $B_o' B_o'$ | ELA | 30.09.18 | 900 | e.A. SSW/Ilse Bergbau AG, Grube Ilse-Grube Erika, Schwarzkollm | |
| 10232 | $B_o' B_o'$ | ELA | 17.10.18 | 900 | e.A. SSW/Ilse Bergbau AG, Grube Ilse-Grube Erika, Schwarzkollm | |
| 10233 | $B_o' B_o'$ | ELA | 23.12.18 | 900 | e.A. SSW/Ilse Bergbau AG, Grube Ilse-Grube Erika, Schwarzkollm | |
| 10234 | $B_o' B_o'$ | ELA | 27.02.19 | 900 | e.A. SSW/Ilse Bergbau AG, Grube Ilse-Grube Erika, Schwarzkollm/4 | |
| 10235 | E n2t | | 15.12.17 | 600 | Verkehrstechnische Prüfungskommission, Schöneberg b. Berlin/1919 Le Tramway de Rithiviers a'Toury 5.1 BORSIG | |
| 10236 | D n2t | | 08.03.18 | 600 | Deutsche Feldbahn, Eisenbahnersatzpark/1880 | |
| 10237 | D n2t | | 08.03.18 | 600 | Deutsche Feldbahn, Eisenbahnersatzpark/1881 | |
| 10238 | D n2t | | 20.03.18 | 600 | Deutsche Feldbahn, Eisenbahnersatzpark/1882 | |
| 10239 | D n2t | | 22.03.18 | 600 | Deutsche Feldbahn, Eisenbahnersatzpark/1883 | |
| 10240 | D n2t | | 22.03.18 | 600 | Deutsche Feldbahn, Eisenbahnersatzpark/1884/CFR | |
| 10241 | D n2t | | 26.03.18 | 600 | Deutsche Feldbahn, Eisenbahnersatzpark/1885 | |
| 10242 | D n2t | | 26.03.18 | 600 | Deutsche Feldbahn, Eisenbahnersatzpark/1886 | |
| 10243 | D n2t | | 28.03.18 | 600 | Deutsche Feldbahn, Eisenbahnersatzpark/1887 | |
| 10244 | D n2t | | 03.18 | 600 | Deutsche Feldbahn, Eisenbahnersatzpark/1888 | |
| 10245 | D n2t | | 03.18 | 600 | Deutsche Feldbahn, Eisenbahnersatzpark/1889 | |
| 10246 | 1'E h3 | G | 12.09.18 | 1435 | KPEV (G 12)/Mst 5559/DRG 58 1092/DB | 20.09.1948 |
| 10247 | 1'E h3 | G | 12.09.18 | 1435 | KPEV (G 12)/Mst 5560/DRG 58 1093/DB/04.08.49 Hzl Nür 1019 | |
| 10248 | 1'E h3 | G | 14.09.18 | 1435 | KPEV (G 12)/Mst 5561/DRG 58 1094/DR/58 1094-0 | 21.08.1974 |
| 10249 | 1'E h3 | G | 14.09.18 | 1435 | KPEV (G 12)/Mst 5562/DRG 58 1095/DR/(58 1095-7) | 18.11.1970 |
| 10250 | 1'E h3 | G | 17.09.18 | 1435 | KPEV (G 12)/Mst 5563/DRG 58 1096/DB | 20.09.1948 |
| 10251 | 1'E h3 | G | 18.09.18 | 1435 | KPEV (G 12)/Mst 5564/DRG 58 1097/DR | 21.05.1968 |
| 10252 | 1'E h3 | G | 20.09.18 | 1435 | KPEV (G 12)/Mst 5565/DRG 58 1098/DB | 20.09.1948 |
| 10253 | D h2 | G | 20.09.18 | 1435 | KPEV (G 8.1)/Mgd 5189/DRG 55 4772 | |
| 10254 | 1'E h3 | G | 21.09.18 | 1435 | KPEV (G 12)/Mst 5567/DRG 58 1100/DB | 14.11.1951 |
| 10255 | 1'E h3 | G | 24.09.18 | 1435 | KPEV (G 12)/Mst 5568/DRG 58 1101 | |
| 10256 | 1'E h3 | G | 24.09.18 | 1435 | KPEV (G 12)/Kln 5564/1919 B 9264/P.H. 501/1943 DRG 58 2145/DB/ 24.06.46 CFL 54.01 | 1958 |
| 10257 | 1'E h3 | G | 27.09.18 | 1435 | KPEV (G 12)/Kln 5565/DRG 58 1102/PKP Ty 1-70 | |
| 10258 | 1'E h3 | G | 27.09.18 | 1435 | KPEV (G 12)/Kln 5566/DRG Sbr 5681/1919 Tri 5681/DRG 58 1103/DR/ 58 1103-9 | 08.06.1972 |
| 10259 | 1'E h3 | G | 30.09.18 | 1435 | KPEV (G 12)/Kln 5567/1919 B 9267 | |
| 10260 | 1'E h3 | G | 30.09.18 | 1435 | KPEV (G 12)/Kln 5568/Sbr 5682/1919 Tri 5682/DRG 58 1104 | |
| 10261 | 1'E h3 | G | 30.09.18 | 1435 | KPEV (G 12)/Kln 5569/1919 B 9269 | |
| 10262 | 1'E h3 | G | 30.09.18 | 1435 | KPEV (G 12)/Kln 5570/1919 B 9270/P.H. 502/1943 DRG 58 2146/CFL 54.02 | 1958 |
| 10263 | 1'E h3 | G | 30.09.18 | 1435 | KPEV (G 12)/Kln 5571/1919 B 9271/P.H. 503/1943 DRG 58 2147/DB/11.01.46 CFL 54.03 | 1956 |
| 10264 | 1'E h3 | G | 30.09.18 | 1435 | KPEV (G 12)/Kln 5572/DRG 58 1105/DR | 02.10.1967 |
| 10265 | 1'E h3 | G | 10.10.18 | 1435 | KPEV (G 12)/Kln 5573/1919 B 9272/P.H. 504/1943 DRG 58 2148/DB/26.06.46 CFL 54.04 | 1957 |
| 10266 | 1'E h3 | G | 31.08.18 | 1435 | KPEV (G 12)/Esn 5566/DRG 58 1106/DB | 20.09.1948 |
| 10267 | 1'E h3 | G | 11.10.18 | 1435 | KPEV (G 12)/Esn 5567/DRG 58 1107/DR/58 1107-0 | 16.01.1975 |
| 10268 | 1'E h3 | G | 16.10.18 | 1435 | KPEV (G 12)/Esn 5568/DRG 58 1108/DB | 20.09.1948 |
| 10269 | 1'E h3 | G | 16.10.18 | 1435 | KPEV (G 12)/Esn 5569/DRG 58 1109/DR/58 1109-6 | 12.04.1971 |
| 10270 | 1'E h3 | G | 17.10.18 | 1435 | KPEV (G 12)/Esn 5570/DRG 58 1110/DR/(58 1110-4) | 10.06.1969 |
| 10271 | 1'E h3 | G | 18.10.18 | 1435 | KPEV (G 12)/Esn 5571/DRG 58 1111/DB | 07.07.1951 |
| 10272 | 1'E h3 | G | 22.10.18 | 1435 | KPEV (G 12)/Esn 5572/DRG 58 1112/DR/30.04.51 KST | 14.07.1967 |
| 10273 | 1'E h3 | G | 23.10.18 | 1435 | KPEV (G 12)/Esn 5573/DRG 58 1113/DB | 20.09.1948 |
| 10274 | 1'E h3 | G | 24.10.18 | 1435 | KPEV (G 12)/Esn 5574/DRG 58 1114/DR/58 1114-6 | 16.01.1975 |
| 10275 | 1'E h3 | G | 25.10.18 | 1435 | KPEV (G 12)/Esn 5575/DRG 58 1115/DR KST | 02.10.1967 |
| 10276 | 1'E h3 | G | 25.10.18 | 1435 | KPEV (G 12)/Esn 5576/DRG 58 1116/DB | 14.11.1951 |
| 10277 | 1'E h3 | G | 29.10.18 | 1435 | KPEV (G 12)/Esn 5577/DRG 58 1117/DB | 20.09.1948 |
| 10278 | 1'E h3 | G | 29.10.18 | 1435 | KPEV (G 12)/Esn 5578/DRG 58 1118/DB | 20.09.1948 |
| 10279 | 1'E h3 | G | 31.10.18 | 1435 | KPEV (G 12)/Esn 5579/DRG 58 1119/DR/58 1119-5 | 08.06.1972 |
| 10280 | 1'E h3 | G | 31.10.18 | 1435 | KPEV (G 12)/Esn 5580/DRG 58 1120/DB | 14.11.1951 |
| 10281 | 1'E h3 | G | 31.10.18 | 1435 | KPEV (G 12)/Esn 5581/DRG 58 1121/DR | 05.06.1968 |

| Fabriknummer | Bauart | Gattung | Auslieferungsdatum | Spurweite | Empfänger/Verbleib | Ausmusterung |
|---|---|---|---|---|---|---|
| 10282 | 1'E h3 | G | 31.10.18 | 1435 | KPEV (G 12)/Esn 5582/DRG 58 1122/DB | 20.09.1948 |
| 10283 | 1'E h3 | G | 31.10.18 | 1435 | KPEV (G 12)/Esn 5583/DRG 58 1123/ČSD | |
| 10284 | 1'E h3 | G | 31.10.18 | 1435 | KPEV (G 12)/Esn 5584/DRG 58 1124/JZ 30-107/1947 JZ 36-007 | |
| 10285 | 1'E h3 | G | 15.11.18 | 1435 | KPEV (G 12)/Esn 5585/DRG 58 1125/DR/58 1125-2 | 02.03.1973 |
| 10286 | 1'E h3 | G | 15.11.18 | 1435 | KPEV (G 12)/Esn 5586/DRG 58 1126/DR/(58 1126-0) | 19.02.1969 |
| 10287 | 1'E h3 | G | 16.11.18 | 1435 | KPEV (G 12)/Esn 5587/DRG 58 1127/DB | 20.09.1948 |
| 10288 | 1'E h3 | G | 22.11.18 | 1435 | KPEV (G 12)/Esn 5588/DRG 58 1128/DB | 30.11.1953 |
| 10289 | 1'E h3 | G | 27.11.18 | 1435 | KPEV (G 12)/Esn 5589/DRG 58 1129/JZ 30-108/1947 JZ 36-008 | |
| 10290 | 1'E h3 | G | 30.11.18 | 1435 | KPEV (G 12)/Esn 5590/DRG 58 1130/PKP Ty 1-8 | |
| 10291 | B v | DrL | 31.07.18 | 600 | Gewerkschaft Auguste Viktoria, Hüls | |
| 10292 | D n2t | | 19.04.18 | 600 | Eisenbahnersatzpark - Heeresfeldbahn/1900 | |
| 10293 | D n2t | DrL | 19.04.18 | 600 | Eisenbahnersatzpark - Heeresfeldbahn/1901 | |
| 10294 | D n2t | | 19.04.18 | 600 | Eisenbahnersatzpark - Heeresfeldbahn/1902 | |
| 10295 | D n2t | DrL | 22.04.18 | 600 | Eisenbahnersatzpark - Heeresfeldbahn/1903 | |
| 10296 | D n2t | | 22.04.18 | 600 | Eisenbahnersatzpark - Heeresfeldbahn/1904 | |
| 10297 | D n2t | | 29.04.18 | 600 | Eisenbahnersatzpark - Heeresfeldbahn/1905 | |
| 10298 | D n2t | | 26.04.18 | 600 | Eisenbahnersatzpark - Heeresfeldbahn/1906 | |
| 10299 | D n2t | | 30.04.18 | 600 | Eisenbahnersatzpark - Heeresfeldbahn/1907 | |
| 10300 | D n2t | | 30.04.18 | 600 | Eisenbahnersatzpark - Heeresfeldbahn/1908 | |
| 10301 | D n2t | | 06.05.18 | 600 | Eisenbahnersatzpark - Heeresfeldbahn/1909 | |
| 10302 | D n2t | | 06.05.18 | 600 | Eisenbahnersatzpark - Heeresfeldbahn/1910 | |
| 10303 | D n2t | | 06.05.18 | 600 | Eisenbahnersatzpark - Heeresfeldbahn/1911 | |
| 10304 | D n2t | | 06.05.18 | 600 | Eisenbahnersatzpark - Heeresfeldbahn/1912 | |
| 10305 | D n2t | | 06.05.18 | 600 | Eisenbahnersatzpark - Heeresfeldbahn/1913 | |
| 10306 | D n2t | | 22.05.18 | 600 | Eisenbahnersatzpark - Heeresfeldbahn/1914/1919 PKP 4241/1943 BKW Frieden/1952 DR 99 3317 (WEM)/1970 99 3317-7 | |
| 10307 | D n2t | | 22.05.18 | 600 | Eisenbahnersatzpark - Heeresfeldbahn/1915 | |
| 10308 | D n2t | | 22.05.18 | 600 | Eisenbahnersatzpark - Heeresfeldbahn/1916 | |
| 10309 | D n2t | | 22.05.18 | 600 | Eisenbahnersatzpark - Heeresfeldbahn/1917 | |
| 10310 | D n2t | | 05.06.18 | 600 | Eisenbahnersatzpark - Heeresfeldbahn/1918 | |
| 10311 | D n2t | | 05.06.18 | 600 | Eisenbahnersatzpark - Heeresfeldbahn/1919 | |
| 10312 | D n2t | | 07.06.18 | 600 | Eisenbahnersatzpark - Heeresfeldbahn/1920/KL. Czarna Biatostocke Tx 201 | 1975 |
| 10313 | D n2t | | 07.06.18 | 600 | Eisenbahnersatzpark - Heeresfeldbahn/1921 | |
| 10314 | D n2t | | 10.06.18 | 600 | Eisenbahnersatzpark - Heeresfeldbahn/1922 | |
| 10315 | D n2t | | 10.06.18 | 600 | Eisenbahnersatzpark - Heeresfeldbahn/1923 | |
| 10316 | D n2t | | 10.06.18 | 600 | Eisenbahnersatzpark - Heeresfeldbahn/1924 | |
| 10317 | D n2t | | 08.07.18 | 600 | Eisenbahnersatzpark - Heeresfeldbahn/1925 | |
| 10318 | B v | DrL | 28.03.19 | 560 | Gelsenkirchner Bergwerksgesellschaft AG Rhein-Elbe, Gelsenkirchen | |
| 10319 | B v | DrL | 23.04.19 | 560 | Gelsenkirchner Bergwerksgesellschaft AG Rhein-Elbe, Gelsenkirchen | |
| 10320 | D n2t | | 08.07.18 | 600 | Eisenbahnersatzpark - Heeresfeldbahn/2089 | |
| 10321 | D n2t | | 08.07.18 | 600 | Eisenbahnersatzpark - Heeresfeldbahn/2090 | |
| 10322 | D n2t | | 12.07.18 | 600 | Eisenbahnersatzpark - Heeresfeldbahn/2091 | |
| 10323 | D n2t | | 12.07.18 | 600 | Eisenbahnersatzpark - Heeresfeldbahn/2092/Cukrownia Klemensow 2 (VRP) | |
| 10324 | D n2t | | 12.07.18 | 600 | Eisenbahnersatzpark - Heeresfeldbahn/2093 | |
| 10325 | D n2t | | 23.07.18 | 600 | Eisenbahnersatzpark - Heeresfeldbahn/2094 | |
| 10326 | D n2t | | 24.07.18 | 600 | Eisenbahnersatzpark - Heeresfeldbahn/2095 | |
| 10327 | D n2t | | 24.07.18 | 600 | Eisenbahnersatzpark - Heeresfeldbahn/2096 | |
| 10328 | D n2t | | 31.07.18 | 600 | Eisenbahnersatzpark - Heeresfeldbahn/2097 | |
| 10329 | D n2t | | 31.07.18 | 600 | Eisenbahnersatzpark - Heeresfeldbahn/2098/Cukrownia Lesmierz 5 (VRP) | |
| 10330 | D n2t | | 31.07.18 | 600 | Eisenbahnersatzpark - Heeresfeldbahn/2099 | |
| 10331 | D n2t | | 07.08.18 | 600 | Eisenbahnersatzpark - Heeresfeldbahn/2100 | |
| 10332 | D n2t | | 07.08.18 | 600 | Eisenbahnersatzpark - Heeresfeldbahn/2101 | |
| 10333 | D n2t | | 07.08.18 | 600 | Eisenbahnersatzpark - Heeresfeldbahn/2102 | |
| 10334 | D n2t | | 22.08.18 | 600 | Eisenbahnersatzpark - Heeresfeldbahn/2103 | |
| 10335 | D n2t | | 22.08.18 | 600 | Eisenbahnersatzpark - Heeresfeldbahn/2104 | |
| 10336 | D n2t | | 22.08.18 | 600 | Eisenbahnersatzpark - Heeresfeldbahn/2105 | |
| 10337 | D n2t | | 31.08.18 | 600 | Eisenbahnersatzpark - Heeresfeldbahn/2106 | |
| 10338 | D n2t | | 31.08.18 | 600 | Eisenbahnersatzpark - Heeresfeldbahn/2107 | |
| 10339 | D n2t | | 31.08.18 | 600 | Eisenbahnersatzpark - Heeresfeldbahn/2108 | |
| 10340 | B v | DrL | 24.04.19 | 540 | Gewerkschaft Vereinigte Helene & Amalie, Essen-Bergeborbeck | |
| 10341 | B v | DrL | 11.10.18 | 540 | Gewerkschaft Vereinigte Helene & Amalie, Essen-Bergeborbeck | |
| 10342 | B v | DrL | 20.12.18 | 540 | Gewerkschaft Vereinigte Helene & Amalie, Essen-Bergeborbeck | |
| 10343 | B v | DrL | 11.02.18 | 540 | Gewerkschaft Vereinigte Helene & Amalie, Essen-Bergeborbeck | |
| 10344 | B v | DrL | 24.03.18 | 540 | Gewerkschaft Vereinigte Helene & Amalie, Essen-Bergeborbeck | |
| 10345 | $B_o'$ $B_o'$ | ELA | 24.04.19 | 900 | e.A. SSW 1305/Ilse Bergbau AG, Grube Ilse N/L-Grube Erika, Schwarzkollm/25 | |
| 10346 | $B_o'$ $B_o'$ | ELA | 08.05.19 | 900 | e.A. SSW 1306/Ilse Bergbau AG, Grube Ilse N/L-Grube Erika, Schwarzkollm/26 | |
| 10347 | $B_o'$ $B_o'$ | ELA | 23.05.19 | 900 | e.A. SSW 1307/Ilse Bergbau AG, Grube Ilse N/L-Grube Erika, Schwarzkollm/27 | |

| Fabriknummer | Bauart | Gattung | Auslieferungsdatum | Spurweite | Empfänger/Verbleib | Ausmusterung |
|---|---|---|---|---|---|---|
| 10348 | $B_o' B_o'$ | ELA | 30.06.19 | 900 | e.A. SSW 1308/Ilse Bergbau AG, Grube Ilse N/L-Grube Erika, Schwarzkollm/28 | |
| 10349 | $B_o' B_o'$ | ELA | 30.08.19 | 900 | e.A. SSW 1309/Ilse Bergbau AG, Grube Ilse N/L-Grube Erika, Schwarzkollm/29 | |
| 10350 | $B_o' B_o'$ | ELA | 30.08.19 | 900 | e.A. SSW 1310/Ilse Bergbau AG, Grube Ilse N/L-Grube Erika, Schwarzkollm/30 | |
| 10351 | $B_o' B_o'$ | ELA | 30.08.19 | 900 | e.A. SSW 1311/Ilse Bergbau AG, Grube Ilse N/L-Grube Erika, Schwarzkollm/31 | |
| 10352 | $B_o' B_o'$ | ELA | 30.08.19 | 900 | e.A. SSW 1312/Ilse Bergbau AG, Grube Ilse N/L-Grube Erika, Schwarzkollm/32 | |
| 10353 | 1'E1'h2t | | 21.02.20 | 1435 | Halberstadt-Blankenburger-Eisenbahn/MAMMUT/1949 DR 95 6676/VM Dresden | |
| 10354 | 1'E1'h2t | | 24.04.20 | 1435 | Halberstadt-Blankenburger-Eisenbahn/WISENT/1949 DR 95 6677 | 19.10.1970 |
| 10355 | D h2t | | 26.09.19 | 785 | Schlesische Klb. AG, Kattowitz, für Gleiwitz-Rauden-Ratibor/7/PKP | |
| 10356 | C n2t | | 26.01.20 | 1435 | Magistrat der Stadt Berlin, für den Westhafen | |
| 10357 | D n2t | | 30.09.18 | 600 | Eisenbahnersatzpark - Heeresfeldbahn/2294/Cukrownia Lesmierz 10 (VRP) | |
| 10358 | D n2t | | 30.09.18 | 600 | Eisenbahnersatzpark - Heeresfeldbahn/2295 | |
| 10359 | D n2t | | 09.10.18 | 600 | Eisenbahnersatzpark - Heeresfeldbahn/2296 | |
| 10360 | D n2t | | 09.10.18 | 600 | Eisenbahnersatzpark - Heeresfeldbahn/2297 | |
| 10361 | D n2t | | 09.10.18 | 600 | Eisenbahnersatzpark - Heeresfeldbahn/2298 | |
| 10362 | D n2t | | 11.10.18 | 600 | Eisenbahnersatzpark - Heeresfeldbahn/2299 | |
| 10363 | D n2t | | 11.10.18 | 600 | Eisenbahnersatzpark - Heeresfeldbahn/2300 | |
| 10364 | D n2t | | 04.02.19 | 600 | Eisenbahnersatzpark - Heeresfeldbahn/2301/1919 PKP 4243/1943 BKW Frieden/1953 DR 99 3318 (WEM)/1970 99 3318-5/1974 Dampf-Kleinbahn Mühlenstroth 3 ADOLF WOLFF | |
| 10365 | D n2t | | 04.02.19 | 600 | Eisenbahnersatzpark - Heeresfeldbahn/2302 | |
| 10366 | D n2t | | 04.02.19 | 600 | Eisenbahnersatzpark - Heeresfeldbahn/2303 | |
| 10367 | Nicht im Auslieferungsbuch verzeichnet | | | | | |
| 10368 | $B_o' B_o'$ | ELA | 14.11.18 | 900 | e.A. SSW/Ilse Bergbau AG, Grube Ilse N/L | |
| 10369 | D n2t | | 07.02.19 | 600 | Eisenbahnersatzpark - Heeresfeldbahn/2489/PKP 4246 | |
| 10370 | D n2t | | 07.02.19 | 600 | Eisenbahnersatzpark - Heeresfeldbahn/2490/ZKL Tx 1112 | |
| 10371 | D n2t | | 07.02.19 | 600 | Eisenbahnersatzpark - Heeresfeldbahn/2491 | |
| 10372 | D n2t | | 07.02.19 | 600 | Eisenbahnersatzpark - Heeresfeldbahn/2492 | |
| 10373 | D n2t | | 08.02.19 | 600 | Eisenbahnersatzpark - Heeresfeldbahn/2493 | |
| 10374 | D n2t | | 10.02.19 | 600 | Eisenbahnersatzpark - Heeresfeldbahn/2494 | |
| 10375 | D n2t | | 10.02.19 | 600 | Eisenbahnersatzpark - Heeresfeldbahn/2495 | |
| 10376 | D n2t | | 10.02.19 | 600 | Eisenbahnersatzpark - Heeresfeldbahn/2496 | |
| 10377 | D n2t | | 10.02.19 | 600 | Eisenbahnersatzpark - Heeresfeldbahn/2497 | |
| 10378 | D n2t | | 10.02.19 | 600 | Eisenbahnersatzpark - Heeresfeldbahn/2498 | |
| 10379 | D n2t | | 28.02.19 | 600 | Eisenbahnersatzpark - Heeresfeldbahn/2499 | |
| 10380 | D n2t | | 28.02.19 | 600 | Eisenbahnersatzpark - Heeresfeldbahn/2500/ZKL 209 | |
| 10381 | D n2t | | 28.02.19 | 600 | Eisenbahnersatzpark - Heeresfeldbahn/2501 | |
| 10382 | D n2t | | 28.02.19 | 600 | Eisenbahnersatzpark - Heeresfeldbahn/2502 | |
| 10383 | D n2t | | 28.03.19 | 600 | Eisenbahnersatzpark - Heeresfeldbahn/2503 | |
| 10384 | D n2t | | 28.03.19 | 600 | Eisenbahnersatzpark - Heeresfeldbahn/2504 | |
| 10385 | D n2t | | 30.04.19 | 600 | Eisenbahnersatzpark - Heeresfeldbahn/2505 | |
| 10386 | D n2t | | 30.04.19 | 600 | Eisenbahnersatzpark - Heeresfeldbahn/2506/CFR 10 386 | |
| 10387 | D n2t | | 19.05.19 | 600 | Eisenbahnersatzpark - Heeresfeldbahn/2507 | |
| 10388 | D n2t | | 19.05.19 | 600 | Eisenbahnersatzpark - Heeresfeldbahn/2508/CFR 10 388 | |
| 10389 | D n2t | | 26.05.19 | 600 | Eisenbahnersatzpark - Heeresfeldbahn/2509 | |
| 10390 | D n2t | | 26.05.19 | 600 | Eisenbahnersatzpark - Heeresfeldbahn/2510/ZKL 205 | |
| 10391 | D n2t | | 26.05.19 | 600 | Eisenbahnersatzpark - Heeresfeldbahn/2511 | |
| 10392 | D n2t | | 17.06.19 | 600 | Eisenbahnersatzpark - Heeresfeldbahn/2512 | |
| 10393 | E h2 | G | 08.01.19 | 1435 | KPEV (G 10)/Kbg 5480/DRG 57 1614 | |
| 10394 | E h2 | G | 08.01.19 | 1435 | KPEV (G 10)/Kbg 5481/DRG 57 1615/SNCF 1-050 B 645 | 04.10.1952 |
| 10395 | E h2 | G | 14.01.19 | 1435 | KPEV (G 10)/Kbg 5482/DRG 57 1616/MAV/SZD | |
| 10396 | E h2 | G | 15.01.19 | 1435 | KPEV (G 10)/Kbg 5483/DRG 57 1617/SAAR/1957 DB | 30.09.1960 |
| 10397 | E h2 | G | 16.01.19 | 1435 | KPEV (G 10)/Kbg 5484/DRG 57 1618/DR | 24.08.1967 |
| 10398 | E h2 | G | 18.01.19 | 1435 | KPEV ( G 10)/Kbg 5485/DRG 57 1619 | |
| 10399 | E h2 | G | 21.01.19 | 1435 | KPEV (G 10)/Kbg 5486/DRG 57 1620 | |
| 10400 | E h2 | G | 23.01.19 | 1435 | KPEV (G 10)/Kbg 5487/DRG 57 1621/PKP Tw 1-1 | |
| 10401 | E h2 | G | 27.01.19 | 1435 | KPEV (G 10)/Kbg 5488/DRG 57 1622/DB | 19.11.1945 |
| 10402 | E h2 | G | 27.01.19 | 1435 | KPEV (G 10)/Kbg 5489/DRG 57 1623/DR | 04.11.1950 |
| 10403 | E h2 | G | 30.01.19 | 1435 | KPEV (G 10)/Bbg 5406/1919 Ost 5406/DRG 57 1624/DB | 26.01.1959 |
| 10404 | E h2 | G | 31.01.19 | 1435 | KPEV (G 10)/Bbg 5407/1919 Ost 5407/DRG 57 1625/SAAR/DB | 22.05.1959 |
| 10405 | E h2 | G | 31.01.19 | 1435 | KPEV (G 10)/Bbg 5408/1919 Ost 5408/DRG 57 1626/JZ 28-045/1947 JZ 35-045 | |
| 10406 | E h2 | G | 31.01.19 | 1435 | KPEV (G 10)/Bbg 5409/1919 Ost 5409/DRG 57 1627/DB | 01.06.1953 |
| 10407 | E h2 | G | 31.01.19 | 1435 | KPEV (G 10)/Bbg 5410/1919 Ost 5410/DRG 57 1628/JZ 28-046/1947 JZ 35-046 | |
| 10408 | E h2 | G | 07.02.19 | 1435 | KPEV (G 10)/Bbg 5411/1919 Ost 5411/DRG 57 1629/DB/057 629-8 | 04.03.1970 |
| 10409 | E h2 | G | 08.02.19 | 1435 | KPEV (G 10)/Bbg 5412/1919 Ost 5412/DRG 57 1630/SNCF 1-050 B 646 | 04.10.1952 |
| 10410 | E h2 | G | 12.02.19 | 1435 | KPEV (G 10)/Bbg 5413/1919 Ost 5413/DRG 57 1631/DB | 20.11.1958 |
| 10411 | E h2 | G | 13.02.19 | 1435 | KPEV (G 10)/Bbg 5414/1919 Ost 5414/DRG 57 1632/DB | 14.07.1960 |

| Fabriknummer | Bauart | Gattung | Auslieferungsdatum | Spurweite | Empfänger/Verbleib | Ausmusterung |
|---|---|---|---|---|---|---|
| 10412 | E h2 | G | 15.02.19 | 1435 | KPEV (G 10)/Bbg 5415/1919 Ost 5415/DRG 57 1633 | |
| 10413 | E h2 | G | 18.02.19 | 1435 | KPEV (G 10)/Erf 5483/DRG 57 1634/DR | 10.04.1951 |
| 10414 | E h2 | G | 21.02.19 | 1435 | KPEV (G 10)/Erf 5484/DRG 57 1635 | |
| 10415 | E h2 | G | 21.02.19 | 1435 | KPEV (G 10)/Erf 5485/DRG 57 1636/DB | 30.09.1960 |
| 10416 | E h2 | G | 22.02.19 | 1435 | KPEV (G 10)/Erf 5486/DRG 57 1637/DB | 30.09.1960 |
| 10417 | E h2 | G | 24.02.19 | 1435 | KPEV (G 10)/Erf 5487/DRG 57 1638 | |
| 10418 | E h2 | G | 24.02.19 | 1435 | KPEV (G 10)/Erf 5488/DRG 57 1639/JZ 28-047/1947 JZ 35-047 | |
| 10419 | E h2 | G | 26.02.19 | 1435 | KPEV (G 10)/Erf 5489/DRG 57 1640/SNCF 1-050 B 647 | 04.10.1952 |
| 10420 | E h2 | G | 26.02.19 | 1435 | KPEV (G 10)/Erf 5490/DRG 57 1641 | |
| 10421 | E h2 | G | 28.02.19 | 1435 | KPEV (G 10)/Erf 5491/DRG 57 1642/DB | 12.07.1962 |
| 10422 | E h2 | G | 28.02.19 | 1435 | KPEV (G 10)/Erf 5492/DRG 57 1643/JZ 28-048/1947 JZ 35-048 | |
| 10423 | E h2 | G | 28.02.19 | 1435 | KPEV (G 10)/Erf 5493/DRG 57 1644/DR | 10.04.1961 |
| 10424 | E h2 | G | 28.02.19 | 1435 | KPEV (G 10)/Erf 5494/DRG 57 1645/JZ 28-049/1947 JZ 35-049 | |
| 10425 | E h2 | G | 28.02.19 | 1435 | KPEV (G 10)/Erf 5495/DRG 57 1646/ÖBB/1953 ÖBB 657.1646 | 16.02.1959 |
| 10426 | E h2 | G | 28.02.19 | 1435 | KPEV (G 10)/Erf 5496/DRG 57 1647 | 23.09.1944 |
| 10427 | E h2 | G | 13.03.19 | 1435 | KPEV (G 10)/Erf 5497/DRG 57 1648 | |
| 10428 | E h2 | G | 17.03.19 | 1435 | KPEV (G 10)/Erf 5498/DRG 57 1649/SNCF 1-050 B 648 | vor 1956 |
| 10429 | E h2 | G | 18.03.19 | 1435 | KPEV (G 10)/Erf 5499/DRG 57 1650/DB | 07.08.1959 |
| 10430 | E h2 | G | 19.03.19 | 1435 | KPEV (G 10)/Erf 5500/DRG 57 1651/ÖBB/1953 ÖBB 657.1651 | 15.06.1960 |
| 10431 | E h2 | G | 21.03.19 | 1435 | KPEV (G 10)/Erf 5501/DRG 57 1652/DB | 01.06.1953 |
| 10432 | E h2 | G | 25.03.19 | 1435 | KPEV (G 10)/Erf 5502/DRG 57 1653/SAAR/1957 DB | |
| 10433 | E h2 | G | 28.03.19 | 1435 | KPEV (G 10)/Erf 5503/DRG 57 1654/DB | 11.01.1952 |
| 10434 | E h2 | G | 27.03.19 | 1435 | KPEV (G 10)/Kat 5491/1922 Opp 5491/DRG 57 1655/SEK ohne Nr. | |
| 10435 | E h2 | G | 29.03.19 | 1435 | KPEV (G 10)/Kat 5492/1919 PKP Tw 1-49/1941 DRG 57 2793/PKP Tw 1-9 | |
| 10436 | E h2 | G | 31.03.19 | 1435 | KPEV (G 10)/Kat 5493/1922 Opp 5493/DRG 57 1656/DB | 20.09.1948 |
| 10437 | E h2 | G | 31.03.19 | 1435 | KPEV (G 10)/Kat 5494/1922 Opp 5494/DRG 57 1657/JZ 28-050/1947 JZ 35-050 | |
| 10438 | E h2 | G | 31.03.19 | 1435 | KPEV (G 10)/Kat 5495/1922 Opp 5495/DRG 57 1658/PKP Tw 1-90 | |
| 10439 | E h2 | G | 31.03.19 | 1435 | KPEV (G 10)/Kat 5496/1922 Opp 5496/DRG 57 1659/DR | 22.12.1947 |
| 10440 | E h2 | G | 31.03.19 | 1435 | KPEV (G 10)/Kat 5497/1922 Opp 5497/DRG 57 1660/JZ 28-051/1947 JZ 35-051 | |
| 10441 | E h2 | G | 05.04.19 | 1435 | KPEV (G 10)/Kat 5498/1919 PKP Tw 1-50 | |
| 10442 | E h2 | G | 07.04.19 | 1435 | KPEV (G 10)/Kat 5499/1922 Opp 5499/DRG 57 1661/JZ 28-052/1947 JZ 35-052 | |
| 10443 | E h2 | G | 17.04.19 | 1435 | KPEV (G 10)/Kat 5500/1922 Opp 5500/DRG 57 1662/ČSD | |
| 10444 | E h2 | G | 17.04.19 | 1435 | KPEV (G 10)/Kat 5501/1922 Opp 5501/DRG 57 1663/JZ 28-053/1947 JZ 35-053 | |
| 10445 | E h2 | G | 17.04.19 | 1435 | KPEV (G 10)/Kat 5502/1922 Opp 5502/DRG 57 1664/DR | 21.03.1969 |
| 10446 | E h2 | G | 25.04.19 | 1435 | KPEV (G 10)/Kat 5503/1922 Opp 5503/DRG 57 1665/1926 CFR 50.253 | |
| 10447 | E h2 | G | 24.04.19 | 1435 | KPEV (G 10)/Kat 5504/1919 PKP Tw 1-51/1941 DRG 57 2800 | |
| 10448 | E h2 | G | 28.04.19 | 1435 | KPEV (G 10)/Kat 5505/1922 Opp 5505/DRG 57 1666/1926 CFR 50.254 | |
| 10449 | E h2 | G | 30.04.19 | 1435 | KPEV (G 10)/Kat 5506/1919 PKP Tw 1-52 | |
| 10450 | E h2 | G | 30.04.19 | 1435 | KPEV (G 10)/Kat 5507/1919 PKP Tw 1-53 | |
| 10451 | E h2 | G | 30.04.19 | 1435 | KPEV (G 10)/Kat 5508/1922 Opp 5508/DRG 57 1667 | |
| 10452 | E h2 | G | 06.05.19 | 1435 | KPEV (G 10)/Kat 5509/1922 Opp 5509/DRG 57 1668/PKP Tw 1-45 | |
| 10453 | E h2 | G | 10.05.19 | 1435 | KPEV (G 10)/Kat 5510/1922 Opp 5510/DRG 57 1669/SNCF 1-050 B 649 | 04.10.1952 |
| 10454 | E h2 | G | 10.05.19 | 1435 | KPEV (G 10)/Hl 5406/DRG 57 1670/JZ 28-054/1947 JZ 35-054 | |
| 10455 | B v | DrL | 19.08.19 | 625 | Concordia Bergbau AG, Oberhausen | |
| 10456 | B v | DrL | 19.08.19 | 625 | Concordia Bergbau AG, Oberhausen | |
| 10457 | B v | DrL | 28.08.19 | 625 | Concordia Bergbau AG, Oberhausen | |
| 10458 | B v | DrL | 29.08.19 | 625 | Concordia Bergbau AG, Oberhausen | |
| 10459 | B v | DrL | 28.08.19 | 540 | Gewerkschaft Vereinigte Helene & Amalie, Essen-Bergeborbeck | |
| 10460 | B v | DrL | 29.08.19 | 540 | Gewerkschaft Vereinigte Helene & Amalie, Essen-Bergeborbeck | |
| 10461 | D n2t | | 30.06.19 | 600 | Eisenbahnersatzpark - Heeresfeldbahn/2689 | |
| 10462 | D n2t | | 30.06.19 | 600 | Eisenbahnersatzpark - Heeresfeldbahn/2690/UdSSR 37 800/1942 DRG 99 1563 | |
| 10463 | D n2t | | 18.08.19 | 600 | Eisenbahnersatzpark - Heeresfeldbahn/2691 | |
| 10464 | D n2t | | 04.08.19 | 600 | Eisenbahnersatzpark - Heeresfeldbahn/2692 | |
| 10465 | D n2t | | 04.08.19 | 600 | Eisenbahnersatzpark - Heeresfeldbahn/2693 | |
| 10466 | D n2t | | 18.08.19 | 600 | Eisenbahnersatzpark - Heeresfeldbahn/2694 | |
| 10467 | D n2t | | 19.08.19 | 600 | Eisenbahnersatzpark - Heeresfeldbahn/2695 | |
| 10468 | D n2t | | 27.09.19 | 600 | Eisenbahnersatzpark - Heeresfeldbahn/2696 | |
| 10469 | D n2t | | 27.09.19 | 600 | Eisenbahnersatzpark - Heeresfeldbahn/2697 | |
| 10470 | D n2t | | 27.09.19 | 600 | Eisenbahnersatzpark - Heeresfeldbahn/2698 | |
| 10471 | D n2t | | 27.09.19 | 600 | Eisenbahnersatzpark - Heeresfeldbahn/2699 | |
| 10472 | D n2t | | 17.02.20 | 600 | Eisenbahnersatzpark - Heeresfeldbahn/2700 geliefert an Metallgesellschaft, Berlin, für Ballori, Mailand | |
| 10473 | D n2t | | 17.02.20 | 600 | Eisenbahnersatzpark - Heeresfeldbahn/2701 | |
| 10474 | D n2t | | 13.04.20 | 600 | Eisenbahnersatzpark - Heeresfeldbahn/2702 geliefert an Metallgesellschaft, Berlin, für Aspa Bruk 3 über Nydquist & Holm | |
| 10475 | D n2t | | 13.04.20 | 600 | Eisenbahnersatzpark - Heeresfeldbahn/2703 geliefert an Metallgesellschaft, Berlin | |
| 10476 | D n2t | | 12.04.20 | 600 | Eisenbahnersatzpark - Heeresfeldbahn/2704 geliefert an Metallgesellschaft, Berlin, für Bratteborg-Eckersholm | |
| 10477 | D n2t | | 10.04.20 | 600 | Eisenbahnersatzpark - Heeresfeldbahn/2705 geliefert an Metallgesellschaft, Berlin | |

| Fabriknummer | Bauart | Gattung | Auslieferungsdatum | Spurweite | Empfänger/Verbleib | Ausmusterung |
|---|---|---|---|---|---|---|
| 10478 | D n2t | | 13.04.20 | 600 | Eisenbahnersatzpark - Heeresfeldbahn/2706 geliefert an Metallgesellschaft, Berlin | |
| 10479 | D n2t | | 13.04.20 | 600 | Eisenbahnersatzpark - Heeresfeldbahn/2707 geliefert an Metallgesellschaft, Berlin, für Torfwerk Emmaljuna 3 (Schweden) | |
| 10480 | D n2t | | 04.20 | 600 | Eisenbahnersatzpark - Heeresfeldbahn/2708 geliefert an Engrist, Tampere (Finnland) | |
| 10481 | D n2t | | 12.04.20 | 600 | Eisenbahnersatzpark - Heeresfeldbahn/2709 geliefert an Quidde und Schmitz, Halle/Saale | |
| 10482 | D n2t | | 11.12.22 | 600 | Eisenbahnersatzpark - Heeresfeldbahn/2710 geliefert an Alfred Kallenbach, Dortmund | |
| 10483 | D n2t | | 18.09.23 | 600 | Eisenbahnersatzpark - Heeresfeldbahn/2711 geliefert an Tomaschewsky, Kowno | |
| 10484 | D n2t | | 30.06.22 | 600 | Eisenbahnersatzpark - Heeresfeldbahn/2712 geliefert an R. Petersen & Co., Hamburg, für Brasilien | |
| 10485 | D n2t | | 30.11.22 | 600 | Eisenbahnersatzpark - Heeresfeldbahn/2713 geliefert an Otto Flemming, Freyburg | |
| 10486 | D n2t | | 26.11.22 | 600 | Eisenbahnersatzpark - Heeresfeldbahn/2714 geliefert an Heyn, Bröckelmann & Co., Hamburg | |
| 10487 | D n2t | | 30.11.22 | 600 | Eisenbahnersatzpark - Heeresfeldbahn/2715 geliefert an Keymer, Son & Co., Khartum (Sudan) | |
| 10488 | D n2t | | 02.03.22 | 600 | Eisenbahnersatzpark - Heeresfeldbahn/2716 geliefert an Keymer, Son & Co., Khartum (Sudan) | |
| 10489 | D n2t | | 04.04.22 | 600 | Eisenbahnersatzpark - Heeresfeldbahn/2717 geliefert an Otto Flemming, Freyburg | |
| 10490 | D n2t | | 04.04.22 | 600 | Eisenbahnersatzpark - Heeresfeldbahn/2718 | |
| 10491 | D n2t | | 30.11.22 | 600 | Eisenbahnersatzpark - Heeresfeldbahn/2719 | |
| 10492 | D n2t | | 30.11.22 | 600 | Eisenbahnersatzpark - Heeresfeldbahn/2720 | |
| 10493 | D n2t | | 22 | 600 | Eisenbahnersatzpark - Heeresfeldbahn/2721 | |
| 10494 | E h2 | G | 12.05.19 | 1435 | PEV (G 10)/Hl 5407/DRG 57 1671 | |
| 10495 | E h2 | G | 16.05.19 | 1435 | PEV (G 10)/Hl 5408/DRG 57 1672 | |
| 10496 | E h2 | G | 20.05.19 | 1435 | PEV (G 10)/Hl 5409/DRG 57 1673/SNCF 1-050 B 650 | 04.10.1952 |
| 10497 | E h2 | G | 19.05.19 | 1435 | PEV (G 10)/Hl 5410/DRG 57 1674/DB | 18.03.1955 |
| 10498 | E h2 | G | 21.05.19 | 1435 | PEV (G 10)/Hl 5411/DRG 57 1675 | |
| 10499 | E h2 | G | 23.05.19 | 1435 | PEV (G 10)/Hl 5412/DRG 57 1676/SZD Tschtsch 1676 | |
| 10500 | E h2 | G | 24.05.19 | 1435 | PEV (G 10)/Hl 5413/DRG 57 1677/SZD Tschtsch 1677 | |
| 10501 | E h2 | G | 26.05.19 | 1435 | PEV (G 10)/Hl 5414/DRG 57 1678/ÖBB/1953 ÖBB 657.1678 | 24.09.1968 |
| 10502 | E h2 | G | 27.05.19 | 1435 | PEV (G 10)/Hl 5415/DRG 57 1679 | |
| 10503 | E h2 | G | 30.05.19 | 1435 | PEV (G 10)/Stn 5445/DRG 57 1680/DR/(57 1680-8) | 14.08.1969 |
| 10504 | E h2 | G | 30.05.19 | 1435 | PEV (G 10)/Stn 5446/DRG 57 1681/ÖBB/1953 ÖBB 657.1681 | 01.09.1968 |
| 10505 | E h2 | G | 31.05.19 | 1435 | PEV (G 10)/Stn 5447/DRG 57 1682/DB | 01.06.1953 |
| 10506 | E h2 | G | 31.05.19 | 1435 | PEV (G 10)/Stn 5448/DRG 57 1683/DB | 01.06.1953 |
| 10507 | E h2 | G | 31.05.19 | 1435 | PEV (G 10)/Stn 5449/DRG 57 1684/DB | 01.06.1953 |
| 10508 | E h2 | G | 31.05.19 | 1435 | PEV (G 10)/Stn 5450/DRG 57 1685 | |
| 10509 | E h2 | G | 11.06.19 | 1435 | PEV (G 10)/Stn 5451/DRG 57 1686/DB | 14.07.1960 |
| 10510 | E h2 | G | 16.06.19 | 1435 | PEV (G 10)/Stn 5452/DRG 57 1687/DB | 20.11.1958 |
| 10511 | E h2 | G | 16.06.19 | 1435 | PEV (G 10)/Stn 5453/DRG 57 1688/ÖBB/1953 ÖBB 657.1688 | 01.09.1968 |
| 10512 | E h2 | G | 18.06.19 | 1435 | PEV (G 10)/Stn 5454/DRG 57 1689/DB | 01.07.1953 |
| 10513 | B n2t | | 16.02.20 | 750 | Erzgebirgische Steinkohlen AG, Schedewitz | |
| 10514 | Nicht im Auslieferungsbuch verzeichnet | | | | | |
| 10515 | Nicht im Auslieferungsbuch verzeichnet | | | | | |
| 10516 | E h2 | G | 24.06.19 | 1435 | PEV (G 10)/Stn 5455/DRG 57 1690/ČSD | |
| 10517 | E h2 | G | 24.06.19 | 1435 | PEV (G 10)/Stn 5456/DRG 57 1691/JZ 28-055/1947 JZ 35-055 | |
| 10518 | E h2 | G | 30.06.19 | 1435 | PEV (G 10)/Stn 5457/DRG 57 1692/DB | 01.06.1953 |
| 10519 | E h2 | G | 26.06.19 | 1435 | PEV (G 10)/Stn 5458/DRG 57 1693 | |
| 10520 | E h2 | G | 30.06.19 | 1435 | PEV (G 10)/Stn 5459/DRG 57 1694/ÖBB/1953 ÖBB 657.1694 | 15.11.1963 |
| 10521 | E h2 | G | 30.06.19 | 1435 | PEV (G 10)/Psn 5401/1919 Ost 5416/DRG 57 1695 | |
| 10522 | E h2 | G | 30.06.19 | 1435 | PEV (G 10)/Psn 5402/1919 Ost 5417/DRG 57 1696/PKP Tw 1-91 | |
| 10523 | E h2 | G | 30.06.19 | 1435 | PEV (G 10)/Psn 5403/1919 Ost 5418/DRG 57 1697 | |
| 10524 | E h2 | G | 30.06.19 | 1435 | PEV (G 10)/Psn 5404/1919 Ost 5419/DRG 57 1698/DB | 26.01.1952 |
| 10525 | E h2 | G | 09.07.19 | 1435 | PEV (G 10)/Psn 5405/Bsl 5469/DRG. 57 1699/DB | 30.09.1960 |
| 10526 | E h2 | G | 09.07.19 | 1435 | PEV (G 10)/Kbg 5490/DRG 57 1700 | |
| 10527 | E h2 | G | 12.07.19 | 1435 | PEV (G 10)/Kbg 5491/DRG 57 1701/DR Rbd Greifswald 04.11.45 | |
| 10528 | E h2 | G | 12.07.19 | 1435 | PEV (G 10)/Kbg 5492/DRG 57 1702 | |
| 10529 | E h2 | G | 16.07.19 | 1435 | PEV (G 10)/Kbg 5493/DRG 57 1703/DB | 26.01.1959 |
| 10530 | E h2 | G | 15.07.19 | 1435 | PEV (G 10)/Kbg 5494/DRG 57 1704 | |
| 10531 | E h2 | G | 25.07.19 | 1435 | PEV (G 10)/Hl 5416/DRG 57 1705/JZ 28-056/1947 JZ 35-056 | |
| 10532 | E h2 | G | 26.07.19 | 1435 | PEV (G 10)/Hl 5417/DRG 57 1706 | |
| 10533 | E h2 | G | 31.07.19 | 1435 | PEV (G 10)/Hl 5418/DRG 57 1707 | |
| 10534 | E h2 | G | 29.07.19 | 1435 | PEV (G 10)/Hl 5419/DRG 57 1708/DR | 30.10.1968 |
| 10535 | E h2 | G | 31.07.19 | 1435 | PEV (G 10)/Hl 5420/DRG 57 1709/DB | 30.09.1968 |
| 10536 | E h2 | G | 31.07.19 | 1435 | PEV (G 10)/Mgd 5413/DRG 57 1710/CFR | |
| 10537 | E h2 | G | 31.07.19 | 1435 | PEV (G 10)/Mgd 5414/DRG 57 1711/SNCF 1-050 B 651 | 04.10.1952 |

| Fabriknummer | Bauart | Gattung | Auslieferungsdatum | Spurweite | Empfänger/Verbleib | Ausmusterung |
|---|---|---|---|---|---|---|
| 10538 | E h2 | G | 31.07.19 | 1435 | PEV (G 10)/Mgd 5415/DRG 57 1712/DR Rbd Dresden 14.09.45 | |
| 10539 | E h2 | G | 16.08.19 | 1435 | PEV (G 10)/Mgd 5416/DRG 57 1713/DR/57 1713-7 | 18.08.1972 |
| 10540 | E h2 | G | 16.08.19 | 1435 | PEV (G 10)/Mgd 5417/DRG 57 1714/DR/(57 1714-5) | 27.04.1970 |
| 10541 | E h2 | G | 16.08.19 | 1435 | PEV (G 10)/Bbg 5416/Bsl 5429/DRG 57 1831/NSB 1831 | 1948 |
| 10542 | E h2 | G | 18.08.19 | 1435 | PEV (G 10)/Bbg 5417/Bsl 5430/DRG 57 1832/ČSD | |
| 10543 | E h2 | G | 19.08.19 | 1435 | PEV (G 10)/Bbg 5418/Bsl 5431/DRG 57 1833/DR | 24.10.1966 |
| 10544 | E h2 | G | 19.08.19 | 1435 | PEV (G 10)/Bbg 5419/Bsl 5432/DRG 57 1834/DB | 20.09.1960 |
| 10545 | E h2 | G | 22.08.19 | 1435 | PEV (G 10)/Bbg 5420/Bsl 5433/DRG 57 1835/PKP Tw 1-92 | |
| 10546 | E h2 | G | 23.08.19 | 1435 | PEV (G 10)/Bbg 5421/Bsl 5434/DRG 57 1836/SNCF 1-050 B 664 | 04.10.1952 |
| 10547 | E h2 | G | 26.08.19 | 1435 | PEV (G 10)/Bbg 5422/Bsl 5435/DRG 57 1837 | |
| 10548 | E h2 | G | 27.08.19 | 1435 | PEV (G 10)/Bbg 5423/Bsl 5436/DRG 57 1838/DR | 15.07.1968 |
| 10549 | E h2 | G | 27.08.19 | 1435 | PEV (G 10)/Bbg 5424/Bsl 5437/DRG 57 1839/ČSD | |
| 10550 | E h2 | G | 28.08.19 | 1435 | PEV (G 10)/Bbg 5425/Bsl 5438/DRG 57 1840/SNCF 1-050 B 665 | |
| 10551 | E h2 | G | 30.08.19 | 1435 | PEV (G 10)/Bbg 5426/Bsl 5439/DRG 57 1841/1926 CFR 50249 | |
| 10552 | E h2 | G | 30.08.19 | 1435 | PEV (G 10)/Bbg 5427/Bsl 5440/DRG 57 1842/ÖBB/1953 ÖBB 657.1842 | 12.04.1968 |
| 10553 | E h2 | G | 30.08.19 | 1435 | PEV (G 10)/Kat 5511/1922 Opp 5511/DRG 57 1843/1926 CFR 50 260 | |
| 10554 | E h2 | G | 30.08.19 | 1435 | PEV (G 10)/Kat 5512/1922 Opp 5512/DRG 57 1844/NS 4805/DB | 01.06.1953 |
| 10555 | E h2 | G | 11.09.19 | 1435 | PEV (G 10)/Kat 5513/1922 Opp 5513/DRG 57 1845/SNCB 90.014/1950 DB | 14.11.1951 |
| 10556 | E h2 | G | 12.09.19 | 1435 | PEV (G 10)/Kat 5514/1922 Opp 5514/DRG 57 1846 | |
| 10557 | E h2 | G | 15.09.19 | 1435 | PEV (G 10)/Kat 5515/1922 Opp 5515/DRG 57 1847 | |
| 10558 | E h2 | G | 16.09.19 | 1435 | PEV (G 10)/Kat 5516/1922 Opp 5516/DRG 57 1848/ÖBB/01.12.48 SZD | |
| 10559 | E h2 | G | 18.09.19 | 1435 | PEV (G 10)/Kat 5517/1922 Opp 5517/DRG 57 1849/DB | 18.03.1955 |
| 10560 | E h2 | G | 18.09.19 | 1435 | PEV (G 10)/Kat 5518/1922 Opp 5518/DRG 57 1850 | |
| 10561 | E h2 | G | 20.09.19 | 1435 | PEV (G 10)/Kat 5519/1922 Opp 5519/DRG 57 1851 | |
| 10562 | E h2 | G | 20.09.19 | 1435 | PEV (G 10)/Kat 5520/1922 Opp 5520/DRG 57 1852 | |
| 10563 | E h2 | G | 24.09.19 | 1435 | PEV (G 10)/Kat 5521/1922 Opp 5521/DRG 57 1853/SAAR/1957 DB | 07.03.1958 |
| 10564 | E h2 | G | 24.09.19 | 1435 | PEV (G 10)/Kat 5522/1922 Opp 5522/DRG 57 1854/JZ 28-066/1947 JZ 35-066 | |
| 10565 | E h2 | G | 27.09.19 | 1435 | PEV (G 10)/Psn 5406/Bsl 5470/DRG 57 1855/SAAR/1957 DB | 07.03.1958 |
| 10566 | E h2 | G | 30.09.19 | 1435 | PEV (G 10)/Psn 5407/Bsl 5471/DRG 57 1856 | |
| 10567 | E h2 | G | 30.09.19 | 1435 | PEV (G 10)/Psn 5408/Bsl 5472/DRG 57 1857/ÖBB/1953 ÖBB 657.1857 | 08.05.1959 |
| 10568 | E h2 | G | 30.09.19 | 1435 | PEV (G 10)/Psn 5409/Bsl 5473/DRG 57 1858/DR | 30.11.1953 |
| 10569 | E h2 | G | 04.12.19 | 1435 | PEV (G 10)/Psn 5410/Mgd 5467/DRG 57 1859/JZ 28-067/1947 JZ 35-067 | |
| 10570 | E h2 | G | 05.12.19 | 1435 | PEV (G 10)/Psn 5411/Mgd 5468/DRG 57 1860/JZ 28-068/1947 JZ 35-068 | |
| 10571 | E h2 | G | 08.12.19 | 1435 | PEV (G 10)/Psn 5412/Mgd 5469/DRG 57 1861/DR | 05.02.1968 |
| 10572 | E h2 | G | 08.12.19 | 1435 | PEV (G 10)/Psn 5413/Mgd 5470/DRG 57 1862 | |
| 10573 | E h2 | G | 09.12.19 | 1435 | PEV (G 10)/Psn 5414/Mgd 5471/DRG 57 1863/MAV/01.48 SZD | |
| 10574 | E h2 | G | 12.12.19 | 1435 | PEV (G 10)/Psn 5415/Mgd 5472/DRG 57 1864/DB | 01.06.1953 |
| 10575 | E h2 | G | 13.12.19 | 1435 | PEV (G 10)/Psn 5416/Mgd 5473/DRG 57 1865 | |
| 10576 | E h2 | G | 16.12.19 | 1435 | PEV (G 10)/Psn 5417/Mgd 5474/DRG 57 1866/DB | 09.01.1962 |
| 10577 | E h2 | G | 17.12.19 | 1435 | PEV (G 10)/Hn 5454/DRG 57 1867/SNCB 90.019/21.06.50 DB | 01.06.1953 |
| 10578 | E h2 | G | 18.12.19 | 1435 | PEV (G 10)/Hn 5455/DRG 57 1868/DB | 30.09.1960 |
| 10579 | E h2 | G | 19.12.19 | 1435 | PEV (G 10)/Hn 5456/DRG 57 1869/JZ 28-069/1947 JZ 35-069 | |
| 10580 | E h2 | G | 20.12.19 | 1435 | PEV (G 10)/Hn 5457/DRG 57 1870/DB | 18.03.1955 |
| 10581 | E h2 | G | 22.12.19 | 1435 | PEV (G 10)/Bsl 5441/DRG 57 1871/JZ 28-070/1947 JZ 35-070 | |
| 10582 | E h2 | G | 23.12.19 | 1435 | PEV (G 10)/Bsl 5442/DRG 57 1872/JZ 28-071/1947 JZ 35-071 | |
| 10583 | E h2 | G | 30.12.19 | 1435 | PEV (G 10)/Bsl 5443/DRG 57 1873/DB | 20.11.1958 |
| 10584 | E h2 | G | 30.12.19 | 1435 | PEV (G 10)/Bsl 5444/DRG 57 1874 | |
| 10585 | E h2 | G | 31.12.19 | 1435 | PEV (G 10)/Bsl 5445/DRG 57 1875 | |
| 10586 | E h2 | G | 31.12.19 | 1435 | PEV (G 10)/Bsl 5446/DRG 57 1876/JZ 28-072/1947 JZ 35-072 | |
| 10587 | E h2 | G | 31.12.19 | 1435 | PEV (G 10)/Bsl 5447/DRG 57 1877 | |
| 10588 | E h2 | G | 31.12.19 | 1435 | PEV (G 10)/Bsl 5448/DRG 57 1878 | |
| 10589 | E h2 | G | 09.01.20 | 1435 | PEV (G 10)/Bsl 5449/DRG 57 1879/DB | 18.03.1955 |
| 10590 | E h2 | G | 12.01.20 | 1435 | PEV (G 10)/Bsl 5450/DRG 57 1880/ÖBB/1953 ÖBB 657.1880 | 24.09.1968 |
| 10591 | E h2 | G | 13.01.20 | 1435 | PEV (G 10)/Bsl 5451/DRG 57 1881/DR | 23.01.1968 |
| 10592 | E h2 | G | 16.01.20 | 1435 | PEV (G 10)/Bsl 5452/DRG 57 1882/DB | 10.07.1959 |
| 10593 | E h2 | G | 17.01.20 | 1435 | PEV (G 10)/Alt 5409/DRG 57 1883/PKP Tw 1-33 | |
| 10594 | E h2 | G | 20.01.20 | 1435 | PEV (G 10)/Alt 5410/DRG 57 1884/NS 4806/29.04.47 DB | 10.06.1955 |
| 10595 | E h2 | G | 22.01.20 | 1435 | PEV (G 10)/Alt 5411/DRG 57 1885/SAAR | |
| 10596 | E h2 | G | 24.01.20 | 1435 | PEV (G 10)/Alt 5412/DRG 57 1886/DB | 20.09.1948 |
| 10597 | E h2 | G | 26.01.20 | 1435 | PEV (G 10)/Stn 5460/DRG 57 1887/SEK Kb 884 | |
| 10598 | E h2 | G | 29.01.20 | 1435 | PEV (G 10)/Stn 5461/DRG 57 1888/DB | 14.03.1968 |
| 10599 | E h2 | G | 31.01.20 | 1435 | PEV (G 10)/Stn 5462/DRG 57 1889/DR | 14.08.1968 |
| 10600 | E h2 | G | 31.01.20 | 1435 | PEV (G 10)/Stn 5463/DRG 57 1890/DB | 30.10.1963 |
| 10601 | 1'E h3 | G | 24.02.20 | 1435 | PEV (G 12)/Mst 5569/DRG 58 1336/DR/1958-61 Reko DR 58 3017-9 | 16.09.1981 |
| 10602 | 1'E h3 | G | 26.02.20 | 1435 | PEV (G 12)/Mst 5570/DRG 58 1337/DR/23.12.1968/DSp 28 | |
| 10603 | 1'E h3 | G | 26.02.20 | 1435 | PEV (G 12)/Mst 5571/DRG 58 1338/DB | 20.09.1948 |
| 10604 | 1'E h3 | G | 27.02.20 | 1435 | PEV (G 12)/Mst 5572/DRG 58 1339/DR/1958-61 Reko DR 58 3041-9 | 03.07.1979 |
| 10605 | 1'E h3 | G | 28.02.20 | 1435 | PEV (G 12)/Mst 5573/DRG 58 1340/DB | 14.11.1951 |
| 10606 | 1'E h3 | G | 28.02.20 | 1435 | PEV (G 12)/Mst 5574/DRG 58 1341/DR | 28.10.1968 |
| 10607 | 1'E h3 | G | 28.02.20 | 1435 | PEV (G 12)/Mst 5575/DRG 58 1342/ČSD | |
| 10608 | 1'E h3 | G | 28.02.20 | 1435 | PEV (G 12)/Mst 5576/DRG 58 1343/DB | 20.09.1948 |

| Fabriknummer | Bauart | Gattung | Auslieferungsdatum | Spurweite | Empfänger/Verbleib | Ausmusterung |
|---|---|---|---|---|---|---|
| 10609 | 1'E h3 | G | 05.03.20 | 1435 | PEV (G 12)/Mst 5577/DRG 58 1344/DR/20.12.1951 WL Stahlwerk Riesa | |
| 10610 | 1'E h3 | G | 06.03.20 | 1435 | PEV (G 12)/Mst 5578/DRG 58 1345/DR/58 1345-6 | 04.11.1977 |
| 10611 | 1'E h3 | G | 08.03.20 | 1435 | PEV (G 12)/Mst 5579/DRG 58 1346/DR/58 1346-4 ex KST (Wendler) | 11.10.1971 |
| 10612 | 1'E h3 | G | 09.03.20 | 1435 | PEV (G 12)/Mst 5580/DRG 58 1347/DR/Hzlok Bw Güstrow | 06.04.1946 |
| 10613 | 1'E h3 | G | 10.03.20 | 1435 | PEV (G 12)/Mst 5581/DRG 58 1348 | 05.01.1945 |
| 10614 | 1'E h3 | G | 11.03.20 | 1435 | PEV (G 12)/Mst 5582/DRG 58 1349/DR/58 1349-8 | 11.10.1971 |
| 10615 | 1'E h3 | G | 12.03.20 | 1435 | PEV (G 12)/Mst 5583/DRG 58 1350/DB | 12.10.1946 |
| 10616 | 1'E h3 | G | 12.03.20 | 1435 | PEV (G 12)/Mst 5584/DRG 58 1351/DB | 20.09.1948 |
| 10617 | 1'E h3 | G | 26.03.20 | 1435 | PEV (G 12)/Mst 5585/DRG 58 1352/DB | 20.09.1948 |
| 10618 | 1'E h3 | G | 27.03.20 | 1435 | PEV (G 12)/Mst 5586/DRG 58 1353/DRG KST (STUG)/DR KST (Wendler) | 06.10.1967 |
| 10619 | 1'E h3 | G | 29.03.20 | 1435 | PEV (G 12)/Mst 5587/DRG 58 1354/DB | 14.11.1951 |
| 10620 | 1'E h3 | G | 30.03.20 | 1435 | PEV (G 12)/Mst 5588/DRG 58 1355/DB | 20.09.1948 |
| 10621 | 1'E h3 | G | 31.03.20 | 1435 | PEV (G 12)/Fft 5606/DRG 58 1356/PKP Ty 1-17 | |
| 10622 | 1'E h3 | G | 31.03.20 | 1435 | PEV (G 12)/Fft 5607/DRG 58 1357/DR | 09.05.1968 |
| 10623 | 1'E h3 | G | 31.03.20 | 1435 | PEV (G 12)/Fft 5608/DRG 58 1358/PKP Ty 1-102 | 1968 |
| 10624 | 1'E h3 | G | 31.03.20 | 1435 | PEV (G 12)/Fft 5609/DRG 58 1359/DR/58 1359-7 | 26.11.1974 |
| 10625 | 1'E h3 | G | 13.04.20 | 1435 | PEV (G 12)/Fft 5610/DRG 58 1360/DR/(58 1360-5) | 22.04.1969 |
| 10626 | 1'E h3 | G | 13.04.20 | 1435 | PEV (G 12)/Fft 5611/DRG 58 1361/DR/58 1361-3 | 11.10.1971 |
| 10627 | 1'E h3 | G | 14.04.20 | 1435 | PEV (G 12)/Fft 5612/DRG 58 1362/DR/58 1362-1 | 11.10.1971 |
| 10628 | 1'E h3 | G | 16.04.20 | 1435 | PEV (G 12)/Fft 5613/DRG 58 1363/DR/58 1363-9/1971 Betonwerk Greifswald Dsp | |
| 10629 | 1'E h3 | G | 16.04.20 | 1435 | PEV (G 12)/Fft 5614/DRG 58 1364/DB | 20.09.1948 |
| 10630 | 1'E h3 | G | 19.04.20 | 1435 | PEV (G 12)/Fft 5615/DRG 58 1365 | |
| 10631 | 1'E h3 | G | 23.04.20 | 1435 | PEV (G 12)/Fft 5616/DRG 58 1366 | |
| 10632 | 1'E h3 | G | 24.04.20 | 1435 | PEV (G 12)/Fft 5617/DRG 58 1367/DB | 14.11.1951 |
| 10633 | 1'E h3 | G | 27.04.20 | 1435 | PEV (G 12)/Fft 5618/DRG 58 1368/DB | 22.03.1946 |
| 10634 | 1'E h3 | G | 30.04.20 | 1435 | PEV (G 12)/Fft 5619/DRG 58 1369/DB | 20.09.1948 |
| 10635 | 1'E h3 | G | 30.04.20 | 1435 | PEV (G 12)/Fft 5620/DRG 58 1370/DB | 20.09.1948 |
| 10636 | 1'E h3 | G | 06.05.20 | 1435 | PEV (G 12)/Fft 5621/DRG 58 1371 | |
| 10637 | 1'E h3 | G | 08.05.20 | 1435 | PEV (G 12)/Fft 5622/DRG 58 1372/DB | 1952 |
| 10638 | 1'E h3 | G | 11.05.20 | 1435 | PEV (G 12)/Fft 5623/DRG 58 1373/DB | 14.11.1951 |
| 10639 | 1'E h3 | G | 14.05.20 | 1435 | PEV (G 12)/Mgd 5551/DRG 58 1374/DR/58 1374-6 | 26.09.1973 |
| 10640 | 1'E h3 | G | 17.05.20 | 1435 | PEV (G 12)/Mgd 5552/DRG 58 1375/DR/58 1375-3 | 11.10.1971 |
| 10641 | 1'E h3 | G | 18.05.20 | 1435 | PEV (G 12)/Mgd 5553/DRG 58 1376 | |
| 10642 | 1'E h3 | G | 19.05.20 | 1435 | PEV (G 12)/Mgd 5554/DRG 58 1377 | |
| 10643 | 1'E h3 | G | 20.05.20 | 1435 | PEV (G 12)/Mgd 5555/DRG 58 1378/DR/58 1378-7 | 18.06.1873 |
| 10644 | 1'E h3 | G | 22.05.20 | 1435 | PEV (G 12)/Mgd 5556/DRG 58 1379/DR/31.03.58 Reko DR 58 3001/58 3001-3 | 20.08.1976 |
| 10645 | 1'E h3 | G | 26.05.20 | 1435 | PEV (G 12)/Mgd 5557/DRG 58 1380/DB | 20.09.1948 |
| 10646 | 1'E h3 | G | 28.05.20 | 1435 | PEV (G 12)/Mgd 5558/DRG 58 1381/JZ 30-124/1947 JZ 36-023 | |
| 10647 | 1'E h3 | G | 28.05.20 | 1435 | PEV (G 12)/Mgd 5559/DRG 58 1382/PKP Ty 1-52 | |
| 10648 | 1'E h3 | G | 29.05.20 | 1435 | PEV (G 12)/Mgd 5560/DRG 58 1383/PKP Ty 1-81 | |
| 10649 | 1'E h3 | G | 31.05.20 | 1435 | PEV (G 12)/Erf 5591/DRG 58 1384/DR/58 1384-5 | 23.03.1972 |
| 10650 | 1'E h3 | G | 31.05.20 | 1435 | PEV (G 12)/Erf 5592/DRG 58 1385/DR/1958-61 Reko DR 58 3034-4 | 17.08.1981 |
| 10651 | 1'E h3 | G | 31.05.20 | 1435 | PEV (G 12)/Erf 5593/DRG 58 1386/DR | 02.10.1967 |
| 10652 | 1'E h3 | G | 31.05.20 | 1435 | PEV (G 12)/Erf 5594/DRG 58 1387/DR/58 1387-8 | 01.08.1972 |
| 10653 | 1'E h3 | G | 07.06.20 | 1435 | PEV (G 12)/Erf 5595/DRG 58 1388/DR (58 1388-6) | 02.12.1970 |
| 10654 | 1'E h3 | G | 10.06.20 | 1435 | PEV (G 12)/Erf 5596/DRG 58 1389 | |
| 10655 | 1'E h3 | G | 10.06.20 | 1435 | PEV (G 12)/Erf 5597/DRG 58 1390/DB | 20.09.1948 |
| 10656 | 1'E h3 | G | 12.06.20 | 1435 | PEV (G 12)/Erf 5598/DRG 58 1391/PKP Ty 1-82 | |
| 10657 | B n2t | | 19.05.20 | 1435 | Brenner & Co., für Gewerkschaft Carlsfund, Groß-Rüden (Harz) | |
| 10658 | B n2t | | 06.05.20 | 1435 | Brenner & Co., für Gewerkschaft Carlsfund, Groß-Rüden (Harz) | |
| 10659 | B n2t | | 04.05.20 | 1435 | Deutsche Werft, Kiel | |
| 10660 | B n2t | | 23.11.20 | 1435 | Bielefelder Kreisbahn/THEESEN 9 | 1959 |
| 10661 | B n2t | | 20 | 1435 | A. Borsig, Berlin-Tegel/8 | |
| 10662 | | | 16.12.20 | 1435 | N.V. Vereinigte Indische Bosch Exploitalie Maatschappyen, Amsterdam, für Vejahama | |
| 10663 | 1'E h3 | G | 25.06.20 | 1435 | PEV (G 12)/Esn 5616/DRG 58 1667/DB | 20.09.1948 |
| 10664 | 1'E h3 | G | 25.06.20 | 1435 | PEV (G 12)/Esn 5617/DRG 58 1668/DB | 14.11.1951 |
| 10665 | 1'E h3 | G | 26.06.20 | 1435 | PEV (G 12)/Esn 5618/DRG 58 1669/ÖBB/26.09.1949 DB | 14.08.1950 |
| 10666 | 1'E h3 | G | 28.06.20 | 1435 | PEV (G 12)/Esn 5619/DRG 58 1670 | |
| 10667 | 1'E h3 | G | 29.06.20 | 1435 | PEV (G 12)/Esn 5620/DRG 58 1671/DB | 20.09.1948 |
| 10668 | 1'E h3 | G | 30.06.20 | 1435 | PEV (G 12)/Esn 5621/DRG 58 1672/DB | 20.09.1948 |
| 10669 | 1'E h3 | G | 07.07.20 | 1435 | PEV (G 12)/Esn 5622/DRG 58 1673/DB | 13.12.1950 |
| 10670 | 1'E h3 | G | 07.07.20 | 1435 | PEV (G 12)/Esn 5623/DRG 58 1674/DR/(58 1674-9) | 19.11.1970 |
| 10671 | 1'E h3 | G | 10.07.20 | 1435 | PEV (G 12)/Esn 5624/DRG 58 1675/DR/13.02.59 Reko DR 58 3014/58 3014-6 | 01.09.1980 |
| 10672 | 1'E h3 | G | 10.07.20 | 1435 | PEV (G 12)/Esn 5625/DRG 58 1676/PKP Ty 1-60/1955 DR | 13.05.1971 |
| 10673 | 1'E h3 | G | 14.07.20 | 1435 | PEV (G 12)/Esn 5626/DRG 58 1677/DRG KST (STUG) | 05.06.1968 |
| 10674 | 1'E h3 | G | 14.07.20 | 1435 | PEV (G 12)/Esn 5627/DRG 58 1678/DR | 20.04.1970 |
| 10675 | 1'E h3 | G | 16.07.20 | 1435 | PEV (G 12)/Esn 5628/DRG 58 1679/DR/1958-61 Reko DR 58 3002/58 3002-1 | |
| 10676 | 1'E h3 | G | 16.07.20 | 1435 | PEV (G 12)/Esn 5629/DRG 58 1680 | |
| 10677 | 1'E h2 | G | 17.07.20 | 1435 | PEV (G 12)/Esn 5630/DRG 58 1681/DR/(58 1681-4) | 10.06.1969 |

| Fabriknummer | Bauart | Gattung | Auslieferungsdatum | Spurweite | Empfänger/Verbleib | Ausmusterung |
|---|---|---|---|---|---|---|
| 10678 | 1'E h3 | G | 19.07.20 | 1435 | PEV (G 12)/Esn 5631/DRG 58 1682/DR/58 1682-2 | 02.03.1973 |
| 10679 | 1'E h3 | G | 20.07.20 | 1435 | PEV (G 12)/Esn 5632/DRG 58 1683/DR/12.09.68 Dsp Ohrdruf | |
| 10680 | 1'E h3 | G | 21.07.20 | 1435 | PEV (G 12)/Esn 5633/DRG 58 1684/DB | 14.11.1951 |
| 10681 | 1'E h3 | G | 22.07.20 | 1435 | PEV (G 12)/Esn 5634/DRG 58 1685/DB | 20.09.1948 |
| 10682 | 1'E h3 | G | 23.07.20 | 1435 | PEV (G 12)/Esn 5635/DRG 58 1686/DB | 20.09.1948 |
| 10683 | 1'E h3 | G | 24.07.20 | 1435 | PEV (G 12)/Esn 5636/DRG 58 1687 | |
| 10684 | 1'E h3 | G | 26.07.20 | 1435 | PEV (G 12)/Esn 5637/DRG 58 1688 | |
| 10685 | 1'E h3 | G | 27.07.20 | 1435 | PEV (G 12)/Esn 5638/DRG 58 1689/DB | 20.09.1948 |
| 10686 | 1'E h3 | G | 28.07.20 | 1435 | PEV (G 12)/Esn 5639/DRG 58 1690/PKP Ty 1-61 | |
| 10687 | 1'E h3 | G | 29.07.20 | 1435 | PEV (G 12)/Esn 5640/DRG 58 1691/DR/58 1691-3 | 24.05.1974 |
| 10688 | 1'E h3 | G | 30.07.20 | 1435 | PEV (G 12)/Efd 5602/DRG 58 1692/DR | 20.11.1950 |
| 10689 | 1'E h3 | G | 31.07.20 | 1435 | PEV (G 12)/Efd 5603/DRG 58 1693/DB | 20.09.1948 |
| 10690 | 1'E h3 | G | 31.07.20 | 1435 | PEV (G 12)/Efd 5604/DRG 58 1694/DB | 25.05.1947 |
| 10691 | 1'E h3 | G | 04.08.20 | 1435 | PEV (G 12)/Efd 5605/DRG 58 1695/PKP Ty 1-88 | |
| 10692 | 1'E h3 | G | 09.08.20 | 1435 | PEV (G 12)/Efd 5606/DRG 58 1696/DB | 20.09.1948 |
| 10693 | 1'E h3 | G | 07.08.20 | 1435 | PEV (G 12)/Efd 5607/DRG 58 1697/DB | 20.09.1948 |
| 10694 | 1'E h3 | G | 14.08.20 | 1435 | PEV (G 12)/Efd 5608/DRG 58 1698/DB | 20.09.1948 |
| 10695 | 1'E h3 | G | 12.08.20 | 1435 | PEV (G 12)/Efd 5609/DRG 58 1699/DB | 20.09.1948 |
| 10696 | 1'E h3 | G | 17.08.20 | 1435 | PEV (G 12)/Efd 5610/DRG 57 1700/DB | 20.09.1948 |
| 10697 | 1'E h3 | G | 17.08.20 | 1435 | PEV (G 12)/Efd 5611/DRG 58 1701/JZ 30-137/1947 JZ 36-036 | |
| 10698 | 1'E h3 | G | 20.08.20 | 1435 | PEV (G 12)/Efd 5612/DRG5 8 1702/DB | 20.09.1948 |
| 10699 | 1'E h3 | G | 20.08.20 | 1435 | PEV (G 12)/Efd 5613/DRG 58 1703/DR | 26.08.1968 |
| 10700 | 1'E h3 | G | 24.08.20 | 1435 | PEV (G 12)/Efd 5614/DRG 58 1704/DB | 14.11.1952 |
| 10701 | 1'E h3 | G | 24.08.20 | 1435 | PEV (G 12)/Efd 5615/DRG 58 1705/DR | 26.07.1968 |
| 10702 | 1'E h3 | G | 26.08.20 | 1435 | PEV (G 12)/Efd 5616/DRG 58 1706/DR | 31.01.1951 |
| 10703 | 1'E h3 | G | 26.08.20 | 1435 | PEV (G 12)/Efd 5617/DRG 58 1707/DB | 20.09.1948 |
| 10704 | 1'E h3 | G | 28.08.20 | 1435 | PEV (G 12)/Efd 5618/DRG 58 1708/DR/KST (Wendler)/08.02.60 Reko DR 58 3027/58 3027 | 01.09.1980 |
| 10705 | 1'E h3 | G | 28.08.20 | 1435 | PEV (G 12)/Efd 5619/DRG 58 1709/DB | 21.05.1947 |
| 10706 | 1'E h3 | G | 31.08.20 | 1435 | PEV (G 12)/Efd 5620/DRG 58 1710/PKP Ty 1-89 | |
| 10707 | 1'E h3 | G | 31.08.20 | 1435 | PEV (G 12)/Efd 5621/DRG 58 1711/DR | 30.01.1968 |
| 10708 | 1'E h3 | G | 31.08.20 | 1435 | PEV (G 12)/Efd 5622/DRG 58 1712/DR/KST | 29.07.1968 |
| 10709 | 1'E h3 | G | 31.08.20 | 1435 | PEV (G 12)/Efd 5623/DRG 58 1713/DB | 04.08.1949 |
| 10710 | 1'E h3 | G | 07.09.20 | 1435 | PEV (G 12)/Efd 5624/DRG 58 1714/DR | 06.10.1967 |
| 10711 | 1'E h3 | G | 09.09.20 | 1435 | PEV (G 12)/Efd 5625/DRG 58 1715/DB | 20.09.1948 |
| 10712 | 1'E h3 | G | 14.09.20 | 1435 | PEV (G 12)/Efd 5626/DRG 58 1716/DR/1958-61 Reko DR 58 3013/58 3013-8 | |
| 10713 | 1'E h3 | G | 16.09.20 | 1435 | PEV (G 12)/Kln 5609/DRG 58 1717/JZ 36-037 | |
| 10714 | 1'E h3 | G | 16.09.20 | 1435 | PEV (G 12)/Kln 5610/DRG 58 1718/DR/30.01.60/Reko DR 58 3026/58 3026-1 | 13.10.1980 |
| 10715 | 1'E h3 | G | 20.09.20 | 1435 | PEV (G 12)/Kln 5611/DRG 58 1719/DR | 19.07.1968 |
| 10716 | 1'E h3 | G | 20.09.20 | 1435 | PEV (G 12)/Kln 5612/DRG 58 1720 | |
| 10717 | E h2 | G | 29.09.20 | 1435 | PEV (G 10)/Csl 5862/DRG 57 1964/ÖBB/31.12.48 SZD | |
| 10718 | E h2 | G | 29.09.20 | 1435 | PEV (G 10)/Csl 5863/DRG 57 1965/DB | 26.01.1959 |
| 10719 | E h2 | G | 30.09.20 | 1435 | PEV (G 10)/Csl 5864/DRG 57 1966/SAAR/1957 DB | 28.07.1964 |
| 10720 | E h2 | G | 30.09.20 | 1435 | PEV (G 10)/Csl 5865/DRG 57 1967 | |
| 10721 | E h2 | G | 30.09.20 | 1435 | PEV (G 10)/Csl 5866/DRG 57 1968/SNCF 1-050 B 675 | 04.10.1952 |
| 10722 | E h2 | G | 30.09.20 | 1435 | PEV (G 10)/Csl 5867/DRG 57 1969 | |
| 10723 | E h2 | G | 06.10.20 | 1435 | PEV (G 10)/Csl 5868/DRG 57 1970/SAAR/1957 DB | 01.09.1965 |
| 10724 | E h2 | G | 06.10.20 | 1435 | PEV (G 10)/Csl 5869/DRG 57'1971 | |
| 10725 | E h2 | G | 14.10.20 | 1435 | PEV (G 10)/Csl 5870/DRG 57 1972/DB | 14.09.1957 |
| 10726 | E h2 | G | 09.10.20 | 1435 | PEV (G 10)/Csl 5871/DRG 57 1973/SNCF 1-050 B 676 | 04.10.1952 |
| 10727 | E h2 | G | 10.10.20 | 1435 | PEV (G 10)/Erf 5507/DRG 57 1974/DB | 20.11.1958 |
| 10728 | E h2 | G | 12.10.20 | 1435 | PEV (G 10)/Erf 5508/DRG 57 1975/SNCF 1-050 B 677 | |
| 10729 | E h2 | G | 13.10.20 | 1435 | PEV (G 10)/Erf 5509/DRG 57 1976/ÖBB/01.12.48 SZD | |
| 10730 | E h2 | G | 14.10.20 | 1435 | PEV (G 10)/Erf 5510/DRG 57 1977/JZ 28-076/1947 JZ 35-076 | |
| 10731 | E h2 | G | 16.10.20 | 1435 | PEV (G 10)/Erf 5511/DRG 57 1978/DB | 10.03.1965 |
| 10732 | E h2 | G | 16.10.20 | 1435 | PEV (G 10)/Erf 5512/DRG 57 1979/DR | 19.07.1968 |
| 10733 | E h2 | G | 19.10.20 | 1435 | PEV (G 10)/Erf 5513/DRG 57 1980/DB | 14.03.1957 |
| 10734 | E h2 | G | 20.10.20 | 1435 | PEV (G 10)/Erf 5514/DRG 57 1981 | |
| 10735 | E h2 | G | 21.10.20 | 1435 | PEV (G 10)/Bsl 5453/DRG 57 1982/PKP Tw 1-12 | |
| 10736 | E h2 | G | 23.10.20 | 1435 | PEV (G 10)/Bsl 5454/DRG 57 1983/ÖBB 657.1983 | 15.06.1960 |
| 10737 | E h2 | G | 23.10.20 | 1435 | PEV (G 10)/Bsl 5455/DRG 57 1984/DB | 13.12.1950 |
| 10738 | E h2 | G | 26.10.20 | 1435 | PEV (G 10)/Bsl 5456/DRG 57 1985 | |
| 10739 | E h2 | G | 27.10.20 | 1435 | PEV (G 10)/Bsl 5457/DRG 57 1986/DB | 14.03.1957 |
| 10740 | E h2 | G | 28.10.20 | 1435 | PEV (G 10)/Bsl 5458/DRG 57 1987/PKP Tw 1-66 | |
| 10741 | E h2 | G | 29.10.20 | 1435 | PEV (G 10)/Erf 5515/DRG 57 1988/DB | 13.11.1961 |
| 10742 | E h2 | G | 30.10.20 | 1435 | PEV (G 10)/Erf 5516/DRG 57 1989/MAV/SZD | |
| 10743 | E h2 | G | 30.10.20 | 1435 | PEV (G 10)/Erf 5517/DRG 57 1990 | |
| 10744 | E h2 | G | 30.10.20 | 1435 | PEV (G 10)/Erf 5518/DRG 57 1991 | |
| 10745 | E h2 | G | 29.11.20 | 1435 | PEV (G 10)/Erf 5519/DRG 57 1992/DR | 18.01.1965 |
| 10746 | E h2 | G | 30.11.20 | 1435 | PEV (G 10)/Erf 5520/DRG 57 1993/SNCF 1-050 B 678 | |
| 10747 | E h2 | G | 30.11.20 | 1435 | PEV (G 10)/Hl 5461/DRG 57 1994 | |

| Fabriknummer | Bauart | Gattung | Auslieferungsdatum | Spurweite | Empfänger/Verbleib | Ausmusterung |
|---|---|---|---|---|---|---|
| 10748 | E h2 | G | 04.12.20 | 1435 | PEV (G 10)/Hl 5462/DRG 57 1995 | |
| 10749 | E h2 | G | 06.12.20 | 1435 | PEV (G 10)/Hl 5463/DRG 57 1996/DR/57 1996-8 | 22.02.1971 |
| 10750 | E h2 | G | 07.12.20 | 1435 | PEV (G 10)/Hl 5464/DRG 57 1997/JZ 28-077/1947 JZ 35-077 | |
| 10751 | E h2 | G | 08.12.20 | 1435 | PEV (G 10)/Hl 5465/DRG 57 1998 | |
| 10752 | E h2 | G | 09.12.20 | 1435 | PEV (G 10)/Hl 5466/DRG 57 1999/ÖBB/08.12.48 SZD | |
| 10753 | E h2 | G | 13.12.20 | 1435 | PEV (G 10)/Hl 5467/DRG 57 2000 | |
| 10754 | E h2 | G | 14.12.20 | 1435 | PEV (G 10)/Hl 5468/DRG 57 2001/DB | 11.06.1959 |
| 10755 | E h2 | G | 16.12.20 | 1435 | PEV (G 10)/Hl 5469/DRG 57 2002/DB | 18.10.1954 |
| 10756 | E h2 | G | 27.12.20 | 1435 | PEV (G 10)/Hl 5470/DRG 57 2003/ÖBB/1953 ÖBB 657.2003 | 10.10.1953 |
| 10757 | E h2 | G | 17.12.20 | 1435 | PEV (G 10)/Hl 5471/DRG 57 2004 | |
| 10758 | E h2 | G | 16.12.20 | 1435 | PEV (G 10)/Hl 5472/DRG 57 2005 | |
| 10759 | E h2 | G | 18.12.20 | 1435 | DRG (G 10)/Hl 5473/DRG 57 2006/DB | 17.12.1945 |
| 10760 | E h2 | G | 18.12.20 | 1435 | DRG (G 10)/Hl 5474/DRG 57 2007/JZ 28-078/1947 JZ 35-078 | |
| 10761 | E h2 | G | 27.12.20 | 1435 | DRG (G 10)/Mgd 5475/DRG 57 2008/SNCF 1-050 B 679 | 04.10.1952 |
| 10762 | E h2 | G | 18.12.20 | 1435 | DRG (G 10)/Mgd 5476/DRG 57 2009 | |
| 10763 | E h2 | G | 24.12.20 | 1435 | DRG (G 10)/Mgd 5477/DRG 57 2010/NSB R. 61a Nr. 2010 | 1948 |
| 10764 | E h2 | G | 28.12.20 | 1435 | DRG (G 10)/Mgd 5478/DRG 57 2011/DB | 14.03.1957 |
| 10765 | E h2 | G | 28.12.20 | 1435 | DRG (G 10)/Erf 5521/DRG 57 2012/DB | 14.03.1957 |
| 10766 | E h2 | G | 29.12.20 | 1435 | DRG (G 10)/Erf 5522/DRG 57 2013/JZ 28-079/1947 JZ 35-079 | |
| 10767 | E h2 | G | 30.12.20 | 1435 | DRG (G 10)/Erf 5523/DRG 57 2014/PKP Tw 1-115 | |
| 10768 | E h2 | G | 31.12.20 | 1435 | DRG (G 10)/Erf 5524/DRG 57 2015/DB | 12.07.1962 |
| 10769 | E h2 | G | 31.12.20 | 1435 | DRG (G 10)/Erf 5525/DRG 57 2016/DB | 20.11.1958 |
| 10770 | E h2 | G | 31.12.20 | 1435 | DRG (G 10)/Erf 5526/DRG 57 2017/DB | 01.06.1959 |
| 10771 | E h2 | G | 31.12.20 | 1435 | DRG (G 10)/Erf 5527/DRG 57 2018 | |
| 10772 | E h2 | G | 31.12.20 | 1435 | DRG (G 10)/Erf 5528/DRG 57 2019/ČSD | |
| 10773 | E h2 | G | 31.12.20 | 1435 | DRG (G 10)/Erf 5529/DRG 57 2020 | |
| 10774 | E h2 | G | 31.12.20 | 1435 | DRG (G 10)/Erf 5530/DRG 57 2021/PKP Tw 1-94 | |
| 10775 | E h2 | G | 31.12.20 | 1435 | DRG (G 10)/Mgd 5479/DRG 57 2022/NS 4820/DB | 20.03.1948 |
| 10776 | E h2 | G | 31.12.20 | 1435 | DRG (G 10)/Mgd 5480/DRG 57 2023/DB | 26.01.1959 |
| 10777 | C1'/bn4t | ZL | 23.02.21 | 1435 | DRG (T 26)/Erf 9011/DRG 97 027/Klb Kreuz-Deutsch Krone/1940 PLB 57 N 3413/PKP Tki 100-4 | |
| 10778 | C1'/bn4t | ZL | 24.03.21 | 1435 | DRG (T 26)/Erf 9012/DRG 97 028 | 1927 |
| 10779 | C1'/bn4t | ZL | 08.04.21 | 1435 | DRG (T 26)/Mz 9006/DRG 97 029/PKP Tki 100-17 | |
| 10780 | C1'/bn4t | ZL | 14.04.21 | 1435 | DRG (T 26)/Mz 9007/DRG 97 030 | 1927 |
| 10781 | 1'D1 /bn4t | ZL | 31.01.22 | 1435 | DRG (T 28)/Erf 9101/DRG 97 401/1929 ELE 17/1938 BStB 59/1940 BStB 1-203/1949 DR 93 6576 | |
| 10782 | E h2 | G | 21.01.21 | 1435 | DRG (G 10)/Bln 5401/DRG 57 2283/DB | |
| 10783 | E h2 | G | 22.01.21 | 1435 | DRG (G 10)/Bln 5402/DRG 57 2284 | |
| 10784 | E h2 | G | 22.01.21 | 1435 | DRG (G 10)/Bln 5403/DRG 57 2285/SAAR/1957 DB | 02.12.1962 |
| 10785 | E h2 | G | 25.01.21 | 1435 | DRG (G 10)/Bln 5404/DRG 57 2286/DB | 14.07.1960 |
| 10786 | E h2 | G | 28.01.21 | 1435 | DRG (G 10)/Bln 5405/DRG 57 2287 | |
| 10787 | E h2 | G | 29.01.21 | 1435 | DRG (G 10)/Bln 5406/DRG 57 2288/SNCF 1-050 B 692 | 24.03.1954 |
| 10788 | E h2 | G | 31.01.21 | 1435 | DRG (G 10)/Bln 5407/DRG 57 2289/SNCB 90.030/DB | 14.11.1951 |
| 10789 | E h2 | G | 31.01.21 | 1435 | DRG (G 10)/Bln 5408/DRG 57 2290 | |
| 10790 | E h2 | G | 31.01.21 | 1435 | DRG (G 10)/Bln 5409/DRG 57 2291/DB | 14.07.1958 |
| 10791 | E h2 | G | 31.01.21 | 1435 | DRG (G 10)/Bln 5410/DRG 57 2292/DB | 07.08.1959 |
| 10792 | E h2 | G | 04.02.21 | 1435 | DRG (G 10)/Erf 5541/DRG 57 2293 | |
| 10793 | E h2 | G | 05.02.21 | 1435 | DRG (G 10)/Erf 5542/DRG 57 2294/DB | 29.07.1961 |
| 10794 | E h2 | G | 08.02.21 | 1435 | DRG (G 10)/Erf 5543/DRG 57 2295/ÖBB/1953 ÖBB 657 2295 | 05.07.1965 |
| 10795 | E h2 | G | 08.02.21 | 1435 | DRG (G 10)/Erf 5544/DRG 57 2296 | |
| 10796 | E h2 | G | 10.02.21 | 1435 | DRG (G 10)/Erf 5545/DRG 57 2297/DR/(57 2297-0) | 27.04.1970 |
| 10797 | E h2 | G | 10.02.21 | 1435 | DRG (G 10)/Erf 5546/DRG 57 2298/DB | 30.10.1964 |
| 10798 | E h2 | G | 14.02.21 | 1435 | DRG (G 10)/Erf 5547/DRG 57 2299/JZ 28-104/1947 JZ 35-104 | |
| 10799 | E h2 | G | 14.02.21 | 1435 | DRG (G 10)/Erf 5548/DRG 57 2300 | |
| 10800 | E h2 | G | 17.02.21 | 1435 | DRG (G 10)/Erf 5549/DRG 57 2301/SAAR/1957 DB | 15.11.1957 |
| 10801 | E h2 | G | 19.02.21 | 1435 | DRG (G 10)/Erf 5550/DRG 57 2302 | |
| 10802 | 1'E h3 | G | 18.04.21 | 1435 | DRG (G 12)/Bsl 5636/DRG 58 2080/DB | 20.09.1948 |
| 10803 | 1'E h3 | G | 19.04.21 | 1435 | DRG (G 12)/Bsl 5637/DRG 58 2081/JZ 30-149/1947 JZ 36-048 | |
| 10804 | 1'E h3 | G | 20.04.21 | 1435 | DRG (G 12)/Bsl 5638/DRG 58 2082/DR | 24.08.1967 |
| 10805 | 1'E h3 | G | 23.04.21 | 1435 | DRG (G 12)/Bsl 5639/DRG 58 2083/DR/58 2083-2 | 02.03.1973 |
| 10806 | 1'E h3 | G | 25.04.21 | 1435 | DRG (G 12)/Bsl 5640/DRG 58 2084/DB | 20.09.1948 |
| 10807 | 1'E h3 | G | 28.04.21 | 1435 | DRG (G 12)/Bsl 5641/DRG 58 2085/DB | 20.09.1948 |
| 10808 | 1'E h3 | G | 30.04.21 | 1435 | DRG (G 12)/Bsl 5642/DRG 58 2086/DB | 20.09.1948 |
| 10809 | 1'E h3 | G | 30.04.21 | 1435 | DRG (G 12)/Bsl 5643/DRG 58 2087/DB | 20.09.1948 |
| 10810 | 1'E h3 | G | 30.04.21 | 1435 | DRG (G 12)/Bsl 5644/DRG 58 2088/DB | 20.09.1948 |
| 10811 | 1'E h3 | G | 30.04.21 | 1435 | DRG (G 12)/Bsl 5645/DRG 58 2089/DB | 20.09.1948 |
| 10812 | 1'E h3 | G | 12.05.21 | 1435 | DRG (G 12)/Esn 6319/DRG 58 2090/DB | 20.09.1948 |
| 10813 | 1'E h3 | G | 18.05.21 | 1435 | DRG (G 12)/Esn 6320/DRG 58 2091/DB | 14.11.1951 |
| 10814 | 1'E h3 | G | 26.05.21 | 1435 | DRG (G 12)/Esn 6321/DRG 58 2092/PKP Ty 1-110 | |
| 10815 | 1'E h3 | G | 28.05.21 | 1435 | DRG (G 12)/Esn 6322/DRG 58 2093/SNCF 1-150 C 2093/1-150 C 893 | 04.10.1952 |
| 10816 | C n2t | | 06.08.20 | 1435 | Bleckeder Kleinbahn/9/1944 OHE 89 147 | 1960 |

| Fa- brik- num- mer | Bauart | Gat- tung | Aus- liefe- rungs- datum | Spur- weite | Empfänger/Verbleib | Aus- muste- rung |
|---|---|---|---|---|---|---|
| 10817 | C n2t | | 12.08.20 | 1435 | Industriebahn Tegel-Friedrichsfelde, Berlin/5/1925 JTF 15/1950 DR 89 6413 | 1957 |
| 10818 | B n2t | | 09.08.20 | 900 | Hutten GmbH, Berlin, für Braunkohlen- & Brikettindustrie AG, Berlin | |
| 10819 | B n2t | | 09.08.20 | 900 | Hutten GmbH, Berlin, für Braunkohlen- & Brikettindustrie AG, Berlin | |
| 10820 | B n2t | | 21.01.21 | 900 | Brenner & Co. GmbH, Berlin - Baulok. „FENOBA", Berlin | |
| 10821 | Nicht im Auslieferungsbuch verzeichnet | | | | | |
| 10822 | Nicht im Auslieferungsbuch verzeichnet | | | | | |
| 10823 | B n2t | | 03.02.21 | 1000 | Soc. Anon Metallurgicos untes Rezzonico Ottonello & Cia, Buenos Aires (Argentinien)/über Bromberg & Co., Hamburg | |
| 10824 | B n2t | | 03.02.21 | 1000 | Soc. Anon Metallurgicos untes Rezzónico Ottonello & Cia, Buenos Aires (Argentinien)/über Bromberg & Co., Hamburg | |
| 10825 | B n2t | | 05.02.21 | 1000 | Soc. Anon Metallurgicos untes Rezzónico Ottonello & Cia, Buenos Aires (Argentinien)/über Bromberg & Co., Hamburg | |
| 10826 | B n2t | | 11.01.22 | 900 | Kursächsische Braunkohlenwerke, Fürstenberg/Oder-Grube Präsident | |
| 10827 | B n2t | | 01.06.22 | 900 | Artur Lomnitz, Berlin | |
| 10828 | B v | DrL | 01.12.20 | 540 | Steinkohlenwerke Vereinigte Helene & Amalie, Essen-Bergeborbeck | |
| 10829 | B v | DrL | 14.12.20 | 540 | Steinkohlenwerke Vereinigte Helene & Amalie, Essen-Bergeborbeck | |
| 10830 | B v | DrL | 20.01.21 | 600 | Kupferschiefer Gewerkschaft Mansfeld, Hamm/Westfalen - Zeche Sachsen, Hamm | |
| 10831 | B v | DrL | 21.01.21 | 600 | Kupferschiefer Gewerkschaft Mansfeld, Hamm/Westfalen - Zeche Sachsen, Hamm | |
| 10832 | B v | DrL | 08.09.21 | 600 | Kupferschiefer Gewerkschaft Mansfeld, Hamm/Westfalen - Zeche Sachsen, Hamm | |
| 10833 | B v | DrL | 09.09.21 | 600 | Kupferschiefer Gewerkschaft Mansfeld, Hamm/Westfalen - Zeche Sachsen, Hamm | |
| 10834 | B v | DrL | 09.09.21 | 600 | Kupferschiefer Gewerkschaft Mansfeld, Hamm/Westfalen - Zeche Sachsen, Hamm | |
| 10835 | B v | DrL | 07.03.21 | 585 | Gutehoffnungshütte, Oberhausen - Zeche Sterkerade | |
| 10836 | B v | DrL | 24.03.21 | 585 | Gutehoffnungshütte, Oberhausen - Zeche Sterkerade | |
| 10837 | B v | DrL | 07.03.21 | 585 | Gutehoffnungshütte, Oberhausen - Zeche Osterfeld | |
| 10838 | D h2t | | 27.04.20 | 1000 | Herforder Kleinbahn/ENGER 8/1935 BKrsb „DORNBERG 8" | 1956 |
| 10839 | D h2t | | 11.05.20 | 1000 | Herforder Kleinbahn/SPENGE 9/HK 5" | 1954 |
| 10840 | D h2t | | 14.06.20 | 1000 | Herforder Kleinbahn/LOOSE 10/HK 8" | 1953 |
| 10841 | B n2ft | FL | 16.09.20 | 1435 | Leipziger Braunkohlenwerke AG, Kulkwitz bei Markranstädt | |
| 10842 | B n2t | | 20 | 600 | Empfänger unbekannt | |
| 10843 | B n2t | | 20 | 600 | Empfänger unbekannt | |
| 10844 | B n2t | | 03.03.22 | 600 | Georg Futter/Arnim Hirsch & Co., Berlin | |
| 10845 | B n2t | | 03.03.22 | 600 | Georg Futter/Arnim Hirsch & Co., Berlin | |
| 10846 | B n2t | | 23.05.22 | 600 | Georg Futter/Arnim Hirsch & Co., Berlin | |
| 10847 | B n2t | | 12.06.22 | 750 | Maximilianshütte, Rosenberg (Oberpfalz) | |
| 10848 | B n2t | | 12.06.22 | 750 | Maximilianshütte, Rosenberg (Oberpfalz) | |
| 10849 | B n2t | | 15.07.22 | 750 | Weserhütte Georg Futter & Co. | |
| 10850 | B n2t | | 22.04.22 | 785 | Godulla Schachtanlage, Morgenroth der Gräfl. Schaffgotsche Werke GmbH, Beuthen O/S | |
| 10851 | Nicht im Auslieferungsbuch verzeichnet | | | | | |
| 10852 | C n2t | | 20.07.20 | 1435 | Kleinbahn Lüneburg-Soltau/8/vor 1945 verkauft | |
| 10853 | B'B n4vt | | 18.12.20 | 1000 | Mitteldeutsche Kohlenhandelsgesellschaft, Gera/Reuss/Gera-Meuselwitz-Wuitzer Eb/1"/1949 DR 99 5714 | 12.03.1968 |
| 10854 | B n2t | AL | 30.08.20 | 900 | Braunkohlenwerk- & Brikettfabrik, Kauschewerk N/L | |
| 10855 | Bo Bo | EAL | 26.07.20 | 900 | e.A. SSW/Braunkohlenwerk Böhlen-Rötha/5 | |
| 10856 | Bo Bo | EAL | 31.08.20 | 900 | e.A. SSW/Braunkohlenwerk Böhlen-Rötha/6 | |
| 10857 | Bo Bo | EAL | 30.09.20 | 900 | e.A. SSW/Braunkohlenwerk Böhlen-Rötha/7 | |
| 10858 | Bo Bo | EAL | 21.10.20 | 900 | e.A. SSW/Braunkohlenwerk Böhlen-Rötha/8 | |
| 10859 | Bo Bo | EAL | 30.10.20 | 900 | e.A. SSW/Braunkohlenwerk Böhlen/Rötha/9 | |
| 10860 | Bo Bo | EAL | 30.10.20 | 900 | e.A. SSW/Braunkohlenwerk Böhlen/Rötha/10 | |
| 10861 | B v | DrL | 07.08.20 | 572 | Zeche Zollverein, Katernberg | |
| 10862 | B v | DrL | 07.08.20 | 572 | Zeche Zollverein, Katernberg | |
| 10863 | B v | DrL | 07.09.20 | 572 | Zeche Zollverein, Katernberg | |
| 10864 | B v | DrL | 07.09.20 | 572 | Zeche Zollverein, Katernberg | |
| 10865 | B v | DrL | 09.20 | 600 | Oberbayrische AG für Kohlenbergbau, München - Bergwerksdirektion Hausham | |
| 10866 | 1'C n2 | P | 12.02.21 | 1435 | Aalborg-Hadsund Jernbane, Aalborg (Dänemark)/37 | |
| 10867 | B n2t | | 23.09.22 | 900 | Walter Hoene AG Berlin, für F.H. Sichler, Frankfurt am Main | |
| 10868 | B n2t | | 28.09.22 | 900 | Walter Hoene AG Berlin, für F.H. Sichler, Frankfurt am Main | |
| 10869 | B n2t | | 30.05.23 | 900 | Walter Hoene AG Berlin, für Johann, Georg Müller, Wetzlar | |
| 10870 | B n2t | | 17.04.23 | 900 | Walter Hoene AG Berlin, für Jacobsgrube Adam & Sohn | |
| 10871 | B n2t | | 31.05.23 | 900 | Walter Hoene AG Berlin, für Johann, Georg Müller, Wetzlar | |
| 10872 | B n2t | | 20.03.23 | 900 | Walter Hoene AG Berlin, für Gewerkschaft Bomsdorf, Luckau N/L | |
| 10873 | B n2t | | 31.10.22 | 900 | Walter Hoene AG Berlin, für Gewerkschaft Bomsdorf, Luckau N/L | |
| 10874 | B n2t | | 20.03.23 | 900 | Walter Hoene AG Berlin, für Eisenwerks-Gesellschaft Maximilianshütte, Unterwellenborn | |
| 10875 | B n2t | | 07.09.22 | 900 | Walter Hoene AG Berlin, für Gewerkschaft Bomsdorf, Luckau N/L | |
| 10876 | B n2t | | 31.05.23 | 900 | Walter Hoene AG Berlin, für „Phönix"-Portland-Cement-Werke, Beckum | |

| Fabriknummer | Bauart | Gattung | Auslieferungsdatum | Spurweite | Empfänger/Verbleib | Ausmusterung |
|---|---|---|---|---|---|---|
| 10877 | B n2t | | 30.08.22 | 900 | Walter Hoene AG Berlin, für Werschen-Weißenfels Braunkohlen AG, Halle/Saale/1945 DR-Ingenieurbau 320-200-13 | 1968 |
| 10878 | B n2t | | 30.08.22 | 900 | Walter Hoene AG Berlin, für Werschen-Weißenfels Braunkohlen AG, Halle/Saale | |
| 10879 | B n2t | | 15.10.22 | 900 | Walter Hoene AG Berlin, für Werschen-Weißenfels Braunkohlen AG, Halle/Saale | |
| 10880 | B n2t | | 24.10.22 | 900 | Walter Hoene AG Berlin, für Werschen-Weißenfels Braunkohlen AG, Halle/Saale | |
| 10881 | B n2t | | 22 | 900 | Walter Hoene AG Berlin, für Werschen-Weißenfels Braunkohlen AG, Halle/Saale | |
| 10882 | B n2t | | 06.03.23 | 900 | Walter Hoene AG Berlin, für Senftenberger Kohlenwerke AG, Grube Hansa, Beutersitz/1945 DR-Ingenieurbau 320-200-21 | 1972 |
| 10883 | B n2t | | 15.10.22 | 900 | Walter Hoene AG Berlin, für Werschen-Weißenfels Braunkohlen AG Halle/Saale | |
| 10884 | B n2t | | 07.03.23 | 900 | Walter Hoene AG Berlin, für Senftenberger Kohlenwerke AG, Grube Hansa, Beutersitz | |
| 10885 | B n2t | | 04.08.22 | 900 | Walter Hoene AG Berlin, für Senftenberger Kohlenwerke AG, Grube Hansa, Beutersitz | |
| 10886 | B n2t | | 03.08.22 | 900 | Walter Hoene AG Berlin, für Senftenberger Kohlenwerke AG, Grube Hansa, Beutersitz | |
| 10887 | C h2t | | 12.01.21 | 1435 | DEBG für VDD 6/VDD 42/1950 VEE 42/1955 NH 42 | 1966 |
| 10888 | B n2ft | FL | 22.12.20 | 750 | Feldmühle AG, Stettin | |
| 10889 | B n2ft | FL | 15.01.21 | 750 | Feldmühle AG, Stettin | |
| 10890 | B n2ft | FL | 12.08.21 | 1435 | Knorr-Bremse AG, Berlin-Lichtenberg | |
| 10891 | B n2ft | FL | 21.03.21 | 750 | A. Ahlström, Osakeyhtiö, für A. Ahlström, Warkaaus, Osa (Finnland) | |
| 10892 | B v | DrL | 22.12.20 | 600 | Gewerkschaft Auguste-Victoria, Huels | |
| 10893 | B v | DrL | 30.12.20 | 600 | Gewerkschaft Auguste-Victoria, Huels | |
| 10894 | B n2ft | FL | 08.02.21 | 1435 | A. Weiberzahl, Ilberstedt | |
| 10895 | C n2t | | 08.06.21 | 1435 | Köln-Rottweil AG, Premnitz | |
| 10896 | C n2ft | FL | 27.04.21 | 1435 | Leonhard Söhne, Crossen/Mulde | |
| 10897 | $B_o' B_o'$ | ELA | 24.03.21 | 900 | e.A. SSW/Ilse Bergbau AG, Grube Ilse/29 | |
| 10898 | $B_o' B_o'$ | ELA | 12.04.21 | 900 | e.A. SSW/Ilse Bergbau AG, Grube Ilse/30 | |
| 10899 | $B_o' B_o'$ | ELA | 25.04.21 | 900 | e.A. SSW/Ilse Bergbau AG, Grube Ilse/31 | |
| 10900 | $B_o' B_o'$ | ELA | 31.05.21 | 900 | e.A. SSW/Ilse Bergbau AG, Grube Ilse/32 | |
| 10901 | $B_o' B_o'$ | ELA | 31.05.21 | 900 | e.A. SSW/Ilse Bergbau AG, Grube Ilse/33 | |
| 10902 | $B_o' B_o'$ | ELA | 30.06.21 | 900 | e.A. SSW/Ilse Bergbau AG, Grube Ilse/34 | |
| 10903 | $B_o' B_o'$ | ELA | 30.06.21 | 900 | e.A. SSW/Ilse Bergbau AG, Grube Ilse/35 | |
| 10904 | $B_o' B_o'$ | ELA | 21.07.21 | 900 | e.A. SSW/Ilse Bergbau AG, Grube Ilse/36 | |
| 10905 | $B_o' B_o'$ | ELA | 04.08.21 | 900 | e.A. SSW/Ilse Bergbau AG, Grube Ilse/37 | |
| 10906 | $B_o' B_o'$ | ELA | 03.09.21 | 900 | e.A. SSW/Braunkohlenwerke Böhlen-Rötha/7 | |
| 10907 | $B_o' B_o'$ | ELA | 30.09.21 | 900 | e.A. SSW/Braunkohlenwerke Böhlen-Rötha/12 | |
| 10908 | $B_o' B_o'$ | ELA | 14.10.21 | 900 | e.A. SSW 1606/Braunkohlenwerke Böhlen-Rötha/13 | |
| 10909 | 1'E1 h2t | | 14.03.21 | 1435 | Halberstadt-Blankenburger Eisenbahn/BÜFFEL/1949 DR 95 6678 | 21.08.1967 |
| 10910 | 1'E1 h2t | | 24.03.21 | 1435 | Halberstadt-Blankenburger Eisenbahn/ELCH/1949 DR 95 6679 | 02.1953 |
| 10911 | 2'C h3 | S | 20.08.21 | 1435 | Dänische Staatsbahnen/Litra R 954 | 1967 |
| 10912 | 2'C h3 | S | 31.08.21 | 1435 | Dänische Staatsbahnen/Litra R 955 | 1963 |
| 10913 | 2'C h3 | S | 31.08.21 | 1435 | Dänische Staatsbahnen/Litra R 956 | 1963 |
| 10914 | 2'C h3 | S | 16.09.21 | 1435 | Dänische Staatsbahnen/Litra R 957 | 1968 |
| 10915 | 2'C h3 | S | 30.09.21 | 1435 | Dänische Staatsbahnen/Litra R 958 | 1968 |
| 10916 | B n2t | | 16.08.23 | 750 | Walter Hoene AG Berlin, für Bauunternehmung Sommer, Herzbruck | |
| 10917 | Nicht im Auslieferungsbuch verzeichnet | | | | | |
| 10918 | B n2t | | 05.12.23 | 750 | Walter Hoene AG Berlin, für Klammt, Königsberg | |
| 10919 | Nicht im Auslieferungsbuch verzeichnet | | | | | |
| 10920 | Nicht im Auslieferungsbuch verzeichnet | | | | | |
| 10921 | B n2t | | 30.06.21 | 1435 | Etablis L.d. Nayer, Willebroeck (Belgien) | |
| 10922 | B n2t | | 09.07.21 | | Aciertes de Famillenreux | |
| 10923 | Nicht im Auslieferungsbuch verzeichnet | | | | | |
| 10924 | B n2t | | 08.05.22 | 1435 | Bergwerksgesellschaft Trier/Hamm, Zeche Radbod | |
| 10925 | B n2t | | 30.06.22 | 1435 | Chemische Fabrik von Heyden, Radebeul | |
| 10926 | C n2t | | 31.03.22 | 1435 | Ostkunstbanam A/B, Gefle (Schweden)/1 | 1933 |
| 10927 | C n2t | | 17.05.22 | 1435 | Magistrat von Groß Berlin, für den Westhafen | |
| 10928 | C n2t | | 05.07.22 | 1435 | Magistrat von Groß Berlin, für Spandau-Südhafen | |
| 10929 | C n2t | | 26.08.22 | 1435 | Eisenwerk-Gesellschaft Maximilianshütte, Rosenberg | |
| 10930 | B n2ft | FL | 29.05.23 | 1435 | Anhaltische Gewerkschaft Conow, Lübtheen | |
| 10931 | B n2ft | FL | 28.02.29 | 1435 | Schlachthof Bochum | |
| 10932 | B n2ft | FL | 28.06.23 | 1435 | AG für Chemische Produktenfabrik, Pommerensdorf | |
| 10933 | B n2ft | FL | 10.09.23 | 1524 | Osakeyhtiv H. Saastammien, Kupio (Finnland) | |
| 10934 | B n2ft | FL | 18.05.25 | 1435 | Stapelfaserfabrik Jordan & Co., Sydowsaue bei Stettin/1945 Textilwerke | |
| 10935 | B v | DrL | 08.06.21 | 600 | Oberbayrische AG für Kohlenbergbau, München, für Bergwerksdirektion Hausham | |
| 10936 | B'B n4vt | DrL | 22.04.21 | 700 | Cultuur Maatschappiy Panggoongredjas-Gravenshage (Niederlande), für Java | |
| 10937 | B v | DrL | 21.09.21 | 620 | Henckel von Donnersmarck-Blücherschächte - Schwintochlowitz | |

| Fabriknummer | Bauart | Gattung | Auslieferungsdatum | Spurweite | Empfänger/Verbleib | Ausmusterung |
|---|---|---|---|---|---|---|
| 10938 | B v | DrL | 22.09.21 | 620 | Henckel von Donnersmarck-Blücherschächte - Schwintochlowitz | |
| 10939 | B v | DrL | 21.09.21 | 620 | Henckel von Donnersmarck-Blücherschächte - Schwintochlowitz | |
| 10940 | B v | DrL | 22.09.21 | 620 | Henckel von Donnersmarck-Blücherschächte - Schwintochlowitz | |
| 10941 | B v | DrL | 29.07.21 | 560 | Gelsenkirchner Bergwerks-Verein, Schacht Rhein-Elbe | |
| 10942 | B v | DrL | 29.07.21 | 560 | Gelsenkirchner Bergwerks-Verein, Schacht Rhein-Elbe | |
| 10943 | B v | DrL | 23.11.21 | 560 | Gelsenkirchner Bergwerks-Verein, Schacht Rhein-Elbe | |
| 10944 | B v | DrL | 23.11.21 | 560 | Gelsenkirchner Bergwerks-Verein, Schacht Rhein-Elbe | |
| 10945 | B v | DrL | 12.12.21 | 600 | Mansfeld sche Steinkohlenwerke, Hamm - Zeche Sachsen | |
| 10946 | B v | DrL | 13.12.21 | 600 | Mansfeld sche Steinkohlenwerke, Hamm - Zeche Sachsen | |
| 10947 | E h2 | G | 28.02.21 | 1435 | DRG (G 10)/Hl 5475/DRG 57 2303/NSB R.61a Nr. 2303 | |
| 10948 | E h2 | G | 28.02.21 | 1435 | DRG (G 10)/Hl 5476/DRG 57 2304/JZ 28-105/1947 JZ 35-105 | |
| 10949 | E h2 | G | 28.02.21 | 1435 | DRG (G 10)/Hl 5477/DRG 57 2305/DB | 23.03.1946 |
| 10950 | E h2 | G | 28.02.21 | 1435 | DRG (G 10)/Hl 5478 'DRG 57 2306 | |
| 10951 | E h2 | G | 08.03.21 | 1435 | DRG (G 10)/Hl 5479/DRG 57 2307 | |
| 10952 | E h2 | G | 07.03.21 | 1435 | DRG (G 10)/Hl 5480/DRG 57 2308 | |
| 10953 | E h2 | G | 11.03.21 | 1435 | DRG (G 10)/Hl 5481/DRG 57 2309/ÖBB/1953 ÖBB 657.2309 | 05.11.1961 |
| 10954 | E h2 | G | 09.03.21 | 1435 | DRG (G 10)/Hl 5482/DRG 57 2310/SNCF 1-050 B 693 | 04.10.1952 |
| 10955 | E h2 | G | 14.03.21 | 1435 | DRG (G 10)/Hl 5483/DRG 57 2311/ČSD | |
| 10956 | E h2 | G | 11.03.21 | 1435 | DRG (G 10)/Hl 5484/DRG 57 2312 | |
| 10957 | E h2 | G | 16.03.21 | 1435 | DRG (G 10)/Kbg 5515/DRG 57 2313/DB | 14.03.1957 |
| 10958 | E h2 | G | 14.03.21 | 1435 | DRG (G 10)/Kbg 5516/DRG 57 2314/DB | 14.03.1957 |
| 10959 | E h2 | G | 17.03.21 | 1435 | DRG (G 10)/Kbg 5517/DRG 57 2315 | |
| 10960 | E h2 | G | 17.03.21 | 1435 | DRG (G 10)/Kbg 5518/DRG 57 2316/DB | 07.08.1959 |
| 10961 | E h2 | G | 22.03.21 | 1435 | DRG (G 10)/Stn 5480/DRG 57 2317/JZ 28-106/1947 JZ 35-106 | |
| 10962 | E h2 | G | 19.03.21 | 1435 | DRG (G 10)/Stn 5481/DRG 57 2318/DB | 20.02.1960 |
| 10963 | E h2 | G | 26.03.21 | 1435 | DRG (G 10)/Stn 5482/DRG 57 2319/ČSD | |
| 10964 | E h2 | G | 24.03.21 | 1435 | DRG (G 10)/Stn 5483/DRG 57 2320/JZ 28-107/1947 JZ 35-107 | |
| 10965 | E h2 | G | 29.03.21 | 1435 | DRG (G 10)/Stn 5484/DRG 57 2321/JZ 28-108/1947 JZ 35-108 | |
| 10966 | E h2 | G | 30.03.21 | 1435 | DRG (G 10)/Stn 5485/DRG 57 2322 | |
| 10967 | E h2 | G | 31.03.21 | 1435 | DRG (G 10)/Stn 5486/DRG 57 2323 | |
| 10968 | E h2 | G | 31.03.21 | 1435 | DRG (G 10)/Stn 5487/DRG 57 2324 | 29.06.1944 |
| 10969 | E h2 | G | 31.03.21 | 1435 | DRG (G 10)/Stn 5488/DRG 57 2325/DB | 01.09.1965 |
| 10970 | E h2 | G | 31.03.21 | 1435 | DRG (G 10)/Stn 5489/DRG 57 2326/SNCF 1-050 B 694 | 04.10.1952 |
| 10971 | E h2 | G | 05.04.21 | 1435 | DRG (G 10)/Ost 5446/DRG 57 2327/PKP Tw 1-54 | |
| 10972 | E h2 | G | 31.03.21 | 1435 | DRG (G 10)/Ost 5447/DRG 57 2328/SNCF 1-050 B 695 | 04.10.1952 |
| 10973 | E h2 | G | 10.05.21 | 1435 | DRG (G 10)/Ost 5448/DRG 57 2329/DB | 14.03.1957 |
| 10974 | E h2 | G | 15.05.21 | 1435 | DRG (G 10)/Ost 5449/DRG 57 2330/SNCF 1-050 B 778 | |
| 10975 | E h2 | G | 12.05.21 | 1435 | DRG (G 10)/Ost 5450/DRG 57 2331/DB | 01.06.1953 |
| 10976 | E h2 | G | 23.05.21 | 1435 | DRG (G 10)/Ost 5451/DRG 57 2332/DB | 20.02.1960 |
| 10977 | E h2 | G | 11.07.21 | 1435 | DRG (G 10)/Ost 5452/DRG 57 2333/JZ 28-109/1947 JZ 35-109 | |
| 10978 | E h2 | G | 16.07.21 | 1435 | DRG (G 10)/Ost 5453/DRG 57 2334/DB | 30.09.1960 |
| 10979 | E h2 | G | 18.07.21 | 1435 | DRG (G 10)/Ost 5454/DRG 57 2335 | |
| 10980 | E h2 | G | 22.07.21 | 1435 | DRG (G 10)/Ost 5455/DRG 57 2336/ÖBB/21.12.48 SZD | |
| 10981 | E h2 | G | 21.07.21 | 1435 | DRG (G 10)/Hl 5485/DRG 57 2437 | |
| 10982 | E h2 | G | 26.07.21 | 1435 | DRG (G 10)/Hl 5486/DRG 57 2438/DR/57 2438-0 | 11.12.1972 |
| 10983 | E h2 | G | 25.07.21 | 1435 | DRG (G 10)/Hl 5487/DRG 57 2439/JZ 28-121/1947 JZ 35-121 | |
| 10984 | E h2 | G | 29.07.21 | 1435 | DRG (G 10)/Hl 5488/DRG 57 2440/DB | 01.06.1953 |
| 10985 | E h2 | G | 29.07.21 | 1435 | DRG (G 10)/Hl 5489/DRG 57 2441/DB | 15.11.1957 |
| 10986 | E h2 | G | 30.07.21 | 1435 | DRG (G 10)/Hl 5490/DRG 57 2442/SNCF 050 B 706 | 04.10.1952 |
| 10987 | E h2 | G | 30.07.21 | 1435 | DRG (G 10)/Hl 5491/DRG 57 2443/JZ 35-122 | |
| 10988 | E h2 | G | 30.07.21 | 1435 | DRG (G 10)/Hl 5492/DRG 57 2444/DB | 04.05.1964 |
| 10989 | E h2 | G | 30.07.21 | 1435 | DRG (G 10)/Hl 5493/DRG 57 2445/DR | 01.11.1966 |
| 10990 | E h2 | G | 30.07.21 | 1435 | DRG (G 10)/Hl 5494/DRG 57 2446/DB | |
| 10991 | E h2 | G | 30.07.21 | 1435 | DRG (G 10)/Hl 5495/DRG 57 2447 | |
| 10992 | E h2 | G | 08.08.21 | 1435 | DRG (G 10)/Hl 5496/DRG 57 2448/ČSD | |
| 10993 | E h2 | G | 08.08.21 | 1435 | DRG (G 10)/Hl 5497/DRG 57 2449 | |
| 10994 | E h2 | G | 10.08.21 | 1435 | DRG (G 10)/Hl 5498/DRG 57 2450/JZ 35-123 | |
| 10995 | E h2 | G | 11.08.21 | 1435 | DRG (G 10)/Hl 5499/DRG 57 2451/SZD Tschtsch 2451 | |
| 10996 | E h2 | G | 12.08.21 | 1435 | DRG (G 10)/Hl 5500/DRG 57 2452/DB | 25.06.1947 |
| 10997 | E h2 | G | 13.08.21 | 1435 | DRG (G 10)/Hl 5501/DRG 57 2453/DB | 14.03.1957 |
| 10998 | E h2 | G | 15.08.21 | 1435 | DRG (G 10)/Hl 5502/DRG 57 2454/ÖBB/03.12.48 SZD | |
| 10999 | 1'D1' h3 | P | 24.05.22 | 1435 | DRG (P 10)/Efd 2810/DRG 39 001/DR/02.10.58 Reko (Mn 10/58) 22 010/ (39 1010-6) | 12.05.1969 |
| 11000 | 1'D1' h3 | P | 12.04.22 | 1435 | DRG (P 10)/Efd 2811/DRG 39 002/DR/19.07.60 Reko (Mn 72/60) 22 056/ 39 1056-9 | |
| 11001 | 1'D1' h3 | P | 31.05.22 | 1435 | DRG (P 10)/Efd 2812/DRG 39 003/DR | 21.08.1945 |
| 11002 | 1'D1' h3 | P | 15.06.22 | 1435 | DRG (P 10)/Efd 2813/DRG 39 004/DR/30.11.58 Reko (Mn 16/58) 22 016/ (39 1016-3) | 19.10.1970 |
| 11003 | 1'D1' h3 | P | 21.07.22 | 1435 | DRG (P 10)/Efd 2814/DRG 39 005/DR/19.09.59 Reko (Mn 48/59) 22 039/ (39 1039-5) | 22.06.1976 |
| 11004 | 1'D1' h3 | P | 26.08.22 | 1435 | DRG (P 10)/Efd 2815/DRG 39 006/DR/25.09.58 Reko (Mn 8/58) 22 008 | 10.10.1968 |

| Fabriknummer | Bauart | Gattung | Auslieferungsdatum | Spurweite | Empfänger/Verbleib | Ausmusterung |
|---|---|---|---|---|---|---|
| 11005 | E h2 | G | 16.08.21 | 1435 | DRG (G 10)/Hl 5503/DRG 57 2455/ÖBB/1953 ÖBB 657.2455 | 20.11.1968 |
| 11006 | E h2 | G | 18.08.21 | 1435 | DRG (G 10)/Hl 5504/DRG 57 2456/SEK | |
| 11007 | E h2 | G | 22.08.21 | 1435 | DRG (G 10)/Hl 5505/DRG 57 2457/DR | 04.03.1961 |
| 11008 | E h2 | G | 19.08.21 | 1435 | DRG (G 10)/Hl 5506/DRG 57 2458/PKP Tw 1-120 | |
| 11009 | E h2 | G | 23.08.21 | 1435 | DRG (G 10)/Hl 5507/DRG 57 2459/DB | 14.03.1957 |
| 11010 | E h2 | G | 22.08.21 | 1435 | DRG (G 10)/Hl 5508/DRG 57 2460/ČSD/R/1950 SSSR | |
| 11011 | E h2 | G | 24.08.21 | 1435 | DRG (G 10)/Hl 5509/DRG 57 2461 | |
| 11012 | E h2 | G | 24.08.21 | 1435 | DRG (G 10)/Hl 5510/DRG 57 2462/ÖBB/31.12.1948 SSSR | |
| 11013 | E h2 | G | 25.08.21 | 1435 | DRG (G 10)/Hl 5511/DRG 57 2463/DB | 20.02.1960 |
| 11014 | E h2 | G | 27.08.21 | 1435 | DRG (G 10)/Hl 5512/DRG 57 2464/DB | 14.03.1957 |
| 11015 | E h2 | G | 26.08.21 | 1435 | DRG (G 10)/Hl 5513/DRG 57 2465/DB | 11.01.1952 |
| 11016 | E h2 | G | 30.08.21 | 1435 | DRG (G 10)/Hl 5514/DRG 57 2466 | |
| 11017 | E h2 | G | 31.08.21 | 1435 | DRG (G 10)/Hl 5515/DRG 57 2467/ÖBB/1953 ÖBB 657.2467 | 12.04.1968 |
| 11018 | D n2t | | 29.06.21 | 720 | Duyvené de Wit & Co., Amsterdam für Zuckerfabrik Syndanglaoet (Niederländisch Indien)/PG Sindanglaut 7 (Indonesien) | |
| 11019 | B n2t | | 10.10.21 | 1000 | Altas Hornos de Vizcaya, Bilbao (Spanien) | |
| 11020 | B n2t | | 10.10.21 | 1000 | Altas Hornos de Vizcaya, Bilbao (Spanien) | |
| 11021 | B n2t | | 19.10.21 | 1000 | Altas Hornos de Vizcaya, Bilbao (Spanien) | |
| 11022 | B n2t | | 19.10.21 | 1000 | Altas Hornos de Vizcaya, Bilbao (Spanien) | |
| 11023 | 1' D1' h3 | P | 04.10.22 | 1435 | DRG (P 10)/Efd 2816/DRG 39 007/DR/14.07.61 Reko (Mn 92/61) 22 075/ 16.05.68 Dsp 16 | 03.12.1968 |
| 11024 | 1' D1' h3 | P | 10.10.22 | 1435 | DRG (P 10)/Efd 2817/DRG 39 008/DR/26.08.59 Reko (Mn 46/59) 22 038/ 39 1038-7 | 02.10.1979 |
| 11025 | 1' D1' h3 | P | 26.10.22 | 1435 | DRG (P 10)/Efd 2818/DRG 39 009/DB | 19.08.1966 |
| 11026 | 1' D1' h3 | P | 02.12.22 | 1435 | DRG (P 10)/Efd 2819/DRG 39 010/DR/29.04.59 Reko (Mn 31/59) 22 030/ (39 1030-4) | 12.11.1970 |
| 11027 | B/a n2t | ZL | 13.12.21 | 1676 | Compagnia Uniao Fabril, Lisboa, für Elevadores Villanova de Gaia, Porto (Portugal)/4 | |
| 11028 | C h2t | | 05.10.21 | 1435 | DEBG für VDD/7/VDD 43/1965 VEE 43 | 1967 |
| 11029 | C h2t | | 05.10.21 | 1435 | DEBG für VDD/8/VDD 44/1955 VEE 44 | 1963 |
| 11030 | C n2 | | 01.02.22 | 600 | Huileries Africaines, Paris | |
| 11031 | 1' C h2t | Pt | 25.05.21 | 1435 | DRG (T 12)/Bln 8715/DRG 74 1261 | |
| 11032 | 1' C h2t | Pt | 25.05.21 | 1435 | DRG (T 12)/Bln 8716/DRG 74 1262/DR | 05.01.1965 |
| 11033 | 1' C h2t | Pt | 27.05.21 | 1435 | DRG (T 12)/Bln 8717/DRG 74 1263/PKP Oki 2-47 | |
| 11034 | 1' C h2t | Pt | 27.05.21 | 1435 | DRG (T 12)/Bln 8718/DRG 74 1264/DR Rbd Berlin 04.11.1945, abgegeben | |
| 11035 | 1' C h2t | Pt | 28.05.21 | 1435 | DRG (T 12)/Bln 8719/DRG 74 1265/DR/21.11.64 Weichenwerk Gotha | |
| 11036 | 1' C h2t | Pt | 30.05.21 | 1435 | DRG (T 12)/Bln 8720/DRG 74 1266/DR | 06.03.1967 |
| 11037 | 1' C h2t | Pt | 31.05.21 | 1435 | DRG (T 12)/Bln 8721/DRG 74 1267 | |
| 11038 | 1' C h2t | Pt | 31.05.21 | 1435 | DRG (T 12)/Bln 8722/DRG 74 1268/DR Rbd Berlin 04.11.1945 abgegeben | |
| 11039 | 1' C h2t | Pt | 31.05.21 | 1435 | DRG (T 12)/Bln 8723/DRG 74 1269/DR | 19.07.1967 |
| 11040 | 1' C h2t | Pt | 31.05.21 | 1435 | DRG (T 12)/Bln 8724/DRG 74 1270/DR | 08.02.1967 |
| 11041 | 1' C h2t | Pt | 31.05.21 | 1435 | DRG (T 12)/Bln 8725/DRG 74 1271/DR Rbd Berlin 04.11.45, abgegeben | |
| 11042 | 1' C h2t | Pt | 31.05.21 | 1435 | DRG (T 12)/Bln 8726/DRG 74 1272/PKP Oki 2-77 | |
| 11043 | 1' C h2t | Pt | 17.06.21 | 1435 | DRG (T 12)/Bln 8727/DRG 74 1273/PKP Oki 2-61 | |
| 11044 | 1' C h2t | Pt | 11.06.21 | 1435 | DRG (T 12)/Bln 8728/DRG 74 1274/DR | 06.02.1965 |
| 11045 | 1' C h2t | Pt | 14.06.21 | 1435 | DRG (T 12)/Bln 8729/DRG 74 1275/PKP Oki 2-73 | |
| 11046 | 1' C h2t | Pt | 15.06.21 | 1435 | DRG (T 12)/Bln 8730/DRG 74 1276/DR | 01.01.1965 |
| 11047 | 1' C h2t | Pt | 21.06.21 | 1435 | DRG (T 12)/Bln 8731/DRG 74 1277/DR/01.01.1967 VEB Asphalt und Teerprodukte Teltow | |
| 11048 | 1' C h2t | Pt | 22.06.21 | 1435 | DRG (T 12)/Bln 8732/DRG 74 1278/DR | 08.10.1965 |
| 11049 | 1' C h2t | Pt | 24.06.21 | 1435 | DRG (T 12)/Bln 8733/DRG 74 1279/PKP Oko 2-68 | |
| 11050 | 1' C h2t | Pt | 23.06.21 | 1435 | DRG (T 12)/Bln 8734/DRG 74 1280/DR | 28.02.1951 |
| 11051 | 1' C h2t | Pt | 24.06.21 | 1435 | DRG (T 12)/Bln 8735/DRG 74 1281/DR | 01.02.1961 |
| 11052 | 1' C h2t | Pt | 27.06.21 | 1435 | DRG (T 12)/Bln 8736/DRG 74 1282/DR | 23.10.1965 |
| 11053 | 1' C h2t | Pt | 28.06.21 | 1435 | DRG (T 12)/Bln 8737/DRG 74 1283/DR | 22.07.1966 |
| 11054 | 1' C h2t | Pt | 28.06.21 | 1435 | DRG (T 12)/Bln 8738/DRG 74 1284/PKP Oki 2-74 | |
| 11055 | 1' C h2t | Pt | 29.06.21 | 1435 | DRG (T 12)/Bln 8739/DRG 74 1285/DR | 15.02.1951 |
| 11056 | 1' C h2t | Pt | 29.06.21 | 1435 | DRG (T 12)/Bln 8740/DRG 74 1286/DR | 06.04.1946 |
| 11057 | 1' C h2t | Pt | 30.06.21 | 1435 | DRG (T 12)/Bln 8741/DRG 74 1287/DR | 07.12.1966 |
| 11058 | 1' C h2t | Pt | 30.06.21 | 1435 | DRG (T 12)/Bln 8742/DRG 74 1288/DR Rbd Berlin 04.11.45, abgegeben | |
| 11059 | 1' C h2t | Pt | 30.06.21 | 1435 | DRG (T 12)/Bln 8743/DRG 74 1289 | |
| 11060 | 1' C h2t | Pt | 30.06.21 | 1435 | DRG (T 12)/Bln 8744/DRG 74 1290/DR1 | 14.09.1965 |
| 11061 | 1' C h2t | Pt | 08.07.21 | 1435 | DRG (T 12)/Bln 8745/DRG 74 1291/DR Rbd Berlin 04.11.45, abgegeben | |
| 11062 | 1' C h2t | Pt | 09.07.21 | 1435 | DRG (T 12)/Bln 8746/DRG 74 1292/DR | 23.10.1965 |
| 11063 | 1' C h2t | Pt | 12.07.21 | 1435 | DRG (T 12)/Bln 8747/DRG 74 1293/DR Rbd Berlin 04.11.45, abgegeben | |
| 11064 | 1' C h2t | Pt | 13.07.21 | 1435 | DRG (T 12)/Bln 8748/DRG 74 1294 | |
| 11065 | 1' C h2t | Pt | 16.07.21 | 1435 | DRG (T 12)/Bln 8749/DRG 74 1295/DR | 02.03.1965 |
| 11066 | 1' C h2t | Pt | 22.07.21 | 1435 | DRG (T 12)/Bln 8750/DRG 74 1296/DR/Raw Potsdam WL 6 | (01.06.1966) |
| 11067 | 1' C h2t | Pt | 26.07.21 | 1435 | DRG (T 12)/Bln 8751/DRG 74 1297/DR Rbd Berlin 04.11.45, abgegeben | |
| 11068 | 1' C h2t | Pt | 23.07.21 | 1435 | DRG (T 12)/Bln 8752/DRG 74 1298/PKP Oki 2-49 | |
| 11069 | 1' C h2t | Pt | 29.07.21 | 1435 | DRG (T 12)/Bln 8753/DRG 74 1299/DR Rbd Berlin 04.11.45, abgegeben | |

| Fabriknummer | Bauart | Gattung | Auslieferungsdatum | Spurweite | Empfänger/Verbleib | Ausmusterung |
|---|---|---|---|---|---|---|
| 11070 | 1'C h2t | Pt | 09.08.21 | 1435 | DRG (T 12)/Bln 8754/DRG 74 1300/PKP Oki 2-79 | |
| 11071 | E h2 | G | 31.08.21 | 1435 | DRG (G 10)/Hl 5556/DRG 57 2508/DR | 01.11.1966 |
| 11072 | E h2 | G | 31.08.21 | 1435 | DRG (G 10)/Hl 5557/DRG 57 2509/DB | 25.10.1966 |
| 11073 | E h2 | G | 08.09.21 | 1435 | DRG (G 10)/Hl 5558/DRG 57 2510 | |
| 11074 | E h2 | G | 08.09.21 | 1435 | DRG (G 10)/Hl 5559/DRG 57 2511/DB | 09.11.1953 |
| 11075 | E h2 | G | 09.09.21 | 1435 | DRG (G 10)/Hl 5560/DRG 57 2512/SAAR/1957 DB | 07.03.1958 |
| 11076 | E h2 | G | 09.09.21 | 1435 | DRG (G 10)/Hl 5561/DRG 57 2513/DB | 05.07.1967 |
| 11077 | E h2 | G | 12.09.21 | 1435 | DRG (G 10)/Hl 5562/DRG 57 2514/DR | 08.09.1961 |
| 11078 | E h2 | G | 13.09.21 | 1435 | DRG (G 10)/Hl 5563/DRG 57 2515/JZ 35-130 | |
| 11079 | E h2 | G | 14.09.21 | 1435 | DRG (G 10)/Hl 5564/DRG 57 2516 | |
| 11080 | E h2 | G | 16.09.21 | 1435 | DRG (G 10)/Hl 5565/DRG 57 2517/NSB 2517 | 10.11.1954 |
| 11081 | E h2 | G | 16.09.21 | 1435 | DRG (G 10)/Hl 5566/DRG 57 2518/DR | 22.02.1970 |
| 11082 | E h2 | G | 19.09.21 | 1435 | DRG (G 10)/Hl 5567/DRG 57 2519/DB | 14.03.1957 |
| 11083 | E h2 | G | 20.09.21 | 1435 | DRG (G 10)/Hl 5568/DRG 57 2520/ÖBB/1953 ÖBB 657.2520 | 10.07.1962 |
| 11084 | E h2 | G | 21.09.21 | 1435 | DRG (G 10)/Hl 5569/DRG 57 2521/DB | 20.10.1962 |
| 11085 | E h2 | G | 21.09.21 | 1435 | DRG (G 10)/Hl 5570/DRG 57 2522/DB | 01.08.1960 |
| 11086 | E h2 | G | 05.01.22 | 1524 | Sowjetische Staatsbahn/Eg 5004 | |
| 11087 | E h2 | G | 05.01.22 | 1524 | Sowjetische Staatsbahn/Eg 5005 | |
| 11088 | E h2 | G | 09.01.22 | 1524 | Sowjetische Staatsbahn/Eg 5006 | |
| 11089 | E h2 | G | 13.01.22 | 1524 | Sowjetische Staatsbahn/Eg 5007 | |
| 11090 | E h2 | G | 16.01.22 | 1524 | Sowjetische Staatsbahn/Eg 5008 | |
| 11091 | E h2 | G | 18.01.22 | 1524 | Sowjetische Staatsbahn/Eg 5009 | |
| 11092 | E h2 | G | 20.01.22 | 1524 | Sowjetische Staatsbahn/Eg 5010 | |
| 11093 | $B_o'$ $B_o'$ | ELA | 20.10.21 | 900 | e.A. SSW 1607/Böhlen-Rötha/14 | |
| 11094 | $B_o'$ $B_o'$ | ELA | 25.10.21 | 900 | e.A. SSW 1608/Böhlen-Rötha/15 | |
| 11095 | $B_o'$ $B_o'$ | ELA | 01.11.21 | 900 | e.A. SSW 1609/Böhlen-Rötha/16 | |
| 11096 | $B_o'$ $B_o'$ | ELA | 02.02.22 | 900 | e.A. SSW 1610/Böhlen-Rötha/17 | |
| 11097 | $B_o'$ $B_o'$ | ELA | 22.02.22 | 900 | e.A. SSW 1611/Böhlen-Rötha/18 | |
| 11098 | $B_o'$ $B_o'$ | ELA | 03.03.22 | 900 | e.A. SSW 1612/Böhlen-Rötha/19 | |
| 11099 | $B_o'$ $B_o'$ | ELA | 14.03.22 | 900 | e.A. SSW 1613/Böhlen-Rötha/20 | |
| 11100 | $B_o'$ $B_o'$ | ELA | 17.03.22 | 900 | e.A. SSW 1614/Böhlen-Rötha/21 | |
| 11101 | $B_o'$ $B_o'$ | ELA | 31.03.22 | 900 | e.A. SSW 1615/Böhlen-Rötha/22 | |
| 11102 | $B_o'$ $B_o'$ | ELA | 10.06.22 | 900 | e.A. SSW 1616/Böhlen-Rötha/23 | |
| 11103 | $B_o'$ $B_o'$ | ELA | 10.06.22 | 900 | e.A. SSW/1617/Böhlen-Rötha/24 | |
| 11104 | Nicht im Auslieferungsbuch verzeichnet | | | | | |
| 11105 | 1'E1 h2t | Gt | 26.01.23 | 1435 | DRG (T 20)/77001/DRG 95 001/DB | 14.03.1957 |
| 11106 | 1'E1 h2t | Gt | 31.01.23 | 1435 | DRG (T 20)/77002/DRG 95 002/DB | 14.03.1957 |
| 11107 | 1'E1 h2t | Gt | 26.01.23 | 1435 | DRG (T 20)/77003/DRG 95 003/DB | 25.04.1958 |
| 11108 | 1'E1 h2t | Gt | 02.02.23 | 1435 | DRG (T 20)/77004/DRG 95 004/DR/17.11.64 U.ÖL/95 0004-2 | 20.05.1981 |
| 11109 | 1'E1 h2t | Gt | 05.02.23 | 1435 | DRG (T 20)/77005/DRG 95 005/DR/10.05.67 U.ÖL/96 0005-9 | 19.11.1980 |
| 11110 | 1'E1 h2t | Gt | 13.02.23 | 1435 | DRG (T 20)/77006/DRG 95 006/DB | 14.03.1957 |
| 11111 | 1'E1 h2t | Gt | 16.02.23 | 1435 | DRG (T 20)/77007/DRG 95 007/DB | 17.03.1953 |
| 11112 | 1'E1 h2t | Gt | 28.02.23 | 1435 | DRG (T 20)/77008/DRG 95 008/DB | 25.04.1958 |
| 11113 | 1'E1 h2t | Gt | 26.03.23 | 1435 | DRG (T 20)/77009/DRG 95 009/DR/09.06.66 U.ÖL/95 0009-1 | |
| 11114 | 1'E1 h2t | Gt | 09.03.23 | 1435 | DRG (T 20)/77010/DRG 95 010/DR/17.07.67 U.ÖL/95 0010-9 | 01.09.1980 |
| 11115 | B n2ft | - | 13.01.22 | 785 | Borsigwerk, Borsigwerk O/S | |
| 11116 | E h2 | G | 25.01.22 | 1524 | Sowjetische Staatsbahn/Eg 5613 | |
| 11117 | E h2 | G | 25.01.22 | 1524 | Sowjetische Staatsbahn/Eg 5614 | |
| 11118 | E h2 | G | 29.01.22 | 1524 | Sowjetische Staatsbahn/Eg 5615 | |
| 11119 | E h2 | G | 29.01.22 | 1524 | Sowjetische Staatsbahn/Eg 5616 | |
| 11120 | E h2 | G | 30.01.22 | 1524 | Sowjetische Staatsbahn/Eg 5617 | |
| 11121 | E h2 | G | 01.02.22 | 1524 | Sowjetische Staatsbahn/Eg 5618 | |
| 11122 | E h2 | G | 31.01.22 | 1524 | Sowjetische Staatsbahn/Eg 5619 | |
| 11123 | E h2 | G | 21.02.22 | 1524 | Sowjetische Staatsbahn/Eg 5620 | |
| 11124 | E h2 | G | 21.02.22 | 1524 | Sowjetische Staatsbahn/Eg 5621 | |
| 11125 | E h2 | G | 22.02.22 | 1524 | Sowjetische Staatsbahn/Eg 5622 | |
| 11126 | E h2 | G | 23.02.22 | 1524 | Sowjetische Staatsbahn/Eg 5623 | |
| 11127 | E h2 | G | 28.02.22 | 1524 | Sowjetische Staatsbahn/Eg 5624 | |
| 11128 | E h2 | G | 10.03.22 | 1524 | Sowjetische Staatsbahn/Eg 5625 | |
| 11129 | E h2 | G | 25.02.22 | 1524 | Sowjetische Staatsbahn/Eg 5626 | |
| 11130 | E h2 | G | 14.03.22 | 1524 | Sowjetische Staatsbahn/Eg 5627 | |
| 11131 | E h2 | G | 20.03.22 | 1524 | Sowjetische Staatsbahn/Eg 5628 | |
| 11132 | E h2 | G | 27.03.22 | 1524 | Sowjetische Staatsbahn/Eg 5629 | |
| 11133 | E h2 | G | 28.03.22 | 1524 | Sowjetische Staatsbahn/Eg 5630 | |
| 11134 | E h2 | G | 31.03.22 | 1524 | Sowjetische Staatsbahn/Eg 5631 | |
| 11135 | E h2 | G | 05.04.22 | 1524 | Sowjetische Staatsbahn/Eg 5632 | |
| 11136 | E h2 | G | 08.04.22 | 1524 | Sowjetische Staatsbahn/Eg 5633 | |
| 11137 | E h2 | G | 11.04.22 | 1524 | Sowjetische Staatsbahn/Eg 5634 | |
| 11138 | E h2 | G | 12.04.22 | 1524 | Sowjetische Staatsbahn/Eg 5635 | |
| 11139 | E h2 | G | 13.04.22 | 1524 | Sowjetische Staatsbahn/Eg 5636 | |
| 11140 | E h2 | G | 03.05.22 | 1524 | Sowjetische Staatsbahn/Eg 5637 | |

| Fabriknummer | Bauart | Gattung | Auslieferungsdatum | Spurweite | Empfänger/Verbleib | Ausmusterung |
|---|---|---|---|---|---|---|
| 11141 | E h2 | G | 24.04.22 | 1524 | Sowjetische Staatsbahn/Eg 5638 | |
| 11142 | E h2 | G | 03.05.22 | 1524 | Sowjetische Staatsbahn/Eg 5639 | |
| 11143 | E h2 | G | 08.05.22 | 1524 | Sowjetische Staatsbahn/Eg 5640 | |
| 11144 | E h2 | G | 09.05.22 | 1524 | Sowjetische Staatsbahn/Eg 5641 | |
| 11145 | E h2 | G | 12.05.22 | 1524 | Sowjetische Staatsbahn/Eg 5642 | |
| 11146 | E h2 | G | 30.05.22 | 1524 | Sowjetische Staatsbahn/Eg 5643 | |
| 11147 | E h2 | G | 30.05.22 | 1524 | Sowjetische Staatsbahn/Eg 5644 | |
| 11148 | E h2 | G | 31.05.22 | 1524 | Sowjetische Staatsbahn/Eg 5645 | |
| 11149 | E h2 | G | 01.06.22 | 1524 | Sowjetische Staatsbahn/Eg 5646 | |
| 11150 | E h2 | G | 19.06.22 | 1524 | Sowjetische Staatsbahn/Eg 5647 | |
| 11151 | E h2 | G | 15.06.22 | 1524 | Sowjetische Staatsbahn/Eg 5648 | |
| 11152 | E h2 | G | 27.06.22 | 1524 | Sowjetische Staatsbahn/Eg 5649 | |
| 11153 | E h2 | G | 17.06.22 | 1524 | Sowjetische Staatsbahn/Eg 5650 | |
| 11154 | E h2 | G | 07.06.22 | 1524 | Sowjetische Staatsbahn/Eg 5651 | |
| 11155 | E h2 | G | 24.06.22 | 1524 | Sowjetische Staatsbahn/Eg 5652 | |
| 11156 | E h2 | G | 28.07.22 | 1524 | Sowjetische Staatsbahn/Eg 5653 | |
| 11157 | E h2 | G | 30.06.22 | 1524 | Sowjetische Staatsbahn/Eg 5654 | |
| 11158 | E h2 | G | 31.07.22 | 1524 | Sowjetische Staatsbahn/Eg 5655 | |
| 11159 | E h2 | G | 27.07.22 | 1524 | Sowjetische Staatsbahn/Eg 5656 | |
| 11160 | E h2 | G | 27.07.22 | 1524 | Sowjetische Staatsbahn/Eg 5657 | |
| 11161 | E h2 | G | 31.07.22 | 1524 | Sowjetische Staatsbahn/Eg 5658 | |
| 11162 | E h2 | G | 31.07.22 | 1524 | Sowjetische Staatsbahn/Eg 5659 | |
| 11163 | E h2 | G | 31.07.22 | 1524 | Sowjetische Staatsbahn/Eg 5660 | |
| 11164 | E h2 | G | 31.07.22 | 1524 | Sowjetische Staatsbahn/Eg 5661 | |
| 11165 | E h2 | G | 31.07.22 | 1524 | Sowjetische Staatsbahn/Eg 5662 | |
| 11166 | E h2 | G | 23.09.21 | 1435 | DRG (G 10)/Hl 5571/DRG 57 2523/ÖBB/02.12.1948 SZD | |
| 11167 | E h2 | G | 24.09.21 | 1435 | DRG (G 10)/Hl 5572/DRG 57 2524/DB | 01.12.1962 |
| 11168 | E h2 | G | 26.09.21 | 1435 | DRG (G 10)/Hl 5573/DRG 57 2225/DR | 19.07.1968 |
| 11169 | E h2 | G | 29.09.21 | 1435 | DRG (G 10)/Hl 5574/DRG 57 2526/PKP Tw 1-98 | |
| 11170 | E h2 | G | 28.09.21 | 1435 | DRG (G 10)/Hl 5575/DRG 57 2527/PKP Tw 1-36 | |
| 11171 | E h2 | G | 20.04.22 | 1435 | Rumänische Staatsbahn (CFR)/050 151/wie preußische G 10 | |
| 11172 | E h2 | G | 20.04.22 | 1435 | Rumänische Staatsbahn (CFR)/050 152/wie preußische G 10 | |
| 11173 | E h2 | G | 22.04.22 | 1435 | Rumänische Staatsbahn (CFR)/050 153/wie preußische G 10 | |
| 11174 | E h2 | G | 10.07.22 | 1435 | Rumänische Staatsbahn (CFR)/050 154/wie preußische G 10 | |
| 11175 | E h2 | G | 22.04.22 | 1435 | Rumänische Staatsbahn (CFR)/050 155/wie preußische G 10 | |
| 11176 | E h2 | G | 26.04.22 | 1435 | Rumänische Staatsbahn (CFR)/050 156/wie preußische G 10 | |
| 11177 | E h2 | G | 28.04.22 | 1435 | Rumänische Staatsbahn (CFR)/050 157/wie preußische G 10 | |
| 11178 | E h2 | G | 28.04.22 | 1435 | Rumänische Staatsbahn (CFR)/050 158/wie preußische G 10 | |
| 11179 | E h2 | G | 03.05.22 | 1435 | Rumänische Staatsbahn (CFR)/050 159/wie preußische G 10 | |
| 11180 | E h2 | G | 03.05.22 | 1435 | Rumänische Staatsbahn (CFR)/050 160/wie preußische G 10 | |
| 11181 | C n2t | | 05.10.21 | 600 | Zuckerfabrik Klein Wanzleben, vormals Rabbethge & Giesecke AG | |
| 11182 | C n2t | | 13.03.22 | 1435 | Mines D Ostricourt (Frankreich) über Reichskommissar für den Wiederaufbau, Berlin | |
| 11183 | 2'D h2 | G | 16.01.22 | 1676 | Andalusische Eisenbahngesellschaft, Madrid (Spanien)/416/1941 RENFE 240.2016 | |
| 11184 | 2'D h2 | G | 18.01.22 | 1676 | Andalusische Eisenbahngesellschaft, Madrid (Spanien)/417/1941 RENFE 240.2017 | |
| 11185 | 2'D h2 | G | 19.01.22 | 1676 | Andalusische Eisenbahngesellschaft, Madrid (Spanien)/418/1941 RENFE 240.2018 | |
| 11186 | 2'D h2 | G | 21.01.22 | 1676 | Andalusische Eisenbahngesellschaft, Madrid (Spanien)/419/1941 RENFE 240.2019 | |
| 11187 | 2'D h2 | G | 10.02.22 | 1676 | Andalusische Eisenbahngesellschaft, Madrid (Spanien)/420/1941 RENFE 240.2020 | |
| 11188 | 2'D h2 | G | 10.02.22 | 1676 | Andalusische Eisenbahngesellschaft, Madrid (Spanien)/421/1941 RENFE 240.2021 | |
| 11189 | 2'D h2 | G | 15.02.22 | 1676 | Andalusische Eisenbahngesellschaft, Madrid (Spanien)/422/1941 RENFE 240.2022 | |
| 11190 | 2'D h2 | G | 15.02.22 | 1676 | Andalusische Eisenbahngesellschaft, Madrid (Spanien)/423/1941 RENFE 240.2023 | |
| 11191 | 2'D h2 | G | 20.02.22 | 1676 | Andalusische Eisenbahngesellschaft, Madrid (Spanien)/424/1941 RENFE 240.2024 | |
| 11192 | 2'D h2 | G | 20.02.22 | 1676 | Andalusische Eisenbahngesellschaft, Madrid (Spanien)/425/1941 RENFE 240.2025 | |
| 11193 | 2'D h2 | G | 04.03.22 | 1676 | Andalusische Eisenbahngesellschaft, Madrid (Spanien)/426/1941 RENFE 240.2026 | |
| 11194 | 2'D h2 | G | 07.03.22 | 1676 | Andalusische Eisenbahngesellschaft, Madrid (Spanien)/427/1941 RENFE 240.2027 | |
| 11195 | 2'D h2 | G | 13.03.22 | 1676 | Andalusische Eisenbahngesellschaft, Madrid (Spanien)/428/1941 RENFE 240.2028 | |
| 11196 | 2'D h2 | G | 16.03.22 | 1676 | Andalusische Eisenbahngesellschaft, Madrid (Spanien)/429/1941 RENFE 240.2029 | |
| 11197 | 2'D h2 | G | 23.03.22 | 1676 | Andalusische Eisenbahngesellschaft, Madrid (Spanien)/430/1941 RENFE 240.2030 | |
| 11198 | C n2t | | 14.02.23 | 1435 | Eisenwerks-Gesellschaft Maximilians-Hütte, Rosenberg | |
| 11199 | $B_o' B_o'$ | ELA | 26.09.21 | 900 | e.A. SSW 1633/Braunschweigische Kohlenwerke, Helmstedt-Grube Treue/1 | |
| 11200 | $B_o' B_o'$ | ELA | 01.03.22 | 900 | e.A. SSW 1634/Braunschweigische Kohlenwerke, Helmstedt-Grube Treue/2 | |
| 11201 | E h2 | G | 04.05.22 | 1435 | Rumänische Staatsbahn (CFR)/050 161/wie preußische G 10 | |
| 11202 | E h2 | G | 04.05.22 | 1435 | Rumänische Staatsbahn (CFR)/050 162/wie preußische G 10 | |
| 11203 | E h2 | G | 12.05.22 | 1435 | Rumänische Staatsbahn (CFR)/050 163/wie preußische G 10 | |
| 11204 | E h2 | G | 12.05.22 | 1435 | Rumänische Staatsbahn (CFR)/050 164/wie preußische G 10 | |
| 11205 | E h2 | G | 16.05.22 | 1435 | Rumänische Staatsbahn (CFR)/050 165/wie preußische G 10 | |
| 11206 | E h2 | G | 26.04.22 | 1435 | Rumänische Staatsbahn (CFR)/050 166/wie preußische G 10 | |
| 11207 | E h2 | G | 16.05.22 | 1435 | Rumänische Staatsbahn (CFR)/050 167/wie preußische G 10 | |
| 11208 | E h2 | G | 19.05.22 | 1435 | Rumänische Staatsbahn (CFR)/050 168/wie preußische G 10 | |
| 11209 | E h2 | G | 19.05.22 | 1435 | Rumänische Staatsbahn (CFR)/050 169/wie preußische G 10 | |
| 11210 | E h2 | G | 10.07.22 | 1435 | Rumänische Staatsbahn (CFR)/050 170/wie preußische G 10 | |

| Fa-brik-num-mer | Bauart | Gat-tung | Aus-liefe-rungs-datum | Spur-weite | Empfänger/Verbleib | Aus-muste-rung |
|---|---|---|---|---|---|---|
| 11211 | E h2 | G | 21 | 1435 | DRG (pr. G 10)/Hl 5576/DRG 57 2528 | |
| 11212 | E h2 | G | 21 | 1435 | DRG (pr. G 10)/Hl 5577/DRG 57 2529/DB | 01.08.1962 |
| 11213 | E h2 | G | 21 | 1435 | DRG (pr. G 10)/Hl 5578/DRG 57 2530/SNCF 1-050 B 709 | 04.10.1952 |
| 11214 | E h2 | G | 21 | 1435 | DRG (pr. G 10)/Hl 5579/DRG 57 2531/DB | 14.07.1958 |
| 11215 | E h2 | G | 09.11.21 | 1435 | DRG (pr. G 10)/Hl 5580/DRG 57 2532/SAAR/1957 DB | 25.04.1953 |
| 11216 | E h2 | G | 11.11.21 | 1435 | DRG (pr. G 10)/Hl 5581/DRG 57 2533/DR/57 2533-8 | 18.08.1972 |
| 11217 | E h2 | G | 12.11.21 | 1435 | DRG (pr. G 10)/Hl 5582/DRG 57 2534/DB | 14.07.1958 |
| 11218 | E h2 | G | 19.11.21 | 1435 | DRG (pr. G 10)/Hl 5583/DRG 57 2535/DR | 14.08.1969 |
| 11219 | E h2 | G | 21.11.21 | 1435 | DRG (pr. G 10)/Hl 5584/DRG 57 2536/DB | 01.06.1953 |
| 11220 | E h2 | G | 22.11.21 | 1435 | DRG (pr. G 10)/Hl 5585/DRG 57 2537/ÖBB/1953 ÖBB 657.2537 | 10.10.1953 |
| 11221 | E h2 | G | 23.11.21 | 1435 | DRG (pr. G 10)/Hl 5586/DRG 57 2538/JZ 35-131 | |
| 11222 | E h2 | G | 24.11.21 | 1435 | DRG (pr. G 10)/Hl 5587/DRG 57 2539 | |
| 11223 | E h2 | G | 26.11.21 | 1435 | DRG (pr. G 10)/Hl 5588/DRG 57 2540/DB | 30.09.1960 |
| 11224 | E h2 | G | 28.11.21 | 1435 | DRG (pr. G 10)/Hl 5589/DRG 57 2541/DR | 30.09.1968 |
| 11225 | E h2 | G | 29.11.21 | 1435 | DRG (pr. G 10)/Hl 5590/DRG 57 2542/DB | 01.06.1953 |
| 11226 | E h2 | G | 30.11.21 | 1435 | DRG (pr.G 10)/Hl 5591/DRG 57 2543 | |
| 11227 | E h2 | G | 30.11.21 | 1435 | DRG (pr. G 10)/Hl 5592/DRG 57 2544/JZ 35-132 | |
| 11228 | E h2 | G | 30.11.21 | 1435 | DRG (pr. G 10)/Hl 5593/DRG 57 2545 | |
| 11229 | E h2 | G | 30.11.21 | 1435 | DRG (pr. G 10)/Hl 5594/DRG 57 2546/DB/057 546-4 | 03.03.1969 |
| 11230 | E h2 | G | 30.11.21 | 1435 | DRG (pr. G 10)/Hl 5595/DRG 57 2547/DB | 05.05.1969 |
| 11231 | 3 T 20 | | 31.05.21 | 1435 | DRG Tender für pr. G 8.1, G 10 | |
| 11232 | 3 T 20 | | 31.05.21 | 1435 | DRG Tender für pr. G 8.1, G 10 | |
| 11233 | 3 T 20 | | 31.05.21 | 1435 | DRG Tender für pr. G 8.1, G 10 | |
| 11234 | 3 T 20 | | 31.05.21 | 1435 | DRG Tender für pr. G 8.1, G 10 | |
| 11235 | 3 T 20 | | 31.05.21 | 1435 | DRG Tender für pr. G 8.1, G 10 | |
| 11236 | 3 T 20 | | 31.05.21 | 1435 | DRG Tender für pr. G 8.1, G 10 | |
| 11237 | 3 T 20 | | 07.06.21 | 1435 | DRG Tender für pr. G 8.1, G 10 | |
| 11238 | 3 T 20 | | 07.06.21 | 1435 | DRG Tender für pr. G 8.1, G 10 | |
| 11239 | 3 T 20 | | 30.07.21 | 1435 | DRG Tender für pr. G 8.1, G 10 | |
| 11240 | 3 T 20 | | 30.07.21 | 1435 | DRG Tender für pr. G 8.1, G 10 | |
| 11241 | B n2t | | 21.04.23 | 1435 | W. Hoene AG Berlin, für Lewastowski, Warschau (Polen) | |
| 11242 | B n2t | | 12.02.24 | 1435 | W. Hoene AG Berlin, für Hartwig AG, Danzig | |
| 11243 | B n2t | | 20.07.23 | 1435 | W. Hoene AG Berlin, für Kleinbahn Goldbeck- Werben | |
| 11244 | Nicht im Auslieferungsbuch verzeichnet | | | | | |
| 11245 | B n2t | | 27.09.30 | 1435 | W. Hoene AG Danzig, für Danziger Speditionsgesellschaft mbH, Danzig | |
| 11246 | B n2t | AL | 09.05.23 | 900 | W. Hoene AG Berlin, für Anhaltinische Kohlenwerke, Halle/Saale - Abt. Zechau | |
| 11247 | B n2t | AL | 30.05.23 | 900 | W. Hoene AG Berlin, für Anhaltinische Kohlenwerke, Halle/Saale - Abt. Zechau | |
| 11248 | B n2t | AL | 29.06.23 | 900 | W. Hoene AG Berlin, für Beutersitzer Kohlenwerke, Berlin | |
| 11249 | B n2t | AL | 30.06.23 | 900 | W. Hoene AG Berlin, für Anhaltinische Kohlenwerke, Halle/Saale | |
| 11250 | B n2t | AL | 30.06.23 | 900 | W. Hoene AG Berlin, für Anhaltinische Kohlenwerke, Halle/Saale | |
| 11251 | E h2 | G | 18.04.22 | 1435 | DRG (pr. G 10)/Hl 5596/DRG 57 2548/DB | 01.08.1962 |
| 11252 | E h2 | G | 18.04.22 | 1435 | DRG (pr. G 10)/Hl 5597/DRG 57 2549/JZ 35-133 | |
| 11253 | E h2 | G | 22.04.22 | 1435 | DRG (pr. G 10)/Hl 5598/DRG 57 2550/ÖBB/01.12.48 SSSR | |
| 11254 | E h2 | G | 26.04.22 | 1435 | DRG (pr. G 10)/Hl 5599/DRG 57 2551/SNCF 1-050 B 710 | 04.10.1952 |
| 11255 | E h2 | G | 25.04.22 | 1435 | DRG (pr. G 10)/Hl 5600/DRG 57 2552/DR | 01.08.1967 |
| 11256 | E h2 | G | 29.04.22 | 1435 | DRG (pr. G 10)/Hl 5601/DRG 57 2553 | 15.03.1943 |
| 11257 | E h2 | G | 28.04.22 | 1435 | DRG (pr. G 10)/Hl 5602/DRG 57 2554 | 31.01.1944 |
| 11258 | E h2 | G | 03.05.22 | 1435 | DRG (pr. G 10)/Hl 5603/DRG 57 2555/DB | 02.08.1962 |
| 11259 | E h2 | G | 06.05.22 | 1435 | DRG (pr. G 10)/Hl 5604/DRG 57 2556 | |
| 11260 | E h2 | G | 05.05.22 | 1435 | DRG (pr. G 10)/Hl 5605/DRG 57 2557 | |
| 11261 | E h2 | G | 09.05.22 | 1435 | DRG (pr. G 10)/Hl 5606/DRG 57 2558/ÖBB/1953 ÖBB 657.2558 | 05.07.1965 |
| 11262 | E h2 | G | 10.05.22 | 1435 | DRG (pr. G 10)/Hl 5607/DRG 57 2559/DB/057 559-7 | 24.06.1970 |
| 11263 | E h2 | G | 12.05.22 | 1435 | DRG (pr. G 10)/Hl 5608/DRG 57 2560/PKP Tw 1-79 | |
| 11264 | E h2 | G | 13.05.22 | 1435 | DRG (pr. G 10)/Hl 5609/DRG 57 2561/DB | 12.01.1963 |
| 11265 | E h2 | G | 15.05.22 | 1435 | DRG (pr. G 10)/Hl 5610/DRG 57 2562/DB | 30.09.1960 |
| 11266 | E h2 | G | 18.05.22 | 1435 | DRG (pr. G 10)/Hl 5611/DRG 57 2563 | |
| 11267 | E h2 | G | 20.05.22 | 1435 | DRG (G 10)/Hl 5612/DRG 57 2564 | |
| 11268 | E h2 | G | 24.05.22 | 1435 | DRG (G 10)/Hl 5613/DRG 57 2565 | |
| 11269 | E h2 | G | 23.05.22 | 1435 | DRG (G 10)/Hl 5614/DRG 57 2566/DB | 01.08.1962 |
| 11270 | E h2 | G | 31.05.22 | 1435 | DRG (G 10)/Hl 5615/DRG 57 2567/JZ 35-134 | |
| 11271 | E h2 | G | 26.05.22 | 1435 | DRG (G 10)/Hl 5616/DRG 57 2568/DR | 12.06.1967 |
| 11272 | E h2 | G | 03.06.22 | 1435 | DRG (G 10)/Hl 5617/DRG 57 2569/1926 CFR 50.269 | |
| 11273 | E h2 | G | 03.06.22 | 1435 | DRG (G 10)/Hl 5618/DRG 57 2570/DR | 10.04.1951 |
| 11274 | E h2 | G | 19.06.22 | 1435 | DRG (G 10)/Hl 5619/DRG 57 2571/PK | |
| 11275 | E h2 | G | 28.07.22 | 1435 | DRG (G 10)/Hl 5620/DRG 57 2572/JZ 35-135 | |
| 11276 | E h2 | G | 13.07.22 | 1435 | DRG (G 10)/Hl 5621/DRG 57 2573 | |
| 11277 | E h2 | G | 09.08.22 | 1435 | DRG (G 10)/Hl 5622/DRG 57 2574/DB | 30.09.1960 |
| 11278 | E h2 | G | 08.08.22 | 1435 | DRG (G 10)/Hl 5623/DRG 57 2575/DB | 01.09.1965 |
| 11279 | E h2 | G | 26.07.22 | 1435 | DRG (G 10)/Hl 5624/DRG 57 2576 | |
| 11280 | E h2 | G | 10.08.22 | 1435 | DRG (G 10)/Hl 5625/DRG 57 2577/DB/057 577-9 | 03.12.1969 |
| 11281 | E h2 | G | 10.08.22 | 1435 | DRG (G 10)/Hl 5626/DRG 57 2578/SAAR/1957 DB | 10.03.1965 |

| Fa-brik-num-mer | Bauart | Gat-tung | Aus-liefe-rungs-datum | Spur-weite | Empfänger/Verbleib | Aus-muste-rung |
|---|---|---|---|---|---|---|
| 11282 | E h2 | G | 12.08.22 | 1435 | DRG (G 10)/Hl 5627/DRG 57 2579/DB | 30.10.1959 |
| 11283 | E h2 | G | 16.08.22 | 1435 | DRG (G 10)/Hl 5628/DRG 57 2580/NSB 2580 | 20.03.1953 |
| 11284 | E h2 | G | 16.08.22 | 1435 | DRG (G 10)/Hl 5629/DRG 57 2581/SNCF 1-050 B 711 | 28.12.1951 |
| 11285 | E h2 | G | 12.08.22 | 1435 | DRG (G 10)/Hl 5630/DRG 57 2582/JZ 35-136 | |
| 11286 | D n2t | G | 03.01.23 | 1435 | Ferate Particulare Ploeste-Valeni, Bukarest (Rumänien)/CF PV LT 040/1 | |
| 11287 | D n2t | G | 03.01.23 | 1435 | Ferate Particulare Ploeste-Valeni, Bukarest (Rumänien)/CF PV LT 040/2 | |
| 11288 | $B_o' B_o'$ | ELA | 11.04.22 | 900 | e.A. SSW 1644/Preußische Bergwerks- und Hütten AG, Bernsteinwerke Königsberg/6/für die Bernsteingruben Palmnicken/Ostpreußen | |
| 11289 | $B_o' B_o'$ | ELA | 16.06.22 | 900 | e.A. SSW 1645/Preußische Bergwerks- und Hütten AG, Bernsteinwerke Königsberg/7/für die Bernsteingruben Palmnicken/Ostpreußen | |
| 11290 | $B_o' B_o'$ | ELA | 03.08.22 | 900 | e.A. SSW 1646/Preußische Bergwerks- und Hütten AG, Bernsteinwerke Königsberg/8/für die Bernsteingruben Palmnicken/Ostpreußen | |
| 11291 | E h2 | G | 31.08.22 | 1435 | DRG (G 10)/Hl 5904/DRG 57 3022/DB | 01.12.1962 |
| 11292 | E h2 | G | 31.08.22 | 1435 | DRG (G 10)/Hl 5905/DRG 57 3023 | |
| 11293 | E h2 | G | 31.08.22 | 1435 | DRG (G 10)/Hl 5906/DRG 57 3024/SAAR/1957 DB | 09.01.1962 |
| 11294 | E h2 | G | 31.08.22 | 1435 | DRG (G 10)/Hl 5907/DRG 57 3025/MAV/SSSR | |
| 11295 | E h2 | G | 14.09.22 | 1435 | DRG (G 10)/Hl 5908/DRG 57 3026/SNCF 1-050 B 781 | 14.11.1952 |
| 11296 | E h2 | G | 21.09.22 | 1435 | DRG (G 10)/Hl 5909/DRG 57 3027/DB | 22.05.1967 |
| 11297 | E h2 | G | 19.09.22 | 1435 | DRG (G 10)/Hl 5910/DRG 57 3028/SAAR/1957 DB | 01.12.1962 |
| 11298 | E h2 | G | 16.09.22 | 1435 | DRG (G 10)/Hl 5911/DRG 57 3029 | |
| 11299 | E h2 | G | 21.09.22 | 1435 | DRG (G 10)/Hl 5912/DRG 57 3030/DB | 12.07.1962 |
| 11300 | E h2 | G | 28.09.22 | 1435 | DRG (G 10)/Hl 5913/DRG 57 3031 | |
| 11301 | E h2 | G | 03.10.22 | 1435 | DRG (G 10)/Hl 5914/DRG 57 3032/DR | 09.08.1970 |
| 11302 | E h2 | G | 07.10.22 | 1435 | DRG (G 10)/Hl 5915/DRG 57 3033/SNCF 1-050 B 737 | 14.11.1953 |
| 11303 | E h2 | G | 15.10.22 | 1435 | DRG (G 10)/Hl 5916/DRG 57 3034/ÖBB/1953 ÖBB 657.3034 | 19.01.1968 |
| 11304 | E h2 | G | 17.10.22 | 1435 | DRG (G 10)/Hl 5917/DRG 57 3035 | |
| 11305 | E h2 | G | 18.10.22 | 1435 | DRG (G 10)/Hl 5918/DRG 57 3036/JZ 35-154 | |
| 11306 | E h2 | G | 21.10.22 | 1435 | DRG (G 10)/Hl 5919/DRG 57 3037 | |
| 11307 | E h2 | G | 25.10.22 | 1435 | DRG (G 10)/Hl 5920/DRG 57 3038 | |
| 11308 | E h2 | G | 25.10.22 | 1435 | DRG (G 10)/Hl 5921/DRG 57 3039 | |
| 11309 | E h2 | G | 08.11.22 | 1435 | DRG (G 10)/Hl 5922/DRG 57 3040/PKP Tw 1-103 | |
| 11310 | E h2 | G | 28.10.22 | 1435 | DRG (G 10)/Hl 5923/DRG 57 3041 | |
| 11311 | E h2 | G | 28.10.22 | 1435 | DRG (G 10)/Hl 5924/DRG 57 3042/ÖBB/01.12.48 SZD | |
| 11312 | E h2 | G | 10.22 | 1435 | DRG (G 10)/Hl 5925/DRG 57 3043/DB | 21.10.1960 |
| 11313 | E h2 | G | 31.10.22 | 1435 | DRG (G 10)/Hl 5926/DRG 57 3044 | |
| 11314 | E h2 | G | 28.10.22 | 1435 | DRG (G 10)/Hl 5927/DRG 57 3045 | |
| 11315 | E h2 | G | 31.10.22 | 1435 | DRG (G 10)/Hl 5928/DRG 57 3046/DB | 01.08.1962 |
| 11316 | B v | DrL | 17.07.22 | 540 | Gewerkschaft Steinkohlenbergwerke „Helene & Amalie", Essen-Bergeborbeck | |
| 11317 | B v | DrL | 17.07.22 | 540 | Gewerkschaft Steinkohlenbergwerke „Helene & Amalie", Essen-Bergeborbeck | |
| 11318 | B v | DrL | 15.07.22 | 585 | Kupferschiefer Gewerkschaft Mansfeld, Zeche Sachsen, Heeßen Kr. Beckum | |
| 11319 | B v | DrL | 15.07.22 | 585 | Kupferschiefer Gewerkschaft Mansfeld, Zeche Sachsen, Heeßen Kr. Beckum | |
| 11320 | B v | DrL | 16.09.22 | 600 | Gewerkschaft Auguste Victoria, Hüls | |
| 11321 | B v | DrL | 16.09.22 | 600 | Gewerkschaft Auguste Victoria, Hüls | |
| 11322 | B v | DrL | 05.09.22 | 540 | Gewerkschaft Steinkohlenbergwerke „Helene & Amalie", Essen-Bergeborbeck | |
| 11323 | B v | DrL | 05.09.22 | 540 | Gewerkschaft Steinkohlenbergwerke „Helene & Amalie", Essen-Bergeborbeck | |
| 11324 | B v | DrL | 06.09.22 | 585 | Kupferschiefer Gewerkschaft Mansfeld, Zeche Sachsen, Heeßen Kr. Beckum | |
| 11325 | B v | DrL | 06.09.22 | 585 | Kupferschiefer Gewerkschaft Mansfeld, Zeche Sachsen, Heeßen Kr. Beckum | |
| 11326 | B v | DrL | 23.06.22 | 585 | Gutehoffnungshütte Oberhausen, Jacobischächte | |
| 11327 | B v | DrL | 27.06.22 | 585 | Gutehoffnungshütte Oberhausen, Jacobischächte | |
| 11328 | 1'C h2 | G | 04.07.22 | 1435 | Serbische Staatsbahn (SHS)/6001/1933 JDZ 20-001/1941 HDZ | |
| 11329 | 1'C h2 | G | 04.07.22 | 1435 | Serbische Staatsbahn (SHS)/6002/1933 JDZ 20-002/1941 HDZ | |
| 11330 | 1'C h2 | G | 12.07.22 | 1435 | Serbische Staatsbahn (SHS)/6003/1933 JDZ 20-003/1941 BDZ 15.05 | |
| 11331 | 1'C h2 | G | 15.07.22 | 1435 | Serbische Staatsbahn (SHS)/6004/1933 JDZ 20-004/1941 SZ | |
| 11332 | 1'C h2 | G | 22.07.22 | 1435 | Serbische Staatsbahn (SHS)/6005/1933 JDZ 20-005/1941 HDZ | |
| 11333 | 1'C h2 | G | 22.07.22 | 1435 | Serbische Staatsbahn (SHS)/6006/1933 JDZ 20-006/1941 HDZ | |
| 11334 | 1'C h2 | G | 26.07.22 | 1435 | Serbische Staatsbahn (SHS)/6007/1933 JDZ 20-007/1941 HDZ | |
| 11335 | 1'C h2 | G | 29.08.22 | 1435 | Serbische Staatsbahn (SHS)/6008/1933 JDZ 20-008/1941 BDZ 15.06 | |
| 11336 | 1'C h2 | G | 29.08.22 | 1435 | Serbische Staatsbahn (SHS)/6009/1933 JDZ 20-009/1941 HDZ | |
| 11337 | 1'C h2 | G | 31.08.22 | 1435 | Serbische Staatsbahn (SHS)/6010/1933 JDZ 20-010/1941 HDZ | |
| 11338 | 1'C h2 | G | 31.08.22 | 1435 | Serbische Staatsbahn (SHS)/6011/1933 JDZ 20-011/1941 BDZ 15.07 | |
| 11339 | 1'C h2 | G | 02.09.22 | 1435 | Serbische Staatsbahn (SHS)/6012/1933 JDZ 20-012/1941 HDZ | |
| 11340 | 1'C h2 | G | 02.09.22 | 1435 | Serbische Staatsbahn (SHS)/6013/1933 JDZ 20-013/1941 HDZ | |
| 11341 | 1'C h2 | G | 04.09.22 | 1435 | Serbische Staatsbahn (SHS)/6014/1933 JDZ 20-014/1941 HDZ | |
| 11342 | 1'C h2 | G | 04.09.22 | 1435 | Serbische Staatsbahn (SHS)/6015/1933 JDZ 20-015/1941 HDZ | |
| 11343 | 1'C h2 | G | 05.09.22 | 1435 | Serbische Staatsbahn (SHS)/6016/1933 JDZ 20-016/1941 SZ | |
| 11344 | 1'C h2 | G | 05.09.22 | 1435 | Serbische Staatsbahn (SHS)/6017/1933 JDZ 20-017/1941 FS | |
| 11345 | 1'C h2 | G | 06.09.22 | 1435 | Serbische Staatsbahn (SHS)/6018/1933 JDZ 20-018/1941 FS | |
| 11346 | 1'C h2 | G | 06.09.22 | 1435 | Serbische Staatsbahn (SHS)/6019/1933 JDZ 20-019/1941 SZ | |
| 11347 | 1'C h2 | G | 13.09.22 | 1435 | Serbische Staatsbahn (SHS)/6020/1933 JDZ 20-020/1941 HDZ | |
| 11348 | 1'C h2 | G | 13.09.22 | 1435 | Serbische Staatsbahn (SHS)/6021/1933 JDZ 20-021/1941 HDZ | |
| 11349 | 1'C h2 | G | 15.09.22 | 1435 | Serbische Staatsbahn (SHS)/6022/1933 JDZ 20-022/1941 HDZ | |

| Fabriknummer | Bauart | Gattung | Auslieferungsdatum | Spurweite | Empfänger/Verbleib | Ausmusterung |
|---|---|---|---|---|---|---|
| 11350 | 1'C h2 | G | 15.09.22 | 1435 | Serbische Staatsbahn (SHS)/6023/1933 JDZ 20-023/1941 BDZ 15.08 | |
| 11351 | 1'C h2 | G | 16.09.22 | 1435 | Serbische Staatsbahn (SHS)/6024/1933 JDZ 20-024/1941 HDZ | |
| 11352 | 1'C h2 | G | 16.09.22 | 1435 | Serbische Staatsbahn (SHS)/6025/1933 JDZ 20-025/1941 SZ | |
| 11353 | 1'C h2 | G | 04.10.22 | 1435 | Serbische Staatsbahn (SHS)/6026/1933 JDZ 20-026/1941 HDZ | |
| 11354 | 1'C h2 | G | 04.10.22 | 1435 | Serbische Staatsbahn (SHS)/6027/1933 JDZ 20-027/1941 HDZ | |
| 11355 | 1'C h2 | G | 02.10.22 | 1435 | Serbische Staatsbahn (SHS)/6028/1933 JDZ 20-028/1941 SZ | |
| 11356 | 1'C h2 | G | 02.10.22 | 1435 | Serbische Staatsbahn (SHS)/6029/1933 JDZ 20-029/1941 HDZ | |
| 11357 | 1'C h2 | G | 03.10.22 | 1435 | Serbische Staatsbahn (SHS)/6030/1933 JDZ 20-030/1941 BDZ 15.09 | |
| 11358 | 1'C h2 | G | 03.10.22 | 1435 | Serbische Staatsbahn (SHS)/6031/1933 JDZ 20-031/1941 HDZ | |
| 11359 | 1'C h2 | G | 05.10.22 | 1435 | Serbische Staatsbahn (SHS)/6032/1933 JDZ 20-032/1941 SZ | |
| 11360 | 1'C h2 | G | 05.10.22 | 1435 | Serbische Staatsbahn (SHS)/6033/1933 JDZ 20-033/1941 SZ | |
| 11361 | 1'C h2 | G | 06.10.22 | 1435 | Serbische Staatsbahn (SHS)/6034/1933 JDZ 20-034/1941 SZ | |
| 11362 | 1'C h2 | G | 06.10.22 | 1435 | Serbische Staatsbahn (SHS)/6035/1933 JDZ 20-035/1941 SZ | |
| 11363 | 1'C h2 | G | 10.10.22 | 1435 | Serbische Staatsbahn (SHS)/6036/1933 JDZ 20-036/1941 HDZ | |
| 11364 | 1'C h2 | G | 10.10.22 | 1435 | Serbische Staatsbahn (SHS)/6037/1933 JDZ 20-037/1941 SZ | |
| 11365 | 1'C h2 | G | 13.10.22 | 1435 | Serbische Staatsbahn (SHS)/6038/1933 JDZ 20-038/1941 HDZ | |
| 11366 | 1'C h2 | G | 13.10.22 | 1435 | Serbische Staatsbahn (SHS)/6039/1933 JDZ 20-039/1941 HDZ | |
| 11367 | 1'C h2 | G | 11.11.22 | 1435 | Serbische Staatsbahn (SHS)/6040/1933 JDZ 20-040/1941 SZ | |
| 11368 | 1'C h2 | G | 11.11.22 | 1435 | Serbische Staatsbahn (SHS)/6041/1933 JDZ 20-041/1941 SZ | |
| 11369 | 1'C h2 | G | 14.11.22 | 1435 | Serbische Staatsbahn (SHS)/6042/1933 JDZ 20-042/1941 BDZ 15.10 | |
| 11370 | 1'C h2 | G | 14.11.22 | 1435 | Serbische Staatsbahn (SHS)/6043/1933 JDZ 20-043/1941 HDZ | |
| 11371 | 1'C h2 | G | 15.11.22 | 1435 | Serbische Staatsbahn (SHS)/6044/1933 JDZ 20-044/1941 HDZ | |
| 11372 | 1'C h2 | G | 15.11.22 | 1435 | Serbische Staatsbahn (SHS)/6045/1933 JDZ 20-045/1941 SZ | |
| 11373 | 1'C h2 | G | 16.11.22 | 1435 | Serbische Staatsbahn (SHS)/6046/1933 JDZ 20-046/1941 HDZ | |
| 11374 | 1'C h2 | G | 16.11.22 | 1435 | Serbische Staatsbahn (SHS)/6047/1933 JDZ 20-047/1941 BDZ 15.11 | |
| 11375 | E h2 | G | 01.11.22 | 1435 | DRG (G 10)/Hl 5929/DRG 57 3047/DB | 24.01.1964 |
| 11376 | E h2 | G | 01.11.22 | 1435 | DRG (G 10)/Hl 5930/DRG 57 3048/JZ 35-155 | |
| 11377 | E h2 | G | 03.11.22 | 1435 | DRG (G 10)/Hl 5931/DRG 57 3049/ČSD | |
| 11378 | E h2 | G | 03.11.22 | 1435 | DRG (G 10)/Hl 5932/DRG 57 3101/DB | 30.09.1960 |
| 11379 | E h2 | G | 04.11.22 | 1435 | DRG (G 10)/Hl 5933/DRG 57 3102/DB | 30.09.1960 |
| 11380 | E h2 | G | 06.11.22 | 1435 | DRG (G 10)/Hl 5934/DRG 57 3103/DR | 24.08.1967 |
| 11381 | E h2 | G | 06.11.22 | 1435 | DRG (G 10)/Hl 5935/DRG 57 3104/DB | 20.11.1948 |
| 11382 | (1'B)'B1'h4vt | | 19.08.22 | 1000 | Nordhausen-Wernigeröder Eisenbahn/51/1949 DR 99 6011 | 16.08.1966 |
| 11383 | D h2t | - | 13.09.22 | 1000 | Gera-Meuselwitz-Wuitzer Eisenbahn Gesellschaft, Gera/7/1949 DR 99 5911/(99 5911-5) | 22.12.1969 |
| 11384 | D h2t | - | 23.09.22 | 1000 | Gera-Meuselwitz-Wuitzer Eisenbahn Gesellschaft, Gera/8/1949 DR 99 5912/99 5912-3 | 24.02.1975 |
| 11385 | $B_o' B_o'$ | ELA | 30.11.21 | 900 | e.A. SSW 1670/Hallesche Pfännerschaft/5 | |
| 11386 | $B_o' B_o'$ | ELA | 26.04.22 | 900 | e.A. SSW 1671/Hallesche Pfännerschaft/6 | |
| 11387 | $B_o' B_o'$ | ELA | 11.04.22 | 900 | e.A. SSW 1684/Braunschweigische Kohlenwerke, Helmstedt-Grube Treue/3 | |
| 11388 | $B_o' B_o'$ | ELA | 14.07.22 | 900 | e.A. SSW 1685/Braunschweigische Kohlenwerke, Helmstedt-Grube Treue/4 | |
| 11389 | Nicht im Auslieferungsbuch verzeichnet | | | | | |
| 11390 | $B_o' B_o'$ | ELA | 11.10.22 | 900 | e.A. SSW 1769/Ilse Bergbau AG - Grube Erika, Lautawerk N/L | |
| 11391 | $B_o' B_o'$ | ELA | 17.10.22 | 900 | e.A. SSW 1770/Ilse Bergbau AG - Grube Erika, Lautawerk N/L | |
| 11392 | $B_o' B_o'$ | ELA | 31.10.22 | 900 | e.A. SSW 1771/Ilse Bergbau AG - Grube Erika, Lautawerk N/L | |
| 11393 | $B_o' B_o'$ | ELA | 22.12.22 | 900 | e.A. SSW 1772/Ilse Bergbau AG - Grube Erika, Lautawerk N/L | |
| 11394 | $B_o' B_o'$ | ELA | 05.01.22 | 900 | e.A. SSW 1773/Ilse Bergbau AG - Grube Erika, Lautawerk N/L | |
| 11395 | C n2t | | 12.12.22 | 1435 | Nordisk-Transport u. Spedition, für Landskrona-Helsingborg (Schweden)/20/ 1940 KNJ 6/1942 SmV 1 | 1964 |
| 11396 | C n2t | | 10.10.22 | 1000 | Herforder Kleinbahn/HERFORD 1" | |
| 11397 | E h2 | G | 10.11.22 | 1435 | DRG (G 10)/Hl 5936/DRG 57 3105/PKP Tw 1-106 | |
| 11398 | E h2 | G | 14.11.22 | 1435 | DRG (G 10)/Hl 5937/DRG 57 3106/ÖBB/1953 ÖBB 657.3106 | 05.07.1965 |
| 11399 | E h2 | G | 14.11.22 | 1435 | DRG (G 10)/Hl 5938/DRG 57 3107/DB | 10.08.1957 |
| 11400 | E h2 | G | 16.11.22 | 1435 | DRG (G 10)/Hl 5939/DRG 57 3108 | |
| 11401 | E h2 | G | 17.11.22 | 1435 | DRG (G 10)/Hl 5940/DRG 57 3109/SNCF 1-050 B 740 | 04.10.1952 |
| 11402 | E h2 | G | 17.11.22 | 1435 | DRG (G 10)/Hl 5941/DRG 57 3110/JZ 35-159 | |
| 11403 | E h2 | G | 20.11.22 | 1435 | DRG (G 10)/Hl 5942/DRG 57 3111 | |
| 11404 | E h2 | G | 20.11.22 | 1435 | DRG (G 10)/Hl 5943/DRG 57 3112/DR | 01.11.1966 |
| 11405 | E h2 | G | 23.11.22 | 1435 | DRG (G 10)/Hl 5944/DRG 57 3113/DB | 30.09.1960 |
| 11406 | E h2 | G | 25.11.22 | 1435 | DRG (G 10)/Hl 5945/DRG 57 3114/ÖBB/01.12.48 SSSR | |
| 11407 | E h2 | G | 28.11.22 | 1435 | DRG (G 10)/Hl 5946/DRG 57 3115 | |
| 11408 | E h2 | G | 28.11.22 | 1435 | DRG (G 10)/Hl 5947/DRG 57 3116 | |
| 11409 | E h2 | G | 02.12.22 | 1435 | DRG (G 10)/Hl 5948/DRG 57 3117/ÖBB/01.11.45 SSSR | |
| 11410 | E h2 | G | 02.12.22 | 1435 | DRG (G 10)/Hl 5949/DRG 57 3118 | |
| 11411 | E h2 | G | 02.12.22 | 1435 | DRG (G 10)/Hl 5950/DRG 57 3119/JZ 35-160 | |
| 11412 | E h2 | G | 09.12.22 | 1435 | DRG (G 10)/Hl 5951/DRG 57 3120/DB | 01.09.1965 |
| 11413 | E h2 | G | 09.12.22 | 1435 | DRG (G 10)/Hl 5952/DRG 57 3121/MAV/03.48 SSSR | |
| 11414 | E h2 | G | 11.12.22 | 1435 | DRG (G 10)/Hl 5953/DRG 57 3122/DB | 12.07.1962 |
| 11415 | E h2 | G | 15.12.22 | 1435 | DRG (G 10)/Hl 5954/DRG 57 3123/ČSD/1950 SSSR | |
| 11416 | E h2 | G | 15.12.22 | 1435 | DRG (G 10)/Ost 5443/DRG 57 3124/DR | 01.08.1967 |
| 11417 | E h2 | G | 15.12.22 | 1435 | DRG (G 10)/Ost 5444/DRG 57 3125/DB | 01.08.1962 |

| Fabriknummer | Bauart | Gattung | Auslieferungsdatum | Spurweite | Empfänger/Verbleib | Ausmusterung |
|---|---|---|---|---|---|---|
| 11418 | E h2 | G | 19.12.22 | 1435 | DRG (G 10)/Ost 5445/DRG 57 3126/DB | 1957 |
| 11419 | E h2 | G | 19.12.22 | 1435 | DRG (G 10)/Ost 5456/DRG 57 3127/JZ 35-161 | |
| 11420 | E h2 | G | 22.12.22 | 1435 | DRG (G 10)/Ost 5457/DRG 57 3128/DB | 23.12.1950 |
| 11421 | E h2 | G | 22.12.22 | 1435 | DRG (G 10)/Ost 5458/DRG 57 3129 | |
| 11422 | B h2t | - | 25.01.23 | 1435 | DEBG, für Voldagsen-Duingen-Delligsen/9/1931 Porzellanfabrik Weiden (Obpf.) | |
| 11423 | B n2t | - | 14.04.23 | 600 | W. Hoene AG Berlin, für Steinwerk Koschenberg N/L | |
| 11424 | B n2t | - | 27.04.23 | 600 | W. Hoene AG Berlin, für Cementwerke Nord | |
| 11425 | B n2t | - | 31.05.23 | 620 | Fürstlich Donnersmark'sche Bergwerks- u. Hüttendirektion, Swintochlowice (Polen) | |
| 11426 | B n2t | - | 30.04.23 | 600 | W. Hoene AG Berlin, für Fr. Preuss, Braunschweig | |
| 11427 | B n2t | - | 29.05.23 | 600 | W. Hoene AG Berlin, für Fürstlich von Carolath Beuthen'sche Forstverwaltung, Carolath | |
| 11428 | B n2t | - | 15.06.23 | 600 | W. Hoene AG Berlin, für M. Büttner, Minden | |
| 11429 | B n2t | - | 04.01.24 | 600 | W. Hoene AG, Den Haag, für N.V. Maatschappyj voor Spoorwegenmaterials, Welten (Niederlande) | |
| 11430 | B n2t | - | 04.01.24 | 600 | W. Hoene AG, Den Haag für N.V. Maatschappyj voor Spoorwegenmaterials Welten (Niederlande) | |
| 11431 | B n2t | - | 08.01.24 | 600 | W. Hoene AG Berlin, für Heise und Schwobsdorff, Groß Besten | |
| 11432 | B n2t | - | 06.08.24 | 600 | W. Hoene AG Berlin, für R. Süllmann, Bergedorf | |
| 11433 | B n2t | - | 06.04.23 | 600 | W. Hoene AG Berlin, für Uckermärkische Zuckerfabrik, Prenzlau | |
| 11434 | B n2t | - | 27.04.23 | 600 | W. Hoene AG Berlin, für Jacob Wiederspan | |
| 11435 | B n2t | - | 04.05.23 | 600 | W. Hoene AG Berlin, für Siemer & Müller, Bremen | |
| 11436 | B n2t | - | 31.05.23 | 600 | W. Hoene AG Berlin, für Peter Fix, Söhne, Duisburg-Meidrich | |
| 11437 | B n2t | - | 31.05.23 | 600 | W. Hoene AG Berlin, für Peter Fix, Söhne, Duisburg-Meidrich | |
| 11438 | B n2t | - | 08.04.25 | 600 | W. Hoene AG Berlin, für Gebr. Passmann, Heidelberg | |
| 11439 | B n2t | - | 08.04.25 | 600 | W. Hoene AG Berlin, für Gebr. Passmann, Heidelberg | |
| 11440 | B n2t | - | 01.05.25 | 600 | W. Hoene AG Berlin, für Vereinigte Holzindustrie, Breslau | |
| 11441 | B n2t | - | 22.05.25 | 600 | Kas & Werner, Prag, für Zuckerfabrik Libnores | |
| 11442 | B n2t | - | 01.05.25 | 600 | W. Hoene AG Berlin, für Gebr. Passmann, Heidelberg | |
| 11443 | B n2t | - | 28.06.23 | 600 | W. Hoene AG Berlin, für Mechlinghäuser, Marmor & Kalkindustrie, Siegen | |
| 11444 | B n2t | - | 31.07.23 | 600 | W. Hoene AG Berlin, für Lerche & Nippert-Hoch & Tiefbau AG, Velten | |
| 11445 | B n2t | - | 31.07.23 | 600 | W. Hoene AG Berlin, für Lerche & Nippert-Hoch & Tiefbau AG, Velten | |
| 11446 | B n2t | - | 04.01.24 | 600 | W. Hoene AG, Den Haag, für N.V. Maatschappyj voor Spoorwegenmaterials, Welten (Niederlande) | |
| 11447 | B n2t | - | 11.03.24 | 600 | W. Hoene AG Berlin, für Lerche & Nippert - Hoch & Tiefbau AG, Velten | |
| 11448 | B n2t | - | 11.03.24 | 600 | W. Hoene AG Berlin, für Lerche & Nippert-Hoch & Tiefbau AG, Velten | |
| 11449 | B n2t | - | 12.02.25 | 600 | W. Hoene AG Berlin, für S.J. Jeirelowski, Obrzycko (Polen) | |
| 11450 | B n2t | - | 12.02.25 | 600 | W. Hoene AG Berlin, für S.J. Jeirelowski, Obrzycko (Polen) | |
| 11451 | B n2t | - | 22.05.24 | 600 | Kas & Werner, Prag, für Zuckerfabrik Libnores | |
| 11452 | B n2t | - | 22.05.24 | 600 | Kas & Werner, Prag, für Zuckerfabrik Libnores | |
| 11453 | B n2t | - | 06.02.24 | 620 | Fürstlich von Donnersmark sche Bergwerks- u. Hüttendirektion, Swintochlowice (Polen)/Zaklady Azotowe „P.Finder", Chorzow (VRP) | |
| 11454 | B n2t | - | 13.02.25 | 600 | W. Hoene AG Berlin, für S.J. Jeirelowski, Obrzycko (Polen) | |
| 11455 | B n2t | - | 01.12.24 | 600 | W. Hoene AG Berlin, für L. Hartmann, Vietz | |
| 11456 | B n2t | - | 17.05.25 | 600 | W. Hoene AG Berlin, für AG für Tiefbauunternehmungen, Teltow | |
| 11457 | B n2t | - | 04.06.24 | 600 | W. Hoene AG Berlin, für AG für Tiefbauunternehmungen, Teltow | |
| 11458 | B n2t | - | 13.02.25 | 600 | W. Hoene AG Berlin, für S.J. Jeirelowski, Obrzycko (Polen)/Zaklady Azotowe „P. Finder", Chorzow (VRP) | |
| 11459 | B n2t | - | 09.04.25 | 700 | W. Hoene AG, Den Haag, für Handelsvereinigung, Amsterdam (Niederlande) | |
| 11460 | B n2t | - | 09.04.25 | 700 | W. Hoene AG, Den Haag, für Handelsvereinigung, Amsterdam (Niederlande) | |
| 11461 | B n2t | - | 09.04.25 | 700 | W. Hoene AG, Den Haag, für Handelsvereinigung, Amsterdam (Niederlande) | |
| 11462 | B n2t | - | 23.06.24 | 600 | Karl Meermann, Frankfurt/Oder | |
| 11463 | B n2t | - | 05.11.24 | 750 | W. Hoene AG Berlin, für Hartstein- und Schotterwerke, Straßengräbchen | |
| 11464 | B n2t | - | 08.03.30 | 750 | W. Hoene GmbH, Danzig, für Eisenwerks-Gesellschaft Maximilianshütte | |
| 11465 | B n2t | - | 25.07.24 | 750 | W. Hoene AG Berlin, für Arendt, Dresden | |
| 11466 | B n2t | - | 12.07.27 | 600 | W. Hoene AG Berlin, für Graf Krielecki, Dobrojevo (Polen)/sp. Cukrownia Pustkow (VRP) | 1965 |
| 11467 | B n2t | - | 27.04.28 | 750 | Gräflich Lippe sche Steinbruchverwaltung, Berlin | |
| 11468 | B n2t | - | 29.03.28 | 750 | W. Hoene AG Berlin, für Steinwerke Wolfer, Goebel & Warth, Herrenberg | |
| 11469 | B n2t | - | 27.07.26 | 750 | Augusto Kunze, Lissabon, für Compagnie de Ch. d. Fer Portugais | |
| 11470 | Nicht im Auslieferungsbuch verzeichnet | | | | | |
| 11471 | B n2t | - | 16.11.29 | 785 | Fürst von Donnersmarck'sche Bergwerksgesellschaft, Swintochlowice (Polen) | |
| 11472 | B n2t | - | 12.04.29 | 750 | W. Hoene AG, Berlin, für Rittergut Rüdersdorf | |
| 11473 | B n2t | - | 07.05.24 | 785 | Borsigwerke AG, Borsigwerk O/S | |
| 11474 | B n2t | - | 20.10.26 | 750 | M. Gleisner, Hamburg | |
| 11475 | B n2t | - | 20.04.29 | 750 | W. Hoene AG Berlin, für Ziegelei Gransee | |
| 11476 | B n2t | - | 28.05.27 | 750 | W. Hoene AG Berlin, für Ziegelei Gransee (Magistrat Berlin) | |
| 11477 | B n2t | - | 15.03.30 | 760 | Krainische Industrie-Gesellschaft, Jesenice (Slowenien) | |
| 11478 | B n2t | - | 06.04.25 | 750 | W. Hoene AG Berlin, für C.F. Lehmann, Striegau | |
| 11479 | B n2t | - | 06.04.23 | 750 | Erzgebirgische Steinkohlen Aktienverein, Zwickau | |
| 11480 | B n2t | - | 09.04.25 | 750 | Erzgebirgische Steinkohlen Aktienverein, Zwickau | |

| Fabriknummer | Bauart | Gattung | Auslieferungsdatum | Spurweite | Empfänger/Verbleib | Ausmusterung |
|---|---|---|---|---|---|---|
| 11481 | B n2t | - | 10.01.25 | 750 | W. Hoene AG Berlin, für Friedrich Preuss, Braunschweig | |
| 11482 | B n2t | - | 28.01.27 | 750 | W. Hoene AG Berlin, für Wilhelm Karstens, Kiel | |
| 11483 | B n2t | - | 02.12.24 | 1435 | W. Hoene AG Berlin, für Rütgerswerke, Swinemünde | |
| 11484 | Nicht im Auslieferungsbuch verzeichnet | | | | | |
| 11485 | B n2t | - | 27.02.25 | 1435 | Oberhüttendirektion, Königshütte O/S | |
| 11486 | B n2t | - | 20.05.25 | 1435 | Speditions- & Elbschiffahrtskontor AG, Schönebeck/Elbe (vormals C. Fritsche) | |
| 11487 | B n2t | - | 02.05.28 | 1435 | Fabrica de Hartic Busteni, C & S Schiel | |
| 11488 | B n2t | - | 17.01.23 | 620 | Oberhüttendirektion, Königshütte O/S | |
| 11489 | B v | DrL | 11.11.22 | 585 | Gutehoffnungshütte Oberhausen - Zeche Sterkrade | |
| 11490 | B v | DrL | 11.11.22 | 585 | Gutehoffnungshütte Oberhausen - Zeche Sterkrade | |
| 11491 | B v | DrL | 13.11.22 | 585 | Gutehoffnungshütte Oberhausen - Zeche Sterkrade | |
| 11492 | B v | DrL | 11.01.23 | 585 | Gutehoffnungshütte Oberhausen - Zeche Sterkrade | |
| 11493 | B v | DrL | 11.01.23 | 585 | Gutehoffnungshütte Oberhausen - Zeche Sterkrade | |
| 11494 | B v | DrL | 17.01.23 | 620 | Fürst von Donnersmarck'sche Bergwerks- & Hüttendirektion-Blüherschächte, Swintochlowice (Polen) | |
| 11495 | B v | DrL | 28.03.23 | 620 | Fürst von Donnersmarck'sche Bergwerks- & Hüttendirektion-Blüherschächte, Swintochlowice (Polen) | |
| 11496 | B v | DrL | 18.01.23 | 540 | Bergwerksgesellschaft Dahlbusch, Rotthausen | |
| 11497 | B v | DrL | 14.02.23 | 600 | Mansfeldsches Steinkohlenbergwerk - Zeche Sachsen, Hamm | |
| 11498 | C n2t | - | 27.06.23 | 1435 | Borsigwerk AG, Borsigwerk O/S/n. 1945 KWK Pstrowski, Zabrze (VRP) | 1972 |
| 11499 | C n2t | - | 04.09.23 | 1435 | Zaklady Solvay Polsce, Warschau (Polen) | |
| 11500 | C n2t | - | 16.02.27 | 1435 | Vereinigte Stahlwerke AG, Dortmund - Zeche Minister Stein | |
| 11501 | C n2t | - | 29.08.24 | 1435 | Preußische Bergwerks- und Hütten AG, Hindenburg O/S/n. 1945 Werk Ustrou (VRP) | |
| 11502 | C n2t | - | 12.05.26 | 1435 | Preußische Bergwerks- und Hütten AG, Hindenburg O/S/n. 1945 KWK Cerwona Gwardia, Czeladź (VRP) | |
| 11503 | D n2t | - | 25.02.30 | 700 | W. Hoene GmbH, Danzig/ n. 1945 U. 750 Spw Cukrownia Włostów (VRP) | 1971 |
| 11504 | D n2t | - | 25.03.30 | 750 | A. Borsig AG (Argentinien) - Cia Introductova S.A., Buenos Aires (Argentinien) | |
| 11505 | D n2t | - | 22 | 750 | Salbrovad Kraftwerk (Dänemark) | |
| 11506 | D n2t | - | 22 | 750 | Salbrovad Kraftwerk (Dänemark) | |
| 11507 | D n2t | - | 22 | 750 | Salbrovad Kraftwerk (Dänemark) | |
| 11508 | B v | DrL | 09.04.24 | 560 | Gelsenkirchner Bergwerks AG, Gelsenkirchen | |
| 11509 | B v | DrL | 09.04.24 | 560 | Gelsenkirchner Bergwerks AG, Gelsenkirchen | |
| 11510 | B v | DrL | 09.04.24 | 560 | Gelsenkirchner Bergwerks AG, Gelsenkirchen - Zeche Alma | |
| 11511 | B v | DrL | 09.04.24 | 560 | Gelsenkirchner Bergwerks AG, Gelsenkirchen | |
| 11512 | B v | DrL | 29.02.28 | 560 | Bergwerks AG, Recklinghausen - Schacht Scholven | |
| 11513 | B v | DrL | 29.02.28 | 560 | Bergwerks AG, Recklinghausen - Schacht Scholven | |
| 11514 | B v | DrL | 16.06.28 | 572 | Vereinigte Stahlwerke AG, Gelsenkirchen | |
| 11515 | B v | DrL | 16.08.29 | 585 | Gutehoffnungshütte AG, Oberhausen - Zeche Hugo | |
| 11516 | Nicht im Auslieferungsbuch verzeichnet | | | | | |
| 11517 | Nicht im Auslieferungsbuch verzeichnet | | | | | |
| 11518 | C n2ft | FL | 30.12.22 | 1435 | Niederlausitzer Kohlenwerke, Berlin | |
| 11519 | $B_o$ $B_o$ | ELA | 07.02.23 | 900 | e.A. SSW 1774/Ilse Bergbau AG, Grube Ilse N/L, für Grube Erika | |
| 11520 | $B_o$ $B_o$ | ELA | 14.02.23 | 900 | e.A. SSW 1775/Ilse Bergbau AG, Grube Ilse N/L, für Grube Erika | |
| 11521 | B v | DrL | 14.02.23 | 600 | Mansfeld sches Steinkohlenbergwerk - Zeche Sachsen, Hamm | |
| 11522 | B v | DrL | 29.03.23 | 600 | Mansfeld sches Steinkohlenbergwerk - Zeche Sachsen, Hamm | |
| 11523 | B v | DrL | 27.06.24 | 585 | Gutehoffnungshütte, Oberhausen - Zeche Hugo | |
| 11524 | B v | DrL | 08.12.24 | 585 | Gutehoffnungshütte, Oberhausen - Zeche Hugo | |
| 11525 | B v | DrL | 27.06.24 | 585 | Gutehoffnungshütte, Oberhausen - Zeche Osterfeld | |
| 11526 | B v | DrL | 04.10.24 | 585 | Gutehoffnungshütte, Oberhausen - Zeche Osterfeld | |
| 11527 | B v | DrL | 25.06.23 | 620 | Fürst von Donnersmarck sche Bergwerks- & Hüttendirektion-Blüherschächte, Swintochlowice (Polen) | |
| 11528 | Nicht im Auslieferungsbuch verzeichnet | | | | | |
| 11529 | B v | DrL | 09.10.26 | 540 | Gewerkschaft Vereinigte Helene & Amalie, Essen-Bergeborbeck | |
| 11530 | B v | DrL | 04.10.24 | 585 | Gutehoffnungshütte, Oberhausen - Zeche Osterfeld | |
| 11531 | B n2t | - | 02.03.23 | 760 | Creditul Technic, Bukarest (Rumänien) | |
| 11532 | C n2t | - | 12.05.24 | 1435 | Braunkohlenwerk „Eintracht", Neu Welzow | |
| 11533 | C n2t | - | 12.05.24 | 750 | Compagnia des Chemins de Fer Kongo | |
| 11534 | C n2t | - | 12.05.24 | 750 | Compagnia des Chemins de Fer Kongo | |
| 11535 | 1'D1'h2t | - | 29.12.24 | 785 | Rhein-Sieg Eisenbahn, Beuel/Rhein/31/1957 Ölfeuerung | 1961 |
| 11536 | 1'D1'h2t | - | 20.01.25 | 785 | Rhein-Sieg Eisenbahn, Beuel/Rhein/32 | 1959 |
| 11537 | E h2 | G | 26.07.23 | 1435 | Rumänische Staatsbahn, Bukarest (wie pr. G 10)/050 215 | |
| 11538 | E h2 | G | 26.07.23 | 1435 | Rumänische Staatsbahn, Bukarest (wie pr. G 10)/050 216 | |
| 11539 | E h2 | G | 28.07.23 | 1435 | Rumänische Staatsbahn, Bukarest (wie pr. G 10)/050 217 | |
| 11540 | E h2 | G | 28.07.23 | 1435 | Rumänische Staatsbahn, Bukarest (wie pr. G 10)/050 218 | |
| 11541 | E h2 | G | 07.08.23 | 1435 | Rumänische Staatsbahn, Bukarest (wie pr. G 10)/050 219 | |
| 11542 | E h2 | G | 07.08.23 | 1435 | Rumänische Staatsbahn, Bukarest (wie pr. G 10)/050 220 | |
| 11543 | E h2 | G | 31.07.23 | 1435 | Rumänische Staatsbahn, Bukarest (wie pr. G 10)/050 221 | |
| 11544 | E h2 | G | 10.08.23 | 1435 | Rumänische Staatsbahn, Bukarest (wie pr. G 10)/050 222 | |
| 11545 | E h2 | G | 10.08.23 | 1435 | Rumänische Staatsbahn, Bukarest (wie pr. G 10)/050 223 | |
| 11546 | E h2 | G | 31.07.23 | 1435 | Rumänische Staatsbahn, Bukarest (wie pr. G 10)/050 224 | |

| Fabriknummer | Bauart | Gattung | Auslieferungsdatum | Spurweite | Empfänger/Verbleib | Ausmusterung |
|---|---|---|---|---|---|---|
| 11547 | E h2 | G | 11.10.23 | 1435 | DRG (wie pr. G 10)/57 3387/BDZ | |
| 11548 | E h2 | G | 12.10.23 | 1435 | DRG (wie pr. G 10)/57 3388/BDZ | |
| 11549 | E h2 | G | 16.10.23 | 1435 | DRG (wie pr. G 10)/57 3389/DB | 25.04.1948 |
| 11550 | E h2 | G | 17.10.23 | 1435 | DRG (wie pr. G 10)/57 3390/DB | 17.03.1951 |
| 11551 | E h2 | G | 31.10.23 | 1435 | DRG (wie pr. G 10)/57 3391/DB | 09.07.1962 |
| 11552 | E h2 | G | 29.10.23 | 1435 | DRG (wie pr. G 10)/57 3392/DB | 30.09.1960 |
| 11553 | E h2 | G | 28.04.23 | 1435 | DRG (wie pr. G 10)/57 3329/PKP Tw 1-110 | |
| 11554 | E h2 | G | 28.04.23 | 1435 | DRG (wie pr. G 10)/57 3330 | |
| 11555 | E h2 | G | 21.02.23 | 1435 | DRG (wie pr. G 10)/33 2252/1925 DRG 57 3252/PKP Tw 1-82 | |
| 11556 | E h2 | G | 21.02.23 | 1435 | DRG (wie pr. G 10)/33 2253/1925 DRG 57 3253/JZ 35-175 | |
| 11557 | E h2 | G | 22.02.23 | 1435 | DRG (wie pr. G 10)/33 2254/1925 DRG 57 3254/SNCF 1-050 B 750 | 04.10.1952 |
| 11558 | E h2 | G | 22.02.23 | 1435 | DRG (wie pr. G 10)/33 2255/1925 DRG 57 3255/DB | 30.09.1960 |
| 11559 | E h2 | G | 22.02.23 | 1435 | DRG (wie pr. G 10)/33 2256/1925 DRG 57 3256/JZ 35-176 | |
| 11560 | E h2 | G | 23.02.23 | 1435 | DRG (wie pr. G 10)/33 2257/1925 DRG 57 3257/SAAR/1957 DB | 18.03.1958 |
| 11561 | E h2 | G | 27.02.23 | 1435 | DRG (wie pr. G 10)/33 2258/1925 DRG 57 3258/NSB 3258 | 20.03.1953 |
| 11562 | $B_o' B_o'$ | ELA | 29.03.23 | 900 | e.A. SSW 1848/„Eintracht" BKW u. Brikettfabrik AG, Welzow - Grube Clara/5 | |
| 11563 | $B_o' B_o'$ | ELA | 18.05.23 | 900 | e.A. SSW 1849/„Eintracht" BKW u. Brikettfabrik AG, Welzow - Grube Clara III/6 | |
| 11564 | $B_o' B_o'$ | ELA | 03.03.23 | 900 | e.A. SSW 1869/Braunschweigische Kohlenwerke, Helmstedt - Grube Treue/5 | |
| 11565 | $B_o' B_o'$ | ELA | 21.03.23 | 900 | e.A. SSW 1870/Braunschweigische Kohlenwerke, Helmstedt - Grube Treue/6 | |
| 11566 | B n2t | - | 28.08.24 | 600 | W. Hoene AG Berlin, für Becker & Fiebig Bauunion | |
| 11567 | B n2t | - | 28.08.24 | 600 | W. Hoene AG Berlin, für Becker & Fiebig Bauunion | |
| 11568 | B n2t | - | 28.08.24 | 600 | W. Hoene AG Berlin, für Becker & Fiebig Bauunion | |
| 11569 | B n2t | - | 28.08.24 | 600 | W. Hoene AG Berlin, für Becker & Fiebig Bauunion | |
| 11570 | B n2t | - | 15.12.24 | 600 | W. Hoene AG Berlin, für Becker & Fiebig Bauunion | |
| 11571 | B n2t | - | 15.12.24 | 600 | W. Hoene AG Berlin, für Becker & Fiebig Bauunion, Berlin | |
| 11572 | B n2t | - | 14.02.25 | 600 | W. Hoene AG Berlin, für Hoffmann, Berlin | |
| 11573 | Nicht im Auslieferungsbuch verzeichnet | | | | | |
| 11574 | Nicht im Auslieferungsbuch verzeichnet | | | | | |
| 11575 | B n2t | - | 08.04.25 | 600 | W. Hoene AG Berlin, für Nord-Süd-Bahn, Berlin | |
| 11576 | B n2t | - | 12.02.27 | 900 | W. Hoene AG Berlin, für Kregeler & Kampmann, Hannover | |
| 11577 | B n2t | - | 12.02.27 | 900 | W. Hoene AG Berlin, für Kregeler & Kampmann, Hannover | |
| 11578 | B n2t | - | 17.05.27 | 900 | W. Hoene AG Berlin, für Albin Neumann, Leipzig | |
| 11579 | B n2t | - | 17.05.27 | 900 | W. Hoene AG Berlin, für Albin Neumann, Leipzig | |
| 11580 | B n2t | - | 16.05.27 | 900 | W. Hoene AG Berlin, für Albin Neumann, Leipzig | |
| 11581 | B n2t | - | 26.08.27 | 900 | W. Hoene AG Berlin, für Albin Neumann, Leipzig | |
| 11582 | B n2t | - | 21.10.26 | 900 | Union der Sozialistischen Sowjetrepubliken, Moskau | |
| 11583 | B n2t | - | 21.10.26 | 900 | Union der Sozialistischen Sowjetrepubliken, Moskau | |
| 11584 | B n2t | - | 21.10.26 | 900 | Union der Sozialistischen Sowjetrepubliken, Moskau | |
| 11585 | B n2t | - | 21.10.26 | 900 | Union der Sozialistischen Sowjetrepubliken, Moskau | |
| 11586 | B n2t | - | 24.07.23 | 900 | Riebeck sche Montanwerke, Halle/Saale | |
| 11587 | B n2t | - | 13.05.24 | 900 | W. Hoene AG Berlin, für Braunkohlenwerke Leonhardt, Zipsendorf | |
| 11588 | B n2t | - | 21.10.24 | 900 | W. Hoene AG Berlin, für Niederlausitzer Kohlenwerke, Senftenberg | |
| 11589 | Nicht im Auslieferungsbuch verzeichnet | | | | | |
| 11590 | B n2t | AL | 28.09.27 | 900 | W. Hoene AG Berlin, für Polenzki & Zöllner, Berlin | |
| 11591 | B n2t | AL | 26.09.27 | 900 | W. Hoene AG Berlin, für Polenzki & Zöllner, Berlin/später DR Ingenieurbaubetrieb, Berlin 320-220 | 1964 |
| 11592 | B n2t | AL | 26.04.28 | 900 | W. Hoene AG Berlin, für Polenzki & Zöllner, Berlin | |
| 11593 | B n2t | AL | 05.11.27 | 900 | W. Hoene AG Berlin, für Anhaltische Kohlenwerke, Halle/Saale | |
| 11594 | B n2t | AL | 21.04.28 | 900 | W. Hoene AG Berlin, für Polenzki & Zöllner, Berlin | |
| 11595 | B n2t | AL | 16.05.28 | 900 | W. Hoene AG Berlin, für Polenzki & Zöllner, Berlin | |
| 11596 | $B_o' B_o'$ | ELA | 07.05.23 | 900 | e.A. SSW 1871/Braunschweigische Kohlenwerke, Helmstedt - Grube Treue/7 | |
| 11597 | $B_o' B_o'$ | ELA | 14.07.23 | 900 | e.A. SSW 1872/Braunschweigische Kohlenwerke, Helmstedt - Grube Treue/8 | |
| 11598 | C n2t | - | 25.01.23 | 762 | Wolff, F.M., Hamburg, für China | |
| 11599 | 1'D h3 | G | 22.06.23 | 1435 | Dänische Staatsbahn Litra H/799 | 1961 |
| 11600 | 1'D h3 | G | 30.06.23 | 1435 | Dänische Staatsbahn Litra H/800 | 1976 |
| 11601 | B | VL | 23 | 750 | Versuchsmotorlokomotive für Werkstattbetrieb (25 PS) | |
| 11602 | B n2t | - | 12.07.29 | 914 | Slaman & Co., Hamburg, für Joyabahn (Chile) | |
| 11603 | B n2t | - | 15.04.29 | 1000 | Herrmann Stolz & Co., Hamburg, für Brasilien | |
| 11604 | B n2t | - | 05.03.29 | 1000 | Christiani & Nielsen, Hamburg | |
| 11605 | B n2t | - | 21.10.24 | 900 | W. Hoene AG Berlin, für Becker & Fiebig Bauunion, Berlin | |
| 11606 | B n2t | - | 20.01.26 | 1000 | Herrmann Stolz & Co., Hamburg, für Viktoria | |
| 11607 | B n2t | - | 25.02.26 | 900 | Herrmann Stolz & Co., Hamburg, für Rio de Janeiro (Brasilien) | |
| 11608 | B n2t | - | 17.01.27 | 900 | Union der Sozialistischen Sowjetrepubliken, Moskau | |
| 11609 | B n2t | - | 17.01.27 | 900 | Union der Sozialistischen Sowjetrepubliken, Moskau | |
| 11610 | B n2t | - | 29.08.28 | 1000 | Herrmann Stolz & Co., Hamburg, für Brasilien | |
| 11611 | B n2t | - | 27.06.30 | 1000 | Cia Tecnica Importadora, Buenos Aires, für Quebrachales Fusionados | |
| 11612 | B n2t | - | 05.05.24 | 900 | W. Hoene AG, Berlin | |
| 11613 | B n2t | - | 05.05.24 | 900 | W. Hoene AG, Berlin | |
| 11614 | B n2t | - | 05.05.24 | 900 | W. Hoene AG, Berlin | |

| Fabriknummer | Bauart | Gattung | Auslieferungsdatum | Spurweite | Empfänger/Verbleib | Ausmusterung |
|---|---|---|---|---|---|---|
| 11615 | B n2t | - | 05.05.25 | 900 | W. Hoene AG, Berlin | |
| 11616 | B n2t | - | 06.05.25 | 900 | W. Hoene AG, Berlin | |
| 11617 | Nicht im Auslieferungsbuch verzeichnet | | | | | |
| 11618 | B n2t | - | 12.04.26 | 900 | Siemens-Bauunion GmbH, Berlin, für S.B. Sharman River (Irland) | |
| 11619 | B n2t | - | 30.01.26 | 900 | Siemens-Bauunion GmbH, Berlin, für Limerick (Irland) | |
| 11620 | B n2t | - | 30.01.26 | 900 | Siemens-Bauunion GmbH, Berlin, für Limerick (Irland) | |
| 11621 | B n2t | - | 30.01.26 | 900 | Siemens-Bauunion GmbH, Berlin, für Limerick (Irland) | |
| 11622 | 1'D1'h3 | P | 29.03.23 | 1435 | DRG (wie pr. P 10)/17 011/1925 DRG 39 011/DB | 25.04.1966 |
| 11623 | 1'D1'h3 | P | 29.03.23 | 1435 | DRG (wie pr. P 10)/17 012/1925 DRG 39 012/DB | 22.04.1948 |
| 11624 | 1'D1'h3 | P | 05.04.23 | 1435 | DRG (wie pr. P 10)/17 013/1925 DRG 39 013/DR/30.12.58 Reko (Mn 19/58) 22 019/(39 1019-5) | 12.05.1969 |
| 11625 | 1'D1'h3 | P | 13.04.23 | 1435 | DRG (wie pr. P 10)/17 014/1925 DRG 39 014/DB | 25.04.1966 |
| 11626 | 1'D1'h3 | P | 16.04.23 | 1435 | DRG (wie pr. P 10)/17 015/1925 DRG 39 015/DB | 21.10.1960 |
| 11627 | 1' D1' h3 | P | 20.04.23 | 1435 | DRG (wie pr. P 10)/17 016/1925 DRG 39 016/DB | 30.09.1960 |
| 11628 | 1'D1'h3 | P | 26.04.23 | 1435 | DRG (wie pr. P 10)17 017/1925 DRG 39 017/DR/03.03.61 Reko (Mn 85/61) 22 069 | 12.05.1969 |
| 11629 | 1'D1'h3 | P | 02.05.23 | 1435 | DRG (wie pr. P 10)/17 018/1925 DRG 39 018/DR/31.03.60 Reko (Mn 66/60) 22 050 | 10.06.1969 |
| 11630 | 1'D1'h3 | P | 02.05.23 | 1435 | DRG (wie pr. P 10)/17 019/1925 DRG 39 019/DR/09.12.58 Reko (Mn 17/58) 22 017/(39 1017-1) | 13.05.1974 |
| 11631 | 1'D1'h3 | P | 16.06.23 | 1435 | DRG (wie pr. P 10)/17 020/1925 DRG 39 020/DB | 30.09.1960 |
| 11632 | 1'D1'h3 | P | 19.06.23 | 1435 | DRG (wie pr. P 10)/17 021/1925 DRG 39 021/DR/30.04.59 Reko (Mn 32/59) 22 031/(39 1031-8) | 11.12.1972 |
| 11633 | 1'D1'h3 | P | 23.06.23 | 1435 | DRG (wie pr. P 10)/17 022/1925 DRG 39 022/DB | 01.11.1962 |
| 11634 | 1'D1'h3 | P | 26.06.23 | 1435 | DRG (wie pr. P 10)/17 023/1925 DRG 39 023/DR/12.06.61 Reko (Mn 91/61) 22 074 | 03.12.1968 |
| 11635 | 1'D1'h3 | P | 28.06.23 | 1435 | DRG (wie pr. P 10)/17 024/1925 DRG 39 024/DR/08.01.59 Reko (Mn 22/59) 22 022/(39 1022-3) | 11.12.1972 |
| 11636 | 1'D1'h3 | P | 23.06.23 | 1435 | DRG (wie pr. P 10)/39 033/DR/31.12.60 Reko (Mn 82/60) 22 066/23.04.68 Dsp. 27 | |
| 11637 | 1'D1'h3 | P | 14.07.23 | 1435 | DRG (wie pr. P 10)/39 034/DR/30.06.59 Reko (Mn 39/59) 22 033/39 1033-8 | |
| 11638 | 1'D1'h3 | P | 26.07.23 | 1435 | DRG (wie pr. P 10)/39 035/DB/(039 035-1) | 15.07.1967 |
| 11639 | 1'D1'h3 | P | 07.08.23 | 1435 | DRG (wie pr. P 10)/39 036/DB | 30.09.1960 |
| 11640 | 1'D1'h3 | P | 23.08.23 | 1435 | DRG (wie pr. P 10)/39 037/DR/28.11.59 Reko (Mn 57/59) 22 043/39 1043-7 | |
| 11641 | 1'D1'h3 | P | 08.09.23 | 1435 | DRG (wie pr. P 10)/39 038/PKP Pt 1-1/1955 DR/30.09.59 Reko (Mn 51/59) 22 041/(39 1041-1) | 04.08.1972 |
| 11642 | B n2t | - | 17.10.23 | 1067 | Karl Rhode & Co. GmbH, Hamburg, für Yokohama Port Construction (Japan) | |
| 11643 | B n2t | - | 22.05.24 | 600 | Kas & Werner, Prag, für Jan Matausek, Prag | |
| 11644 | B n2t | - | 17.04.24 | 600 | W. Hoene AG Berlin, für Hemelinger Dampfziegelei, Hemelingen | |
| 11645 | B n2t | - | 02.09.24 | 600 | W. Hoene AG Berlin, für Gutsverwaltung Schöneich-Eichenkranz, Schöneich | |
| 11646 | B n2t | - | 08.12.24 | 600 | W. Hoene AG Berlin, für Otto Hammerschlag, Capetown (Südafrika) | |
| 11647 | B n2t | - | 03.01.25 | 600 | W. Hoene AG Berlin, für O. Rölling, Berlin | |
| 11648 | 1' E1' h2t | Gt | 25.09.23 | 1435 | DRG (wie pr. T 20)/95 011/DB | 18.04.1956 |
| 11649 | 1' E1' h2t | Gt | 28.09.23 | 1435 | DRG (wie pr. T 20)/95 012/DB | 02.06.1948 |
| 11650 | 1' E1' h2t | Gt | 01.10.23 | 1435 | DRG (wie pr. T 20)/95 013/DB | 25.04.1958 |
| 11651 | 1' E1' h2t | Gt | 08.10.23 | 1435 | DRG (wie pr. T 20)/95 014/DR/14.08.67 U Öl/95 0014-1 | |
| 11652 | 1' E1' h2t | Gt | 25.10.23 | 1435 | DRG (wie pr. T 20)/95 015/DR/28.12.67 U Öl/95 0015-8 | |
| 11653 | 1' E1' h2t | Gt | 22.10.23 | 1435 | DRG (wie pr. T 20)/95 016/DR/16.10.70 U Öl/95 0016-6/1982 U. Kohle 95 1016-5/Hzl Bw Kamenz | |
| 11654 | 1' E1' h2t | Gt | 08.11.23 | 1435 | DRG (wie pr. T 20)/95 017/DR/95 1017-3 | 19.04.1976 |
| 11655 | 1' E1' h2t | Gt | 05.12.23 | 1435 | DRG (wie pr. T 20)/95 018/DR/95 1018-1 | 19.06.1975 |
| 11656 | Nicht im Auslieferungsbuch verzeichnet | | | | | |
| 11657 | B n2t | - | 30.01.26 | 900 | Siemens-Bauunion GmbH, Berlin, für Limerick (Irland) | |
| 11658 | B n2t | - | 30.01.26 | 900 | Siemens-Bauunion GmbH, Berlin, für Limerick (Irland) | |
| 11659 | B n2t | - | 30.01.26 | 900 | Siemens-Bauunion GmbH, Berlin, für Limerick (Irland) | |
| 11660 | B n2t | - | 13.02.26 | 900 | Siemens-Bauunion GmbH, Berlin, für S.B. Shannon River (Irland) | |
| 11661 | B n2t | - | 13.02.26 | 900 | Siemens-Bauunion GmbH, Berlin, für S.B. Shannon River (Irland) | |
| 11662 | B n2t | - | 13.02.26 | 900 | Siemens-Bauunion GmbH, Berlin, für S.B. Shannon River (Irland) | |
| 11663 | B n2t | - | 13.02.26 | 900 | Siemens-Bauunion GmbH, Berlin, für S.B. Shannon River (Irland) | |
| 11664 | B n2t | - | 13.02.26 | 900 | Siemens-Bauunion GmbH, Berlin, für S.B. Shannon River (Irland) | |
| 11665 | B n2t | - | 13.02.26 | 900 | Siemens-Bauunion GmbH, Berlin, für S.B. Shannon River (Irland) | |
| 11666 | B v | DrL | 06.08.24 | 585 | Gutehoffnungshütte, Oberhausen - Zeche Osterfeld | |
| 11667 | B v | DrL | 15.12.24 | 585 | Gutehoffnungshütte, Oberhausen - Jacobischächte | |
| 11668 | B v | DrL | 17.12.24 | 585 | Gutehoffnungshütte, Oberhausen - Zeche Ludwig | |
| 11669 | B v | DrL | 07.02.25 | 585 | Gutehoffnungshütte, Oberhausen - Jacobischächte | |
| 11670 | B v | DrL | 09.11.26 | 540 | Gewerkschaft Vereinigte Helene & Amalie, Essen-Bergeborbeck | |
| 11671 | Bv | DrL | 10.12.26 | 540 | Gewerkschaft Vereinigte Helene & Amalie, Essen-Bergeborbeck | |
| 11672 | B v | DrL | 01.03.24 | 630 | Ungarische Kohlenbergwerks AG, Budapest | |
| 11673 | B v | DrL | 01.03.24 | 630 | Ungarische Kohlenbergwerks AG, Budapest | |
| 11674 | B v | DrL | 01.03.24 | 630 | Ungarische Kohlenbergwerks AG, Budapest | |
| 11675 | B v | DrL | 17.02.25 | 620 | Fürst von Donnermarck sche Bergwerks- u. Hüttendirektion, Swintochlowice (Polen) | |

| Fabriknummer | Bauart | Gattung | Auslieferungsdatum | Spurweite | Empfänger/Verbleib | Ausmusterung |
|---|---|---|---|---|---|---|
| 11676 | 2'C n4v | S | 12.12.24 | 1676 | Portugiesische Staatsbahn, Lissabon/97/CP 1297/CP 235 | |
| 11677 | 2'C n4v | S | 12.12.24 | 1676 | Portugiesische Staatsbahn, Lissabon/98/CP 1298/CP 236 | |
| 11678 | 2'C n4v | S | 12.12.24 | 1676 | Portugiesische Staatsbahn, Lissabon/99/CP 1299/CP 237 | |
| 11679 | 2'C n4v | S | 24.11.25 | 1676 | Portugiesische Staatsbahn, Lissabon/63/CP 2263/CP 250 | |
| 11680 | 2'C n4v | S | 13.03.27 | 1676 | Portugiesische Staatsbahn, Lissabon/64/CP 2264/CP 251 | |
| 11681 | 2'C n4v | S | 31.03.27 | 1676 | Portugiesische Staatsbahn, Lissabon/65/CP 2265/CP 252 | |
| 11682 | B n2t | - | 07.07.27 | 600 | W. Hoene AG Berlin, für Zellstoff-Fabrik Waldhof, Tilsit | |
| 11683 | B n2t | - | 18.05.27 | 600 | W. Hoene AG Berlin, für Kirchmeyer | |
| 11684 | Nicht im Auslieferungsbuch verzeichnet | | | | | |
| 11685 | B n2t | - | 24.03.27 | 600 | W. Hoene AG Berlin, für F. Hoene, Hohensaaten | |
| 11686 | B n2t | - | 18.02.25 | 600 | W. Hoene AG Berlin, für Dolberg AG, Berlin | |
| 11687 | B n2t | - | 22.02.24 | 785 | Oberschlesische Eisen- & Kohlen-Bergwerks AG, Hindenburg O/S/8/ Huta Zabrze (VRP) | 1976 |
| 11688 | B v | DrL | 02.04.25 | 620 | Fürst von Donnersmarck sche Bergwerks- u. Hüttendirektion, Swintochlowice (Polen) | |
| 11689 | Nicht im Auslieferungsbuch verzeichnet | | | | | |
| 11690 | B v | DrL | 15.01.27 | 585 | Gutehoffnungshütte, Oberhausen | |
| 11691 | B v | DrL | 21.02.27 | 540 | Gewerkschaft Vereinigte Helene & Amalie, Essen-Bergeborbeck | |
| 11692 | B v | DrL | 21.02.27 | 540 | Gewerkschaft Vereinigte Helene & Amalie, Essen-Bergeborbeck | |
| 11693 | B v | DrL | 01.07.27 | 540 | Gewerkschaft Vereinigte Helene & Amalie, Essen-Bergeborbeck | |
| 11694 | B v | DrL | 01.07.27 | 540 | Gewerkschaft Vereinigte Helene & Amalie, Essen-Bergeborbeck | |
| 11695 | B v | DrL | 01.07.27 | 540 | Gewerkschaft Vereinigte Helene & Amalie, Essen-Bergeborbeck | |
| 11696 | B v | DrL | 28.05.27 | 585 | Gutehoffnungshütte Oberhausen - Zeche Osterfeld | |
| 11697 | Nicht im Auslieferungsbuch verzeichnet | | | | | |
| 11698 | $B_o' B_o'$ | ELA | 09.06.25 | 1067 | e.A. SSW 1897/Japanische Staatsbahnen | |
| 11699 | $B_o' B_o'$ | ELA | 22.07.25 | 1067 | e.A. SSW/Japanische Staatsbahnen | |
| 11700 | $B_o' B_o'$ | ELA | 23.06.23 | 900 | e.A. SSW/Braunschweigische Kohlenwerke, Helmstedt - Grube Treue | |
| 11701 | $B_o' B_o'$ | ELA | 27.08.23 | 900 | E.A. SSW/Braunschweigische Kohlenwerke, Helmstedt - Grube Treue | |
| 11702 | Nicht im Auslieferungsbuch verzeichnet | | | | | |
| 11703 | Nicht im Auslieferungsbuch verzeichnet | | | | | |
| 11704 | $B_o' B_o'$ | ELA | 16.05.24 | 900 | e.A. SSW/Braunschweigische Kohlenwerke, Helmstedt - Grube Treue | |
| 11705 | $B_o' B_o'$ | ELA | 30.05.24 | 900 | e.A. SSW/Braunschweigische Kohlenwerke, Helmstedt - Grube Treue | |
| 11706 | 1'D1'h3 | P | 14.11.23 | 1435 | DRG (wie pr. P 10)/39 051/DB | 30.09.1960 |
| 11707 | 1'D1'h3 | P | 17.11.23 | 1435 | DRG (wie pr. P 10)/39 052/DR/23.09.59 Reko (Mn 49/59) 22 040/39 1040-3 | 13.05.1971 |
| 11708 | 1'D1'h3 | P | 21.11.23 | 1435 | DRG (wie pr. P 10)/39 053/DR/31.12.61 Reko (Mn 100/61) 22 083/(39 1083-3) | 12.11.1970 |
| 11709 | 1'D1'h3 | P | 29.11.23 | 1435 | DRG (wie pr. P 10)/39 054/DB | 28.10.1963 |
| 11710 | 1'D1'h3 | P | 06.12.23 | 1435 | DRG (wie pr. P 10)/39 055/DB | 25.04.1958 |
| 11711 | 1'D1'h3 | P | 10.12.23 | 1435 | DRG (wie pr. P 10)/39 056/DB | 30.09.1960 |
| 11712 | 1'D1'h3 | P | 12.12.23 | 1435 | DRG (wie pr. P 10)/39 057/DB | 25.04.1966 |
| 11713 | 1'D1'h3 | P | 15.12.23 | 1435 | DRG (wie pr. P 10)/39 058/DB | 25.04.1966 |
| 11714 | 1'D1'h3 | P | 20.12.23 | 1435 | DRG (wie pr. P 10)/39 059/DR/20.02.61 Reko (Mn 84/61) 22 068 | 03.12.1968 |
| 11715 | 1'D1'h3 | P | 29.12.23 | 1435 | DRG (wie pr. P 10)/39 060/DB | 18.03.1965 |
| 11716 | 1'C2'h2t | Pt | 23.05.24 | 1435 | DSB Litra S/721 | 1962 |
| 11717 | 1'C2'h2t | Pt | 23.05.24 | 1435 | DSB Litra S/722 | 1962 |
| 11718 | C n2ft | FL | 14.09.23 | 1435 | Braunkohlenwerk „Stadt Görlitz", Kohlfurt/n. 1945 Grube Katowsk (VRP) | 1967 |
| 11719 | B v | DrL | 29.12.23 | 620 | Fürst von Donnersmarck'sche Bergwerks- u. Hüttendirektion, Swintochlowice (Polen) | |
| 11720 | B v | DrL | 29.12.23 | 620 | Fürst von Donnersmarck'sche Bergwerks- u. Hüttendirektion, Swintochlowice (Polen) | |
| 11721 | B v | DrL | 29.12.23 | 620 | Fürst von Donnersmarck'sche Bergwerks- u. Hüttendirektion, Swintochlowice (Polen) | |
| 11722 | B v | DrL | 17.02.25 | 620 | Fürst von Donnersmarck'sche Bergwerks- u. Hüttendirektion, Swintochlowice (Polen) | |
| 11723 | Nicht im Auslieferungsbuch verzeichnet | | | | | |
| 11724 | B v | DrL | 02.04.25 | 620 | Fürst von Donnersmarck'sche Bergwerks- u. Hüttendirektion, Swintochlowice (Polen) | |
| 11725 | Nicht im Auslieferungsbuch verzeichnet | | | | | |
| 11726 | Nicht im Auslieferungsbuch verzeichnet | | | | | |
| 11727 | Nicht im Auslieferungsbuch verzeichnet | | | | | |
| 11728 | Nicht im Auslieferungsbuch verzeichnet | | | | | |
| 11729 | Nicht im Auslieferungsbuch verzeichnet | | | | | |
| 11730 | B n2t | AL | 24.02.25 | 900 | W. Hoene AG Berlin, für Anhaltische Kohlenwerke, Halle/Saale | |
| 11731 | B n2t | AL | 27.02.25 | 900 | W. Hoene AG Berlin, für Anhaltische Kohlenwerke, Halle/Saale | |
| 11732 | Nicht im Auslieferungsbuch verzeichnet | | | | | |
| 11733 | B n2t | AL | 23.03.27 | 900 | W. Hoene AG Berlin, für Werschen-Weißenfelser Braunkohlenwerke, Halle/Saale | |
| 11734 | B n2t | AL | 21.03.27 | 900 | W. Hoene AG Berlin, für Werschen-Weißenfelser Braunkohlenwerke, Halle/Saale/ später DR Ingenieurbaubetrieb, Berlin 320-250-6 | 1966 |
| 11735 | B n2t | AL | 25.03.27 | 900 | W. Hoene AG Berlin, für Werschen-Weißenfelser Braunkohlenwerke, Halle/Saale | |
| 11736 | B n2t | AL | 09.04.27 | 900 | W. Hoene AG Berlin, für Anhaltische Kohlenwerke, Halle/Saale | |
| 11737 | B n2t | AL | 01.11.27 | 900 | W. Hoene AG Berlin, für Anhaltische Kohlenwerke, Halle/Saale | |
| 11738 | B n2t | AL | 24.03.27 | 900 | W. Hoene AG Berlin, für Werschen-Weißenfelser Braunkohlenwerke, Halle/Saale | |
| 11739 | B n2t | | 30.07.25 | 1435 | W. Hoene AG Berlin, für Anhaltische Maschinen AG, Dessau | |

| Fabriknummer | Bauart | Gattung | Auslieferungsdatum | Spurweite | Empfänger/Verbleib | Ausmusterung |
|---|---|---|---|---|---|---|
| 11740 | B n2t | - | 13.06.27 | 1435 | W. Hoene AG Berlin, für Bezirksamt Berlin-Reinickendorf/n. 1945 PKP Tkb 100-2/Huta „Pokoj", Ruda Slaska (VRP) | 1972 |
| 11741 | B n2t | - | 11.06.27 | 1435 | W. Hoene AG Berlin, für Rütgers-Werke AG, Küstrin/PKP Tkb 100-1 | 08.03.1954 |
| 11742 | B n2t | - | 22.02.28 | 1435 | W. Hoene AG Berlin, für G. Neukranz AG, Salzwedel | |
| 11743 | B n2t | - | 02.03.28 | 1435 | Julius Pintsch AG, Zweigniederlassung Fürstenwalde/Spree | |
| 11744 | 1'D1'h3 | P | 10.01.24 | 1435 | DRG (wie pr. P 10)/39 083/DB | 30.09.1960 |
| 11745 | 1'D1'h3 | P | 11.01.24 | 1435 | DRG (wie pr. P 10)/39 084/DB | 01.09.1965 |
| 11746 | 1'D1'h3 | P | 17.01.24 | 1435 | DRG (wie pr. P 10)/39 085/DR | 23.12.1953 |
| 11747 | 1'D1'h3 | P | 21.01.24 | 1435 | DRG (wie pr. P 10)/39 086/DR/31.10.61 Reko (Mn 95/61) 22 078/01.02.68 Dsp 3 | 03.12.1968 |
| 11748 | 1'D1'h3 | P | 26.01.24 | 1435 | DRG (wie pr. P 10)/39 087/DR/18.11.61 Reko (Mn 97/61) 22 080 | 03.12.1968 |
| 11749 | 1'D1'h3 | P | 29.01.24 | 1435 | DRG (wie pr. P 10)/39 088/DB | 30.11.1964 |
| 11750 | 1'D1'h3 | P | 04.02.24 | 1435 | DRG (wie pr. P 10)/39 089/DB | 1947 |
| 11751 | 1'D1'h3 | P | 12.02.24 | 1435 | DRG (wie pr. P 10)/39 090/DB | 02.11.1959 |
| 11752 | 1'D1'h3 | P | 15.02.24 | 1435 | DRG (wie pr. P 10)/39 091/DB | 30.11.1964 |
| 11753 | 1'D1'h3 | P | 18.02.24 | 1435 | DRG (wie pr. P 10)/39 092/DR/29.09.60 Reko (Mn 76/60) 22060/39 1060-1 | 02.10.1979 |
| 11754 | $B_o$ $B_o$ | ELA | 23 | 900 | e.A. SSW 1933/Franco-Italienische Bergwerksgesellschaft, Dabrowa | |
| 11755 | $B_o$ $B_o$ | ELA | 23 | 900 | e.A. SSW Franco-Italienische Bergwerksgesellschaft, Dabrowa | |
| 11756 | B | VL | 24 | 1435 | Deutsche Eisenbahn Betriebsgesellschaft (Kennwort Ettenheim) - Sauggaslokomotive - | |
| 11757 | B | VL | 24 | 1435 | Deutsche Eisenbahn Betriebsgesellschaft (Kennwort Ettenheim) - Sauggaslokomotive - | |
| 11758 | C n2t | - | 03.03.24 | 1000 | Kreis Altenaer Eisenbahn, Lüdenscheid/20 | 1966 |
| 11759 | C n2t | - | 05.04.24 | 1000 | Kreis Altenaer Eisenbahn, Lüdenscheid/21 | 1966 |
| 11760 | Nicht im Auslieferungsbuch verzeichnet | | | | | |
| 11761 | Nicht im Auslieferungsbuch verzeichnet | | | | | |
| 11762 | Nicht im Auslieferungsbuch verzeichnet | | | | | |
| 11763 | Nicht im Auslieferungsbuch verzeichnet | | | | | |
| 11764 | Nicht im Auslieferungsbuch verzeichnet | | | | | |
| 11765 | B n2t | AL | 11.04.28 | 900 | Niederlausitzer Kohlenwerke, Berlin | |
| 11766 | B n2t | AL | 16.05.28 | 900 | W. Hoene AG Berlin, für Polensky & Zöllner, Berlin | |
| 11767 | B n2t | AL | 26.05.28 | 900 | W. Hoene AG Berlin, für Senftenberger Kohlenwerke AG - Grube Meurostolln | |
| 11768 | B n2t | AL | 26.05.28 | 900 | W. Hoene AG Berlin, für Senftenberger Kohlenwerke AG - Grube Meurostolln/ später DR Ingenieurbaubetrieb, Berlin 320-250-... | |
| 11769 | B n2t | AL | 02.10.28 | 900 | W. Hoene AG Berlin, für Polensky & Zöllner, Berlin | |
| 11770 | B n2t | AL | 29.06.28 | 900 | W. Hoene AG Berlin, für Braunkohlenwerke Borna AG | |
| 11771 | B n2t | AL | 29.06.28 | 900 | W. Hoene AG Berlin, für Braunkohlenwerke Borna AG | |
| 11772 | B n2t | AL | 27.06.28 | 900 | W. Hoene AG Berlin, für Braunkohlenwerke Borna AG | |
| 11773 | B n2t | AL | 08.05.30 | 900 | W. Hoene AG Berlin, für Rheinische AG, Braunkohlenbergbau, Köln | |
| 11774 | Nicht im Auslieferungsbuch verzeichnet | | | | | |
| 11775 | Nicht im Auslieferungsbuch verzeichnet | | | | | |
| 11776 | 1'D1'h3 | P | 28.02.24 | 1435 | DRG (wie pr. P 10)/39 093/DR/07.09.60 Reko (Mn 75/60) 22 059 | 15.11.1968 |
| 11777 | 1'D1'h3 | P | 01.03.24 | 1435 | DRG (wie pr. P 10)/39 094/DB | 04.03.1966 |
| 11778 | 1'D1'h3 | P | 07.03.24 | 1435 | DRG (wie pr. P 10)/39 095/DB | 25.04.1958 |
| 11779 | 1'D1'h3 | P | 10.03.24 | 1435 | DRG (wie pr. P 10)/39 096/DB | 30.09.1960 |
| 11780 | 1'D1'h3 | P | 24.03.24 | 1435 | DRG (wie pr. P 10)/39 097/DB | 20.02.1960 |
| 11781 | 1'D1'h3 | P | 22.03.24 | 1435 | DRG (wie pr. P 10)/39 098/DR/18.03.60 Reko (Mn 65/60) 22 049/39 1049-4 | 11.12.1972 |
| 11782 | 1'D1'h3 | P | 27.03.24 | 1435 | DRG (wie pr. P 10)/39 099/DB | 20.02.1960 |
| 11783 | 1'D1'h3 | P | 31.03.24 | 1435 | DRG (wie pr. P 10)/39 100/DR/26.06.59 Reko (Mn 38/59) 22 032/39 1032-0 | 26.08.1976 |
| 11784 | 1'D1'h3 | P | 04.04.24 | 1435 | DRG (wie pr. P 10)/39 101/DR/30.10.58 Reko (Mn 12/58) 22 012 | 10.06.1969 |
| 11785 | 1'D1'h3 | P | 14.04.24 | 1435 | DRG (wie pr. P 10)/39 102/DB | 25.04.1966 |
| 11786 | 1'D1'h3 | P | 28.04.24 | 1435 | DRG (wie pr. P 10)/39 103/DB | 18.03.1965 |
| 11787 | 1'D1'h3 | P | 30.04.24 | 1435 | DRG (wie pr. P 10)/39 104/PKP Pt 1-8/1955 DR 39 262/19.02.62 Reko (Mn 101/62) 22 084/(39 1084-3) | 19.11.1970 |
| 11788 | 1'D1'h3 | P | 08.05.24 | 1435 | DRG (wie pr. P 10)/39 105/DR/10.09.58 Reko (Mn 6/58) 22 006/39 1006-4 | 13.05.1974 |
| 11789 | 1'D1'h3 | P | 15.05.24 | 1435 | DRG (wie pr. P 10)/39 106/DB (nach Ausmusterung Heizlok Trier 7007) | 20.02.1964 |
| 11790 | 1'D1'h3 | P | 22.05.24 | 1435 | DRG (wie pr. P 10)/39 107/DR/06.05.58 Reko (Mn 1/58) 22 001/(39 1001-5) | 19.11.1970 |
| 11791 | 1'D1'h3 | P | 24.05.24 | 1435 | DRG (wie pr. P 10)/39 108/DR/28.08.58 Reko (Mn 3/58) 22 003 | 12.05.1969 |
| 11792 | 1'D1'h3 | P | 04.06.24 | 1435 | DRG (wie pr. P 10)/39 109/DB | 18.03.1965 |
| 11793 | 1'D1'h3 | P | 28.06.24 | 1435 | DRG (wie pr. P 10)/39 110/DB | 18.03.1965 |
| 11794 | 1'D1'h3 | P | 16.06.24 | 1435 | DRG (wie pr. P 10)/39 111/DB | 30.11.1964 |
| 11795 | 1'D1'h3 | P | 30.06.24 | 1435 | DRG (wie pr. P 10)/39 112/PKP Pt 1-6/1955 DR/08.01.59 Reko (Mn 22/59) 22 021/(39 1021-1) | 27.06.1969 |
| 11796 | B n2ft | FL | 15.04.24 | 1067 | Cape Explosives Works Limitit, London für Capstadt | |
| 11797 | B n2t | - | 15.03.24 | 785 | Schlesische AG, für Bergbau u. Zinkhüttenbetrieb, Katowice, für Rosamundehütte (Polen) | |
| 11798 | 1'D1'h3 | P | 31.07.24 | 1435 | DRG (wie pr. P 10)/39 113/DR/07.03.79 Reko (Mn 26/59) 22 025/39 1025-4 | 22.06.1976 |
| 11799 | 1'D1'h3 | P | 31.07.24 | 1435 | DRG (wie pr. P 10)/39 114/DB | 01.11.1962 |
| 11800 | 1'D1'h3 | P | 31.07.24 | 1435 | DRG (wie pr. P 10)/39 115/PKP Pt 1-5/1956 DR 39 263/1956 DR 39 115/ 28.10.61 Reko (Mn 96/61)/22 079 | 03.12.1968 |
| 11801 | 1'D1'h3 | P | 31.07.24 | 1435 | DRG (wie pr. P 10)/39 187/PKP Pt 1-3/1956 DR 39 020"/17.11.58 Reko (Mn 14/58) 22 014/39 1014-8 | |

| Fabriknummer | Bauart | Gattung | Auslieferungsdatum | Spurweite | Empfänger/Verbleib | Ausmusterung |
|---|---|---|---|---|---|---|
| 11802 | 1'D1'h3 | P | 15.08.24 | 1435 | DRG (wie pr. P 10)/39 188/DR/24.03.59 Reko (Mn 28/59) 22 027 | 10.06.1969 |
| 11803 | 1'D1'h3 | P | 18.08.24 | 1435 | DRG (wie pr. P 10)/39 189/DR/25.02.60 Reko (Mn 64/60) 22 048/39 1048-6 | |
| 11804 | 1'D1'h3 | P | 31.08.24 | 1435 | DRG (wie pr. P 10)/39 190/DB | 30.09.1960 |
| 11805 | 1'D1'h3 | P | 31.10.24 | 1435 | DRG (wie pr. P 10)/39 191/PKP Pt 1-4/1956 DR/29.06.60 (Mn 71/60) 22 055/ 39 1055-1 | 19.11.1970 |
| 11806 | 1'D1'h3 | P | 06.10.24 | 1435 | DRG (wie pr. P 10)/39 192/DR/10.05.61 Reko (Mn 88/61) 22 072 | 03.12.1968 |
| 11807 | 1'D1'h3 | P | 03.12.24 | 1435 | DRG (wie pr. P 10)/39 193/DR/20.03.61 Reko (Mn 86/61) 22 070 | 03.12.1968 |
| 11808 | 1'D1'h3 | P | 29.09.27 | 1435 | DRG (wie pr. P 10)/39 248/DR/13.09.61 Reko (Mn 94/61) 22 077 | 03.12.1968 |
| 11809 | 1'D1'h3 | P | 21.09.27 | 1435 | DRG (wie pr. P 10)/39 249/DR/30.04.60 Reko (Mn 68/60) 22 052/39 1052-8 | 04.08.1972 |
| 11810 | 1'D1'h3 | P | 27.09.27 | 1435 | DRG (wie pr. P 10)/39 250/DB | 18.03.1965 |
| 11811 | 1'D1'h3 | P | 26.09.27 | 1435 | DRG (wie pr. P 10)/39 251/DR | 15.12.1950 |
| 11812 | 1'D1'h3 | P | 19.09.27 | 1435 | DRG (wie pr. P 10)/39 252/DB | 30.09.1960 |
| 11813 | 1'D1'h3 | P | 15.09.27 | 1435 | DRG (wie pr. P 10)/39 253/DB | 18.03.1965 |
| 11814 | 1'D1'h3 | P | 13.09.27 | 1435 | DRG (wie pr. P 10)/39 254/DB/(039 254-8) | 15.07.1967 |
| 11815 | 1'D1'h3 | P | 05.09.27 | 1435 | DRG (wie pr. P 10)/39 255/DB | 03.06.1965 |
| 11816 | 1'D1'h3 | P | 05.09.27 | 1435 | DRG (wie pr. P 10)/39 256/DB | 01.02.1963 |
| 11817 | 1'D1'h3 | P | 05.09.27 | 1435 | DRG (wie pr. P 10)/39 257/DB | 01.09.1965 |
| 11818 | 1'D1'h3 | P | 26.08.27 | 1435 | DRG (wie pr. P 10)/39 258/DB | 18.03.1965 |
| 11819 | 1'D1'h3 | P | 24.08.27 | 1435 | DRG (wie pr. P 10)/39 259/DB | 30.09.1960 |
| 11820 | 1'D1'h3 | P | 16.08.27 | 1435 | DRG (wie pr. P 10)/39 260/DB | 22.10.1962 |
| 11821 | B v | DrL | 16.04.24 | 600 | Vereinigte Königs- u. Laurahütte - Dubensko Grube (Polen) | |
| 11822 | B v | DrL | 31.10.24 | 600 | Gewerkschaft Auguste-Viktoria, Hüls | |
| 11823 | Nicht im Auslieferungsbuch verzeichnet | | | | | |
| 11824 | Nicht im Auslieferungsbuch verzeichnet | | | | | |
| 11825 | Nicht im Auslieferungsbuch verzeichnet | | | | | |
| 11826 | Nicht im Auslieferungsbuch verzeichnet | | | | | |
| 11827 | Nicht im Auslieferungsbuch verzeichnet | | | | | |
| 11828 | Nicht im Auslieferungsbuch verzeichnet | | | | | |
| 11829 | Nicht im Auslieferungsbuch verzeichnet | | | | | |
| 11830 | Nicht im Auslieferungsbuch verzeichnet | | | | | |
| 11831 | (1'B)'B1 h4vt | | 10.07.24 | 1000 | Nordhausen-Wernigeröder Eisenbahn-Gesellschaft, Wernigerode/52/ 1949 DR 99 6012 | 27.04.1966 |
| 11832 | C n2t | - | 20.06.24 | 760 | Otavi Minen- u. Eisenbahngesellschaft, Berlin, für Italien/1 | |
| 11833 | C n2t | - | 20.06.24 | 760 | Otavi Minen- u. Eisenbahngesellschaft, Berlin, für Italien/2 | |
| 11834 | C n2t | - | 20.06.24 | 760 | Otavi Minen- u. Eisenbahngesellschaft, Berlin, für Italien/3 | |
| 11835 | D n2t | - | 19.09.24 | 1435 | Stendal-Tangermünder Eisenbahn/HUGO MEYER 6/1949 DR 92 6106/ WL FEW Blankenburg | |
| 11836 | D n2t | - | 15.01.25 | 1000 | Bielefelder Kreisbahn, Bielefeld/BIELEFELD 8/1925 Herf. Klnb. 6" | 1952 |
| 11837 | 1'E1'h2t | - | 23.12.24 | 1435 | Sandbahngesellschaft, Peiskretscham/FRANZ PIELER 8/PMP-PW Tkz 206/ KWK „Janina", Libiaz (VRP) | |
| 11838 | $B_o'$ $B_o$ | ELA | 31.10.24 | 900 | e.A. SSW 1958/Braunschweigische Kohlenwerke, Helmstedt - Grube Treue | |
| 11839 | Nicht im Auslieferungsbuch verzeichnet | | | | | |
| 11840 | $B_o$ $B_o$ | ELA | 22.10.25 | 900 | e.A. SSW/Staatliche Bergwerksdirektion Böhlen-Rötha | |
| 11841 | Nicht im Auslieferungsbuch verzeichnet | | | | | |
| 11842 | Nicht im Auslieferungsbuch verzeichnet | | | | | |
| 11843 | D n2t | - | 24.10.24 | 1435 | Gräflich Ballestrem sche Güterdirektion, Gleiwitz O/S - Castellengo Grube/5 | |
| 11844 | C n2t | - | 29.08.24 | 1000 | Mahler & Co., Hamburg | |
| 11845 | C n2t | - | 29.08.24 | 1000 | Mahler & Co., Hamburg | |
| 11846 | 1'D1'h2 | G | 07.04.25 | 1000 | Bolivianische Staatsbahn, für Ferrocarril Villazon-Atocha, Tupiza/3 | |
| 11847 | 1'D1'h2 | G | 07.04.25 | 1000 | Bolivianische Staatsbahn, für Ferrocarril Villazon-Atocha, Tupiza/4 | |
| 11848 | 1'D h2 | G | 20.11.30 | 1000 | Cie d. V.F. des Loc. Ninh et du Centre Indochinois, Saigon/300 | |
| 11849 | 1'D h2 | G | 20.11.30 | 1000 | Cie d. V.F. des Loc. Ninh et du Centre Indochinois, Saigon/301 | |
| 11850 | B v | DrL | 25.02.25 | 750 | Italienische Staatsbahn, Vernino | |
| 11851 | B v | DrL | 27.02.25 | 750 | Italienische Staatsbahn, Landino | |
| 11852 | B v | DrL | 27.02.25 | 750 | Italienische Staatsbahn, Landino | |
| 11853 | B v | DrL | 25.02.25 | 750 | Italienische Staatsbahn, Legarro | |
| 11854 | B v | DrL | 30.04.25 | 750 | Italienische Staatsbahn, Bologna | |
| 11855 | B v | DrL | 30.04.25 | 750 | Italienische Staatsbahn, Bologna | |
| 11856 | B v | DrL | 30.04.25 | 750 | Italienische Staatsbahn, Bologna | |
| 11857 | B v | DrL | 30.04.25 | 750 | Italienische Staatsbahn, Bologna | |
| 11858 | C1'h2t | - | 26.05.25 | 900 | Heseper Torfwerk GmbH, Meppen (Torffeuerung) | |
| 11859 | C h2t | - | 08.06.25 | 900 | Heseper Torfwerk GmbH, Meppen (Torffeuerung) | |
| 11860 | 1'C1'n2t | - | 04.11.24 | 1067 | Dünkelsberg & Pellny, Lima (Peru) | |
| 11861 | 1'D1'h2 | G | 05.09.25 | 1000 | Ferrocarrilles de Arica la Paz, Chile/Bolivien/40 | |
| 11862 | 1'D1'h2 | G | 05.09.25 | 1000 | Ferrocarrilles de Arica la Paz, Chile/Bolivien/41 | |
| 11863 | 1'D1'h2 | G | 17.09.25 | 1000 | Ferrocarrilles de Arica la Paz, Chile/Bolivien/42 | |
| 11864 | 1'D1'h2 | G | 17.09.25 | 1000 | Ferrocarrilles de Arica la Paz, Chile/Bolivien/43 | |
| 11865 | 1'D1'h2 | G | 22.09.25 | 1000 | Ferrocarrilles de Arica la Paz, Chile/Bolivien/44 | |
| 11866 | 1'D1'h2 | G | 22.09.25 | 1000 | Ferrocarrilles de Arica la Paz, Chile/Bolivien/45 | |
| 11867 | 1'D1'h2 | G | 22.12.25 | 600 | Kas & Werner, Prag, für Ing. Veflitz, Prag | |
| 11868 | C/a h4vt | ZL | 05.09.25 | 900 | Braunkohlenwerke Leonhard AG, Zipsendorf/31 | |

| Fabriknummer | Bauart | Gattung | Auslieferungsdatum | Spurweite | Empfänger/Verbleib | Ausmusterung |
|---|---|---|---|---|---|---|
| 11869 | C/a h4vt | ZL | 28.09.25 | 900 | Braunkohlenwerke Leonhard AG, Zipsendorf/32 | |
| 11870 | B h2t | - | 10.09.25 | 1000 | Spremberger Stadtbahn/11/1956 DR 99.5001/Dunieves-Ch.d.F. Regionaux (Loire) | |
| 11871 | Nicht im Auslieferungsbuch verzeichnet | | | | | |
| 11872 | 1'D n2 | G | 08.07.25 | 750 | Ferrocarril Puerto Bolivar Loja y Cuenca, Quito (Ecuador)/1 | |
| 11873 | 1'D n2 | G | 08.07.25 | 750 | Ferrocarril Puerto Bolivar Loja y Cuenca, Quito (Ecuador)/2 | |
| 11874 | B n2t | - | 23.01.26 | 620 | Fürst von Donnersmarck'sche Bergwerks- u. Hüttendirektion, Swintochlowice (Polen) | |
| 11875 | B n2t | - | 27.05.26 | 600 | W. Hoene AG Berlin, für Wilhelm Röting, Berlin | |
| 11876 | B n2t | - | 30.08.26 | 600 | W. Hoene AG Berlin, für Märkische Kieswerke, Berlin | |
| 11877 | B n2t | - | 19.12.26 | 600 | W. Hoene AG Berlin, für Werschen-Weißenfelser Braunkohlenindustrie, Halle/Saale | |
| 11878 | B n2t | - | 17.06.27 | 600 | W. Hoene AG Berlin, für Wilhelm Röting, Berlin | |
| 11879 | B n2t | - | 09.12.26 | 600 | W. Hoene AG Berlin, für Kurt Zindt GmbH, Langensalza | |
| 11880 | B n2t | - | 16.07.27 | 600 | W. Hoene AG Berlin, für Friedrich Preuße, Braunschweig | |
| 11881 | B n2t | - | 18.02.30 | 600 | A. Borsig GmbH Suc. (Argentinien), für Socna Negra (Argentinien) | |
| 11882 | B n2t | - | 29.06.28 | 590 | Société des Charbonnages Mines et Usine de Sosnowice (Polen) | |
| 11883 | B n2t | - | 29.06.28 | 590 | Société des Charbonnages Mines et Usine de Sosnowice (Polen) | |
| 11884 | B n2t | - | 20.07.27 | 600 | Prerauer & Co., Ziegeleiverwaltung, Zehdenick | |
| 11885 | B n2t | - | 04.05.28 | 600 | Gewerkschaft Auguste Viktoria, Hüls | |
| 11886 | Nicht im Auslieferungsbuch verzeichnet | | | | | |
| 11887 | Nicht im Auslieferungsbuch verzeichnet | | | | | |
| 11888 | Nicht im Auslieferungsbuch verzeichnet | | | | | |
| 11889 | Nicht im Auslieferungsbuch verzeichnet | | | | | |
| 11890 | Nicht im Auslieferungsbuch verzeichnet | | | | | |
| 11891 | Nicht im Auslieferungsbuch verzeichnet | | | | | |
| 11892 | Nicht im Auslieferungsbuch verzeichnet | | | | | |
| 11893 | Nicht im Auslieferungsbuch verzeichnet | | | | | |
| 11894 | C n2t | - | 29.04.25 | 760 | Otavi-Minen u. Eisenbahn-Gesellschaft, Berlin | |
| 11895 | $B_o' B_o'$ | ELA | 16.06.25 | 900 | e.A. SSW/Braunschweigische Kohlenwerke, Helmstedt - Grube Treue | |
| 11896 | $B_o' B_o'$ | ELA | 30.06.25 | 900 | e.A. SSW/Braunschweigische Kohlenwerke, Helmstedt - Grube Treue | |
| 11897 | B n2t | - | 04.06.25 | 800 | Leipziger Westendbaugesellschaft, Leipzig | |
| 11898 | D1'h2t | - | 03.11.25 | 750 | Kleinbahn der Kreise Köslin-Bublitz-Belgard/10/1940 PLB 267 H 4505/ 1945 SZD Schmalspurbahn Bw Tallinn-Vaike (Estnische Sowjetrepublik) | 1958 |
| 11899 | B v | DrL | 19.11.25 | 600 | Gewerkschaft Auguste Viktoria, Hüls | |
| 11900 | B v | DrL | 23.11.25 | 600 | Gewerkschaft Auguste Viktoria, Hüls | |
| 11901 | D v | DrL | 03.11.25 | 750 | Italienische Staatsbahn, Bologna, für Appeninnen-Tunnel | |
| 11902 | D v | DrL | 25 | 750 | Italienische Staatsbahn, Bologna, für Appeninnen-Tunnel | |
| 11903 | D v | DrL | 25 | 750 | Italienische Staatsbahn, Bologna, für Appeninnen-Tunnel | |
| 11904 | D v | DrL | 25 | 750 | Italienische Staatsbahn, Bologna, für Appeninnen-Tunnel | |
| 11905 | D n2t | - | 05.10.25 | 1435 | Borsigwerk AG, Borsigwerk O/S | |
| 11906 | B n2t | - | 18.12.26 | 610 | Leistikow, Alleron & Lyon, London, für Francis Chapman & Decker, Sons Malay States (Indien) | |
| 11907 | B n2t | - | 28.10.29 | 600 | F.H. Schmidt, Hamburg, für Madagaskar | |
| 11908 | B n2t | - | 28.10.29 | 600 | F.H. Schmidt, Hamburg, für Madagaskar | |
| 11909 | B n2t | - | 28.10.29 | 600 | F.H. Schmidt, Hamburg, für Madagaskar | |
| 11910 | B n2t | - | 07.01.30 | 600 | F.H. Schmidt, Hamburg, für Madagaskar | |
| 11911 | B n2t | - | 12.10.25 | 600 | W. Hoene AG Berlin, für Steinwerke Dubring GmbH, Dubring, Kr. Hoyerswerda | |
| 11912 | B n2t | - | 10.12.26 | 600 | W. Hoene AG Berlin, für Steinwerke Dubring GmbH, Dubring, Kr. Hoyerswerda | |
| 11913 | B n2t | - | 20.06.27 | 600 | W. Hoene AG Berlin, für Landesbauamt Osnabrück, Bersenbrück | |
| 11914 | B n2t | - | 15.02.28 | 600 | W. Hoene AG Berlin, für Steinwerke Dubring GmbH, Dubring, Kr. Hoyerswerda | |
| 11915 | Nicht im Auslieferungsbuch verzeichnet | | | | | |
| 11916 | Nicht im Auslieferungsbuch verzeichnet | | | | | |
| 11917 | Nicht im Auslieferungsbuch verzeichnet | | | | | |
| 11918 | Nicht im Auslieferungsbuch verzeichnet | | | | | |
| 11919 | Nicht im Auslieferungsbuch verzeichnet | | | | | |
| 11920 | Nicht im Auslieferungsbuch verzeichnet | | | | | |
| 11921 | 2'C n2 | P | 12.01.26 | 1067 | Quito-Esmeraldas Railway, Quito (Ecuador)/1 | |
| 11922 | 2'C n2 | P | 12.01.26 | 1067 | Quito-Esmeraldas Railway, Quito (Ecuador)/2 | |
| 11923 | $(1'B_o)'(B_o1')'$ | EL | 22.08.27 | 1435 | e.A. SSW 2321/DRG/E 18.01/1935 DRG E 15.01/DR | 28.02.1961 |
| 11924 | B n2t | - | 16.12.25 | 750 | De Wendel & Co., Hayange (Frankreich) | |
| 11925 | B n2t | - | 19.12.25 | 1435 | „ILVA" Alti Fexmie Acciaierie de Italia, Genua | |
| 11926 | B n2t | - | 19.12.25 | 1435 | „ILVA" Alti Fexmie Acciaierie de Italia, Genua | |
| 11927 | $B_o B_o$ | ELA | 09.11.25 | 900 | e.A. SSW/Braunkohlen- u. Großkraftwerke, Böhlen | |
| 11928 | $B_o B_o$ | ELA | 04.12.25 | 900 | e.A. SSW/Braunkohlen- u. Großkraftwerke, Böhlen | |
| 11929 | $B_o B_o$ | ELA | 14.12.25 | 900 | e.A. SSW/Braunkohlen- u. Großkraftwerke, Böhlen | |
| 11930 | $B_o B_o$ | ELA | 23.02.26 | 900 | e.A. SSW/Braunkohlen- u. Großkraftwerke, Böhlen | |
| 11931 | $B_o B_o$ | ELA | 06.03.26 | 900 | e.A. SSW/Braunkohlen- u. Großkraftwerke, Böhlen | |
| 11932 | $B_o B_o$ | ELA | 21.04.26 | 900 | e.A. SSW/Braunkohlen- u. Großkraftwerke, Böhlen | |
| 11933 | $B_o B_o$ | ELA | 31.03.26 | 900 | e.A. SSW/Braunkohlen- u. Großkraftwerke, Böhlen | |
| 11934 | C n2ft | FL | 19.01.26 | 785 | Preußische Bergwerks- u. Hütten AG, Hindenburg O/S-Berginspektion II, Hindenburg/KWK „Zabrze" (VRP) | |

| Fabriknummer | Bauart | Gattung | Auslieferungsdatum | Spurweite | Empfänger/Verbleib | Ausmusterung |
|---|---|---|---|---|---|---|
| 11935 | (1' B)'Bn4vt | - | 12.02.26 | 950 | Societa di Monteponi, Monteponi (Italien) | |
| 11936 | B n2t | - | 09.02.26 | 1676 | Hermann Katzenstein, Hamburg, für ELC LIZ (Portugal)/1/Empresa die Cimentas de Leivia, Maceira (Portugal)/ELC LIZ 1 | |
| 11937 | B n2t | - | 06.03.26 | 1000 | W. Grallert, Hamburg, für Hoepke & Cia, Florianopolis (Brasilien)/ CARL HOEPKE | |
| 11938 | D n2t | - | 04.12.26 | 950 | Societa Italiana per le Strade Ferate de Mediteranea, Milano für Calabro-Lucane/MCL 351 | |
| 11939 | D n2t | - | 08.12.26 | 950 | Societa Italiana per le Strade Ferate de Mediteranea, Milano für Calabro-Lucane/MCL 352 | |
| 11940 | D n2t | - | 11.12.26 | 950 | Societa Italiana per le Strade Ferate de Mediteranea, Milano für Calabro-Lucane/MCL 353 | |
| 11941 | $B_o'$ $B_o'$ | ELA | 11.01.26 | 900 | e.A. SSW „Eintracht" BKW u. Brikettfabriken AG, Welzow N/L, für Grube Clara III, Zeißholz | |
| 11942 | Nicht im Auslieferungsbuch verzeichnet | | | | | |
| 11943 | $B_o'$ $B_o'$ | ELA | 30.06.26 | 900 | e.A. SSW/Braunschweigische Kohlenwerke, Helmstedt - Grube Treue | |
| 11944 | $B_o'$ $B_o'$ | ELA | 14.06.26 | 900 | e.A. SSW/Braunschweigische Kohlenwerke, Helmstedt - Grube Treue | |
| 11945 | $B_o'$ $B_o'$ | ELA | 31.07.26 | 900 | e.A. SSW/Braunschweigische Kohlenwerke, Helmstedt - Grube Treue | |
| 11946 | $B_o'$ $B_o'$ | ELA | 23.08.26 | 900 | e.A. SSW/Braunschweigische Kohlenwerke, Helmstedt - Grube Treue | |
| 11947 | B n2ft | - | 02.08.26 | 785 | Gräflich Schaffgot sche Werke GmbH, Gleiwitz für Hohenzollerngrube | |
| 11948 | $B_o'$ $B_o'$ | ELA | 25.03.27 | 900 | e.A. SSW 2241/Ilse Bergbau AG, Grube Ilse N/L | |
| 11949 | $B_o'$ $B_o'$ | ELA | 31.03.27 | 900 | e.A. SSW 2242/Ilse Bergbau AG, Grube Ilse N/L | |
| 11950 | $B_o'$ $B_o'$ | ELA | 12.04.27 | 900 | e.A. SSW 2243/Ilse Bergbau AG, Grube Ilse N/L | |
| 11951 | B v | DrL | 11.10.26 | 600 | Gewerkschaft Auguste Viktoria, Huels | |
| 11952 | B v | DrL | 11.10.26 | 600 | Gewerkschaft Auguste Viktoria, Huels | |
| 11953 | B v | DrL | 15.03.27 | 560 | Mansfelder Steinkohlenbergwerke - Zeche Sachsen | |
| 11954 | B v | DrL | 03.01.27 | 585 | Gutehoffnungshütte Oberhausen AG, Oberhausen | |
| 11955 | 1' D h2 | G | 20.05.27 | 1000 | Bolivianische Staatsbahn, für Ferrocarril Villagon-Atocha, Tupiza/ MANONA SOZA 7 | |
| 11956 | 1' E1' h2 | G | 20.05.27 | 1000 | Bolivianische Staatsbahn, für Ferrocarril Villagon-Atocha, Tupiza/ SUIPACHA 6 | |
| 11957 | 1' C1' h2t | Pt | 12.04.28 | 1435 | DRG RZA Berlin/64 001/DB | 24.02.1967 |
| 11958 | 1' C1' h2t | Pt | 14.04.28 | 1435 | DRG RZA Berlin/64 002/ČSD 365.442 | |
| 11959 | 1' C1' h2t | Pt | 26.04.28 | 1435 | DRG RZA Berlin/64 003/ČSD 365.4509/27.08.1948 CSD 365.415 | |
| 11960 | 1' C1' h2t | Pt | 26.04.28 | 1435 | DRG RZA Berlin/64 004/DB | 04.03.1966 |
| 11961 | 1' C1' h2t | Pt | 20.04.28 | 1435 | DRG RZA Berlin/64 005/DR | 22.12.1947 |
| 11962 | 1' C1' h2t | Pt | 30.04.28 | 1435 | DRG RZA Berlin/64 006/DB/064 006-0 | 20.07.1972 |
| 11963 | 1' C1' h2t | Pt | 05.05.28 | 1435 | DRG RZA Berlin/64 007/DR/64 1007-0/05.11.1971 Verkehrsmuseum Dresden | |
| 11964 | $B_o'$ $B_o'$ | ELA | 11.07.27 | 900 | e.A. SSW/Riebeck sche Montanwerke - Grube Kamerad, Deuben b. Zeitz | |
| 11965 | $B_o'$ $B_o'$ | ELA | 24.05.27 | 900 | e.A. SSW/Riebeck sche Montanwerke - Grube Kamerad, Deuben b. Zeitz | |
| 11966 | $B_o'$ $B_o'$ | ELA | 15.06.27 | 900 | e.A. SSW/Riebeck sche Montanwerke - Grube Kamerad, Deuben b. Zeitz | |
| 11967 | $B_o'$ $B_o'$ | ELA | 30.06.27 | 900 | e.A. SSW/Riebeck sche Montanwerke - Grube Kamerad, Deuben b. Zeitz | |
| 11968 | $B_o'$ $B_o'$ | ELA | 07.07.27 | 900 | e.A. SSW/Riebeck sche Montanwerke - Grube Kamerad, Deuben b. Zeitz | |
| 11969 | $B_o'$ $B_o'$ | ELA | 15.07.27 | 900 | e.A. SSW/Riebeck sche Montanwerke - Grube Kamerad, Deuben b. Zeitz | |
| 11970 | $B_o'$ $B_o'$ | ELA | 25.07.27 | 900 | e.A. SSW/Riebeck sche Montanwerke - Grube Kamerad, Deuben b. Zeitz | |
| 11971 | $B_o'$ $B_o'$ | ELA | 21.07.27 | 900 | e.A. SSW/Riebeck sche Montanwerke - Grube Kamerad, Deuben b. Zeitz | |
| 11972 | $B_o'$ $B_o'$ | ELA | 18.07.27 | 900 | e.A. SSW/Riebeck sche Montanwerke - Grube Kamerad, Deuben b. Zeitz | |
| 11973 | $B_o'$ $B_o'$ | ELA | 18.07.27 | 900 | e.A. SSW/Riebeck sche Montanwerke - Grube Kamerad, Deuben b. Zeitz | |
| 11974 | $B_o'$ $B_o'$ | ELA | 26.07.27 | 900 | e.A. SSW/Riebeck sche Montanwerke - Grube Kamerad, Deuben b. Zeitz | |
| 11975 | $B_o'$ $B_o'$ | ELA | 02.08.27 | 900 | e.A. SSW 2267/Riebeck sche Montanwerke - Grube Kamerad, Deuben b. Zeitz | |
| 11976 | $B_o'$ $B_o'$ | ELA | 07.11.26 | 900 | e.A. SSW 2244/Riebeck sche Montanwerke - Grube Kamerad, Deuben b. Zeitz | |
| 11977 | $B_o'$ $B_o'$ | ELA | 09.11.26 | 900 | e.A. SSW 2245/Riebeck sche Montanwerke - Grube Kamerad, Deuben b. Zeitz | |
| 11978 | $B_o'$ $B_o'$ | ELA | 11.11.26 | 900 | e.A. SSW 2246/Riebeck sche Montanwerke - Grube Kamerad, Deuben b. Zeitz | |
| 11979 | B n2ft | - | 31.03.27 | 1067 | Electricity Supply Commission, Johannesburg (Südafrika) | |
| 11980 | $B_o'$ $B_o'$ | ELA | 22.03.27 | 900 | e.A. SSW/Gewerkschaft Elise II, Halle/Saale | |
| 11981 | $B_o'$ $B_o'$ | ELA | 28.03.27 | 900 | e.A. SSW/Gewerkschaft Elise II, Halle/Saale | |
| 11982 | $1'D_o1'$ | EL | 23.10.28 | 1435 | e.A. SSW 2501/DRG/E 16 101/DR/1958-1971 Studienobjekt der Hochschule für Verkehrswesen | 1971 |
| 11983 | D h2t | - | 27 | 1435 | Wilhelmsburger Industriebahn/24 | |
| 11984 | $1\ b_o\ 1$ | ELZ | 03.12.27 | 900 | e.A. SSW 2452/Rheinische AG für Braunkohlenbergbau u. Brikettfabrikation, Köln - Grube Gruhlwerk | |
| 11985 | $1\ b_o\ 1$ | ELZ | 14.12.27 | 900 | e.A. SSW 2453/Rheinische AG für Braunkohlenbergbau u. Brikettfabrikation, Köln - Grube Gruhlwerk | |
| 11986 | B v | DrL | 16.07.27 | 560 | Mansfeldische Steinkohlenbergwerke - Zeche Sachsen | |
| 11987 | B v | DrL | 30.07.27 | 600 | Gewerkschaft Auguste Viktoria, Huels | |
| 11988 | Nicht im Auslieferungsbuch verzeichnet | | | | | |
| 11989 | Nicht im Auslieferungsbuch verzeichnet | | | | | |
| 11990 | B v | DrL | 19.11.27 | 600 | Gewerkschaft Auguste Viktoria, Huels | |
| 11991 | B v | DrL | 19.11.27 | 600 | Gewerkschaft Auguste Viktoria, Huels | |
| 11992 | B v | DrL | 20.01.28 | 600 | Gewerkschaft Auguste Viktoria, Huels | |
| 11993 | 2' C1' h2 | S | 17.01.26 | 1435 | DRG RZA Berlin/01 001/DB | 13.02.1959 |
| 11994 | 2' C1' h2 | S | 25.02.26 | 1435 | DRG RZA Berlin/01 002/DB | 09.06.1960 |

| Fabrik-nummer | Bauart | Gattung | Auslieferungsdatum | Spurweite | Empfänger/Verbleib | Ausmusterung |
|---|---|---|---|---|---|---|
| 11995 | 2'C1'h2 | S | 31.01.26 | 1435 | DRG RZA Berlin/01 003/DB | 30.09.1960 |
| 11996 | 2'C1'h2 | S | 19.02.26 | 1435 | DRG RZA Berlin/01 004/DB | 09.06.1960 |
| 11997 | 2'C1'h2 | S | 11.03.26 | 1435 | DRG RZA Berlin/01 005/DR/01 2005-5/30.06.1977 Verkehrsmuseum Dresden | |
| 11998 | 2'C1'h2 | S | 24.03.26 | 1435 | DRG RZA Berlin/01 006/DB | 04.03.1966 |
| 11999 | 2'C1'h2 | S | 31.03.26 | 1435 | DRG RZA Berlin/01 007/DB | 10.03.1965 |
| 12000 | 2'C1'h2 | S | 10.01.26 | 1435 | DRG RZA Berlin/01 008/DB/001 008-2/DGEG, Bochum-Dahlhausen | 15.12.1973 |
| 12001 | $B_o' B_o'$ | ELA | 21.07.27 | 900 | e.A. SSW/Australische Staatsminen | |
| 12002 | $B_o' B_o'$ | ELA | 21.07.27 | 900 | e.A. SSW/Australische Staatsminen | |
| 12003 | $B_o' B_o'$ | ELA | 27.07.27 | 900 | e.A. SSW/Australische Staatsminen | |
| 12004 | C n2t | - | 22.08.29 | 1435 | Preußisches Kanalbauamt Mittellandkanal, Fallersleben/1960 WL 350.1 | |
| | | | | | der Schleppbahn des Hüttenwerkes Donauwitz der Österreichischen Alpinen | |
| | | | | | Montangesellschaft | |
| 12005 | C n2t | - | 22.08.28 | 1435 | Oranje Nassau Mijnen, Heerlen/20 | |
| 12006 | B | DrL | 22.08.29 | | Druckluftlokomotive für die Ausstellung in Barcelona (Spanien) | |
| 12007 | B | DrL | 07.12.29 | 585 | Gutehoffnungshütte AG - Zeche Jacobi | |
| 12008 | B | DrL | 12.08.30 | 575 | Vereinigte Stahlwerke Essen | |
| 12009 | B | DrL | 28.07.30 | 750 | Italienische Staatsbahn (FS) | |
| 12010 | B | DrL | 28.07.30 | 750 | Italienische Staatsbahn (FS) | |
| 12011 | $B_o' B_o'$ | ELA | 05.09.27 | 900 | e.A. SSW/Riebeck'sche Montanwerke | |
| 12012 | $B_o' B_o'$ | ELA | 19.09.27 | 900 | e.A. SSW/Riebeck'sche Montanwerke | |
| 12013 | $B_o' B_o'$ | ELA | 24.09.27 | 900 | e.A. SSW/Riebeck'sche Montanwerke | |
| 12014 | $B_o' B_o'$ | ELA | 28.09.27 | 900 | e.A. SSW/Riebeck'sche Montanwerke | |
| 12015 | $B_o' B_o'$ | ELA | 28.09.27 | 900 | e.A. SSW/Riebeck'sche Montanwerke | |
| 12016 | $B_o' B_o'$ | ELA | 28.12.27 | 900 | e.A. SSW/Riebeck'sche Montanwerke | |
| 12017 | $B_o' B_o'$ | ELA | 03.01.28 | 900 | e.A. SSW/Riebeck'sche Montanwerke | |
| 12018 | $B_o' B_o'$ | ELA | 11.02.28 | 900 | e.A. SSW/Riebeck'sche Montanwerke | |
| 12019 | $B_o' B_o'$ | ELA | 18.10.27 | 900 | e.A. SSW/Riebeck'sche Montanwerke | |
| 12020 | $B_o' B_o'$ | ELA | 29.02.28 | 900 | e.A. SSW/Riebeck'sche Montanwerke | |
| 12021 | $B_o' B_o'$ | ELA | 24.02.28 | 900 | e.A. SSW/Riebeck'sche Montanwerke | |
| 12022 | $B_o' B_o'$ | ELA | 20.02.28 | 900 | e.A. SSW/Riebeck'sche Montanwerke | |
| 12023 | 2'C1'h2 | S | 16.01.28 | 1435 | DRG RZA Berlin/01 012/DB | 30.09.1960 |
| 12024 | 2'C1'h2 | S | 21.01.28 | 1435 | DRG RZA Berlin/01 013/DB | 10.03.1965 |
| 12025 | 2'C1'h2 | S | 26.01.28 | 1435 | DRG RZA Berlin/01 014/DR/01 2014-7 | 19.04.1976 |
| 12026 | 2'C1'h2 | S | 30.01.28 | 1435 | DRG RZA Berlin/01 015/DB | 30.11.1964 |
| 12027 | 2'C1'h2 | S | 03.02.28 | 1435 | DRG RZA Berlin/01 016/DR/01 2016-2 | 04.11.1977 |
| 12028 | 2'C1'h2 | S | 15.02.28 | 1435 | DRG RZA Berlin/01 017/DB | 24.02.1967 |
| 12029 | 2'C1'h2 | S | 29.02.28 | 1435 | DRG RZA Berlin/01 018/DR/01 2018-8 | 13.07.1973 |
| 12030 | 2'C1'h2 | S | 20.03.28 | 1435 | DRG RZA Berlin/01 019/DB | 05.07.1967 |
| 12031 | 2'C1'h2 | S | 03.04.28 | 1435 | DRG RZA Berlin/01 020/DB | 27.09.1966 |
| 12032 | 2'C1'h2 | S | 14.05.28 | 1435 | DRG RZA Berlin/01 021/DB | 19.08.1966 |
| 12033 | B | DrL | 30.07.28 | 575 | Vereinigte Stahlwerke AG - Zeche Zollverein, Gelsenkirchen | |
| 12034 | B | DrL | 31.07.28 | 575 | Vereinigte Stahlwerke AG - Zeche Zollverein, Gelsenkirchen | |
| 12035 | B | DrL | 31.07.28 | 575 | Vereinigte Stahlwerke AG - Zeche Zollverein, Gelsenkirchen | |
| 12036 | B | DrL | 30.07.28 | 575 | Vereinigte Stahlwerke AG - Zeche Zollverein, Gelsenkirchen | |
| 12037 | C n2t | | 03.09.27 | 1435 | Borsigwerk AG, für Borsigwerk O/S/KWK „Pstrowski", Zabrze (VRP) | 1968 |
| 12038 | $B_o' B_o'$ | ELA | 16.01.28 | 900 | e.A. SSW/Riebeck'sche Montanwerke - Grube Theodor | |
| 12039 | $B_o' B_o'$ | ELA | 16.01.28 | 900 | e.A. SSW/Riebeck'sche Montanwerke - Grube Theodor | |
| 12040 | $B_o' B_o'$ | ELA | 09.01.28 | 900 | e.A. SSW/Riebeck'sche Montanwerke - Grube Theodor | |
| 12041 | $B_o' B_o'$ | ELA | 09.01.28 | 900 | e.A. SSW/Riebeck'sche Montanwerke - Grube Theodor | |
| 12042 | $B_o' B_o'$ | ELA | 16.02.28 | 900 | e.A. SSW/Riebeck'sche Montanwerke - Grube Theodor | |
| 12043 | $B_o' B_o'$ | ELA | 26.03.28 | 1435 | e.A. SSW/Riebeck'sche Montanwerke - Grube v.d. Heydt | |
| 12044 | $B_o' B_o'$ | ELA | 26.03.28 | 1435 | e.A. SSW/Riebeck'sche Montanwerke - Grube v.d. Heydt | |
| 12045 | $B_o' B_o'$ | ELA | 02.04.28 | 1435 | e.A. SSW/Riebeck'sche Montanwerke - Grube v.d. Heydt | |
| 12046 | $B_o' B_o'$ | ELA | 02.04.28 | 1435 | e.A. SSW/Riebeck'sche Montanwerke - Grube v.d. Heydt | |
| 12047 | $B_o' B_o'$ | ELA | 16.04.28 | 1435 | e.A. SSW/Riebeck'sche Montanwerke - Grube v.d. Heydt | |
| 12048 | $B_o' B_o'$ | ELA | 30.04.28 | 900 | e.A. SSW 2435/Riebeck sche Montanwerke - Grube v.d. Heydt | |
| 12049 | $B_o' B_o'$ | ELA | 22.05.28 | 900 | e.A. SSW 2436/Riebeck sche Montanwerke - Grube v.d. Heydt | |
| 12050 | B n2t | | 05.07.29 | 785 | Bismarckhütte Hajduki Wielki (Polen)/sp. Huta „Florian", Swietochlowice (VRP) | |
| 12051 | B v | DrL | 29.05.29 | 575 | Vereinigte Stahlwerke AG - Zeche Zollverein, Gelsenkirchen | |
| 12052 | B v | DrL | 07.12.29 | 575 | Vereinigte Stahlwerke AG - Zeche Zollverein, Gelsenkirchen | |
| 12053 | B v | DrL | 21.01.29 | 575 | Vereinigte Stahlwerke AG - Zeche Zollverein, Gelsenkirchen | |
| 12054 | $B_o' B_o'$ | ELA | 18.10.27 | 900 | e.A. SSW/Australische Staatsminen | |
| 12055 | D n2t | | 05.12.27 | 1435 | Stendal-Tangermünder Eisenbahn, Tangermünde/7/1949 DR 92 6201/12.63 | |
| | | | | | WL RAW Stendal | |
| 12056 | B v | DrL | 20.01.28 | 600 | Gewerkschaft Auguste Viktoria, Huels Kreis Recklinghausen | |
| 12057 | B v | DrL | 01.06.28 | 600 | Gewerkschaft Auguste Viktoria, Huels Kreis Recklinghausen | |
| 12058 | B v | DrL | 01.06.28 | 600 | Gewerkschaft Auguste Viktoria, Huels Kreis Recklinghausen | |
| 12059 | B v | DrL | 02.03.28 | 560 | Mansfelder Steinkohlenbergwerke - Zeche Sachsen, Hamm (Westfalen) | |
| 12060 | B v | DrL | 02.03.28 | 560 | Mansfelder Steinkohlenbergwerke - Zeche Sachsen, Hamm (Westfalen) | |
| 12061 | B v | DrL | 05.01.30 | 560 | Mansfelder Steinkohlenbergwerke - Zeche Sachsen, Hamm (Westfalen) | |
| 12062 | B v | DrL | 25.02.29 | 560 | Mansfelder Steinkohlenbergwerke - Zeche Mansfeld | |

| Fabriknummer | Bauart | Gattung | Auslieferungsdatum | Spurweite | Empfänger/Verbleib | Ausmusterung |
|---|---|---|---|---|---|---|
| 12063 | B v | DrL | 31.03.28 | 536 | Fr. Krupp AG, Essen-Bergeborbeck | |
| 12064 | B v | DrL | 11.06.28 | 600 | Gewerkschaft Auguste Viktoria, Hüls Kreis Recklinghausen | |
| 12065 | B v | DrL | 31.01.29 | 600 | Gewerkschaft Auguste Viktoria, Hüls Kreis Recklinghausen | |
| 12066 | B v | DrL | 30.06.28 | 600 | Gewerkschaft Auguste Viktoria, Hüls Kreis Recklinghausen | |
| 12067 | B v | DrL | 31.01.29 | 600 | Gewerkschaft Auguste Viktoria, Hüls Kreis Recklinghausen | |
| 12068 | B v | DrL | 29.01.29 | 585 | Gutehoffnungshütte Oberhausen - Jacobi Schächte | |
| 12069 | B v | DrL | 31.01.29 | 600 | Gewerkschaft Auguste Viktoria, Hüls Kreis Recklinghausen | |
| 12070 | B v | DrL | 31.01.29 | 600 | Gewerkschaft Auguste Viktoria, Hüls Kreis Recklinghausen | |
| 12071 | B v | DrL | 16.08.29 | 600 | Gewerkschaft Auguste Viktoria, Hüls Kreis Recklinghausen | |
| 12072 | B v | DrL | 16.08.29 | 600 | Gewerkschaft Auguste Viktoria, Hüls Kreis Recklinghausen | |
| 12073 | B v | DrL | 16.08.29 | 600 | Gewerkschaft Auguste Viktoria, Hüls Kreis Recklinghausen | |
| 12074 | B v | DrL | 13.10.28 | 600 | Mansfelder Steinkohlenbergwerke - Zeche Sachsen, Hamm (Westfalen) | |
| 12075 | B v | DrL | 08.05.29 | 600 | Mansfelder Steinkohlenbergwerke - Zeche Sachsen, Hamm (Westfalen) | |
| 12076 | B v | DrL | 31.12.27 | 600 | Oberbayrische AG für Kohlenbergbau, München - Bergwerksdirektion Hausham | |
| 12077 | 1'$b_o$ 1 | ELZ | 13.12.28 | 900 | e.A. SSW 2505/Hallesche Pfännerschaft | |
| 12078 | 1'C1'h2t | Pt | 03.08.28 | 1435 | DRG RZA Berlin 64 192/ČSD 365.4511/ČSD 365.450 | |
| 12079 | 1'C1'h2t | Pt | 07.08.28 | 1435 | DRG RZA Berlin 64 193/DR (64 1193-8) | 17.12.1970 |
| 12080 | 1'C1'h2t | Pt | 13.08.28 | 1435 | DRG RZA Berlin 64 194/DB/064 194-4 | 19.09.1969 |
| 12081 | 1'C1'h2t | Pt | 29.08.28 | 1435 | DRG RZA Berlin 64 195/ČSD 365.45../1948 ČSD 365.431 | 01.04.1965 |
| 12082 | 1'C1'h2t | Pt | 20.09.28 | 1435 | DRG RZA Berlin 64 196/ČSD/SZD/17.01.1949 ČSD 365.451 | |
| 12083 | 1'C1'h2t | Pt | 01.10.28 | 1435 | DRG RZA Berlin 64 197/DR/64 1197-9 | 13.05.1971 |
| 12084 | 1'C n2 | | 27.09.28 | 750 | Ferrocarril Bahia-Caraques, Guayaquil (Ecuador) | |
| 12085 | 1'C n2 | | 27.09.28 | 750 | Ferrocarril Bahia-Caraques, Guayaquil (Ecuador) | |
| 12086 | D n2t | | 29.06.28 | 1435 | Wilhelmsburger Industriebahn GmbH, Wilhelmsburg-Nord/25 | |
| 12087 | 1 $b_o$ 1 | ELZ | 02.05.29 | 900 | e.A. SSW 2530/Hohenzollernhall/1 | |
| 12088 | 1 $b_o$ 1 | ELZ | 24.04.29 | 900 | e.A. SSW 2531/Hohenzollernhall/2 | |
| 12089 | D n2t | | 29.08.28 | 1435 | Bayerische Stickstoffwerke AG, Betrieb Piesteritz/PKP Tkp 100-5/KWK „Kazimiez-Juliusz" (VRP) | |
| 12090 | D n2t | | 13.10.28 | 750 | Kreisbahn Rathenow-Senske-Paulinenaue-Nauen/6/DR an SSSR | |
| 12091 | B v | DrL | 25.02.29 | 536 | Friedrich Krupp, Essen - Schacht Amalie, Essen | |
| 12092 | B v | DrL | 25.02.29 | 536 | Friedrich Krupp, Essen - Schacht Amalie, Essen | |
| 12093 | B v | DrL | 04.03.29 | 585 | Gutehoffnungshütte AG, Oberhausen - Zeche Jacobi Sterkrade/16 | |
| 12094 | B v | DrL | 04.07.29 | 585 | Gutehoffnungshütte AG, Oberhausen - Zeche Jacobi Sterkrade/5 | |
| 12095 | B v | DrL | 30.09.29 | 560 | Mansfelder Steinkohlenbergwerke-Zeche Mansfeld | |
| 12096 | Nicht im Auslieferungsbuch verzeichnet | | | | | |
| 12097 | B v | DrL | 30.12.29 | 560 | Mansfelder Steinkohlenbergwerke - Zeche Sachsen, Hamm (Westfalen) | |
| 12098 | B v | DrL | 11.09.30 | | Gewerkschaft Emscher-Lippe, Datteln (Westfalen) | |
| 12099 | B v | DrL | 11.09.30 | | Gewerkschaft Emscher-Lippe, Datteln (Westfalen) | |
| 12100 | Nicht im Auslieferungsbuch verzeichnet | | | | | |
| 12101 | 1'D1'h2 | P | 17.05.29 | 1000 | Estrado de Ferro Norreste do Brazil, Baurn/551 | |
| 12102 | 1'D1'h2 | P | 17.05.29 | 1000 | Estrado de Ferro Norreste do Brazil, Baurn/552 | |
| 12103 | 1'D1'h2 | P | 05.06.29 | 1000 | Estrado de Ferro Norreste do Brazil, Baurn/553 | |
| 12104 | 1'D1'h2 | P | 15.06.29 | 1000 | Estrado de Ferro Norreste do Brazil, Baurn/554 | |
| 12105 | 1'D1'h2 | P | 15.06.29 | 1000 | Estrado de Ferro Norreste do Brazil, Baurn/555 | |
| 12106 | 2'D1'h2 | P | 16.10.29 | 1000 | Estrado de Ferro Norreste do Brazil, Baurn/701 | |
| 12107 | 2'D1'h2 | P | 16.10.29 | 1000 | Estrado de Ferro Norreste do Brazil, Baurn/702 | |
| 12108 | 2'D1'h2 | P | 16.10.29 | 1000 | Estrado de Ferro Norreste do Brazil, Baurn/703 | |
| 12109 | 2'D1'h2 | P | 16.10.29 | 1000 | Estrado de Ferro Norreste do Brazil, Baurn/704 | |
| 12110 | 1 $b_o$ 1 | ELZ | 08.10.29 | 900 | e.A. SSW/Hallesche Pfännerschaft - Pfännershall, Braunsdorf Kreis Querfurt | |
| 12111 | D n2t | | 19.10.28 | 1435 | Montecatini Losper l. industria et Agricola, Milano (Italien) | |
| 12112 | D n2t | | 05.12.28 | 800 | Oberschlesische Holzindustrie AG, Beuthen | |
| 12113 | $B_o'$ $B_o'$ | ELA | 08.12.28 | 900 | e.A. SSW/Australische Staatsminen | |
| 12114 | $B_o'$ $B_o'$ | ELA | 08.12.28 | 900 | e.A. SSW/Australische Staatsminen | |
| 12115 | $B_o'$ $B_o'$ | ELA | 11.12.28 | 900 | e.A. SSW/Australische Staatsminen | |
| 12116 | $B_o'$ $B_o'$ | ELA | 11.12.28 | 900 | e.A. SSW/Australische Staatsminen | |
| 12117 | 1'E1'h2t | Gt | 07.08.29 | 1435 | Sandbahngesellschaft Peiskretscham/KARL EHLING 5 | |
| 12118 | $B_o'$ $B_o'$ | ELA | 18.01.29 | | e.A. SSW/Essener Bergwerksverein-König Wilhelm, Essen | |
| 12119 | $B_o'$ $B_o'$ | ELA | 18.01.29 | | e.A. SSW/Essener Bergwerksverein-König Wilhelm, Essen | |
| 12120 | $B_o'$ $B_o'$ | ELA | 24.04.29 | | e.A. SSW/Essener Bergwerksverein-König Wilhelm, Essen | |
| 12121 | $B_o'$ $B_o'$ | ELA | 04.05.29 | | e.A. SSW/Essener Bergwerksverein-König Wilhelm, Essen | |
| 12122 | $B_o'$ $B_o'$ | ELA | 16.07.29 | | e.A. SSW/Essener Bergwerksverein-König Wilhelm, Essen | |
| 12123 | 1'C n2t | | 08.03.29 | 1000 | Bromberg & Co., Buenos Aires (Argentinien) | |
| 12124 | $B_o'$ $B_o'$ | | 24.05.29 | 900 | e.A. SSW/Riebeck'sche Montanwerke - Grube Theodor | |
| 12125 | $B_o'$ $B_o'$ | | 03.06.29 | 900 | e.A. SSW/Riebeck'sche Montanwerke - Grube Otto | |
| 12126 | $B_o'$ $B_o'$ | | 15.06.29 | 900 | e.A. SSW/Riebeck'sche Montanwerke - Grube Otto | |
| 12127 | $B_o'$ $B_o'$ | | 24.06.29 | 900 | e.A. SSW/Riebeck'sche Montanwerke - Grube Otto | |
| 12128 | $B_o'$ $B_o'$ | | 12.07.29 | 900 | e.A. SSW/Riebeck'sche Montanwerke - Grube Otto | |
| 12129 | $B_o'$ $B_o'$ | | 09.08.29 | 900 | e.A. SSW/Riebeck'sche Montanwerke - Grube Otto | |
| 12130 | $B_o'$ $B_o'$ | | 19.08.29 | 900 | e.A. SSW/Riebeck'sche Montanwerke - Grube Otto | |
| 12131 | $B_o'$ $B_o'$ | | 02.09.29 | 900 | e.A. SSW/Riebeck'sche Montanwerke - Grube Otto | |
| 12132 | $B_o'$ $B_o'$ | | 26.07.29 | 1435 | e.A. SSW/Riebeck'sche Montanwerke - Grube Hermine | |

| Fabriknummer | Bauart | Gattung | Auslieferungsdatum | Spurweite | Empfänger/Verbleib | Ausmusterung |
|---|---|---|---|---|---|---|
| 12133 | $B_o' B_o'$ | | 08.07.29 | | e.A. SSW/Ludwigsglückgrube O/S | |
| 12134 | $B_o' B_o'$ | | 11.07.29 | | e.A. SSW/Ludwigsglückgrube O/S | |
| 12135 | $B_o' B_o'$ | | 20.07.29 | | e.A. SSW/Ludwigsglückgrube O/S | |
| 12136 | $B_o' B_o'$ | | 20.07.29 | | e.A. SSW/Ludwigsglückgrube O/S | |
| 12137 | B n2ft | | 17.07.29 | 1435 | Schering-Kahlbaum AG, Berlin, für Eberswalde | |
| 12138 | $B_o' B_o'$ | EL | 12.01.30 | 914 | e.A. SSW 2671/Joyabahn, Chile, über Slomann & Co.[1] | |
| 12139 | $B_o' B_o'$ | EL | 06.01.30 | 914 | e.A. SSW 2672/Joyabahn, Chile, über Slomann & Co.[1] | |
| 12140 | $B_o' B_o'$ | EL | 06.01.30 | 914 | e.A. SSW 2673/Joyabahn, Chile, über Slomann & Co.[1] | |
| 12141 | B v | DrL | 19.08.29 | 540 | Bergwerksgesellschaft Dahlbusch, Gelsenkirchen | |
| 12142 | B v | DrL | 19.08.29 | 540 | Bergwerksgesellschaft Dahlbusch, Gelsenkirchen | |
| 12143 | D h2t | - | 02.09.30 | 1435 | Fürstlich von Donnersmark sche Bergwerks- u. Hüttendirektion, Swietochlowice (Polen) | |
| 12144 | 1'D h2 | G | 14.12.29 | 1000 | Cie Boliviana del Ferrocarril de Arica - La Paz (Bolivien)/105 | |
| 12145 | $B_o' B_o'$ | ELA | 16.10.29 | 900 | e.A. SSW/Kohlenwerke Helmstedt | |
| 12146 | $B_o' B_o'$ | ELA | 28.10.29 | 900 | e.A. SSW/Kohlenwerke Helmstedt | |
| 12147 | 1'D h2 | G | 24.12.29 | 1000 | Cie Boliviana del Ferrocarril de Arica - La Paz (Bolivien)/106/1962 ENFE 106 | |
| 12148 | 1'D h2 | G | 24.12.29 | 1000 | Cie Boliviana del Ferrocarril de Arica - La Paz (Bolivien)/107/1962 ENFE 107 | |
| 12149 | 1'D h2 | G | 24.12.29 | 1000 | Cie Boliviana del Ferrocarril de Arica - La Paz (Bolivien)/108/1962 ENFE 108 | |
| 12150 | 1'E h3 | G | 01.02.30 | 1435 | JDZ/SHS 583-901/1933 JDZ 30 001/1942 BDZ 1301/Jz | |
| 12151 | 1'E h3 | G | 04.02.30 | 1435 | JDZ/SHS 583-902/1933 JDZ 30 002/1942 SZ | |
| 12152 | 1'E h3 | G | 12.02.30 | 1435 | JDZ/SHS 583-903/1933 JDZ 30 003/1942 SZ | |
| 12153 | 1'E h3 | G | 21.02.30 | 1435 | JDZ/SHS 583-904/1933 JDZ 30 004/1942 BDZ 1302/1945 ÖBB/22.10.46 JZ | |
| 12154 | 1'E h3 | G | 26.02.30 | 1435 | JDZ/SHS 583-905/1933 JDZ 30 005/1942 SZ | |
| 12155 | 1'E h3 | G | 05.03.30 | 1435 | JDZ/SHS 583-906/1933 JDZ 30 006/1942 SZ/1945 ÖBB/22.10.46 JZ | |
| 12156 | 1'E h3 | G | 14.03.30 | 1435 | JDZ/SHS 583-907/1933 JDZ 30 007/1942 BDZ 1303/JZ | |
| 12157 | 1'E h3 | G | 19.03.30 | 1435 | JDZ/SHS 583-908/1933 JDZ 30 008/1942 SZ | |
| 12158 | 1'E h3 | G | 24.03.30 | 1435 | JDZ/SHS 583-909/1933 JDZ 30 009/1942 SZ | |
| 12159 | 1'E h3 | G | 25.03.30 | 1435 | JDZ/SHS 583-910/1933 JDZ 30 010/1942 SZ | |
| 12160 | 1'E h3 | G | 27.03.30 | 1435 | JDZ/SHS 583-911/1933 JDZ 30 011/1942 SZ/vom 09.07.49-31.03.52 SLV | |
| 12161 | 1'E h3 | G | 31.03.30 | 1435 | JDZ/SHS 583-912/1933 JDZ 30 012/1942 SZ/1945 ÖBB/03.05.47 JZ | |
| 12162 | 1'E h3 | G | 01.04.30 | 1435 | JDZ/SHS 583-913/1933 JDZ 30 013/1942 SZ/1945 ÖBB/28.05.47 | |
| 12163 | 1'E h3 | G | 02.04.30 | 1435 | JDZ/SHS 583-914/1933 JDZ 30 014/1942 SZ/1945 ÖBB/22.10.46 | |
| 12164 | 1'E h3 | G | 10.04.30 | 1435 | JDZ/SHS 583-915/1933 JDZ 30 015/1942 SZ/1945 ÖBB/28.05.47 | |
| 12165 | 1'E h3 | G | 17.04.30 | 1435 | JDZ/SHS 583-916/1933 JDZ 30 016/1942 SZ/von 09.07.49-02.12.52 SLV | |
| 12166 | 1'E h3 | G | 23.04.30 | 1435 | JDZ/SHS 583-917/1933 JDZ 30 017/1942 SZ | |
| 12167 | 1'E h3 | G | 23.04.30 | 1435 | JDZ/SHS 583-918/1933 JDZ 30 018/1942 SZ/1945 DB verschrottet | |
| 12168 | 1'E h3 | G | 29.04.30 | 1435 | JDZ/SHS 583-919/1933 JDZ 30 019/1942 BDZ 1304/JZ | |
| 12169 | 1'E h3 | G | 29.04.30 | 1435 | JDZ/SHS 583-920/1933 JDZ 30 020/1942 SZ | |
| 12170 | 1'E h3 | G | 30.04.30 | 1435 | JDZ/SHS 583-921/1933 JDZ 30 021/1942 SZ | |
| 12171 | 1'E h3 | G | 08.05.30 | 1435 | JDZ/SHS 583-922/1933 JDZ 30 022/1942 SZ | |
| 12172 | 1'E h3 | G | 13.05.30 | 1435 | JDZ/SHS 583-923/1933 JDZ 30 023/1942 SZ/1945 DB verschrottet | |
| 12173 | 1'E h3 | G | 15.05.30 | 1435 | JDZ/SHS 583-924/1933 JDZ 30 024/1942 SZ | |
| 12174 | 1'E h3 | G | 19.05.30 | 1435 | JDZ/SHS 583-925/1933 JDZ 30 025/1942 SZ/1945 DB verschrottet | |
| 12175 | 1'E h3 | G | 22.05.30 | 1435 | JDZ/SHS 583-926/1933 JDZ 30 026/1942 SZ/1945 DB verschrottet | |
| 12176 | 1'E h3 | G | 27.05.30 | 1435 | JDZ/SHS 583-927/1933 JDZ 30 027/1942 BDZ 1305/JZ | |
| 12177 | 1'E h3 | G | 30.05.30 | 1435 | JDZ/SHS 583-928/1933 JDZ 30 028/1942 SZ | |
| 12178 | 1'E h3 | G | 03.06.30 | 1435 | JDZ/SHS 583-929/1933 JDZ 30 029/1942 SZ/von 31.03.52 SLV | 1969 |
| 12179 | 1'E h3 | G | 05.06.30 | 1435 | JDZ/SHS 583-930/1933 JDZ 30 030/1942 SZ/1945 DB verschrottet | |
| 12180 | 1'E h3 | G | 27.06.30 | 1435 | JDZ/SHS 583-931/1933 JDZ 30 031/1942 BDZ 1306/1945 JZ/02.12.52 SLV | 1969 |
| 12181 | 1'E h3 | G | 20.08.30 | 1435 | JDZ/SHS 583-932/1933 JDZ 30 032/1942 BDZ 1307/JZ | |
| 12182 | 1'E h3 | G | 08.07.30 | 1435 | JDZ/SHS 583-933/1933 JDZ 30 033/1942 SZ/1945 DB verschrottet | |
| 12183 | 1'E h3 | G | 15.07.30 | 1435 | JDZ/SHS 583-934/1933 JDZ 30 034/1942 SDZ | |
| 12184 | 1'E h3 | G | 24.07.30 | 1435 | JDZ/SHS 583-935/1933 JDZ 30 035/1942 SDZ | |
| 12185 | 1'E h3 | G | 26.07.30 | 1435 | JDZ/SHS 583-936/1933 JDZ 30 036/1942 SDZ/1945 ÖBB/03.05.47/JZ | |
| 12186 | 1'E h3 | G | 02.08.30 | 1435 | JDZ/SHS 583-937/1933 JDZ 30 037/1942 SDZ/1945 DB verschrottet | |
| 12187 | 1'E h3 | G | 11.08.30 | 1435 | JDZ/SHS 583-938/1933 JDZ 30 038/1942 SDZ | |
| 12188 | 1'E h3 | G | 13.08.30 | 1435 | JDZ/SHS 583-939/1933 JDZ 30 039/1942 SDZ/1945 DB verschrottet | |
| 12189 | 1'E h3 | G | 20.08.30 | 1435 | JDZ/SHS 583-940/1933 JDZ 30 040/1942 FS/1945 ÖBB/22.10.46 JZ | |
| 12190 | 1'D1'h2 | G | 07.07.30 | 1435 | JDZ/SHS 486-301/1933 JDZ 06 001/1942 DRG 39 401/n. 45 JZ | |
| 12191 | 1'D1'h2 | G | 26.08.30 | 1435 | JDZ/SHS 486-302/1933 JDZ 06 002/1942 DRG 39 402/n. 45 JZ | |
| 12192 | 1'D1'h2 | G | 29.08.30 | 1435 | JDZ/SHS 486-303/1933 JDZ 06 003/1942 DRG 39 403/n. 45 JZ | |
| 12193 | 1'D1'h2 | G | 05.09.30 | 1435 | JDZ/SHS 486-304/1933 JDZ 06 004/1942 DRG 39 404/n. 45 JZ | |
| 12194 | 1'D1'h2 | G | 13.09.30 | 1435 | JDZ/SHS 486-305/1933 JDZ 06 005/1942 DRG 39 405/n. 45 JZ | |
| 12195 | 1'D1'h2 | G | 17.09.30 | 1435 | JDZ/SHS 486-306/1933 JDZ 06 006/1942 DRG 39 406/n. 45 JZ | |
| 12196 | 1'D1'h2 | G | 27.09.30 | 1435 | JDZ/SHS 486-307/1933 JDZ 06 007/1942 DRG 39 407/n. 45 JZ | |
| 12197 | 1'D1'h2 | G | 02.10.30 | 1435 | JDZ/SHS 486-308/1933 JDZ 06 008/1942 DRG 39 408/n. 45 JZ | |
| 12198 | 1'D1'h2 | G | 07.10.30 | 1435 | JDZ/SHS 486-309/1933 JDZ 06 009/1942 DRG 39 409/n. 45 JZ | |
| 12199 | 1'D1'h2 | G | 09.10.30 | 1435 | JDZ/SHS 486-310/1933 JDZ 06 010/1942 DRG 39 410/1945 MAV 404.001 | |
| 12200 | 1'D1'h2 | G | 04.11.30 | 1435 | JDZ/SHS 486-311/1933 JDZ 06 011/1942 FS/1945 ÖBB/01.09.47 JZ | |

1) Als Doppellokomotive eingesetzt

| Fabriknummer | Bauart | Gattung | Auslieferungsdatum | Spurweite | Empfänger/Verbleib | Ausmusterung |
|---|---|---|---|---|---|---|
| 12201 | 1'D1'h2 | G | 10.11.30 | 1435 | JDZ/SHS 486-312/1933 JDZ 06 012/1942 DRG 39 411/n. 1945 JZ | |
| 12202 | 1'D1'h2 | G | 13.11.30 | 1435 | JDZ/SHS 486-313/1933 JDZ 06 013/1942 DRG 39 412/n. 1945 JZ | |
| 12203 | 1'D1'h2 | G | 12.11.30 | 1435 | JDZ/SHS 486-314/1933 JDZ 06 014/1942 FS/1945 ÖBB/01.09.47 JZ | |
| 12204 | 1'D1'h2 | G | 18.11.30 | 1435 | JDZ/SHS 486-315/1933 JDZ 06 015/1942 FS/1945 ÖBB/21.10.46 | |
| 12205 | 1'D1'h2 | G | 24.11.30 | 1435 | JDZ/SHS 486-316/1933 JDZ 06 016/1942 FS/1945 ÖBB/01.09.47 | |
| 12206 | 1'D1'h2 | G | 27.11.30 | 1435 | JDZ/SHS 486-317/1933 JDZ 06 017/1942 FS/1945 JZ | |
| 12207 | 1'D1'h2 | G | 01.12.30 | 1435 | JDZ/SHS 486-318/1933 JDZ 06 018/1942 FS/1945 ÖBB/01.09.47 | |
| 12208 | 1'D1'h2 | G | 13.12.30 | 1435 | JDZ/SHS 486-319/1933 JDZ 06 019/1942 FS/1945 ÖStB/21.10.46 | |
| 12209 | 1'D1'h21 | G | 29.12.30 | 1435 | JDZ/SHS 486-320/1933 JDZ 06 020/1942 DRG 39 413/n. 45 JZ | |
| 12210 | 1'D1'h2 | G | 29.12.30 | 1435 | JDZ/SHS 486-321/1933 JDZ 06 021/1942 HDZ/1945 JZ | |
| 12211 | 1'D1'h2 | G | 31.12.30 | 1435 | JDZ/SHS 486-322/1933 JDZ 06 022/1942 HDZ/1945 JZ | |
| 12212 | 1'D1'h2 | G | 07.01.31 | 1435 | JDZ/SHS 486-323/1933 JDZ 06 023/1942 HDZ/1945 JZ | |
| 12213 | 1'D1'h2 | G | 09.01.31 | 1435 | JDZ/SHS 486-324/1933 JDZ 06 024/1942 HDZ/1945 JZ | |
| 12214 | 1'D1'h2 | G | 15.01.31 | 1435 | JDZ/SHS 486-325/1933 JDZ 06 025/1942 HDZ/1945 JZ | |
| 12215 | 1'D1'h2 | G | 20.01.31 | 1435 | JDZ/SHS 486-326/1933 JDZ 06 026/1942 DRG 39 414/1945 DB verschrottet | |
| 12216 | 1'D1'h2 | G | 22.01.31 | 1435 | JDZ/SHS 486-327/1933 JDZ 06 027/1942 HDZ/1945 JZ | |
| 12217 | 1'D1'h2 | G | 27.01.31 | 1435 | JDZ/SHS 486-328/1933 JDZ 06 028/1942 HDZ/1945 JZ | |
| 12218 | 1'D1'h2 | G | 30.01.31 | 1435 | JDZ/SHS 486-329/1933 JDZ 06 029/1942 HDZ/1945 JZ | |
| 12219 | 1'D1'h2 | G | 03.02.31 | 1435 | JDZ/SHS 486-330/1933 JDZ 06 030/1942 DRG 39 415/n. 45 JZ | |
| 12220 | Nicht im Auslieferungsbuch verzeichnet | | | | | |
| 12221 | C h2 | | 07.04.30 | 1000 | Fölsch & Martin AG, - Compania Salitreva de Taltal (Chile) | |
| 12222 | B n2ft | | 04.04.30 | 1435 | Hochofenwerk Lübeck AG, Herrenwyk/sp. Huta Szczecin (VRP) | |
| 12223 | Nicht im Auslieferungsbuch verzeichnet | | | | | |
| 12224 | Nicht im Auslieferungsbuch verzeichnet | | | | | |
| 12225 | Nicht im Auslieferungsbuch verzeichnet | | | | | |
| 12226 | Nicht im Auslieferungsbuch verzeichnet | | | | | |
| 12227 | B n2ft | | 04.12.29 | 1524 | Serlachnis, Mänthä (Finnland) | |
| 12228 | B v | DrL | 30.12.29 | 520 | Mannesmannröhrenwerke, Gelsenkirchen | |
| 12229 | B n2t | | 30.10.29 | 1000 | Cdf Madagascar/1 (über F.H. Schmidt, Hamburg) | |
| 12230 | B n2t | | 09.11.29 | 1000 | Cdf Madagascar/2/CdfM 17-102 (über F.H. Schmidt, Hamburg) | |
| 12231 | B n2t | | 07.01.30 | 1000 | Cdf Madagascar/012/CdfM 17-112 (über F.H. Schmidt, Hamburg) | |
| 12232 | B n2t | | 07.01.30 | 1000 | Cdf Madagascar/09 (über F.H. Schmidt, Hamburg) | |
| 12233 | B n2t | | 17.05.30 | 1000 | Madagaskar, über F.H. Schmidt, Hamburg | |
| 12234 | $B_o$ | EL | 31.12.29 | 620 | e.A. SSW/Hedwigswunschgrube, Borsigwerk O/S | |
| 12235 | E h2 | G | 14.02.30 | 1435 | Rumänische Staatsbahn, über AEG, Berlin (pr. G 10)/50 424/1940 SZD | |
| 12236 | E h2 | G | 14.02.30 | 1435 | Rumänische Staatsbahn, über AEG, Berlin (pr. G 10)/50 425 | |
| 12237 | E h2 | G | 18.02.30 | 1435 | Rumänische Staatsbahn, über AEG, Berlin (pr. G 10)/50 426 | |
| 12238 | E h2 | G | 18.02.30 | 1435 | Rumänische Staatsbahn, über AEG, Berlin (pr. G 10)/50 427 | |
| 12239 | E h2 | G | 21.02.30 | 1435 | Rumänische Staatsbahn, über AEG, Berlin (pr. G 10)/50 428 | |
| 12240 | E h2 | G | 21.02.30 | 1435 | Rumänische Staatsbahn, über AEG, Berlin (pr. G 10)/50 429 | |
| 12241 | E h2 | G | 26.02.30 | 1435 | Rumänische Staatsbahn, über AEG, Berlin (pr. G 10)/50 430 | |
| 12242 | E h2 | G | 26.02.30 | 1435 | Rumänische Staatsbahn, über AEG, Berlin (pr. G 10)/50 431 | |
| 12243 | E h2 | G | 28.02.30 | 1435 | Rumänische Staatsbahn, über AEG, Berlin (pr. G 10)/50 432/1940 SZD | |
| 12244 | E h2 | G | 28.02.30 | 1435 | Rumänische Staatsbahn, über AEG, Berlin (pr. G 10)/50 433 | |
| 12245 | E h2 | G | 01.03.30 | 1435 | Rumänische Staatsbahn, über AEG, Berlin (pr. G 10)/50 434 | |
| 12246 | E h2 | G | 01.03.30 | 1435 | Rumänische Staatsbahn, über AEG, Berlin (pr. G 10)/50 435 | |
| 12247 | D n2t | | 19.03.30 | 1435 | Ilse Bergbau AG, Grube Ilse N/L | |
| 12248 | D n2t | | 26.03.30 | 1435 | Ilse Bergbau AG, Grube Ilse N/L | |
| 12249 | 1'C1'h2t | | 24.04.30 | 1000 | Vereinigte hinterpommersche Kleinbahnen für Kolberger Klb 30 c/PLB 149 H 3506 | |
| 12250 | 1'C1'h2t | | 24.04.30 | 1000 | Vereinigte hinterpommersche Kleinbahnen für Regenwalder Klb 5 c/PLB 148 H 3506/1945 WKD 80/1949 PKP Twn 1-3631/PKP Tyn 6-3631 | 05.1977 |
| 12251 | 2'C1'h2 | S | 07.07.30 | 1435 | DRG, RZA Berlin/03 001/DR/16.09.1971 Verkehrsmuseum, Dresden | |
| 12252 | 2'C1'h2 | S | 17.07.30 | 1435 | DRG, RZA Berlin/03 002/DR/03 2002-8/12.72 EK v. 22 062 | |
| 12253 | 2'C1'h2 | S | 11.08.30 | 1435 | DRG, RZA Berlin/03 003 | |
| 12254 - 13942 | | | Einordnung von 1689 Ersatzkessel einer separaten Kesselliste | | | |
| 13943 | Nicht im Auslieferungsbuch verzeichnet | | | | | |
| 13944 | Nicht im Auslieferungsbuch verzeichnet | | | | | |
| 13945 | Nicht im Auslieferungsbuch verzeichnet | | | | | |
| 13946 | - | | 31 | - | Reserveteile für Lieferung Fabrik-Nr. 12190-12219/1'D1'h2 JDZ/SHS | |
| 13947 | - | | 31 | - | Reserveteile für Lieferung Fabrik-Nr. 12150-12189/1'E h3 JDZ/SHS | |
| 13948 | Nicht im Auslieferungsbuch verzeichnet | | | | | |
| 13949 | 1'D h2 | | 31 | 1000 | Comp. d. V.F. de Soc. Ninh et du Centr. Indochinois/Saigon/302 | |
| 13950 | 1'C1'h2t | Pt | 10.09.30 | 1067 | Niederländisches Kolonial Ministerium, Gravenhage, für SS, Java/1791/ 1945 PNKA C 3091 | |
| 13951 | 1'C1'h2t | Pt | 10.09.30 | 1067 | Niederländisches Kolonial Ministerium, Gravenhage, für SS, Java/1792/ 1945 PNKA C 3092 | |
| 13952 | 1'C1'h2t | Pt | 10.09.30 | 1067 | Niederländisches Kolonial Ministerium, Gravenhage, für SS, Java/1793/ 1945 PNKA C 3093 | |
| 13953 | 1'C1'h2t | Pt | 27.09.30 | 1067 | Niederländisches Kolonial Ministerium, Gravenhage, für SS, Java/1713/ 1945 PNKA C 3013 | |

| Fabriknummer | Bauart | Gattung | Auslieferungsdatum | Spurweite | Empfänger/Verbleib | Ausmusterung |
|---|---|---|---|---|---|---|
| 13954 | 1'C1'h2t | Pt | 27.09.30 | 1067 | Niederländisches Kolonial Ministerium, Gravenhage, für SS, Java/1714/ 1945 PNKA C 3014 | |
| 13955 | 1'C1'h2t | Pt | 27.09.30 | 1067 | Niederländisches Kolonial Ministerium, Gravenhage, für SS, Java/1715/ 1945 PNKA C 3015 | |
| 13956 | 1'C1'h2t | Pt | 27.09.30 | 1067 | Niederländisches Kolonial Ministerium, Gravenhage, für SS, Java/1716/ 1945 PNKA C 3016 | |
| 13957 | 1'C1'h2t | Pt | 27.09.30 | 1067 | Niederländisches Kolonial Ministerium, Gravenhage, für SS, Java/1717/ 1945 PNKA C 3017 | |
| 13958 | 1'C1'h2t | Pt | 27.09.30 | 1967 | Niederländisches Kolonial Ministerium, Gravenhage, für SS, Java/1718/ 1945 PNKA C 3018 | |
| 13959 | 1'C1'h2t | Pt | 04.10.30 | 1067 | Niederländisches Kolonial Ministerium, Gravenhage, für SS, Java/1719/ 1945 PNKA C 3019 | |
| 13960 | 1'C1'h2t | Pt | 04.10.30 | 1067 | Niederländisches Kolonial Ministerium, Gravenhage, für SS, Java/1720/ 1945 PNKA C 3020 | |
| 13961 | 1'C1'h2t | Pt | 04.10.30 | 1067 | Niederländisches Kolonial Ministerium, Gravenhage, für SS, Java/1721/ 1945 PNKA C 3021 | |
| 13962 | C n2ft | FL | 30 | 1435 | Mineralöl-u. Asphaltwerke AG, Berlin - Betriebsort Berre-Bouchesou (Rhone)/1 | |
| 13963 | Nicht im Auslieferungsbuch verzeichnet | | | | | |
| 13964 | D n2t | | 05.11.30 | 1435 | Les Petits-Fils de Fois de Wendel & Co., Hayange (Frankreich)/W 111 H | |
| 13965 | D n2t | | 08.11.30 | 1435 | Les Petits-Fils de Fois de Wendel & Co., Hayange (Frankreich)/W 112 H | |
| 13966 | D n2t | | 14.11.30 | 1435 | Les Petits-Fils de Fois de Wendel & Co., Hayange (Frankreich)/W 113 H | |
| 13967 | D n2t | | 22.11.30 | 1435 | Les Petits-Fils de Fois de Wendel & Co., Hayange (Frankreich)/W 114 H | |
| 13968 | B v | DrL | 01.10.30 | 600 | Oberbayrische AG für Kohlenbergbau, München | |
| 13969 | Kessel | | 24.01.31 | - | South African Railways, Johannesburg (Südafrika) | |
| 13970 | Kessel | | 24.01.31 | - | South African Railways, Johannesburg (Südafrika) | |
| 13971 | Kessel | | 24.01.31 | - | South African Railways, Johannesburg (Südafrika) | |
| 13972 | Kessel | | 24.01.31 | - | South African Railways, Johannisburg (Südafrika) | |
| 13973 | Kessel | | 24.01.31 | - | South African Railways, Johannesburg (Südafrika) | |
| 13974 | Kessel | | 24.01.31 | - | South African Railways, Johannesburg (Südafrika) | |
| 13975 | Kessel | | 26.01.31 | - | South African Railways, Johannesburg (Südafrika) | |
| 13976 | Kessel | | 26.01.31 | - | South African Railways, Johannesburg (Südafrika) | |
| 13977 | Kessel | | 26.01.31 | - | South African Railways, Johannesburg (Südafrika) | |
| 13978 | Kessel | | 26.01.31 | - | South African Railways, Johannesburg (Südafrika) | |
| 13979 | Nicht im Auslieferungsbuch verzeichnet | | | | | |
| 13980 | Nicht im Auslieferungsbuch verzeichnet | | | | | |
| 13981 | D n2t | | 24.01.31 | 1435 | Les Petits-Fils de Fois de Wendel & Co., Hayange (Frankreich)/W 120 H | |
| 13982 | Kessel | | 08.12.30 | - | Sloman u. Co., Hamburg, für Bodega Rica Aventura (Chile) | |
| 13983 | 1'C h2 | P | 01.06.31 | 1435 | Ägyptische Staatsbahn, Cairo/605 | |
| 13984 | 1'C h2 | P | 01.06.31 | 1435 | Ägyptische Staatsbahn, Cairo/606 | |
| 13985 | 1'C h2 | P | 01.06.31 | 1435 | Ägyptische Staatsbahn, Cairo/607 | |
| 13986 | 1'C h2 | P | 01.06.31 | 1435 | Ägyptische Staatsbahn, Cairo/608 | |
| 13987 | 1'C h2 | P | 01.06.31 | 1435 | Ägyptische Staatsbahn, Cairo/609 | |
| 13988 | 1'C h2 | P | 01.06.31 | 1435 | Ägyptische Staatsbahn, Cairo/610 | |
| 13989 | 1'C h2 | P | 04.07.31 | 1435 | Ägyptische Staatsbahn, Cairo/611 | |
| 13990 | 1'C h2 | P | 04.07.31 | 1435 | Ägyptische Staatsbahn, Cairo/612 | |
| 13991 | 1'C h2 | P | 04.07.31 | 1435 | Ägyptische Staatsbahn, Cairo/613 | |
| 13992 | 1'C h2 | P | 04.07.31 | 1435 | Ägyptische Staatsbahn, Cairo/614 | |
| 13993 | 1'C h2 | P | 04.07.31 | 1435 | Ägyptische Staatsbahn, Cairo/615 | |
| 13994 | 1'C h2 | P | 04.07.31 | 1435 | Ägyptische Staatsbahn, Cairo/616 | |
| 13995 | 1'C h2 | P | 04.07.31 | 1435 | Ägyptische Staatsbahn, Cairo/617 | |
| 13996 | 1'C h2 | P | 04.07.31 | 1435 | Ägyptische Staatsbahn, Cairo/618 | |
| 13997 | 1'C h2 | P | 04.07.31 | 1435 | Ägyptische Staatsbahn, Cairo/619 | |
| 13998 | 1'C h2 | P | 04.07.31 | 1435 | Ägyptische Staatsbahn, Cairo/620 | |
| 13999 | 1'C h2 | P | 01.08.31 | 1435 | Ägyptische Staatsbahn, Cairo/621 | |
| 14000 | 1'C h2 | P | 01.08.31 | 1435 | Ägyptische Staatsbahn, Cairo/622 | |
| 14001 | 1'C h2 | P | 01.08.31 | 1435 | Ägyptische Staatsbahn, Cairo/623 | |
| 14002 | 1'C h2 | P | 01.08.31 | 1435 | Ägyptische Staatsbahn, Cairo/624 | |
| 14003 | 1'C1'n2t | | 12.08.31 | 1000 | Cementfabrik „El Melou", Valparaiso (Chile), über M. Gleisner & Cie, Santiago de Chile | |
| 14004 | B v | DrL | 31 | | bei Borsig Berlin-Tegel verblieben | |
| 14005 | B v | DrL | 31 | | bei Borsig Berlin-Tegel verblieben | |
| 14006 | B v | DrL | 31 | | bei Borsig Berlin-Tegel verblieben | |
| 14007 | B v | DrL | 31 | | bei Borsig Berlin-Tegel verblieben | |
| 14008 | B v | DrL | 31 | | bei Borsig Berlin-Tegel verblieben | |
| 14009 | B v | DrL | 31 | | bei Borsig Berlin-Tegel verblieben | |
| 14010 | B v | DrL | 31 | | bei Borsig Berlin-Tegel verblieben | |
| 14011 | B v | DrL | 31 | | bei Borsig Berlin-Tegel verblieben | |
| 14012 | B v | DrL | 31 | | bei Borsig Berlin-Tegel verblieben | |
| 14013 | B v | DrL | 31 | | bei Borsig Berlin-Tegel verblieben | |
| 14014 | B v | DrL | 31 | | bei Borsig Berlin-Tegel verblieben | |
| 14015 | B v | DrL | 31 | | bei Borsig Berlin-Tegel verblieben | |

| Fabriknummer | Bauart | Gattung | Auslieferungsdatum | Spurweite | Empfänger/Verbleib | Ausmusterung |
|---|---|---|---|---|---|---|
| 14016 | Kessel | | 14.02.31 | - | Imperial Chemical Industries Ltd, für Cape Explosives Works Ltd. | |
| 14017 | Kessel | | 14.02.31 | - | Imperial Chemical Industries Ltd, für Cape Explosives Works Ltd. | |

14018 - 14396 für 379 AEG-Dampflokomotiven,
bekannt sind 357 Lokomotiven,
19 Kessel,
14 Tender,
die auf den folgenden Seiten verzeichnet sind.

<u>Allgemeine Elektrizitäts-Gesellschaft - Dampflokomotivbau, Hennigsdorf/Osthavelland</u>

| Fabriknummer | Bauart | Gattung | Auslieferungsdatum | Spurweite | Empfänger/Verbleib | Ausmusterung |
|---|---|---|---|---|---|---|
| 2101 | Kessel für G 8 | | 1920 | - | Deutsche Reichsbahn-Gesellschaft | |
| 2102 | Kessel für G 8 | | 1920 | - | Deutsche Reichsbahn-Gesellschaft | |
| 2103 | Kessel für G 8 | | 1920 | - | Deutsche Reichsbahn-Gesellschaft | |
| 2104 | Kessel für G 8 | | 1920 | - | Deutsche Reichsbahn-Gesellschaft | |
| 2105 | Kessel für G 8 | | 1920 | - | Deutsche Reichsbahn-Gesellschaft | |
| 2106 | Kessel für G 8 | | 1920 | - | Deutsche Reichsbahn-Gesellschaft | |
| 2107 | Kessel für G 8 | | 1920 | - | Deutsche Reichsbahn-Gesellschaft | |
| 2108 | Kessel für G 8 | | 1920 | - | Deutsche Reichsbahn-Gesellschaft | |
| 2109 | Kessel für G 8 | | 1920 | - | Deutsche Reichsbahn-Gesellschaft | |
| 2110 | 1'E h2 | G | 1921 | 1435 | DRG (G 12)/Mgd 5561/DRG 58 1657/DB | 14.11.1951 |
| 2111 | 1'E h3 | G | 1921 | 1435 | DRG (G 12)/Mgd 5562/DRG 58 1658/DR/Dsp 102 | |
| 2112 | 1'E h3 | G | 1921 | 1435 | DRG (G 12)/Mgd 5563/DRG 58 1659/DR | 05.06.1968 |
| 2113 | 1'E h3 | G | 1921 | 1435 | DRG (G 12)/Mgd 5564/DRG 58 1660/DB | 20.09.1948 |
| 2114 | 1'E h3 | G | 1921 | 1435 | DRG (G 12)/Mgd 5565/DRG 58 1661/DR | 26.08.1968 |
| 2115 | 1'E h3 | G | 1921 | 1435 | DRG (G 12)/Mgd 5566/DRG 58 1662/DR | 15.07.1968 |
| 2116 | 1'E h3 | G | 1921 | 1435 | DRG (G 12)/Mgd 5567/DRG 58 1663/DR/58 1663-2/15.02.77/Hzl KMSt | |
| 2117 | 1'E h3 | G | 1921 | 1435 | DRG (G 12)/Mgd 5568/DRG 58 1664/DR | 17.08.1967 |
| 2118 | 1'E h3 | G | 1921 | 1435 | DRG (G 12)/Mgd 5569/DRG 58 1665/DR/58 1665-7 | 17.10.1975 |
| 2119 | 1'E h3 | G | 1921 | 1435 | DRG (G 12)/Mgd 5570/DRG 58 1666/DR/58 1666-5 | 02.03.1973 |
| 2120 | 2'C h2 | P | 1921 | 1435 | DRG (P 8)/Erf 2581/DRG 38 2705/DB | 01.05.1965 |
| 2121 | 2'C h2 | P | 1921 | 1435 | DRG (P 8)/Erf 2582/DRG 38 2706/DR/38 2706-0 | 27.07.1972 |
| 2122 | 2'C h2 | P | 1921 | 1435 | DRG (P 8)/Erf 2583/DRG 38 2707/DR | 13.05.1968 |
| 2123 | 2'C h2 | P | 1921 | 1435 | DRG (P 8)/Erf 2584/DRG 38 2708/DR | 17.11.1955 |
| 2124 | 2'C h2 | P | 1921 | 1435 | DRG (P 8)/Erf 2585/DRG 38 2709/DB | 30.09.1960 |
| 2125 | 2'C h2 | P | 1921 | 1435 | DRG (P 8)/Erf 2586/DRG 38 2710/DB | 29.05.1961 |
| 2126 | 2'C h2 | P | 1921 | 1435 | DRG (P 8)/Erf 2587/DRG 38 2711/DR | 18.10.1967 |
| 2127 | 2'C h2 | P | 1921 | 1435 | DRG (P 8)/Erf 2588/DRG 38 2712/DB | 20.06.1966 |
| 2128 | 2'C h2 | P | 1921 | 1435 | DRG (P 8)/Erf 2589/DRG 38 2713/DR | 21.10.1963 |
| 2129 | 2'C h2 | P | 1921 | 1435 | DRG (P 8)/Erf 2590/DRG 38 2714/DB | 03.02.1947 |
| 2217 | 2'C h2 | P | 1921 | 1435 | DRG (P 8)/Alt 2549/DRG 38 3212/DR | 09.05.1967 |
| 2218 | 2'C h2 | P | 1921 | 1435 | DRG (P 8)/Alt 2550/DRG 38 3213/DB | 01.07.1964 |
| 2219 | 2'C h2 | P | 1921 | 1435 | DRG (P 8)/Alt 2551/DRG 38 3214/DR | 05.02.1951 |
| 2220 | 2'C h2 | P | 1921 | 1435 | DRG (P 8)/Alt 2552/DRG 38 3215/DR/38 3215-1 | 12.04.1971 |
| 2221 | 2'C h2 | P | 1921 | 1435 | DRG (P 8)/Alt 2553/DRG 38 3216/DB | 15.11.1963 |
| 2222 | 2'C h2 | P | 1921 | 1435 | DRG (P 8)/Alt 2554/DRG 38 3217 | |
| 2223 | 2'C h2 | P | 1921 | 1435 | DRG (P 8)/Alt 2555/DRG 38 3218/DB | 15.11.1963 |
| 2224 | 2'C h2 | P | 1921 | 1435 | DRG (P 8)/Alt 2556/DRG 38 3219/DB | 12.11.1962 |
| 2225 | 2'C h2 | P | 1921 | 1435 | DRG (P 8)/Alt 2557/DRG 38 3220/DR/(38 3220-1) | 10.03.1970 |
| 2226 | 2'C h2 | P | 1921 | 1435 | DRG (P 8)/Alt 2558/DRG 38 3221/DR | 24.10.1966 |
| 2227 | 2'C h2 | P | 1921 | 1435 | DRG (P 8)/Hl 2589/DRG 38 3222/DR | 30.04.1951 |
| 2228 | 2'C h2 | P | 1921 | 1435 | DRG (P 8)/Hl 2590/DRG 38 3223/DR | 13.05.1968 |
| 2229 | 2'C h2 | P | 1921 | 1435 | DRG (P 8)/Hl 2591/DRG 38 3224/PKP Ok 1-412 | 1974 |
| 2230 | 2'C h2 | P | 1921 | 1435 | DRG (P 8)/Hl 2592/DRG 38 3225/DR | 01.08.1967 |
| 2231 | 2'C h2 | P | 1921 | 1435 | DRG (P 8)/Mgd 2534/DRG 38 3226/DR | |
| 2232 | 2'C h2 | P | 1921 | 1435 | DRG (P 8)/Mgd 2535/DRG 38 3227/DR/(38 3227-6) | 30.09.1970 |
| 2233 | 2'C h2 | P | 1921 | 1435 | DRG (P 8)/Mgd 2536/DRG 38 3228/DR | 05.08.1966 |
| 2234 | 2'C h2 | P | 1921 | 1435 | DRG (P 8)/Mgd 2537/DRG 38 3229/DR | 07.05.1968 |
| 2235 | 2'C h2 | P | 1921 | 1435 | DRG (P 8)/Mgd 2538/DRG 38 3230/DB | 30.07.1945 |
| 2236 | 2'C h2 | P | 1921 | 1435 | DRG (P 8)/Mgd 2539/DRG 38 3231/PKP Ok 1-323 | 1952 |
| 2237 | 2'C h2 | P | 1921 | 1435 | DRG (P 8)/Mgd 2540/DRG 38 3232/DR | 14.07.1969 |
| 2238 | 2'C h2 | P | 1921 | 1435 | DRG (P 8)/Mgd 2541/DRG 38 3233/DR | 20.02.1967 |
| 2239 | 2'C h2 | P | 1921 | 1435 | DRG (P 8)/Mgd 2542/DRG 38 3234/PKP Ok 1-219 | 1975 |
| 2240 | 2'C h2 | P | 1921 | 1435 | DRG (P 8)/Mgd 2543/DRG 38 3235/DB | 28.06.1962 |
| 2241 | 2'C h2 | P | 1921 | 1435 | DRG (P 8)/Stn 2541/DRG 38 3236/PKP Ok 1-324 | 1947 |
| 2242 | 2'C h2 | P | 1921 | 1435 | DRG (P 8)/Stn 2542/DRG 38 3237/PKP Ok 1-163 | 1976 |
| 2243 | 2'C h2 | P | 1921 | 1435 | DRG (P 8)/Stn 2543/DRG 38 3238/DB | 28.05.1963 |
| 2244 | 2'C h2 | P | 1921 | 1435 | DRG (P 8)/Stn 2544/DRG 38 3239/DB | 10.03.1965 |
| 2245 | 2'C h2 | P | 1921 | 1435 | DRG (P 8)/Stn 2545/DRG 38 3240/DB | 28.05.1963 |
| 2246 | 2'C h2 | P | 1921 | 1435 | DRG (P 8)/Stn 2546/DRG 38 3241/DB | 16.12.1959 |
| 2247 | 2'C h2 | P | 1921 | 1435 | DRG (P 8)/Stn 2547/DRG 38 3242/DR | 07.08.1967 |
| 2248 | 2'C h2 | P | 1921 | 1435 | DRG (P 8)/Stn 2548/DRG 38 3243/DR | 29.08.1968 |

| Fabriknummer | Bauart | Gattung | Auslieferungsdatum | Spurweite | Empfänger/Verbleib | Ausmusterung |
|---|---|---|---|---|---|---|
| 2249 | 2'C h2 | P | 1921 | 1435 | DRG (P 8)/Stn 2549/DRG 38 3244/DR | 05.04.1968 |
| 2250 | 2'C h2 | P | 1921 | 1435 | DRG (P 8)/Stn 2550/DRG 38 3245/DR/(38 3245-8) | 01.07.1970 |
| 2263 | E h2 | G | 1922 | 1524 | Sowjetische Staatsbahn/Eg 5000 | |
| 2264 | E h2 | G | 1922 | 1524 | Sowjetische Staatsbahn/Eg 5001 | |
| 2265 | E h2 | G | 1922 | 1524 | Sowjetische Staatsbahn/Eg 5002 | |
| 2266 | E h2 | G | 1922 | 1524 | Sowjetische Staatsbahn/Eg 5003 | |
| 2288 | E h2 | G | 1922 | 1524 | Sowjetische Staatsbahn/Eg 5600 | |
| 2289 | E h2 | G | 1922 | 1524 | Sowjetische Staatsbahn/Eg 5601 | |
| 2290 | E h2 | G | 1922 | 1524 | Sowjetische Staatsbahn/Eg 5602 | |
| 2291 | E h2 | G | 1922 | 1524 | Sowjetische Staatsbahn/Eg 5603 | |
| 2292 | E h2 | G | 1922 | 1524 | Sowjetische Staatsbahn/Eg 5604 | |
| 2293 | E h2 | G | 1922 | 1524 | Sowjetische Staatsbahn/Eg 5605 | |
| 2294 | E h2 | G | 1922 | 1524 | Sowjetische Staatsbahn/Eg 5606 | |
| 2295 | E h2 | G | 1922 | 1524 | Sowjetische Staatsbahn/Eg 5607 | |
| 2296 | E h2 | G | 1922 | 1524 | Sowjetische Staatsbahn/Eg 5608 | |
| 2297 | E h2 | G | 1922 | 1524 | Sowjetische Staatsbahn/Eg 5609 | |
| 2298 | E h2 | G | 1922 | 1524 | Sowjetische Staatsbahn/Eg 5610 | |
| 2299 | E h2 | G | 1922 | 1524 | Sowjetische Staatsbahn/Eg 5611 | |
| 2300 | E h2 | G | 1922 | 1524 | Sowjetische Staatsbahn/Eg 5612 | |
| 2307 | 2'C h2 | P | 1922 | 1435 | DRG (P 8)/Efd 3093/DRG 38 3646/DB | 30.09.1960 |
| 2308 | 2'C h2 | P | 1922 | 1435 | DRG (P 8)/Efd 3094/DRG 38 3647/DR | 06.04.1946 |
| 2309 | 2'C h2 | P | 1922 | 1435 | DRG (P 8)/Efd 3095/DRG 38 3648/DB | 01.07.1964 |
| 2310 | 2'C h2 | P | 1922 | 1435 | DRG (P 8)/Efd 3096/DRG 38 3649/DB | 28.06.1962 |
| 2311 | 2'C h2 | P | 1922 | 1435 | DRG (P 8)/Efd 3097/DRG 38 3650/DB/038 650-8 | 15.08.1972 |
| 2312 | 2'C h2 | P | 1922 | 1435 | DRG (P 8)/Efd 3098/DRG 38 3651/DR | 03.04.1967 |
| 2313 | 2'C h2 | P | 1922 | 1435 | DRG (P 8)/Efd 3099/DRG 38 3652/DR | 05.04.1968 |
| 2314 | 2'C h2 | P | 1922 | 1435 | DRG (P 8)/Efd 3100/DRG 38 3653/DR/38 3653-3 | 09.08.1971 |
| 2315 | 2'C h2 | P | 1922 | 1435 | DRG (P 8)/Efd 3101/DRG 38 3654/DB/(038 654-0) | 24.02.1967 |
| 2316 | 2'C h2 | P | 1922 | 1435 | DRG (P 8)/Efd 3102/DRG 38 3655/DB | 27.09.1966 |
| 2317 | 2'C h2 | P | 1922 | 1435 | DRG (P 8)/Efd 3103/DRG 38 3656/DB/(038 656-5) | 24.02.1967 |
| 2318 | 2'C h2 | P | 1922 | 1435 | DRG (P 8)/Efd 3104/DRG 38 3657/DR | 05.03.1968 |
| 2319 | 2'C h2 | P | 1922 | 1435 | DRG (P 8)/Efd 3105/DRG 38 3658/DR | 04.09.1968 |
| 2320 | 2'C h2 | P | 1922 | 1435 | DRG (P 8)/Efd 3106/DRG 38 3659/DR/38 3659-0 | 22.02.1971 |
| 2321 | 2'C h2 | P | 1922 | 1435 | DRG (P 8)/Efd 3107/DRG 38 3660/PKP Ok 1-412 | 1975 |
| 2322 | 2'C h2 | P | 1922 | 1435 | DRG (P 8)/Efd 3108/DRG 38 3661/DB | 01.07.1964 |
| 2323 | 2'C h2 | P | 1922 | 1435 | DRG (P 8)/Efd 3109/DRG 38 3662/DB | 20.11.1958 |
| 2324 | 2'C h2 | P | 1922 | 1435 | DRG (P 8)/Efd 3110/DRG 38 3663/DR | 08.1947 |
| 2325 | 2'C h2 | P | 1922 | 1435 | DRG (P 8)/Efd 3111/DRG 38 3664/DR/38 3664-0 | 09.08.1971 |
| 2326 | 2'C h2 | P | 1922 | 1435 | DRG (P 8)/Efd 3112/DRG 38 3665/DB | |
| 2327 | 2'C h2 | P | 1922 | 1435 | DRG (P 8)/Efd 3113/DRG 38 3666 | |
| 2328 | 2'C h2 | P | 1922 | 1435 | DRG (P 8)/Efd 3114/DRG 38 3667/DB | |
| 2396 | 2'C h2 | P | 1922 | 1435 | DRG (P 8)/Efd 3148/DRG 38 3668/PKP Ok 1-338 | 1972 |
| 2397 | 2'C h2 | P | 1922 | 1435 | DRG (P 8)/Efd 3149/DRG 38 3669/DR/38 3669-9 | |
| 2398 | 2'C h2 | P | 1922 | 1435 | DRG (P 8)/Efd 3150/DRG 38 3670/DB | 13.05.1971 |
| 2399 | 2'C h2 | P | 1922 | 1435 | DRG (P 8)/Efd 3151/DRG 38 3671/PKP Ok 1-425 | 1949 |
| 2400 | 2'C h2 | P | 1922 | 1435 | DRG (P 8)/Efd 3152/DRG 38 3672/DR/(38 3672-) | 23.04.1969 |
| 2401 | 2'C h2 | P | 1922 | 1435 | DRG (P 8)/Efd 3153/DRG 38 3673/1926 CFR 230.108 | |
| 2402 | 2'C h2 | P | 1922 | 1435 | DRG (P 8)/Efd 3171/DRG 38 3758/DB | 01.09.1965 |
| 2403 | 2'C h2 | P | 1922 | 1435 | DRG (P 8)/Efd 3172/DRG 38 3759/DB | 30.11.1964 |
| 2404 | 2'C h2 | P | 1922 | 1435 | DRG (P 8)/Efd 3173/DRG 38 3760/DR | 05.02.1951 |
| 2405 | 2'C h2 | P | 1922 | 1435 | DRG (P 8)/Efd 3174/DRG 38 3761/DB | 30.11.1964 |
| 2406 | 2'C h2 | P | 1922 | 1435 | DRG (P 8)/Efd 3175/DRG 38 3762/DB | 14.11.1967 |
| 2407 | 2'C h2 | P | 1922 | 1435 | DRG (P 8)/Efd 3176/DRG 38 3763/PKP Ok 1-340 | 1978 |
| 2408 | 2'C h2 | P | 1922 | 1435 | DRG (P 8)/Efd 3177/DRG 38 3764/ČSD/ČSD/1948 DB | 20.09.1948 |
| 2409 | 2'C h2 | P | 1922 | 1435 | DRG (P 8)/Efd 3178/DRG 38 3765/PKP Ok 1-168 | 1976 |
| 2410 | 2'C h2 | P | 1922 | 1435 | DRG (P 8)/Efd 3179/DRG 38 3766/PKP Ok 1-399 | 1976 |
| 2411 | 2'C h2 | P | 1922 | 1435 | DRG (P 8)/Efd 3180/DRG 38 3767 | |
| 2412 | 2'C h2 | P | 1922 | 1435 | DRG (P 8)/Efd 3181/DRG 38 3768/DB | 15.11.1963 |
| 2413 | 2'C h2 | P | 1922 | 1435 | DRG (P 8)/Efd 3182/DRG 38 3769/DR/(38 3769-7) | 10.03.1970 |
| 2414 | 2'C h2 | P | 1922 | 1435 | DRG (P 8)/Efd 3183/DRG 38 3770/DB/(038 770-4) | 24.02.1967 |
| 2415 | 2'C h2 | P | 1922 | 1435 | DRG (P 8)/Efd 3184/DRG 38 3771/DB | 20.06.1966 |
| 2416 | 2'C h2 | P | 1922 | 1435 | DRG (P 8)/Efd 3185/DRG 38 3772/PKP Ok 1-341 | 1976 |
| 2417 | 2'C h2 | P | 1922 | 1435 | DRG (P 8)/Efd 3186/DRG 38 3773/DB | 14.11.1967 |
| 2418 | 2'C h2 | P | 1922 | 1435 | DRG (P 8)/Efd 3187/DRG 38 3774/DB | 30.11.1964 |
| 2419 | 2'C h2 | P | 1922 | 1435 | DRG (P 8)/Efd 3188/DRG 38 3775/DB | 20.01.1960 |
| 2420 | 2'C h2 | P | 1922 | 1435 | DRG (P 8)/Efd 3189/DRG 38 3776/DR/38 3776-2 | 30.12.1970 |
| 2421 | 2'C h2 | P | 1922 | 1435 | DRG (P 8)/Efd 3190/DRG 38 3777/PKP Ok 1-415 | 1968 |
| 2422 | 2'C h2 | P | 1922 | 1435 | DRG (P 8)/Efd 3191/DRG 38 3778/DR | 16.08.1967 |
| 2423 | 2'C h2 | P | 1922 | 1435 | DRG (P 8)/Efd 3192/DRG 38 3779/DR/38 3779-6 | 02.08.1972 |
| 2424 | 2'C h2 | P | 1922 | 1435 | DRG (P 8)/Efd 3193/DRG 38 3780/DB | 29.05.1961 |
| 2425 | 2'C h2 | P | 1922 | 1435 | DRG (P 8)/Efd 3194/DRG 38 3781/PKP Ok 1-225 | 1949 |

| Fabriknummer | Bauart | Gattung | Auslieferungsdatum | Spurweite | Empfänger/Verbleib | Ausmusterung |
|---|---|---|---|---|---|---|
| 2459 | 1'C h2 | P | 1922 | 1435 | Serbische Staatsbahn/CXC-SHS 6142/1933 JZ 20-142/1941 HDZ | |
| 2460 | 1'C h2 | P | 1922 | 1435 | Serbische Staatsbahn/CXC-SHS 6143/1933 JZ 20-143/1941 HDZ | |
| 2461 | 1'C h2 | P | 1922 | 1435 | Serbische Staatsbahn/CXC-SHS 6144/1933 JZ 20-144/1941 HDZ | |
| 2462 | 1'C h2 | P | 1922 | 1435 | Serbische Staatsbahn/CXC-SHS 6145/1933 JZ 20-145/1941 HDZ | |
| 2463 | 1'C h2 | P | 1922 | 1435 | Serbische Staatsbahn/CXC-SHS 6146/1933 JZ 20-146/1941 HDZ | |
| 2464 | 1'C h2 | P | 1922 | 1435 | Serbische Staatsbahn/CXC-SHS 6147/1933 JZ 20-147/1941 HDZ | |
| 2465 | 1'C h2 | P | 1922 | 1435 | Serbische Staatsbahn/CXC-SHS 6148/1933 JZ 20-148/1941 HDZ | |
| 2466 | 1'C h2 | P | 1922 | 1435 | Serbische Staatsbahn/CXC-SHS 6149/1933 JZ 20-149/1941 HDZ | |
| 2467 | 1'C h2 | P | 1922 | 1435 | Serbische Staatsbahn/CXX-SHS 6150/1933 JZ 20-150/1941 HDZ | |
| 2468 | 1'C h2 | P | 1922 | 1435 | Serbische Staatsbahn/CXC-SHS 6151/1933 JZ 20-151/1941 HDZ | |
| 2469 | 1'C h2 | P | 1922 | 1435 | Serbische Staatsbahn/CXC-SHS 6152/1933 JZ 20-152/1941 HDZ | |
| 2470 | 1'C h2 | P | 1922 | 1435 | Serbische Staatsbahn/CXC-SHS 6153/1933 JZ 20-153/1941 HDZ | |
| 2471 | 1'C h2 | P | 1922 | 1435 | Serbische Staatsbahn/CXC-SHS 6154/1933 JZ 20-154/1941 HDZ | |
| 2472 | 1'C h2 | P | 1922 | 1435 | Serbische Staatsbahn/CXC-SHS 6155/1933 JZ 20-156/1941 HDZ | |
| 2473 | 1'C h2 | P | 1922 | 1435 | Serbische Staatsbahn/CXC-SHS 6156/1933 JZ 20-157/1941 HDZ | |
| 2474 | 1'C h2 | P | 1922 | 1435 | Serbische Staatsbahn/CXC-SHS 6157/1933 JZ 20-158/1941 HDZ | |
| 2475 | 1'C h2 | P | 1922 | 1435 | Serbische Staatsbahn/CXC-SHS 6158/1933 JZ 20-159/1941 HDZ | |
| 2476 | 1'C h2 | P | 1922 | 1435 | Serbische Staatsbahn/CXC-SHS 6159/1933 JZ 20-160/1941 HDZ | |
| 2477 | 1'C h2 | P | 1922 | 1435 | Serbische Staatsbahn/CXC-SHS 6160/1933 JZ 20-161/1941 HDZ | |
| 2478 | 1'C h2 | P | 1922 | 1435 | Serbische Staatsbahn/CXC-SHS 6161/1933 JZ 20-162/1941 HDZ | |
| 2479 | 1'C h2 | P | 1922 | 1435 | Serbische Staatsbahn/CXC-SHS 6162/1933 JZ 20-163/1941 HDZ | |
| 2480 | 1'C h2 | P | 1922 | 1435 | Serbische Staatsbahn/CXC-SHS 6163/1933 JZ 20-164/1941 HDZ | |
| 2481 | 1'C h2 | P | 1922 | 1435 | Serbische Staatsbahn/CXC-SHS 6164/1933 JZ 20-165/1941 SZ | |
| 2482 | 1'C h2 | P | 1922 | 1435 | Serbische Staatsbahn/CXC-SHS 6165/1933 JZ 20-166/1941 HDZ | |
| 2484 | 2'C h2 | P | 1922 | 1435 | DRG (P 8)/Efd 3195/DRG 38 3782/DR/38 3782-0 | 19.06.1968 |
| 2485 | 2'C h2 | P | 1922 | 1435 | DRG (P 8)/Efd 3196/DRG 38 3783/DR/38 3783/8 | 09.08.1971 |
| 2486 | 2'C h2 | P | 1922 | 1435 | DRG (P 8)/Efd 3197/DRG 38 3784/DB | 30.11.1974 |
| 2487 | 2'C h2 | P | 1922 | 1435 | DRG (P 8)/Efd 3198/DRG 38 3785 | |
| 2488 | 2'C h2 | P | 1922 | 1435 | DRG (P 8)/Efd 3199/DRG 38 3786/DB | 15.11.1973 |
| 2489 | 2'C h2 | P | 1922 | 1435 | DRG (P 8)/Efd 3200/DRG 38 3787/DR | 23.07.1968 |
| 2490 | 2'C h2 | P | 1922 | 1435 | DRG (P 8)/Efd 2880/DRG 38 3788/DR | 04.10.1965 |
| 2491 | 2'C h2 | P | 1922 | 1435 | DRG (P 8)/Efd 2881/DRG 38 3789/DR | 09.10.1968 |
| 2492 | 2'C h2 | P | 1922 | 1435 | DRG (P 8)/Efd 2882/DRG 38 3790/DR/38 3790-3 | 22.02.1971 |
| 2493 | 2'C h2 | P | 1922 | 1435 | DRG (P 8)/Efd 2883/DRG 38 3791/DB/(038 791-0) | 24.02.1967 |
| 2494 | 2'C h2 | P | 1922 | 1435 | DRG (P 8)/Efd 2884/DRG 38 3792 | |
| 2495 | 2'C h2 | P | 1922 | 1435 | DRG (P 8)/Efd 2885/DRG 38 4011/DR/(38 4011-3) | 30.12.1970 |
| 2496 | 2'C h2 | P | 1922 | 1435 | DRG (P 8)/Efd 2886/DRG 38 4012/DR | 08.1948 |
| 2497 | 2'C h2 | P | 1922 | 1435 | DRG (P 8)/Efd 2887/DRG 38 4013/DR | 21.11.1968 |
| 2498 | 2'C h2 | P | 1922 | 1435 | DRG (P 8)/Efd 2888/DRG 38 4014/DR | 29.06.1968 |
| 2499 | 2'C h2 | P | 1922 | 1435 | DRG (P 8)/Efd 2889/DRG 38 4015/DB | 04.03.1966 |
| 2500 | 2'C h2 | P | 1922 | 1435 | DRG (P 8)/Efd 2890/DRG 38 4016/DB | 10.03.1965 |
| 2501 | 2'C h2 | P | 1922 | 1435 | DRG (P 8)/Efd 2891/DRG 38 4017/DR/38 4017-0 | 14.10.1971 |
| 2502 | 2'C h2 | P | 1922 | 1435 | DRG (P 8)/Efd 2892/DRG 38 4018/PKP Ok 1-343 | 1978 |
| 2503 | 2'C h2 | P | 1922 | 1435 | DRG (P 8)/Efd 2893/DRG 38 4019/DR | 15.07.1968 |
| 2504 | 2'C h2 | P | 1922 | 1435 | DRG (P 8)/Efd 2894/DRG 38 4020/DR | 22.04.1969 |
| 2505 | 2'C h2 | P | 1922 | 1435 | DRG (P 8)/Efd 2895/DRG 38 4021/DR | 31.01.1969 |
| 2506 | 2'C h2 | P | 1922 | 1435 | DRG (P 8)/Efd 2896/DRG 38 4022/ČSD | |
| 2507 | 2'C h2 | P | 1922 | 1435 | DRG (P 8)/Efd 2897/DRG 38 4023 | |
| 2508 | 2'C h2 | P | 1922 | 1435 | DRG (P 8)/Efd 2898/DRG 38 4024/DB/038 024-6 | 12.03.1968 |
| 2509 | 2'C h2 | P | 1922 | 1435 | DRG (P 8)/Efd 2899/DRG 38 4025/DR | 25.03.1968 |
| 2647 | 1'D h2 | G | 1923 | 1435 | DRG (G 8.2)/Csl 3413/DRG 56 2636/PKP Tr 6-35 | |
| 2648 | 1'D h2 | G | 1923 | 1435 | DRG (G 8.2)/Csl 3414/DRG 56 2637/DB | 01.09.1965 |
| 2649 | 1'D h2 | G | 1923 | 1435 | DRG (G 8.2)/Csl 3415/DRG 56 2638 | |
| 2650 | 1'D h2 | G | 1923 | 1435 | DRG (G 8.2)/Csl 3416/DRG 56 2639 | |
| 2651 | 1'D h2 | G | 1923 | 1435 | DRG (G 8.2)/Csl 3417/DRG 56 2640/PKP Tr 6-4 | |
| 2652 | 1'D h2 | G | 1923 | 1435 | DRG (G 8.2)/Csl 3418/DRG 56 2641 | |
| 2653 | 1'D h2 | G | 1923 | 1435 | DRG (G 8.2)/Csl 3482/DRG 56 2643 | |
| 2654 | 1'D h2 | G | 1923 | 1435 | DRG (G 8.2)/Csl 3483/DRG 56 2644/DR | 08.09.1961 |
| 2655 | 1'D h2 | G | 1923 | 1435 | DRG (G 8.2)/Csl 3484/DRG 56 2645/DR | 03.10.1967 |
| 2656 | 1'D h2 | G | 1923 | 1435 | DRG (G 8.2)/Csl 3485/DRG 56 2646 | |
| 2657 | 1'D h2 | G | 1923 | 1435 | DRG (G 8.2)/Csl 3486/DRG 56 2647/DB | 29.04.1947 |
| 2658 | 1'D h2 | G | 1923 | 1435 | DRG (G 8.2)/Csl 3419/DRG 56 2642/DB | 18.10.1954 |
| 2659 | 1'D h2 | G | 1923 | 1435 | DRG (G 8.2)/31 689/DRG 56 2719/DR | 01.06.1967 |
| 2660 | 1'D h2 | G | 1923 | 1435 | DRG (G 8.2)/31 690/DRG 56 2720 | 03.1943 |
| 2668 | 1'D h2 | G | 1923 | 1435 | DRG (G 8.2)/31 691/DRG 56 2721/DB | 20.09.1960 |
| 2669 | 1'D h2 | G | 1923 | 1435 | DRG (G 8.2)/31 692/DRG 56 2722 | 03.1943 |
| 2670 | 1'D h2 | G | 1923 | 1435 | DRG (G 8.2)/31 693/DRG 56 2723 | |
| 2671 | 1'D h2 | G | 1923 | 1435 | DRG (G 8.2)/31 694/DRG 56 2724/DB | 14.11.1951 |
| 2672 | 1'D h2 | G | 1923 | 1435 | DRG (G 8.2)/31 730/DRG 56 2725/DB | 14.11.1951 |
| 2673 | 1'D h2 | G | 1923 | 1435 | DRG (G 8.2)/31 731/DRG 56 2726 | 03.1943 |
| 2674 | 1'D h2 | G | 1923 | 1435 | DRG (G 8.2)/31 671/DRG 56 2701/DB | 13.12.1950 |

| Fabriknummer | Bauart | Gattung | Auslieferungsdatum | Spurweite | Empfänger/Verbleib | Ausmusterung |
|---|---|---|---|---|---|---|
| 2675 | 1'D h2 | G | 1923 | 1435 | DRG (G 8.2)/31 672/DRG 56 2702 | |
| 2702 | 1'D h2 | G | 1923 | 1435 | DRG (G 8.2)/31 673/DRG 56 2703/1926 CFR 140.533 | |
| 2706 | 1'D h2 | G | 1923 | 1435 | DRG (G 8.2)/56 2798/1926 CFR 140.544 | |
| 2707 | 1'D h2 | G | 1923 | 1435 | DRG (G 8.2)/56 2799/DB | 18.10.1954 |
| 2708 | 1'D h2 | G | 1923 | 1435 | DRG (G 8.2)/56 2800/DB | 14.11.1951 |
| 2709 | 1'D h2 | G | 1923 | 1435 | DRG (G 8.2)/56 2801/DR | 09.02.1960 |
| 2710 | 1'D h2 | G | 1923 | 1435 | DRG (G 8.2)/56 2802/DR | 05.12.1968 |
| 2711 | 1'D h2 | G | 1923 | 1435 | DRG (G 8.2)/56 2803/DB | 18.10.1954 |
| 2712 | 1'D h2 | G | 1923 | 1435 | DRG (G 8.2)/56 2804/PKP Tr 6-41 | |
| 2713 | 1'D h2 | G | 1923 | 1435 | DRG (G 8.2)/56 2805/DB | 28.10.1959 |
| 2718 | 1'D h2 | G | 1923 | 1435 | DRG (G 8.2)/56 2806/PKP Tr 6-42 | |
| 2719 | 1'D h2 | G | 1923 | 1435 | DRG (G 8.2)/56 2807 | |
| 2742 | 1'D h2 | G | 1923 | 1435 | DRG/56 2879/DB | 02.11.1961 |
| 2743 | 1'D h2 | G | 1923 | 1435 | DRG/56 2880/DB | 28.10.1959 |
| 2744 | 1'D h2 | G | 1923 | 1435 | DRG/56 2881/DB | 28.10.1959 |
| 2745 | 1'D h2 | G | 1923 | 1435 | DRG/56 2882/DB | 18.10.1954 |
| 2746 | 1'D h2 | G | 1923 | 1435 | DRG/56 2883/DB | 18.10.1954 |
| 2747 | 1'D h2 | G | 1923 | 1435 | DRG/56 2884 | |
| 2749 | 1'D h2 | G | 1923 | 1435 | DRG/56 2885/DB | 13.12.1950 |
| 2750 | 1'D h2 | G | 1923 | 1435 | DRG/56 2886 | 18.01.1945 |
| 2751 | 1'D h2 | G | 1923 | 1435 | DRG/56 2887/DB | 18.10.1954 |
| 2752 | 1'D h2 | G | 1923 | 1435 | DRG/56 2888/DB | 28.10.1959 |
| 2753 | 1'D h2 | G | 1923 | 1435 | DRG/56 2889/DB | 18.10.1954 |
| 2754 | 1'D h2 | G | 1923 | 1435 | DRG/56 2890 | |
| 2755 | 1'D h2 | G | 1923 | 1435 | DRG/56 2891/PKP Tr 6-50 | |
| 2756 | 1'D h2 | G | 1923 | 1435 | DRG/56 2892/DB | 18.10.1954 |
| 2757 | 1'D h2 | G | 1923 | 1435 | DRG/56 2893 | 01.03.1943 |
| 2758 | 1'D h2 | G | 1923 | 1435 | DRG/56 2894/DB | 18.10.1954 |
| 2759 | 1'D h2 | G | 1923 | 1435 | DRG/56 2895/DB | 18.10.1954 |
| 2771 | 2'C h2 | P | 1924 | 1435 | DRG/38 4048 | |
| 2772 | 2'C h2 | P | 1924 | 1435 | DRG/38 4049 | |
| 2773 | 2'C h2 | P | 1924 | 1435 | DRG/38 4050/PKP Ok 1-268 | 1976 |
| 2774 | 2'C h2 | P | 1924 | 1435 | DRG/38 4051/DB/(038 051-9) | 05.07.1967 |
| 2775 | 1'D h2 | G | 1924 | 1435 | DRG/56 2896/PKP Tr 6-21 | |
| 2776 | 1'D h2 | G | 1924 | 1435 | DRG/56 2897/DB | 18.10.1954 |
| 2777 | 1'D h2 | G | 1924 | 1435 | DRG/56 2898/PKP Tr 6-51 | |
| 2778 | 1'D h2 | G | 1924 | 1435 | DRG/56 2899/PKP Tr 6-52 | |
| 2779 | 1'D h2 | G | 1924 | 1435 | DRG/56 2900/DB | 13.12.1950 |
| 2780 | 1'D h2 | G | 1924 | 1435 | DRG/56 2901/DB | 30.09.1960 |
| 2781 | 1'D h2 | G | 1924 | 1435 | DRG/56 2902/DB | 26.04.1961 |
| 2782 | 1'D h2 | G | 1924 | 1435 | DRG/56 2903/DB | 30.09.1960 |
| 2783 | 1'D h2 | G | 1924 | 1435 | DRG/56 2904/DB | 18.10.1954 |
| 2784 | 1'D h2 | G | 1924 | 1435 | DRG/56 2905 | |
| 2790 | C n2t | - | 1924 | 1435 | Henkel von Donnersmarck, Beuthen O/S, für Hugozwenggrube | |
| 2833 | C n2t | - | 1924 | 1435 | Kleinbahn Niebüll-Dagebüll/2/1934 an Krupp | |
| 2855 | 1'D h2 | G | 1927 | 1435 | DRG/56 2908/DB | 18.10.1954 |
| 2856 | 1'D h2 | G | 1927 | 1435 | DRG/56 2909/DB | 11.05.1960 |
| 2857 | 1'D h2 | G | 1927 | 1435 | DRG/56 2910 | |
| 2898 | E h2t | - | 1925 | 785 | Schlesische Kleinbahn AG, Gleiwitz, für Klb Gleiwitz-Rauden-Ratibor/9/ PKP Tw 5-2601/Tw 9-2466 | 1973 |
| 2899 | E h2t | - | 1925 | 785 | Schlesische Kleinbahn AG, Gleiwitz, für Klb Gleiwitz-Rauden-Ratibor/10/ PKP Tw 5-2602 | 1948 |
| 2918 | 1'D1'h2 | G | 1925 | 1676 | Brasilianische Zentralbahn (Central do Brasil)/801 | |
| 2919 | 1'D1'h2 | G | 1925 | 1000 | Brasilianische Zentralbahn (Central do Brasil)/402 | |
| 2941 | 1'C h2 | - | 1925 | 1435 | Reinickendorf-Liebenwalde-Groß-Schönebecker Eisenbahn/01/1949 DR DR 74 6611[1] | 18.05.1965 |
| 2942 | 1'C h2 | - | 1925 | 1435 | Reinickendorf-Liebenwalde-Groß-Schönebecker Eisenbahn/02/1949 DR 74 6612[1] | 27.07.1966 |
| 2983 | 2'C1'h2 | S | 1926 | 1435 | DRG/01 009/DB | 20.06.1966 |
| 2984 | 2'C1'h2 | S | 1926 | 1435 | DRG/01 010/DB | 20.06.1966 |
| 3106 | C h2t | - | 1926 | 1435 | Osthavelländische Kreisbahn, Berlin-Spandau/11/1949 DR 89 6479 | 07.08.1967 |
| 3131 | 1'C h2t | - | 1926 | 1000 | Kreisbahn Emden-Pewsum-Greetsiel/EMDEN 6/sp. EPG 41 | 1958 |
| 3134 | B n2t | - | 1926 | 785 | Schlesische AG für Bergbau und Zinkhüttenbetriebe, Lipine O/S/21 | |
| 3135 | B n2t | - | 1925 | 785 | Schlesische AG für Bergbau und Zinkhüttenbetriebe, Lipine O/S/22 | |
| 3141 | 1'C h2t | - | 1925 | 1435 | Mecklenburgische Friedrich-Wilhelm Eisenbahn/31/sp. 27/1941 DRG 91 231/OWE 40/1949 DR 91 6676 | 01.12.1961 |
| 3142 | 1'C h2t | - | 1925 | 1435 | Mecklenburgische Friedrich-Wilhelm Eisenbahn/32/sp. 28/1941 DRG 91 232/DR | 01.02.1965 |
| 3151 | C h2t | - | 1926 | 1435 | Osthavelländische Kreisbahn, Berlin-Spandau/12/1949 DR 89 6480 | 06.11.1968 |

[1] Bei Übernahme durch die DR 1950 falsch umgezeichnet, richtig wäre 74 6676 und 74 6677

| Fabriknummer | Bauart | Gattung | Auslieferungsdatum | Spurweite | Empfänger/Verbleib | Ausmusterung |
|---|---|---|---|---|---|---|
| 3152 | C h2t | – | 1926 | 1435 | Osthavelländische Kreisbahn, Berlin-Spandau/13/1949 DR 89 6481 | 08.07.1970 |
| 3247 | 1'D1'h2 | G | 1925 | 1000 | Sao Paulo-Rio Grande Eisenbahn (Brasilien)/401 | |
| 3248 | 1'D1'h2 | G | 1925 | 1000 | Sao Paulo-Rio Grande Eisenbahn (Brasilien)/402 | |
| 3249 | 1'D1'h2 | G | 1925 | 1000 | Sao Paulo-Rio Grande Eisenbahn (Brasilien)/403 | |
| 3250 | 1'D1'h2 | G | 1925 | 1000 | Sao Paulo-Rio Grande Eisenbahn (Brasilien)/404 | |
| 3413 | D h2t | - | 1926 | 1000 | Flensburger Kreisbahn/1" | 1953 |
| 3414 | D h2t | - | 1926 | 1000 | Flensburger Kreisbahn/2" | 1953 |
| 3486 | 1'C1'h2t | Pt | 03.1928 | 1435 | DRG/64 027/DB | 30.11.1964 |
| 3487 | 1'C1'h2t | Pt | 03.1928 | 1435 | DRG/64 028/DB | 10.03.1955 |
| 3488 | 1'C1'h2t | Pt | 03.1928 | 1435 | DRG/64 029/DB | 18.06.1962 |
| 3489 | 1'C1'h2t | Pt | 03.1928 | 1435 | DRG/64 030/DB | 20.06.1966 |
| 3490 | 1'C1'h2t | Pt | 03.1928 | 1435 | DRG/64 031/DB/064 031-8 | 02.06.1971 |
| 3491 | 1'C1'h2t | Pt | 03.1928 | 1435 | DRG/64 032/DB | 10.03.1965 |
| 3508 | 1'D1'h2 | G | 1928 | 1000 | Iterara-Fartura Eisenbahn (Brasilien) | |
| 3509 | 1'D1'h2 | G | 1928 | 1000 | Iterara-Fartura Eisenbahn (Brasilien) | |
| 3510 | 1'D1'h2 | G | 1928 | 1000 | Iterara-Fartura Eisenbahn (Brasilien) | |
| 3511 | 1'D1'h2 | G | 1928 | 1000 | Iterara-Fartura Eisenbahn (Brasilien) | |
| 3518 | 1'D h2 | G | 1928 | 1435 | DRG/56 2906 Kst | |
| 3519 | 1'D h2 | G | 1928 | 1435 | DRG/56 2907/Kst/DR | 01.06.1967 |
| 3877 | D h2t | – | 09.1927 | 1435 | Kreis Oldenburger Eisenbahn/10/1941/DRG 92 441/DR | 19.01.1966 |
| 3885 | 1'D1'h2t | - | 08.1927 | 1435 | Mecklenburgische Friedrich-Wilhelm Eisenbahn/33/1941 DRG 93 1601/DR | 30.11.1967 |
| 3886 | 1'D1'h2t | – | 08.1927 | 1435 | Mecklenburgische Friedrich-Wilhelm Eisenbahn/34/1941 DRG 93 1602/DR | 18.11.1968 |
| 3933 | 1'D1'h2 | G | 11.1927 | 1000 | Jodhpur Railway (Indien)/096 | |
| 3934 | 1'D1'h2 | G | 1927 | 1000 | Jodhpur Railway (Indien)/097 | |
| 3935 | 1'D1'h2 | G | 1927 | 1000 | Jodhpur Railway (Indien)/098 | |
| 3936 | 2'C1'h2 | S | 1928 | 1435 | DRG/01 067/DB/001 067-8 | 03.12.1969 |
| 3937 | 2'C1'h2 | S• | 1928 | 1435 | DRG/01 068/DB | 10.03.1965 |
| 3938 | 2'C1'h2 | S | 1928 | 1435 | DRG/01 069/DR/01 2069-1 | 19.11.1980 |
| 3939 | 2'C1'h2 | S | 1928 | 1435 | DRG/01 070/DB | 10.03.1965 |
| 3940 | 2'C1'h2 | S | 1928 | 1435 | DRG/01 071/DB/(001 071-8) | 22.05.1967 |
| 3941 | 2'C1'h2 | S | 1928 | 1435 | DRG/01 072/DB | 01.09.1965 |
| 3942 | 2'C1'h2 | S | 1928 | 1435 | DRG/01 073/DB/001 073-6 | 02.06.1971 |
| 3943 | 2'C1'h2 | S | 1928 | 1435 | DRG/01 074/DB | 10.03.1965 |
| 3944 | 2'C1'h2 | S | 1928 | 1435 | DRG/01 075/DB | 28.05.1963 |
| 3945 | 2'C1'h2 | S | 1928 | 1435 | DRG/01 076/DB | 05.07.1967 |
| 3952 | 1'D h2 | G | 1928 | 1435 | DRG/56 2911/DB | 27.04.1959 |
| 3953 | 1'D h2 | G | 1928 | 1485 | DRG/56 2912/DB | 13.12.1950 |
| 3954 | 1'D h2 | G | 1928 | 1435 | DRG/56 2913/DR | 20.12.1967 |
| 3955 | 1'D h2 | G | 1928 | 1435 | DRG/56 2914/DB | 25.04.1958 |
| 3956 | 1'D h2 | G | 1928 | 1435 | DRG/56 2915 | |
| 3957 | 1'D h2 | G | 1928 | 1435 | DRG/56 2916/DR/56 2916-7 | 09.08.1971 |
| 4230 | D h2t | – | 1929 | 1435 | Kreis Oldenburger Eisenbahn/11/1941 DRG 92 442/DB/1949 HLB 16/1971 GES | |
| 4258 | 1'C h2t | - | 1929 | 1435 | Klb Freienwalde-Zehden 1/BStB 14"/1937 BStB 12/1940 BStB 1-61/1949 DR 91 6485 | |
| 4340 | C n2t | - | 1929 | 1435 | Krain'sche Industrie Gesellschaft | |
| 4391 | 1'C h2t | – | 1929 | 1435 | Brandenburgische Städtebahn/13"/1937 BStB 11/1940 BStB 1-60/1949 DR 91 6484 | 27.07.1966 |
| 4408 | E h2 | G | 1930 | 1435 | Rumänische Staatsbahn (CFR) (pr. G 10) 50 453 | |
| 4409 | E h2 | G | 1930 | 1435 | Rumänische Staatsbahn (CFR) (pr. G 10) 50 454 | |
| 4410 | E h2 | G | 1930 | 1435 | Rumänische Staatsbahn (CFR) (pr. G 10) 50 455 | |
| 4411 | E h2 | G | 1930 | 1435 | Rumänische Staatsbahn (CFR) (pr. G 10) 50 456/1940 SZD | |
| 4412 | E h2 | G | 1930 | 1435 | Rumänische Staatsbahn (CFR) (pr. G 10) 50 457/1940 SZD | |
| 4413 | E h2 | G | 1930 | 1435 | Rumänische Staatsbahn (CFR) (pr. G 10) 50 458 | |
| 4414 | E h2 | G | 1930 | 1435 | Rumänische Staatsbahn (CFR) (pr. G 10) 50 459 | |
| 4415 | E h2 | G | 1930 | 1435 | Rumänische Staatsbahn (CFR) (pr. G 10) 50 460 | |
| 4416 | E h2 | G | 1930 | 1435 | Rumänische Staatsbahn (CFR) (pr. G 10) 50 461 | |
| 4417 | E h2 | G | 1930 | 1435 | Rumänische Staatsbahn (CFR) (pr. G 10) 50 462 | |
| 4422 | E h2 | G | 1930 | 1435 | Rumänische Staatsbahn (CFR) (pr. G 10) 50 463 | |
| 4423 | E h2 | G | 1930 | 1435 | Rumänische Staatsbahn (CFR) (pr. G 10) 50 464/1940 SZD/194 CFR | |
| 4424 | E h2 | G | 1930 | 1435 | Rumänische Staatsbahn (CFR) (pr. G 10) 50 465 | |
| 4425 | E h2 | G | 1930 | 1435 | Rumänische Staatsbahn (CFR) (pr. G 10) 50 466 | |
| 4426 | E h2 | G | 1930 | 1435 | Rumänische Staatsbahn (CFR) (pr. G 10) 50 467 | |
| 4427 | E h2 | G | 1930 | 1435 | Rumänische Staatsbahn (CFR) (pr. G 10) 50 468 | |
| 4428 | E h2 | G | 1930 | 1435 | Rumänische Staatsbahn (CFR) (pr. G 10) 50 469 | |
| 4447 | 1'D1'h2 | G | 1930 | 1000 | Gondal Railway (Indien)/2 | |
| 4490 | C1'n2 | G | 1930 | 1000 | Bengal & North-Western Railway (Indien)/YF 384 | |
| 4491 | C1'n2 | G | 1930 | 1000 | Bengal & North-Western Railway (Indien)/YF 385 | |
| 4492 | C1'n2 | G | 1930 | 1000 | Bengal & North-Western Railway (Indien)/YF 386 | |
| 4493 | C1'n2 | G | 1930 | 1000 | Bengal & North-Western Railway (Indien)/YF 387 | |
| 4494 | C1'n2 | G | 1930 | 1000 | Bengal & North-Western Railway (Indien)/YF 388 | |
| 4495 | C1'n2 | G | 1930 | 1000 | Bengal & North-Western Railway (Indien)/YF 389 | |

| Fabriknummer | Bauart | Gattung | Auslieferungsdatum | Spurweite | Empfänger/Verbleib | Ausmusterung |
|---|---|---|---|---|---|---|
| 4496 | C1'n2 | G | 1930 | 1000 | Bengal & North-Western Railway (Indien)/YF 390 | |
| 4497 | C1'n2 | G | 1930 | 1000 | Bengal & North-Western Railway (Indien)/YF 391 | |
| 4498 | C1'n2 | G | 1930 | 1000 | Bengal & North-Western Railway (Indien)/YF 392 | |
| 4499 | C1'n2 | G | 1930 | 1000 | Bengal & North-Western Railway (Indien)/YF 393 | |
| 4500 | C1'n2 | G | 1930 | 1000 | Bengal & North-Western Railway (Indien)/YF 394 | |
| 4501 | C1'n2 | G | 1930 | 1000 | Bengal & North-Western Railway (Indien)/YF 395 | |
| 4502 | C1'n2 | G | 1930 | 1000 | Bengal & North-Western Railway (Indien)/YF 396 | |
| 4503 | C1'n2 | G | 1930 | 1000 | Bengal & North-Western Railway (Indien)/YF 397 | |
| 4504 | C1'n2 | G | 1930 | 1000 | Bengal & North-Western Railway (Indien)/YF 398 | |
| 4505 | C1'n2 | G | 1930 | 1000 | Bengal & North-Western Railway (Indien)/YF 399 | |
| 4506 | C1'n2 | G | 1930 | 1000 | Bengal & North-Western Railway (Indien)/YF 400 | |
| 4507 | C1'n2 | G | 1930 | 1000 | Bengal & North-Western Railway (Indien)/YF 401 | |
| 4508 | C1'n2 | G | 1930 | 1000 | Bengal & North-Western Railway (Indien)/YF 402 | |
| 4509 | C1'n2 | G | 1930 | 1000 | Bengal & North-Western Railway (Indien)/YF 403 | |
| 4510 | C1'n2 | G | 1930 | 1000 | Bengal & North-Western Railway (Indien)/YF 404 | |
| 4511 | C1'n2 | G | 1930 | 1000 | Bengal & North-Western Railway (Indien)/YF 405 | |
| 4532 | C1'n2 | G | 1930 | 1000 | Rohilkund & Kumaon Railway (Indien)/YF 91 | |
| 4533 | C1'n2 | G | 1930 | 1000 | Rohilkund & Kumaon Railway (Indien)/YF 92 | |
| 4534 | C1'n2 | G | 1930 | 1000 | Rohilkund & Kumaon Railway (Indien)/YF 93 | |
| 4541 | Kessel | | 1930 | - | Gr. Indian Pen. Railway | |
| 4542 | Kessel | | 1930 | - | Gr. Indian Pen. Railway | |
| 4543 | Kessel | | 1930 | - | Gr. Indian Pen. Railway | |
| 4544 | Kessel | | 1930 | - | Gr. Indian Pen. Railway | |
| 4545 | Kessel | | 1930 | - | Gr. Indian Pen. Railway | |
| 4546 | Kessel | | 1930 | - | Gr. Indian Pen. Railway | |
| 4547 | Kessel | | 1930 | - | Gr. Indian Pen. Railway | |
| 4548 | Kessel | | 1930 | - | Gr. Indian Pen. Railway | |
| 4549 | Kessel | | 1930 | - | Gr. Indian Pen. Railway | |
| 4550 | Kessel | | 1930 | - | Gr. Indian Pen. Railway | |
| 4573 | 1'D1'h2 | G | 1930 | 1000 | Madras & Southern Mahratta Railway (Indien)/YD 616 | |
| 4574 | 1'D1'h2 | G | 1930 | 1000 | Madras & Southern Mahratta Railway (Indien)/YD 617 | |
| 4575 | 1'D1'h2 | G | 1930 | 1000 | Madras & Southern Mahratta Railway (Indien)/YD 618 | |
| 4576 | 1'D1'h2 | G | 1930 | 1000 | Madras & Southern Mahratta Railway (Indien)/YD 482 | |
| 4577 | 1'D1'h2 | G | 1930 | 1000 | South India Railway (Indien)/YD 15 | |
| 4578 | 1'D1'h2 | G | 1930 | 1000 | South India Railway (Indien)/YD 16 | |
| 4579 | 1'D1'h2 | G | 1930 | 1000 | South India Railway (Indien)/YD 17 | |
| 4580 | 1'D1'h2 | G | 1930 | 1000 | South India Railway (Indien)/YD 18 | |
| 4581 | 1'D1'h2 | G | 1930 | 1000 | South India Railway (Indien)/YD 19 | |
| 4582 | 1'D1'h2 | G | 1930 | 1000 | South India Railway (Indien)/YD 20 | |
| 4583 | 1'D1'h2 | G | 1930 | 1000 | Madras & Southern Mahratta Railway (Indien)/YD 614 | |
| 4584 | 1'D1'h2 | G | 1930 | 1000 | Madras & Southern Mahratta Railway (Indien)/YD 615 | |
| 4626 | 2'2'-Tender | | 1931 | 1676 | North Western Railway/XC 1858 | |
| 4627 | 2'2'-Tender | | 1931 | 1676 | North Western Railway/XC 1859 | |
| 4628 | 2'2'-Tender | | 1931 | 1676 | North Western Railway/XC 1860 | |
| 4629 | 2'2'-Tender | | 1931 | 1676 | North Western Railway/XC 1861 | |
| 4630 | 2'2'-Tender | | 1931 | 1676 | North Western Railway/XC 1862 | |
| 4631 | 2'2'-Tender | | 1931 | 1676 | North Western Railway/XC 1863 | |
| 4632 | 2'2'-Tender | | 1931 | 1676 | North Western Railway/XC 1864 | |
| 4633 | 2'2'-Tender | | 1931 | 1676 | North Western Railway/XC 1865 | |
| 4634 | 2'2'-Tender | | 1931 | 1676 | North Western Railway/XC 1866 | |
| 4635 | 2'2'-Tender | | 1931 | 1676 | North Western Railway/XC 1867 | |
| 4636 | 2'2'-Tender | | 1931 | | Bombay & Baroda Railway (Indien)/XC 613 | |
| 4637 | 2'2'-Tender | | 1931 | | Bombay & Baroda Railway (Indien)/XC 614 | |
| 4638 | 2'2'-Tender | | 1931 | | Bombay & Baroda Railway (Indien)/XC 615 | |
| 4639 | 2'2'-Tender | | 1931 | | Bombay & Baroda Railway (Indien)/XC 616 | |

1931 übernahm die AEG die Dampflokomotivproduktion von der Firma A. Borsig, Berlin-Tegel, und firmierte ab Fabrik-Nummer 14 397 mit Borsig Lokomotiv-Werke, Hennigsdorf/Osthavelland.

<u>Borsig Lokomotiv-Werke GmbH, Hennigsdorf/Osthavelland</u>

| Fabriknummer | Bauart | Gattung | Auslieferungsdatum | Spurweite | Empfänger/Verbleib | Ausmusterung |
|---|---|---|---|---|---|---|
| 14397 | 2'C1'h2 | S | 23.11.31 | 1435 | DRG, RZA Berlin/03 016/DB | 03.06.1965 |
| 14398 | 2'C1'h2 | S | 27.11.31 | 1435 | DRG, RZA Berlin/03 017/DB | 09.08.1963 |
| 14399 | 2'C1'h2 | S | 30.11.31 | 1435 | DRG, RZA Berlin/03 018/PKP Pm 2-16 | |
| 14400 | 2'C1'h2 | S | 07.12.31 | 1435 | DRG, RZA Berlin/03 019/DR/03 2019-2/31.07.71 EK v. 22 030/27.07.77 Dsp WBK Bln | |
| 14401 | 2'C1'h2 | S | 14.12.31 | 1435 | DRG, RZA Berlin/03 020/PKP Pm 2-2 | 1973 |
| 14402 | 2'C1'h2 | S | 21.12.31 | 1435 | DRG, RZA Berlin/03 021/DR/03 2021-8 | 17.01.1980 |
| 14403 | 2'C1'h2 | S | 28.12.31 | 1435 | DRG, RZA Berlin/03 022/PKP Pm 2-3 | |
| 14404 | 2'C1'h2 | S | 08.01.32 | 1435 | DRG, RZA Berlin/03 023/DR | 18.07.1969 |
| 14405 | 2'C1'h2 | S | 18.01.32 | 1435 | DRG, RZA Berlin/03 024/PKP Pm 2-4 | |

| Fabriknummer | Bauart | Gattung | Auslieferungsdatum | Spurweite | Empfänger/Verbleib | Ausmusterung |
|---|---|---|---|---|---|---|
| 14406 | 2'C1'h2 | S | 27.01.32 | 1435 | DRG, RZA Berlin/03 025/DR/03 2025-9 | 08.05.1978 |
| 14407 | 2'C1'h2 | S | 29.01.32 | 1435 | DRG, RZA Berlin/03 026 | |
| 14408 | 2'C1'h2 | S | 12.02.32 | 1435 | DRG, RZA Berlin/03 027 | |
| 14409 | 2'C1'h2 | S | 22.02.32 | 1435 | DRG, RZA Berlin/03 028/DR/03 2028-3 | 08.05.1978 |
| 14410 | 2'C1'h2 | S | 29.02.32 | 1435 | DRG, RZA Berlin/03 029/PKP Pm 2-6 | |
| 14411 | B n2t | - | 21.05.31 | 1000 | Deutsch-Französisches Baukonsortium, Hamburg, für Madagaskar | |
| 14412 | B n2t | - | 21.05.31 | 1000 | Deutsch-Französisches Baukonsortium, Hamburg, für Madagaskar | |
| 14413 | B n2ft | FL | 12.02.32 | 1435 | Gräflich Schaffgot'sche Werke GmbH, Gleiwitz, für Odertalkokerei, Deschowitz | |
| 14414 | 2'C1'h2 | S | 28.04.32 | 1435 | DRG, RZA Berlin/03 070/DR/03 2070-5 | 17.10.1973 |
| 14415 | 2'C1'h2 | S | 30.04.32 | 1435 | DRG, RZA Berlin/03 071/DB | 20.06.1966 |
| 14416 | 2'C1'h2 | S | 18.05.32 | 1435 | DRG, RZA Berlin/03 072/DB/003 072-6 | 03.12.1969 |
| 14417 | 2'C1'h2 | S | 25.05.32 | 1435 | DRG, RZA Berlin/03 073/DB | 18.06.1962 |
| 14418 | 2'C1'h2 | S | 31.05.32 | 1435 | DRG, RZA Berlin/03 074/DB | 22.11.1966 |
| 14419 | 2'C1'h2 | S | 09.06.32 | 1435 | DRG, RZA Berlin/03 075/PKP Pm 2-9 | |
| 14420 | 1'D1'h2t | Gt | 05.07.32 | 1435 | DRG, RZA Berlin/86 048/DR/86 1048-7 | 19.12.1974 |
| 14421 | 1'D1'h2t | Gt | 11.07.32 | 1435 | DRG, RZA Berlin/86 049/DR/86 1049-5 | |
| 14422 | 1'D1'h2t | Gt | 21.07.32 | 1435 | DRG, RZA Berlin/86 050/DR/86 1050-3 | 23.03.1975 |
| 14423 | 1'D1'h2t | Gt | 30.07.32 | 1435 | DRG, RZA Berlin/86 051/DR/1945-47 abgegeben | |
| 14424 | 1'D1'h2t | Gt | 30.07.32 | 1435 | DRG, RZA Berlin/86 052/DR/1945-47 abgegeben | |
| 14425 | 1'D1'h2t | Gt | 10.08.32 | 1435 | DRG, RZA Berlin/86 053/DR/86 1053-7 | 17.10.1975 |
| 14426 | 1'D1'h2t | Gt | 31.08.32 | 1435 | DRG, RZA Berlin/86 054/DR/1945-47 abgegeben | |
| 14427 | 1'D1'h2t | Gt | 31.08.32 | 1435 | DRG, RZA Berlin/86 055/DR/1945-47 abgegeben | |
| 14428 | 1'D1'h2t | Gt | 31.08.32 | 1435 | DRG, RZA Berlin/86 056/DR/86 1056-0 | |
| 14429 | 1'D1'h2t | Gt | 31.08.32 | 1435 | DRG, RZA Berlin/86 057/DR/1946-47 abgegeben | |
| 14430 | 1'D1'h2t | Gt | 07.09.32 | 1435 | DRG, RZA Berlin/86 058/DR/1946-47 abgegeben | |
| 14431 | 1'D1'h2t | Gt | 26.09.32 | 1435 | DRG, RZA Berlin/86 059/DR/86 1059-4 | 02.02.1975 |
| 14432 | 1'D1'h2t | Gt | 01.10.32 | 1435 | DRG, RZA Berlin/86 060/ČSD | |
| 14433 | Kessel | - | 15.03.32 | - | Imperial Chemical, London, für Südafrika (Cape Explosive Works) | |
| 14434 | 1'C h2v | P | 30.11.32 | 1435 | DRG RZA Berlin/24 069/DB/10.11.1952 U.h2/Mitteldruck-Versuchslokomotive | 04.12.1961 |
| 14435 | 1'C h2 | P | 22.12.32 | 1435 | DRG, RZA Berlin/24 070/1935 U.h2v/DB/01.07.1962 Uh2/Mitteldruck-Versuchslokomotive | 04.12.1961 |
| 14436 | 1'D1'h2t | Gt | 30.01.33 | 1435 | DRG, RZA Berlin/86 118/DR/1945-47 abgegeben | |
| 14437 | 1'D1'h2t | Gt | 27.01.33 | 1435 | DRG, RZA Berlin/86 119/DR/86 1119-6 | 29.03.1976 |
| 14438 | 1'D1'h2t | Gt | 31.01.33 | 1435 | DRG, RZA Berlin/86 120/ČSD/R | |
| 14439 | 1'D1'h2t | Gt | 07.02.33 | 1435 | DRG, RZA Berlin/86 121/DR/86 1121-2 | 16.01.1975 |
| 14440 | 1'D1'h2t | Gt | 14.02.33 | 1435 | DRG, RZA Berlin/86 122/DR/86 1122-0 | 16.01.1975 |
| 14441 | 1'D1'h2t | Gt | 21.02.33 | 1435 | DRG, RZA Berlin/86 123/DR/86 1123-8 | 20.09.1972 |
| 14442 | 1'D1'h2t | Gt | 28.02.33 | 1435 | DRG, RZA Berlin/86 124/DR/1945-47 abgegeben | |
| 14443 | 1'D1'h2t | Gt | 16.03.33 | 1435 | DRG, RZA Berlin/86 125/DR/1945-47 abgegeben | |
| 14444 | 1'D1'h2t | Gt | 28.03.33 | 1435 | DRG, RZA Berlin/86 126/DR/86 1126-1 | 1977 |
| 14445 | 2'C1'h2 | S | 26.04.33 | 1435 | DRG, RZA Berlin/03 094/DB/003 094-0 | 12.03.1968 |
| 14446 | 2'C1'h2 | S | 29.04.33 | 1435 | DRG, RZA Berlin/03 095/DR/03 2095-2/12.74 EK v. 22 050 | |
| 14447 | 2'C1'h2 | S | 22.05.33 | 1435 | DRG, RZA Berlin/03 096/DR/93 2096-0/02.08.69 EK v. 22 071 | |
| 14448 | 2'C1'h2 | S | 30.05.33 | 1435 | DRG, RZA Berlin/03 097 | |
| 14449 | 2'C1'h2 | S | 20.06.33 | 1435 | DRG, RZA Berlin/03 098/DR/03 2098-6/01.71 EK v. 22 016 | |
| 14450 | 2'C1'h2 | S | 29.06.33 | 1435 | DRG, RZA Berlin/03 099 | |
| 14451 | 2'C1'h2 | S | 20.07.33 | 1435 | DRG, RZA Berlin/03 100/DR/03 2100-2/07.73 EK v. 22 031 | 01.02.1977 |
| 14452 | 2'C1'h2 | S | 28.07.33 | 1435 | DRG, RZA Berlin/03 101/DB | 10.06.1966 |
| 14453 | 2'C1'h2 | S | 25.08.33 | 1435 | DRG, RZA Berlin/03 120/DR/03 2120-8 | 05.05.1975 |
| 14454 | Kessel | - | 10.06.33 | 1435 | Stolper Kreisbahn AG, Schlawe i. Pommern/für U. Lok 43 auf Heißdampf/43H/1940 PLB 51 H 3415/1949 PKP Tki 100-15 (ex Hohenzollern 1258/1900 pr. T 9.2 Esn 1832/1906 Esn 7233/1922 StK B 43) | |
| 14455 | B de | VL | 03.10.33 | 1435 | DRG, RZA Berlin/Köe 4078/28.05.44 WVD Italien | |
| 14456 | B de | VL | 18.02.35 | 1435 | DRG, RZA Berlin/Köe 4079/DB/(321 044-1)/U. DB 323.443 | 21.12.1979 |
| 14457 | B de | VL | 19.02.35 | 1435 | DRG, RZA Berlin/Köe 4080/28.05.44 WVD Italien | |
| 14458 | B de | VL | 20.02.35 | 1435 | DRG, RZA Berlin/Köe 4081/ÖBB 130.01 | |
| 14459 | B de | VL | 21.02.35 | 1435 | DRG, RZA Berlin/Köe 4082/FS 213.901 | |
| 14460 | B de | VL | 22.02.35 | 1435 | DRG, RZA Berlin/Köe 4083/DB/321 531-6/09.12.68 DB 322.621 | 16.07.1977 |
| 14461 | B de | VL | 25.02.35 | 1435 | DRG, RZA Berlin/Köe 4084/DB/321 532-4/07.11.68 DB 322.619/24.03.76 verk. | |
| 14462 | B de | VL | 26.02.35 | 1435 | DRG, RZA Berlin/Köe 4085/ÖBB 130.02 | |
| 14463 | B de | VL | 01.03.35 | 1435 | DRG, RZA Berlin/Köe 4086/28.05.44 WVD Italien | |
| 14464 | B de | VL | 04.03.35 | 1435 | DRG, RZA Berlin/Köe 4087/DB/(321 045-7)/DB 323.496 | 17.09.1971 |
| 14465 | 2'C1'h2 | S | 10.11.33 | 1435 | DRG, RZA Berlin/03 123/DR/03 2123-2/12.71 EK v. 22033 | 22.12.1980 |
| 14466 | 2'C1'h2 | S | 21.11.33 | 1435 | DRG, RZA Berlin/03 124 | |
| 14467 | 2'C1'h2 | S | 30.11.33 | 1435 | DRG, RZA Berlin/03 125 | |
| 14468 | 2'C1'h2 | S | 07.12.33 | 1435 | DRG, RZA Berlin/03 126/DR/03 2126-5/05.75 EK 22 057 | |
| 14469 | 2'C1'h2 | S | 19.12.33 | 1435 | DRG, RZA Berlin/03 127/DB | 03.03.1969 |
| 14470 | 2'C1'h2 | S | 29.12.33 | 1435 | DRG, RZA Berlin/03 128/DR/03 2128-1 | 21.07.1981 |
| 14471 | 2'C1'h2 | S | 13.02.34 | 1435 | DRG, RZA Berlin/03 151/DR/03 2151-3/01.69 EK 22 035 | |
| 14472 | 2'C1'h2 | S | 16.02.34 | 1435 | DRG, RZA Berlin/03 152/PKP Pm 2-21 | |

| Fa-brik-num-mer | Bauart | Gat-tung | Aus-liefe-rungs-datum | Spur-weite | Empfänger/Verbleib | Aus-muste-rung |
|---|---|---|---|---|---|---|
| 14473 | 2'C1'h2 | S | 22.02.34 | 1435 | DRG, RZA Berlin/03 153/DR/03 2153-9/31.01.71 EK 22 051 | |
| 14474 | 2'C1'h2 | S | 19.03.34 | 1435 | DRG, RZA Berlin/03 154/DR/03 2154.7/03.69 EK 22 009/Stromlinienversuchslok | |
| 14475 | 2'C1'h2 | S | 28.02.34 | 1435 | DRG, RZA Berlin/03 155/DR/03 2155-4/08.75 EK 22 007 | |
| 14476 | 2'C1'h2 | S | 23.03.34 | 1435 | DRG, RZA Berlin/03 156/DR/03 2156-2 | 30.01.1980 |
| 14477 | 1'D1'h2t | Gt | 29.03.34 | 1435 | DRG, RZA Berlin/86 149/DR/86 1149-3 | 07.11.1973 |
| 14478 | 1'D1'h2t | Gt | 17.04.34 | 1435 | DRG, RZA Berlin/86 150/DR/86 1150-1 | 22.07.1977 |
| 14479 | 1'D1'h2t | Gt | 24.04.34 | 1435 | DRG, RZA Berlin/86 151/DR/86 1151-9 | 26.09.1974 |
| 14480 | 1'D1'h2t | Gt | 30.04.34 | 1435 | DRG, RZA Berlin/86 152/DR/10.45 abgegeben | |
| 14481 | 1'D1'h2t | Gt | 17.05.34 | 1435 | DRG, RZA Berlin/86 153/DR/1945-47 abgegeben | |
| 14482 | 1'D1'h2t | Gt | 29.05.34 | 1435 | DRG, RZA Berlin/86 154 | |
| 14483 | 1'D1'h2t | Gt | 14.06.34 | 1435 | DRG, RZA Berlin/86 155 | |
| 14484 | 1'D1'h2t | Gt | 28.06.34 | 1435 | DRG, RZA Berlin/86 156 | |
| 14485 | 1'D1'h2t | Gt | 17.07.34 | 1435 | DRG, RZA Berlin/86 157/PKP Tkt 3-10 | 1972 |
| 14486 | 1'D1 h2t | Gt | 31.07.34 | 1435 | DRG, RZA Berlin/86 158/PKP Tkt 3-11 | 1974 |
| 14487 | B dm | VL | 25.05.34 | 1435 | DRG, RZA Berlin/Kö 4467 | |
| 14488 | B dm | VL | 25.05.34 | 1435 | DRG, RZA Berlin/Kö 4468 | |
| 14489 | B dm | VL | 28.05.34 | 1435 | DRG, RZA Berlin/Kö 4469 | |
| 14490 | B dm | VL | 30.05.34 | 1435 | DRG, RZA Berlin/Kö 4470 | |
| 14491 | B dm | VL | 05.06.34 | 1435 | DRG, RZA Berlin/Kö 4471/DR/100 471-2 | |
| 14492 | B dm | VL | 08.06.34 | 1435 | DRG, RZA Berlin/Kö 4472 | |
| 14493 | B dm | VL | 15.06.34 | 1435 | DRG, RZA Berlin/Kö 4473/DB/321.028-3/01.07.68 DB 323 487-8 | 30.11.1977 |
| 14494 | B dm | VL | 18.06.34 | 1435 | DRG, RZA Berlin/Kö 4474 | |
| 14495 | B dm | VL | 19.06.34 | 1435 | DRG, RZA Berlin/Kö 4475 | |
| 14496 | B dm | VL | 21.06.34 | 1435 | DRG, RZA Berlin/Kö 4476/PKP SM 01- | |
| 14497 | B dm | VL | 25.06.34 | 1435 | DRG, RZA Berlin/Kö 4477 | |
| 14498 | B dm | VL | 25.06.34 | 1435 | DRG, RZA Berlin/Kö 4478 | |
| 14499 | B dm | VL | 27.06.34 | 1435 | DRG, RZA Berlin/Kö 4479 | |
| 14500 | B dm | VL | 29.06.34 | 1435 | DRG, RZA Berlin/Kö 4480/DR/100 480-3 | |
| 14501 | B dm | VL | 04.07.34 | 1435 | DRG, RZA Berlin/Kö 4481 | |
| 14502 | B dm | VL | 09.07.34 | 1435 | DRG, RZA Berlin/Kö 4482/DB/323 010-9 | |
| 14503 | B dm | VL | 12.07.34 | 1435 | DRG, RZA Berlin/Kö 4483 | |
| 14504 | B de | VL | 14.07.34 | 1435 | DRG, RZA Berlin/Kö 4484/DB/322 004-3 | |
| 14505 | B de | VL | 19.07.34 | 1435 | DRG, RZA Berlin/Kö 4485 | |
| 14506 | B de | BL | 27.07.34 | 1435 | DRG, RZA Berlin/Kö 4486/DB (321 217-2)/DB 323 471-3 | 25.06.1980 |
| 14507 | B de | VL | 27.07.34 | 1435 | DRG, RZA Berlin/Kö 4447 | |
| 14508 | B de | VL | 31.07.34 | 1435 | DRG, RZA Berlin/Kö 4448 | |
| 14509 | B de | VL | 10.08.34 | 1435 | DRG, RZA Berlin/Kö 4449 | |
| 14510 | B de | VL | 20.08.34 | 1435 | DRG, RZA Berlin/Kö 4450/DR/100 450-6 | |
| 14511 | B de | VL | 21.08.34 | 1435 | DRG, RZA Berlin/Kö 4451/DR/100 451-4 | |
| 14512 | B de | VL | 22.08.34 | 1435 | DRG, RZA Berlin/Kö 4452 | |
| 14513 | B de | VL | 24.08.34 | 1435 | DRG, RZA Berlin/Kö 4453 | |
| 14514 | B de | VL | 27.08.34 | 1435 | DRG, RZA Berlin/Kö 4454/DR/100 454-8 | |
| 14515 | B de | VL | 29.08.34 | 1435 | DRG, RZA Berlin/Kö 4455 | |
| 14516 | B de | VL | 31.08.34 | 1435 | DRG, RZA Berlin/Kö 4456 | |
| 14517 | B de | VL | 07.09.34 | 1435 | DRG, RZA Berlin/Kö 4457/DR/100 457-1 | |
| 14518 | B de | VL | 10.09.34 | 1435 | DRG, RZA Berlin/Kö 4458 | |
| 14519 | B de | VL | 12.09.34 | 1435 | DRG, RZA Berlin/Kö 4459 | |
| 14520 | B de | VL | 17.09.34 | 1435 | DRG, RZA Berlin/Kö 4460 | |
| 14521 | B de | VL | 18.09.34 | 1435 | DRG, RZA Berlin/Kö 4461 | |
| 14522 | B de | VL | 24.09.34 | 1435 | DRG, RZA Berlin/Kö 4462 | |
| 14523 | B de | VL | 27.09.34 | 1435 | DRG, RZA Berlin/Kö 4463 | |
| 14524 | B de | VL | 29.09.34 | 1435 | DRG, RZA Berlin/Kö 4464 | |
| 14525 | B de | VL | 08.10.34 | 1435 | DRG, RZA Berlin/Kö 4465 | |
| 14526 | B de | VL | 13.10.34 | 1435 | DRG, RZA Berlin/Kö 4466 | |
| 14527 | Kessel | - | 24.04.34 | 1435 | Companhia Uniao Fabril, Lissabon (Portugal) | |
| 14528 | 1'C1'h2t | - | 01.11.34 | 1435 | Schlawer Kleinbahn GmbH. Schlawe/1"/1940 PLB 61 H 3513/PKP Tki 100-16/ Museumslokomotive der PKP | |
| 14529 | 1'C1'h2t | - | 03.11.34 | 1435 | Schlawer Kleinbahn GmbH, Schlawe/2"/1940 PLB 62 H 3513/PKP Tki 100-10 | |
| 14530 | 2'C1'h2 | S | 30.11.34 | 1435 | DRG, RZA Berlin/03 166/DB | 10.03.1965 |
| 14531 | 2'C1'h2 | S | 18.12.34 | 1435 | DRG, RZA Berlin/03 167/DB | 06.01.1966 |
| 14532 | 2'C1'h2 | S | 29.12.34 | 1435 | DRG, RZA Berlin/03 168/DB/003 168-2 | 09.09.1971 |
| 14533 | 2'C1'h2 | S | 29.12.34 | 1435 | DRG, RZA Berlin/03 169/DB/003 169-0 | 02.10.1968 |
| 14534 | 2'C1'h2 | S | 28.01.35 | 1435 | DRG, RZA Berlin/03 170/DB | 01.09.1965 |
| 14535 | 2'C1'h2 | S | 31.01.35 | 1435 | DRG, RZA Berlin/03 174 | 1939 |
| 14536 | 1'D1'h2t | Gt | 04.10.34 | 1435 | DRG, RZA Berlin/86 205/DR/86 1205-3 | 26.09.1973 |
| 14537 | 1'D1'h2t | Gt | 12.10.34 | 1435 | DRG, RZA Berlin/86 206/PKP Tkt 3-12 | 1968 |
| 14538 | 1'D1'h2t | Gt | 20.10.34 | 1435 | DRG, RZA Berlin/86 207/ČSD/R/WL Huta Ostrava (ČSSR) | |
| 14539 | 1'D1'h2 | Gt | 29.10.34 | 1435 | DRG, RZA Berlin/86 208/ČSD/R | |
| 14540 | 1'D1'h2t | Gt | 09.11.34 | 1435 | DRG, RZA Berlin/86 209/DB | 20.06.1966 |
| 14541 | 1'D1'h2t | Gt | 24.11.35 | 1435 | DRG, RZA Berlin/86 210/DB | 20.06.1966 |
| 14542 | B de | VL | 12.03.35 | 1435 | DRG, RZA Berlin/Köe 4747/DR/100 747-5 | |

| Fabriknummer | Bauart | Gattung | Auslieferungsdatum | Spurweite | Empfänger/Verbleib | Ausmusterung |
|---|---|---|---|---|---|---|
| 14543 | B de | VL | 13.03.35 | 1435 | DRG, RZA Berlin/Köe 4748/DB/321 053-1/11.12.68 DB 322.144-7 | 31.12.1980 |
| 14544 | B de | VL | 15.03.35 | 1435 | DRG, RZA Berlin/Köe 4749/DR/100 749-1 | |
| 14545 | B de | VL | 18.03.35 | 1435 | DRG, RZA Berlin/Köe 4750/DR/100 750-9 | |
| 14546 | B de | VL | 22.03.35 | 1435 | DRG, RZA Berlin/Köe 4751/DR/100 751-7 | |
| 14547 | B de | VL | 27.03.35 | 1435 | DRG, RZA Berlin/Köe 4752/DR/100 752-5 | |
| 14548 | B de | VL | 01.04.35 | 1435 | DRG, RZA Berlin/Köe 4753/DR/100 753-3 | |
| 14549 | B de | VL | 02.04.35 | 1435 | DRG, RZA Berlin/Köe 4754/DR/100 754-1 | |
| 14550 | B de | VL | 08.04.35 | 1435 | DRG, RZA Berlin/Köe 4755/DR/100 755-8 | |
| 14551 | B de | VL | 26.04.35 | 1435 | DRG, RZA Berlin/Köe 4756/DR/100 756-6 | |
| 14552 | 2'C2'h3 | S | 08.03.35 | 1435 | DRG, RZA Berlin/05 001/DB | 16.06.1958 |
| 14553 | 2'C2'h3 | S | 17.05.35 | 1435 | DRG, RZA Berlin/05 002/DB | 16.06.1958 |
| 14554 | 2'C1'h2 | S | 30.09.35 | 1435 | DRG, RZA Berlin/03 193/DB/(003 193-0) | 12.03.1968 |
| 14555 | 2'C2'h3 | S | 03.45 | 1435 | DRG, RZA Berlin/05 003/DB | 16.06.1958 |
| 14556 | 2'C1'h2 | S | 01.05.35 | 1435 | DRG, RZA Berlin/03 176/DR/03 2176-0/11.72 EK 22 053 | |
| 14557 | 2'C1'h2 | S | 13.05.35 | 1435 | DRG, RZA Berlin/03 177/DR/03 2177-8/30.03.73 EK 22 052 | |
| 14558 | 2'C1'h2 | S | 29.05.35 | 1435 | DRG, RZA Berlin/03 178 | |
| 14559 | 2'C1'h2 | S | 21.06.35 | 1435 | DRG, RZA Berlin/03 179/DB/003 179-9 | 15.12.1971 |
| 14560 | 2'C1'h2 | S | 28.06.35 | 1435 | DRG, RZA Berlin/03 180/DR/03 2180-2/02.11.70 EK 22 015 | |
| 14561 | 2'C1'h2 | S | 31.07.35 | 1435 | DRG, RZA Berlin/03 181/PKP Pm 2-26 | 1976 |
| 14562 | 2'C1'h2 | S | 21.08.35 | 1435 | DRG, RZA Berlin/03 182/DB/003 182-3 | 11.12.1968 |
| 14563 | 2'C1'h2 | S | 19.09.35 | 1435 | DRG, RZA Berlin/03 183/PKP Pm 2-27 | 1975 |
| 14564 | 2'C1'h2 | S | 01.10.35 | 1435 | DRG, RZA Berlin/03 184/DB/003 184-9 | 10.07.1969 |
| 14565 | 1'D1'h2 | G | 30.08.35 | 1435 | Bulgarische Staatsbahn (BDZ)/01.14 | |
| 14566 | 1'D1'h2 | G | 30.08.35 | 1435 | Bulgarische Staatsbahn (BDZ)/01.15 | |
| 14567 | 2'C1'h2 | S | 27.12.35 | 1435 | DRG, RZA Berlin/03 194/DB | 27.09.1966 |
| 14568 | 2'C1'h2 | S | 03.01.36 | 1435 | DRG, RZA Berlin/03 195/DR/03 2195-0 | 22.07.1977 |
| 14569 | 2'C1'h2 | S | 09.01.36 | 1435 | DRG, RZA Berlin/03 196/DB/003 196-3 | 11.12.1968 |
| 14570 | 2'C1'h2 | S | 29.01.36 | 1435 | DRG, RZA Berlin/03 197/DB | 22.05.1967 |
| 14571 | 2'C1'h2 | S | 05.02.36 | 1436 | DRG, RZA Berlin/03 198/DB | 10.03.1965 |
| 14572 | 2'C1'h2 | S | 20.02.36 | 1435 | DRG, RZA Berlin/03 199/DB | 05.07.1967 |
| 14573 | 2'C1'h2 | S | 25.02.36 | 1435 | DRG, RZA Berlin/03 200/DB | 10.03.1965 |
| 14574 | 2'C1'h2 | S | 29.02.36 | 1435 | DRG, RZA Berlin/03 201 | |
| 14575 | 2'C1'h2 | S | 13.03.36 | 1435 | DRG, RZA Berlin/03 202/DR/03 2202-4 | 28.10.1977 |
| 14576 | 2'C1'h2 | S | 28.03.36 | 1435 | DRG, RZA Berlin/03 203/DR/03 2203-2/02.02.70 EK 22 074 | |
| 14577 | 2'C1'h2 | S | 01.04.36 | 1435 | DRG, RZA Berlin/03 204/DR/03 2204-0/Denkmal Bw Cottbus | |
| 14578 | 2'C1'h2 | S | 25.04.36 | 1435 | DRG, RZA Berlin/03 205/DR/03 2205-7/02.05.70 EK 22 063 | 22.07.1977 |
| 14579 | 2'C1'h2 | S | 01.05.36 | 1435 | DRG, RZA Berlin/03 206/DR/03 2206-5 | 28.10.1977 |
| 14580 | 2'C1'h2 | S | 29.05.36 | 1435 | DRG, RZA Berlin/03 207/DR/03 2207-3/02.04.70 EK 22 010 | |
| 14581 | 1'B1'h2t | Pt | 27.11.36 | 1435 | DRG, RZA Berlin/71 003/DB | 12.05.1955 |
| 14582 | 1'B1'h2t | Pt | 31.12.36 | 1435 | DRG, RZA Berlin/71 004/DB | 07.08.1956 |
| 14583 | B n2ft | FL | 20.07.35 | 1435 | Europa Tanklager- und Transport-Gesellschaft, Hamburg | |
| 14584 | 2'D1'h2 | G | 22.07.35 | 1000 | Estrada de Ferro Noroeste Brasil, Baurn/705 | |
| 14585 | 2'D1'h2 | G | 22.07.35 | 1000 | Estrada de Ferro Noroeste Brasil, Baurn/706 | |
| 14586 | 2'D1'h2 | G | 01.08.35 | 1000 | Estrada de Ferro Noroeste Brasil, Baurn/707 | |
| 14587 | 2'D1'h2 | G | 01.08.35 | 1000 | Estrada de Ferro Noroeste Brasil, Baurn/708 | |
| 14588 | 1'E1'h2t | - | 02.12.35 | 1435 | Sandbahngesellschaft des Grafen von Ballestrem, Peiskretscham/6/PMP-Pw Tkz 208/KWK „Hanina", Libiaz (VRP) | |
| 14589 | 1'E1'h2t | - | 30.12.35 | 1435 | Sandbahngesellschaft des Grafen von Ballestrem, Peiskretscham/7 | |
| 14590 | 2'D1'h2 | G | 11.10.35 | 1000 | Estrada de Ferro Noroeste Brasil, Baurn/709 | |
| 14591 | 2'D1'h2 | G | 11.10.35 | 1000 | Estrada de Ferro Noroeste Brasil, Baurn/710 | |
| 14592 | 2'D1'h2 | G | 22.10.35 | 1000 | Estrada de Ferro Noroeste Brasil, Baurn/711 | |
| 14593 | 2'D1'h2 | G | 26.10.35 | 1000 | Estrada de Ferro Noroeste Brasil, Baurn/712 | |
| 14594 | 2'D1'h2 | G | 29.10.35 | 1000 | Estrada de Ferro Noroeste Brasil, Baurn/713 | |
| 14595 | 2'D1'h2 | G | 02.11.35 | 1000 | Estrada de Ferro Noroeste Brasil, Baurn/714 | |
| 14596 | 2'D1'h2 | G | 08.11.35 | 1000 | Estrada de Ferro Noroeste Brasil, Baurn/715 | |
| 14597 | 2'D1'h2 | G | 19.11.35 | 1000 | Estrada de Ferro Noroeste Brasil, Baurn/716 | |
| 14598 | 1'D1'h2 | G | 29.11.35 | 1000 | Estrada de Ferro Noroeste Brasil, Baurn/556 | |
| 14599 | 1'D1'h2 | G | 05.12.35 | 1000 | Estrada de Ferro Noroeste Brasil, Baurn/557 | |
| 14600 | 1'D1'h2 | G | 06.12.35 | 1000 | Estrada de Ferro Noroeste Brasil, Baurn/558 | |
| 14601 | 1'D1'h2 | G | 14.12.35 | 1000 | Estrada de Ferro Noroeste Brasil, Baurn/559 | |
| 14602 | 1'D1'h2 | G | 16.12.35 | 1000 | Estrada de Ferro Noroeste Brasil, Baurn/560 | |
| 14603 | 1'D1'h2 | G | 18.12.35 | 1000 | Estrada de Ferro Noroeste Brasil, Baurn/561 | |
| 14604 | 1'D1'h2 | G | 24.12.35 | 1000 | Estrada de Ferro Noroeste Brasil, Baurn/562 | |
| 14605 | 1'D1'h2 | G | 28.12.35 | 1000 | Estrada de Ferro Noroeste Brasil, Baurn/563 | |
| 14606 | 1'C1'h2t | - | 06.02.36 | 1435 | Brandenburgische Städtebahn/2"/1937 BStB 21/1940 BStB 1-100 | K.V. |
| 14607 | 1'C1'h2t | - | 13.02.36 | 1435 | Brandenburgische Städtebahn/3"/1937 BStB 22/1940 BStB 1-101/1949 DR 75 6679 | 10.02.1965 |
| 14608 | B h2t | - | 22.04.36 | 1435 | Kalk-Portland-Cement-Werke, Gr. Hartmannsdorf/GERTRUD | |
| 14609 | D h2t | - | 21.04.36 | 1435 | Harpener Bergbau AG, Dortmund | |
| 14610 | D h2t | - | 08.04.36 | 1435 | Wilhelmsburger Industriebahn, Hamburg-Wilhelmsburg/26 | |
| 14611 | 1'C1'h2t | - | 09.05.36 | 1435 | Westfälische Landeseisenbahn/31 | 1971 |

| Fabriknummer | Bauart | Gattung | Auslieferungsdatum | Spurweite | Empfänger/Verbleib | Ausmusterung |
|---|---|---|---|---|---|---|
| 14612 | 1'C1'h2t | - | 15.05.36 | 1435 | Westfälische Landeseisenbahn/32 | 1970 |
| 14613 | 2'C1'h2 | S | 12.06.36 | 1435 | DRG, RZA Berlin/03 234/DR/03 2234-7 | 20.08.1980 |
| 14614 | 2'C1'h2 | S | 18.06.36 | 1435 | DRG, RZA Berlin/03 235/DR/03 2235-4/02.04.69 EK 22 004 | |
| 14615 | 2'C1'h2 | S | 25.06.36 | 1435 | DRG, RZA Berlin/03 236/DR/03 2236-2/09.71 EK 22 083 | |
| 14616 | 2'C1'h2 | S | 30.06.36 | 1435 | DRG, RZA Berlin/03 237/DR/03 2237-0/02.75 EK 22 064 | 20.07.1978 |
| 14617 | 2'C1'h2 | S | 18.07.36 | 1435 | DRG, RZA Berlin/03 238 | |
| 14618 | 2'C1'h2 | S | 25.07.36 | 1435 | DRG, RZA Berlin/03 239/DR/03 2239-6 | 28.10.1977 |
| 14619 | 2'C1'h2 | S | 01.08.36 | 1435 | DRG, RZA Berlin/03 240/DB | 22.05.1967 |
| 14620 | 2'C1'h2 | S | 10.08.36 | 1435 | DRG, RZA Berlin/03 241/DB | 01.09.1965 |
| 14621 | 2'C1'h2 | S | 18.08.36 | 1435 | DRG, RZA Berlin/03 242/DR/03 2242-0/02.06.70 EK 22 059 | |
| 14622 | 2'C1'h2 | S | 26.08.36 | 1435 | DRG, RZA Berlin/03 243/ DR/03 2243-8/11.72 EK 22 067 | |
| 14623 | 2'C1'h2 | S | 31.08.36 | 1435 | DRG, RZA Berlin/03 244/DB | 05.07.1967 |
| 14624 | B h2t | - | 15.05.36 | 600 | Steinwerke Dubring GmbH, Dubring bei Hoyerswerda | |
| 14625 | 1'C1'h2t | | 07.07.36 | 1435 | Brandenburgische Städtebahn/4"/1937 BStB 23/1940 BStB 1-102/1949 DR 75 6680 | 18.02.1966 |
| 14626 | 1'C1'h2t | | 20.07.36 | 1435 | Brandenburgische Städtebahn/1"/1937 BStB 24/1940 BStB 1-103/1949 DR 75 6681 | 18.04.1967 |
| 14627 | C n2ft | FL | 31.08.36 | 1435 | Chemische Fabrik Buckau, Ammendorf bei Halle | |
| 14628 | 2'C1'h2 | S | 28.09.36 | 1435 | DRG, RZA Berlin/03 262/DB/003 262-3 | 23.02.1971 |
| 14629 | 2'C1'h2 | S | 01.10.36 | 1435 | DRG, RZA Berlin/03 263/DB/003 263-1 | 04.03.1970 |
| 14630 | 2'C1'h2 | S | 13.10.36 | 1435 | DRG, RZA Berlin/03 264 | |
| 14631 | 2'C1'h2 | S | 21.10.36 | 1435 | DRG, RZA Berlin/03 265/DR/03 2265-1 | 03.04.1978 |
| 14632 | 2'C1'h2 | S | 30.10.36 | 1435 | DRG, RZA Berlin/03 266/DB/003 266-4 | 11.12.1968 |
| 14633 | 2'C1'h2 | S | 02.11.36 | 1435 | DRG, RZA Berlin/03 267/DB | 14.11.1967 |
| 14634 | 2'C1'h2 | S | 23.11.36 | 1435 | DRG, RZA Berlin/03 268/DB/003 268-0 | 18.04.1972 |
| 14635 | 2'C1'h2 | S | 01.12.36 | 1435 | DRG, RZA Berlin/03 269/DR/03 2269-3/04.73 EK 22 041 | 22.07.1977 |
| 14636 | Kessel | | 26.08.36 | - | RAW Zwickau, für ehem. pr. G 12 | |
| 14637 | 1'E1'h2t | | 21.12.36 | 1435 | Preußische Bergwerks- und Hütten AG, Hindenburg O/S/8/PMP-Pw Tkz-224/KWK „Halemba" (VRP) | |
| 14638 | Kessel | | 12.11.36 | - | M.R. Wright & Partners Ltd, Simla (Britisch-Indien)/1349 | |
| 14639 | Kessel | | 16.11.36 | - | M.R. Wright & Partners Ltd, Simla (Britisch-Indien)/1350 | |
| 14640 | Kessel | | 23.11.36 | - | M.R. Wright & Partners Ltd, Simla (Britisch-Indien)/1351 | |
| 14641 | Kessel | | 24.11.36 | - | M.R. Wright & Partners Ltd, Simla (Britisch-Indien)/1352 | |
| 14642 | Kessel | | 04.12.36 | - | M.R. Wright & Partners Ltd, Simla (Britisch-Indien)/1353 | |
| 14643 | 2'D1'h2 | G | 11.03.37 | 1067 | South African Railway and Harbours, Johannesburg (Südafrika)/2526 | |
| 14644 | 2'D1'h2 | G | 13.03.37 | 1067 | South African Railway and Harbours, Johannesburg (Südafrika)/2527 | |
| 14645 | 2'D1'h2 | G | 13.03.37 | 1067 | South African Railway and Harbours, Johannesburg (Südafrika)/2528 | |
| 14646 | 2'D1'h2 | G | 17.03.37 | 1067 | South African Railway and Harbours, Johannesburg (Südafrika)/2529 | |
| 14647 | 2'D1'h2 | G | 21.03.37 | 1067 | South African Railway and Harbours, Johannesburg (Südafrika)/2530 | |
| 14648 | 2'D1'h2 | G | 22.03.37 | 1067 | South African Railway and Harbours, Johannesburg (Südafrika)/2531 | |
| 14649 | 2'D1'h2 | G | 24.03.37 | 1067 | South African Railway and Harbours, Johannesburg (Südafrika)/2532 | |
| 14650 | 2'D1'h2 | G | 30.03.37 | 1067 | South African Railway and Harbours, Johannesburg (Südafrika)/2533 | |
| 14651 | 2'D 'h2 | G | 02.04.37 | 1067 | South African Railway and Harbours, Johannesburg (Südafrika)/2534 | |
| 14652 | 2'D1'h 2 | G | 05.04.37 | 1067 | South African Railway and Harbours, Johannesburg (Südafrika)/2535 | |
| 14653 | 2'D1'h2 | G | 09.04.37 | 1067 | South African Railway and Harbours, Johannesburg (Südafrika)/2536 | |
| 14654 | 2'D1'h2 | G | 13.04.37 | 1067 | South African Railway and Harbours, Johannesburg (Südafrika)/2537 | |
| 14655 | 2'D1'h2 | G | 14.04.37 | 1067 | South African Railway and Harbours, Johannesburg (Südafrika)/2538 | |
| 14656 | 2'D1'h2 | G | 16.04.37 | 1067 | South African Railway and Harbours, Johannesburg (Südafrika)/2539 | |
| 14657 | 2'D1'h2 | G | 19.04.37 | 1067 | South African Railway and Harbours, Johannesburg (Südafrika)/2540 | |
| 14658 | 2'D1'h2 | G | 22.04.37 | 1067 | South African Railway and Harbours, Johannesburg (Südafrika)/2541 | |
| 14659 | 2'D1'h2 | G | 24.04.37 | 1067 | South African Railway and Harbours, Johannesburg (Südafrika)/2542 | |
| 14660 | 2'D1'h2 | G | 27.04.37 | 1067 | South African Railway and Harbours, Johannesburg (Südafrika)/2543 | |
| 14661 | 2'D1'h2 | G | 28.04.37 | 1067 | South African Railway and Harbours, Johannesburg (Südafrika)/2544 | |
| 14662 | 2'D1'h2 | G | 30.04.37 | 1067 | South African Railway and Harbours, Johannesburg (Südafrika)/2545 | |
| 14663 | - | - | | | für La Mont-Versuchskessel (nur ein Kessel gebaut) | |
| 14664 | - | - | | | | |
| 14665 | - | - | | | | |
| 14666 | 1'E1'h2t | - | 15.10.37 | 1435 | Westfälische Landeseisenbahn/121 | 1968 |
| 14667 | 1'E1'h2t | - | 27.10.37 | 1435 | Westfälische Landeseisenbahn/122 | 1971 |
| 14668 | 2'C1'h2 | S | 01.06.37 | 1435 | DRG, RZA Berlin/03 276/DB/003 276-3 | 15.12.1971 |
| 14669 | 2'C1'h2 | S | 11.06.37 | 1435 | DRG, RZA Berlin/03 277/DR/03 2277-6 | 06.06.1977 |
| 14670 | 2'C1'h2 | S | 21.06.37 | 1435 | DRG, RZA Berlin/03 278/DR/03 2278-4/09.73 EK 22 005 | |
| 14671 | 2'C1'h2 | S | 25.06.37 | 1435 | DRG, RZA Berlin/03 279/DB | 1947 |
| 14672 | 2'C1'h2 | S | 30.06.37 | 1435 | DRG, RZA Berlin/03 280/DB | 14.11.1967 |
| 14673 | 2'C1'h2 | S | 28.07.37 | 1435 | DRG, RZA Berlin/03 281/DB/(003 280-3) | 15.12.1971 |
| 14674 | 2'C1'h2 | S | 26.07.37 | 1435 | DRG, RZA Berlin/03 282/DB | 05.07.1967 |
| 14675 | 2'C1'h2 | S | 30.07.37 | 1435 | DRG, RZA Berlin/03 283/DB | 12.03.1968 |
| 14676 | 2'C1'h2 | S | 03.08.37 | 1435 | DRG, RZA Berlin/03 284/DB/003 284-7 | 11.12.1968 |
| 14677 | 2'C1'h2 | S | 20.08.37 | 1435 | DRG, RZA Berlin/03 285/DB/003 285-4 | 23.02.1971 |
| 14678 | 2'C1'h2 | S | 28.08.37 | 1435 | DRG, RZA Berlin/03 286/DR/03 2286-7/03.71 EK 22 084 | 20.11.1978 |
| 14679 | 2'C1'h2 | S | 01.09.37 | 1435 | DRG, RZA Berlin/03 287/DB/003 287-0 | 02.10.1968 |

| Fabriknummer | Bauart | Gattung | Auslieferungsdatum | Spurweite | Empfänger/Verbleib | Ausmusterung |
|---|---|---|---|---|---|---|
| 14680 | D h2t | - | 19.04.38 | 1435 | Halberstadt-Blankenburger Eisenbahn/18/1949 DR 92 6776/1952 DR 92 6879 | 25.05.1967 |
| 14681 | D h2t | - | 19.04.38 | 1435 | Halberstadt-Blankenburger Eisenbahn/19/1949 DR 92 6777/1952 DR 92 6880 | 07.09.1965 |
| 14682 | 1'D1'h2t | - | 18.11.38 | 1435 | Brandenburgische Städtebahn/51/1940 BStB 1-200/1949 DR 93 6476 | 05.07.1967 |
| 14683 | 1'D1'h2t | - | 01.12.38 | 1435 | Brandenburgische Städtebahn/52/1940 BStB 1-201/1949 DR 93 6477 | 30.11.1967 |
| 14684 | Kessel | - | 08.06.37 | - | Becker-Fiebig, Teltow, für Siemens Bauunion | |
| 14685 | 2'C1'h2 | S | 18.10.37 | 1435 | DRG, RZA Berlin/03 288/DB | 27.09.1966 |
| 14686 | 2'C1'h2 | S | 23.10.37 | 1435 | DRG, RZA Berlin/03 289/DB | 05.07.1967 |
| 14687 | 2'C1'h2 | S | 29.10.37 | 1435 | DRG, RZA Berlin/03 290 | |
| 14688 | 2'C1'h2 | S | 02.11.37 | 1435 | DRG, RZA Berlin/03 291/DB/003 291-2 | 21.06.1968 |
| 14689 | 2'C1'h2 | S | 12.11.37 | 1435 | DRG, RZA Berlin/03 292/DB | 05.07.1967 |
| 14690 | 2'C1'h2 | S | 24.11.37 | 1435 | DRG, RZA Berlin/03 293/DB | 06.01.1966 |
| 14691 | 2'C1'h2 | S | 01.12.37 | 1435 | DRG, RZA Berlin/03 294/DB | 27.09.1966 |
| 14692 | 2'C1'h2 | S | 13.12.37 | 1435 | DRG, RZA Berlin/03 295/DR/03 2295-8/02.74 EK 22 053 | |
| 14693 | 2'C1'h2 | S | 21.12.37 | 1435 | DRG, RZA Berlin/03 296/DB/003 296-1 | 04.03.1970 |
| 14694 | 2'C1'h2 | S | 03.01.38 | 1435 | DRG, RZA Berlin/03 297/DR/03 2297-4/11.70 EK 22 020 | |
| 14695 | 2'C1'h2 | S | 28.12.37 | 1435 | DRG, RZA Berlin/03 298/DR/03 2298-2/03.75 EK 22 037 | |
| 14696 | B n2t | - | 30.10.37 | 900 | Braunkohlen-Schwelkraftwerk der Hessen-Frankfurt AG, Wölfersheim/23 | |
| 14697 | B n2t | - | 04.11.37 | 900 | Braunkohlen-Schwelkraftwerk der Hessen-Frankfurt AG, Wölfersheim/24 | |
| 14698 | B n2t | - | 29.11.37 | 1435 | Mindener Kreisbahn/24 | 1966 |
| 14699 | 1'E1'h2t | - | 21.12.37 | 1435 | Sandbahngesellschaft des Grafen von Ballestrem, PeiskretschamO/S/8/ PMP-PW Tkz 210/KWK „Lenin", Wesola (VRP) | 1974 |
| 14700 | 1'C1'h2t | - | 22.04.38 | 1435 | Westfälische Landeseisenbahn/33 | 1971 |
| 14701 | 1'C1'h2t | - | 22.04.38 | 1435 | Westfälische Landeseisenbahn/34 | 1965 |
| 14702 | D1'n2t | - | 15.07.39 | 1000 | Szechuan-Junnan Railways (China)/151 | |
| 14703 | D1'n2t | - | 15.07.39 | 1000 | Szechuan-Junnan Railways (China)/152 | |
| 14704 | D1'n2t | - | 15.07.39 | 1000 | Szechuan-Junnan Railways (China)/153 | |
| 14705 | D1'n2t | - | 15.07.39 | 1000 | Szechuan-Junnan Railways (China)/154 | |
| 14706 | Kessel | - | 19.10.37 | - | Barsko-Drustvo, Bar (Jugoslawien), für Zetska Bau | |
| 14707 | Kessel | - | 21.11.37 | - | Senftenberger Kohlenwerke, Tröbitz/Kirchhain | |
| 14708 | D h2t | - | 19.04.38 | 1435 | Kriegsmarine-Hafenbaudirektion Wilhelmshaven/8/1951 Haien Dortmund XIV | |
| 14709 | C n2t | - | 03.12.37 | 1435 | Mitteldeutsche Stahlwerke, Brandenburg | |
| 14710 | B n2ft | FL | 08.03.38 | 1435 | Hugo Schneider AG, Leipzig | |
| 14711 | 2'C1'h3 | S | 20.11.39 | 1435 | DRG, RZA Berlin/03 1001/DB | 22.11.1966 |
| 14712 | 2'C1'h3 | S | 30.12.39 | 1435 | DRG, RZA Berlin/03 1002/PKP Pm 3-1 | 1967 |
| 14713 | Kessel | - | 26.06.39 | - | AEG-Übersee-Abteilung, Berlin, für Chengtai-Bahn | |
| 14714 | 1'E1'h2t | - | 30.05.38 | 1435 | Sandbahngesellschaft des Grafen von Ballestrem, PeiskretschamO/S/9/ PMP-PW Tkz 211/KWK „Sosnica", Gliwice (VRP) Museumslokomotive | |
| 14715 | 1'E h3 | G | 10.06.38 | 1435 | DRG, RZA Berlin/44 124/DB | 22.05.1967 |
| 14716 | 1'E h3 | G | 20.06.38 | 1435 | DRG, RZA Berlin/44 125/DB | 30.09.1960 |
| 14717 | 1'E h3 | G | 07.07.38 | 1435 | DRG, RZA Berlin/44 126/DR/44 2126-9 | 16.01.1975 |
| 14718 | 1'E h3 | G | 22.07.38 | 1435 | DRG, RZA Berlin/44 127/DB | 30.09.1960 |
| 14719 | 1'E h3 | G | 02.09.38 | 1435 | DRG, RZA Berlin/44 128/DB/044 128-7 | 02.10.1968 |
| 14720 | 1'E h3 | G | 02.09.38 | 1435 | DRG, RZA Berlin/44 129/DB | 30.09.1960 |
| 14721 | 1'E h3 | G | 23.09.38 | 1435 | DRG, RZA Berlin/44 130/DB | 01.09.1965 |
| 14722 | 1'E h3 | G | 30.09.38 | 1435 | DRG, RZA Berlin/44 131/DB/044 131-3 | 21.08.1975 |
| 14723 | 1'E h3 | G | 30.09.38 | 1435 | DRG, RZA Berlin/44 132/DB | 30.09.1960 |
| 14724 | 1'E h3 | G | 31.10.38 | 1435 | DRG, RZA Berlin/44 133/DB | 30.09.1960 |
| 14725 | 1'E h3 | G | 24.11.38 | 1435 | DRG, RZA Berlin/44 134/DB/(044 134-5) | 21.06.1968 |
| 14726 | 1'E h3 | G | 01.12.38 | 1435 | DRG, RZA Berlin/44 135/DB | 12.11.1962 |
| 14727 | 1'E h3 | G | 09.12.38 | 1435 | DRG, RZA Berlin/44 136/DB | 30.09.1960 |
| 14728 | 1'E h3 | G | 20.12.38 | 1435 | DRG, RZA Berlin/44 137/PKP Ty 4-10 | |
| 14729 | 1'E h3 | G | 29.12.38 | 1435 | DRG, RZA Berlin/44 138/DB | 12.11.1962 |
| 14730 | 1'E h3 | G | 31.12.38 | 1435 | DRG, RZA Berlin/44 139/DB | 30.09.1960 |
| 14731 | B n2ft | FL | 30.09.38 | 1435 | Schaffgot'sche Benzin GmbH, Gleiwitz | |
| 14732 | 2'D1'h2 | G | 08.38 | 1067 | South African Railway and Harbours, Johannesburg (Südafrika)/2681 | |
| 14733 | 2'D1'h2 | G | 08.38 | 1067 | South African Railway and Harbours, Johannesburg (Südafrika)/2682 | |
| 14734 | 2'D1'h2 | G | 09.38 | 1067 | South African Railway and Harbours, Johannesburg (Südafrika)/2683 | |
| 14735 | 2'D1'h2 | G | 09.38 | 1067 | South African Railway and Harbours, Johannesburg (Südafrika)/2684 | |
| 14736 | 2'D1'h2 | G | 09.38 | 1067 | South African Railway and Harbours, Johannesburg (Südafrika)/2685 | |
| 14737 | 2'D1'h2 | G | 09.38 | 1067 | South African Railway and Harbours, Johannesburg (Südafrika)/2686 | |
| 14738 | 2'D1'h2 | G | 09.38 | 1067 | South African Railway and Harbours, Johannesburg (Südafrika)/2687 | |
| 14739 | 2'D1'h2 | G | 09.38 | 1067 | South African Railway and Harbours, Johannesburg (Südafrika)/2688 | |
| 14740 | 2'D1'h2 | G | 10.38 | 1067 | South African Railway and Harbours, Johannesburg (Südafrika)/2689 | |
| 14741 | 2'D1'h2 | G | 10.38 | 1067 | South African Railway and Harbours, Johannesburg (Südafrika)/2690 | |
| 14742 | 2'D1'h2 | G | 10.38 | 1067 | South African Railway and Harbours, Johannesburg (Südafrika)/2691 | |
| 14743 | 2'D1'h2 | G | 10.38 | 1067 | South African Railway and Harbours, Johannesburg (Südafrika)/2692 | |
| 14744 | 2'D1'h2 | G | 10.38 | 1067 | South African Railway and Harbours, Johannesburg (Südafrika)/2693 | |
| 14745 | 2'D1'h2 | G | 10.38 | 1067 | South African Railway and Harbours, Johannesburg (Südafrika)/2694 | |
| 14746 | 2'D1'h2 | G | 11.38 | 1067 | South African Railway and Harbours, Johannesburg (Südafrika)/2695 | |
| 14747 | 2'D1'h2 | G | 11.38 | 1067 | South African Railway and Harbours, Johannesburg (Südafrika)/2696 | |
| 14748 | 2'D1'h2 | G | 11.38 | 1067 | South African Railway and Harbours, Johannesburg (Südafrika)/2697 | |

| Fa-brik-num-mer | Bauart | Gat-tung | Aus-liefe-rungs-datum | Spur-weite | Empfänger/Verbleib | Aus-muste-rung |
|---|---|---|---|---|---|---|
| 14749 | 2'D1'h2 | G | 11.38 | 1067 | South African Railway and Harbours, Johannesburg (Südafrika)/2698 | |
| 14750 | 2'D1'h2 | G | 11.38 | 1067 | South African Railway and Harbours, Johannesburg (Südafrika)/2699 | |
| 14751 | 2'D1'h2 | G | 11.38 | 1067 | South African Railway and Harbours, Johannesburg (Südafrika)/2700 | |
| 14752 | 2'D1'h2 | G | 12.38 | 1067 | South African Railway and Harbours, Johannesburg (Südafrika)/2701 | |
| 14753 | 2'D1'h2 | G | 12.38 | 1067 | South African Railway and Harbours, Johannesburg (Südafrika)/2702 | |
| 14754 | 2'D1'h2 | G | 12.38 | 1067 | South African Railway and Harbours, Johannesburg (Südafrika)/2703 | |
| 14755 | 2'D1'h2 | G | 01.39 | 1067 | South African Railway and Harbours, Johannesburg (Südafrika)/2704 | |
| 14756 | 2'D1'h2 | G | 01.39 | 1067 | South African Railway and Harbours, Johannesburg (Südafrika)/2705 | |
| 14757 | 2'D1'h2 | G | 01.39 | 1067 | South African Railway and Harbours, Johannesburg (Südafrika)/2706 | |
| 14758 | 2'D1'h2 | G | 01.39 | 1067 | South African Railway and Harbours, Johannesburg (Südafrika)/2707 | |
| 14759 | 2'D1'h2 | G | 02.39 | 1067 | South African Railway and Harbours, Johannesburg (Südafrika)/2708 | |
| 14760 | 2'D1'h2 | G | 02.39 | 1067 | South African Railway and Harbours, Johannesburg (Südafrika)/2709 | |
| 14761 | 2'D1'h2 | G | 03.39 | 1067 | South African Railway and Harbours, Johannesburg (Südafrika)/2710 | |
| 14762 | 2'D1'h2 | G | 03.39 | 1067 | South African Railway and Harbours, Johannesburg (Südafrika)/2711 | |
| 14763 | 2'D1'h2 | G | 03.39 | 1067 | South African Railway and Harbours, Johannesburg (Südafrika)/2712 | |
| 14764 | 2'D1'h2 | G | 03.39 | 1067 | South African Railway and Harbours, Johannesburg (Südafrika)/2713 | |
| 14765 | 2'D1'h2 | G | 03.39 | 1067 | South African Railway and Harbours, Johannesburg (Südafrika)/2714 | |
| 14766 | 2'D1'h2 | G | 04.39 | 1067 | South African Railway and Harbours, Johannesburg (Südafrika)/2715 | |
| 14767 | 2'D1'h2 | G | 04.39 | 1067 | South African Railway and Harbours, Johannesburg (Südafrika)/2716 | |
| 14768 | 2'D1'h2 | G | 04.39 | 1067 | South African Railway and Harbours, Johannesburg (Südafrika)/2717 | |
| 14769 | 2'D1'h2 | G | 04.39 | 1067 | South African Railway and Harbours, Johannesburg (Südafrika)/2718 | |
| 14770 | 2'D1'h2 | G | 04.39 | 1067 | South African Railway and Harbours, Johannesburg (Südafrika)/2719 | |
| 14771 | 2'D1'h2 | G | 04.39 | 1067 | South African Railway and Harbours, Johannesburg (Südafrika)/2720 | |
| 14772 | C n2t | - | 15.12.38 | 1435 | Lignose Sprengstoffwerke, Berlin, für Werk Kruppamühle O/S/Chem. Werke „Nitron", Krzepski Mlyn (VRP) | 1975 |
| 14773 | 1'D1'h2 | G | 13.02.39 | 1435 | DRG, RZA Berlin/41 053/DR/ab 1958 RK/41 1053-2 | |
| 14774 | 1'D1'h2 | G | 17.02.39 | 1435 | DRG, RZA Berlin/41 054/DR/41 1054-0 | 08.05.1978 |
| 14775 | 1'D1'h2 | G | 23.02.39 | 1435 | DRG, RZA Berlin/41 055/DR/ab 1958 RK/41 1055-7 | |
| 14776 | 1'D1'h2 | G | 03.04.39 | 1435 | DRG, RZA Berlin/41 061/DR/ab 1958 RK/41 1061-5 | 16.06.1978 |
| 14777 | 1'D1'h2 | G | 31.08.39 | 1435 | DRG, RZA Berlin/41 232/DR/ab 1958 RK/41 1232-2 | 01.09.1980 |
| 14778 | 1'D1'h2 | G | 28.02.39 | 1435 | DRG, RZA Berlin/41 056/DB | 06.01.1966 |
| 14779 | 1'D1'h2 | G | 16.03.39 | 1435 | DRG, RZA Berlin/41 058/DB | 20.06.1966 |
| 14780 | 1'D1'h2 | G | 01.03.39 | 1435 | DRG, RZA Berlin/41 057/DR/ab 1958 RK/41 1057-3 | 04.01.1977 |
| 14781 | 1'D1'h2 | G | 21.03.39 | 1435 | DRG, RZA Berlin/41 059/DB | 27.09.1966 |
| 14782 | 1'D1'h2 | G | 28.03.39 | 1435 | DRG, RZA Berlin/41 060/DB/041 060-5 | 10.07.1969 |
| 14783 | 1'D1'h2 | G | 17.04.39 | 1435 | DRG, RZA Berlin/41 062/DR/25.04.59 RK/41 1062-3 | |
| 14784 | 1'D1'h2 | G | 26.04.39 | 1435 | DRG, RZA Berlin/41 063/DB/1959 EK He 29 875/(041 063-9) | 22.05.1967 |
| 14785 | 1'D1'h2 | G | 03.05.39 | 14351 | DRG, RZA Berlin/41 064/DR/10.12.59 RK/41 1064-9 | 20.12.1971 |
| 14786 | 1'D1'h2 | G | 15.05.39 | 1435 | DRG, RZA Berlin/41 065/DR/1957 NK/(41 1065-6) | 16.09.1974 |
| 14787 | 1'D1'h2 | G | 17.05.39 | 1435 | DRG, RZA Berlin/41 066/DR/ab 1958 RK/41 1066-4 | 01.02.1977 |
| 14788 | 1'D1'h2 | G | 23.05.39 | 1435 | DRG, RZA Berlin/41 068/DR/1957 NK/41 1068-0 | |
| 14789 | 1'D1'h2 | G | 26.05.39 | 1435 | DRG, RZA Berlin/41 067/DR/1957 NK/41 1067-2 | 27.01.1976 |
| 14790 | 1'D1'h2 | G | 31.05.39 | 1435 | DRG, RZA Berlin/41 070/DR/41 1070-6 | 27.01.1976 |
| 14791 | 1'D1'h2 | G | 02.06.39 | 1435 | DRG, RZA Berlin/41 069/DB/1960 EK He 29914 | 27.11.1970 |
| 14792 | 1'D1'h2 | G | 08.06.39 | 1435 | DRG, RZA Berlin/41 071/DR/ab 1958 RK | 12.05.1969 |
| 14793 | 1'D1'h2 | G | 13.06.39 | 1435 | DRG, RZA Berlin/41 072/DB/1959 EK He 29 904/041 072-0 | 02.06.1971 |
| 14794 | 1'D1'h2 | G | 15.06.39 | 1435 | DRG, RZA Berlin/41 073/DB/1961 EK He 29 954/1961 U.Öl/042 073-7 | 21.02.1977 |
| 14795 | 1'D1'h2 | G | 20.06.39 | 1435 | DRG, RZA Berlin/41 074/DR/ab 1958 RK/41 1074-8 | |
| 14796 | 1'D1'h2 | G | 22.06.39 | 1435 | DRG, RZA Berlin/41 075/DR/(41 1075-5) | 24.02.1970 |
| 14797 | 1'D1'h2 | G | 27.06.39 | 1435 | DRG, RZA Berlin/41 076/DR/1946 abgegeben | |
| 14798 | 1'D1'h2 | G | 30.06.39 | 1435 | DRG, RZA Berlin/41 077/PKP Ot 1-4 | |
| 14799 | 1'D1'h2 | G | 07.07.39 | 1435 | DRG, RZA Berlin/41 078/DR/ab 1958 RK/41 1078-9 | 01.02.1977 |
| 14800 | 1'D1'h2 | G | 14.07.39 | 1435 | DRG, RZA Berlin/41 079/DR/ab 1958 RK/41 1079-7 | |
| 14801 | 1'D1'h2 | G | 20.07.39 | 1435 | DRG, RZA Berlin/41 080/DR/1957 NK/41 1080-5 | 05.05.1975 |
| 14802 | 1'D1'h2 | G | 28.07.39 | 1435 | DRG, RZA Berlin/41 081/PKP Ot 1-5 | |
| 14803 | C h2t | - | 19.05.39 | 1435 | Mindener Kreisbahn/25 | 1969 |
| 14804 | B n2ft | FL | 23.05.39 | 1435 | Schaffgot'sche Benzin GmbH, Oderthal O/S | |
| 14805 | 2'2' -Tender | | 13.02.39 | 600 | Pionier-Versuchsstelle 1, Sperenberg des OKH[1)] | |
| 14806 | E n2t | - | 10.08.39 | 600 | Pionier-Versuchsstelle 1, Sperenberg des OKH/HF 191[1)] | |
| 14807 | 1'D1'h2t | - | 16.09.39 | 1435 | Landesverkehrsamt, Brandenburg, für BStB/53/1940 BStB 1-202/ 1949 DR 93 6479 | 12.02.1968 |
| 14808 | 1'D1'h2 | G | 02.09.39 | 1435 | DRG, RZA Berlin/41 233/DB/1959 EK He 29 908/(041 233-8) | 05.07.1967 |
| 14809 | 1'D1'h2 | G | 02.09.39 | 1435 | DRG, RZA Berlin/41 082/PKP Ot 1-6 | |
| 14810 | 1'D1'h2 | G | 15.08.39 | 1435 | DRG, RZA Berlin/41 229/DB | 27.09.1966 |
| 14811 | 1'D1'h2 | G | 21.08.39 | 1435 | DRG, RZA Berlin/41 230/DR/ab 1958 RK/41 1230-6 | 01.09.1980 |
| 14812 | 1'D1'h2 | G | 28.08.39 | 1435 | DRG, RZA Berlin/41 231/DR/ab 1958 RK/41 1231-4 | |
| 14813 | 1'D1'h2 | G | 13.09.39 | 1435 | DRG, RZA Berlin/41 234/DB | 06.01.1966 |
| 14814 | 1'D1'h2 | G | 19.09.39 | 1435 | DRG, RZA Berlin/41 235/DB/041 235-3 | 21.06.1968 |

1) 1945 umgespurt auf 760 mm SKGLB 22/1958 ZB 4" CASTLE CAEREINION/1974 Bregenzer Waldbahn für historische Dampfzüge

| Fabriknummer | Bauart | Gattung | Auslieferungsdatum | Spurweite | Empfänger/Verbleib | Ausmusterung |
|---|---|---|---|---|---|---|
| 14815 | 1'D1'h2 | G | 22.09.39 | 1435 | DRG, RZA Berlin/41 236/DB/(041 236-1) | 22.05.1967 |
| 14816 | 1'D1'h2 | G | 26.09.39 | 1435 | DRG, RZA Berlin/41 237/DB/1959 EK He 29 865/(041 237-9) | 05.07.1967 |
| 14817 | 1'D1'h2 | G | 29.09.39 | 1435 | DRG, RZA Berlin/41 238/DB | 01.09.1965 |
| 14818 | 1'D1'h2 | G | 04.10.39 | 1435 | DRG, RZA Berlin/41 239/DB/1959 EK He 29 900/041 239-5 | 12.03.1968 |
| 14819 | 1'D1'h2 | G | 04.10.39 | 1435 | DRG, RZA Berlin/41 240/DR/ab 1958 RK/41 1240-5 | 08.05.1978 |
| 14820 | 1'D1'h2 | G | 11.10.39 | 1435 | DRG, RZA Berlin/41 241/DB/1958 EK He 29 664/1958 U.Öl/042 241-0 | 20.05.1977 |
| 14821 | 1'D1'h2 | G | 19.10.39 | 1435 | DRG, RZA Berlin/41 242 | |
| 14822 | 1'D1'h2 | G | 16.10.39 | 1435 | DRG, RZA Berlin/41 243/DB/(041 243-7) | 14.11.1967 |
| 14823 | 1'D1'h2 | G | 24.10.39 | 1435 | DRG, RZA Berlin/41 244/DB/1962 EK/(041 244-5) | 05.07.1967 |
| 14824 | 1'D1'h2 | G | 31.10.39 | 1435 | DRG, RZA Berlin/41 245/DB/1961 EK He 29 929/1961 U.Öl/042 245-1 | 29.12.1976 |
| 14825 | 1'D1'h2 | G | 27.10.39 | 1435 | DRG, RZA Berlin/41 246/DB/1959 EK He 29 880/041 246-0 | 10.07.1969 |
| 14826 | 1'D1'h2 | G | 04.11.39 | 1435 | DRG, RZA Berlin/41 247/DB/1959 EK He 29 906/(041 247-8) | 14.11.1967 |
| 14827 | 1'D1'h2 | G | 02.11.39 | 1435 | DRG, RZA Berlin/41 248/DB | 27.09.1966 |
| 14828 | 1'D1'h2 | G | 14.11.39 | 1435 | DRG, RZA Berlin/41 249/DB/1959 EK He 29 902/(041 249-4) | 05.07.1967 |
| 14829 | 1'D1'h2 | G | 18.11.39 | 1435 | DRG, RZA Berlin/41 250/DB/1960 EK He 29 910/(041 250-2) | 05.07.1967 |
| 14830 | 1'D1'h2 | G | 24.11.39 | 1435 | DRG, RZA Berlin/41 251/DB | 20.06.1966 |
| 14831 | 1'D1'h2 | G | 29.11.39 | 1435 | DRG, RZA Berlin/41 252/DB/(041 252-8) | 22.05.1967 |
| 14832 | 1'D1'h2 | G | 24.11.39 | 1435 | DRG, RZA Berlin/41 253/DB/041 253-6 | 27.11.1970 |
| 14833 | 1'D1'h2 | G | 29.11.39 | 1435 | DRG, RZA Berlin/41 254/DB/1957 EK He 29 647/1958 U.Öl/042 254-3 | 08.09.1976 |
| 14834 | 1'D1'h2 | G | 02.12.39 | 1435 | DRG, RZA Berlin/41 255/DB/(041 255-1) | 12.03.1968 |
| 14835 | 1'D1'h2 | G | 05.12.39 | 1435 | DRG, RZA Berlin/41 256/DR/1957 NK/41 1256-1 | 27.01.1976 |
| 14836 | 1'D1'h2 | G | 07.12.39 | 1435 | DRG, RZA Berlin/41 257/DR | 25.01.1951 |
| 14837 | 1'D1'h2 | G | 13.12.39 | 1435 | DRG, RZA Berlin/41 258/DR | 20.04.1951 |
| 14838 | 1'D1'h2 | G | 19.12.39 | 1435 | DRG, RZA Berlin/41 259/DB/(041 259-3) | 05.07.1967 |
| 14839 | 1'D1'h2 | G | 19.12.39 | 1435 | DRG, RZA Berlin/41 260/DR/ab 1958 EK/41 1260-3 | 28.10.1977 |
| 14840 | 1'D1'h2 | G | 22.12.39 | 1435 | DRG, RZA Berlin/41 261/DR/ab 1958 EK/41 1261-1 | 03.07.1979 |
| 14841 | 1'D1'h2 | G | 28.12.39 | 1435 | DRG, RZA Berlin/41 262/DR/(41 1262-9) | 29.02.1972 |
| 14842 | 1'D1'h2 | G | 29.12.39 | 1435 | DRG, RZA Berlin/41 263/DR/ab 1958 EK/41 1263-7 | |
| 14843 | 1'D1'h2 | G | 03.01.40 | 1435 | DRG, RZA Berlin/41 264/DR/ab 1958 EK/41 1264-5 | 06.06.1977 |
| 14844 | 1'D1'h2 | G | 05.01.40 | 1435 | DRG, RZA Berlin/41 265/DR/41 1265-2 | 13.11.1973 |
| 14845 | 1'D1'h2 | G | 16.01.40 | 1435 | DRG, RZA Berlin/41 266/DR/ab 1958 EK/41 1266-0 | 08.05.1978 |
| 14846 | 1'D1'h2 | G | 20.01.40 | 1435 | DRG, RZA Berlin/41 267/DR/41 1267-8 | 24.02.1970 |
| 14847 | 1'D1'h2 | G | 25.01.40 | 1435 | DRG, RZA Berlin/41 268/DB/1958 EK He 29 649/(041 268-4) | 22.05.1967 |
| 14848 | 1'D1'h2 | G | 31.01.40 | 1435 | DRG, RZA Berlin/41 269 | |
| 14849 | 1'D1'h2 | G | 31.01.40 | 1435 | DRG, RZA Berlin/41 270/DB | 22.11.1966 |
| 14850 | 1'D1'h2 | G | 31.01.40 | 1435 | DRG, RZA Berlin/41 271/DB/1958 EK He 29 652/1958 U.Öl/042 271-7 | 06.10.1977 |
| 14851 | Kessel | | | – | DRG, RZA Berlin/Ersatzkessel für Baureihe 03 | |
| 14852 | Kessel | | | – | DRG, RZA Berlin/Ersatzkessel für Baureihe 03 | |
| 14853 | Kessel | | | – | DRG, RZA Berlin/Ersatzkessel für Baureihe 03 | |
| 14854 | 1'E h2 | G | 16.02.40 | 1435 | DRG, RZA Berlin/50 123/DB/050 123-9 | |
| 14855 | 1'E h2 | G | 20.02.40 | 1435 | DRG, RZA Berlin/50 124/DB/050 124-7 | 19.09.1969 |
| 14856 | 1'E h2 | G | 22.02.40 | 1435 | DRG, RZA Berlin/50 125/ČSD | |
| 14857 | 1'E h2 | G | 23.02.40 | 1435 | DRG, RZA Berlin/50 126/DB | |
| 14858 | 1'E h2 | G | 26.02.40 | 1435 | DRG, RZA Berlin/50 127/DB/050 127-0 | 11.12.1968 |
| 14859 | 1'E h2 | G | 28.02.40 | 1435 | DRG, RZA Berlin/50 128/BDZ 14.06 | |
| 14860 | 1'E h2 | G | 29.02.40 | 1435 | DRG, RZA Berlin/50 129/DB | 04.01.1946 |
| 14861 | 1'E h2 | G | 29.02.40 | 1435 | DRG, RZA Berlin/50 130/PKP Ty 5-3 | |
| 14862 | 1'E h2 | G | 11.03.40 | 1435 | DRG, RZA Berlin/50 131/DB/050 131-2 | 27.06.1975 |
| 14863 | 1'E h2 | G | 12.03.40 | 1435 | DRG, RZA Berlin/50 132/DB/050 132-0 | 12.04.1973 |
| 14864 | 1'E h2 | G | 15.03.40 | 1435 | DRG, RZA Berlin/50 133/B 2513/1946 SNCB 25.014/1950 DB | 21.06.1968 |
| 14865 | 1'E h2 | G | 18.03.40 | 1435 | DRG, RZA Berlin/50 134/DB/050 134-6 | 15.08.1973 |
| 14866 | 1'E h2 | G | 19.03.40 | 1435 | DRG, RZA Berlin/50 135/DR/30.11.57 Reko 50 3503/50 3503-5/27.05.70 U.Öl 50 0043-5 | |
| 14867 | 1'E h2 | G | 27.03.40 | 1435 | DRG, RZA Berlin/50 136/DB/050 136-1 | 02.06.1971 |
| 14868 | 1'E h2 | G | 30.03.40 | 1435 | DRG, RZA Berlin/50 137/DB | 01.09.1965 |
| 14869 | 1'E h2 | G | 01.04.40 | 1435 | DRG, RZA Berlin/50 138/DB | 27.09.1966 |
| 14870 | 1'E h2 | G | 02.04.40 | 1435 | DRG, RZA Berlin/50 139 | |
| 14871 | 1'E h2 | G | 09.04.40 | 1435 | DRG, RZA Berlin/50 140/DB | 05.01.1961 |
| 14872 | 1'E h2 | G | 13.04.40 | 1435 | DRG, RZA Berlin/50 141/DR/50 1141-6 | 15.11.1977 |
| 14873 | 1'E h2 | G | 16.04.40 | 1435 | DRG, RZA Berlin/50 142/DB/050 142-9 | 31.07.1975 |
| 14874 | 1'E h2 | G | 20.04.40 | 1435 | DRG, RZA Berlin/50 143/DB/050 143-7 | 11.06.1976 |
| 14875 | 1'E h2 | G | 23.04.40 | 1435 | DRG, RZA Berlin/50 144/DB/(050 144-5) | 12.03.1968 |
| 14876 | 1'E h2 | G | 24.04.40 | 1435 | DRG, RZA Berlin/50 145/DB | 20.06.1966 |
| 14877 | 1'E h2 | G | 27.04.40 | 1435 | DRG, RZA Berlin/50 146/DB | 30.09.1960 |
| 14878 | 1'E h2 | G | 30.04.40 | 1435 | DRG, RZA Berlin/50 147/DB/(050 147-8) | 12.03.1968 |
| 14879 | 1'E h2 | G | 30.04.40 | 1435 | DRG, RZA Berlin/50 148/DB/050 148-6 | 11.12.1968 |
| 14880 | 1'E h2 | G | 06.05.40 | 1435 | DRG, RZA Berlin/50 149/DB/050 149-4 | 23.02.1971 |
| 14881 | 1'E h2 | G | 15.05.40 | 1435 | DRG, RZA Berlin/50 150/DB | 06.01.1966 |
| 14882 | 1'E h2 | G | 15.05.40 | 1435 | DRG, RZA Berlin/50 151/SNCF Est 150 Z 151 | 14.11.1953 |
| 14883 | 1'E h2 | G | 18.05.40 | 1435 | DRG, RZA Berlin/50 152/DR/50 1252-1 | 08.05.1978 |
| 14884 | 1'E h2 | G | 22.05.40 | 1435 | DRG, RZA Berlin/50 153/DR/50 1153-1 | 31.05.1975 |

| Fabriknummer | Bauart | Gattung | Auslieferungsdatum | Spurweite | Empfänger/Verbleib | Ausmusterung |
|---|---|---|---|---|---|---|
| 14885 | 1'E h2 | G | 22.05.40 | 1435 | DRG, RZA Berlin/50 154/DR/20.01.60 Reko 50 3640/50 3640-5 | |
| 14886 | 1'E h2 | G | 25.05.40 | 1435 | DRG, RZA Berlin/50 155/DB | 01.09.1965 |
| 14887 | 1'E h2 | G | 30.05.40 | 1435 | DRG, RZA Berlin/50 156/DB | 27.09.1966 |
| 14888 | 1'E h2 | G | 31.05.40 | 1435 | DRG, RZA Berlin/50 157/DB/050 157-7 | |
| 14889 | 1'E h2 | G | 31.05.40 | 1435 | DRG, RZA Berlin/50 158/DR/50 1158-0 | 23.03.1979 |
| 14890 | 1'E h2 | G | 31.05.40 | 1435 | DRG, RZA Berlin/50 159/DB | 01.09.1965 |
| 14891 | 1'E h2 | G | 12.06.40 | 1435 | DRG, RZA Berlin/50 160/DR/09.11.60 Reko 50 3631/50 3631-4 | |
| 14892 | 1'E h2 | G | 13.06.40 | 1435 | DRG, RZA Berlin/50 161/DB/050 161-9 | 02.10.1968 |
| 14893 | 1'E h2 | G | 15.06.40 | 1435 | DRG, RZA Berlin/50 162/DB | 10.03.1965 |
| 14894 | 1'E h2 | G | 19.06.40 | 1435 | DRG, RZA Berlin/50 163/PKP Ty 5-9 | 16.05.1946 |
| 14895 | 1'E h2 | G | 21.06.40 | 1435 | DRG, RZA Berlin/50 164/DB/050 164-3 | 29.12.1976 |
| 14896 | 1'E h2 | G | 24.06.40 | 1435 | DRG, RZA Berlin/50 165/DB/(050 165-0) | 15.07.1967 |
| 14897 | 1'E h2 | G | 27.06.40 | 1435 | DRG, RZA Berlin/50 166/DB/(050 166-8) | 11.12.1968 |
| 14898 | 1'E h2 | G | 28.06.40 | 1435 | DRG, RZA Berlin/50 167/DB/050 167-6 | 31.07.1975 |
| 14899 | 1'E h2 | G | 30.06.40 | 1435 | DRG, RZA Berlin/50 168/DB/050 168-4 | 16.05.1975 |
| 14900 | 1'E h2 | G | 08.07.40 | 1435 | DRG, RZA Berlin/50 169/DB/050 169-2 | 11.12.1968 |
| 14901 | 1'E h2 | G | 13.07.40 | 1435 | DRG, RZA Berlin/50 170/DB/(050 170-0) | 19.09.1969 |
| 14902 | 1'E h2 | G | 20.07.40 | 1435 | DRG, RZA Berlin/50 171/DB/050 171-8 | 29.12.1972 |
| 14903 | 1'E h2 | G | 19.07.40 | 1435 | DRG, RZA Berlin/50 172/DB | 03.06.1965 |
| 14904 | 1'E h2 | G | 24.07.40 | 1435 | DRG, RZA Berlin/50 173/DB/050 173-4 | 22.10.1975 |
| 14905 | Kessel | | | – | Eastern Bengal Railway, Calcutta (Indien)/infolge des Krieges nicht ausgeliefert/DRG-Heizkessel | |
| 14906 | Kessel | | | – | Eastern Bengal Railway, Calcutta (Indien)/infolge des Krieges nicht ausgeliefert/Marinehafenbaudirektion Gotenhafen (heute Gdynia) 1 | |
| 14907 | Kessel | | | – | Eastern Bengal Railway, Calcutta (Indien)/infolge des Krieges nicht ausgeliefert/Marinehafenbaudirektion Gotenhafen (heute Gdynia) 2 | |
| 14908 | Kessel | | | – | Eastern Bengal Railway, Calcutta (Indien)/infolge des Krieges nicht ausgeliefert/Marinehafenbaudirektion Gotenhafen (heute Gdynia) 3 | |
| 14909 | Kessel | | | – | Eastern Bengal Railway, Calcutta (Indien)/infolge des Krieges nicht ausgeliefert/DRG-Heizkessel | |
| 14910 | Kessel | | | – | Eastern Bengal Railway, Calcutta (Indien)/infolge des Krieges nicht ausgeliefert/DRG-Heizkessel | |
| 14911 | Kessel | | | – | Eastern Bengal Railway, Calcutta (Indien)/infolge des Krieges nicht ausgeliefert/DRG-Heizkessel | |
| 14912 | Kessel | | | – | Eastern Bengal Railway, Calcutta (Indien)/infolge des Krieges nicht ausgeliefert/DRG-Heizkessel | |
| 14913 | B n2t | | 16.05.40 | 1435 | Dynamit AG, Troisdorf | |
| 14914 | 2'C1'h3 | S | 27.07.40 | 1435 | DRG, RZA Berlin/03 1003/PKP Pm 3-2 | 1967 |
| 14915 | 2'C1'h3 | S | 31.07.40 | 1435 | DRG, RZA Berlin/03 1004/DB | 19.08.1966 |
| 14916 | 2'C1'h3 | S | 20.08.40 | 1435 | DRG, RZA Berlin/03 1005/PKP Pm 3-3 | 1968 |
| 14917 | 2'C1'h2 | S | 31.08.40 | 1435 | DRG, RZA Berlin/03 1006/PKP Pm 3-6 | 1967 |
| 14918 | 2'C1'h2 | S | 16.09.40 | 1435 | DRG, RZA Berlin/03 1007/PKP Pm 3-4 | 1967 |
| 14919 | 2'C1'h2 | S | 30.09.40 | 1435 | DRG, RZA Berlin/03 1008/DB | 22.11.1966 |
| 14920 | 2'C1'h2 | S | 10.10.40 | 1435 | DRG, RZA Berlin/03 1009/DB | 19.08.1966 |
| 14921 | 2'C1'h2 | S | 29.10.40 | 1435 | DRG, RZA Berlin/03 1010/DR/1959 EK Raw Halbst. Nr. 22/21.08.67 U.Öl/03 0010-3 | |
| 14922 | 2'C1'h2 | S | 31.10.40 | 1435 | DRG, RZA Berlin/03 1011/DB | 22.11.1966 |
| 14923 | 2'C1'h2 | S | 23.11.40 | 1435 | DRG, RZA Berlin/03 1012/DB | 22.11.1966 |
| 14924 | 2'C1'h2 | S | 30.11.40 | 1435 | DRG, RZA Berlin/03 1013/DB | 22.11.1966 |
| 14925 | 2'C1'h2 | S | 20.12.40 | 1435 | DRG, RZA Berlin/03 1014/DB | 22.11.1966 |
| 14926 | 2'C1'h2 | S | 30.12.40 | 1435 | DRG, RZA Berlin/03 1015/PKP Pm 3-5 | 1967 |
| 14927 | 2'C1'h2 | S | 28.01.41 | 1435 | DRG, RZA Berlin/03 1016/DB | 20.06.1966 |
| 14928 | 2'C1'h2 | S | 31.01.41 | 1435 | DRG, RZA Berlin/03 1017/DB | 22.11.1966 |
| 14929 | 2'C1'h2 | S | 25.02.41 | 1435 | DRG, RZA Berlin/03 1018 | |
| 14930 | 2'C1'h2 | S | 28.02.41 | 1435 | DRG, RZA Berlin/03 1019/DR/1959 EK Raw Halbst. Nr. 87/10.06.65 U.Öl/03 0019-4 | |
| 14931 | 1'E h2 | G | 27.02.41 | 1435 | DRG, RZA Berlin/50 524/DB/050 524-8 | 02.06.1971 |
| 14932 | 1'E h2 | G | 08.03.41 | 1435 | DRG, RZA Berlin/50 525/DB/050 525-5 | 11.06.1976 |
| 14933 | 1'E h2 | G | 10.03.41 | 1435 | DRG, RZA Berlin/50 526/DB | 01.09.1965 |
| 14934 | 1'E h2 | G | 24.10.40 | 1435 | DRG, RZA Berlin/50 486 | |
| 14935 | 1'E h2 | G | 25.10.40 | 1435 | DRG, RZA Berlin/50 487/DB/050 487-8 | 12.03.1968 |
| 14936 | 1'E h2 | G | 29.10.40 | 1435 | DRG, RZA Berlin/50 488/DB/050 488-6 | 08.11.1972 |
| 14937 | 1'E h2 | G | 30.10.40 | 1435 | DRG, RZA Berlin/50 489/DB/050 489-4 | 11.06.1976 |
| 14938 | 1'E h2 | G | 31.10.40 | 1435 | DRG, RZA Berlin/50 490/DR/20.09.61 Reko 50 3684/50 3684-3 | |
| 14939 | 1'E h2 | G | 09.11.40 | 1435 | DRG, RZA Berlin/50 491/DR/31.01.59 Reko 50 3549/10.05.71 U.Öl 50 0067-4 | |
| 14940 | 1'E h2 | G | 13.11.40 | 1435 | DRG, RZA Berlin/50 492/DB/050 492-8 | 06.03.1974 |
| 14941 | 1'E h2 | G | 14.11.40 | 1435 | DRG, RZA Berlin/50 493/DB/(050 493-6) | 22.05.1967 |
| 14942 | 1'E h2 | G | 20.11.40 | 1435 | DRG, RZA Berlin/50 494/DB | 30.11.1964 |
| 14943 | 1'E h2 | G | 23.11.40 | 1435 | DRG, RZA Berlin/50 495/DB/050 495-1 | 15.08.1972 |
| 14944 | 1'E h2 | G | 25.11.40 | 1435 | DRG, RZA Berlin/50 496/DB/050 496-9 | 15.12.1971 |

| Fabriknummer | Bauart | Gattung | Auslieferungsdatum | Spurweite | Empfänger/Verbleib | Ausmusterung |
|---|---|---|---|---|---|---|
| 14945 | 1'E h2 | G | 30.11.40 | 1435 | DRG, RZA Berlin/50 497/DB/050 497-7 | 22.12.1975 |
| 14946 | 1'E h2 | G | 30.11.40 | 1435 | DRG, RZA Berlin/50 498/DB/(050 498-5) | 24.02.1967 |
| 14947 | 1'E h2 | G | 30.11.40 | 1435 | DRG, RZA Berlin/50 499/DR/31.03.62 Reko 50 3704/50 37-04-9 | |
| 14948 | 1'E h2 | G | 12.12.40 | 1435 | DRG, RZA Berlin/50 500/DB/050 500-8 | 24.08.1973 |
| 14949 | 1'E h2 | G | 12.12.40 | 1435 | DRG, RZA Berlin/50 501/SAAR/1957 DB | 10.03.1965 |
| 14950 | 1'E h2 | G | 14.12.40 | 1435 | DRG, RZA Berlin/50 502/DB | 27.09.1966 |
| 14951 | 1'E h2 | G | 17.12.40 | 1435 | DRG, RZA Berlin/50 503/DB/050 503-2 | 21.12.1972 |
| 14952 | 1'E h2 | G | 18.12.40 | 1435 | DRG, RZA Berlin/50 504/DB/050 504-0 | 15.12.1971 |
| 14953 | 1'E h2 | G | 19.12.40 | 1435 | DRG, RZA Berlin/50 505/DB/050 505-7 | 02.10.1968 |
| 14954 | Kessel | - | 13.03.40 | 1435 | DRG, RZA Berlin/Ersatzkessel für 74 838 | |
| 14955 | C n2t | - | 30.09.39 | 1435 | Mitteldeutsche Stahl- und Walzwerke, Brandenburg | |
| 14956 | 1'E h2 | G | 30.07.40 | 1435 | DRG, RZA Berlin/50 366/DB | 22.11.1966 |
| 14957 | 1'E h2 | G | 31.07.40 | 1435 | DRG, RZA Berlin/50 367 | |
| 14958 | 1'E h2 | G | 14.08.40 | 1435 | DRG, RZA Berlin/50 368/DB | 19.08.1966 |
| 14959 | 1'E h2 | G | 19.08.40 | 1435 | DRG, RZA Berlin/50 369/DB/050 369-8 | 02.10.1968 |
| 14960 | 1'E h2 | G | 22.08.40 | 1435 | DRG, RZA Berlin/50 370/DB/050 370-6 | 10.07.1969 |
| 14961 | 1'E h2 | G | 26.08.40 | 1435 | DRG, RZA Berlin/50 371/PKP Ty 5-8 | |
| 14962 | 1'E h2 | G | 28.08.40 | 1435 | DRG, RZA Berlin/50 372/DB | 06.03.1962 |
| 14963 | 1'E h2 | G | 29.08.40 | 1435 | DRG, RZA Berlin/50 373/DB | 20.06.1966 |
| 14964 | 1'E h2 | G | 31.08.40 | 1435 | DRG, RZA Berlin/50 374/DB/050 374-8 | 09.09.1971 |
| 14965 | 1'E h2 | G | 09.09.40 | 1435 | DRG, RZA Berlin/50 375/DB/050 375-5 | 03.12.1969 |
| 14966 | 1'E h2 | G | 12.09.40 | 1435 | DRG, RZA Berlin/50 376/DB/050 376-3 | 15.12.1971 |
| 14967 | 1'E h2 | G | 16.09.40 | 1435 | DRG, RZA Berlin/50 377/DB | 10.03.1965 |
| 14968 | 1'E h2 | G | 19.09.40 | 1435 | DRG, RZA Berlin/50 378/DB | 27.09.1966 |
| 14969 | 1'E h2 | G | 23.09.40 | 1435 | DRG, RZA Berlin/50 379/DB/01.12.58 U.He 29 805-50 4013/(054 013-8) | 22.05.1967 |
| 14970 | 1'E h2 | G | 26.09.40 | 1435 | DRG, RZA Berlin/50 380/DR/09.11.57 Reko 50 3501/50 3501-9 | |
| 14971 | 1'E h2 | G | 09.10.40 | 1435 | DRG, RZA Berlin/50 381/DR/16.06.60 Reko 50 3608/31.08.66 U.Öl 50 5024/50 0024-5 | |
| 14972 | 1'E h2 | G | 10.10.40 | 1435 | DRG, RZA Berlin/50 382/DB/(050 382-1) | 22.05.1967 |
| 14973 | 1'E h2 | G | 14.10.40 | 1435 | DRG, RZA Berlin/50 383/DB/050 383-9 | 09.06.1974 |
| 14974 | 1'E h2 | G | 15.10.40 | 1435 | DRG, RZA Berlin/50 384/DB/050 384-7 | 10.07.1969 |
| 14975 | 1'E h2 | G | 19.10.40 | 1435 | DRG, RZA Berlin/50 385/DB/050 385-4 | 15.12.1971 |
| 14976 | 1'C1'h2t | - | 40 | 1435 | Westfälische Landeseisenbahn/35 | 1965 |
| 14977 | D h2t | - | 28.11.40 | 1435 | Wilhelmsburger Industriebahn, Hamburg-Wilhelmsburg/27 | |
| 14978 | 1'D1'h2t | - | 30.08.40 | 1435 | Niederbarnimer Eisenbahn AG/010/1950 DR 93 6679 | 27.11.1968 |
| 14979 | B n2ft | FL | 04.03.41 | 1435 | Gräflich Schaffgot'sche Werke, Gleiwitz O/S | |
| 14980 | 1'C1'h2t | - | 42 | 1435 | Halberstadt-Blankenburger Eisenbahn/6/1949 DR 75 6776 | 27.05.1967 |
| 14981 | 1'C1'h2t | - | 42 | 1435 | Halberstadt-Blankenburger Eisenbahn/7/1949 DR 75 6777 | 18.01.1967 |
| 14982 | 1'E h2 | G | 23.12.40 | 1435 | DRG, RZA Berlin/50 506/DB/050.506-5 | 03.03.1969 |
| 14983 | 1'E h2 | G | 23.12.40 | 1435 | DRG, RZA Berlin/50 507/DB | 10.03.1965 |
| 14984 | 1'E h2 | G | 30.12.40 | 1435 | DRG, RZA Berlin/50 508/DB/(050 508-1) | 11.12.1968 |
| 14985 | 1'E h2 | G | 15.01.41 | 1435 | DRG, RZA Berlin/50 509/DB | 10.03.1965 |
| 14986 | 1'E h2 | G | 15.01.41 | 1435 | DRG, RZA Berlin/50 510/DB | 03.06.1965 |
| 14987 | 1'E h2 | G | 18.01.41 | 1435 | DRG, RZA Berlin/50 511/DB/050 511-5 | 21.06.1968 |
| 14988 | 1'E h2 | G | 22.01.41 | 1435 | DRG, RZA Berlin/50 512/DB/050 512-3 | 08.11.1972 |
| 14989 | 1'E h2 | G | 27.01.41 | 1435 | DRG, RZA Berlin/50 513/DB/050 513-1 | 21.12.1972 |
| 14990 | 1'E h2 | G | 29.01.41 | 1435 | DRG, RZA Berlin/50 514/DB | 01.09.1965 |
| 14991 | 1'E h2 | G | 05.02.41 | 1435 | DRG, RZA Berlin/50 515/DB/050 515-6 | 03.03.1969 |
| 14992 | 1'E h2 | G | 06.02.41 | 1435 | DRG, RZA Berlin/50 516/DB/050 516-4 | 15.08.1972 |
| 14993 | 1'E h2 | G | 08.02.41 | 1435 | DRG, RZA Berlin/50 517/ÖBB/08.12.48 SSSR | |
| 14994 | 1'E h2 | G | 13.02.41 | 1435 | DRG, RZA Berlin/50 518 | |
| 14995 | 1'E h2 | G | 17.02.41 | 1435 | DRG, RZA Berlin/50 519/DB | 06.01.1966 |
| 14996 | 1'E h2 | G | 20.02.41 | 1435 | DRG, RZA Berlin/50 520/DB/050 520-6 | 15.12.1974 |
| 14997 | 1'E h2 | G | 25.02.41 | 1435 | DRG, RZA Berlin/50 521/DB/050 521-4 | 03.03.1969 |
| 14998 | 1'E h2 | G | 27.02.41 | 1435 | DRG, RZA Berlin/50 522/DB/050 522-2 | 01.09.1975 |
| 14999 | 1'E h2 | G | 27.02.41 | 1435 | DRG, RZA Berlin/50 523/DB | 01.09.1965 |
| 15000 | 2'C1 h3 | G | 26.03.41 | 1435 | DRG, RZA Berlin/03 1020/DR/1959 EK Raw Halbst. Nr. 44/03 1020-1/ 1972 U.Öl 03 0020-2 | |
| 15001 | 2'C1'h3 | S | 31.03.41 | 1435 | DRG, RZA Berlin/03 1021/DB | 22.11.1966 |
| 15002 | 2'C1'h3 | S | 08.04.41 | 1435 | DRG, RZA Berlin/03 1022/DB | 20.06.1966 |
| 15003 | 1'E h2 | G | 19.03.41 | 1435 | DRG, RZA Berlin/50 527/DB | 23.05.1946 |
| 15004 | 1'E h2 | G | 25.03.41 | 1435 | DRG, RZA Berlin/50 528/DB | 01.09.1965 |
| 15005 | 1'E h3 | G | 27.03.41 | 1435 | DRG, RZA Berlin/44 324/DR/31.05.64 U.Öl/44 0324-2 | |
| 15006 | 1'E h3 | G | 29.03.41 | 1435 | DRG, RZA Berlin/44 325/DB | 10.08.1957 |
| 15007 | 1'E h3 | G | 29.03.41 | 1435 | DRG, RZA Berlin/44 326/DB/27.03.60 U.Öl/043 326-8 | 27.10.1977 |
| 15008 | 1'E h3 | G | 08.04.41 | 1435 | DRG, RZA Berlin/44 327/DB/044 327-5 | 05.12.1974 |
| 15009 | 1'E h3 | G | 15.04.41 | 1435 | DRG, RZA Berlin/44 328/DR | 12.05.1969 |
| 15010 | 1'E h3 | G | 17.04.41 | 1435 | DRG, RZA Berlin/44 329/DR/44 2329-9 | 14.07.1975 |
| 15011 | 1'E h3 | G | 21.04.41 | 1435 | DRG, RZA Berlin/44 330/DB | 30.11.1964 |
| 15012 | 1'E h3 | G | 23.04.41 | 1435 | DRG, RZA Berlin/44 331/DB | 19.08.1966 |
| 15013 | 1'E h3 | G | 25.04.41 | 1435 | DRG, RZA Berlin/44 332/DB/044 332-5 | 21.08.1975 |

| Fabriknummer | Bauart | Gattung | Auslieferungsdatum | Spurweite | Empfänger/Verbleib | Ausmusterung |
|---|---|---|---|---|---|---|
| 15014 | 1'E h3 | G | 26.04.41 | 1435 | DRG, RZA Berlin/44 333/DB/044 333-3 | 24.08.1973 |
| 15015 | 1'E h3 | G | 28.04.41 | 1435 | DRG, RZA Berlin/44 334/DB/044 334-1 | 11.06.1976 |
| 15016 | 1'E h3 | G | 21.05.31 | 1435 | DRG, RZA Berlin/44 335/DB/044 335-8 | 08.11.1972 |
| 15017 | 1'E h3 | G | 29.04.41 | 1435 | DRG, RZA Berlin/44 336/DB/26.04.60 U.Öl/043 336-7 | 28.09.1976 |
| 15018 | 1'E h3 | G | 30.04.41 | 1435 | DRG, RZA Berlin/44 337/DB/Hzl Limburg | 19.08.1966 |
| 15019 | 1'E h3 | G | 08.05.41 | 1435 | DRG, RZA Berlin/44 338/DR/Dsp 14 | 01.04.1968 |
| 15020 | 1'E h3 | G | 14.05.41 | 1435 | DRG, RZA Berlin/44 339/DB/044 339-0 | 06.03.1974 |
| 15021 | 1'E h3 | G | 15.05.41 | 1435 | DRG, RZA Berlin/44 340/DB/044 340-8/Lokomotive erhielt den Rahmen von der 44 1555 | 24.08.1973 |
| 15022 | 1'E h3 | G | 19.05.41 | 1435 | DRG, RZA Berlin/44 341/DB | 15.11.1957 |
| 15023 | 1'E h3 | G | 22.05.41 | 1435 | DRG, RZA Berlin/44 342/DB | 13.08.1952 |
| 15024 | 1'E h3 | G | 26.05.41 | 1435 | DRG, RZA Berlin/44 343/DB | 12.11.1962 |
| 15025 | 1'E h3 | G | 29.05.41 | 1435 | DRG, RZA Berlin/44 344/DB/044 344-0 | 18.04.1972 |
| 15026 | 1'E h3 | G | 30.05.41 | 1435 | DRG, RZA Berlin/44 345/DB | 15.11.1957 |
| 15027 | 1'E h3 | G | 11.06.41 | 1435 | DRG, RZA Berlin/44 346/DB/044 346-5 | 12.04.1973 |
| 15028 | 1'E h3 | G | 12.06.41 | 1435 | DRG, RZA Berlin/44 347/DB/Hzl Hanau | 27.09.1966 |
| 15029 | 1'E h3 | G | 18.06.41 | 1435 | DRG, RZA Berlin/44 348 | |
| 15030 | 1'E h3 | G | 19.06.41 | 1435 | DRG, RZA Berlin/44 349/DR/44 2349-7 verkauft | 15.07.1970 |
| 15031 | 1'E h3 | G | 23.06.41 | 1435 | DRG, RZA Berlin/44 350/DR/24.11.67 U.Öl/44 0350-7/02.82 Kohlefeuerung 44 2350 | |
| 15032 | 1'E h3 | G | 30.06.41 | 1435 | DRG, RZA Berlin/44 351/DR/24.10.66 U.Öl/44 0351-5 | |
| 15033 | 1'E h3 | G | 30.06.41 | 1435 | DRG, RZA Berlin/44 352/DR/44 2352-1 | 19.10.1973 |
| 15034 | 1'E h3 | G | 09.07.41 | 1435 | DRG, RZA Berlin/44 353/DR/44 2353-9 | 14.07.1975 |
| 15035 | 1'E h3 | G | 12.07.41 | 1435 | DRG, RZA Berlin/44 354/DR/30.08.63 U.Öl/44 0354-9 | |
| 15036 | 1'E h3 | G | 16.07.41 | 1435 | DRG, RZA Berlin/44 355/DB | 19.08.1966 |
| 15037 | 1'E h3 | G | 21.07.41 | 1435 | DRG, RZA Berlin/44 356/DB | 28.04.1947 |
| 15038 | 1'E h3 | G | 23.07.41 | 1435 | DRG, RZA Berlin/44 357/DR/44 2357-0 | 16.01.1975 |
| 15039 | 1'E h3 | G | 28.07.41 | 1435 | DRG, RZA Berlin/44 358/DB | 22.05.1967 |
| 15040 | 1'E h3 | G | 30.07.41 | 1435 | DRG, RZA Berlin/44 359/DR/(44 2359-6)/Rahmen an 44 0354-9 | 20.09.1970 |
| 15041 | 1'E h3 | G | 30.07.41 | 1435 | DRG, RZA Berlin/44 360/PKP Ty 4-14 | |
| 15042 | 1'E h3 | G | 08.08.41 | 1435 | DRG, RZA Berlin/44 361/PKP Ty 4-15 | 23.04.1975 |
| 15043 | 1'E h3 | G | 14.08.41 | 1435 | DRG, RZA Berlin/44 362/DB/044 362-2 | 24.08.1973 |
| 15044 | 1'E h3 | G | 18.08.41 | 1435 | DRG, RZA Berlin/44 363/DB/044 363-0 | 16.05.1975 |
| 15045 | 1'E h3 | G | 21.08.41 | 1435 | DRG, RZA Berlin/44 364/DB | 01.09.1965 |
| 15046 | 1'E h3 | G | 25.08.41 | 1435 | DRG, RZA Berlin/44 365/PKP Ty 4-16 | 21.07.1976 |
| 15047 | 1'E h3 | G | 27.08.41 | 1435 | DRG, RZA Berlin/44 366/PKP Ty 4-17 | |
| 15048 | 1'E h3 | G | 29.08.41 | 1435 | DRG, RZA Berlin/44 367/DB/044 367-1 | 08.11.1972 |
| 15049 | 1'E h3 | G | 30.08.41 | 1435 | DRG, RZA Berlin/44 368/DB | 09.06.1960 |
| 15050 | 1'E h3 | G | 08.09.41 | 1435 | DRG, RZA Berlin/44 369/DB | 22.05.1967 |
| 15051 | 1'E h3 | G | 11.09.41 | 1435 | DRG, RZA Berlin/44 370/DB/044 370-5 | 08.11.1972 |
| 15052 | 1'E h3 | G | 17.09.41 | 1435 | DRG, RZA Berlin/44 371/DB | 30.09.1960 |
| 15053 | 1'E h3 | G | 18.09.41 | 1435 | DRG, RZA Berlin/44 372/DB | 30.09.1960 |
| 15054 | 1'E h3 | G | 24.09.41 | 1435 | DRG, RZA Berlin/44 373/DB | 30.11.1964 |
| 15055 | 1'E1'h2t | - | 42 | 1435 | Westfälische Landeseisenbahn/123 | 1968 |
| 15056 | Kessel | - | | - | DRG, RZA Berlin (T 12) | |
| 15057 | 1'D1'h2t | - | 19.02.41 | 1435 | Oderbruchbahn AG, Potsdam/3-200/1949 DR 93 6678/93 6678-2 | 22.02.1971 |
| 15058 | 1'D1'h2t | - | 16.08.41 | 1435 | Niederbarnimer Eisenbahn AG, Berlin-Wilhelmsruh/011/1950 DR 93 6680 | 12.02.1968 |
| 15059 | 1'D1'h2t | - | 23.08.41 | 1435 | Niederbarnimer Eisenbahn AG, Berlin-Wilhelmsruh/012/1950 DR 93 6681 | 07.05.1965 |
| 15060 | 1'E h2 | G | 30.05.41 | 1435 | DRG, RZA Berlin/50 1345/DB/051 345-7 | 10.07.1969 |
| 15061 | 1'E h2 | G | 30.05.41 | 1435 | DRG, RZA Berlin/50 1346/DB/051 346-5 | 24.08.1973 |
| 15062 | 1'E h2 | G | 11.06.41 | 1435 | DRG, RZA Berlin/50 1347/DR/24.07.61 Reko 50 3673/50 3673-6 | |
| 15063 | 1'E h2 | G | 25.06.41 | 1435 | DRG, RZA Berlin/50 1348/DB | 06.10.1962 |
| 15064 | 1'E h2 | G | 28.06.41 | 1435 | DRG, RZA Berlin/50 1349/PKP Ty 5-26 | |
| 15065 | 1'E h2 | G | 30.06.41 | 1435 | DRG, RZA Berlin/50 1350/DB | 01.09.1965 |
| 15066 | 1'E h2 | G | 17.07.41 | 1435 | DRG, RZA Berlin/50 1351/DB/051 351-5 | 16.05.1975 |
| 15067 | 1'E h2 | G | 23.07.41 | 1435 | DRG, RZA Berlin/50 1352/DB/051 352-3 | 02.06.1971 |
| 15068 | 1'E h2 | G | 29.07.41 | 1435 | DRG, RZA Berlin/50 1353/DB/051 353-1 | 03.03.1969 |
| 15069 | 1'E h2 | G | 19.08.41 | 1435 | DRG, RZA Berlin/50 1354/DB/(051 354-9) | 24.02.1967 |
| 15070 | 1'E h2 | G | 28.08.41 | 1435 | DRG, RZA Berlin/50 1355/DB | 01.09.1965 |
| 15071 | 1'E h2 | G | 30.08.41 | 1435 | DRG, RZA Berlin/50 1356/DB/051 356-4 | 21.08.1975 |
| 15072 | 1'E h2 | G | 05.09.41 | 1435 | DRG, RZA Berlin/50 1357/DB/051 357-2 | 18.04.1972 |
| 15073 | 1'E h2 | G | 10.09.41 | 1435 | DRG, RZA Berlin/50 1358/DB/(051 358-0) | 15.07.1967 |
| 15074 | 1'E h2 | G | 15.09.41 | 1435 | DRG, RZA Berlin/50 1359/DB/051 359-8 | 11.12.1968 |
| 15075 | 1'E h2 | G | 20.09.41 | 1435 | DRG, RZA Berlin/50 1360/DB/051 360-6 | 21.12.1972 |
| 15076 | 1'E h2 | G | 24.09.41 | 1435 | DRG, RZA Berlin/50 1361/DB/051 361-4 | 11.12.1968 |
| 15077 | 1'E h2 | G | 25.09.41 | 1435 | DRG, RZA Berlin/50 1362/DB/051 362-2 | 12.04.1973 |
| 15078 | 1'E h2 | G | 04.10.41 | 1435 | DRG, RZA Berlin/50 1363/DB/(051 363-0) | 22.05.1967 |
| 15079 | 1'E h2 | G | 07.10.41 | 1435 | DRG, RZA Berlin/50 1364/DB/(051 364-8) | 22.05.1967 |
| 15080 | 1'E h2 | G | 09.10.41 | 1435 | DRG, RZA Berlin/50 1365/PKP Ty 5-27 | |
| 15081 | 1'E h2 | G | 15.10.41 | 1435 | DRG, RZA Berlin/50 1366/DB/051 366-3 | 19.09.1969 |
| 15082 | 1'E h2 | G | 16.10.41 | 1435 | DRG, RZA Berlin/50 1367/DR/27.06.61 Reko 50 3668/50 3668-6 | |

| Fabriknummer | Bauart | Gattung | Auslieferungsdatum | Spurweite | Empfänger/Verbleib | Ausmusterung |
|---|---|---|---|---|---|---|
| 15083 | 1'E h2 | G | 23.10.41 | 1435 | DRG, RZA Berlin/50 1368/DR/31.05.58 Reko 50 3522/50 3522-5 | |
| 15084 | 1'E h2 | G | 29.10.41 | 1435 | DRG, RZA Berlin/50 1369/DB/051 369-7 | 18.09.1974 |
| 15085 | 1'E h2 | G | 30.10.41 | 1435 | DRG, RZA Berlin/50 1370/SAAR/1957 DB | 10.03.1965 |
| 15086 | 1'E h2 | G | 06.11.41 | 1435 | DRG, RZA Berlin/50 1371/DB/(051 371-3) | 14.11.1967 |
| 15087 | 1'E h2 | G | 13.11.41 | 1435 | DRG, RZA Berlin/50 1372/DB/051 372-1 | 08.11.1972 |
| 15088 | 1'E h2 | G | 21.11.41 | 1435 | DRG, RZA Berlin/50 1373/DB/(051 373-9) | 02.10.1968 |
| 15089 | 1'E h2 | G | 27.11.41 | 1435 | DRG, RZA Berlin/50 1374/DB/ 051 374-7 | 10.07.1969 |
| 15090 | 1'E h2 | G | 29.11.41 | 1435 | DRG, RZA Berlin/50 1375/DB/(051 375-4) | 12.03.1968 |
| 15091 | 1'E h2 | G | 10.12.41 | 1435 | DRG, RZA Berlin/50 1376/DB/051 376-2 | 12.04.1973 |
| 15092 | 1'E h2 | G | 16.12.41 | 1435 | DRG, RZA Berlin/50 1377/DB | 10.03.1965 |
| 15093 | 1'E h2 | G | 29.12.41 | 1435 | DRG, RZA Berlin/50 1378/DB | 10.03.1965 |
| 15094 | 1'E h2 | G | 31.12.41 | 1435 | DRG, RZA Berlin/50 1379/DB/051 379-6 | 19.09.1969 |
| 15095 | 1'E h2 | G | 15.01.41 | 1435 | DRG, RZA Berlin/50 1380/DB/051 380-4 | 21.12.1972 |
| 15096 | 1'E h2 | G | 23.01.41 | 1435 | DRG, RZA Berlin/50 1381 | |
| 15097 | 1'E h2 | G | 29.01.41 | 1435 | DRG, RZA Berlin/50 1382/DB/051 382-0 | 19.09.1969 |
| 15098 | 1'E h2 | G | 07.02.41 | 1435 | DRG, RZA Berlin/50 1383/DB/051 383-8 | 16.05.1975 |
| 15099 | 1'E h2 | G | 11.02.41 | 1435 | DRG, RZA Berlin/50 1384/DB/051 384-6 | 15.12.1971 |
| 15100 | 1'E h3 | G | 29.09.41 | 1435 | DRG, RZA Berlin/44 644/DB/044 644-3 | 11.06.1976 |
| 15101 | 1'E h3 | G | 30.09.41 | 1435 | DRG, RZA Berlin/44 645/PKP Ty 4-35 | 18.04.1972 |
| 15102 | 1'E h3 | G | 30.09.41 | 1435 | DRG, RZA Berlin/44 646/PKP Ty 4-36 | 03.05.1974 |
| 15103 | 1'E h3 | G | 13.10.41 | 1435 | DRG, RZA Berlin/44 647/DR/31.07.64 U.Öl/44 0647-6 | |
| 15104 | 1'E h3 | G | 14.10.41 | 1435 | DRG, RZA Berlin/44 648/DB/044 648-4 | 06.03.1974 |
| 15105 | 1'E h3 | G | 20.10.41 | 1435 | DRG, RZA Berlin/44 649/DB | 30.09.1960 |
| 15106 | 1'E h3 | G | 22.10.41 | 1435 | DRG, RZA Berlin/44 650/DB/044 650-0 | 26.05.1977 |
| 15107 | 1'E h3 | G | 25.10.41 | 1435 | DRG, RZA Berlin/44 651/DB | 30.09.1960 |
| 15108 | 1'E h3 | G | 28.10.41 | 1435 | DRG, RZA Berlin/44 652/DB | 16.12.1959 |
| 15109 | 1'E h3 | G | 31.10.41 | 1435 | DRG, RZA Berlin/44 653/DR | 11.09.1968 |
| 15110 | 1'E h3 | G | 05.11.41 | 1435 | DRG, RZA Berlin/44 654/DB/044 654-2 | 28.09.1976 |
| 15111 | 1'E h3 | G | 10.11.41 | 1435 | DRG, RZA Berlin/44 655/DR/(44 2655-7) | 30.09.1970 |
| 15112 | 1'E h3 | G | 12.11.41 | 1435 | DRG, RZA Berlin/44 656/DB | 30.09.1960 |
| 15113 | 1'E h3 | G | 14.11.41 | 1435 | DRG, RZA Berlin/44 657/DR/44 2657-3 | |
| 15114 | 1'E h3 | G | 18.11.41 | 1435 | DRG, RZA Berlin/44 658/DR | 22.08.1968 |
| 15115 | 1'E h3 | G | 21.11.41 | 1435 | DRG, RZA Berlin/44 659/DR/44 2659-9 | 14.07.1975 |
| 15116 | 1'E h3 | G | 24.11.41 | 1435 | DRG, RZA Berlin/44 660/DR/(44 2660-7) an VEB Amaturenwerk Rosswein verkauft | 18.12.1970 |
| 15117 | 1'E h3 | G | 26.11.41 | 1435 | DRG, RZA Berlin/44 661/DR/23.09.66 U.Öl/44 0661-7 | |
| 15118 | 1'E h3 | G | 28.11.41 | 1435 | DRG, RZA Berlin/44 662/DR | 05.02.1951 |
| 15119 | 1'E h3 | G | 29.11.41 | 1435 | DRG, RZA Berlin/44 663/DR/28.03.66 U.Öl/44 0663-3/01.82 U.Kohle 44 2663-1 | |
| 15120 | 1'E h3 | G | 06.12.41 | 1435 | DRG, RZA Berlin/44 664/DB/044 664-1 | 06.03.1974 |
| 15121 | 1'E h3 | G | 09.12.41 | 1435 | DRG, RZA Berlin/44 665/DB/12.07.60 U.Öl/043 665-9 | 24.08.1973 |
| 15122 | 1'E h3 | G | 11.12.41 | 1435 | DRG, RZA Berlin/44 666/DB | 18.03.1955 |
| 15123 | 1'E h3 | G | 16.12.41 | 1435 | DRG, RZA Berlin/44 667/DB/044 667-4 | 22.12.1975 |
| 15124 | 1'E h3 | G | 18.12.41 | 1435 | DRG, RZA Berlin/44 668/DB/044 668-2 | 21.08.1975 |
| 15125 | 1'E h3 | G | 18.12.41 | 1435 | DRG, RZA Berlin/44 669/DB/044 669-0 | 28.09.1976 |
| 15126 | 1'E h3 | G | 22.12.41 | 1435 | DRG, RZA Berlin/44 670/DB | 30.09.1960 |
| 15127 | 1'E h3 | G | 24.12.41 | 1435 | DRG, RZA Berlin/44 671/PKP Ty 4-37 | |
| 15128 | 1'E h3 | G | 30.12.41 | 1435 | DRG, RZA Berlin/44 672/DB/044 672-4 | 27.06.1975 |
| 15129 | 1'E h3 | G | 31.12.41 | 1435 | DRG, RZA Berlin/44 673/DB/044 673-2 | 22.10.1975 |
| 15130 | 1'E h3 | G | 14.01.42 | 1435 | DRG, RZA Berlin/44 674/DR/25.05.51 U.Kst/44 9674-1 | 15.10.1973 |
| 15131 | 1'E h3 | G | 16.01.42 | 1435 | DRG, RZA Berlin/44 675/DB/044 675-7 | 06.03.1974 |
| 15132 | 1'E h3 | G | 19.01.42 | 1435 | DRG, RZA Berlin/44 676/DB/044 676-5 | 15.03.1976 |
| 15133 | 1'E h3 | G | 22.01.42 | 1435 | DRG, RZA Berlin/44 677/PKP Ty 4-38 | 13.07.1976 |
| 15134 | 1'E h3 | G | 26.01.42 | 1435 | DRG, RZA Berlin/44 678/DR | 06.09.1968 |
| 15135 | 1'E h3 | G | 29.01.42 | 1435 | DRG, RZA Berlin/44 679 | |
| 15136 | 1'E h3 | G | 30.01.42 | 1435 | DRG, RZA Berlin/44 680/DR/(44 2680-5) | 27.04.1970 |
| 15137 | 1'E h3 | G | 31.01.42 | 1435 | DRG, RZA Berlin/44 681/DR verkauft | 05.12.1969 |
| 15138 | 1'E h3 | G | 31.01.42 | 1435 | DRG, RZA Berlin/44 682/DR/Dsp 4 | 13.02.1968 |
| 15139 | 1'E h3 | G | 12.02.42 | 1435 | DRG, RZA Berlin/44 683/DR | 21.12.1953 |
| 15140 | C n2t | - | 04.12.41 | 1435 | Mitteldeutsche Stahl- und Walzwerke, Brandenburg | |
| 15141 | 2'E h3 | G | 43 | 1435 | Friedrich Krupp, Essen, für Bulgarische Staatsbahn/11.16 | |
| 15142 | 2'E h3 | G | 43 | 1435 | Friedrich Krupp, Essen, für Bulgarische Staatsbahn/11.17 | |
| 15143 | 2'E h3 | G | 43 | 1435 | Friedrich Krupp, Essen, für Bulgarische Staatsbahn/11.18 | |
| 15144 | 2'E h3 | G | 43 | 1435 | Friedrich Krupp, Essen, für Bulgarische Staatsbahn/11.19 | |
| 15145 | 2'E h3 | G | 43 | 1435 | Friedrich Krupp, Essen, für Bulgarische Staatsbahn/11.20 | |
| 15146 | 2'E h3 | G | 43 | 1435 | Friedrich Krupp, Essen, für Bulgarische Staatsbahn/11.21 | |
| 15147 | 2'E h3 | G | 43 | 1435 | Friedrich Krupp, Essen, für Bulgarische Staatsbahn/11.22 | |
| 15148 | D h2t | - | 22.09.42 | 1435 | Wilhelmsburger Industriebahn, Hamburg-Wilhelmsburg/28 | |
| 15149 | 1'E h3 | G | 17.02.42 | 1435 | DRG, RZA Berlin/44 1100 | |
| 15150 | 1'E h3 | G | 19.02.42 | 1435 | DRG, RZA Berlin/44 1101/DR/20.04.65 U.Öl/44 0101-4/04.82 U.Kohle 44 1101-3 | |

| Fabriknummer | Bauart | Gattung | Auslieferungsdatum | Spurweite | Empfänger/Verbleib | Ausmusterung |
|---|---|---|---|---|---|---|
| 15151 | 1'E h3 | G | 19.02.42 | 1435 | DRG, RZA Berlin/44 1102/DR/(44 1102-1) verkauft | 15.01.1970 |
| 15152 | 1'E h3 | G | 23.02.42 | 1435 | DRG, RZA Berlin/44 1103 | |
| 15153 | 1'E h3 | G | 25.02.42 | 1435 | DRG, RZA Berlin/44 1104/DR/44 1104-7 | 19.10.1973 |
| 15154 | 1'E h3 | G | 26.02.42 | 1435 | DRG, RZA Berlin/44 1105/DR/(44 1105-4) | 30.09.1970 |
| 15155 | 1'E h3 | G | 27.02.42 | 1435 | DRG, RZA Berlin/44 1106/DR/06.02.65 U.Öl/44 0106-3 | |
| 15156 | 1'E h3 | G | 28.02.42 | 1435 | DRG, RZA Berlin/44 1107/DR/44 1107-0 | 19.06.1975 |
| 15157 | 1'E h3 | G | 28.02.42 | 1435 | DRG, RZA Berlin/44 1108/DR/44 1108-8 | 17.04.1974 |
| 15158 | 1'E h3 | G | 10.03.42 | 1435 | DRG, RZA Berlin/44 1109 | |
| 15159 | 1'E h3 | G | 14.03.42 | 1435 | DRG, RZA Berlin/44 1110/DB/30.10.45 SNCF 150 x 1110 | |
| 15160 | 1'E h3 | G | 18.03.42 | 1435 | DRG, RZA Berlin/44 1111/DB | 28.07.1951 |
| 15161 | 1'E h3 | G | 19.03.42 | 1435 | DRG, RZA Berlin/44 1112/DB/044 112-1 | 18.04.1972 |
| 15162 | 1'E h3 | G | 20.03.42 | 1435 | DRG, RZA Berlin/44 1113/DB/044 113-9 | 24.06.1970 |
| 15163 | 1'E h3 | G | 23.03.42 | 1435 | DRG, RZA Berlin/44 1114/DB | 12.11.1962 |
| 15164 | 1'E h3 | G | 26.03.42 | 1435 | DRG, RZA Berlin/44 1115/DB | 30.09.1960 |
| 15165 | 1'E h3 | G | 27.03.42 | 1435 | DRG, RZA Berlin/44 1116/DB | 03.06.1965 |
| 15166 | 1'E h3 | G | 31.03.42 | 1435 | DRG, RZA Berlin/44 1117/DB | 01.09.1965 |
| 15167 | 1'E h3 | G | 31.03.42 | 1435 | DRG, RZA Berlin/44 1118/DB/044 117-0 | 15.08.1972 |
| 15168 | 1'E h3 | G | 08.04.42 | 1435 | DRG, RZA Berlin/44 1119/DB/044 119-6 | 27.06.1975 |
| 15169 | 1'E h3 | G | 13.04.42 | 1435 | DRG, RZA Berlin/44 1120/DB | 20.11.1958 |
| 15170 | 1'E h3 | G | 15.04.42 | 1435 | DRG, RZA Berlin/44 1121/DB/28.06.60 U.Öl/043 121-3 verkauft | 27.10.1977 |
| 15171 | 1'E h3 | G | 16.04.42 | 1435 | DRG, RZA Berlin/44 1122/DB/044 121-2 | 06.03.1974 |
| 15172 | 1'E h3 | G | 21.04.42 | 1435 | DRG, RZA Berlin/44 1123/DB | 15.11.1957 |
| 15173 | 1'E h3 | G | 23.04.42 | 1435 | DRG, RZA Berlin/44 1124/DB | 04.12.1961 |
| 15174 | 1'E h3 | G | 28.04.42 | 1435 | DRG, RZA Berlin/44 1125/DB | 30.09.1960 |
| 15175 | 1'E h3 | G | 28.04.42 | 1435 | DRG, RZA Berlin/44 1126/DB/044 126-1 | 15.08.1972 |
| 15176 | 1'E h3 | G | 29.04.42 | 1435 | DRG, RZA Berlin/44 1127/DB/044 127-9 | 23.02.1971 |
| 15177 | 1'E h3 | G | 07.05.42 | 1435 | DRG, RZA Berlin/44 1128/DB/(044 129-5) | 22.05.1967 |
| 15178 | 1'E h3 | G | 11.05.42 | 1435 | DRG, RZA Berlin/44 1129/DB | 30.09.1960 |
| 15179 | 1'E h3 | G | 12.05.42 | 1435 | DRG, RZA Berlin/44 1130/DB/044 130-3 | 24.08.1973 |
| 15180 | 1'E h3 | G | 16.05.42 | 1435 | DRG, RZA Berlin/44 1131/DB/06.01.58 U.Öl/043 131-2 | 05.12.1974 |
| 15181 | 1'E h3 | G | 19.05.42 | 1435 | DRG, RZA Berlin/44 1132/DB | 10.08.1957 |
| 15182 | 1'E h3 | G | 22.05.42 | 1435 | DRG, RZA Berlin/44 1133/DB/U.Öl/043 133-8 | 24.08.1973 |
| 15183 | 1'E h3 | G | 26.05.42 | 1435 | DRG, RZA Berlin/44 1134/DB | 28.11.1946 |
| 15184 | 1'E h3 | G | 27.05.42 | 1435 | DRG, RZA Berlin/44 1135/DB/044 135-2 | 22.12.1975 |
| 15185 | 1'E h3 | G | 29.05.42 | 1435 | DRG, RZA Berlin/44 1136/DB/044 136-0 | 28.05.1975 |
| 15186 | 1'E h3 | G | 29.05.42 | 1435 | DRG, RZA Berlin/44 1137/DB/044 137-8 | 25.07.1975 |
| 15187 | 1'E h3 | G | 08.06.42 | 1435 | DRG, RZA Berlin/44 1138/DB/044 138-6 | 16.05.1975 |
| 15188 | 1'E h3 | G | 10.06.42 | 1435 | DRG, RZA Berlin/44 1139/DB | 22.11.1966 |
| 15189 | 1'E h3 | G | 12.06.42 | 1435 | DRG, RZA Berlin/44 1140/DB/044 140-2 | 19.09.1969 |
| 15190 | 1'E h3 | G | 22.06.42 | 1435 | DRG, RZA Berlin/44 1141/DB | 03.06.1965 |
| 15191 | 1'E h3 | G | 24.06.42 | 1435 | DRG, RZA Berlin/44 1142/DB | 04.03.1966 |
| 15192 | 1'E h3 | G | 27.06.42 | 1435 | DRG, RZA Berlin/44 1143/DB/044 142-8 | 02.10.1968 |
| 15193 | 1'E h3 | G | 29.06.42 | 1435 | DRG, RZA Berlin/44 1144/DB/044 144-4 | 06.03.1974 |
| 15194 | 1'E h2 | G | 30.03.42 | 1435 | DRG, RZA Berlin/50 2200/DB/052 200-3 | 16.05.1975 |
| 15195 | 1'E h2 | G | 30.03.42 | 1435 | DRG, RZA Berlin/50 2201/DB/052 201-1 | 12.04.1973 |
| 15196 | 1'E h2 | G | 10.04.42 | 1435 | DRG, RZA Berlin/50 2202/DB/052 202-9 | 22.09.1970 |
| 15197 | 1'E h2 | G | 23.04.42 | 1435 | DRG, RZA Berlin/50 2203/DB/052 203-7 | 15.03.1976 |
| 15198 | 1'E h2 | G | 27.04.42 | 1435 | DRG, RZA Berlin/50 2204/DB/Fahrgestell an 50 1751 | 22.11.1966 |
| 15199 | 1'E h2 | G | 30.04.42 | 1435 | DRG, RZA Berlin/50 2205/SNCF Est 150 Z 2205 | 14.11.1953 |
| 15200 | 1'E h2 | G | 30.04.42 | 1435 | DRG, RZA Berlin/50 2206/DB/052 206-0 | 08.11.1972 |
| 15201 | 1'E h2 | G | 12.05.42 | 1435 | DRG, RZA Berlin/50 2207/DB/052 207-8 | 24.05.1973 |
| 15202 | 1'E h2 | G | 14.05.42 | 1435 | DRG, RZA Berlin/50 2208/DB/052 208-6 | 15.12.1971 |
| 15203 | 1'E h2 | G | 19.05.42 | 1435 | DRG, RZA Berlin/50 2209/DR/22.10.58 Reko 50 3537/50 3537-3/10.02.71 U.Öl 50 0061-7 | |
| 15204 | 1'E h2 | G | 28.05.42 | 1435 | DRG, RZA Berlin/50 2210 | 19.09.1944 |
| 15205 | 1'E h2 | G | 30.05.42 | 1435 | DRG, RZA Berlin/50 2211/ÖBB 50.2211 | 15.07.1970 |
| 15206 | 1'E h2 | G | 09.06.42 | 1435 | DRG, RZA Berlin/50 2212/DB/052 212-8 | 16.05.1975 |
| 15207 | 1'E h2 | G | 17.06.42 | 1435 | DRG, RZA Berlin/50 2213/DB/052 213-6 | 05.12.1974 |
| 15208 | 1'E h2 | G | 20.06.42 | 1435 | DRG, RZA Berlin/50 2214/DR/25.03.60 Reko 50 3594/10.06.66 U.Öl 50 5014/50 0014-6 | |
| 15209 | 1'E h2 | G | 24.06.42 | 1435 | DRG, RZA Berlin/50 2215/SAAR/1957 DB/052 215-1 | 05.12.1974 |
| 15210 | 1'E h2 | G | 27.06.42 | 1435 | DRG, RZA Berlin/50 2216/DB | 01.09.1965 |
| 15211 | 1'E h2 | G | 29.06.42 | 1435 | DRG, RZA Berlin/50 2217/SNCF Est 150 Z 2217 | 14.11.1953 |
| 15212 | 1'E h2 | G | 30.06.42 | 1435 | DRG, RZA Berlin/50 2218/DB/052 218-5 | 15.03.1976 |
| 15213 | 1'E h2 | G | 30.06.42 | 1435 | DRG, RZA Berlin/50 2219/DB | 03.06.1965 |
| 15214 | 1'E h2 | G | 10.07.42 | 1435 | DRG, RZA Berlin/50 2220/DR/20.04.61 Reko 50 3655/50 3655-3 | |
| 15215 | 1'E h2 | G | 14.07.42 | 1435 | DRG, RZA Berlin/50 2221/DR/10.08.59 Reko 50 3569/50 3569-6 | |
| 15216 | 1'E h2 | G | 23.07.42 | 1435 | DRG, RZA Berlin/50 2222/DB/052 222-7 | 26.06.1975 |
| 15217 | 1'E h2 | G | 28.07.42 | 1435 | DRG, RZA Berlin/50 2223/DB/052 223-5 | 22.12.1976 |
| 15218 | 1'E h2 | G | 31.08.42 | 1435 | DRG, RZA Berlin/50 2224/DB/052 224-3 | 02.06.1971 |
| 15219 | C n2t | - | 24.02.42 | 1435 | Mitteldeutsche Stahl- und Walzwerke Hennigsdorf | |

# BLW 15220

| Fabriknummer | Bauart | Gattung | Auslieferungsdatum | Spurweite | Empfänger/Verbleib | Ausmusterung |
|---|---|---|---|---|---|---|
| 15220 | C n2t | - | 12.03.42 | 1435 | Mitteldeutsche Stahl- und Walzwerke, Brandenburg | |
| 15221 | 1'D1'h2t | - | 08.07.42 | 1435 | Niederbarnimer Eisenbahn AG, Berlin-Wilhelmsruh/013/1950 DR 93 6682 | 06.04.1970 |
| 15222 | 1'D1'h2t | - | 22.07.42 | 1435 | Niederbarnimer Eisenbahn AG, Berlin-Wilhelmsruh/014/1950 DR 93 6683 | 12.02.1968 |
| 15223 | D h2t | - | storniert | 1435 | Kriegsmarine Gotenhafen (KDL 4)/3 | |
| 15224 | D h2t | - | storniert | 1435 | Kriegsmarine Gotenhafen (KDL 4)/4 | |
| 15225 | D h2t | - | storniert | 1435 | Kleinbahn Küstrin-Hammer/5 | |
| 15226 | Kessel | - | 13.07.46 | - | Braunkohlenwerke Salzdetfurth AG, Berlin-Werk Borna | |
| 15227 | 1'E h3 | G | 16.07.42 | 1435 | DRG, RZA Berlin - ÜK-Ausführung/44 1241/DB | 30.09.1960 |
| 15228 | 1'E h3 | G | 18.07.42 | 1435 | DRG, RZA Berlin - ÜK-Ausführung/44 1242/DB | 12.11.1962 |
| 15229 | 1'E h3 | G | 21.07.42 | 1435 | DRG, RZA Berlin - ÜK-Ausführung/44 1243/DB/044 242-6 | 24.08.1973 |
| 15230 | 1'E h3 | G | 30.07.42 | 1435 | DRG, RZA Berlin - ÜK-Ausführung/44 1244/DB | 19.08.1966 |
| 15231 | 1'E h3 | G | 30.07.42 | 1435 | DRG, RZA Berlin - ÜK-Ausführung/44 1245/DR/44 1245-8 | 15.02.1977 |
| 15232 | 1'E h3 | G | 30.07.42 | 1435 | DRG, RZA Berlin - ÜK-Ausführung/44 1246/DR | 09.01.1948 |
| 15233 | 1'E h3 | G | 31.07.42 | 1435 | DRG, RZA Berlin - ÜK-Ausführung/44 1247 | |
| 15234 | 1'E h3 | G | 31.07.42 | 1435 | DRG, RZA Berlin - ÜK-Ausführung/44 1248/DB | 22.11.1966 |
| 15235 | 1'E h3 | G | 31.07.42 | 1435 | DRG, RZA Berlin - ÜK-Ausführung/44 1249/PKP Ty 4-75 | 30.04.1975 |
| 15236 | 1'E h3 | G | 31.07.42 | 1435 | DRG, RZA Berlin - ÜK-Ausführung/44 1250/DB/044 250-9 | 06.03.1974 |
| 15237 | 1'E h3 | G | 06.08.42 | 1435 | DRG, RZA Berlin - ÜK-Ausführung/44 1251/DR/16.09.66 U.Öl/44 0251-7/ | |
| | | | | | Rahmen von 44 1092 | |
| 15238 | 1'E h3 | G | 11.08.42 | 1435 | DRG, RZA Berlin - ÜK-Ausführung/44 1252/DR/(44 1252-4) | 19.11.1970 |
| 15239 | 1'E h3 | G | 12.08.42 | 1435 | DRG, RZA Berlin - ÜK-Ausführung/44 1253/DR/(44 1253-2) | 20.09.1970 |
| 15240 | 1'E h3 | G | 14.08.42 | 1435 | DRG, RZA Berlin - ÜK-Ausführung/44 1254/DB/044 253-3 | 22.09.1970 |
| 15241 | 1'E h3 | G | 15.08.42 | 1435 | DRG, RZA Berlin - ÜK-Ausführung/44 1255/DB/044 254-1 | 04.03.1970 |
| 15242 | 1'E h3 | G | 29.08.42 | 1435 | DRG, RZA Berlin - ÜK-Ausführung/44 1256/DR/31.01.65 U.Öl/44 0256-6 | |
| 15243 | 1'E h3 | G | 20.08.42 | 1435 | DRG, RZA Berlin - ÜK-Ausführung/44 1257/DR/44 1257-3 | 14.07.1975 |
| 15244 | 1'E h3 | G | 20.08.42 | 1435 | DRG, RZA Berlin - ÜK-Ausführung/44 1258/DB | 30.09.1960 |
| 15245 | 1'E h3 | G | 24.08.42 | 1435 | DRG, RZA Berlin - ÜK-Ausführung/44 1259/DB/044 258-2 | 19.09.1969 |
| 15246 | 1'E h3 | G | 24.08.42 | 1435 | DRG, RZA Berlin - ÜK-Ausführung/44 1260/DB/044 259-0 | 12.03.1968 |
| 15247 | 1'E h3 | G | 26.08.42 | 1435 | DRG, RZA Berlin - ÜK-Ausführung/44 1261/DB/044 260-8 | 28.05.1975 |
| 15248 | 1'E h3 | G | 28.08.42 | 1435 | DRG, RZA Berlin - ÜK-Ausführung/44 1262/DB/044 262-4 | 15.08.1972 |
| 15249 | 1'E h3 | G | 29.08.42 | 1435 | DRG, RZA Berlin - ÜK-Ausführung/44 1263/DB/044 263-2 | 22.12.1975 |
| 15250 | 1'E h3 | G | 30.08.42 | 1435 | DRG, RZA Berlin - ÜK-Ausführung/44 1264/DB/044 264-1 | 03.12.1969 |
| 15251 | 1'E h3 | G | 31.08.42 | 1435 | DRG, RZA Berlin - ÜK-Ausführung/44 1265/DB/044 265-7 | 15.12.1971 |
| 15252 | 1'E h3 | G | 05.09.42 | 1435 | DRG, RZA Berlin - ÜK-Ausführung/44 1266/DB | 14.11.1951 |
| 15253 | 1'E h3 | G | 09.09.42 | 1435 | DRG, RZA Berlin - ÜK-Ausführung/44 1267/DB/044 267-3 | 12.04.1973 |
| 15254 | 1'E h3 | G | 15.09.42 | 1435 | DRG, RZA Berlin - ÜK-Ausführung/44 1268/DB/044 268-1 | 21.12.1972 |
| 15255 | 1'E h3 | G | 17.09.42 | 1435 | DRG, RZA Berlin - ÜK-Ausführung/44 1269/DB/044 270-7 | 18.04.1972 |
| 15256 | 1'E h3 | G | 21.09.42 | 1435 | DRG, RZA Berlin - ÜK-Ausführung/44 1270/DR/17.06.65 U.Öl/44 0270-7 | |
| 15257 | 1'E h3 | G | 22.09.42 | 1435 | DRG, RZA Berlin - ÜK-Ausführung/44 1271/DB | 10.08.1957 |
| 15258 | 1'E h3 | G | 23.09.42 | 1435 | DRG, RZA Berlin - ÜK-Ausführung/44 1272/DR/17.04.57 U.Kst/44 9272-4 | 08.02.1974 |
| 15259 | 1'E h3 | G | 24.09.42 | 1435 | DRG, RZA Berlin - ÜK-Ausführung/44 1273/DB | 01.09.1965 |
| 15260 | 1'E h3 | G | 26.09.42 | 1435 | DRG, RZA Berlin - ÜK-Ausführung/44 1274/DB/044 274-9 | 24.08.1973 |
| 15261 | 1'E h3 | G | 28.09.42 | 1435 | DRG, RZA Berlin - ÜK-Ausführung/44 1275/DB | 29.03.1954 |
| 15262 | 1'E h3 | G | 29.09.42 | 1435 | DRG, RZA Berlin - ÜK-Ausführung/44 1276/DB | 19.08.1966 |
| 15263 | 1'E h3 | G | 29.09.42 | 1435 | DRG, RZA Berlin - ÜK-Ausführung/44 1277/DB/044 277-2 | 11.06.1976 |
| 15264 | 1'E h3 | G | 30.09.42 | 1435 | DRG, RZA Berlin - ÜK-Ausführung/44 1278/DR/31.10.64 U.Öl/44 0278-0 | |
| 15265 | 1'E h3 | G | 02.10.42 | 1435 | DRG, RZA Berlin - ÜK-Ausführung/44 1279/PKP Ty 4-76 | |
| 15266 | 1'E h3 | G | 07.10.42 | 1435 | DRG, RZA Berlin - ÜK-Ausführung/44 1280/DR/26.08.65 U.Öl/44 0280-6 | |
| 15267 | 1'E h3 | G | 10.10.42 | 1435 | DRG, RZA Berlin - ÜK-Ausführung/44 1281/DR/44 1281-3 | 26.09.1973 |
| 15268 | 1'E h3 | G | 13.10.42 | 1435 | DRG, RZA Berlin - ÜK-Ausführung/44 1282/PKP Ty 4-77 | 08.05.1975 |
| 15269 | 1'E h3 | G | 14.10.42 | 1435 | DRG, RZA Berlin - ÜK-Ausführung/44 1283/PKP Ty 4-78 | 21.04.1976 |
| 15270 | 1'E h3 | G | 19.10.42 | 1435 | DRG, RZA Berlin - ÜK-Ausführung/44 1284/DB/(044 284-8) | 05.07.1967 |
| 15271 | 1'E h3 | G | 17.10.42 | 1435 | DRG, RZA Berlin - ÜK-Ausführung/44 1285/PKP Ty 4-79 | 25.03.1976 |
| 15272 | 1'E h3 | G | 20.10.42 | 1435 | DRG, RZA Berlin - ÜK-Ausführung/44 1286/DR/06.08.65 U.Öl/44 0286-3 | |
| 15273 | 1'E h3 | G | 24.10.42 | 1435 | DRG, RZA Berlin - ÜK-Ausführung/44 1287/PKP Ty 4-80 | 15.12.1972 |
| 15274 | 1'E h3 | G | 22.10.42 | 1435 | DRG, RZA Berlin - ÜK-Ausführung/44 1288/DB | 30.09.1960 |
| 15275 | 1'E h3 | G | 27.10.42 | 1435 | DRG, RZA Berlin - ÜK-Ausführung/44 1289/DB/044 289-7 | 12.04.1973 |
| 15276 | 1'E h3 | G | 29.10.42 | 1435 | DRG, RZA Berlin - ÜK-Ausführung/44 1290/DB/044 290-5 | 20.12.1974 |
| 15277 | 1'E h3 | G | 31.10.42 | 1435 | DRG, RZA Berlin - ÜK-Ausführung/44 1291/DR/44 1291-2/Hzl | 03.05.1974 |
| | | | | | VEB Fleischkombinat Potsdam | |
| 15278 | 1'E h3 | G | 31.10.42 | 1435 | DRG, RZA Berlin - ÜK-Ausführung/44 1292/DR/44 1292-0/an | |
| | | | | | BEWAG Berlin verkauft | 10.02.1971 |
| 15279 | 1'D1'h2t | Gt | 31.10.42 | 1435 | DRG, RZA Berlin - ÜK-Ausführung/86 606/DR/86 1606-2 | 14.07.1975 |
| 15280 | 1'D1'h2t | Gt | 06.11.42 | 1435 | DRG, RZA Berlin - ÜK-Ausführung/86 607/DR/86 1607-0 | |
| 15281 | 1'D1'h2t | Gt | 09.11.42 | 1435 | DRG, RZA Berlin - ÜK-Ausführung/86 608/DR/86 1608-8/Hzl Buchholz | 24.03.1977 |
| 15282 | 1'D1'h2t | Gt | 10.11.42 | 1435 | DRG, RZA Berlin - ÜK-Ausführung/86 609/DR/86 1609-6 | 26.09.1973 |
| 15283 | 1'D1'h2t | Gt | 12.11.42 | 1435 | DRG, RZA Berlin - ÜK-Ausführung/86 610/DR/86 1610-4 | 29.12.1972 |
| 15284 | 1'D1'h2t | Gt | 12.11.42 | 1435 | DRG, RZA Berlin - ÜK-Ausführung/86 611 | |
| 15285 | 1'D1'h2t | Gt | 16.11.42 | 1435 | DRG, RZA Berlin - ÜK-Ausführung/86 612 | |
| 15286 | 1'D1'h2t | Gt | 16.11.42 | 1435 | DRG, RZA Berlin - ÜK-Ausführung/86 613 | |
| 15287 | 1'D1'h2t | Gt | 17.11.42 | 1435 | DRG, RZA Berlin - ÜK-Ausführung/86 614 | |

| Fabriknummer | Bauart | Gattung | Auslieferungsdatum | Spurweite | Empfänger/Verbleib | Ausmusterung |
|---|---|---|---|---|---|---|
| 15288 | 1'D1'h2t | Gt | 17.11.42 | 1435 | DRG, RZA Berlin - ÜK-Ausführung/86 615/DR/86 1615-3 | 24.02.1976 |
| 15289 | 1'D1'h2t | Gt | 19.11.42 | 1435 | DRG, RZA Berlin - ÜK-Ausführung/86 616/DR/86 1616-1 | 02.06.1975 |
| 15290 | 1'D1'h2t | Gt | 19.11.42 | 1435 | DRG, RZA Berlin - ÜK-Ausführung/86 617/DR/86 1617-9 | 26.03.1975 |
| 15291 | 1'D1'h2t | Gt | 21.11.42 | 1435 | DRG, RZA Berlin - ÜK-Ausführung/86 618/DB/086 618-6 | 21.06.1968 |
| 15292 | 1'D1'h2t | Gt | 21.11.42 | 1435 | DRG, RZA Berlin - ÜK-Ausführung/86 619/DB | 01.09.1965 |
| 15293 | 1'D1'h2t | Gt | 23.11.42 | 1435 | DRG, RZA Berlin - ÜK-Ausführung/86 620/DB | 14.11.1967 |
| 15294 | 1'D1'h2t | Gt | 23.11.42 | 1435 | DRG, RZA Berlin— ÜK-Ausführung/86 621/DR/86 1621-1 | 20.08.1976 |
| 15295 | 1'D1'h2t | Gt | 25.11.42 | 1435 | DRG, RZA Berlin - ÜK-Ausführung/86 622/DR/86 1622-9 | 30.05.1975 |
| 15296 | 1'D1'h2t | Gt | 26.11.42 | 1435 | DRG, RZA Berlin - ÜK-Ausführung/86 623/DR/86 1623-7 | 18.06.1974 |
| 15297 | 1'D1'h2t | Gt | 28.11.42 | 1435 | DRG, RZA Berlin - ÜK-Ausführung/86 624/DR/86 1624-5 | 25.10.1974 |
| 15298 | 1'D1'h2t | Gt | 28.11.42 | 1435 | DRG, RZA Berlin - ÜK-Ausführung/86 625/DB | 10.03.1965 |
| 15299 | 1'D1'h2t | Gt | 30.11.42 | 1435 | DRG, RZA Berlin - ÜK-Ausführung/86 626/DB | 22.05.1967 |
| 15300 | 1'D1'h2t | Gt | 30.11.42 | 1435 | DRG, RZA Berlin - ÜK-Ausführung/86 627/ČSD 455.2500/455.217 | |
| 15301 | D h2t | - | storniert | 1435 | Stendal-Tangermünder Eisenbahn (KDL 4)/8 | |
| 15302 | D n2t | - | 29.03.43 | 1435 | Fürstlich-Pless'sche Bergwerke, Kattowitz/n. 1945 KWK „Lenin", Wesota (VRP) | 1976 |
| 15303 | D n2t | - | 29.03.43 | 1435 | Fürstlich-Pless'sche Bergwerke, Kattowitz/n. 1945 KWK „Janina", Librez (VRP) | |
| 15304 | D n2t | - | 29.03.43 | 1435 | Fürstlich-Pless'sche Bergwerke, Kattowitz/ n. 1945 KWK „Ziemowit", Ledzing (VRP) | |
| 15305 | D h2t | - | storniert | 1435 | Osthavelländische Kreisbahn (KDL 4)/13 | |
| 15306 | D h2t | - | storniert | 1435 | Osthavelländische Kreisbahn (KDL 4)/14 | |
| 15307 | E n2t | - | storniert | 1435 | Fürstengrube, Kattowitz (KDL 5) | |
| 15308 | D n2t | - | 02.04.43 | 1435 | Reichswerke, Oberschlesien/n. 1945 KWK „Anna", Wodzistaw (VRP) | |
| 15309 | D n2t | - | 05.04.43 | 1435 | Reichswerke, Oberschlesien/n. 1945 KWK „Anna", Wodzistaw (VRP) | 1977 |
| 15310 | D n2t | - | 02.04.43 | 1435 | Reichswerke, Oberschlesien/n. 1945 KWK „Marcel" (VRP) | |
| 15311 | D n2t | - | 02.04.43 | 1435 | Reichsqerke, Oberschlesien/n. 1945 KWK „Miechowice", Zabne (VRP) | |
| 15312 | D n2t | - | 03.04.43 | 1435 | Reichswerke, Oberschlesien/n. 1945 KWK „Ryduttowy" (VRP) | |
| 15313 | D n2t | - | 03.04.43 | 1435 | Reichswerke, Oberschlesien/n. 1945 KWK „Zabne" (VRP) | |
| 15314 | D n2t | - | 05.04.43 | 1435 | Reichswerke, Oberschlesien/n. 1945 KWK „Ryduttowy" (VRP) | |
| 15315 | D n2t | - | 07.04.43 | 1435 | Reichswerke, Oberschlesien/n. 1945 KWK „Polska" (VRP) | |
| 15316 | D n2t | - | 12.04.43 | 1435 | Reichswerke, Oberschlesien/n. 1945 KWK „Wujek", Katowice (VRP) | |
| 15317 | D n2t | - | 12.04.43 | 1435 | Reichswerke, Oberschlesien | |
| 15318 | E n2t | - | storniert | 1435 | Reichswerke, Oberschlesien (KDL 5) | |
| 15319 | E n2t | - | storniert | 1435 | Reichswerke, Oberschlesien (KDL 5) | |
| 15320 | E n2t | - | storniert | 1435 | Reichswerke, Oberschlesien (KDL 5) | |
| 15321 | Kessel | | 26.02.43 | - | DRG für Baureihe 44 | |
| 15322 | Kessel | | 27.02.43 | - | DRG für Baureihe 44 | |
| 15323 | Kessel | | 12.03.43 | - | DRG für Baureihe 44 | |
| 15324 | Kessel | | 20.03.43 | - | DRG für Baureihe 44 | |
| 15325 | Kessel | | 30.03.43 | - | DRG für Baureihe 44 | |
| 15326 | Kessel | | 05.04.43 | - | DRG für Baureihe 44 | |
| 15327 | Kessel | | 03.05.43 | - | DRG für Baureihe 44 | |
| 15328 | Kessel | | 06.05.43 | - | DRG für Baureihe 44 | |
| 15329 | Kessel | | 06.05.43 | - | DRG für Baureihe 44 | |
| 15330 | Kessel | | 29.04.43 | - | DRG für Baureihe 44 | |
| 15331 | E n2t | | storniert | 1435 | KDL 5 vorgesehener Empfänger unbekannt | |
| 15332 | E n2t | | storniert | 1435 | KDL 5 vorgesehener Empfänger unbekannt | |
| 15333 | E n2t | | storniert | 1435 | KDL 5 vorgesehener Empfänger unbekannt | |
| 15334 | E n2t | - | storniert | 1435 | KDL 5 vorgesehener Empfänger unbekannt | |
| 15335 | E n2t | - | storniert | 1435 | KDL 5 vorgesehener Empfänger unbekannt | |
| 15336 | E n2t | - | storniert | 1435 | KDL 5 vorgesehener Empfänger unbekannt | |
| 15337 | D n2t | - | storniert | 1435 | KDL 6 vorgesehener Empfänger unbekannt | |
| 15338 | D n2t | - | storniert | 1435 | KDL 6 vorgesehener Empfänger unbekannt | |
| 15339 | D n2t | - | storniert | 1435 | KDL 6 vorgesehener Empfänger unbekannt | |
| 15340 | D n2t | - | storniert | 1435 | KDL 6 vorgesehener Empfänger unbekannt | |
| 15341 | D n2t | - | storniert | 1435 | KDL 6 vorgesehener Empfänger unbekannt | |
| 15342 | D n2t | - | storniert | 1435 | KDL 6 vorgesehener Empfänger unbekannt | |
| 15343 | D n2t | - | storniert | 1435 | KDL 6 vorgesehener Empfänger unbekannt | |
| 15344 | D n2t | - | storniert | 1435 | KDL 7 vorgesehener Empfänger unbekannt | |
| 15345 | D n2t | - | storniert | 1435 | KDL 7 vorgesehener Empfänger unbekannt | |
| 15346 | D n2t | - | 20.04.43 | 1435 | Reichswerke, Oberschlesien | |
| 15347 | D n2t | - | 27.04.43 | 1435 | Reichswerke, Oberschlesien | |
| 15348 | D n2t | - | 11.05.43 | 1435 | Reichswerke, Oberschlesien | |
| 15349 | D n2t | - | 24.06.43 | 1435 | Reichswerke, Oberschlesien | |
| 15350 | D h2t | | storniert | 1435 | KDL 4 vorgesehener Empfänger unbekannt | |
| 15351 | 2'2' -Tender | | 27.07.43 | 1435 | DRG Tender mit 34 $m^3$ Wasser (4T34) für BR 41 | |
| 15352 | 2'2' -Tender | | 27.07.43 | 1435 | DRG Tender mit 34 $m^3$ Wasser (4T34) für BR 41 | |
| 15353 | 2'2' -Tender | | 06.10.43 | 1435 | DRG Tender mit 34 $m^3$ Wasser (4T34) für BR 41 | |
| 15354 | Kessel | | storniert | 1435 | Deutsche Eisenwerke, Gelsenkirchen (Ardelt) | |
| 15355 | D h2t | | storniert | 1435 | Deutsche Eisenwerke, Gelsenkirchen (Ardelt) | |

| Fabriknummer | Bauart | Gattung | Auslieferungsdatum | Spurweite | Empfänger/Verbleib | Ausmusterung |
|---|---|---|---|---|---|---|
| 15356 | D h2t | | storniert | 1435 | Deutsche Eisenwerke, Gelsenkirchen (Ardelt) | |
| 15357 | D h2t | | storniert | 1435 | Deutsche Eisenwerke, Gelsenkirchen (Ardelt) | |
| 15358 | D h2t | | storniert | 1435 | Deutsche Eisenwerke, Gelsenkirchen (Ardelt) | |
| 15359 | E n2t | | storniert | 1435 | Deutsche Eisenwerke, Gelsenkirchen (Ardelt) | |
| 15360 | 1'E h3 | G | 30.11.42 | 1435 | DRG, RZA Berlin - ÜK-Ausführung/44 1521/DB/(044 520-5) | 05.07.1967 |
| 15361 | 1'E h3 | G | 03.12.42 | 1435 | DRG, RZA Berlin - ÜK-Ausführung/44 1522/DB/044 522-1 | 22.12.1975 |
| 15362 | 1'E h3 | G | 05.12.42 | 1435 | DRG, RZA Berlin - ÜK-Ausführung/44 1523/DB/044 523-9 | 29.12.1972 |
| 15363 | 1'E h3 | G | 07.12.42 | 1435 | DRG, RZA Berlin - ÜK-Ausführung/44 1524/DB | 27.09.1966 |
| 15364 | 1'E h3 | G | 09.12.42 | 1435 | DRG, RZA Berlin - ÜK-Ausführung/44 1525/DB/044 525-4 | 20.12.1974 |
| 15365 | 1'E h3 | G | 11.12.42 | 1435 | DRG, RZA Berlin - ÜK-Ausführung/44 1526/DB/(044 526-2) | 05.07.1967 |
| 15366 | 1'E h3 | G | 14.12.42 | 1435 | DRG, RZA Berlin - ÜK-Ausführung/44 1527/DB/044 527-0 | 31.07.1975 |
| 15367 | 1'E h3 | G | 16.12.42 | 1435 | DRG, RZA Berlin - ÜK-Ausführung/44 1528/DB/044 528-8 | 24.08.1873 |
| 15368 | 1'E h3 | G | 14.12.42 | 1435 | DRG, RZA Berlin - ÜK-Ausführung/44 1529/DB | 01.09.1965 |
| 15369 | 1'E h3 | G | 16.12.42 | 1435 | DRG, RZA Berlin - ÜK-Ausführung/44 1530/DB | 04.03.1966 |
| 15370 | 1'E h3 | G | 19.12.42 | 1435 | DRG, RZA Berlin - ÜK-Ausführung/44 1531/PKP Ty 4-102 | |
| 15371 | 1'E h3 | G | 19.12.42 | 1435 | DRG, RZA Berlin - ÜK-Ausführung/44 1532/DR/(44 1532-9) | 12.05.1969 |
| 15372 | 1'E h3 | G | 22.12.42 | 1435 | DRG, RZA Berlin - ÜK-Ausführung/44 1533/DR/(44 1533-7) | 19.11.1970 |
| 15373 | 1'E h3 | G | 22.12.42 | 1435 | DRG, RZA Berlin - ÜK-Ausführung/44 1534 | |
| 15374 | 1'E h3 | G | 28.12.42 | 1435 | DRG, RZA Berlin - ÜK-Ausführung/44 1535/DB/044 534-6 | 28.09.1976 |
| 15375 | 1'E h3 | G | 29.12.42 | 1435 | DRG, RZA Berlin - ÜK-Ausführung/44 1536/DR/44 1536-0/Dsp Hl | |
| 15376 | 1'E h3 | G | 30.12.42 | 1435 | DRG, RZA Berlin - ÜK-Ausführung/44 1537/DR/31.10.66 U.Öl/44 0537-9 | |
| 15377 | 1'E h3 | G | 31.12.42 | 1435 | DRG, RZA Berlin - ÜK-Ausführung/44 1538/DR/(44 1538-6) | 30.09.1970 |
| 15378 | 1'E h3 | G | 07.01.42 | 1435 | DRG, RZA Berlin - ÜK-Ausführung/44 1539/DR | 02.10.1967 |
| 15379 | 1'E h3 | G | 09.01.42 | 1435 | DRG, RZA Berlin - ÜK-Ausführung/44 1540/DB/044 540-3 | 11.06.1976 |
| 15380 | 1'E h3 | G | 12.01.42 | 1435 | DRG, RZA Berlin - ÜK-Ausführung/44 1541/DB | 14.08.1958 |
| 15381 | 1'E h3 | G | 13.01.42 | 1435 | DRG, RZA Berlin - ÜK-Ausführung/44 1542/DB | 15.11.1957 |
| 15382 | 1'E h3 | G | 14.01.42 | 1435 | DRG, RZA Berlin - ÜK-Ausführung/44 1543/DB | 19.08.1966 |
| 15383 | 1'E h3 | G | 15.01.42 | 1435 | DRG, RZA Berlin - ÜK-Ausführung/44 1544/DB/044 542-9 | 02.06.1971 |
| 15384 | 1'E h3 | G | 16.01.42 | 1435 | DRG, RZA Berlin - ÜK-Ausführung/44 1545/DB/044 545-2 | 03.03.1969 |
| 15385 | 1'E h3 | G | 19.01.42 | 1435 | DRG, RZA Berlin - ÜK-Ausführung/44 1546/DB | 27.09.1966 |
| 15386 | 1'E h3 | G | 20.01.42 | 1435 | DRG, RZA Berlin - ÜK-Ausführung/44 1547/DR/44 1547-7 | 26.09.1973 |
| 15387 | 1'E h3 | G | 21.01.42 | 1435 | DRG, RZA Berlin - ÜK-Ausführung/44 1548/DB | 30.09.1960 |
| 15388 | 1'E h3 | G | 22.01.42 | 1435 | DRG, RZA Berlin - ÜK-Ausführung/44 1549/DB | 30.09.1960 |
| 15389 | 1'E h3 | G | 23.01.42 | 1435 | DRG, RZA Berlin - ÜK-Ausführung/44 1550/DB/044 550-2 | 11.06.1976 |
| 15390 | 1'E h3 | G | 25.01.42 | 1435 | DRG, RZA Berlin - ÜK-Ausführung/44 1551/DB/044 551-0 | 08.11.1972 |
| 15391 | 1'E h3 | G | 26.01.42 | 1435 | DRG, RZA Berlin - ÜK-Ausführung/44 1552/DB/044 552-8 | 21.02.1977 |
| 15392 | 1'E h3 | G | 30.01.42 | 1435 | DRG, RZA Berlin - ÜK-Ausführung/44 1553/DR/28.09.65 U.Öl/44 0553-6 | 06.03.1981 |
| 15393 | 1'E h3 | G | 29.01.42 | 1435 | DRG, RZA Berlin - ÜK-Ausführung/44 1554/DB/044 555-1 | 23.02.1971 |
| 15394 | 1'E h3 | G | 30.01.42 | 1435 | DRG, RZA Berlin - ÜK-Ausführung/44 1555/DB | 30.09.1960 |
| 15395 | 1'E h3 | G | 30.01.42 | 1435 | DRG, RZA Berlin - ÜK-Ausführung/44 1556/DB | 23.05.1947 |
| 15396 | 1'E h3 | G | 02.02.42 | 1435 | DRG, RZA Berlin - ÜK-Ausführung/44 1557/DB | 30.09.1960 |
| 15397 | 1'E h3 | G | 04.02.42 | 1435 | DRG, RZA Berlin - ÜK-Ausführung/44 1558/DB/044 556-9 | 20.05.1977 |
| 15398 | 1'E h3 | G | 05.02.42 | 1435 | DRG, RZA Berlin - ÜK-Ausführung/44 1559/DB/044 557-7 | 15.03.1976 |
| 15399 | 1'E h3 | G | 06.02.42 | 1435 | DRG, RZA Berlin - ÜK-Ausführung/44 1560/PKP Ty 4-110 | 28.05.1974 |
| 15400 | 1'E h3 | G | 08.02.42 | 1435 | DRG, RZA Berlin - ÜK-Ausführung/44 1561/ÖBB/1952 DB | 28.02.1953 |
| 15401 | 1'E h3 | G | 10.02.42 | 1435 | DRG, RZA Berlin - ÜK-Ausführung/44 1562/DB/044 558-5 | 12.04.1973 |
| 15402 | 1'E h3 | G | 11.02.42 | 1435 | DRG, RZA Berlin - ÜK-Ausführung/44 1563/DB/044 563-5 | 11.12.1968 |
| 15403 | 1'E h3 | G | 12.02.42 | 1435 | DRG, RZA Berlin - ÜK-Ausführung/44 1564/DB/044 559-3 | 10.07.1969 |
| 15404 | 1'E h3 | G | 13.02.42 | 1435 | DRG, RZA Berlin - ÜK-Ausführung/44 1565/DB/044 567-6 | 02.10.1968 |
| 15405 | 1'E h3 | G | 15.02.42 | 1435 | DRG, RZA Berlin - ÜK-Ausführung/44 1566/DR/11.07.64 U.Öl/44 0566-8 | |
| 15406 | 1'E h3 | G | 17.02.42 | 1435 | DRG, RZA Berlin - ÜK-Ausführung/44 1567/DR/44 1567-5 | 19.10.1973 |
| 15407 | 1'E h3 | G | 18.02.42 | 1435 | DRG, RZA Berlin - ÜK-Ausführung/44 1568/DR/31.03.66 U.Öl/44 0568-4 | |
| 15408 | 1'E h3 | G | 19.02.43 | 1435 | DRG, RZA Berlin - ÜK-Ausführung/44 1569/DR/23.03.65 U.Öl/44 0567-6 | |
| 15409 | 1'E h3 | G | 20.02.43 | 1435 | DRG, RZA Berlin - ÜK-Ausführung/44 1570/DR/19.07.66 U.Öl/44 0570-0 | |
| 15410 | 1'E h3 | G | 22.02.43 | 1435 | DRG, RZA Berlin - ÜK-Ausführung/44 1571/DB/044 569-2 | 11.06.1976 |
| 15411 | 1'E h3 | G | 23.02.43 | 1435 | DRG, RZA Berlin - ÜK-Ausführung/44 1572/DB/044 572-6 | 03.03.1969 |
| 15412 | 1'E h3 | G | 24.02.43 | 1435 | DRG, RZA Berlin - ÜK-Ausführung/44 1573/DB/044 573-4 | 28.05.1975 |
| 15413 | 1'E h3 | G | 26.02.43 | 1435 | DRG, RZA Berlin - ÜK-Ausführung/44 1574/DB/03 05.60 U.Öl/043 574-3 | 28.09.1976 |
| 15414 | 1'E h3 | G | 27.02.43 | 1435 | DRG, RZA Berlin - ÜK-Ausführung/44 1575/DB/044 575-9 | 22.12.1975 |
| 15415 | 1'E h3 | G | 27.02.43 | 1435 | DRG, RZA Berlin - ÜK-Ausführung/44 1576/DR/30.11.64 U.Öl/44 0576-7 | |
| 15416 | 1'E h3 | G | 04.03.43 | 1435 | DRG, RZA Berlin - ÜK-Ausführung/44 1577/ČSD/R | |
| 15417 | 1'E h3 | G | 05.03.43 | 1435 | DRG, RZA Berlin - ÜK-Ausführung/44 1578/PKP Ty 4-111 | 15.12.1972 |
| 15418 | 1'E h3 | G | 06.03.43 | 1435 | DRG, RZA Berlin - ÜK-Ausführung/44 1579/ČSD/R | |
| 15419 | 1'E h3 | G | 07.03.43 | 1435 | DRG, RZA Berlin - ÜK-Ausführung/44 1580/DR (44 1580-8) verkauft | 26.08.1971 |
| 15420 | 1'E h3 | G | 11.03.43 | 1435 | DRG, RZA Berlin - ÜK-Ausführung/44 1581/PKP Ty 4-112 | 31.10.1973 |
| 15421 | 1'E h3 | G | 12.03.43 | 1435 | DRG, RZA Berlin - ÜK-Ausführung/44 1582/PKP Ty 4-113 | 09.10.1975 |
| 15422 | 1'E h3 | G | 15.03.43 | 1435 | DRG, RZA Berlin - ÜK-Ausführung/44 1583/DB | 30.09.1960 |
| 15423 | 1'E h3 | G | 18.03.43 | 1435 | DRG, RZA Berlin - ÜK-Ausführung/44 1584/DB(044 584-1) | 22.05.1967 |
| 15424 | 1'E h3 | G | 22.03.43 | 1435 | DRG, RZA Berlin - ÜK-Ausführung/44 1585/DB/044 585-8 | 31.07.1975 |
| 15425 | 1'E h3 | G | 26.03.43 | 1435 | DRG, RZA Berlin - ÜK-Ausführung/44 1586/DB | 12.11.1962 |
| 15426 | 1'E h3 | G | 31.03.43 | 1435 | DRG, RZA Berlin - ÜK-Ausführung/44 1587/DB | 30.09.1960 |

| Fabriknummer | Bauart | Gattung | Auslieferungsdatum | Spurweite | Empfänger/Verbleib | Ausmusterung |
|---|---|---|---|---|---|---|
| 15427 | E n2t | | storniert | 1435 | KDL 5 vorgesehene Empfänger unbekannt | |
| 15428 | E n2t | | storniert | 1435 | KDL 5 vorgesehene Empfänger unbekannt | |
| 15429 | E n2t | | storniert | 1435 | KDL 5 vorgesehene Empfänger unbekannt | |
| 15430 | E n2t | | storniert | 1435 | KDL 5 vorgesehene Empfänger unbekannt | |
| 15431 | E n2t | | storniert | 1435 | KDL 5 vorgesehene Empfänger unbekannt | |
| 15432 | D n2t | | storniert | 1435 | KDL 6 vorgesehene Empfänger unbekannt | |
| 15433 | D n2t | | storniert | 1435 | KDL 6 vorgesehene Empfänger unbekannt | |
| 15434 | D n2t | | storniert | 1435 | KDL 6 vorgesehene Empfänger unbekannt | |
| 15435 | C n2t | | storniert | 1435 | KDL 7 vorgesehene Empfänger unbekannt | |
| 15436 | C h2t | | storniert | 900 | KDL 9 vorgesehene Empfänger unbekannt | |
| 15437 | E n2t | | storniert | 1435 | KDL 5 vorgesehene Empfänger unbekannt | |
| 15438 | E n2t | | storniert | 1435 | KDL 5 vorgesehene Empfänger unbekannt | |
| 15439 | E n2t | | storniert | 1435 | KDL 5 vorgesehene Empfänger unbekannt | |
| 15440 | C n2t | | storniert | 1435 | KDL 7 vorgesehene Empfänger unbekannt | |
| 15441 | B n2t | | storniert | 1435 | KDL 8 vorgesehene Empfänger unbekannt | |
| 15442 | 1'C1'h2t | | storniert | 1000 | SDL 1 vorgesehene Empfänger unbekannt | |
| 15443 | 1'C1'h2t | | storniert | 1000 | SDL 1 vorgesehene Empfänger unbekannt | |
| 15444 | Kessel | | storniert | - | Maximilianshütte | |
| 15445 | Nicht im Auslieferungsbuch verzeichnet | | | | | |
| 15446 | 1'E h2 | G | 19.09.42 | 1435 | DRG, RZA Berlin/52 001/DB | 18.10.1954 |
| 15447 | 1'E h2 | G | 24.04.43 | 1435 | DRG, RZA Berlin/52 350/DB | 18.10.1954 |
| 15448 | 1'E h2 | G | 27.04.43 | 1435 | DRG, RZA Berlin/52 351/DR/05.08.46 USSR | |
| 15449 | 1'E h2 | G | 27.04.43 | 1435 | DRG, RZA Berlin/52 352/DR | 06.04.1946 |
| 15450 | 1'E h2 | G | 28.04.43 | 1435 | DRG, RZA Berlin/52 353 | |
| 15451 | 1'E h2 | G | 28.04.43 | 1435 | DRG, RZA Berlin/52 354/ÖBB | 20.11.1954 |
| 15452 | 1'E h2 | G | 29.04.43 | 1435 | DRG, RZA Berlin/52 355/PKP Ty 2-111 | |
| 15453 | 1'E h2 | G | 29.04.43 | 1435 | DRG, RZA Berlin/52 356/DR/52 1356-6 | 24.10.1975 |
| 15454 | 1'E h2 | G | 30.04.43 | 1435 | DRG, RZA Berlin/52 357/ÖBB/1955 umgebaut in den Klimaschneepflug ÖBB 985.203 | 15.11.1953 |
| 15455 | 1'E h2 | G | 30.04.43 | 1435 | DRG, RZA Berlin/52 358/DR/27.02.62 Reko 52 8043/52 8043-3 | |
| 15456 | 1'E h2 | G | 30.04.43 | 1435 | DRG, RZA Berlin/52 359 | |
| 15457 | 1'E h2 | G | 08.05.43 | 1435 | DRG, RZA Berlin/52 360/DR/52 1360-8 | |
| 15458 | 1'E h2 | G | 10.05.43 | 1435 | DRG, RZA Berlin/52 361/SZD TE 361/1962 DR 52 361/52 1361-6 | 14.05.1979 |
| 15459 | 1'E h2 | G | 11.05.43 | 1435 | DRG, RZA Berlin/52 362/DR/10.02.65 Reko 52 8126/52 8126-6 | |
| 15460 | 1'E h2 | G | 13.05.43 | 1435 | DRG, RZA Berlin/52 363 | |
| 15461 | 1'E h2 | G | 13.05.43 | 1435 | DRG, RZA Berlin/52 364/1943 TCDD 56.511 | |
| 15462 | 1'E h2 | G | 15.05.43 | 1435 | DRG, RZA Berlin/52 365/1943 TCDD 56.512 | |
| 15463 | 1'E h2 | G | 15.05.43 | 1435 | DRG, RZA Berlin/52 366/ 1943 TCDD 56.513 | |
| 15464 | 1'E h2 | G | 17.05.43 | 1435 | DRG, RZA Berlin/52 367/1943 TCDD 56.514 | |
| 15465 | 1'E h2 | G | 17.05.43 | 1435 | DRG, RZA Berlin/52 368/1943 TCDD 56.515 | |
| 15466 | 1'E h2 | G | 19.05.43 | 1435 | DRG, RZA Berlin/52 369 | |
| 15467 | 1'E h2 | G | 19.05.43 | 1435 | DRG, RZA Berlin/52 370/PKP Ty 2-112 | |
| 15468 | 1'E h2 | G | 21.05.43 | 1435 | DRG, RZA Berlin/52 371/DR/52 1371-5 | 17.02.1976 |
| 15469 | 1'E h2 | G | 21.05.43 | 1435 | DRG, RZA Berlin/52 372/PKP Ty 2-113 | |
| 15470 | 1'E h2 | G | 21.05.43 | 1435 | DRG, RZA Berlin/52 373/DR/20.05.63 Reko 52 8081/52 8081-3 | |
| 15471 | 1'E h2 | G | 24.05.43 | 1435 | DRG, RZA Berlin/52 374/DR/52 1374-9 | 27.10.1971 |
| 15472 | 1'E h2 | G | 24.05.43 | 1435 | DRG, RZA Berlin/52 375/DR/20.02.63 Reko 52 8076/52 8076-3 | |
| 15473 | 1'E h2 | G | 25.05.43 | 1435 | DRG, RZA Berlin/52 376/DR/PKP Ty 2-114 | |
| 15474 | 1'E h2 | G | 26.05.43 | 1435 | DRG, RZA Berlin/52 377 | |
| 15475 | 1'E h2 | G | 28.05.43 | 1435 | DRG, RZA Berlin/52 378/DR/52 1378-0 | 15.03.1973 |
| 15476 | 1'E h2 | G | 28.05.43 | 1435 | DRG, RZA Berlin/52 379/DR/52 1379-8 | |
| 15477 | 1'E h2 | G | 28.05.43 | 1435 | DRG, RZA Berlin/52 380/DR/13.02.47 SSSR | |
| 15478 | 1'E h2 | G | 28.05.43 | 1435 | DRG, RZA Berlin/52 381/PKP Ty 2-116 | |
| 15479 | 1'E h2 | G | 29.05.43 | 1435 | DRG, RZA Berlin/52 382/DR/52 1382-2 | 02.03.1978 |
| 15480 | 1'E h2 | G | 29.05.43 | 1435 | DRG, RZA Berlin/52 383/ČSD/R | |
| 15481 | 1'E h2 | G | 30.05.43 | 1435 | DRG, RZA Berlin/52 384/ÖBB | 20.11.1954 |
| 15482 | 1'E h2 | G | 30.05.43 | 1435 | DRG, RZA Berlin/52 385/PKP Ty 2-117 | |
| 15483 | 1'E h2 | G | 31.05.43 | 1435 | DRG, RZA Berlin/52 386/SZD TE 386/1962 PKP Ty 2-1183 | |
| 15484 | 1'E h2 | G | 31.05.43 | 1435 | DRG, RZA Berlin/52 387/PKP Ty 2-118 | |
| 15485 | 1'E h2 | G | 31.05.43 | 1435 | DRG, RZA Berlin/52 388/PKP Ty 2-119 | |
| 15486 | 1'E h2 | G | 31.05.43 | 1435 | DRG, RZA Berlin/52 389 | |
| 15487 | 1'E h2 | G | 03.06.43 | 1435 | DRG, RZA Berlin/52 390/PKP Ty 2-120 | |
| 15488 | 1'E h2 | G | 05.06.43 | 1435 | DRG, RZA Berlin/52 391/DB | 18.10.1954 |
| 15489 | 1'E h2 | G | 07.06.43 | 1435 | DRG, RZA Berlin/52 392/DB | 18.10.1954 |
| 15490 | 1'E h2 | G | 07.06.43 | 1435 | DRG, RZA Berlin/52 393/ÖBB/22.12.47 JZ 33-181 | |
| 15491 | 1'E h2 | G | 08.06.43 | 1435 | DRG, RZA Berlin/52 394/PKP Ty 2-121 | |
| 15492 | 1'E h2 | G | 08.06.43 | 1435 | DRG, RZA Berlin/52 395/DR/52 1395-4 | 20.07.1978 |
| 15493 | 1'E h2 | G | 09.06.43 | 1435 | DRG, RZA Berlin/52 396/PKP Ty 2-122 | |
| 15494 | 1'E h2 | G | 10.06.43 | 1435 | DRG, RZA Berlin/52 397/DR/52 1397-0 | 19.04.1976 |
| 15495 | 1'E h2 | G | 12.06.43 | 1435 | DRG, RZA Berlin/52 398/SZD TE-398/1964 JZ 33-316 | |
| 15496 | 1'E h2 | G | 12.06.43 | 1435 | DRG, RZA Berlin/52 399/PKP Ty 2-123 | |

| Fabrik-nummer | Bauart | Gattung | Auslieferungs-datum | Spurweite | Empfänger/Verbleib | Ausmusterung |
|---|---|---|---|---|---|---|
| 15497 | 1'E h2 | G | 10.06.43 | 1435 | DRG, RZA Berlin/52 400/DB | 18.10.1954 |
| 15498 | 1'E h2 | G | 12.06.43 | 1435 | DRG, RZA Berlin/52 401/ÖBB/1956 umgebaut in den Klimaschneepflug ÖBB 985.204 | 20.06.1956 |
| 15499 | 1'E h2 | G | 16.06.43 | 1435 | DRG, RZA Berlin/52 402/ČSD/R/12.48 SZD TE-402 | |
| 15500 | 1'E h2 | G | 16.06.43 | 1435 | DRG, RZA Berlin/52 403/PKP Ty 2-124 | |
| 15501 | 1'E h2 | G | 17.06.43 | 1435 | DRG, RZA Berlin/52 404/PKP Ty 2-125 | |
| 15502 | 1'E h2 | G | 17.06.43 | 1435 | DRG, RZA Berlin/52 405 | |
| 15503 | 1'E h2 | G | 18.06.43 | 1435 | DRG, RZA Berlin/52 406/PKP Ty 2-126 | |
| 15504 | 1'E h2 | G | 18.06.43 | 1435 | DRG, RZA Berlin/52 407/DR/(52 1407-2) | 27.10.1969 |
| 15505 | 1'E h2 | G | 19.06.43 | 1435 | DRG, RZA Berlin/52 408/DB | 18.10.1954 |
| 15506 | 1'E h2 | G | 19.06.43 | 1435 | DRG, RZA Berlin/52 409/DR/52 1409-3 | |
| 15507 | 1'E h2 | G | 21.06.43 | 1435 | DRG, RZA Berlin/52 410/DB | 18.10.1954 |
| 15508 | 1'E h2 | G | 21.06.43 | 1435 | DRG, RZA Berlin/52 411/SZD TE 411 | |
| 15509 | 1'E h2 | G | 22.06.43 | 1435 | DRG, RZA Berlin/52 412 | |
| 15510 | 1'E h2 | G | 23.06.43 | 1435 | DRG, RZA Berlin/52 413/PKP Ty 2-127 | |
| 15511 | 1'E h2 | G | 23.06.43 | 1435 | DRG, RZA Berlin/52 414 | |
| 15512 | 1'E h2 | G | 24.06.43 | 1435 | DRG, RZA Berlin/52 415/DR/16.04.51 U.Kst/52 9415-2 | 01.07.1977 |
| 15513 | 1'E h2 | G | 24.06.43 | 1435 | DRG, RZA Berlin/52 416 | |
| 15514 | 1'E h2 | G | 25.06.43 | 1435 | DRG, RZA Berlin/52 417/JZ 33-049 | |
| 15515 | 1'E h2 | G | 25.06.43 | 1435 | DRG, RZA Berlin/52 418 | |
| 15516 | 1'E h2 | G | 26.06.43 | 1435 | DRG, RZA Berlin/52 419/PKP Ty 2-128 | |
| 15517 | 1'E h2 | G | 28.06.43 | 1435 | DRG, RZA Berlin/52 420/DB | 18.10.1954 |
| 15518 | 1'E h2 | G | 26.06.43 | 1435 | DRG, RZA Berlin/52 421 | |
| 15519 | 1'E h2 | G | 28.06.43 | 1435 | DRG, RZA Berlin/52 422 | |
| 15520 | 1'E h2 | G | 29.06.43 | 1435 | DRG, RZA Berlin/52 423/ČSD/R | |
| 15521 | 1'E h2 | G | 29.06.43 | 1435 | DRG, RZA Berlin/52 424/SZD TE-424 | |
| 15522 | 1'E h2 | G | 29.06.43 | 1435 | DRG, RZA Berlin/52 425 | |
| 15523 | 1'E h2 | G | 30.06.43 | 1435 | DRG, RZA Berlin/52 426/PKP Ty 2-129 | |
| 15524 | 1'E h2 | G | 30.06.43 | 1435 | DRG, RZA Berlin/52 427/DB | 18.10.1954 |
| 15525 | 1'E h2 | G | 30.06.43 | 1435 | DRG, RZA Berlin/52 428/PKP Ty 2-130 | |
| 15526 | 1'E h2 | G | 03.07.43 | 1435 | DRG, RZA Berlin/52 429 | |
| 15527 | 1'E h2 | G | 05.07.43 | 1435 | DRG, RZA Berlin/52 430/DB | 18.10.1954 |
| 15528 | 1'E h2 | G | 05.07.43 | 1435 | DRG, RZA Berlin/52 431/DB | 18.10.1954 |
| 15529 | 1'E h2 | G | 06.07.43 | 1435 | DRG, RZA Berlin/52 432/DB | 18.10.1954 |
| 15530 | 1'E h2 | G | 07.07.43 | 1435 | DRG, RZA Berlin/52 433/ÖBB/1959 umgebaut in den Klimaschneepflug ÖBB 985.207 | 28.10.1958 |
| 15531 | 1'E h2 | G | 07.07.43 | 1435 | DRG, RZA Berlin/52 434 | |
| 15532 | 1'E h2 | G | 08.07.43 | 1435 | DRG, RZA Berlin/52 435/PKP Ty 2-131 | |
| 15533 | 1'E h2 | G | 09.07.43 | 1435 | DRG, RZA Berlin/52 436/DR/(52 1536-3)/Hzl Warnowwerft | 26.09.1969 |
| 15534 | 1'E h2 | G | 10.07.43 | 1435 | DRG, RZA Berlin/52 437/ÖBB | 20.11.1954 |
| 15535 | 1'E h2 | G | 12.07.43 | 1435 | DRG, RZA Berlin/52 438/DR/52 1538-9 | |
| 15536 | 1'E h2 | G | 12.07.43 | 1435 | DRG, RZA Berlin/52 439/DB | 18.10.1954 |
| 15537 | 1'E h2 | G | 12.07.43 | 1435 | DRG, RZA Berlin/52 440 | |
| 15538 | 1'E h2 | G | 13.07.43 | 1435 | DRG, RZA Berlin/52 441/MAV/08.49 SZD TE 441/1963 MAV 520.001 | |
| 15539 | 1'E h2 | G | 14.07.43 | 1435 | DRG, RZA Berlin/52 442/DB | 11.01.1952 |
| 15540 | 1'E h2 | G | 14.07.43 | 1435 | DRG, RZA Berlin/52 443/PKP Ty 2-132 | |
| 15541 | 1'E h2 | G | 15.07.43 | 1435 | DRG, RZA Berlin/52 444/DR/52 1444-0 | verkauft 20.02.1979 |
| 15542 | 1'E h2 | G | 15.07.43 | 1435 | DRG, RZA Berlin/52 445/PKP Ty 2-133 | |
| 15543 | 1'E h2 | G | 17.07.43 | 1435 | DRG, RZA Berlin/52 446/PKP Ty 2-134 | |
| 15544 | 1'E h2 | G | 17.07.43 | 1435 | DRG, RZA Berlin/52 447 | |
| 15545 | 1'E h2 | G | 17.07.43 | 1435 | DRG, RZA Berlin/52 448/PKP Ty 2-135 | |
| 15546 | 1'E h2 | G | 20.07.43 | 1435 | DRG, RZA Berlin/52 449/DB | 18.10.1954 |
| 15547 | 1'E h2 | G | 20.07.43 | 1435 | DRG, RZA Berlin/52 450/DR/16.02.47 USSR | |
| 15548 | 1'E h2 | G | 22.07.43 | 1435 | DRG, RZA Berlin/52 451/PKP Ty 2-136 | |
| 15549 | 1'E h2 | G | 22.07.43 | 1435 | DRG, RZA Berlin/52 452/PKP Ty 2-137 | |
| 15550 | 1'E h2 | G | 26.07.43 | 1435 | DRG, RZA Berlin/52 453/PKP Ty 2-138 | |
| 15551 | 1'E h2 | G | 26.07.43 | 1435 | DRG, RZA Berlin/52 454/DR/52 1454-9/Hzl Warnowwerft | |
| 15552 | 1'E h2 | G | 26.07.43 | 1435 | DRG, RZA Berlin/52 455/DB | 18.10.1954 |
| 15553 | 1'E h2 | G | 26.07.43 | 1435 | DRG, RZA Berlin/52 456/MAV/08.49 SZD TE 456 | |
| 15554 | 1'E h2 | G | 27.07.43 | 1435 | DRG, RZA Berlin/52 457/ČSD/R/SZD TE 457/1962 PKP Ty 2-1290 | |
| 15555 | 1'E h2 | G | 28.07.43 | 1435 | DRG, RZA Berlin/52 458/FS/11.04.48 DB | 18.10.1954 |
| 15556 | 1'E h2 | G | 28.07.43 | 1435 | DRG, RZA Berlin/52 459/PKP Ty 2-139 | |
| 15557 | 1'E h2 | G | 29.07.43 | 1435 | DRG, RZA Berlin/52 460/DB/11.07.51 JZ | 09.05.1951 |
| 15558 | 1'E h2 | G | 29.07.43 | 1435 | DRG, RZA Berlin/52 461/PKP Ty 2-140 | |
| 15559 | 1'E h2 | G | 30.07.43 | 1435 | DRG, RZA Berlin/52 462/PKP Ty 2-141 | |
| 15560 | 1'E h2 | G | 30.07.43 | 1435 | DRG, RZA Berlin/52 463/SZD TE-463 | |
| 15561 | 1'E h2 | G | 31.07.43 | 1435 | DRG, RZA Berlin/52 464/SZD TE-464/1963 MAV 520.075 | |
| 15562 | 1'E h2 | G | 31.07.43 | 1435 | DRG, RZA Berlin/52 465/ČSD/PKP Ty 2-1200 | |
| 15563 | 1'E h2 | G | 31.07.43 | 1435 | DRG, RZA Berlin/52 466 | |
| 15564 | 1'E h2 | G | 04.08.43 | 1435 | DRG, RZA Berlin/52 467/DR/18.12.67 Reko 52 8200/52 8200-9 | |
| 15565 | 1'E h2 | G | 05.08.43 | 1435 | DRG, RZA Berlin/52 468/DR/52 1468-9 | |

| Fabriknummer | Bauart | Gattung | Auslieferungsdatum | Spurweite | Empfänger/Verbleib | Ausmusterung |
|---|---|---|---|---|---|---|
| 15566 | 1'E h2 | G | 09.08.43 | 1435 | DRG, RZA Berlin/52 469/DR/08.02.47 USSR | |
| 15567 | 1'E h2 | G | 09.08.43 | 1435 | DRG, RZA Berlin/52 470/DR/23.07.65 Reko 52 8140/52 8140-7 | |
| 15568 | 1'E h2 | G | 12.08.43 | 1435 | DRG, RZA Berlin/52 471 | |
| 15569 | 1'E h2 | G | 13.08.43 | 1435 | DRG, RZA Berlin/52 472/DR/15.02.67 Reko 52 8182/52 8182-9 | |
| 15570 | 1'E h2 | G | 14.08.43 | 1435 | DRG, RZA Berlin/52 473/JZ 33-050 | |
| 15571 | 1'E h2 | G | 11.08.43 | 1435 | DRG, RZA Berlin/52 474/DR/20.05.65 Reko 52 8135/52 8135-7 | |
| 15572 | 1'E h2 | G | 11.08.43 | 1435 | DRG, RZA Berlin/52 475/JZ 33-051 | |
| 15573 | 1'E h2 | G | 16.08.43 | 1435 | DRG, RZA Berlin/52 476 | |
| 15574 | 1'E h2 | G | 17.08.43 | 1435 | DRG, RZA Berlin/52 477/DB | 14.02.1951 |
| 15575 | 1'E h2 | G | 16.08.43 | 1435 | DRG, RZA Berlin/52 478/ÖBB | 20.10.1975 |
| 15576 | 1'E h2 | G | 18.08.43 | 1435 | DRG, RZA Berlin/52 479 | |
| 15577 | 1'E h2 | G | 17.08.43 | 1435 | DRG, RZA Berlin/52 480/PKP Ty 2-144 | |
| 15578 | 1'E h2 | G | 18.08.43 | 1435 | DRG, RZA Berlin/52 481/PKP Ty 2-145 | |
| 15579 | 1'E h2 | G | 20.08.43 | 1435 | DRG, RZA Berlin/52 482/SZD TE 482 | |
| 15580 | 1'E h2 | G | 20.08.43 | 1435 | DRG, RZA Berlin/52 483/PKP Ty 2-146 | |
| 15581 | 1'E h2 | G | 20.08.43 | 1435 | DRG, RZA Berlin/52 484/PKP Ty 2-147 | |
| 15582 | 1'E h2 | G | 20.08.43 | 1435 | DRG, RZA Berlin/52 485 | |
| 15583 | 1'E h2 | G | 20.08.43 | 1435 | DRG, RZA Berlin/52 486/CFR | |
| 15584 | 1'E h2 | G | 20.08.43 | 1435 | DRG, RZA Berlin/52 487/PKP Ty 2-148 | |
| 15585 | 1'E h2 | G | 20.08.43 | 1435 | DRG, RZA Berlin/52 488/DB | 18.10.1954 |
| 15586 | 1'E h2 | G | 23.08.43 | 1435 | DRG, RZA Berlin/52 489 | |
| 15587 | 1'E h2 | G | 23.08.43 | 1485 | DRG, RZA Berlin/52 490/ÖBB | 20.11.1954 |
| 15588 | 1'E h2 | G | 25.08.43 | 1435 | DRG, RZA Berlin/52 491/PKP Ty 2-149 | |
| 15589 | 1'E h2 | G | 25.08.43 | 1435 | DRG, RZA Berlin/52 492/ČSD/R | |
| 15590 | 1'E h2 | G | 26.08.43 | 1435 | DRG, RZA Berlin/52 493/DR/10.08.67 Reko 52 8192/52 8192-8 | |
| 15591 | 1'E h2 | G | 26.08.43 | 1435 | DRG, RZA Berlin/52 494/ČSD/R/SZD TE-494/1964 JZ 33-267 | |
| 15592 | 1'E h2 | G | 27.08.43 | 1435 | DRG, RZA Berlin/52 495/SZD TE-495 | |
| 15593 | 1'E h2 | G | 27.08.43 | 1435 | DRG, RZA Berlin/52 496/PKP Ty 2-150 | |
| 15594 | 1'E h2 | G | 28.08.43 | 1435 | DRG, RZA Berlin/52 497/ČSD/R | |
| 15595 | 1'E h2 | G | 28.08.43 | 1435 | DRG, RZA Berlin/52 498/SSSR | |
| 15596 | 1'E h2 | G | 28.08.43 | 1435 | DRG, RZA Berlin/52 499/ÖBB 52.499 | 20.11.1954 |
| 15597 | 1'E h2 | G | 28.08.43 | 1435 | DRG, RZA Berlin/52 500/CFR/R | |
| 15598 | 1'E h2 | G | 28.08.43 | 1435 | DRG, RZA Berlin/52 501 | |
| 15599 | 1'E h2 | G | 30.08.43 | 1435 | DRG, RZA Berlin/52 502/DR/52 1502-9 | 02.06.1976 |
| 15600 | 1'E h2 | G | 30.08.43 | 1435 | DRG, RZA Berlin/52 503/PKP Ty 2-151 | |
| 15601 | 1'E h2 | G | 31.08.43 | 1435 | DRG, RZA Berlin/52 504/CFR/R | |
| 15602 | 1'E h2 | G | 31.08.43 | 1435 | DRG, RZA Berlin/52 505 | |
| 15603 | 1'E h2 | G | 31.08.43 | 1435 | DRG, RZA Berlin/52 506/PKP Ty 2-152 | |
| 15604 | 1'E h2 | G | 06.09.43 | 1435 | DRG, RZA Berlin/52 507 | |
| 15605 | 1'E h2 | G | 06.09.43 | 1435 | DRG, RZA Berlin/52 508/BDZ 15.01 | |
| 15606 | 1'E h2 | G | 06.09.43 | 1435 | DRG, RZA Berlin/52 509/ÖBB/04.12.48 SZD TE-509/15.01.62 DR 52 509/ 52 1509-0 | 14.04.1976 |
| 15607 | 1'E h2 | G | 06.09.43 | 1435 | DRG, RZA Berlin/52 510/DR/30.07.47 SZD TE-510 | |
| 15608 | 1'E h2 | G | 07.09.43 | 1435 | DRG, RZA Berlin/52 511/DR/09.02.47 USSR | |
| 15609 | 1'E h2 | G | 07.09.43 | 1435 | DRG, RZA Berlin/52 512 | |
| 15610 | 1'E h2 | G | 09.09.43 | 1435 | DRG, RZA Berlin/52 513/DR/30.07.47 SZD TE-513/63 PKP Ty 2-1394 | |
| 15611 | 1'E h2 | G | 09.09.43 | 1435 | DRG, RZA Berlin/52 514/PKP Ty 2-153 | |
| 15612 | 1'E h2 | G | 13.09.43 | 1435 | DRG, RZA Berlin/52 515/PKP Ty 2-154 | |
| 15613 | 1'E h2 | G | 13.09.43 | 1435 | DRG, RZA Berlin/52 516/ÖBB | |
| 15614 | 1'E h2 | G | 14.09.43 | 1435 | DRG, RZA Berlin/52 517 | |
| 15615 | 1'E h2 | G | 14.09.43 | 1435 | DRG, RZA Berlin/52 518/JZ 33-052 | |
| 15616 | 1'E h2 | G | 21.09.43 | 1435 | DRG, RZA Berlin/52 519 | |
| 15617 | 1'E h2 | G | 21.09.43 | 1435 | DRG, RZA Berlin/52 520 | |
| 15618 | 1'E h2 | G | 30.09.43 | 1435 | DRG, RZA Berlin/52 521/ČSD/R | |
| 15619 | 1'E h2 | G | 30.09.43 | 1435 | DRG, RZA Berlin/52 522/ČSD | |
| 15620 | 1'E h2 | G | 30.09.43 | 1435 | DRG, RZA Berlin/52 523 | |
| 15621 | 1'E h2 | G | 01.44 | 1435 | DRG, RZA Berlin/52 524 | |
| 15622 | 1'E h2 | G | 01.44 | 1435 | DRG, RZA Berlin/52 525 | |
| 15623 | 1'E h2 | G | 09.12.43 | 1435 | Geliefert von BMAG 13 093 DRG/52 526 | |
| 15624 | 1'E h2 | G | 09.12.43 | 1435 | Geliefert von BMAG 13 094 DRG/52 527/ČSD/SZD TE 527/1963 ČSD 555.0217 | |
| 15625 | 1'E h2 | G | 10.12.43 | 1435 | Geliefert von BMAG 13 095 DRG/52 528 | |
| 15626 | 1'E h2 | G | 11.12.43 | 1435 | Geliefert von BMAG 13 096 DRG 52 529/ČSD/30.06.45 ÖBB/08.12.48 SZD TE 529/PKP Ty 2-1236 | |
| 15627 | 1'E h2 | G | 11.12.43 | 1435 | Geliefert von BMAG 13 097 DRG/52 530 | |
| 15628 | 1'E h2 | G | 13.12.43 | 1435 | Geliefert von BMAG 13 098 DRG/52 531/PKP Ty 2-156 | |
| 15629 | 1'E h2 | G | 13.12.43 | 1435 | Geliefert von BMAG 13 099 DRG/52 532/SZD TE-532/1962 DR 52 532/ 10.03.66 Reko 52 8160/52 8160-5 | |
| 15630 | 1'E h2 | G | 14.12.43 | 1435 | Geliefert von BMAG 13 100 DRG/52 533/DR/U.Kst/52 9533-2 | 14.09.1979 |
| 15631 | 1'E h2 | G | 14.12.43 | 1435 | Geliefert von BMAG 13 101 DRG/52 534 | |
| 15632 | 1'E h2 | G | 15.12.43 | 1435 | Geliefert von BMAG 13 102 DRG/52 535/PKP Ty 2-157 | |
| 15633 | 1'E h2 | G | 16.12.43 | 1435 | Geliefert von BMAG 13 103 DRG/52 536 | |

| Fabriknummer | Bauart | Gattung | Auslieferungsdatum | Spurweite | Empfänger/Verbleib | Ausmusterung |
|---|---|---|---|---|---|---|
| 16634 | 1'E h2 | G | 16.12.43 | 1435 | Geliefert von BMAG 13 104 DRG/52 537/PKP Ty 2-158 | |
| 15635 | 1'E h2 | G | 15.12.43 | 1435 | Geliefert von BMAG 13 105 DRG/52 538/DB | 18.10.1954 |
| 15636 | 1'E h2 | G | 16.12.43 | 1435 | Geliefert von BMAG 13 106 DRG/52 539/DR/31.10.61 Reko 52 8033/ 52 8033-4 | |
| 15637 | 1'E h2 | G | 16.12.43 | 1435 | Geliefert von BMAG 13 107 DRG/52 540 | |
| 15638 | 1'E h2 | G | 17.12.43 | 1435 | Geliefert von BMAG 13 108 DRG/52 541/DR | 13.01.1969 |
| 15639 | 1'E h2 | G | 17.12.43 | 1435 | Geliefert von BMAG 13 109 DRG/52 542/DB/JZ 33-250 | 11.07.1951 |
| 15640 | 1'E h2 | G | 18.12.43 | 1435 | Geliefert von BMAG 13 110 DRG/52 543/PKP 2-159 | |
| 15641 | 1'E h2 | G | 20.12.43 | 1435 | Geliefert von BMAG 13 111 DRG/52 544/PKP 2-160 | |
| 15642 | 1'E h2 | G | 20.12.43 | 1435 | Geliefert von BMAG 13 112 DRG/52 545/DR/52 1545-4 | 19.12.1974 |
| 15643 | 1'E h2 | G | 21.12.43 | 1435 | Geliefert von BMAG 13 113 DRG/52 546 | |
| 15644 | 1'E h2 | G | 21.12.43 | 1435 | Geliefert von BMAG 13 114 DRG/52 547/DR/30.10.65 Reko 52 8148/ 52 8148-0 | |
| 15645 | 1'E h2 | G | 22.12.43 | 1435 | Geliefert von BMAG 13 115 DRG/52 548/PKP Ty 2-161 | |
| 15646 | 1'E h2 | G | 23.12.43 | 1435 | Geliefert von BMAG 13 116 DRG/52 549 | |
| 15647 | 1'E h2 | G | 23.12.43 | 1435 | Geliefert von BMAG 13 117 DRG/52 550/PKP Ty 2-162 | |
| 15648 | 1'E h2 | G | 11.01.44 | 1435 | Geliefert von BMAG 13 118 DRG/52 551/PKP Ty 2-163 | |
| 15649 | 1'E h2 | G | 11.01.44 | 1435 | Geliefert von BMAG 13 119 DRG/52 552/DR | 25.05.1954 |
| 15650 | 1'E h2 | G | 11.01.44 | 1435 | Geliefert von BMAG 13 120 DRG/52 553 | |
| 15651 | 1'E h2 | G | 11.01.44 | 1435 | Geliefert von BMAG 13 121 DRG/52 554/PKP Ty 2-164 | |
| 15652 | 1'E h2 | G | 13.01.44 | 1435 | Geliefert von BMAG 13 122 DRG/52 555/ČSD 555.0157/04.03.52 umgespurt auf 1524 mm 555.0608 | |
| 15653 | 1'E h2 | G | 13.01.44 | 1435 | Geliefert von BMAG 13 123 DRG/52 556/DR/20.09.67 Reko 52 8194/ 52 8194-4 | |
| 15654 | 1'E h2 | G | 17.01.44 | 1435 | Geliefert von BMAG 13 124 DRG/52 557/ČSD/R | |
| 15655 | 1'E h2 | G | 17.01.44 | 1435 | Geliefert von BMAG 13 125 DRG/52 558/DB | 18.10.1954 |
| 15656 | 1'E h2 | G | 18.01.44 | 1435 | Geliefert von BMAG 13 126 DRG/52 559/DB | 18.10.1954 |
| 15657 | 1'E h2 | G | 20.01.44 | 1435 | Geliefert von BMAG 13 127 DRG/52 560/ČSD/R SZD TE 560/1963 PKP Ty 2-1272 | |
| 15658 | 1'E h2 | G | 21.01.44 | 1435 | Geliefert von BMAG 13 128 DRG/52 561/DR | |
| 15659 | 1'E h2 | G | 20.01.44 | 1435 | Geliefert von BMAG 13 129 DRG/52 562/PKP Ty 2-839 | |
| 15660 | 1'E h2 | G | 10.02.44 | 1435 | Geliefert von BMAG 13 130 DRG/52 563/DR/29.08.61 Reko 52 8028/ 52 8028-4 | |
| 15661 | 1'E h2 | G | 11.02.44 | 1435 | Geliefert von BMAG 13 131 DRG/52 564/DR/52 1564-5 | 16.07.1980 |
| 15662 | 1'E h2 | G | 12.02.44 | 1435 | Geliefert von BMAG 13 132 DRG/52 565/PKP Ty 2-840 | |
| 15663 | 1'E h2 | G | 11.02.44 | 1435 | Geliefert von BMAG 13 133 DRG/52 566/PKP Ty 2-841 | |
| 15664 | 1'E h2 | G | 12.02.44 | 1435 | Geliefert von BMAG 13 134 DRG/52 567/DR/09.09.46 SSSR | |
| 15665 | 1'E h2 | G | 14.02.44 | 1435 | Geliefert von BMAG 13 135 DRG/52 568/DR/52 1568-6 | 20.02.1975 |
| 15666 | 1'E h2 | G | 10.03.44 | 1435 | Geliefert von BMAG 13 136 DRG/52 569/PKP Ty 2-842 | |
| 15667 | 1'E h2 | G | 11.03.44 | 1435 | Geliefert von BMAG 13 137 DRG/52 570/PKP Ty 2-843 | |
| 15668 | 1'E h2 | G | 14.03.44 | 1435 | Geliefert von BMAG 13 138 DRG/52 571/ČSD/R | |
| 15669 | 1'E h2 | G | 16.03.44 | 1435 | Geliefert von BMAG 13 139 DRG/52 572/DR | 06.04.1946 |
| 15670 | 1'E h2 | G | 15.03.44 | 1435 | Geliefert von BMAG 13 140 DRG/52 573/DR/52 1573-6 | |
| 15671 | 1'E h2 | G | 17.03.44 | 1435 | Geliefert von BMAG 13 141 DRG/52 574/DB | 08.10.1954 |
| 15672 | 1'E h2 | G | 21.04.44 | 1435 | Geliefert von BMAG 13 142 DRG/52 575 | |
| 15673 | 1'E h2 | G | 22.04.44 | 1435 | Geliefert von BMAG 13 143 DRG/52 576/DB | 18.10.1954 |
| 15674 | 1'E h2 | G | 22.04.44 | 1435 | Geliefert von BMAG 13 144 DRG/52 577/ÖBB/06.45 MAV/R/08.49 SSSR | |
| 15675 | 1'E h2 | G | 24.04.44 | 1435 | Geliefert von BMAG 13 145 DRG/52 578/DR/20.05.66 Reko 52 8166/ 52 8166-2 | |
| 15676 | 1'E h2 | G | 27.04.44 | 1435 | Geliefert von BMAG 13 146 DRG/52 579/ÖBB | 20.11.1954 |
| 15677 | 1'E h2 | G | 25.04.44 | 1435 | Geliefert von BMAG 13 147 DRG/52 580/ÖBB | 29.11.1977 |
| 15678 | 1'E h2 | G | 26.04.44 | 1435 | Geliefert von BMAG 13 148 DRG/52 581/JZ 33-053 | |
| 15679 | 1'E h2 | G | 26.04.44 | 1435 | Geliefert von BMAG 13 149 DRG/52 582/PKP Ty 2-844 | |
| 15680 | 1'E h2 | G | 27.04.44 | 1435 | Geliefert von BMAG 13 150 DRG/52 583/PKP Ty 2-845 | |
| 15681 | 1'E h2 | G | 28.04.44 | 1435 | Geliefert von BMAG 13 151 DRG/52 584/DR | 03.04.1948 |
| 15682 | 1'E h2 | G | 02.05.44 | 1435 | Geliefert von BMAG 13 152 DRG/52 585/PKP Ty 2-846 | |
| 15683 | 1'E h2 | G | 02.05.44 | 1435 | Geliefert von BMAG 13 153 DRG/52 586/PKP Ty 2-847 | |
| 15684 | 1'E h2 | G | 03.05.44 | 1435 | Geliefert von BMAG 13 154 DRG/52 587/PKP Ty 2-848 | |
| 15685 | 1'E h2 | G | 03.05.44 | 1435 | Geliefert von BMAG 13 155 DRG/52 588/DR | 29.08.1968 |
| 15686 | 1'E h2 | G | 04.05.44 | 1435 | Geliefert von BMAG 13 156 DRG/52 589/PKP Ty 2-849 | |
| 15687 | 1'E h2 | G | 05.05.44 | 1435 | Geliefert von BMAG 13 157 DRG/52 590/PKP Ty 2-850 | |
| 15688 | 1'E h2 | G | 05.05.44 | 1435 | Geliefert von BMAG 13 158 DRG/52 591/PKP Ty 2-851 | |
| 15689 | 1'E h2 | G | 06.05.44 | 1435 | Geliefert von BMAG 13 159 DRG/52 592/PKP Ty 2-852 | |
| 15690 | 1'E h2 | G | 06.05.44 | 1435 | Geliefert von BMAG 13 160 DRG/52 593/ÖBB/01.12.48 SSSR | |
| 15691 | 1'E h2 | G | 09.05.44 | 1435 | Geliefert von BMAG 13 161 DRG/52 594 | |
| 15692 | 1'E h2 | G | 09.05.44 | 1435 | Geliefert von BMAG 13 162 DRG/52 595/PKP Ty 2-853 | |
| 15693 | 1'E h2 | G | 10.05.44 | 1435 | Geliefert von BMAG 13 163 DRG/52 596/PKP Ty 2-854 | |
| 15694 | 1'E h2 | G | 10.05.44 | 1435 | Geliefert von BMAG 13 164 DRG/52 597/PKP Ty 2-855 | |
| 15695 | 1'E h2 | G | 16.05.44 | 1435 | Geliefert von BMAG 13 165 DRG/52 598/PKP Ty 2-856 | |
| 15696 | 1'E h2 | G | 12.05.44 | 1435 | Geliefert von BMAG 13 166 DRG/52 599/PKP Ty 2-70 | |
| 15697 | 1'E h2 | G | 12.05.44 | 1435 | Geliefert von BMAG 13 167 DRG/52 600/DR/52 1600-7 | |

| Fabriknummer | Bauart | Gattung | Auslieferungsdatum | Spurweite | Empfänger/Verbleib | Ausmusterung |
|---|---|---|---|---|---|---|
| 15698 | 1'E h2 | G | 13.05.44 | 1435 | Geliefert von BMAG 13 168 DRG/52 601/PKP Ty 2-857 | 18.10.1954 |
| 15699 | 1'E h2 | G | 13.05.44 | 1435 | Geliefert von BMAG 13 169 DRG/52 602/ČSD/R | |
| 15700 | 1'E h2 | G | 16.05.44 | 1435 | Geliefert von BMAG 13 170 DRG/52 603 | |
| 15701 | 1'E h2 | G | 19.05.44 | 1435 | Geliefert von BMAG 13 171 DRG/52 604/DR/52 1604-9 | 06.09.1975 |
| 15702 | 1'E h2 | G | 10.43 | 1435 | Geliefert von Schichau 3 964 DRG/52 605/DR/11.02.47 USSR | |
| 15703 | 1'E h2 | G | 10.43 | 1435 | Geliefert von Schichau 3 965 DRG/52 606/MAV/SZD TE-606 | |
| 15704 | 1'E h2 | G | 10.43 | 1435 | Geliefert von Schichau 3 966 DRG/52 607/ČSD/R | |
| 15705 | 1'E h2 | G | 10.43 | 1435 | Geliefert von Schichau 3 967 DRG/52 608/DB | 18.10.1954 |
| 15706 | 1'E h2 | G | 10.43 | 1435 | Geliefert von Schichau 3 968 DRG/52 609/PKP Ty 2-165 | |
| 15707 | 1'E h2 | G | 10.43 | 1435 | Geliefert von Schichau 3 969 DRG/52 610/DR/52 1610-6 | 11.10.1976 |
| 15708 | 1'E h2 | G | 10.43 | 1435 | Geliefert von Schichau 3 970 DRG/52 611 | |
| 15709 | 1'E h2 | G | 10.43 | 1435 | Geliefert von Schichau 3 971 DRG/52 612/ÖBB 152.612 | 28.10.1954 |
| 15710 | 1'E h2 | G | 10.43 | 1435 | Geliefertv on Schichau DRG/52 613 | |
| 15711 | 1'E h2 | G | 11.43 | 1435 | Geliefert von Schichau 3 939 DRG/52 614/DR/10.06.64 Reko 52 8105/ 52 8105-0 | |
| 15712 | 1'E h2 | G | 11.43 | 1435 | Geliefert von Schichau 3 940 DRG/52 615/PKP Ty 2-166 | |
| 15713 | 1'E h2 | G | 11.43 | 1435 | Geliefert von Schichau 3 941 DRG/52 616/DR/52 1616-3 | 14.04.1976 |
| 15714 | 1'E h2 | G | 11.43 | 1435 | Geliefert von Schichau DRG/52 617/PKP Ty 2-167 | |
| 15715 | 1'E h2 | G | 11.43 | 1435 | Geliefert von Schichau 4 086 DRG/52 618/PKP Ty 2-168 | |
| 15716 | 1'E h2 | G | 11.43 | 1435 | Geliefert von Schichau 4 087 DRG/52 619/DB | 18.10.1954 |
| 15717 | 1'E h2 | G | 11.43 | 1435 | Geliefert von Schichau 4 088 DRG/52 620/DR/02.08.46 USSR | |
| 15718 | 1'E h2 | G | 11.43 | 1435 | Geliefert von Schichau 4 089 DRG/52 621/DB | 18.10.1954 |
| 15719 | 1'E h2 | G | 11.43 | 1435 | Geliefert von Schichau 4 090 DRG/52 622/DR/24.02.47 USSR | |
| 15720 | 1'E h2 | G | 11.43 | 1435 | Geliefert von Schichau 4 091 DRG/52 623/ČSD/R | |
| 15721 | 1'E h2 | G | 01.44 | 1435 | Geliefert von Schichau DRG/52 624/DR/24.02.47 SSSR | |
| 15722 | 1'E h2 | G | 01.44 | 1435 | Geliefert von Schichau DRG/52 625/ČSD/R/SZD TE-625/1963 ČSD 555.0209 | |
| 15723 | 1'E h2 | G | 01.44 | 1435 | Geliefert von Schichau 4 021 DRG/52 626/DR/52 1726-0 | 12.07.1976 |
| 15724 | 1'E h2 | G | 01.44 | 1435 | Geliefert von Schichau DRG/52 627/DR/31.05.61 Reko 52 8020/ 52 8020-1 | |
| 15725 | 1'E h2 | G | 01.44 | 1435 | Geliefert von Schichau DRG/52 628/PKP Ty 2-858 | |
| 15726 | 1'E h2 | G | 01.44 | 1435 | Geliefert von Schichau 4 029 DRG/52 629/DR/52 1629-6 | 27.12.1971 |
| 15727 | 1'E h2 | G | 01.44 | 1435 | Geliefert von Schichau 4 030 DRG/52 630/DR/52 1630-4 | |
| 15728 | 1'E h2 | G | 01.44 | 1435 | Geliefert von Schichau DRG/52 631/PKP Ty 2-859 | |
| 15729 | 1'E h2 | G | 02.44 | 1435 | Geliefert von Schichau DRG/52 632/DR/20.04.67 Reko 52 8186/ 52 8186-0 | |
| 15730 | 1'E h2 | G | 02.44 | 1435 | Geliefert von Schichau DRG/52 633/PKP Ty 2-860 | |
| 15731 | 1'E h2 | G | 02.44 | 1435 | Geliefert von Schichau DRG/52 634 | |
| 15732 | 1'E h2 | G | 02.44 | 1435 | Geliefert von Schichau DRG/52 635 | |
| 15733 | 1'E h2 | G | 02.44 | 1435 | Geliefert von Schichau DRG/52 636/DR/20.02.47 SZD TE-636 | |
| 15734 | 1'E h2 | G | 02.44 | 1435 | Geliefert von Schichau DRG/52 637/DR/29.06.46 USSR | |
| 15735 | 1'E h2 | G | 02.44 | 1435 | Geliefert von Schichau DRG/52 638 | |
| 15736 | 1'E h2 | G | 02.44 | 1435 | Geliefert von Schichau DRG/52 639/DR/19.08.46 USSR | |
| 15737 | 1'E h2 | G | 02.44 | 1435 | Geliefert von Schichau DRG/52 640/DR/30.07.47 USSR | |
| 15738 | 1'E h2 | G | 02.44 | 1435 | Geliefert von Schichau DRG/52 641/PKP Ty 2-861 | |
| 15739 | 1'E h2 | G | 02.44 | 1435 | Geliefert von Schichau DRG/52 642 | |
| 15740 | 1'E h2 | G | 03.44 | 1435 | Geliefert von Schichau DRG/52 643/DR/05.02.47 USSR | |
| 15741 | 1'E h2 | G | 03.44 | 1435 | Geliefert von Schichau DRG/52 644/PKP Ty 2-862 | |
| 15742 | 1'E h2 | G | 03.44 | 1435 | Geliefert von Schichau DRG/52 645 | |
| 15 743 | 1'E h2 | G | 03.44 | 1435 | Geliefert von Schichau DRG/52 646/SZD TE 646 | |
| 15744 | 1'E h2 | G | 03.44 | 1435 | Geliefert von Schichau DRG/52 647 | |
| 15745 | 1'E h2 | G | 03.44 | 1435 | Geliefert von Schichau DRG/52 648 | |
| 15746 | 1'E h2 | G | 03.44 | 1435 | Geliefert von Schichau DRG/52 649 | |
| 15747 | 1'E h2 | G | 03.44 | 1435 | Geliefert von Schichau 4 175 DRG/52 650/SZD TE-650/1962 ČSD 555.0212/ U.Öl 555.3212 | |
| 15748 | 1'E h2 | G | 03.44 | 1435 | Geliefert von Schichau DRG/52 651/DB | 18.10.1954 |
| 15749 | 1'E h2 | G | 03.44 | 1435 | Geliefert von Schichau 4 099 DRG/52 652/PKP Ty 2-71 | |
| 15750 | 1'E h2 | G | 03.44 | 1435 | Geliefert von Schichau DRG/52 653/DR/U.Kst/52 9653-8 | 06.03.1979 |
| 15751 | 1'E h2 | G | 03.44 | 1435 | Geliefert von Schichau DRG/52 654 | |
| 15752 | 1'E h2 | G | 03.44 | 1435 | Geliefert von Schichau DRG/52 655 | |
| 15753 | 1'E h2 | G | 04.44 | 1435 | Geliefert von Schichau DRG/52 656 | |
| 15754 | 1'E h2 | G | 04.44 | 1435 | Geliefert von Schichau DRG/52 657/DR/13.02.47 USSR | |
| 15755 | 1'E h2 | G | 04.44 | 1435 | Geliefert von Schichau 4 112 DRG/52 658/PKP Ty 2-863 | |
| 15756 | 1'E h2 | G | 04.44 | 1435 | Geliefert von Schichau 4 110 DRG/52 659/PKP Ty 2-864 | |
| 15757 | 1'E h2 | G | 04.44 | 1435 | Geliefert von Schichau 4 109 DRG/52 660/NSB 660 | 1969 |
| 15758 | 1'E h2 | G | 04.44 | 1435 | Geliefert von Schichau 4 114 DRG/52 661/DB | 18.10.1954 |
| 15759 | 1'E h2 | G | 04.44 | 1435 | Geliefert von Schichau DRG/52 662/DR/52 1662-7 | |
| 15760 | 1'E h2 | G | 04.44 | 1435 | Geliefert von Schichau 4 117 DRG/52 663 | |
| 15761 | 1'E h2 | G | 04.44 | 1435 | Geliefert von Schichau DRG/52 664/DB | 18.10.1954 |
| 15762 | 1'E h2 | G | 04.44 | 1435 | Geliefert von Schichau DRG/52 665/SZD TE-665/1962 MAV 520.5002 | |
| 15763 | 1'E h2 | G | 04.44 | 1435 | Geliefert von Schichau DRG/52 666/PKP Ty 2-865 | |

| Fabriknummer | Bauart | Gattung | Auslieferungsdatum | Spurweite | Empfänger/Verbleib | Ausmusterung |
|---|---|---|---|---|---|---|
| 15764 | 1'E h2 | G | 04.44 | 1435 | Geliefert von Schichau DRG/52 667 | |
| 15765 | 1'E h2 | G | 04.44 | 1435 | Geliefert von Schichau DRG/52 668 | |
| 15766 | 1'E h2 | G | 04.44 | 1435 | Geliefert von Schichau DRG/52 669 | |
| 15767 | 1'E h2 | G | 04.44 | 1435 | Geliefert von Schichau DRG/52 670 | |
| 15768 | 1'E h2 | G | 04.44 | 1435 | Geliefert von Schichau DRG/52 671/DR/22.09.60 Reko 52 8001/ 52 8001-1 | |
| 15769 | 1'E h2 | G | 04.44 | 1435 | Geliefert von Schichau DRG/52 672/SZD TE-672/1962 MAV 520.056 | |
| 15770 | 1'E h2 | G | 04.44 | 1435 | Geliefert von Schichau DRG/52 673/PKP Ty 2-866 | |
| 15771 | 1'E h2 | G | 04.44 | 1435 | Geliefert von Schichau DRG/52 674 | |
| 15772 | 1'E h2 | G | 04.44 | 1435 | Geliefert von Schichau DRG/52 675/PKP Ty 2-867 | |
| 15773 | 1'E h2 | G | 04.44 | 1435 | Geliefert von Schichau DRG/52 676 | |
| 15774 | 1'E h2 | G | 04.44 | 1435 | Geliefert von Schichau DRG/52 677/SZD TE-677/BDZ | |
| 15775 | 1'E h2 | G | 05.44 | 1435 | Geliefert von Schichau DRG/52 678 | |
| 15776 | 1'E h2 | G | 05.44 | 1435 | Geliefert von Schichau DRG/52 679/SZD TE-679/1962 BDZ 15.... | |
| 15777 | 1'E h2 | G | 05.44 | 1435 | Geliefert von Schichau DRG/52 680/DB | 18.10.1954 |
| 15778 | 1'E h2 | G | 05.44 | 1435 | Geliefert von Schichau DRG/52 681/PKP Ty 2-869 | |
| 15779 | 1'E h2 | G | 05.44 | 1435 | Geliefert von Schichau DRG/52 682 | |
| 15780 | 1'E h2 | G | 05.44 | 1435 | Geliefert von Schichau DRG/52 683 | |
| 15781 | 1'E h2 | G | 05.44 | 1435 | Geliefert von Schichau DRG/52 684/PKP Ty 2-1206 | |
| 15782 | 1'E h2 | G | 05.44 | 1435 | Geliefert von Schichau DRG/52 685/PKP Ty 2-1178 | |
| 15783 | 1'E h2 | G | 05.44 | 1435 | Geliefert von Schichau DRG/52 686/SZD TE-686/1962 BDZ 15.... | |
| 15784 | 1'E h2 | G | 05.44 | 1435 | Geliefert von Schichau DRG/52 687 | |
| 15785 | 1'E h2 | G | 05.44 | 1435 | Geliefert von Schichau DRG/52 688/PKP Ty 2-870 | |
| 15786 | 1'E h2 | G | 05.44 | 1435 | Geliefert von Schichau DRG/52 689 | |
| 15787 | 1'E h2 | G | 05.44 | 1435 | Geliefert von Schichau DRG/52 690 | |
| 15788 | 1'E h2 | G | 05.44 | 1435 | Geliefert von Schichau DRG/52 691/SZT TE 691 | |
| 15789 | 1'E h2 | G | 03.44 | 1435 | Geliefert von Henschel 27 885 DRG/52 692/DR | 15.02.1949 |
| 15790 | 1'E h2 | G | 03.44 | 1435 | Geliefert von Henschel 27 886 DRG/52 693/SZD/JZ 33-223 | |
| 15791 | 1'E h2 | G | 03.44 | 1435 | Geliefert von Henschel 27 887 DRG/52 694/BDZ | |
| 15792 | 1'E h2 | G | 03.44 | 1435 | Geliefert von Henschel 27 888 DRG/52 695/DB | 18.10.1954 |
| 15793 | 1'E h2 | G | 03.44 | 1435 | Geliefert von Henschel 27 889 DRG/52 696/DR/16.02.47 USSR | |
| 15794 | 1'E h2 | G | 03.44 | 1435 | Geliefert von Henschel 27 890 DRG/52 697/BDZ | |
| 15795 | 1'E h2 | G | 03.44 | 1435 | Geliefert von Henschel 27 891 DRG/52 698/PKP Ty 2-871 | |
| 15796 | 1'E h2 | G | 03.44 | 1435 | Geliefert von Henschel 27 892 DRG/52 699 | |
| 15797 | 1'E h2 | G | 03.44 | 1435 | Geliefert von Henschel 27 893 DRG/52 700 | |
| 15798 | 1'E h2 | G | 03.44 | 1435 | Geliefert von Henschel 27 894 DRG/52 701 | |
| 15799 | 1'E h2 | G | 03.44 | 1435 | Geliefert von Henschel 27 895 DRG/52 702/JZ 33-054 | |
| 15800 | 1'E h2 | G | 03.44 | 1435 | Geliefert von Henschel 27 896 DRG/52 703/DR/52 1703-9 | 17.02.1976 |
| 15801 | 1'E h2 | G | 03.44 | 1435 | Geliefert von Henschel 27 897 DRG/52 704/DR/29.05.62 Reko 52 8050/ 52 8050-8 | |
| 15802 | 1'E h2 | G | 03.44 | 1435 | Geliefert von Henschel 27 898 DRG/52 705/DR/52 1705-4 | |
| 15803 | 1'E h2 | G | 03.44 | 1435 | Geliefert von Henschel 27 899 DRG/52 706/DR/08.02.47 USSR | |
| 15804 | 1'E h2 | G | 03.44 | 1435 | Geliefert von Henschel 27 900 DRG/52 707/DR/52 1707-0 | 12.07.1976 |
| 15805 | 1'E h2 | G | 03.44 | 1435 | Geliefert von Henschel 27 901 DRG/52 708/DR/20.09.45 PKP Ty 2-872 | |
| 15806 | 1'E h2 | G | 03.44 | 1435 | Geliefert von Henschel 27 902 DRG/52 709 | |
| 15807 | 1'E h2 | G | 03.44 | 1435 | Geliefert von Henschel 27 903 DRG/52 710/DR/16.02.47 SZD TE 710/1963 MAV 520.008 | |
| 15808 | 1'E h2 | G | 03.44 | 1435 | Geliefert von Henschel 27 904 DRG/52 711/DR/10.10.63 Reko 52 8093/ 52 8093-8 | |
| 15809 | 1'E h2 | G | 03.44 | 1435 | Geliefert von Henschel 27 905 DRG/52 712/DR/13.12.61 Reko 52 8037/ 52 8037-5 | |
| 15810 | 1'E h2 | G | 03.44 | 1435 | Geliefert von Henschel 27 906 DRG/52 713/DR/(52 1713-8) | 03.11.1969 |
| 15811 | 1'E h2 | G | 03.44 | 1435 | Geliefert von Henschel 27 907 DRG/52 714/DR/52 1714-6 | 29.09.1980 |
| 15812 | 1'E h2 | G | 03.44 | 1435 | Geliefert von Henschel 27 908 DRG/52 715/DR/52 1715-3 | 24.10.1975 |
| 15813 | 1'E h2 | G | 03.44 | 1435 | Geliefert von Henschel 27 909 DRG/52 716/DR/U.Kst/52 9716-3 | 14.05.1979 |
| 15814 | 1'E h2 | G | 03.44 | 1435 | Geliefert von Henschel 27 910 DRG/52 717/DR/20.02.47 USSR | |
| 15815 | 1'E h2 | G | 03.44 | 1435 | Geliefert von Henschel 27 911 DRG/52 718/DR/10.04.62 Reko 52 8046/ 52 8046-6 | |
| 15816 | 1'E h2 | G | 03.44 | 1435 | Geliefert von Henschel 27 912 DRG/52 719/DR/52 1719-5 | 14.07.1975 |
| 15817 | 1'E h2 | G | 03.44 | 1435 | Geliefert von Henschel 27 913 DRG/52 720/DR/13.02.47 SSSR | |
| 15818 | 1'E h2 | G | 03.44 | 1435 | Geliefert von Henschel 27 914 DRG/52 721/ČSD/R/SZD TE 721 | |
| 15819 | 1'E h2 | G | 03.44 | 1435 | Geliefert von Henschel 27 915 DRG/52 722/DR/07.02.47 SZD TE-722 | |
| 15820 | 1'E h2 | G | 03.44 | 1435 | Geliefert von Henschel 27 916 DRG/52 723/DR/08.02.47 SSSR | |
| 15821 | 1'E h2 | G | 03.44 | 1435 | Geliefert von Henschel 27 917 DRG/52 724/DR/17.02.47 SSSR | |
| 15822 | 1'E h2 | G | 03.44 | 1435 | Geliefert von Henschel 27 918 DRG/52 725/FS/11.04.48 DB/11.06.51 JZ | |
| 15823 | 1'E h2 | G | 03.44 | 1435 | Geliefert von Henschel 27 919 DRG/52 726/ÖBB | 09.02.1947 |
| 15824 | 1'E h2 | G | 03.44 | 1435 | Geliefert von Henschel 27 920 DRG/52 727/ÖBB 52.727 | 28.10.1954 |
| 15825 | 1'E h2 | G | 03.44 | 1435 | Geliefert von Henschel 27 921 DRG/52 728/DB/1951 JZ 33-243 | 20.06.1951 |
| 15826 | 1'E h2 | G | 03.44 | 1435 | Geliefert von Henschel 27 922 DRG/52 729/USSR/1948 JZ 33-218/ex BDZ/R | |
| 15827 | 1'E h2 | G | 03.44 | 1435 | Geliefert von Henschel 27 923 DRG/52 730/JZ 33-056 | |
| 15828 | 1'E h2 | G | 03.44 | 1435 | Geliefert von Henschel 27 924 DRG/52 731/JZ 33-057 | |

| Fabriknummer | Bauart | Gattung | Auslieferungsdatum | Spurweite | Empfänger/Verbleib | Ausmusterung |
|---|---|---|---|---|---|---|
| 15829 | 1'E h2 | G | 03.44 | 1435 | Geliefert von Henschel 27 925 DRG/52 732/DB | 18.10.1954 |
| 15830 | 1'E h2 | G | 03.44 | 1435 | Geliefert von Henschel 27 926 DRG/52 733/BDZ | |
| 15831 | 1'E h2 | G | 03.44 | 1435 | Geliefert von Henschel 27 927 DRG/52 734/USSR/1948 JZ 33-224/ex BDZ/R | |
| 15832 | 1'E h2 | G | 03.44 | 1435 | Geliefert von Henschel 27 928 DRG/52 735 | |
| 15833 | 1'E h2 | G | 03.44 | 1435 | Geliefert von Henschel 27 929 DRG/52 736/ČSD/R | |
| 15834 | 1'E h2 | G | 03.44 | 1435 | Geliefert von Henschel 27 966 DRG/52 737/ČSD/R/SZD TE-737 | |
| 15835 | 1'E h2 | G | 03.44 | 1435 | Geliefert von Henschel 27 967 DRG/52 738/MAV/R/SZD TE-738 | |
| 15836 | 1'E h2 | G | 04.44 | 1435 | Geliefert von Henschel 27 968 DRG/52 739/ÖBB | 17.02.1975 |
| 15837 | 1'E h2 | G | 04.44 | 1435 | Geliefert von Henschel 27 969 DRG/52 740/ČSD/R | |
| 15838 | 1'E h2 | G | 04.44 | 1435 | Geliefert von Henschel 27 970 DRG/52 741/ČSD/R | |
| 15839 | 1'E h2 | G | 04.44 | 1435 | Geliefert von Henschel 27 971 DRG/52 742/ÖBB/27.11.1957 Bormann & Co., Wien/an VRU | |
| 15840 | 1'E h2 | G | 04.44 | 1435 | Geliefert von Henschel 27 972 DRG/52 743/ČSD/SZD TE-743 | |
| 15841 | 1'E h2 | G | 04.44 | 1435 | Geliefert von Henschel 27 973 DRG/52 744/ČSD/R/SZD TE-744 | |
| 15842 | 1'E h2 | G | 05.44 | 1435 | Geliefert von Henschel 28 011 DRG/52 745/DR/05.08.46 USSR | |
| 15843 | 1'E h2 | G | 05.44 | 1435 | Geliefert von Henschel 28 012 DRG/52 746/DR/52 1746-8 | 13.10.1980 |
| 15844 | 1'E h2 | G | 05.44 | 1435 | Geliefert von Henschel 28 013 DRG/52 747/DR | 11.1945 |
| 15845 | 1'E h2 | G | 05.44 | 1435 | Geliefert von Henschel 28 014 DRG/52 748/DB/11.07.51 JZ 33-237 | 09.05.1951 |
| 15846 | 1'E h2 | G | 05.44 | 1435 | Geliefert von Henschel 28 015 DRG/52 749/DR/05.08.46 USSR | |
| 15847 | 1'E h2 | G | 05.44 | 1435 | Geliefert von Henschel 28 016 DRG/52 750/PKP Ty 2-873 | |
| 15848 | 1'E h2 | G | 05.44 | 1435 | Geliefert von Henschel 28 017 DRG/52 751/PKP Ty 2-1203 | |
| 15849 | 1'E h2 | G | 05.44 | 1435 | Geliefert von Henschel 28 018 DRG/52 752/DB | 18.10.1954 |
| 15850 | 1'E h2 | G | 05.44 | 1435 | Geliefert von Henschel 28 019 DRG/52 753/PKP Ty 2-874 | |
| 15851 | 1'E h2 | G | 05,44 | 1435 | Geliefert von Henschel 28 020 DRG/52 754/DB | 18.10.1954 |
| 15852 | 1'E h2 | G | 06.44 | 1435 | Geliefert von Henschel 28 333 DRG/52 755/PKP Ty 2-1179 | |
| 15853 | 1'E h2 | G | 06.44 | 1435 | Geliefert von Henschel 28 334 DRG/52 756/SZD TE-756/1964 JZ 33-287 | |
| 15854 | 1'E h2 | G | 06.44 | 1435 | Geliefert von Henschel 28 335 DRG/52 757 | |
| 15855 | 1'E h2 | G | 06.44 | 1435 | Geliefert von Henschel 28 336 DRG/52 758 | |
| 15856 | 1'E h2 | G | 06.44 | 1435 | Geliefert von Henschel 28 337 DRG/52 759/SZD TE 759/1962 PKP Ty 2-1342 | |
| 15857 | 1'E h2 | G | 06.44 | 1435 | Geliefert von Henschel 28 338 DRG/52 760/DR/01.07.61 BDZ 15. | |
| 15858 | 1'E h2 | G | 06.44 | 1435 | Geliefert von Henschel 28 339 DRG/52 761/PKP Ty 2-875 | |
| 15859 | 1'E h2 | G | 06.44 | 1435 | Geliefert von Henschel 28 340 DRG/52 762/DB | 18.10.1954 |
| 15860 | 1'E h2 | G | 06.44 | 1435 | Geliefert von Henschel 28 341 DRG/52 763/PKP Ty 2-876 | |
| 15861 | 1'E h2 | G | 06.44 | 1435 | Geliefert von Henschel 28 342 DRG/52 764 | |
| 15862 | 1'E h2 | G | 06.44 | 1435 | Geliefert von Henschel 28 343 DRG/52 765 | |
| 15863 | 1'E h2 | G | 06.44 | 1435 | Geliefert von Henschel 28 344 DRG/52 766/DB | 18.10.1944 |
| 15864 | 1'E h2 | G | 07.44 | 1435 | Geliefert von Henschel 28 052 DRG/52 767/PKP Ty 2-877 | |
| 15865 | 1'E h2 | G | 07.44 | 1435 | Geliefert von Henschel 28 053 DRG/52 768 | |
| 15866 | 1'E h2 | G | 07.44 | 1435 | Geliefert von Henschel 28 054 DRG/52 769 | |
| 15867 | 1'E h2 | G | 07.44 | 1435 | Geliefert von Henschel 28 055 DRG/52 770/DR | 30.11.1953 |
| 15868 | 1'E h2 | G | 07.44 | 1435 | Geliefert von Henschel 28 056 DRG/52 771 | |
| 15869 | 1'E h2 | G | 07.44 | 1435 | Geliefert von Henschel 28 057 DRG/52 772/SZD TE 772/1962 PKP Ty 2-1303 | |
| 15870 | 1'E h2 | G | 07.44 | 1435 | Geliefert von Henschel 28 058 DRG/52 773/SZD TE-773/1962 DR 52 773/ 52 1773-2 | 24.10.1975 |
| 15871 | 1'E h2 | G | 07.44 | 1435 | Geliefert von Henschel 28 059 DRG/52 774/DR/02.46 USSR | |
| 15872 | 1'E h2 | G | 07.44 | 1435 | Geliefert von Henschel 28 060 DRG/52 775/PKP Ry 2-878 | |
| 15873 | 1'E h2 | G | 07.44 | 1435 | Geliefert von Henschel 28 061 DRG/52 776/SZD TE-776/1963 MAV 520.057 | |
| 15874 | 1'E h2 | G | 07.44 | 1435 | Geliefert von Henschel 28 062 DRG/52 777 | |
| 15875 | 1'E h2 | G | 07.44 | 1435 | Geliefert von Henschel 28 063 DRG/52 778/ČSD 555.059/U.Öl 555.3059/auch als PKP Ty 2-879 ausgewiesen | |
| 15876 | 1'E h2 | G | 07.44 | 1435 | Geliefert von Henschel 28 064 DRG/52 779 | |
| 15877 | 1'E h2 | G | 07.44 | 1435 | Geliefert von Henschel 28 065 DRG/52 780/ČSD | |
| 15878 | 1'E h2 | G | 07.44 | 1435 | Geliefert von Henschel 28 066 DRG/52 781/SZD TE 781 | |
| 15879 | 1'E h2 | G | 07.44 | 1435 | Geliefert von Henschel 28 067 DRG/52 782/ČSD/R/SZD Te-782/1964 JZ 33-268 | |
| 15880 | 1'E h2 | G | 07.44 | 1435 | Geliefert von Henschel 28 068 DRG/52 783/ČSD/R/ČSD 555.0134 | |
| 15881 | 1'E h2 | G | 07.44 | 1435 | Geliefert von Henschel 28 069 DRG/52 784/ČSD | |
| 15882 | 1'E h2 | G | 07.44 | 1435 | Geliefert von Henschel 28 110 DRG/52 785/MAV/R/10.49 SSSR | |
| 15883 | 1'E h2 | G | 07.44 | 1435 | Geliefert von Henschel 28 111 DRG/52 786/MAV/R/8.49 SSSR | |
| 15884 | 1'E h2 | G | 07.44 | 1435 | Geliefert von Henschel 28 112 DRG/52 787/ČSD/R | |
| 15885 | 1'E h2 | G | 07.44 | 1435 | Geliefert von Henschel 28 113 DRG/52 788/JZ 33-058 | |
| 15886 | 1'E h2 | G | 07.44 | 1435 | Geliefert von Henschel 28 114 DRG/52 789/JZ 33-059 | |
| 15887 | 1'E h2 | G | 07.44 | 1435 | Geliefert von Henschel 28 115 DRG/52 790/JZ 33-060 | |
| 15888 | 1'E h2 | G | 07.44 | 1435 | Geliefert von Henschel 28 116 DRG/52 791/ČSD/30.03.46 SSSR | |
| 15889 | 1'E h2 | G | 07.44 | 1435 | Geliefert von Henschel 28 117 DRG/52 792/JZ 33-061 | |
| 15890 | 1'E h2 | G | 07.44 | 1435 | Geliefert von Henschel 28 118 DRG/52 793/DR/01.04.47 SZD TE-793/1964 JZ 33-504 | |
| 15891 | 1'E h2 | G | 07.44 | 1435 | Geliefert von Henschel 28 119 DRG/52 794/ÖBB/05.05.45/PKP Ty 2-880 | |
| 15892 | 1'E h2 | G | 07.44 | 1435 | Geliefert von Henschel 28 120 DRG/52 795/ÖBB/05.12.48 SSSR | |
| 15893 | 1'E h2 | G | 07.44 | 1435 | Geliefert von Henschel 28 121 DRG/52 796/ÖBB | 09.02.1947 |
| 15894 | 1'E h2 | G | 07.44 | 1435 | Geliefert von Henschel 28 122 DRG/52 797/ÖBB | 21.01.1948 |
| 15895 | 1'E h2 | G | 07.44 | 1435 | Geliefert von Henschel 28 123 DRG/52 798/ÖBB 52.798 | |

| Fabriknummer | Bauart | Gattung | Auslieferungsdatum | Spurweite | Empfänger/Verbleib | Ausmusterung |
|---|---|---|---|---|---|---|
| 15896 | 1'E h2 | G | 07.44 | 1435 | Geliefert von Henschel 28 124 DRG 52 799/ÖBB/05.12.48 SZD TE-799 | |
| 15897 | 1'E h2 | G | 07.44 | 1435 | Geliefert von Henschel 28 125 DRG 52 800/ÖBB/04.12.48 SZD TE-800/1962 ČSD 555.0239 | |
| 15898 | 1'E h2 | G | 07.44 | 1435 | Geliefert von Henschel 28 126 DRG 52 801/ÖBB 52.801 | 28.10.1954 |
| 15899 | 1'E h2 | G | 07.44 | 1435 | Geliefert von Henschel 28 127 DRG 52 802/ÖBB/03.12.48 SSSR | |
| 15900 | 1'E h2 | G | 08.44 | 1435 | Geliefert von Henschel 28 128 DRG 52 803/ÖBB 52.803 | 15.07.1970 |
| 15901 | 1'E h2 | G | 08.44 | 1435 | Geliefert von Henschel 28 129 DRG 52 804/ÖBB/01.12.48 SSSR | |
| 15902 | 1'E h2 | G | 08.44 | 1435 | Geliefert von Henschel 28 130 DRG 52 805 | |
| 15903 | 1'E h2 | G | 08.44 | 1435 | Geliefert von Henschel 28 131 DRG 52 806/PKP Ty 2-881 | |
| 15904 | 1'E h2 | G | 08.44 | 1435 | Geliefert von Henschel 28 132 DRG 52 807/DR/02.04.47 SZD TE 807 | |
| 15905 | 1'E h2 | G | 08.44 | 1435 | Geliefert von Henschel 28 133 DRG 52 808/DR/SZ 1808-6/am 20.11.72 Rahmen von 52 3353 | 12.07.1976 |
| 15906 | 1'E h2 | G | 08.44 | 1435 | Geliefert von Henschel 28 134 DRG 52 809/DR/(52 1809-4) | 26.09.1969 |
| 15907 | 1'E h2 | G | 08.44 | 1435 | Geliefert von Henschel 28 135 DRG 52 810/SZD TE 810/1962 PKP Ty 2-1252 | |
| 15908 | 1'E h2 | G | 08.44 | 1435 | Geliefert von Henschel 28 136 DRG 52 811 | |
| 15909 | 1'E h2 | G | 08.44 | 1435 | Geliefert von Henschel 28 137 DRG 52 812/DB | 18.10.1954 |
| 15910 | 1'E h2 | G | 08.44 | 1435 | Geliefert von Henschel 28 138 DRG 52 813/PKP Ty 2-882 | |
| 15911 | 1'E h2 | G | 08.44 | 1435 | Geliefert von Henschel 28 139 DRG 52 814/DR/30.07.47 SSSR | |
| 15912 | 1'E h2 | G | 08.44 | 1435 | Geliefert von Henschel 28 140 DRG 52 815 | |
| 15913 | 1'E h2 | G | 08.44 | 1435 | Geliefert von Henschel 28 141 DRG 52 816/DR/09.02.47 USSR | |
| 15914 | 1'E h2 | G | 08.44 | 1435 | Geliefert von Henschel 28 142 DRG 52 817/DB/11.07.51 JZ 33-236 | |
| 15915 | 1'E h2 | G | 07.44 | 1435 | Geliefert von BMAG 12 897 DRG 42 1801/DB | 18.10.1954 |
| 15916 | 1'E h2 | G | 07.44 | 1435 | Geliefert von BMAG 12 898 DRG 42 1802/DB | 07.09.1953 |
| 15917 | 1'E h2 | G | 07.44 | 1435 | Geliefert von BMAG 12 899 DRG 42 1803/DB | 07.09.1953 |
| 15918 | 1'E h2 | G | 07.44 | 1435 | Geliefert von BMAG 12 900 DRG 42 1804/DB | 07.09.1953 |
| 15919 | 1'E h2 | G | 07.44 | 1435 | Geliefert von BMAG 12 914 DRG 42 1805/DB | 18.10.1954 |
| 15920 | 1'E h2 | G | 07.44 | 1435 | Geliefert von BMAG 12 915 DRG 42 1806/DB | 07.09.1953 |
| 15921 | 1'E h2 | G | 07.44 | 1435 | Geliefert von BMAG 12 916 DRG 42 1807/DB/07.05.52 Frankreich/ l. Administration des Domaines (Staatsgüterverwaltung) | |
| 15922 | 1'E h2 | G | 07.44 | 1435 | Geliefert von BMAG 12 917 DRG 42 1808/DB/02.04.52 Frankreich/ l. Administration des Domaines (Staatsgüterverwaltung) | |
| 15923 | 1'E h2 | G | storniert | 1435 | Vorgesehene Lieferung von BMAG DRG 42 1809 | |
| 15924 | 1'E h2 | G | storniert | 1435 | Vorgesehene Lieferung von BMAG DRG 42 1810 | |
| 15925 | 1'E h2 | G | storniert | 1435 | Vorgesehene Lieferung von BMAG DRG 42 1811 | |
| 15926 | 1'E h2 | G | storniert | 1435 | Vorgesehene Lieferung von BMAG DRG 42 1812 | |
| 15927 | 1'E h2 | G | storniert | 1435 | Vorgesehene Lieferung von BMAG DRG 42 1813 | |
| 15928 | 1'E h2 | G | storniert | 1435 | Vorgesehene Lieferung von BMAG DRG 42 1814 | |
| 15929 | 1'E h2 | G | storniert | 1435 | Vorgesehene Lieferung von BMAG DRG 42 1815 | |
| 15930 | 1'E h2 | G | storniert | 1435 | Vorgesehene Lieferung von BMAG DRG 42 1816 | |
| 15931 | 1'E h2 | G | storniert | 1435 | Vorgesehene Lieferung von BMAG DRG 42 1817 | |
| 15932 | 1'E h2 | G | storniert | 1435 | Vorgesehene Lieferung von BMAG DRG 42 1818 | |
| 15933 | 1'E h2 | G | storniert | 1435 | Vorgesehene Lieferung von BMAG DRG 42 1819 | |
| 15934 | 1'E h2 | G | storniert | 1435 | Vorgesehene Lieferung von BMAG DRG 42 1820 | |
| 15935 | 1'E h2 | G | storniert | 1435 | Vorgesehene Lieferung von BMAG DRG 42 1821 | |
| 15936 | 1'E h2 | G | storniert | 1435 | Vorgesehene Lieferung von BMAG DRG 42 1822 | |
| 15937 | 1'E h2 | G | storniert | 1435 | Vorgesehene Lieferung von BMAG DRG 42 1823 | |
| 15938 | 1'E h2 | G | storniert | 1435 | Vorgesehene Lieferung von BMAG DRG 42 1824 | |
| 15939 | 1'E h2 | G | storniert | 1435 | Vorgesehene Lieferung von BMAG DRG 42 1825 | |
| 15940 | 1'E h2 | G | storniert | 1435 | Vorgesehene Lieferung von BMAG DRG 42 1826 | |
| 15941 | 1'E h2 | G | storniert | 1435 | Vorgesehene Lieferung von BMAG DRG 42 1827 | |
| 15942 | 1'E h2 | G | storniert | 1435 | Vorgesehene Lieferung von BMAG DRG 42 1828 | |
| 15943 | 1'E h2 | G | storniert | 1435 | Vorgesehene Lieferung von BMAG DRG 42 1829 | |
| 15944 | 1'E h2 | G | storniert | 1435 | Vorgesehene Lieferung von BMAG DRG 42 1830 | |
| 15945 | 1'E h2 | G | storniert | 1435 | Vorgesehene Lieferung von BMAG DRG 42 1831 | |
| 15946 | 1'E h2 | G | storniert | 1435 | Vorgesehene Lieferung von BMAG DRG 42 1832 | |
| 15947 | 1'E h2 | G | storniert | 1435 | Vorgesehene Lieferung von BMAG DRG 42 1833 | |
| 15948 | 1'E h2 | G | storniert | 1435 | Vorgesehene Lieferung von BMAG DRG 42 1834 | |
| 15949 | 1'E h2 | G | storniert | 1435 | Vorgesehene Lieferung von BMAG DRG 42 1835 | |
| 15950 | 1'E h2 | G | storniert | 1435 | Vorgesehene Lieferung von BMAG DRG 42 1836 | |
| 15951 | 1'E h2 | G | storniert | 1435 | Vorgesehene Lieferung von BMAG DRG 42 1837 | |
| 15952 | 1'E h2 | G | storniert | 1435 | Vorgesehene Lieferung von BMAG DRG 42 1838 | |
| 15953 | 1'E h2 | G | storniert | 1435 | Vorgesehene Lieferung von BMAG DRG 42 1839 | |
| 15954 | 1'E h2 | G | storniert | 1435 | Vorgesehene Lieferung von BMAG DRG 42 1840 | |
| 15955 | 1'E h2 | G | 07.44 | 1435 | Geliefert von Schichau 4260 DRG 42 1841/DB[1] | 18.10.1954 |
| 15956 | 1'E h2 | G | 07.44 | 1435 | Geliefert von Schichau 4261 DRG 42 1842/DB[1] | 07.09.1953 |
| 15957 | 1'E h2 | G | 08.44 | 1435 | Geliefert von Schichau 4262 DRG 42 1843/DB/25.04.52 Frankreich[1] | |
| 15958 | 1'E h2 | G | 08.44 | 1435 | Geliefert von Schichau 4295 DRG 42 1844/DB[1] | 07.09.1953 |
| 15959 | 1'E h2 | G | 08.44 | 1435 | Geliefert von Schichau 4296 DRG 42 1845/DB[1] | 07.09.1953 |
| 15960 | 1'E h2 | G | 08.44 | 1435 | Geliefert von Schichau 4263 DRG 42 1846/DB[1] | 07.09.1953 |

[1] Buch „Geschichte der deutschen Kriegslokomotiven" von Griebl/Wenzel

| Fabriknummer | Bauart | Gattung | Auslieferungsdatum | Spurweite | Empfänger/Verbleib | Ausmusterung |
|---|---|---|---|---|---|---|
| 15961 | 1'E h2 | G | 08.44 | 1435 | Geliefert von Schichau 4336 DRG/42 1847/DB[1] | 07.09.1953 |
| 15962 | 1'E h2 | G | 08.44 | 1435 | Geliefert von Schichau 4352 DRG/42 1848/DB[1] | 20.01.1952 |
| 15963 | 1'E h2 | G | 09.44 | 1435 | Geliefert von Schichau 4353 DRG/42 1849/DB/08.05.52 Frankreich[1] | |
| 15964 | 1'E h2 | G | 09.44 | 1435 | Geliefert von Schichau 4354 DRG/42 1850/DB[1] | 07.09.1853 |
| 15965 | 1'E h2 | G | 13.09.44 | 1435 | Geliefert von Schichau 4393 DRG/42 1851/DB[1] | 07.09.1953 |
| 15966 | 1'E h2 | G | 09.44 | 1435 | Geliefert von Schichau 4394 DRG/42 1852/DB[1] | 07.09.1953 |
| 15967 | 1'E h2 | G | storniert | 1435 | Vorgesehene Lieferung von Schichau DRG 42 1853 | |
| 15968 | 1'E h2 | G | storniert | 1435 | Vorgesehene Lieferung von Schichau DRG 42 1854 | |
| 15969 | 1'E h2 | G | storniert | 1435 | Vorgesehene Lieferung von Schichau DRG 42 1855 | |
| 15970 | 1'E h2 | G | storniert | 1435 | Vorgesehene Lieferung von Schichau DRG 42 1856 | |
| 15971 | 1'E h2 | G | storniert | 1435 | Vorgesehene Lieferung von Schichau DRG 42 1857 | |
| 15972 | 1'E h2 | G | storniert | 1435 | Vorgesehene Lieferung von Schichau DRG 42 1858 | |
| 15973 | 1'E h2 | G | storniert | 1435 | Vorgesehene Lieferung von Schichau DRG 42 1859 | |
| 15974 | 1'E h2 | G | storniert | 1435 | Vorgesehene Lieferung von Schichau DRG 42 1860 | |
| 15975 | 1'E h2 | G | storniert | 1435 | Vorgesehene Lieferung von Schichau DRG 42 1861 | |
| 15976 | 1'E h2 | G | storniert | 1435 | Vorgesehene Lieferung von Schichau DRG 42 1862 | |
| 15977 | 1'E h2 | G | storniert | 1435 | Vorgesehene Lieferung von Schichau DRG 42 1863 | |
| 15978 | 1'E h2 | G | storniert | 1435 | Vorgesehene Lieferung von Schichau DRG 42 1864 | |
| 15979 | 1'E h2 | G | storniert | 1435 | Vorgesehene Lieferung von Schichau DRG 42 1865 | |
| 15980 | 1'E h2 | G | storniert | 1435 | Vorgesehene Lieferung von Schichau DRG 42 1866 | |
| 15981 | 1'E h2 | G | storniert | 1435 | Vorgesehene Lieferung von Schichau DRG 42 1867 | |
| 15982 | 1'E h2 | G | storniert | 1435 | Vorgesehene Lieferung von Schichau DRG 42 1868 | |
| 15983 | 1'E h2 | G | storniert | 1435 | Vorgesehene Lieferung von Schichau DRG 42 1869 | |
| 15984 | 1'E h2 | G | storniert | 1435 | Vorgesehene Lieferung von Schichau DRG 42 1870 | |
| 15985 | 1'E h2 | G | storniert | 1435 | Vorgesehene Lieferung von Schichau DRG 42 1871 | |
| 15986 | 1'E h2 | G | storniert | 1435 | Vorgesehene Lieferung von Schichau DRG 42 1872 | |
| 15987 | 1'E h2 | G | storniert | 1435 | Vorgesehene Lieferung von Schichau DRG 42 1873 | |
| 15988 | 1'E h2 | G | storniert | 1435 | Vorgesehene Lieferung von Schichau DRG 42 1874 | |
| 15989 | 1'E h2 | G | storniert | 1435 | Vorgesehene Lieferung von Schichau DRG 42 1875 | |
| 15990 | 1'E h2 | G | storniert | 1435 | Vorgesehene Lieferung von Schichau DRG 42 1876 | |
| 15991 | 1'E h2 | G | storniert | 1435 | Vorgesehene Lieferung von Schichau DRG 42 1877 | |
| 15992 | 1'E h2 | G | storniert | 1435 | Vorgesehene Lieferung von Schichau DRG 42 1878 | |
| 15993 | 1'E h2 | G | storniert | 1435 | Vorgesehene Lieferung von Schichau DRG 42 1879 | |
| | | | storniert | 1435 | Vorgesehene Lieferung von Schichau DRG 42 1880 | |
| 15994 | 1'E h2 | G | 28.06.44 | 1435 | Geliefert von WLF 17 353 DRG/42 1881/DR | 15.07.1968 |
| 15995 | 1'E h2 | G | 44 | 1435 | Geliefert von WLF 17 354 DRG/42 1882/SAAR 42 5000/Db | 21.10.1960 |
| 15996 | 1'E h2 | G | 44 | 1435 | Geliefert von WLF 17 355 DRG/42 1883/SAAR/01.01.57 DB Hzl Sbr 689/ Hzl Sbr 7006 | 20.11.1958 |
| 15997 | 1'E h2 | G | 44 | 1435 | Geliefert von WLF 17 356 DRG/42 1884/DR | 23.12.1968 |
| 15998 | 1'E h2 | G | 44 | 1435 | Geliefert von WLF 17 357 DRG/42 1885/DB | 18.10.1954 |
| 15999 | 1'E h2 | G | 44 | 1435 | Geliefert von WLF 17 358 DRG/42 1886/SNCF/01.03.46 DB | 18.10.1954 |
| 16000 | 1'E h2 | G | 44 | 1435 | Geliefert von WLF 17 359 DRG/42 1887/DR/30.01.47 SZD TL 1887 | |
| 16001 | 1'E h2 | G | 44 | 1435 | Geliefert von WLF 17 360 DRG/42 1888/SAAR/01.01.57 DB | 01.08.1962 |
| 16002 | 1'E h2 | G | 44 | 1435 | Geliefert von WLF 17 361 DRG/42 1889/DB | 24.02.1946 |
| 16003 | 1'E h2 | G | 44 | 1435 | Geliefert von WLF 17 362 DRG/42 1890/DB | 18.10.1954 |
| 16004 | 1'E h2 | G | 44 | 1435 | Geliefert von WLF 17 363 DRG/42 1891/SAAR/01.01.57 DB | 15.11.1957 |
| 16005 | 1'E h2 | G | 44 | 1435 | Geliefert von WLF 17 364 DRG/42 1892/DB | 18.10.1954 |
| 16006 | 1'E h2 | G | 44 | 1435 | Geliefert von WLF 17 365 DRG/42 1893/DB/12.10.51 Kesselexplosion | 13.08.1952 |
| 16007 | 1'E h2 | G | 44 | 1435 | Geliefert von WLF 17 366 DRG/42 1894/SAAR/01.01.57 DB | 11.05.1960 |
| 16008 | 1'E h2 | G | 44 | 1435 | Geliefert von WLF 17 367 DRG/42 1895/DB | 18.10.1954 |
| 16009 | 1'E h2 | G | 44 | 1435 | Geliefert von WLF 17 368 DRG/42 1896/DB | 18.10.1954 |
| 16010 | 1'E h2 | G | 44 | 1435 | Geliefert von WLF 17 369 DRG/42 1897/DB | 18.10.1954 |
| 16011 | 1'E h2 | G | 44 | 1435 | Geliefert von WLF 17 370 DRG/42 1898/DB | 18.10.1954 |
| 16012 | 1'E h2 | G | 44 | 1435 | Geliefert von WLF 17 371 DRG/42 1899/DB | 18.10.1954 |
| 16013 | 1'E h2 | G | 44 | 1435 | Geliefert von WLF 17 372 DRG/42 1900/Frankreich/03.03.46 DB[2] | 18.10.1954 |
| 16014 | 1'E h2 | G | 44 | 1435 | Geliefert von WLF 17 373 DRG/42 1901/DB | 18.10.1954 |
| 16015 | 1'E h2 | G | 44 | 1435 | Geliefert von WLF 17 374 DRG/42 1902/DB | 18.10.1954 |
| 16016 | 1'E h2 | G | 44 | 1435 | Geliefert von WLF 17 375 DRG/42 1903/DB | 18.10.1954 |
| 16017 | 1'E h2 | G | 44 | 1435 | Geliefert von WLF 17 376 DRG/42 1904/DB | 18.10.1954 |
| 16018 | 1'E h2 | G | 44 | 1435 | Geliefert von WLF 17 377 DRG/42 1905/DB | 18.10.1954 |
| 16019 | 1'E h2 | G | 44 | 1435 | Geliefert von WLF 17 378 DRG/42 1906/DB | 18.10.1954 |
| 16020 | 1'E h2 | G | | | | |

16021 – 16075/1'E h2/G/Vorgesehene Lieferung von WLF als 42 1907 – 1960
16076 – 16155/1'E h2/G/Vorgesehene Lieferung von Henschel als 42 1961 – 2040
16156 – 16276/B n2t/ – /Vorgesehen für KDL 8

| | | | | | | |
|---|---|---|---|---|---|---|
| 16277 | 1'E h2 | G | 04.07.44 | 1435 | Geliefert von Henschel 28 370 SDŽ/33-001/DB 52 4479 | |
| 16278 | 1'E h2 | G | 44 | 1435 | Geliefert von Henschel 28 371 SDŽ/33-002/JZ 33-002 | |
| 16279 | 1'E h2 | G | 44 | 1435 | Geliefert von Henschel 28 372 SDŽ/33-003/JZ 33-003 | |

1) Buch „Geschichte der deutschen Kriegslokomotiven" von Griebl/Wenzel

| Fabriknummer | Bauart | Gattung | Auslieferungsdatum | Spurweite | Empfänger/Verbleib | Ausmusterung |
|---|---|---|---|---|---|---|
| 16280 | 1'E h2 | G | 44 | 1435 | Geliefert von Henschel 28 373 SDZ/33-004/JZ 33-004 | |
| 16281 | 1'E h2 | G | 44 | 1435 | Geliefert von Henschel 28 041 SDZ/33-005/DB 52 4731 | 10.08.1957 |
| 16282 | 1'E h2 | G | 44 | 1435 | Geliefert von Henschel 28 042 SDZ/33-006/JZ 33-006 | |
| 16283 | 1'E h2 | G | 44 | 1435 | Geliefert von Henschel 28 043 SDZ/33-007/DB 52 6379II | 13.12.1950 |
| 16284 | 1'E h2 | G | 44 | 1435 | Geliefert von Henschel 28 044 SDZ 33-008/JZ 33-008 | |
| 16285 | 1'E h2 | G | 44 | 1435 | Geliefert von Henschel 28 045 SDZ/33-009/JZ 33-009 | |
| 16286 | 1'E h2 | G | 44 | 1435 | Geliefert von Henschel 28 046 SDZ/33-01/ÖBB 52 8000 | |
| 16287 | 1'E h2 | G | 44 | 1435 | Geliefert von Henschel 28 047 SDZ/33-011/JZ 33-011 | |
| 16288 | 1'E h2 | G | 44 | 1435 | Geliefert von Henschel 28 048 SDZ/33-012/JZ 33-012 | |
| 16289 | 1'E h2 | G | 44 | 1435 | Geliefert von Henschel 28 049 SDZ/33-013/JZ 33-013 | |
| 16290 | 1'E h2 | G | 44 | 1435 | Geliefert von Henschel 28 050 SDZ/33-014/ÖBB 52.765"/1954 U.Kl. Schneepfl. 985.200 | 15.11.1957 |
| 16291 | 1'E h2 | G | 44 | 1435 | Geliefert von Henschel 28 051 SDZ/33-015/JZ 33-015 | |
| 16292 | 1'E h2 | G | 44 | 1435 | Geliefert von Henschel 28 143 DRG/52 4400/JZ | |
| 16293 | 1'E h2 | G | 44 | 1435 | Geliefert von Henschel 28 144 DRG/52 4401/ÖBB/04.06.45 MAV/R/05.48 SSSR | |
| 16294 | 1'E h2 | G | 44 | 1435 | Geliefert von Henschel 28 145 DRG/52 4402/JZ 33-105 | |
| 16295 | 1'E h2 | G | 44 | 1435 | Geliefert von Henschel 28 146 DRG/52 4403/JZ 33-106 | |
| 16296 | 1'E h2 | G | 44 | 1435 | Geliefert von Henschel 28 147 DRG/52 4404/ÖBB/02.12.48 USSR | |
| 16297 | 1'E h2 | G | 44 | 1435 | Geliefert von Henschel 28 148 DRG/52 4405/ČSD | |
| 16298 | 1'E h2 | G | 44 | 1435 | Geliefert von Henschel 28 149 DRG/52 4406/USSR | |
| 16299 | 1'E h2 | G | 44 | 1435 | Geliefert von Henschel 28 150 DRG/52 4407/ÖBB | 30.06.1947 |
| 16300 | 1'E h2 | G | 44 | 1435 | Geliefert von Henschel 28 151 DRG/52 4408/ÖBB 52.4408/27.11.57 VR Ungarn | |
| 16301 | 1'E h2 | G | 44 | 1435 | Geliefert von Henschel 28 152 DRG/52 4409/MAV/R/08.49 SSSR/1962 PKP Ty 2-1276 | |
| 16302 | 1'E h2 | G | 44 | 1435 | Geliefert von Henschel 28 182 DRG/52 4410/PKP Ty 2-1041 | |
| 16303 | 1'E h2 | G | 44 | 1435 | Geliefert von Henschel 28 183 DRG/52 4411/SZD TE-4411/1962 MAV 520.089 | |
| 16304 | 1'E h2 | G | 44 | 1435 | Geliefert von Henschel 28 184 DRG/52 4412/ÖBB | 01.09.1946 |
| 16305 | 1'E h2 | G | 44 | 1435 | Geliefert von Henschel 28 185 DRG/52 4413/ÖBB/21.12.48 SZD TE 4413 | |
| 16306 | 1'E h2 | G | 44 | 1435 | Geliefert von Henschel 28 186 DRG/52 4414 | |
| 16307 | 1'E h2 | G | 44 | 1435 | Geliefert von Henschel 28 187 DRG/52 4415/ÖBB 52 4415 | 21.03.1975 |
| 16308 | 1'E h2 | G | 44 | 1435 | Geliefert von Henschel 28 188 DRG/52 4416/ÖBB/22.12.47 JZ 33-193 | |
| 16309 | 1'E h2 | G | 44 | 1435 | Geliefert von Henschel 28 189 DRG/52 4417/ČSD | |
| 16310 | 1'E h2 | G | 44 | 1435 | Geliefert von Henschel 28 190 DRG/52 4418/ÖBB 52.4418 | 15.07.1970 |
| 16311 | 1'E h2 | G | 44 | 1435 | Geliefert von Henschel 28 191 DRG/52 4419/PKP Ty 2-1042 | |
| 16312 | 1'E h2 | G | 44 | 1435 | Geliefert von Henschel 28 192 DRG/52 4420/ÖBB 52.4420/14.09.57 VR Ungarn | |

VEB Lokomotivbau-Elektrotechnische Werke (LEW), Hennigsdorf

| Fabriknummer | Bauart | Gattung | Auslieferungsdatum | Spurweite | Empfänger/Verbleib | Ausmusterung |
|---|---|---|---|---|---|---|
| 16313 | 1'E h3 | G | 13.12.48 | 1435 | Deutsche Reichsbahn/44 1234/44 1234-2 1) | 14.07.1975 |
| 16314 | 1'E h3 | G | 49 | 1435 | Deutsche Reichsbahn/44 1235/U.Öl/44 0235-0 1) | |
| 16315 | 1'E h3 | G | 49 | 1435 | Deutsche Reichsbahn/44 1236/(44 1236-7) 1) | 19.11.1970 |
| 16316 | 1'E h3 | G | 49 | 1435 | Deutsche Reichsbahn/44 1237/44 1237-5 1) | |
| 16317 | 1'E h3 | G | 49 | 1435 | Deutsche Reichsbahn/44 1238/13.11.57 U.Kst/44 9238-5 1) | 05.08.1974 |
| 16318 | 1'E h3 | G | 49 | 1435 | Deutsche Reichsbahn/44 1231/28.08.63 U.Öl 44 0231-9 1) | |
| 16319 | 1'E h3 | G | 49 | 1435 | Deutsche Reichsbahn/44 1233/31.01.65 U.Öl/44 0233-5 1) | |
| 16320 | 1'E h3 | G | 49 | 1435 | Deutsche Reichsbahn/44 1239/44 1239-1 1) | 20.04.1970 |
| 16321 | 1'E h3 | G | 49 | 1435 | Deutsche Reichsbahn/44 1240 1) | 26.11.1968 |
| 16322 | 1'E h3 | G | 49 | 1435 | Deutsche Reichsbahn/44 1232/21.12.56 U.Kst/44 9232-8 1) | 30.05.1975 |
| 16323 | B n2t | - | 21.06.50 | 1435 | Stahl- und Walzwerk, Hennigsdorf/2 | |
| 16324 | B n2t | - | 28.06.50 | 1435 | Stahl- und Walzwerk, Brandenburg | |
| 16325 | B n2t | | 16.08.50 | 1435 | VVB Mansfeld, Eisleben | |
| 16326 | B n2t | | 29.08.50 | 1435 | VVB Mansfeld, Eisleben | |
| 16327 | B n2t | | 21.09.50 | 1435 | Gaswerke, Berlin | |
| 16328 | B n2t | | 05.10.50 | 1435 | Stahl- und Walzwerk, Brandenburg | |
| 16329 | B n2t | | 11.11.50 | 1435 | BEHALA, Berlin | |
| 16330 | C n2t | | 11.12.51 | 750 | VVB Mansfeld, Eisleben | |
| 16331 | C n2t | | 29.12.51 | 750 | VVB Mansfeld, Eisleben | |
| 16332 | B n2t | | 16.06.51 | 1435 | Stahl- und Walzwerk, Brandenburg | |
| 16333 | B n2t | | 16.07.51 | 1435 | Eisenhüttenkombinat Ost, Fürstenberg/Oder | |
| 16334 | B n2t | | 31.07.51 | 1435 | Eisenhüttenkombinat Ost, Fürstenberg/Oder | |
| 16335 | B n2t | | 14.11.51 | 1435 | Stahl- und Walzwerk, Brandenburg | |
| 16336 | B n2t | | 30.11.51 | 1435 | Eisenhüttenkombinat Ost, Fürstenberg/Oder | |
| 16337 | B n2t | | 51 | 1435 | Eisenhüttenkombinat Ost, Fürstenberg/Oder | |
| 16338 | C h2t | | 52 | 1435 | Stahl- und Walzwerk, Hennigsdorf/8 | |
| 16339 | C n2t | | 52 | 1435 | Deutsche Solvay-Werke, Osternienburg | |
| 16340 | C n2t | | 52 | 1435 | Stahl- und Walzwerk, Brandenburg | |
| 16341 | Kessel | | 53 | 1435 | LOWA-Babelsberg für Lokomotive DR 25 001 | |
| 16342 | Kessel | | 53 | 1435 | LOWA-Babelsberg für Lokomotive DR 25 1001 | |
| 16343 | C h2t | | 53 | 1435 | Eisenhüttenkombinat Ost, Fürstenberg/Oder | |

1) Die Kessel wurden von Frichs in Aarhus (Dänemark) mit den Fabrik-Nummern 326 - 335 geliefert.

| Fa-brik-num-mer | Bauart | Gat-tung | Aus-liefe-rungs-datum | Spur-weite | Empfänger/Verbleib | Aus-muste-rung |
|---|---|---|---|---|---|---|
| 16344 | C h2t | | 53 | 1435 | Eisenhüttenkombinat Ost, Fürstenberg/Oder | |
| 16345 | C h2t | | 53 | 1435 | Mansfeld-Kombinat, Eisleben | |
| 16346 | C h2t | | 53 | 1435 | Mansfeld-Kombinat, Eisleben | |
| 16347 | C h2t | | 53 | 1435 | Mansfeld-Kombinat, Eisleben | |
| 16348 | C h2t | | 31.12.53 | 1435 | LOWA-Babelsberg für Ungarn | |
| 16349 | C h2t | | 31.12.53 | 1435 | LOWA-Babelsberg für Ungarn | |
| 16350 | C h2t | | 31.12.53 | 1435 | LOWA-Babelsberg für Ungarn | |
| 16351 | 1'D2'h2t | | 54 | 1435 | Deutsche Reichsbahn/65 1001/65 1001-1 | 07.05.1976 |
| 16352 | 1'D2'h2t | | 54 | 1435 | Deutsche Reichsbahn/65 1002/65 1002-8/Hzl Betonwerk Giersleben | 1977 |